365일 시편 잠언 말씀 묵상

KING's WISDOM

왕의
지혜

홍성건 · 김미진 지음

NCMN · 규장

내 마음의 정원사

각종 아름다운 꽃과 과일나무가 어우러진 정원은 날마다 돌아보며 가꿔주어야 합니다. 만일 며칠이라도 너무 바빠서 정원 돌보기를 등한시하면 이내 황폐해집니다. 내가 심지 않았는데도 잡초 씨앗이 바람을 타고 날아와서 나의 정원에 뿌려져 자라게 됩니다. 내가 심은 화초의 양분을 빼앗아 갑니다. 잡초는 즉시 뿌리째 뽑아야 합니다. 그래서 정원사가 부지런해야 아름다운 정원을 유지할 수 있습니다.

우리의 마음에도 정원이 있습니다.
야고보서 1장 21절에, "너희 영혼을 능히 구원할 바 마음에 심어진 말씀을 온유함으로 받으라"라고 했습니다. 정원에 씨앗을 뿌리고 나무를 심듯, "하나님의 말씀을 나의 마음에" 뿌리고 심어야 합니다. 그리고 잘 자라도록 돌봐야 합니다. 내가 심은 꽃이 잘 자라도록 날마다 부지런히 내 마음을 돌봐야 합니다.

하나님은 우리를 우리 마음의 정원사로 부르셨습니다.
어떻게 하면 하나님의 말씀을 내 마음의 정원에 심을 수 있을까요?
그것은 말씀 묵상을 통해 이루어집니다. 날마다 말씀을 묵상하는 동안, 그 말씀이 우리 마음의 정원에 심깁니다. 성령께서 그 말씀을 우리 마음에 심어주십니다.
말씀 묵상을 할 때는 성령의 절대적 도우심을 받아야 합니다. 성경의 저자이신 성령은 우리를 진리로 인도하시는 인도요, 그 말씀을 가르치시는 스승입니다(요 16:13, 14:26). 말씀을 보는 눈이 열리고, 그 말씀의 길로 행하는 건 오직 성령의 도움으로만 가능합니다.
말씀을 묵상할 때 두 가지를 성령께 요청해야 합니다. 이 질문이 묵상의 지름길입니다.
"성령님, 이 말씀을 통해 나에게 무슨 말씀을 하기 원하십니까?"
"성령님, 나에게 하신 이 말씀을 따라 내가 어떻게 살기를 원하십니까?"

말씀 묵상이 중책을 맡은 여호수아를 평탄한 길, 형통한 삶으로 이끌었습니다(수 1:8).

말씀 묵상이 왕의 길을 가는 다윗을 형통하게 했습니다(시 1:2,3).

하나님의 말씀은 '인생 내비게이션' 같아서 우리가 나아갈 방향을 제시해주고(: 교훈), 잘못된 길로 가지 않도록 보호하며(: 책망), 다시 올바른 길로 돌아가도록 이끌고(: 바르게 함), 목적지까지 끝까지 인도(: 의로 교육함)합니다(딤후 3:16).

말씀 묵상은 선택 사항이 아니라 필수 과목입니다. 날마다 묵상합니다. 욥은 정한 음식보다 말씀을 더 귀히 여겼습니다(욥 23:12).

시편은 각 구절이 서로 연관되어 있습니다. 한 편 전체를 통해 주의 말씀을 이해하게 됩니다. 잠언은 각종 보석을 담은 보물 상자와 같아서 각 구절이 하나의 뜻을 가집니다. 시편은 우리를 하나님의 보좌 앞으로 인도하며, 잠언은 우리를 세상에 나아가 영향을 주는 삶으로 이끕니다.

마음의 정원사 여러분, 사랑합니다.

홍성건

주의 날개 그늘 아래

하나님이여 내게 은혜를 베푸소서 내게 은혜를 베푸소서 내 영혼이 주께로 피하되 주의 날개 그늘 아래에서 이 재앙들이 지나기까지 피하리이다 시 57:1

나에게 '묵상'이란 숨이 쉬어지는 공간이다. 아버지의 품에서 위로받고 새 힘을 얻는 공간이다. 매일 아침 출근 전에 셔츠에 첫 단추를 잘 끼우고 단정하게 옷을 입듯이 묵상은 종일 내 생각과 행동에 큰 영향을 준다. 이기는 삶의 첫 출발을 묵상으로 시작한다.

묵상은 어렵거나 복잡하지 않다. NCMN의 모든 훈련 사역에 '매일 묵상 훈련'이 있다. 그런데 훈련생들의 묵상이 성경 본문과 벗어나 있는 걸 발견했다. 큰 틀에서는 성경 안에 있는 묵상이지만, 주어진 본문 안에서 묵상하는 법을 배워야 영적 성장이 일어난다. 기록된 성경 말씀을 통해 오늘 성령께서 내게 무엇을 말씀하시는지 듣고 삶으로 살아내는 것이 묵상이다. 매일 주어진 본문에 충실한 묵상이 계속 쌓이면 내면이 견고해져서 어떤 상황을 만나도 평상심을 유지하게 된다. 미소를 지으며 여유 있고 품위 있게 살도록 생각의 공간을 만들어준다.

홍성건 목사님이 성경 본문에서 벗어나지 않고 묵상할 수 있도록 풍성한 자료를 제공해주신다. 이 재료로 사람마다 다른 요리를 할 수 있다. 나는 비빔밥을 요리해서 먹을 수 있고, 다른 사람들은 김밥, 국밥, 볶음밥을 해 먹을 수 있다. 자기 입맛에 맞는 맛있는 밥을 성령님과 함께 만들어서 영과 육이 건강해진다.

이 책에 실린 모든 묵상 구절은 홍 목사님이 뽑으셨다. 내게는 쉽지 않은 구절이 많았다. 내가 여쭈었다.

"목사님, 묵상 구절이 어려워요~. 쉬운 구절도 많은데 어려운 구절만 골라 뽑으셨네요?"

목사님이 말씀하셨다.

"시편과 잠언을 다 묵상하면 신구약 전체를 이해하게 되고, 그중에서도 성경 전체를 이해하는 데 중요한 핵심 구절을 뽑아서 다양한 각도에서 반복되는 말씀 묵상을 통해 성경 전권의 핵심 메시지를 이해하게 됩니다."

정말 그랬다. 묵상하면서 신구약의 핵심 메시지를 파악할 수 있었고, 나의 시야가 넓어지는 걸 느꼈다. 또한 본문 말씀 범위를 벗어나지 않은 묵상이 중요함을 다시금 깨달았다.

시편은 본문 구절을 이해하기 위해 한 편 전체를 살펴보면서 오늘의 본문 말씀을 핵심으로 놓고 묵상했다. 잠언 묵상은 한 절 한 절이 목걸이, 귀걸이, 반지, 팔찌처럼 각 구절의 아름다움을 음미할 수 있었다. 시편은 나를 시인이자 예배자로 만들어주었고, 잠언은 내 삶을 날카롭게 만들어 세상을 이기게 했다.

어머니의 교훈이 모두 말씀에서 나온 걸 보며 어머니께 감사와 존경을 드립니다.
나의 스승, 홍성건 목사님과 함께 묵상집을 낼 수 있는 영광에 감사드립니다.
한국 교회에 참 좋은 선물이 될 것을 확신합니다.

주의 날개 그늘 아래서…
김미진

| CONTENTS |

5월

6월

9월

10월

11월

12월

KING'S WISDOM

January

1월

• **묵상을 잘하려면**

첫째, 먼저 본문을 가지고 스스로 묵상해본다.

둘째, 홍성건 목사의 묵상을 읽으며 지혜를 얻는다.

셋째, 김미진 대표의 묵상을 함께 읽으며 주님의 음성을 듣는 시간을 갖는다.

이 방법으로 묵상을 내 것으로 만들 수 있다.

악인의 꾀를 거절하라

복 있는 사람은, 악인들의 꾀를 따르지 아니하며, 죄인들의 길에 서지 아니하며, 오만한 자들의 자리에 앉지 아니하고, 오직 여호와의 율법을 즐거워하여 그의 율법을 주야로 묵상하는도다 시편 1:1,2

하나님이 기뻐하시는 사람, 형통한 삶을 사는 사람, 진정한 행복을 누리는 사람의 공통점이 무언지 아는가? 바로 죄악의 소굴에 들락거리지 않으며, 배웠다고 입만 살아있는 사람들과 어울리지 않는 것이다. 오로지 하나님의 말씀에 사로잡혀 그 말씀을 밤낮 묵상하는 사람이다.

말씀을 묵상한다는 건 '말씀을 먹는다'라는 것이다. 지식이나 이론이 아니라, 마치 음식을 먹듯 말씀을 꼭꼭 씹어 소화하는 걸 말한다. 말씀의 내용을 분석하고, 단어를 연구하고, 문장의 뜻을 파악하는 걸로 마치면 안 된다. 소나 양이 위혹으로 음식을 종일 되새김질하듯 말씀 묵상도 마찬가지다. 수박 겉 핥기식으로 읽는 게 아니라 그 말씀을 소화하여 내 생각과 보는 눈, 듣는 귀, 말하는 입 그리고 손과 발까지 이르게 하는 것이다.

이렇게 매일 묵상하면, 나의 사고방식, 통찰력, 의사소통 방식이 달라진다. 나의 삶에서 갈수록 예수 그리스도의 모습이 보인다. 욥은 "일정한 음식보다 그의 입의 말씀을 귀히 여겼다"(욥 23:12). 아침 식사를 하기 전에 먼저 말씀 묵상부터 하는 사람이 복이 있다.

다윗의 아들 이스라엘 왕 솔로몬의 잠언이라 잠언 1:1

잠언은 영어로 'proverb'다. 매우 간결하고 명쾌하며 유려한 문장으로 상식을 기반으로 지혜를 전하는 말이다. 우리를 향한 하나님 말씀의 특징이 바로 잠언이다. 누군가는 잠언을 '캡슐에 담긴 지혜'라고 정의했다.

잠언의 한자는 '箴言'이다. 箴의 의미는 '콕콕 찌르는 바늘, 경계하다, 조심하다'이다.

내가 어릴 때 바늘은 공부할 때 졸음을 쫓는 도구로 쓰였다. 선배들이 바늘로 허벅지를 찌르며 공부하는 걸 봤기 때문이다.

잠언은 내가 '영적으로 졸지 못하게 깨우는 바늘'이다. 잘못된 길로 가지 않도록 따끔하게 주의를 준다. 초행길을 갈 때 내비게이션을 주의 깊게 보며 안내 음성에 집중하듯, 잠언 말씀에 항상 귀 기울인다.

내 인생의 가장 정확한 내비게이션이기 때문이다.

시편 : 오늘 묵상 말씀의 중심 구절은 복 있는 사람이 아니다. "묵상하는" 자다. 하나님의 말씀을 묵상하는 자가 복 있는 사람이다. 그는 철을 따라 열매 맺는 삶, 잎사귀가 마르지 않는 삶, 하는 모든 일이 형통한 삶을 살게 된다. 내 평생에 복 있는 삶을 살고 싶다. 악인의 꾀를 싫어하며 죄인의 길에 서지 않고 그들과 어울리지 않는 삶을 살고 싶다. 그러려면 다른 길이 없다. 종일 말씀 안에 거하는 것밖에는. 말씀 묵상을 통해 내 영이 깨어있길 원한다.

오후에 전화 한 통을 받았다. 영적 지도자에 관한 참 불편한 이야기를 들었다. 요셉의 겉옷을 증거로 내밀며 사람을 잡는 악인의 말이었다. 하지만 말씀이 나를 흔들리지 않게 붙들어주셨다. 말씀이 내 눈의 들보를 먼저 보게 하시고 내 마음을 넓히셨다.

나는 오늘 복 있는 사람의 자리를 선택했다. 들은 말을 거절하고 기도하기로 했다. 공의로우신 우리 주님의 선한 손에 맡겨드렸다. 어둠의 영들은 나까지 끌어들이려고 했으나, 나는 속지 않았다. 아침에 묵상했기에 어둠을 쉽게 이겼다.

잠언 : 잠언은 한 구절을 묵상해도 보석함에 가득 들어있는 보석 같다. 목걸이, 반지, 팔찌, 귀걸이처럼 각각의 보석이 아름답고 용도가 있듯이, 한 구절씩 그 교훈의 의미가 확실하다. 매일의 잠언 묵상에 거는 기대가 크다. 나를 바른길로 인도하는 길잡이가 될 것이다.

주의 교훈을 겸손히 받으라

시편 2:10-12 잠언 2:1

그런즉 군왕들아, 너희는 지혜를 얻으며, 세상의 관원들아, 교훈을 받을지어다. 여호와를 경외함으로 섬기고 떨며 즐거워할지어다. 그 아들에게 입 맞추라. 그렇지 아니하면 진노하심으로 너희가 길에서 망하리니 그 진노가 급하심이라. 여호와를 의지하는 자는 다 복이 있도다 시편 2:10-12

누가 복이 있는가? 시편 1편은 하나님의 말씀을 따라 사는 사람을 말하고, 2편은 하나님의 아들 메시아 예수 그리스도를 섬기는 나라를 말한다. 1편은 개인의 삶에, 2편은 국가 공동체의 삶에 적용된다. 하나님은 그를 거역하는 각 나라의 통치자들에게 한 번 더 기회를 주신다. 이제라도 정신을 차리고 주께 나아와 주를 섬기며 경배할 기회 말이다. 오직 하나님만이 열방을 다스리시며 모든 권세와 능력이 있으시다. 권력자는 교만을 버리고 겸손히 주를 섬기며 주께 경배해야 한다. 왜냐하면 하나님의 진노가 폭발 일보 직전이기 때문이다.

하나님이 아들 메시아 예수께 나라들을 다스릴 모든 권세와 능력을 주셨다. 열방이 예수께 와서 찬송 드려야 한다. 그런 나라에는 복이 있다. 그러나 교만하여 그를 거절하고 무시하며 대적하면 망할 것이다. 하나님을 경외하는 나라와 통치자들이 예수께 나아와 의지하면 복이 있다.

지구촌을 살펴보라. 이 말씀이 어떻게 이루어지는지를 볼 것이다. 어떤 나라와 통치자가 복을 받고, 망하는지를. 나라의 통치자들, 곧 대통령, 국무위원, 국회의원, 도지사와 시장을 위하여 기도하는 이유가 여기 있다. 그들이 하나님을 경외하기를 기도한다. 하나님은 이런 기도를 듣고 응답하신다.

내 아들아, 네가 만일 나의 말을 받으며 나의 계명을 네게 간직하며 잠언 2:1

사랑하는 아들을 향한 하나님 아버지의 말씀에 귀를 기울이자. 그 말씀을 마음에 새기자. 그리고 힘을 다해 살아내자. 나를 도우시는 성령 하나님이 계시지 않는가!

잠언 2장 2-4절은 말씀에 순종하는 삶의 모습을 구체적으로 보여준다. 5절과 9절에서 그 결과를 본다. 마치 보물섬의 지도를 손에 들고 위험을 감수하며 모험에 나서는 것처럼 하나님의 말씀을 대하자. 그러면 하나님 경외하기를 깨닫는다. 하나님을 경외하는 건 모든 지식의 근본이다(1:7).

그리고 하나님이 누구신지를 알게 된다. 하나님을 아는 지식은 재물이나 권력보다 귀하다(렘 9:23,24). 이는 머리로 아는 이론이나 말만 하는 지식이 아니다. 매 순간 펄떡이는 내 심장 안에 있어 삶으로 살게 한다.

또한 모든 공의와 정의와 정직의 선한 길을 깨닫게 한다. 공의는 올바른 판단력을, 공평은 올바른 관계의 기반을, 정직은 올바른 태도를 갖게 한다. 이는 곧 선한 길이다. 내가 하나님의 뜻을 따라 합당하게 살도록 해준다. 매일 하나님의 말씀에 귀 기울이며, 가슴에 새기고 읊조리며 말씀을 따라 사는 건 얼마나 아름다운가!

오늘 묵상 본문은, '말씀에서 지혜를 얻고 교훈을 받아라. 여호와를 경외해라. 주님과 친밀함 가운데 즐거워해라. 이런 자가 복이 있다. 그렇지 않으면 하나님의 진노하심으로 길에서 망한다'라는 내용이다.

한 집회에 갔을 때, 아주 큰 부자를 만난 적이 있다. 얼마나 교만한지 주님 위에, 담임 목사님 위에 앉아있는 듯했다. 하나님의 진노가 모든 나라의 군왕에게 폭발 일보 직전이라는 목사님의 묵상을 보며 문득 그 사람이 생각났다. 예전에 내 교만도 하나님의 진노를 끌어와 아주 큰 대가 지불을 했고, 죽음의 골짜기를 통과해야만 했다.

재물과 권력은 사람을 교만하게 만든다. 이들의 특징은 몽땅 하나님을 모른다는 거다. 교회는 출석하지만, 하나님을 경험하거나 알지 못할 때 교만하게 말하고 행동하는 것을 나는 보았다. 하나님이 아닌 의지할 무언가가 있을 때 마음은 높아지고 입술은 교만하게 말하며 행동은 무례해진다. 사람이 교만하게 행할 때 하나님께서 경고하신다. '너희가 길에서 망할 것이다!'

난 권력은 없고 돈이 있다. 그래서 늘 고백한다.

"돈이 아닙니다! 하나님을 아는 지식이 재물과 명예나 권력보다 귀합니다. 종일 묵상 말씀을 가슴에 새기고 주님과의 친밀감 속에서 하나님 뜻에 합당한 삶을 살 것입니다."

우리가 잠깐 주의 길에서 벗어났더라도 다시 그의 아들에게 입 맞추는 삶으로 돌아가야 한다. 주님과의 친밀함은 영적으로 예민하게 주의 뜻을 알아듣게 하고, 풍성한 자유를 준다.

오늘! 정신 차리고 주께 나아와 경배하며 주를 섬기는 기회를 얻어야 한다.

환난 날에 여호와를 부르라!

시편 3:7 잠언 3:3,4

여호와여, 일어나소서! 나의 하나님이여, 나를 구원하소서! 주께서 나의 모든 원수의 뺨을 치시며 악인의 이를 꺾으셨나이다 시편 3:7

시편 3편은 '다윗이 아들 압살롬을 피할 때 지은 시'다. 적들이 벌 떼처럼 일어났다. 위급하고 억울한 일을 당했을 때, 다윗은 사람에게 가지 않고 하나님께 나아갔다.

"여호와여, 일어나소서! 나를 구하소서!"

3번이나 "여호와여!"라고 부르짖었다(1,3,7). 하나님의 궁궐 문에 설치된 신문고를 울리는 다윗의 모습이다. 그는 환난 당할 때 잠잠하지 않았다. 낙심과 불안, 두려움에 빠져 허우적거리지 않고 하나님께 부르짖었다.

하나님이 응답하시니 더 이상 두렵지 않다(4-6). 하나님께 부르짖는 자는 풍랑 중에 주무시는 주 예수님의 평상심을 배운다(5,6). 하나님은 하늘 신문고를 울리는 자의 방패가 되시며, 그의 머리를 드신다(3). 나의 부끄러움을 가리시고 나를 다시 영예롭게 하신다. 그리고 복을 주신다(8).

아무리 어려워도 소망을 갖는 이유는 구원의 하나님이 계시기 때문이다. 나는 주의 인자하심을 굳게 붙들고 어떤 상황에도 주께 나아가 부르짖는다. 나도 다윗처럼 잠잠하지 않을 것이다. 하늘의 신문고를 쿵쿵 울릴 것이다.

오늘 주의 한결같은 사랑을 의지하니 주께서 나를 후하게 대우해주신다.

인자와 진리를 저버리지 말고, 그것을 목에 걸고 다니며, 너의 마음속 깊이 새겨두어라. 그러면 하나님과 사람 앞에서 네가 은혜를 입고 귀중히 여김을 받을 것이다.

잠언 3:3,4 새번역

그리스도인으로서 가장 중요한 것은 '인자와 진리'다. "인자" 또는 "인자하심"은 히브리어 '헤세드'이다. 그 뜻은 '놀라운 사랑, 한결같은 사랑'이다. "진리" 혹은 "진실하심"의 히브리어 '에메트'의 뜻은 '자신이 말한 것을 끝까지 확실하게 준행하는 성실함'이다.

이 두 가지를 목에 걸고 다닌다는 것은 액세서리를 말하는 게 아니다. 그것을 삶의 기본으로 삼으라는 것이다. 마음판에 새기라는 것은 그것을 삶으로 살아내라는 것이다. 얼마나 귀하고 아름다운가!

시편은 이 두 가지를 하나님께 받고, 잠언은 주께 받은 그것으로 사람들을 대하며 사는 것이다. 시편은 하나님께 받고, 잠언은 사람에게 준다. 하나님께 받은 인자와 진리를 겸비하여 사는 사람은 하나님과 사람 앞에 인정받는다. 하나님께도, 사람에게도 사랑을 받는다. 존중히 여김을 받는다.

다이아몬드나 금으로 된 액세서리를 목에 거는 것보다 '인자와 진리'를 항상 목에 걸고 다니는 사람은 어디를 가든지 빛날 것이다. 진정한 아름다움과 멋을 유지할 것이다. 신뢰와 존경과 사랑을 받을 것이다. 그리고 총명함, 통찰력, 분별력이 생겨 성공적인 삶을 살게 될 것이다.

내 인생에도 압살롬이 벌 떼처럼 일어났다. 그들은 진실에는 관심이 없다. 이럴 때 참 답답하고 힘이 든다. 또한 이때가 살아계신 주님을 신뢰하며 내 믿음을 보일 때다. 공의로우신 주님을 기억하며 힘을 얻을 때다.

나는 상황과 환경, 그들의 말에 반응하기보다 하나님의 약속과 사랑을 기억했다. 정직한 자에게 방패가 되어주시는 하나님으로 인해 담대해졌다. 환난 날에 하나님께 피하니 평상심과 그들을 긍휼히 여기시는 아버지의 조건 없는 사랑을 부어주셨다.

"긍휼을 행하지 아니하는 자에게는 긍휼 없는 심판이 있으리라 긍휼은 심판을 이기고 자랑하느니라"(약 2:13).

용서는 참 쉽지 않다. 그러나 내가 주님께 용서받은 것들을 쭉~ 떠올리고 하나하나 생각해보면, 그들을 용서할 힘이 생긴다. 용서는 선택이다. 어렵지만, 선택했다. 주님께서 용서할 힘을 주셨다. 그래서 오늘도 내가 원수를 이기게 하셨다. 내가 이겼다. 아버지의 방법으로 이기는 삶을 살게 하셨다.

내 의의 하나님은 선하십니다

시편 4:1 잠언 4:2

내 의의 하나님이여, 내가 부를 때 응답하소서. 곤란 중에 나를 너그럽게 하셨사오니, 내게 은혜를 베푸사 나의 기도를 들으소서 시편 4:1

나는 종종 시편 4편 1절을 내 노래로 부른다. 내 음정, 내 박자로 찬양한다. 나의 신앙 고백으로 주께 찬양 드린다. 부를 때마다 새 힘이 솟는다.

나는 의가 없으나 하나님이 "나의 의"가 되신다. 이 얼마나 놀라운 말씀인가! 내가 주께 부르짖을 수 있고, 그 부르짖음에 주가 응답하시고, 내게 은혜를 베푸시는 근거가 여기 있다. 곤궁에 빠져 막다른 골목에 다다랐을 때, 나를 벗어나게 해주시는 근거다.

"곤란"은 '좁다', "너그러움"은 '넓다'라는 뜻이다. 하나님이 좁고 막다른 골목, 절망과 두려움의 길에서 날 건지셔서 넓은 그분의 사랑의 보좌로 이끄신다. 그래서 나는 날마다 "내 의의 하나님", 그가 계신 곳에 드나든다. 그 임재 앞에 머문다. 내 아버지의 넓은 품에 안긴다. 위로하심, 이해받음, 용서와 용납 그리고 큰 사랑의 품에 말이다.

"우리가 그 안에서 그를 믿음으로 말미암아 담대함과 확신을 가지고 하나님께 나아감을 얻느니라"(엡 3:12).

"그러므로 우리는 긍휼하심을 받고 때를 따라 돕는 은혜를 얻기 위하여 은혜의 보좌 앞에 담대히 나아갈 것이니라"(히 4:16).

나는 의가 없으나 '나의 의'가 되신 하나님의 의가 나를 이같이 풍성하게 하신다.

은혜로다! 주의 은혜! 한량없는 주의 은혜!

내가 선한 도리를 너희에게 전하노니 내 법을 떠나지 말라 잠언 4:2

하나님의 말씀은 "선한 도리"다. 주의 말씀은 엄격한 훈장님의 가이드라인이 아니라 아버지가 자녀를 사랑함으로 앞날의 행복을 위해 살아갈 길을 보여주는 것이다. "내가 오늘 네 행복을 위하여 네게 명하는 여호와의 명령과 규례를 지킬 것이 아니냐"라고 하셨다(신 10:13).

그러니 그 말씀에 귀 기울이고 기쁘게 살아가는 게 정상적인 반응이다. 나는 그 말씀을 듣고, 마음에 간직하고, 말씀을 따라 힘을 다해 살 것이다. 이것이 바로 나의 복이기 때문이다.

오늘도 아버지의 음성이 들린다. 나를 사랑하시는 나의 아빠 아버지, 내 형통을 바라며 내 길이 평탄하기를 바라시는 그분이 부드럽고 따뜻하게 말씀하신다. 아버지의 선한 가르침은 언제나 내 갈 길을 알려주신다. 또한 그 길을 넉넉히 따라갈 수 있도록 내게 이해력과 분별력을 주신다. 나는 귀 기울여 그 말씀을 잘 듣고, 내 심장에 도장처럼 새길 것이다. 그리고 오늘 어디를 가든지, 무엇을 하든지 그 말씀을 따라 살아갈 것을 결심한다.

"고맙습니다. 하나님, 나의 아버지!"

시편 : 최근에 교회 주변으로 이사하는 과정에서 실수를 했다. 주님과의 약속을 지키지 못할 뻔한 것이다. 부요한 삶에서 스스로를 정비하고 싶었다. 내가 거주하던 큰 집은 전세를 주고, 34평 아파트를 월세로 살기로 주 앞에서 결정했다.

그런데 잘 수리된 좀 더 넓은 집을 보는 순간, 욕심이 들어왔다. 월세가 아니라 매매로 계약했고, 계약금을 포기하고 해약하는 소동이 벌어졌다. 다음날 탐심을 회개하고 돌이켰다.

지금은 34평 월세로 이사했다. 이처럼 나는 실수투성이다. 그래서 주님이 더 간절히 필요하다. 내게는 의가 없다. 나의 정직, 착한 행동으로 의를 만들지 못한다. 하지만 나의 의가 되시는 주님만 생각하면 모든 일에 담대해진다.

사랑하는 아버지는 언제나 가장 선한 길로 나를 인도하신다. 실수는 했으나 죄짓고 싶지 않았다. 잘못을 알았을 때 즉시 회개하고 돌이키니, 맘몬에게서 내가 승리하도록 도와주셨다.

잠언 : "너희는 내 교훈을 저버리지 말아라"(새번역).

하나님의 교훈은 지혜를 얻고 버리지 않는 것이다. 지혜가 나를 지켜주기 때문이다. 말씀을 내 마음에 간직하고 그 명령을 지키면 나는 잘 살 것이다. 이 길이 가장 선한 길이다.

새벽에 나의 소리를 들으신다

시편 5:1-3 잠언 5:1,2

여호와여, 나의 말에 귀를 기울이사 나의 심정을 헤아려주소서. 나의 왕, 나의 하나님이여, 내가 부르짖는 소리를 들으소서. 내가 주께 기도하나이다. 여호와여, 아침에 주께서 나의 소리를 들으시리니, 아침에 내가 주께 기도하고 바라리이다 시편 5:1-3

여호와 하나님은 나의 왕이시다. 내 삶의 모든 영역을 다스리신다. '여호와' 하나님은 내 말에 귀를 기울이신다. 내 심정을 헤아리시며 내 부르짖는 소리를 들으신다. 나는 원통한 마음이 있을 때 하나님께 기도한다. 소리 내어 부르짖는다. 갈급한 마음으로 새벽에 기도한다.

여기서 "아침"이란, 오전 시간대를 말하지 않는다. 밤이 끝난 아침이다. 곧 '새벽녘, 동틀 녘'을 말한다. 그래서 '이른 아침' 혹은 '새벽'이 더 적합한 단어다. 새벽이란 밤의 마지막, 빛이 어둠을 뚫고 나오는 때다. 그래서 '여명'(黎明)이다. 그때 기도한다는 건 그만큼 '갈급'하다는 것이다.

하나님은 새벽에 도우신다(46:5). 그래서 새벽에 갈급한 마음으로 기도할 때 주께서 응답하실 걸 믿기에 믿음으로 주를 깊게 바라본다. 내 기도 소리를 들으시는 하나님께 기도하고, 응답하시는 그분을 바라본다. 이는 막연한 기다림이 절대 아니다. 믿음의 자세다. 우리가 기도할 때 주께서 반드시 듣고 응답하실 걸 믿자.

내 아들아, 내가 지혜와 통찰력으로 가르치는 말을 잘 귀담아듣고 모든 일을 신중하게 하며, 네 말에 지식이 깃들여 있음을 보여주어라. 잠언 5:1,2 현대인의성경

하나님의 말씀에 주목하고 그것을 마음에 새기면 지혜를 얻는다. 건전한 판단력과 통찰력 그리고 분별력을 얻는다. 지혜롭게 말할 줄 알게 되어 곤경에 빠지지 않는다.

그래서 오늘도 나는 아버지의 말씀에 귀 기울이며 심장에 새긴다. 힘을 다해 말씀을 따라 살아간다. 그 말씀은 자녀를 사랑하시는 아버지의 말씀이다. 그 말씀을 날마다 주목하고 귀를 기울이는 길은 '묵상'하는 것이다.

한 절 한 절을 읽으며 '오늘 이 구절을 통해 내게 무엇을 말씀하시는가?' 생각한다. 그리고 그 말씀을 따라 어떻게 살지를 구체적으로 생각한다. 그래서 말씀의 저자요 스 승이신 성령께 질문한다.

"내게 무슨 말씀을 하길 원하시는지요?"

성령께 질문하라! 그러면 성령께서 반드시 도우실 것이다. 마치 불이 어둠을 밝히듯 성령께서 내게 이해를 주신다. "지식"은 그 말씀이 '무슨 뜻인지 아는 것'이고, "지혜"는 그 말씀대로 '어떻게 살지를 아는 것'이다.

그 말씀대로 한 발 내디딜 때, 성령께서 내게 살 힘을 주신다.

오늘 그것을 경험해보라!

나의 기도에 귀 기울여주십시오. 나의 신음을 들어주십시오(1). 나의 사정을 아룁니다. 그리고 주님의 뜻을 기다리겠습니다(3).

많은 일정으로 새벽에 일어나는 것이 몹시 힘들다. 자는 시간이 너무 늦기 때문이다. 시간 사용에 조정이 필요하다. 그러나 주께서 나의 기도를 들으시고 주의 뜻을 보이시니 간절한 기도 제목은 나를 새벽에 벌떡 일어나게 하고 부르짖게 만든다. 간절함, 갈급함, 목마름은 큰 복이다. 주님은 새벽 미명에 늘 습관적으로 기도하셨다.

나는 주님을 따라 억지로라도 몸을 일으킨다.

1) 아버지, 오늘도 온전하게 살겠습니다.

2) 정직하게 살겠습니다.

3) 하나님을 경외하겠습니다.

4) 악에서 떠나겠습니다. 성령 하나님, 오늘도 매 순간 말씀 따라 살도록 이끌어주세요.

매일 첫 기도를 이렇게 드리고 나면 몸이 점점 가벼워진다. 잠이 늘 부족하므로 아침 식사로 물 한 잔과 말씀을 먹기로 결정했다. 자주 느끼는 것인데, 아침 식사보다 말씀을 충분히 먹으면 엄마 품에서 젖먹이가 충분한 젖을 먹은 것처럼 영적 배부름이 있다. 이 렇게 하루를 시작하면 종일 말씀이 나를 이끌어가시는 걸 느낀다.

성령께서 내게 매 순간 살아낼 힘을 주시고, 날 사랑하시는 하나님께서 종일 나를 돌봐 주신다. 저녁 퇴근 때, 기분이 아주 좋다. 승리하고 집으로 가는 '맛'이 있다.

나의 영혼을 건지시는 주의 사랑

시편 6:4 잠언 6:1,2

여호와여, 돌아와 나의 영혼을 건지시며 주의 사랑으로 나를 구원하소서 시편 6:4

시편 6편 1-4절에서 "여호와여"를 5번이나 부른다. 얼마나 절박한지! 눈물이 난다. 6편의 표제는 "현악 여덟째 줄에 맞춘 노래"다. '낮은음에 맞추어 부르는 노래'라는 것이다. 낮은음은 탄원 혹은 탄식, 회개에 맞는 음률이다. 그래서 6편은 32편, 38편, 51편, 102편, 130편, 143편과 더불어 '시편에 나타나는 7편의 참회시'로 구분한다.

다윗은 자신이 처한 상황이 얼마나 고통스러운지를 육체와 영혼의 고통 가운데 하나님께 부르짖는다. 자신의 죄에 대한 하나님의 책망, 그로 인해 곤경에 처한 상태가 얼마나 고통스러운지를 고백한다.

탄식과 눈물 그리고 울음과 간구하는 기도로 밤을 지새운다. 육체도 병들었지만, 마음의 고뇌는 그보다 심하다. 주의 치유와 회복을 간구한다. 하나님께 회복과 치유를 구할 어떤 자격도 없지만, 오직 주의 사랑을 의지하며 눈물의 기도를 드린다. 용기를 내어 담대하고 간절히 기도한다.

4절의 "주의 사랑"은 '기이한 사랑, 놀라운 사랑, 조건 없는 사랑'이다. 아브라함의 언약에 기반을 둔 사랑이다. 곧 내 상태에 따른 게 아니라 일방적이고 조건 없이 주시는 약속이다. 주님은 내 울음소리를 들으신다. 눈물은 쇠하여 어두워진 눈을 치료하는 약이다. 주께서 히스기야의 기도를 들으시고 눈물을 보셨듯이, 내 기도와 눈물을 보신다. 나를 회복시키신다.

내 아들아, 네가 만일 이웃을 위하여 담보하며 타인을 위하여 보증하였으면, 네 입의 말로 네가 얽혔으며 네 입의 말로 인하여 잡히게 되었느니라 잠언 6:1,2

남의 빚보증은 절대 서지 말아야 한다. 그것은 의리도, 사랑도 아니다. 미련하고 어리석은 짓이다. "네 입의 말로 네가 얽혔다", "네 입의 말로 네가 잡히게 되었다"라는 건 어떤 문서도 작성하지 않고 단지 말 한마디로 사냥꾼이 놓은 덫에 걸렸다는 뜻이다.

함께 망하기로 작정한 것이다. 인생의 주인이 바뀌고 맘몬의 종이 되는 순간이다. 빚보증은 비참한 노예, 원수의 조롱거리로 전락하는 지름길이다. 혹 누군가가 도움을 청하면 내게 있는 것을 거저 주거나 이자 없이 빌려주는 것 외에 다른 길은 없다.

더 어리석은 길은, 빚내서 빌려주는 것이다. 빚지는 걸 아무렇지 않게 생각한다. 마치 바보들의 행진곡 같다.

"너는 곧 가서, 겸손히 네 이웃에게 간구하여, 스스로 구원하라"(3,5).

빚에서 필사적으로 탈출하라. 그렇지 않으면 며칠 후에는 사냥꾼의 밥이 될 것이다. 죽느냐 사느냐의 갈림길에 서게 된다.

잠언 6장 1-11절은 빚 갚는 전략을 제공한다. 이 하나님의 전략을 따라 빚을 갚고, 다시는 어리석음을 되풀이하지 말자. 절대로 다시는 빚지지 말자!

시편 : 하나님은 다윗을 선택하셨다.

"폐하시고 다윗을 왕으로 세우시고 증언하여 이르시되 내가 이새의 아들 다윗을 만나니 내 마음에 맞는 사람이라 내 뜻을 다 이루리라 하시더니"(행 13:22).

다윗은 참 정직하다. 자신의 죄에 대한 하나님의 책망 앞에 탄식과 눈물과 고통으로 부르짖는다. 오늘도 다윗을 통해 하나님은 내게 말씀하신다.

'주의 사랑을 알고 의지하라. 그런 자가 용기와 담대함을 가질 수 있다.'

하나님의 기이하고 놀라운 십자가의 사랑, 예수 보혈의 능력이 나를 완전히 새 사람으로 창조하셨다. 내 과거는 십자가로 끝나고, 십자가에서 내 미래가 펼쳐진다.

잠언 : 빚은 지긋지긋하다. 다시는 빚지지 않을 것이다. 채주의 종, 맘몬의 종이 되지 않을 것이다. 내가 빚진 것은 욕심 때문이었다. 나의 야망과 주의 비전을 구분하지 못했다. 야망이 클수록 주의 법도에서 멀어진다.

빚지지 말라는 주의 경고가 들리지 않는다. 망해야 진리가 들린다. 빚지고 사업을 확장하는 것을 '하나님나라 확장을 위한 선택'으로 합리화했으나 하나님은 온 천하에 이것을 드러내셨고, 오히려 나를 낮추는 도구로 사용하셔서 오늘날처럼 선을 이루어주셨다.

여호와는 나의 하나님입니다

시편 7:1 잠언 7:1,2

여호와 내 하나님이여, 내가 주께 피하오니 나를 쫓아오는 모든 자들에게서 나를 구원하여 내소서 시편 7:1

"여호와"는 하나님의 이름이다. 아브라함에게 말씀하고 언약하며 인도하시는 하나님도 '여호와'시다. 이삭, 야곱에게도 '여호와'시다. "나는 여호와니, 너의 조부 아브라함의 하나님이요, 이삭의 하나님이라"(창 28:13). 모세에게 오셔서 사명을 맡기시는 분도 '여호와'시다(출 3:14,15).

어렵고 힘든 상황에 부닥칠 때, "여호와는 나의 하나님이십니다"라는 고백이 필요하다. 아브라함, 이삭, 야곱의 하나님만이 아니라 내게 말씀하며 나를 지키고 인도하시는 "내 하나님"이시다. 그렇기에 환난 당해 도움이 필요할 때, 하나님께 나아간다. 고아처럼 홀로 해결하려고 하지 않는다.

다니엘도 "자기의 하나님"을 믿었다(단 6:23). 그래서 사자 굴에서도 두려워하지 않았다. 다윗도 "내 하나님이여, 내가 주께 피하오니 나를 구원하여주소서"라고 했다. 사도 바울도 풍랑 속에서 "그러므로 여러분이여, 안심하라. 나는 내게 말씀하신 그대로 되리라고 하나님을 믿노라"(행 27:25)라고 담대히 말했다.

"야곱의 하나님을 자기의 도움으로 삼으며, 여호와 자기 하나님에게 자기의 소망을 두는 자는 복이 있도다"(146:5).

여호와는 '나의 하나님'이시다.

내 아들아, 내 말을 지키며 내 계명을 간직하라. 내 계명을 지켜 살며, 내 법을 네 눈동자처럼 지키라 잠언 7:1,2

이렇게 기도하자.

"아버지의 말씀을 건성건성 듣지 않고, 귀 기울여 듣고, 그 말씀을 심장에 새기겠습니다. 그리고 그 말씀대로 반드시 살아내겠습니다. 이것만이 내가 살길이기 때문입니다!"

그러면 성령께서 반드시 내가 살아내게 도와주실 것이다. 오늘도 내게 사랑으로 말씀하시는 하나님 아버지시다. 잘 사는 길을 보여주신다. 유혹에 걸려들지 않도록 단단히 일러주신다. 그 말씀을 심장에 새기고 손바닥에 적는다.

예수 그리스도 안에서 살고자 하면 날마다 도전에 직면한다. 이 세상은 그런 사람을 흔들려고 갖은 방법을 동원한다. 왜냐하면 그들이 세상을 변화시키려 하기 때문이다. 그래서 우리가 힘을 발휘하지 못하도록 봉쇄 작전을 쓴다.

이럴 때는 어떻게 해야 할까? 하나님 아버지의 말씀을 듣고, 읽고, 그 말씀을 마음에 새기고, 지켜 살아내야 한다. 그러면 그 말씀이 나를 지켜 살게 한다. 세상의 유혹을 이기고, 우리의 사명인 세상을 변화시키는 삶을 살게 한다.

영향을 받지 않고 영향을 주는 삶을 넉넉히 사는 비결은, 오직 아버지의 말씀으로 사는 데 있다.

크게 회개하고 돌이킨 후, 말씀대로 살아내고 싶었다. 주께 더 가까이 갈수록 '네 십자가를 지고 따라오라'라는 말씀을 뼈저리게 느끼고 있었다. 원수들이 다니엘의 세 친구를 맹렬히 타는 풀무 불에 던져 넣은 것같이 나를 그렇게 던졌다. 내가 낙심하고 좌절하여 받은 사명을 포기하게 만들려는 사탄의 계략이었다.

세상 왕은 말한다.

"능히 너희를 내 손에서 건져낼 신이 누구겠냐?"

다니엘의 세 친구가 대답한다.

"하나님이 우리를 맹렬히 타는 풀무 불 가운데서 건져내시겠고 왕의 손에서도 건져내시리라"(단 3:15-17).

"그렇게 하지 아니하실지라도 하나님은 선하십니다." 이것을 오늘 내 고백으로 삼을 것이다. 내 삶에 일어나는 모든 일을 이해할 수는 없다. 그러나 하나님은 언제나 선하시다. 나의 때와 하나님의 때는 달랐지만, 나를 원수의 손에서 건져내셨다. 나를 고아처럼 버려두지 않으셨다.

원수 앞에서 내게 상을 베풀어주시는 하나님을 바라보고, 오늘도 주의 말씀을 심장에 채운다.

"하나님의 말씀과 계명, 하나님의 법을 지키겠습니다!"

어린아이를 무시하지 마라

시편 8:2 잠언 8:1-3

주의 대적으로 말미암아 어린아이들과 젖먹이들의 입으로 권능을 세우심이여, 이는 원수들과 보복자들을 잠잠하게 하려 하심이니이다 시편 8:2

이 말씀을 우리 주 예수님이 말씀하셨다.

"대제사장들과 서기관들이 … 성전에서 소리 질러, '호산나 다윗의 자손이여' 하는 어린이들을 보고, 노하여, 예수께 말하되, '그들이 하는 말을 듣느냐?' 예수께서 이르시되, '그렇다. 어린아기와 젖먹이들의 입에서 나오는 찬미를 온전하게 하셨나이다' 함을 너희가 읽어본 일이 없느냐?' 하시고"(마 21:15,16).

여기서 몇 가지 놀라운 사실을 알 수 있다. 어린아이와 젖먹이도 찬송할 줄 안다. 이들은 성전에서 주를 찬송했다. 이 아이들이 소리 질러 찬송했다. 그러니 아이들이 너무 어려서 찬송을 부를 줄 모른다는 생각은 얼마나 잘못된 것인가! 어른들은 예배드리고, 아이들은 따로 게임기를 만지거나 만화나 보게 하는 건 비극이다. 아이들, 그것도 젖먹이들까지도 주를 찬송한다는 사실을 이상하게 생각하지 말아야 한다.

어린아이들은 예배를 드릴 줄 모르기 때문에 율동이나 동요를 섞어야만 한다는 편견도 잘못됐다. 이들은, "호산나! 다윗의 자손이여!"라고 소리 질러 찬송을 불렀다. 아이들도 정상적인 예배를 드릴 줄 안다. 아이들의 찬양은 능력이 있다. 원수들의 이를 꺾어 부수는 능력이다.

가정이나 교회 공동체에서 온 가족이 함께 예배드려야 한다. 찬송, 기도, 말씀, 교제가 함께 이루어져야 한다. 주님은 이런 예배를 기뻐하신다.

지혜가 부르지 아니하느냐? 명철이 소리를 높이지 아니하느냐? 그가 길가의 높은 곳과 사거리에 서며, 성문 곁과 문 어귀와 여러 출입하는 문에서 불러 가로되 잠언 8:1-3

오늘도 우리 주 예수님의 음성을 듣는다. 주님은 번화한 교차로에서, 교통량이 많은 거리의 광장에서, 떼 지어 가는 재래시장과 백화점에서 외치신다. 버스 정류장, 카페, 사무실에서 말씀하신다. 지금 내가 혼자 있는 서재에서도 조용히 부드럽게 말씀하신다.

그의 음성을 들으면 지혜와 통찰력이 생긴다. 주께서 주의 약속의 말씀을 듣고 주를 간절히 찾으라고 큰 소리로 말씀하신다. 번화가에서 말씀하신다.

대형 LED 전광판에 주목하라. 큰 글자로 적으셨다. 주의 말씀이 들린다.

"오직 주를 사랑하라!"

"여호와를 경외하라!"

"간절히 주를 찾으라!"

"성공의 길, 존귀와 명예를 얻는 길이 나에게 있다!"

시편 : '어린아이가 하나님 음성을 들을 수 있겠어? 예배는 제대로 드릴 줄 알겠어?'

이런 내 생각은 완전히 틀렸다. 우리 가족이 함께 예배드리며 하나님의 인도하심을 구할 때면 언제나 초등학생인 아들 유진이는 하나님의 음성을 정확하게 듣고, 예민하게 그분의 뜻을 분별해 말했다. 그래서 어린아이를 절대 무시하지 않게 되었다.

우리 교회 주일예배는 어린아이들과 부모님이 맨 앞줄에서 함께 예배드린다. 어린아이들이 더 열정적으로 예배를 드리고 설교 말씀을 정확하게 기록한다.

하나님의 말씀은 어린아이에게도 지혜와 명철, 통찰력을 갖게 한다. 말씀을 삶에 적용하는 힘을 갖게 한다.

"마땅히 행할 길을 아이에게 가르치라 그리하면 늙어도 그것을 떠나지 아니하리라"(잠 22:6).

나는 예배와 기도 모임에 아이들을 무시하지 않고 꼭 참여시킨다. 배 속에 있는 아이까지도 주님을 찬양한다.

"엘리사벳이 마리아가 문안함을 들으매 아이가 복중에서 뛰노는지라"(눅 1:41).

잠언 : 지식 - 말씀으로 다림줄을 내리는 것이다.

　　　　명철 - 말씀, 상황, 사물에 대한 이해력이다.

　　　　지혜 - 지식을 내 삶에 적용하여 살아내는 힘이다.

주님이 부르신다. 말씀을 알아듣게 하시고 삶에서 살아내도록 힘을 주신다. 주님 앞에 가면 참 좋다. 똘망~ 똘망~ 해진다.

어린양의 피에 그 옷을 씻어
희게 하였느니라

시편 9:4 잠언 9:1,2

주께서 나의 의와 송사를 변호하셨으며, 보좌에 앉으사 의롭게 심판하셨나이다

시편 9:4

시편 9편에는 "심판"이라는 단어가 5번 나온다. 주님이 보좌에 앉으신 건 심판하시기 위해서다. 마치 법정 재판석에 앉은 재판관과 같다. 그는 영원한 재판관이시다. 공의와 정직으로 악인과 열방을 의롭게 심판하신다. 공정한 심판으로 주님이 누구신지 온 세상에 알리신다.

"힉가욘"이란 '묵상'을 말한다(16). 하나님이 누구신지 묵상해야 한다. 혼란한 삶, 두려움과 낙심에 둘러싸여 흔들리지 말고, 하나님 앞에 머물며 그분의 행하심을 바라볼 때, 비로소 안정되고, 소망이 생긴다. 권세를 가진 자들은, 이런 하나님을 두려워할 줄 알아야 한다. 주 앞에 겸손해야 한다. 보좌에 앉으신 여호와 하나님이 열방을 심판하신다!

또한 "여호와여"가 4번 나온다. 주를 향해 부르짖는다. 여호와 하나님은 가난한 자, 궁핍한 자, 환난과 압제를 당하는 자의 부르짖음을 잊지 않으시고 그들의 송사를 변호하신다.

이런 주 하나님 여호와가 나의 송사를 담당하신다. "나의 의와 송사"를 변호하신다. 주는 "내 의의 하나님"이시다(4:1). 원수가 나를 고발하고 정죄하지만, 하나님이 변호하신다. 죽으시고 부활하신 예수 그리스도가 변호하신다. 재판장이신 하나님이 나를 의롭다고 하신다(롬 8:31-34). 나는 오직 믿음으로 의롭게 되었다. 그분의 사랑에 큰 은혜를 입었다.

지혜가 그 집을 짓고 일곱 기둥을 다듬고, 짐승을 잡으며 포도주를 혼합하여 상을 갖추고 잠언 9:1,2

집을 지을 때 일곱 기둥을 깎아서 세우는 게 중요하다. 공의, 정직, 지혜, 진실, 거룩,

긍휼, 사랑의 기둥이다. 여기서 "집"이란, 개인, 가정, 교회, 사업장, 지역, 도시, 국가 등 거의 모든 경우에 해당한다. 거기에 일곱 기둥을 세워야 한다. 가령, 말할 때는 '진실', 관계는 '사랑', 결정은 '공의'로 한다.

그리고 가구를 들여놓는다. 하나님의 음성을 듣는 삶, 성령의 능력으로 행하는 삶, 기도하는 삶이 가구다. 그리고 잔치 음식을 준비한다. 말씀과 찬양과 경배로 축제를 열고 손님을 초대한다.

9장의 내용은 어리석은 자를 향한 두 여인의 초청장 발부다. 지혜로운 여인의 초청(1-12)과 미련한 여인의 초청(13-18)이 나온다. 그 초청의 목적과 결과는 정반대다. 마치 요한복음 10장 10절과 같다.

"도적이 오는 것은 도적질하고 죽이고 멸망시키려는 것뿐이요 내가 온 것은 양으로 생명을 얻게 하고 더 풍성히 얻게 하려는 것이라."

오늘도 나는 오직 예수님의 초청 만찬에 참석합니다. 거기서 생명과 풍성한 삶을 누립니다.

하나님이 공의로 나를 심판하셨다면 눈이 뽑히고, 손목이 잘리고, 다리도 잘렸을 것이다. 그러나 나의 과거를 십자가로 끝내셨다. 하나님의 긍휼이 내 죄를 어린양의 피로 씻어 희게 하셨다. 삶 속에서 더러워진 옷을 매일 예수님의 피에 빨아 입으면 흰 눈보다 더 희게 된다. 십자가에서 내 미래가 펼쳐진다.

"오! 주님, 생명 다해 사랑합니다. 오직 하나님만 의지하는 지혜로운 삶을 살겠습니다. 도적이 오는 것을 경계하며 깨어있겠습니다. 나를 향한 아버지의 계획에 동의하고 최선의 1을 다하는 삶을 살겠습니다."

건축회사는 설계도를 가지고 건물을 완성해간다. 하나님이 내 인생을 설계하셨고, 예수님이 내 도면을 보면서 지어가신다. 그리고 성령께서 건물이 목적대로 사용되도록 힘과 능력을 주신다.

"오늘도 승리자 예수 그리스도를 뒤따르는 마하나임, 하나님의 군대로 이기는 삶을 살겠습니다. 주님 안에 있는 생명과 풍성한 삶을 누리겠습니다."

오직 의인은 믿음으로 살리라

시편 10:1 잠언 10:3

여호와여, 어찌하여 멀리 서시며, 어찌하여 환난 때 숨으시나이까? 시편 10:1

"어찌하여"는 하나님을 믿는 우리 마음에 자주 떠오르는 단어다. 하나님의 말씀을 따라 살고자 하는 사람의 입에서 나오는 말이다. 불순종, 불신앙의 사람에게는 이 단어가 없다. 오직 하나님의 뜻을 알고자 하는 사람의 입에서 나오는 탄식의 기도다. 이는 하나님의 때와 방법과 나의 때와 방법이 달라서 그렇다. 하나님이 말씀하신다.

"내 생각이 너희의 생각과 다르며, 내 길은 너희의 길과 다르다. 하늘이 땅보다 높음같이 내 길은 너희의 길보다 높으며, 내 생각은 너희의 생각보다 높다"(사 55:8,9).

그러니 시간이 지나면 알게 된다. 지금은 하나님이 멀리 계신 것 같고, 환난 때 숨으시는 것 같지만 하나님은 멀리 계시지 않는다. 숨지 않으신다. 하나님의 때와 시기 그리고 방법을 믿어야 한다. 조급해하지 말고 기다려야 한다.

에녹은 그런 때에 살았다. 그렇지만 그는 하나님과 동행했기에 믿음이 흔들리지 않았다. "믿음으로 에녹은 죽음을 보지 않고 옮겨졌으니, 하나님이 그를 옮기심으로 다시 보이지 아니하였느니라. 그는 옮겨지기 전에 하나님을 기쁘시게 하는 자라 하는 증거를 받았느니라. 믿음이 없이는 하나님을 기쁘시게 하지 못하나니, 하나님께 나아가는 자는 반드시 그가 계신 것과 또한 그가 자기를 찾는 자들에게 상 주시는 이심을 믿어야 할지니라"(히 11:5,6).

주님의 맷돌은 너무 서서히 돌기에 마치 멈춘 것처럼 보일지 모른다. 그러나 아주 철저히 모든 것을 가루로 만든다. 며칠, 몇 달, 몇 년이 아니라 백 년, 천 년을 바라보자. 하나님이 일하시는 것이 보일 것이다. "오직 의인은 믿음으로 살리라"(합 2:4).

여호와께서 의인의 영혼은 주리지 않게 하시나, 악인의 소욕은 물리치시느니라

잠언 10:3

잠언 10장은 "의인"과 "악인"을 10번에 걸쳐 비교, 대조하신다. 의인과 악인은 하나님과 그 말씀에 어떻게 반응하느냐에 따라 구분된다. 하나님을 경외하며, 그의 말씀을 삶의 절대적 가치 기준으로 삼는 사람이 의인이다. 반면에 하나님을 두려워하지 않고 그 말씀을 무시하며 제 마음대로 사는 사람이 악인이다.

하나님은 의인을 굶기지 않으신다. 일용할 양식을 주신다. 날마다 만나를 주신다. 예수님은 "너희는 먼저 그의 나라와 그의 의를 구하라. 그리하면 이 모든 것을 너희에게 더하시리라"라고 약속하셨다(마 6:33). 그러나 악인의 물질 탐욕은 물리치셔서 구하는 바를 주지 않으신다. 악인은 하나님나라와 의에 관심이 없기 때문이다.

부당한 사리사욕으로 얻은 악인의 재물은 오래가지 않는다. 하나님이 그 재물을 의인에게 옮기실 것이다. 악인의 손은 오므라져서 아무 일도 하려 하지 않는 게으른 손이다. 의인의 손은 펼친 손, 부지런한 손이다(4).

그래서 악인은 가난을 벗어나지 못한다. 언제나 부족함을 느낀다. 궁핍 정신으로 가득하며 만족함이 없다. 그러나 하나님을 신뢰하며 하나님의 말씀에 전적으로 순종하는 사람은 언제나 풍족하다. 하나님이 하늘의 것으로 부으시고, 땅의 것으로 채우시기 때문이다.

하나님의 뜻대로만 살려는데 왜 이렇게 피곤한가? 가정, 사업, 사역까지 원수들이 다 흔들어놓는다.

'아~ 오늘은 어찌 하나님이 이렇게도 멀리 계시단 말인가? 내 원수들이 내 뺨을 치는구나! 우군들은 멀리서 구경만 하는구나! 주님, 어디 계십니까?'

피곤하고 긴 하루를 보냈다. 늦은 밤 지치고 상한 마음으로 주 앞에 앉는다. 주님의 음성이 들린다.

'네 믿음을 보여라! 두려워 마라! 약한 손을 강하게 하며, 떨리는 무릎을 굳게 하라! 하나님이 오사 보복하며 갚아주실 것이라! 너를 구하시리라.'

악인이 잠시 이 땅에서 잘되는 것 같으나 반드시 주께서 심판하신다. 공의로우신 주님을 종일 묵상했다. 원수 갚는 것을 주의 손에 맡겨드렸다. 한결 마음이 편해졌다.

나를 풍족하게 하시는 주님을 힘입어 다시 힘을 낸다. 원수를 이기는 반대 정신으로 주님의 성품, 주님의 방법, 주님의 길을 더 사모한다.

정직한 자는 주의 얼굴을 보리라

여호와는 의로우사 의로운 일을 좋아하시나니, 정직한 자는 그의 얼굴을 뵈오리로다

시편 11:7

하나님이 하시는 모든 일은 공평하다. 그분은 의로우시기 때문이다. 그러므로 때로 우리에게 공평하지 않다고 생각할 만한 일들이 일어나도 불평하거나 낙심하지 말아야 한다. 내 이해가 충분하지 않을 뿐이다. 하나님이 하시는 일은 언제나 그분의 성품과 일치한다.

악당들이 내게 화살을 쏘며 괴롭히면 의로우신 하나님이 모든 일을 바로잡으신다. 하나님은 의로운 일을 좋아하시기에 의로운 사람을 좋아하신다. '의'란 올바른 관계를 말한다. 올바른 관계의 기반은 '정직'이다. 의와 정직은 동행한다.

하나님은 정직한 사람을 기뻐하신다. 그분이 정직하시기 때문이다. 거짓을 미워하신다. 정직한 사람은 어느 때라도 오직 의로우신 하나님을 붙든다. 언제나 거리낌 없이 주 앞에 나아가 주의 얼굴을 본다. 이보다 더 영광스러운 자리가 있을까! 하나님의 얼굴을 보는 삶은 영광이요 특권이다.

정직한 자는 환난 당할 때 사람을 의지하지 않는다. 인간적인 수단과 방법을 강구하지 않는다. 하나님께 나아가 그분의 도우심을 받아 위기를 극복한다. 하나님은 정직한 자의 피난처시기 때문이다. 오직 하나님만이 나의 도움이시다.

교만이 오면 욕도 오거니와 겸손한 자에게는 지혜가 있느니라 잠언 11:2

잠언 18장 12절이 이 말씀을 그대로 표현한다.

"사람의 마음의 교만은 멸망의 선봉이요 겸손은 존귀의 앞잡이니라."

또한 야고보서 4장 6절은 말씀한다.

"그러나 더욱 큰 은혜를 주시나니 그러므로 일렀으되, '하나님이 교만한 자를 물리치시고 겸손한 자에게 은혜를 주신다' 하였느니라."

교만한 사람은 헛된 자부심이 가득하다. 자기 자신을 모르는 게 교만이다. 자기가 있어야 할 자리, 마땅히 취할 태도와 행동을 모르고 제멋대로 날뛴다. 결국 교만하면 수치가 뒤따른다. 성경의 수많은 교만한 자가 한결같이 수치를 당했다. 하나님이 교만한 자를 낮추셨다. 그들의 콧대를 납작하게 만드셨다.

그러나 겸손은 존귀가 뒤따른다. 하나님이 사람들 앞에 그 얼굴을 빛나게 하신다. 자기 분수와 자리를 알아 그 자리에 있는 게 겸손이다. 피조물의 제자리다. 겸손한 사람은 하나님을 예배한다. 하나님께 기도한다. 다른 사람을 존중하나 비굴하지 않다. 언제나 평상심을 유지하고 얼굴에 미소를 띠며 친절하다.

자기를 높이는 자는 낮아져서 수치를 당할 것이다. 그러나 자기를 낮추는 자는 하나님이 높이셔서 영광스럽게 하신다.

오늘 그리고 일생 동안 겸손한 사람이 되어야 한다.

하나님의 공평에 대해 큰 의문을 가졌던 시간이 있었다. 나쁜 사람은 잘되고, 착한 사람은 고난을 받는 것 같았다. 그 답을 광야의 삶을 지나며 비로소 알았다.

진정한 공평의 기준을 어디에 두는가?

성경은 누가 복이 있다고 말하는가?

여호와를 알고 그를 경외하는 자는 영원한 나라에서 복이 있다. 공평의 기준을 환경에 두지 않는 법을 배웠다.

요셉이 형들에 의해 장래가 보장되지 않는 노예로 팔렸으나, 그가 하나님만 의지하자, 하나님은 그를 훈련하셔서 애굽의 이인자로 높이셨다.

"우리가 알거니와 하나님을 사랑하는 자 곧 그의 뜻대로 부르심을 입은 자들에게는 모든 것이 합력하여 선을 이루느니라"(롬 8:28).

나는 오늘도 정직한 삶, 믿음의 삶으로 주의 얼굴 뵙기를 원한다. 겸손함으로 주 앞에 서있기를 결정한다. 공평하신 주께서 나를 보고 계신다. 사업의 성공이 내 힘, 내 지혜, 내 능력으로 가능하다고 착각했다. 하나님은 내 교만한 콧대를 납작하게 만드셨고, 수치를 겪게 하셨다.

광야 10년은 나의 자리를 확실하게 알게 해준 감사한 시간이었다. 나의 자리는 피조물의 자리, 청지기(종)의 자리, 자녀(딸)의 자리다.

안전지대에 두리라

시편 12:5 잠언 12:1

여호와의 말씀에, '가련한 자들의 눌림과 궁핍한 자들의 탄식으로 말미암아, 내가 이제 일어나 그를 그가 원하는 안전한 지대에 두리라' 하시도다 시편 12:5

"가련한 자들"은 '비천하고 가난하며 억압받는 힘없는 자들'이다. "궁핍한 자들"은 '필요를 스스로 채우지 못할 만큼 연약한 자들'이다. 이들은 강한 원수로 인한 "눌림"을 견디지 못한다. 감히 입을 열어 부르짖을 힘도 없다. 다만 잠잠히 탄식할 뿐이다. 그러나 여호와 하나님은 사랑하는 자녀들의 탄식 소리를 듣고 일어나신다. 방관하지 않으시고 "내가 이제 일어나리라" 말씀하신다.

이들의 상황 가운데 오셔서 구체적으로 도우시겠다는 하나님의 전쟁 개입 선언이다. "이제"라는 말씀은 더 이상 지체하지 않겠다는 하나님 아버지의 의지를 보여준다. 전쟁의 강한 용사처럼 일어나셔서 압제하는 자들과 싸우신다. 인생 역전이 일어난다.

하나님 아버지는 먼저 그의 자녀들을 "안전한 지대"로 옮기신다. 하나님의 안전지대는 사방에서 어떤 두려움이 와도 염려가 없는 곳이다. 배들이 폭풍우와 태풍을 피할 수 있도록 만든 항구 같은 곳이다. 하나님께서 우리를 "지키시고" 이 세대로부터 영원까지 "보존하리라" 약속하신다(7). "보존하다"는 마치 농업시설이나 군사시설을 보호하는 것과 같다. "지키다"는 목자가 양 떼를 돌본다는 뜻이다.

이 말씀들은 "여호와의 말씀에"로 시작한다. 이보다 더 강력한 보증이 있을까! 하나님이 말씀하시면 반드시 그대로 된다. 하나님은 이같이 우리를 사나운 짐승으로부터 보호하신다. 지켜주신다. 돌보신다. 그러니 우리는 믿음으로 이 약속을 굳게 붙들어야 한다.

훈계를 좋아하는 자는 지식을 좋아하거니와, 징계를 싫어하는 자는 짐승과 같으니라

잠언 12:1

좋은 약은 입에는 쓰지만 참고 먹으면 몸을 건강하게 해준다. "훈계"를 듣고 "징계"

를 받으면 아프다. 마치 쓴 약을 먹는 기분이다. 실수하고 잘못을 저질러 지적받거나 심한 꾸중을 들을 때도 그렇다.

하지만 거부하지 마라. 듣기 싫어하거나 무시하지 마라. 모욕당한다고 생각하지 마라. 지적받을 때, 꾸중을 들을 때, 겸손하게 받아들이고 나 자신이 더욱 발전하고 성장하는 기회로 삼아야 한다. 그런 사람의 앞날은 소망이 있다. 오늘의 실수를 내일의 성공 발판으로 삼을 줄 알기 때문이다.

그러나 어떤 사람은 지적이나 꾸중을 들으면 심한 상처를 받는다. 변명하거나 기분이 나빠서 화를 낸다. 아예 그만두거나 떠나버리기도 한다. 교만하고 어리석은 행동이다. 징계를 싫어하는 사람은 어리석은 것에 그치지 않고 "짐승과 같아서" 지혜 없는 말이나 노새와 다름없다. 사람다움을 스스로 저버리며 말씀의 권고를 듣지 않으려 한다.

이같이 훈계와 징계를 받아들이느냐, 거절하느냐에 따라 그 결과는 아주 다르다. "무릇 징계가 당시에는 즐거워 보이지 않고 슬퍼 보이나, 후에 그로 말미암아 연단받은 자들은 의와 평강의 열매를 맺느니라"(히 12:11).

날마다 갈급한 마음으로 주의 말씀에 귀 기울이고, 그 말씀을 따라 힘을 다해 살아내자! 하나님 아버지의 징계를 받자!

시편 : 내 영혼아, 인생 역전을 바라는가? 내 삶의 문제 가운데 하나님께서 개입하시면 인생 역전이 일어난다! 내 영혼아, 주를 찬양하고 예배하라. 탄식하며 부르짖으라. 그때 하나님께서 나를 안전지대로 옮기신다. 인생을 살다 보니 크고 작은 많은 문제가 날마다 발생한다. 나는 이를 해결하려고 너무 애쓰지 않는다. 문제의 해결사인 우리 주께로 가져가면 안전하게 해결되기 때문이다.

잠언 : 지적받고 꾸중 들을 때, 훈계와 징계를 받을 때, 내 자세를 보면 내 미래가 보인다. 물론 쉽지 않다. 아주 쓴 한약을 마시는 느낌이다. 하지만 입에 쓴 약이 몸에 좋다고 했다. 무엇보다 변명하지 않는 법을 배워야 했다. 상처받거나 화내지 않는 법도 배웠다. 여기에 귀를 닫아버렸다면, 나는 짐승이 되었을 것이다. 앞으로도 이를 발전의 기회로 삼고 사람다움으로 살 것이다.

오직 주의 사랑을 의지하여

시편 13:5,6 잠언 13:1,18

나는 오직 주의 사랑을 의지하였사오니 나의 마음은 주의 구원을 기뻐하리이다. 내가 여호와를 찬송하리니 이는 주께서 내게 은덕을 베푸심이로다 시편 13:5,6

새번역에는 "그러나 나는"(But I)으로 시작한다. 상황이 힘들지만, 오직 주님의 사랑만 의지하겠다는 다윗의 고백이다. 환경에 휩싸이고 사람들의 말에 휘둘리면 한없이 흔들리고 마음의 평정을 잃는다. 슬픔의 늪에 빠져 허우적거리기 쉽다. "그러나 나는" 그때 내 시선은 주를 향하고, 내 마음은 주님께로 기울고, 내 발걸음은 주를 향한다.

하나님은 '나의 주'시며 동시에 '여호와'시다. "여호와"를 '아빠 아버지'로 바꾸어도 된다. 하나님 아버지의 사랑을 의지하고 하나님께 달려가는 사람을 그분은 언제나 환영하신다. 아버지의 집 대문은 언제나 활짝 열려있다.

나를 향한 아버지 하나님의 놀라운 사랑, 변치 않는 놀라운 사랑을 믿기에 즉시 아버지의 품으로 달려든다. 그분이 나를 넓은 품에 안고, "이제 괜찮아"라고 하시니 모든 두려움이 사라진다. 나는 즉시 아빠 품에서 잠이 든다. 하나님 아버지께서 이처럼 언제나 후하게 은혜를 베푸시니, 나는 기쁨이 넘친다. 목이 터져라 그를 찬양한다.

'그러나 나는' 오직 아버지의 사랑을 의지합니다.

지혜로운 아들은 자기 아버지가 타이르는 말을 주의 깊게 듣지만 거만한 자는 꾸지람을 들으려고 하지 않는다. 타이르는 말을 듣지 않는 사람에게는 가난과 수치가 따르고 책망을 들을 줄 아는 사람은 존경을 받는다. 잠언 13:1,18 현대인의성경

지혜로운 사람과 거만한 사람의 차이는 '말'에 있다. 들을 줄 아는 말과 할 줄 아는 말이다. 지혜로운 사람은 들어야 할 말을 들을 줄 안다. 그러나 거만한 사람은 듣지 않는다. 들을 줄 아는 귀, 듣는 마음을 가진 사람이 지혜롭다.

청각장애인은 동시에 언어장애인이다. 귀와 입은 함께 작동한다. 들을 줄 모르면 말할 줄 모르고, 들을 줄 알면 말할 줄 안다. 듣는 대로 말한다. 지혜로운 아들은 아버

지의 타이르는 말에 귀를 기울이며 책망을 들을 줄 안다. '청종'은 말을 들을 때 주의를 집중하고, 들은 말에 따라 구체적으로 살아내는 것이다. 그런 사람은 존경과 신뢰를 얻는다. 솔로몬은 "듣는 마음"을 달라고 하나님께 구했다. 들을 줄 알아야 말할 줄 알기 때문이다. 그는 왕으로서 백성을 옳은 데로 이끌고 싶었다. 하나님이 그의 간구를 듣고 응답하셨다. 그는 지혜로운 사람이 되었다. 총명과 명철이 있어 듣고 말할 줄 알게 되었다.

하나님 아버지의 말씀을 주의하여 듣자. 순종할 마음의 자세로 그분의 말씀에 귀를 기울이자. 그러면 무엇을 어떻게 말할지도 알게 된다.

시편 :

오전 - 눈을 떴다. 피곤하다는 생각이 먼저 든다. 국내외 일정을 소화하느라 육신이 지친 느낌이다. 이럴 때 나 자신에게 투자해야 한다. 말씀, 예배, 기도 앞으로 더 빨리 가기로 결정한다. 아빠 아버지의 사랑이 나를 덮을 때 빠른 회복을 얻는다. 다른 데서, 다른 것으로 회복하기를 기대하지 않는다. 헛된 곳과 헛된 것으로 회복을 꿈꾸지 않는다. 주님 앞에서 마음과 생각을 고요하게 만든다. 한없는 아빠 아버지의 위로와 격려, 사랑이 나를 회복시키신다. 새날을 주시고 새날로 살게 하신다.

오후 - 종일 주의 한결같은 사랑에 의지하니 피곤은 사라지고 마음에 여유가 생겼다. 하나님이 나를 후하게 대접해주신다. 이런 놀라운 하나님의 사랑이 종일 나를 힘있게 한다.

"사람들이 제 말과 행동에서 예수님을 보게 하소서. 오늘도 주님의 존귀하신 이름이 저를 통해 보상을 받으소서!"

잠언 : "훈계를 저버리면 가난과 수치가 닥치지만, 꾸지람을 받아들이면 존경을 받는다. 지혜로운 아들딸들은 아버지의 가르침을 듣지만, 거만한 사람은 꾸지람을 듣지 않는다"(새번역).

꾸지람을 들을 때, 내 태도를 보면 내가 어떤 사람인지 정확하게 드러난다. 나는 꾸지람 앞에서 어떤 반응을 하는가?

"주여! 긍휼히 여기소서. 꾸지람과 훈계를 더 잘 받는 사람으로 훈련받겠습니다."

어리석음을 경계하자

시편 14:1 잠언 14:1

어리석은 자는 그의 마음에 이르기를, '하나님이 없다' 하는도다. 그들은 부패하고 그 행실이 가증하니 선을 행하는 자가 없도다 시편 14:1

"어리석은 자"는 히브리어로 '나발'이다. 지능이 낮거나 무식하다는 뜻이 아니라 '어리석음과 악함, 하나님이 없음'이라는 뜻이다. 어리석은 사람은 하나님의 말씀을 인생 교과서로 삼지 않고 오히려 무시한다. 실제로 "나발"이라는 사람이 사무엘상 25장에 등장한다. 그는 부자였지만 하나님을 의식하지 않았다. 하나님의 일에 관심이 없기에 당연히 하나님의 사람을 무시했다.

하나님이 없는 어리석은 사람의 특징은 "부패"다. '썩다, 타락하다'라는 뜻이다. 자기 삶이 얼마나 썩었는지, 추한지 알지 못한다. 또한 "그 행실이 가증하다"라는 건 '역겨운 삶을 산다, 선을 행하지 않는다'라는 의미다. 그의 삶에 하나님이 계시지 않기 때문이다. 하나님을 인정하지 않는 사람은 어리석은 자다. 나발 같은 사람, 역겨운 사람이다.

"선을 행한다"는 착한 일을 하는 걸 말한다. 남들의 어려움에 관심을 두고 구체적으로 돕는 것, 한마디로 하나님의 뜻을 따라 사는 것이다. 그러나 삶에 하나님이 없는 사람, 생각에 하나님의 말씀이 없는 사람은 선을 행하지 않는다. 이런 사람은 경계 대상 제1호다.

나발은 어리석어서 하나님의 일을 무시했다. 선을 행하지 않았다. 그러나 그의 아내 아비가일은 선을 행했다. 하나님을 인정하는 사람이었기에, 하나님이 그를 올바르게 반응하도록 인도하셨다. 나는 범사에 하나님을 인정하며 살 것이다. 그러면 하나님이 반드시 나의 길을 지도하실 것이다(잠 3:6).

지혜로운 여인은 자기 집을 세우되 미련한 여인은 자기 손으로 그것을 허느니라

잠언 14:1

지혜와 지혜 없는 미련함은 너무 다르다. 지혜로운 사람은 어려운 상황이나 힘든 것

에 불평이나 원망하지 않는다. 자기 연민에 빠져 불행 가운데 털썩 주저앉아 맥 빠진 삶을 살지 않는다. 오히려 그는 잿더미 가운데서 일어나 아름다운 집을 세운다. 이것이 지혜의 힘이다. 그러나 미련한 사람은 멀쩡한 집도 무너뜨린다. 지혜가 없기 때문이다.

하나님은 그분을 경외하는 사람에게 지혜를 주신다. "자기 집을 세운다"라는 건 여러 영역에 해당한다. 우선은 문자 그대로 '가정을 세우는 것'을 말한다. 가정의 분위기를 밝고 평안하고 경건하게 하며, 가족의 화목을 유지하고, 자녀를 잘 교육하고 성장시키는 것을 말한다. 지혜로운 한 사람이 주는 영향이 크다.

또한 교회 공동체나 회사, 단체나 기관을 말하기도 한다. 밝고 힘있고, 웃음과 평안, 격려와 위로, 용기와 소망을 주는 공동체로 세우는 것, 생명과 성장과 배가가 이루어지게 하는 것, 긍정적, 능동적, 창조적 분위기를 유지하는 것 등 이 모든 게 "지혜로운 여인"에 의해 이루어진다.

지혜의 힘이 실로 크다. 가정이든 공동체든 지혜의 사람이 있는 게 복이다.

시편 : 학교 동기 중에 고상한 척, 아는 척, 있는 척하는 친구가 있다. 그와 아주 가끔 통화한다. 예전엔 참 재미있었는데 이제는 재미가 없다. 친구가 바뀐 게 아니라 내가 바뀌었기 때문이다. 나는 광야를 통과하면서 예수님을 아는 가장 고상한 지식을 배웠다. 친구의 모든 말은 미련하고 안타깝다. 말과 행동에 예수님이 전혀 없다. 점점 이 친구에게 흥미가 없어졌다.

내 말과 행동에 예수님이 점점 없어진다면 하나님도 내게 점점 흥미가 없어지실 것 같다. 하나님은 자기를 찾는 자를 만나주시고, 기뻐하시며 그에게 상 주신다. 오늘, 하나님을 아는 지식과 지혜를 간절히 더 사모한다.

잠언 : 지혜와 어리석음의 차이를 본다. 한쪽은 집을 세우고, 한쪽은 집을 무너뜨린다. 지혜는 나로 바른길을 걷게 하고, 내가 가는 길을 깨닫게 한다. 어리석음은 그릇된 길, 비뚤어진 길을 걷다가 마침내 죽음에 이르게 한다.

어리석음에서 떠나야 한다. 매일 말씀을 읽고 기도와 묵상을 하는 건, 집 나간 지혜를 돌아오게 한다.

우주적 만찬에 초대받은 자

시편 15:1 잠언 15:2

여호와여, 주의 장막에 머무를 자 누구오며 주의 성산에 사는 자 누구오니이까?

시편 15:1

주의 장막은 주님이 계신 곳, 주의 임재가 있는 곳이다. 그곳에 머무는 게 얼마나 아름다운가! 그곳에 초대받아 저녁 식사를 한다는 게 얼마나 영광인가! 하나님께서 모든 사람이 볼 수 있는 초대형 LED 게시판에 그 자격을 광고하셨다. 남녀노소, 빈부귀천은 조건에 없다. 학력, 경력, 배경이 어떻든 상관없다. 오직 초대받을 열한 가지 조건을 제시하셨다. 그 조건에 드는 사람은 누구나 초대장을 받을 것이다. 일대일 식사도, 큰 만찬 참석도 가능하다.

주님과 단둘이 식사하는 건 생각만 해도 즐겁다. 초청객들과 만찬에 참여하여 식사하며 대화를 나누는 건 얼마나 유쾌한가! 오늘도 나는 그 우주적 영광의 만찬에 초대받기 위해 나를 부지런히 돌아보리라. 열한 가지 자격리스트를 내 심장에 새기고 살아내리라.

1. 정직하게 행하는 사람
2. 공의를 실천하는 사람
3. 마음의 진실을 말하는 사람
4. 혀로 남의 험담을 하지 않는 사람
5. 이웃에게 악을 행하지 않는 사람
6. 이웃을 비방하지 않는 사람
7. 망령된 자를 멸시하는 사람
8. 여호와를 두려워하는 자들을 존대하는 사람
9. 서원한 것은 해로울지라도 변하지 않는 사람
10. 이자를 받고 돈을 꾸어주지 않는 사람
11. 뇌물을 받고 무죄한 자를 해하지 않는 사람
결론: 이런 사람은 영원히 흔들리지 않는다.

지혜 있는 자의 혀는 지식을 선히 베풀고, 미련한 자의 입은 미련한 것을 쏟느니라

잠언 15:2

어떤 사람은 주변 사람을 치료하고, 살리고, 풀어주며 세워준다. 지혜 있는 자의 혀가 그렇다. 약수터에 사람들이 줄을 서서 샘물을 긷듯이, 사람들이 그 주변으로 몰려온다. 그러나 미련한 사람은 의미 없는 말, 당치도 않은 말만 줄줄 흘린다. 그의 주변에는 악취가 나는 곳에 붙는 파리처럼 어리석은 사람들만 꼬인다.

자신이 아는 지식으로 사람들을 세우고 치료하고 풀어주는 말을 할 줄 아는 게 "지혜"다. 이것이 "지식을 선히 베푸는 것"이다. "선히 베풀다"는 '좋게 만들다' 또는 '유익하게 사용하다'라는 뜻이다. 지혜 있는 자는 자신의 지식을 때에 맞게 올바르게 사용해 말할 줄 안다. 그래서 듣는 사람에게 유익을 준다. 용기를 주고, 격려하며 위로한다. 사람을 세워준다.

그러나 미련한 사람은 입을 함부로 놀린다. "쏟는다"는 '끓어오르다' 또는 '소동을 일으켜 혼란스럽게 하다'라는 뜻으로 악의적인 말을 때와 장소 그리고 상대를 가리지 않고, 생각나는 대로, 기분 내키는 대로, 제멋대로 내뱉는 것을 말한다. 그래서 미련한 사람은 자신의 지식으로 사람들을 두렵게 하며, 낙심시키고 절망에 빠뜨린다.

4절에 이 말씀을 반복하여 강조하신다.

"온순한 혀는 곧 생명나무이지만, 패역한 혀는 마음을 상하게 하느니라."

하나님의 초대장을 받는 열한 가지 자격리스트를 오늘 종일 묵상하고 심장에 넣고 되새김질해야겠다.

내 혀는 사람을 살리는 혀인가, 낙심시키는 혀인가? 내 말로 사람들이 낙심하고 상처받고 절망하고 포기한다면, 너무 끔찍한 혀다. 내 혀를 절대 그렇게 사용하지 않을 것이다. 사람들을 세우고 풀어주고 자유롭게 하며 소망 가운데로 이끌어가는 혀로 사용할 것이다.

오늘도 성령충만한 삶을 간절히 원한다. 주께서 나를 사용하셔서 영적 예민함으로 위로와 격려가 필요한 사람들을 일으켜주시길 원한다. 영적으로 깨어있어 오늘 구원받을 준비가 된 영혼을 알아보길 원한다.

아름다운 예수님을 전하는 혀로 쓰임 받길 원한다.

주밖에는 나의 복이 없나이다

시편 16:2,3 잠언 16:2

내가 여호와께 아뢰되, '주는 나의 주님이시오니, 주밖에는 나의 복이 없다' 하였나이다. 땅에 있는 성도들은 존귀한 자들이니, 나의 모든 즐거움이 그들에게 있도다

시편 16:2,3

믿는 자의 삶은 두 가지 방향성을 갖는다. 위로는 하나님으로 만족하는 삶이다. 다른 어떤 것보다 하나님이 내가 받을 유산의 몫이다. 그분이 내게 필요한 모든 복을 내려주시고, 미래를 책임지신다. 그리고 아래로는 땅에서 주를 믿는 성도와 풍성한 교제를 갖는다. 그들은 하나님이 택하신 경건하고 존귀한 사람들이다. 내게 더없이 훌륭한 친구들이다. 그들과 교제할 때 진정한 즐거움과 기쁨이 있다.

그러나 아무리 잘난 척해도 주의 이름을 부르지 않는 사람들이 모인 자리에는 가지 않는다. 비록 맛있는 식탁이 마련되어 있어도 하나님이 없는 그곳은 내게 아무 의미가 없다. 성도와 함께 주를 섬기는 자리가 생명의 길이다. 거기에 기쁨과 즐거움이 넘친다.

하나님과는 친밀한 관계를 유지한다고 하면서 사람들과는 친밀한 교제가 없는 삶이란 없다. 그런 불균형한 삶은 진정한 그리스도인의 삶이 아니다. "그리스도를 섬기는 자는 하나님을 기쁘시게 하며 사람에게도 칭찬을 받느니라"라고 하셨다(롬 14:18). 하나님과 교제할 줄 알며 동시에 성도 간 교제를 즐거워할 줄 알아야 진정한 그리스도인이다.

사람의 행위가 자기 보기에는 모두 깨끗하여도 여호와는 심령을 감찰하시느니라

잠언 16:2

자기의 현주소를 아는 길은 오직 하나님의 눈으로 보는 것이다. 일반적으로 자기 자신에게는 후하다. 같은 기준으로 다른 사람을 보지 않는다. 자기 자신에게는 긍휼로 대하고 다른 사람에게는 공의로 대하려는 경향이 있다.

언제나 하나님 앞에서 행하는 연습을 해야 한다. '코람데오', 이것이 진실한 삶을 사

는 비결이다. 사람이 무엇을 하든, 그것이 크든 작든, 어디를 가든, 카페나 사무실이나 언제 어디서나 '하나님의 면전'에서 행동하고 말하는 법을 배워야 한다.

무슨 일이든 주관적이 아니라 객관적으로 보고, 듣고, 생각하고, 결정하고, 말하고, 행동하는 법을 배워라. '내로남불'은 객관성을 잃은 대표적인 사례를 일컫는 말이다. 자기 합리화, 변명, 자기의 판단, 기준, 생각, 감정은 자기중심적 사고다. 우주가 자기 중심으로 돌아가고 있다는 엄청난 착각의 세계에서 사는 것이다. 편협하고 고집불통이다.

어떻게 하면 객관화할 수 있을까? 자기의 눈으로 바라보지 말고 하나님의 눈으로 바라보는 법을 배워야 한다. 사람들은 겉으로 보이는 사람의 행위로 판단한다. 그러나 하나님은 사람의 내면을 살피신다. 우주는 하나님 중심으로 돌아간다는 걸 아는 게 그 시작이다. 그래야만 하나님의 말씀을 삶의 표준으로 삼는다. 판단의 기준이 오직 말씀이다. 사람의 심령을 감찰하시는 하나님을 절대 의지하는 것이다. 너무나 감사하게도 우리를 도와주시는 성령께서 항상 함께하신다.

시편 : 주님 없이 행복할 수 있을까? 돈으로 행복할까? 명예를 얻는다고 행복할까? 솔로몬은 세계 최고의 부자로 기네스북에 올랐고, 앞으로도 그 기록을 깰 자는 없을 것이다. 그런 자의 고백이다.

"전도자가 이르되 헛되고 헛되며 헛되고 헛되니 모든 것이 헛되도다. 해 아래에서 수고하는 모든 수고가 사람에게 무엇이 유익한가"(전 1:2,3).

" … 우리의 만족은 오직 하나님께로서 났느니라"(고후 3:5).

나의 만족을 위해 더 이상 헛된 것, 곧 돈, 쾌락, 명예를 좇지 않는다. 주님과의 친밀한 교제 안에서 한없는 만족감을 누린다. 주님 안에 있는 공동체에서 나누는 친밀한 교제는 내게 힘을 준다. 나의 중심을 보시는 하나님 앞에 언제나 말씀이 기준이 되는 삶, 정직한 삶, 하나님 중심의 삶을 살기로 매 순간 결정할 때, 그렇게 살아진다.

"주는 나의 주님이십니다. 주밖에는 나의 복이 없습니다."

잠언 : 자기 자신에게는 너무나 관대하다. 똥 묻었다고 말하면 화를 낸다. 회개할 생각은 아예 없다. 내 모습이 아니겠는가! 중심(내면)을 살피시는 주님 앞에 겸손하게 인정하는 삶이 복 받는 삶이다. "주여! 불쌍히 여기소서."

17일 주의 말씀을 따라 스스로 삼가라

시편 17:4,5 잠언 17:1

사람의 행사로 논하면 나는 주의 입술의 말씀을 따라 스스로 삼가서 포악한 자의 길을 가지 아니하였사오며, 나의 걸음이 주의 길을 굳게 지키고 실족하지 아니하였나이다 시편 17:4,5

"남들이야 어떠했든지, 나만은 주님께서 하신 말씀을 따랐기에, 약탈하는 무리의 길로 가지 않았습니다. 내 발걸음이 주님의 발자취만을 따랐기에, 그 길에서 벗어난 일이 없었습니다"(새번역).

세상 사람들처럼 제멋대로 살지 않고, 오직 주의 뜻을 따라, 주의 말씀대로 살려고 결심하고 최선을 다해 애써야 한다. 그러면 주께서 도우셔서 능히 그런 삶을 살게 하신다.

하나님의 말씀을 따라 산다고 결코 평탄한 길을 가는 건 아니다. 시기와 질투, 각종 장애물이 가로막는다. 상황이 절박할 때가 많다. 그렇더라도 그것에 반응하지 않고 하나님께 나아가 주를 붙든다. 1절에서 "들으소서", "나의 울부짖음에 주의하소서", "나의 기도에 귀를 기울이소서"라고 하며 하나님께 부르짖는다. 오직 주의 명령을 따라 주의 길을 굳게 지킨다. 주님은 그런 사람의 발걸음을 붙들어주신다.

언제나 내가 먼저 마음으로 결심하고, 살아내려고 한 발을 내디뎌야 한다. 욥기 22장 28절에, "네가 무엇을 결정하면 이루어질 것이요 네 길에 빛이 비치리라"라고 약속하셨다. 내가 주의 말씀을 따라 살기로 하면 주께서 도우시겠다는 약속이다. 주의 도우심을 믿는 사람은 포기할 줄 모른다. 그럴 때마다 주의 놀라운 사랑, 풍성한 은혜를 경험한다.

마른 떡 한 조각만 있고도 화목하는 것이, 제육이 집에 가득하고도 다투는 것보다 나으니라 잠언 17:1

두 종류의 삶이 있다. 하나는 물질이 풍부해서 원하는 것은 무엇이나 살 수 있는 삶이다. 그런데 늘 다툰다. 한시도 평안하지 않다. 또 다른 삶이 있다. 소박하게 산다. 그저 먹고살 정도다. 밥상에는 반찬이 한두 가지다. 옷도 두 벌을 번갈아 입는다. 그런데 언제나 웃음, 사랑, 기쁨, 평안이 있다. 어느 삶이 더 나은가? 오늘 말씀은 후자가 더 낫다고 한다.

진정한 행복은 외부에 있지 않다. 집, 차, 음식, 옷 등은 행복의 조건이 아니다. 이런 걸 무시하라는 게 아니다. 속지 말고 착각하지 말라는 거다. 진정한 행복은 내면에 있다. 사랑, 신뢰, 이해, 섬김에 있다. 평소에 잘해야 한다. 작은 것에 충성해야 한다. '피스메이커'로 살아야 한다. 화평하게 하는 자가 복이 있고 진정한 하나님의 자녀다(마 5:9).

하나님의 자녀는 하나님 사랑, 이웃 사랑을 실천하며 산다. 나 자신도 이웃이다. 가족과 직장 동료도 이웃이다. 가장 가까이 있는 사람들이 이웃이다. 하나님 사랑과 이웃 사랑, 여기에 행복이 있다.

시편 : 나의 실족을 바라는 원수들이 왜 이리 많은가? 다윗도 그랬다. 그가 실족하지 않은 비결을 오늘 나에게 알려준다. '스스로 삼가 말씀을 따르며 포악한 자의 길로 가지 않는 것'이다. 다윗은 주님의 발자취를 따라서 걸음을 굳게 하고 실족하지 않았다. 그는 기분 따라 살지 않았다. 감정 따라 살지도 않았다. 약탈자의 길을 따르지도 않았다. 실족하지 않은 다윗의 비결이다.

매 순간 어느 길을 따라갈 것인가? 창세기 3장의 사건은 매일, 매 순간, 우리 모두에게 일어난다. 하나님의 말씀과 뱀(사탄)의 말이 항상 내 앞에 있다. 그 순간, 나의 선택으로 미래가 결정된다. 탐심과 욕심을 제거하지 않으면 뱀의 말을 선택하는 실수를 범한다.

오늘도 수많은 결정 앞에 실수하지 않기 위해 잠시 멈추는 법을 배운다. '멈춤'은 내게 생각할 여유를 준다. 멈춤의 시간이 내게 다윗의 길을 따라가게 한다. 사업의 부정직함은 약탈자가 되는 길이다. 절대 약탈자가 되지 않을 것이다. 말, 행동, 사업에 정직할 것이다.

잠언 : 물질이 풍부하다고 평안해지는 게 아니다. 소박한 밥상이라도 주의 길을 따르는 가정은 웃음과 기쁨과 사랑과 평안이 넘치는 행복한 가정이 된다. 하나님 말씀의 원칙과 가치를 지키고 따르는 것을 내 인생 최고의 목표로 삼는다. 이것이 믿음의 길이요 승리의 길이다.

나를 붙드시는 주의 손을 잡아라

시편 18:16,17 잠언 18:1

그가 높은 곳에서 손을 펴사 나를 붙잡아 주심이여, 많은 물에서 나를 건져내셨도다. 나를 강한 원수와 미워하는 자에게서 건지셨음이여, 그들은 나보다 힘이 세기 때문이로다 시편 18:16,17

두 종류의 손이 있다. 나를 괴롭히고 힘들게 하는 원수의 손과 나를 붙잡아주시는 하나님의 손이다.

나를 미워하는 원수의 손, 나보다 강해서 내 힘으로 벗어나기 어려운 대적의 손에서 벗어나는 길은 오직 하나님의 도움밖에 없다. 내가 부르짖을 때, 하나님이 높은 곳에서 손을 펴서 붙들어주신다. 오직 하나님만 내가 의지할 도움이시다.

하나님이 손을 펴사 나를 붙잡아주신다. "손을 펴시다"는 '손을 뻗치다'라는 뜻이다. "많은 물"은 환난과 위기가 몰려오는 것이 마치 홍수처럼 밀어닥치는 것을 말한다. 하나님이 그의 강한 손을 뻗쳐서 휩쓸려가는 나를 붙잡아 건져내신다. 이러한 하나님의 구원을 베드로도, 모세도 경험했다. 이스라엘 백성은 두 차례나 경험했다. 홍해에서, 요단강에서. 그리고 다윗도, 예수님의 제자들도 경험했다. 이제는 내 차례다. 나의 하나님은 홍수 때 왕으로 좌정하셔서 내게 힘을 주신다(29:10,11). 주께서 내게 물으신다. "너희 믿음이 어디 있느냐?"(눅 8:25).

그가 나의 구원의 하나님, 나의 반석이시니 나는 그 믿음 위에 확고히 서서 흔들리지 않는다. 그의 힘으로 나를 무장시키시고, 싸우는 법을 가르쳐주시고, 내 손에 무기를 쥐여주신다. 날마다 승리를 주시는 주께 감사를 드리며 주를 찬양하리라.

무리에게서 스스로 갈라지는 자는 자기 소욕을 따르는 자라. 온갖 참 지혜를 배척하느니라 잠언 18:1

이기주의자는 다른 사람과 어울리지 못한다. 누군가가 자기 의견에 동의하지 않으면 그의 흠을 잡고 비난한다. 자기 소욕을 따른다. 이기적인 목적만을 추구하며 욕심이 크다. 자기중심적이다.

그런 사람은 건전한 판단력을 가진 사람을 적대시한다. 자신의 주장만을 앞세운다. 타인을 무시한다. 들을 귀가 없고 편협하다. 양보하는 법이 없다. 온갖 일에 참견한다. 공동체로부터 스스로 고립된다. 결국 무리에서 떨어져 나간다. 나갈 때 조용히 나가지 않고 전체를 향해 침을 뱉는다. 각양 악한 말을 한다. 자기 행동을 정당화하기 위한 핑곗거리를 찾는다.

하나님나라의 가치는 연합이다. 다른 사람의 말과 의견을 존중한다. 귀를 기울여 경청한다. 양보할 줄 안다. 마음을 넓힌다. 사소한 것에 목숨 걸지 않는다. 삶과 믿음의 공동체를 강조한다. 성령이 이미 하나 되게 하신 걸 힘써 지키라고 하신다. 그 길은 겸손, 온유, 오래 참음, 사랑, 서로 용납하는 거다. 이것이 연합의 길이다. 하나님은 그런 공동체에 복을 주신다(엡 4:2,3, 시 133편).

두 손이 있다. 주의 손과 원수의 손이다.

"나의 앞날이 주의 손에 있사오니 내 원수들과 나를 핍박하는 자들의 손에서 나를 건져주소서"(시 31:15).

"나의 앞날이 주의 손에 있습니다"라고 고백하는 믿음의 사람을 원수들이 핍박하면 주의 손이 가만있지 않으신다. 그가 자신의 미래를 주님 손에 맡겼기 때문이다. 주님은 반드시 우리를 원수의 손에서 건져내신다.

원수들은 나보다 강하다. 내가 말씀을 통해 터득한 건, 나를 미워하고 핍박하는 대적들의 손에서 벗어나는 길은 오직 주께 부르짖는 것밖에 없다는 것이다. 하루가 멀다고 종일 부르짖지 않으면 살 수 없는 일들이 발생한다. 다른 방법이 없다.

부르짖으면 그때마다 주께서 나를 건져내셨다. 원수들과 같은 정신으로 말하거나 행동하지 않게 보호하셨다. 마음에 품은 원한이나 원망을 그치게 하셨다. 결국 내 마음을 지켜주셨고, 내가 이기게 하셨다.

패배한 그들은 공동체를 깨고 연약한 양들과 판단력과 분별력이 없는 사람들을 공격하여 결국 무리에서 갈리고 떨어져 나가도록 이끌었다. 나도 원수의 하수인 노릇을 하게 될까 봐 주님 앞에서 두렵고 떨리는 마음을 가져본다.

오늘도 정신 차리고 분별력을 갖고 살기로 한다.

19일

크고 광대하신 하나님을 보라

시편 19:1 잠언 19:1,22

> 하늘이 하나님의 영광을 선포하고, 궁창이 그의 손으로 하신 일을 나타내는도다
>
> 시편 19:1

대자연을 보면 하나님의 영광과 지혜가 보인다. 우리는 날마다 하늘을 본다. 사실 오늘날은 과학이 발달하여 많은 것이 그 모습을 드러낸다. 각 나라의 면적, 산의 높이, 바다의 깊이도 측정된다. 그러나 아직도 미지수는 하늘, 궁창이다. 태양계, 은하계를 측정하다 보면 상상을 초월하는 하늘과 궁창이 있다. 그것조차도 태양계를 중심으로 하는 은하계의 일부다. 더 이상 측정 불가다.

사람이 아무리 자신의 지식과 능력과 똑똑함을 자랑해도 하늘과 궁창 아래서는 아무것도 아님을 보여줄 뿐이다. 오직 하늘을 볼 때, 하나님의 영광만 보일 뿐이다. 궁창을 볼 때, 하나님의 손만 보일 뿐이다.

하늘을 볼 때마다 하나님의 영광을 바라보자. 하늘이 큰 소리로 하나님의 영광을 선포하는 소리를 듣자. 궁창을 볼 때마다 하나님의 손으로 하신 일을 바라보자! 그리고 하나님을 찬양하자. 영광의 하나님, 위대하신 하나님을 찬양하자. 나무, 꽃, 물 그리고 사람 그리고 나를 보면 하나님의 크신 능력과 깊은 지혜가 보인다. 하나님의 아름다움과 놀라운 영광이 보인다. 할렐루야!

> 가난하여도 성실하게 행하는 자는 입술이 패역하고 미련한 자보다 나으니라 사람은 자기의 인자함으로 남에게 사모함을 받느니라. 가난한 자는 거짓말하는 자보다 나으니라 잠언 19:1,22

가난해도 성실하게 사는 사람, 풍족하지 않아도 언제나 마음이 너그러워서 주기를 좋아하는 사람, 그런 사람은 다른 사람들로부터 존경과 신뢰를 받는다.

'입은 비뚤어져도 말은 바로 하라'라고 했다. 그런데 "입술이 패역하다"는 '입이 비뚤어져 있을 뿐 아니라, 말도 비뚤게 한다'는 뜻이다.

정직하게 사는 게 얼마나 아름답고 귀한 것인지 말씀하신다. 가난하지만 정직하게 사는 사람이 거짓말쟁이 부자보다 낫다. 남을 속여가면서 부자가 된 사람을 '속부'라고 한다. 돈을 사랑하여 수단과 방법을 가리지 않고 돈을 벌려는 사람이다. 겉으로는 행복한 듯 보여도 실상은 불행하다. 각종 악으로 가득하며 파멸의 길로 가는 중이다.

정직하지만 가난한 사람은 다르다. 행복하다. 평안, 기쁨, 사랑으로 살아간다. 하나님나라의 가치인 정직으로 사는 사람이 하나님나라의 일등 시민이다. 그런 사람은 하나님의 돌보심과 보호하심을 받는다. 야고보서를 통해 말씀하시는 주의 음성에 귀를 기울여보라.

"사랑하는 형제자매 여러분, 들으십시오. 하나님께서는 세상의 가난한 사람을 택하셔서 믿음에 부요한 사람이 되게 하시고, 하나님을 사랑하는 이들에게 약속하신 그 나라의 상속자가 되게 하시지 않았습니까?"(약 2:5 새번역).

믿음이 부요한 사람이 되자. 하나님을 마음과 힘을 다해 사랑하자. 이것이 하나님나라의 상속자가 되는 비결이다.

광야는 종종 나를 산으로 이끌었다. 찢기고 밟힌 낙엽 속에서 하나님의 음성이 들렸다.

'딸아, 이렇게 밟히고 찢겼구나. 내가 너를 이해한다.' 나는 펑펑 울었다. 어느 날, 등산을 하다가 아주 큰 바위에 걸터앉으려다 또 음성이 들렸다. '딸아, 내가 너를 신뢰한다. 너는 견고한 반석이다.' 얼마나 울었는지 눈이 퉁퉁 부었다. 나는 실패자가 아니라 사명자였다. 주일에 아름답게 꽂꽂이 된 백합화에서 은은한 향기가 났다. 그 꽃 앞에서 주님이 내게 말씀하셨다.

'딸아, 너는 예수 그리스도의 아름다운 향기란다.'

나는 더 버틸 수 없었다. 흐느껴 울면서 주께 목숨 거는 헌신을 드렸다.

'주님, 저를 받아주옵소서. 오직 주만을 위해 살겠습니다.'

대자연 속에서 만난 나의 하나님은 한없이 친절하고 따뜻하셨다. 하늘의 별을 본다. 우주를 창조하신 광대하신 하나님이다. 오늘도 대자연 속에서 하나님의 영광을 본다.

나의 죄를 깊은 바다에 빠뜨리시고 푯말을 붙이셨다. "낚시 금지." 긍휼하신 하나님은 오늘도 선인과 악인에게 같은 햇볕과 비를 주신다. 하지만 그날에는 다를 것이다. 악인은 심판을, 선인은 상을 받는다.

나는 하나님을 춤추시게 해드리고 싶다. 오늘 주께서 내게 맡기신 영혼 중 반드시 1명 이상에게 성실하고 정직한 마음으로 복음을 제시할 것이다. 죄인과 악인이 회개하고 돌이키면, 우리 하나님은 덩실덩실 춤을 추신다. 오늘도 하나님을 춤추시게 해드리는 예배자의 삶을 살 것이다.

환난 날에 응답하시는 하나님

시편 20:1,2 잠언 20:3

환난 날에 여호와께서 네게 응답하시고, 야곱의 하나님의 이름이 너를 높이 드시며, 성소에서 너를 도와주시고, 시온에서 너를 붙드시며 시편 20:1,2

"야곱의 하나님"은 환난 날에 홀로 남아 두렵고 미래가 불확실할 때, 오셔서 붙드시고 지켜주시는 하나님이다. 벌레같이 약하고, 실패하기를 잘하고, 무능력한 자를 이가 날카로운 타작 기계로 만드시는 분이다(사 41:14,15).

이 놀라운 하나님을 경험하는 길은 오직 '기도'밖에 없다. 환난 중에는 낙심할 때가 아니라 기도할 때임을 알아야 한다. 환난이 폭풍같이 몰려와도 우리의 기도는 힘이 있어 환난을 뚫고 하나님의 보좌인 성소에까지 이르게 한다. 하늘 보좌를 흔든다. 환난 중에 있는 내게 오셔서 나를 번쩍 들어올려 환난을 벗어나 그의 보좌 앞으로 이르게 하신다. 하나님은 연약한 자를 붙들어주시고 그 팔을 강하게 하신다.

기도는 우리를 환난에서 벗어나게 할 뿐 아니라 하나님의 임재 앞으로 이끈다. 거기는 야곱의 하나님이 계신 곳이다. 그 하나님 아버지가 나를 넓은 품에 안으신다. 위로하시고 격려하신다. 지지하시고 응원하신다.

환난 중에 주저앉아 있지 말아야 한다. 그때는 내 연약함에 휩싸여 절망 가운데 맥없이 늘어지지 말고 기도할 때다. 응답하시는 하나님, 나를 높이 드시는 하나님, 나를 도우며 붙드시는 하나님이 거기 계신다.

다툼을 멀리하는 것이 사람에게 영광이거늘, 미련한 자마다 다툼을 일으키느니라

잠언 20:3

틈만 나면 싸움을 거는 바보가 있다. 미련하다. 다툼을 가까이하는 사람은 미련한 사람이다. 지혜로운 사람은 다툼을 멀리한다. 피한다. 모욕당하면 화부터 내는 사람이 있다. 자기 영역을 조금도 침범 당하지 않으려고 버티고 서있는 사람은 침범 당하면 즉시 총을 들고 난사한다. 상대방을 자극하는 말을 쉽게 내뱉는다.

다투지 말아야 한다. 다툼 거리가 있으면 피하는 게 지혜다. 통화를 하다가 피할 자신이 없으면 양해를 구하고 바로 전화를 끊거나 대화를 멈춰라. 피하는 게 상책이다. 하책을 쓰지 마라. 때로는 피하는 것이 고수의 길이다.

무모하게 앞으로 나아가다가 더 큰 문제를 일으킬 때가 있다. 눈에 보이지 않을 만큼의 거리를 두라. 대화 소리가 들리지 않을 정도로 거리를 두려면 피해야 한다. 다툼과 시비 거는 것이 습관이 되었다면, 알코올이나 마약 중독자와 같은 상태임을 알아야 한다. 다툼은 자신과 남을 파괴한다. 그 끝에는 부끄러움과 낭패, 깨진 관계만 남는다.

온유한 사람은 다투지 않는다. 다툼이 일어나기 시작할 때 즉시 멀리 피한다. 온유한 사람은 자기를 깨뜨리는 사람이다. 자기의 유익, 명예, 이익을 따지지 않고 오직 하나님의 명예와 영광만을 구한다. 오직 용감한 사람만 도망할 줄 안다.

환난 날에 여호와께 부르짖으라. 그가 내게 응답하시고, 나를 높이시고, 도와주시고, 붙들어주신다(시 20:1,2).

광야 10년 동안 미래에 대한 불안이 나를 두렵게 만들 때가 있었다. 어둠의 세력은 아직 일어나지도 않은 미래를 내 생각 속에 집어넣고 두려움으로 몰아갔다. 이것을 극복하는 데 오랜 시간이 걸렸다. 그러나 방법은 아주 간단했다. 하나님의 약속의 말씀에 내 믿음을 결부시키는 것이었다.

"너희가 두려워하는 칼이 애굽 땅으로 따라가서 너희에게 미칠 것이요 너희가 두려워하는 기근이 애굽으로 급히 따라가서 너희에게 임하리니 너희가 거기에서 죽을 것이라"(렘 42:16).

전쟁과 가난을 두려워하면 그것을 당기는 힘이 작용한다. 두려움은 불신앙이며 큰 죄다. 그러나 믿음으로 하나님을 의지하면 견뎌내신다.

"여호와의 말씀이니라 너희는 너희가 두려워하는 바벨론의 왕을 겁내지 말라 내가 너희와 함께 있어 너희를 구원하며 그의 손에서 너희를 건지리니 두려워하지 말라"(렘 42:11).

하나님은 두려움 가운데 일하지 않으신다. 하나님을 향한 믿음과 신뢰를 보이라고 하셨다. 나는 이렇게 간단하고 쉬운 것을 모르고 오래 걸려서 통과했다. 다툼이 생길 상황에 나는 잠시 멈춘다.

미련한 삶을 살고 싶지 않기 때문이다.

나를 붙들어
흔들리지 않게 하시는 하나님

시편 21:7 잠언 21:1

왕이 여호와를 의지하오니 지존하신 이의 인자함으로 흔들리지 아니하리이다 시편 21:7

"여호와를 의지하는 왕"은 다윗을 말한다. 그러나 무엇보다 왕이신 우리 주님을 말한다. 또한 세상에 영향을 주며 하나님나라가 임하도록 자기 삶을 드리는 우리를 말한다. 언제나 전쟁을 승리로 이끄는 비결은 전적으로 지존자이신 여호와 하나님을 의지하는 것이다. 그분의 인자하심을 붙드는 것이다. 나를 향한 하나님의 인자하심을 굳게 붙드는 사람은 주님이 언제나 굳게 붙들어 흔들리지 않게 하신다. 그 사랑에 잇닿아 있으면 절대 흔들리지 않는다. 마치 어린아이가 아빠를 의지하기에 어떤 상황에도 흔들리지 않는 것과 같다.

이것이 평상심을 유지하고 승리하는 비결이다. 그런 사람은 자신이나 타인, 재물을 의지하지 않고, 오직 지존하신 하나님, 가장 높으신 하나님을 의지하고 그분을 향해 두 손을 높이 든다. 정죄감이나 죄책감, 자기 연민에 짓눌리거나 자기를 참소하고 비웃는 사람들의 말에 휘둘리지 않고, 오직 나를 향한 하나님의 사랑을 굳게 붙드는 사람은 늘 견고하다.

왕의 마음이 여호와의 손에 있음이 마치 보의 물과 같아서 그가 임의로 인도하시느니라 잠언 21:1

"보의 물"이란 '논의 물'을 말한다. 보의 물은 농부의 손에 의해 인도된다. 농부는 보를 트고 논에 물을 댄다. 그리고 물이 다 차면 보를 닫고 다른 논에 물을 댄다. 농부는 보를 터서 물길을 이끌어 논에 물을 채운다.

"왕의 마음이 하나님의 손에 있다"라고 할 때, 왕은 우리를 가리킨다. 우리는 왕 같은 제사장이다. 내 마음, 내 생각을 주께 드리면, 마치 농부의 손에 의해 보의 물길이 흐르듯 성령께서 내 마음과 생각을 그분의 뜻에 따라 인도하신다.

우리의 생각과 마음이 성령의 인도하심을 받도록 평소에 준비해야 한다. 부드러운 마음이 되는 길은 오직 말씀과 기도 그리고 성령충만함에 있다. 그래야 성령의 말씀과 인도하심에 민감하게 반응할 수 있다.

대화하거나 회의를 통해 의사결정을 할 때, 성령의 인도하심을 구해야 한다. 강의를 하거나 설교를 할 때도 성령을 의지해야 한다. 그 음성에 귀 기울이면 성령님이 그의 뜻대로 내 생각과 마음을 이끄실 걸 믿어야 한다. 우리가 성령을 의지할 때, 그리스도의 평강이 내 마음을 주장한다. 그분의 음성이 들리고 그 뜻을 이해하게 된다. 아, 나는 평안하다! 얼마나 놀라운가!

오늘도 제 마음을 하나님 손에 드립니다.

시편 : 내가 오직 주님을 의지하고, 주님의 사랑에 잇닿아 있으면 절대 흔들리지 않는다(7).

어둠의 세력은 상황과 환경으로 나를 흔들어서 집어삼키려고 곳곳에 도사리고 있다. 그들은 절대 쉽게 포기하지 않는다. 물러갔다가 또 온다. 그렇지만 매번 내가 이긴다. 왜냐하면 주님을 의지하고, 주님의 사랑에 연결되어 있기 때문이다. 어둠이 오는 그 순간, 내가 하나님께 달려가 피하기 때문이다. 말씀과 예배의 자리, 기도의 자리로 도망가기 때문이다. 하나님께 피하면 한없는 사랑으로 나를 덮으시고 견고한 사랑의 동아줄로 나를 붙들어주신다. 아주 단단하게, 흔들리지 않도록 매주신다.

나는 어둠과 싸우려고 하지 않는다. 그저 성령께서 그분의 뜻대로 내 생각과 마음을 이끌어가시도록 몽땅 내어드린다. 성령께 '항복'한다. 그러면 한없는 평강이 부어져서 흥분이 가라앉고 곧 평상심을 찾는다.

나는 오늘도 이길 것이다. 그 비결은 주님과 함께 사는 것이다. 그러면 주님이 세상이 줄 수 없는 평강을 선물로 주신다.

"너희는 하나님께 복종할지어다 마귀를 대적하라 그리하면 너희를 피하리라"(약 4:7).

우리가 이기는 방법이다. 먼저 성령 하나님께 '항복'하고 '복종'한다. 그리고 어둠의 영을 대적한다. 그러면 내가 항상 이긴다.

잠언 : 주님께서 이끄신다. 사람의 마음은 흐르는 물줄기와 같아서 주님의 손안에 있다. 주님께서 원하시는 대로 사람을 이끌어가신다. 정말 성공하고 싶다면, 하나님의 손에 무엇이 있는지 봐야 한다. 사람의 마음을 얻고 싶다면, 먼저 하나님의 마음을 얻어야 한다.

여호와를 찾는 자, 배부르리라

시편 22:26 잠언 22:1

겸손한 자는 먹고 배부를 것이며, 여호와를 찾는 자는 그를 찬송할 것이라. 너희 마음은 영원히 살지어다 시편 22:26

겸손한 자는 자기 분수를 안다. 자기의 부족함과 연약함을 안다. 그래서 오직 주의 은혜로 살아야 함을 안다. 그렇기에 겸손한 자는 갈급하고, 간절하며, 늘 목마르다. 하나님을 찾으며 그분의 은혜를 구한다. 바디매오가 그런 사람이었다. 시각장애인이며 거지인 그는 주님이 지나가실 때를 놓치지 않고 간절히 부르짖었다. 절박하고 절실하게 주를 불렀다. 그는 체면도 내려놓았다. 남의 시선을 조금도 개의치 않았다. 겸손한 자의 특징이다. 주께서 발걸음을 멈추셨다. 모든 일을 중단하시고 겸손한 자를 부르셨다. 날 때부터 안 보이던 그의 눈을 치료해주셨다.

그는 인생의 전환점을 맞았다. 주를 만난 그날이 그의 인생 최고의 순간이었다. 빈손으로 주께 나아가서 두 팔과 가슴에 주께서 주신 선물을 가득 안고 돌아갔다. 그는 먹고 배불렀다. 그의 입은 찬송으로 가득했다.

"너희 마음은 영원히 살지어다." 이보다 더 가슴 벅찬 축복이 있을까! 하나님이 베푸시는 영적 양식을 배부르게 먹고, 하나님을 간절히 구하는 삶을 살 때, 그 삶은 역동적이고 활기가 넘친다. 영혼이 소생한다. 아브라함의 약속이 그 삶에서 성취된다. 더 나아가 영향을 주는 삶을 살게 된다. 무엇보다 영원에 잇닿아 살게 된다.

나는 오늘도 목마르다. 내 마음은 갈급하다. 주님으로만 채워져야 한다. 그러기에 간절히 두 손을 들고 전심으로 주를 찬송한다.

많은 재물보다 명예를 택하고 은이나 금보다 은총을 택하라. 잠언 22:1 현대인의성경

"명예"는 '좋은 평판'이다. 주변으로부터 존경과 사랑을 받는다. 칭찬이 뒤따른다. 그러나 저절로 주어지지 않는다. 일상적인 삶이 쌓여서 주어진다. 선한 행위, 깨끗함, 지혜, 성실, 정직한 삶이 쌓여 얻어진다. 그러니 밝고 긍정적이고 넓은 마음으로 사람들

을 대해야 한다.

무엇보다 하나님과의 친밀감이 가장 귀하다. 하나님을 가까이하는 삶이 근본이다. 로마서 14장 18절에 "이로써 그리스도를 섬기는 자는 하나님을 기쁘시게 하며 사람에게도 칭찬을 받느니라"라고 하신다. 주를 가까이 섬기면 하나님의 기쁨이 되고 사람에게도 칭찬받는다.

돈을 은행에 쌓아두려 하지 말고 하나님나라와 가난한 사람을 위해 사용해야 한다. 저축을 하는 것도 지혜다. 그러나 저축만 하지 말고 흘려보내야 한다. 잠언 11장 24,25절은 하나님나라의 놀라운 원칙과 가치를 보여준다.

"흩어 구제하여도 더 부하게 되는 일이 있나니, 과도히 아껴도 가난하게 될 뿐이니라. 구제를 좋아하는 자는 풍족하여질 것이요, 남을 윤택하게 하는 자는 자기도 윤택하여지리라."

재물이나 명예보다 은총을 택하자. 그럴 때 명예와 재물도 따라온다.

오늘도 주를 향한 간절함과 갈급함과 목마름이 있는가? 그렇다면 나는 겸손한 자다. 주님 없이도 배부르다면 곧 망하겠지! 홍성건 목사님이 "저는 오직 은혜로 삽니다"라고 자주 말씀하셨다. 나는 이제야 이 말을 조금 깨닫는다. 자기 분수를 아는 겸손한 사람의 고백이었다.

내 부족함과 연약함을 알기에 하나님의 은혜가 더 필요하다. 내 인생은 참 팍팍하고 거칠다. 어떤 때는 살기 참 힘들다고 느낀다. 이때가 굉장히 중요한 타이밍이다. 하나님이 나의 반응을 보고 계시고, 원수는 나에게 충동질한다. 축 늘어져 있지 않기로 하고 하나님을 찬양하며 노래한다.

"주님, 당신은 선하십니다. 당신은 은혜로우시고 자비로우시며 긍휼이 많으십니다!"

내 삶에 감사의 조건이 사라질 때가 중요한 타이밍이다. 그럴 때면 나는 믿음으로 반응하기 위해 '범사에 감사하기로' 결심한다. 오늘도 환경이나 상황 때문에 입술의 죄를 짓지 않을 것이다. 하나님이 안 계신 것처럼 말하지 않을 것이다.

믿음의 말과 행동을 할 것이다. 금과 은보다 하나님의 은총과 명예를 더욱 택할 것이다. 내 명예가 아니라 나를 통해 우리 주님의 존귀하신 이름의 명예를 드높이는 삶을 살아낼 것이다.

"주 예수여, 어서 오시옵소서! 마라나타!"

23일

나는 아무 부족함이 없도다

시편 23:1 잠언 23:1-3

여호와는 나의 목자시니 내게 부족함이 없으리로다 시편 23:1

이 말씀이 얼마나 감격적인가! 이 짧은 문장을 밋밋하게 읽을 수가 없다. 단 몇 초 만에 읽을 수도 없다. 한 단어 한 단어가 얼마나 놀라운가!

"여호와는 나의 목자시니", 이 구절이 주는 힘, 감격, 풍성함, 안정됨, 확신이 밀려온다. '여호와'는 하나님의 명함이다. 모세가 너무나 감당하기 어려운 사명을 맡게 되었을 때, 자기를 보내신 하나님을 누구라고 소개해야 할지 질문하자, 하나님이 명함을 내미셨다.

"나는 '여호와'라"(출 3:14, 나는 스스로 있는 자니라).

이보다 더 간단명료한 자기소개가 있을까. 내가 믿고 순종하며 따르는 하나님이 누구신지를 알려주신다. 스스로 계신 분, 전능자, 무한하시며 또한 인격이신 분, 나를 아시고 사랑하시고 돌보시는 완벽한 아빠 아버지, 내 말에 귀 기울이시며 내게 말씀하시는 분, 내 이름을 부르시고 오늘도 내 앞에 가시며 날 이끄시는 분! 그가 "나의 목자"시다! 그리고 나는 그가 돌보시는 어린 양이다.

그러니 "여호와는 나의 목자시니"를 종일 묵상하고 해 질 무렵, "내게 아무 부족함이 없도다!"라고 가슴이 벅차게 선포한다.

네가 관원과 함께 앉아 음식을 먹게 되거든, 삼가 네 앞에 있는 자가 누구인지를 생각하며, 네가 만일 음식을 탐하는 자이거든 네 목에 칼을 둘 것이니라. 그의 맛있는 음식을 탐하지 말라 그것은 속이는 음식이니라 잠언 23:1-3

"유력 인사와 바깥에서 저녁 식사를 하게 되거든, 예의 바르게 처신하여라. 게걸스럽게 먹거나, 음식을 입에 넣은 채 말하지 마라. 과식하지 말고 식욕을 다스려라"(메시지성경).

마지막 성령의 열매는 '절제'다. 말하기, 잠자기, 먹기, 성적 욕구, 사치, 오락 등을 절제해야 한다. 그중 가장 주의할 게 '먹기'다. "네 목에 칼을 두라"는 '식욕을 억제하라, 자신을 통제하라'라는 뜻이다. 먹는 일에, 차려진 음식에 집중하지 말라는 것이다. 특히 숨은 의도가 있는 식사 자리는 더 그렇다. 자칫 올무에 걸릴 수 있다. 예의를 갖추고 아무리 입맛이 당겨도 절제해라.

구두쇠에게 음식 대접 받기를 기대하지 마라. 혹시 그가 음식을 베푼다면, 겉으로는 웃어도 속은 매우 아까워한다. 다 먹고 나면 탈이 날 수도 있다.

반면에 진실한 마음으로 대접하는 음식은 건강에 유익하다. 마음도 즐겁다. 식사는 음식으로만 하는 게 아니라 마음의 자세, 분위기, 즐거운 대화가 음식의 질을 좌우한다. 그러니 먹는 것에만 집중하지 마라. 귀하고 비싼 음식이 중요한 게 아니다. 누구와 왜 식사하는지가 가장 중요하다. 음식을 절대 탐하지 말아야 한다.

시편 :
오전 – "여호와는 나의 목자시니." 종일 묵상한다. 누가 나의 목자라고? 여호와! 그분이 누구신가? 전능자 하나님이시다! 나는 양, 그분은 나의 목자. (셀라)

저녁 – "내게 부족함이 없으리로다." 배부르다. 엄청나게 부요해졌다. 전능자 여호와께서 나의 목자시라는 사실을 심장에 넣었다. 그분이 이끄시는 대로 따라만 가면 만사형통한 삶이 열린다. 목자는 양을 가장 안전한 곳, 풍성한 풀밭과 물가로 인도하시기 때문이다. 점점 더 배워가는 것은 양으로서 목자를 따르는 삶이 가장 가볍다는 사실이다.
"네 길을 여호와께 맡기라 그를 의지하면 그가 이루시고"(37:5).
"네 짐을 여호와께 맡기라 그가 너를 붙드시고"(55:22).
"날마다 우리 짐을 지시는 주 곧 우리의 구원이신 하나님을 찬송할지로다"(68:19).
"너의 행사를 여호와께 맡기라 그리하면 네가 경영하는 것이 이루어지리라"(잠 16:3).
"너희 염려를 다 주께 맡기라 이는 그가 너희를 돌보심이라"(벧전 5:7).

잠언 : 종일 주님으로 배부르다. 아주 자유롭다. 음식이나 명예, 성취욕으로부터 자유롭다. 주님 안에서 절제된 삶은 나를 고상한 사람으로 만들어준다. 나는 자유가 좋다. 죄가 싫다. 나는 죄를 미워한다. 죄는 내게서 자유를 박탈한다. 절제는 내게 자유를 준다. 주님 안에서 절제된 삶을 날마다 배운다.

하나님의 절친

시편 24:3 잠언 24:1

여호와의 산에 오를 자가 누구며, 그의 거룩한 곳에 설 자가 누구인가? 시편 24:3

하나님의 임재 가운데 머무는 사람, 하나님과 친밀감을 가질 수 있는 사람이 누구인가? 하나님은 어떤 사람과 가까이 교제하시는가? 24편 4,6절은 여섯 가지로 말씀하신다. 처음 네 가지는 4절에, 나머지 두 가지는 6절에 있다.
  1. 오직 손이 깨끗한 자: 눈에 보이는 삶이 깨끗함
  2. 오직 마음이 깨끗한 자: 눈에 보이지 않는 양심, 생각, 동기가 깨끗함
  3. 속이지 않는 정직한 자: 뜻을 허탄한 데 두지 않음 - 정직, 진실
  4. 호리지 않는 자: 거짓 맹세하지 않음 - 말로 사람을 속여 악으로 유혹하지 않음
  5. 하나님의 얼굴 보기를 사모하는 자: 경배하는 예배자
  6. 하나님의 도우심을 간절히 구하는 자: 무릎 꿇은 기도자
하나님은 이들 편이시다. 하나님은 이런 사람들을 가까이하신다. 이들은 하나님과 친밀하게 교제하는 특권을 가진다. 그러니 무엇이 두려우랴!
  이들은 하나님께 복을 받은 자들이다. 언제나 그분의 임재를 경험하며 내면의 평강과 만족을 누린다. 지혜와 통찰력, 올바른 판단력을 가진다(5). 이들은 하나님의 도우심으로 반드시 성공할 것이다.

너는 악인의 형통함을 부러워하지 말며, 그와 함께 있으려고 하지도 말지어다 잠언 24:1

"너는 행악자의 득의함을 인하여 분을 품지 말며 악인의 형통을 부러워하지 말라. 대저 행악자는 장래가 없겠고 악인의 등불은 꺼지리라"(19,20).
  악인은 생각과 말과 행동이 다 나쁘다. 관계를 깨뜨리고 소란을 일으킨다. 이런 사람 근처에는 얼씬거리지도 마라. 악인이 형통하는 걸 보면 자칫 시험에 든다. 정직하고 성실하게 사는 사람은 살림살이가 늘 빠듯해 절로 한숨이 나온다. 그래서 입으로는 악인을 욕하면서 마음으로는 부럽기도 하다. 그러나 조만간 악인의 등불이 꺼진다. 그들

의 장래엔 소망이 없음을 확실히 알아야 한다.

"그와 함께 있으려고 하지도 말라." 이보다 더 강력한 말씀이 있을까! 이런 사람과는 사귀지도 말아야 한다. 언제나 일정한 거리를 두어야 한다.

오늘, 하나님을 경외하며 성실과 정직으로 부지런히 내 일을 하자. 하나님께 가까이 나아가라. 누룽지처럼 눌어붙어 있어라. 마음을 저울질하시는 하나님이 계심을 믿어야 한다. 칠전팔기, 이것이 믿음으로 사는 자의 삶이다.

시편 : 여호와의 산, 그 거룩한 곳에 설 자는 누구인가(3)?

와! 굉장하다. 하나님의 산, 그 거룩한 곳에 내가 선다면 우리 주님이 나로 인해 얼마나 기뻐하실까! 오늘 이 놀라운 산을 사모한다. 종일 생각과 양심을 깨끗하게 할 것이다. 정직하고 진실하게 살며 사람들을 절대 악으로 이끌지 않을 것이다.

하나님을 경배하며 그분 앞에 무릎 꿇는 자가 되어 거룩한 여호와의 산에 오르는 자가 될 것이다. 나는 매일의 말씀 묵상을 통해 너무나 풍성한 배부름을 맛본다. 만족감으로 충만하다.

매일의 말씀 묵상으로 내 마음의 정원을 가꾼다. 잡초를 제거한다. 묵상이 악인들을 멀리할 영적 근육을 길러준다. 악인들은 말과 행동이 다르고, 사람들을 악으로 이끈다. 공동체의 비전을 깨뜨리고 주의 일꾼을 훼방하며 자기 이익을 위해 선한 사람들을 이용한다. 주님은 이런 자를 미워하신다. 나도 미워한다. 악을 미워하면 선을 사랑하게 된다.

나는 하나님의 산에서 안식과 평안, 쉼을 얻는다.

잠언 : 시편 73편에서 기자는 악인이 누리는 평안과 그들이 죽을 때도 고통이 없으며 재물이 더욱 불어나는 형통함을 보고 질투하여 넘어질 뻔하고 미끄러질 뻔했다고 고백한다. 그러나 하나님의 성소에 들어갈 때 그들의 종말을 깨달았는데, 주께서 그들을 미끄러운 곳에 세우시고 파멸에 던지시니 놀랄 정도로 전멸하여 그들이 마침내 끝장을 맞이한다.

오늘도 매 순간 악인의 삶을 거절하고, 의인의 삶을 소망할 것이다.

하나님의 학교의 과목
- 깨어짐과 순종

시편 25:9 잠언 25:2

온유한 자를 정의로 지도하심이여, 온유한 자에게 그의 도를 가르치시리로다 시편 25:9

"온유한 자"는 자기 마음을 깨뜨리는 자다. 감정대로 반응하지 않고, 그 감정을 다스려 오직 진리에 반응할 줄 안다. 모세가 그런 사람이었다(민 12:3). 자기를 대적하며 비방하는 사람들에게 반응하지 않았다. 그런 말을 들으면 땅에 엎드렸다. 모세의 전공은 '포복'(匍匐)이었다.

온유한 자는 하나님의 학교에서 '깨어짐'(brokenness) 과목을 배운다. 온유한 자는 가난한 마음으로 간절히 주의 뜻을 구한다. 기꺼이 배우고자 한다. 온유와 겸손은 형제다. 서로 함께한다. 성장의 사닥다리의 첫 번째 발판이다. 무엇보다 우리 주 예수님이 그런 분이시다(마 11:29).

온유한 자는 하나님의 학교에서 '순종'(obedience)을 배운다. 하나님은 순종하는 사람에게 그분의 뜻을 보여주신다. 온유하며 겸손한 사람의 특징이 순종이다. 그는 하나님의 뜻에 기꺼이 순종할 줄 안다. 온유, 겸손, 순종은 세상에 영향을 주는 지도력의 가장 기본 요소다. 이 셋은 언제나 함께한다.

하나님은 온유하고 순종하는 자에게 그의 길을 가르쳐주셔서 주의 뜻을 따라 살게 하신다. 하나님은 온유한 사람에게 판단력과 분별력 그리고 통찰력을 주셔서 올바른 지도력을 발휘하게 하신다.

일을 숨기는 것은 하나님의 영화요, 일을 살피는 것은 왕의 영화니라 잠언 25:2

여기서 "왕"은 어떤 특정 지위의 사람을 말하는 것만이 아니라 '세상의 빛과 소금으로 살아가는 하나님의 백성'을 가리키기도 한다. 우리는 "왕 같은 제사장"(벧전 2:9)이다. 하나님나라가 임하고, 그분의 뜻이 이루어지기 위해 자기 삶을 드리는 모든 그리스도인을 말한다.

하나님은 하나님나라의 일을 왕 같은 제사장들에게 밝히 보여주고자 그것을 숨겨놓으셨다. "숨기다"는 마치 보물찾기에서 보물을 숨기는 것과 같다. 영원히 숨긴 게 아니라 그것을 부지런히 찾는 자가 가질 수 있도록 숨긴 것이다. "살피다"는 '탐색하다, 연구해서 찾아내다, 조사하다'라는 뜻이다. 가만히 앉아있는 게 아니라 탐험가처럼 일어나 부지런히 찾는 것을 말한다.

보물은 가만히 앉아있는 사람에게는 영원히 숨겨져 있다. 그것은 희생하며 부지런히 찾아 나서는 모험가들의 것이다. 하나님은 일을 숨기시고, 우리는 그것을 찾아내어 밝히 드러낸다. 하나님이 성경 속에 감추신 보물을 부지런히 찾아내는 일은 귀하다! 성경을 통해 세상을 보고, 하나님의 뜻과 원칙을 이해하며, 지혜, 지식, 명철, 이해력, 통찰력, 판단력, 분별력을 가질 수 있다.

나는 광야에서 순종을 배웠다. 감정을 다스리는 법, 말씀으로 반응하는 법도 배웠다. 하나님은 믿음의 사람, 온유한 자에게 지혜와 분별력과 판단력을 주시며 가르치시고 이끌어가신다. 주의 뜻대로 살게 하신다.

온유한 자의 표본이신 예수님을 종일 묵상한다.

"그가 곤욕을 당하여 괴로울 때에도 그 입을 열지 아니하였음이여 마치 도수장으로 끌려가는 어린 양과 털 깎는 자 앞에서 잠잠한 양같이 그의 입을 열지 아니하였도다"(사 53:7).

양은 죽을 때 잠잠하다. 돼지는 "나 죽소~" 하고 온 동네가 떠나가도록 소리를 질러댄다. 나는 돼지가 되기 싫다.

"온유한 자는 복이 있나니 저희가 땅을 기업으로 받을 것임이요"(마 5:5).

모세는 주 앞에 엎드리는 포복이 전공인데, 나는 어떤가? 온 땅에 기독교문명개혁운동을 일으키고 싶다. 세상의 빛과 소금으로 살고 싶다. 하나님의 뜻을 이루기 위해 내 삶을 드리고 싶다. 그렇다면 온유함을 배우고 살아내야 한다.

말씀 속에 숨겨놓으신 보물을 캐는 맛을 알아야 한다. 주님을 묵상하고 말씀대로 살기로 작정하면 그분의 일을 밝히 보여주신다.

나는 왕 같은 제사장이다. 왕의 품위에 걸맞은 삶을 살 것이다.

'검사필증'과 '합격증'을 받다
시편 26:2,3 잠언 26:1,8

여호와여, 나를 살피시고 시험하사 내 뜻과 내 양심을 단련하소서. 주의 인자하심이
내 목전에 있나이다. 내가 주의 진리 중에 행하여 <small>시편 26:2,3</small>

하나님이 나를 살피시고(examine), 시험하시고(try), 단련하신다(test).

"살피다"는 '자세히 검사하다, 검사를 통과하면 검사필을 주다'를 말한다. "시험하
다"는 '이것저것을 시도해보다, 시련, 고난, 환란을 허락하시고 그것에 어떻게 반응하
는지 살피다'를 말한다. "단련하다"는 '순금, 순은, 강철을 만들기 위해 용광로를 통과
하며 불순물을 제거하다'를 말한다.

하나님이 내 뜻과 내 양심을 단련하신다. "내 뜻"은 '콩팥, 신장, 즉 숨은 동기, 깊숙
한 마음'이다. "내 양심"은 '속사람, 마음, 정신, 이해력, 의지'를 말한다. 하나님이 나를
연단하실 때, 자원하여 주께 맡기고 순복한다. 주의 인자하심, 나를 향한 한결같은 사
랑을 의지하기 때문이다.

"주의 진리 중에 행한다"는 것은, 주께서 아브라함에게 약속하신 걸 굳게 붙들고 그
것을 이루실 줄 믿는다는 뜻이다. 내 연약함 때문에 실패할까 두려워하지 않고, 주의
약속을 붙들고 주를 의지하는 것. 마치 깎아내리는 높은 절벽을 밧줄에 의지하여 정상
에 오를 때, 위에서 밧줄을 굳게 잡아야 하듯이 나를 굳게 붙잡고 계시는 주 하나님을
의지하는 것을 말한다.

나는 반드시 뜨거운 용광로를 통과하여 가장 탁월한 하나님의 사람으로 검사필증
과 합격증을 받아 주의 뜻을 따라 살 것이다.

미련한 자에게는 영예가 여름에 오는 눈이나 추수 때 내리는 비처럼 적합하지 않다. 미
련한 자에게 영예를 주는 것은 돌을 물매에 매는 것과 같다. <small>잠언 26:1,8 현대인의성경</small>

"영예를 준다"는 건, '사람들 앞에서 존경을 표시하고 메달을 걸어주는 것'이다. 그런
데 미련한 사람에게는 그것이 어울리지 않는다. 자기를 낮추며 겸손하게 받아들이지 않

고, 더 으스대고 자기를 높이며 자랑한다. 어리석기 때문이다. 이는 지능이 낮다는 게 아니라, 하나님을 경외하지 않고 그분의 말씀을 무시하며 제멋대로 사는 걸 말한다. 마음이 교만한 상태를 말한다.

이런 사람은 때에 맞지 않게 여름에 눈이 오고, 추수 때 비가 오는 것처럼 오히려 해를 준다. 여름에는 뜨거운 태양 아래 과일이 익어간다. 그런데 눈이 오면 농작물이 치명적인 냉해를 입는다. 추수 때는 날씨가 쾌청해야 수확을 차질 없이 진행하는데 비가 오면 농작물이 썩는다. 이렇듯 미련한 사람이 영예를 얻으면 사회 공동체를 썩게 만든다.

돌을 물매에 매면 어떻게 물매로 돌을 던질 수 있을까? 돌은 물매에 올려놓고 돌려야 멀리 날아간다. 그런데 돌을 물매에 매면 오히려 돌이 자신에게 날아와 큰 상처를 입힌다.

메시지성경은 8절을 더 사실적으로 번역했다.

"미련한 자를 명예로운 자리에 앉히는 것은 대리석 기둥에 흙벽돌을 올리는 것과 같다."

대리석 기둥과 흙벽돌은 전혀 어울리지 않는다. 어떤 바보도 그렇게 건축 공사를 하진 않는다. 영예를 주는 일은 언제나 신중해야 한다. 오직 지혜로운 사람에게 주어야 한다.

주님께서 나를 살펴보시고 시험(연단)을 허락하셨다. 나를 단련하시기 위해 용광로에서 불순물을 제거하셨다. 나는 1,500-2,300도의 용광로에서 살아남았다. 오직 은혜로 살았지만, 영적 성장과 성숙을 이루어갈수록 온도는 높아졌다. 고난과 시련과 환난의 수준도 높아졌다. 광야를 통과하니 또 다른 광야가 기다렸다. 반복되는 광야! 끝도 없는 광야가 오히려 나를 영적으로 성장시켰다.

이런 시간이 없었다면 나는 쓰임 받지 못했을 것이다. 이 광야에서 버틸 수 있었던 건, 그분의 기이하고 놀라운 '헤세드'의 사랑과 약속의 말씀 때문이었다.

죽을 것같이 힘들 때, 약속의 말씀을 붙잡았다. 정말 그랬다. 선하신 주님은 내가 감당할 만큼의 수준으로 훈련하셨다. 광야에서 철저하게 배운 것이 있다. 미련한 돼지에게 진주 목걸이를 걸지 않는 법이다.

이것은 내 사업과 사역에 에너지 낭비를 막아주었다.

나는 오직 하나님만 기다린다
시편 27:14 잠언 27:1

너는 여호와를 기다릴지어다. 강하고 담대하며 여호와를 기다릴지어다 시편 27:14

Wait for and confidently expect the Lord: Be strong and let your heart take courage: Yes, wait for and confidently expect the Lord. AMP(Amplified Bible)

확신을 갖고 도움을 받기 위해 누군가를 기다리는 게 우리의 인생 여정이다. 가장 친한 친구, 내가 섬기는 리더, 내 형제 등의 도움을 기다린다. 그러나 가장 큰 확신으로 기다리는 분은 여호와 나의 하나님이시다. 이보다 큰 도움은 없다.

146편 3-5절은 "귀인들을 의지하지 말며, 도울 힘이 없는 인생도 의지하지 말지니 … 야곱의 하나님을 자기의 도움으로 삼으며, 여호와 자기 하나님에게 자기의 소망을 두는 자는 복이 있도다"라고 하신다.

27편 14절은 2번 반복해서 "기다리라"라고 말씀하신다. 그리고 여호와 하나님을 기다리는 사람에게 말씀하신다.

"강하고 담대하라!"

"강하다"는 내면의 강함이다. 외부의 어떤 강한 압박에도 평상심을 갖는 힘이다. 이 힘이 없으면 두려움, 불안, 초조함, 낙심, 분노, 염려, 포기 등의 현상이 나타난다.

"담대하다"는 외부의 어떤 압박에도 영향을 받지 않을 뿐만 아니라 더 나아가 더 큰 원을 그리며 영향을 주는 힘을 말한다. 이런 내적, 외적인 힘은 확신을 가지고 여호와 하나님을 기다리는 사람에게 주어진다.

너는 내일 일을 자랑하지 말아라. 하루 동안에 무슨 일이 일어날지 모른다.

잠언 27:1 현대인의성경

내일 일을 자랑하지도, 걱정하지도 말자. 오직 오늘 하루, 주어진 일에 최선을 다하자. 무엇보다 겸손해야 한다. 겸손이란 자기가 누구인지를 아는 것이다. 내 능력과 지혜의 한계를 아는 것이다. 그러나 동시에 믿음을 가져야 한다. 하나님이 누구신지 알고 그분을 전적으로 의지해라. 하나님의 주권적 섭리를 믿어라. 그럴 때 내일 일을 염려하지 않고, 오늘 성실하게 살아갈 힘이 생긴다. 내게 주어진 가족, 이웃을 사랑하고 보살피며 살아간다. 내게 맡겨진 재물(비록 많지 않을지라도)로 주변을 돌아보며 베풀고 나누는 삶을 살자.

오늘 하루가 영원에 잇닿아 있도록 하자. 주의 나라가 임하고, 주의 뜻이 이루어지는 일을 선택하고, 그것에 충성하자. 내일은 없다. 언제나 '오늘'이다. 사랑의 하나님의 주권적 섭리에 따라 '오늘'이라는 카펫 위로 힘차게 걸어간다.

그렇다고 미래를 계획하지 말라는 건 아니다. 초점은 '오늘' 주어진 일에 최선을 다하라는 것이다. '내일'을 염려하여, 오늘 주변에 재물로 섬길 기회를 무시하고, 재물을 쌓지 말라는 것이다.

오늘, 미소를 짓자. 한 번 더 웃자. 주어진 일에 최선을 다하자. 감사를 입버릇처럼 말하자. 만나는 사람에게 친절하자. 믿음의 말을 하자. 오늘!

여호와를 기다리는 게 참 힘들었다. 내면이 담대하지 못했기 때문이다. 환경의 압박으로 평상심이 다 깨어졌다. 이런 상황에서 여호와를 기다리는 건 불가능에 가까웠다. 어느 날, 말씀을 묵상하다가 '소망'이라는 단어를 붙잡았다.

"우리가 이 소망을 가지고 있는 것은 영혼의 닻 같아서 튼튼하고 견고하여 휘장 안에 들어가나니"(히 6:19).

이 소망이 무엇인가? 아브라함의 씨로서 하나님의 언약을 믿는 믿음이 소망이다. 하나님이 내게 복 주시고 나를 통해 온 땅을 복 주실 것이라는 약속의 말씀은 하나님께서 그분의 이름을 걸고 맹세로 보증하신 것이다.

하나님의 약속을 굳게 붙잡으니 강해졌고, 압박감에서 벗어났다. 하나님의 약속이 소망이 되자 불안, 초조, 낙심이 줄어들고, 포기하지 않게 되었다.

소망이 내면을 견고하게 함을 깨달았다.

소망이 내일 일을 걱정하지 않게 만들어주었다.

소망이 오늘의 삶을 내가 할 수 있는 최선으로 살게 해주었다.

소망이 나를 친절한 사람, 미소 짓는 사람으로 만들어간다.

주의 지성소를 향하여 손을 들자

시편 28:2 잠언 28:1,5

내가 주의 지성소를 향하여 나의 손을 들고, 주께 부르짖을 때 나의 간구하는 소리를 들으소서 시편 28:2

"주의 지성소"는 주의 임재가 있는 곳이다. 내 얼굴을 주의 지성소로 향하게 한다. 사람이나 환경을 향하지 않는다. 어려움을 주는 사람과 환경을 바라보는 데서 눈을 들어 주를 향해야 한다. 지금 바로 몸을 돌리자. 억울한 일을 당할 때, 마음이 원통할 때, 나를 괴롭히는 사람과 맞대응하지 말고 하나님께 나아가자. 오직 그분만이 나의 방패요 도움이시다. 절망에 처할 때, 혼자 해결하려고 몸부림치지 말고 주의 지성소를 향해 손을 들자.

손을 맥없이 축 늘어뜨리지 말고 번쩍 들자. 불평과 원망의 말을 그치자. 대신 입을 열어 "주여!"라고 부르짖자.

"주여, 나의 간구하는 소리를 들으소서!"

나의 억울함을 호소하며 하나님께서 대신 갚아주시기를 탄원하자. 공의로우신 하나님은 침묵하지 않으신다.

로마서 12장 19절에, "내 사랑하는 자들아, 너희가 친히 원수를 갚지 말고 하나님의 진노하심에 맡기라. 기록되었으되, '원수 갚는 것이 내게 있으니 내가 갚으리라'고 주께서 말씀하시니라"라고 하셨다.

얼굴을 주께 향하고, 두 손은 기도의 손이 되고, 입은 부르짖는 기도의 입이 되자. 지금은 주를 향해 두 손 들고 부르짖을 때다. 주께서 나의 간구하는 소리를 반드시 들으신다.

악인은 쫓아오는 자가 없어도 도망하나 의인은 사자같이 담대하니라 악인은 공의를 깨닫지 못하나 여호와를 찾는 자는 모든 것을 깨닫느니라 잠언 28:1,5

사자는 동물의 왕이다. 두려움이 없다. 어떤 상황에도 뒤로 물러나지 않으며 담대하다. 의인이 그렇다. 의인은 하나님을 의지하는 믿음의 사람이다. 여호와를 구하는 자, 그분의 뜻에 순종하는 사람이다.

그런 사람은 사자처럼 담대하다. 사람의 말에 휘둘리지 않고, 어떤 환경에도 흔들리지 않는다. 그러나 악인은 사람의 말과 환경에 휩쓸려간다. 마음의 불안을 떨칠 힘이 없다. 늘 염려와 불평을 입에 달고 산다. 심지어 일어나지 않을 일도 마치 일어난 것처럼 생각하고 말한다. 염려를 가불(假拂)한다. 하나님의 임재를 경험하지 못하고, 그분의 일하심을 깨닫지도 못한다. 하나님의 뜻을 알지 못한다. 언제나 두렵게 하는 환경, 힘들게 하는 사람들에게 둘러싸여 있다.

그러나 의인은 하나님의 임재를 믿는다. 그분의 뜻과 일하심을 깨닫는다. 언제나 하나님을 찾기 때문이다. 하나님의 함께하심, 돌보심, 일하심을 믿는다. 에녹이 그런 사람이었다. 어려운 상황이 둘러싸도 언제나 안전지대에 있었다. 그는 하나님과 동행했다. 믿음의 사람이었기 때문이다.

사람들이 두려움에 휩싸이고 불안 속에 살 때, 그는 확신과 평강 가운데 살았다. 사람들이 불평할 때, 그는 감사했다. 그는 언제나 긍정적이고 밝고 맑고 빛나게 살았다.

의인은 오직 믿음으로 말미암아 살리라.

오전 - 마음이 심란하다. 주께 간다. 하나님의 임재가 있는 지성소에서 주를 바라본다. 주님만을 높이며 예배한다. 내가 처한 상황을 지성소에서 주께 올려드린다.

"주여! 원수들이 내게 억울한 누명을 씌웁니다. 주여! 원수들이 내 살을 먹으려 합니다. 주여! 원수들이 내 생명을 찾습니다. 주님께서 공의로운 심판주로 나와 원수 사이에 계십시오. 하나님의 진노하심으로 내 원수들을 치십시오. 주여! 나를 건어주옵소서."

오후 - 한결 마음이 편해졌다. 불안을 주께서 제거하셨다. 원수 갚는 것을 주의 손에 맡겼더니 사람의 말에 휘둘리지 않게 하시고 내 마음을 견고하게 지켜주신다. 주님은 주께 피하는 나를 언제나 건져내셨고, 주를 향하여 드는 두 손을 기도의 손으로 바꾸어주셨다. 주의 임재 안에서, 약속의 말씀 안에서 내 영혼이 진정한 안식을 얻는다.

"내 영혼아! 평안할지어다."

평강의 복

시편 29:10,11 잠언 29:1

여호와께서 홍수 때 좌정하셨음이여, 여호와께서 영원하도록 왕으로 좌정하시도다.
여호와께서 자기 백성에게 힘을 주심이여, 여호와께서 자기 백성에게 평강의 복을 주
시리로다 시편 29:10,11

홍수가 범람하면 위기다. 불안하고 두렵다. 밀려오는 홍수를 바라보면 숨이 막히고
걱정에 휩싸인다. 당황하여 서두른다. 조급하여 일을 그르친다. 판단력과 분별력이 사
라지며 허둥대고 오락가락한다.

그러나 우리는 홍수 위에 왕으로 좌정하신 주님을 본다. 홍수를 정복하고 다스리시
는 그분을 본다. 하나님의 영광과 능력을 바라보면 담대함이 생긴다. 사방으로 둘러
싼 어려움을 바라보면 두려움이 몰려온다. 그러나 그 위에 계시며 다스리시는 하나님
을 보면 조금도 두렵지 않다.

하나님은 자기를 바라보며 따르는 사람들에게 힘을 주신다. 단순한 힘이 아니라 홍
수를 다스리시는 하나님의 힘이다. 단지 견디는 힘이 아니라 상황을 주도하고 다스리
며 변화를 일으키는 힘이다. 그리고 평강의 복을 주신다. 주님이 주시는 평강은 주변
상황에 조금도 영향을 받지 않는 내면의 힘이다. 더 나아가 상황을 변화시키는 외적
인 힘을 주신다.

이런 복은 오직 "자기 백성"에게만 주신다.

자주 책망을 받으면서도 목이 곧은 사람은 갑자기 패망을 당하고 피하지 못하리라
잠언 29:1

우리는 누구나 부족함이 많아 부모, 스승, 리더, 선배, 친구에게 책망을 받는다. 이들
은 하나님이 우리를 위해 두신 멘토요, 코치다. 성장과 진보를 돕는 하나님의 도구다.
그런데 같은 영역에서 자주 책망을 받으면 더욱 주의해야 한다.

가장 경계해야 하는 건 "목이 곧은 사람"이 되지 않는 것이다. 이는 '목이 딱딱하다'

는 뜻이다. 그런 사람은 책망을 듣고도 돌이키지 않는다. 마음이 강퍅하고 고집이 세다. 훈계를 싫어하고 책망받기를 거절한다. 변하지 않으며 잘못을 인정하지 않는다. 잘못된 자기 확신이 있다.

시야가 좁아서 자기 부족함을 보는 안목이 없다. 남의 말을 경청할 줄 모르고 자기를 이해해주기만 바란다. 그 근본적인 뿌리는 '교만'이다. 결국 "갑자기" 패망한다. 그때는 너무 늦어서 피하지 못한다.

쓴소리를 받아들일 줄 알아야 한다. 경청할 줄 알아야 한다. 자기 마음을 깨뜨려야 한다. 그것이 곧 생명의 길이다. 변화와 성장의 길이다. 날마다 성령 학교에서 겸손히 배우자.

"사람을 경책하는 자는 혀로 아첨하는 자보다 나중에 더욱 사랑을 받느니라"(28:23).

"나중에"가 눈에 크게 들어온다. 듣기 좋은 소리보다 바른말을 들으면 처음에는 힘들어도 나중에 고마워할 것이다. '양약은 입에 쓰다'는 걸 잊지 말아야 한다. 듣기 좋은 말, 듣고 싶은 말만 듣지 말고 꼭 들어야 할 말에 귀 기울이는 훈련을 하자.

시편 : 어릴 때 홍수를 겪어본 적이 있다. 집 앞 강둑이 무너지면서 마을을 덮쳤다. 창고에 쌓였던 연탄이 다 녹아내렸고, 엉망진창이 되었다. 순식간에 마을의 모든 질서가 깨졌고, 사람들이 허둥대며 아우성이었다. 이런 홍수 가운데 좌정하시는 하나님이라니, 바로 이해가 된다. 상황을 다스리시는 하나님을 묵상한다. 불안, 두려움, 걱정이 사라지고 무질서에 질서가 잡힌다.

내 삶에 홍수가 났을 때, 그 가운데 좌정하시는 하나님을 바라본다. 홍수 위에서 지휘하시고 정렬하시고 모든 걸 제자리로 돌려놓으시는 그분의 손길을 바라본다. 이럴 때 나는 힘이 나고 기분이 좋아진다. '곧 모든 것이 해결될 거야' 안도하며 평안의 숨을 내쉰다.

잠언 : 책망은 나를 성장시킨다. 목이 곧은 사람은 책망을 받지 못한다. 훈계는 나를 지혜자로 만들어준다. 내가 경계하는 것은 아첨하는 자다. 그로 인해 판단이 흐려지고 실수하게 되기 때문이다.

여호와여, 내가 주를 높일 것은 주께서 나를 끌어내사 내 원수로 하여금 나로 말미암아 기뻐하지 못하게 하심이니이다. 여호와 내 하나님이여, 내가 주께 부르짖으매 나를 고치셨나이다 시편 30:1,2

"내가 주님을 바라보며 손을 높이 들고 주를 찬양합니다. 그 이유는 주께서 나 스스로는 도저히 빠져나올 수 없는 깊은 수렁에서 나를 끌어내어 건져주셨기 때문입니다. 내 원수가 나를 비웃지 못하게 보호하시고 내가 부끄러움을 당하지 않게 하셨습니다. 주 나의 하나님이 내가 주께 부르짖을 때 내 기도를 들으시고 나를 고쳐주셨습니다. 나를 회복시켜주셨습니다.

주의 진노는 잠깐이요 주의 은총은 영원합니다. 주께서 내 통곡을 기쁨의 춤으로 바꾸어주셨습니다. 그러니 어찌 잠잠할 수 있겠습니까. 내 영혼이 주님을 찬양합니다. 내가 영원토록 주 나의 하나님께 감사를 드리리이다!"

하나님은 죄의 수렁, 낙심의 늪, 질병의 고통, 두려움의 결박에서 나를 끌어 올리신다. 나를 그분의 자녀 삼으셨다. 다시는 원수가 나를 조롱하지 못하게 하셨다. 나를 더 높이 올리셔서 예수 그리스도의 보좌 우편에 앉히셨다.

나는 다른 사람에게 비하면 짐승이라. 내게는 사람의 총명이 있지 아니하니라. 나는 지혜를 배우지 못하였고 또 거룩하신 자를 아는 지식이 없거니와 하늘에 올라갔다가 내려온 자가 누구인지, 바람을 그 장중에 모은 자가 누구인지, 물을 옷에 싼 자가 누구인지, 땅의 모든 끝을 정한 자가 누구인지, 그의 이름이 무엇인지, 그의 아들의 이름이 무엇인지 너는 아느냐 잠언 30:2-4

세상에는 잘난 척하는 사람이 많다. 학력, 경력, 지식, 배경, 돈, 외모로 으스댄다. 그러나 정작 가장 중요한 걸 모른다면 얼마나 안타까운가! 그것은 거룩하신 자, 곧 하나님을 아는 지식이다. 그보다 더 중요한 건 없다.

사도 바울은 최고의 석학이었다. 배경도 화려했다. 이전에는 그것을 자랑했다. 그러나 마침내 알게 되었다. 가장 고상한 지식은 예수 그리스도를 아는 것이라는 사실을.

"그러나 무엇이든지 내게 유익하던 것을 내가 그리스도를 위하여 다 해로 여길뿐더러 또한 모든 것을 해로 여김은 내 주 그리스도 예수를 아는 지식이 가장 고상함을 인함이라. 내가 그를 위하여 모든 것을 잃어버리고 배설물로 여김은 그리스도를 얻고 그 안에서 발견되려 함이니"(빌 3:7-9).

얼마나 놀라운 고백인가! 얼마나 놀라운 선언인가! 이보다 더 강력한 선언이 있을까! 세상이 자랑하고 으스대며 내세우는 것들을 배설물로 여길 만큼 그리스도는 가장 귀하시다. 그리스도를 아는 지식이 가장 귀하다. 이 보배를 발견한 사람은 가장 복된 사람이다.

성경이라는 거울을 통해 바라볼 때 자신을 제대로 볼 수 있다. 의롭지 못하고, 미련하게 행동하고, 판단력과 분별력이 부족하다. 거짓을 말하려 하고, 핑계를 대고, 자기 합리화하기 일쑤다. 내로남불이 멀리 있지 않다.

그런데도 소망이 있다. 하나님의 말씀이 내게 지혜와 명철을 준다. 성령 하나님이 나를 가르치고 인도하신다. 내 연약함에 그분의 강함을 부으신다. 아~ 나는 성경이 없으면 짐승과 같다! 성령의 도우심이 없으면 너무도 무력하다!

오늘, 나는 그 말씀을 붙든다. 성령을 전적으로 의지한다.

우리 주님은 원수들이 나로 인해 기뻐하지 못하시도록 하신다. 굿 뉴스다.

"내 입술이 종일 주님을 높여드립니다. 온 땅에서 예배받기에 합당하신 오직 한 분 예수 그리스도! 온 땅의 주인이신 만왕의 왕 예수 그리스도! 주님의 이름이 온 땅에서 높임을 받으소서. 내 입은 오직 주님만을 높이고 자랑합니다. 주님, 온 마음 다해 사랑합니다."

내가 주님을 높일 때 아버지는 나를 싸매시고 고치시며 온전케 하여 높여주셨다. 거룩하신 자를 아는 지식이 없으면 짐승이 된다. 학력, 배경, 지위, 재력을 자랑하지 말자. 나의 하나님은 바람과 물을 다스리신다. 땅의 처음과 끝을 정하신다. 그의 이름은 여호와, 그의 아들의 이름은 독생자 예수 그리스도. 얼마나 아름다운 이름인가! 그 이름을 사랑한다.

내 시대가 주의 손에 있사오니

시편 31:15 잠언 31:1

내 시대가 주의 손에 있사오니, 내 원수와 핍박하는 자의 손에서 나를 건지소서

시편 31:15

다윗은 환난 중에 그를 향한 두 손을 본다. 나를 핍박하는 원수의 손과 나를 도우시는 하나님의 손이다. 많은 경우, 원수나 핍박하는 자의 손만 보일 때가 있다. 그들은 악의를 품고 나를 비방하고 악한 꾀를 꾸민다. 비방하는 말을 들으면 두려움이 생긴다. 다윗은 근심 때문에 눈과 영혼과 몸이 쇠했다.

그러나 그는 여호와 그의 주 하나님의 손을 본다. 놀라운 사랑의 하나님, 용서와 회복의 하나님, 견고한 바위와 구원하는 산성이신 하나님의 손을 본다. 다윗처럼 하나님의 손을 보아야 한다. 내 귀와 눈이 원수의 말과 손에만 집중하지 말고 얼굴을 주께 돌려야 한다. 그러면 하나님의 손이 보인다.

다윗은 기도한다.

"내가 나의 영을 주의 손에 부탁하나이다. 진리의 하나님 여호와여 나를 구속하셨나이다"(5).

하나님의 손이 보일 때, 기도할 수 있다. 나를 도우시는 하나님의 손을 붙든다. 다윗은 성령으로 우리에게 도전한다.

"강하고 담대하라. 여호와를 바라는 너희들아"(24).

르무엘 왕의 말씀한 바 곧 그 어머니가 그를 훈계한 잠언이라 잠언 31:1

잠언은 아버지의 훈계로 시작하여(1장) 어머니의 훈계로 마친다(31장). 열왕기서는 왕들을 누군가의 아들로 소개하며 그 어머니를 소개한다. 가령, 열왕기상 22장 41,42절에 "아사의 아들 여호사밧이 유다의 왕이 되니, 여호사밧이 왕이 될 때 나이가 35세라. 예루살렘에서 25년 동안 다스리니라. 그의 어머니의 이름은 아수바라. 실히의 딸이더라"라고 소개한다.

학교 이름, 선생의 이름은 없다. 학교나 선생도 중요하지만, 부모의 훈계가 큰 비중을 차지한다. 부모가 주의 말씀으로 자녀를 멘토링, 코칭하는 게 중요하다. 자녀는 부모에게 즐거이 도움을 받아야 한다.

렘브란트는 탕자의 이야기를 그림으로 표현할 때, 돌아온 탕자의 등을 어루만지며 안아주는 부모의 손을 그렸다. 한 손은 아버지의 손, 다른 한 손은 어머니의 손으로 표현했다. 사도 바울은 데살로니가 성도를 대할 때, 유모(어머니)처럼(살전 2:7), 또한 아비처럼(살전 2:11) 그들을 양육했다고 했다.

디모데의 믿음은 외할머니 로이스와 어머니 유니게를 통해 흘러왔다. 렘브란트는 어린 디모데가 그 외할머니 무릎에 앉아 성경 말씀을 배우는 장면을 그렸다. '유대인'이라는 신분은 어머니가 유대인일 때 주어진다. 어머니의 교육이 결정적 영향을 주기 때문이다.

우리는 잠언을 통해 하나님의 음성을 듣는다. 마치 아버지, 어머니의 말씀처럼 듣는다. 그분은 내 멘토요 코치시다. 나를 후원하고 지지하고 격려하고 위로하신다. 내게 용기를 북돋아 주신다. 권면하고 경계하신다. 하나님은 언제나 나와 함께하시는 아빠 아버지시다.

눈을 감고 하늘을 본다. 두 손이 보인다. 나를 핍박하는 원수의 손, 다윗이 바라보고 의지했던 하나님의 손. 원수의 손을 바라보면 낙심하고 절망하게 된다. 다윗을 통해 배운 것은 하나님의 손만 바라보고, 그분을 의지하는 법이다.

다윗은 나의 지혜로운 스승이다. 다윗처럼 나도 하나님의 손을 볼 때 기도가 절로 나온다. 금세 담대함으로 무장된다. 하나님의 손이 내 영혼을 평강 가운데로 이끌어가신다. 종일 하나님의 손을 바라본다.

가정에도 두 손이 있다. 아버지의 손, 어머니의 손. 두 손은 내게 언제나 따뜻했다. 아버지의 손은 하나님의 사랑을 알게 해주셨다. 어머니의 손은 가난한 자와 함께 사는 법을 가르쳐주셨다.

이제 나도 자녀에게 따뜻한 손이 되어주고 싶다. 손녀에게도 따뜻한 할머니의 손을 알게 해주고 싶다. 오늘 아들과 며느리, 손녀에게 친절한 말투와 사랑 많은 인자한 얼굴로 대해야겠다.

KING'S WISDOM

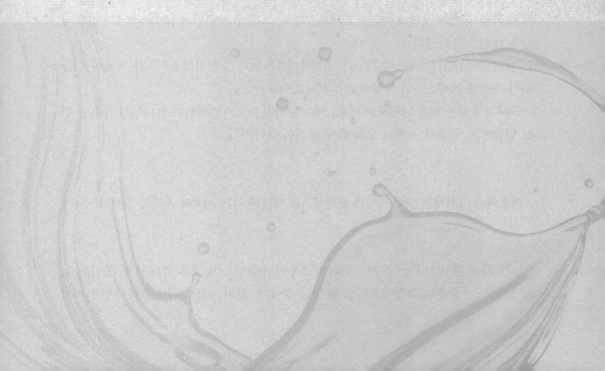

February

2월

우리의 죄를 용서하시는 하나님

허물의 사함을 받고 자신의 죄가 가려진 자는 복이 있도다 시편 32:1

시편 32편은 죄의 용서와 회복의 길 안내서다. 하나님께 나아가 직고(直告)하면 하나님은 그 죄를 용서하신다(5). 그러나 자기의 죄를 숨기는 자는 죄 사함의 은혜를 받지 못한다. 잠언 28장 13절에, "자기의 죄를 숨기는 자는 형통하지 못하나, 죄를 자복하고 버리는 자는 불쌍히 여김을 받으리라"라고 약속하셨다. 죄를 자복하고 버려야 한다. 죄를 미워하고 마음을 깨뜨려야 한다.

"여호와여, 만일 주께서 우리 죄를 일일이 기록하신다면 누가 감히 주 앞에 설 수 있겠습니까? 그러나 주께서 우리를 용서하시므로 우리가 두려운 마음으로 주를 섬깁니다"(130:3,4 현대인의성경).

우리 하나님은 용서하시는 하나님이다. 그분께 나아가 죄를 자복하고 죄를 버리는 자를 긍휼히 여기시고, 죄에서 깨끗게 하신다. 하나님나라에는 '주홍 글씨'가 없다. 우리가 과거에 매이지 않도록 하신다. 이보다 더 큰 복은 없다. 그러니 누구든지 하나님께 나아갈 용기가 생긴다. 전적인 주의 은혜다. 우리 주 예수님이 십자가에서 우리의 죗값을 대신 지불하셨다.

"하나님이 우리를 위하시면 누가 대적하리요? 누가 고발하리요? 누가 정죄하리요? 누가 우리를 그리스도의 사랑에서 끊으리요?"(롬 8:31-35).

그래서 우리는 죄를 미워하는 마음, 깨어진 마음을 가져야 한다. 하나님의 약속을 믿는 믿음으로 긍휼과 은혜의 보좌 앞에 담대히 나아가라.

여호와를 경외하는 것이 지식의 근본이거늘 미련한 자는 지혜와 훈계를 멸시하느니라

잠언 1:7

"여호와를 경외한다"는 건 하나님이 창조주이심을 믿으며, 오직 하나님 한 분만을 섬기며, 하나님 중심의 코람데오의 삶을 사는 것이다. 삶의 모든 영역에서 하나님을 의식하고 그분을 두려워할 줄 아는 것이 하나님을 경외하는 삶이다. 지식과 지혜의 근본은 여호와를 경외하는 데 있다. 하나님을 경외함이 교육의 기초가 될 때, 올바른 지식을 갖게 된다. 내 정체성과 가치, 사명, 삶의 목적을 알게 된다.

하나님을 아는 지식이 없이 자신의 존재를 아는 건 불가능하다. 사르트르의 희곡《출구 없는 방》이 이를 잘 보여준다. 사람은 자신이 어디서 와서 어디로 가는지, 왜 여기 있는지, 무엇이 가치 있는지를 제대로 알지 못한다. 하나님을 아는 것이 지식의 출발이다.

무신론과 인본주의를 기초로 하는 교육과 지식은 모래 위에 지은 집과 같다. 하나님을 경외하고 그분을 아는 것이 교육의 기초가 될 때, 반석 위에 지은 집이 된다. 개인과 가정, 사회와 국가를 견고하게 세우는 길과 성공한 삶으로 나아가는 지혜가 여기서 나온다.

성경은 하나님의 놀라운 전략이다. 하나님이 그분의 뜻을 우리에게 전달하시는 확실하고 안정된 방법인 문자로 기록한 게 성경이다. 성경을 통해 우리는 그분의 뜻과 길을 알게 된다. 하나님을 경외하는 법을 배운다. 그래서 성경교육과 예배, 기도와 말씀 묵상이 무엇보다 중요하다.

말씀을 읽는데 눈물부터 팍 쏟아진다.

"허물의 사함을 받고 자신의 죄가 가려진 자는 복이 있도다"(시 32:1).

예수님의 보혈의 능력과 사랑이다. 이 세상에는 두 종류의 사람이 있다. 들킨 놈과 안 들킨 놈, 들키고 회개한 놈과 안 들키고 회개한 놈. 나는 어디에 속하는가? 나는 은혜 중의 은혜로 들키고 회개했다. 어떤 영역은 안 들키고 회개하게 하셨다. 안 들키고 회개하지 않은 영역은 반드시 곧 들킬 것이다. 이것이 하나님의 공의다. 오래 참으시지만, 하나님의 사랑이 우리를 회개시키신다.

미련한 자는 여호와의 지혜와 훈계를 멸시한다. 미련함이 벗겨지지 않으면 반드시 부끄러움을 당한다.

"주여! 감사하나이다. 부끄러움을 당하기 전에 회개하게 하시고 돌이키게 하셔서 하나님의 사람이 되게 하셨습니다. 오직 은혜입니다. 오늘도 하나님 중심의 삶을 살겠습니다. 죄를 거절하고 미워하기로 결정합니다. 사명 따라 살겠습니다."

"그리스도의 사랑이 나를 강권하시는도다"(고후 5:14)!

열방의 통치자
시편 33:10-12 잠언 2:2,3

여호와께서 나라들의 계획을 폐하시며, 민족들의 사상을 무효하게 하시도다. 여호와의 계획은 영원히 서고 그의 생각은 대대에 이르리로다. 여호와를 자기 하나님으로 삼은 나라 곧 하나님의 기업으로 선택된 백성은 복이 있도다 시편 33:10-12

나라들의 통치자들이 그들의 권력을 교만하게 휘두른다. 집권 계획을 세운다. 그러나 하나님만이 역사의 주관자시다. 하나님은 바벨탑을 무너뜨리고, 그들의 계획을 무효화하신다. 멀리 바라봐야 한다. 에녹의 믿음은 이 세상에서 주의 뜻을 따라 살아가는 그리스도인에게 언제나 필요하다. 주위를 향한 시선을 들어 주를 바라보면 하나님의 일하심을 보게 된다.

우리는 적극적이고 능동적으로 일해야 한다. 기도와 간구가 그것이다. 그러면 응답하시는 하나님을 경험하게 된다. 세상을 향한 하나님의 계획은 믿음의 사람들을 통해 반드시 이루어진다. 하나님의 뜻을 따라 사는 나라, 그분의 뜻에 순종하는 백성은 복이 있다.

"주님, 대한민국이 그런 나라가 되게 하소서. 교만한 자들을 물리치고 하나님을 두려워하는 사람을 세우소서. 이 나라의 교회를 부흥케 하소서! 주의 말씀이 기반이 되는 나라가 되게 하소서! 이 나라가 번영하여 세계를 섬기는 코리아가 되게 하소서!"

"하나님의 기업으로 선택된 백성은 복이 있도다"라고 하심은, 곧 하나님이 일하심을 볼 거라는 것이다. 간증이 있을 것이다. 주의 일하심을 볼 것이다.

네 귀를 지혜에 기울이며 네 마음을 명철에 두며, 지식을 불러 구하며 명철을 얻으려고 소리를 높이며 잠언 2:2,3

하나님의 지혜와 명철을 얻고자 우리의 귀, 눈, 마음, 입을 어디에 어떻게 사용해야 하는지를 확실히 보여준다. 귀를 지혜에 "기울이다"라는 건 귀를 쫑긋 세우고 적극적으로 경청하는 걸 말한다. 마음에 명철을 "두다"라는 건 집중하여 마음을 쏟는 걸 말한다.

명철을 얻으려고 소리를 "높이다"라는 건 갓난아이가 젖을 달라고 보채는 것같이 간절한 마음으로 울부짖는 걸 말한다.

지혜와 분별력과 통찰력을 주시기를 주께 부르짖어 기도하자. 이것이 오늘 내게 맡겨진 일을 잘 이루기 위한 필수 요소다. 솔로몬도 이것을 구했다. 하나님은 이런 기도를 기뻐하며 응답하신다. 지혜와 분별력과 통찰력, 이 세 가지 보물을 소유하는 사람은 형통한 삶을 살게 된다. 더 나아가 이 세상에 영향을 주는 삶을 살 것이다.

갈급한 마음으로 주의 말씀을 읽고 묵상하자. 배고프고 목마를 때의 자세로 성경을 대하자. 눈에 불을 밝히고 말씀을 대하자. 성경 곧 하나님의 말씀에 지혜와 명철의 보화를 감추셨기 때문이다.

'그 말씀'에서 하나님의 음성을 듣는다. 그분의 뜻을 보여주시며 지혜를 주신다. 명철을 얻게 하시며 형통한 삶이 무엇인지 경험케 하신다.

가슴이 먹먹하다. 하나님을 향한 감격과 경외심이 밀려온다. 왕들의 모든 계획과 민족의 사상을 무너뜨리시는 분! 그분 앞에 나는 겸손해야 한다. 내 힘과 능력으로 세운 모든 계획이 부질없다.

나는 큰 미래 계획이 있었고, 잠시 잘되는 것 같았는데 IMF를 통해 모든 계획이 무너졌고, 완전히 망했다. 광야 10년을 지나면서 하나님 뜻 안에 있는 새로운 계획을 주셨을 때 그저 웃음만 나왔다. 내 계획은 될 것 같았는데 망했고, 하나님이 내게 세우신 계획은 당시 내 모습을 보니 안될 것 같았다. 불신앙이었다. 주의 말씀에 내 믿음을 결부시켜야 했다.

'열방에 기독교문명개혁운동을 일으켜라! 왕의 재정으로 출발하라!'

그리고 10년이 지났다. NCMN 사역이 150여 국가에서 일어났다(2023년 기준). 무슨 말을 하리요!

"하나님이 하셨습니다!"

나는 하나님께 귀 기울이고 그분이 시키신 것만 했을 뿐이다. 주께서 사람을 보내주셨고, 열방에서 재물을 보내셨고, 지혜와 분별력과 통찰력을 주셨고, 순종하는 믿음의 사람들을 통해 이끌어가셨다.

나는 오늘도 철저히 배운다. 내 계획을 내려놓고 그분 앞에서 힘을 뺄 때, 그분이 일하신다는 걸. 그때 형통함이 무엇인지 맛보아 알게 된다.

진정한 예배자의 삶

시편 34:1,2 잠언 3:1,2

내가 여호와를 항상 송축함이여, 내 입술로 항상 주를 찬양하리이다. 내 영혼이 여호와를 자랑하리니, 곤고한 자들이 이를 듣고 기뻐하리로다 시편 34:1,2

다윗은 성령으로 시편 34편을 기록했다. 그 배경은 "다윗이 아비멜렉 앞에서 미친 체하다가 쫓겨나서 지은 시"다. 일반적으로 그런 상황에 부딪히면 주변 사람들, 자기 자신 그리고 하나님을 향해 낙심, 불안, 좌절, 두려움, 자기 연민, 분노, 원망 등의 반응을 보인다.

그러나 그는 하나님을 찬양하며 자랑했다. 그는 자신의 감정이나 주변 상황에 반응하지 않았다. "내가 하나님을 항상 찬양하리라"라는 건 '내가 하나님을 찬양하기로 결정했다'이다. 대체로 어려움이 오면 사람들은 "찬양할 기분이 아니다", "예배드릴 상황이 아니다"라고 말한다. 그러나 하나님을 향한 찬양은 감정이나 환경에 따라 드리는 게 아니다. 내 감정과 상황을 넘어선다.

아무리 짙은 먹구름이 하늘을 덮어 태양을 가려도 태양은 하늘에서 항상 빛나고 있다. 하나님을 향한 우리의 믿음도 이와 같아야 한다. 하나님이 계심을 믿는 믿음, 그분의 사랑과 신실하심을 믿는 믿음으로 예배를 드려야 한다. 그것이 곧 "영과 진리"(요 4:23,24)로 드리는 예배다.

다윗은 하나님을 신뢰했다. 하나님은 그런 사람에게 그분의 일을 맡기신다. 요동함이 없기 때문이다. 예배의 삶은 곧 믿음의 고백이다. 날마다 다윗 같은 예배자가 되자.

내 아들아, 나의 가르침을 잊지 말고 내 명령을 정성껏 지켜라. 그러면 네가 장수하고 평안을 누릴 것이다. 잠언 3:1,2 현대인의성경

누구에게나 두 가지 소원이 있다. 첫째는 무병장수(無病長壽), 병 없이 건강하게 살다가 주께로 가는 거다. 둘째는 만사형통(萬事亨通), 하는 일이 실패 없이 잘되고 마음의 평안함을 유지하는 것이다. 이것들을 얻으려면 약국이나 병원에 가야만 하는 게 아니

어서 감사하다. 병원이나 약국에 가지 말라는 게 아니다. 그것만 의지하지 말라는 것이다. 그보다 더 놀라운 걸 절대 놓치지 말아야 한다.

주의 가르침을 "잊지 말고", 마음을 다하여 "지켜라"가 그 비결이다. 육체의 건강, 영적 기름부음, 물질의 부요함, 환경적인 평안, 원만한 대인관계, 평상심을 유지하는 삶 그리고 주께서 주시는 지혜와 명철, 판단력과 분별력으로 주어진 일을 성공시키는 삶의 비결이 바로 주의 말씀을 잊지 않고 지키는 데 있다.

내 앞, 내 무릎에 성경을 펴고, 읽고, 묵상하고, 말씀대로 죽기 살기로 사는 것이다. 우리가 말씀에 순종하여 한 발 내디딜 때, 성령께서 우리를 도우셔서 살아갈 힘을 반드시 주신다. 살아내게 하신다.

시편 : 다윗이 아비멜렉 앞에서 미친 척하면서까지 살아남아야 하는 이유가 있었다. 그는 사명을 알았다. 사명의 힘은 그 어떤 환경도 뛰어넘게 한다. 여기까지는 나도 할 수 있다. 그런데 그다음 반응이 충격적이다.

"내 입술로 항상 주를 찬양하리이다."

항상… 역시 다윗이다. 하나님께서 다윗을 '내 마음에 맞는 자'라고 말씀하신 이유를 알겠다. 하나님의 뜻을 다윗을 통해 다 이루시겠다는 말씀이 항상 부럽다. 나도 그런 말을 듣고 싶다.

'내가 미진을 통해서 나의 뜻을 다 이룰 것이다.'

간절히 원한다. 이것이 현실이 되려면 나도 다윗이 되어야 한다. 다윗처럼 생각하고, 말하고, 행동해야 한다. 다윗처럼 하나님을 갈급함으로 간절히 원하고, 다윗처럼 죄를 멀리하는 태도를 취하고, 다윗처럼 예배하는 믿음의 사람이 되어야 한다.

다윗을 흉내 내며 '따라쟁이'가 되면 다윗이 더 좋아지고, 하나님이 더 좋아진다. 계속하다 보면 내 것이 되겠지!

잠언 : 하나님의 말씀은 장수와 평안을 누리게 한다. 주의 음성을 따라가는 믿음으로 사는 삶은 하나님과 사람 앞에 은혜를 입고, 귀중히 여김을 받게 한다. 지혜가 생겨나고 주님을 경외하게 한다. 악을 멀리하도록 이끈다. 이것은 내 몸에 보약이 되고, 상처를 치유하며 아픔이 사라지게 한다. 오늘도 내가 결정하는 것은, '다른 곳에서 위로받을 생각을 하지 말자!'이다. 나는 말씀이 참 좋다~.

4일 아브라함의 언약이 곧 나의 언약이다

시편 35:1-4 잠언 4:3

주님, 나와 다투는 자와 다투시고, 나와 싸우는 자와 싸워주십시오. 큰 방패와 작은 방패를 잡으시고, 일어나 나를 도와주십시오. 창과 단창을 뽑으셔서 나를 추격하는 자들을 막아주시고, 나에게는 "내가 너를 구원하겠다" 하고 말씀하여주십시오. 내 목숨 노리는 자들을 부끄러워 무색케 하시고, 나를 해치려는 자들도 뒤로 물러나 수치를 당하게 하여주십시오. 시편 35:1-4 새번역

이 말씀을 요약하면 다음과 같다.

"여호와 나의 주님, 나를 대신하여 내가 감당할 수 없는 대적들과 싸워주소서. 나를 위해 일어나소서! 나의 대적들이 수치를 당하게 하소서. 저들의 음모를 꺾으소서. 저들이 놓은 덫에 저들이 걸리게 하소서."

하나님께서 아브라함에게 하신 언약은 주를 믿는 자들의 것이다.

"너를 축복하는 자에게는 내가 복을 내리고, 너를 저주하는 자에게는 내가 저주하리라"(창 12:3). 어느 시대에나 이 약속은 믿는 자들의 것이다.

원수들의 공격에 금식하며 간절히 기도한 여호사밧과 그의 백성에게 하나님이 말씀하셨다.

"… 이 전쟁은 너희에게 속한 것이 아니요 하나님께 속한 것이니라 이 전쟁에는 너희가 싸울 것이 없나니 대열을 이루고 서서 너희와 함께한 여호와가 구원하는 것을 보라"(대하 20:15,17).

주의 얼굴을 구하는 것, 간절히 기도하는 것, 주께 모든 염려와 짐을 맡기는 것, 주 안에서 안식하는 것, 이 모든 것을 날마다 배우고 연습해야 한다. 지금 감당할 수 없는 일이 앞에 있다면 이때가 바로 그때다. 주께서 구원하시는 걸 보게 될 것이다.

나도 내 아버지에게 아들이었으며, 내 어머니 보기에 유약한 외아들이었노라 잠언 4:3

어릴 때 아버지의 훈계를 받는 게 얼마나 귀한가! 아버지가 항상 사랑의 관심으로 나를 주의 말씀으로 훈계하시니 내가 명철을 얻었다. 그리고 순종을 배웠다(1). 나는 어머니 보기에 유약한 아들(딸)이었다. 스스로 판단하고 생각하고 결정하고 실천하며 살아가기에는 힘이 없는 것이 어린아이의 특징이다. 부모의 돌봄과 도움을 받아야 할 시기다.

누구든지 어릴 때는 미련하고 약해서 아버지의 훈계와 어머니의 도움을 받는다. 그렇게 성장하여 어른이 되고 부모가 된다. 그리고 자녀에게 세대를 이어가도록 주의 훈계와 주의 법으로 양육한다.

"외아들"이란 '독자'라는 뜻이 아니고, '특별한 총애와 사랑을 받는 위치에 있음'을 말한다. 요셉은 10명의 형들이 있었지만, 아버지의 사랑을 특별히 받았다. 하나님 아버지가 우리를 '외아들'처럼 특별한 사랑과 관심으로 돌보아 주신다.

잠언 4장 전체가 이같이 아들로서 아버지와 어머니로부터 받은 훈계와 선한 도리를 다음세대에게 전해주는 내용이다. 4-9절이 "내 아버지"로부터 받은 훈계다. 10-27절은 "내 아들"에게 주는 훈계다. 지혜와 명철이 대를 이어 흘러가리라. 이것이 생명의 길이며, 기독교문명개혁을 주도하는 길이다.

이 땅은 영적 전쟁터다. 적과 싸워야 하는 교회가 교회끼리 싸운다. 함께 뭉쳐서 어둠의 왕국 대문을 무너뜨려야 하는데, 서로 모함하고 비방한다. 사탄의 왕국에서 이를 보며 얼마나 환호성을 지를까!

"저 크리스천은 우리 편이야. 그만 철수하자."

이런 말을 듣는다면 혀를 깨물고 접시에 코를 박고 싶을 것이다. 하나님께서 "다윗은 내 마음에 맞다. 그를 통해 내 뜻을 다 이룰 것이다"라고 하셨는데도 다윗을 죽이려고 벌 떼처럼 일어났다.

오늘 묵상 말씀을 통해 문제를 사람에게 가져가지 않고 하나님께 가져간 다윗의 지혜를 배운다. 그래서 요즘 이렇게 흉내를 낸다.

"하나님, 저 대신 원수 갚아주세요. 저는 하나님나라의 왕국을 세우겠습니다."

이 지혜는 내게 여유를 주었고, 나를 품위 있고 고상한 사람으로 만들어주었다. 나는 늘 성경의 지혜를 자녀와 나누는 시간을 갖는다. 삶에서 어려움을 만났을 때 내가 선택한 걸 나눈다. 항상 자녀와 함께 믿음으로 살아내고, 그 결과를 함께 보는 것이 믿음의 톨레돗(계보)을 이어가게 한다.

하나님 알기를 간절히 구하라

시편 36:10 잠언 5:3,4

> 주를 아는 자들에게 주의 인자하심을 **계속** 베푸시며, 마음이 정직한 자에게 주의 공의를 베푸소서 시편 36:10

"주를 안다"는 '지식이 아닌 인격적으로 아는 것'을 말한다. 주님에 관해 지식으로 아는 것이 아니라 주님 자신을 아는 것, 함께 시간을 보내며 경험하여 아는 것을 말한다. 주를 사랑하기에 함께 머무는 삶을 말한다. 나 자신의 필요에만 집중하여 내가 원하는 것을 구하는 게 아니라 하나님 자신을 아는 것이다. 주님은 그런 사람에게 주의 한결같은 사랑, 놀라운 사랑, 기이한 사랑을 베푸신다. 한 번만이 아니라 계속 베푸신다. "계속"이라는 단어에 밑줄을 긋자.

하나님 알기를 간절히 원하는 사람에게 하나님은 그분이 어떤 분인지 경험하게 하신다. 이보다 큰 영광, 큰 은혜가 어디 있는가! 은사보다는 은사 주시는 이를 구하는 것, 내 필요를 채우기보다 내 필요를 채우시는 이를 아는 것, 그런 사람이 "주를 아는 자"이다.

"마음이 정직하다"는 '마음이 곧고 올바르며, 감춘 것 없이 투명한 삶'을 말한다. 말이나 행동에 있어서 감춘 것이 없는 투명한 사람, 주는 그런 사람에게 주의 공의와 구원을 베푸신다. 주님은 정직한 자의 편에 서신다. 주를 아는 것과 정직하게 사는 것이 주의 사랑과 구원을 경험하는 최고의 길이다.

주를 사랑함으로 주를 알기를 더욱 힘쓰고, 이웃을 사랑하며 정직하게 살기를 힘쓰는 사람에게 '평생' 베푸시는 주의 은혜와 복을 누리는 삶이 얼마나 아름다운가!

> 대저 음녀의 입술은 꿀을 떨어뜨리며, 그의 입은 기름보다 미끄러우나, 나중은 쑥같이 쓰고, 두 날 가진 칼같이 날카로우며 잠언 5:3,4

"꿀"은 달콤하다. "기름"은 미끄럽게 잘 내려간다. "쑥"은 비통과 슬픔을, "칼"은 파멸을 나타낸다. 음녀가 유혹하는 입술은 꿀처럼 달콤하다. 그 말은 너무나 감미롭다.

이것에 혹해서 받아들이면 입에는 달콤할지 모르나 머지않아 입에 모래가 버적거릴 것이다. 마침내 위가 아프고 창자가 뒤틀리며 심장에 심한 통증을 느낄 것이다. 독이 들어가고, 양날이 날카로운 칼을 삼켰기 때문이다. 꿀이 쑥으로 바뀌고, 기름이 아주 날카로운 칼로 바뀌기 때문이다.

출발은 달콤하지만 비통과 슬픔, 파멸의 삶이 기다린다. 분별력이 상실되고 지혜와 명철이 떠난다. 이런 바보 같은 짓을 절대 하지 말아야 한다. 그러니 그 집 문 근처에 얼씬거리지도 마라.

오직 우리의 눈과 귀를 주의 말씀에 초점을 맞추는 게 최고의 길이다. 주의 말씀을 눈을 부릅뜨고 보고, 입으로 소리 내어 읽고, 귀로 들을 때, 그 말씀이 나를 지켜주고 생명의 길, 풍성함의 길로 이끌 것이다.

시편 : 정직하고 투명한 삶은 늘 도전이고 선택이다. 나의 주님은 정직하고 투명하시다. 나는 그분의 제자이기에 오늘도 정직과 투명함을 의지로 선택한다. 저절로 되지 않는다. 어릴 때 어머니가 해주신 "최고의 방어는 정직"이라는 말씀을 항상 심장에 넣고 다닌다. 손해가 나든, 혼날 일이 있든 나는 오늘 정직과 투명한 삶을 선택할 것이다. 이 삶의 힘은 내가 주님을 알 때 나온다. 주님을 알자! 힘써 알자!

내가 주님을 경험하여 알게 된 것이 있다. 주님을 사랑하는 사람이면 누구나 주님께서 친히 한결같은 사랑을 베푸신다는 사실이다.

잠언 : 음녀는 쑥처럼 쓰고 두 날을 가진 칼처럼 날카롭다. 음녀 아세라에게 걸려들면 지옥을 맛본다.

첫째, 수치를 당한다.

둘째, 모든 관계가 깨진다.

셋째, 모든 권위를 박탈당한다. 영향력을 더 이상 주지 못한다.

그래서 나는 행동하기 전에 '잠깐 멈춤!'을 하고 결과부터 생각한다. 그러면 하나님이 넉넉히 이기게 하신다.

오늘도 성령의 능력으로 이기는 삶을 살 것이다. 하나님의 지혜에 주의를 기울이고, 명철에 귀를 기울여서 분별력을 더 키울 것이다.

사람의 걸음을 정하시고 인도하시는 하나님

시편 37:23,24 잠언 6:3-5

여호와께서 사람의 걸음을 정하시고 그의 길을 기뻐하시나니, 그는 넘어지나 아주 엎드러지지 아니함은 여호와께서 그의 손으로 붙드심이로다 시편 37:23,24

"우리가 걷는 길이 주님께서 기뻐하시는 길이면, 우리의 발걸음을 주님께서 지켜주시고, 어쩌다 비틀거려도 주님께서 우리의 손을 잡아주시니, 넘어지지 않는다"(새번역).

주님은 우리 삶에 놀라운 계획을 세우셨다. 그 길은 선한 길이다. 우리가 생명을 얻고 풍성한 삶을 살도록 계획하셨다.

예레미야서 29장 11절에, '나는 너희의 앞날에 놀라운 계획을 세웠다. 그 길은 재앙이 아니라 평안, 실패가 아닌 형통함, 절망이 아닌 소망의 계획이다'라고 하셨다. 우리가 주의 뜻을 알고 그 길을 따라 살아가는 걸 주님은 기뻐하신다. 그런 사람의 길을 계속 돌보고 인도하신다. 한 발 두 발 걸을 때마다 언제나 주께서 기뻐하시는 길을 선택하는 게 가장 안전하다. 어쩌다 실수하여 비틀거려도 주께서 손을 잡아주시니 넘어지지 않는다. 혹 넘어져도 다시 일으켜 주신다.

그러니 가장 중요한 건 내 뜻대로 살지 않고 주의 뜻을 구하는 거다. 큰일만이 아니라 작은 일에도 주의 뜻을 구하는 삶을 살자. 나를 향한 놀라운 계획을 세우신 주님은, 내가 주의 뜻을 따라 살고자 할 때 그 길을 알려주시며 언제나 함께하신다. 그 길을 따라갈 힘과 지혜, 분별력과 이해력, 통찰력을 주신다. 그 길은 성공과 형통의 길이다.

내 아들아, 네가 네 이웃의 손에 빠졌은즉 이같이 하라. 너는 곧 가서 겸손히 네 이웃에게 간구하여 스스로 구원하되, 네 눈으로 잠들게 하지 말며 눈꺼풀로 감기게 하지 말고, 노루가 사냥꾼의 손에서 벗어나는 것같이, 새가 그물 치는 자의 손에서 벗어나는 것같이 스스로 구원하라 잠언 6:3-5

살다가 혹 실수하거나 잘못하여 큰 어려움에 빠질 수 있다. 개인적으로 빚을 크게 졌거나 공동체 전체가 난관에 봉착하거나 사업체가 곤경에 처할 수도 있다. 그러면 남을 원망하거나 자책감에 사로잡히기 쉽다. 낙심, 우울, 절망의 덫에 걸린다. 무기력하게 주저앉아 누가 도와주기만 바란다.

이때 해결의 열쇠는 내 손에 있다. '겸손'이 닫힌 문을 여는 열쇠다. 자신이 스스로 해결해야 한다. 3절과 5절에 반복하여 "스스로 구원하라"라고 말씀하신다. "스스로"에 밑줄을 긋자. 마음에 새기자. '스스로'는 마치 전기 스위치와 같아서 하나님의 도우심을 경험하게 할 것이다. 스스로 부지런히 온 힘을 다해 최선의 노력과 수고를 다해야 한다. 나는 아무것도 하지 않고 남의 도움, 하나님의 도우심만 받을 궁리를 접자.

'하늘은 스스로 돕는 자를 돕는다'라는 말은 지극히 성경적이다. 내가 최선을 다할 때, 비로소 주님이 도우신다. 마치 농부가 눈물로 씨를 뿌리면 하나님이 햇볕과 비를 주시고 많은 열매를 맺게 해주시듯 말이다.

시편 : 주께서 내 손을 잡아주시고 넘어지지 않게 붙들어주시는 데는 조건이 있다. 내가 걷는 길, 내 삶을 주님이 기뻐하셔야 한다. 원수가 기뻐하는 일을 행하면서 주께서 나를 붙들어주시고 넘어지지 않게 하실 거라는 기대는 하지도 말자. 그런 일은 일어나지 않는다.
  설사 원수가 기뻐하는 죄 가운데 있을지라도 회개하며 간절히 주의 구원을 부르짖으면 주님이 내 손을 붙드시고 건져내신다. 내 선택으로 천국행과 지옥행이 갈린다. 하나님의 가장 놀라운 결정, 그 크신 사랑이 내게 자유의지를 주셨다.

잠언 : 주님의 역사 한가운데 있으려면 내가 할 수 있는 최선의 1을 드려야 한다. 거기서부터 주님은 1억의 역사를 만드신다.
  열왕기하 4장 1-7절을 보면, 엘리사의 제자들의 아내 가운데 남편이 빚을 많이 남기고 죽은 한 과부의 간절한 호소가 나온다. 그녀는 빚을 준 사람들이 두 아들을 종으로 삼고자 한다며 엘리사에게 도움을 청했다. 그는 이웃에게 빈 그릇을 되도록 많이 빌려서, 그릇마다 기름을 부어 팔아서 빚을 갚고, 남은 것으로 생활하라고 일러주었다.
  말씀에 순종하는 것이 스스로 구원하는 길이다. 빚진 자는 채주의 종이다(22:7). 오늘 본문은 빚 갚는 전략을 가르쳐준다. 빚을 졌다면 최선을 다해 스스로 탈출해야 한다. 어느 날, 주님께서 물으셨다. '네 손에 무엇이 있느냐?' 나는 답했다. "1만 원 있습니다." 주님이 말씀하셨다. '그것으로 빚을 갚아라.' 어안이 벙벙했으나 순종했다. 1만 원 들고 빚을 갚는 것이 스스로 구원하는 길이었다. 나는 그렇게 50억 원을 다 갚았다.

지금은 부르짖을 때다
시편 38:21,22 잠언 7:1,2

> 여호와여, 나를 버리지 마소서. 나의 하나님이여, 나를 멀리하지 마소서. 속히 나를 도우소서. 주 나의 구원이시여 시편 38:21,22

시편 38편은 죄로 인해 고통을 겪으며 주께 부르짖는 기도다. 죄로 마음도 가라앉고 몸도 병들었다. 심지어 원수들도 숨어 엿보다가 이때다 싶어 늑대처럼 달려들어 무자비하게 물어뜯으려 한다. 이럴 때 정죄감에 짓눌리고, 낙심 가운데 있기 쉽다. 겁에 질려 방에 콕 박혀 소극적으로 살기 십상이다. '우울증 모드'로 가기가 쉽다. 그러나 이때야말로 하나님께 나아가 손들고 부르짖어 기도할 때다. 오셔서 속히 도와주시기를 간구할 때다.

이런 상황에서 다윗은 우리가 배워야 할 세 가지를 성령으로 기도한다.

첫째, "여호와여, 나를 버리지 마소서." 죄는 나와 하나님의 관계를 분리한다. 그러나 하나님의 사랑, 은혜, 긍휼이 나를 주께로 나아가게 한다. 내 죄를 대신 짊어지신 예수님이 십자가에서 처절히 버림을 당하셨다. 그래서 담대히 '나를 돌보고 보살피는 일을 그치지 마소서'라고 기도할 수 있다.

다윗은 둘째로 "여호와여, 나를 멀리하지 마소서", 셋째로 "여호와여, 속히 나를 도우소서"라고 기도한다. "나를 버리지 마소서", "나를 멀리하지 마소서", "속히 나를 도우소서" 이 세 기도가 하나님을 향한 우리의 SOS다.

절대 나를 떠나지 않으시고, 버리지 않으시는 하나님을 붙들자(신 31:6). 또한 내가 부르짖을 때 주님이 지체하지 않고 속히 오셔서 도우실 걸 믿자. 지금은 부르짖을 때다. 하나님은 그런 사람의 기도에 응답하시며 반드시 도우신다. "속히"에 밑줄을 긋자.

> 내 아들아, 내 말을 지키며 내 계명을 간직하라. 내 계명을 지켜 살며, 내 법을 네 눈동자처럼 지키라 잠언 7:1,2

오늘도 나를 사랑하시는 하나님 아빠 아버지의 음성을 듣는다. 그분의 말씀에 귀 기울인다. 그 말씀을 지키고 간직하며 살아낸다. 목자가 맹수로부터 양 떼를 돌보듯, 파수꾼이 원수의 공격으로부터 성을 지키듯 목숨 바쳐 졸지 않고 깨어 아버지의 말씀을 지킨다.

또한 농부가 추수한 곡식을 창고에 보관하듯, 귀한 보석을 보석함에 보관하듯 아버지의 말씀을 값지고 중요하게 여기며 마음에 간직한다. 그러면 그 말씀이 나를 지켜주신다. 어리석은 길, 파멸의 길로 가지 않도록 보호하신다.

7장은 어리석은 자가 지옥행 급행열차를 타고 가는 역사의 단면을 보듯 생생하다. 하나님 아버지의 말씀을 심장에 새기고 살아내자! 그것만이 살길이다. 아버지의 말씀을 지켜 살면, 그 말씀이 나를 지키신다. 내가 넘어지지 않도록 붙들어 준다. 나를 악에서 보호하며, 내게 지혜와 분별력을 주어 살게 한다.

오늘도 하나님의 말씀을 심장에 넣고, 말씀을 따라 힘을 다해 살리라.

시편 : 다윗이 죄로 인해 고통 가운데 부르짖는다. 그의 생명을 찾는 자가 올무를 놓고 해하려는 자가 괴악한 일을 말하며 종일토록 음모를 꾸몄다(12). 죄의 결과를 본다. 죄로 인해 평안함이 다 깨져버렸다. 다윗처럼 내 죄악을 주께 아뢰고 죄를 슬퍼한다(18). 철저하게 회개하고 돌이켜 죄를 미워한다. 죄로 인해 하나님을 슬프게 하고 싶지 않기 때문이다. 때로는 선을 악으로 갚는 자들이 내가 선을 따르는 것 때문에 나를 대적한다(20). 이때도 부르짖는다.

"여호와여 나를 버리지 마소서. 나의 하나님이여, 나를 도우소서. 주는 나의 구원이십니다"(21,22)!

잠언 : 잠언을 묵상하며 처음부터 잘 사는 방법을 심장에 새긴다. 하나님의 말씀과 법을 눈동자처럼 지킨다. 잘 사는 법은 의외로 아주 단순하다. 이런 법을 알고도 그렇게 못 사는 게 놀랍기만 하다.

하나님의 진리는 아주 단순하다. 그 진리는 구원의 비밀이고 형통함과 축복의 비밀이다. 세상의 모든 종교는 행위로 구원받기에 자신에게 집중되어 있다. 그러나 기독교는 십자가에서 놀라운 사랑을 이루신 주님께 집중한다. 이 차이는 어마어마한 삶의 질과 사망과 생명의 차이를 만들어낸다.

경비병을 더 늘려라

시편 39:1 잠언 8:4,5

내가 말하기를, '나의 행위를 조심하여 내 혀로 범죄하지 아니하리니, 악인이 내 앞에 있을 때 내가 내 입에 재갈을 먹이리라' 하였도다 시편 39:1

죄를 범할까 두려워하며 조심하는 건 귀한 일이다. 올바른 길로 걸어가기로 자신을 격려하는 건 지혜다. 욥기 28장 28절에 "또 사람에게 말씀하셨도다. 보라! 주를 경외함이 지혜요, 악을 떠남이 명철이니라"라고 하신다.

그래서 마음을 지키고 입에 파수꾼을 두기로 굳게 결심했다. 자신과의 약속이요, 하나님과의 약속이다. 신중히 행동하고, 혀를 사용함에 있어 경건 훈련을 하는 것은 자기 절제에 대한 약속이다.

요새를 지키는 파수꾼처럼 자기의 행위를 스스로 감시하고 자제하는 일을 게을리하지 말아야 한다. 특히 어려움을 당할 때, 부딪히는 사람들이나 주어진 환경 혹은 어려운 사건으로 곤경에 처할 때, 더욱 조심해야 한다. 불평과 원망과 푸념을 늘어놓지 않도록 경계를 강화하자. 혀로 범하는 죄는 심각한 죄다. 작은 불씨를 방치하면 산불이 되어 숲을 다 태운다.

"내가 말하기를"은 '나는 이렇게 살기로 결심했다', '이것이 나의 각오다', '이것이 나의 선포다'로 이해해야 한다. "내 행위를 조심하고, 내 혀로 범죄하지 않고, 내 입에 재갈을 먹이리라"라고 선포한다. 이처럼 입에 파수꾼을 세워 큰 해를 끼치지 않도록 방지해야 한다. 특히 마음에 분노가 치밀지 않도록 경비병을 더 늘려라.

사람들아, 내가 너희를 부르며 내가 인자들에게 소리를 높이노라. 어리석은 자들아, 너희는 명철할지니라. 미련한 자들아, 너희는 마음이 밝을지니라 잠언 8:4,5

주께서 번화가에 서서 큰 소리로 외치신다. "사람들아", "어리석은 자들아", "미련한 자들아" 하고 외치신다. 그리고 대형 LED 전광판에 그 내용을 띄우신다.

"지혜와 명철을 배우라. 올바르게 처신하고 분별력을 가지라. 사리에 밝은 자가 돼라."

오늘도 주님 음성에 귀 기울이자. 들은 말씀을 붙들고 살아내자. 거기에 지혜와 명철이 있다.

"지혜가 부르지 아니하느냐? 명철이 소리를 높이지 아니하느냐? 그가 길가의 높은 곳과 네거리에 서며, 성문 곁과 문 어귀와 여러 출입하는 문에서 불러 이르되, '사람들아! 내가 너희를 부르며 내가 인자들에게 소리를 높이노라'"(1-4).

7장은 음녀의 초청이다. 음녀의 길에 미혹되거나 그 길로 가지 말아야 한다. 그 길은 지옥행 급행열차에 탑승하는 것이다(7:26,27). 8장은 지혜의 초청이다. 지혜의 길로 가면 부귀와 장구한 재물과 영광이 따른다(17,18).

우리는 날마다 두 여인의 소리를 듣는다. 거리, 백화점, TV, 사람들이 모인 곳이면 어디서든 들린다. 분별해야 한다. 지혜로운 소리인지, 미련한 음녀의 소리인지.

시편 : 세상을 살다 보니 악인도 만나고, 미련한 자도 만난다. 이들의 공통점은 진실과 진리의 말에 귀 기울이지 않는 것이다. 이들은 교만을 친구 삼아 분별력이 없기에 지혜자의 말을 거부한다. 이런 자에게 조언하는 건 돼지 목에 진주 목걸이를 거는 것이나 다름없다. 이들과의 논쟁은 불필요한 에너지를 낭비하게 한다. 오늘 악인과 미련한 자를 만난다면, 나는 내 입에 재갈을 물릴 것이다. 지혜로운 조언이 오히려 빈정거림이 되고 다툼만 일으킬 뿐이기 때문이다.

악인 - 죄에 사로잡혀 계획적으로 악을 행하고, 하나님의 거룩한 성품과 태도와는 상반되는 삶을 살며 근본적으로 하나님을 대적하는 자.

미련한 자 - 단순히 지적으로 무지한 자가 아닌, 어리석고 우둔하여 하나님의 법에서 벗어나 그분을 불신하고 대적하여 교만히 행하며 멸망을 자초하는 자.

신중하게 혀를 사용하는, 절제된 경건의 삶을 갈망한다. 입에 파수꾼을 세워 빈약한 삶을 살지 않을 것이다. 오늘도 내 입에 복과 화가 있음을 기억하며 복된 삶을 선택해야겠다.

잠언 : 지혜, 명철, 분별력은 어리석은 선택을 막는다. 항상 무엇을 결정하든지 '잠깐 멈춤'을 하고 이것이 주의 길인지, 주의 방법인지, 주의 성품과 일치하는지를 분별한 후에 선택하자.

내 머리털보다 많은 죄

시편 40:12,13 잠언 9:9

수많은 재앙이 나를 둘러싸고 나의 죄악이 나를 덮치므로 우러러볼 수도 없으며, 죄가 나의 머리털보다 많으므로 내가 낙심하였음이니이다. 여호와여, 은총을 베푸사 나를 구원하소서. 여호와여, 속히 나를 도우소서 시편 40:12,13

나를 둘러싸고 있는 수많은 문제로 인해 낙심할 때, 그보다 더 나를 압박하는 게 있다. 바로 내 안의 머리털보다 더 많은 죄가 나를 짓누른다. 절망의 웅덩이, 버둥거릴수록 더 깊숙이 빠지는 수렁에서 사방을 둘러보아도 의지할 곳이 없다. 자포자기의 상태다.

바로 이때 한 줄기 소망의 빛이 위로부터 비춘다. 하나님의 은총의 빛이다. 오직 하나님만이 나의 도움이시다. 이때는 나를 속히 구원해주시기를 하나님께 간구할 때다. 하나님이 내게 '호의'를 베풀어주시기를 구한다. 아버지가 자녀에게 베푸는 호의를 붙든다. 마치 절벽에 매달려서 위에서 내려준 밧줄을 붙드는 것처럼 몹시 절박하게.

원수들이 "하나님이 너를 도와주시지 않을걸", "네가 그럴 자격이 있냐?"라고 조롱한다. 그러나 나로 하여금 계속 밧줄을 굳게 붙들게 하는 힘은 오직 주의 긍휼과 인자와 진리다(11).

주께서 반드시 들으시고 내 죄를 용서하시고 나를 끌어올려 내 발을 반석 위에 두셔서 견고하게 하실 것이다(1,2). 주께서 베푸신 구원으로 기뻐하고 즐거워하며 주의 위대하심을 찬송하게 하실 것이다(16).

지혜 있는 자를 가르쳐라. 그러면 그가 더욱 지혜로워질 것이다. 의로운 사람을 가르쳐라. 그의 학식이 더할 것이다. 잠언 9:9 현대인의성경

지혜로운 사람에게만 훈계해야 한다. 그는 겸손히 마음을 열고 경청하여 자기의 부족함을 깨닫고 고치기에 더욱 지혜로워질 것이다. 그리고 자기를 훈계한 사람을 더 존경하고 사랑할 것이다. 오만하고 빈정대는 사람, 교만한 사람을 가르치려고 시간을

낭비하지 말자. 오히려 욕만 먹는다. 그는 자기를 높이고 자기 자랑만 하며 자기만 옳게 여기기에 남을 무시한다.

내가 아는 바를 멘토링 할 때는 겸손한 사람에게 해야 한다. 또한 착한 사람, 자기 생각과 뜻이 아니라 오직 주의 뜻대로 살고자 하는 사람에게만 하자. 그래야 보람이 있다. 그들이 유익을 얻고 배움이 깊어질 것이다. 이해력과 포용력이 생기고, 시야가 넓어질 것이다. 그리고 주변에 더 큰 영향력을 행사할 것이다.

겸손하고 귀 기울여 마음으로 듣고자 하며, 자기를 향한 가르침을 기꺼이 받아들이는 사람에게 조언하라. 그러면 조언한 보람을 맛볼 것이다. 변화와 성장을 보게 될 것이다. 하나님과의 관계와 사람들과의 관계가 균형 있게 세워지는 것을 보게 될 것이다.

시편 : 외부적 재앙은 끝이 없는 것 같다. 한 파도가 지나가면 다른 큰 파도가 밀려오듯 개인, 가정, 사업, 사역 안에서 재앙 같은 일들이 계속 밀려온다. 나는 문제의 해결을 외부에서 찾으려고 시간을 허비했고, 낙심했다. 그러나 해결책은 나의 내면에 있었다. 하나님과의 친밀함 안에서, 하나님의 은혜와 긍휼 안에서, 하나님께 소망을 두는 것 안에서 문제는 해결되었다.

이 세상을 살아가는 동안 재앙은 앞으로도 계속될 것이다. 그래서 나는 주님의 약속을 붙잡는다.

"가난한 자를 보살피는 자에게 복이 있음이여 재앙의 날에 여호와께서 그를 건지시리로다"(41:1).

재앙을 해결하는 방법은 간단하다. 내가 가난한 자를 보살필 때 하나님이 나를 재앙에서 건져주신다. 이 진리를 죽도록 고생하고 난 후 깨달았다.

주님은 재앙에서 벗어나는 길을 말씀 안에서 많이 제시하셨다. 매일의 말씀 묵상은 나의 미련함을 벗겨준다.

잠언 : 실감 나는 말씀이다. 내가 제자를 키울 때의 기준점이다. 미련한 자에게 시간을 낭비하지 말자. 의를 갈망하는 지혜로운 사람은 하나를 가르치면 열을 깨닫고, 그대로 살아낸다. 그는 또 다른 사람을 가르치는 '배가자'가 된다.

오늘도 나의 시간과 에너지를 지혜로운 자에게 투자하리라!

나를 붙드시고 세우시는 하나님

시편 41:12,13 잠언 10:4,5

주께서 나를 온전한 중에 붙드시고, 영원히 주 앞에 세우시나이다. 이스라엘의 하나님 여호와를 영원부터 영원까지 송축할지로다. 아멘 아멘 시편 41:12,13

내가 베푼 사랑과 섬김을 은혜로 갚기는커녕 원수로 갚는 사람을 생각하면 마음이 쓸쓸해진다. 가까웠던 사람일 경우 더 그렇다. 그가 나에 대해 악담하고 수군거리며 해하기를 꾀할 때, 내 마음이 깨진다. 그럴 때는 오직 여호와 하나님께 나아간다. 그것만이 내 마음을 지키는 길이기 때문이다.

하나님은 약속을 신실하게 지키시는 분이다. 내게 은혜를 베푸시며 나를 일으키신다. 그는 "이스라엘의 하나님" 여호와시다. 야곱의 환난 날에 응답하셨고, 그가 가는 길에 함께하심으로 아브라함과의 약속을 지키셨다.

하나님께서 아브라함의 자손(씨)인 나를 반드시 붙들어주실 걸 믿는다. 주께서 연약한 나를 강한 팔로 붙드시니 나는 흔들리지 않는다. 나를 영원히 주 앞에 세우실 것이다.

주의 임재가 있는 곳으로 이끄셔서 그의 영광 앞에 머물게 하시니, 이 얼마나 놀라운 은혜인가! 얼마나 큰 영광인가! 거기에는 은혜의 보좌가 있다. 아버지의 용서와 사랑, 위로와 회복이 있다. 신선한 기름부음이 있다. 언약을 지키시는 하나님의 보좌 앞에 날마다 나아가 온 마음을 다해 찬양하리라!

손을 게으르게 놀리는 자는 가난하게 되고, 손이 부지런한 자는 부하게 되느니라. 여름에 거두는 자는 지혜로운 아들이나, 추수 때 자는 자는 부끄러움을 끼치는 아들이니라 잠언 10:4,5

두 종류의 손이 있다. 게으른 자의 손과 부지런한 자의 손. 게으른 자의 손은 가난을 가져오고, 부지런한 자의 손은 부함을 가져온다. 부지런한 자는 더운 날 땀 흘리며 추수하지만, 게으른 자는 시원한 그늘에서 낮잠을 잔다.

'게으른 손'과 '낮잠' 그리고 '가난'이 한식구다. '부지런한 손'과 '땀 흘림' 그리고 '부자'가 한식구다. 이 두 가족은 절대 서로 교제하지 않는다. 아는 척도 하지 않는다.

농사는 시기가 중요하다. 밭을 갈고 씨를 뿌려야 할 때를 놓치면 수확에 큰 영향을 준다. 뜨거운 늦여름이 추수할 때다. 그러나 게으른 자는 찬 바람이 불면 가난이 시작된다. 남들에게 도움을 받는 부끄러운 손이 된다. 잠깐의 즐거움이 오랜 부끄러움을 불러온다. 일할 때와 쉴 때를 분별하여 행하는 자가 지혜롭다.

나는 어떤 손인가?

나는 때를 구별하는가?

내가 몸을 다스리는가?

몸이 나를 다스리는가?

부지런한 자의 손은 자기 몸을 복종시키는 법을 훈련한 사람의 손이다. 게으른 자의 손은 자기 몸이 요구하는 대로 육신의 정욕에 복종하는 자의 손이다. 부함과 가난함, 영광과 부끄러움이 바로 내 손에 달려있다.

지금은 밭을 갈고 씨를 뿌릴 때다. 땀 흘리며 추수할 때다. 열심히 일할 때다.

시편 : "온전하다"란 '잘못된 것이 없이 바르거나 옳다, 본 바탕 그대로 고스란하다'라는 뜻이다. 예를 들면, '전쟁터에서 다친 곳 하나 없이 온전한 몸으로 돌아왔다'로 쓸 수 있다. 이를 이해하고 말씀 묵상에 들어갔다.

"주께서 나를 온전한 중에 붙드시고." 이 얼마나 위로가 되는 말씀인가! 넘어지고, 찢기고, 상처투성이가 된 나를 주께서 온전히 붙드신다. 나를 치료하고, 싸매고, 회복시키셔서 주 앞에 영원히 살게 하신다. 나는 주의 은혜가 아니면 하루도 살 수 없다.

"주여, 감사합니다! 날마다 은혜로 삽니다!"

잠언 : 부지런하고 열심히 앞으로 내달릴 때 꼭 멈추게 하는 손이 있다. "좀 더 자자, 좀 더 놀자" 하며 나를 붙드는 게으름뱅이의 손을 거절한다.

"좀 더 자자, 좀 더 졸자, 손을 모으고 좀 더 누워있자 하면 네 빈궁이 강도같이 오며 네 곤핍이 군사같이 이르리라"(6:10,11).

게으름은 가난을 초청한다. 나에게 명령한다. 지금! 즉시! 자리를 박차고 일어나라.

생명의 하나님께
찬송과 기도를 드리자

시편 42:8 잠언 11:3

낮에는 여호와께서 그의 인자하심을 베푸시고, 밤에는 그의 찬송이 내게 있어 생명의 하나님께 기도하리로다 시편 42:8

낮에는 "그의 인자하심"이, 밤에는 "그의 찬송"이 내게 있다. 여기서 "그"는 나의 "생명의 하나님"이시다. 그리고 밤과 낮에 나의 "기도"가 있다.

여호와 하나님의 한결같은 사랑, 그 놀라운 사랑이 낮뿐만 아니라 밤에도 나를 덮으시니 어두운 밤, 두려움과 낙심과 불안이 몰려오는 밤에도 내 입에 찬송이 넘친다. 내 하나님은 밤중에 노래하게 하신다. 능숙하게 말을 타는 사람은 평지만 아니라 험지에서도 말을 탈 줄 안다. 파도와 물결이 휩쓸어도 찬송과 기도로 이길 수 있는 건, 내 생명의 하나님을 굳게 붙들고 있기 때문이다.

바울과 실라가 그랬다. 빌립보에서 복음을 전하다가 모함을 당해 로마 군인에게 심하게 매 맞고 깊은 지하 감옥에 갇혔다. 캄캄한 밤이 왔다. 시간적으로나 환경적으로나 캄캄했다. 내일을 알 수 없는 절망의 때다. 하지만 그들은 생명의 하나님께 기도와 찬송을 올려드렸다. 찬송은 낮에만 아니라 캄캄한 밤중에도 하는 것이다. 그날 그곳에 하나님이 심방 오셨다. 찬송은 하나님을 내가 있는 곳으로 심방 오시게 한다. 하나님이 오시면 모든 것이 바뀐다. 그들의 발을 묶었던 차꼬가 풀리고, 그들을 가두었던 옥문이 열렸다. 그리고 간수와 그 가족이 주께 돌아왔다. 빌립보 교회는 그렇게 시작되었다.

정직한 자의 성실은 자기를 인도하거니와, 사악한 자의 패역은 자기를 망하게 하느니라 잠언 11:3

"정직한 사람은 성실하게 살아, 바른길로 가지만, 사기꾼은 속임수를 쓰다가 제 꾀에 빠져 멸망한다"(새번역).

정직과 청렴(integrity) 그리고 성실은 언제나 동행한다. 청렴과 성실, 부지런함이 정직의 가족이다. 그런 사람은 바른길을 간다. 어느 길로 가야 하는지 안다. 혼돈이나 혼란이 없고, 타협하지 않는다. 거짓말과 게으름을 미워하며 잔재주를 부리지 않는다. 원칙 중심의 삶을 산다. 마음이 담대하고 용감하다. 떳떳하기 때문이다. 하나님이 그를 기뻐하셔서 방패가 되어주신다. 그런 사람은 반드시 형통하다.

그러나 사기꾼은 정반대다. 마음이 사악하다. 정직하지 않고 속임수를 쓰며 잔재주를 부린다. 땀 흘려 수고하기를 싫어한다. 원칙 중심의 삶을 사는 사람에게 어리석고 바보 같다고 말한다. 옳은 길, 공의, 공평의 길을 따르지 않는다. 거짓말을 밥 먹듯 한다. 거짓이 또 다른 거짓을 낳아 은폐와 조작을 시도하며, 결국 자기가 파놓은 함정에 빠져 망한다. 하나님은 이런 사람을 미워하신다.

정직, 청렴, 성실이 형통의 길이다. 원칙 중심의 삶만이 살길이다.

시편 : 내 삶에도 어김없이 '한밤중'이 찾아왔다. 한 번이 아니었다. 한 줄기 빛도 없는 흑암이 여러 번 찾아왔었다. 앞으로 또 오겠지. 만약 찬송의 기도가 없다면 어찌 견딜 수 있을까. 인생의 한밤중, 한 치 앞을 예측할 수 없을 때 나는 노래한다. 찬송의 가사는 하나님이 누구신지 바라보게 한다. 나를 소망으로 인도한다. 찬송을 통해 내 영이 지친 육신을 이기고, 곧 주의 위로와 격려와 지지로 안정을 찾는다.

하나님께서 그분의 인자하심으로 한없는 헤세드의 사랑을 부어주신다. 어둠을 거둬가시고 한 줄기 소망의 빛으로 꽉 채워주신다.

오직 예수님만이 나의 소망이시다. 하나님의 중요한 성품 가운데 하나인 인자하심은 하나님의 선하심과 신실하심과 자비하심을 모두 포괄하는 언약적 사랑을 의미한다. 내 인생에 흑암이 드리울 때 다른 곳에서 해답을 찾지 않는다. 오늘도 주께로 간다.

잠언 : 사업가와 사기꾼은 동전의 양면 같다. 사업가 같은데 사기꾼이 참 많다. 원산지를 속이는 건 사업가인가, 사기꾼인가? 물건 값을 과도하게 높게 책정하는 건 사업가인가, 사기꾼인가?

적정한 이윤을 남기라고 성경은 가르치신다. 아파트나 빌딩 공사 중 철근을 빼먹는 건 사업가인가, 사기꾼인가? 나는 하나님과 사람들 앞에서 정직한 사업가가 되기로 오늘 또 결단한다.

12일

너는 하나님께 소망을 두라

시편 43:5   잠언 12:3

내 영혼아, 네가 어찌하여 낙심하며 어찌하여 내 속에서 불안해하는가? 너는 하나님
께 소망을 두라! 그가 나타나 도우심으로 말미암아 내 하나님을 여전히 찬송하리로
다 시편 43:5

이 고백은 42편과 43편에서 3번이나 반복된다(42:5,11, 43:5).

"낙심하다"는 '몸을 구부리다, 엎드리다'라는 뜻이다. 얼굴이 땅으로 향하고 몸을 제
대로 가누지 못할 정도로 힘든 상태를 말한다. 마음이 가라앉아서 땅에 붙을 정도다.
내 영혼이 얼마나 불안한지를 솔직하게 고백하는 표현이다. 이를 통해 환경이 얼마나
힘든지를 알 수 있다.

그러나 시편 기자는 한 가지를 꽉 붙들고 있다. 하나님이 내 힘이심을, 하나님께 소
망을 두는 자를 그분이 반드시 도우실 것을, 내 머리를 다시 들게 하실 것을 믿었다
(3:3). 소망은 "영혼의 닻 같아서"(히 6:19) 우리가 아무리 흔들려도 떠내려가지 않게 붙
들어준다.

어려움에 처한 나를 향해 "내 영혼아, 낙심하지 마라! 너는 하나님께 소망을 두라"
라고 명령하라. 바둑도 옆에서 관전하는 사람이 수를 더 잘 읽듯이, 자기가 처한 절망
스러운 상황에서 떨어져 객관적으로 보라. 그리고 하나님 앞으로 나아가 두 손을 들
고 입을 열어 찬양하라.

"여전히"는 '다시 이전처럼 계속 반복하다'라는 뜻이다. 예전처럼 지금도 여전히 내 하
나님을 찬송하기로 의지적으로 선택하고 결정해야 한다. 이것이 풍랑 중에 보이는 믿
음이다! "여전히"에 밑줄을 긋자.

사람이 악으로서 굳게 서지 못하거니와, 의인의 뿌리는 움직이지 아니하느니라

잠언 12:3

사람이 악을 행하면 그가 원하는 걸 얻을 수 없다. 잠시 큰 재산을 얻은 것처럼 보이

나 얼마 후에는 다 없어질 것이다. 잠시 높은 위치에 오를지 모르나 오래가지 못한다. 올라가다가 미끄러질 것이다. 악을 수단으로 삼아 재물을 모으거나 권력을 취하는 건, 마치 모래 위에 집을 짓는 것과 같아 곧 무너지기 마련이다.

의인은 하나님께 뿌리를 내린다. 그는 하나님 말씀의 원칙과 가치에 따라 행한다. 마치 반석 위에 집을 짓는 것과 같다. 견고하여 사람의 말이나 환경에 휘둘리지 않는다.

'말씀의 원칙 중심의 삶'을 살아야 한다. 세상이 보기에는 어리석고, 느리고, 미련해도 최선이며 최고의 길이다. 절대 흔들리거나 무너지지 않기 때문이다. 재물을 모으거나 어떤 걸 얻으려 할 때, 언제나 하나님 말씀의 원칙에 따라 행하라. 항상 말씀을 통독하고 묵상하는 게 중요한 이유다.

시편 : 낙심하면 불안해진다. 내 힘과 능력으로 도저히 해결할 수 없을 때 절망하게 된다. 어쩔 수 없는 일들 앞에 무력함을 느낀다. 어느 날, 울고 있는 내게 하나님이 찾아오셔서 이것이 교만이며 불신앙이라고 말씀하셨다. 정신이 번쩍 났다.

"낙심"은 '바라는 일이 이루어지지 않아 마음이 상하는 것'이다. 절망은 '바라볼 것이 없게 되어 모든 희망을 끊어버림, 또는 그런 상태'를 말한다. 하나님을 믿지 않는 자의 반응이 낙심과 절망이다. 하나님을 아는 자, 주님을 만난 자는 언약의 말씀을 소망으로 붙잡는다. 나는 그렇게 하나님을 알아갔다. 소망은 하나님의 능력을 이 땅에 끌어오게 했다. 소망은 나를 믿음의 사람이 되게 했다. 하나님의 언약을 붙잡은 소망은 나를 사역자의 길로 이끌었다.

잠언 : 소아시아 튀르키예 선교여행을 3번 다녀왔다. 바울과 그 일행의 수고와 헌신을 곳곳에서 만나면서 다시 한번 그의 심장을 이식받길 원했다. 앙카라의 어느 박물관에 갔는데 한 시대를 주름잡은 유명한 사람들의 동상이 이상하게 전시되어 있었다. 하나같이 목이 다 날아간 채 몸뚱이만 남아있었다. 나는 그 앞에서 발길을 멈추었다. 마치 교만한 자들을 향한 하나님의 경고의 메시지가 들리는 듯했다. 사진을 한 장 찍어 경계의 징표로 남겼다. 그리고 점검했다.

'내 목은 잘 붙어있는가?'

권력이 클수록, 영적 권위가 클수록, 재물이 많을수록 고개를 숙이고 겸손해야 한다. 하나님의 날카로운 낫이 내 머리 위에서 빙빙 돌고 있다.

13일

마음의 비밀을 아시는 주님
시편 44:19-21 잠언 13:2,3

주께서 우리를 승냥이의 처소에 밀어 넣으시고 우리를 사망의 그늘로 덮으셨나이다. 우리가 우리 하나님의 이름을 잊어버렸거나 우리 손을 이방 신에게 향하여 폈더면, 하나님이 이를 알아내지 아니하셨으리이까? 무릇 주는 마음의 비밀을 아시나이다

시편 44:19-21

　시편 44편에는 "주께서"가 12번이나 나온다. 주께서 그의 언약으로 그분의 백성을 애굽에서 건져내시고, 가나안을 차지하게 하셨다. 그런데 지금은 백성을 그 땅에서 몰아내어 들짐승의 처소로 밀어 넣으시고 사망의 그늘로 덮으신다. 그들을 미워하는 자들에게 헐값으로 팔리게 하시고, 절망과 두려움에 머물게 하신다. 이보다 더 참담할 수 있을까! 그렇지만 그들은 하나님의 이름을 잊지 않고, 그분을 떠나지 않는다. 원망, 불평, 의심하지 않는다. 하나님에게서 떠나는 것보다 하나님에 의해 부서뜨림을 당하는 게 더 낫기 때문이다. 이 모든 게 하나님의 공의와 공평이기에, 그분의 말씀에 귀 기울이지 않고 제 고집과 주관대로 행할 때 주어질 결과를 이미 말씀하셨기 때문이다. 하나님은 마음의 비밀을 아신다. 입밖으로 꺼내지 않고 마음으로만 생각하는 것도 아신다. 하나님을 향해 원망, 불평, 의심하는 걸 다 아신다.

　지금 내 상황이 마치 잔인한 들짐승의 처소에 갇힌 것 같은가? 사망의 그늘로 덮인 것처럼 절망적인가? 이때가 바로 자기를 돌아보고 마음을 깨뜨리며 주의 구원을 부르짖을 때다. 주의 긍휼과 사랑을 의지하여 주를 붙들 때다. 그러면 다시금 주께서 주의 손으로 나를 구원으로 이끄실 것이다.

사람은 입의 열매로 인하여 복록을 누리거니와, 마음이 궤사한 자는 강포를 당하느니라. 입을 지키는 자는 자기의 생명을 보전하나, 입술을 크게 벌리는 자에게는 멸망이 오느니라 잠언 13:2,3

씨앗을 땅에 심으면 심은 대로 열매를 거두듯 말도 이와 같다. 자기가 한 말로 자기

가 열매를 거둔다. 무엇을 심든지 심은 대로 거둔다. 칼을 함부로 휘두르듯 다른 사람을 해치는 말을 하면, 오히려 자신을 해치게 된다. 그러나 착한 마음과 사랑으로 지혜롭게 말하면 자기가 좋은 걸 누린다.

조심하며 신중히 말하라. 유익한 대화를 하라. 남을 흉보거나 헐뜯는 말, 냉소적인 말, 비웃는 말, 경박한 말을 하지 마라. 생명의 말, 살리고 세우는 말, 격려와 위로의 말을 하자.

"입술을 크게 벌린다"는 '생각나는 대로, 보고 듣는 대로 말하는 것'이다. 입술을 닫아야 한다. 언제나 입술의 파수꾼을 통과한 후에 말하는 법을 훈련해야 한다. 해야 할 말과 하지 말아야 할 말을 분별하는 것이 경건 훈련이다. 그래서 경건한 사람인지 아닌지는 말로 증명된다. 성령께 요청하여 훈련, 또 훈련하자.

시편 : 하나님께서 나를 들짐승에게 팔아넘기시고 사망의 그늘로 덮으셨을 때, 나는 절망과 어둠의 그늘에 있었다.

내 첫 반응은 욥처럼 의인인 내가 고통을 받는다는 착각이었다. 불평과 불만이 터져 나왔고, 자기 연민에 빠졌으며, 남을 원망하고 정죄감에 시달리다가 결국 하나님을 원망하기에 이르렀다.

정신을 차리고 보니, 주님은 그렇게 살면 그런 결과가 있을 거라고 이미 경고하셨고 오래 기다리며 내게 기회를 주셨지만, 이 모든 기회를 내가 거절하고 놓친 것이었다.

오늘도 하나님은 나에게 기회를 주신다. 절대 놓치지 말자. 오늘 회개하고 돌이키자. 긍휼하시고 은혜가 많으신 하나님께 돌아가자.

잠언 : '말 한마디에 천 냥 빚도 갚는다'라는 말이 있다. 말의 힘을 알게 한다. 말은 그 사람의 성품이고, 인격이며, 믿음이다. 믿음만큼 말하게 된다. 속에 있는 것이 입으로 나오기 때문이다.

나는 오늘도 성령 하나님의 입이 되길 결정한다. 사람들을 위로하고 격려하며 친절한 말, 지지의 말, 믿음의 말을 할 것이다.

"주여! 오늘도 제 입을 드립니다! 내 입이 주의 입이 되게 하셔서 저를 사용하십시오. 절망이 있는 곳에 소망을, 어둠이 있는 곳에 빛을 비추게 하옵소서!"

우주적 결혼식을 위해 시를 짓다

시편 45:1,2 잠언 14:2

내 마음이 좋은 말로 왕을 위하여 지은 것을 말하리니, 내 혀는 글솜씨가 뛰어난 서기관의 붓끝과 같도다. 왕은 사람들보다 아름다워 은혜를 입술에 머금으니, 그러므로 하나님이 왕에게 영원히 복을 주시도다 시편 45:1,2

45편은 왕의 결혼식에 부르는 축하 노래다. 신랑인 왕과(2-8) 신부인 왕후를(9-15) 위해 노래한다. 새 가정을 이룬 왕가의 미래에 대해(16,17) 노래한다. 즉, 신랑이신 왕 예수 그리스도와 신부인 교회의 결혼을 축하한다. 요한계시록 19장 6-9절도 이를 알려준다. 이 아름답고 놀라운 우주적 결혼식을 벅찬 가슴으로 축하하며 노래하는 게 당연하지 않은가!

"은혜를 입술에 머금다"는 '은혜를 붓다, 쏟다'라는 뜻이다. 주 예수님의 입술에 은혜가 가득히 넘쳐서 듣는 사람마다 위로와 격려를 받아 용기를 낸다. 신랑이신 예수님의 말씀을 듣는 자마다 은혜를 받는다. 또한 그분의 말씀은 예리한 칼 같아서 원수를 물리치시고 우리에게 승리를 주신다.

그분의 일은 언제나 공평하고 정의롭다. 억울하고 고통받는 백성을 돌아보시고, 소외되고 연약한 자, 고아와 과부를 돌보시며 위로하신다. 우리를 모든 위협과 두려움에서 보호하신다.

이런 놀라운 왕이 나의 주 예수님이시니 나는 더없이 기쁘고 행복하다!

정직하게 행하는 자는 여호와를 경외하여도 패역하게 행하는 자는 여호와를 경멸히 여기느니라 잠언 14:2

하나님을 경외하는 사람은 정직하게 산다. 하나님 앞에 머물며 그분을 두려워하기 때문이다. 오직 그분을 기쁘시게 하길 원하기 때문이다. 하나님은 정직한 사람을 기뻐하신다. 정직한 삶은 하나님을 영화롭게 한다. 하나님을 영화롭게 해드리길 원하는가? 정직하게 사는 것이 그 비결이다.

정직한 사람은 하나님이 계심을 알고, 무슨 일이나 말에 있어 항상 하나님 앞에서 행하며 죄를 미워한다. 암세포를 몸에서 철저히 제거하듯 죄를 철저히 멀리한다. 또한 정직한 사람은 빈곤한 이웃을 불쌍히 여긴다(21). 그의 집은 번창할 것이다(11).

그러나 패역한 자는 반대로 산다. 부정직하게 행하며 하나님을 경외하지 않는다. 죄짓기를 아무렇지 않게 생각하며(9), 가난한 이웃을 학대한다(21). 그는 결국 망할 것이다(11). 사람이 얼마나 하나님을 경외하며 존경하는지를 알 수 있는 기준은, '가난한 이웃을 어떻게 대하는가'에 의해 평가된다(31).

"하나님을 사랑한다고 하면서 형제를 미워하는 사람은 거짓말쟁이입니다. 눈에 보이는 형제를 사랑하지 못하는 사람이 보이지 않는 하나님을 사랑할 수는 없습니다"(요일 4:20 현대인의성경).

열쇠는 '여호와를 경외하는 삶'에 있다. 그러면 '정직'의 열매를 맺는다. '이웃 사랑'의 열매를 맺는다.

시편 : 신랑 되시는 예수님과 결혼한 신부 된 교회. 와! 좋다. 예수님이 나의 신랑이라니 든든하다. 신랑 예수님은 마음이 태평양보다 넓으시다. 나를 이해하시고, 후원하시고, 격려하시고, 지지하시며, 악에 대해서는 단호하신 너무 멋진 분이다. 어떤 이유에서든 혼자된 사람은 다른 신랑을 구하지 말자. 놀라운 신랑이 이미 있지 않은가! 오직 그분 안에만 있으면 외롭지 않다. 사람으로 외로움을 채우려 하면 죄를 짓게 된다. 신랑이신 예수님이 내 안의 모든 결핍을 채워주신다.

나는 거룩한 예수님의 신부로 살 것이다. 남편 예수님의 아름다움과 품위에 걸맞은 삶을 살아낼 것이다. 매 순간 신랑 예수님이 기뻐하시는 말과 행동을 선택할 것이다.

잠언 : 정직은 나의 생명이다. 이것을 놓치면 많은 것을 잃는다. 정직한 삶은 항상 나를 보호했다. 하나님은 정직 그 자체시다. 고로 하나님이 하시는 모든 일은 진실하다.
"여호와의 말씀은 정직하며 그가 행하시는 일은 다 진실하시도다"(시 33:4).

15일 하나님은 우리의 피난처요 힘이시다

시편 46:1-3 잠언 15:1,4

하나님은 우리의 피난처시요 힘이시니 환난 중에 만날 큰 도움이시라. 그러므로 땅이 변하든지 산이 흔들려 바다 가운데에 빠지든지, 바닷물이 솟아나고 뛰놀든지, 그것이 넘침으로 산이 흔들릴지라도 우리는 두려워하지 아니하리로다 (셀라) 시편 46:1-3

예수님을 믿어 하나님의 백성이 된 사람은 어떤 상황에도 요동하지 않고 두려움 없는 담대함을 보여주는 게 당연하다. 하나님이 우리의 피난처요 힘이시기 때문이다. "피난처요 힘"이란 '절대 뚫리지 않는 방어 도구'라는 의미다. 우리의 피난처요 힘이신 하나님은 우리가 어떤 환난 중에 있더라도 우리가 넉넉히 감당하고 이기게 하신다.

"땅이 변하고, 산이 흔들리고, 바닷물이 솟아나고", 이보다 더 큰 위기 상황이 어디 있을까. 모두가 두려워 사방에 도움을 요청할 것이다. 그러나 우리의 "큰 도움"은 오직 "우리의 피난처시요 힘"이신 하나님이다. 하나님께 달려갈 때 비로소 두렵지 않다.

누구나 이 시편을 노래할 수 있는 건 아니다. 믿는 무리에 속한 자, 하나님을 내 구주로 섬기는 자, 새벽에 도우시는 하나님께 나아가는 자만이 노래할 수 있다. 그렇지 않으면 세상의 요란함과 창궐한 전염병 속에서 평상심을 유지하며 노래할 수 없다. 예수님을 내 구주로 믿는 자가 아니면 노래할 수 없다.

하나님을 향한 일편단심으로 사명을 감당한 루터는 "자, 이 시편 46편을 노래하여 마귀를 혼쭐내주자!"라고 말했다.

두려워하지 마라! 강하고 담대하라!

유순한 대답은 분노를 쉬게 하여도 과격한 말은 노를 격동하느니라 온순한 혀는 곧 생명 나무이지만 패역한 혀는 마음을 상하게 하느니라 잠언 15:1,4

유순한 말과 과격한 말은 그 결과가 정반대다. 평화는 부드러운 말로 유지할 수 있다. 아무리 먹구름이 하늘을 덮어도 따뜻하고 부드러운 말은 그것을 뚫는다. 화부터 내기보다 부드럽게 말하면 사리 분별이 된다. 올바른 주장을 더 잘 전달할 수 있다.

부드러운 말은 생명나무와 같아서 마음을 치유하고 힘을 얻게 한다. 대화 내용이 어렵고 복잡할수록 부드러운 말로 해야 한다. 그러나 과격한 말로 욕하고, 사람의 약점을 들추고, 상대를 깎아내리고 초라하게 만들면 불에 기름을 붓는 격이 된다. 상황이 걷잡을 수 없어지며, 상대의 마음을 상하게 한다.

나발은 과격한 말로 다윗을 격동시켰지만, 그의 아내 아비가일이 부드러운 말로 다윗의 마음을 가라앉혀 위기를 넘겼다. 평상심을 잃은 다윗이 자칫 위기에 빠질 뻔했으나 아비가일의 따뜻한 말로 위기를 넘길 수 있었다.

이같이 온순한 혀는 상대방의 마음의 상처를 치유하고 회복시킨다. 영적 생기를 얻게 한다.

시편 : 태풍이 불어올 때 가장 고요한 곳은 태풍의 눈이다. 내 힘과 능력으로 해결하려 버티면서 태풍 주변부에 머문다면 모든 것이 파괴되어 피폐해질 것이다. 나는 이것을 경험했다. 인생의 태풍이 불어올 때 그 눈으로 들어가는 용기가 필요하다. 고요한 태풍의 눈 속에서 주님을 잠잠히 바라보면, 곧 평상심을 찾게 된다. 그곳에서 하나님은 그분의 언약을 기억나게 하셔서 소망으로 나를 숨 쉬게 하신다. 태풍 속에서 평상심을 찾는 훈련은 내게 영적 성장을 가져다주었다.

잠언 : 말과 행동이 과격한 사람들이 있다. 그를 용서해도 오랫동안 좋지 않은 기억이 남는다. 서로에게 너무 독한 말을 하면 안 된다. 가족이라도 정이 떨어지고, 사랑이 식는다. 직장, 교회, 사회공동체에서 주님은 우리에게 만남의 축복을 주신다. 어떤 이유에서든 과격한 말로 상대에게 상처 주는 행동은 삼가야 한다. 사람들을 통해 복도, 화도 풀어진다.

어머니의 말씀을 심장에 새기며 살아야겠다.

"열 친구를 사귀려 하지 말고 한 사람을 적으로 만들지 마라. 한 사람을 적으로 돌리면 백 사람 이상의 몫을 한다."

친절한 말은 사람의 노여움을 가라앉게 하고, 풍성한 관계를 만든다.

왕의 대관식과 백성의 즐거운 찬송

시편 47:5 잠언 16:3

> 하나님께서 즐거운 함성 중에 올라가심이여, 여호와께서 나팔 소리 중에 올라가시도다
>
> 시편 47:5

시편 47편은 마치 왕의 대관식 같다. 백성들이 찬양하며 함성을 지른다. 나팔 소리가 우렁차게 들린다. 만민이 손바닥을 치며 즐거이 찬양한다. 환난 중에 만나주신 것을 감사하는 야곱의 자손, 원수의 손에서 자유하게 하심을 기뻐하는 이스라엘이 찬송한다. 아브라함의 언약의 자손, 그리스도인들, 그의 교회가 약속을 이루시고 길을 만드시는 하나님을 찬양한다.

왕이신 하나님이 그의 백성의 찬송 중에 계단을 딛고 올라가신다. 위엄의 보좌에 앉으셔서 세상을 사랑과 정의로 다스리신다. 하나님나라에는 경계선이 없다. 하나님을 거스르며 거역하는 나라를 공의로 다스리신다. 그런 나라들은 잠시 교만하게 행하다가도, 하나님께서 곧 무너뜨리신다. 그리고 하나님을 경외하며 하나님나라의 길로 행하는 자를 세우신다.

우리가 찬양할 때, 하나님이 임재하셔서 어둠이 떠나간다. 질병, 고통, 슬픔, 염려, 두려움도 떠나간다. 매인 자가 자유하게 되며 치유와 회복이 일어난다. 기쁨과 즐거움이 그의 백성에게 충만하고 평안과 행복이 넘친다.

찬양하라! 하나님을 찬양하라!

> 너의 행사를 여호와께 맡기라 그리하면 너의 경영하는 것이 이루리라 잠언 16:3

"계획은 사람이 세우지만 그 결과는 하나님께 달려있다. 제비를 뽑는 일은 사람이 하지만 그 일을 결정하는 분은 여호와이시다"(1, 33 현대인의성경).

성경은 16장의 시작(1)과 끝(33)에 '사람이 계획을 세우지만, 결정은 주님께서 하신다'라고 말씀한다. 그러므로 우리는 어떤 계획을 세울 때, 생각해야 한다.

'하나님께서 내 계획을 보고 결정하실 때 무엇을 가장 중요하게 보실까?'

'나는 하나님의 뜻을 따라 계획했는가?'

'내가 세운 계획을 하나님이 기뻐하실까?'

내가 할 일에 최선을 다하고 그다음은 평안한 마음으로 주께 맡기고 기다려라. 조급해하지 말고 염려하지 마라. 주께서 지혜와 능력으로 이루신다. 내가 할 일과 하나님이 하실 일의 업무 분담을 잘해야 한다.

일을 하기 전에 먼저 그분이 나를 통해 무얼 하길 원하시는지를 듣는다. 그리고 그 뜻을 따라 최선을 다한다. 부지런함과 성실함과 공교한 손은 내 몫이다. 그러면 하나님이 이루신다.

마치 농부와 같다. 밭을 갈고 씨를 심고 부지런히 돌보면 하나님이 그 씨를 통해 풍성한 열매를 맺게 하신다. 농부는 '부지런함'과 '맡겨드림'을 담당하고, 하나님은 '성장'과 '열매'를 담당하신다.

시편 : "이 백성은 내가 나를 위하여 지었나니 나를 찬송하게 하려 함이니라"(사 43:21).

하나님이 나를 지으시고 그분을 찬송하게 하신다. 없는 길을 만드시고, 마른 땅에 강을 내셔서 찬송하게 하신다. 내가 주의 뜻 한가운데 있는지 오늘도 점검한다.

"내가 광야에 물을, 사막에 강들을 내어 내 백성, 내가 택한 자에게 마시게 할 것임이라"(사 43:20).

이 약속은 나의 것이다. 오늘 내 앞에 놓인 많은 선택의 순간에 하나님이 기뻐하시는 것을 선택할 것이다. 내가 하나님 편에 서면, 그분은 내가 당신을 찬송할 수밖에 없는 능한 일을 이루신다.

"내 입술의 찬양 가운데 높임을 받으소서! 내 입술의 찬양으로 온 땅이 하나님이 누구신지 알게 하소서! 주님, 당신은 만왕의 왕이십니다. 주님, 당신은 온 땅의 통치자이십니다!"

잠언 : 나는 세상이 만들어놓은 '성공'이라는 덫에 걸렸었다. 더 높은 자리, 더 많은 돈, 더 좋은 집, 더 큰 건물을 목표로 세웠었다. 그러나 내 계획은 망했다. 성경에서 말하는 성공은 '막힘이 없는 형통한 삶'이다. 이기는 삶, 승리하는 삶이다. 이것이 진정 성공한 삶이라는 걸 뒤늦게 깨달았다. 내 계획을 내려놓으니 하나님의 계획이 나를 통해 이루어지는 걸 본다.

들은 대로 보는 자가 복이 있다

시편 48:8 잠언 17:2

우리가 들은 대로 만군의 여호와의 성, 우리 하나님의 성에서 보았나니, 하나님이 이를 영원히 견고하게 하시리로다 (셀라) 시편 48:8

"들은 대로 보았다"라는 건 엄청난 일이다. 대부분 듣기만 하고 본 적이 없든지, 보기만 하고 듣지 못하든지 한다. 사람은 흔히 들은 것을 과대 포장하기 때문에 실제로 보면 실망하곤 한다. 그러니 들은 그대로 보았다는 게 더욱 놀랍다.

우리가 하나님이 계시는 "하나님의 성"에 들어갔을 때, 지금까지 들었던 모든 것보다 더 놀랍고 영광스러운 걸 보게 될 것이다. 마치 시바 여왕이 솔로몬을 만나고 "내가 들은 소문보다 더하도다"라고 감탄했듯이(왕상 10:7) 하나님의 영광, 위엄, 아름다움, 사랑, 긍휼을 보며 찬양할 것이다. 예수님으로 말미암아 우리에게 주신 유업, 부요함, 풍성함, 거룩함을 보게 될 것이다!

"우리가 들은 대로 … 보았나니"는 믿음의 삶에서 경험한다. 우리가 믿음으로 살 때, 우리를 보는 사람들이 놀라서 "우리가 들은 대로 보았나니"라고 말할 것이다.

우리가 듣고 본 그대로 살며 전하는 복음은 진실하다. 힘이 있다. 우리가 '그 말씀'을 듣고 믿음으로 살아내어 "우리가 들은 대로 … 보았나니"가 우리에게서, 우리를 통해 증거되어야 한다. 가슴 벅찬 증거, 담대한 선포를 하게 될 것이다.

주 예수님, 영광 받으소서!

슬기로운 종은 주인의 부끄러움을 끼치는 아들을 다스리겠고, 또 그 아들들 중에서 유업을 나눠 얻으리라 잠언 17:2

어느 집이나 아들이 종보다 귀하다는 데는 이의가 없다. 그러나 가끔 어떤 아들은 생각과 행동이 미련하여 가정의 짐이 되고 부끄러움을 끼치는 경우가 있다. 이때 만일 종이 지혜롭고 부지런하고 충성되어 주인의 칭찬을 받는다면 어떤 일이 일어날까?

종이라 할지라도 맡긴 일을 지혜롭게 처리하면 자연스레 주인의 신뢰를 얻을 거고,

주인은 더 많은 일을 맡길 것이다. 그뿐 아니라 그 집의 "부끄러움을 끼치는 아들"을 다스리게 할 것이다. 미련한 자는 지혜로운 자의 종이 되기 때문이다. 주인은 미련하고 게으른 아들보다 슬기롭고 충성된 종에게 집안의 중요한 일을 맡기며, 더 나아가 종에게 자기 아들과 함께 유업을 나누어 줄 것이다.

충성이란 성실함, 신실함, 부지런함, 변하지 않음, 목숨도 아끼지 않고 맡겨진 일을 책임 있게 하는 태도다. 이 얼마나 귀한가! 충성된 종은 얼음냉수 같은 사람, 주인의 마음을 시원케 하는 사람이다.

시편 : 성경 말씀과 사람들의 간증에서 우리는 하나님의 성(城)에 관해 많이 들었다. 영광스럽고 찬란하게 빛나는 아름다운 그곳. 나는 오늘도 그곳으로 속히 가기를 사모한다. 내 사명이 끝나는 날, 이 땅에 하루도 더 머물지 않고 싶다. 내 사랑, 예수님이 계신 그곳을 사모한다.

신랑을 향한 나의 사랑과 그리움이 그분의 성품을 삶에 적용하게 만든다. 주께 들은 대로 말하고, 본 대로 말하는 사람이 귀하다. 자신에게 유리하도록 보태거나 빼지 않는 사람은 신뢰를 얻는다. 오늘도 눈과 귀와 입을 주의 것이 되게 하여 정직하게 보고 듣고 그대로 말하는 삶을 살자.

잠언 : 나는 하나님께 어떤 종인가? 슬기로운 종인가, 미련한 종인가?

나는 부모님에게 슬기로운 딸인가, 미련한 딸인가?

슬기로움은 '사리를 바르게 판단하고 일을 잘 처리해내는 재능'을 지닌 것이다. 미련함은 '어리석고 둔함'이다.

나는 슬기롭고 영리하며 온전한 딸이 되고 싶다. 성경 말씀대로 믿음으로 살면 미련함이 벗겨지고 슬기롭고 지혜로운 사람으로 변화한다. 주인의 집의 일을 맡은 슬기롭고 충성된 종이 되고 싶다. 그런 종에게 자기 아들들과 함께 유업을 나누어 주신다니 얼마나 기쁘고 감격이 풍성한가!

18일 멸망하는 짐승처럼 되지 말자

시편 49:12,20   잠언 18:2

> 사람은 존귀하나 장구하지 못함이여 멸망하는 짐승 같도다 존귀하나 깨닫지 못하는
> 사람은 멸망하는 짐승 같도다 시편 49:12,20

시편 49편에 2번이나 언급되는 "존귀"는 '명예, 화려함, 빛남' 등을 말한다. 높은 지위로 얻은 것, 많은 재물로 누리는 것, 뛰어난 재능이나 지식 혹은 기술로 얻어진 것이다. 곧 외부로부터 주어지거나 스스로의 노력으로 취해 누리는 삶이다.

이런 존귀는 유효 기간이 짧다. 하지만 많은 경우, 이 영예가 영원히 갈 줄 착각하여 우쭐대거나 자랑한다. 연예인이든, 스포츠 선수든, 정치가든, 노벨상 수상자든 어떤 영역에서 높은 지위를 얻거나 많은 업적을 남겼어도 오래 가지 않는다. 짧으면 며칠이다. 아무리 길어도 그 빛은 죽음으로 사그라진다. 무수한 애도의 인파가 있어도 잠시다. 아무리 유명하고 뛰어나도 마지막은 짐승의 죽음과 다를 게 없다. 이런 사실을 깨닫지 못하는 사람은 더 심각하다. 마치 짐승과 같다.

12절의 "짐승 같도다"는 '생을 마감한 상태'를 말한다. 반면에 20절의 "짐승 같도다"는 '삶의 질이 짐승과 같음'을 말한다. 그는 겸손하며 교만하게 살지 않고, 지혜롭게 행동한다. 죽음의 상태는 짐승과 같아도, 죽음 후에 있을 영원한 영광을 바라보는 사람이 존귀하다. 그는 '오늘'을 '영원'에 심는다. 투자하고 입금한다. 주어진 시간, 재물, 권세, 능력, 재능, 영예, 영광을 자기를 위해 소비하지 않는다. 하나님이 그를 영접하실 때를 위해 미리 심어둔다.

> 미련한 자는 명철을 기뻐하지 아니하고, 자기의 의사를 드러내기만 기뻐하느니라
> 잠언 18:2

"미련한 자는 사려 깊은 대화에 관심이 없고, 입에서 나오는 대로 마구 지껄인다"(메시지성경).

"명철"은 자신의 부족함을 깨닫고 채우고자 노력하는 태도를 말한다. 겸손한 사람

은 명철을 얻으려 한다. 그래서 다른 사람의 의견이나 생각에 귀 기울인다. 그러나 "미련한 사람"은 자기 생각에만 몰두하며 자기 견해만 드러내려 한다. 자기중심적 사고에 집착하며 교만하고, 남의 의견에 귀 기울이지 않는다.

오직 하나님을 경외하는 사람이 지혜를 얻는다. 겸손하여 마음을 열고 다른 사람의 말을 경청한다. 그런 과정을 통해 자신의 부족함을 채우고 다양하게 보고 생각하는 법을 배우려 한다. 어린 자녀에게 남의 말 경청하기를 가르쳐야 한다. 남의 말은 건성으로 듣고, 자기 생각이나 의견만 주장하면 리더가 될 수 없다.

또한 다른 사람의 말을 중간에 가로채지 말아야 한다. 혹 의견이 있으면 겸손하고 예의 있게 양해를 구하자. 입에서 나오는 대로 지껄이는 수다쟁이가 되지 말자. 자기 지식만 자랑하지 말자. 세상에 영향을 끼칠 그리스도인은 사려 깊은 대화를 할 줄 알아야 한다.

시편 : 사람이 제아무리 위대하고 부귀영화를 누린다고 해도 죽음을 피할 수는 없다. 죽음으로 다시 살 모든 기회가 사라진다. 지금까지 살았던 삶의 모든 결과를 들고, 주님의 심판대 앞에 서는 날을 기다려야 한다. 인생이 길어도 100년이다. 절반이 지난 사람, 삼분의 이가 지난 사람, 거의 다 지난 사람이 있을 뿐이다. 아침에 이렇게 묵상하니 울컥한다. 잘 살지 못하고 있는 사람들이 떠오르고, 잘 살고 있는 사람들로 인해 위로받는다.

내가 잘 사는 게 중요하다. 곧 주님을 뵐 텐데, 그분을 만날 준비는 하루아침에 되지 않는다. 매일매일, 차곡차곡 쌓여서 삶이 되고, 약속의 상급이 된다. 오늘도 부르심의 상을 위하여 달려가자!

잠언 : 자신을 믿는 어리석음은 아름다운 모습을 시들게 만들고, 교만은 나를 짐승으로 만든다.

"사람의 마음의 교만은 멸망의 선봉이요 겸손은 존귀의 앞잡이니라"(18:12).

"교만은 패망의 선봉이요 거만한 마음은 넘어짐의 앞잡이니라"(16:18).

다른 사람의 말을 가로채는 것이 교만이라고 하니 정신이 번쩍 든다. 타인의 말을 경청하는 법을 더 배워야겠다. 오늘도 입에서 나오는 대로 말하지 않고 나를 통해 말씀하시는 주님의 입이 되기로 결정한다. 넘어진 사람을 손잡아 일으켜주고, 절망한 사람을 소망으로 예수께 이끌며, 포기한 사람에게 전능자 하나님을 소개하는 주님의 입으로 살 것이다.

19일 하나님이 기뻐하시는 제사를 드리자

시편 50:14 잠언 19:2,3

감사로 하나님께 제사를 드리며, 지극히 높으신 자에게 네 서원을 갚으며 시편 50:14

시편 50편은 하나님이 온 세상을 소집하시는 장면이다. 그리고 그 한가운데에 그의 백성을 세우고 책망하신다. 그들은 예배의 본질을 모른다. 그들이 드리는 제물 때문이 아니다.

하나님이 가장 기뻐하시는 제사는 "감사"의 제사다. 그분은 감사가 없는 제물을 원치 않으신다. 예배의 중심은 감사다. 하나님이 내게 행하신 크고 놀라운 일을 기억하며 마음으로부터 우러나와 입으로 고백하는 거다. 하나님은 우리가 감사로 드리는 헌금과 찬송, 감사로 행하는 구제를 기뻐하신다.

기독교는 행위로 구원받는 종교가 아니다. 이 세상 누구도 행위로는 구원받을 수 없다. 사망과 하나님의 진노 아래 있는 우리에게 하나님이 직접 오셔서 우리를 죄와 사망, 어둠과 결박, 저주와 진노에서 건져 올리셨다. 죄 사함과 생명, 빛과 자유, 하늘의 풍성한 복과 사랑으로 살게 하셨다.

헌금을 드림으로 구원받는 게 아니라 구원받은 은혜가 너무 커서 감사로 헌금을 드려야 한다. 구제와 선행으로 구원받는 게 아니라 구원받은 우리가 감사와 감격으로 구제하는 것이다.

우리의 예배와 찬송은 감사로 가득하다. 우리의 삶은 날마다 축제다. 기쁨과 즐거움, 자유와 생명이 넘친다. 하나님이 우리를 구원하셨으니, 감사로 하나님께 나아가며 찬송을 드리자!

지식 없는 소원은 선하지 못하고 발이 급한 사람은 잘못 가느니라. 사람이 미련하므로 자기 길을 굽게 하고, 마음으로 여호와를 원망하느니라 잠언 19:2,3

"지식이 없는 열심은 좋은 것이라 할 수 없고, 너무 서둘러도 발을 헛디딘다. 사람은 미련해서 스스로 길을 잘못 들고도, 마음속으로 주님을 원망한다"(새번역).

왕의 지혜

114

미련하고 어리석은 사람은 처음부터 잘못된 길을 간다. 주의 뜻을 구하지 않고 자기 마음대로 결정하고 행동한다. 그 결과, 크게 실패하거나 파멸한다. 그러고는 "하나님은 나를 사랑하지 않으신다", "내가 잘못 갈 때 왜 막지 않으셨나?", "전능하시다면 나를 이 지경에 이르게 하시진 않았을 거다"라며 호소한다. 결과에 대한 모든 책임을 하나님께 돌린다. 어리석게도 자기의 미련함을 모른다.

"지식이 없는 열심"(지식 없는 소원)을 주의해야 한다. 하나님의 뜻과 상관 없이 자기 생각으로 열심을 내어 하나님을 섬기다가 결과가 마음에 들지 않으면 하나님을 원망하는 것, 어떤 결과를 가져오기 위해 주님을 열심히 섬기다가 기대하는 결과가 나오지 않으면 하나님을 원망하는 태도가 바로 지식이 없는 열심이다.

이런 사람은 하나님의 뜻과 상관없이 원하는 대로 살다가 제 삶을 망치고도 하나님 탓으로 돌린다. 잘되면 자기의 수고와 노력과 능력으로 되었다고 자랑하고, 잘못되면 남 탓, 하나님 탓을 하며 원망한다.

지혜로운 사람은 잘되면 하나님의 은혜에 감사하고, 잘못되면 자신을 살피며 반성할 줄 안다. 마치 수학 문제의 답이 틀렸으면 어디를 잘못 풀었는지 검토하듯 처음부터 살핀다.

감사로 하나님께 제사(예배)를 드리라는 말씀이 깨달아졌다. 구원받은 은혜와 죄 사함의 감격이 너무나 커서, 하나님께 어떻게 감사를 표시해야 할지 고민하다가 생각난 말씀이 있다.

"사람은 외모를 보거니와 나 여호와는 중심을 보느니라"(삼상 16:7).

"네 보물 있는 그곳에는 네 마음도 있느니라"(마 6:21).

감사한 내 마음을 주님께 표현하고 싶었다. 그래서 매일 눈을 뜨자마자 5만 원을 주님께 헌금하고 기도를 시작한다. 적은 돈으로 내 마음을 다 표현할 수는 없지만 "주님을 향한 제 마음입니다"라고 고백하고 기도를 시작하니, 주님과 교회와 NCMN을 사랑하는 마음이 더 커졌다.

하나님께서 기뻐 받으시고 내게 은혜로 사랑을 부어주시는 것 같다.

"주님, 사랑합니다. 목숨 다해!"

주의 크신 사랑과 많은 긍휼

시편 51:1 | 잠언 20:4,13

하나님이여, 주의 인자를 따라 내게 은혜를 베푸시며, 주의 많은 긍휼을 따라 내 죄악을 지워주소서 시편 51:1

오늘도 나는 순종하는 아들, 충성되고 정직한 종이 되어 하나님을 경외하며 악을 떠나는 삶을 살기를 갈망한다. 그러나 내 힘과 능력으로 주의 뜻대로 살고자 해도 그럴 힘이 없는 나 자신이 안타깝다. 내 연약함이 거인처럼 앞에 버티고 있다. 결심이 약해 자주 무너진다. 일어나자마자 주께 엎드릴 때의 내 모습이다.

그런데 주 하나님께서 내게 은혜를 베푸신다. "은혜"란 '주의 뜻을 따라 살 힘'이다. 내게 절대적으로 필요한 건 주의 은혜다. 이런 은혜는 주의 놀랍고 큰 사랑으로 주어진다. 나를 향한 주의 사랑을 굳게 붙들고, 은혜 베풀어주시기를 담대히 구한다. 주께서 반드시 응답하신다.

그런데 연약함보다 나를 더 괴롭히는 건 내 죄다. 나의 죄악이 마치 쇠고랑처럼 내 발목을 붙든다. 나는 주의 긍휼을 의지하여 죄를 지워주시기를 구한다. 내가 구할 때 주님은 죄를 깨끗이 제하신다.

주님은 긍휼이 풍성하시다. 나는 "주의 많은 긍휼"을 붙든다. 주의 크신 사랑을 따라 부어주시는 주의 은혜를 의지한다.

이 놀라운 하나님이 나의 하나님이시다!

게으른 자는 가을에 밭 갈지 아니하나니 그러므로 거둘 때는 구걸할지라도 얻지 못하리라 너는 잠자기를 좋아하지 말라. 네가 빈궁하게 될까 두려우니라. 네 눈을 뜨라. 그리하면 양식에 족하리라 잠언 20:4,13

밭을 갈아야 할 때 다른 일을 하고, 등에 자석이 있는 듯 등이 바닥에 붙어 잠자기를 좋아하는 것이 게으른 자의 전형적인 모습이다. 일할 밭도 있고, 일할 능력도 있지만 게으른 자는 '하지 않으려' 한다. 핑계와 구실을 만들어 발뺌한다. 가난하기로 작정하는 것이다. 그런 삶은 심은 게 없으니 거둘 것도 없다.

영향을 주는 삶으로 기독교문명개혁운동을 주도하려면 마땅히 해야 할 일에 부지런해야 한다. 말로만 하지 말고 주어진 일에 최선을 다해야 한다. 시간이 지나면 저절로 될 거라고 착각하지 말자. 지금 주어진 일에 성실하지 않으면, 앞으로 큰일도 주어지지 않는다.

지극히 작은 일에 충성하며 남의 것에 충성할 줄 알아야 한다. 적성과 마음에 맞는 것, 흥미 위주로 일하는 건 남의 것에 충성하는 게 아니다. 그러면 안타깝게도 내 것이 주어지지 않는다. 사탕과 아이스크림만 좋아하면 치아도 건강도 망가진다.

잠자기를 좋아하지 말자. "네 눈을 뜨라!" 말씀하시는 주의 음성을 듣고 눈을 뜨고 잠자리를 박차고 일어나자.

"부지런하여 게으르지 말고 열심을 품고 주를 섬기라"(롬 12:11).

이 말씀이 내 알람 시계다.

시편 : 지난날의 죄악이 가끔 나를 힘들게 한다. 부정직했던 사업으로 인해 누군가에게 피해를 주었을 것이다. 뇌물로 인해 공무원들까지 죄를 짓게 만든 일이 나를 괴롭힐 때, 나는 주님이 이뤄놓으신 것을 묵상한다. 예수님의 피의 능력을 묵상한다.

본디 용서받은 죄인이라, 말씀 따라 사는 내게 의롭다 하시는 주님 앞에서 한없이 고개가 숙어진다. 은혜 아니면 하루도 숨 쉴 수 없다.

"나는 오늘도 십자가 은혜로 삽니다."

잠언 : 주님을 사랑하니 저절로 부지런해진다. 주께서 부지런하라고 하셨기에 그 말씀에 순종하고 싶다.

"손을 게으르게 놀리는 자는 가난하게 되고 손이 부지런한 자는 부하게 되느니라"(10:4).

게으르면 가난을 선물로 받는다. 나는 이 선물을 거절한다.

산산조각 난 뼈를 치료하시는 하나님

시편 51:8 잠언 21:2

내게 즐겁고 기쁜 소리를 들려주시사, 주께서 꺾으신 뼈들도 즐거워하게 하소서

시편 51:8

큰 쇠뭉치로 여러 번 내리쳐서 뼈가 조각이 났다. 하나만 아니라 여기저기 부러지고 조각나서 상태가 위태롭다. 회복될 수 있을까? 뼈가 여러 조각으로 부러져 박살 났을 때의 아픔은 살에 상처가 생겼을 때의 아픔과는 비교가 되지 않는다.

단순한 타박상이 아니라 뼈가 부러져 버렸다. 아무것도 못 하고 꼼짝없이 누워있어야만 한다. 너무나 고통스러워 밤에 잠이 오질 않는다. 낮에도 견디기 어렵다. 이는 다윗의 심각한 상태다.

죄의 결과는 너무나 참혹하다. 그래도 한 가닥 소망이 있다면 잔인한 마귀의 손이 아니라 하나님 손에 의해 겪은 것이다. 주의 인자를 따라 은혜를 베푸시는 하나님, 많은 긍휼로 죄악을 지워버리시는 하나님, 뼈를 꺾으시고 또한 고치시는 하나님이다. 마음을 깨뜨리고 통회하며 그분을 붙든다. 가장 큰 즐거움은 죄 사함을 받고 하나님과 친밀한 관계를 회복하는 것이다.

"그러나 여호와께서 기다리시나니 이는 너희에게 은혜를 베풀려 하심이요, 일어나시리니 이는 너희를 긍휼히 여기려 하심이라. 대저 여호와는 공의의 하나님이심이라. 무릇 그를 기다리는 자는 복이 있도다"(사 30:18).

사람의 행위가 자기 보기에는 모두 정직하여도 여호와는 마음을 감찰하시느니라

잠언 21:2

사무엘이 이새의 아들 중에 하나님이 택하신 자가 누구인지 살필 때, 하나님이 그에게 말씀하셨다.

"사람은 외모를 보거니와 나 여호와는 중심을 보느니라"(삼상 16:7).

사무엘은 하나님이 택하신 자가 장남 엘리압인 줄 알았다. 그의 용모와 신장이 빼어났기 때문이다. 그러나 하나님은 "그가 아니다"라고 하셨다. 하나님은 사람의 외모가 아니라 중심을 보신다.

겉을 치장하는 데 힘쓰지 말고 속사람이 단정하기를 힘써서 하나님이 보시기에 옳은 중심을 가져야 한다. 사람에게 점수를 잘 받으려 하지 말고 하나님께 잘 받아야 한다. 그것이 진짜이기 때문이다.

"또 이와 같이 여자들도 단정하게 옷을 입으며, 소박함과 정절로써 자기를 단장하고 땋은 머리와 금이나 진주나 값진 옷으로 하지 말고, 오직 선행으로 하기를 원하노라. 이것이 하나님을 경외한다 하는 자들에게 마땅한 것이니라"(딤전 2:9,10).

이 말씀은 여자만 가리키는 게 아니다. 남자도 해당한다. 외모를 단장하는 것보다 더 중요한 게 내면의 단장이다.

"감찰하다"는 '측량하다, 무게를 달아보다'라는 뜻이다. 하나님은 내 마음을 달아보신다. 중심을 보시고 마음의 동기를 살피신다.

하나님께 잘 보이자. 하나님의 점수에만 주목하자. 날마다 체중계에 올라가 몸무게를 재듯이, 날마다 하나님 말씀의 저울에 내 중심을 올려놓자.

아세라(성적 쾌락)에게 무릎 꿇은 다윗의 모습에서 죄의 처참하고 참혹한 결과를 본다. 아세라 신에게 무릎 꿇은 사람이 어디 한둘이겠는가? 그러나 이보다 더 처참한 건 바알(재물)에게 무릎 꿇은 사람들이다. 주인이 바뀌어 돈의 노예로 평생 살아가기 때문이다. 하나님은 엘리야에게 말씀하신다. 바알에게 무릎 꿇지 않은 7천 명을 남기셨다고. 재물 앞에 무릎 꿇는 순간, 주인을 바꿔버리는 가장 큰 죄를 짓는 것이다.

다윗이 겪은 죄의 고통을 느낄 때, 나의 주인을 주님으로 바꿀 힘이 생긴다. 죄의 고통을 느낄 수 있다면 크게 복 받은 사람이다.

오늘 주님이 내게 물으신다.

'네 주인이 누구냐?'

구원의 즐거움을
내게 회복시켜주소서

시편 51:12,13 잠언 22:3

주의 구원의 즐거움을 내게 회복시켜주시고, 자원하는 심령을 주사 나를 붙드소서. 그리하면 내가 범죄자에게 주의 도를 가르치리니, 죄인들이 주께 돌아오리이다

시편 51:12,13

다른 사람에게 하나님의 도를 가르칠 수 있는 사람은, 그 자신이 먼저 죄 사함을 받은 자다. 그런 사람은 하나님의 크고 놀라운 사랑과 죄를 깨끗게 하시는 예수님의 십자가의 피에 감격하여 심장으로 증거한다. 충만한 기쁨, 벅찬 감격, 확신에 찬 목소리로 십자가의 능력과 사랑을 전한다.

뛰어난 능력의 사람만이 주의 도를 가르치는 게 아니라 하나님의 용서하시는 사랑을 경험하고, 십자가의 피로 죄가 깨끗이 지워짐을 경험한 사람이면 누구나 이 놀라운 하나님의 도를 가르칠 수 있다. 그는 날마다 성령을 간절히 붙든다. 성령께서 그분의 능력으로 붙드셔야만 나보다 더 강한 죄를 이길 수 있기 때문이다. 성령께서 붙들어주셔서 더 이상 죄에 빠져 허우적거리지 않는 내 삶을 보며, 죄인들이 정죄감에 사로잡혀 낙심 가운데 지내지 않고 오히려 소망을 갖고 주께 돌아올 수 있기 때문이다.

"구원의 즐거움"은 새로운 삶을 힘있게 살아가는 데 꼭 필요한 원동력이다. "자원하는 심령"은 억지로, 마지못해서가 아니라, 온 마음을 다해 적극적이고 기쁘게 주의 뜻을 순종하는 기반이다. 하나님은 우리의 죄를 용서해주실 뿐 아니라, 마음과 힘을 다해 주를 섬기며 이 세상을 역동적으로 살아가도록 회복시키신다. 세상은 주홍 글씨를 새기지만, 하나님나라에는 완전한 용서와 회복이 있다.

슬기로운 자는 재앙을 보면 숨어 피하여도, 어리석은 자들은 나아가다가 해를 받느니라 잠언 22:3

여기서 "보다"는 앞에 있을 위험이나 함정이나 유혹을 미리 보는 걸 말한다. 저만치 위험이 보일 때, 재앙의 머리카락이 보이기 시작할 때, 그 길로 계속 가면 화를 입는다.

그 길을 피해 가는 사람이 슬기로운 자다. 그러나 어리석은 사람은 고집을 부리며 그 길로 나아가 화를 자초한다.

"슬기로운 사람"은 분별력이 있지만, "어리석은 사람"은 분별력이 없다. 슬기로운 사람은 앞을 볼 줄 안다. 사려가 깊어서 위험이나 함정이나 유혹을 피한다. 그러나 어리석은 사람은 앞을 볼 줄 모르고 사려 깊지 못하다. 같은 실수를 반복하고 위험을 자초하여 해를 만난다. 심지어 생명을 잃기도 한다.

슬기로운 사람은 자기 생각이나 판단을 따라가지 않고, 언제나 주의 말씀을 행동 가치의 절대 기준으로 삼는다. 자기 힘이 아닌 오직 성령의 능력을 의지한다. 그러나 어리석은 사람은 하나님의 말씀을 무시하고 자기 생각과 판단을 행동 가치의 기준으로 삼는다. 자기 힘만 의지한다. 슬기로운 사람은 하나님의 말씀을 경청하지만, 어리석은 사람은 그 말씀을 귓등으로만 듣는다.

시편 : '상처받은 치유자'란 말이 생각났다. 나는 재물에 크게 실수하고 회개하고 돌이켰다. 온전히 치유된 상처는 내 심장에서부터 '왕의 재정 메시지'가 터져 나오게 했다. 주께서 그 메시지로 범죄자들에게 주의 도를 가르치라고 하셨다. 주님은 죄인들을 주께로 돌이키시기 위해 이 메시지를 사용하고 계신다.

나는 실패했지만 이 메시지로 훈련했고, 모든 게 주 안에서 이기는 삶, 승리하는 삶의 밑거름이 되었다. 재정의 환난 가운데 있는 사람들을 주의 말씀으로 위로하고, 소망 가운데 주를 바라보게 했다. '왕의 재정'을 10년 이상 가르치고 함께 훈련하면서 이제는 말씀 그대로 이루어지는 풍성한 열매를 맛보고 있다. 말씀을 따라 살아내는 사람들이 하나같이 돌파하고, 상황을 승리로 바꾸고, 이기는 삶으로 주께 영광 돌릴 때, 나는 너무나 행복하다. 오늘도 구한다.

잠언 : 아주 큰 태풍이 올라온다는 일기예보를 듣는다. 그런데 이상한 사람들이 꼭 있다. 하필 그때 논으로 밭으로 가거나 급한 볼일을 본다고 집 밖으로 나가서 사고를 당한다. 이미 뉴스를 통해서 큰 피해가 예상된다고 말해주어도 지혜 없는 행동을 한다. 영적인 것도 동일하다. 성경에서 이미 성공과 실패의 삶을 다 보여주었는데, 분별력 없이 주의 말씀을 따르지 않고, 사람의 말을 따라가다가 화를 당한다.

"주님의 지혜, 명철, 분별력, 판단력을 주십시오. 이것이 승리의 원천입니다."

오직 하나님만 의지하고 경외하라

시편 52:1 잠언 23:4,5

포악한 자여, 네가 어찌하여 악한 계획을 스스로 자랑하는가? 하나님의 인자하심은 항상 있도다 시편 52:1

"포악한 자"는 주어진 권력을 남용하는 자다. 그는 자기 힘만 믿고 하나님을 두려워하지 않는다. 하나님을 모르기에 하나님을 의지하지 않는다. "악한 계획을 스스로 자랑한다"라는 건 자기의 악한 계획을 마치 영웅적 행동인 것처럼 자랑하며 떠벌리고 다니는 것을 말한다. 혀를 조심하지 않고 온갖 거짓말을 좋아하며 해로운 말을 즐긴다. 종일 으스대며 다닌다. 하나님의 눈 밖에 난 사람이다.

하나님이 그의 인자하심으로 그들을 기다려주고 계실 뿐이다. 그러나 그들이 돌이키지 않으면 하나님이 반드시 손을 보신다. 그 몸을 찢고 팔다리를 꺾으며 내쫓고 뿌리째 뽑아버리신다. 사람들이 이를 보고 하나님을 두려워하게 될 것이다.

하나님은 악한 자에게도, 하나님을 경외하는 자에게도 그의 인자하심을 보이신다. 그러니 언제나 하나님을 두려워하고, 그분의 선하심을 굳게 믿어야 한다. 악한 자들 때문에 받는 고통을 보고 낙심하지 말자. 하나님께서는 그분을 의지하고 경외하는 자에게 인자하심을 베풀며 보호하신다.

부자가 되려고 애쓰지 말고, 그런 생각을 끊어버릴 슬기를 가져라. 한순간에 없어질 재물을 주목하지 말아라. 재물은 날개를 달고, 독수리처럼 하늘로 날아가 버린다.

잠언 23:4,5 새번역

"부자가 되려다 건강을 해친다. 분수에 맞게 사는 지혜를 배워라"(4, 쉬운성경).

"애쓰다"는 '건강을 해칠 만큼 일한다'는 뜻이다. 피곤이 쌓일 만큼, 지칠 만큼, 병원에 입원하기 직전까지 일하는 것을 말한다. 약을 먹어가면서 버티지 말아야 한다. 그것은 지혜가 아니다.

열심히 일하는 건 아름답다. 땀 흘려 수고하는 것도 귀하다. 그러나 지나치면 욕심이다. 한계를 지어야 한다. '여기까지'를 알고, 분수에 맞게 사는 게 지혜다.

"재물을 주목하지 말아라"는 재물을 갖지 말라는 게 아니다. '재물을 보물처럼 소유하지 말고 재물을 맡은 자로서 청지기처럼 관리하라는 것'이다. 재물은 독수리처럼 날아간다. 영원히 머물지 않는다. 그러나 한순간에 없어질 재물, 날개를 달고 날아갈 재물을 하늘은행에 입금하면 내 의가 영원히 있다. 이것이 지혜다.

내가 주목하고 소유하려는 건 없어지지 않는 영원한 하나님나라와 그 의다. 보이는 재물로 보이지 않는 하나님나라를 사라. 속히 없어질 재물로 영원한 하나님나라를 사라. 재물을 벌어 자기를 위해서는 한계를 그어 사용하고, 언제나 후히 나누는 삶을 살아야 한다.

재물을 올바르게 사용할 줄 아는 게 지혜다.

시편 : 악한 자의 혀는 날카로운 칼 같아서 남을 해치는 말로 사람에게 큰 상처를 입힌다. 속이고, 해로운 일을 꾸미고, 악한 일을 즐기며, 거짓말을 사랑한다. 내가 상대하지 않아도 하나님께서 그를 넘어뜨리고 영원히 없애버리실 것이다. 그의 장막에서 끌어내어 사람들 사는 땅에서 뿌리를 뽑아버리실 것이다. 악한 자에게 남은 것은 하나님의 심판밖에 없다. 지금 돌이켜라.

하나님은 역사의 주인이시다. 왕들을 폐하고 세우신다. 역사 안에서 포악한 왕들이 살아남은 적이 없다. 악한 계획으로 남에게 해를 끼치는 사람들과 그 후손까지 멸하시는 하나님의 선하심을 보면 힘이 난다. 내 손으로 원수를 갚으려 하는 빈약한 삶을 살지 않아도 된다. 여유가 생긴다.

잠언 : 모든 죄의 씨는 탐욕(탐심과 욕심)이다. 자신에게 해로울 정도로 욕심을 부리는 사람은 말년에 얼굴이 흉측하게 변한다. 반면에 아름답고 품위 있게 나이 들어가는 사람이 있다. 그의 삶이 얼굴에서 보인다. 주름이 잡혔지만 온유한 얼굴, 정직한 삶에서 배어나는 아름다운 표정을 보면 그 사람의 삶의 지도가 펼쳐지는 듯하다. 거울을 자주 보자. 내 얼굴에 책임을 져야지!

가장 무서운 병이 무신론이다

시편 53:1 잠언 24:3,4

> 어리석은 자는 그의 마음에 이르기를, "하나님이 없다" 하도다. 그들은 부패하며 가증한 악을 행함이여 선을 행하는 자가 없도다 시편 53:1

시편 53편은 곡조가 슬픈 단조다. 내용이 너무 슬프고 우울하기 때문이다. 누가 아프거나 환난 당해서가 아니라, 삶 자체가 너무 안타깝다. 그 마음에 "하나님이 없다" 말한다.

로마서 1장 28절 말씀처럼, 그 마음에 하나님 두기를 싫어한다. 자기 마음대로 살고 싶어 한다. 로마서에서는 이를 "상실한 마음"이라고 한다. 불합격 처리된 찌끼처럼 가치 없고, 타락하고, 부패한 마음이다. 그런 사람은 악을 행해도 가책이 없다. 화인 맞은 양심이기 때문이다.

성경은 악성 피부병인 한센병을 앓는 사람을 많이 언급한다. 이 병은 치명적이다. 피부에 감각이 없게 만들고, 전염성이 강하다. 그런데 그보다 더 무서운 게 무신론적 사고를 하는 사람이다. 이런 사람은 영적 무감각 증세가 있다. 악을 행하기를 밥 먹듯 하는 어리석은 사람이다. 히브리어로 '나발'이라 한다. 그는 실제로 두려워할 게 없는데도 크게 두려워한다. 그 삶이 하나님 없이 자기를 의지해서 살기에 당연하다. 그는 결국 하나님께 버림받아 하루아침에 망하고 만다.

늘 마음에 하나님을 왕으로, 주로 모시자. 하나님의 얼굴 앞에서 언제나 그분을 두려워함으로 행하자. 하나님은 그런 사람을 도우신다.

> 집은 지혜로 말미암아 건축되고, 명철로 말미암아 견고히 되며, 또 방들은 지식으로 말미암아 각종 귀하고 아름다운 보배로 채우게 되느니라 잠언 24:3,4

견고하고 아름답게 건축된 건물 안에 귀하고 아름다운 보배가 가득 채워졌다면 최고의 집일 것이다. 집과 집에 채워진 것이 서로 어우러져 아름다움을 빛낸다. 세상에는 건축술이나 디자인, 건축 자재가 뛰어난 건물이 많다. 반면에 속이 텅 빈 건물도 많다.

오늘의 말씀은 단순히 건축물에 해당하는 이야기가 아니다. 개인의 삶, 가족 공동체, 교회 공동체, 사회와 국가 공동체가 어떻게 지어져야 하는지를 말씀하신다. "지혜"는 하나님을 경외하고, 인정하고, 두려워할 줄 아는 데서 나온다. 아무리 최고의 설계와 자재로 건축했어도 지혜로 짓지 않았다면 좋은 건축물이라 할 수 없다.

개인, 공동체, 국가도 지혜로 건축해야 한다. 하나님을 경외함이 기반이다. 무신론이나 인본주의 혹은 다른 우상이 기반이 되었다면 처음부터 잘못된 건축이다. 하나님을 경외함에서 나오는 지혜로 건축했다면, 오직 명철로만 지속적인 견고함이 있다. 지진과 홍수에도 끄떡없다.

욥기 28장 28절에 "주를 경외함이 지혜요, 악을 떠남이 명철"이라 하셨다. "명철"은 하나님의 뜻을 삶의 모든 영역에 적용하고 살아가는 것이다. 하나님의 말씀을 알고 그 가치와 원칙을 따라 살아가는 게 각종 귀하고 아름다운 보배로 방들을 채우는 것과 같다. 반면에 솔로몬 성전이 아무리 화려해도, 그곳을 하나님께 예배함 없이 우상으로 가득 채우면 하나님이 무너뜨리신다.

무엇이 사람을 어리석게 만드는가?

"악인은 그의 마음의 욕심을 자랑하며 탐욕을 부리는 자는 여호와를 배반하여 멸시하나이다 악인은 … 그의 모든 사상에 하나님이 없다 하나이다"(시 10:3,4).

"탐심의 죄악으로 말미암아 … 자기 마음의 길로 걸어가도다"(사 57:17).

탐욕은 자기 마음의 길로 걸어가게 한다. 하나님이 없다고 말하는 사람의 깊은 내면에는 탐심이 자리 잡고 있다. 그 뿌리에 교만이 있다. 어리석고 교만한 사람들은 하나같이 "하나님이 없다"라고 말한다. 이런 사람들은 무서운 것 없이 산다. 그들의 삶은 썩어서 더럽고 악취가 난다.

말씀의 다림줄을 내리지 않고 하나님 말씀을 배반한 삶의 비참함을 곧 보게 되리라. 그날에!

명철은 하나님의 말씀을 알아듣게 하여 주를 경외하게 한다. 지혜는 알아들은 말씀을 내 삶에 적용하여 악에서 떠나게 한다.

"오늘도 악에서 떠나 주를 경외함으로 지혜롭고 명철하게 살겠습니다."

내 하나님이여! 내 하나님이여!

시편 54:1,2 잠언 25:8,9

하나님이여! 주의 이름으로 나를 구원하시고, 주의 힘으로 나를 변호하소서! 하나님이여! 내 기도를 들으시며, 내 입의 말에 귀를 기울이소서 시편 54:1,2

"하나님이여! 하나님이여!" 얼마나 답답하고 갈급하면 연거푸 부를까! 하나님을 향해 "아버지~!" 하고 내면 깊은 곳에서 탄식이 터져 나올 때가 있다. 여기에는 애절함, 아픔과 눈물, 사랑과 슬픔, 인내와 순종 그리고 하나님 아버지를 향한 소망과 기다림과 신뢰가 가득 담겨있다.

"주의 이름"은 하나님의 인격, 성품, 능력, 역사하심을 다 포함한다. 하나님이 모세에게 '내 이름을 걸고 구원하겠다'라고 하셨던 것처럼 하나님 자신을 가리킨다. '내 이름을 대면 모든 걸 알아서 해줄 거야'라고 말씀하시는 것과 같다. 이보다 더 확실한 구원이 있을까. "주의 힘으로 나를 변호하소서!" 내 힘이 아닌 주의 힘이다. 내 능력으로는 해결할 수 없다.

성경에 여러 차례 '마음을 토하다'라는 표현이 등장한다. 이처럼 내 마음을 하나님 아버지 앞에 물 붓듯 쏟아붓는다. 나를 구원하시고, 변호하시고, 내 부르짖는 기도를 들으시는 아버지, 내 말에 귀를 기울이시는 아버지가 계시니 얼마나 감사한가!

나는 고아가 아니다. 혼자 모든 걸 짊어지고 걸어가지 않아도 된다. 나를 도우시며 내 생명을 붙들어주시는 하나님, 그가 나의 아버지시다. 아~ 나는 행복하다!

너는 서둘러 나가서 다투지 말라. 마침내 네가 이웃에게서 욕을 보게 될 때 네가 어찌 할 줄을 알지 못할까 두려우니라. 너는 이웃과 다투거든 변론만 하고, 남의 은밀한 일은 누설하지 말라 잠언 25:8,9

이웃과 다툴 일이 있을 때, 어떻게 해결해야 할지를 알려주신다. 이 해결책을 따라 살면 많은 다툼이 종결된다. 올바른 해결을 원하면 먼저 자신의 불같은 성격부터 다뤄야 한다. 앞뒤 재지 않고 말하는 것부터 해결해야 한다. 하나님 앞에 나아가야 한다.

성급하게 법정으로 달려가지 마라. 당사자와 해결하기 전에 이 사람, 저 사람에게 말하지 마라.

많은 경우, 다른 사람에게 일방적으로 자신의 어려움과 억울함과 상처를 말하곤 한다. 두 사람 사이의 일을 공공연하게 드러내는 건 상대의 인격에 손상을 주는 행위다. 그러면 문제가 더 복잡해진다. 오직 두 사람 사이에서 조용히 해결해라. 제삼자를 개입시키지 마라.

우리 주님은 "가서 너와 그 사람과만 상대하여 권고하라. 만일 들으면 네가 네 형제를 얻은 것이요"라고 하셨다(마 18:15).

말할 때도 변론만 하고, 남의 비밀을 누설하지 마라. 그것은 지혜가 아니다. 남의 자존심을 건드리거나 인격을 손상시키는 말은 하지 말아야 한다. 남의 약점을 말하는 건 오히려 기름을 붓는 짓이다. 관계를 회복하려다가 더 악화하게 된다. 지혜롭고 슬기롭게 말하는 법, 온유와 겸손을 배우자. "경우에 합당한 말은, 아로새긴 은쟁반에 금사과"(11)라고 하신다.

시편 : 살다 보니 힘들고 억울할 때가 많다. 특히 예수님을 믿는 사람들 안에서 세상을 경험할 때는 너무 힘들다. 아니라고 말하고 싶고, 해명하고 싶으나 내가 아는 것이 있다. 주님은 살아계시고, 내 기도를 들으시고, 나를 구원하시며, 친히 변호하신다는 것을. 이것을 경험으로 알게 되니 여유가 많이 생겼다.

활 쏘는 자가 적개심을 가지고 활을 쏘나 요셉의 활이 도리어 굳센 이유는 전능자 하나님의 손을 힘입었기 때문이듯이, 나도 웃음으로 반응할 여유가 생겼다. 어떤 사람이 말도 안 되는 걸 물으면, "그저 웃지요~ 주님이 나의 변호자이십니다"라고 답한다. 그러면 속이 편해진다.

내가 하나님을 부를 때, 주께서 나를 구원하시고 나의 정당함을 친히 변호해주신다. 우리로 품위 있는 삶을 살게 하시는 주님이 참 좋다~.

잠언 : 잠언 말씀은 지혜, 명철, 분별력을 준다. 지혜는 법원의 송사에 말려들지 않게 하며 나의 감정, 열정, 재물 등 에너지를 고갈시키지 않는다. 가급적 먼저 용서를 구하면 대부분 해결된다.

내가 말씀을 따라 살지 못했을 때, 자신에게 자존심이 상하지, 말씀을 따라 먼저 용서를 구하는 건 자존심 상하는 일이 아니다. 지혜자의 삶이다.

네 짐을 여호와께 맡기라

시편 55:22 잠언 26:2

네 짐을 여호와께 맡기라. 그가 너를 붙드시고 의인의 요동함을 영원히 허락하지 아니하시리로다 시편 55:22

의인은 어느 정도의 짐으로는 요동하지 않는다. 그런데 짐이 얼마나 무거우면 요동하랴! 근심으로 탄식이 저절로 나오고(2), 마음이 심히 아프고 삶의 의욕이 꺾이고, 오직 죽고 싶은 마음뿐이다(4).

나를 비난하는 자가 원수면 그나마 견디겠는데, 동료요 가까운 친구이기 때문이다 (12,13). 그는 언약을 배반하는 자다(20). 하나님 말씀의 원칙을 무시하고 자기 유익만 구하며 지극히 개인주의적이고 세상적이다. 한때는 하나님의 영광을 위해 목숨을 바쳐 함께 수고하던 자라 더욱 낙심된다.

그의 입은 기름보다 미끄러우나 그의 마음은 칼을 뽑아 전쟁을 준비한다(21). 말은 번지르르하다. 하나님나라, 하나님의 영광을 위한다고 하지만, 그 마음은 나를 해할 생각만 한다. 아무도 내 사정을 이해하지 못한다. 너무 마음이 상하고 낙심하여 밤잠을 설친다. 돌파구가 보이지 않는다. 종일 근심하며 탄식한다. 그러니 요동할 수밖에!

그러나 주님은 내가 요동하는 걸 영원히 허락하지 않으신다. 나를 구원하시는 하나님께 부르짖는다. 그분은 내 짐을 대신 지시는 나의 하나님이시다. 짐을 여호와께 맡기고 주를 의지하리라! 그러면 여호와 나의 하나님이 나를 붙드신다.

까닭 없는 저주는 참새가 떠도는 것과 제비가 날아가는 것같이 이루어지지 아니하느니라 잠언 26:2

"이유 없는 저주는 날아다니는 참새나 제비처럼 상대방에게 돌아가지 않는다"(현대인의성경).

"근거 없는 저주는 참새가 퍼덕거리고, 제비가 쏜살같이 날아가는 것처럼 상대방에게 미치지 못한다"(쉬운성경).

누가 날아가는 참새를 무서워하는가? 제비가 날아오는 걸 두려워하는가? 아무 이유 없는 저주가 이와 같다. 그런 저주는 효력이 없다. 겁낼 것도, 반응할 것도, 마음에 둘 가치도 없다. 종종 사극에 그런 저주가 엄청난 효력을 발휘하는 것처럼 묘사된다. 그러나 주의 말씀에 귀를 기울이자. 나를 향한 저주의 말을 마음에 받아들이지 말자.

우리가 받아들여야 할 건 오직 주의 말씀뿐이다. 주님이 약속하셨다.

"너를 축복하는 자에게는 내가 복을 내리고, 너를 저주하는 자에게는 내가 저주하리니, 땅의 모든 족속이 너로 말미암아 복을 얻을 것이라"(창 12:3).

나를 저주하는 사람은 그 저주가 그에게 돌아간다. 반면에 나를 축복하는 사람은 그도 복을 받는다. 하나님이 나를 복의 근원으로 삼으셨다. 얼마나 놀라운 약속인가! 어떤 말에도 두려워하지 말고 당당하게 살자.

나는 복의 근원이다! 내가 바로 복덩이다!

시편 : 믿음이 필요하다. 말씀하신 것을 그대로 믿고 행동한다. 짐을 맡기면 정말 가볍고 자유롭다. 요동하지 않게 된다.

"너의 행사를 여호와께 맡기라 그리하면 너의 경영하는 것이 이루리라"(잠 16:3).

"행사"란 '어떤 일을 시행함. 또는 그 일'을 말한다. "경영"이란 '기업이나 사업 따위를 관리하고 운영함'을 뜻한다.

나는 요즘 너무나 가볍고 편하게 산다. 내 일을 여호와께 모두 맡기니, 그분이 관리하고 운영하신다. 내가 할 일은 최선의 1이다. 내 짐을 주께 맡기려면, 먼저 탐심과 욕심으로 붙잡는 것을 놔야 한다. 그다음, 불신앙을 제거하고 오직 주를 신뢰함과 믿음으로 맡겨드려야 한다.

잠언 : 참 힘이 나는 말씀이다. 이유와 근거 없는 저주는 내게 미치지 못한다. 원수에게 공격의 빌미를 제공하지 않으면 된다. 오늘도 정직하게 살 것이다. 정직은 최고의 방패다.

오늘도 청결하고 거룩하게 살 것이다. 승리하고 이기는 삶을 살며, 원수에게 공격의 틈을 내주지 않을 것이다.

두려움의 대상을 바꾸라

시편 56:3 잠언 27:2

내가 두려워하는 날에는 내가 주를 의지하리이다 시편 56:3

사람들이 종일 나를 몰아붙이고, 원수들이 추격해올 때(1,2), 내 말을 곡해하고 나를 해할 음모를 꾸밀 때(5), 그들이 숨어서 내 거동을 일일이 살피며 죽일 기회만 엿볼 때(6), 나도 모르게 두려움이 몰려온다.

그러나 그럴 때 속히 주께로 나아가 주를 신뢰하며 주의 말씀을 붙들어야 한다. 그리고 더 이상 나를 상하게 하려는 자들을 두려워하지 말아야 한다. 그들은 사람일 뿐, 나를 어떻게 할 수 없다.

두려움은 보이지 않는 영역에서 발생한다. 마치 염려하는 일이 반드시 일어날 것처럼 속이며, 과거나 현재의 정보로 미래를 예측하게 한다. 그러면 두려움이 밀려온다. 그러나 이보다 더 중요한 게 있다. 바로 하나님의 말씀이다. 말씀하시는 하나님이다. 다윗은 '내가 두려울 때 주를 신뢰하고, 주의 말씀을 찬양합니다'라고 3번 고백한다(4,10).

감정에 이끌리거나 사람의 말에 휘둘리지 말아야 한다. 오직 주를 의지해라. 주의 말씀을 붙들고 주를 찬양해라. 두려움의 대상을 사람에게서 하나님으로 바꿔라. 그것이 두려움을 이기는 길, 안전한 길, 생명의 길이다. 그러면 경험하게 될 것이다. 원수의 화살이 단 한 발도 내게 다다르지 않는다는 것을.

타인으로 너를 칭찬하게 하고 네 입으로는 말며, 외인으로 너를 칭찬하게 하고 네 입술로는 말지니라 잠언 27:2

제 입으로 자기를 칭찬하는 것, 이를 두고 '자화자찬'(自畵自讚)이라고 한다. 자화자찬은 교만과 미련함의 증거다. 자기 입으로 절대 자기를 칭찬하지 말아야 한다. 오히려 비웃음만 사고 칭찬받을 일도 공중분해 된다. 대신 다른 사람을 칭찬하는 입이 되자. 자기가 한 일은 잊어라.

오직 하나님이 하신 일만 드러내라. 모든 영광을 하나님께 돌려라. 예수님만 무대 중앙에서 조명을 받으셔야 한다. 주께만 박수갈채를 보내자.

자화자찬은 금물이다. 남에게 칭찬을 들으면 거절하지 말고 받아라. 그러나 마음에 오래 두지 말고, 즉시 하나님께 올려드리는 게 아름답다. 무엇을 하든지 남의 평가에 민감하지 말고, 오직 주께만 칭찬받기를 힘써야 한다. 하나님으로부터 받는 칭찬이 진정한 칭찬이기 때문이다. 주님의 평가에 민감해야 한다.

혹 누가 나를 깎아내리면, 그 역시 겸손히 받아라. 변명하지 말고 자기 성찰의 기회로 삼아라. 이런 삶이 나를 올바르게 이끌 것이다.

"사람들이 너를 낮추거든 너는 교만했노라고 말하라. 하나님은 겸손한 자를 구원하시리라"(욥 22:29).

두려움은 예고 없이 찾아온다. 두려움은 불신앙에 뿌리를 두고 있다. 두려움은 불신앙이다. 이는 두 가지 면에서 발생하는데, '미래에 대한 불안감'과 '과거에 지은 죄'다. 원수는 앞날에 일어나지 않을 일에 대한 불안감을 내 생각 속에 계속 집어넣으며 두려움을 조장한다.

또한 과거의 죄악을 들춰내면서 사람들에게 수치를 당할지 모른다는 두려움과 자신에 대한 정죄감을 심어주려고 덫을 놓고 기다린다. 하지만 어림없는 소리다. 나는 나를 향한 하나님의 계획을 이미 알고 있다. 나를 향한 그분의 생각은 '평안'이다. 그분은 내 미래에 희망과 소망의 계획만 세우셨다(렘 29:11-13).

원수를 물리치는 방법은 말씀의 약속을 굳게 붙잡고 선포하는 것이다.

"나의 미래는 잘될 것이다! 나의 모든 죄는 예수님의 피로 이미 용서받았다!"

"내 영혼아! 여호와로 즐거워할지어다!"

나의 행위가 아니라 십자가의 은혜로 구원이 주어졌기에 주님 자체로 즐거워한다. 이렇게 외치고 또 외치면 어느새 생각이 맑아지고 밝아지며 웃게 된다. 진리의 말씀 앞에서, 예수님의 사랑 앞에서 원수는 견디지 못하고 떠나간다. 주님께서 내 과거와 현재와 미래의 모든 것을 이미 평강 가운데 다 이뤄놓으셨다.

원수가 놓은 두려움의 덫에 걸려들지 말자. 그들이 하는 일은 다 악하다. 사람의 말을 책잡고, 사람을 해칠 생각을 하며, 사람의 목숨을 노리지만, 내가 주님을 부르면 원수들이 뒷걸음쳐 물러간다.

하나님이 내 편이시니 나는 담대해진다.

하나님이여,
내 영혼이 주께 피하나이다

시편 57:1 잠언 28:2

하나님이여, 내게 은혜를 베푸소서. 내게 은혜를 베푸소서. 내 영혼이 주께로 피하되 주의 날개 그늘 아래에서 이 재앙들이 지나기까지 피하리이다 시편 57:1

시편 56편과 57편은 똑같이 "하나님이여, 내게 은혜를 베푸소서"로 시작한다. 두 편 모두 자기 목숨을 노리는 자들로부터 피하여 유대 광야에 전전하고 있을 때 지어진 시다. 그래서 '쌍둥이 시편'으로 불린다. 살면서 어려움을 겪거나 진퇴양난에 빠졌을 때를 '칼이 턱밑까지 와있다'라고 표현한다. 살다 보면 그런 일이 닥칠 때가 있다. 그때 더 어려운 건 피할 데가 없는 것이다. 힘든 상황보다 그 상황에서 피할 곳이 없는 게 더 괴롭다. 아무리 힘들어도 피할 곳이 있으면 살 수 있다.

다윗은 사울을 피해 유대 광야 동굴에서 살았다. 이스라엘의 유대 광야는 실제로 주변에 아무것도 없다. 피할 데가 굴밖에 없다. 그곳마저도 안전하지 않다. 임시방편일 뿐이다. 그때 다윗은 주의 날개 그늘 아래가 가장 안전하다는 사실을 깨닫는다.

우리도 살면서 다윗처럼 외부의 압박을 받을 때 피할 곳을 찾는다. 안전한 곳, 숨 쉴 수 있는 곳, 편히 잠을 청할 곳을 찾는다. 그러나 이 세상에 진정한 피난처는 없다. 오직 하나님만이 그분의 놀라운 사랑과 '나를 버리지도 떠나지도 않겠다' 하신 약속으로 나를 지키신다. 그분은 나를 위해 모든 걸 이루신다. 내가 처한 위기를 해결할 계획을 세우시고, 신실하게 이루신다. 오늘도 하나님이 내게 말씀하신다.

'이 위기를 해결할 계획을 세웠다. 그에 따라 진행 중이다. 너는 이 폭풍이 지날 때까지 내 날개 그늘 아래에서 쉬어라.'

"너희는 가만히 있어 내가 하나님 됨을 알지어다"(46:10).

나라는 죄가 있으면 주관자가 많아져도, 명철과 지식 있는 사람으로 말미암아 장구하게 되느니라 잠언 28:2

나라가 부패하면 정권이 자주 교체된다. 그러면 정치, 경제, 사회적으로 불안하다.

나라의 안정이 오래 지속되려면 총명하고 지혜로우며 진정한 이해력을 가진 지도자가 세워져야 한다. 지금은 이런 지도자를 일으켜 주시도록 하나님께 기도할 때다.

권력의 지팡이를 의인이 잡았을 때와 악인이 잡았을 때는 그 결과가 판이하게 다르다. 의인의 지도력으로 나라가 영화를 얻고, 악인의 탐욕으로 나라가 혼란에 빠진다 (12). 지도력의 기반은 공의다. 공의로 나라가 견고해진다.

의로운 지도자, 하나님을 두려워하는 지도자가 일어나도록 기도하자. 통찰력 없는 지도자들 사이에는 권력 남용이 넘쳐나지만, 부패를 미워하는 사람의 미래는 밝다 (16).

하나님을 두려워하지 않는 자는 지혜와 통찰력이 없다. 권력을 제대로 쓸 줄 몰라 나라가 혼란스럽고 질서가 무너진다. 위정자들이 나라를 평안하고 든든하게 세우는 길은 오직 공의, 공평, 정의로 주어진 권위를 올바르게 사용하는 것이다. 건전한 판단력을 가져야 나라가 안정된다. 강압적으로 지나치게 착취하면 나라가 망한다.

"주여, 건전한 판단력을 가진 위정자들을 세워주소서!"

시편 : 주님은 나의 피할 바위, 방패, 구원의 뿔, 피난처, 반석, 요새, 나를 건지시는 자시다. 우와~ 이분이 나의 하나님이시다. 주님을 묵상할수록 내 마음은 부자가 된다. 한없는 행복감이 차오른다.

왜 기쁜가? 왜 행복한가? 원수의 칼끝을 피해서 주님께 피한 적이 한두 번이었던가? 그때마다 주님은 피할 바위가 되어주시고 기이한 사랑으로 나를 덮으셨다. 주의 날개 그늘 아래서 쉬게 하시며, 그 재앙들이 지나가기까지 나를 보호하신 놀라운 헤세드의 사랑을 어찌 다 말하랴! 주님을 생각하면 어찌 기쁘지 않으리!

주님은 나의 든든한 후원자, 응원자, 지지자시다.

"오늘도 목숨 다해 당신을 사랑합니다."

잠언 : "주여, 대한민국과 온 열방을 다스리고 통치하시는 분은 하나님이십니다. 하나님은 나라를 세우고 폐하시며 왕들을 세우고 폐하십니다. 주여, 간절함으로 기도 드립니다. 주여! 하나님을 아는 자, 여호와를 경외하는 자를 이 나라의 지도자로 세워주옵소서. 주의 뜻대로 이 나라를 이끌어갈 지도자를 세워주옵소서. 통일 한국을 준비하며 전 세계를 섬기는 국가로 발돋움할 넓은 시야를 가진 지도자를 세워주옵소서."

너희 통치자들아, 하나님을 두려워하라!

시편 58:11 잠언 29:6

그때 사람의 말이 '진실로 의인에게 갚음이 있고, 진실로 땅에서 심판하시는 하나님이 계시다' 하리로다 시편 58:11

온 땅의 통치자이신 하나님은 각 도시, 지역, 나라에 그분을 대신할 통치자들을 세우셨다. 통치자들은 정의를 말해야 한다(1). 그들은 마땅히 하나님의 말씀에 기반을 둔 정의로 지도력을 발휘해야 한다. 미국 대통령이 성경에 손을 얹고 취임식을 하는 이유가 이것이다. 미국 법원 입구에 십계명이 기록된 이유도 마찬가지다. 그들은 마땅히 올바르게 판결해야 한다.

그런데 이를 무시하고 하나님을 두려워하지 않고 불의한 지도력을 행하면, 하나님께서 그들의 이를 꺾으시도록 기도해야 한다(6-8). 온 땅의 통치자이신 하나님이 그 기도를 들으시고, 사람들이 "진실로 땅에서 심판하시는 하나님이 계시다"라고 말하게 하실 것이다(11). 하나님은 악하고 불의한 지도자들을 반드시 심판하신다. 그들에게 하나님이 역사의 주관자이심을 알게 하신다. 하나님을 인정하게 하신다. 세상에 정의가 살아있음을 깨우치신다. 반면에 의인에게는 하나님의 보상이 있다.

그러나 세상의 지도자에게 너무 많은 기대를 하진 말아야 한다. 그렇다고 절망하거나 포기하지도 말자. 하나님이 역사를 주관하심을 믿어라. 그리고 믿음의 기도를 하자. 하나님이 우리의 기도에 응답하신다.

"온 땅의 통치자이신 하나님, 이 나라에 하나님을 두려워하지 않고 자기 주관대로 다스리는 자들을 낮추시고, 하나님을 경외하여 겸손과 공의로 행하는 자들을 통치자로 세워주소서. 아멘!"

악인의 범죄하는 것은 스스로 올무가 되게 하는 것이나, 의인은 노래하고 기뻐하느니라 잠언 29:6

바둑에 '자충수'(自充手)라는 말이 있다. 이는 '자업자득'(自業自得)과 같은 말로 자기 행동이 결국 자신에게 불리한 결과를 가져오는 것을 뜻한다. 악인들의 행동이 그렇다. 자기가 행한 악으로 스스로 덫에 걸린다. 그러나 의인은 그럴 일이 없다. 악을 행하지 않기 때문이다.

"악인이 많아지면 범죄가 늘어나지만, 의인은 그들이 망하는 것을 보게 된다"(16, 새번역).

악인이 잠시 잘되는 것처럼 보여도 시기하거나 질투하지 말아야 한다. 원망과 낙심도 금물이다. 왜냐하면 악인은 반드시 심판받을 것이기 때문이다.

"주님을 기다리며, 주님의 법도를 지켜라. 주님께서 너를 높여주시어 땅을 차지하게 하실 것이니, 악인들이 뿌리째 뽑히는 모습을 네가 보게 될 것이다. 악인의 큰 세력을 내가 보니, 본고장에서 자란 나무가 그 무성한 잎을 뽐내듯 하지만, 한순간이 지나고 다시 보니, 흔적조차 사라져, 아무리 찾아도 그 모습 찾아볼 길 없더라"(시 37:34-36 새번역).

악인이 들끓을 때가 주님 경외하는 법을 배울 때다. 주님의 다스리심과 주권적 섭리를 믿어야 한다. 그럴수록 더 주께 나아가고, 주의 말씀을 따라 살고, 중보기도를 해야 한다.

의로운 사람은 악인이 당하는 보복을 목격하고 기뻐하며 악인의 피로 그 발을 씻을 때, 이렇게 말한다. "과연, 의인이 열매를 맺는구나! 과연, 이 땅을 심판하시는 하나님은 살아계시는구나"(시 58:10,11).

통치자의 지도력은 공의가 기초가 돼야 한다. 사람을 긍휼로 대하되, 모든 일을 정의롭게 집행할 때, 나라가 견고해진다. 이런 지도자에 의해 주의 축복이 백성에게 흘러간다. 영적 지도자도 마찬가지다. 공의와 정직이 무너진 지도력은 힘을 발휘하지 못한다. 사람을 상하게 하지 않되, 공의로 집행할 때, 그 지도력이 견고해진다.

"주여, 이 나라를 주의 손에 맡깁니다. 하나님나라의 원수 되는 자들의 도모가 허사로 돌아가게 하옵소서. 그들의 악한 계획이 서로 어그러지게 하십시오. 하나님을 두려워하지 않는 자를 망하게 하셔서 이 땅에서 악을 뿌리째 뽑아주옵소서. 주여, 의인의 무죄한 피를 흘리게 하는 악인의 악을 갚아주옵소서. 주님을 두려워하며 살겠습니다. 주님을 사랑함으로 살겠습니다. 나를 치려고 일어서는 자들에게서 나를 지켜주십시오. 악을 지어내는 자들로부터 나를 구해주시고, 피 흘리기 좋아하는 자들에게서 나를 건져주십시오."

KING'S WISDOM

March

3월

내가 주를 바라리이다
시편 59:9 잠언 1:8,10

하나님은 나의 요새이시니 그의 힘으로 말미암아 내가 주를 바라리이다 시편 59:9

사울이 날랜 병사들을 보내어 다윗을 죽이려고 그의 집을 지킬 때 다윗의 시선은 하나님을 향했다. 당황하거나 두려워하거나 낙심하지 않았다. 그의 요새이신 하나님을 온전히 신뢰했다. 하나님이 그의 힘이심을 믿고 의지했다.

자기 힘으로 곤경에서 벗어나려고 하면 불안과 염려만 더 커진다. 스트레스를 받으면 몸과 마음이 상한다. 연약함이 드러날 때가 믿음을 보일 때다. 나를 바라보며 축 늘어지기보다 하나님을 바라보라.

앞에는 깊은 바다 홍해가, 뒤로는 바로의 병거 600대가 추격할 때, 모세와 이스라엘 백성이 얼마나 두려웠겠는가! 모두가 허둥거리며 온몸의 힘이 다 빠졌을 것이다. 하지만 모세는 담대히 말했다.

"너희는 두려워하지 말고 가만히 서서 여호와께서 오늘 너희를 위하여 행하시는 구원을 보라 … 여호와께서 너희를 위하여 싸우시리니 너희는 가만히 있을지니라"(출 14:13,14).

"내가 주를 바라리이다"는 '내가 정신을 똑바로 차리고 오늘 하나님께서 행하시는 놀라운 일을 보겠습니다'라는 뜻이다. 그럴 때일수록 믿음을 지키겠다는 굳은 결심을 보여준다. 하나님은 "나의 힘"이시라고 고백한다(17). 환난 중에 주를 바랄 수 있는 힘, 믿음을 지킬 수 있는 힘을 주시기 때문이다.

내 아들아, 네 아비의 훈계를 들으며 네 어미의 법을 떠나지 말라 내 아들아, 악한 자가 너를 꾈지라도 따르지 말라 잠언 1:8,10

1장-8장까지 "내 아들아"를 18번 말씀하신다. 이는 훈장님 말씀이 아니다. 나를 사랑하시는 아빠 아버지의 말씀이다. 아버지가 아들에게 하시는 말씀이 얼마나 소중한지! 나는 오늘도 그 말씀을 청종한다. 말씀만 하시면 즉시, 기쁘고, 온전하게 순종하겠다는 마음의 자세를 갖는다.

주의 말씀의 가치와 원칙에서 떠나지 말아야 한다. 그 말씀을 내 삶의 절대 가치와 기준으로 삼는다. 생각하고, 말하고, 결정하고, 실행할 때 언제나 그 말씀이 기준이다.

악한 자의 말은 따르지 말아야 한다. 각종 거짓말로 나를 유혹할 때 단호히 거절해야 한다. "악한 자"란 '하나님의 말씀을 떠난 자'다. 말씀과 자기 삶이 어떤 연관도 없는 자, 고의적, 계획적, 상습적으로 주의 말씀을 구부리는 자다. 감언이설(甘言利說), 속임수, 거짓말, 유혹이 그의 전문 분야다. 창세기 3장의 "뱀"이 그 근원이다. 그런 자가 내게 접근하여 유혹하면 말조차 섞지 말아야 한다. 그리고 오직 아버지의 말씀을 듣고 그 말씀을 굳게 붙드는 것만이 살길이다.

시편 : 참 든든하다. 다윗의 믿음을 통해 오늘을 사는 내가 견고해진다. 내 믿음의 스승으로 다윗을 모신다. 어떤 사건, 사람, 환경 앞에서 '다윗이라면 어떻게 반응했을까'를 말씀에서 찾아보고, 내 것으로 만들기 위해 다윗처럼 반응하는 훈련을 하는 것이 즐겁고 기대감이 크다.

다윗의 힘의 원천, 강함, 승리의 비결을 말씀으로 자세하게 기록해놓으신 하나님의 심정을 이제는 알겠다.

다윗의 삶의 결과를 살펴보면 하나님의 개입하심이 곳곳에 보인다. 이 사실은 내게 놀랍도록 힘을 불끈 솟게 하고 용기를 준다. 하나님의 힘을 믿고 의지하는 다윗의 지혜를 배운다.

나의 연약함에 집중하는 것이 아니라 하나님의 강함을 보는 다윗의 믿음을 배운다. 축 늘어져 있지 말고 하나님을 바라보며 구원을 얻자! 하늘은 스스로 돕는 자를 돕는다.

잠언 : 아비의 훈계, 어미의 법을 떠나지 않을 때 악한 자가 나를 꾈지라도 따르지 않는 영적인 힘이 나온다. 하나님의 법에서 멀어지면 저절로 세상의 법을 따라가게 된다. 매일의 말씀 묵상은 하나님의 법을 따라가는 최고의 방법이다. 절대 놓치지 말아야 하는 삶의 영적 기초다.

말씀을 읽고 묵상하며 내 것으로 만들기 위해 종일 되새김질하자.

"주님, 감사합니다. 오늘도 주의 말씀을 주셔서 종일 주를 따르게 하시니 저는 안전합니다. 말씀이 저를 강하게 합니다."

우리의 대장, 예수 그리스도의 깃발 아래 서라

시편 60:4,5 잠언 2:4

주를 경외하는 자에게 깃발을 주시고 진리를 위하여 달게 하셨나이다. (셀라) 주께서 사랑하시는 자를 건지시기 위하여 주의 오른손으로 구원하시고 응답하소서 시편 60:4,5

하나님은 그분을 경외하는 자에게 깃발을 주셔서 높이 달게 하신다. 깃발을 보면 어느 부대인지를 알 수 있다. 우리에게 가장 위대한 깃발은 대장이신 예수 그리스도의 깃발이다. 이 깃발을 높이 들면 원수들이 두려워 떤다. 다윗처럼 오직 하나님만 의지하고 용감하게 적진을 향해 달리는 자가 하나님을 경외하는 자다.

"다윗이 블레셋 사람에게 이르되, '너는 칼과 창과 단창으로 내게 오거니와, 나는 만군의 여호와의 이름 곧 네가 모욕하는 이스라엘 군대의 하나님의 이름으로 네게 가노라. 오늘 여호와께서 너를 내 손에 붙이시리니, 내가 너를 쳐서 네 머리를 베고 블레셋 군대의 시체로 오늘날 공중의 새와 땅의 들짐승에게 주어, 온 땅으로 이스라엘에 하나님이 계신 줄 알게 하겠고, 또 여호와의 구원하심이 칼과 창에 있지 아니함을 이 무리로 알게 하리라. 전쟁은 여호와께 속한 것인즉 그가 너희를 우리 손에 붙이시리라'"(삼상 17:45-47).

승리는 이런 자의 것이다. 하나님을 경외하는 자는 사람을 두려워하지 않는다. 내 앞에 내 키의 두 배가 넘는 골리앗이 있어도 조금도 떨지 않는다.

'오늘' 하나님이 내게 승리를 주시리라! '오늘' 나는 하나님을 높이리라!

은을 구하는 것같이 그것을 구하며, 감추어진 보배를 찾는 것같이 그것을 찾으면

잠언 2:4

"그것"은 하나님의 말씀이다. 하나님의 말씀을 얻는 자는 단지 지식을 더하는 게 아니다. 지혜와 명철을 얻는다. 삶을 살아갈 능력이 지혜와 명철이다. 유비가 삼고초려를 하며 제갈공명을 얻고자 한 건, 그의 안에 전쟁에서 이기는 비결인 지혜와 명철이 있었기 때문이다. 제갈공명에게는 원수의 모든 계략을 간파하고 물리치는 능력, 곧 시세(時世)를 파악하고 올바르게 대처하며 세상에 영향을 줄 수 있는 능력이 있었다.

하나님의 말씀 속에 감춰진 지혜와 명철을 얻는 건, 제갈공명을 얻는 것보다 훨씬 더 귀하다. 이는 하늘과 땅 차이다. 성경 속 이 놀라운 보물은 거저 얻어지지 않는다. 탐험가처럼 주의 말씀을 구하고 찾아야 한다. 갈급함, 목마름, 부지런함으로 대가를 지불하고 희생을 기꺼이 감수하며 찾아야 얻을 수 있다.

하나님 말씀에 감춰진 보배를 찾으면, 우리는 분별력과 통찰력을 얻는다. 또한 하나님을 아는 지식을 얻고, 하나님 경외하기를 깨닫는다. 그리고 하나님께서 나를 마땅히 행할 길로 인도하며 보호하신다.

시편 : 적진에서 아군의 깃발을 보면 힘이 난다. 하나님은 그분을 경외하는 자에게 깃발을 주시고 높이 들어 그 깃발 아래 모이게 하신다. 서로 연합하여 이기게 하신다. 하나님을 경외하는 사람은 높이 들린 깃발처럼 잘 보인다. 하나님은 그렇게 믿음의 선배들의 깃발을 높이 올리시고 우리가 잘 보고 따라갈 수 있도록 이끄신다.

히브리서 11장의 '믿음의 전당'에 이름을 올린 선배들은 항상 내게 힘과 용기를 준다. 그들은 하나같이 말씀을 목숨 걸고 살아낸 분들이다. 실수를 통해 주님의 은혜를 더 찬양하고, 실패를 통해 주님께 더 딱 달라붙어 담쟁이처럼 살아간 선배들에게서 삶의 지혜를 배운다.

믿음의 사람들을 더 가까이 두리라! 나도 하나님을 경외함으로 얻은 주의 멋진 깃발을 높이 들고 전장을 누비며, 주님이 누구신지 세상에 알리리라!

잠언 : 이 땅은 영적 전쟁 중이다. 승리의 비결은 오직 이것밖에 없다. 보물 지도로 감추어진 보물을 찾듯이 찾아야 한다. 성경 말씀은 놀랍게도 보물 지도처럼 여기저기에 보물을 가득 숨겨놓으시고, 부지런히 찾는 사람이 보물을 발견하도록 하셨다. 부지런히, 갈급하고 간절하게 찾으면 하나님을 아는 지식을 터득한다. 하나님을 경외하는 길을 깨닫는다.

나는 인생 대박!을 꿈꾼다. 돈, 명예 따위가 아니다.

말씀이다! 오직 말씀이다!

오늘도 보물을 부지런히 찾고 찾으리!

나보다 높은 바위로
인도하시는 하나님

시편 61:2 잠언 3:5,6

내 마음이 약해질 때 땅끝에서부터 주께 부르짖으오리니 나보다 높은 바위에 나를 인도하소서 시편 61:2

"내 마음이 약해질 때"는 '기력이 다하거나 힘을 소진하여 탈진한 상태', 곧 '내 마음의 땅끝'이다. "땅끝"은 지리적 장소이자 내 영혼의 상태를 나타낸다. 땅끝에 가본 경험이 누구나 있을 것이다. 그곳엔 아무도 없고 나 혼자다. 도와줄 친구가 없다. 더 정확히 말하면, 사람의 도움이 아무 소용이 없다.

그 땅끝에서부터 하나님께 기도한다. 온 힘을 다해, 젖 먹던 힘까지 동원해 부르짖는다. 왜냐하면 땅이 끝나는 곳에서 천국이 시작되기 때문이다. 우리의 힘이 끝날 때, 전능하신 하나님의 권능의 역사가 시작된다. 땅끝은 하나님의 장막이 있는 곳이다. 거기에서 나의 피난처이신 하나님을 만난다.

"나보다 높은 바위"란 내 힘으로 도달할 수 없는 곳이다. 오직 하나님이 끌어 올리셔야만 가능하다. 내가 부르짖을 때 하나님이 나를 땅끝에서 들어올려 나보다 높은 바위로 인도하신다. 땅끝에서 주를 찾는 자에게 하나님이 인자와 진리를 예비하셔서 원수가 올 수 없는 곳, 하나님이 계신 곳으로 인도하신다. 진정한 안식과 참된 평안을 맛보는 곳이다. 거기서 내게 말씀하신다.

'이제 괜찮아!'

너는 마음을 다하여 여호와를 신뢰하고 네 명철을 의지하지 말라. 너는 범사에 그를 인정하라. 그리하면 네 길을 지도하시리라 잠언 3:5,6

크든 작든 무엇을 결정할 때, 내 생각과 이해에서 한발 물러나 하나님을 인식하고 그분의 뜻을 구하고 의지하는 게 얼마나 귀한가! 내 명철을 의지하지 않고 하나님을 신뢰하려면 결정의 순간마다 잠시 멈추어 시선을 주께 향하고 그분의 음성에 귀를 기울여야 한다.

그러나 이런 행동은 우리에게 익숙하지 않다. 우리는 자연스럽게 내 판단과 경험, 내 이해와 생각을 의지한다. 하지만 이제는 다른 방식으로 살 때다. 내 것을 내려놓고 하나님 음성에 귀 기울이는 것으로 습관을 바꿀 때다. 그것이 범사에 그분을 인정하는 행동이다. 그러면 하나님께서 반드시 지혜와 명철을 주시고 내 길을 인도하신다.

느헤미야가 그랬다. 그는 왕에게 자기 생각을 말하기 전에 먼저 하나님께 묵도했다. 다윗도 전쟁 때마다 하나님의 음성에 귀 기울였다. 베드로도 자기 경험과 능력, 기술과 힘을 의지하는 것과 주의 말씀을 의지하여 행할 때의 엄청난 차이를 경험했다.

이제 우리도 이렇게 해보자. 언제나 먼저 기도로 시작한다. 그다음 성령을 환영한다. 환영한다는 것은 성령님이 오셔서 의장 자리에 앉으시도록 자리를 드리는 것이다. 그리고 많은 토론이 오간 후에 최종적으로 의장의 결론으로 모든 회의를 마친다.

시편 : 땅끝에 선다는 건, 믿음의 승리와 두려움을 함께 맛보는 일이다. 소중한 사람들이 나의 땅끝이 될 때, 참으로 견디기 힘들었다. 사람에게 당하는 믿음의 배신이 내 힘과 기력을 완전히 소모했다. 어떻게 반응할지 몰랐다. 같은 공간에 있는데 혼자라고 느꼈다. 어둠은 우주 공간에 홀로 버려진 듯한 느낌을 준다. 외로움이다. 이것을 그냥 놔두면 굉장히 위험하다. 어둠의 세력이 이때를 놓치지 않고 더 어두운 곳으로 끌고 가기 때문이다. 외로울 때 이기는 방법은 오직 주님께 가는 것이다. 다른 곳으로 가면 반드시 실수하고 실패하며 죄를 짓게 된다. 그러나 주님께 가면 나를 사랑으로 안아주시며 나의 감정까지도 채워주신다. 여유롭고 넉넉하며 성숙하게 반응하도록 성장시키신다. 사건, 사람, 환경에서 한발 물러나 상황을 정확하게 파악할 지혜와 분별력과 판단력을 주셔서 어떻게 반응할지 지도하신다. 나는 주님이 계셔서 안전하다.

잠언 : 의지할 것과 의지하지 말아야 할 것을 교훈하신다.
'마음을 다하여 주님을 의지해라! 네 명철을 의지하지 마라! 네가 하는 모든 일에서 주님을 인정해라! 그러면 주님께서 네가 가는 길을 곧게 하신다.'
내가 가는 길에 '대로'가 열리길 원한다면, 내 힘, 지혜, 능력을 의지하지 말고 모든 일에 주님을 인정하고 의지하면 된다. 성공은 의외로 간단하게 주어진다. 말씀으로 더 단순한 사고, 더 단순한 삶 안에서 돌파를 꿈꿔라! 구름이 멈추면 멈추고, 구름이 움직일 때 움직이는 지혜를 가져라.

4일

오직 하나님만이 나의 반석이시다

시편 62:2 잠언 4:5

오직 그만이 나의 반석이시요 나의 구원이시요 나의 요새이시니 내가 크게 흔들리지 아니하리로다 시편 62:2

시편 62편은 2번이나(2,6) "나의 반석", "나의 구원", "나의 요새"이신 하나님을 잠잠히 바라보라고 말씀하신다. 반석은 견고하며, 요동하지 않으며, 변함이 없다. 나의 하나님이 그런 분이시다.

집을 반석 위에 짓는 것과 모래 위에 짓는 건 하늘과 땅만큼의 차이가 난다. 우리는 반석 위에 지은 집처럼 흔들리지 않으며 무너지지 않는다. 하나님이 나의 반석이시기 때문이다. 높은 반석 위에 올라서서 눈앞에 펼쳐진 세상을 바라보면, 작은 먼지처럼 보인다.

나의 영혼이 잠잠히 나의 반석이신 하나님을 바라보면 흔들리던 마음이 안정된다. 나의 구원이 그에게서 나오기 때문이다. 내 앞을 가로막아 숨이 콱 막히게 하던 것들이 순식간에 떠오르는 먼지처럼 보인다.

강원도 고성 NCMN 비전센터 위, 우뚝 선 바위에 서면 그 아래로 아름다운 비전센터가 펼쳐진다. 하나님의 영웅들이 보인다. 그들이 마치 세찬 물줄기처럼 사방으로 흐르는 것이 보인다. 바위에서 눈을 들면 북녘땅이 보인다. 통일이 보인다. 그곳으로 뻗어가는 기독교문명개혁운동의 세찬 물줄기가 보인다. 하나님의 구원의 물줄기, 치유의 물줄기, 회복의 물줄기, 기쁨과 평화의 물줄기가 보인다.

하나님만이 나의 반석이시다!

지혜를 얻으며 명철을 얻으라. 내 입의 말을 잊지 말며 어기지 말라 잠언 4:5

오늘 아침, 아버지의 음성이 들린다. 나를 가장 사랑하시는 아버지의 음성이다.

'지혜를 얻으며 명철을 얻으라. 내가 하는 말을 귀담아듣고, 심장에 새기고 절대 잊지 말아라. 삶의 순간순간마다 보고 듣고 말하고 생각할 때, 내가 이른 대로 해라. 그

러면 지혜와 명철을 얻게 될 것이다.'

지혜와 명철은 '얻어야' 한다. 2번이나 "얻으라"라고 하신다. '얻다'는 '사다'와 뜻이 같다. 상거래에서 사용하는 일상 용어다. 어떤 귀한 것을 얻고자 한다면, 내가 가진 소중한 걸 팔아야 한다. 대가를 지불해야 한다. 가만히 앉아있으면 가질 수 없다. 찾아 나서야 한다. 값을 주고 사야 한다. 산삼을 캐고자 하면 그것을 찾아 나서 부지런히 살펴야 겨우 얻듯이, 지혜와 명철도 그렇게 얻어야 한다.

그 길은 오직 하나, 하나님의 말씀을 귀담아듣고 심장에 새기는 것이다. 그러려면 시간을 내야 한다. 내 시간을 들여야 한다. 그리고 듣고 새긴 말씀을 따라 순간순간 살아야 한다. 그럴 때 지혜와 명철이 주어진다. 시간을 내어 나의 사랑하는 아버지 앞에 앉아있자. 그분의 음성에 귀 기울이자.

시편 : 오직 하나님만이 나의 반석, 구원, 요새이시다. "오직"이라는 단어가 크게 들린다. 다른 길, 다른 방법은 없다는 뜻이다.

그렇다면 나는 하나님께 목숨을 걸어야지!

다른 길과 다른 것을 찾지 말아야지!

시간을 낭비하지 말아야지!

미련한 사람이 되지 말아야지!

말씀을 기반으로 결정하고 행하면 흔들리지 않는다. '오직'이라는 단어를 보며 마음이 더 단단하고 견고해진다. 오직! 나의 길 되시는 우리 주님을 따라가기 위해 나는 기꺼이 대가를 지불할 것이다. 내 시간, 감정, 재정 등 모든 영역에서 그럴 것이다. 오직! 그분께만 내가 가야 하는 길이 있다. 주님은 나의 전부가 되신다.

잠언 : 하나님께서 친히 하시는 말씀을 잊지 않고 어기지 않는 삶은 내게 지혜를 주고 명철을 얻게 한다. 이것은 헛된 삶으로 시간 낭비하는 것을 막아준다. 지혜를 사랑하면 지혜가 나를 지켜주고 보호해준다. 지혜를 소중히 여기며 가슴에 품을 때, 이것이 나를 존귀하게 할 것이다. 지혜는 모든 것보다 으뜸이니 삶으로 살아내는 명철을 함께 얻으면 '천하무적'의 강한 사람이 된다. 주가 주시는 승리의 힘은 팔뚝에서 나오지 않는다.

담쟁이처럼
시편 63:8 잠언 5:3-5

나의 영혼이 주를 가까이 따르니, 주의 오른손이 나를 붙드시거니와 시편 63:8

주의 오른손의 구원을 경험하는 길은 주를 가까이 따르는 데 있다. "가까이 따르다"는 '붙다, 연합하다'라는 뜻이다. 마치 담쟁이가 담장에 딱 달라붙어 있는 것같이 내 영혼이 주께 달라붙어 있는 것이다.

이는 간절함, 목마름이 있어야 가능하다. 갈급함이 없으면 주를 간절히 찾지 않는다. 뜨겁지도 차지도 않은 미지근함은 갈급함을 가로막는 최대의 적이다. 세상의 쾌락, 물질의 풍요가 자칫 우리의 영혼을 영양실조에 걸리게 한다.

주를 향한 목마름이 더 커져야 한다. 주를 향한 간절함으로 가득할 때 하나님의 능력의 오른손이 내 손을 굳게 붙드시고 내가 넘어지지 않도록 도우심을 경험하게 된다. 히브리어 성경은 '간절히'라는 단어 대신에 '새벽에'라고 기록했다. 새벽부터 일어나 주를 찾는 것은 그만큼 간절하다는 것이다. 날마다 갈급한 심령으로 주를 간절히 찾자. 때로는 금식기도가 필요하다. 금식기도는 내 영혼이 오직 주님을 향하게 도와준다. 형편에 맞게 내 일정을 주님께 맞추는 것 역시 내 영혼이 주를 간절히 찾게 하며, 주님으로만 채워지길 바라는 마음으로 이끈다. 오직 주님으로만 만족하길 원하는 마음이 주를 간절히 찾게 한다.

성 어거스틴은 이렇게 고백했다.

"주님 안에 쉬기까지 내 영혼에 참된 만족이 없습니다."

이 고백이 오늘과 내일, 이 땅에 사는 동안 나의 고백이 되길 원한다.

대저 음녀의 입술은 꿀을 떨어뜨리며 그의 입은 기름보다 미끄러우나, 나중은 쑥같이 쓰고, 두 날 가진 칼같이 날카로우며, 그의 발은 사지로 내려가며 그의 걸음은 스올로 나아가나니 잠언 5:3-5

"음녀"는 유혹하는 여자를 말한다. 남자에게는 여자이고, 여자에게는 남자다. 배후에는 당연히 악한 영이 조종하고 있다. 음녀는 날마다 유혹한다. 너무나 매력적이다. 우리는 그 특징을 눈여겨봐야 한다.

"꿀을 떨어뜨리는 입술"은 달콤한 입술, 감미롭고 나긋나긋한 말이다. "기름보다 미끄럽다"는 '부드럽다, 아름답다'를 뜻한다. 그러나 그 결과를 눈을 크게 뜨고 보자. 꿀인 줄 알고 먹었으나 머지않아 입속의 자갈이 된다. 위가 뒤틀리고 심장에 상처를 입는다. 쑥같이 쓰다. 두 날 가진 칼처럼 내 양심을 베어버린다. 결국 지옥행 급행열차를 타게 된다.

독버섯이나 독초, 꽃뱀이 그렇다. 눈을 홀리는 외모, 입술로 호리는 달콤한 소리에 속아서는 안 된다. 그 결과는 사지로 내려가는 것, 곧 죽음이다.

우리의 눈은 오직 주의 말씀에, 우리의 귀는 말씀을 통해 들리는 그분의 음성에 초점을 맞춰야 한다. 날마다 하늘 아버지의 말씀에 귀를 기울여야 한다. 그것이 나를 보호하며, 내게 건전한 판단력을 주어 곤경에 빠지지 않게 한다.

시편 : 야베스의 기도가 생각난다.
"주의 손으로 나를 도우사 나로 환난을 벗어나 내게 근심이 없게 하옵소서"(대상 4:10). 환난을 없애달라는 기도가 아니다. 나를 도우셔서 환난을 벗어나는 지혜로 근심이 없게 해달라고 한다. 우리는 살면서 수많은 환난을 만난다. 그것에 발목 잡혀서 축 늘어지지 않고 뛰어넘는 힘과 벗어날 지혜를 주시길 기도한다.

주님의 도우심으로 환난에서 벗어난 경험은 나를 힘있고 담대하게 만들었다. 환난 가운데 주님께 도움을 청하는 지혜를 갖게 했고, 주의 능력의 손으로 나를 잡아주시니 사소한 것에 목숨 걸지 않는 법을 배웠다. 영향을 끼치는 삶으로 이끄시는 주님의 손을 항상 바라본다.

잠언 : 아세라의 악한 영이 우리를 붙잡으려고 음녀들을 풀어놓는다. 나는 음탕하고 음란한 삶에 전혀 관심이 없다. 그런 시시하고 사소한 것에 내 시간, 에너지, 젊음, 돈을 낭비하고 싶지 않다. 사람들이 흔히 하는 음란한 농담도 싫다. 속에 있는 것이 밖으로 나온다고 했다. 거룩한 말, 세상과 구별된 말을 귀히 여기며 음란한 자들과 어울리지 않을 것이다.

'광야에서' 노래하라

시편 63:1,2 잠언 6:5

하나님이여, 주는 나의 하나님이시라. 내가 간절히 주를 찾되 물이 없어 마르고 황폐한 땅에서 내 영혼이 주를 갈망하며 내 육체가 주를 앙모하나이다. 내가 주의 권능과 영광을 보기 위하여 이와 같이 성소에서 주를 바라보았나이다 시편 63:1,2

"물이 없어 마르고 황폐한 땅"은 한마디로 '광야'다. 민수기의 원래 이름도 '광야에서'였다. 민수기는 이 세상을 살아가는 우리의 여정을 그대로 보여준다. 물이 없어 목마를 때, 음식이 없어 굶주릴 때, 길이 험악하여 힘들 때, 주변에 풀 한 포기 없는 황량한 광야 한가운데 있을 때의 모습을. 삶은 이런 '광야에서'의 연속이다.

한 광야를 지나면 또 다른 광야를 만난다. 이럴 때 이스라엘 백성은 원망, 불평, 낙심, 두려움으로 반응했다. 그 뿌리에 불신앙이 가득했기 때문이다. 그래서 광야에서 죽은 자가 허다했다. 시편은 우리에게 올바른 반응으로 살길을 보여준다.

"간절히"는 '새벽에'라는 단어로 대신하여, 새벽부터 주를 찾는 갈급함의 정도를 보여준다. "앙모"하는 건 너무 사모하여 마지막 힘까지 다 써서 건강을 해칠 만큼 갈망한다는 뜻이다. 또한 "영혼"만이 아니라 "육체"도 주를 앙모하는데, 마음과 육체는 함께 움직이기 때문이다.

갈급한 마음은 새벽을 깨운다. 무릎을 꿇고, 몸을 엎드리게 한다. "하나님이여, 주는 나의 하나님이시라"라고 부르짖게 한다. 이 갈급함과 목마름은 오직 하나님으로만 채워질 수 있다.

"물이 없어 마르고 황폐한 땅"은 유대 광야를 말한다. 그러나 그것은 주의 도우심을 간절히 구하는 우리의 내면 상태를 가리키기도 한다. 그러나 광야는 하나님의 권능과 영광을 보는 주의 성소다. 광야에서 주를 만난다.

초대 교회 그리스도인들은 시편을 주일마다 노래로 불렀다. 4세기의 대표적 그리스 교부인 크리소스톰은 이 63편을 '시편의 정수'라고 했다.

우리의 영혼이 메마를 때, 축 처지는 뜨거운 여름날에, 잔뜩 움츠리는 추운 겨울에도 이 시편을 들고 주를 노래하자!

노루가 사냥꾼의 손에서 벗어나는 것같이, 새가 그물 치는 자의 손에서 벗어나는 것같이 스스로 구원하라 잠언 6:5

6장 1-5절은 곤경에 처한 사람을 위한 해결책이다. 어려움을 당하면 수동적, 부정적, 소극적으로 변하기 쉽다. 마치 짐승이 덫에 걸려 꼼짝 못 하게 된 것처럼, 내 잘못이나 실수로 이웃과 관계가 어려워지면 어떻게 구원받을 수 있을까? 성경은 2번이나(3,5) "스스로 구원하라" 말씀한다.

주변에 아무도 도울 이가 없다. 가까운 사람의 도움을 기대하지 말아야 한다. 오히려 더 큰 아픔만 생기고 절망에 빠지니, 스스로 해결해야 한다. 누구의 잘못이든(대체로 자기 잘못이지만) 엉킨 실타래를 푸는 건 자기 몫이다. 그러니 원망이나 후회, 자책감에 사로잡히지 말고 목숨을 건 탈출을 시도하자. 그러면 하나님의 일하심을 본다. '하늘은 스스로 돕는 자를 돕는다'라는 격언은 지극히 성경적이다.

그리고 겸손해야 한다. 바로, 곧, 즉시, 이웃에게 가라. 도망치거나 피하지 말고 겸손히 다가가 간구해라. 또한 부지런해야 한다. 그러면 하나님이 도우셔서 이웃의 마음을 부드럽게 해주시고 해결의 실마리를 주신다.

내가 최선의 1을 할 때, 하나님이 도우신다. 능동적이고 적극적으로 대처하면 그분이 일하신다. 씨앗도 심지 않고 열매를 기대할 수는 없다.

고통과 눈물이 나의 예배의 이유가 되는 곳, 광야! 상처가 클수록 주님을 더욱 간절히 찾게 되는 광야! 내 인생에서 최고의 선물은 광야였다. 예수! 그분을 소유하게 되었다. 지금 고통과 눈물의 시간을 통과하고 있다면 다른 곳으로 가거나 헛된 위로자를 찾지 말자. 오직 예수! 그분께 답이 있다.

광야에서의 간절함은 주의 말씀을 심장으로 듣게 한다. 말씀이 나를 이끌어간다. 그 힘든 시간을 살아내게 한다. 나는 요즘 다시 광야를 걷고 있다. 인생이 그런 것 같다. 이제는 스스로 탈출하는 법을 배웠기에 스스로 힘을 내본다.

그때 주께서 돕는 손길을 만나게 하신다. 하늘은 스스로 돕는 자를 돕는다. 광야는 또 다른 광야를 멋지게 통과하게 한다.

마음 깊은 데서 '아버지!'라고 부르라

하나님이여, 내가 근심하는 소리를 들으시고, 원수의 두려움에서 나의 생명을 보존하소서 시편 64:1

"근심"은 '내 마음을 짓누르는 어떤 것'이다. "근심하는 소리"는 어떤 단어나 문장으로 표현하기에는 너무 무겁고 길다. 일반적으로 땅이 꺼질 듯한 한숨, "휴우~"다. 가슴이 답답하니까 그런 소리라도 내야 숨이 쉬어진다. 하나님 앞으로 가면 그 소리는 "주여~~!"로 나온다.

다윗은 "하나님이여!"라고 불렀다. 우리는 깊은 데서 나오는 소리로 "아버지!"라고 부른다. 이 짧은 단어가 모든 걸 대변한다. 하나님 아버지가 이 간절한 부르짖음을 들으신다. 고아처럼 한숨만 쉬지 말고 아버지께로 나아가 "아버지!"라고 부르자. 긴 설명이 필요 없다.

두려움은 두려워하는 사람에게 달려온다. 암세포보다 암을 두려워하는 마음이 우리를 집어삼킨다. 이 두려움은 악성 바이러스가 몸에서 활동할 수 있는 적정 온도를 유지하게 한다. 그래서 이를 제거하면 암세포는 활동하지 못하고, 악성 바이러스도 죽는다.

하나님께 달려갈 때 두려움은 제거된다. 두려움이 몰려올 때, 그분께 피하는 자는 보호를 받는다. 하나님의 보호 아래 생명이 보존된다. 그리고 조만간 그분의 행하심을 경험할 것이다.

이것을 네 손가락에 매며, 이것을 네 마음판에 새기라 잠언 7:3

주의 법, 계명, 말씀을 손가락에 매는 것이 세상 유혹을 이기는 최선의 방법이다. 눈에 제일 잘 띄기 때문이다. 모든 유혹은 보는 데서 출발한다. 눈은 마음의 방으로 들어가는 문과 같다.

앉아있거나 서있거나 식사하거나 말할 때나 제일 먼저 내 눈에 보이는 게 손가락이다. 거기에 하나님의 말씀이 있어야 한다. 그 말씀이 내 인생의 대문을 지켜준다.

행동으로 옮기는 마지막 결정은 마음이 한다. 마음은 본부다. 거기에도 말씀을 새기자. 말씀을 읽고 묵상하는 동안 성령께서 말씀을 내 마음판에 새겨주신다.

양이 먹은 음식을 여러 차례 소화하듯 아침에 묵상한 말씀을 점심에 잠깐 기억해보고, 저녁에 다시 생각한다. 그리고 잠들기 전에 누워서 다시 떠올린다. 그럴수록 그 말씀이 내 마음에 깊이 새겨진다. 나를 지켜주고 내 삶을 이끈다. 말씀이 손가락에서 마음판으로 그리고 내 발걸음으로 옮겨간다.

"나를 사랑하시는 아빠 아버지, 오늘도 주님의 말씀을 내 손가락에 매겠습니다. 그 가르침을 심장에 새기겠습니다. 제가 잘되길 바라시는 아빠의 기대를 따라 살겠습니다. 그 가르침을 내 눈동자처럼 소중히 여기겠습니다. 제 손바닥에 적고 수시로 보며 말씀대로 생각하고 말하고 행동하겠습니다."

시편 : 근심에서 벗어날 힘을 주 안에서 발견한다면 축복이다. 환난, 근심, 역경은 죽을 때까지 끝나지 않는다. 파도가 끝없이 밀려오는 것처럼 하나가 지나가면 다른 것이 또 온다. 내 힘과 방법으로 해결하려고 노력할수록 깊은 물 속으로 쭉 가라앉는다.

"나의 앞날이 주의 손에 있사오니 내 원수들과 나를 핍박하는 자들의 손에서 나를 건져주소서"(31:15).

두 손이 있다. 나를 핍박하는 원수의 손을 바라보면 가라앉는다. 나를 건져주시는 주님의 손을 바라보면 그분이 건지신다. 다윗과 요셉을 건지신 하나님이 오늘 나를 건지신다. 하나님을 바라본다. 하나님의 언약을 기억한다. 그분은 전. 능. 자! 오직 믿음이다.

잠언 : 하나님의 말씀을 손가락에 매고 마음속 깊이 새긴다는 것은 말씀과 그분의 명령을 지키는 삶을 말한다. 말씀 따라 사는 삶에 실패와 실수를 두려워하지 말자. 다시 하면 되니깐. 이렇게 살려면 지혜를 내 누이로 삼고 명철을 내 친구로 삼아서 가까이 지내면 된다.

이 세상에 살면서 하고 싶고, 갖고 싶은 모든 욕심을 버리자. 말씀 따라 사는 삶이 아주~ 아주 쉬워진다.

찬송과 기도의 노를 저어라

시편 65:1,2 잠언 8:6-8

하나님이여, 찬송이 시온에서 주를 기다리오며 사람이 서원을 주께 이행하리이다. 기도를 들으시는 주여, 모든 육체가 주께 나아오리이다 시편 65:1,2

신앙생활의 필수 요소는 '찬송'과 '기도'다. 찬송은 만왕의 왕께 드리는 황금 예물을 배에 싣는 것이고, 기도는 황금 예물을 실은 배가 하늘에 계신 하나님을 향해 나아가도록 하는 배의 기관실과 같다. 삶 속에서 날마다 찬송하고 기도하며, 우리의 기도를 들으시는 하나님을 향해 나아간다. 그는 구원의 하나님이시다.

변화나 은혜가 필요할 때, 찬송하고 기도한다. 영혼이라는 배가 찬송과 기도라는 노를 저으며 하나님께 곧장 나아간다. 그러면 우리를 돌보고 윤택하게 하시는 분, 기쁨으로 띠를 띠시는 하나님을 만날 것이다.

우리가 하나님께 드리는 가장 큰 예물은 '감사'다. 구원하심에 감사, 죄와 허물을 용서하심에 감사, 주께 가까이 오게 하셔서 임재 가운데 머물게 하심에 감사, 기도를 들으시니 감사, 먹이고 입히고 돌보며 풍성하게 하심에 감사.

이 놀라운 은혜를 베푸시는 하나님께 마음 가득한 감사를 예물로 드립니다!

너희는 들을지어다. 내가 가장 선한 것을 말하리라. 내 입술을 열어 정직을 내리라. 내 입은 진리를 말하며 내 입술은 악을 미워하느니라. 내 입의 말은 다 의로운즉 그 가운데 굽은 것과 패역한 것이 없나니 잠언 8:6-8

왜 하나님의 말씀을 죽기 살기로 붙드는가? 주의 말씀이 "가장 선한 것"이기 때문이다. 다른 어떤 가르침이나 교훈과 지식과는 비교가 되지 않는다. 가장 가치 있고 고상하며 고귀하다. 정직하신 주님은 바르고 참된 말씀만 하신다. 왜곡되거나 비뚤어진 말씀은 한마디도 없다. 앞과 뒤, 겉과 속이 같다. 주님은 악을 미워하신다.

주의 말씀은 정직하다. 사실을 있는 그대로 말씀하신다. 은폐하거나 과장하지 않는다. 왜곡하지도 않는다. 주의 말씀은 진리다. 그때는 맞고 지금은 틀린 게 아니다. 그때는 틀리고 지금은 맞는 것도 아니다. 그때나 지금이나 앞으로도 맞다. 주의 말씀은 시대, 지역, 문화, 세대를 초월하는 진리다.

주의 말씀은 의로우시다. 그 가운데 굽은 것이나 패역한 것이 없다. 어떤 사실을 뒤집어 사람을 미혹시키지 않는다. 그래서 주님이 "너희는 들을지어다"(쉐마)라고 하신다. 우리가 최상의 모습으로 사는 법을 알려주시고, "지혜롭게, 의롭게, 공평하게, 정직하게 행할 일에 대하여"(1:3) 말씀하기 때문이다.

그러니 정신을 차리고 그분의 말씀을 한마디도 놓치지 말고 들어야 한다. 그 말씀을 죽기 살기로 살아내야 한다.

시편 : 홍해를 가르시고 바로와 그의 군대를 홍해에 엎드러뜨리신 주께서 그의 백성을 인도하여 광야를 통과하게 하신다. 모든 육체에게 먹을거리를 주시며 땅을 기업으로 주시니 모두가 기뻐하고, 원수들은 주의 위엄과 권능 앞에 복종한다. 주께서 나를 택하시고 가까이 오게 하신다. 주의 뜰에 살게 하셔서 나를 복되게 하신다.

항상 나의 입술이 주님을 찬송하고 주를 기다리니 주께서 약속을 지키신다. 죄악을 이기게 하시고 나의 허물을 덮어주신다. 주께서 나의 밭고랑에 물을 넉넉히 대시고 단비로 부드럽게 하시며 그 싹에 복을 주신다.

오~ 놀랍고 아름다우신 나의 주님! 그 이름의 영광과 영화로움을 내 평생 찬양하리라! 찬송과 기도는 매 순간 나의 호흡이다. 종일 이것을 입에 달고 산다.

잠언 : 진리를 찾아 헤매는 사람들을 본다. 평생 진리를 찾기 위해 세월을 허비하는 것을 보면 몹시 안타깝다. 오직 하나님의 입은 진리만 말씀하신다. 그 말씀이 다 의로운즉, 그 가운데 굽은 것과 패역한 것이 하나도 없다. 하나님의 입은 악을 미워하시니 나도 여호와를 경외하며 악을 미워하기로 결정한다. 나는 교만과 거만과 악한 행실과 패역한 입을 미워한다. 그분의 입술은 언제나 선함과 정직을 말씀하신다. 아름답고 선한 길로 이끄시니 나는 오직 그의 이끄심을 받기로 결정한다.

나의 입이 주의 입 되기를 소망한다. 선하고, 정직한 것을 말하는 아름답고 선한 길로 이끄시니, 나는 오직 그의 이끄심을 받기로 결정한다. 세상의 많은 사람이 이 간단한 진리를 찾지 못한다. 평생을 허비하며 헤매는 삶을 산다. 그들에게는 비밀로 감추어진 보화를 나는 찾았다. 무엇으로도 이것을 바꾸지 않으리!

바다를 육지가 되게 하시는 하나님

시편 66:6 잠언 9:4,5

하나님이 바다를 변하여 육지가 되게 하셨으므로, 무리가 걸어서 강을 건너고, 우리가 거기서 주로 말미암아 기뻐하였도다 시편 66:6

이스라엘 백성이 출애굽 할 때, 그들 앞을 수심 1천2백 미터(너비 200-300킬로미터, 길이 2천 킬로미터)의 엄청난 홍해가 가로막았다. 절망이 그들을 가로막은 것이다. 우리가 주의 뜻을 따라 순종하며 살아갈 때, 절망이 앞을 가로막는 일이 있다. 이건 불순종할 때만 겪는 게 아니라 순종의 삶을 살 때도 마찬가지다.

뒤로는 애굽의 전차 부대가 쫓아온다. 앞에는 모두를 삼킬 듯한 바다 물결이 넘실거린다. 절망의 때, 낙심과 두려움이 몰려온다. '죽었구나' 하는 순간이다. 그러나 기억해라. 우리에게는 하나님이 계신다. 그분은 바다를 변화시켜 육지가 되게 하신다. 그가 내신 길로 우리를 건너가게 하신다.

절망과 낙심, 두려움에 직면할 때가 믿음으로 반응할 때다. 하나님을 경험할 때다. 하나님이 능력을 나타내서서 온 세상이 그분의 영광을 볼 때다. 하나님이 이스라엘 백성에게 행하신 일은 곧 오늘을 사는 우리를 위한 것이다. 그 하나님이 나의 하나님이시다. 오직 믿음으로 반응할 때 나의 일로 경험하게 된다.

우리 앞에 우리를 두렵게 하고, 절망하고 낙심하게 하는 것이 있다면 이때야말로 하나님이 영광을 받으실 때다. 지금이 바로 그때다! 이제 간증할 일만 남았다!

어리석은 자는 이리로 돌이키라. 또 지혜 없는 자에게 이르기를, 너는 와서 내 식물을 먹으며 내 혼합한 포도주를 마시고 잠언 9:4,5

9장 4절과 16절은 같은 말씀이다. 그러나 내용은 정반대다. 초청자가 다르다. 두 초청장이 한 사람에게 배달되었다. "어리석은 자", "지혜 없는 자"가 초청 대상이다. 그런데 두 초청장은 전혀 다른 결과를 초래한다. 한쪽은 어리석음을 버리고 생명을 얻는 명철의 길로, 다른 한쪽은 사망과 멸망의 길로 인도한다.

초청받을 때 분별해야 한다. 지혜자의 초청인지, 미련한 여인의 초청인지. 지혜자는 우리 주 예수 그리스도시다. 미련한 여인은 세상이다. 주님이 말씀하신다.

"도둑이 오는 것은 도둑질하고 죽이고 멸망시키려는 것뿐이요, 내가 온 것은 양으로 생명을 얻게 하고 더 풍성히 얻게 하려는 것이라"(요 10:10).

도둑과 주 예수님의 초청은 처음부터 목적이 다르다. 도둑은 멋있고 아름다운 삶을 줄 것처럼 말하지만, 근본적으로 믿음을 도둑질하고 열정과 헌신을 빼앗아 멸망시키려는 것뿐이다. 세상이 주는 건 쾌락적이고 정욕적이며, 그 결과는 멸망이다.

반면에 우리 주님은 우리에게 생명과 풍성한 삶을 주고자 초청하신다. 세상이 아닌 오직 예수 그리스도만 사랑하자. 세상의 초청을 단호히 거절하자. 오직 우리 주 예수님의 만찬에 참석하자. 날마다 그리하자.

시편 : 하나님이 하신 일을 묵상하면 놀라워서 입이 쩍~ 벌어진다. 하나님은 어떤 분이신가? 바다가 변하여 육지가 되게 하셨다. 무리가 걸어서 강을 건넜고, 하나님이 행하신 기적으로 인해 모든 육체가 기뻐하고 즐거워했다. 하나님께서는 당신을 경외하는 자를 선대하시며 하나님이 행하시는 놀라운 역사의 주인공으로 사람들을 초청하신다. 그분은 말씀에 순종하는 사람을 통해 역사를 만들어가신다.

하나님이 만드신 작품을 본다. 모세, 다윗, 기드온, 갈렙의 반열에 기생 라합이 믿음의 선조로 끼어있는 것은 우리에게 소망이 되고 도전할 용기를 준다. 나도 그분이 만들어가시는 역사의 주인공으로 쓰임 받고 싶다. 다른 길이 없다. 주님께 나를 온전히 내드리는 것이다.

잠언 : 어수룩한 사람과 지각이 모자라는 사람은 누구나 이리로 오라고 초청하신다. 와서 주님이 차리신 음식과 포도주를 마시라고 하신다. 이 초청을 삶의 마지막 초청이 되지 않게 해야 한다.

며칠 전에 사십 대 초반의 젊은 나이의 사랑하는 제자를 하늘로 떠나보냈다. 병문안을 갔을 때 그 제자가 내 손을 꼭 잡으면서 "잘못 살았던 삶을 후회합니다. 회복되면 말씀 따라서 잘 살고 싶습니다"라고 했는데, 그 말이 마지막이었다.

지혜로운 자는 어리석음을 버리고 참 생명을 취할 줄 안다. 온 우주의 주인이신 하나님께 무릎 꿇을 줄 아는 자, 그분께 항복할 줄 아는 자가 진정 지혜롭다.

담대한 기도,
번영신학도 기복신앙도 아니다

시편 67:1,2 잠언 10:7

하나님은 우리에게 은혜를 베푸사 복을 주시고, 그의 얼굴빛을 우리에게 비추사 (셀라) 주의 도를 땅 위에, 주의 구원을 모든 나라에게 알리소서 시편 67:1,2

이 얼마나 담대한 기도인가! 하나님께 요청한다.

"하나님, 제게 복을 쏟아부어 주십시오. 나는 그것을 요구하기에 자격 미달이지만, 하나님의 놀라운 은혜를 의지하여 구합니다. 내게 주의 얼굴빛을 비추셔서 힘있게 하소서. 견고하게 하소서. 내게 신선한 기름을 부으셔서 주의 능력과 지혜로 충만하게 하소서. 주께서 제가 구하는 걸 주실 줄 믿습니다."

누군가 이 기도를 들으면 내가 아주 뻔뻔하고 어이없는 사람이라고 생각할 것이다. 자격이 되지 않음에도 빚 독촉하듯 담대하게 구하니까. 어떤 사람은 이런 나를 기복신 앙자나 번영신학자라고 말할지 모른다. 그러나 하나님은 이런 요청을 기꺼이 들어주신다. 오늘도 하늘은행의 복을 쏟아부어 주신다. 마치 태양이 땅을 비추듯 그의 얼굴을 내게 비춰주신다.

왜일까? 내 간구가 하나님을 기쁘시게 하기 때문이다. 하나님을 향한 내 바람은 오직 하나다. 나를 통해 모든 나라가 주를 알고 찬송하는 것. 마치 태양이 달을 비추고 달은 밤을 비추듯이, 나는 하나님께 받은 복을 가는 곳마다 나눠준다. 하나님께 받은 위로로 마음이 상한 자를 위로한다. 그들은 나를 통해 하나님을 만난다.

민족들이 주를 찬송하며 땅의 모든 끝이 하나님을 경외하게 될 것이다(5,7).

의인을 기념할 때는 칭찬하거니와 악인의 이름은 썩게 되느니라 잠언 10:7

오랫동안 칭찬받으며 기억에 남는 이름이 있다. 반면에 죽는 순간, 기억에서 사라지는 이름도 있다. 썩어 없어지듯 흔적도 없이 사라진다. 이것이 의인과 악인의 차이다. 의인은 선을 행하고, 나누기를 좋아하고, 부지런하고, 정직하고, 격려와 위로로 남을 세워주는 사람이다.

왕의 지혜

반면에 악인은 악을 행하고, 나눌 줄 모르고, 부정직하고, 게으르고, 남의 약점을 들추길 좋아하고, 헐뜯고 비방하는 사람이다.

죽은 후에 어떤 이름으로 남기를 원하는가? 오늘의 삶이 그것을 결정한다. 인색하지 말고, 선을 행하며, 기꺼이 나누는 삶을 살자. 게으르지 말고 부지런하여 열심히 일하자. 거짓을 미워하고 정직하게 살자. 남을 헐뜯거나 비방하는 말은 입에 올리지도 말고, 오직 격려하고 위로하며 세워주는 사람이 되자.

말씀을 읽고 묵상하고 들을 때 '성령님, 이 말씀을 통해 제게 무엇을 말씀하기 원하십니까?'라고 질문하자. 그러면 주의 음성을 들을 수 있다. 주의 뜻을 알고 그 말씀을 따라 살자. 이런 삶은 하늘은행에 입금되며, 죽은 후에 출금된다. 하나님을 기쁘시게 한 사람으로 오래 기억된다.

"내게 구하라 내가 이방 나라를 네 유업으로 주리니 네 소유가 땅끝까지 이르리로다"(시 2:8).

하나님은 이방 나라를 기업으로 주셔서 내 소유가 되게 하신다. 나는 아브라함의 씨다. 믿음이 아브라함의 유업을 내 것이 되게 하셨다(갈 3:7,9,29). 주님이 아브라함에게 주신 유업을 말씀에서 부지런히 찾아보았다. 온 땅에 기독교문명개혁운동을 일으키는 것이었다. 우상을 깨뜨리고, 하나님의 원리 원칙으로 이 땅을 다스리며 하나님의 문화를 세워가는 것이다.

나는 담대하게 전 세계 242개국에 NCMN 5K 사역이 들어가도록 간절히 구했다. 이것을 위해 온 땅에 하나님나라의 재정 원칙인 '왕의 재정 말씀'이 다 들어가도록 간절히 구했다. 그러자 그 일이 일어나기 시작했다. 현재 150여 국가가 우리 단체와 함께 일하고 있다. 《왕의 재정》은 이미 전 세계에서 사용하는 주 언어로 다 번역되었다. 하나님은 내 믿음만큼 일하신다.

"나는 너를 애굽 땅에서 인도하여 낸 여호와 네 하나님이니 네 입을 넓게 열라 내가 채우리라"(시 81:10).

내가 복을 받아야 하는 명확한 이유가 있다. 믿음의 선한 싸움을 싸우기 위함이다. 믿음은 불신앙과 싸워서 이기는 것이다. 나는 이 싸움을 좋아한다. 항상 내가 이긴다. 내가 주님 편에 딱 붙어있기만 하면 주님이 승리를 주신다.

우리에게 힘을 주어 그의 일을 견고하게 하시다

시편 68:28 잠언 11:1,3

네 하나님이 너의 힘을 명령하셨도다. 하나님이여, 우리를 위하여 행하신 것을 견고하게 하소서 시편 68:28

말씀으로 세상을 창조하신 하나님이 내게 '힘이 있으라' 명령하시니 그분의 능력이 내게 임했다. 그 주신 능력으로 주의 일을 감당하게 하신다. 그 결과 열방이 주께 나아와 예물을 드리며 경배한다(29). 마치 구약의 지상대명령과도 같다. 하나님의 위엄이 성소에서 나타나고, 하나님은 그의 백성에게 힘과 능력을 주신다. 그 힘과 능력으로 복음을 전파하니 열방이 주께 나아와 주님을 찬송한다(35).

주님은 그분의 뜻에 순종하는 백성들의 짐을 날마다 지신다(19). 우리는 열방의 구원을 위한 주님의 짐을 날마다 함께 진다. 주님은 우리의 짐을, 우리는 주님의 짐을 진다. 주님이 주시는 짐은 무겁지 않고 가볍다(마 11:28-30). 짐을 질 힘과 능력을 주시기 때문이다. 주님은 우리를 견고하게 하신다. 이 말씀은 사도행전에 그대로 나타난다.

"오직 성령이 너희에게 임하시면 너희가 권능을 받고 예루살렘과 온 유대와 사마리아와 땅끝까지 이르러 내 증인이 되리라"(행 1:8).

마태복음 맨 마지막 장에서 이를 다시 듣는다.

"그러므로 너희는 가서, 모든 민족을 제자로 삼아 … 볼지어다! 내가 세상 끝날까지 너희와 항상 함께 있으리라"(마 28:19,20).

우리는 선포한다. "땅의 왕국들아! 하나님께 노래하고 주께 찬송할지어다 (셀라)"(32).

속이는 저울은 주님께서 미워하셔도, 정확한 저울추는 주님께서 기뻐하신다. 정직한 사람은 성실하게 살아, 바른길로 가지만, 사기꾼은 속임수를 쓰다가 제 꾀에 빠져 멸망한다. 잠언 11:1,3 새번역

어떤 경우든 하나님은 속이는 저울을 미워하시고, 정직한 저울추를 기뻐하신다. 그분은 부정직하게 과장하거나 축소하는 걸 미워하시며 공정하고 정직한 상거래를 기뻐

하신다. 하나님이 정직하시니 그분의 백성도 정직하기를 원하신다. 하나님나라는 정직한 나라다. 어둠의 영의 우두머리인 마귀는 거짓말쟁이요 거짓의 아비다(요 8:44).

하나님은 우리를 이 세상에 빛과 소금으로 부르셨다. 우리를 통해 하나님이 누구시며, 하나님나라의 원칙이 무엇인지 보이길 원하신다. 우리를 통해 이 세상이 하나님의 영광을 보는 걸 몹시 기뻐하신다.

하나님은 정직하고 성실하게 사는 자를 기뻐하신다. 그런 자의 든든한 버팀목이 되어주시며 그를 바른길로 인도하신다. 지혜와 명철을 주시며 그 길을 형통하게 하신다. 그러나 속이는 자, 사기꾼은 멸망할 것이다. 스스로 자기의 무덤을 팠기 때문이다.

우리는 빛의 자녀다. 빛의 자녀는 '정직과 성실'이 브랜드다. 일상에서 빛의 자녀답게 살자. 길, 카페, 교실, 시장, 사무실에서 그렇게 살자. 세상이 우리를 통해 하나님을 보게 하자.

놀랍고 힘이 나는 말씀이다. 하나님이 내게 '힘이 있으라' 명령하시니 그분의 능력이 내게 임하고, 맡기신 모든 일을 감당케 하신다. 내가 하나님의 뜻을 좇으면 그분의 힘과 능력으로 살게 하신다.

어둠은 주의 뜻을 따라가지 못하도록 두려움을 넣어준다. 미래에 대한 두려움을 생각 속에 집어넣고 우리를 불신앙으로 이끌어간다. 대부분은 건강, 재물에 관한 것이다. 앞날에 '잘못될까' 하는 두려움은 오늘의 삶을 멈추게 만든다. 이 불신앙을 이기는 방법은 말씀을 신뢰하는 것이다.

"내가 결코 너희를 버리지 아니하고 너희를 떠나지 아니하리라 볼지어다 내가 세상 끝날까지 너희와 항상 함께 있으리라."

내 모든 필요는 아버지께 맡겨드리고, 아버지께서 내게 맡기신 그 일에 오늘도 최선을 다할 것이다. 성령의 능력으로, 그분이 주시는 힘으로 살 때, 반드시 끊어내야 하는 것이 '염려'다.

"내일 일을 위하여 염려하지 말라 내일 일은 내일이 염려할 것이요"(마 6:34).

매일이 오늘이다.

내일도 오늘이 된다.

염려가 우리의 발목을 잡지 못하게 해라!

12일   물들이 내 영혼에까지 흘러 들어올 때

시편 69:1,2   잠언 12:5-7

하나님이여, 나를 구원하소서! 물들이 내 영혼에까지 흘러 들어왔나이다. 나는 설 곳이 없는 깊은 수렁에 빠지며, 깊은 물에 들어가니 큰 물이 내게 넘치나이다 시편 69:1,2

다윗은 감당하지 못할 문제들이 한꺼번에 몰려오자 "물들이 내 목까지 흘러 들어왔다"라고 말한다. '물'이 아니라 '물들'이 흘러 들어왔다. 크고 작은 일이 한꺼번에 터졌다. 발목에서 무릎으로, 허리로, 목까지 물에 잠겼다. 공포와 두려움의 순간, 절망과 낙심에 이르기 쉬운 상황이다. 게다가 발이 닿지 않는 깊은 수렁에 빠졌다. 얼마나 다급할까!

그럴 때 속히 전능자 하나님께 나아가 도움을 구해야 한다. 마치 베드로가 물에 빠져들 때 다급히 주께 외쳤듯이. 그때는 멋있는 말을 할 때가 아니다. 절박할 때의 기도는 단순하다. "주여! 나를 구원하소서!" 조용히 말할 때가 아니다. 외쳐야 한다. 부르짖어야 한다. "주~ 여~!"라고 부르짖을 때다.

이유 없이 날 미워하는 자가 내 머리털보다 많을 때, 그들의 중상모략과 비방이 계속되고, 부당하고 억울한 일을 당할 때(4)가 바로 그때다. 오죽하면 "그들을 생명책에서 지우사 의인들과 함께 기록되지 말게 하소서"(28)라고 기도할까!

하나님은 나의 비방과 수치와 능욕을 아신다(19). 고난 당하는 자녀의 기도를 들으신다(33). 나를 향한 그분의 크고 놀라운 사랑을 확신하기에 나는 그 사랑을 의지해 기도한다(16). 부르짖기만 하는 게 아니라, 더 나아가 나를 구원하실 하나님께 감사를 드리며 그분의 이름을 찬양한다.

의인의 생각은 정직하여도 악인의 도모는 속임이니라. 악인의 말은 '사람을 엿보아 피를 흘리자' 하는 것이거니와 정직한 자의 입은 사람을 구원하느니라. 악인은 엎드러져서 소멸되려니와 의인의 집은 서있으리라 잠언 12:5-7

열매로 나무를 안다고 하셨다. 열매가 좋아야 좋은 나무인 줄 안다. 그러나 사실은 좋은 나무이기에 좋은 열매를 맺는 것이다. 마찬가지로 나쁜 나무이기에 나쁜 열매를 맺는다. 관건은 나무에 있다. 열매가 아닌 좋은 나무가 되는 데 집중하자.

정직한 사람이 되고자 한다면 가장 먼저 '생각'부터 정직해야 한다. 생각이 정직하면 언어도 정직하고 그런 삶을 산다. 그래야 비로소 정직한 사람이 된다. 생각에서 말이 나오고 삶으로 열매를 맺는다. 정직한 사람은 주변 사람을 살리고, 뭉치게 하고, 활기가 넘치는 분위기를 조성한다.

그러나 악한 사람은 생각부터 악하다. 함정을 파서 남을 해칠 생각, 속일 궁리만 한다. 그래서 입만 열면 거짓말을 한다. 남을 비방하고 약점과 단점만 찾아 들춰낸다. 중상모략한다. 하나부터 열까지 계산된 술책으로 말하고 행동한다. 이런 사람은 주변 사람에게 상처를 입히고 분열을 조장한다. 이들과 한패가 되면 서로 사이가 좋은 듯 보이나 결국 다투고 뿔뿔이 흩어진다.

시편 : 걱정하고 염려할 문제는 한꺼번에 터진다. 문제가 밀려오면 해결하려고 발버둥치게 된다. 그러나 물에 빠져 허우적대면 더 깊은 물로 끌려간다. 태산 같은 문제 앞에서 고백한다. "범사에 감사하라" 하셨으니 "주님, 감사합니다"라고 고백하는 것이 믿음이다. 그러면 하나님이 그 문제에 개입하신다. 놀라운 방법으로 문제를 해결하신다.

문제를 주님께 맡기는 법을 배워야 평강 가운데 주님이 주시는 진정한 자유를 누리며 우리 주님을 찬양하게 된다.

"너의 행사를 여호와께 맡기라 그리하면 너의 경영하는 것이 이루리라"(잠 16:3).

"여호와는 내 편이시라 내가 두려워하지 아니하리니 사람이 내게 어찌할까"(118:6).

잠언 : 함께 일하고 싶고, 가까이하고 싶은 사람은 정직한 사람이다. 거짓말을 하면 또 다른 거짓말로 거짓을 덮어야 한다. 그런 사람을 만나면 마음이 몹시 어렵다. 함께 있는 게 괴롭다.

생각이 정직하면 말과 행동도 정직하다. 내가 먼저 그렇게 살기로 결정한다. 또 그런 사람을 동역자로 붙여주시길 주께 요청드린다. 정직한 사람들이 모이면 언제나 주님을 유쾌하게 해드린다.

13일

SOS, 여호와여, 지체하지 마소서!

시편 70:5   잠언 13:4

> 나는 가난하고 궁핍하오니, 하나님이여, 속히 내게 임하소서. 주는 나의 도움이시요 나를 건지시는 이시오니 여호와여, 지체하지 마소서 시편 70:5

도움을 속히 요청할 때가 있다. 사태가 심각해 촌각을 다투고 있다. 그래서 '긴급구호', 'SOS'라고 한다. 나를 죽이려는 자들이 벌 떼처럼 몰려오고 있다. 어떤 무리는 이미 멀리서 나를 보고 야유를 퍼붓는다. 숨이 막힌다. 심장이 터질 것 같다.

이럴 때 누가 내 도움이 되는가? 누구에게 SOS를 보내야 하는가? 가족, 친구, 동료? 아니다!

"귀인들을 의지하지 말며 도울 힘이 없는 인생도 의지하지 말지니, 그의 호흡이 끊어지면 흙으로 돌아가서 그날에 그의 생각이 소멸하리로다"(146:3,4).

오직 여호와 하나님만이 나의 도움이시다.

"야곱의 하나님을 자기의 도움으로 삼으며, 여호와 자기 하나님에게 자기의 소망을 두는 자는 복이 있도다"(146:5).

다윗은 "나를 건지소서", "속히 나를 도우소서!"(1), "속히 내게 임하소서!", "지체하지 마소서!"(5)라고 부르짖는다. 이보다 더 다급한 말이 있을까! "속히"를 2번이나 외친다. "나를", "내게"라고 외친다. "하나님이여", "여호와여"를 반복하여 부르짖는다. 우리 하나님은 주를 찾는 자에게 긴급구호 팀을 보내서서 속히 건지신다.

> 게으른 자는 마음으로 원하여도 얻지 못하나, 부지런한 자의 마음은 풍족함을 얻느니라 잠언 13:4

게으름은 하나님의 성품과 정반대다. 하나님은 그런 사람을 통해 일하지 않으신다. 게으른 사람은 바라는 것이 많아도 이루는 게 없다.

"게으른 자는 그 잡을 것도 사냥하지 아니하나니"(12:27).

게으른 자는 먹을 것이 없는데도 사냥을 시작하지 않는다. 혹 누가 대신 사냥하여 사냥감을 잡아다 주어도 요리하기를 싫어한다. 누군가가 대신 사냥하여 요리해주기를 바란다. 아무 일도 하지 않은 채 '없다', '부족하다'라며 필요한 걸 원하기만 한다. 게으른 자에게는 주어지는 것도, 드러나는 것도 없다.

부지런함은 하나님의 성품이다. 하나님나라의 라이프스타일이다. 부지런한 사람은 역동적으로 산다. 최선의 1을 한다. 일어나 밭으로 간다. 땀 흘려 밭을 일구고 씨를 뿌린다. 매일 일찍 일어나 밭을 돌본다. 추수 때까지 쉬지 않는다. 그리고 풍성한 수확을 안고 기뻐한다. 얼굴은 햇볕에 그을고 손은 거칠지만, 마음은 풍족하다.

부지런한 사람은 목표를 이룬다. 성공의 비결이 여기 있다. 아무리 탁월해도 게으르면 성공할 수 없다. 비록 부족해도 부지런하면 반드시 결실한다.

"사람은 … 그 손이 행하는 대로 자기가 받느니라"(12:14).

시편 : 성경은 가난한 사람과 궁핍한 사람을 짝을 지어 많이 언급한다. "가난"이란 살림살이가 넉넉하지 못해 몸과 마음이 괴로운 상태, 넉넉한 재산이 없어서 다른 사람에게 기대 살 수밖에 없는 상태를 말한다. "궁핍"이란 어떤 상황이 그저 끔찍하다기보다 누군가로부터 억압 당하는 처지를 가리킨다. 이 둘은 별 차이가 없어 보인다. 그러나 성경은 가난과 궁핍의 의미를 분명히 구분하고 있다.

"나는 가난하고 궁핍하오나 주께서는 나를 생각하시오니 주는 나의 도움이시요 나를 건지시는 이시라 나의 하나님이여 지체하지 마소서"(17).

자신을 둘러싼 죄악과 옥죄고 있는 환경을 벗어버리고 새롭게 시작하고픈 다윗의 간절한 기도다. 다윗이 얼마나 힘들었으면 '나는 가난하고 궁핍합니다' 고백할까? 나는 다윗을 통해 이런 상황을 돌파하는 법을 배운다.

오직! 주님을 찾는다.

잠언 : 게으르면서 풍부할 것을 생각도 하지 말아야 한다. 게으름이 주는 가난의 선물을 나는 거절한다.

"부지런한 자의 경영은 풍부함에 이를 것이나 조급한 자는 궁핍함에 이를 따름이니라"(21:5).

내 의의 하나님이여!

시편 71:1,2 잠언 14:3

> 여호와여, 내가 주께 피하오니 내가 영원히 수치를 당하게 하지 마소서. 주의 의로 나를 건지시며 나를 풀어주시며 주의 귀를 내게 기울이사 나를 구원하소서 시편 71:1,2

어려울 때, 피할 곳을 찾는다. 살다 보면 그럴 때가 많다. 그러나 피할 곳이 없어 방황한다면 그것이 더 당황스럽다. 더 어려운 건 피한 곳이 안전하지 않을 때다. 다윗은 가장 안전한 곳으로 피했다. "주여, 내가 주께 피합니다"(1), "주는 내가 항상 피하여 숨을 바위가 되소서"(3), "주는 나의 견고한 피난처시오니"(7)라고 고백했다.

수치스러운 일을 겪을 때가 있다. 이보다 큰 어려움은 없다. 수치 당할 일을 행하지 않았음에도 당할 때가 있다. 그럴 때는 하나님께 달려가 그분의 그늘에 숨기가 쉽다. 그러나 스스로 수치 당할 만한 일을 행하여 어려움을 겪을 때도 주께 피할 수 있을까? 그때도 주님이 나의 피할 바위가 되시는가?

그렇다! 그럴 때도 주는 나의 피할 바위가 되신다. 다윗은 "주의 의로 나를 건지소서"라고 말한다. '나의 의로 나를 건지소서'가 아니다. 나의 의는 없다. 하나님이 내 의가 되신다.

"내 의의 하나님이여, 내가 부를 때 응답하소서"(4:1).

"주의 의"를 의지하며 하나님께 피하는 사람, "내 의의 하나님"을 자기의 도움으로 삼는 사람, 하나님께 소망을 두는 사람은 복이 있다.

> 미련한 자는 교만하여 입으로 매를 자청하고, 지혜로운 자의 입술은 자기를 보전하느니라 잠언 14:3

우리말 '매를 벌다'가 말씀 속 "매를 자청하다"와 같은 뜻이다. 가만히 있으면 될 일에 나섰다가 도리어 어려움을 당할 때 쓰는 말이다. 경솔한 말이 이에 해당한다. 이는 교만과 미련함에서 비롯된다. 사람들은 이를 듣고 비웃는다.

그래서 '교만의 매'라고 하신다. 말 가운데 교만이 배어난다. 교만하여 스스로 자랑하고, 남을 비방하고, 냉소적으로 비웃는다. 혀를 함부로 사용한다. 마치 좌우 어퍼 컷에 스트레이트로 상대방의 얼굴을 한 방 더 날리려는 무자비한 복서와 같다. 그러나 결국 자기 몽둥이에 자기가 맞을 것이다. "그들의 혀가 그들을 해함이라"라고 하셨다(시 64:8). 그러나 지혜로운 사람의 말은 자신을 지켜준다. 그 입술로 남을 해치지 않기 때문이다. 그 입술을 사람들을 격려하며 용기를 북돋아 주고 위로하는 데 사용한다. 이것이 지혜로운 사람의 특징이다. "입을 지키는 자는 자기의 생명을 보전한다"라고 하셨다(13:3).

말하기 전에 한 번 더 점검하는 연습을 해야 한다. 입은 하나요, 귀는 둘이다. 1 대 2의 원리를 잊지 말자. 듣기는 속히 하고, 말하기는 더디 하라고 하셨다(약 1:19). 이런 사람은 '존경'과 '생명'을 평생 친구로 삼아 함께 다닌다.

시편 : 마음이 괴롭고 몹시 어려울 때, 친구들에게 내가 처한 형편을 털어놓고 나면 잠시는 편했다. 그러나 그것이 부메랑이 되어 내게 되돌아오는 일을 겪었다. 이는 또 다른 큰 아픔이었다. 다윗은 나의 스승이다. 그는 여호와께 피하며 "내가 영원히 수치를 당하게 하지 마소서"라고 기도했다. 하나님의 성품을 알았기 때문이다.

어떤 일이 발생했을 때, 나는 잠시 멈추고 다윗이 어떻게 했는지를 살피는 습관이 있다. 이는 아픔을 통해 얻은 선물이다. 내가 해결하려 하지 않고 주께 맡겨드리는 여유를 다윗에게 배웠다. 다윗을 연구하며, 성령의 능력으로 산다는 게 무엇인지를 더 배워간다.

잠언 : 어머니는 내가 말할 때 마음에 안 드시면 입을 바로 때리셨다. 그리고 "아버지가 듣고 계신다. 입조심해라"라고 하셨다. 한번은 밥 먹다가 입을 맞고는 몹시 짜증이 났다. 그런데 곰곰이 생각해보니, 맞을 말을 했다. 조카 예린이도 입을 자주 맞았다고 한다. 우리는 서로 입 맞은 얘기를 하면서 이런 거친 어머니와 할머니를 더 좋아하고 존경하게 된다고 고백했다.

지혜로운 자는 말을 더디 한다. 늘 입조심한다. 복과 화가 입에 달려있음을 오늘도 기억하자. 입을 다무는 법을 배우자! 입을 다물 줄 아는 사람은 성숙하고 겸손한 자다.

15일 주의 판단력과 주의 공의를 주소서

시편 72:1 잠언 15:3

하나님이여, 주의 판단력을 왕에게 주시고, 주의 공의를 왕의 아들에게 주소서 시편 72:1

이 구절은 (맡은 일이 크든 작든) 모든 리더의 기도다. 2절부터는 그 기도의 응답이다. 솔로몬은 다윗을 잇는 왕으로서 올바른 지도력을 발휘하길 원했다. 그래서 이렇게 기도했다.

"듣는 마음을 종에게 주사 주의 백성을 재판하여 선악을 분별하게 하옵소서"(왕상 3:9).

하나님은 리더들의 이런 기도를 기뻐하신다. 자신을 위한 기도가 아니라 올바른 지도력을 갖추어 하나님이 맡기신 일을 잘 감당하기를 바라는 기도. 하나님이 솔로몬의 기도에 응답하셨듯이 이런 기도에 반드시 응답하신다.

솔로몬은 "주의 판단력"과 "주의 공의"를 구했다. 올바른 지도력은 오직 하나님에게서 온다. 그리고 이런 지도력을 발휘해야 할 대상은 '주의 백성'이요, '주의 가난한 자'다. 지도자는 하나님으로부터 지도력을 위임받은 자다. 올바른 지도력으로 하나님을 대신하여 그분의 백성을 다스려야 한다.

리더는 올바른 판단력을 가진 '공의'가 있어야 한다. 이건 리더의 선택 기준이 된다. 공의는 그 결과로 언제나 올바른 관계를 형성한다. 가난한 자의 아픔을 이해하고 그 아픔에 동참하며, 그들의 억울함을 풀어준다. 궁핍한 자가 부르짖을 때 구원하고, 도움이 필요한 자를 압박과 강포에서 건져낸다. '공의의 지도력'의 결과는 풍성한 평강이다. 이는 영향력이 크며, 사람들이 복을 받는다.

여호와의 눈은 어디서든지 악인과 선인을 감찰하시느니라 잠언 15:3

"여호와의 눈은 온 땅을 두루 감찰하사 전심으로 자기에게 향하는 자들을 위하여 능력을 베푸시나니"(대하 16:9).

하나님의 눈이 미치지 않는 곳은 없다. 악인도, 선인도 살피신다. 공의와 공평의 하나님은 내가 전심으로 주를 향할 때 내게 능력을 베푸신다. 그러나 하나님을 의지하지 않으면 돕지 않으신다. 그 선택은 내가 하는 것이다. 내 선택에 따라 주님이 행하신다. 주님 보시기에 옳은 걸 선택하면, 내게 꼭 필요한 걸 넘치게 주실 것이다.

튀르키에 이스탄불에 있는 성 소피아 교회에 걸린 예수님의 그림 앞을 한참 서성거렸다. 특이하게도 내가 어느 방향에 서있어도 주님이 나를 바라보셨다. 이처럼 주님의 눈은 어디서든지 나를 감찰하신다. 나를 자세히 살피신다. 내가 하는 말과 행동, 심지어 마음까지도 아신다. 아무도 몰라도 하나님은 보고 계신다.

요셉은 보디발의 아내에게 "내가 어찌 이 큰 악을 행하여 하나님께 죄를 지으리이까?" 라고 말하며 유혹을 뿌리쳤다(창 39:9). 이스라엘 백성이 여리고를 함락했을 때, 아간이 옷과 은금을 몰래 감추는 것을 하나님은 보고 계셨다.

하나님을 경외하는 마음을 가져야 한다. '하나님의 눈이 어디서든지 악인과 선인을 감찰하신다'라는 건 착한 사람에게는 기쁜 소식이다. 주의 돌보심을 받고 악을 거절하며, 하나님과 동행하는 삶을 살게 하기 때문이다.

시편 : 왕은 공의로 나라를 견고하게 한다. 정치에서 공의가 무너지면 모든 것이 무너진다. 옳고 그름을 판단하는 것이 공의다. 정치가들의 말에 속지 말고, 공의를 바로 세울 수 있는 자가 지도자가 되도록 기도를 많이 해야 한다.

나는 올바른 판단력을 가진 공의를 사모한다. 하나님으로부터 위임받은 지도력을 발휘할 때, 공의는 절대적 요소다. 하나님께서는 내게 지도력을 발휘하는 여러 자리를 주셨다. 매일 간절한 마음으로 기도한다.

"주여, 올바른 지도력을 발휘하여 맡기신 사명을 잘 감당하길 원합니다. 저를 가르치시고 주의 판단력을 주소서."

잠언 : 어느 곳에서든지 주님의 눈은 악한 사람과 선한 사람을 모두 지켜보신다. 항상 주님의 눈을 의식하는 코람데오의 삶이 귀하다. 보디발의 아내의 손에 들린 요셉의 겉옷으로 생사람을 잡는 일에 가담하지 말자.

"주님의 밝은 눈을 제게 주십시오. 악인과 선인을 잘 구분하게 하십시오."

하나님께 가까이함이 내게 복이라

시편 73:28 잠언 16:6

하나님께 가까이함이 내게 복이라. 내가 주 여호와를 나의 피난처로 삼아 주의 모든 행적을 전파하리이다 시편 73:28

세상을 바라보면 이해되지 않는 일이 많다. 의인은 고난을 받고, 악인은 심판받지 않고 오히려 형통하다. 또한 사람들이 너무 쉽게 약속을 깨뜨리고 배반한다. 이들을 보면 낙심이 되고 마음에 상처를 입는다. 넘어질 뻔하고, 발이 미끄러질 뻔한다(2).

이때 얼굴을 들어 주를 바라보아야 한다. 세상을 부러워하면 판단력이 흐려진다. 사물을 올바르게 파악하지 못한다. 마치 악이 이기는 것처럼 보인다. 그러나 주를 바라볼 때 소망이 생긴다.

빌리 그레이엄 목사님이 말했다.

"세상이 크게 보일 때는 하나님이 작게 보이고, 크신 하나님을 바라볼 때는 세상이 작게 보인다."

저들을 주님께 맡기자. 의인은 오직 믿음으로 살리라는 말씀을 붙들자. 주께 더 가까이 나아가자.

"하나님의 성소에 들어갈 때에야 그들의 종말을 내가 깨달았나이다"(17).

하나님 앞에 나아갈 때, 이 세상의 크고 작은 문제를 보며 일어나는 질문에 비로소 답이 보인다. 주님만이 나의 상급이요 내 마음의 반석이시다(26). 하나님을 나의 피난처로 삼자. 그분이 행하신 일들을 전파하며 살자. 세상을 바라보면 낙심하고 시험에 드는 내리막길에 들어서지만, 하나님을 바라보며 나아가면 소망과 예배의 오르막길에 들어선다.

인자와 진리로 인하여 죄악이 속하게 되고, 여호와를 경외함으로 말미암아 악에서 떠나게 되느니라 잠언 16:6

나의 죄가 용서받고 깨끗해지는 건 오직 하나님의 놀라운 사랑과 긍휼, 진리 때문이다. 인자와 진리는 오직 십자가에 있다. 또한 죄를 미워하고 악에서 떠나는 건 오직 하나님을 경외함으로 이루어진다.

정죄감이나 죄책감은 사람의 발을 과거에 묶는다. 오늘을 살아가는 용기를 꺾고, 자신감을 잃게 한다. 기쁨과 평강을 빼앗는다. 형제들에게 가까이 다가가지 못하고 머뭇거리게 한다. 미래를 향한 소망도 갖지 못하게 한다. 원수 앞에서 비굴하게 만든다. 무엇보다 예배의 감격과 기도의 동력을 잃게 한다. 이보다 더 슬플 수 있을까!

그러니 절대 놓지 말아야 할 게 있다. 하나님의 놀라운 사랑과 약속의 말씀이다. 거기에 용서와 용납과 죄 사함이 있다. 예수 그리스도의 십자가 앞에 나아갈 때, 비로소 모든 게 해결된다. 죄의 참혹함이 보인다. 나를 향한 하나님의 놀라운 사랑의 음성을 듣는다. 진정한 자유와 기쁨, 용기와 대담함이 생긴다. 은혜의 보좌 앞에 담대히 나아가게 된다. 하나님을 경외함이 생긴다. 그리고 죄악을 미워하고 떠나게 된다. 예배와 기도가 회복된다.

무엇보다 하나님이 심판 주가 아니라 나를 사랑하시는 아바 아버지이심을 깨닫는다.

나는 날마다 하나님의 사랑과 긍휼로 감격합니다. 십자가를 자랑합니다. 하나님을 경외함으로 살아갑니다.

시편 : 무엇이 나의 복이 되는가? 하나님을 가까이하는 것이다. 나는 누구를 피난처로 삼아야 하는가? 여호와 하나님이시다. 악에서 떠나려면 어떻게 해야 하는가? 여호와를 경외해야 한다. 이것을 묵상하니 마음이 부요하고 든든해진다. 때를 얻든지 못 얻든지 나는 오늘도 주님이 행하신 놀라운 일을 담대하게 전할 것이다. 이것이 나의 사명이니까.

잠언 : 재앙을 피할 길을 제시한다. 주님을 경외하면 된다. 죄를 용서받는 길을 제시한다. 어질고 진실하게 살면 된다. 주님의 눈을 항상 의식하면, 그분을 경외하는 코람데오의 삶이 쉬워진다. 아무도 없는 나만의 공간에 주님이 함께 계신다고 생각하면, 저절로 입가에 미소가 지어진다. 주님을 경외하는 삶과 진실하고 어진 삶은 서로 연결되어 살아진다.

하나님이여, 어찌하여!

시편 74:1 잠언 17:3

하나님이여, 주께서 어찌하여 우리를 영원히 버리시나이까? 어찌하여 주께서 기르시는 양을 향하여 진노의 연기를 뿜으시나이까? 시편 74:1

시편 74편은 나라가 바벨론에 의해 멸망하고, 성전은 파괴되고, 사람들은 포로로 끌려간 상태에서 주님께 올려드린 고백이다. 절망스러운 건, 예루살렘의 멸망과 포로 생활에 있는 게 아니라 하나님께 버림받은 데 있다. "어찌하여"를 3번(1,11), "언제까지"를 1번(10) 외치며 충격과 절망 중에 부르짖는다. 다만, 하나님을 향해 원망하는 게 아니라 자신들이 그분의 언약 백성임을 기억해주시길 간구한다. "기억하시며", "기억하소서"를 3번(2,18,22), "잊지 마소서"를 2번(19,23) 그리고 "생각하소서"(2)라고 주께 간곡히 말씀드린다. 하나님의 경고에도 마음이 강퍅해서 불순종과 죄악으로 내달아 결국 심판받은 결과였지만, 그럼에도 하나님의 언약을 의지하여 주의 긍휼과 구원을 간구한다.

주께서 아브라함과 맺은 언약 덕분에 절망 중에도 소망이 있었다. 그것은 조건 없는 일방적 언약이었다. 오직 믿음만 요구되었다.

지금은 낙담과 절망 가운데 주저앉아 있을 때가 아니다. 모두 하나님의 공의 앞에 머리를 숙이되 포기하면 안 된다. 주의 언약을 주께 내밀고 간절히 주를 붙들어야 한다. 나라와 교회를 보며 낙심하고 한숨만 쉬지 말고 주께 나아가 부르짖어야 한다.

"주여, 우리를 긍휼히 여겨주소서. 주의 언약을 기억하시고 우리를 회복시켜주소서! 주의 영광을 이 나라에 그리고 열방에 나타내소서!"

불은 은과 금을 연단하지만 여호와는 사람의 마음을 연단하신다. 잠언 17:3 현대인의성경

사람의 마음이 가장 중요하다. 겸손과 온유, 긍휼과 자비, 정직과 진실의 마음이 얼마나 귀한가! 사람은 외모를 보지만 하나님은 마음을 보신다. "그 무엇보다도 네 마음을 지켜라. 여기서부터 생명의 샘이 흘러나온다"(4:23, 현대인의성경)라고 하신다. 생명의 샘이 마음에서 흘러나오니 마음을 지켜야 한다. 하나님이 사람의 마음을 금과 은처럼

연단하신다. 연단된 마음은 금, 은, 다이아몬드보다 귀하고 아름답다. "도가니로 은을, 풀무로 금을, 칭찬으로 사람을 시련하느니라"(27:21)라고 하셨다.

마음이 연단될 때 쓰임을 받는다. 하나님이 마음에 엉겨 붙은 불순물을 제거하고 교만함을 깨뜨리신다. 하나님은 사람의 마음을 연단하는 도구로 '칭찬'을 사용하신다. 더 칭찬받게 하거나 덜 칭찬받게 하신다. 더 칭찬받을 때야말로 교만을 깨뜨리고 겸손을 배울 때다. 덜 칭찬을 받을 때는 더 깊이 온유와 겸손을 배울 때다.

하나님이 나를 무대 위에 세우고 조명 아래 박수갈채를 받게 하실 때, 교만을 깨뜨리고 겸손을 배우기란 쉽지 않다. 더 어려운 건 다른 사람이 박수갈채를 받을 때다. 나보다 어리거나 경력이나 학력이 부족한 사람이 높은 자리에 있을 때, 그래서 아무도 나를 쳐다보지 않을 때, 내 안에 교만이 남아있는 한 겸손을 배우기란 쉽지 않다. 마음이 온유하고 겸손하신 예수께 배워야 한다.

오늘도 마음을 연단하시는 주께 내 마음을 드리자.

시편 : 주님이 나를 버리고 진노하시는 듯한 시간을 지나왔다. 그분이 내게서 얼굴을 숨기시고 날 떠나버리신 것 같은 슬픈 시간 속에서 몸부림치며 아파했다. 그러나 성급하게 결론을 내리지 말아야 한다. 시간이 지나니 이 모든 게 나를 향한 주의 사랑임을 깊이 깨달았다. 이 시간을 통과하면서 성장하고 성숙했기 때문이다. 이제는 어떤 상황 가운데 있어도 성급한 생각에 이르지 않도록 먼저 점검한다.

'내가 주님의 뜻 안에 있는가?'

이 질문은 굉장한 효과를 발휘한다. 마음을 느긋하게 만들어주어서 조급하지 않게 바른 판단력으로 사고하게 한다. 마음의 여유가 생겨 문제에서 한발 떨어져 보게 한다. 그러면 이기는 전략이 보인다. 주님이 승리로 이끌어가신다.

잠언 : 맹렬한 불 가운데서 은과 금을 단련하듯 주님께서 내 마음을 눈물의 불 가운데 혹독하게 단련하셨다. 이런 시간을 통과하면서 사람들에게 더 이상 조종 당하지 않는 마음으로 강하고 단단해졌다. 환경, 사람, 사건에 지배 당하거나 어둠의 세력이 두려움을 심어 나를 조종하지 못하도록 튼튼하게 훈련되었다. 이것이 되니 믿음으로 사는 게 너무 쉬워졌다. 뒤늦게 깨달은 진리가 있다.

'연단은 축복이다.'

하나님이 다스리신다
시편 75:3,4 잠언 18:4

땅의 기둥은 내가 세웠거니와, 땅과 그 모든 주민이 소멸되리라 하시도다. (셀라) 내가 오만한 자들에게 '오만하게 행하지 말라' 하며, 악인들에게 '뿔을 들지 말라' 하였노니 시편 75:3,4

'그 마음에 하나님 두기를 싫어하는 사람'이 "오만한 자"다. 그는 자기의 생각이 최고인 줄 착각한다. 자기에게 주어진 권력을 자기 것으로 착각하여 마음대로 휘두른다. 자기가 소유한 재물이 자기 것인 줄 알고 마음대로 사용한다. 그의 행동 자체가 악이다. 그러나 머지않아 알게 될 것이다. 땅의 기둥을 세우신 이가 하나님이심을, 사람을 높이고 낮추는 권위가 그분께 있음을.

하나님이 공의로 세상을 심판하신다. 그가 악인들의 뿔을 다 베어버리신다. 그들의 힘자랑을 헛된 데로 돌아가게 하시고 그들을 납작 엎드리게 하신다. 그리고 하나님을 두려워하는 자를 높이 드시고 굳게 붙드신다.

권세를 가진 모든 사람은 바벨론의 느부갓네살이 본 환상을 기억해야 한다. 그 환상의 뜻을 이해한 다니엘은 땅에 엎드려 하늘에 계신 하나님을 찬송했다.

"그는 때와 계절을 바꾸시며, 왕들을 폐하시고 왕들을 세우시며, 지혜자에게 지혜를 주시고, 총명한 자에게 지식을 주시는도다"(단 2:21).

"내 능력과 내 손의 힘으로 내가 이 재물을 얻었다" 말하는 교만한 사람은 "네 하나님 여호와를 기억하라. 그가 네게 재물 얻을 능력을 주셨음이라" 하신 말씀을(신 8:17,18) 마음에 새겨야 한다. 오직 하나님을 높이고 겸손하게 행동해야 한다.

명철한 사람의 입의 말은 깊은 물과 같고, 지혜의 샘은 솟구쳐 흐르는 내와 같으니라

잠언 18:4

깊은 물은 얕은 물과 대조를 이룬다. 흔히 '말에 깊이가 있다, 무게가 있다'라고 표현하는데, 그런 말은 듣는 사람의 마음에 감동을 준다. 넘어진 자를 일으켜 세우고, 낙심한 자에게 소망을 준다. 길 잃은 자에게 길을 안내한다. 또한 솟구쳐 흐르는 내와 같이 듣는 사람에게 기쁨과 즐거움과 활기를 준다.

명철하고 지혜로운 자의 말이 그렇다. 명철한 사람의 말은 깊이가 있다. 말하기 전에 먼저 생각하기 때문이다. 그래서 어떤 경우든 적절하고 유익한 말을 한다. 그러나 지혜와 명철이 없는 사람의 말은 가볍고 얕다. 그는 생각나는 대로 내뱉는다. 남을 조롱하고 비웃는 말을 한다. 듣는 사람을 부끄럽게 하고 낙심하며 좌절하게 만든다. 함부로 휘두르는 칼같이 듣는 사람의 마음에 큰 상처를 준다. 그러나 그는 자기의 얕은 지식과 판단을 자랑한다.

우리 주님의 말씀은 마치 지혜의 샘에서 물이 솟구쳐 올라 강처럼 세차게 흐르는 것 같다. 예수님의 말씀을 들으면 생명과 소망과 기쁨이 차오른다. 상한 마음이 치유된다. 나는 명철한 자의 입, 지혜의 샘을 사모한다. 주의 말씀을 읽고 묵상하고 내 삶에 적용하여 살아낼 때, 이런 삶을 살 수 있다.

시편 : 땅이 진동하고 사람들이 비틀거릴 때, 땅의 기둥을 견고하게 붙드시는 분이 주님이다. 주님 앞에 건방지고 거만한 행동을 멈추어야 한다. 주님이 주신 권위를 권력으로 휘두르지 말아야 한다. 주께서 오만한 자의 높이 들린 뿔을 베어버림으로써 권세를 주시는 분을 기억하게 하신다. 사람을 높이 세우는 일은 재판장이신 하나님의 영역이다. 이 사람을 낮추기도 하시고, 저 사람을 높이기도 하신다. 주님은 의인의 자랑스러운 뿔을 높이 들어올리신다.

잠언 : 깊은 지혜의 샘에서 물이 솟구치는 사람들이 있다. 그들은 슬기로운 사람으로 지혜가 있다. 그들은 하나같이 여호와를 경외한다. 이런 사람과 대화를 나누면 내 영이 맑아지고 참 기쁘다.

나도 이런 사람이 되길 간절히 사모한다. 깊은 샘에서 물을 길어 올려 목마른 사람에게 마시게 하고 싶다.

그의 처소는 시온에 있도다

시편 76:1,2 잠언 19:4

하나님은 유다에 알려지셨으며 그의 이름이 이스라엘에 크시도다. 그의 장막은 살렘에 있음이여 그의 처소는 시온에 있도다 시편 76:1,2

"하나님"은 '엘로힘, 전능하신 창조의 하나님'이시다. 그 하나님이 유다에 알려지셨다. "알려지다"는 '야다', 즉 '경험하여 알다'라는 뜻이다. 곧 하나님을 머리로 아는 게 아니라 경험하여 아는 것을 말한다. 유다는 전능자 창조주 하나님을 직접 경험했다. 그래서 그들은 하나님이 누구신지 알았다.

"그의 이름이 이스라엘에 크시도다"에서 '크시도다'는 히브리어로 '가돌', 즉 '위대하다, 크다'라는 뜻이다. 단순히 외형적인 크기가 아닌 우리의 힘과 능력으로는 감당할 수 없는 큰일을 이루신 걸 말한다. 가령, 홍해를 가르시고 육지같이 건너게 하신 것처럼 하나님의 위대하심과 크심을 이스라엘이 직접 경험했음을 말한다.

유다 왕 히스기야 때, 최강국 앗수르의 군대가 예루살렘까지 진격했다. 점령 당하는 건 시간문제였다. 그때 히스기야는 베옷을 입고 하나님 앞에 나아가 앗수르 왕 산헤립이 보낸 오만한 편지를 펼치고 전심으로 기도했다. 하나님은 그의 기도를 들으셨고, 사자를 보내어 앗수르 군사 18만5천 명을 단번에 몰살시키셨다. 이 엄청난 사건은 이 시편의 고백에 적합하다.

크고 위대하신 전능자 하나님을 경험하여 아는 건 오직 그의 믿는 백성에게 주어진 특권이요 영광이다. 이 놀라우신 하나님을 알고 믿고 섬기는 자는 하나님의 임재가 있는 시온성에 거한다.

재물은 많은 친구를 더하게 하나, 가난한즉 친구가 끊어지느니라 잠언 19:4

사업이 잘되고 잘나갈 때는 주변에 사람들이 몰려온다. 갖은 친절을 베풀며 친한 친구인 척한다. 간이라도 빼줄 것처럼 아양을 떤다. 그러나 사업이 망하고 재물이 사라지면 그 많던 사람이 물 빠지듯 떠난다. 아예 아는 척도 하지 않는다. 전화도 받지 않는다. 따라가며 말을 걸어도 듣지 않는다.

이처럼 주머니 사정이 나빠지면 절친한 친구에게도 외면을 당한다. 그때는 친척들도 나를 멀리하니 친구들이야 말할 것도 없다. 이런 현상은 일반적이다. 그러니 재물을 잘 다루어야 한다. 빚지지 말아야 한다. 빚지면 처량한 신세가 된다. 가족, 친척, 친구가 나를 외면한다. 그러나 다 그렇지는 않다. 이럴 때 내 곁에 있는 사람이 진정한 친구다.

진정한 친구를 가진 사람은 복되다. 내가 부하든 가난하든 한결같이 곁을 지키는 친구가 있는 사람. 이 세상에서 가장 놀라운 친구는 바로 예수님이시다. 그분은 나를 친구로 대해주신다.

예수님이 나를 친구로 대하신 것처럼 나도 주변의 가난한 사람들의 친구이자 형제가 되어야 한다. 정죄하거나 비웃거나 판단하지 말고 먼저 도움의 손길을 뻗자. 위로의 말을 건네자. 가난한 사람은 언제나 내 주변에 있다.

시편 : 나는 재정적인 큰 고난과 역경 속에서 공급자 하나님의 신실하심을 경험했다.

"모든 육체에게 먹을 것을 주신 이에게 감사하라 그 인자하심이 영원함이로다"(136:25).

5세 어린아이가 공급자인 아빠를 보듯이 하나님만 바라보던 때가 있었다. 내가 5세 어린아이가 될 때, 하나님은 나의 아빠가 되어주셨다. 나는 그 사랑과 주의 신실하심 안에서 성장해갔다.

하나님이 온 땅에 행하신 위대한 일과 믿음 가운데 나에게 행하신 놀라운 일들을 전 세계 방방곡곡에서 전하고 자랑하는 삶이 즐겁다.

하나님은 오늘도 살아계신다.

하나님을 경험하여 아는 길은 오직 믿음밖에 없다.

의인은 오직 믿음으로 살리라!

잠언 : 돈은 그 사람을 정확하게 평가하게 한다.

"네 보물 있는 그곳에는 네 마음도 있느니라"(마 6:21).

하나님과 사람들을 위해 돈을 쓸 줄 아는 사람과 사귀면 실패하지 않는다.

내 음성으로 하나님께 부르짖으라

시편 77:1,2 잠언 20:5

내가 내 음성으로 하나님께 부르짖으리니 내 음성으로 하나님께 부르짖으면 내게 귀를 기울이시리로다. 나의 환난 날에 내가 주를 찾았으며 밤에는 내 손을 들고 거두지 아니하였나니 내 영혼이 위로받기를 거절하였도다 시편 77:1,2

"나의 환난 날에"는 너무 힘들 때, 잠도 잘 수 없고, 몸과 마음이 상하고 지쳐서 약해질 때를 말한다. 그때가 바로 주를 찾을 때다. 염려, 근심, 불안, 두려움, 상함, 낙심에 자신을 맡기지 말아야 한다. 주께 "내 음성으로" 부르짖어야 한다. 속으로 기도하거나 작게 기도할 때가 아니다. 소리를 질러야 한다.

바디매오는 소리를 질렀다. 남의 눈치를 보기에는 너무 절박했다. 캄캄한 밤중에 깊은 물에 빠진 베드로도 소리를 질렀다. 야곱도 고백했다. 그의 가족이 최대 위기를 맞았을 때 "내 환난 날에 내게 응답하시는 하나님께" 나아갔다.

"우리가 일어나 벧엘로 올라가자. 내 환난 날에 내게 응답하시며 내가 가는 길에서 나와 함께하신 하나님께 내가 거기서 제단을 쌓으려 하노라"(창 35:3).

하나님은 내 부르짖는 소리를 반드시 들으신다. 주의 능력의 팔로 나를 붙드시고 끌어 올리신다. 기도 소리가 작다면 절박하지 않기 때문이다. 절박하다면 "내 음성으로" 부르짖을 것이다. 오늘 말씀에서는 2번이나 "내 음성으로 하나님께 부르짖는다"라고 한다. 응답하실 때까지, 하나님의 위로를 받기까지 손을 거두지 마라. 하나님께 부르짖으면 내게 귀를 기울이시고 환난에서 건지신다.

사람의 마음에 있는 모략은 깊은 물 같으니라. 그럴지라도 명철한 사람은 그것을 길어 내느니라 잠언 20:5

"모략"이란 어떤 일을 올바르게 계획하는 능력이다. 이는 마치 두레박을 내려서 길어 올려야 마실 수 있는 깊은 물처럼 마음속 깊은 곳에 있다. 깊은 샘물에서 물을 긷듯 지혜로운 사람은 자신의 마음 깊은 곳에 있는 모략을 끌어 올려 사용할 줄 안다. 모략으로 계획을 세운다. 그 계획은 실패하는 법이 없다. 이 말씀은 27절, "사람의 영혼은 여호와의 등불이라. 사람의 깊은 속을 살피느니라"와 연관이 있다. 여기서 "영혼"은 'soul'이 아니고 'spirit'이며, '영'으로 번역하는 게 정확하다.

영은 하나님과 교제하는 기능이 있다. 영으로 하나님의 뜻을 알고, 이해하며, 그분의 말씀을 들을 수 있다. 또한 내 깊은 곳을 살피고 알 수 있다. 성경은 "사람의 사정을 사람의 속에 있는 영 외에는 누가 알리요"(고전 2:11)라고 말씀한다.

바로 이 영 때문에 성령께서 내게 말씀하실 때 듣고 알고 이해할 수 있다. 성령충만함은 내 영이 성령께 사로잡힌 상태다. 그러면 등불이 어둠을 밝히듯 내 마음의 상태와 동기를 살펴 알고, 잘못된 부분을 바로잡을 수 있다. 성령충만함은 하나님의 뜻에 합당한 삶을 살도록 나를 이끈다. 성령께서 내게 올바른 이해력, 판단력, 분별력을 주신다. 이것이 '명철'이다.

시편 : 사람들은 자기 기도 제목을 다른 사람에게 부탁하는 걸 좋아한다. 특히 유명한 영적 지도자들에게 기도를 부탁하고서 든든하게 여긴다. 이것이 나쁘다는 게 아니라, 그래 놓고 정작 본인은 자기 기도를 소홀히 하는 걸 보는 게 여간 답답한 일이 아니다. 생각해보라. 죽게 된 이 상황의 간절함, 심장이 타들어 가는 내 속을 다른 사람이 어찌 알겠는가! 죽게 된 사람은 여유가 없다. 고상할 시간도 없다. 그냥 "주여! 주여! 주여!" 고함 지르면서 애끓는 마음으로 다른 누군가의 음성이 아닌 "내 음성"으로 하나님께 절규하듯 부르짖는다. 이때 하나님은 내 기도를 들으신다.

간절한 부르짖음으로 나의 문제 가운데 하나님께서 심방 오시게 해라. 절박하면 목숨 걸고 사생결단하는 심정으로 간절히 부르짖게 된다. 그러면 주께서 들으시고 압제자의 손에서 나를 건져내시며 안전한 안식으로 데려가신다. 아무 조건도 없다. 그냥 부르짖으면 된다.

너무 좋다! 부르짖으면 모든 문제가 해결된다.

잠언 : 우리에게는 하나님이 맡기신 일을 올바르게 계획하는 하나님의 모략이 필요하다. 그것은 지혜의 샘에서 깊은 물을 길어 오도록 이끈다. 성령께 철저히 항복하는 삶이 나를 지혜자로 만든다.

"성령님, 오늘도 항복합니다!"

21일 역사에서 하나님의 원칙을 배우라

이는 하나님을 믿지 아니하며 그의 구원을 의지하지 아니한 때문이로다 시편 78:22

역사는 중요하다. 역사에서 단지 사람의 이야기만 본다면 아무것도 알지 못하는 것과 같다. 역사는 '하나님의 이야기'다. 그분이 역사의 주인이시다. 역사에서 사람을 본다면, 하나님의 경륜과 섭리를 알고 응답하는 사람을 보아야 한다.

시편 78편은 이스라엘을 향한 하나님의 구원 역사다. 이스라엘 백성은 믿음과 불신앙, 순종과 불순종을 반복했다. 이런 이스라엘을 하나님께서 어떻게 대하셨는지를 보여준다.

그들은 하나님이 놀라운 일을 여러 차례 행하시는 것을 직접 눈으로 보고 경험했다. 그런데도 또 다른 어려운 일이 닥치면 다시 불평하고 원망하며 두려움에 사로잡혔다. 근본적인 이유는 불신앙이었다. 하나님을 믿지 않고, 그분의 구원을 의지하지 않았다. 그런데도 긍휼의 하나님은 다시 용서하고 회복시켜주셨다.

이스라엘 백성의 반응은 남 얘기가 아니다. 우리도 그렇다. 그래서 시편 78편을 통해 큰 교훈을 얻는다. 같은 실수를 반복하지 않기 위해서다. 하나님이 행하신 일을 기억하고 잊지 말아야 한다.

눈이 높은 것과 마음이 교만한 것과 악인의 형통한 것은 다 죄니라. 부지런한 자의 경영은 풍부함에 이를 것이나 조급한 자는 궁핍함에 이를 따름이니라. 속이는 말로 재물을 모으는 것은 죽음을 구하는 것이라 곧 불려다니는 안개니라 잠언 21:4-6

하나님은 우리에게 재물을 올바르게 모으는 길을 보여주신다.

첫째, 겸손해야 한다. 겸손은 자기 분수를 아는 것이며, 빚지지 않는 비결이다. 그래서 겸손한 자는 충동구매를 하지 않고 자기 형편에 맞게 살아간다. 반대로 교만은 가장 큰 적이다. 내 능력과 내 손의 힘으로 재물을 얻었다고 생각한다. 그러나 겸손한 자는 하나님이 내게 재물 얻을 능력을 주셨음을 안다(신 8:17,18).

둘째, 부지런해야 한다. 게으름은 가난을 등에 짊어지고 다니는 것과 같다. 반면에 부지런함은 부귀와 형통을 끄는 마차와 같다(12:27, 13:4). 성공의 비결은 부지런함에 있다. 부지런한 자는 일이 코앞에 닥칠 때 계획하지 않고, 미리미리 계획을 세워둔다. 그러면 주도면밀하게 세울 수 있다. 남들보다 앞서가되 절대 서두르거나 조급해하지 않는다. 그러나 게으름을 피우거나 엉뚱한 곳에 집중하면 해야 할 일을 서두르게 된다. 빈틈이 생겨 일을 망치기 쉽다. 이처럼 부지런함과 풍부함이 형제요, 게으름과 궁핍함이 형제다. 끼리끼리 다닌다.

셋째, 정직해야 한다. 속여서 돈을 벌면 처음에는 재물이 쌓이는 듯 보이나 안개가 걷히듯 재물이 곧 사라진다. 정직하게 재물을 모으면 처음에는 천천히 불어나나 점점 속도를 낸다. 정직하게 모은 재물은 사라지지 않는다.

겸손과 부지런함과 정직한 삶의 결과는 형통함과 풍부함과 생명이다.

시편 : 하나님의 구원을 의지하지 않고 믿지 않는 자들을 보면 마음이 아프다. 그들은 겉은 멀쩡해 보이지만, 실상은 속 빈 강정처럼 힘들게 산다. 이들의 마지막을 놓치고 싶지 않아서 NCMN의 '찾아가는 5K'는 각 교회의 반경 5킬로미터 안에 사는 사람들에게 복음을 전하고 세례까지 받도록 안내한다.

그들은 인생의 끝자락에서 복음을 받아들이고 양육을 받고 세례를 받는다. 그리고 "나는 그동안 인생을 허비하고 낭비했어!"라고 말한다. 이 말을 들으면 마음이 짠~하다. 그러나 이들에게 천국 소망을 심어주면 얼굴이 밝아지고 웃으며 기뻐한다.

잠언 : 악인이 형통하면 본인에게 큰 재앙이다. 교만해져서 주님을 찾지 않기 때문이다. "심령이 가난한 자는 복이 있나니 천국이 그들의 것임이요"(마 5:3).

때로는 가난한 삶에서 주를 향한 가난한 심령이 나오기도 한다. 오늘 하루 겸손하고, 부지런하며, 정직하게 살기로 결정한다.

주의 영광스러운 이름을 위하여

시편 79:9 잠언 22:4

우리 구원의 하나님이여, 주의 이름의 영광스러운 행사를 위하여 우리를 도우시며, 주의 이름을 증거하기 위하여 우리를 건지시며 우리 죄를 사하소서 시편 79:9

나라가 혼란스러울 때가 곧 나라에 회복이 필요할 때다. 교회가 조롱 당할 때가 교회의 부흥이 필요할 때다. 하나님은 회복과 부흥의 열쇠를 불평하고 원망하는 게 아닌 주님을 향한 소망으로 간절히 기도하는 백성에게 주셨다. 비관적이고 부정적으로 말하며 남의 잘못만 들추는 게 아니라 오직 하나님의 영광과 명성을 위해 회복과 부흥을 구하는 백성에게. 하나님의 백성은 자기를 먼저 깨뜨리고, 눈물로 중보기도 하며, 절망하거나 낙심하지 않는다. 하나님이 계시기 때문이다. 긍휼의 하나님, 용서의 하나님을 믿기 때문이다.

회복과 부흥을 구하는 이유는 "하나님의 이름" 때문이다. 에스겔서는 '알리라'라는 단어를 60번이나 언급한다. 죄와 불순종에 대한 심판 그리고 다시 회복되는 걸 통해 이스라엘이나 세계 열방이 하나님이 누구신지 알게 되리라는 것이다.

"그러므로 너는 이스라엘 족속에게 이르기를, 주 여호와께서 이같이 말씀하시기를, '이스라엘 족속아, 내가 이렇게 행함은 너희를 위함이 아니요, 너희가 들어간 그 여러 나라에서 더럽힌 나의 거룩한 이름을 위함이라. 여러 나라 가운데에서 더럽혀진 이름 곧 너희가 그들 가운데에서 더럽힌 나의 큰 이름을 내가 거룩하게 할지라. 내가 그들의 눈 앞에서 너희로 말미암아 나의 거룩함을 나타내리니, 내가 여호와인 줄을 여러 나라 사람이 알리라.' 주 여호와의 말씀이니라"(겔 36:22,23).

"주여, 주의 거룩한 이름을 위해 우리를 회복시키시고, 부흥케 하소서. 이 나라를 견고하게 하소서!"

겸손과 여호와를 경외함의 보상은 재물과 영광과 생명이니라 잠언 22:4

주께 기도하고 성령의 도우심을 받으며 최선을 다해 힘써야 할 것이 두 가지 있다.

첫째, 겸손이다. 겸손은 자기를 아는 것이다. 겸손한 자는 자기 분수를 알고, 있어야 할 자리를 안다. 자신을 낮추고 남을 높일 줄 안다. 경청하며 고집을 부리지 않는다. 무엇보다 하나님 앞에 무릎을 꿇는다. 예배하며 간절히 기도한다. 그분을 전적으로 의지한다.

둘째, 하나님을 경외하는 것이다. 이런 자는 사람을 기쁘게 하지 않고 오직 하나님을 기쁘시게 한다. 사람을 두려워하지 않고 오직 하나님만 두려워한다. 악을 싫어하는 게 아니라 미워한다. 언제나 무엇을 하든지 '하나님의 면전에서' 살아간다.

이런 자에게는 세 가지 보상이 따른다.

첫째, 재물이다. 하나님이 하늘의 부를 맡겨 하나님의 뜻을 따라 재물을 사용하게 하신다.

둘째, 명예다. 존귀하고 영광스러운 삶을 산다.

셋째, 생명이다. 장수하고 건강하며 늘 활기가 넘친다.

누구나 이 세 가지 보상의 삶을 간절히 원한다. 그러려면 겸손과 하나님을 경외함에 초점을 맞추어야 한다. 그런 삶을 살기 위해 최선을 다하면 이 세 가지 보상은 자연스럽게 주어진다.

시편 : 하나님은 그분의 영광스러운 이름과 명성을 아끼신다. 하나님이 가장 아끼시는 것은 '여호와', 거룩하신 이름이다. 그 이름의 영광을 위해서 언약을 반드시 지키신다. 우리의 죄를 용서하시며, 우리를 돕고 구원하신다. 그분의 영광스러운 이름을 스스로 지키신다. 하나님을 바로 알면 그분의 언약을 겸손하고 담대히 구하게 된다. 말씀을 따라 믿음의 삶에 도전한다.

잠언 : 겸손한 사람의 특징은 여호와를 경외하는 삶을 사는 것이다. 이런 삶에 주께서 보상을 주신다. 재물, 명예, 생명이다. 성경 전체에 이 말씀이 꽉~ 차있다. 재물, 명예, 생명을 얻는 방법은 너무 간단한데, 사람들이 너무 복잡하고 어려운 삶을 산다. 박사 학위 따위가 아닌 겸손과 하나님을 경외하는 삶에서 우리는 성공과 돌파의 비결을 찾아야 한다.

"겸손한 사람과 주님을 경외하는 사람이 받을 보상은 재산과 영예와 장수이다"(22:4 새번역).

여호와여, 우리를 돌이켜주소서

시편 80:19 잠언 23:7

만군의 하나님 여호와여, 우리를 돌이켜 주시고 주의 얼굴의 광채를 우리에게 비추소서. 우리가 구원을 얻으리이다 시편 80:19

시편 80편은 3,7,19절이 같은 말씀으로 마친다. 회복과 구원을 주시기를 기도한다. 하나님의 백성이 주 앞에 지은 죄악으로 인해 원수에게 비웃음과 조롱거리가 되었다. 개인과 교회 공동체 그리고 국가적으로 원수에게 심하게 짓밟혔다. 그래서 회복을 위해 눈물로 기도하고 있다. 주께서 자신들을 돌이켜 주시길 기도하고, 주의 얼굴빛을 비춰주시기를 구한다.

왜 우리가 주께 돌아가기를 기도해야 하는가? 우리가 죄의 길에서 돌이키는 것도 은혜가 있어야 가능하다. 회개는 우리가 하는 게 아니다. 하나님의 은혜와 긍휼이 필요하다. 한쪽만 돌이키면 되는 일방적인 게 아니다.

하나님께서 우리의 죄로 인해 진노하시고 얼굴을 돌리셨다. 그러니 주께서 얼굴을 우리에게로 돌이켜 주셔야 한다. 우리의 죄를 용서하시고 긍휼히 여기셔야 한다. 우리가 회개하며 주께로 돌아가야 하고, 하나님께서도 우리의 죄를 용서하시고 얼굴빛을 비춰주셔야 한다.

나라가 어렵고 교회가 조롱 당할 때는 눈물로 기도할 때다. 지금, 눈물로, 무릎으로 나아가자.

"주여, 주의 교회에 부흥을 주소서. 우리에게 주의 얼굴빛을 비춰주소서! 우리를 회복시켜주소서! 우리가 구원을 얻게 하소서!"

대저 그 마음의 생각이 어떠하면 그 위인도 그러한즉 잠언 23:7 상반절

번지르르한 말이 그의 마음은 아니다. "온유한 입술에 악한 마음은 낮은 은을 입힌 토기니라"(26:23)라고 하셨다. 입의 말로 사람의 됨됨이를 알 수 없다. 사람의 인격은 '그가 무엇을 생각하느냐'에 의해 형성된다. '거룩함'으로 생각을 가득 채우면 '거룩한

사람'이 되어간다. 생각이 행동과 언어와 태도와 습관에 영향을 주어 결국 인격이 형성된다. 고로 '무엇을 생각하느냐'가 열쇠다.

"생각하다"는 '귀로 듣는 것, 눈으로 보는 것을 받아들이는 행위'다. 보고 듣는 대로 받아들이지 말고 올바른 기준으로 분별하여, 받아들일 것과 거절할 걸 스스로 결정해야 한다. 주께서 다음 기준으로 생각하라고 명령하신다.

"형제자매 여러분, 무엇이든지 참된 것과, 무엇이든지 경건한 것과, 무엇이든지 옳은 것과, 무엇이든 순결한 것과, 무엇이든 사랑스러운 것과, 무엇이든지 명예로운 것과, 또 덕이 되고 칭찬할 만한 것이면, 이 모든 것을 생각하십시오"(빌 4:8 새번역).

'좋은 생각'을 갖는 최상의 길은 하나님의 말씀인 성경을 부지런히 읽고 묵상하는 것에 있다.

시편 : 주님이 그분의 빛나는 얼굴을 나타내시면 우리는 회복되고 구원받는다. 그 방법으로 주신 것이 성경 말씀이다.

"모든 성경은 하나님의 감동으로 된 것으로 교훈과 책망과 바르게 함과 의로 교육하기에 유익하니 이는 하나님의 사람으로 온전하게 하며 모든 선한 일을 행할 능력을 갖추게 하려 함이라"(딤후 3:16,17).

성경은 나를 온전하게 하여 모든 선한 일을 행할 능력을 갖추게 하신다. 잘 가다가 하나님께 책망받을 때가 중요하다. 이때 즉시 회개하고 바로잡아야 한다. 거역하고 빗나가면 목적지로 갈 수가 없다. 다윗은 나단 선지자의 책망을 듣고 회개하여 돌이켰고, 용서와 구원을 받았다.

오늘 말씀에서 책망받을 때의 태도를 크게 배운다. 주님의 책망이 우리를 회복시키고 구원받게 하신다.

잠언 : 나는 사람들의 말을 주의해서 듣는다. 그 사람의 입을 보면 그의 속이 보인다. 내 속을 말씀, 겸손함, 주를 경외함으로 꽉 채우면 내 입은 주의 입이 된다.

사람들을 위로하고 격려하고 지지하면서 주님의 아름다움으로 사람들을 세운다. 말할 때 더 신중해야겠다.

네 입을 넓게 열라, 내가 채우리라

시편 81:10 잠언 24:5,6

> 나는 너를 애굽 땅에서 인도하여 낸 여호와 네 하나님이니, '네 입을 넓게 열라 내가 채우리라' 하였으나 시편 81:10

하나님이 행하신 놀라운 일들을 묵상할 때, 출애굽 사건을 기억해야 한다. 애굽에서 바로에게 행하신 일들을 기억하자. 악성 종기, 우박, 메뚜기, 땅을 덮은 흑암 등을 기억하자. 하지만 고센에 있는 이스라엘에게는 어떤 재앙도 이르지 않았다. 결정적인 건, 유월절 사건이다. 어린 양의 피를 보시고 그들이 사망에 이르지 않게 하셨다.

또한 깊은 홍해를 발로 건너게 하신 일을 기억하자. 뒤로는 당시 최강이었던 바로의 전차 부대가 그들을 추격하고, 앞에는 수심 1,200미터의 깊은 홍해가 가로놓인 절체절명의 순간, 하나님은 바다를 가르시고 이스라엘 백성을 육지를 걷듯 건너게 하셨다. 크고 넓은 사막에서도 그들을 인도하고, 보호하고, 물을 내고, 만나를 먹게 하신 일을 기억하자.

시편에서 하나님이 이전에 행하신 놀라운 일들을 자주 언급하는 건, 그분이 지금 나의 하나님이시기 때문이다. 하나님의 능력은 조금도 줄어들지 않았다. 크고 곤란한 일이 발생하거나 긴급한 필요가 있을 때, 해결할 열쇠는 하나님을 향한 나의 믿음에 있다. 하나님은 어제나 오늘이나 영원토록 동일하시다. 그분은 나의 믿음을 통해 일하신다. 이 원칙은 변함이 없다. 그래서 하나님이 말씀하신다.

"네 입을 넓게 열라, 내가 채우리라."

내가 입을 여는 만큼 채우신다. 내 믿음만큼 일하신다. 그러니 입을 크게 열어야 한다. 오늘 나는 전능하신 나의 하나님을 향해 입을 넓게 연다. 주께서 채우실 줄 믿는다.

> 지혜 있는 자는 강하고 지식 있는 자는 힘을 더하나니, 너는 전략으로 싸우라. 승리는 지략이 많음에 있느니라 잠언 24:5,6

3절에 "집은 지혜로 말미암아 건축되고 명철로 말미암아 견고히 된다"라고 하신다.

견고하지 못한 집도 있다. 부실 공사 때문이다. 4절에 "방들은 지식으로 말미암아 각종 귀하고 아름다운 보배로 채운다"라고 하신다. 지혜는 집을 견고하게 하고, 지식은 집을 부유하게 한다. 필요한 가구를 공급한다.

정직과 부지런함의 수고로 얻은 재물이 귀하다. 근검절약하고 사치하지 않고, 모은 재물을 좋은 땅에 심을 줄 아는 게 지혜다. 좋은 땅이 어디인지, 재물을 어디에 두어야 하는지 아는 게 지식이다. 지혜 있는 사람이 힘센 사람보다 강하다. 지식 있는 사람이 무력을 쓰는 사람보다 언제나 강하다.

그래서 프로젝트를 진행하기 전에 먼저 전략 회의를 해야 한다. 승리를 위해서는 전략이 필요하다. 그러나 진정한 전략은 지혜에서 나온다. 지혜를 모으기 위해 활발히 논의해야 한다. 지혜롭고 지식 있는 참모가 많아야 성공한다. 지혜로 사업을 경영해야 한다.

하나님을 믿는 사람은 자기가 아무것도 하지 않아도 하나님이 하실 거라는 생각을 하지 말아야 한다. 그분을 전적으로 의지하는 것과 지혜와 지식을 사용하는 것에는 충돌이 없다. 하나님은 우리에게 필요한 지혜와 지식을 주신다. 그것을 사용할 때마다 하나님을 의지한다. 그래서 날마다 성령충만을 구하며 주의 말씀을 묵상한다.

나는 광야에서 입을 진짜 크게 연다고 열었다.
"교회를 100개 세우고, 가난한 자 5천 명을 먹이겠습니다."
그런데 내가 하나님을 몰라도 너무 몰랐다. 내 믿음이 너무도 작았다. 하나님은 이것을 벌써 다 이루게 하셨다. 하나님을 알고 그분을 경험한 만큼 믿음도 자랐다. 다시 입을 크게 열었다.
"교회와 함께 온 열방 242개국에 기독교문명개혁운동을 주도하겠습니다. 이 일을 이룰 수 있도록 네트워크를 형성할 교회와 선교지를 주십시오."
하나님은 나의 믿음만큼 일하고 계신다. 이미 150개국 이상에서 이 일이 이루어졌고, 곧 242개국에서 하나님의 원리 원칙으로 사는 사람들이 일어날 것이며, 하나님의 문화가 세상의 문화를 이길 것이다. 나는 믿음만큼 입을 열지만, 채우시는 분은 전능자 하나님이시다.
NCMN의 5K, My5K, 찾아가는 5K, 1221레드하트데이는 세상 문화를 하나님의 문화로 바꾸는 탁월한 전략이다.

하나님의 동역자의 특권

시편 82:1,6 잠언 25:4,5

하나님은 신들의 모임 가운데에 서시며, 하나님은 그들 가운데에서 재판하시느니라
내가 말하기를 너희는 신들이며, 다 지존자의 아들들이라 하였으나 _시편 82:1,6_

법정의 모습이다. 재판이 열렸다. 하나님이 재판장으로 앉으셨다. "신들"이 모여있
다. 재판장이신 하나님이 신들을 재판하신다. 우리가 아는 신은 오직 하나님 한 분이
다. 그런데 여기, 많은 신의 모임이 있다. 오해하지 말아야 한다. 이 "신들"은 하나님의
형상대로 창조된 사람들을 가리킨다. 하나님이 사람들을 "신들"이라 하셨다.

그들에게 주어진 권력과 권한, 지혜와 능력이 가히 '신급'이다. 하나님은 사람을 이처
럼 놀랍게 창조하셨다. 그분을 대신하여 세상을 다스리게 하셨다. 그런데 하나님의 원
칙대로 공평과 공의를 따라 살지 않고, 불공평과 불의를 행했다. 가난한 자와 궁핍한
자, 곤란한 자와 빈궁한 자를 돌보도록 권세와 능력, 지혜와 재물을 주셨지만 제대로
살지 않았다. 그래서 하나님이 재판석에 앉으셔서 재판하신다.

우리가 사는 지역 반경 5킬로미터 내의 가난하고 곤란한 자를 돌아보는 '5K 사역'은
우리의 마땅한 도리다. 전능하신 하나님, 사랑의 하나님이 이를 명하셨다(신 15:7). 이
를 행할 만한 능력과 지혜를 주셨다. "너희는 신들이며 지존자의 아들들이다"라고 하
셨다.

믿는 자와 교회가 앞장서서 이 운동을 적극적으로 이끌어야 한다. 더 나아가 세계를
섬기는 한국이 되어야 한다. 이것이 하나님을 기쁘시게 하는 길이다.

은에서 찌꺼기를 제하라. 그리하면 장색의 쓸 만한 그릇이 나올 것이요, 왕 앞에서 악
한 자를 제하라. 그리하면 그의 왕위가 의로 말미암아 견고히 서리라 _잠언 25:4,5_

품질이 좋은 은그릇을 만들려면 먼저 은에서 불순물을 제거해야 한다. 우리는 "그릇"
이다. 하나님은 우리를 좋은 그릇으로 빚어 사용하기를 원하신다.

"누구든지 이런 것에서 자기를 깨끗하게 하면 귀히 쓰는 그릇이 되어 거룩하고 주인

의 쓰심에 합당하며 모든 선한 일에 준비함이 되리라"(딤후 2:21).

우리에게 있는 불순물을 제거해야 주인이 쓰시기에 합당한 그릇이 된다. 자기를 깨끗하게 하는 것뿐 아니라 주께서 맡기신 일을 감당하려면 주변도 깨끗해야 한다.

왕이나 대통령이나 수상은 나라를 올바르게 이끌어갈 책임이 있다. 그러려면 함께 일하는 사람 중에 악한 자를 제해야 한다. 그래야 왕위가 견고해진다. 심지어 한 조직의 대표가 권위와 신뢰를 얻고, 그가 이끄는 팀이 놀라운 일을 수행하려면, 팀에서 악한 자를 제거해야 한다.

악한 자의 공통점은 하나님을 두려워하지 않고, 주의 말씀을 무시한다는 것이다. 이런 사람을 '탐관오리'라고 한다. 올바른 지도력을 발휘하려면 주변에 이 같은 사람을 제하고 '충신'을 많이 두어야 한다. 위로는 왕으로부터, 아래로는 작은 팀이라 할지라도 이 원칙은 같다.

시편 : 하나님이 일어나신다. 온 나라가 하나님의 것이기에 법정에 모든 신들을 모으고 재판하신다.

"언제까지 너희는 공정하지 않은 재판을 되풀이하고 악인의 편을 들려느냐? 너희들은 죽을 것이고 쓰러질 것이다"(1,7).

하나님께서 그분의 공의와 세우신 원칙으로 모든 사람을 심판하실 때, 나는 어떤 판결을 받을까? 아브라함의 자손인 내게 '세상을 다스려라, 정복해라, 경작해라'라고 하셨다.

나를 축복하시고, 천하 만민이 나를 통해 축복받게 하는 것이 하나님의 계획이다. 여기에 응답하는 삶을 살았는지가 심판의 기준일 것이다. 재판장 하나님을 묵상해본다. 더 잘 살아야겠다.

잠언 : 하나님을 두려워하지 않는 자와 함께 일하지 말자. 사역이나 사업이 흔들리게 된다. 그의 모든 사상에 하나님이 없기 때문이다.

순은을 만들기 위해 찌꺼기를 제거하듯이 하나님의 손에서 단련된 순전한 사람과 일하는 건 최고의 복이다.

하나님이 대신하여 싸우신다

시편 83:2-4 잠언 26:4,5

무릇 주의 원수들이 떠들며 주를 미워하는 자들이 머리를 들었나이다. 그들이 주의 백성을 치려 하여 간계를 꾀하며 주께서 숨기신 자를 치려고 서로 의논하여 말하기를, '가서 그들을 멸하여 다시 나라가 되지 못하게 하여 이스라엘의 이름으로 다시는 기억되지 못하게 하자' 하나이다 시편 83:2-4

"주의 원수들이 … 머리를 들었나이다"는 자신의 권세를 내세우며 거만하게 행동했다는 것이다. "주의 원수들"과 "주의 백성"을 같은 선상에 두었다. 이스라엘 백성은 주의 백성이다. 이스라엘을 대적하며 괴롭히는 자들은 주를 대적하는 자, 곧 '주의 대적들'이다. 하나님의 이름을 의지하는 사람, 교회, 나라를 괴롭히는 건 곧 하나님을 대적하는 일이다. 교회를 핍박하는 사울에게 예수님이 "사울아, 네가 어찌하여 나를 박해하느냐"라고 하셨다(행 9:4). 하나님이 대신하여 그들과 싸우신다.

"주께서 숨기신 자"란 주를 의지하는 백성을 말한다. 하나님이 그들을 은밀한 처소에 숨기신다. 가장 안전한 곳에서 아무런 해를 입지 않도록 보호하신다. 그래서 하나님의 교회는 절대 쇠하거나 사라지지 않는다. 하나님께서 그의 백성을 안전하게 보호하시기 때문이다. 대적이 절대로 접근할 수 없는 곳에 숨기신다.

"주의 원수들"이 말하기를 "우리가 가서 그들을 멸하자. 다시는 그들이 나라가 되지 못하게 하자. 다시는 그들의 이름이 기억되지 못하게 하자"라고 교만하게 말한다. 그러나 하나님은 원수들의 계획을 무효화시키실 것이다. 그들의 세력을 멸하실 것이다. 그들의 이름이 다시는 기억되지 못하게 하실 것이다.

미련한 자의 어리석은 것을 따라 대답하지 말라. 두렵건대 너도 그와 같을까 하노라. 미련한 자에게는 그의 어리석음을 따라 대답하라. 두렵건대 그가 스스로 지혜롭게 여길까 하노라 잠언 26:4,5

이 말씀은 상반되는 것 같지만 서로 모순되지 않는다. 미련한 자를 상대할 때는 두

가지 지혜로운 태도를 보여주라는 것이다. 곧 침묵할 때와 말할 때가 있다.

미련한 사람은 교만한 사람이다. 마음이 강퍅하여 하나님의 말씀을 무시한다. 말씀을 자기 삶에 조금도 적용하지 않는다. 자기 생각과 판단, 지혜와 지식을 절대시한다. 이기적이며 하나님을 두려워하지 않는다.

이런 미련한 자에게 침묵을 지켜야 하는 경우가 있다. 그가 어리석은 말을 할 때, 대답도 하지 말아야 한다. 또한 그를 가르치고 교정해야 한다. 그렇지 않으면 자기 의견에 동의하는 줄 알며, 자기가 지혜로운 줄 착각한다. 그러므로 하나님 말씀의 기준과 원칙을 명확하게 말해서 그의 말과 생각이 잘못되었음을 짚어줘야 한다. 논쟁하지 말고, 하나님의 말씀을 단호하게 말하자.

미련한 자가 거짓말하거나 남을 비방하고 헐뜯을 때, 침묵하지 말고 그의 태도와 말이 얼마나 잘못되었는지 명백히 말해줘야 한다. 그래도 알아듣지 못하면 다시 한 번 정확히 말하고 벌떡 일어서자. 다시는 상종하지 않을 사람으로 대하자.

원수들이 주님이 아끼시는 백성을 치려고 머리를 치켜들고 음모를 꾸민다. 주의 백성을 없애버리고, 그의 나라가 서지 못하게 하자고 한마음으로 모의하며 주님과 맞서려고 동맹을 맺는다. 그러나 나의 하나님은 그들을 바람에 굴리시고 쭉정이가 되게 하신다.

이 세상은 영적 전쟁 중이다. 승리해야 하는 교회의 사명 앞에 어둠의 세력은 아군끼리 싸우도록 계략을 펼친다. 여기에 빠지면 진흙탕 싸움으로 변진다. 아군끼리 치고받으며 교회가 깨져버린다. 특별히 주께서 부르시고 사명을 맡기신 사람이 있다. 그런 하나님의 사람을 괴롭히는 건 주님을 괴롭히는 것이나 다름없다. 교회와 사명자의 앞길을 막아서면 안 된다.

원수의 계략을 안다면, 서로 이해하고 용납하며 마음을 넓혀야 한다. 주의 사역이 멈추지 않도록 해야 한다. 미련한 삶을 버리자. 성령이 하나 되게 하신 것을 힘써 지켜내야지!

"너희가 부르심을 받은 일에 합당하게 행하여 모든 겸손과 온유로 하고 오래 참음으로 사랑 가운데서 서로 용납하고 평안의 매는 줄로 성령이 하나 되게 하신 것을 힘써 지키라"(엡 4:1-3).

27일

주의 집 - 더 나은 것,
문지기 - 더 좋은 것

시편 84:4,10 잠언 27:3

주의 집에 사는 자들은 복이 있나니, 그들이 항상 주를 찬송하리이다. (셀라) 주의 궁정에서의 한 날이 다른 곳에서의 천 날보다 나은즉, 악인의 장막에 사는 것보다 내 하나님의 성전 문지기로 있는 것이 좋사오니 시편 84:4,10

주의 성전을 사모하는 사람, 주의 성전에 사는 사람이 복 있는 사람이다. 거기서 하나님을 예배한다. 찬송과 기도와 말씀이 있다. 성도의 교제가 있다. 나의 왕, 나의 방패이신 하나님을 만난다. 하나님이 나를 힘있게 하시고, 주의 얼굴빛을 내게 비추시고, 내가 활기 넘치는 삶을 살게 하신다.

주의 궁정에서의 하루가 다른 곳에서의 천 날보다 낫다. 세상의 화려한 쾌락의 왕궁보다 하나님의 성전 문지기로 있는 게 훨씬 좋다. 2절에 "내가 여호와의 성전에 들어가기를 사모하며 내 마음과 육체가 살아계신 하나님께 기쁨으로 노래합니다"라고 고백한다. 성 어거스틴은 "나는 내 주 예수 안에 쉬기까지 참된 만족이 없습니다"라고 했다.

사람들은 주말에 놀러가서 쉼, 위로, 힘, 즐거움을 얻고자 한다. 그러나 나는 하나님께로 간다. 주를 섬기고 성도를 섬긴다. 내게 책임이 있기 때문이 아니다. 주를 만나기 때문이다. 거기에 참된 쉼과 위로, 회복과 기쁨이 있기 때문이다. 주차 안내, 주방 봉사, 의자 정리 등 뭐라도 좋다. 그저 즐겁기만 하다. 진정한 행복이 여기에 있다. 주님이 약속하셨다.

"이스라엘의 찬송 중에 계시는 주여, 주는 거룩하시니이다"(22:3).

"두세 사람이 내 이름으로 모인 곳에는 나도 그들 중에 있느니라"(마 18:20).

돌은 무겁고 모래도 가볍지 아니하거니와, 미련한 자의 분노는 이 둘보다 무거우니라

잠언 27:3

"분노"는 '속상함, 분함, 원통함, 화냄, 성냄, 슬픔'의 마음 상태, 감정 상태를 말한다. 실패감에 사로잡힐 때의 마음이다. 자기 연민에서 빠져 나오지 못하는 상태이기도

왕의 지혜

190

하다. 돌이나 모래는 무거워서 물에 가라앉는다. 그런데 이보다 더 무거운 게 "미련한 자의 분노"다. '분위기를 무겁게 하다'라는 말이 이것이다. '무겁게 하다', '가라앉다'라는 표현은 분노를 품은 사람에게 해당한다. 좋은 리더가 되려면 분노를 조절할 줄 알아야 한다.

분노를 품은 사람은 누군가가 그의 자존심을 건드리면 흥분하여 나오는 대로 함부로 말하고, 되는 대로 행동하기 십상이다. 이는 정말 위험하다. 자기 혈기를 제어하지 못하는 사람은 다른 사람도 해롭게 하지만, 무엇보다 자신을 궁지로 몰아간다. 자신을 찌그러뜨린다.

평소에 잘하다가 한 번 분노를 표출하면 공든 탑이 무너진다.

"사람이 성내는 것이 하나님의 의를 이루지 못함이라"(약 1:20).

의는 올바른 관계를 말한다. 분노할 때, 성낼 때, 화를 표출할 때 관계가 깨진다. 오직 한 가지, 이를 해결할 길이 있다. 나 자신이 성령과 말씀에 길들도록 부단히 훈련하는 것이다.

주의 집에 사는 자가 복이 있다는 말을 이제야 좀 알 것 같다. 주님의 원칙, 주님의 길, 주님의 방법으로 사는 것이다.

삶에서 주님과 항상 동행하니 내 입술에 찬송이 흘러나온다. 실패를 통해 성장해가는 것 자체가 주의 집에 사는 사람이 누리는 특권이다.

"악인의 장막보다 내 하나님의 성전 문지기로 사는 게 좋습니다!"

이 고백으로 사는 주변의 믿음의 사람(의인)의 삶을 보면, 아름다운 꽃에서 나는 향기와 기품이 느껴진다. 나도 덩달아 주님의 아름다움에 감격한다.

"하나님 앞에서 그리스도의 향기니"(고후 2:15).

반면에 악인이 풍기는 비릿한 냄새가 있다. 사람들을 압제하고 착취하며 죽이기 때문에 생선이 썩는 것 같은 역겨운 냄새가 난다.

향수로 몸을 치장하는 게 아니라, 그리스도의 아름다운 향기로 단장하자. 오늘 나는 향기로운 삶을 살 것이다.

주의 영광이 머무는 예배 공동체

시편 85:9　잠언 28:4

진실로 그의 구원이 그를 경외하는 자에게 가까우니, 영광이 우리 땅에 머무르리이다

시편 85:9

　하나님은 그를 경외하는 자에게 구원을 베푸신다. "가깝다"는 시공간적으로 가까운 것을 나타낸다. 고난 가운데 헐떡이는 자에게 하나님은 구원을 베푸신다. "진실로"는 '확실히, 반드시, 틀림없이'이며 '오직'을 뜻하기도 한다. 그러므로 오직 하나님을 경외하는 자를 하나님은 반드시 구원하신다. 그의 구원이 가까이 있다. 곧 구원하실 것이다. 손을 내밀면 바로 잡아주신다.

　하나님을 경외한다는 건 '하나님을 사랑하고 죄를 미워하는 것'이다. 하나님의 말씀을 경청하고 그 말씀을 마음에 품으며, 그 말씀대로 온 힘을 다해 살아가는 것이다. 하나님은 그런 사람을 가까이하고 도우신다.

　"영광이 우리 땅에 머무르리이다"는 이를 두고 하는 말씀이다. 하나님은 그를 경외하는 공동체를 회복하시고 그들과 함께하셔서 필요한 모든 것을 시시로 공급해주신다. 고난에서 건지시고, 상황을 바꾸시고, 하늘의 은혜를 풍성히 부으시며, 땅을 기름진 소산물로 넘치게 하신다.

　예배를 회복하시고, 그의 보좌로부터 흐르는 생명의 강물에 잠기게 하신다. 그리고 그들에게 주의 영광이 머문다!

　지금 여기, 그를 경외하는 공동체에 하나님의 임재가 머문다.

율법을 버린 자는 악인을 칭찬하나, 율법을 지키는 자는 악인을 대적하느니라 잠언 28:4

　"율법"은 하나님의 법, 하나님의 말씀, 성경을 말한다. 하나님의 말씀은 삶의 모든 영역의 매뉴얼이다. 공평과 공의, 정직과 진실로 사는 행동 지침서다. 말하고, 생각하고, 행동하는 데 있어 무엇이 옳고 그른지를 알려준다.

　"율법을 버린다"라는 건 하나님의 말씀을 자기 삶에서 제외하는 걸 말한다. 반대로

"율법을 지킨다"라는 건 하나님의 말씀을 삶의 모든 영역에 절대 가치와 기준으로 삼는 것이다. 율법을 버리는 자는 악인을 칭찬하고, 율법을 지키는 자는 악인을 대적한다. 그 사이에 '중립'은 없다.

율법, 즉 하나님의 법인 말씀이 없으면, 사람들은 제멋대로 판단하고 결정하고 행동한다. 하나님의 말씀은 개인만 아니라 가정, 사회, 국가의 기준이다. 그 말씀을 저버릴 때, 혼란에 휩싸이고 만다. 가치가 흔들리고 혼돈에 빠진다.

성경을 읽는 것과 지식으로 아는 걸 하나님의 말씀을 아는 것으로 단정해서는 안 된다. 그 말씀을 모든 것의 기준으로 삼아야 한다. 말씀을 따라 보고, 듣고, 생각하고, 말하고, 행동해야 한다. 그것이 하나님의 말씀을 아는 삶이다. 말씀 따로, 삶 따로 산다면 말씀을 모르는 거나 마찬가지다.

지금은 말씀이 흥왕해야 할 때다. 말씀을 읽고 묵상하고 그 말씀을 따라 살아내자. 그러면 개인은 물론이고 사회가 밝아지며 나라가 견고해질 것이다.

코람데오의 삶은 죄에 대한 민감성과 죄를 거절할 힘을 갖게 한다. 하나님을 경외하도록 이끌어간다. 우리 주님의 아름다움이 나를 통해 드러나길 갈망한다.

"오늘도, 미움을 사랑으로, 슬픔을 기쁨으로, 절망을 소망으로 바꾸시는 일에 저를 사용해주옵소서."

믿음으로 사는 건 하나님의 말씀을 따라 사는 삶이다.

삶의 우선순위를 첫째는 하나님, 둘째는 가정, 셋째는 사역으로 생각했었다. 그런데 성경을 자세히 읽어보니, 첫째도 하나님, 둘째도 하나님, 셋째도 하나님으로 살 때 내 힘과 능력이 아닌 성령의 능력으로 가정과 사업과 사역에서 하나님의 구원을 맛본다는 걸 알았다.

그럴 때 모든 것이 평강하고, 주님의 보호 아래 열매 맺는 삶이 될 수 있음을 깨달았다.

"주의 영광이 머무는 삶! 주여, 사모합니다."

여호와여, 내 주 하나님이여!

시편 86:1,2 잠언 29:7

여호와여, 나는 가난하고 궁핍하오니 주의 귀를 기울여 내게 응답하소서. 나는 경건하오니 내 영혼을 보존하소서. 내 주 하나님이여, 주를 의지하는 종을 구원하소서

시편 86:1,2

"가난하고 궁핍하다"라는 건 경제적인 것보다는 교만한 자, 잔인한 무리, 하나님을 두려워하지 않는 자, 주님을 안중에도 두지 않는 자들로부터 공격받는 상태를 말한다. 그들이 나를 멸시하고 무시하고 죽이려 한다. 그러나 그들과 같은 정신으로 대항하지 않기로 결단했기에 불쌍하고 힘없는 사람이 되어 오직 주의 길을 따르기로 결심한다.

이는 마치 힘없이 붙잡혀 로마 군병들에게 고난 당하신 우리 주 예수님과 같은 처지다. 그래서 "나는 경건하오니"라고 고백한다.

경건한 사람은 내 방법과 감정을 따라 살지 않고 오직 하나님의 말씀만 따라 살아간다. 경제적으로 압박받을 때, 사람들로부터 고통받을 때, 환경적으로 두려움이 몰려올 때, 낙심하지 않고 허둥거리지 않으며 주의 말씀을 의지한다. 오직 주님을 의지하고 종일 주께 부르짖을 뿐이다. 주님만 신뢰하고 그분을 우러러보며 구원해주시기를 바랄 뿐이다.

시편 86편에 "여호와여, 내 주 하나님이여, 주여, 주여, 주여, 여호와여, 주여, 주여, 여호와여, 주 나의 하나님이여, 하나님이여, 주여, 여호와여"라고 13번이나 부르짖는다. 주님은 선하시고, 기꺼이 용서하시며, 주께 나아와 부르짖는 사람에게 응답하시고, 사랑을 한없이 베푸시는 분이다. 주께서 친히 그런 사람을 보존하시고 도우시며 위로하신다.

의인은 가난한 자의 사정을 알아주나, 악인은 알아줄 지식이 없느니라 잠언 29:7

가난한 사람의 처지를 알고 이해할 줄 아는 사람이 아름답다. 그 마음이 귀하다. 그러나 이기적이며 자기 유익에만 집중하는 사람은 가난한 사람의 처지를 이해하지 못한다. 심지어 한 사무실에서 일하는 동료의 사정에도 관심이 없다. 들어주고 웃어주고 반응할 줄 모른다. 온통 관심이 자기에게 쏠려있다. 사람과 사물, 상황을 바라볼 여유도 통찰력도 없다.

그러나 관심을 두고 들어주고, 함께 울고 웃어주는 사람을 '의인'이라 하신다. 거창한 일을 하거나 대단한 말을 하는 사람이 아니다. 일상생활에서 마음에 여유를 갖고 곁을 돌아볼 줄 아는 사람이다. 때로는 길에서 풀빵이나 호떡이나 꽈배기를 한 봉지 사서 나누며 웃는 사람, 일상에서 벌어지는 작은 일에 귀 기울이고 반응하는 사람이 귀하다.

자기 문제에 빠져 허우적거리면 여유가 없어 주변을 돌아볼 수 없다. 옆 사람과 대화를 건성으로 한다. 일의 능률도 떨어진다. 그럴 때는 바로 하나님께 시선을 돌려야 한다.

말씀을 소리 내어 읽고 묵상하자. 하나님께 자신의 사정을 아뢰자. 그러면 비로소 주변을 돌아볼 마음의 여유가 생긴다. 남의 사정이 귀에 들어온다. 굶주린 배를 채우고 나서 "이제야 사람이 보인다" 하는 우스갯소리가 그냥 하는 말이 아니다.

시편 : 사역자의 길은 십자가의 길이다. 사람들이 예수님을 십자가에 못 박은 것처럼 사역자가 아무리 잘해도 십자가에 못 박힐 수밖에 없다는 사실을 알았다. 다윗을 통해 힘을 얻는다. 어떻게 대처해야 하는지를 배운다.

"주여! 내 주여! 내 하나님이여!"

주님께 울부짖으며 심장이 터져 나갈 듯 주께 나아가는 것만이 정답임을 깨닫는다.

"주여, 내게 은혜를 베푸소서. 내가 종일 주께 부르짖나이다. 내 기도에 귀를 기울이시고 내가 간구하는 소리를 들으소서! 주여, 내게 응답하소서"(3,6)!

오늘은 묵상 중에 눈물이 뚝뚝 떨어진다. 심장이 저며온다.

잠언 : 한때 가난했기에 가난한 자들을 위로할 수 있고, 그들과 함께 사는 게 익숙하다. 어느덧 그게 삶의 일부가 되었다. 하나님께서 NCMN 5K운동(: 나의 주변 반경 5킬로미터에 사는 가난하고 소외된 사람들을 돌아보는 운동)을 너무나 기뻐하신다. 오늘도 내 주변에서 5K를 실천할 것이다.

오늘도 나는 '레드하트' 할 것이다. 1221레드하트데이란 나에게 2개 있는 것 중 1개를 나누는 '사랑나눔데이'다.

갈보리
– 내 인생의 중심, 세계의 중심

시편 87:1,2 잠언 30:6

그의 터전이 성산에 있음이여, 여호와께서 야곱의 모든 거처보다 시온의 문들을 사랑하시는도다 시편 87:1,2

"터전"이란 '기초, 토대'다. 더 정확히 말하면 '중심, 중앙'을 말한다. '도시의 중심, 나라의 중심'을 말할 때 쓰인다. "성산"이란 '예루살렘'을 말한다. 예루살렘이 성산, 곧 거룩한 산인 것은 하나님의 성전이 있기 때문이다. 그래서 하나님은 예루살렘을 세계의 중앙으로 삼으셨다. 거기에 성전을 두셨다. 그곳에 갈보리 언덕이 있다. 온 땅의 구원 역사가 펼쳐진다. 이것이 하나님의 계획이다.

하나님은 예루살렘을 '하나님이 성'이라 부르며 영광스럽게 하셨다. 그분은 야곱의 모든 거처보다 시온의 문들을 사랑하신다. 이스라엘 지파가 흩어져 사는 곳 전체보다 하나님의 성전이 있는 곳을 더 사랑하신다. 구원의 근원이 있기 때문이다. 세계 여러 나라에 울창한 숲과 아름다운 도시가 많아도 우리는 예루살렘을 사랑한다. 우리의 구원이 거기서 시작됐기 때문이다. 하나님의 성전이 있기 때문이다.

우리 삶의 중심은 하나님의 임재가 있는 곳이다. 예수 그리스도는 내 인생의 중앙에 계신다. 대한민국의 중심이 세종로 광장이듯이 내 인생의 중심은 갈보리 언덕이다. 그리스도의 십자가로 시작해 내 삶도 펼쳐진다. 십자가에서, 십자가로부터, 십자가에 의해서, 십자가를 위하여 인생의 역사가 펼쳐진다. 오늘도, 내일도, 영원히.

너는 그의 말씀에 더하지 말라. 그가 너를 책망하시겠고 너는 거짓말하는 자가 될까 두려우니라 잠언 30:6

주의 말씀은 완벽하다. 빼거나 더할 것이 없다. 만일 누군가가 시대가 다르고 문화가 다르니 하나님의 말씀, 곧 신구약 성경 66권이 불충분하여 보충하려 한다면 단호히 거절해야 한다. 혹은 말씀의 특정 부분을 불필요하다며 뺀다면 그것도 마찬가지다.
"그의 말씀"은 이미 충분하다. 말씀의 저자가 하나님이시기 때문이다.

그분은 지혜와 지식에 있어서 완벽하시다. 내 생각을 집어넣어 하나님의 말씀처럼 전하면, 나는 거짓말쟁이가 된다. 주의 말씀을 어림짐작으로, 내 멋대로 덧붙이는 일은 절대 없어야 한다.

주의 말씀을 올바르게 깨닫도록 지혜와 명철을 구해야 한다. 주의 말씀에 가감하지 말아야 한다. 아무도 그럴 권한이 없다. 주의 말씀을 대할 때, 늘 두려운 마음으로 신중하고 겸손해야 한다. 신실하고 충성된 일꾼이 되어야 한다.

하나님의 말씀은 모두 순결하며, 그분은 그를 의지하는 사람의 방패가 되신다(5). 하나님의 모든 약속은 언제나 증명된다. 누구든지 하나님께로 달려가 도움을 청하면 반드시 보호해주신다.

시편 : 하나님의 영광이 떠난 성전이 무슨 의미가 있겠는가! 말씀과 예배와 기도가 없는 성전은 단지 건물일 뿐이다. 그저 사람들이 모이는 동아리일 뿐이다.

오늘날 교회의 회복이 절실하다. 서로 기도해주고, 격려하고, 물질을 나누어 도와주며 성령으로 행하는 교회에는 주께서 부흥을 주신다. 구원받은 자의 감격이 있는 삶을 맛보게 하신다.

"하나님을 찬미하며 또 온 백성에게 칭송을 받으니 주께서 구원받는 사람을 날마다 더하게 하시니라"(행 2:47).

전 세계 아름다운 도시를 많이 다녔다. 그래도 하나님의 성이 있는 곳, 구원이 시작된 곳, 예루살렘을 나는 열렬히 사랑한다.

잠언 : 하나님의 말씀을 전할 때는 내 생각이 아닌 오직 주의 말씀을 있는 그대로 정확하고 명확하게 전해야 한다. 말씀의 다림줄을 확실하게 내려주어야 한다. 나는 말씀 사역자로서 늘 두려운 마음으로 하나님 앞에 선다. 그래야 주께서 나를 사용하신다.

사람을 두려워하거나 기쁘게 하려고 애쓰지 말자.

오직 주님만 두려워하자.

그래야 정확한 메시지를 전할 수 있다.

31일

아빠 아버지가 계시니 나는 행복하다!

시편 88:1,2 잠언 31:2

여호와 내 구원의 하나님이여, 내가 주야로 주 앞에서 부르짖었사오니, 나의 기도가 주 앞에 이르게 하시며, 나의 부르짖음에 주의 귀를 기울여주소서 시편 88:1,2

시편 88편은 '탄원시'다. 대부분의 탄원시는 자신의 어려움을 호소하다가 하나님을 바라봄으로 찬양하며 끝을 맺는다. 그러나 88편은 탄원에서 시작하여 탄원으로 끝맺는다. 그래서 '시편 중의 욥기 혹은 예레미야애가'라고 할 수 있다. 초대 교회 때는 고난주간의 예수님이 십자가에 달리신 금요일 저녁 예배에서 이 88편을 감정을 실어서 낭독했다.

우리는 꺼져가는 자신의 생명을 구원해주시기를 하나님께 밤낮 부르짖는다. "여호와 내 구원의 하나님이여"라고 간절히 부르짖는다. "여호와"를 '아빠 아버지'라고 해도 무방하다. 나의 고통과 환난을 이해하시고, 나의 부르짖음을 들으시고, 나의 상황에 함께해주시는 나의 구원의 아버지 하나님께 탄원한다. 밤낮으로, 매일, 아침부터 부르짖는다(1,9,13).

나를 향한 아버지 하나님의 사랑을 굳게 믿는다. 듣고 응답하셔서 구원하실 줄 믿는다. "주 앞에서 부르짖으면" 그 기도가 반드시 "주 앞에 이르게" 될 줄 믿는다. 나의 기도가 하나님 보좌에 이르렀고 접수될 줄 믿는다. 그분은 허리를 굽혀 두 팔로 나를 안아주시고 내 등을 어루만지며 위로하고 힘 주시는 아버지시다. 고난 가운데 위로하시고, 외로움 가운데 함께하시는 아버지께 오늘도 부르짖는다.

내 아들아, 내가 무엇을 말하랴. 내 태에서 난 아들아, 내가 무엇을 말하랴. 서원대로 얻은 아들아, 내가 무엇을 말하랴 잠언 31:2

3번이나 "내 아들아"라고 말씀하신다. 사랑이 가득한 하나님 아버지의 마음이다. 예수님의 십자가 고난으로 얻은 아들이다. 산고를 통해 낳은 아들이다. 서원한 아들이며 날 때부터 하나님의 것으로 구별한 아들이다.

왕의 지혜

198

마치 사무엘과 야베스처럼(대상 4:9) 나도 그런 사람이다.

"너는 왕 같은 제사장이다. 하나님이 행하신 놀랍고도 아름다운 일을 먼저 행하고, 땅끝까지 선포하는 자다"(벧전 2:9).

그리고 또 3번이나 "내가 무엇을 말하랴"라고 하신다. 당부하고 싶은 말이 많으나 가장 중요한 말을 하고픈 하나님 아버지의 심정이다. 당부하는 건 오직 두 가지다. 왕, 곧 지도자에게 마땅하지 않은 것, 어울리지 않는 것, 옳지 않은 것이 있다.

첫째로 힘을 여자에게 쓰지 말아야 한다. 어리석고 미련한 여자, 쾌락을 따르고 하나님의 일에는 관심이 없는 여자에게 시간과 에너지를 낭비하지 말라고 하신다. 많은 왕이 이것으로 멸망 당했으니 교훈으로 삼고 경계해야 한다. 여자도 마찬가지다.

둘째로 술에 중독되지 말아야 한다. 방종하지 말아야 한다. 절제할 줄 알아야 한다. 술에 취하면 방탕해지기 때문이다(엡 5:18).

한마디로 쓸데없는 데 에너지를 소진하지 말아야 한다. 삼손의 힘의 근원은 그의 머리카락에 있지 않고 거룩함에 있었다. 오직 말씀을 따라 성령의 힘으로 믿음과 순종의 삶을 사는 것이 기독교문명개혁운동을 주도하는 사람에게 합당하다.

시편 : 내 생명을 구원해주시길, 밤낮 하나님께 부르짖을 수 있는 이유는 그분이 긍휼로 공의를 사용하시기 때문이다. 공평한 판결을 내리시기 때문이다. 그런 주님의 성품이 내게 언제나 큰 힘과 용기를 준다. 주님께 부르짖을 힘을 준다.

주님은 나와 사람들, 나와 사건들 사이에서 공의로 다스리고 긍휼로 덮으신다. 주님을 묵상하면 어떤 상황에서도 힘이 난다.

"주님, 사랑합니다."

잠언 : 나를 살리시는 지혜와 명철의 말씀이다. 계속해서 귀 기울여 들을 것이다.

'내 아들아~ 내 태에서 나온 아들아~ 내가 서원하고 얻은 아들아~ 내가 무엇을 말할까? 네 가치는 주님의 목숨값이란다.'

'내 아들아, 내 딸아'라고 부르시는 주님 앞에서 그냥 울어버린다. 내가 뭐라고… 눈물이 뚝 뚝…. '내 딸 미진아 ~' 이거면 충분하다.

왕의 딸답게 품위 있게 담대하고 당당하게 살 것이다.

KING'S WISDOM

April

4월

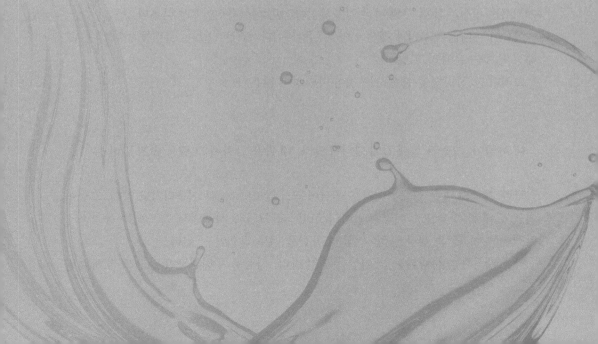

불평등 언약 – 하나님의 은혜

시편 89:3,4 잠언 1:15

주께서 이르시되 "나는 내가 택한 자와 언약을 맺으며, 내 종 다윗에게 맹세하기를, '내가 네 자손을 영원히 견고히 하며 네 왕위를 대대에 세우리라'" 하셨나이다 (셀라)

시편 89:3,4

이것이 하나님이 일방적으로 약속하신 불평등 언약인 '다윗 언약'이다. 하나님이 다윗에게 그 어떤 조건도 제시하지 않으셨기에 '은혜 언약'이기도 하다.

이 같은 언약을 우리도 받았다. 주님이 우리의 모든 죄를 용서하시고, 깨끗하게 하시고, 자녀 삼으셨다. 성령을 보내서서 우리가 예수님의 성품을 닮아가고, 그의 놀라운 뜻을 성취하고, 온 땅에 영향을 주며 하나님나라가 임하게 하여 그분의 영광이 가득한 삶을 살도록 약속하셨다.

이 놀라운 약속이 삶에 성취되기 위해 내가 할 건 없다. 오직 믿기만 하면 된다. 그대로 두 손으로 받아 벅찬 가슴으로 감사하며 두 발로 살면 된다. 우리가 믿고 순종하면 그대로 이루어진다. 이는 오직 하나님의 '인자하심과 성실하심'으로 이루어진다! '인자하심'은 크고 놀랍고 조건 없는 일방적 사랑이다. '성실하심'은 약속을 반드시 지키시는 신실하심이다. 89편은 인자하심이 7번, 성실하심이 8번 나온다.

이같이 하나님이 우리와 맺은 언약은 일방적이다. 조건이 없다. 불평등 언약이다. 그래서 '넘치는 은혜'라고 말한다.

그러니 그 하나님을 찬송하는 것이 마땅하지 않은가!

내 아들아, 그들과 함께 길에 다니지 말라. 네 발을 금하여 그 길을 밟지 말라 잠언 1:15

악한 자들의 말은 한순간이라도 귀담아듣지 말고, 그들과 어울리지도 말며, 그들이 가는 길에 한 발짝도 들여놓지 말아야 한다. 혹 그들과 사귀면서 그 길에는 동참하지 않겠다는 어리석은 생각은 하지 말자. 자신을 너무 믿으면 안 된다.

악을 계획하는 사람과는 더 이상 사귀지 마라. 사람을 두려워하지 말고 오직 하나님만 두려워해라. 사람을 기쁘게 하려 하지 말고 하나님만 기쁘시게 해라.

그들과 생각하고, 바라보고, 말하고, 살아가는 법이 달라야 한다. 그들은 잔인하고 이기적이고 탐욕스럽다. 재물을 다루는 법이 세상적이다. 가치관, 인생관, 목적의식이 우리와 다르다. 그들은 겉모양을 치장하는 데 온 신경을 쓰며, 내면의 아름다움에는 관심이 없다. 정직하고 진실한 삶, 희생적이고 주는 삶을 비웃는다. 무엇보다 하나님의 말씀을 무시한다.

이런 사람들과는 어떤 일도 함께하지 말아야 한다. 후회할 일을 하지 마라. 오직 하나님의 기쁨만 구하면 후회하지 않을 것이다. 그러면 하나님이 좋은 친구를 보내주실 것이다. 예수님을 사랑하는 사람들과 사귀어라. 주의 뜻을 따라 살고자 고민하며 애쓰는 사람들과 함께 지내라.

오직 하나님의 말씀을 인생 교과서, 삶의 지침서로 삼아 귀를 기울여라. 그러면 나를 평탄한 길, 형통의 길로 인도하실 것이다.

시편 : 하나님께서 택한 자와 언약을 맺으신다는 말씀에 소망이 충만하다. 하나님은 아브라함을 택하셨다. 다윗도 아브라함의 씨다.

"예수 그리스도는 나의 구주입니다"라는 믿음의 고백으로 나도 아브라함의 자손이 되었다(갈 3:29).

내가 무엇을 해서 하나님의 복을 받는 게 아니다. 내 믿음이 이 놀라운 약속을 내 것으로 만들었다. 오늘도 내가 누구인지를 생각하며 아브라함의 자손답게, 언약 백성답게, 하나님의 성품, 하나님의 원리 원칙으로 동역자들과 함께 힘껏 살아낼 것이다.

잠언 : 악인들의 발은 악으로 치닫고 피 흘리는 일에 서두른다. 악인들의 계략에 말려들지 않으려면 늘 말씀에 깨어있고 성령에 민감해야 한다. 악인들의 계획은 그럴듯하게 포장되어 있으니 그들과는 말도 섞지 말아야 한다.

주의 지혜와 분별력을 구한다. 매일 하나님의 사람들과 어울리는 삶이 나를 아브라함의 씨로 살게 한다. 나 또한 그들이 그렇게 살도록 돕는다. 그런 삶이 지혜자의 아름다운 삶이다.

어디가 나의 안전지대입니까?

시편 90:1,2 잠언 2:4,5

주여, 주는 대대에 우리의 거처가 되셨나이다. 산이 생기기 전, 땅과 세계도 주께서 조성하시기 전 곧 영원부터 영원까지 주는 하나님이시니이다 시편 90:1,2

우리가 보호받고 돌봄을 받고 안식할 수 있는 거처이신 하나님. 풍랑이 일 때 안전한 항구에 정박하듯 하나님만이 우리의 피난처이며 안전지대시다.

나는 세계 여러 나라의 아름답고 평화로운 도시들을 방문했다. 그곳에 정착하기를 요청받은 적도 있다. 그러나 대한민국 서울에 살기로 매번 결정했다. 오염도도 높고, 교통 사정도 좋지 않고, 무엇보다 전쟁의 위협으로 마치 턱 밑에 칼을 둔 기분일 때였다. 그러나 서울을 택했다. 가장 안전하기 때문이다. 하나님의 뜻 한가운데 머무는 삶, 거기가 내 거처다.

하나님은 이스라엘 백성이 거칠고 위험한 광야를 지날 때, 마치 독수리가 그 날개 위에 새끼를 업은 것처럼 그들을 보호하며 인도하셨다. 비록 황량한 사막일지라도 하나님이 함께 계시면 그보다 더 행복하고 안전하며 평안한 곳은 없다. 화려하고 아름다운 왕궁이라도, 숲과 공원, 각종 문화시설, 교통과 통신시설이 완벽하게 갖추어진 도시라도, 하나님이 계시지 않으면 무슨 의미가 있는가! 대대로 하나님은 그의 백성의 거처가 되신다. 주님이 친히 "내 안에 거하라. 나도 너희 안에 거하리라"라고 말씀하신다(요 15:4).

"나의 거처가 되시는 주 예수님, 나는 오늘도 그 안에서 생명과 기쁨, 평안을 누립니다."

그곳이 바로 나의 안전지대다.

은을 구하는 것같이 그것을 구하며, 감추어진 보배를 찾는 것같이 그것을 찾으면, 여호와 경외하기를 깨달으며 하나님을 알게 되리니 잠언 2:4,5

하나님을 알고자 하는 자세를 보여준다. 숨겨진 보물을 찾듯, 부지런히, 갈급하게,

힘을 다해 주를 찾아라. 그러면 분명 놀라운 일을 경험한다. 하늘의 보화를 갖게 된다. 게으르게 가만히 앉아 맥없이 널브러져 있으면 아무것도 얻지 못한다. 감추어진 보물을 찾기 위해 목숨을 건 모험에 나선 이야기가 많다. 이처럼 시간을 내야 하고, 배를 사고, 장비를 갖추어야 한다. 경비 예산도 세워야 한다. 무엇보다 위험을 감수해야 한다. 하늘의 감추어진 보화는 이런 사람의 것이다.

감추어진 가장 놀라운 보화는 '하나님을 경외하는 길'을 깨닫고, '하나님을 아는 지식'을 터득하는 것이다. 하나님을 경외하는 길을 깨닫는 데서 모든 지혜와 총명이 나온다. 분별력과 판단력, 이해력과 통찰력이 나온다. 이보다 큰 보화가 있을까! 또한 "오직 자기의 하나님을 아는 백성은 강하여 용맹을 떨치리라"라고 하셨다(단 11:32). 강하다는 건 '어떤 상황에도 평상심을 유지하는 내적인 힘'이 있다는 것이다. 용맹을 떨친다는 건 '불가능한 상황을 돌파하고 상황을 바꾸어 하나님나라가 임하게 하는 외적인 힘'을 말한다.

나는 눈에 불을 켜고, 심장에 불을 붙이고 하나님의 말씀 속 보화를 찾으리라!

시편 : 주님은 대대로 우리의 거처이시고, 산과 땅, 세계가 생기기 전에 영원부터 영원까지 하나님이시다.

일본 집회에 갔을 때, 강한 지진을 만났다. 새벽에 머물던 호텔에 난리가 났다. 물건이 다 떨어지고 침대가 크게 흔들렸다. 대피 방송이 나왔다. 나는 홍 목사님이 계신 방문을 급히 두드렸다. 그때 목사님이 "자매님! 하나님의 뜻 안에 계십니까? 그렇다면 죽으나 사나 이곳이 가장 안전한 곳입니다"라고 하셨다. 아직도 그 말씀이 생생하게 나를 이끌어가고 있다.

나의 안전지대는 어디인가? 오늘도 하나님의 뜻 한가운데 있기를 선택한다.

잠언 : 어릴 때, 보물찾기 놀이를 많이 했다. 선생님이 보물이 적힌 종이쪽지를 나무가 많은 숲에 숨겨놓으시면 아이들이 열심히 찾았다. 선물을 받으면 최고로 기쁜 날이었다. 가만히 앉아서 수고도 없이 하나님을 만날 수 없다. 금은보화를 찾듯이 하나님을 부지런히 찾아야 한다.

말씀의 보화를 캐려면 성실해야 한다. 매일의 묵상은 금맥(金脈)을 캐는 작업이다. 나는 이 시간이 참 좋다. 마음이 한없이 풍성해진다. 어떤 상황이 발생해도 내게 미소 지을 여유를 주기 때문이다.

내 아들아, 안심하라.
여기는 절대 안전하다

시편 91:1 잠언 3:7,8

지존자의 은밀한 곳에 거주하며, 전능하신 자의 그늘 아래 사는 자여 시편 91:1

"지존자"의 히브리어 '엘리욘'(elyon)은 하나님 이름의 고유대명사로 '가장 높은 자'를 뜻한다. 개정표준역 영어 성경 RSV는 "Most High"로 번역했다. 멜기세덱과 아브라함은, "지극히 높으신 하나님, 엘 엘리욘"(el elyon)을 섬겼다(창 14:18-22). "은밀한 곳"은 '은신처, 보호, 비밀의 장소, 덮개'를 뜻한다.

"전능자의 그늘"은 "지존자의 은밀한 곳"을 구체적이고 반복적 의미로 표현한다. 나를 보호해주시는 분은 "전능자"(샤다이, saday, almighty)시다. "엘 샤다이"는 '전능하신 하나님'(Almighty God)이다. "전능자의 그늘 아래"는 낮의 더위를 피하는 휴식처, 보호처를 말한다. 그곳은 나를 보호해준다. 원수가 찾아도 발견되지 않게 덮개로 보호해주시는 비밀 장소여서 안전하다.

아프리카에서 사람들이 큰 나무 아래 모여 교제하는 걸 보았다. (때로는 50도가 넘는) 뜨거운 햇볕을 피하기 위해서다. 우리 하나님, 그 이름 '여호와'는 바로 그런 분이다. 우리는 전능자의 그늘 아래 산다.

그곳은 비밀의 장소여서 가장 안전하며, 뜨거운 햇볕을 가려주어 시원하다. 전염병, 공포, 재앙, 원수의 화살로부터 우리를 막아주고 보호해준다. 그분이 말씀하신다.

"두려워하지 마라, 놀라지 마라."

우리의 주소는 바로 그곳, 전능자의 그늘 아래다. 비밀 장소다. 절대 안전하다. 그러니 안심해라!

스스로 지혜롭게 여기지 말지어다. 여호와를 경외하며 악을 떠날지어다. 이것이 네 몸에 양약이 되어 네 골수를 윤택하게 하리라 잠언 3:7,8

하나님의 처방전 - 건강의 비결 그리고 보약

내 몸을 건강하게 하는 최고의 보약이 있다. 이는 내 뼈들을 윤택하게 하여 생명력으로 약동하고 활기가 넘치게 하는 약이다. 바로 아는 척하지 않고 항상 주의 지혜를 구하는 것이다.

"스스로 지혜롭게 여기지 말라"는 것은 자기 생각, 경험, 방식을 고집하지 말라는 말이다. 자기가 제일 잘 안다고 생각하지 마라. 자기 생각을 따라가지 말고 하나님을 의지하고 그분의 뜻을 구해라. 나의 지혜가 아니라 하나님의 지혜를 구해라. 그것이 건강의 비결이다.

또한 하나님을 경외하는 것이다. 언제나 하나님의 얼굴 앞에서 코람데오의 삶을 살자. "여호와를 경외하는 것은 악을 미워하는 것"이라고 했다(8:13). 악을 떠나 멀리하는 것이다. 하나님을 경외하는 것과 악을 떠나는 것은 언제나 함께 이루어진다. 서로 떼어놓을 수가 없다. 최고의 양약이며, 건강의 비결이다.

스스로 지혜롭게 여기지 말고, 하나님의 지혜를 구하고, 그분을 의지하며 경외하고, 악을 미워하고 떠나는 것이 가장 놀라운 의사이신 하나님의 처방전이다!

시편 : 가장 높으신 분의 보호를 받으며 사는 사람은 전능하신 분의 그늘 아래 머무를 것이다(1). 오! 얼마나 놀라운 말씀인가. 전능자께서 나를 덮어 보호하시는 그늘 아래 사는 것이 가장 안전하고 평안하다.

아이들이 다니는 학교 운동장 사방으로 고속도로가 지나가면서 차들이 시속 100킬로미터 이상으로 달린다면, 운동장의 어디가 가장 안전한가? 만약 울타리가 없다면 아이들은 중앙에서만 아주 작게 움직이며 놀 것이다. 그러나 가장자리 전체에 울타리가 있다면 운동장 전체를 크게 사용하면서 안전하게 뛰놀 것이다.

오늘도 전능자의 법 안에 있을 때, 나는 가장 안전하게 보호받으며 자유로운 삶을 산다.

잠언 : 스스로 지혜롭게 여기지 말고, 주님을 경외하며 악을 멀리하라(7).

나는 경험으로 알고 있다. 내 몸의 최고의 보약은 악을 떠나고 하나님을 경외하는 삶에 있다는 것을. 병원이나 보약이 나를 건강하게 하는 게 아니다. 말씀을 따라 사는 삶은 나를 안전하게 지켜주며, 평안을 누리게 한다.

4일

내게 신선한 기름을 부으셨나이다

시편 92:10 잠언 4:4,9

그러나 주께서 내 뿔을 들소의 뿔같이 높이셨으며, 내게 신선한 기름을 부으셨나이다

시편 92:10

시편 92편은 전체 150편 중 유일하게 "안식일의 찬송시"라는 표제가 붙었다. 대부분의 시편이 안식일 혹은 축제일에 불렸음에도 특별히 이 시편에만 붙어있는 걸 보면 주일 예배의 감격을 더욱 실감할 수 있다.

92편에는 "여호와" 하나님의 이름이 7번(1, 4, 5, 8, 9, 13, 15) 나온다. 하나님께서 여섯째 날까지 창조하시고, 일곱째 날 안식하심을 보여준다. 또한 "주께서 행하신 일", "주의 손의 행사"가 반복되며, 주님의 생각과 행사를 기억하고, 기뻐하고, 감사하고, 찬양한다. 이것이 진정한 안식일의 모습이다.

기독교는 '하다'(do)가 아니라, '이미 이루어졌다'(done)를 기반으로 한다. 하나님이 예수 그리스도 안에서 이루신 놀라운 일들을 우리 삶에서 누리는 게 진정한 안식이다. 우리는 홍해를 건너기 전의 두려움, 다급함, 절체절명의 위기 안에 머무는 게 아니다. 하나님의 크고 놀라운 행사로 홍해를 건넜다. 홍해 너머의 언덕 위가 우리가 머무는 곳, 안식의 장소다. 그곳에는 구원, 자유, 감격, 감사, 기쁨과 즐거움이 있고, 하나님을 향한 찬송과 경배만이 있다.

"들소의 뿔"은 강력한 힘, 막강한 힘을 말한다. 주를 기뻐하는 예배자에게 이같이 다이내믹한 삶을 살게 하신다. 어리석은 자, 무지한 자는 이를 알지도, 깨닫지도 못한다.

악인이 아무리 번성하고 형통해도 한낱 풀처럼 오래가지 못한다. 그러나 주를 믿는 의인에게는 주께서 새 힘과 활력을 주신다. 기쁨과 즐거움을 흠뻑 주시며 능력이 넘치게 하신다.

주일마다 주 앞에 나와 찬양하며 즐거워하는 주의 백성에게 성령으로 신선한 기름부음을 주신다. 한 주를 생동감 있고, 역동적으로 살게 하신다.

아버지가 내게 가르쳐 이르기를, "내 말을 네 마음에 두라. 내 명령을 지키라. 그리하면 살리라 … 그가 아름다운 관을 네 머리에 두겠고, 영화로운 면류관을 네게 주리라" 하였느니라 잠언 4:4,9

하나님은 우리 아버지시다. 우리가 잘되고 형통하기를 원하신다. 영화롭고 아름다운 관을 우리 머리에 씌우기를 바라신다. 우리를 아름답게 해주기를 원하셔서 우리에게 그 길을 보여주셨다. 어려운 게 아니다. 오직 그의 말씀을 우리 마음에 간직하고, 그대로 힘을 다해 살아내는 것이다.

하나님 아버지는 따분하고 지루하거나 엄격하고 딱딱한 훈장님이 아니시다. 우리를 아끼고 사랑하는 아버지시다. 우리는 사랑으로 그의 말씀을 듣고 마음에 새기고, 그 말씀대로 살고자 한다. 기쁨과 즐거움으로 그 말씀에 응답한다.

그 말씀을 마음에 간직하고 지켜 행할 때, "그리하면 살리라" 하신다. 행복하고, 밝고, 힘있고, 안전하며 미래가 보장된 삶이다. "영화로운 면류관을 네게 주리라" 하신다. 영광스럽고, 존경받고, 존귀한 삶이 주어진다. 이보다 더 놀라운 약속이 있을까! 이처럼 아름다운 삶이 있을까! 하나님의 말씀을 따라 살면 이런 삶이 보장된다.

시편 : 내 친구 경희가 날 위해 기도하다가 92편 10절을 문자로 보내주었다. "주께서 내 뿔을 들소의 뿔같이 높이셨으며 내게 신선한 기름을 부으셨나이다." 그러면서 "미진아, 너는 주님이 주시는 힘으로 사명을 잘 감당하게 될 거야"라고 덧붙였다. 이 말씀은 나를 겸손하게 만들었고 "나의 나 됨이 오직 주의 은혜로 되었습니다"라고 고백하게 했다. 매일의 말씀 묵상이 주는 유익은 오직 하나님께 소망을 두고, 하나님만 경외하는 삶을 늘 갈망하게 만드는 것이다.

"오늘도 겸손한 자리, 제 주제를 아는 자리에 있겠습니다."

잠언 : "그(THE) 지혜"가 아름답고 영광스러운 화관을 나의 머리에 씌워준다. 말씀을 따라 살며, 하나님 음성에 귀 기울이는 것이 나를 존귀한 삶으로 이끌었다. 주의 말씀을 마음에 간직하고 그 명령에 따라 믿음으로 사는 사람들이 주변에 많다. 내 눈에도 이리 아름다운데, 하나님 눈에는 오죽하시겠는가!

여호와께서 다스리시니 흔들리지 않는다

시편 93:1 잠언 5:3-6

여호와께서 다스리시니 스스로 권위를 입으셨도다. 여호와께서 능력의 옷을 입으시며 띠를 띠셨으므로 세계도 견고히 서서 흔들리지 아니하는도다 시편 93:1

"스스로 권위를 입으셨도다." 이 세상의 왕들은 화려한 복장으로 자기의 왕 됨을 드러낸다. 그러나 하나님은 그의 권위로 왕 되심을 드러내신다. 그래서 "능력의 옷"을 입으셨다. 하나님나라는 말에 있지 않고 능력에 있다(고전 4:20)고 하심이 그것을 나타낸다.

능력의 옷, 권위의 띠, 보좌 그리고 보좌에 앉아 다스리시는 "여호와" 하나님이 시편 93편의 핵심이다. 그가 다스리시니 세계가 견고히 서고 흔들리지 않는다. 모든 것이 그의 발아래 복종한다. 어떤 권위도 대항하지 못한다. 어떤 힘도 이길 수 없다. 그의 보좌는 견고하고, 왕위는 영원하다.

악한 지도자가 나라를 다스리고 세계 질서를 무너뜨릴 때, 하나님은 반드시 질서를 바로잡으신다. 역사를 보면 알 수 있다. 하나님 공의의 맷돌은 모든 악을 남김없이 부수고 가루로 만든다.

"여호와께서 다스리신다." 이보다 강력한 선언이 어디 있는가! 그의 백성에게 이보다 기쁜 소식은 없을 것이다. 이제는 안심할 수 있다. 그가 다스리시니 모든 것이 안전하다. 그가 그의 백성을 보호하신다. 원수의 어떤 공격도 더 이상 두렵지 않다. 그의 백성은 평안을 누리며 기쁨으로 산다.

대저 음녀의 입술은 꿀을 떨어뜨리며, 그 입은 기름보다 미끄러우나, 나중은 쑥같이 쓰고 두 날 가진 칼같이 날카로우며, 그 발은 사지로 내려가며, 그 걸음은 음부로 나아가나니, 그는 생명의 평탄한 길을 찾지 못하며, 자기 길이 든든치 못하여도 그것을 깨닫지 못하느니라 잠언 5:3-6

유혹하는 여자의 특성을 적나라하게 말씀하신다. "꿀을 떨어뜨리는 입술", "기름보다 미끄러운 입" 그리고 "쑥같이 쓰고 날카로운 두 날 가진 칼"이다. 얼마나 놀라운가! 마치 독버섯과도 같다. 겉은 아름답고 화려하나 실상은 독이다. 절대 잊지 말아야 한다! 이를 취하면 너무나 잔혹하여 결국 처참하게 끝난다. 꿀 같으나 입으로 들어가는 순간, 모래와 자갈이 된다. 배로 들어가면 창자를 뒤틀리게 하고 심장에 비수가 꽂힌다.

"사지로 내려가는 발", "스올로 나아가는 발걸음", 이보다 처참한 인생이 있는가! 꽃길 같으나 실상은 죽음의 길, 지옥으로 가는 길이다. 더 안타까운 것은 그가 이런 사실을 전혀 모른다는 것이다.

왜냐하면 끊임없이 유혹하는 여자가 각종 쾌락을 공급하여 정신을 홀리기 때문이다. 마음을 빼앗고, 생명의 길을 찾지 못하게 방해한다. 이것을 바라보는 아버지의 심정은 어떠실까? 아버지의 안타까운 음성이 들린다.

'그러므로 아들아, 내 말을 듣고 내 말을 따라 살아라. 오직 그 말씀이 너를 유혹하는 여자로부터 지켜주고 너를 생명으로 이끈다. 그것이 너로 존귀한 삶을 살게 한다.'

시편 : 하나님보다 더 크신 이가 없다. 그분은 스스로 권위를 입으신다. 영원 전부터 계시고, 위엄을 갖추시고, 능력의 허리띠를 띠시며 세계를 다스리신다. 세계가 굳건히 서서 흔들리지 않는다. 강물이 소리를 지르고 더 높이 지른다(1-3).

큰 물소리보다 더 위엄 있으신 주님이 온 세계를 다스리고 계신다. 열방에서 일어나는 크고 작은 일들과 남북한 문제도 주께서 다스리신다. 그래서 통일에 대한 기대가 크다. 다만, 나와 교회들이 하나님의 뜻 안에 있기를 간절히 기도할 뿐이다.

시대의 징조를 보면서 주의 뜻을 깨달아, 깨어 준비하는 자를 주께서 사용하실 것이다.

잠언 : 잠언을 묵상하다가 웃을 때가 많다. 많이 나오는 구절 중 하나가 "음행하는 여자를 조심하라! 그 여자의 발걸음을 따라가면 죽음으로 함께 내려간다"이다. 총명한 솔로몬도 여자 때문에 망했다. 후궁이 700명, 첩이 300명이었다. 음란한 여자들이 솔로몬 왕의 마음을 빼앗았다. 그러니 잘 알아들어야 한다. 음행을 즉시 멈추고, 집으로 복귀해야 한다. 이것만이 살길이다.

6일

공정한 재판장이신 하나님이
계시니 안심하라

시편 94:1,2 잠언 6:6

여호와여, 복수하시는 하나님이여, 복수하시는 하나님이여, 빛을 비추어주소서. 세계를 심판하시는 주여, 일어나사 교만한 자들에게 마땅한 벌을 주소서 시편 94:1,2

악인의 횡포로 하나님의 백성이 환난을 당할 때, 자칫 마음이 어려울 수 있다. 분노가 일기도 한다. 그보다 더 분노하게 만드는 것은 그들의 오만함과 교만함, 자만심이다. 이들은 심판하시는 하나님을 무시한다. 야곱의 하나님, 고통을 보시며 그들의 부르짖음을 들으시는 그분을 무시한다.

그러나 우리 하나님은 복수하시는 분이다. 이는 앙갚음하거나 분풀이한다는 의미가 아니다. 공정하고 철저하게 재판을 통해 심판하신다. 그는 어느 한 도시나 한 나라의 재판관이 아니라, 온 세계의 재판관이시다. 교만한 자들에게 정당하고 공평하게 벌을 내리신다. 또 자기 백성의 호소를 듣고 돌아보신다.

잠시 오만하고 교만한 자들이 하나님의 백성을 억압하는 것처럼 보일지라도 낙심하지 말아야 한다. 우리는 에녹처럼 믿음으로 살아야 한다. 그러면 하나님이 우리의 발을 붙들어 미끄러지지 않게 하신다. 날마다 나의 요새이신 하나님께 피해야 한다. 그가 주시는 위로를 받으며, 그가 베푸시는 평강의 만찬에 참석해라. 그를 의지하여 믿음으로 살아가자.

게으른 자여, 개미에게 가서 그가 하는 것을 보고 지혜를 얻으라 잠언 6:6

우리가 가져야 할 가장 귀한 삶의 태도는 '부지런함'이다. 반면에 가장 경계할 삶의 태도는 '게으름'이다. "게으른 자"란 빈둥거리며 나태하게 지내는 자, 오늘 마땅히 할 일을 뒤로 미루는 자다. 이런 자는 '개미 선생'에게서 배워야 한다. 교실에서 강의를 듣는 게 아니라 현장 실습을 통해 자세히 살펴보고 배워야 한다. 지식을 얻는 게 아니라 그들이 하는 걸 보고 지혜를 얻어야 한다. "누구든지 일하기 싫어하거든 먹지도 말게 하라"가 하나님나라의 원칙이다(살후 3:10).

부지런함의 결과는 '풍성함'이다. 부지런한 사람은 때를 분별할 줄 알며, 멀리 볼 줄 안다. 미래를 위해 '오늘' 부지런히 일한다. 지금 해야 할 일을 미루지 않는다. 주어진 기회를 대가를 치르며 얻을 줄 아는 것이 지혜다. 그는 자신을 쳐서 스스로 복종시킬 줄 안다.

성 프란시스는 평생 노새를 타고 다녔다고 한다. 노새는 고집이 세고 주인의 뜻을 잘 따르지 않는다. 그가 말하는 노새는 자기 몸이었다. 부지런한 사람은 노새를 다룰 줄 안다. 사도 바울도 자기 몸을 쳐서 주의 뜻에 복종하게 하는 데 힘썼다. 모든 일에 절제했다.

올림픽 금메달리스트들의 특징은 '절제'와 '부지런함'이다. 이는 스스로 노력해야 한다. 남이 도와줄 수가 없다.

시편 : 주님은 복수하시는 하나님이다. 세상을 심판하시는 주님이 일어나신다. 오만한 자들이 받아야 할 마땅한 벌을 내리신다(1,2).

열방의 재판관이신 하나님은 공의로우시다. 팍팍한 세상에서 주님만 바라보고 살아볼 만한 큰 이유다. 요셉이 억울하게 감옥에 갇혔지만, 정의의 심판관이신 하나님이 그를 원수의 목전에서 애굽의 2인자 자리에 앉히사 주를 섬기도록 상을 베푸셨다. 요셉의 겉옷을 가지고 그를 감옥에 집어넣는 실수를 범하지 말자. 복수하시는 하나님은 공정하고 철저하고 공의롭게 재판하신다. 묵상할수록 힘이 난다. 더 잘 살겠다고 다짐하게 된다.

잠언 : 게으른 자들은 잠자기를 좋아하고, 누워있기를 좋아한다. 주님이 그들에게 말씀하신다.

"개미에게 가서 그들이 사는 걸 살펴보고 지혜를 얻어라. 개미는 여름 동안 양식을 마련하고, 추수 때 먹이를 모아둔다"(6,8). "일하기 싫으면 밥도 먹지 마라."

어머니가 늘 하시던 말씀이다. 어릴 때는 정말 듣기 싫었다. 그런데 지금은 어머니의 한마디 한마디가 다 성경에 있는 것을 보고 놀란다. 자녀에게 말씀으로 훈육하는 걸 어머니를 통해 배웠다. 나도 자녀와 손녀에게 시시때때로 하나님의 말씀을 해주며 시간 보내기를 좋아한다. 오늘도 내가 기억할 건 인생에 풍년의 때와 흉년의 때가 반드시 온다는 것이다. 나이가 들고 늙으면 더 이상 경제활동을 할 수 없는 때가 온다. 그때를 위해 저축하는 것은 큰 지혜다.

오라! 왕이신 하나님께 함께 나아가자

시편 95:1 잠언 7:1~4

오라! 우리가 여호와께 노래하며, 우리의 구원의 반석을 향하여 즐거이 외치자 시편 95:1

"오라"를 2번 반복한다(1,6). 하나님께 나아와 감격하며 소리쳐 외치며 예배드리자는 초청이다. 그래서 95편을 '초청의 시'라고 한다. 하나님이 초청하시는 게 아니라 하나님을 아는 성도들, 그의 은혜를 경험한 성도들이 사람들을 초청한다. 마치 굶주림과 아람 군대 사이에서 머뭇거리다가, 죽을 각오로 아람 진영으로 갔다가 엄청난 걸 경험한 4명의 나병 환자와 같다. 하나님이 아람 군대를 급히 퇴각하게 하셨다. 그들은 아무것도 챙길 겨를 없이 도망했다. 덕분에 나병 환자들은 한 장막에 들어가 먹고 마신 후에 은과 금과 의복을 가지고 와서 숨겨두었다. 그리고 서로 말하기를, "오늘은 아름다운 소식이 있는 날이거늘 우리가 침묵하고 있도다. 이제 떠나 왕궁에 가서 알리자"라고 했다. 그리고 그들은 성으로 돌아와 외쳤다(왕하 7:3-10). "오라!"

"오라! 우리를 구원하신 주께 나아가 함께 찬양하자! 크신 하나님, 구원의 반석이신 하나님께 굽혀 경배하자"(1,6).

주님께 나아가 예배를 드릴 때는 즐거이, 소리 내어, 허리를 굽혀, 무릎을 꿇고 경배드리자. 이 세상 누구와도 비교할 수 없는 최고의 존경과 사랑의 마음으로 나아가자.

그는 우리의 반석이며 하나님이시다. 우리의 크신 왕이시다. 우리는 그가 기르시는 백성, 그의 손이 돌보시는 양이다. 마음을 완악하게 하지 말자. 순종하자.

'오늘' 순종하자!

내 아들아, 내 말을 지키며 내 명령을 네게 간직하라. 내 명령을 지켜서 살며, 내 법을 네 눈동자처럼 지키라. 이것을 네 손가락에 매며, 이것을 네 마음판에 새기라. 지혜에게 '너는 내 누이라' 하며, 명철에게 '너는 내 친족이라' 하라 잠언 7:1-4

성 프란시스는 평생 동행한 부인과 그를 평생 태우고 다닌 노새를 소개했다. '청빈'이 부인이고, '육신'이 노새였다. 노새는 고집이 세고 제멋대로며 자기 힘만 의지했다.

오늘 주님은 우리에게 평생 가까이하며 지낼 두 사람을 소개하신다. 바로 "지혜" 누이와 "명철" 친족이다. "주를 경외함이 곧 지혜요, 악을 떠남이 명철이라" 하셨다(욥 28:28). 지혜와 명철을 얻는 길은 세 가지가 있다.

첫째, 주의 말씀을 눈동자처럼 지킨다. 눈은 매우 중요하면서도 약하다. 언제나 주의하여 보호해야 한다. 이처럼 하나님의 말씀도 언제나 소중히 여겨야 한다. 둘째, 주의 말씀을 반지처럼 손가락에 낀다. 가장 귀한 보석처럼 여기고, 언제나 볼 수 있게 한다. 모든 행동을 할 때 언제나 말씀을 보고 그에 따라 행한다. 셋째, 주의 말씀을 마음에 새긴다. 생명의 근원이 마음에서 나온다. 마음판에 새기면 그 말씀이 우리의 입을 지켜주고, 눈을 밝혀주고, 발을 평탄한 길로 인도한다. 주의 말씀이 우리 속에 풍성히 거할 때, 그 말씀이 삶을 이끌기 때문이다. 한마디로, 말씀대로 살기 위해 말씀을 죽기 살기로 붙든다!

시편 : "오라! 오라!" 외치면서 사람들을 예수께로 초청하고 있는가? 주님을 정말 사랑한다면 주님의 마음을 시원하게 해드리려면 무엇을 해야 할까? 함께 외치는 것이다! 만민들아~ 외칠지어다! 구원의 반석이신 예수 그리스도를 향해 크게 외칠지어다!

"예수! 당신은 온 땅의 구원자이십니다. 마귀의 모든 일을 멸하셨습니다. 너무나 아름다운 이름, '예수' 당신을 찬양합니다! 여호와는 크신 하나님이시요~ 산들의 높은 곳도, 바다의 깊은 곳도, 육지도 다 당신의 손으로 지으셨습니다! 당신은 창조주, 전능자 하나님이십니다. 할렐루야~."

지치고 힘들 때, 놀라우신 예수님을 묵상하라. 저절로 힘이 생겨난다. 아침부터 종일 기분이 좋아진다. 오늘도 예수님의 사랑 안에 푹 잠기길 원한다.

잠언 : 인생 최고의 가치를 무엇에 둘 것인가? 내 모든 걸 걸고 따르고 지켜야 할 '가치'이기에 충분히 고민하는 시간을 가졌다. 돈과 명예 같은 것에 가치를 두는 사람들도 만났다. 그러나 나는 이렇게 결정했다.

"오직 말씀(The Book)입니다."

모든 지혜가 말씀 안에 있다. 말씀에 목숨 거는 삶이 지혜로운 삶이다. 지식을 삶에 적용하여 살아내는 힘인 지혜와 말씀, 상황, 사물에 대한 이해력인 명철이 나를 믿음의 사람으로 만든다.

에녹의 DNA를 가져라

시편 96:10,13 잠언 8:10

모든 나라 가운데서 이르기를, "여호와께서 다스리시니 세계가 굳게 서고 흔들리지 않으리라. 그가 만민을 공평하게 심판하시리라" 할지로다 그가 임하시되 땅을 심판하러 임하실 것임이라. 그가 의로 세계를 심판하시며 그의 진실하심으로 백성을 심판하시리로다 시편 96:10,13

하나님께서 모든 나라를 다스리신다. 세상을 견고한 기반 위에 세우실 것이다. 하나님이 역사의 주인이시다. 겉으로 보이는 잠깐의 장면으로 성급히 결론 내리지 말아야 한다. 하나님이 그 가운데 오셔서 모든 일을 바로잡으신다. 그는 언제나 공정하게, 공평하게 그리고 신실하심으로 모든 사람을 대하신다.

"임하시다"는 과거나 미래 시제가 아니라 현재 시제를 사용하고 있다. 현재, 바로 지금 우리 가운데 오셔서 심판과 구원을 베푸신다. 개인과 국가, 국제적 차원에서 그렇게 하고 계신다. 그러니 하나님의 권능 앞에 무릎 꿇고 경배해라. 예배하며 그를 찬양해라. 외쳐라!

"주가 다스리신다! 주께서 오셔서 모든 것을 바로잡으신다!"

주변을 바라보던 눈을 들어 주를 바라보아라! 역사의 주이신 하나님을. 지금 우리 가운데 계시며 공의로 심판하심을 보아라! 불평불만을 그치고, 염려를 내려놓아라. 부정적이고 비판적인 말을 그쳐라. 소망의 말과 감사의 말을 해라. 에녹처럼 믿음으로 말해라(히 11:6). 그리고 그렇게 살아라.

너희가 은을 받지 말고 나의 훈계를 받으며, 정금보다 지식을 얻으라 잠언 8:10

더 좋은 것, 더 귀한 것을 선택하는 사람은 멀리 볼 줄 아는 사람이다. 눈앞의 것만 바라보면 시야가 좁아진다. 하나님의 말씀은 "훈계"다. 이는 '가야 할 길, 삶의 가치 기준'을 말한다. 그 길을 가기 위해 나 자신을 훈련해야 한다. 왜냐하면 그런 삶은 저절로 주어지지 않기 때문이다. 그 말씀을 듣는 것만으로는 부족하다. 받아야 한다. 마음에 받되 감격하면서 받고, 그 가르침대로 살아내야 한다.

가장 어리석은 사람은 주의 훈계보다 은을, 지식보다 정금을 얻으려는 자다. 돈 때문에 자신의 영혼을 파는 자다. 돈에 집착하지 말아야 한다. 벌이가 좋은 직업을 선택하기보다 하나님을 아는 지식을 선택하는 게 지혜롭다. 그는 멀리 볼 줄 알고 지금의 이익에 집중하지 않는다.

"지식"이란 경험으로 아는 것이다. 이에 따라 통찰력과 지혜가 생긴다. "얻으라"는 마치 물건을 고르듯이 신중하고 예리하게 살펴서 가장 좋고 유익한 것을 선택하는 걸 말한다. 훈계가 바로 그것이다. '그 말씀'에서 나오는 지식이다. 이를 얻은 사람은 진주보다 더 좋은 걸 선택한 것이다.

선택한 후에 조금도 후회하지 않을 것이다. 가장 좋은 걸 선택했기에 기뻐하며 자랑할 것이다.

시편 : 여호와께서 온 땅을 다스리신다. 세계는 굳게 서서 흔들리지 않는다. 하나님은 역사의 주관자시다. 그 한 중앙에서 십자가 중심으로 다스리고 심판하신다. 온 땅의 악인들이 남의 땅을 욕심과 탐심으로 침략하여 전쟁을 일으킨다. 그들은 겁 없이 행동한다. 역사를 1천 년, 500년, 100년씩 끊어보면, 하나님의 심판과 다스리심을 확연히 볼 수 있다.

역사를 성급하게 논하는 사람들을 보면, 그저 웃음이 나온다. 십자가를 빼고 역사를 논하는 역사학자들은 미련하기 짝이 없고, 교만하게 함부로 말한다.

하나님이 다스리고 통치하시는 역사를 아는 자는 겸손할 수밖에 없고, 그분께 무릎 꿇을 수밖에 없다. 그분의 공의로우신 심판에 감격하여 박수를 보낸다. 짝짝짝~.

"하나님, 당신은 정의의 하나님이십니다."

나는 놀라운 비밀을 깨달았다. '하나님을 두려워하는 삶'이 최고로 복된 삶임을 알아버렸다.

잠언 : 나는 금은보다 하나님을 아는 고상한 지식에 더 가치를 둔다. 보석이 나를 고상하고 품위 있게 만들지 못한다. 이런 세상의 것들을 탐하는 사람에게 어둠의 세력이 달라붙어 천박하고 탐욕스러운 사람으로 만들어버리는 걸 자주 본다.

하나님의 말씀은 나를 품위 있고 고상하게 하여 사람들에게 존경받게 만들어준다.

땅은 즐거워하고, 섬들은 기뻐하라

시편 97:1 잠언 9:4-6

여호와께서 다스리시나니, 땅은 즐거워하며 허다한 섬은 기뻐할지어다 시편 97:1

하나님께서 과거에 '다스리셨다'가 아니다. 앞으로 언젠가는 '다스리실 것이다'도 아니다. 현재 "다스리신다." 역사에 하나님이 다스리지 않으신 때가 없었다. 기원후(A.D.)에만 아니라 기원전(B.C.)에도 다스리셨다.

그는 역사의 주인이시다. 세계 역사는 하나님의 역사다. 하나님이 다스리시는 영역이 온 세상이기에 "땅은 즐거워하며 섬은 기뻐하라" 하신다. 그의 권위는 온 세상을 다스리신다.

이는 당연히 개인에게도 해당한다. 내 인생에서 하나님이 다스리시지 않은 때가 없었다. 시온의 대로를 걸어갈 때나 눈물 골짜기를 통과할 때도 주의 손안에 있다. 내가 이를 기뻐하고 즐거워하는 것은, 그분이 의와 공평으로 다스리시기 때문이다.

하나님을 믿고 사랑하고 의지하는 사람을 '의인'이라 부른다. 이런 사람은 정직하다. 하나님은 의인에게 빛과 기쁨을 뿌리신다(11). "뿌리다"는 물로 흠뻑 적시듯, 빛과 기쁨을 넘치게 주시는 걸 말한다. 어둠이 없고 슬픔이 없다. 활기가 넘치고, 힘이 있고, 기쁨이 넘친다.

이런 사람이 가는 곳마다 어두컴컴한 곳이 빛으로 환해지고, 우울하던 분위기가 기쁨으로 바뀐다. 나는 평생 이런 사람이 되고 싶다. 오직 하나님을 사랑하고 악을 미워하며 정직한 사람!

어리석은 자는 이리로 돌이키라. 또 지혜 없는 자에게 이르기를, "너는 와서 내 식물을 먹으며 내 혼합한 포도주를 마시고, 어리석음을 버리고 생명을 얻으라. 명철의 길을 행하라" 하느니라 잠언 9:4-6

오늘도 우리 주 예수께서 초대하신다. 삶이 힘든 사람, 혼돈과 혼란 가운데서 어쩔 줄 모르는 사람, 낙심과 두려움에 둘러싸여 있는 사람을.

왕의 지혜

218

그리고 "버리라", "얻으라", "행하라" 말씀하신다. 버려야 할 것은 '어리석음'이다. 어리석은 사람이란 '생각이 짧아서 외부의 유혹에 쉽게 속아 넘어가는' 사람이다. 그에게는 확고한 분별력이 없다. 또한 "명철의 길을 행하라" 하신다. 그 길은 어리석음을 버려야 갈 수 있다. 이는 오직 예수께 나아갈 때 주어진다. 어리석음을 버리고, 생명의 길을 찾으며, 지혜롭게 행하는 길은 오직 예수님 안에 있다.

예수님이 그분의 종들을 보내어 사람들의 눈에 잘 띄는 길에서 초대하신다. 주 예수께로 가면 나를 위해 멋진 식사가 준비되어 있다. 그분이 갈비찜, 파전 그리고 시원한 물김치를 마련하셨다.

주님은 오늘도 무기력하고 혼란에 빠진 삶을 떨치고 생명의 길, 의미 있는 삶의 길로 걸어가도록 위로하고 격려하신다. 힘을 내라고 용기를 북돋우신다.

시편 : 주님께서 다스리시니 온 땅이 뛸 듯이 기뻐하고, 많은 섬이 즐거워한다(1). 선하고 공의로우신 그분이 다스리시는 결과다. 땅도 기뻐하고 섬들도 즐거워하는데 나는 어떤가? 그분의 다스림을 뛸 듯이 기뻐하고 즐거워하는가?

나의 중심을 한참 들여다보았다. 그리고 결론은 이것이다.

"제가 주님의 다스리심을 기뻐하고 즐거워합니다. 저를 더 다스려주옵소서!"

주께서 내게 맡겨주신 가정, 기업, 단체, 교회가 내 지도력으로 인해 즐겁고 기뻐하는가? 오늘 참 많은 것을 생각하게 하신다. 종일 말씀을 되새김질하면서 선하고 아름다우신 우리 주님을 더 닮아가야겠다.

잠언 : 내 삶에 누구를 초대하고 있는가? 돈 많은 부자, 명예가 있는 자들인가? 아니다. 우리 주님께서 누구를 초대하시는지 본다. 어리석은 자, 지혜 없는 자를 초대해서 생명과 명철을 얻게 하시는 주님의 선하심에 눈물이 난다.

내가 이 초대를 받았기 때문이다. 우리 교회와 NCMN은 이런 자들이 와서 지혜와 명철을 얻도록 더 힘쓸 것이다.

영과 진리로 하나님께 예배드리자

시편 98:4 잠언 10:8

온 땅이여! 여호와께 즐거이 소리칠지어다. 소리 내어 즐겁게 노래하며 찬송할지어다

시편 98:4

시편 98편은 '예배 교과서'다. 예배는 내가 원하는 방식으로 드리는 게 아니다. 성경이 가르치시는 대로 드려야 한다. 곧 성령과 진리로(요 4:23,24) 예배드리는 것이다. 물론 각 사람의 성향이나 경험, 영적 배경이 예배 형식에 영향을 줄 수 있다. 그러나 하나님이 기뻐하시는 예배, 하나님이 찾으시는 예배자가 되어야 한다.

즐겁게 소리치고, 소리 내어 기쁘게 노래하며 찬송한다. 모든 악기를 동원하여 축제를 벌인다. 수금, 나팔, 호각 소리로 노래한다. 손뼉 치며 외친다. 예배는 축제다. "즐겁게"가 4번이나 반복된다. 무엇보다 이 모든 것을 하나님께, 하나님을 위해, 하나님 앞에서 행한다. 그러면 예배가 된다.

"온 땅이여"는 누가 예배할지를 말씀한다. 시편 117편 1절에서 "너희 모든 나라들아 여호와를 찬양하며, 너희 모든 백성들아 그를 찬송할지어다"라고 하신 것처럼, 이는 모든 나라와 백성을 말한다.

하나님의 구원과 그가 우리에게 행하신 놀라운 일들을 찬양한다. 무엇보다 하나님 앞에서 하나님께 경배하며 영광을 노래한다. 그래서 '예배를 본다'라고 하지 않고 '예배를 드린다'라고 한다. 우리의 목전에 명백하게 나타난 하나님의 구원을 노래한다. 하나님은 그의 백성의 찬송 중에 거하시며, 우리는 그분의 임재를 경험한다.

마음이 지혜로운 자는 계명을 받거니와, 입이 미련한 자는 멸망하리라 잠언 10:8

"계명을 받는다"는 하나님의 명령을 귀 기울여 듣고, 기쁜 마음으로 순종하는 걸 말한다. "지혜로운 마음을 가진 사람"이 하는 올바른 행동이다. 그는 자기 삶의 모든 가치 기준을 하나님 말씀에 맞춘다. 자기 생각과 기준을 내려놓는다.

하나님의 말씀을 '인생 교과서'로 삼는다. 이는 스스로 심사숙고하는 수고를 덜어주고, 선택의 압박에서 벗어나게 해준다. 그래서 마음이 평안하다. 앞날에 대한 성공을 확신하며, 발걸음이 가볍고 힘차다.

반대로 "입이 미련한 자"가 있다. 이는 입술이 어리석은 사람이다. 수다쟁이처럼 자기 생각에 사로잡혀 자기주장과 자기 생각만 말한다. 지혜로운 사람은 하나님의 말씀을 경청하지만, 미련한 사람은 들으려 하지 않고 자기 자랑만 한다. 교만하여 큰소리를 치지만, 실제로는 걱정과 염려가 가득하다. 마음이 불안하고, 두려움에 쉽게 사로잡힌다. 앞날에 대한 확신도 없다.

이는 자기 생각으로 사는 사람의 특징이다. 그런 사람은 망한다. 비틀거리다 곤두박질치며 넘어질 것이다.

그러니 하나님의 말씀에 귀를 기울이자. 그 말씀을 따라 살아가자.

시편 : 온 땅아, 소리 높여 함성을 터뜨리며 즐거이 주님을 찬양하라(4)! 만왕의 왕 앞에서 찬양하고 경배드리는데 앉아서 드릴 수 있는가!

내가 일어서는 것과 주님 앞에 일어서는 건 다르다. 내가 노래를 부르는 것과 주님께 찬양을 드리는 건 다르다. 내가 춤추는 것과 주님 앞에서 춤추는 건 다르다. 예배란 죄사함과 구원의 감격으로 주님 자체를 즐거이 소리치며 노래하고 춤추는 것이다. 그래서 내 감정과 기분에 상관없이 주님은 예배, 찬양, 경배를 받으시기 합당한 분이다.

주일에 교회에 오지 않은 성도에게 전화했다. 그는 주일 아침만 되면 남편과 꼭 싸우게 된다고 했다. 그래서 예배드리고 찬양할 기분이 아니라고 했다. 어둠의 영은 이렇게 속인다. 내 기분과 주님께 예배드리는 것이 무슨 상관이 있는가!

우리는 주님을 아는 만큼 예배드리게 되어있다.

잠언 : 하나님의 계명은 나를 안전지대에 거하게 한다. 모든 사건 사고로부터 보호하신다. 계명은 나를 진정한 자유자로 만든다. 지혜와 명철로 무장하게 한다. 하나님의 말씀 앞에 언제나 내 생각, 내 지혜, 내 능력을 다 내려놓는다.

이것이 내가 살길이다. 계명은 지혜자의 올바른 행동이기에 오늘도 나를 성공으로 이끌어간다.

우리의 생각과 판단
너머에 계시는 하나님

시편 99:2 잠언 11:4-6

시온에 계시는 여호와는 위대하시고 모든 민족보다 높으시도다 시편 99:2

"하나님의 위대하심과 높으심"은 곧 우리의 생각, 판단력, 경험을 완전히 뛰어넘으시는 걸 말한다. 주의 뜻대로 사는 그리스도인이 고난 당하고 악인이 잘되는 것, 신실한 그리스도인이 질병에 걸려 시달리거나 뜻밖의 불의의 사고를 당하는 걸 볼 때 이해가 되지 않는다. 그러나 이는 우리의 판단이다.

하나님이 "내 생각이 너희의 생각과 다르며 내 길은 너희의 길과 다르다"라고 말씀하신다(사 55:8). 하나님은 우리의 생각과 판단을 뛰어넘으신다. 마치 꿀벌이 꽃의 꿀을 훔쳐먹는 도둑이지만 그로 인해 꽃들이 더욱 번식하는 것과 같다. 로마서 8장 28절에, "우리가 알거니와 하나님을 사랑하는 자, 곧 그의 뜻대로 부르심을 입은 자들에게는 모든 것이 합력하여 선을 이루느니라"라고 하셨다. 하나님의 경륜과 섭리는 지금은 이해되지 않지만, 나중에는 이해되는 것이 많아진다.

하나님은 공의와 정의로 다스리신다. 그는 거룩하시다. 우리는 오직 그의 말씀을 굳게 붙들고 믿음으로 살아야 한다. 주께서 반드시 정의를 견고히 세우시며, 그를 믿는 자에게 공의를 행하실 것이다. 하나님 손에 붙잡혀 사는 삶이 가장 행복하다. 그러니 그 앞에 나아가 찬송과 경배로 예배해야 한다. 이것이 우리의 믿음이다. 주께서 다스리신다!

재물은 진노하시는 날에 무익하나 공의는 죽음에서 건지느니라. 완전한 자의 공의는 자기의 길을 곧게 하려니와 악한 자는 자기의 악으로 말미암아 넘어지리라. 정직한 자의 공의는 자기를 건지려니와 사악한 자는 자기의 악에 잡히리라 잠언 11:4-6

세 구절에서 반복되는 "공의"는 정직한 삶, 특히 재물을 다룸에 있어서 원칙을 지키며 바르게 사는 걸 말한다. "완전한 자"란 아무 흠이 없는 완벽한 사람이라기보다 하나님의 뜻을 따라 살려고 최선을 다하는 자다. 이는 "정직한 자"와 동의어다. 그 생각과 양심이 하나님의 말씀에 비추어 올바른 자다.

"자기의 길을 곧게 한다"는 "넘어지리라"와 대조되는, 견고하며 평탄한 삶을 말한다. 재물을 다룰 때, 삶의 모든 영역에서 생각하고 판단하고 결정하는 기준이 오직 하나님 말씀의 원칙을 따르는 삶이다.

그런 사람은 최악의 상황이 와도 감당할 수 있다. 흔들리지 않고, 무너지지 않는다. 날카로운 칼이나 창날도 뚫을 수 없는 갑옷을 입은 것과 같다. 그는 어둠의 영이 아무리 악한 궤계로 다가와도 유혹과 시험을 능히 이겨낸다. 그의 앞길은 평탄하다. 그 삶 자체가 보증수표다.

시편 : 하나님이 사랑하시는 시온은 예루살렘이다. 시온산은 다윗이 요새를 세운 높은 언덕이다. 하나님의 통치가 이 세상에 구현되는 곳이다. "다윗이 시온 산성을 빼앗았으니 이는 다윗성이더라"(삼하 5:7). 거기에 왕국이 세워졌으며 시온, 곧 예루살렘은 이스라엘 왕국의 권좌가 있는 곳이 되었다.

모든 민족을 다스리시는 하나님은 높고 위대하시다. 그 주님은 온 백성 위에 우뚝 솟은 분이시다. 그를 바라보아라! 그의 이름을 두려워하라! 찬양하라~ 여호와께 소리 내어 즐겁게 찬양하라~.

"오 주님! 감사합니다. 당신의 통치 아래 다스림을 받는 삶은 최고로 안전한 삶입니다. 항상 평강 가운데 거하도록 저를 이끄셨습니다. 내 평생 당신을 찬양하는 것을 멈추지 않을 것입니다."

잠언 : "재물은 진노의 날에 쓸모가 없지만, 의리는 죽을 사람도 건져낸다"(새번역). 이는 재물이 모두 쓸모없다는 말이 아니라 재물을 올바르게 다루어야 한다는 뜻이다. 의리는 다른 말로 '충성'이다. 주님은 의리 없는 사람을 싫어하신다. 나도 그런 사람이 정말 싫다. 주님께도, 사람에게도, 의리를 지키며 살자! 의리가 죽을 사람도 건져낸다는 말씀이 크게 들린다.

주님께는 무엇이 의리일까? 말씀을 배반하지 않는 믿음의 삶일 것이다. 정직한 사람은 옳은 행실로 구원을 받고, 반역하는 사람은 제 욕심에 걸려 넘어진다(6). 주께서 행실이 올바른 사람의 길을 곧게 하신다. 우리는 말씀 안에서 자신의 삶을 책임질 수 있어야 한다.

부를지어다!
나아갈지어다! 알지어다!

시편 100:1,2 잠언 12:8

온 땅이여! 여호와께 즐거운 찬송을 부를지어다! 기쁨으로 여호와를 섬기며, 노래하면서 그의 앞에 나아갈지어다 시편 100:1,2

시편 100편은 여호와 하나님을 믿고 섬기는 자가 세상을 향해 외치는 명령이다. 이 짧은 시에 명령형 동사가 7번이나 나온다. "찬송을 부를지어다", "여호와를 섬기라", "그의 앞에 나아갈지어다", "너희는 알지어다", "그의 문에 들어가라", "그의 궁정에 들어가라", "그의 이름을 송축할지어다."

하나님을 믿고 섬기는 자는 그분을 향한 확고한 믿음, 담대함, 확신이 있기에 조금도 흔들리지 않는다. 어떤 두려움도 없다. 그분의 선하심, 크고 놀랍고 영원한 사랑, 대대에 이르는 성실하심에 대한 확신이 있다. 하나님이 돌보며 지키실 줄 확신한다.

이런 믿음의 사람은 날마다 기도와 찬송과 감사로 주님께 나아간다. 아무것도 염려하지 않고, 모든 일을 하나님께 구하며, 평강 넘치는 감사와 찬송의 삶을 산다. 하나님이 응답하시기 때문이다. 그분이 돌보며 동행하시기 때문이다.

"즐거운 찬송"은 기쁨과 열정, 감격과 감사가 넘쳐서 나오는 노래다. 소리 내어 하나님을 향해 환호한다. 그리고 세상을 향해 선포한다.

"이 땅에 사는 모든 사람아, 너희도 그리하라!"

사람은 그 지혜대로 칭찬을 받으려니와 마음이 굽은 자는 멸시를 받으리라 잠언 12:8

지혜롭게 말하는 법을 배워야 한다. 이는 '이치에 맞게 말한다'라는 뜻이다. 올바른 기준과 판단을 따라 말한다. 진리이신 하나님 말씀의 가치 기준과 판단을 따라 말한다. 그런 사람은 사람들에게 존경받는다. 지혜와 칭찬은 정비례한다. 지혜대로 말하고 행하는 만큼 남들로부터 칭찬과 존경이 주어진다.

사람은 누구나 다른 사람으로부터 존경받기를 원하고 명예를 귀히 여긴다. 그러나 그것은 재물에서 오지 않는다. 지위나 학력, 외모에 의해 얻어지지 않는다. 오직 하나님을 경외하는 경건한 삶에 주어진다.

"그리스도를 섬기는 자는 하나님을 기쁘시게 하고 사람에게도 칭찬받는다"라고 하셨다(롬 14:18). 그러나 마음이 구부러진 사람은 말도 구부러져 있다. 사람과 사물을 있는 그대로 바라보지 않는다. 말이 뒤틀려 나온다. 멍청한 행동을 자주 해서 사람들이 싫어한다. 그는 천대받으며, 불명예가 주어진다. 하나님의 말씀을 무시하기에 하나님 말씀의 가치 기준과 원칙을 모른다. 허영심이 많고, 인생과 사람에 관해 왜곡된 견해를 갖고 있다.

올바른 정신을 가진 사람은 그런 사람을 싫어한다. 가까이 가지도 않고, 사귀지도 않는다. 하나님도 그런 사람을 싫어하신다.

시편 : 시편은 나를 예배자로 만든다. 기쁨으로 주님을 섬기고 환호성을 올리면서 그 앞으로 나아가자(2). 기쁨이 충만한 상태로 여호와를 섬기며, 노래하며, 그 앞에 나아가려면 내 짐을 주님께 맡길 줄 알아야 한다.

"네 짐을 여호와께 맡기라 그가 너를 붙드시고 의인의 요동함을 영원히 허락하지 아니하시리로다"(55:22).

짐을 이고 지고서 어찌 기쁨과 즐거움이 나오겠는가!

"그러므로 내일 일을 위하여 염려하지 말라 내일 일은 내일이 염려할 것이요 한 날의 괴로움은 그날로 족하니라"(마 6:34).

하나님께서 내일을 염려하지 말라고 하셨다. 그래서 나는 항상 오늘을 산다. 나에게 내일은 오지 않는다. 자고 나면 '오늘'이다. 내일을 염려하지 않으니 기쁨이 충만해진다. 오늘만 살기로 결정하니 내 소망이 오직 주께 있다.

하나님을 부른다! 하나님께 나아간다! 하나님을 경험하여 알게 된다!

잠언 : "경우에 합당한 말은 아로새긴 은쟁반에 금사과니라"(25:11).

얼마나 말을 지혜롭게 하면 은쟁반에 금사과 같을까? 부럽다! 사람은 각자의 지혜대로 칭찬받는다. 마음이 비뚤어지면 지혜로운 말이 나오지 않고, 하는 말마다 독사의 독 같아서 사람을 상하게 한다. 그런 사람은 주께 멸시를 받는다.

"주여, 지혜롭게 말하도록 도와주소서!"

우리 삶에 중간 지대는 없다

시편 101:2 잠언 13:5

내가 완전한 길을 주목하오리니 주께서 어느 때나 내게 임하시겠나이까? 내가 완전한 마음으로 내 집안에서 행하리이다 시편 101:2

시편 101편은 오직 주의 뜻을 따라 힘과 생명을 다해 살겠다는 굳은 결심의 고백이다. 더러운 것을 버리게 해달라고 구하는 게 아니라, 그것을 버리겠다는 적극적인 행동을 보여준다. 악을 버리고 싶다는 호소가 아니라, 악을 미워하고 철저히 배격하는 단호한 태도를 보인다.

주의 뜻을 따라 사는 사람은 101편을 날마다 자기 고백으로 선포해야 한다. 이 세상을 사는 그리스도인에게 '적당히'는 없다. 우리 삶에 중간 지대는 없다. 영향을 주느냐, 영향을 받느냐, 점령하느냐, 점령 당하느냐만 있다. 그러니 과격하고, 과감하고, 단호하게 대처해야 한다. 적극적이고 능동적으로 믿음의 삶을 살아야 한다. 101편이 그 지침서다. 새번역은 이 말씀을 이해하는 데 도움을 준다.

"나는 내 집에서 흠이 없는 마음으로 살렵니다. 불의한 일은 눈앞에 얼씬도 못 하게 하렵니다. 거스르는 행위를 미워하고, 그런 일에는 집착하지 않겠습니다. 구부러진 생각을 멀리하고, 악한 일에는 함께하지 않겠습니다. 숨어서 이웃을 헐뜯는 자는, 침묵하게 만들고, 눈이 높고 마음이 오만한 자는, 그대로 두지 않으렵니다. 속이는 자는 나의 집에서 살지 못하게 하며, 거짓말하는 자는 내 앞에 서지 못하게 하렵니다. 이 땅의 모든 악인들에게 아침마다 입을 다물게 하고, 사악한 자들을 모두 주님의 성에서 끊어 버리겠습니다"(2-5,7,8 새번역).

의인은 거짓말을 미워하나, 악인은 행위가 흉악하여 부끄러운 데에 이르느니라

잠언 13:5

"의인"이란 하나님과 사람과 올바른 관계를 맺은 사람이다. 그의 특징은 정직이다. 그는 거짓을 매우 미워한다. 특히 장사할 때와 대화할 때 모든 거짓과 사기 치는 일을

미워한다. 하나님을 사랑하고 경외하고 신뢰하며 하나님의 말씀을 모든 영역의 절대 가치로 두기 때문이다.

악인은 정반대다. 항상 거짓말만 한다. 그것을 부끄러워하지도 않는다. 염치도 없이 수치스러운 일을 한다. 다른 사람과의 신뢰를 깨뜨린다. 그러니 부끄러움을 당할 수밖에 없다.

9절에, "의인의 빛은 환하게 빛나고, 악인의 등불은 꺼지느니라"라고 하심과 같이 정직한 자와 거짓말쟁이의 삶은 갈수록 더욱 뚜렷이 구별된다. 정직한 자는 정직하게 살기에 잠시 손해를 보며 어려움을 당하는 것 같으나 갈수록 빛난다. 그러나 거짓말하는 자는 그 삶이 잠시 밝게 빛나는 것 같아도 결국은 꺼진다.

그러니 아무리 현실이 어렵고 상황이 위급해도, 혹 매우 큰 손해를 본다 해도 거짓말은 절대 하지 말아야 한다. 정직하게 살아야 한다. 하나님은 정직한 자의 방패가 되어주신다.

시편 : "흠 없는 길을 배워 깨달으렵니다. 언제 나에게로 오시렵니까? 나는 내 집에서 흠이 없는 마음으로 살렵니다"(새번역).

도전이 된다. 흠 없는 마음, 흠 없는 길에 나도 서고 싶다. 예수님의 신부로 잘 살고 싶다. 주님 뜻대로 순종하는 삶을 살며 하나님께 칭찬받고 싶다.

하나님께서 직접 칭찬하신 욥을 연구했다. 욥의 흠 없는 삶의 비밀을 욥기 1장 1절에서 발견했다. 매일을 눈뜨자마자 바로 무릎 꿇고 기도한다.

"하나님 아버지, 온전하게 살겠습니다. 오늘도 정직하게 살겠습니다. 하나님을 경외하는 삶을 살겠습니다. 악에서 떠난 삶을 살겠습니다."

잠언 : "의인은 거짓말하기를 싫어하지만, 악인은 염치도 없이 수치스러운 일을 한다"(새번역). 하나님은 정직하시다(신 32:4, 시 25:8, 시 33:4, 호 14:9).

의인은 오직 믿음으로 말미암아 살리라 하셨다. 그러니 의인이 거짓말을 싫어할 수밖에. 의인의 빛은 밝게 빛난다. 악인의 등불은 꺼진다. 사람들이 꺼진 등불을 알아본다.

주의 제단 앞에 눈물을 쏟아부어라

시편 102:3-5 잠언 14:4

내 날이 연기같이 소멸하며 내 **뼈**가 숯같이 탔음이니이다. 내가 음식 먹기도 잊었으므로 내 마음이 풀같이 시들고 말라버렸사오며, 나의 탄식 소리로 말미암아 나의 살이 **뼈**에 붙었나이다 시편 102:3-5

시편 102편의 표제는 "고난 당한 자가 마음이 상하여 그의 근심을 여호와 앞에 토로하는 기도"다. 저자가 당하는 고통과 아픔이 얼마나 심각한지 보여준다. 마음이 상하면 몸도 상한다. 몸의 주요 기관에 영향을 준다. "내 **뼈**가 숯불처럼 탔습니다"(3). "나의 살이 뼈에 붙었습니다"(5). "내 마음이 풀같이 시들고 말랐습니다"(4).

너무 고통스러워 탄식만 나온다. 잠도 오지 않아 부엉이같이 밤을 새기도 한다. 마음이 시커멓게 타들어 가니 음식도 입에 들어가지 않고 오직 눈물 섞인 물만 마신다. 살이 쑥 빠져 탄식하며 한숨을 쉴 때 뼈에 붙은 살가죽만 드러난다. 자기 목숨도 내줄 것처럼 큰소리치던 친구들이 떠나며 조롱한다. 주변 사람들에게 투명 인간이 되어간다.

그러나 이때가 믿음을 보일 때다. 한탄하지 말아야 한다. 낙심하거나 널브러져 있지 말아야 한다. 이때야말로 주께 나아가 부르짖을 때다. 주의 얼굴을 구할 때다. 여호와 앞에 "마음을 토로한다"라는 것은 마치 물을 쏟아붓듯 내 마음을 주의 제단 앞에 쏟아붓는 것이다.

주님이 우리의 기도를 들으신다. 우리를 긍휼히 여기고 은혜를 베푸신다. 주님은 빈궁한 자의 기도를 돌아보시고, 그 기도를 멸시하지 않으신다.

지금, 믿음을 보일 때다!

소가 없으면 구유는 깨끗하려니와 소의 힘으로 얻는 것이 많으니라 잠언 14:4

소가 없으면 밭에서 할 일이 없고, 땅에서 얻을 것도 없다. 그리고 "구유"는 깨끗할 것이다. 소가 있으면 구유를 청소해야 하고, 여물도 주어야 하는 등 할 일이 많다. 농사를 지으면서 깨끗하기를 바라는 건 불가능하다.

그렇다고 소가 필요 없다는 건 아니다. 더구나 소를 팔아버리라는 건 더욱 아니다. 왜냐하면 힘센 황소로 풍성하게 수확하기 때문이다.

어떤 유익을 얻고자 하면, 그에 따르는 희생과 어려움을 감수해야 한다. 부지런하고 정직해야 얻을 게 많다. 또한 문제가 발생할 때, 문제에만 집중하지 말아야 한다. 자칫 소의 불필요성, 번거로움에 집중하여 더 큰 손해를 본다. 문제의 원인을 제거하되 근본적인 목적을 잃지 말아야 한다.

일제 말기에 한국 교회는 성령의 강하고 충만한 역사가 많았다. 동시에 은사를 옳게 사용하지 못해서 혼란이 있었다. 특히 방언과 예언의 은사가 그랬다. 결국 방언과 예언을 금지했다. 안타깝게도 성령을 제한하여 타오르는 부흥의 불길에 찬물을 끼얹었다. 이는 올바른 해결이 아니다. 성경에서 말씀하시는 대로 은사를 올바르게 사용하도록 이끌어주었어야 했다.

시편 : 이 기도를 얼마나 많이 했던가? 고난과 고통 속에서 몸부림치며 눈물로 지새운 밤을 헤아릴 수 없다. 근심은 수명을 단축한다. 뼈를 숯같이 태워버린다. 음식도 입에 안 들어가고 마음은 시든 풀처럼 말라버린다. 근심하다가 살이 뼈에 달라붙어 온몸이 잘 움직이지도 않는다(3-5).

사람에게는 답이 없다. 다윗이 나의 참 스승이다. 이때는 주님께 전심으로 부르짖어야 살아진다. 그러면 선하신 주님이 문제와 사건에서 나를 항상 건져주신다. 사랑으로 위로하고 이해하고 용납하신다. 언약의 말씀으로 데려가셔서 소망 가운데 회복시키신다. "예수님, 사랑합니다!"

잠언 : 어머니는 이 본문 말씀을 풀어주시며 "힘을 써서 수고하면 얻는 것이 많다. 힘 쓸 일이 없으면 얻는 것도 없다"라고 하셨다.

힘들게 수고하여 양육해야 하는 사람들이 많았다. 우리 팀은 10년간 부지런히 함께 수고하여 땅을 기경하고, 돌을 골라내고, 좋은 거름을 주었다. 그 큰 수고의 열매로 같은 비전을 바라보며 일하는 NCMN의 한국 간사만 2만 명을 얻었다. 주님께서는 수고 가운데 반드시 많은 걸 얻게 하신다.

내 영혼아, 여호와를 송축하라!

시편 103:2　잠언 15:7

내 영혼아, 여호와를 송축하며 그의 모든 은택을 잊지 말지어다 시편 103:2

주 하나님이 베푸신 은혜를 잊지 말아야 한다. 그것이 영적인 열정을 유지하는 비결이다. 하늘 보좌에 이르고 주의 임재를 경험하는 예배의 비결, 역동적이며 활기찬 삶을 유지하는 비결이 여기 있다. 어디를 가든지 주변을 환하게 비추고, 기쁘고 즐거운 분위기를 조성하는 힘이 여기 있다.

시편 103편 3-5절은 하나님이 베푸신 여섯 가지 은혜를 보여준다. 그분은 내 모든 죄를 용서해주시고, 모든 병을 고치시고, 생명을 파멸에서 속량하시고, 그의 놀라운 사랑과 긍휼로 내게 관을 씌우시고, 평생 좋은 것으로 내 소원을 만족하게 하시고, 젊음을 독수리처럼 늘 새롭게 해주시는 분이다.

이 모든 것을 한 번만이 아니라 지금도, 내일도, 내 평생에 행하시는 하나님임을 잊지 말아야 한다. 그러니 감격하여 심장으로부터 "내 영혼아! 여호와를 송축하라!"라고 처음부터 마지막까지 선포한다. "내 영혼아"라고 하며 나 자신에게 명령한다. 이는 내 마음, 생각, 뜻이 포함된다. 내 손, 발, 입, 온몸이 포함된다. 마음을 다해 하나님을 송축하는 게 당연하다!

지혜로운 자의 입술은 지식을 전파하여도 미련한 자의 마음은 정함이 없느니라 잠언 15:7

지혜로운 사람은 마치 체로 쭉정이를 날려버리고 알곡만 모으듯이, 쓸데없는 말을 하지 않는다. 그런 말은 날려버린다. 입에 담지 않는다. 해야 할 말과 하지 말아야 할 말을 구별한다. 통찰력 있는 말, 영양가 높은 말을 해서 듣는 사람을 유익하게 한다.

입과 귀는 언제나 함께한다. 듣는 대로 말한다. 듣지 못하면 말하지 못한다. 그런데 비율이 2 대 1이다. 두 귀로 듣고 한 입으로 말한다.

"듣기는 속히 하고 말하기는 더디 하라"(약 1:19).

듣는 대로 말하지 말고, 듣고 먼저 분별해야 한다. 이때 지혜가 필요하다.

미련한 사람은 어리석어서 속 빈 강정 같은 말만 한다. '빈 수레가 요란하다'라는 말과 같다. "정함이 없다"는 '그렇지 않다'라는 뜻이다. 그래서 새번역에는 "그러한 생각이 없다", KJV에는 "not so"라고 쓰였다. 다시 말하면, 미련한 자는 지혜로운 자와 전혀 다르게 말한다는 것이다.

입술과 마음은 아주 밀접하게 연관되어 있다. 우리 주님이 "마음에 가득한 것이 입으로 나온다"라고 하셨다(마 15:18, 12:34). 그래서 귀와 입 그리고 마음은 서로 작용한다. 귀로 듣고, 간직할 것과 버릴 것을 구별하여 마음에 저장하면 그것이 입으로 나온다. 지혜로운 사람과 미련한 사람의 차이는 '무엇을 마음에 간직하느냐'에 있다.

시편 : 내게는 기도 노트가 있다. 기도 제목과 응답하신 내용들을 상세하게 적어놓았다. 항상 이것을 보며 하나님께서 행하신 모든 일에 감격한다. 질병을 고치신 일, 먹거리를 주신 일, 광야에 길을 내신 일, 사막에 강을 내신 일, 원수 앞에서 상을 베푸신 일 등 주께서 베푸신 일들을 늘 기억한다.

이 노트를 볼 때마다 내 영적인 열정이 더 불탄다. 주께서 행하신 일들에 감사하면, 어둠이 접근하지 못한다. 그들은 주님의 사랑을 의심하게 하려고 접근하지만, 내게는 어림없다.

"우리가 아직 죄인 되었을 때 그리스도께서 우리를 위하여 죽으심으로 하나님께서 우리에 대한 자기의 사랑을 확증하셨느니라"(롬 5:8).

이 말씀이 어둠을 이기게 한다. 나를 힘있게 한다. 내게 용기를 준다. 하나님의 사랑과 긍휼을 깊이 알도록 이끌어간다. 내 영혼아, 주님을 찬양하여라. 주님이 베푸신 모든 은혜를 기억하여라(2)!

"하나님, 고맙습니다! 예수님, 사랑합니다!"

잠언 : 사람들이 말하는 것을 가만히 들어보면 참 재밌다. "나는 지혜로운 사람이야", "나는 미련한 사람이야"라고 말하고 있기 때문이다. 지혜로운 사람의 입에서는 언제나 말씀의 지식이 나온다. 지혜로운 주의 말씀이 나온다. 그러나 미련한 사람의 입에는 말씀이 없다.

물의 경계를 정하시고
넘치지 못하게 하신다

시편 104:9 잠언 16:7

주께서 물의 경계를 정하여 넘치지 못하게 하시며, 다시 돌아와 땅을 덮지 못하게 하셨나이다 시편 104:9

하나님은 위대하시다. 창조주 하나님이 세상을 다스리신다. 그분은 역사의 주관자며 주인이시다. 만물을 지으시고 질서를 세우시고 돌보신다. 온 땅에 선하신 계획을 세우고 성취하신다. 공의, 공평, 정직, 신실, 선함이 그분의 다스리심의 길이다.

그러나 악한 사람은 교만하여 자기 뜻대로 역사를 이끌려 한다. 탐욕스러우며 자신의 한계를 넘어서려 한다. 남의 재산과 땅을 노린다. 이런 사람은 목적을 위해 수단과 방법을 가리지 않는다. 힘이면 다인 줄 안다. 참으로 미련하고 어리석다. 그러나 하나님은 경계를 정하시고 넘지 못하게 하신다.

하나님을 아는 사람은 겸손하여 자기 한계에 따라 산다. 역사의 주인이 누구신지 알기 때문이다. 하나님은 그에게 지혜를 주시며, 그를 통해 일하신다. 역사를 바라볼 때 바로 앞만 보고 판단하지 말고, 멀리 봐야 한다. 100년, 1천 년을 내다보아야 한다. 그러면 하나님이 교만한 사람, 도시, 나라는 낮추시고 겸손한 사람과 나라를 높이시는 게 보인다.

사람의 행위가 여호와를 기쁘시게 하면 그 사람의 원수라도 그와 더불어 화목하게 하시느니라 잠언 16:7

하나님께 인정받으면 사람들도 인정해준다. 하나님을 기쁘시게 하면 사람들도 기뻐한다. 평소 나를 곱지 않은 눈으로 보던 사람들에게도 칭찬받는다. 하나님과 좋은 관계를 유지하면 사람들과도 그렇게 된다. 심지어 원수와도 화목하게 된다. 로마서 14장 18절에 "이로써 그리스도를 섬기는 자는 하나님께 기뻐하심을 받으며 사람에게도 칭찬을 받느니라"라고 하신다.

성공을 위해 사람들과 좋은 관계를 유지하려고 한다. 나라의 평화와 안정 그리고 번

영을 위해 주변국과 좋은 관계를 맺으려 수고한다. 참 잘하는 일이다. 그러나 그보다 더 중요한, 문제를 근본적으로 해결하는 길이 있다. 진정한 성공과 형통의 길은 '하나님과 올바른 관계를 맺는 것'이다. 하나님을 기쁘시게 하며 경외하는 것이다.

여호사밧은 다윗의 길로 행했다. 바알에게 구하지 않고 하나님께 구했다. 하나님의 말씀을 따라 행하며 전심으로 여호와의 길을 걸어갔다. 온 나라를 말씀으로 견고하게 했다. 그러므로 "여호와께서 유다 사방의 모든 나라에 두려움을 주셔서 여호사밧과 싸우지 못하게 하셨다"(대하 17:1-10).

이런 여호사밧을 롤 모델로 삼아야 한다. 하나님께 인정받으며, 하나님을 기쁘시게 하고, 그분과 친밀한 삶이 무엇보다 중요하다. 삶의 우선권을 여기에 두어야 한다. 그러면 하나님께서 주변의 관계를 풀어주신다. 지혜와 능력을 주셔서 하는 일도 성공하게 하신다. 전심으로 하나님의 길을 따라 살아가는 것이 가장 아름답다.

시편 : 주께서 모든 것에 '한계'를 정하셨다. 민족들을 한 혈통으로 만드시고, 온 땅에 살게 하시되 연대를 정하시고, 거주의 한계도 정하셨다(행 17:26). 만물도, 사람도 이 법칙에 순복해야 한다.

오래전 통역 강의 중의 일이다. 나와 호흡을 맞춘 통역자가 한순간 멋있어 보였다. 나는 홍 목사님과 리더십들에게 내 마음 상태를 즉시 알리고 중보기도를 요청했다. 나는 금식기도를 하며 주님께 은혜를 구했다. 영적 전쟁에서 승리하고 싶었다. 나는 '가정'이라는 한계 안에서 살고 있었고, 하나님의 규칙 안에 있었다. 어둠의 영은 내 마음이 그 한계를 넘어가도록 유혹했다.

그날 중보기도의 힘을 경험했다. 나는 구원받았고, 그 순간을 빼고는 전혀 흔들리지 않았다. 내가 이겼다! 마음으로도 죄짓지 않았다. 주님께 피하면 승리는 내 것이 된다.

전능자께서 말씀으로 천지를 창조하시고 바다에게 "한계를 정하여 문빗장을 지르고 이르기를 네가 여기까지 오고 더 넘어가지 못하리니 네 높은 파도가 여기서 그칠지니라"(욥 38:10,11) 명령하셨다.

하나님이 다스리신다. 주께서 정하신 경계선 안에 살아야 한다. 탐욕을 버려야 한다. 주님은 전쟁을 일으키는 나라를 역사 안에서 언제나 심판하셨다. 가정, 회사, 교회, 나라와 열방은 주께서 정하신 경계 안에서 겸손해야 한다. 욕심을 버려야 한다.

하나님이 다스리심을 늘 기억하자! 오늘도 삶 전체가 주님께 기쁨이 되길 원한다.

온 세상에 펼쳐진 하나님의 걸작품

시편 104:30 잠언 17:4

주의 영을 보내어 그들을 창조하사 지면을 새롭게 하시나이다 시편 104:30

하나님이 만물을 창조하시고 각각 수명을 정하셨다. 29절에, "주께서 낯을 숨기신즉 그들이 떨고, 주께서 그들의 호흡을 거두신즉 그들은 죽어 먼지로 돌아가나이다"라고 하셨다.

여름에 풍성하던 잎이 가을에 단풍으로 물들고 서서히 하나둘씩 떨어진다. 그리고 겨울이 오면 겨우 앙상한 가지만 남는다. 자연의 모든 풍경이 완전히 달라진다. 마치 죽음이 깃든 나무, 죽음으로 덮인 들판과도 같다.

그런데 겨울이 지나 봄이 오면 사방이 꿈틀거리는 것이 보인다. 그리고 어김없이 나무들이 새싹을 내고 꽃을 피운다. 나무의 색깔이 바뀐다. 땅에는 풀이 솟아오른다. 죽은 줄 알았는데 다시 생명이 움트는 걸 보면 참으로 놀랍다.

"주의 영을 보내어 그들을 창조하신다." 처음에 그들을 창조하신 하나님의 영, 성령이 이같이 매년 그들을 창조하신다. "지면을 새롭게 하시나이다"라는 말씀이 눈앞에 펼쳐진다. 하나님의 창조 능력이 눈에 보인다. 기적이 일어난다.

31절 말씀은 갑자기 주제가 바뀐 것처럼 보이나, 실은 그렇지 않다. "여호와의 영광이 영원히 계속할지며, 여호와는 자신께서 행하시는 일들로 말미암아 즐거워하시리로다." 매년 하나님의 영광을 본다. 하나님의 걸작품이 온 세상에 전시되고 있다. 이 모든 걸 바라보는 게 즐겁다.

악을 행하는 자는 사악한 입술이 하는 말을 잘 듣고, 거짓말을 하는 자는 악한 혀가 하는 말에 귀를 기울이느니라 잠언 17:4

'유유상종'(類類相從)이라는 말이 있다. '끼리끼리 논다'라고도 표현한다. 악을 행하는 자는 자기와 같은 생각을 하는 자의 말을 듣길 좋아한다. 그런 무리 속에서 위로와 도움을 구한다. 악한 대화를 듣고 맞장구를 치며 기쁨을 발견한다.

악을 행하는 사람은 사악한 말, 악의적인 대화에 참여하기를 즐긴다. 거짓말쟁이의 특징은 중상하는 말, 추잡한 험담에 귀를 기울이는 것이다.

그래서 친구를 보면 그가 어떤 사람인지를 안다. "까마귀 노는 곳에 백로야 가지 마라"라는 시구가 있다. 정몽주의 어머니가 쓴 시조다. 이처럼 악의적인 대화나 험담에 호기심도 갖지 말고, 귀 기울이지 말고, 근처에도 가지 말자. 자칫 나도 더럽혀진다. 혹 그런 대화를 듣거든, 즉시 화장실에 가서 물로 귀를 씻어라.

정직하고 선량하게 살고 싶다면, 친구를 잘 선택해야 한다. 다윗의 아들 암논은 요나답이라는 친구로 인해 결국 비극적 인생을 맞이했다. 요나답은 심히 간교한 사람이었다. 반면에 다윗은 그의 친구 요나단의 도움으로 위기를 벗어났다. 친구를 잘 사귀어야 한다. 남을 세워주는 말, 용기와 격려, 위로와 소망의 대화를 주도해야 한다. 예수님이 중심이 되시고 성경이 주제가 되는 대화법을 배워야 한다.

시편 : 참 외로운 시간이 있었다. 떨어진 가을 낙엽 하나에도 하나님의 영이 운행하시는 것만 같다. 산에 오르다가 찢어지고 밟힌 낙엽 하나를 주웠는데, 꼭 주님이 이렇게 말씀하시는 것 같았다.

'딸아~ 아프지? 사람들이 너를 찢었구나. 밟았구나. 내가 너를 안아주마~.'

펑펑 울었다. 얼굴이 콧물과 눈물범벅이 되도록 울었다. 한참을 울고 나니 이상하게 속이 시원했다. 주의 영은 창조하신 모든 것에서 새 일을 행하신다. 떨어지는 낙엽 하나에서도 하나님의 사랑의 숨결을 느끼게 하신다. 다시 봄이 오면 하나님께서 재창조하셔서 파릇파릇한 새싹이 돋게 하신다. 하나님의 창조는 참 멋지다!

잠언 : "악을 행하는 사람은 사악한 말에 솔깃하고, 거짓말을 하는 사람은 중상하는 말에 귀를 기울인다"(새번역).

사람을 해하려는 음모와 나쁜 계획을 많이 듣고 알려주는 사람이 있다. 나는 그에게 꼭 묻는다.

"직접 들은 말이 맞습니까?"

그는 그렇다고 답한다. 나는 의아하다.

'어떻게 그럴 수 있지? 그들과 같은 편이 아니라면 그 나쁜 계획을 어떻게 직접 들었을까?'

말씀 성취에 단련은 필수 코스다

시편 105:19 잠언 18:6,7

곧 여호와의 말씀이 응할 때까지라. 그의 말씀이 그를 단련하였도다 시편 105:19

시편 105편은 이스라엘 역사를 바라보는 올바른 시각을 갖게 한다. 개인이나 가정, 도시, 민족, 국가를 하나님의 시각으로 바라보고 이해하는 게 중요하다. 하나님은 역사의 주인이시다.

17-22절은 요셉의 삶이다. 그는 형들에 의해 노예로 팔린 17세부터 애굽의 총리가 된 30세까지 고난의 연속이었다. 하나님은 고난을 통해 그를 연단하셨다. 그러나 요셉은 늘 하나님의 얼굴을 구했다. 주어진 일을 감당하고 처한 상황을 극복할 능력을 구하며 하나님을 의지했다(4).

그가 형들에 의해 웅덩이에 처박히고 밖에서 형들이 그를 어떻게 죽일지를 의논했을 때는 용서를, 노예시장에 섰을 때는 자신의 모든 권리를 포기하는 법을, 보디발의 집에서 노예로 살 때는 작은 일, 남의 것에 충성하는 법을 배웠다. 모든 상황을 통해 하나님의 절대적 주권을 믿는 법을 배운 것이다. 훗날 그가 형들에게 "나를 이리로 보낸 이는 당신들이 아니요 하나님이시라"라고(창 45:8) 말하는 걸 보면 알 수 있다.

하나님은 그에게 꿈을 통해 말씀하신 것을 이루기까지 그를 연단하셨다. 연단의 과정을 통과할 때, 비로소 하나님께 쓰임 받는다. 그런 사람은 누구나 이 과정을 통과해야 한다!

미련한 자의 입술은 다툼을 일으키고, 그의 입은 매를 자청하느니라. 미련한 자의 입은 그의 멸망이 되고, 그 입술은 그의 영혼의 그물이 되느니라 잠언 18:6,7

미련한 사람은 자주 말다툼하여 싸움을 일으킨다. 이간질하는 말, 험담과 비난과 조롱을 하기 때문이다. 남을 배려하지 않고 분별없이 생각나는 대로 말을 내뱉는다.

그래서 미련한 사람에게는 흔히 '매를 번다' 또는 "매를 자청한다"라는 말이 딱 맞는다. 그는 말을 함부로 해서 스스로 벌 받을 일을 만든다. 또 남을 해치고 관계를 어렵게 만들어 공동체를 깨뜨린다. 결국 공동체에서 쫓겨나 외로운 늑대처럼 혼자 떠돌며 방황한다.

미련한 사람이 되지 말고, 지혜로운 사람이 되어야 한다. 잠언은 우리가 미련함을 떠나 지혜로운 사람이 되라고 기록된 하나님의 말씀이다.

21절에, "죽고 사는 것이 혀의 힘에 달렸나니, 혀를 쓰기 좋아하는 자는 혀의 열매를 먹으리라"라고 하신다. 혀는 아주 작은데 그 힘이 얼마나 놀라운가! 사람을 죽이기도 하고 살리기도 한다. 상처를 입히기도 하고 치료하기도 한다. 평상시에는 감춰져 있다가 순간적으로 드러나 놀라운 힘을 발휘한다. 생각할수록, 볼수록, 경험할수록 그 힘이 엄청나다.

하나님은 우리의 혀를 사람을 살리고, 치료하고, 위로하고, 격려하는 데 쓰기를 원하신다. 이는 하나님의 말씀이 우리의 생각에 충만할 때 가능하다.

시편 105편 전체에서 주님이 언약을 이루시는 과정을 볼 수 있다.

"주님께 감사해라. 그를 찬양하며 그가 이루신 놀라운 일을 만민에게 알리고 전해라. 그는 맺으신 언약을 영원히 기억하시며, 그가 허락하신 약속이 자손 수천 대에 이루어지도록 기억하신다. 그가 이르시기를 '내가 가나안 땅을 너희에게 줄 것이다. 이는 너희가 대대로 물려줄 기업이다'"(1-11).

"마침내 그의 예언은 이루어졌다. 주님의 말씀은 그의 진실을 증명해주었다"(19, 새번역).

아브라함, 이삭, 야곱에게 하신 언약을 이루시는 과정에서 주의 말씀의 진실함이 다 증명되었다. 하나님께서 기근을 그 땅으로 불러들이시고, 온갖 먹거리를 끊어버리셨다. 그런데 그보다 앞서 한 사람을 준비하셨다.

역사 안에서 주께서 약속하신 것을 이루시는 과정을 보는 것이 아주 흥미롭다. 성경에는 인류 역사 안에 행하시는 전능자의 손이 보인다. 앞으로 일어날 역사도 다 보인다. 교만을 다루시는 하나님의 방법은 예나 지금이나, 앞으로도 동일할 것임을 말씀하신다. '전쟁'으로 징계하시고, '전염병'으로 다스리시고, '기근'을 보냄으로써 주께 부르짖게 하신다.

주님은 내 삶도 이 세 가지로 다루셨다. 반면, 믿음으로 살면 엄청난 축복이 주어진다. 이 사실이 살맛 나게 한다. 원수 갚는 것은 주님께 맡기고, 주님이 약속하신 하늘의 상을 위하여! 오늘도 힘차게 달린다.

망각증과 원망, 기억력과 감사

시편 106:13 잠언 19:5

> 그러나 그들은 그가 행하신 일을 곧 잊어버리며 그의 가르침을 기다리지 아니하고
>
> 시편 106:13

어려운 상황에 이르면 하나님이 이전에 행하신 놀라운 일들을 즉시 잊고 다시 환경에 대한 두려움에 사로잡혀 낙심한다. 마음 한편으로 하나님을 원망한다. 바로 얼마 전에 하나님이 행하신 놀라운 일들을 경험하고도 그런다.

이스라엘 백성은 하나님이 애굽에서 행하신 큰 능력과 영광을 보았다. 그 결과 하나님 앞에 완악했던 바로가 완전히 항복함으로 그들은 무사히 출애굽 할 수 있었다. 그러나 앞에는 깊은 바다, 뒤에는 세계 최강 바로의 전차 부대 사이에 끼어있을 때, 두려움에 사로잡혀 허둥거렸다. 홍해를 건너 광야로 들어서서 물과 양식이 없을 때 하나님을 원망했다.

우리는 종종 주님이 큰 위기와 죄악에서 용서하고 건져주시면, 다시는 같은 죄를 짓지 않고 열정과 감격의 예배의 삶을 살겠다고 마음으로 굳게 다짐하며 입으로 고백하곤 한다. 그래서 하나님이 그의 크신 사랑과 진실하심으로 용서와 회복을 주시면, 처음에는 열정과 감격의 예배를 드리지만, 시간이 흐르고 숨을 돌릴 만하면 점점 마음이 해이해져서 예배의 감격과 열정이 조금씩 식어간다. 또 하나님이 약속하신 말씀을 끝까지 기다리지 못하고, 내 방법대로 해결하려 하기도 한다.

서두르거나 허둥대지 말아야 한다. 다윗과 요셉처럼 하나님의 약속의 말씀이 응할 때까지 벼랑 끝에 서는 용기가 필요하다. 이는 오직 믿음으로만 가능하다. 하나님이 행하신 일들을 기억하고, 하나님을 향한 전적인 신뢰로 살아야 한다.

거짓 증인은 벌을 면하지 못할 것이요, 거짓말을 하는 자도 피하지 못하리라 잠언 19:5

하나님이 가장 미워하시는 사람은 거짓말하는 사람이다. 그렇기에 하나님은 위증자를 엄격히 처리하신다. 19장에서 이런 사람에 관해 4번(5,9,22,28) 언급하신다. 거짓말을 뱉는 자는 망할 것이다(9). 거짓말쟁이가 되는 것보다 가난뱅이로 사는 게 낫다(22).

거짓말하는 행위는 자기의 양심을 더럽힌다는 것을 알아야 한다. 일단 양심이 더러워지면 또 다른 거짓말을 조금도 거리낌 없이 하게 된다. 거짓말하는 사람은 자기 합리화를 잘한다. 변명이나 핑계도 잘 댄다. 선을 행하기 위해 어쩔 수 없이 거짓을 말한다는 명목을 내세운다. 그러나 거짓말을 시작하면 분별력과 판단력과 지혜가 떠난다.

거짓을 미워하고 정직을 사랑하는 사람의 가족사진을 보라. 분별력, 판단력, 지혜가 곁에 있다. 그 배경은 밝다. 하나님의 도움의 손이 보인다. 그러나 거짓말하는 사람의 가족 구성원은 다르다. 자기 합리화, 변명, 핑계가 곁에 있다. 배경이 어두컴컴하다. 하나님의 심판이 보인다.

거짓을 미워하여 거절하고, 정직을 사랑하자. 정직하게 사는 것이 하나님을 경외하는 삶이다.

시편 : 그들은 어느새 주님이 하신 일들을 잊어버리고, 주님의 가르침을 기다리지 않았다(13).

나는 엄청난 환난을 통과하면서 주께서 기적같이 구원하신 일들을 경험했다. 그가 나의 삶에서 행하신 놀라운 일들을 노트에 적어놓았다. 일전에 우리 집에서 홍 목사님을 모시고 식사했다. 20년 전 환난의 때 주께서 행하신 일들이 기록된 노트를 꺼내서 보여드렸다. 새로운 감격이 밀려왔다.

이 노트를 꺼내어 볼 때마다 하나님께서 매 순간 나를 돌보신 일들에 감격한다. 하나님은 그때도 아빠셨고, 지금도 아빠시다. 나는 조건 없이 돌봄을 받는 그분의 딸이다. 이 사실만으로 배가 부르다.

이 놀라운 하나님의 은혜를 잊는 삶은 치매와 뭐가 다를까. 늘 기억하자, 하나님이 행하신 놀라운 일들을! 절대 잊지 말자, 하나님의 사랑을!

주께 의리를 지키자. 주께서는 나를 평강 가운데로 이끄신다.

잠언 : 내 인생의 가장 소중한 가치는 무엇인가? 하나님의 영광이다. 말씀을 따라 사는 것이다. 나의 하나님은 정직하시다. 사탄은 거짓의 아비다. 오늘도 하나님의 성품인 정직이 나를 통해 이 땅에 보이길 소망하며 정직하게 살아낼 것이다.

사모하는 영혼에게 좋은 것을 주시다

시편 107:9 잠언 20:6

그가 사모하는 영혼에게 만족을 주시며, 주린 영혼에게 좋은 것으로 채워주심이로다

시편 107:9

시편 107편은 다섯 부분으로 구분할 수 있다(1-8, 9-15, 16-21, 22-31, 32-43). 구분의 기준은 "여호와의 인자하심과 인생에게 행하신 기적으로 말미암아 그를 찬송할지로다"라는 후렴구(8,15,21,31)다. 첫째 단락(1-8)은 모든 사람이 하나님께 감사해야 한다고 말씀하신다. 특히 하나님께 속량받은 사람이 감사를 드려야 한다. 왜냐하면 하나님은 우리가 고통 중에 부르짖을 때 응답하고 구원하시기 때문이다.

"사모하는 영혼", "주린 영혼"은 근심 중에 하나님께 부르짖는다. 고통 중에 있을 때, 목이 말라 피곤할 때, 부르짖지 않으면 아직 사모함이 없는 것이다. 부르짖는 기도가 적어지면, '요즘은 그래도 살 만한가 보다', '형편이 나아졌나 보다'라고 판단된다. 절박함, 사모함, 굶주림은 부르짖음과 비례한다.

우리 하나님은 부르짖는 기도를 들으신다. 광야 사막 길에서 방황하다가 고통 중에 부르짖으면 건져주신다. 광야는 길이 없기에 방황하기 쉽다. 그리고 필수품인 물과 양식이 공급되지 않는다. 이스라엘 백성이 거대한 광야에서 부르짖었을 때, 하나님은 그들을 인도하시고 때마다 그들의 필요를 넘치게 채우셨다.

인생길 자체가 광야 여정이다. 염려와 두려움으로 바둥거리지 말고 하나님께 부르짖어야 한다. 하나님이 바른길로 인도하시며 우리의 모든 필요를 채워주신다. 그가 행하신 놀라운 기적을 경험하게 하신다. 그를 향한 감사와 감격의 찬송이 흘러나오게 하신다.

많은 사람이 각기 자기의 인자함을 자랑하나니, 충성된 자를 누가 만날 수 있으랴!

잠언 20:6

"인자함"이란 히브리어 '헤세드'로 '크고 놀라운 사랑'을 말한다. 이는 '자비, 친절, 사랑' 등으로 번역되며, 구약에 240번 나온다. "충성"이란 '믿을 만한 성실함'을 말한다. 인자함과 충성됨은 관계를 견고하게 해주는 강력한 접착제 역할을 한다. 하나님과 나, 나와 너, 두 영역의 관계를 친밀하게 만든다.

그리고 맡은 일이 아무리 힘들어도 중도에 포기하지 않고 끝까지 마칠 때까지 성실함을 잃지 않게 해준다.

인자한 사람, 충성된 사람을 만나기가 어렵다. 평소에 간이라도 빼줄 것처럼 사랑과 친절을 보이며 스스로 "충성되다, 성실하다"라고 말하는 사람도 정작 내가 어려울 때, 힘들 때, 심지어 크게 실패했을 때, 그 본모습이 드러난다. 그때야말로 누가 끝까지 사랑하는지, 누가 충성된 사람인지 그 진가가 밝혀진다. 배반하지 않고, 등 뒤에 칼을 꽂지 않고, 끝까지 성실하고, 상황에 상관없이 변함없는 사랑으로 함께하는 충성된 사람을 만나기가 어렵다. 아~ 목이 마르다!

내가 그런 사람이 되리라! 변함없는 사랑의 사람으로, 충성된 사람으로 살리라!

시편 : "주님께서는 목마른 사람에게 물을 실컷 마시게 하시고, 배고픈 사람에게 좋은 음식을 마음껏 먹게 해주셨다"(새번역).

주님은 목마른 자와 마른 땅에 복을 주신다. 바싹 마른 낙엽이 불을 댕긴다. 축축하게 젖은 낙엽에는 불이 붙지 않는다. 바싹 마른 낙엽은 주를 향한 간절한 갈급함이 있다. 내게 이것이 사라지면 교만해진다. 주께서 나를 사용하실 수 없게 된다.

"주님, 목마릅니다. 주님, 간절합니다. 주님, 당신을 원합니다! 당신이 아니면 저는 아무것도 아닙니다. 아무것도 할 수 없습니다."

이 고백으로 주 앞에 평생 서있길 원한다.

잠언 : 하나님은 충성된 사람을 찾으신다. 충성은 한 주인만 섬기게 한다. 주님이 맡기신 일을 배가시킨다. 40년간 모세의 시중을 든 여호수아, 10년간 엘리야의 시중을 든 엘리사를 주께서 사용하시는 것을 본다.

보이는 사람에게 충성할 줄 아는 사람이 보이지 않는 하나님께도 충성하는 원리를 알게 되었다. 주님이 주신 나의 리더에게 충성하리라!

환난 중에 부르짖으라
시편 107:10,11,13,14 잠언 21:8

사람이 흑암과 사망의 그늘에 앉으며 곤고와 쇠사슬에 매임은, 하나님의 말씀을 거역하며 지존자의 뜻을 멸시함이라 이에 그들이 그 환난 중에 여호와께 부르짖으매 그들의 고통에서 구원하시되, 흑암과 사망의 그늘에서 인도하여 내시고 그들의 얽어맨 줄을 끊으셨도다 시편 107:10,11,13,14

"흑암과 사망의 그늘에 앉아있는 사람"의 모습은 너무나 비참하다. 더구나 "곤고와 쇠사슬"에 매여있다. 감옥에 갇힌 자의 암울한 상태다. 감옥은 한 줄기 빛도 없이 캄캄하다. 절망과 두려움으로 가득하다. 이보다 극한 상황은 없다. 모든 것을 포기할 만하다.

왜 그런 환경에 처하여 비참하게 사는지를 설명하신다. 하나님의 말씀을 거역하며 그의 뜻을 멸시했기 때문이다. 자기 마음대로, 정욕대로 살았기 때문이다.

진정한 자유란 그 자유로 하나님의 말씀을 따라 살기로 결단하고 행하는 데 있다. 자기 마음대로 사는 건 방종이요 남용이다. 그러므로 감옥에 사는 비참한 삶에 대해 남을 원망할 게 아니다.

그러니 소망이 있다. 그것은 오직 하나님이다. 그러니 절망하거나 포기하지 말아야 한다. 환난 중에 하나님께 부르짖으면 그분이 들으시고 흑암과 사망의 그늘에서 인도하여 내시며, 그를 얽어맨 줄을 끊으신다. 흑암과 사망의 그늘에 앉은 사람을 하나님이 인도해 내신다. 곤고와 쇠사슬에 매인 줄을 끊으신다. 그러니 하나님의 놀라운 사랑을 의지하여 부르짖어라. 인생에게 행하시는 놀라운 일을 경험하게 될 것이다!

죄를 크게 범한 자의 길은 심히 구부러지고, 깨끗한 자의 길은 곧으니라 잠언 21:8

"심히 구부러진 길"과 "곧은 길"은 얼마나 대조적인가! 죄를 따라 사는 길과 하나님의 뜻을 따라 사는 길의 차이다. 구부러진 길을 걷지 말고 곧은 길을 걸어야 한다. 생각과 마음이 구부러지면 삶도 구부러진다. 마음이 비뚤어지면 행동도 비뚤어진다.

우리는 어그러지고 거스르는 세대 가운데 살고 있다(빌 2:15). 그들은 하나님의 진리를 무시한다. 빛보다 어둠을, 정직보다 거짓을 더 좋아한다. 죄는 우리를 구부러지게 한다. 어둠의 영의 지배를 받는 이 세상은 우리에게 하나님의 성품을 오해하게 하고, 하나님의 뜻을 무시하도록 거짓으로 속이며 유혹한다. 하나님은 우리를 속박하시고, 세상은 우리를 풀어주는 것처럼 속인다. 에덴동산에서 했던 짓을 지금도 똑같이 하고 있다.

우리는 바른길, 정직한 길, 곧은 길로 가야 한다. 그 길은 주의 말씀을 따라 사는 길이다. 거기에 진정한 생명과 평안 그리고 자유가 있다. 이 세상이 보기에는 좁은 길이지만 실제로는 깨끗한 길, 곧은 길, 바른길이다. '군자대로행'(君子大路行)이란 이런 길을 가는 걸 말한다.

시편 : "사람이 어둡고 캄캄한 곳에서 살며, 고통과 쇠사슬에 묶이는 것은, 그들이 하나님의 말씀을 거역하고, 가장 높으신 분의 뜻을 저버렸기 때문이다"(10,11).

오늘 묵상하다가 눈물이 팍 쏟아진다. 흑암과 사망의 쇠사슬에 매였던 지난 시간이 스친다. 교회는 잘 다녔지만, 믿음에서 떠난 삶, 말씀의 원리 원칙에서 떠나 스스로 고통과 쇠사슬에 묶인 삶이었다. 참 미련했다. 환난을 겪고 깨달았다.

극심한 고통이 나를 간절히 부르짖게 했고, 갈급한 목마름이 예배의 이유가 되었다. 주께서 생수를 주셨다. 그 순간, 속이 뒤집어졌다. 주님은 내게 더러운 삶을 토하며 회개하고 돌이키게 하시고는 나를 건져주셨다. 환난에서 구원하셨다. 나를 얽어맨 사슬을 끊어주셨다.

다른 곳으로 가지 말고 주님께 도움을 청해라. 어떤 이들은 술, 도박, 마약, 이성으로 가는 걸 보았다. 그들은 지금도 흑암에 살고 있다. 주님께 피하는 것이 돌파의 출발점이다. 그러면 진정한 자유를 누리게 된다.

잠언 : 생각과 마음이 구부러지면 행동도 구부러진다는 말씀에 정신이 번쩍 든다. 생각을 단단하게 지켜야 한다. 주께서 이 세대를 본받지 말고 마음(생각)을 새롭게 하여 변화를 받으라고 하셨다.

변화는 생각에서 시작된다. 생각을 주의 말씀으로 지켜내는 것이 곧 결과이고, 나의 미래다.

22일

잘나갈 때가 무릎으로 살 때다

시편 107:38,39 잠언 22:5

또 복을 주사 그들이 크게 번성하게 하시고, 그의 가축이 감소하지 아니하게 하실지라도, 다시 압박과 재난과 우환을 통하여 그들의 수를 줄이시며 낮추시는도다

시편 107:38,39

크게 번성할 때 교만하지 말아야 한다. 하나님이 복을 주셔서 형통한 자가 된 것이니 말이다. 신명기 8장 17,18절에 "재물이 크게 늘었을 때 내 능력과 내 손의 힘으로 얻었다고 교만하게 말하지 말라. 네 하나님이 네게 재물 얻을 능력을 주셨음을 기억하여야 한다"라고 하셨다. 요셉과 다니엘도 왕 앞에서 교만하게 자기를 드러내지 않고 '오직 하나님만' 높였다.

상황이 역전되고 환난과 역경을 만날 때, 그때가 하나님 앞에 무릎을 꿇을 때다. 남을 원망하거나 자신을 탓하거나 다만 시기를 잘못 만났다고 자기 위안을 삼으며 안일하게 대응하지 말아야 한다. 형통할 때나 고난과 역경 가운데 있을 때, 이를 당연한 것으로 여기지 말아야 한다. 요셉처럼 하나님의 주권을 믿어야 한다. 오직 하나님만을 의지해야 한다.

우리가 전심으로 주를 찾고 그의 말씀을 따라 살아갈 때, 하나님은 우리에게 복을 주셔서 번성하게 하신다. 그러나 우리가 주를 버리고 악을 행하면 압박과 재난과 우환을 통해 우리의 수를 줄이고 낮추신다. 그러니 고난 가운데 있다면 두려움에 빠져 허우적거리지 말고, 낙심하여 주저앉지 말고, 악에서 돌이켜 주께 나아가라. 갈급한 마음으로 주께 부르짖어라. 그러면 주께서 그의 인자하심으로 우리를 심한 고통으로부터 회복시켜주신다.

패역한 자의 길에는 가시와 올무가 있거니와 영혼을 지키는 자는 이를 멀리하느니라

잠언 22:5

"패역한 자"란 '마음이 비뚤어진 사람, 완고한 사람, 하나님 말씀의 원칙을 무시하

고 자기 뜻대로 살아가는 사람'을 말한다. 그는 절제 없이 자기 정욕과 쾌락을 따라 살며 욕심이 가득하다. 그의 삶이 순탄한 듯 보여도 곳곳에 각양 함정이 숨겨져 있어서 결국 파멸한다. 슬픔과 고통의 가시에 찔린다. 함정에 빠져 옴짝달싹 못 한다. 삶이 비참해진다.

그러나 "자기(영혼)를 지키는 사람"은 그런 길에 얼씬도 하지 않는다. 자신의 마음과 길을 언제나 주의 깊게 경계한다. 절제할 줄 안다. 죄와 피 흘리기까지 싸운다. 정욕의 폭군과 강하게 맞선다.

생명의 근원이 마음에 있기에 무엇보다 마음을 지키고자 온 힘을 다한다. 그런 삶은 저절로 주어지지 않기 때문이다.

주의 말씀을 따라가는 길은 평탄하고 풍성한 삶으로 이끄는 생명의 길이다. 그 길에는 영광과 존귀가 주어진다. 그러므로 자기 생각대로 살지 말고 오직 주의 말씀을 따라 살아야 한다.

승리의 길은 "오직 성령으로 충만함을 받는 데" 있다(엡 5:18). 말씀과 기도 그리고 성령충만함이 승리의 길이다.

시편 : 하나님 앞에 누구라도 교만하지 말아야 한다. 그는 사람을 높이고 낮추시는 분이다. 하나님의 말씀은 두렵고 떨리는 마음으로 그분을 경외하는 삶으로 우리를 이끌어간다. 오늘 본문과 같은 말씀이 있다.

"강이 변하여 광야가 되게 하시며 샘이 변하여 마른 땅이 되게 하시며 … 옥토가 변하여 염전이 되게 하시며 또 광야가 변하여 못이 되게 하시며 마른 땅이 변하여 샘물이 되게 하시고 … 풍성한 소출을 거두게 하시며"(33-37).

강 - 광야 - 못, 샘 - 마른 땅 - 샘물, 옥토 - 염전 - 풍성한 소출.

"모든 것이 풍성할 때 하나님 앞에 무릎 꿇는 겸손한 지혜를 주옵소서!"

잠언 : 하나님의 원리 원칙에서 떠나는 사람은 빈약한 삶을 산다. 그분의 길, 그분의 방법은 영혼을 살찌게 하고, 삶의 결과를 만들어낸다. 나는 영혼이 배부른 삶을 갈망한다. 주님의 말씀에 육신을 쳐서 복종시키는 것은, 언제나 내게 안전과 평강과 자유를 가져다주었다.

세계를 품은 그리스도인
시편 108:3-5 잠언 23:12

여호와여, 내가 만민 중에서 주께 감사하고 열방 중에서 주를 찬양하오리니, 대저 주의 인자하심이 하늘 위에 광대하시며 주의 진실은 궁창에 미치나이다. 하나님이여, 주는 하늘 위에 높이 들리시며, 주의 영광이 온 세계 위에 높으시기를 원하나이다

시편 108:3-5

세계를 품은 그리스도인은 헛된 야망을 품고 세상을 정복하려는 탐욕자들과는 근본적으로 다르다. 자기 명성, 자기 영광, 자기 욕심을 채우려는 그들과 엄연히 다르다. 오직 하나님이 온 나라 위에 높아지시길 바라는 마음, 하나님의 영광이 온 땅에서 높임 받기를 원하는 마음으로 가득하다. 그래서 무릎 꿇고 나라와 민족들을 위해 기도한다.

왜냐하면 주의 인자하심과 주의 진실이 너무나 놀랍기 때문이다. 그 하나님을 온 세상이 알길 원하기 때문이다. 그리고 그들의 입으로 놀라우신 하나님을 찬양하길 원하기 때문이다. "주의 인자하심"은 '크고 놀라운, 조건 없는 사랑'이다. "주의 진실"은 약속하신 것을 반드시 지키시는 '주의 신실하심, 확실하심'이다.

우리를 사랑하시는 하나님이 아브라함에게 일방적으로 약속하셨다. 믿음으로 아브라함의 약속은 우리의 것이 된다. 신실하신 하나님은 반드시 약속을 지키신다. 우리를 향한 하나님의 사랑, 세상을 향한 하나님의 사랑을 온 세상이 알기를 원한다. 그의 놀라운 신실하심을 세상이 알기를 원한다.

온 땅에 주의 영광이 가득하기를, 온 땅에 사는 그들의 입으로 주를 찬송하기를 기도한다. 그리고 그 땅을 밟기를 원한다. 주의 영광을 전하기 위해서다. 주를 알리고 그들이 주를 높이기를 원해서다. 나의 하나님은 그런 분이시다.

훈계에 착심하며, 지식의 말씀에 귀를 기울이라 잠언 23:12

"훈계"란 아버지가 자녀에게 하시는 말씀이다. 이는 복합적인 뜻을 가진다. 즉, 내가 가야 할 방향을 가리키는 말씀이며, 내가 잘못된 길로 들어섰을 때 책망하는 말씀이다. 그러나 책망만이 아니라 잘못된 길에서 벗어나 바른길로 들어서게 하신다. 얼마나 귀한 말씀인가! 하나님 아버지의 말씀은 마치 내비게이션 같아서 올바른 길로 인도하신다. 그 말씀만 따라가면 나는 목적지에 무사히 도착하게 된다.

"착심"은 '명심'과 같다. 마음으로 받아들이고 심장에 새긴다는 뜻이다. 그러기 위해 절대 잊지 않고 말씀대로 살고자 반복적으로 연습하고 훈련하는 것이다. "지식의 말씀"이란, 경험하여 아는 지식, 검증된 지식의 말씀이다. 우리가 그 말씀을 기쁜 마음과 순종하는 자세로 귀 기울여 들으면, 지혜, 총명, 통찰력, 판단력을 갖게 되어 성공하고, 존경받고, 영향을 주며 살게 된다.

하나님의 말씀을 읽고 묵상하고, 그에 따라 사는 삶이 얼마나 행복하며 풍성하고 안전한가! 우리에게 역동적이며 성공적인 삶을 살게 하니 말이다.

시편 : 주님의 한결같은 그 사랑, 하늘보다 더 높고 진실합니다. 만민 가운데, 뭇 나라 가운데서 찬양 받으십시오. 하늘보다 더 높이 높임을 받으시고, 온 땅 위에 주의 이름을 떨치십시오(새번역).

"이는 물이 바다를 덮음같이 여호와의 영광을 인정하는 것이 세상에 가득함이니라" (합 2:14).

이 일은 일어날 것이다. 이 일에 나는 쓰임 받고 싶다. 내 삶의 목표는 딱 하나다. 지금 하는 이 일이 주님께 영광이 되는가? 'Yes'라면 그냥 한다. 'NO'라면 안 한다.

다른 기준은 없다. 시간이 지날수록 나는 더 단순한 삶을 갈망한다. 그렇게 살고 싶다. 단순하게!

잠언 : 주님의 훈계를 마음에 간직하려면 말씀을 깊이 받아들이고 심장에 저장하여 삶으로 드러나게 해야 한다. 속에 있는 것이 항상 밖으로 드러난다. 말씀에 귀 기울이는 것은 말씀이 나를 이끌어가도록 순종하는 것이다. 말씀을 따라가면 절대 실패가 없다. 믿음의 삶을 포기하지 않으면 주께서 반드시 능한 일을 하시는 걸 목격한다. 가나 혼인 잔치의 주인공은 "물 떠온 하인"이었다.

"연회장은 물로 된 포도주를 맛보고도 어디서 났는지 알지 못하되 물 떠온 하인들은 알더라"(요 2:9).

한결같은 사랑으로 나를 붙드시다

시편 109:31 잠언 24:7

그가 궁핍한 자의 오른쪽에 서사 그의 영혼을 심판하려 하는 자들에게서 구원하실 것임이로다 시편 109:31

"궁핍한 자"는 경제적으로 가난한 자다. 또 강한 원수의 손에서 자기를 지키기에는 힘이 약한 자를 말하기도 한다. 단순히 가난하거나 약한 자라기보다 하나님의 뜻을 따라 살면서 고난 당하는 자다. 하나님은 그런 사람의 보호자가 되신다.

하나님이 "두려워하지 말라. 내가 너와 함께함이라. 놀라지 말라. 나는 네 하나님이 됨이라. 내가 너를 굳세게 하리라. 참으로 너를 도와주리라. 참으로 나의 의로운 오른손으로 너를 붙들리라"라고 하신다(사 41:10).

내가 내 문제를 해결하기보다 하나님이 해결해주시기를 구하며 그에게 맡겨야 한다. 스스로 무엇을 해볼까 하는 분주한 생각과 마음을 내려놓고, 하나님이 내 문제에 개입하여 해결해주시기를 구하자. 그는 나의 후원자며 지지자시다. 한결같은 사랑으로 내 오른편에 서신다. 그의 강한 오른팔로 나를 붙드신다. 그러니 어떤 상황이 와도 두렵지 않고, 요동하지 않는다.

주의 손이 나를 도우셔서 나를 죄인으로 몰아 죽이려는 자들의 손에서 구원하시는 분임을 그들이 알게 하신다(27). 나는 고백하며 찬송을 드리리라.

"하나님이 해결하셨습니다. 하나님이 행하셨습니다."

지혜는 너무 높아서, 미련한 자가 미치지 못할 것이므로, 그는 성문에서 입을 열지 못하느니라 잠언 24:7

지혜가 없는 사람을 "미련한 사람", '어리석은 사람'이라 한다. 그런 사람에게 지혜는 너무 높이 있어서 손이 닿지 않는다. 그는 지혜로운 대화를 알아듣지도 이해하지도 못한다. 진지한 토론 자리에 어울리지 못한다. 어떤 일을 맡겨도 제대로 해내지 못한다. 그런 사람에게는 중요한 자리를 맡길 수 없다.

어쩌다가 중요한 자리에 앉아도 꾸어다 놓은 보릿자루 같다. 이해력, 판단력, 분별력이 부족하여 아이디어가 없다. 그저 입을 다물고 있다. 머릿수나 채우고 말 못 하는 동상처럼 있다. 식객이 하나 더 늘 뿐이다. 진급 대상에서 언제나 빠진다. 만년 말단 자리에 머문다. 단순노동 자리에 있어도 위태롭다.

지혜와 지식은 다르다. 단지 공부를 많이 해서 지식이 늘었다고 지혜자가 되는 건 아니다. 올바른 이해, 판단, 결정은 오직 지혜로부터 나온다. 지혜를 얻는 것이 얼마나 중요한지 모른다. 그런데 미련한 사람은 자기의 학력이나 지식만 자랑한다. 그거면 다인 줄 안다. 지혜는 오직 하나님에게서 나온다. 그의 말씀에 귀를 기울일 때 주어진다. "지혜가 마치 송이꿀을 먹는 것처럼 네 영혼에 좋을 것이다. 지혜를 얻으면 네 장래가 반드시 밝을 것이다. 왜냐하면 네게 이해력, 분별력, 판단력을 줄 것이기 때문이다"(13,14). 지혜 있는 사람이 회의를 주도하며 사역을 성공적으로 이끈다. 지혜로운 사람이 되는 게 얼마나 중요한지!

시편 : 나를 고발하는 자들에게서 나를 구원해주시려고, 주님이 이 가난한 사람의 오른쪽에 서계신다(새번역). 하나님의 뜻을 따라 살다 보니, 때로 경제적 결핍도 생기고, 원수의 공격으로 고난 가운데서 마음이 가난해진다. 이때 축 늘어지면 원수에게 당한다. 원수의 공격으로 눈물로 밤을 지새우는 날이 셀 수 없이 많아진다. 이때는 나를 불러 이 일을 맡기신 주님이 어떤 분인지를 묵상하고 기도해야 한다.

그러면 주님이 내 억울한 마음을 만져주시고, 마음의 눈이 열려 더 큰 억울함을 당하신 주님을 보게 된다. 털 깎이러 가는 양처럼 잠잠하고 온유하신 그분을 만난다. 주님은 마음이 가난한 자의 오른편에 서셔서 미소 짓게 만드신다. 여유 있고 품위 있게 행동하도록 이끄신다. 성령의 능력으로 붙잡아주신다.

영광의 길, 고난의 길을 걸어가신 주님의 제자로 살다 보면, 내 십자가를 지고 따르는 삶을 깊이 이해하게 된다.

잠언 : 어리석은 사람이 모인 곳에서는 입을 다무는 게 지혜다. 지혜는 너무 높아서 어리석은 사람이 거기에 미치지 못한다(새번역).

"하나님의 지혜를 사모합니다. 올바른 이해를 기반으로 판단하고 결정하도록 종에게 은혜를 주옵소서!"

너희는 가만히 있을지니라

시편 110:1 잠언 25:11,12

여호와께서 내 주에게 말씀하시기를, "내가 네 원수들로 네 발판이 되게 하기까지 너는 내 오른쪽에 앉아있으라" 하셨도다 시편 110:1

이 말씀은 하나님 아버지가 그의 아들 우리 주 예수님에게 하신 말씀이다. 또한 예수님 안에서 하나님의 자녀가 된 내게도 하신 말씀이다. 이 말씀은 "이르시기를 너희는 가만히 있어 내가 하나님 됨을 알지어다 내가 열방과 세계 중에서 높임을 받으리라 하시도다"와 같다(46:10).

앞에는 1천2백 미터 깊이의 홍해, 뒤로는 최강의 바로의 전차 부대 사이에 끼어 절체절명의 위기에 처한 이스라엘 백성에게, "모세가 백성에게 이르되, '너희는 두려워 말고 가만히 서서 여호와께서 오늘날 너희를 위하여 행하시는 구원을 보라! 너희가 오늘 본 애굽 사람을 또 다시는 영원히 보지 못하리라! 여호와께서 너희를 위하여 싸우시리니 너희는 가만히 있을지니라!" 하심과 같다(출 14:13,14).

또한 사방에 원수의 연합군들로 둘러싸여 위기에 처한 여호사밧에게 "너희는 이 큰 무리로 말미암아 두려워하거나 놀라지 말라. 이 전쟁은 너희에게 속한 것이 아니요 하나님께 속한 것이니라 이 전쟁에는 너희가 싸울 것이 없나니, 대열을 이루고 서서 너희와 함께한 여호와가 구원하는 것을 보라" 하심과 같다(대하 20:15,17).

하나님은 시대를 막론하고 그를 의지하는 그의 백성들에게 "너희는 가만히 서서 하나님의 구원하심을 보라"라고 동일하게 말씀하신다.

모든 상황에서 안식하며 풍랑 가운데서 평상심을 유지하는 법을 배워야 한다. 그것은 오직 믿음으로 살 때 주어진다.

경우에 합당한 말은 아로새긴 은쟁반에 금사과니라. 슬기로운 자의 책망은 청종하는 귀에 금고리와 정금 장식이니라 잠언 25:11,12

우리 하나님은 가장 놀라운 시인, 작가시다. 그 표현의 적절함, 탁월함, 아름다움에 감탄할 뿐이다. 이 놀랍고 아름다운 주님의 말씀을 더 설명한다는 것이 가당키나 할까! 그래도 조금이나마 더 쉽게 이해하도록 애써본다.

"경우에 합당한 말", 제때 나온 알맞은 말이 얼마나 좋은가! 때에 맞지 않는 말은 절대 하지 말자. 자신이 없으면 차라리 조용히 있자. 책망하려거든 지혜롭게 하자. 사람을 정죄하거나 낙심시키는 말이 아니라 일깨우고, 다시 일어날 용기를 주는 책망을 하자. 책망의 동기가 '사랑'이라고 하면서 함부로 생각나는 대로 말하지 말고 지혜롭게 말하자. 하나님의 말씀은 우리를 견고하게 세워주고, 용기를 북돋고, 격려와 위로를 준다.

우리가 말할 때 하나님이 말씀하시는 것처럼 하자.

"너희 말을 항상 은혜 가운데서 소금으로 맛을 냄과 같이 하라"(골 4:6).

또한 책망을 듣는 사람은 쓴 약이 양약인 줄 알고 겸손히 귀 기울여야 한다. 그것이 결국 나를 더 빛나게 해준다.

시편 : 와! 엄청 든든하다. 주님께서 "내가 너의 원수들을 너의 발판이 되게 하기까지, 너는 내 오른쪽에 앉아있어라"라고 말씀하셨다(새번역). 전쟁은 하나님께 속했다. 원수를 내 발아래 굴복시켜주시는 하나님은 나의 힘이시다. 나를 하나님 우편에 앉히고 전쟁하시는 그분을 보게 하신다.

내가 갈렙 같은 믿음으로 살 때, 이 말씀은 내게 약속의 말씀이 된다. 내 삶에 이런 싸움이 여러 번 일어났다. 그때 모르드개의 장대에 하만이 달리는 걸 보게 하셨다. 하나님을 아는 자는 함부로 겁도 없이 모르드개의 장대를 만들지 않는다.

잠언 : 쓸데없는 말을 많이 하는 사람과 있으면 그 자리에 흥미가 없어진다. 반대로 말수가 적은 자가 그 자리에 합당한 지혜로운 말을 하면, 그를 주목하게 된다.

오늘 나의 입을 무겁게 해야겠다. 말하기 전에 한 번 더 생각하고 말해야겠다. 경우에 맞는 말인지를 깊이 생각하고 말하자. 지혜로운 사람의 책망을 들을 줄 아는 겸손한 귀를 갖자! 지혜자의 말을 사랑하자!

26일

하나님을 경외하는 자, 풍성하리라

시편 111:5,6 잠언 26:6

여호와께서 자기를 경외하는 자들에게 양식을 주시며, 그의 언약을 영원히 기억하시리로다. 그가 그들에게 뭇 나라의 기업을 주사 그가 행하시는 일의 능력을 그들에게 알리셨도다 시편 111:5,6

하나님을 경외하는 자들은 그분을 즐거워하며 기뻐한다. 또한 그의 말씀을 즐거워한다. 하나님을 예배하며 그 말씀을 듣고, 믿고, 순종하여 행한다.

하나님은 그런 사람에게 일용할 양식을 주신다. 마치 이스라엘 백성이 광야를 지날 때 만나를 주신 것처럼 양식을 주셔서 풍성하게 하신다. 이스라엘 백성이 애굽에서 나올 때 큰 재물을 갖고 나오게 하셔서, 그들이 시내 산에서 성막을 지을 때 넉넉히 드릴 수 있게 하심같이, 주를 섬기는 데 부족함이 없게 하신다.

하나님이 아브라함과의 언약을 기억하시고, 아브라함의 씨인 우리에게 그 약속이 이루어짐을 보여주셨다(갈 3:29). 이는 우리의 행위로 인함이 아니요, 오직 예수 그리스도 안에 있는 은혜대로 하셨다(딤후 1:9).

또한 하나님은 그분을 경외하는 자에게 열방을 기업으로 주신다. 마치 여호수아가 앞장서서 가나안 일곱 족속의 왕 31명을 물리치고 그 땅을 취하여 소유로 삼게 하신 것과 같다. 그들의 능력으로 취한 게 아니라 오직 하나님의 능력으로 이루어지게 하셨다. 그들의 능력으로는 그 땅을 취할 수 없다.

하나님은 오늘도 자기를 경외하는 자에게 그의 언약을 기억하시고, 모든 필요를 채우신다. 가난한 자를 섬기고, 주를 섬길 수 있도록 풍성하게 주신다. 우리에게 그의 능력을 부으셔서 세상에 영향을 주며 살게 하신다.

미련한 자 편에 기별하는 것은 자기의 발을 베어버림과 해를 받음과 같으니라 잠언 26:6

미련한 자를 시켜 소식을 전하지 말아야 한다. 그것은 마치 자기 발을 자른 것과 같으며, 독극물을 마신 것처럼 해를 입고, 큰 낭패를 불러온다. 나를 대신하여 소식을 전하는 사람을 신중하게 택해야 한다.

사도 바울은 자기를 대신하여 디모데를 빌립보 교회에 보내어 소식을 전하게 했다. 디모데는 바울과 같은 뜻, 같은 마음을 가졌었다. 바울에게 깊이 위탁되어 있었다. 자기 일보다 예수님의 일에 더 열심을 냈다.

뜻과 목적과 가치관이 다른 사람에게는 일을 맡기지 말아야 한다. 언제나 자기 유익을 먼저 구하는 사람은 희생하려 하지 않는다. 목숨 바쳐 주어진 일을 하지 않는다. 의무감으로 억지로 하거나 생계 수단으로 하기 때문이다. 그러므로 자기의 명예와 영광을 위해 일하는 사람에게 중요한 일을 맡기면 안 된다. 또 리더에게 깊이 위탁되지 않은 사람에게 맡겨서도 안 된다.

디모데처럼 연단된 사람에게 맡겨야 한다. 일하다 보면 사람의 말에 휘둘리기 쉽다. 풍랑을 만날 때 요동하기 쉽다. 그러나 연단된 사람은 오직 하나님의 말씀에 이끌림을 받아 쉽게 흔들리지 않는다. 자기 기분이나 생각대로 하지 않고, 평상심을 유지하며 맡은 일을 끝까지 해낸다.

시편 : 하나님은 당신을 경외하는 사람들에게 먹거리를 주신다(5). 하나님을 경외하는 삶을 살면서 먹거리 걱정을 끝내는 게 믿음이다.

"당신의 백성에게 하신 일, 곧 뭇 민족의 유산을 그들에게 주신 일로 당신의 능력을 알리셨다"(새번역). 하나님은 맺으신 언약을 영원토록 기억하신다(5).

하지만 이는 놀고먹는 사람에게는 해당하지 않는 언약이다. 말씀을 따라 사는 그분의 일꾼에게 주시는 약속이다. 내가 하는 모든 말, 행동, 선택 가운데 하나님을 경외하는 삶을 살 것이다.

잠언 : "미련한 사람을 시켜서 소식을 보내는 것은, 제 발목을 자르거나 폭력을 불러들이는 것과 같다"(새번역).

미련함은 보통 심각한 문제가 아니다. 남의 말이 아니다. 정신을 차리자! 사업과 사역 안에서 적용해야 하는 말씀이다. 미련하거나 야망이 있는 자에게 큰일을 맡기면 해를 입는다. 비전과 삶의 목적이 다른 사람에게 일을 맡기지 말아야 한다. 그들의 야망이 단체와 교회를 쪼갠다.

신중하고 또 신중하자!

여호와를 경외함과
그 말씀을 즐거워함

시편 112:1 잠언 27:6,9

할렐루야, 여호와를 경외하며 그의 계명을 크게 즐거워하는 자는 복이 있도다 시편 112:1

시편 111편과 112편은 "할렐루야"로 시작하는 쌍둥이 시편이다. 111편이 하나님이 행하시는 일들과 그분의 성품을 찬양한다면, 112편은 누가 복 있는 사람이며, 그의 삶의 특징은 무언지, 그의 성품과 삶의 결과는 어떤지를 말씀하신다. 특히 그의 중심에는 재물을 올바르게 다루는 삶이 있다. 마치 잠언을 묵상하는 듯한 '지혜 시'다. 누구나 관심 있는 내용이다.

복 있는 사람의 두 가지 특징을 보여준다. 첫째는 하나님을 경외하고, 둘째는 하나님의 말씀을 크게 즐거워한다. 세상에서 복 있는 사람의 특징과 기준과는 다르다.

"하나님을 경외한다"는 건 무엇을 하든, 어디에 있든 하나님을 의식하는 것이다. 주변에 아무도 없어도 언제나 하나님의 면전(∵ 코람데오)에서 생각하고, 말하고, 결정하고, 행동한다. 사람을 두려워하지 않고 오직 하나님을 두려워한다. 사람을 기쁘게 하려 하지 않고 오직 하나님만을 기쁘시게 하려 한다.

또한 "말씀을 크게 즐거워한다"는 건 하나님의 말씀을 삶의 원칙으로 삼는 걸 말한다. 하나님의 말씀을 주일에 교회에서만이 아니라 주중 일상생활의 모든 영역에서 기준으로 삼는다. 목적도, 수단도, 방법도 모두 성경적 가치 기준에 따른다. 그런 사람이 복이 있다. 나는 '시편 112편의 사람'이 되리라.

친구의 아픈 책망은 충직으로 말미암은 것이나, 원수의 잦은 입맞춤은 거짓에서 난 것이니라 기름과 향이 사람의 마음을 즐겁게 하나니, 친구의 충성된 권고가 이와 같이 아름다우니라 잠언 27:6,9

진실한 친구인지 아닌지는 그 말로 분별할 수 있다. 충고해주는 사람이 진실한 친구다. 충고는 충성, 사랑, 진심에서 나오기 때문이다. 그래서 듣기엔 조금 아파도 양약이 된다. 아첨하는 말은 귀로 흘리고, 충성된 아픈 책망은 마음에 깊이 새겨야 한다.

친구를 진정으로 사랑하는 사람은 그 앞에서 책망할 줄 안다. 면책은 쉽지 않다. 좋은 말을 하기는 쉬워도 쓴소리하기는 어렵다. 상대의 안색을 살피게 되며, 그의 마음을 아프게 하는 말이기에 쉽지 않다.

그러나 진정으로 사랑한다면 책망해야 한다. 책망은 친구가 부족한 점을 고치고, 더 나은 미래로 향하게 하기 위한 사랑의 표현이다.

그러나 원수의 아부와 아첨은 독이다. 사랑과 충성에서 우러나온 통책은 싫어하고, 마음에도 없는 칭찬과 사탕발림과 아부를 좋아하는 건 최악이다. 주변에 아부꾼, 아첨꾼이 몰리면 인생은 끝난다.

솔로몬의 아들 르호보암은 충성된 권고를 거절하고, 아첨하는 말을 받아들여 결국 나라가 둘로 쪼개지는 계기를 만들었다.

아첨꾼을 경계해라. 이들을 물리치고 충성된 친구를 모아라. 그래야 더 나은 미래를 펼칠 수 있다.

시편 : 내가 하나님의 계명을 크게 즐거워하는 이유가 있다. 안전하기 때문이다. 결과가 가장 아름답기 때문이다. 하나님의 계명을 즐거워하면 저절로 그분을 경외하는 삶을 살게 된다.

《말씀관통 100일 통독》(홍성건 제)으로 하루에 성경 10장을 읽으면 1년에 3독 반을 하게 된다. 이는 말씀배가운동이다. 일반 성도는 자기 나이만큼 성경을 읽고, 리더라면 나이의 두 배만큼 성경을 읽자! 이 길이 살길이다.

NCMN에서 펼치는 이 '말배운'의 간증이 흥미롭다. '말씀을 읽다가 병이 치유되고 어둠이 떠나갔다'와 같은 간증이 무수히 많다. 말씀은 치유하는 약이다. 말씀을 읽으면 집 나간 지혜와 명철이 돌아온다. 하나님을 경외하는 삶이 말씀에서 출발하기 때문이다.

잠언 : 책망이나 충고는 진정한 친구 관계일 때 할 수 있다. 비전과 목적이 같은 삶의 동역자일 때만 가능하다. 그들은 놀랍도록 책망과 충고를 겸손하게 받고 성장한다. 미련하고 교만하면 그러질 못한다. 겸손한 자리에 있으려고 노력해야 한다. 책망과 충고는 언제나 나를 성장시켰다.

스스로 낮추사
천지를 살피시는 하나님

시편 113:5,6 잠언 28:6

여호와 우리 하나님과 같은 이가 누구리요? 높은 곳에 앉으셨으나, 스스로 낮추사 천지를 살피시고 시편 113:5,6

여호와 우리 하나님과 같은 이가 없다. 하늘과 땅, 보이는 세계와 보이지 않는 세계, 그 어디에도 비교할 만한 존재가 없다. 존재하는 모든 것을 그가 지으셨다. 모든 세계가 그의 말씀으로 지어졌다.

겸손은 이를 알고 자기 자리에 머무는 것이다. 모든 피조물의 제자리는 예배의 자리, 감사와 순종의 자리다. 교만은 자기 자리를 떠나는 것이다. 사탄은 교만의 우두머리다. 그는 하나님이 지으신 놀라운 천사장이었다. 모든 피조물 중에 가장 탁월하게 지어졌고, 하나님 앞에서 예배하는 모든 천사의 우두머리였다. 그런데 자기의 탁월함으로 교만해졌다.

사탄보다 더 탁월한 피조물이 사람이다. 겸손한 사람은 탁월함으로 하나님을 높이고, 그분의 뜻을 이룬다. 교만한 사람은 자기 자리를 떠나 사탄처럼 하나님의 자리에 앉으려 한다. 하나님은 그가 하고자 하는 모든 교만한 일을 물리치신다.

하나님은 높은 보좌에 앉아계시지 않고, 온 세상을 살피기 위해 스스로 낮추신다. 연약한 자를 강하게 하시고, 병든 자를 치료하시고, 가난한 자를 부요하게 하신다. 도움을 청하며 간절히 부르짖는 자의 소리를 듣고 돌보신다.

하나님은 영화로우시며 은혜로우시고, 긍휼함이 끝이 없으시다. 목자 없이 방황하는 양 같은 사람들을 보시고, 스스로 사람의 모습으로 이 땅에 오셔서 목자가 되어주셨다. 그분이 내 아빠 아버지가 되어주신다. 이보다 아름다운 모습이 어디 있을까!

가난하여도 성실하게 행하는 자는, 부유하면서 굽게 행하는 자보다 나으니라 잠언 28:6

"성실하게 행하다"는 '곧은 길을 걷다, 흠 없이 행동하다'라는 뜻이다. 정직과 청렴의 삶이다. 한마디로 충성된 사람이다. 충성을 인생의 가치로 삼아야 한다. 충성된 사람으로 인정받는 것이 가장 명예롭다. 이는 많은 재물보다 더 귀하다.

"굽게 행하다"는 '구부러진 길로 행하다'이다. 그런 사람은 이중 잣대로, 자기 마음대로 기준을 정한다. 자기에게 유익한 길과 불리한 길에 따라 기준이 달라진다. '내로남불'이 이런 행동을 가리킨다. 또한 굽게 행하는 자는 부정직한 방법으로 재산을 모으는 것에 거리낌이 없다. 마음에 정함이 없어서 두 주인을 섬긴다.

정직하게 행하면 큰 재물을 모으지 못할 수 있다. 그러나 많은 재물을 모으기 위해 부정직하게 행해야 한다면 어떤 길을 택할 것인가? 어리석은 사람은 후자를 택한다. 하나님은 언제나 정직한 자의 편이시다. 하나님은 정직하고 충성된 사람을 기다리신다. 사람의 행복과 미래는 재물에 있지 않다. 하나님은 오직 정직한 자를 도우시며 그의 방패가 되어주신다.

"겸손과 여호와를 경외함의 보상은 재물과 영광과 생명이니라"(22:4).

시편 : 우리 하나님과 같은 이가 어디에 있으랴! 높은 곳에 계시지만 스스로 낮추셔서, 하늘과 땅을 두루 살피시는 분이다. 가난하고 궁핍한 사람을 살피시고, 티끌과 거름더미에서 들어 올리시며 귀족들과 한자리에 앉게 하시는 분이다(5-8). 주님은 마음이 주를 향하는 가난한 자를 살피신다.

"미련한 것들을 택하사 지혜 있는 자들을 부끄럽게 하려 하시고 세상의 약한 것들을 택하사 강한 것들을 부끄럽게 하려 하시며 … 천한 것들과 멸시받는 것들과 없는 것들을 택하사 있는 것들을 폐하려 하시나니 … 하나님 앞에서 자랑하지 못하게 하려 하심이라"(고전 1:27-29).

미련한 것, 약한 것, 천한 것, 멸시받는 것, 없는 것. 나는 이 다섯 가지에 다 속하는 사람이다.

"주여, 은혜입니다!"

잠언 : 부유하나 구부러진 길을 가는 사람을 양육했다. 그런데 그는 주의 말씀을 듣지 않았다. 이유를 살펴보니 재물이 많기 때문이었다. 그는 재물이 오히려 자신에게 '저주'로 작용하고 있음을 몰랐다. 우리 주님은 가난해도 흠 없이 사는 사람을 귀하게 여기신다.

홍해가 갈라지고 요단강이 멈추다

시편 114:3,5 잠언 29:8

바다가 보고 도망하며 요단은 물러갔으니 바다야, 네가 도망함은 어찌함이며, 요단아 네가 물러감은 어찌함인가? 시편 114:3,5

시편 114편은 총 8절이다. 이 짧은 노래에 출애굽, 홍해를 건넘, 광야 여정, 요단강을 건너 약속의 땅에 들어간 모든 여정이 압축되어 있다. 여정마다 그의 백성을 향한 하나님의 사랑과 놀라운 능력이 나타난다.

"바다가 보고 도망한다"는 하나님이 홍해를 가르시고 그의 백성을 육지같이 건너게 하신 사건을 말한다. "요단은 물러간다"는 하나님이 요단강의 물을 멈추게 하셔서 멀리 쌓이게 하고, 그 강을 건너게 하심을 말한다. 하나님이 이같이 놀라운 능력으로 그의 백성을 애굽에서 나오게 하시고, 약속의 땅으로 들어가게 하셨다.

그 하나님이 지금 나의 하나님이시다. 그는 여전히 동일하시다. 지금 내 여정은 어느 지점에 있는가? 홍해 앞인가, 광야 한가운데인가, 요단강 앞인가? 불평, 원망, 낙심하지 말아야 한다. 두려워하지도 말아야 한다.

하나님의 놀라운 능력을 믿는 우리는 약속의 땅을 향해 출발하려는 지금, 나를 가로막는 깊은 바다를 보고 "홍해야, 네가 도망함은 어찌함이냐?" 하고 말해야 한다. 약속의 땅에 들어가려는 내 앞에 흐르는 요단강을 향해 "요단강아, 네가 멈추고 뒤로 물러감은 어찌함이냐?"라고 말해야 한다.

하나님은 믿는 자들에게 그의 능력을 나타내신다. 깊은 바다를 가르시고, 강물을 멈추게 하시는 놀라운 경험을 하게 하신다.

거만한 자는 성읍을 요란하게 하여도, 슬기로운 자는 노를 그치게 하느니라 잠언 29:8

"거만한 사람"은 빈정거리고 냉소적이다. 잘난 척하며 남을 깔본다. 그런 사람은 사람들의 마음을 들쑤셔 놓고, 가는 곳마다 관계를 깨뜨린다. 또한 주의 약속의 말씀을 굳게 믿고 따르는 주의 백성들의 믿음을 비웃는다.

"네 하나님이 살아계시냐?", "네 믿음이 무슨 소용이냐?", "아직도 교회에 다니냐?"라며 조롱한다. 진화론자나 인본주의자들이 그렇다. 감정을 부추기고 충동질한다.

그러나 슬기로운 사람은 사람들의 마음을 달래고 화를 가라앉힌다. 하마터면 깨질 관계를 수습하여 화해로 이끈다. 그런 사람이 가는 곳에는 관계가 회복되고 평안과 기쁨이 넘친다. "슬기로운 자"는 하나님을 경외하는 사람이다. 하나님이 주신 지혜로 난관에 부딪힌 사람에게 용기를 주어 돌파하게 한다. 낙심한 자를 위로하여 그가 새 힘을 얻어 자리를 박차고 일어나 힘차게 달려가게 한다.

주변에 슬기로운 사람이 많이 일어나야 한다. 그들이 공동체에 활기를 띠게 한다. 교회, 직장, 도시, 국가에도 일어나야 한다. 무엇보다 내가 그런 사람이 되어야 한다. 하나님을 경외하는 사람, 그의 얼굴을 구하고 그의 말씀에 귀를 기울이는 사람에게 하나님은 슬기를 주신다.

시편 : 처음 예수님을 믿을 때는 홍해 앞에 세우신다. 하나님의 능력으로 건너가게 하시고, 전능자 하나님을 친히 보이신다. 이후 광야에서 전능자 하나님을 크고 작게 경험하게 하신다.

하지만 마지막 약속의 땅으로 들어갈 때는 누구에게나 시험(test)이 있다. 요단강 앞에 세우시고 먼저 "네 믿음을 보이라!"라고 하신다. 이때가 인생에서 가장 중요하다. 광야에서 죽을 것인가, 믿음으로 건너갈 것인가?

하나님을 아는 만큼 믿음으로 살 수 있다. 하나님은 홍해와 요단강 앞에서 다르게 일하신다.

처음 예수님을 믿기 시작하는 사람은 홍해 앞에 있는 것이고, 이미 주님을 아는 사람은 요단강 앞에 있음을 꼭 기억해라!

잠언 : 슬기로운 자가 가정 안에 있으면 그 가정은 복되다. 교회 안에 있으면 그 교회가 복되다. 거만하고 교만한 자에게는 반대 정신으로 대하는 지혜가 있다. 그들에게 겸손하게 대하는 것이 하나님의 지혜다. 슬기로운 자는 큰소리나 싸움이 나지 않게 한다. 나도 그런 사람이 되고 싶다.

"하나님의 지혜와 명철을 사모합니다!"

30일 오직 하나님만 조명을 받으셔야 한다

시편 115:1 잠언 30:7,8

여호와여, 영광을 우리에게 돌리지 마옵소서. 우리에게 돌리지 마옵소서. 오직 주는 인자하시고 진실하시므로 주의 이름에만 영광을 돌리소서 시편 115:1

오직 주께 영광! 주 하나님께만 영광을 돌려야 한다. 주의 인자하심이 크고 진실하심이 영원하기 때문이다. 우리는 연약하고 무지하고 실수투성이에 교만하기까지 하다. 그런데도 하나님은 우리를 통해 일하신다. 그의 능력과 지혜, 명철을 우리에게 주셔서 큰일을 감당하게 하신다.

이 세상은 예수님을 믿는 사람들과 교회 공동체의 모습을 통해 하나님을 본다. 내 삶의 회복과 구원을 위해, 교회의 부흥을 위해 기도하는 이유가 여기에 있다. 하나님은 우리의 행위로 더럽혀진 그의 거룩하신 이름을 위해 우리를 구원하고 회복시키며 부흥케 하신다.

이는 주의 인자하심 때문이다. 그분은 크고 놀라운 사랑으로 우리를 대하신다. 또한 아브라함과의 언약을 지키시는 주의 진실하심 때문이다. 그러니 착각하지 말아야 한다. 오만하지 말아야 한다. 교만은 절대 금물이다. 무대 한가운데 오직 주 예수 그리스도만이 서 있어야 한다. 그분께 조명을 비추어야 한다. 그 앞에서 찬송하며 경배 드리는 것이 나의 역할이다. 오직 하나님께 영광을!

내가 두 가지 일을 주께 구하였사오니, 나의 죽기 전에 주시옵소서. 곧 허탄과 거짓말을 내게서 멀리하옵시며, 나로 가난하게도 마옵시고 부하게도 마옵시고 오직 필요한 양식으로 내게 먹이시옵소서 잠언 30:7,8

주께 구하는 두 가지가 있다.
첫째, "허황한 거짓말을 내게서 멀리하여주소서."
둘째, "가난도 부함도 아닌 오직 일용할 양식만 주소서."
정직하고 진실한 삶, 자족하는 삶을 사는 것이 평생의 삶의 모습이 되도록 날마다 주께 구하고 힘을 다해 살아간다.

우리 하나님은 정직하시다. 그는 빛이시다. 어둠이 조금도 없으시기에 하나님은 거짓말을 미워하신다. 마귀는 거짓의 아비다. 우리는 하나님의 자녀요, 빛의 자녀다. 빛의 자녀처럼 행해야 한다. 그 특징은 '정직'과 '착함'이다.

또 돈을 사랑하지 말아야 한다. 돈을 사랑함이 일만 악의 뿌리이기 때문이다. 믿음에서 떠나게 하기 때문이다. 탐심과 욕심을 물리쳐야 한다. 사랑의 대상을 돈에서 하나님으로 바꾸어야 한다. 자족하는 법을 배우고, 있는 바를 족하게 여겨야 한다. 먹을 것과 입을 것이 있으면 그것으로 충분하다.

후히 베푸는 삶, 좋은 땅에 심는 삶, 자족하는 삶을 살자.

시편 : 주께서 나를 무대에 세우셨다. 부흥 집회에서 강사로 소개받으면 우레와 같은 박수 소리가 들린다. 이때가 가장 두렵다. 즉시 마이크를 잡고 기도한다.

"무대 한가운데 계신 예수 그리스도, 당신은 언제나 챔피언이십니다. 우리가 당신께 박수와 찬송과 영광을 드립니다. 이 큰 박수 소리는 오직 우리 주님께 드리는 우리 모두의 사랑의 고백입니다. 주님, 받으시옵소서."

이 기도를 하는 순간, 그 모든 박수갈채를 우리 주님이 받으신다. 영광은 오직 주님의 몫이다. 나는 그저 무익한 종이다. 겸손한 말이 아니라 사실을 고백할 뿐이다.

잠언 : "주님께 두 가지 간청을 드리니, 제가 죽기 전에 그것을 이루어주십시오. 첫째, 허위와 거짓을 제게서 멀리하여주십시오. 둘째, 꼭 필요한 양식만을 원합니다"(7,8).

이는 영적 전쟁에서 승리를 요청하는 기도다. 주님을 따라가는 삶을 최우선 순위로 두는 사람의 기도다. 승리하는 비결을 보여준다. 허위와 거짓을 버리고 탐심을 다루며 자족하는 삶을 살면 이 기도에 응답받는다.

주께서 재물을 넘치게 하시면 나눔의 삶을 살며, 자신은 필요한 양식만을 취하는 영적인 힘을 구하는 기도다. 높은 수준의 삶을 갈망하는 기도다.

"주여! 저도 동일합니다!"

KING'S WISDOM

May

5월

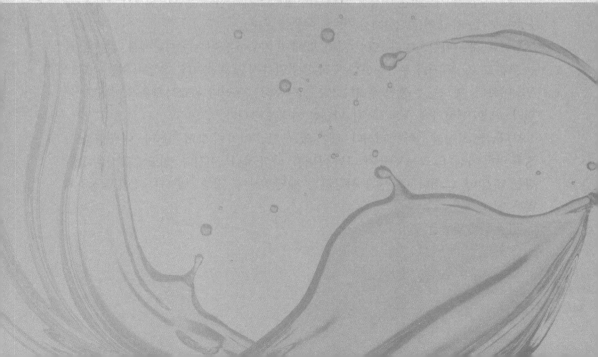

내가 기도하는 근거와 이유

시편 116:1,2   잠언 1:8,9

여호와께서 내 음성과 내 간구를 들으시므로 내가 그를 사랑하는도다. 그의 귀를 내게 기울이셨으므로 내가 **평생에** 기도하리로다 시편 116:1,2

시편 116편은 '기도 매뉴얼'이다. 우리가 기도하는 근거와 동기가 무엇이며, 그 결과가 어떤지를 보여준다.

1절은 "여호와께서 그의 사랑 안에서 자비를 요청하는 나의 간구를 들으셨도다"라고 번역하는 것이 더 올바르다. 하나님이 나의 기도를 들으시고 응답하시는 것은 전적으로 하나님의 사랑과 자비와 은혜다.

다니엘도 "우리가 주 앞에 간구하옵는 것은 우리의 공의를 의지하여 하는 것이 아니요, 주의 큰 긍휼을 의지하여 함이니이다"(단 9:18)라고 기도했다. 이것이 우리에게 계속 기도할 힘을 준다. 주께서 "내 이름으로 구하라. 그러면 받으리라"(요 16:23,24) 하심도 이와 같다.

2절은 '내가 평생에 기도할 수 있는 것은 그의 귀를 내게 기울이셨기 때문입니다'라는 뜻이다. 우리가 기도하는 이유는 하나님이 내 목소리와 간구를 들어주시기 때문이다. 1절에서 기도의 근거를, 2절에서 기도의 이유를 본다.

사람 관계도 마찬가지다. 말할 때 내 말에 귀 기울여 들어주는 사람에게 말한다. 듣는 척하고 무시하거나 무관심하다면 더 이상 말하지 않을 것이다. 응답이 없는 기도는 무의미하다. 하나님을 향한 우리의 기도는 단순히 넋두리나 종교적 행위가 아니다. 저 멀리 주님이 어딘가에 계실 거라는 막연한 기대가 아니다.

하나님은 가상의 신이 아니시다. 내가 있는 '지금 여기'에 함께 계신다. 내 형편과 사정을 익히 아신다. 그는 전능자 나의 아버지, 나의 하나님이시다. 기도의 목적은 응답받는 데 있다. 그러니 하나님을 사랑하는 게 당연하다. 평생 기도하는 것이 당연하지 않은가!

"평생에"에 밑줄을 긋자.

내 아들아, 네 아비의 훈계를 들으며, 네 어미의 법을 떠나지 말라. 이는 네 머리의 아름다운 관이요, 네 목의 금 사슬이니라 잠언 1:8,9

아버지는 교훈을, 어머니는 가르침을 자녀에게 준다. 부모가 자녀를 양육할 때 가야 할 길, 해야 할 일을 지시한다. 행동의 기준과 인생의 가치를 알려준다. 그럴 때마다 기준은 언제나 하나님의 말씀이다. 자기 생각으로 말하지 않으려면 부모가 먼저 말씀을 잘 알아야 한다. 그러면 자녀는 성인이 되어서도 하나님의 말씀대로 살 것이다.

자녀에게 경청하는 법을 가르쳐야 한다. 부모 말에 순종할 마음으로 귀 기울이는 법을 가르쳐야 한다. 그 말씀에 순종하여 행동하는 자녀의 삶은 아름답고 영광스럽다. 그런 사람의 삶은 마치 머리에 화관을 쓴 것처럼 영광스럽고, 목에 금 사슬을 건 것처럼 아름답다.

먼저 부모가 말씀을 읽고, 묵상하고, 살아내고, 그 말씀으로 자녀를 가르쳐야 한다. 그런 부모를 둔 자녀는 복되고 영광스럽다. 잘될 것이고, 반드시 성공할 것이다.

시편 : 주님께서 내 간구를 들어주시고 내 기도에 귀를 기울여주신다. 이것이 내가 기도하는 이유다. 하나님의 응답을 의심한다면 기도는 시간 낭비다.

어머니가 "무조건 주님께 기도하거라. 좋을 때 감사하고, 힘들 때 간구하고, 낙심될 때 주께 부르짖어라. 하나님이 반드시 들으시고 구원하신단다"라고 반복하셨던 말씀이 거의 세뇌되듯 심장에 팍 박혔다. 부모님은 내 평생을 좌우할 인생의 가치와 교훈을 가르쳐주셨다.

최고로 좋은 부모는 돈을 남겨주지 않고 주님의 말씀 속 원리 원칙을 물려준다.

잠언 : 평생 머리에 쓸 아름다운 관, 목에 걸 목걸이는 아버지의 훈계를 잘 듣고 어머니의 가르침을 저버리지 않는 삶이다. 아름다운 관을 쓰고 빛나는 목걸이를 걸고 있는 사람을 상상해본다. 오직 주님의 훈계와 가르침을 받는 사람을 아름답게 빛나게 하신다는 말씀이다.

복 받는 비결은 의외로 간단하다. 하나님 사랑, 이웃 사랑, 부모님 공경이다. 자녀가 부모님의 말씀을 경청할 줄 알 때, 하나님의 말씀도 경청하게 된다.

내 눈을 눈물에서,
내 발을 넘어짐에서

시편 116:8,9 잠언 2:6,8

주께서 내 영혼을 사망에서, 내 눈을 눈물에서, 내 발을 넘어짐에서 건지셨나이다. 내가 생명이 있는 땅에서 여호와 앞에 행하리로다 시편 116:8,9

하나님의 은혜, 그가 베푸신 긍휼이 얼마나 큰가! 내 영혼을 사망에서 건지셨다. 내 눈에 흐르는 눈물을 닦아주셨다. 내 발이 넘어져 진흙에 빠져 허우적거릴 때 건져주셨다. 생명의 위협을 받을 정도로 심각한 위기, 절망과 고통, 어둠에 갇혀있을 때 찾아오셨다. 내 부르짖음을 들으셨다.

절망과 슬픔으로 거의 내 발이 넘어질 지경일 때, 나를 건지셨다. 그리고 더 이상 슬픔이 없게 하셨다. "그는 넘어지나 아주 엎드러지지 아니함은 여호와께서 그의 손으로 붙드심이로다" 하심같이(37:24) 넘어지지 않게 하실 뿐 아니라, 그 절망과 슬픔의 원인을 제거하셨다. 그러니 "내 영혼아, 네 평안함으로 돌아갈지어다"라고 고백한다. 편히 쉬고 안식을 취하라는 것이다. "하나님이 나를 후대하시기 때문에" 더 이상 요동하지 말고 두려워하지 말라는 것이다(7).

그 은혜가 얼마나 큰지, 그의 긍휼이 얼마나 많은지(5)! 그러니 나는 덤으로 산다. 이 세상에서 열심히 산다. 하나님 앞에서 행한다. 무엇을 하든지 주의 뜻이 이루어지는 삶을 산다. 나는 오직 주를 기쁘시게 하는 삶을 '오늘' 살리라.

대저 여호와는 지혜를 주시며 지식과 명철을 그 입에서 내심이며 대저 그는 정의의 길을 보호하시며 그의 성도들의 길을 보전하려 하심이니라 잠언 2:6,8

지혜와 지식과 명철은 우리 삶에 선택 사항이 아니라 필수 사항이다. 물고기가 물이 있어야 사는 것처럼 이 세상을 살아가는 우리에게는 지혜와 지식과 명철이 있어야 한다. 그것은 돈이나 권력과는 근본적으로 다르다. 세상을 살아가는 힘이다. 세상에 영향을 주고, 주어진 일을 성공시키는 길이 여기에 있다. 모든 사람과 올바른 관계를 유지하고 발전시키는 힘도 이 안에 있다.

그러나 이런 것이 우리 안에 없다. 아무리 발버둥 치고 노력해도 큰 진전이 없다. 많은 자격증과 높은 학력을 쌓아도 조금만 얻을 뿐이다. 그런데 기쁜 소식이 있다. 이 모든 걸 가지신 하나님이 우리에게 친히 주겠다고 하신다. 단, 조건이 있다. 그것을 얻으려고 소리를 높여야 한다. 구하며 찾아야 한다. 다른 엉뚱한 곳에서 구하거나 찾지 말고 오직 하나님에게로 달려갈 때 얻을 수 있다.

하나님은 그를 믿고 의지하는 성도들에게 지혜와 지식과 명철을 주셔서 하는 일마다 실패가 없게 하신다. 성공의 삶을 살게 하신다. 참된 것, 공평한 것이 무엇인지 알아 영향을 주는 삶을 살며, 그의 발걸음을 힘차게 내딛게 하신다. 하나님이 우리의 길을 보호하시며 보전하신다는 게 바로 그것이다. 우리에게 기독교문명개혁운동을 주도하는 삶을 살게 하신다.

시편 : 내 영혼을 죽음에서 건져주시는 분, 내 눈에서 눈물을 거둬주시는 분, 내 발이 비틀거리지 않도록 힘있고 견고하게 붙드시는 그분이 나의 주님이시다(8).

원수의 발에 걸려 넘어져서 사망에 처해 눈물이 먹을거리가 된 적이 있었다. 원수는 내 영혼이 가장 약해졌을 때를 놓치지 않았다. 육신까지 죽음으로 몰고 갔다. 정신을 바짝 차려야 했다.

누가 나를 죽음에서 건져줄까?

누가 내 눈에서 눈물을 거둬줄까?

다른 곳에는 답이 없었다. 주님에게만 답이 있었다. 내 허물로 주님은 찔림을 받으셨다. 내 죄악으로 주님은 상함을 받으셨다. 주님이 받으신 징계로 나는 평화를 누리게 되었다. 그가 채찍에 맞음으로 나는 나음을 받았다.

이미 나를 위해 다 이뤄놓으신 주님을 묵상하고 기도하며 매달렸다. 건져주실 것을 확실히 믿었다. 내 믿음만이 주님이 이루신 모든 풍성함을 내 것으로 만들 수 있다.

잠언 : 우리 주님은 친히 지식, 지혜, 명철을 주신다. 정직한 사람에게 분별하는 지혜를 주신다. 흠 없이 사는 사람에게는 방패가 되어주신다(6,7). 잠언에서 반복하시는 말씀은 하나님을 경외하는 삶이다!

오늘 하루도 코람데오! 살아보리라!

세계를 품은 그리스도인이 되라

시편 117:1   잠언 3:9,10

너희 모든 나라들아 여호와를 찬양하며, 너희 모든 백성들아 그를 찬송할지어다

시편 117:1

'눈을 들어 바라보라'라고 주께서 자주 말씀하신다. 우리의 시선을 발 앞에 두지 말라는 것이다. 바로 앞에 있는 문제에 집중하지 말고, 하나님의 마음으로 땅끝까지 바라보라는 것이다. 그러려면 눈을 들어야 한다.

아브라함에게 "너는 눈을 들어 바라보라"라고 말씀하셨다(창 13:14). 예수님이 제자들에게 "너희는 눈을 들어 밭을 보라"(요 4:35)라고 말씀하셨다. 주님이 모세에게 "너는 산에 올라 내게로 오라"(출 24:12)라고 말씀하셨듯 내게도 말씀하신다.

높이 올라갈수록 멀리 보인다. 산 입구나 중턱에 머무르지 않는다. 산 정상으로 올라간다. 멀리 보길 원하기 때문이다. 모세가 비스가산 정상에서 하나님이 주실 땅을 바라보았듯, 우리는 세상 모든 나라, 모든 백성을 바라본다. 그리고 그들을 기도로 가슴에 품는다. 그들에게 명령한다.

"너희 모든 나라들아! 여호와를 찬양하라! 너희 모든 백성아! 그를 찬송할지어다!"

그리고 한 걸음씩 날마다 전진한다. 지금 내가 밟고 있는 곳이 '땅끝'이다. 어둠을 밝히는 빛으로, 부패를 방지하고 신선함을 유지하는 소금으로 살아간다. 하나님이 우리를 세상에 영향을 주는 삶으로 부르셨다.

네 재물과 네 소산물의 처음 익은 열매로 여호와를 공경하라. 그리하면 네 창고가 가득히 차고 네 포도즙 틀에 새 포도즙이 넘치리라 잠언 3:9,10

철강왕 카네기의 어머니는, "너는 평생 하나님의 창고를 먼저 부하게 해라. 그러면 네 창고가 항상 넘칠 것이다"라고 아들에게 유언했다. 우리가 가진 재물로 하나님을 섬기면, 우리의 창고가 비지 않는다. 오히려 하나님이 가득히 채워주신다. 참으로 놀랍고 경이로운 하나님의 수학 공식이다. 잠언을 통해 말씀하신 하나님이 다시 말씀하신다.

"남에게 주어라. 그리하면 하나님께서도 너희에게 주실 것이니, 되를 누르고 흔들어서, 넘치도록 후하게 되어서, 너희 품에 안겨주실 것이다. 너희가 되질하여 주는 그 되로 너희에게 도로 되어서 주실 것이다"(눅 6:38 새번역).

'하나님께 드리라'의 의미를 오해하지 않도록 말씀하신다.

"내가 가령 주려도 네게 이르지 아니할 것은 세계와 거기에 충만한 것이 내 것임이로다"(시 50:12).

하나님은 그분 자신의 필요를 위해 말씀하시는 게 아니다. 하나님의 성전에서 봉사하는 사람들, 하나님이 하시는 일들, 가난하고 소외된 사람들에게 주라는 것이다. 하나님이 그것을 받으신다. '내가 네게서 받았다'라고 말씀하신다. 그리고 더 가득 차고 넘치게 도로 주신다.

하나님께 드리면 드릴수록 더 채워주신다. 왜냐하면 그건 사라지는 게 아니라 땅에 심은 것이기 때문이다. 하늘은행에 입금했기 때문이다. 이 원칙은 순종하는 사람만 경험하는 놀라운 비밀이다!

시편 : 모든 나라, 모든 백성은 여호와를 찬양해야 한다. 그분은 눈에 보이는 모든 것, 보이지 않는 모든 것의 주인이시다. 어느 날, 산 정상에 올라 잠시 쉬면서 눈을 감고 천지를 지으신 주님을 묵상하다가 깜짝 놀랐다. 산과 새와 나무와 꽃들이 하모니를 이루어 주님을 찬양하는 소리가 들렸기 때문이다. 바람 소리, 새 소리, 나무가 흔들리는 소리까지. 그분은 선하심과 인자하심과 진실한 사랑으로 만물을 다스리고 계셨다.

그분의 다스림을 받는 것이 가장 평강하고 안전한 자유의 삶을 보장받는 것임을 너무 늦게 깨달았다. 나를 향한 주님의 인자하심이 크고 주님의 진실하심은 영원하다.

잠언 : 당장 하늘은행 통장을 개설했다. 이것은 비밀이다. 풍성한 삶을 원한다면 하나님과 사람을 재물로 섬기는 법을 배워야 한다.

"남에게 주어라. 그리하면 하나님께서도 너희에게 주실 것이니, 되를 누르고 흔들어서, 넘치도록 후하게 되어서, 너희 품에 안겨주실 것이다. 너희가 되질하여 주는 그 되로 너희에게 도로 되어서 주실 것이다"(눅 6:38 새번역).

이자율이 높은 하늘은행이 있다(마 6:19-21). 대형 백화점의 주 고객이 되길 원하지 말자. 하늘은행의 VIP 고객이 되는 영광을 누리자.

4일

여호와의 이름으로 나아가리라

시편 118:8-10 잠언 4:6,7

여호와께 피하는 것이 사람을 신뢰하는 것보다 나으며, 여호와께 피하는 것이 고관들을 신뢰하는 것보다 낫도다. 뭇 나라가 나를 에워쌌으니 내가 여호와의 이름으로 그들을 끊으리로다 시편 118:8-10

우리는 자연스럽게 어떤 일을 진행할 때 유력자, 권세를 가진 사람에게 의지한다. 그러나 사람은 의지할 대상이 아니라 섬김의 대상이다. 그래야 상처를 적게 받고 실망이 줄어든다. 하나님을 의지하는 것이 지혜다. 나의 앞길을 하나님께 맡겨야 한다. 오직 하나님 안에 내 안정감을 두어야 한다. 오직 하나님께 피하는 것이 가장 안전하다. 안전지대에 머무르라.

목동 다윗은 용사 골리앗에게 담대히 소리쳤다.

"너는 칼과 창과 단창으로 내게 오거니와 나는 만군의 여호와의 이름으로 네게 가노라. 전쟁은 여호와께 속한 것인즉 그가 너희를 우리 손에 넘기시리라"(삼상 17:45-47).

승리의 비결은 사람의 능력이나 탁월한 무기에 있지 않다. 전쟁은 하나님께 속했다. 내가 싸우면 내 힘과 능력으로 할 뿐이지만, 하나님을 의지하면 하나님이 나 대신 싸우신다. 그러니 매 순간 어떤 위협에도 두려워하지 않는다. 하나님이 함께하심을 인정하고, 그를 의지하기 때문이다. 다윗은 하나님의 이름을 의지하여 골리앗 앞으로 달려나갔다. 그리고 평소에 사자와 곰에게 하듯 손에 든 물맷돌을 그의 이마를 향해 던졌다.

두려워하지 말고 담대해야 한다. 하나님이 함께하심을 믿어야 한다. 용기, 믿음, 기도로 나아가면 하나님이 일하신다. 나의 하나님은 그런 사람을 '항상' 이기게 하신다 (고후 2:14).

지혜를 버리지 말라. 그가 너를 보호하리라. 그를 사랑하라. 그가 너를 지키리라. 지혜가 제일이니 지혜를 얻으라. 네가 얻은 모든 것을 가지고 명철을 얻을지니라 잠언 4:6,7

"지혜를 버리지 말라"는 '지혜를 거절하지 말라'는 뜻이다. 지혜를 소홀히 여기지 말

왕의 지혜

아야 한다. 지혜가 나를 초청할 때, 거절하지 말고 열정적으로 사랑함으로 지혜를 영접해라. 그러면 내 삶은 안전하다. 지혜가 나를 보호해주기 때문이다. 목자가 양들을 보호하듯, 파수꾼이 침입자가 들어오지 못하도록 지켜주듯 나를 보호하고 지켜준다.

지혜를 "얻으라"는 지혜를 거저 갖는 게 아니라, 값을 주고 사라는 것이다. 지혜가 제일이기 때문이다. "제일"이라는 것은 '가장 귀하다, 훌륭하다, 좋다'라는 말이다. 지혜가 가장 귀하다. 그러나 그것은 얻어야 한다.

또한 "명철"을 얻어야 한다. "네가 얻은 모든 것을 가지고 명철을 얻으라" 하심은 '네가 평생에 걸쳐 모은 모든 것을 다 지불해서 사라'는 것이다. 지혜와 명철보다 더 귀하고 가치 있는 건 없다. 이것은 거저 줍는 게 아니라 내가 가진 모든 것을 팔아 값 주고 사야 내 것이 된다.

매일 하나님은 내게 다이아몬드 같은 시간을 주신다. 그것을 가지고 지혜와 명철을 얻어야 한다. 물물교환을 해야 한다. 예수님 안에는 "지혜와 지식의 모든 보화가 감추어져" 있다 (골 2:3).

시간을 내어 예수님을 알수록 지혜를 얻는다. 하나님 앞에 앉아 그의 말씀을 읽고 묵상하자. 지혜와 명철을 얻는 유일한 길이다.

시편 : "뭇 나라가 나를 에워쌌지만, 나는 주님의 이름을 힘입어서 그들을 물리쳤다" (10, 새번역).

주님께 몸을 피하는 것이 높은 사람을 의지하는 것보다 백배 천배 낫다 (8,9). 하나님과 사람을 어찌 비교하리오. 대적들이 에워쌀 때, 말씀에서 먼저 답을 찾고 묵상하고 행동해야 한다. 소년 다윗은 만군의 여호와 하나님의 이름을 힘입어서 골리앗과 그의 군대를 물리쳤다.

나는 점점 총명해진다. 말하거나 행동하기 전에 성경에서 비슷한 경우를 찾고 묵상하며 말씀에서 답을 얻기 때문이다. 이것이 대적을 이기게 한다. 말씀으로 사는 자의 놀라운 특권은 승리하여 돌파의 주인공이 되는 것이다.

잠언 : 지혜를 버리지 말고 사랑해야 한다. 그것이 나를 보호해주기 때문이다. 지혜가 으뜸이니 내 모든 걸 바쳐서라도 얻어야 한다. 지혜와 명철은 거저 얻어지는 게 아니다. 내 것(시간, 열정, 재물)을 내놓는 대가 지불을 통해 얻을 수 있다.

우리 자신을 제단 뿔에 매자
시편 118:27 잠언 5:7,8

여호와는 하나님이시라. 그가 우리에게 빛을 비추셨으니 밧줄로 절기 제물을 제단 뿔에 맬지어다 시편 118:27

소나 양이나 염소를 제단의 뿔에 줄로 묶어두라는 것은, 제사를 지내라는 것이다. 곧 하나님이 베푸신 구원의 축제를 벌이라는 것이다. 여호와는 우리에게 빛을 주시는 하나님이다.

예수님이 십자가에서 죽으셔서 어둠에 갇혀있던 우리에게 빛을 주셨다. 그것은 소망이요 생명이다. 우리에게 기쁨과 즐거움을 주셨다. 죄의 얽매임에서 벗어나는 자유를 주셨다. 그러니 어찌 하나님 앞에서 축제의 예배를 드리지 않으랴! 주님이 나를 구원하셨으니, 주님이 날 자유하게 하셨으니, 어찌 잠잠하랴! 기뻐 노래하며 춤추는 것이 당연하다.

양이 곧 죽임을 당하기 위해 제단 뿔에 줄로 매이듯, 우리의 시간도 십자가에 사랑의 줄로 매야 한다. 주일에 다른 데 매이지 말고 교회에, 예배와 교제와 섬김에 매여야 한다. 우리가 가진 재물도 제단 뿔에 매야 한다. 우리의 인생 전체를 제단 뿔에 매야 한다.

사랑의 줄로 즐거이 헌신하며 매야 한다. 진정한 안식이 신기하게도 거기에 있다. 제단 뿔에 매이지만 오히려 자유, 기쁨, 회복, 치유, 생명이 있다. 이것이 십자가 중심의 삶의 놀라운 비밀이다.

그런즉 아들들아, 나에게 들으며 내 입의 말을 버리지 말고, 네 길을 그에게서 멀리하라. 그의 집 문에도 가까이 가지 말라 잠언 5:7,8

"그런즉"은 잠언 5장 3-6절 말씀에 대한 반응이다. 음녀가 얼마나 위험한가! 꿀처럼 달콤한 말로 유혹한다. 부드럽고 아름다운 말로 유혹한다. 죄악을 교묘하게 합리화하고 미화시킨다. 그 속에 독초가 있어 분별력을 마비시킨다. 날카로운 칼처럼 심장을 찔러 양심을 마비시킨다. 예리한 칼처럼 마음을 도려내어 판단력을 잃게 한다.

그러면 삶이 흔들린다. 그뿐이 아니다. 발걸음을 비틀거리게 만든다. 방향 감각을 잃게 한다. 결국 지옥행 열차를 타고 사망으로 내달리게 한다.

아, 얼마나 무섭고 참혹한가! 그러니 아버지가 사랑으로 호소하신다. 강하게 경고하신다.

'그런즉, 아들들아, 내 말을 들어라! 내 말을 버리지 마라. 음녀를 멀리해라! 네 진로를 변경해라. 그 집 문에도 가까이 가지 마라. 돌아서서 다른 길로 가거라!'

하나님을 가까이하면 생명, 기쁨, 즐거움이 따른다. 하나님 아버지가 보여주시는 길로 가면 안전하다. 그러나 음녀를 가까이하면 사망, 슬픔, 가난 그리고 병든 삶이 따른다.

사탄의 계책을 아는 사람은 음녀에게 속지 않는다(고후 2:11). 오늘 그리고 평생, 음녀를 멀리하고 미워하며 그 집 문에도 가까이 가지 말자. 그래야 산다.

시편 : 제단 뿔에 매이는 삶이란? 말씀에 매이는 자유를 아는가? 시간, 건강, 열정, 재물, 비전, 삶의 목표 등을 제단 뿔에 매라. 속박이 아니라 풍성한 배가의 삶, 기쁨과 자유의 삶이 보상으로 주어진다.

주의 제단에 매이는 삶이 풍성한 자유를 맛보게 한다. 예배, 기도, 영적 전쟁에서 승리하는 삶이야말로 제단에 매이는 자유를 맛보게 한다. 하나님나라의 이 놀라운 비밀은 아는 사람만 안다.

잠언 : "내 아들아, 네 길에서 그 여자를 멀리 떨어져 있게 하여라. 그 여자의 집 문 가까이에도 가지 말아라"(새번역).

평생 음녀를 조심하라고 당부하신다. 담을 허는 여우를 잡아라! 이 여우는 가정과 사업장의 담을 헐어버린다. 비전, 사명의 담까지 다 헐어버린다. 인생의 밑바닥에서 음녀를 만난 대가 지불은 너무 혹독하다. 후회해도 이미 늦다. 마음과 육체를 망치고, 명예와 모든 것이 사라지면 돌아올 곳이 없어진다.

지금 당장 가정으로! 주님의 품으로! 발길을 돌려라! 오늘이 가장 빠른 구원의 날이다.

인생 내비게이션
시편 119:5,6 잠언 6:6-8

내 길을 굳게 정하사 주의 율례를 지키게 하소서. 내가 주의 모든 계명에 주의할 때는 **부끄럽지 아니하리이다** 시편 119:5,6

차를 타고 출발하기 전에 내비게이션을 켜고 목적지를 설정한다. 도중에 혹 잘못하여 다른 길로 들어서면 내비게이션이 올바른 경로로 수정하여 목적지로 이끌어준다. 오늘 말씀이 바로 그런 것이다. 하나님의 말씀이 내 인생을 올바른 방향으로 인도하신다. 주의 말씀은 '인생 내비게이션'이다.

아! 주의 말씀을 따라 살아가는 것이 내 인생 최대의 기쁨이요 행복이다. 내 인생을 생명의 길, 풍성한 삶으로 이끌기 때문이다. 그렇기에 주의 말씀을 주의 깊게 묵상한다. 내 마음대로 이해하거나 해석하지 않는다. 그 말씀의 뜻이 무엇인지 주의를 기울여 살핀다. 그리고 내게 무엇을 말씀하시는지, 내가 구체적으로 어떻게 살아야 하는지 귀 기울여 듣는다.

그럴 때마다 성령께서 그 말씀에 빛을 비추어 주의 뜻을 알아듣게 하신다. 왜냐하면 내 지혜로는 깨닫지 못하기 때문이다. 그리고 그 말씀을 따라 전심을 다하여 살아갈 때, 성령님이 내게 힘을 주셔서 충분히 살아가게 하신다. 왜냐하면 내 힘과 결심만으로는 말씀대로 살아갈 수 없기 때문이다.

게으른 자여, 개미에게 가서 그가 하는 것을 보고 지혜를 얻으라. 개미는 두령도 없고 감독자도 없고 통치자도 없으되, 먹을 것을 여름 동안에 예비하며 추수 때 양식을 모으느니라 잠언 6:6-8

여름 동안 먹을 것을 예비하고, 추수 때 양식을 모으는 것이 지혜다. 지금이 어느 때인 줄 아는 것이 지혜다. 멀리 볼 줄 아는 것이 지혜다. 그리고 그것을 위해 지금 해야 할 일이 무엇인지 알고, 예비하는 게 지혜다. 지혜 없는 사람은 멀리 보거나 미리 볼 줄 모른다. 그러기에 오늘, 무엇을, 어떻게 해야 할지도 모른다. 때와 시기를 놓친다.

해야 할 일을 스스로 할 줄 알아야 한다. 그것이 부지런함이다. 게으른 사람은 할 일을 알면서도 하지 않는다. 남이 시켜야 한다. 그래서 리더가 되지 못한다. 일을 계획하고 진행할 줄 모르며, 시키는 일만 한다.

지혜로운 사람이 되어야 한다. 미리, 멀리 보는 삶을 훈련해야 한다. 그리고 오늘 하는 일이 미래와 연관이 있어야 한다. 부지런해야 한다. 지금 해야 할 일을 스스로 하는 것이 지혜다.

개미는 누가 시키지 않아도 부지런히 일해서 양식을 모은다. 오죽하면 개미에게 가서 지혜를 배우라고 하셨겠는가. 지혜는 그만큼 중요하다. 오늘 하는 일이 내일 그리고 미래와 연결되어야 한다.

시편 : 주여! 내 길이 탄탄하여 흔들리는 일이 없도록, 내가 주님의 율례를 성실하게 지킬 수 있도록 저를 붙잡아 주십시오. 내가 주님의 모든 계명을 낱낱이 마음에 새기면 부끄러움을 당할 일이 없을 것입니다(5,6).

주여! 날마다 성령의 능력으로 살도록 나를 붙잡아 주십시오.

"또한 모든 것을 해로 여김은 내 주 그리스도 예수를 아는 지식이 가장 고상함을 인함이라 내가 그를 위하여 모든 것을 잃어버리고 배설물로 여김은 그리스도를 얻고"(빌 3:8).

사도 바울에게 또 배우는 것은 내 것을 버릴 때 얻는 것이 크다는 거다. 그러면 내면이 견고해진다. 얼굴에 빛이 나고 인품이 고상해진다.

오늘, 더 버리고 더 얻는 삶을 살기로 결정한다.

잠언 : "손을 게으르게 놀리는 자는 가난하게 되고 손이 부지런한 자는 부하게 되느니라"(10:4).

성경에는 재물과 관련된 핵심 말씀이 약 3천 구절이나 있다. 부지런함과 정직함은 종이 아닌 주인으로서 다스리는 삶을 살게 한다. 오늘 또 결정한다.

"부지런하게 살겠습니다!"

청년의 정욕을 제어하는 길

시편 119:9-11 잠언 7:5

청년이 무엇으로 그의 행실을 깨끗게 하리이까? 주의 말씀만 지킬 따름이니이다. 내가 전심으로 주를 찾았사오니, 주의 계명에서 떠나지 말게 하소서. 내가 주께 범죄하지 아니하려 하여 주의 말씀을 내 마음에 두었나이다 시편 119:9-11

정욕을 제어하며 깨끗한 행실로 살기를 바라는 것은, 누구에게나 큰 기도 제목이다. 강의 중에 한 분이 이런 이야기를 했다. "전심으로 말씀에 순종하고, 하나님을 사랑하며 살고 싶습니다. 하지만 원하는 순종보다 원하지 않는 불순종의 선택을 많이 해서 괴롭습니다." 많은 사람이 공감했다.

오늘 우리 주께서 말씀하신다. 청년이 그 행실을 깨끗하게 하려면 오직 주의 말씀을 굳게 붙들어야 한다. 죄를 범하지 않는 길은 주의 말씀을 마음에 두는 것이다. 내가 주의 말씀을 지키면 그 말씀이 나를 지켜준다. 내가 말씀을 떠나지 않으면 그 말씀이 언제나 내 곁에서 파수꾼처럼 나를 죄로부터 보호한다. 주의 말씀을 마음에 두면 그 말씀이 내 생각과 눈, 귀, 입을 거룩함으로 이끌어준다.

말씀을 날마다 소리 내어 읽고, 묵상하고, 그 말씀을 따라 사는 것이 길이다. 한꺼번에 10장을 읽기 어려우면 하루에 서너 번을 나누어 읽자. 매번 10-15분을 투자하자. 배고픈 사람처럼, 목마른 사람처럼 말씀을 대하자. 주변의 방해를 받지 않고 집중할 수 있는 장소나 분위기를 만들어 읽고, 묵상하고, 기도하자. 이런 사람의 인생은 기대가 된다.

그리하면 이것이 너를 지켜서 음녀에게, 말로 호리는 이방 여인에게 빠지지 않게 하리라 잠언 7:5

"음녀" 또는 "이방 여인"은, 하나님의 뜻을 떠나 살게 하는 모든 것을 말한다. 나와 예수 그리스도 사이에 들어와 그 틈을 벌리려는 것들이다. 이들은 예수님과의 친밀감을 방해한다. 처음 사랑을 잃게 하려고 갖은 수단을 동원한다.

잠깐이라도 해이하면 바로 접근한다. 10절의 "기생의 옷을 입은 간교한 여인"은 마치 독버섯처럼 겉으로 보기에 좋아서 시각에 약한 사람들의 눈을 홀린다. 간교해서 거짓말을 그럴듯하게 포장해서 말한다.

이들은 거리, 광장, 길모퉁이에서 유혹할 사람을 기다린다. 어리석은 자를 기다린다. 하나님의 말씀을 심장에 새기지 않고, 붙들지 않고, 말씀과 거리를 두고 사는 젊은이가 주요 표적이다.

음녀를 따라가는 자의 모습은 마치 도살장으로 끌려가는 소와 같고, 덫에 걸린 사슴과 같다. 결국 화살이 심장에 꽂힐 것이다. 그러니 아버지의 말씀을 듣고 따르자. 음녀의 길로 향하지 말고 그 길에 서성이지 말아야 한다.

오직 주의 말씀만이, 유혹하는 여자, 말로 호리는 여자에게 빠지지 않게 한다. 나를 깨어있게 하고, 내게 분별력을 주는 것은 '그 말씀'밖에 없다.

날마다 말씀에 귀 기울인다. 심장에 새긴다. 손바닥에 적는다. 죽기 살기로 살아낸다. 그러면 그 말씀이 나를 유혹으로부터 지켜주고, 죄에 빠지지 않게 한다.

시편 : 젊은이의 고민이 아름답다.

첫째, 어떻게 해야 인생을 깨끗하게 살 수 있습니까?

둘째, 주님의 계명에서 벗어나지 않는 길이 있습니까?

셋째, 주님께 죄를 범하지 않으려면 어떻게 해야 합니까?

주께서 답을 주신다.

첫째, 주님의 말씀을 지키는 길뿐이다.

둘째, 주님의 말씀을 마음 깊이 간직하고 주님을 부지런히 찾아야 한다.

어제의 순종으로 오늘을 살 수 없고, 어제의 승리로 오늘을 살 수 없다. 어제의 기름부음으로 오늘 사역하지 않기로 결정했다. 주의 말씀은 매일 새롭게 마음에 새기는 것이다. 어제 새긴 말씀은 어제의 승리일 뿐이다.

잠언 : 지혜와 명철이 우리를 음행하는 여자로부터 지켜주고 달콤한 말로 호리는 외간 여자로부터 지켜준다. 음녀는 매일 우리에게 온다. 어제도 왔고, 오늘도 오고, 내일도 올 것이다. 방심하지 말자. 주의 말씀으로 무장하자. 안 그러면 음녀에게 모든 걸 빼앗긴다. 가정, 사업, 명예, 돈, 비전까지. 깨어있자! 깨어있자! 깨어있자!

최고의 보물 상자

시편 119:17 잠언 8:11

주의 종을 후대하여 살게 하소서. 그리하시면 주의 말씀을 지키리이다 시편 119:17

주의 말씀을 듣고 알고 그 말씀을 따라 행하는 게 얼마나 아름다운가! 우리를 안타깝게 하는 것은 말씀을 따라 행하지 않는 것이다. 이 세상의 죄의 유혹을 물리치고 주의 말씀을 따라 사는 길은 그리 만만하지 않다. 마음만 먹었다고 되는 게 아니다. 결심만으로 이루어지지 않는다.

얼마나 많은 사람이 죄의 유혹을 이기고 깨끗한 삶, 주님 보시기에 옳은 삶을 살고 싶은가! 어떻게 하면 그 길로 걸어갈 수 있을까?

오직 하나님이 말씀을 따라 살 능력을 주실 때 가능하다.

"후대하다"가 바로 이것이다. 그 말씀을 따라 살고자 하는 갈망과 갈급함을 주시고, 그 말씀을 따라 살기로 하여 한 걸음 내디딜 때 능력을 주셔서 그렇게 살게 하시는 걸 말한다. 그래서 17절을 "주의 종에게 은혜를 베푸소서. 그러면 내가 살아서 주의 말씀을 지키겠습니다"라고 번역하기도 한다.

주의 말씀을 묵상할 때, 주께서 내 눈을 열어 그 말씀의 놀라운 것을 보게 하신다. 마치 보물 상자를 열 듯이 주의 말씀을 열어주신다. 나는 주의 말씀을 즐거워한다. 주의 말씀은 가장 놀라운 충고자다.

그 말씀이 나를 악에서 지켜주신다. 내 생각과 입을 보호하신다. 내 발걸음을 옳은 길, 선한 길로 인도해주신다.

대저 지혜는 진주보다 나으므로, 원하는 모든 것을 이에 비교할 수 없음이니라 잠언 8:11

이 말씀을 잘 알아듣고 올바르게 이해하는 게 큰 복이다. 사람들은 일반적으로 이 말씀을 이해하지 못한다.

"뭐라고요? 지혜가 진주보다 더 낫다고요? 내가 갖고 싶어 하는 그 어떤 것도 지혜와 비교할 수 없다고요?"

맞다. 이 세상의 어떤 것과도 비교할 수 없다. 지혜의 가치를 알면 인생철학이 달라진다. 더구나 '그 지혜'를 얻으면 삶의 질이 달라진다. 진정한 행복을 체험하게 된다. 그런 사람은 진주 목걸이로 장식한 사람보다 훨씬 아름답게 빛날 것이다. 그를 만나는 사람마다 그에게서 풍기는 향기와 뿜어나오는 빛에 매료될 것이다. 이것이 지혜를 가진 자의 모습이다!

그러니 진주보다 지혜 얻기를 힘써야 한다. 그 지혜는 세상의 재물만 최고의 가치로 여기는 사람에게는 깊이 감추어져 있어서 찾기가 어렵다. 그러나 지혜의 귀함을 알고 이것을 찾아 구하는 사람에게는 감추어져 있지 않고 "밝히 아는 바"(9)가 된다. 봉인되지 않고 펼쳐져 있어서 찾는 데 어려움이 없다.

지혜를 가진 자는 가장 훌륭한 두뇌를 갖게 된다(12). 지혜가 분별력과 이해력, 판단력을 주기 때문이다. 날마다 주께 나아가 주님의 음성에 귀 기울이는 것이 지혜를 얻는 길이다(32-34).

시편 : 주님께 요청한다. "주님! 종을 너그럽게 대해주십시오. 그래야 주의 사랑 안에서 제가 활력 넘치게 살 수 있습니다. 주님의 말씀을 지킬 힘이 나옵니다. 주여! 내 눈을 열어 하나님의 법 안의 놀라운 진리들을 발견하게 하시고, 내가 주의 율례를 행하도록 은혜를 베푸소서"(17,18)!

날마다 드리는 기도다. 하나님께서는 내게 그분의 뜻을 따라 살아갈 마음을 주셨고, 또한 그럴 능력도 주셨다.

"주여! 이 크신 은혜에 종일토록 감사하나이다."

잠언 : 참으로 지혜는 진주보다 좋고, 내가 갖고 싶은 그 어떤 것과도 비교할 수 없는 보물이다(11). 다이아몬드 같은 건 내게 승리를 주지 못한다. 오히려 나를 거만하고 교만하게 만든다.

그러나 지혜는 언제나 나를 겸손한 자리에 있게 하며 승리로 이끈다. 지혜의 말씀을 내 인생의 최고 가치로 두자. 말씀의 지혜가 나를 이끌어갈 때 기쁨, 평강, 자유가 배가 된다. 승리하는 삶이 보장된다.

에스겔 골짜기의 기적

시편 119:25 잠언 9:7,8

내 영혼이 진토에 붙었사오니 주의 말씀대로 나를 살아나게 하소서 시편 119:25

"붙었다"는 건 '간격 없이 떨어지지 않는' 정도를 말한다. "진토"는 '마른 흙, 먼지, 티끌'을 말한다. 그런데 "내 영혼이 진토에 붙었다"라고 한다. 이는 엄청난 고통, 고난, 슬픔, 절망, 아픔을 말한다. 스스로 살 수 없는, 죽음에 이른 상태다. 마치 에스겔 골짜기에 널려있는 마른 뼈와 같다.

암담한 상태, 좌절과 절망이 밀려올 때 포기하지 말아야 한다. 원망과 연민으로 자기를 가두지 말아야 한다. 그때는 하나님께 나아갈 때다. 기도로 간절히 부르짖을 때다. 하나님의 말씀을 붙잡아야 한다. 환난의 아골 골짜기로 소망의 문을 삼아주시는 (호 2:15) 하나님을 붙들 때다.

하나님의 말씀을 따라 에스겔 골짜기의 마른 뼈가 서로 붙고, 그 뼈에 힘줄이 생기고, 살이 오르며, 그 위에 가죽이 덮이고 마침내 생기가 들어가 살아난 것처럼 오직 주의 말씀이 나를 살아나게 할 수 있다.

"주의 말씀"을 간절한 마음으로 먹어라. 소리 내어 읽어라. 그 말씀이 나를 진토에서 일으켜 살아나게 할 것이다. 말씀이 최고의 약이다! 너무 비싸서 돈으로 구할 수 없다. 주님이 은혜로 거저 주신다. 오직 내 시간과 갈급한 마음만으로 이 약을 구할 수 있다.

거만한 자를 징계하는 자는 도리어 능욕을 받고, 악인을 책망하는 자는 도리어 흠이 잡히느니라. 거만한 자를 책망하지 말라. 그가 너를 미워할까 두려우니라. 지혜 있는 자를 책망하라. 그가 너를 사랑하리라 잠언 9:7,8

혹 책망할 일이 있어도 사람을 구분해야 한다. 거만한 자를 책망하지 말아야 한다. "거만한 자"란 '조롱하는 자'란 뜻이다. 그는 하나님의 말씀을 무시하고, 말씀을 따라 사는 삶을 조롱한다. 거만한 사람을 바로잡으려다가 오히려 모욕을 당한다. 소용이 없다. 약점만 잡힌다. 어이없는 일이 발생하여 큰 아픔만 내게 돌아온다.

살다 보면 징계해야 할 때와 책망해야 할 때가 있다. 상대가 잘못을 깨닫고 돌이키기를 바라서다. 그러나 거만한 사람, 미련한 사람, 악한 사람에게는 징계와 책망이 통하지 않는다. 그랬다간 오히려 그에게 능욕을 당하고 흠이 잡히며 미움을 받는다.

징계, 책망, 훈계는 지혜로운 사람, 겸손한 사람에게 해야 효과가 있다. 내게 고마워하며 더 가까운 사이가 된다. 그리고 존경과 사랑을 받는다. 징계와 책망을 하기 전에 그가 이를 받아들여 돌이킬 사람인지 아닌지를 먼저 살펴야 한다. 내 마음과 동기만 좋다고 되는 게 아니다.

선불리 나서지 말아야 한다. 상대가 징계받을 만한 사람인지 아닌지와 언제 말하면 좋을지, 때와 시기를 분별하는 것이 지혜다. 징계와 책망을 할 때, 무엇보다 하나님을 경외하는 법을 가르치는 게 가장 중요하다. 여호와를 경외하는 것이 지혜의 근본이기 때문이다(10).

시편 : "내 영혼이 진토 속에서 뒹구니, 주님께서 약속하신 대로, 나에게 새 힘을 주십시오"(새번역).

극심한 고통을 호소한다. 환난 속에서 주님께 몸부림치며 그분의 약속을 의지하는 모습이다. 시편 기자를 통해 절망 속에서 낙심하거나 포기하지 않고, 주님의 약속을 신뢰하며, 주님께 새 힘을 달라고 간절히 매달리는 모습을 배운다. 매일의 말씀 묵상을 통해 주님이 내게 생명의 길을 보이신다. 그 길을 선택할 영적 근육이 만들어져서 감사하다.

성실한 길, 주의 계명의 길로 달려가면 살아난다. 아골 골짜기를 소망의 문으로 삼아 주시는 주님께로 달려가자!

잠언 : 거만한 자를 훈계하면 오히려 수치를 당한다. 이들을 책망하면 오히려 비난받는다(7). 그는 얼마나 교만한지 주의 말씀을 무시하고 대적한다. 조언자를 공격하고 약점을 잡아 골탕 먹이는 선수다.

돼지 목에 진주 목걸이를 걸지 마라. 겸손한 사람을 책망하고 징계해라. 이들은 주님의 훈계를 받고, 마음의 중심과 태도를 바꾼다. 나는 이들이 주의 사람으로 변화되고 성장하는 걸 보았다.

주의 말씀을 끝까지 지켜라

시편 119:33 잠언 10:11,12

여호와여, 주의 율례들의 도를 내게 가르치소서. 내가 끝까지 지키리이다 시편 119:33

살아가는 데 있어서 붙들어야 할 하나님의 길을 가르쳐달라고 부르짖어 구해야 한다. 내 생각과 방법이 아니라 하나님의 방법과 원리 원칙에 따라 살아갈 때, 진정한 만족과 성공이 있기 때문이다. 그 말씀을 따라 죽을힘을 다해 살아야 한다. "끝까지" 지켜야 한다. 중간에 내 방법과 세상의 길을 따라 다른 길로 가지 않아야 한다.

좌로나 우로나 치우치지 말고, 끝까지 주의 길, 주의 말씀의 원칙을 따라 살기로 결심해야 한다. 탐욕이나 헛된 꿈을 따라 살지 말자(36,37). 절대 타협하지 말자. 오직 그 길이 살길이다. 끝이 좋아야 다 좋다. 시작은 잘했으나 중간에 여러 가지 이유로 포기하지 말아야 한다.

끝까지 지키는 길은, "전심으로" 지키기로 할 때 갈 수 있다(34). 두 마음이 아니라 일편단심이어야 한다. 주의 말씀을 "즐거워해야" 가능하다(35, 1:1). '억지로', '마지못해서'가 아니라 '기쁘게', '자원하는 마음으로' 말씀을 따라가야 한다. '형식적으로'가 아니라 '마음으로' 말씀을 향해야 한다(36). 내 눈의 초점을 말씀에 맞춰야 한다(37). 무엇보다 주의 말씀을 사모해야 한다(40).

의인의 입은 생명의 샘이라도 악인의 입은 독을 머금었느니라. 미움은 다툼을 일으켜도 사랑은 모든 허물을 가리느니라 잠언 10:11,12

의인의 입과 악인의 입은 근본적으로 하늘과 땅 차이다. 의인의 입은 생명의 샘이다. 그 샘에서 지혜가 솟아나 사람을 세워준다. 상처 입은 자를 치료한다. 낙심한 자를 격려하고 용기를 북돋는다. 의인이 말할 때마다 이런 일이 일어난다.

그러나 악인의 입은 독을 머금었다. 말할 때마다 사람에게 상처를 입힌다. 낙심시킨다. 남의 약점을 들춰낸다. 그 입이 날카로운 칼 같아서 사정없이 찌르고 베어버린다. 부정적이고 비판적인 말을 한다. 입만 열면 욕을 내뱉는다. 마치 썩어서 악취가 나는 고인 늪과 같다. 의인은 사랑으로 행하기에 사람의 허물을 용서하고 덮어주며 회복시킨다. 그의 입은 사람에게 생명과 복을 준다.

그러나 악인은 미움으로 행하기에 사람의 허물을 드러낸다. 가룟 유다의 입과 같다. 사랑하는 척하는 거짓된 입맞춤이다. 속으로는 배신한다. 결과적으로 관계를 깨뜨린다.

의인과 악인이 말할 때의 결과 또한 하늘과 땅 차이다. 의인의 말은 공기를 맑게 한다. 그러나 악인의 말은 오염시킨다. 환경정화는 가까이에서부터 즉, 입에서부터, 마음에서부터 시작해야 한다.

고여서 썩어 악취가 나는 늪을 경작하여 맑은 물이 흐르게 하고, 오염된 공기를 맑은 공기로 바꾸는 것이 기독교문명개혁운동이다. 그 시작은 입과 말에 있다. 하나님의 말씀을 묵상하고, 그 말씀으로 생각을 채우고, 마음을 적시고, 입으로 나오게 하는 삶이 해결책이다.

시편 : 주님의 율례를 제게 가르쳐주십시오. 제가 끝까지 그것을 지키겠습니다(새번역).

"끝까지"라는 단어가 눈에 들어온다. 주의 율례를 온 마음을 다해 끝까지 지키는 것이 이 땅에서 이기는 사람의 무기다. 어제는 지키고, 오늘은 지키지 않는다면 끝까지가 아니다. 지난달은 지키고, 이번 달에는 지키지 않는다면 끝까지가 아니다. 며칠 잘하고 몇 달 잘하는 사람은 많지만, 끝까지 잘하는 사람은 드물다. 지속은 성실해야 가능하고, 지혜와 명철의 삶은 정직해야 가능하다.

"주여, 당신의 길을 사모합니다. 주의 은혜를 구합니다. 말씀 따라 끝까지 살 수 있도록 날마다 성령으로 붙잡아 주옵소서! 믿음으로 살겠습니다. 끝까지!"

잠언 : 의인의 입 - 생명 vs 악인의 입 - 독

"미움은 다툼을 일으키지만, 사랑은 모든 허물을 덮어준다"(12, 새번역).

악인의 입이 열리면 그곳이 금세 소란해지며 다툼이 일어나는 걸 종종 목격한다. 그러나 의인의 입이 열리면 위로, 격려, 생명이 흐른다. 나는 주님의 입, 의인의 입이 되기를 결정한다.

사람들을 이해하고 격려하여 세워주고, 용서와 용납으로 "괜찮아, 다시 하자"라고 일으켜 세우며 소망으로 이끌어갈 것이다.

11일 주의 말씀을 '항상', '영원히' 지키자

시편 119:44　잠언 11:7

내가 주의 율법을 항상 지키리이다. 영원히 지키리이다 시편 119:44

주의 말씀을 읽는 것은 지식을 얻는 수준의 일이 아니다.

주의 말씀을 묵상한다. 찬찬히 음식을 먹듯 작은 소리로 읽는다.

성령께서 그 말씀의 뜻을 깨닫게 해주시기를 기도하면서 묵상한다.

내게 이해하게 하신 그 말씀이 눈으로, 귀로, 입으로, 손과 발에 이르는 것을 마음에 그려본다.

그리고 목숨을 다해, 힘을 다해 오늘 하루를 살아낸다.

말씀을 읽고 묵상하는 목적은 그 말씀대로 삶을 구체적으로 살아내는 데 있다. "지키다"는 삶으로 살아내는 걸 말한다. 그때 비로소 "그 말씀을 안다"라고 말할 수 있다.

그 말씀대로 살아낼 때 두 단어 "항상", "영원히"를 기억하자. 말씀을 '항상' 지키려면 종일 묵상해야 한다. 말씀을 "주야로" 묵상한다(1:2). 양은 한 번 먹은 음식을 아침, 오전, 점심, 오후, 저녁, 밤에 되새김질한다. 말씀 묵상도 이와 같다. 한 번이 아니라 묵상한 그 말씀을 종일 되새기는 것이다.

말씀을 '영원히' 지키는 길은, 그 말씀을 평생의 삶으로 사는 걸 말한다. 하나님의 말씀은 진리이기에 변하지 않는다. 그러니 사는 동안, 그 말씀은 언제나 내 삶의 교과서요 나침반이며 내비게이션이다.

악인은 죽을 때 그 소망이 끊어지나니, 불의의 소망이 없어지느니라 잠언 11:7

소망이라고 다 좋은 건 아니다. 자기만을 위한, 혹은 자기 자녀, 자기가 하는 일에 대한 기대와 소망, 자기의 성공과 형통만을 위한 소망이 있다. 그것은 죽을 때 끊어진다. 유통기한이 '이 세상에 사는 동안'이기 때문이다. 그런 소망을 "불의의 소망"이라고 한다.

반면에 자기 삶, 자녀의 미래, 자신이 하는 일 등 모든 것이 영원에 잇닿아 있고, 그 목표가 하나님의 영광이라면, 그 소망은 그의 나라와 그의 의를 위한 '의의 소망'이다. 그 유통기한이 '영원히'이기 때문이다. 의의 소망은 이 세상에서뿐만 아니라 죽어서도 없어지지 않는다. 끊어지지 않는다.

이 세상이 전부인 줄 알고 사는 사람은 삶에 절제가 부족하다. 쾌락을 따라 산다. 이기주의, 개인주의로 산다. 재물을 의지하며 산다.

그리고 죽는 날에 드디어 눈이 열린다. '영원'의 문을 본다. 결국 후회하며 생을 마감한다. 너무 늦었다. 그러니 멀리 볼 줄 알아야 한다. 영원에 잇닿아 살아야 한다. 그런 사람은 절제할 줄 알고, 쾌락을 따라 살지 않는다.

자기 재물을 다른 사람을 위해 기꺼이 쓸 줄 안다. 베풀고 섬기며 산다. 하늘은행에 저축하며 그곳에 보물을 둔다. 그리고 죽는 날, 열려있는 '영원'의 문으로 들어가며 미소 짓는다.

드디어 진정한 안식이다!

주님을 아는 만큼 믿음으로 살게 된다. 주의 말씀을 항상, 영원히 지키는 것은 언제나 큰 도전이지만 동시에 큰 기대감을 갖게 한다.

주님의 율법을 지키고 살아낸, '믿음의 전당'에 이름을 올린 선배들의 응원 소리가 들린다(히 11장). 선배들의 함성이, 내가 끝까지 믿음의 선한 싸움을 하도록 이끌어준다.

나의 믿음의 경쟁자를 소개한다.

지도력을 발휘할 때, 경쟁자인 동시에 응원자는 다윗이다.

고난을 통과할 때, 경쟁자인 동시에 응원자는 욥이다.

광야를 통과할 때, 경쟁자인 동시에 응원자는 요셉이다.

전쟁에 나갈 때, 경쟁자인 동시에 응원자는 기드온이다.

믿음으로 사는 삶의 응원자는 영적 아빠 아브라함이다.

지치고 포기하고 싶을 때, 믿음의 선배들의 응원 소리를 듣고 다시 힘을 낸다. 한 걸음 또 걸어갈 용기를 얻는다.

'미진아, 넌 할 수 있어. 우리도 그 길을 지나왔어. 주님께서 곧 너를 건져주신단다. 이 환난은 곧 지나간단다. 조금만 더 힘내!'

그 말씀으로 자가 치료 하자

시편 119:52 잠언 12:9

여호와여 주의 옛 규례들을 내가 기억하고 스스로 위로하였나이다 시편 119:52

어떤 사람은 '상처 제조기'처럼 산다. 마치 상처받기 위해 태어난 사람처럼 사소한 것에 목숨 걸고, 상처를 스스로 만든다. 작은 말에도 쉽게 섭섭해하고, 뾰족한 눈으로 사람과 사물을 바라본다. 피해의식이 많다. 각종 원망으로 가득하고 늘 핑계를 대며 자기 합리화에 노련하다. 부정적이고 수동적이다. 매사에 소극적이다. 그렇게 포맷이 되어 있다.

그러나 그 길을 떠나야 한다. 상처받을 만한 일이 생기면 즉시 주의 말씀을 기억해야 한다. 그 말씀을 경계표로 삼아야 한다. 그리고 그 말씀으로 자가 치료를 해야 한다. 누가 와서 날 도와주고, 위로해주고, 치료해주기를 꿈도 꾸지 마라. 스스로 치료해야 한다.

사소한 것에 목숨 걸지 말고, 주의 말씀을 붙잡는 데 목숨 걸어야 한다. 성령 하나님은 그런 사람 곁에 계신다. 주님은 그분을 붙잡는 사람을 도우신다.

우리 하나님은 남의 말에 휘둘리지 않고, 주의 말씀에 이끌림 받기로 작정하는 사람을 도우신다. 주의 말씀은 원기 회복제다. 치료제다.

비천히 여김을 받을지라도 종을 부리는 자는, 스스로 높은 체하고도 음식이 핍절한 자보다 나으니라 잠언 12:9

"비천히 여김을 받아도 종을 부리는 사람"은 남의 이목을 의식하지 않고 자신을 겸손의 자리에 두어 교만하지 않은 사람, 자신을 높이지 않는 사람을 말한다. "스스로 높은 체하는 사람"은 교만하여 자신을 내세우는 사람을 말한다. "음식이 핍절하다"는 절대적 빈곤의 처지를 말한다.

쉬운성경은, "부자이면서 아무것도 없는 듯 행동하는 것이, 가난뱅이가 무엇인가 가진 듯 행동하는 것보다 낫다"라고 했다.

부자지만 겸손하며 소박하게 살고, 가난하지만 늘 조금이라도 나누는 삶을 사는 것이 아름답다.

아무것도 없으면서 남에게 보이기 위해 분수에 지나치게 사는 사람들이 있다. 빚을 내서 비싼 차를 타고 다니고, 터무니없이 비싼 옷을 걸치고, 화려한 액세서리로 치장하길 좋아한다. 그러나 실제로는 빚지며 살고 있다. 이런 사람들보다 수수한 옷을 입고, 딱딱한 음식을 먹으며, 대중교통을 타고 다니면서 빚 없이 사는 사람이 훨씬 낫다.

성부(: 재물이 풍부한 사람, 올바르게 돈을 벌고 사용할 줄 아는 사람)는 성빈(: 하나님나라 확장을 위해 전적으로 일하는 사람)처럼 살고, 성빈은 성부처럼 살아야 한다. 자신을 위해 검소하고 절약할 줄 알며, 가난한 사람들, 하나님나라와 그 일꾼들을 위해 늘 섬기는 삶이 아름답다.

예로부터 내려온 주님의 규례들을 기억하고 그 규례를 나의 위로로 삼는다. 악인들이 주님의 율법을 무시하는 것을 볼 때, 내 속에서 분노가 끓어오르지만 심판주 하나님의 약속을 기억하고 스스로 위로한다. 악인들과 같은 정신으로 맞서지 않고, 말씀 속으로 피한다.

악인들의 충동질에 넘어가지 말자. 감정 따라 움직이면 육신에 속한 사람이 된다. 말씀의 이정표와 푯말을 세워 나를 주의 길로 가게 만들자. "처녀 이스라엘아 너의 이정표를 세우며 너의 푯말을 만들고 큰길 곧 네가 전에 가던 길을 마음에 두라 돌아오라 네 성읍들로 돌아오라"(렘 31:21).

이정표 - 삶의 방향성을 세운다.

푯말 - 길 안내 표지판을 따라가면 목적지가 나온다.

주님이 주신 비전을 따라가다 보면 스스로 위로해야 할 일들이 발생한다. 그때는 하나님의 약속과 언약을 기억해라. 한 발 더 앞으로 갈 수 있는 새 힘이 생긴다. 성령 하나님이 내가 살아내도록 도우신다.

덧없는 세상살이, 나그네처럼 살아야 주님을 따라갈 수 있다. 그래야 주님의 율례가 내 노래가 되어 주님의 법도를 따라 사는 삶에서 행복을 찾는다.

속히 발길을 돌이켜라
시편 119:59,60 잠언 13:6

내가 내 행위를 생각하고 주의 증거들을 향하여 내 발길을 돌이켰사오며, 주의 계명들을 지키기에 신속히 하고 지체하지 아니하였나이다 시편 119:59,60

내 걸음걸음을 주의 말씀대로 살아야 한다. 내 행위들을 주의 말씀에 비추어 살펴야 한다. 오직 기준은 말씀이다. 자기 기준, 세상 기준이 아니다. 그리스도인의 가장 정상적인 삶은 하나님의 말씀을 삶의 절대 가치 기준으로 삼는 것이다. 잘못된 길로 들어섰다면, 말씀의 기준을 따라 그 길에서 속히 돌이켜야 한다.

물론 돌이키는 게 쉽지 않다. 죄짓는 삶이 너무 익숙하기 때문이다. 그렇지만 우리 안에 거하시는 성령께서 끊임없이 우리의 마음을 들볶으신다. 죄를 떠나 주의 말씀으로 돌이키는 것도 쉽지 않지만, 죄 가운데 사는 삶은 더욱 힘들다. 괴롭다. 성령께서 내 양심과 함께 나를 두드리시기 때문이다.

그러니 빨리 돌이키는 게 지혜다. 그리고 말씀을 따라 살기 위해 대가를 지불해야 한다. 욕망을 거절하고, 욕심을 내려놓고, 돈을 좇지 않고, 자존심을 버리고, 자기중심의 삶을 살지 않는 것이 그 대가다. 그러나 돌이키고 나면 진정한 자유와 기쁨과 평강과 확신을 맛본다.

순종은 즉시, 기쁘게 그리고 온전하게 해야 한다. 성령님은 순종하는 자의 발걸음을 견고하게 해주신다. 하나님은 순종하는 자와 언제나 동행하신다(요 8:29).

공의는 행실이 정직한 자를 보호하고, 악은 죄인을 패망하게 하느니라 잠언 13:6

"행실이 정직한 사람"은 모든 행동에 있어 하나님과 사람에게 정직하게 사는 삶을 최고의 가치로 여긴다. "정직"을 자신의 아이콘으로 삼는다. 거짓을 미워한다. 빛 가운데 걸어간다. 게으름과 불성실을 거절하고 멀리한다. 하나님 뜻에 순종하여 살고자 온 힘을 다한다. 한마디로 '충성된 사람'이다.

그런 사람은 가는 길이 순탄하다. 그는 담대한 마음의 소유자다. 맑고 빛난다. 얼굴에 웃음이 있다. 그가 하는 일은 순조롭게 진행된다. 그의 삶 자체가 그의 보호자가 된다. 하나님은 정직한 자를 위해 지혜를 예비하시며 그에게 방패가 되어주신다(2:7).

그러나 부정직한 사람, 어둠 가운데 머무는 사람은 그런 삶이 자신을 궁지에 빠뜨린다. 그가 행한 악이 자기 길에 함정이 된다. 또한 숨겨둔 덫과 같아서 스스로 걸린다. 그가 선택한 악행이 그를 패망하게 한다.

부지런하고, 신실하며, 충성된 사람으로 살기를 힘써야 한다. 그러면 그 삶이 그를 순탄한 길로 이끈다. 성공의 길로 인도한다. 그런 사람은 게으름을 거절한다. 불성실을 경계하며 적으로 간주한다. 자기 기분에 따라 살지 않는다. 사람들의 말에 휘둘리지 않는다. '정직'의 말(horse)에 '충성'의 안장을 얹고, 그 말을 타고 결승선을 향해 힘껏 달린다.

시편 : 첫째, 발걸음을 돌려 주님의 증거를 따라가는 것은, 죄짓는 익숙한 삶에서 회개하고 돌이키는 걸 말한다. 육신을 좇는 삶에서 영적인 삶으로 돌이키는 지혜는 생명을 갖게 한다.

둘째, 주의 증거들을 생각하고 묵상함으로 주께서 행하신 사실적 일들 앞에 감격하게 된다. 오늘날에도 많은 사람이 이 증거를 가지고 있고, 나의 삶에도 주의 많은 증거가 있다.

돌이킴의 회개와 주의 증거에 감사하는 삶은 내가 주의 계명들을 신속히 지키고 지체하지 않는 삶으로 돌아가게 한다.

잠언 : 어머니께 감사하다. 어머니는 내가 정직하게 말하면 어떤 잘못이든지 언제나 용서해주셨다. 나도 아들이 정직하게 말하면 무엇이든지 용서했다. 나와 관계있는 사람들을 끝까지 몰아붙이면 안 된다.

쥐도 구석에 몰리면 목숨 걸고 고양이를 물어버린다. 항상 여유 공간을 만들어주어서 그들과 그 자녀들이 정직하게 살도록 이끌어주어야 한다. 영적 전쟁에서 승리하도록 도와주어야 한다.

우리의 승리의 무기는 순종과 정직이다. 하나님은 정직한 자의 방패가 되어주신다.

말씀 따라 사는 사람이 주의 종이다

시편 119:65   잠언 14:6

여호와여 주의 말씀대로 주의 종을 선대하셨나이다 시편 119:65

시편 119편에는 자신을 "주의 종"으로 고백하는 구절이 12번(17, 23, 38, 65, 76, 84, 122, 124, 125, 135, 140, 176) 나온다. 공통점은 철저하게 말씀을 따라 살겠다고 결단하는 구절이다. 사람의 말에 휘둘리지 않고, 환경에 지배받지 않으며 오직 주의 말씀의 지배를 받겠다는 굳은 의지가 담겨있다.

돈의 지배를 받으면 돈의 종이 된다. 세상의 가치와 쾌락의 지배를 받으면 세상의 종이 된다. 그러나 나는 오직 주의 말씀을 따라 사는 주의 종이다. 사도 바울은 자신을 소개할 때, '예수 그리스도의 종 바울'이라 했다. 하나님은 모세를 '내 종 모세'로 소개하셨다. 철저하게 주께 속하여 그의 말씀을 따라 순종하는 종, 목숨까지 바치며 그의 말씀을 따라 사는 사람이 주의 종이다.

우리 하나님은 말씀의 지배를 받는 그의 종들을 약속의 말씀대로 선대하신다. "선대하시다"는 '선을 행하시다, 친절히 대해주시다, 은혜를 베푸시다' 등으로 표현할 수 있다. 우리가 충성을 다해 신실하게 그를 섬기면, 신실하신 하나님은 우리에게 선을 행하시고, 은혜를 베푸시며, 평안하게 해주신다.

하늘에 속한 복을 주셔서 우리가 풍성히 누리게 하신다. 하나님은 주의 말씀을 따라 사는 그의 종들이 어디를 가든지 호의를 받게 하시고, 은혜를 입게 하신다. 주께서 "나의 종 이스라엘아, 너는 나의 종이라. 내가 너와 함께하리라. 내가 너를 도와주리라. 내가 너를 굳세게 하리라"라고 약속하셨다(사 41:8-10).

거만한 자는 지혜를 구하여도 얻지 못하거니와, 명철한 자는 지식 얻기가 쉬우니라

잠언 14:6

"거만한 자"란 '조롱하는 자'를 가리킨다. 거만한 자는 빈정거리는 자다. 남을 무시하고 비웃기를 잘한다. 남의 장점보다 단점을 지적하기를 잘하고, 자기는 아무 단점이 없는 듯 자랑을 늘어놓는다. 무엇보다도 하나님의 말씀을 무시한다. 하나님 말씀의 원칙을 제시하면 조롱한다. 그에게서는 지혜를 찾을 수가 없다. 그는 아무리 노력해도 지혜를 얻지 못할 것이다. 지혜는 하나님을 경외할 때 얻어지기 때문이다. 거만한 사람은 자기의 어리석음만 드러낸다. 지혜는 그런 사람을 만나기를 싫어하여 멀리 이사한다.

명철한 사람은 겸손하다. 언제나 마음을 열고 다른 사람의 말을 경청한다. 그 마음을 이해하고 위로하며 격려한다. 다른 사람의 장점을 볼 줄 안다. 명철한 사람은 지식을 얻기가 쉽다. 그가 하나님을 경외하기 때문이다. 여호와를 경외하는 것이 지식의 근본이다(1:7). 또한 여호와를 경외하는 것이 지혜의 근본이다(9:10). 그런 사람은 지혜로 말한다.

지혜는 겸손한 사람을 좋아한다. 지혜는 명철한 사람과 사귀기를 좋아한다. 그와 가까이 지내려고 아예 옆집으로 이사를 온다. 그는 날마다 지혜를 만난다. 거기서 지식을 얻는다. 판단력, 분별력, 통찰력이 생긴다.

"주님, 주님께서는 약속하신 대로, 주님의 종인 나를 잘 대해주셨습니다"(시 119:65 새번역).
스스로 주의 종이라고 담대하게 말할 수 있는가? 주님의 부르심에 "아멘"으로 응답했는가? 오직 말씀을 따라 살겠다고 결심하고, 그렇게 살고 있는가? 충성을 다해 주를 섬기고 있는가? 세상의 가치가 아닌 주의 가치를 따르고 있는가? 그 답이 'Yes'라면 주의 종이다.

하나님은 그런 자를 언제나 선대하신다. 주의 종에게 주의 계명을 따르게 하시고, 올바른 통찰력과 지식을 주신다. 어디서나 호의를 받게 하시고, 은혜를 베푸시며, 평안으로 이끄신다. 하늘에 속한 복으로 삶을 풍성하게 하신다.

내가 극심한 환난의 고통으로 몸부림치고 있을 때, 주님의 선명한 음성이 들려왔다. 그분은 '네가 나를 사랑하느냐?'라고 물으시며 '내 양을 먹이라'라고 말씀하셨다. 처음에는 멍~ 했으나 곧 "예"라고 대답했고, 오늘에 이르렀다. 신실하신 주님은 내게 약속을 지키셨다.

어디를 가나 분수에 넘치는 환대를 받게 하셨다. 그 큰 은혜를 생각하니 이 새벽에 가슴이 벅차오른다.

고난의 유익

시편 119:67 잠언 15:19

고난 당하기 전에는 내가 그릇 행하였더니 이제는 주의 말씀을 지키나이다 시편 119:67

사람은 참으로 이상하다. 평화와 풍요 속에 살아갈 때, 아무런 고난이나 어려움 없이 살아갈 때는 오히려 그릇 행한다. "그릇 행한다"는 '곁길로 간다'라는 뜻이다. 또한 안락한 삶을 살 때는 오히려 하나님과 멀어진다.

새벽 기도회에 열심히 참석하던 성도가 참석하지 않을 때, '요즘은 살 만한가 보다'라고 생각하게 된다. 반대로 한 번도 참석하지 않던 성도가 참석하면 마음이 덜컥한다. '혹 무슨 큰일을 당한 것은 아닌가?' 하고 걱정이 된다.

놀랍게도 고난은 내 얼굴을 주께 향하게 한다. 무릎을 꿇게 한다. 손을 들고 전심으로 주를 향하여 부르짖게 한다.

한나가 마음이 너무 괴로워서 하나님께 통곡하며 오래 기도했다. 그 모습을 바라보던 엘리 제사장이 "언제까지 술을 마시느냐? 이제는 술을 끊어라"라고 말했다. 그러자 한나는 "술에 취한 것이 아닙니다. 내 마음이 너무 슬퍼서 여호와 앞에 내 심정을 통한 것뿐입니다"라고 대답했다. "심정을 통하다"는 마치 물을 주의 제단에 쏟아붓듯 마음의 어려움을 주 앞에 쏟아붓는 걸 말한다.

고난은 우리 마음을 주께로 향하게 한다. 죄를 회개하게 하고, 마음을 부드럽고 갈급하게 만든다. 주의 말씀에 순복하게 한다. 그리고 마침내 고백하게 한다.

"고난 당한 것이 내게 유익이라. 이로 말미암아 내가 주의 율례를 배우게 되었나이다"(71).

게으른 자의 길은 가시울타리 같으나 정직한 자의 길은 대로니라 잠언 15:19

게으른 자는 마땅히 할 일을 뒤로 미룬다. 이런저런 핑계를 대거나 변명만 한다. 아무것도 하지 않기에 결국 해야 할 일이 쌓인다. 나중에는 손댈 수 없을 정도로 일이 커진다. 어디서부터 손을 대야 할지 모른다. 마음에 압박감이 가득하다. 더 이상 앞으로 나아가지 못한다. 가시울타리처럼 꼼짝달싹 못 한다. 스스로 파놓은 함정에 빠진 사람과 같다. 아무것도 되는 게 없다.

그러나 정직한 자는 주어진 일을 뒤로 미루지 않는다. 땀 흘려 열심히 수고한다. 커다란 바위가 앞을 가로막으면 작게 쪼개어 하나씩 옮긴다. 이렇듯 정직하게 일하는 사람은 산 같은 문제가 그 앞을 가로막아도 하나둘 해결한다. 결국에는 그 앞에 대로가 열린다. 장애가 없다. 제거했기 때문이다. 넓고 평탄한 길로 만들었기 때문이다. 그의 앞에는 길이 평탄하고 넓게 잘 닦여있다.

게으름은 실패하는 길로 이끌지만, 정직함과 부지런함은 형통의 길, 성공의 길로 이끈다. 열정, 열심, 부지런함, 꾀를 부리지 않는 정직함은 내가 결정하고 주어진 일을 시작하면 하나님이 선물로 주신다.

시편 : 오늘 말씀은 내 삶의 신앙 고백이다. 풍요할 때는 그릇 행했다. 그러나 고난이 나를 주의 법을 따라가는 말씀의 사람으로 만들어주었다. 고난 당한 것이 내게 유익이 된 이유는 겸손을 배웠고, 주의 말씀을 따르는 훈련을 받았기 때문이다.

고난이 나를 믿음의 사람으로 바꿔놓았다. 나는 경험했다. 고난이 올 때 주께 피하면 살아난다는 것을.

주님은 선하시고, 은혜로우시고, 긍휼이 많으시고, 나를 주의 사람으로 빚어가신다. 고난 가운데 있다면 문제의 해결자이신 주님께 가는 지혜로 참 생명을 취해라.

잠언 : 게으른 사람의 길은 가시덤불로 덮인 삶과 같다. 그러나 부지런한 사람의 길은 확 트인 길과 같다(새번역). 부지런하고 정직한 사람의 앞날은 대로(大路)다. 그에게는 하나님이 방패가 되어주신다.

넓고 형통한 길을 예비해주시는 하나님의 약속을 생각하면 오늘도 부지런하고 정직할 힘이 난다.

16일

사용 설명서를 잘 읽자

시편 119:73 잠언 16:8

> 주의 손이 나를 만들고 세우셨사오니, 내가 깨달아 주의 계명들을 배우게 하소서
>
> 시편 119:73

하나님이 나를 "만드셨다." 하늘과 땅을 창조하시듯 나를 창조하셨다. "주의 손"이 나를 만드셨다. 〈모세상〉은 거장 미켈란젤로의 손으로 만든 걸작품이다. 그러나 나는 하나님의 손으로 만들어진 놀라운 하나님의 걸작품이다.

나를 만드실 뿐 아니라 나를 "세우셨다." 나를 향한 하나님의 놀라운 계획과 목적대로 만드시고, 그 목적에 따라 살 수 있도록 모든 것을 주셨다. 지혜, 총명, 재능을 허락하셨다. 건강, 사람, 환경, 재정을 주셔서 그 사명을 감당하게 하신다.

어떤 물건을 사면 그것을 안전하고 바르게 사용하도록 설명서가 들어있다. 나를 창조하신 하나님도 나에 대한 창조 목적이 있으시다. 그에 맞게 살기 위한 행동 규범, 원칙이 있다. 그것을 깨달아 알고 살아가는 것이 정상이다.

하나님의 말씀, THE BOOK, 성경은 나의 '인생 교과서'다. 나의 삶을 성공적으로 이끄는 인생 매뉴얼, 사용 설명서다. 그 말씀을 통해 나를 향한 주의 뜻을 알게 된다. "내가 깨달아 주의 계명들을 배우게 하소서"는 이를 가리킨다.

주의 말씀을 읽고 묵상할 때마다, 그것을 이해할 수 있는 총명과 이해한 것을 삶으로 살아내는 지혜를 달라고 기도해야 한다. 그러면 주께서 반드시 응답하여 총명과 지혜를 주실 것이다. 나를 만드시고 이 세상에 보내신 주의 뜻을 따라 사는 것이 올바른 인생길이다.

> 적은 소득이 공의를 겸하면, 많은 소득이 불의를 겸한 것보다 나으니라 잠언 16:8

재물을 많이 모으는 건 중요하지 않다. 어떻게 모으느냐가 중요하다. 수단과 방법을 가리지 않고 모으는 건 옳지 않다. 어리석다. 더 나아가 악이다. 상술보다 상도가 우선이다. 상도가 없는 상술은 차라리 없는 게 낫다. 불의한 방법으로 재물을 모으면 그것은 조만간 날아간다.

불의한 방법으로 재물을 모으는 사람을 '속부'라고 한다. '거짓말, 속임, 부정직'이 '속부 클럽'의 회장이다. '조급함, 게으름, 일확천금, 사치, 쾌락, 유흥' 등은 회원들이다. 이들은 성경을 무시하고, 하나님을 거절한다.

예레미야서 17장 11절은 이런 삶을 말씀하시다. "부정한 방법으로 돈을 모아 부자가 된 사람은 자기가 낳지 않은 알을 품고 있는 자고새와 같아서 언젠가는 그것이 자고새를 버리고 날아가 버리듯 그의 부도 조만간에 그를 떠날 것이니 결국 그는 어리석은 자가 되고 말 것이다"(현대인의성경).

부정한 방법으로 모은 재물은 언젠가 반드시 날아간다. 내 손에서 사라진다. 하나님이 옮기신다. '성부 클럽'에 가입해라. '정직'이 회장이다. '성실, 부지런함, 나누는 삶, 자족하는 삶, 하나님나라 프로젝트에 동참하는 삶'이 소속된 식구들이다. 여기는 성경이 절대 가치다.

시편 : 주의 손이 나를 만드셨다는 사실을 머리가 아닌 심장으로 알게 된 그날을 절대 잊을 수가 없다. 전능자의 손이 나를 부족하고 모자라게 만드시지 않으셨다. 잔잔한 감동이 밀려왔다. 주님의 손이기에 나는 가장 완벽하게 만들어졌다. 망가진 모습은 죄로 인해 고장 난 모습일 뿐이다. 힘이 팍! 났다. 나를 만드신 분께 AS(사후 관리)를 받기로 했다. 그분은 최고의 AS 기사시다. 나는 다시 완벽해진다. 주의 손에서 하나님 형상의 아름다움이 점점 회복되어간다.

어떤 이유로든 고장이 났는가? 망가졌는가? 주님은 이유를 묻지 않으신다. 두려워 마라. 즉시 하늘 AS센터를 이용하라. 무료이고 처음처럼 완벽하게 다시 고쳐놓으신다. 나는 단골손님이다. 내가 가면 주님이 기쁘게 맞아주신다. 커피를 내시며 위로하고 안아주시는 것으로 AS가 시작된다.

잠언 : "의롭게 살며 적게 버는 것이, 불의하게 살며 많이 버는 것보다 낫다"(새번역).

'재물(돈)을 개처럼 벌어서 정승처럼 사용하면 된다.' 이것은 사탄(맘몬)이 하는 최고의 거짓말이다. 수입과 지출이 다 정직해야 한다. 나의 하나님이 정직하시기 때문이다.

한계점에서 주를 만나다

시편 119:81 잠언 17:6

나의 영혼이 주의 구원을 사모하기에 피곤하오나, 나는 오히려 주의 말씀을 바라나이다 시편 119:81

"피곤하다"는 '고갈되어 사라지다, 더 이상 힘이 남지 않아서 기진맥진하다, 남은 것이 없어서 끝내다'라는 뜻이다. "내 육체와 마음은 쇠약하나"(73:26)의 "쇠약하다"와 같은 단어다. 극심한 환난으로 고통받고, 더 이상 버틸 힘조차 없다. 주께서 구원하여주시기를 바라나 아무 도우심도 없다. 내 힘으로는 도저히 해결할 수 없다. 할 수 있는 방법도 다 소용이 없다. 한계점에 다다랐다.

"주께서 언제나 나를 안위하실까?"(82), "얼마나 오랫동안 기다려야 하나?"(84)라는 말이 저절로 나온다. 그럴지라도 주님을 향한 소망의 줄을 놓지 않고 붙든다. 주님의 말씀을 죽기 살기로 붙든다. 그때 주의 음성이 들린다. '그래도 너는 나를 신뢰하느냐?' 신뢰는 절벽에서 밧줄을 놓지 않고 굳게 붙드는 것과 같다.

감당할 수 없는 풍랑을 잠잠하게 하신 주님이 "너희 믿음이 어디 있느냐?"라고 하신다(눅 8:25). 이때는 낙심하거나 두려워하거나 포기할 때가 아니다. 원망과 불평을 할 때도 아니다. 자기 연민에 빠져서도 안 된다. 이때는 폭풍우 가운데서 말씀하시는 주의 음성을 들을 때다(욥 38:1). 믿음을 보일 때다. 그러면 주님의 구원을, 도우심을 반드시 경험하게 된다.

"네 믿음이 너를 구원하였다"(막 10:52).

손자는 노인의 면류관이요, 아비는 자식의 영화니라 잠언 17:6

경건한 가정의 아름다운 모습을 보라! 손자, 아비, 노인, 3대가 어우러져 사는 장면이다. 오늘 같은 시대에 유독 더 빛나 보인다. 이는 같은 물리적 공간에 살라는 게 아니다. 내면의 같은 공간, '믿음의 공간'을 말한다. 조부모, 부모, 손주가 믿음의 공동체를 이루고 사는 거다.

할아버지는 손주 덕에 고개를 들고 어깨를 펴고 다닌다. 가는 곳마다, 만나는 사람마다 손주를 칭찬하는 말을 들으니 말이다. 평생에 걸쳐 일궈놓은 믿음의 가문의 영광을 이어가니 마음이 즐겁다. 손주가 제1 주자, 제2 주자의 바통을 이어받고 힘차게 달리는 모습을 보는 것보다 더한 기쁨이 있을까!

처음 바통을 들고 죽어라 달렸던 제1 주자가 제3 주자의 힘차게 달리는 모습을 보니 얼마나 마음이 든든한가! 하나님의 말씀에 순종하고, 하나님의 영광을 위해 살아가는 손주의 삶이 노인의 면류관이다.

또한 자식은 어디를 가나 아비를 자랑한다. 경건한 부모, 이웃에게 존경받고 사랑받는 부모이기 때문이다. '누구누구의 자녀'로 불리며 부모의 명예의 우산 아래 있는 것이 자식의 영화다. 긍지가 높아진다.

이 나라에 이런 가정이 많이 일어나는 것이 곧 기독교문명개혁운동이다. 그런 손주와 부모가 이 땅에 수없이 많이 일어나야 한다.

시편 : 내 영혼이 지치도록 주님의 구원을 사모하며 내 희망을 모두 주님의 말씀에 걸었다(새번역). 주께 '올인'(All in) 했다. 원수들은 나를 가만두지 않았다. 주님의 도우심과 건져주심과 구원이 더디 오는 것에 절망하고 낙심하도록 부추겼다.

'주님께서 나를 언제쯤 위로해주실까'(82)?

주의 말씀을 기다리다 지치도록 만들었다. 교만하여 주님의 법대로 살지 않는 자가 나를 빠뜨리려고 구덩이를 파고, 나를 핍박하고, 이 세상에서 나를 거의 죽게 두었으나, 나는 주님을 법도를 잊지 않았다(85-87). 더 간절하게 주께 매달렸다. 그분께 올인 했기에 다른 방법이 없었다. 주님은 목마른 자에게 생수를 마시게 하셨다. 그 인자하심으로 나를 살리셨다. 내가 한 일은 주께 달려가는 것뿐이었다.

모든 희망을 주께 걸었기에, 나는 아주 단순한 장막 생활이 가능하다. 이 세상의 부귀영화를 꿈꾸지 않는다. 상급을 바라보며, 주님의 재림을 사모하고, 부활 신앙으로 산다.

잠언 : 어머니는 내게 '말씀'과 '믿음'만을 물려주셨다. 믿음의 명문가를 만드는 것이 우리 집안의 최고 영광스러운 과제. 지금 5세인 손녀 수아에게 말씀을 전해주는 일에 더 시간을 내고 싶다.

그 말씀으로 만물을 붙드신다
시편 119:89—91 잠언 18:8

여호와여, 주의 말씀은 영원히 하늘에 굳게 섰사오며, 주의 성실하심은 대대에 이르나이다. 주께서 땅을 세우셨으므로 땅이 항상 있사오니, 천지가 주의 규례들대로 오늘까지 있음은 만물이 주의 종이 된 까닭이니이다 시편 119:89-91

주의 말씀은 영원하다. 시대가 바뀌어도 변하지 않는다. 과거에도, 현재도, 미래에도 같다. 하나님이 영원하시기에 그의 말씀도 영원하다. 주의 말씀을 기록한 성경을 이해하기 위해 기록 당시의 배경을 살펴보는 건 필요하다. 그러나 거기서 멈추어 지식으로 만족하지 말아야 한다. 언제나 그 말씀을 통해 지금 내게 들려주시는 주의 음성을 들어야 한다.

주님은 그 말씀으로 만물을 지으시고 붙드신다. 하늘과 땅이 그 말씀으로 굳게 서 있다. 우주 만물은 그 말씀대로 질서를 유지한다. 대자연의 질서에서 하나님의 말씀을 본다. "그의 능력의 말씀으로 만물을 붙드신다"(히 1:3). 겨울이 지나고 봄이 온다. 밤이 지나고 새벽이 온다.

그 말씀이 나와 도시와 나라와 세계를 붙든다. 주의 주권을 믿는 사람은 주의 뜻을 구하며 살아간다. 주의 주권을 붙드는 사람은 모든 것이 합력하여 선을 이루는 것을 경험한다. 그분은 내게 힘을 주신다. 오늘도 나는 주로부터 위로와 격려를 받는다.

우리는 눈에 보이는 것뿐 아니라 보이지 않는 것들을 보며, 그 너머 영원을 바라본다. 영원하신 하나님을 바라본다. 그리고 그 말씀을 굳게 붙든다.

남의 말 하기를 좋아하는 자의 말은 별식과 같아서 뱃속 깊은 데로 내려가느니라
잠언 18:8

메시지성경은 이 말씀의 뜻을 제대로 살렸다.

"험담에 귀 기울이는 것은 싸구려 사탕을 먹는 것과 같다. 그런 쓰레기를 정녕 배 속에 넣고 싶으냐?"

고자질이나 험담은 놀랍게도 맛난 음식 같다. 학교 앞에서 파는 영양가 없는 싸구려 사탕과 같다. 그런데 놀랍게도 사람들은 그런 말에 더 귀를 기울인다.

싸구려 사탕을 먹지 말아야 한다. 누가 쓰레기를 배 속에 넣고자 하는가? 남을 험담하는 것이 바로 그렇다. 남을 험담하는 말을 들을 때는 즉시 화제를 돌려야 한다. 그런 말은 사람의 명예를 땅에 떨어뜨리고 관계를 깨뜨린다. 겉으로는 충격을 받은 것처럼 꾸미고 마음이 아픈 척한다. 마지못해 그런 말을 하는 것이라 강조한다. 그러나 실상은 독약을 탄 달콤한 음료수를 주는 것과도 같다.

그런 말이 들리면 즉시 귀를 막는 연습을 해야 한다. 그들과 어울리지 말아야 한다. 그런 말은 듣는 나 자신을 해친다. 절대 귀 기울이거나 맞장구치지 마라. 한술 더 떠서 들은 것을 옮기지 마라. '미련한 자들 클럽'에 가입하지 마라.

"주님, 나의 입과 귀를 보호해주소서!"

시편 : 철석같이 믿었던 과학자들의 주장이나 발견도 틀리거나 바뀐다. 지구가 네모라고 했다가 둥글다고 한다. 커피가 몸에 좋다고 했다가 안 좋다고 한다. 비타민을 많이 먹으면 좋다고 했다가 그만큼 효과는 없다고 한다. 짜게 먹으면 안 좋다고 했다가 소금물을 만들어 먹으라고 한다.

수시로 바뀌는 연구 자료와 과학자의 말은 참고 사항일 뿐이다. 영원히 바뀌지 않는 진리는 오직 하나님의 말씀뿐이다. 인생을 걸 가치가 여기 있다. 주님의 말씀은 영원히 살아있으며, 만물이 모두 주님의 종들이기에 오늘까지도 주님의 규례대로 흔들림 없이 서 있다. 진리이신 하나님의 종으로 살기로 한 것은 내 인생 최고의 결정이다.

잠언 : "헐뜯기를 잘하는 사람의 말은 맛있는 음식과 같아서, 뱃속 깊은 데로 내려간다"(새번역).

무서운 말씀이다. 나도 그와 같은 사람이 된다는 뜻이다. 남의 험담에 가담하거나 귀 기울이는 것은 인생을 망친다.

"허물을 덮어주는 자는 사랑을 구하는 자요 그것을 거듭 말하는 자는 친한 벗을 이간하는 자니라"(17:9).

19일 꿀보다 더 달콤한 주의 말씀

시편 119:97-104 잠언 19:6

내가 주의 법을 어찌 그리 사랑하는지요! 내가 그것을 종일 작은 소리로 읊조리나이다

시편 119:97

주의 말씀, THE BOOK, 성경을 대하는 올바른 자세가 보인다. 지식을 넘어서, 단어와 문장 너머 주의 말씀에 귀를 기울인다. 그것이 내가 살아가야 할 길, 따라가야 할 법이다. 주의 말씀은 내 길을 인도하며 내 걸음을 지켜준다.

내게 알게 하신 '그 말씀'을 "종일" 묵상한다. 깊이 생각한다. 그 과정은 마치 되새김질하는 것과 같다. 내 심장에 새겨지고 생각에 심겨서 눈과 입, 손과 발로 흘러간다. 삶으로 기록된다. 이것이 주의 말씀을 사랑하는 삶이다!

예수님이, "사람이 나를 사랑하면 내 말을 지키리니 … 나를 사랑하지 아니하는 자는 내 말을 지키지 아니하나니"라고 말씀하셨다(요 14:23,24). 주를 사랑하는 사람에게 주의 말씀은 억지로 지켜야 할 의무 조항이 아니다. 주를 사랑하기에 주의 말씀을 사랑한다. 주의 말씀을 지켜야 할 딱딱한 법 조항으로 대하지 않는다. 습관적 매너리즘에 빠지지 않는다.

"주의 말씀의 맛이 내게 어찌 그리 단지요! 내 입에 꿀보다 더 다니이다"(103). "내가 그의 입술의 명령을 어기지 아니하고 정한 음식보다 그의 입의 말씀을 귀히 여겼도다"(욥 23:12). 꿀보다 더 달고, 일정한 음식보다 더 귀히 여기는 말씀! 이것이야말로 주의 말씀을 사랑하는 사람의 고백이다.

너그러운 사람에게는 은혜를 구하는 자가 많고, 선물 주기를 좋아하는 자에게는 사람마다 친구가 되느니라 잠언 19:6

권력자의 집에는 언제나 손님이 들끓는다. 발탁과 승진을 좌지우지하는 사람의 집에 오는 사람들은 손에 선물을 가득 안고 들어온다. 친한 친구인 척 아부한다. 목숨도 내놓을 것처럼 말하지만 실상은 자기 필요를 위해 그러는 것이다.

또 다른 집이 있다. 그 집에도 손님이 들끓는다. 그들은 선물을 가지고 오지 않는다. 오히려 선물을 받는다. 그 집에서 숙소와 음식을 제공하기 때문이다. 과거에는 나그네를 위해 별채와 사랑채를 지어서 섬겼다. 시골에서 서울로 과거 시험 보러 오는 선비들을 위한 배려였다. 이는 주인의 마음이 너그럽고 후해야 가능했다.

이것을 오늘날 어떻게 적용할 수 있을까? 게스트 룸을 마련할까 아니면 게스트 하우스를 지을까? 아니다. 그러다가 세월이 다 간다. 작은 것부터 시작하자. 지금 바로 시작하자. 나에게 있는 물건 중에 작은 거라도 나누는 삶을 살자. 물론 절대 빚지지 말자. 그래야 조금이라도 주는 삶을 살 수 있다.

너그러운 사람들이 서로 힘을 합치면 큰일도 가능하다. 한 개인이 부담하기에는 어려워도 서로 힘을 합치면 가능하다. 어떻게 하면 하나님나라 프로젝트를 위해 그 일에 전념하는 신실한 일꾼들, 전임 사역자들, 목회자들, 간사들, 선교사들 그리고 그 자녀들에게 필요한 도움을 줄 수 있을까?

시편 : "주의 말씀을 금, 곧 많은 정금보다 더 사모한다. 꿀과 송이꿀보다 더 달다."
이 고백은 내가 광야에서 얻은 가장 큰 전리품이다. 나는 말씀을 사랑하게 되었고, 종일 말씀을 읊조린다. 말씀이 참 좋다. 예수님이 정말 좋다. 생각만 해도 입가에 미소가 번진다.

잠언 : "너그럽게 주는 사람에게는 은혜 입기를 원하는 사람이 많고, 선물을 잘 주는 사람에게는 모두가 친구이다"(새번역).
본문에서 주님의 성품이 보인다. 너그러운 자라야 나눌 수 있다. 주님은 선물을 받는 사람에게도 그분의 공급하심과 풍성함을 알게 하셔서, 그도 나누는 삶에 동참하게 하신다.
부자(성부)에게 하시는 하나님의 명령을 기억하자(딤전 6:17-19).
1) 겸허한(겸손한) 자가 되어라.
2) 소망을 하나님께 두어라.
3) 선을 행하고 선한 사업을 많이 해라.
4) 나눠주기를 좋아하고 너그러운 자가 되어라.
성부의 중심 세 가지 - 겸손한 사람, 주님께 소망을 두는 사람, 너그러운 사람.
성부의 행동 세 가지 - 선을 행함, 선한 사업을 많이 함, 나눔의 삶.

내 발에 등, 내 길에 빛

시편 119:105-112 잠언 20:7

주의 말씀은 내 발에 등이요 내 길에 빛이니이다 시편 119:105

주의 말씀의 놀라운 이중적 역할이다. 등불은 내 발을 비추어 한 걸음씩 안전하게 인도한다. 어두운 밤길을 밝혀준다. 장애물에 걸려 넘어지지 않게 밝히 비춰준다. 웅덩이에 빠지지 않게 미리 보여준다. 위험한 길로 가지 않게 보호해준다. 그리고 빛은 가야 할 길을 비춰준다. 방향을 정하도록 빛을 비추어 올바른 방향으로 가게 한다.

하나님의 말씀은 내가 하는 일, 가려고 하는 길을 성공적으로 완주하는 데 같은 역할을 한다. 내가 지금 안전한 길로 가고 있는지를 알려준다. 무엇이 어긋난 길, 위험한 길인지를 보여준다. 그러니 주의 말씀은 나의 인생길에 필수품이다. 손에 항상 들고 다녀야 한다.

자기 지혜, 생각, 판단만 의지하거나 내세우지 말아야 한다. 언제나 주의 말씀에 귀기울여 그 가르침을 받고 따르는 게 지혜의 길이요, 성공에 이르는 비결이다. 무슨 일을 하든 먼저 주의 말씀에 귀 기울여야 한다. '그 말씀'이 내 길에 빛이기 때문이다. 그리고 처음 시작할 때만 아니라 과정마다 다시 주의 말씀에 귀를 기울인다. 그 말씀이내 발에 등이기 때문이다.

온전하게 행하는 자가 의인이라. 그의 후손에게 복이 있느니라 잠언 20:7

"온전하게 행하다"는 '완전하게' 행하는 걸 말하는 게 아니다. 오직 하나님만이 완전하시다. 절대적 완전함은 그분에게만 있다. 유한한 사람이 온전하게 행한다는 것은 '하나님께 충성하여 정직하게 사는 것'을 말한다. 하나님께 충성하는 사람의 특징은 '정직'이다. 정직하게 사는 것과 하나님께 충성하는 것은 절대 떼놓을 수 없다.

"온전하게 행하는 자"는 충성됨, 신실함, 정직함, 부지런함, 죄를 미워하고 하나님을 사랑함에 최선을 다하는 사람을 말한다. 예수님의 십자가를 붙드는 사람, 말씀에 순종하는 사람, 성령의 능력을 의지하는 사람이 "의인"이다. 그런 사람의 다음세대는 훨씬 수월하게 산다. 자신만 아니라 그 후손도 하나님께 복을 받는다.

가정이든 단체든 마찬가지다. 다음세대에게 물려줄 유산은 하나님께 충성하며 정직하게 사는 삶의 모습이다. 그러면 다음세대는 하나님의 뜻을 이루는 삶을 살게 될 것이다. 충성과 정직을 물려받기 때문이다. 그로 인해 사람들에게 영향을 주기 때문이다. 그래서 열매를 거두기 때문이다.

곡식을 심으면 그해에 열매를 거둔다. 나무를 심으면 몇 년 후에 열매를 거둔다. 온전하게 행하면 자신은 물론이고 그 후손도 열매를 거둔다.

시편 : "내 발에 등"은 딱 한 발 앞만 환하게 비춰준다. 두 발 앞은 안 보인다. 주님은 내 믿음을 보길 원하신다. 아브라함을 부르실 때도 한 발 앞만 말씀하셨다. 이에 아브라함이 순종하니 그가 큰 민족을 이루고 복의 근원이 되도록 하셨다.

주께서 아주 작은 사업체를 주셨다. 내가 원하는 것은 큰 사업체였지만 아주 작은 한 발을 내딛게 하시면서 주의 원칙으로 경영하도록 요청하셨다. 이 한 발이 두 발, 세 발이 되고 열 발이 되면서 전 세계 많은 곳에 선한 일을 하게 하셨다. 사역을 시작할 때도 딱 한 발만큼을 명확하게 말씀하셨다. 순종하니 전 세계로 사역을 펼치셨다.

'딱 한 발'이 중요하다. 믿음의 삶의 출발은 그 한 발을 움직이는 것이다. 내가 아는 주의 뜻을, 주님이 말씀하신 것을 지금 당장 순종할 수 있는 딱 한 발이다. 미래를 여호와께 맡기는 자는 움직인다.

하나님을 아는 만큼 순종할 수 있다.

잠언 : 하나님께 충성하고 정직하게 살면 후손까지 복이 흘러간다. 참 생명을 취하는 지혜자는 후손에게 재물을 물려주지 않고, 하나님의 복을 물려준다. 내가 잘 살아야 후손까지 복을 받는다.

"오늘도 온전하고, 정직하고, 여호와를 경외하며, 악에서 떠난 삶을 살겠습니다."

절대 두 마음을 품지 말자
시편 119:113-120 잠언 21:4

내가 두 마음 품는 자들을 미워하고, 주의 법을 사랑하나이다 시편 119:113

"엘리야가 모든 백성에게 가까이 나아가 이르되, '너희가 어느 때까지 둘 사이에서 머 뭇머뭇하려느냐? 여호와가 만일 하나님이면 그를 따르고 바알이 만일 하나님이면 그 를 따를지니라' 하니, 백성이 말 한마디도 대답하지 아니하는지라"(왕상 18:21).

"두 마음을 품는 자"란 이처럼 '하나님과 바알, 둘 사이에서 머뭇머뭇하는 사람'을 말 한다. 하나님도 섬기면서 바알도 섬기는 사람이다. '바알'은 이 세상의 재물을 가지고 사람들을 조종하는 대표적인 우상이다.

우리 주님이 "하나님과 재물(: 맘몬)을 겸하여 섬기지 못한다"라고 하셨다(마 6:24). 맘 몬과 바알은 같은 성격이다. 오직 주님만 나의 주인이 되시는 삶은 말씀을 따라 사는 삶이다. 재물을 따라 살지 않는다.

두 마음 품는 자란, 겉 다르고 속 다른 이중적인 사람을 말한다. 겉으로는 주를 사 랑하는 척하지만, 실제 삶은 다르게 산다. 거짓된 열심이다. 주의 말씀을 사랑하는 사 람은 절대 두 마음을 품지 않는다.

빛과 어둠이 공존하지 않듯, 하나님의 말씀을 따라 살고자 하는 사람은 두 마음을 품은 사람과 절대로 사귀지 않는다. 싫어하는 게 아니라 오히려 미워한다.

눈이 높은 것과 마음이 교만한 것과 악인의 형통한 것은 다 죄니라 잠언 21:4

악인의 특징, 악인을 구별하는 표지는 거만한 눈과 교만한 마음이다. 이 두 가지는 사람의 성격이 아닌 죄로 구분된다. 이 죄는 하나님이 가장 미워하시며, 심판의 기준 이 된다.

"눈이 높은 것" 은 남을 업신여기고, 깔보고, 거드름 피우고, 자기만 잘났다고 여기는 것이다. 실제로 사람을 대할 때 높은 데서 내려다보듯 눈을 아래로 간다. "교만한 것" 은 '자기 분수를 모르는 것'이다. 그래서 자기가 있어야 할 자리를 떠나 행동한다. 하나님 앞에 머물지 않는다. 아무리 겉으로 착한 척해도 그 마음의 자리에 하나님이 없는 사람은 교만하다. 거만과 교만, 이 두 가지 악을 미워해야 한다.

악인의 특징은 죄를 범할 궁리만 하고, 친구와 이웃의 아픔을 헤아리지 못한다(10). 자기가 가진 것으로 남을 도울 줄 모른다(7). 동기가 불순하다(8). 거만하다(11). 이런 악인을 하나님께서 환난에 던지신다(12). "환난에 던지다"는 '뒤집어엎다, 전복시키다, 파멸시키다'라는 뜻이다. 주님은 악한 자의 계획을 막아 이루지 못하게 하시고 그가 세운 악한 것에 그를 던지신다.

그러니 악인의 형통을 부러워하지 말아야 한다. 결국 하만처럼 될 것이다. 하만이 자기가 세운 장대에 자신이 달린 것처럼 하나님은 그 죄를 반드시 심판하신다.

"저는 두 마음 품은 자를 미워하고, 주님의 법을 사랑합니다. 하나님의 약속에 제 희망을 겁니다. 악한 일을 하는 자들과 어울리지 않겠습니다. 하나님의 계명을 지키겠습니다. 그러니 제 소망을 무색하게 만들지 마시고, 저를 굳게 붙들어 주십시오. 주께서 세상의 모든 악을 찌꺼기처럼 버리시니 제가 주님의 판단을 두려워합니다"(시 119:113-120 새번역).

"내가 이스라엘 가운데 칠천 명을 남기리니 다 바알에게 무릎을 꿇지 아니하고 다 바알에게 입 맞추지 아니한 자니라"(왕상 19:18).

성적 타락을 가져오는 아세라에게 무릎 꿇은 자가 한둘이겠는가? 하지만 죄를 짓는 순간에도 이들의 주인은 예수님이시다. 예수님의 피는 모든 죄를 해결하신다.

그러나 주인이 바뀌는 건 다른 문제다. 바알에게 무릎 꿇고 입 맞추는 자는 돈을 사랑하여 돈을 따라간다. 이것은 죄의 문제가 아니다. '내 주인이 누구인가?'는 생명의 문제다. 완전히 주인이 바뀌기 때문이다.

마지막에 남는 자, 세상을 이기는 자는 바알에게 무릎 꿇지 않고 입 맞추지 않은 자다. 바알은 맘몬이다. 돈 뒤에서 사람들을 타락시켜 주인을 바꾸는 것이 그의 목적이다. 한 사람이 두 주인을 섬길 수 없다. 두 마음을 품은 자는 하나님께 합당하지 않다.

담대한 요청
시편 119:121-128 잠언 22:6

내가 정의와 공의를 행하였사오니, 나를 박해하는 자들에게 나를 넘기지 마옵소서

시편 119:121

권력을 함부로 휘두르며 시기와 질투, 미움으로 가득하여 자신에게 불의와 불공평으로 행하는 사울을 대할 때, 다윗은 정의와 공의를 행했다. 어떤 음모나 쿠데타도 꾸미지 않았다. 심지어 자기를 죽이려는 사울을 완벽하게 죽일 수 있을 때도 그의 몸에 손도 대지 않았다.

다윗은 언제나 하나님 말씀의 원칙대로 행했다. 세상의 방식을 따르지 않았다. 그 반대 정신으로 대했다. 교만한 자에게는 겸손함으로, 죽이려 드는 상대에게는 대항하지 않고 피하기만 했다. 자신을 죽이려는 자를 죽일 기회가 있었지만, 공의로 심판하시는 역사의 주관자이신 하나님 손에 맡겼다.

그렇기에 하나님께 자신이 행한 것에 대해 보증을 서달라고 요청할 수 있었다(122). 자신을 해하려는 사람들로부터 보호해주시기를 담대히 요청했다. 그는 자신을 "나는 주의 종입니다"라고 말한다(125). 이는 어떤 특권의식이 아니라 자신이 사람들의 말이나 제 생각이나 감정에 따라 행동하지 않고, 오직 하나님의 말씀을 따라 행하는 '주의 종'임을 말하는 것이다.

어떤 경우에도 공의, 공평, 정직으로 행하기를 힘써야 한다. 그럴 때 하나님께도 담대할 수 있다. 그렇다고 해서 내 행위와 공로를 의지하여 주의 구원을 요청하는 건 아니다. 다만 전심으로 하나님의 사랑을 의지하며 그의 약속을 붙들고(124) 겸손히 주의 구원을 요청하는 것이다.

마땅히 행할 길을 아이에게 가르치라. 그리하면 늙어도 그것을 떠나지 아니하리라

잠언 22:6

"마땅히 행할 길"은 무엇인가? 잠언 전체에서 말씀하신다. 하나님의 지혜를 구하는 것이 최우선이다. 곧 하나님을 경외하며 날마다 말씀을 대하는 삶이다.

자녀에게 말씀을 음식보다 더 귀하게 여길 줄 알도록 말씀 묵상을 가르친다. 기도를 가르친다. 사람과 말하기 전에 먼저 기도로 하나님과 대화하는 우선권을 가르친다. 겸손을 배우게 한다. 하나님을 예배하는 삶, 성령을 의지하는 삶이 겸손이다. 이 길이 형통의 길, 성공의 길이다.

"가르치다"는 '훈련하다'라는 뜻이다. 단지 지식을 알려주는 게 아니라 실제 삶으로 살아낼 때까지 훈련하는 걸 말한다. "아이"란 '젖먹이'를 뜻한다. 십 대 청소년이 아니라 갓 걸음마를 시작하는 2-3세를 말한다. 조금 더 넓게 말하면 7개월부터 7세까지다. 이는 아이가 부모와 가장 가까이 있는 시기다. 이 시기를 놓치면 안 된다. '세 살 버릇 여든 간다'라는 말이 그냥 나온 게 아니다. 교육이 얼마나 중요한가! 어릴 때 받는 가르침이 평생을 좌우한다.

아이들에게 최고의 교실은 가정이다. 가정의 분위기, 생활 습관과 원칙은 그 자체가 교육이다. 특히 부모의 한마디는 교육 효과가 엄청나다. 부모의 멘토링, 코칭, 조언은 최고의 인생 교과서다. 그러나 그 내용은 "마땅히 행할 길"에 관한 것이어야 한다. 최고의 가르침은 성경, 곧 하나님의 말씀이다.

부모가 먼저 말씀을 살아내는 본을 보이며, 말씀을 따라 가르칠 때 가장 효과가 있다. 롤 모델이 되는 게 최고다. 가정이라는 학교가 최고다. 부모가 최고의 스승이다.

시편 : "정의"란 진리(하나님의 말씀)에 맞는 올바른 도리로, 공정하고 올바른 상태를 추구한다. "공의"란 하나님의 완전하고 의로운 법을 기준으로 옳고 그름을 가감 없이 판단하고 심판한다.

다윗은 담대하게 하나님의 보호를 요청한다. 공의와 정의로 행했으니 악인으로부터 보호해달라는 다윗의 담대함이 참 좋다. 악을 미워하는 사람이 갖는 당당함도 참 좋다.

다윗이 부럽다. 내가 다윗이 되면 되는데… 주여!

잠언 : 어릴 때는 성경 말씀이 부모님의 잔소리처럼 들렸다. 지금은 내가 살아내야 하는 정확한 타이밍에 성령께서 부모님이 부지런히 가르쳐주신 그 말씀을 기억나게 하셔서 올바른 결정을 하도록 도우신다.

너무나 놀라운 주의 증거들

시편 119:129-136 잠언 23:13,14

주의 증거들은 놀라우므로 내 영혼이 이를 지키나이다 시편 119:129

주의 말씀을 들으면 "너무나 놀랍습니다!"라고 반응하게 된다. 주께서 말씀하시면 그대로 이루어진다. "저가 말씀하시니 그대로 되었다"(33:9). 창조는 그렇게 이루어졌다. 주께서 말씀하시니 빛이 생겼고, 씨 맺는 채소, 열매 맺는 과일나무가 그대로 창조되었다. 또 주님이 죽은 나사로에게, "나오라!" 하시니 나사로가 무덤에서 걸어 나왔다. 거친 풍랑에게 "잠잠하라, 고요하라" 말씀하시니 잠잠해졌다.

주께서 갈대아 우르에서 아브라함에게, "내가 너를 복 주고, 너를 열방의 복의 근원이 되게 하리라"라고 약속하셨다. 아브라함은 약속을 믿었고, 그대로 되었다. 또한 "내가 이 땅을 너와 너의 자손에게 주리라"라고 하신 말씀이 500년 후에 그대로 성취되었다.

하나님이 약속하신 말씀은 이를 믿는 자들에게 이루어진다. 그래서 하나님의 말씀을 "주의 증거"라고 한다. 말씀하신 대로 그대로 이루어지기에 증거가 된다. 한 번만이 아니라 태초부터 지금까지 계속 그대로 되니 "증거들"이다.

이런 놀라운 말씀을 경험한 사람은 말씀을 따라 죽기 살기로 힘을 다해 살아낸다. 당연한 반응이다. 약속하시는 하나님은 신실하시다. 우리는 그 약속의 말씀을 믿고 살아간다. 능치 못한 일이 없으신 하나님이 약속을 이루신다. 우리는 주의 놀라운 기적의 말씀을 오늘 여기서 그대로 살아간다.

아이를 훈계하지 아니하려고 하지 말라. 채찍으로 그를 때릴지라도 죽지 아니하리라.
네가 그를 채찍으로 때리면 그의 영혼을 스올에서 구원하리라 잠언 23:13,14

자녀를 구원하는 길은 자녀를 부지런히 징계하는 것이다. 징계를 게을리하거나 주저하지 말아야 한다. "주께서 그 사랑하시는 자를 징계하시고, 그가 받아들이시는 아들마다 채찍질하심이라"라고 말씀하신다(히 12:6).

징계하는 부모나 징계받는 아이나 슬프고 아픈 건 마찬가지다. 그러나 자녀를 사랑하는 부모는 사랑으로 매를 든다. 자녀가 어리석음에서 벗어나기를 바라기 때문이다. 자녀가 불구덩이로 들어가는 것을 바라보기만 하는 부모는 없다. 징계의 동기는 '사랑'이다. 자녀가 잘되기를 바라는 부모의 마음이다. 자녀가 있다면 '자녀 사랑 = 자녀 징계'의 공식을 마음에 새겨야 한다.

"채찍으로 때릴지라도 죽지 아니하리라"는 혹 자녀가 마음에 상처를 입을까 염려하여 엄하게 징계하기를 망설이지 말라는 뜻이다. 징계는 자녀가 어리석음으로 빠지지 않게 해준다. 어린 자녀의 잘못된 행실을 바로잡지 않는 건 더 큰 어리석음으로 가도록 방치하는 것과 같다. 결국 육체는 물론 그 영혼까지 패망의 구렁텅이에 빠진다. 징계는 그 길로 가지 않게 해준다. 자녀를 생명과 평안의 길로 인도한다.

시편 : 주님의 말씀을 열면, 거기에서 빛이 비쳐 우둔한 사람도 깨닫게 된다. 주님의 계명을 사랑하는 자들은 입을 벌리고 헐떡이며 말씀을 받아먹는다. 주님을 사랑하는 자에게 은혜를 베푸시고, 그 발을 말씀에 굳게 세우셔서, 어떤 불의도 그를 지배하지 못하도록 막으신다. 의롭고 바르신 주님의 말씀과 법을 사람들이 지키지 않는 걸 보면, 내 눈에서 눈물이 시냇물처럼 흘러내린다(130-136).

그러나 말씀을 지키는 사람들은 주의 증거를 갖고 있다. 하나님의 증거들이 너무 놀라워서 그것을 지킨다. 주의 증거들은 말씀 속에서, 또 현실에서도 넘쳐난다. 하나님은 거짓말하지 않으신다. 믿음의 산 증거인 하나님의 역사의 증거들을 쌓아가는 즐거움이 있다.

신실하신 하나님, 약속을 지키시는 하나님을 묵상하면 힘이 나고 소망이 충만해진다. 나만 잘하면 된다. 하나님은 신실하신 전능자시다.

잠언 : 자녀를 징계하는 것은 지극한 사랑의 표현이다. 자녀가 스스로 잘할 때까지 나이에 맞게 부지런히 징계하고, 필요하다면 사랑의 매를 사용해야 한다.

손녀가 태어났을 때, 며느리에게 나무 밥주걱을 징계의 매로 선물했다. 손바닥처럼 넓어서 소리는 크고 아프지는 않은 매였다.

부모는 자녀를 올바른 길로 인도할 책임이 있다. 이상하게도 세상은 집과 학교에서 징계를 빼고 있다. 징계와 폭력을 구분하지 못하는 세상이 안타깝다.

24일

동기, 말, 행동이 일직선이 되게 하자

시편 119:137-144 잠언 24:10

여호와여, 주는 의로우시고 주의 판단은 옳으니이다 시편 119:137

"의롭다"는 '선하고, 옳고, 바르고, 완전하고, 공정하다'라는 뜻이다. '의'는 하나님의 주요 성품 중 하나다. 의로우신 하나님은 선하셔서 악을 미워하신다. 그는 바르고 정직하시다. 거짓을 미워하신다. 공정하셔서 불의와 불공평을 미워하신다.

"주의 판단"은 주의 말씀의 성격을 나타낸다. 주의 말씀은 우리에게 올바른 판단력과 분별력을 주고, 올바른 가치 기준을 제시한다. 그리고 언제나 옳다. "옳다"의 히브리어 '야사르'는 '정직, 곧은, 평탄한, 올바름'을 뜻한다. 그 길은 구불구불하거나 울퉁불퉁하지 않고 평탄해서 하나님의 말씀을 따라 행할 때, 곧은 길로 가게 하며 올바른 삶으로 인도한다.

다시 말하면, 하나님의 성품이 의로우시며 그의 말씀도 의로우시다는 것이다. 하나님의 숨은 동기, 결정, 행위, 말씀이 모두 일직선이다. 그러니 그의 백성 된 우리의 말과 삶도 일직선이어야 한다. 그 말씀을 모든 판단의 기준으로 삼을 때, 내 생각과 언어 그리고 모든 행실의 기준으로 삼고 힘을 다해 살 때 그렇게 된다.

개인의 삶뿐 아니라 우리가 살아가는 사회의 각 영역이 주의 말씀의 기준 위에 세워지도록 힘쓰자. 이것이 모든 그리스도인의 사명이다.

네가 만일 환난 날에 낙담하면 네 힘이 미약함을 보임이니라 잠언 24:10

풍랑을 만나, 심한 어려움을 당한 제자들에게 예수께서 "너희 믿음이 어디 있느냐?"라고 질문하신다(눅 8:22-25). 예수님은 풍랑으로 거의 죽음의 공포에 시달린 제자들을 위로하지 않고 그들의 믿음 없음을 책망하신다.

예수님을 향해 '공감 능력이 없다', '차갑다', '너무하시다'라고 할지 모른다. 그렇지 않다. 우리 주님은 위로의 주시다. 우리를 이해하시고 함께 싸워주신다. 그러나 주님은 바로 본론으로 들어가셨다. 문제의 핵심을 짚으셨다.

왕의 지혜

그래야 제자들이 영적 근육이 생기고, 통찰력, 판단력, 이해력을 가지고 또 다른 풍랑을 만날 때 스스로 해결할 수 있기 때문이었다.

우리의 삶은 평생 풍랑을 만난다. 주님은 우리가 변명하거나 핑계 대지 않기를 바라신다. "네가 만일 환난 날에 낙심하거나 불평하고 원망하면, 네 힘이 약하다는 걸 드러내는 거야"라고 말씀하신다. 그때는 감사하며 말씀을 붙들 때다. 성령충만을 구할 때다. 바로 믿음을 보일 때다.

"의인은 일곱 번 넘어질지라도 다시 일어나려니와 악인은 재앙으로 인하여 엎드러지느니라" 하셨다(16). 칠전팔기, 즉 일곱 번 넘어져도 여덟 번 일어나야 한다. 환난 날에 낙담하지 말고, 하나님의 도우심을 구하며 힘을 내야 한다. 나를 도우시는 그분이 계신다.

이런 믿음은 환난 날에 증명된다. 그날은 믿음으로 진검승부 하는 날이다.

시편 : 하나님이 나를 책망하실 때 좀 억울하다고 느낀 적이 있다. '분명 잘한 것 같고 잘 산 것 같은데 왜?'라고 반응했다. 그때는 심판의 기준점을 정확하게 몰랐다. 하나님의 심판은 도덕적, 사회적 기준점을 따르지 않는다.

요시아 왕과 히스기야 왕을 칭찬하실 때 정직의 기준점을 "여호와 보시기에 정직히 행하며"(왕하 18:3, 22:2)라고 하셨다. 오직 말씀과 그분의 성품이 심판의 기준이다.

하나님은 선하시며, 공의로우시고, 긍휼이 크신 분이다. 징계도 하시고, 용서도 하신다. 하나님의 판단은 정의롭고 공의로우며 은혜롭다. 언제나 그 판단이 옳다.

"주여! 주님의 판단에 언제나 항복합니다."

잠언 : 환난을 겨우 통과하고 또 다른 고통이 찾아왔을 때, 내 입에서 낙심의 말이 툭 튀어나와 버렸다. 이 말을 홍 목사님이 들으시고 즉시 말씀하셨다.

"네가 만일 환난 날에 낙담하면 네 힘이 미약함을 보임이니라."

목사님에게 위로받고 싶어서 말했다가 본전도 못 건지고 내 믿음의 빈약함만 증명되었다. 부끄러웠다. 다시는 믿음 없는 말을 하지 않으리!

환난 중에 있을 때 말씀을 붙들라

시편 119:145-152 잠언 25:13

여호와여, 내가 전심으로 부르짖었사오니 내게 응답하소서. 내가 주의 교훈들을 지키리이다 시편 119:145

119편의 22개 묶음 중 19번째 묶음이다. "부르짖다"와 "지키다"가 반복된다. 하나님께 부르짖기만 하는 게 아니다. 부르짖을 때가 하나님의 말씀을 지킬 때다.

환난, 고통, 위기의 순간에 하나님께 나아가 부르짖어야 한다. 낙심이나 좌절, 두려움과 원망 그리고 자기 연민에 갇혀 허우적거리거나 자기 생각의 방에 갇혀있지 말아야 한다. 그때가 말씀을 지킬 때다. 평안할 때만 말씀을 지키는 게 아니라 환난 때도 말씀을 지키는 것이 믿음이다.

"주의 인자하심"을 의지하여 부르짖는다(149). 나의 행위가 아닌 하나님의 크고 조건 없는 사랑을 의지한다. "주의 약속의 말씀"을 의지하여 부르짖는다(147). 약속을 반드시 지키시는 주의 신실하심을 붙들고 기도한다. 그리고 하나님이 가까이 계신 것을 믿으며 기도한다(151). 하나님이 기도에 응답하실 줄을 믿고 기도한다(152).

응답받는 기도의 비결은 하나님이 계신 것과 그분이 자기를 찾는 자들에게 응답하실 줄을 반드시 믿는 것이다(히 11:6). 그리고 전심으로 부르짖는 거다(145). 새벽녘에 기도하는 것은(147,148) 갈급하고 간절한 마음을 보여준다. 그리고 폭풍 가운데 말씀하시는 주의 음성에 귀 기울여야 한다. 주께 부르짖으며 동시에 주의 말씀을 지키는 법을 배우자.

충성된 사자는 그를 보낸 이에게 마치 추수하는 날에 얼음냉수 같아서 능히 그 주인의 마음을 시원케 하느니라 잠언 25:13

하나님 아버지의 마음을 시원하게 하는 사람을 "얼음냉수" 같은 사람이라 한다. 여름 막바지, 땡볕에서 구슬땀을 흘리며 추수하다가 마시는 얼음냉수는 얼마나 시원한가! 직장, 교회, 어디서나 충성된 사람이 되자. "나의 DNA는 '충성'이다"라고 말할 수 있도록 하자. 얼마나 아름다운 선언인가! 주인의 마음을 시원하게 하는 사람, 추수하는 날에 얼음냉수 같은 사람, "충성된 사자"가 바로 그런 사람이다. 믿을 만한 심부름꾼이 그렇다!

주인의 메시지를 그대로 전달하는 종은 자기 마음대로, 주관대로 전하지 않는다. 충성된 종은 맡은 일을 끝까지 해낸다. 목숨까지 바쳐 죽도록 충성한다. 핑계가 없다. 몸이 아프다고, 마음이 상했다고, 힘들다고 주인이 맡긴 일을 소홀히 하지 않는다.

하나님은 충성된 사람을 찾으신다(시 101:6). 그에게 일을 맡기신다. 능력 있는 사람을 찾지 않으신다. 능력은 하나님께 속했다. 그분은 맡은 일에 충성하는 사람에게 일을 감당할 능력을 주신다(딤전 1:12).

시편 : "전심"이라는 단어가 눈에 쏙 들어온다. 온 마음을 다하여 부르짖으며 주님께 담대하게 요청한다. "내게 응답하여주십시오." 내 기도 제목에 반드시 응답하실 하나님을 믿는다면, 전심, 즉 온 마음을 다해서 기도하는 게 마땅하다. 전심은 이런 상태다. 날이 밝기도 전에 일어나서 울부짖는다. 주님의 말씀을 묵상하다가 뜬눈으로 밤을 지새운다. 내 경험에 비추면 이런 것이 전심일 듯하다.

"그러므로 내가 너희에게 말하노니 무엇이든지 기도하고 구하는 것은 받은 줄로 믿으라 그리하면 너희에게 그대로 되리라"(막 11:24).

1) 무엇이든지 - 하나님 뜻 안에 있는 모든 것이다.

2) 기도/구하는 것 - 기도 제목이다.

3) 믿으라 - 하나님을 신뢰하는 것이다.

4) 그대로 되리라 - 이루어진다, 경험한다.

바른 순서를 잘 보라. 1-2-3-4다. 사람들은 1-2-4-3으로, 경험하면 믿겠다고 한다. 틀린 자세다. 바른 자세는, 믿고 경험하는 것이다.

잠언 : 하나님께서 온 땅에서 가장 축복할 사람으로 아브라함을 뽑으셨다. 왜? 그 기준은? 느헤미야서 9장 8절을 보면, "그의 마음이 주 앞에서 충성됨을 보시고 그와 더불어 언약을 세우사"라고 하셨다. 하나님은 충성된 자에게 일을 맡기신다(딤전 1:12, 딤후 2:2). 충성된 자는 주님과 함께 살면서 그분을 받들어 섬긴다(시 101:6). 한 주인만 섬기고, 주가 맡기신 일을 모두 배가시킨다.

고난 중에 말씀을 굳게 붙들라

시편 119:153-160 잠언 26:10

나의 고난을 보시고 나를 건지소서. 내가 주의 율법을 잊지 아니함이니이다 시편 119:153

억울한 일을 당할 때, 거짓 소문과 의도적 계략에 의해 상처도 받고 어려움도 당하고 손해를 볼 때, 어떻게 반응해야 하는가? 사람에게 대응하지 않고 오직 하나님께 나아가야 한다. "나의 고난을 보소서", "나를 구하소서", "나를 살리소서"라고 기도해야 한다. 하나님은 내 어려움을 보고 계신다. 내 처지를 아신다. 그리고 고난에서 나를 건지신다. 하나님은 나의 목자, 나의 아버지시다. 고아처럼, 목자 없는 양처럼 고군분투하지 말아야 한다.

어려움을 당하면 말씀의 원칙은 까맣게 잊어버리고 감정, 환경, 사람을 따라 반응하기 쉽다. 그때야말로 주의 말씀을 귀 기울여 듣고 붙들어야 한다. 내가 주의 말씀에 귀를 기울일 때, 주께서 내 기도에 귀를 기울이신다. 내가 주의 말씀을 붙들 때 주께서도 나를 붙드신다. 주님은 긍휼이 많으시다.

주의 말씀을 잊지 말아야 한다. "주의 말씀의 강령은 진리"(160)다. 내 삶의 모든 영역의 절대 기준이다. 어떤 말을 듣고, 생각하고, 판단하고, 실행할 때 말씀이 기준이다. 그 말씀을 따라 살아가면 실수하지 않는다. 말씀이 나를 올바른 길로 인도한다.

장인이 온갖 것을 만들지라도 미련한 자를 고용하는 것은 지나가는 행인을 고용함과 같으니라 잠언 26:10

"미련한 자나 지나가는 자를 품꾼으로 부리는 자는 활을 마구 쏘는 궁수와 같다"(쉬운성경).

적어도 두 가지는 확실하다. 지나가는 행인을 고용하는 고용주는 절대 없다. 사람을 고용할 때는 매우 신중하게 한다. "지나가는 행인"이란 그가 어떤 사람인지 아는 것이 없음을 말한다. 사람을 고용할 때는 그에 대해 확실하게 아는 것이 급선무다.

궁수가 활을 쏠 때도 아무 데나 닥치는 대로 쏘지 않는다. 과녁을 향해 쏜다. 마찬가지로 아무리 급해도 지나가는 행인이나 미련한 사람을 고용하면 안 된다.

미련한 사람은 같은 실수를 반복한다. 잘못을 뉘우치지만, 다시 이전 상태로 돌아간다. 마음이 둔하고 강퍅하고, 문제의 핵심을 정확하게 파악하지 못하기 때문이다. 또한 생각하는 폭이 좁고 맹점이 많아서 남들은 다 보는데 정작 본인은 못 보기 때문이다.

하나님은 그의 일을 맡길 만한 사람을 신중하게 선택하신다. "내 눈이 이 땅의 충성된 자를 살펴"라고 하셨다(시 101:6). 주님은 충성된 자에게 일을 맡기신다.

시편 : "내가 주님의 법을 어기지 않았으니, 내 고난을 보시고, 나를 건져주십시오" (새번역).

시편 기자의 당당한 모습을 본다. 말씀 따라 하나님을 경외하는 삶을 살았다고 고백한다. 주님께 내 변호인이 되셔서 살려달라고 요청한다. 핍박하는 자와 대적하는 자들이 많으나, 자신은 주님의 증거에서 떠나지 않았다고 한다. 주님의 말씀을 따르지 않는 배신자를 보고 역겨워하면서, 자신은 주님의 법도를 따르기를 얼마나 좋아했는지 살펴봐달라고 간절히 말한다.

쭉~ 시편 기자의 기도를 따라 해보았다. 어머나! 성령께서 점점 심각하게 내 내면을 보게 하신다. 주님께 "내 변호인이 되어주십시오"라고, 당당하게 말할 수 있는가?

"주여! 은혜가 필요합니다."

잠언 : "미련한 사람이나 지나가는 사람을 고용하는 것은, 궁수가 닥치는 대로 사람을 쏘아대는 것과 같다"(새번역).

미련한 자와 함께 일하기는 정말 어렵다. 그는 지혜가 없어서 문제의 핵심을 파악하지 못해 일을 엉뚱하게 해놓는다. 열심히 할수록 재앙을 초래한다. 미련한 자는 가르쳐도 못 알아듣는다. 그래서 잠언 전체에서 미련함을 벗으라고, 음녀를 조심하라고 계속 반복해 말씀하신다.

미련함은 죄로 쉽게 갈 수 있다. 정말 은혜가 필요하다. 오직 성령의 능력으로만 지혜가 돌아온다.

미련함이 벗겨지도록 주님께 간절하게 기도하고, 말씀 통독을 해야 한다. 미련한 사람은 주의 지혜가 없어 터무니없는 고집을 부리는, 매우 어리석고 둔한 사람이다.

오직 하나님만 두려워하라

시편 119:161-168 잠언 27:7

고관들이 거짓으로 나를 핍박하오나, 나의 마음은 주의 말씀만 경외하나이다

시편 119:161

"고관들"은 높은 지위에 앉은 지도자들을 말한다. 권력을 가지고 영향력을 끼치는 그룹이다. 이들은 하나님의 말씀을 무시한다. 성경에서 말하는 지도력과는 거리가 멀다. 공의와 공평을 따르지 않는다. 거짓말을 밥 먹듯 한다. 자기만 그럴 뿐 아니라 다른 사람들도 말씀을 따라 살지 못하게 압박한다. 사실이 아닌 것으로 모함하고, 말도 되지 않는 이유를 들어 괴롭힌다.

그러나 그런 자들이 나를 핍박하더라도 하나님의 말씀에 순종하며 살아야 한다. 사람을 두려워하지 말고 오직 주의 말씀만 두려워해야 한다. 엘리야처럼 믿음을 따라 사는 사람이 나밖에 없다는 착각을 하지 말아야 한다.

지금도 바알에게 무릎 꿇지 않은 신실한 그리스도인 7천 명이 있다. 이들은 이세벨의 위협을 조금도 두려워하지 않고, 오직 하나님의 말씀만 두려워한다. 주의 말씀을 즐거워하고 사랑한다. 그런 사람은 정직을 사랑하고 공의로 행한다. 그래서 마음에 아무런 거리낌이 없고 담대하다. 사리가 분명하고 판단력이 정확하다. 하나님은 그런 사람의 편이시다.

"하나님이 내 편이시니 내가 두려워하지 않는다"(118:6).

배부른 자는 꿀이라도 싫어하고, 주린 자에게는 쓴 것이라도 다니라 잠언 27:7

배가 부르면 아무리 맛있는 디저트도 입에 당기지 않는다. 그러나 배고프면 평소에 거들떠보지 않던 것에도 손이 간다. 어릴 때부터 '눈물 젖은 빵을 먹어보지 않은 사람은 인생을 논하지 말라'라는 말을 자주 들었다. 가난과 고통과 서러움을 겪은 사람은 웬만한 어려움도 의연히 대처한다. 불평과 불만이 입에서 사라지고 범사에 감사의 말뿐이다. 적어도 그때보다는 낫기 때문이다.

어릴 때 음식을 앞에 놓고 투정을 부리면 어머니가 "배부른 소리를 한다"라고 하셨다. 그럴 때마다 비록 어렸지만, 정신이 번쩍 들었다. 형편이 어려워 끼니를 잇지 못했을 때를 잊었기 때문이다. 부자들은 아주 좋은 음식도 감사할 줄 모르고 먹지만, 배고프고 가난한 사람은 보잘것없는 음식도 감사하며 먹는다.

어머니의 훈계를 통해 나는 자족하는 법을 배웠다. 좋은 음식이 나오면 즐거움으로, 보잘것없는 음식이 나오면 감사함으로 대했다. 검소하고 소박하게 사는 법과 어떤 경우에도 감사하며 만족하는 법을 배웠다.

시편 : "권력자는 이유 없이 나를 핍박하지만, 내 마음이 두려워하는 것은 주님의 말씀뿐입니다"(새번역).

하나님을 모르거나 그리스도를 미워하는 세상의 권력자, 건강하지 않은 영적 지도자, 회사의 리더, 가족이 있다면, 그들은 하나님을 섬기는 경건한 백성과 그리스도를 믿고 구세주로 고백하는 성도들을 끈질기게 지속적으로 괴롭힌다. 십자가 복음을 전하고 하나님을 위해 사는 의인은 핍박을 당한다.

나도 이런 일을 당했다. 그들이 나를 말씀 따라 살지 못하도록 막았지만, 나는 무릎 꿇지 않았다. 협박을 두려워하지도 않았다. 내가 두려워할 분은 하나님이시기 때문이었다. 주를 경외함으로 이 핍박의 시간을 오히려 믿음의 영적 근육을 만드는 복된 시간으로 바꾸기로 했다. 내가 하나님 편에 서니, 하나님도 내 편에서 일하셨다.

잠언 : 항상 조심할 것이 돈이다. 돈이 너무 많아 배부른 사람이 되면, 더 이상 주님의 말씀이 달지 않다. 간절함도 없다. 교회도 안 간다. 이런 사람에게는 돈이 오히려 저주가 아니겠는가!

주를 향해 배고픈 사람은 목마른 사슴이 시냇물을 찾기에 갈급한 것처럼 헐떡이며 말씀 먹기를 원한다. 해외 사역 중에 물이 없는 마을에서 목말라 본 적이 있다. 그때 바로, 이 말씀이 저절로 이해되었다. 배고픈 자와 목마른 사슴의 공통점은 갈급함 그리고 간절함이다.

나의 인생 멘토이신 하나님

시편 119:171,172 잠언 28:8

주께서 율례를 내게 가르치시므로 내 입술이 주를 찬양하리이다. 주의 모든 계명들이 의로우므로 내 혀가 주의 말씀을 노래하리이다 시편 119:171,172

"율례"는 '인생 규정'이다. 내가 살면서 마땅히 지켜야 할 기준선이다. 그 말씀을 따라 살아가면 안전하다. 곁길로 가지 않는다. 내 인생 내비게이션이다. 주께서 그 말씀으로 나를 이끄신다. 나를 바르게 살게 하신다. 하나님이 나의 선생이시다. 나의 소그룹 간사시다. 나의 인생 멘토요 코치시다.

"계명"은 '명령'이다. 딱딱하여 사람을 얽어매는 게 아니라 오히려 나를 풀어주는 하나님의 말씀이다. 내게 인생을 사는 통찰력을 준다. 나를 존경받고 영향을 주는 지도자의 위치에 오르게 한다.

주의 말씀을 듣고 "예"라고 응답하며 살아갈 때, 주의 능하신 손이 나를 도와서 능히 살아가게 하신다(173). 나는 오늘도 그 말씀에 귀를 쫑긋 기울인다. 그 말씀대로 살려고 온 힘을 다해 훈련한다.

너무나 기뻐서 내 입술에서 찬양이 폭포처럼 흘러나온다. 왜냐하면 주님이 그의 말씀을 내게 가르치시고, 내가 말씀대로 살아가도록 훈련하셨기 때문이다. 주의 말씀으로 내 영혼이 살아났기 때문이다.

하나님의 뜻을 알아갈수록 더욱 그분을 찬양하게 된다. 하나님을 아는 만큼 찬양하게 된다. 단순히 노래를 잘하거나 악기를 잘 다루는 것과는 다르다.

중한 변리로 자기 재산을 많아지게 하는 것은 가난한 사람 불쌍히 여기는 자를 위하여 그 재산을 저축하는 것이니라 잠언 28:8

부당한 방법으로 재산을 많이 불려 부자가 되었을지 모르나, 그 재물은 오래가지 못한다. 고리대금, 사기, 착취, 가난한 자를 압박하여 갖은 방법으로 단시일에 재산을 끌어모을 수는 있다. 그러나 그것은 자기를 위해 사용되지 못하고 조만간에 이동될 것이다. 다른 사람의 손으로 넘어간다.

하나님은 그렇게 모인 재산이 가난한 사람을 돕기 위한 것으로 사용되도록 조치하신다. 그 재물은 놀랍게도 "가난한 사람을 불쌍히 여기는 사람"의 손으로 이동한다. 그래서 그 재물로 선한 사업을 하게 하신다.

하나님은 불의한 청지기가 가진 한 달란트를 빼앗아 열 달란트를 가진 충성된 청지기에게 넘겨주신다(마 25:28). "무릇 있는 자는 받아 풍족하게 되고, 없는 자는 그 있는 것까지 빼앗기리라"라는 것이 하나님나라의 재정 원칙이다(마 25:29).

가난한 사람을 위해 재물을 사용하는 사람에게는 더 많은 선을 행하도록 재물을 더 하신다. 그러나 불의한 방법으로 재물을 모으고, 가난한 사람을 돌보지 않고, 자신에게는 후하고 하나님나라에 인색한 사람의 재물은 하나님이 정리하신다.

정직하고 의로운 방법으로 재물을 모아야 한다. 부지런해야 한다. 그리고 검소하게 살며 그 재물로 가난한 사람들을 돌보고, 하나님나라에는 후해야 한다.

시편 : "주님께서 주님의 율례들을 나에게 가르치시니, 내 입술에서는 찬양이 쏟아져 나옵니다. 주님의 계명들은 모두 의로우니, 내 혀로 주님께서 주신 말씀을 노래하겠습니다"(새번역).

성령 하나님은 최고의 스승이시다. 그분은 친절하고 부드러우시다. 주의 법도를 친히 가르쳐주신다. 기도, 찬양, 예배드리는 법, 음녀에게 빠지지 않는 법, 바알(맘몬 = 재물)에게 입 맞추거나 무릎 꿇지 않는 법, 자족하는 삶, 청지기의 삶, 믿음으로 사는 삶, 심고 거두는 삶, 선을 행하는 삶 등 모든 영역을 하나도 빠짐없이 가르쳐주신다.

나는 성령님을 스승으로 모시고 살기로 결정했다. 친절하시고, 부드러우시지만, 때로는 엄격하시다. 오늘도 성령 하나님께 귀를 기울이며 저녁에 집에 갈 때는 승리로 하루를 마감한다.

잠언 : 재물(부)은 하나님의 손에 의해 이동한다. 나에게 잠시 머물고 지나갈 수도 있다. 하나님께서 나에게 맡겨놓으시면 그분 뜻에 맞게 잘 관리해야 한다. 하나님은 진실한 청지기에게 재물을 맡기신다.

온 땅의 하나님나라를 확장하는 곳에 재물을 사용하는 지혜가 있길 원한다.

응답하시는 하나님 그리고 나의 평강

시편 120:1,2 잠언 29:9

내가 환난 중에 여호와께 부르짖었더니 내게 응답하셨도다. 여호와여, 거짓된 입술과 속이는 혀에서 내 생명을 건져주소서 시편 120:1,2

얼굴에 미소를 띠고, 천연덕스럽게 거짓말을 해대는 사람들 사이에서 부대끼며 사는 것이 얼마나 괴로운가! 나는 평화를 사랑하지만, 그들은 평화를 싫어한다. 내가 손을 내밀며 화평을 청해도, 그들은 무턱대고 싸움만 걸어온다. 그러니 고통스러울 수밖에!

혼자 해결하려고 애쓸수록 몸과 마음만 더 상한다. 이때야말로 하나님께 부르짖을 때다. 주께서 반드시 응답하신다. "부르짖었더니 응답하셨다"라는 말씀만큼 아름다운 말이 있을까! 부르짖기만 하고 응답이 없다면 얼마나 황당한가.

많은 사람이 부르짖기만 하고 응답을 기대하지 않는다. 이런 사람을 '종교인'이라고 한다. 볼 수 없고, 들을 수 없고, 말 못 하고, 구원하지 못하는 우상에게 부르짖을 때가 그렇다.

그러나 우리 하나님은 우리의 사정을 아시고, 부르짖음을 들으시며 응답하신다. 응답받는 기도가 기적이 아니라 응답 없는 게 비정상이다. "부르짖다"와 "응답하다"의 동사는 시제가 독특하다. 과거 한 번으로 제한하지 않는다. 현재도 응답하시고 장래에도 응답하신다.

이런 놀라운 하나님을 향한 확신이 바로 '믿음'이다! 그러니 악한 자들 때문에 고통스럽지만, 나의 생명을 구원하시는 하나님으로 언제나 마음이 평안하다.

지혜로운 자와 미련한 자가 다투면, 지혜로운 자가 노하든지 웃든지 그 다툼이 그침이 없느니라 잠언 29:9

어리석은 사람과는 다투지 말아야 한다. 화난 감정을 억누르고 최선을 다해 부드럽게 설명해도 그들은 오히려 폭언과 야유로 맞선다. 한마디로 말이 통하지 않는다. 설명하고, 해명해도 싸움이 끝나지 않는다. 시간 낭비일 뿐이다. 지는 수밖에 없다. 침묵

해야 한다. 속히 그 자리를 떠나는 게 지혜다.

욥기 22장 29절에, "사람들이 너를 낮추거든 너는 교만했노라고 말하라. 하나님은 겸손한 자를 구원하시리라"라고 하신 말씀을 따라 행할 때다.

지혜로운 사람은 이런 논쟁에 시간을 낭비하지 않는다. 에너지를 낭비하고 자신을 지치게 만드는 일에 들어서지 말자. 미련한 사람에게 무언가를 잘 설명하여 알아듣도록 하려고 온갖 방법을 사용해도 소용이 없다. "노하든지 웃든지"가 그것이다. 진지하게 대화를 시도하고 부드럽게 설명하며 그의 처지와 형편을 제대로 파악하도록 도우려고 애써도 절대 쉽지 않다.

때로는 엄격하게 말하고 더 잘되기를 바라서 징계를 주기도 하지만 아무 변화가 없다. 그는 변명하며 자기 입장만 고수한다. 생각의 틀이 작고 시야가 좁다. 지혜로운 사람은 지혜로운 사람에게 시간을 더 주어 지혜를 더하게 해야 한다.

시편 : 고난을 받을 때 믿음의 선배 에스더와 모르드개가 주께 금식하며 부르짖었더니 주께서 사기꾼들과 기만자들에게서 생명을 구하셨다. 심판의 자리를 공의로우신 주님께 내어드린 결과, 인생 역전을 시키셨다.

나는 가끔 모르드개의 장대에 하만이 달린 것을 묵상한다. 이상하게 힘이 팍팍 난다. 주님의 공의는 지금도 작동하고 있다.

성경은 언제나 참 지혜를 가르쳐주신다. 고난받을 때, 내가 할 일은 겸손하게 주 앞에 엎드리는 것이다. 하나님은 악인의 행동이 아니라 내가 어떻게 반응하는지에 관심이 있으시다. 이때 잘해야 한다. 하나님은 반드시 응답하신다.

"하나님의 능하신 손 아래서 겸손하라 때가 되면 너희를 높이시리라"(벧전 5:6).

잠언 : 어리석은 자와 다투지 않는 것이 지혜다. 이들은 폭언과 야유로 맞선다. 미국에 가본 사람과 안 가본 사람이 논쟁하면 누가 이기는가? 안 가본 사람이 이긴다. 이때 이기는 지혜는 입을 다무는 것이다. 느긋하고 넉넉한 성품을 갖는 것이다.

낮에도 밤에도 나를 지키시는 하나님

시편 121:5,6 잠언 30:10

여호와는 너를 지키시는 이시라. 여호와께서 네 오른쪽에서 네 그늘이 되시나니, 낮의 해가 너를 상하게 하지 아니하며 밤의 달도 너를 해치지 아니하리로다 시편 121:5,6

시편 121편은 6번에 걸쳐 "지키다"가 나온다. 히브리어로는 '샤마르'인데 이는 '아버지가 자녀를 돌보다, 목자가 양들을 보호하다'라는 뜻이다. 또한 군사 용어로 파수꾼이 지키는 것과 같다. 가장 중요한 것은 천지를 지으신 하나님이 졸지도 주무시지도 않으며 나를 지키신다는 것이다.

그러니 마음이 평안한 것이 정상이다. 조금도 두려움이나 불안이 없다. 아무리 상황이 나를 두렵게 할지라도 조금도 두렵지 않다. 하나님께서 내 오른쪽에서 그늘이 되시어 햇빛을 막아주시고, 달빛을 가려주신다.

아프리카에서는 사람들이 큰 나무 그늘 아래 둘러앉아 대화하는 광경을 종종 볼 수 있다. 시나이반도에서 낮에 잠시 맨발로 걷다가 거의 화상을 입는 수준이 되어 고생했다. 그리고 그날 밤에는 너무 추워서 벌벌 떨었다.

그러나 하나님은 낮이나 밤이나 나의 그늘이 되신다. 모든 환난에서 나를 지키시고 실족하지 않게 하신다. 나의 출입을 지켜주신다. '출입'이란 인생의 모든 여정을 말한다. 지금도 그리고 앞으로도 영원히 지켜주신다.

"능히 너희를 보호하사 거침이 없게 하시고, 너희로 그 영광 앞에 흠이 없이 기쁨으로 서게 하실 이는 우리 구주 하나님뿐이시다"(유 1:24,25).

너는 종을 그의 상전에게 비방하지 말라. 그가 너를 저주하겠고 너는 죄책을 당할까 두려우니라 잠언 30:10

이 말씀을 메시지성경은 "직장 동료들을 뒤에서 헐뜯지 마라. 그들은 네가 음흉한 사람이라고 비난할 테고 그 말은 사실이 될 것이다!"라고 기록했다. 쉬는 시간에 커피를 마시며 이런 말들이 오가는 것을 하나님은 엄격히 경계하신다.

남을 뒤에서 흉보거나, 헐뜯거나 비방하거나, 비난하지 말아야 한다. 그렇지 않으면 그 대가를 톡톡히 치른다. 나중에 사실이 아닌 것으로 드러나면 모함한 사람이 도리어 수치를 당하기 때문이다. 설령 잘못이 있어도 고발 당한 사람은 고발한 사람에게 원한을 품는다.

만일 누군가의 잘못을 알게 되면 다른 사람에게 말하지 말고, 그와 개인적으로 대면하여 책망하는 게 중요하다. 그것이 동료에 대한 올바른 태도이며 사랑이다. 하나님은 동료(: 부하 직원 또는 직장 상사)의 잘못을 당사자 앞에서 책망하지 않고, 다른 사람의 귀로 옮기는 것을 경계하신다.

"두루 다니며 한담하는 자는 남의 비밀을 누설하나니 입술을 벌린 자를 사귀지 말지니라"(20:19).

입술에 파수꾼을 두어야 한다. 그리고 험담하는 사람과는 사귀지 말아야 한다. 함께 커피도 마시지 말고 식사도 하지 말아야 한다. 혹 필요하다면 내가 왜 그렇게 하는지 이유를 알려주어야 한다.

시편 : 주님은 나를 지키시는 분, 와우~ 굉장하다. 주님이 내 오른쪽에 서서 나를 보호하는 그늘이 되어주시니, 와우~ 나의 보호자가 주님이시다! 낮의 햇빛도 나를 해치지 못하며 밤의 달빛도 나를 해치지 못한다. 와우~ 오늘 종일 발이 땅에 닿겠는가?

대통령을 지키는 최고 실력을 갖춘 경호원은 언제나 든든해 보인다. 그런데 내게는 더 든든한 최고의 경호원이 있다. 전능자 하나님이시다. 자녀가 위험에 처하면 아빠들은 목숨을 건다. 나는 전능자 하나님을 "아빠"라고 부른다. 행복하다. 나도 하나님께 기쁨이 되고 싶다.

'주의 말씀을 내 삶의 최고의 가치로 삼고 살아내면 하늘 아빠가 기뻐하시겠지.'

잠언 : 만나면 기분이 좋아지는 사람이 있다. 입이 무거운 사람이다. 함부로 말하지 않고 비밀을 누설하지 않는 사람이다. 이런 사람을 만날 때, 나는 미소가 지어지고 기분이 좋아진다. 인생은 부메랑이다. 악을 행한 것도 내게 돌아오고, 선을 행한 것도 보상이 주어진다.

예루살렘을 사랑하는 자
시편 122:6 잠언 31:8,9

예루살렘을 위하여 평안을 구하라. 예루살렘을 사랑하는 자는 형통하리로다 시편 122:6

예루살렘을 사랑하는 자는 형통할 것이라는 말씀은 놀라움을 넘어서 충격이다. 세계의 수많은 도시 가운데 유일하게 가장 많이 사랑받고, 온 성도가 그 도시의 평안을 위해 기도하는 곳이 예루살렘이다.

예루살렘을 멀리서 바라보기만 해도 기쁘다. 잘 짜인 성읍같이 건설되었다(3). 멀리서 바라보며 사진을 얼마나 많이 찍었던가! 온 이스라엘은 1년에 세 차례 그리로 올라간다. 나는 3년에 한 번씩 8천 킬로미터를 날아가 그리로 올라간다. 그 성안으로 들어서면 심장이 뛴다. 왜 그럴까?

무엇보다 거기에 여호와의 집(1)이 있기 때문이다. 예루살렘 성전이 있기 때문이다. 하나님을 예배하는 곳이기 때문이다. 거기에서 하나님의 임재와 영광을 보기 때문이다. 또한 다윗의 집(5)이 있기 때문이다. 왕이신 하나님이 공의로 다스리시기 때문이다.

핵심은 하나님의 성전이다. 죄 사함이 있는 곳이다. 하나님의 자비와 은혜를 맛보며, 하나님의 임재와 영광이 머무는 곳이다. 지금 우리가 하나님을 예배하기 위해 모이는 곳, 교회가 바로 그곳이다. 그 장소, 그 건물이 귀한 것은 그리스도인, 믿는 자들이 하나님께 예배드리기 위해 모이기 때문이다.

나는 교회를 사랑한다. 그 문에 내 발이 들어설 때 기쁨과 평안이 있다. 그곳에서 하나님의 임재 가운데 머문다. 하나님의 영광을 본다. 하나님을 만난다. 그의 은혜와 사랑을 경험한다. 교회는 샬롬 공동체다.

샬롬을 구하는 자, 주의 교회를 사랑하는 자를 하나님이 형통하게 하신다.

너는 말 못 하는 자와 모든 고독한 자의 송사를 위하여 입을 열지니라. 너는 입을 열어 공의로 재판하여 곤고한 자와 궁핍한 자를 신원할지니라 잠언 31:8,9

"말 못 하는 자"는 언어장애인이 아니라 자신의 형편을 남들에게 말 못 하는 처지인 사람을 말한다. 바로 "곤고한 자"다. 경제적으로 가난한 자이기도 하고, 여러 면에서 억울한 일이나 곤란한 일을 당해도 어떻게 해결할 줄 몰라 답답해하는 사람이다. 그는 어디에도 기댈 데가 없다. 이들을 위해 입을 열어야 한다.

그러려면 먼저 귀 기울여야 한다. 솔로몬은 "듣는 마음"을 하나님께 구했다. 마음의 소리를 들을 수 있어야 한다. 분별력이 있어야 한다. 그리고 지혜로 답을 주어야 한다. 어렵고 힘든 사람, 마음이 원통하고 환난 겪은 사람들의 친구가 되어주는 일, 이들을 위로하고 기도해주는 일, 가난하고 궁핍한 사람들의 필요를 구체적으로 채워주는 일이 기독교 정신이다.

귀를 열어 들어주고, 입을 열어 위로해주고, 손을 펴서 실제로 돕는 일이 우리가 할 일이다. 멀리 가서 할 게 아니다. 주변을 돌아보자.

먼저 하나님 앞에 나아가 그의 말씀을 듣고, 오늘 만나는 사람마다 위로와 격려를 해주는 일, 용기와 소망을 주는 일에 쓰임 받는 축복의 통로가 되자.

시편 : 예수님이 다시 오실 곳, 시온을 나는 사랑한다. 그곳은 기도가 아주 많이 필요하다. 10억5천 명이 넘는 아랍 연합에게 둘러싸여 있는, 강원도 크기의 작은 땅에 유대인 600만 명이 산다. 주님의 보호가 없으면 단 하루도 버틸 수 없는 땅이다. 온 땅의 구원이 시온에서 시작되었다.

나는 매일 예루살렘의 평안을 위해 기도한다. 그곳을 향한 하나님의 마음을 안다. 그러니 실제로 내가 할 수 있는 일들을 해야 한다. 사랑한다면, 이스라엘 선교사님을 도와 복음 전하는 일을 위해 헌금하는 일, 그곳의 가난한 자를 돕는 일을 해야 한다. 그러고 나서 하나님이 약속하신 형통한 복을 구하는 것이 맞다. 예루살렘의 회복을 위해 계속 기도해야 한다.

잠언 : 보호자가 없는 고아, 과부, 객들의 보호자 되시는 하나님은 우리에게도 이들의 편에 서라고 말씀하신다.

"예, 항상 주님의 편에 서겠습니다!"

KING'S WISDOM

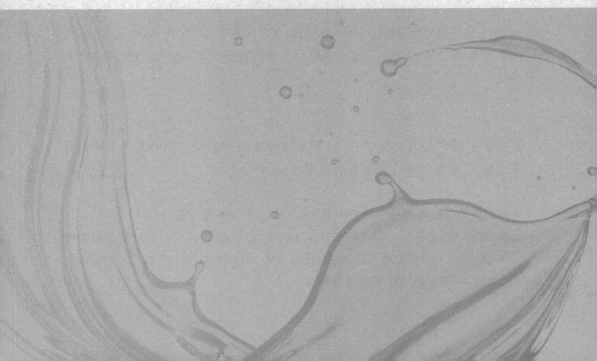

June

6월

내 눈을 주께 향하나이다

시편 123:1 잠언 1:10,15

하늘에 계시는 주여, 내가 눈을 들어 주께 향하나이다 시편 123:1

"하늘에 계시는"이란 지리적 공간만을 가리키는 게 아니다. 하늘은 모든 걸 바라보는 자리, 권능의 자리다. 그러므로 '하늘 보좌에 앉아 만물을 다스리심'을 말한다. 십자가에서 죽으신 예수께서 부활하시고 하늘에서 하나님의 보좌 우편에 앉으셔서 모든 걸 다스리신다(엡 1:20-22).

내 눈을 들어 하늘에 계신 주께 향하는 게 얼마나 중요한지 모른다. 내 문제에 집중하지 말고 눈을 들어 주께 향해야 한다. 내가 처한 어려운 환경과 날 어렵게 하는 사람에게 집중하면 두려움, 낙심, 염려, 분노, 원망 등으로 몸과 마음이 점점 수렁에 빠진다.

눈을 들어 하늘에 계시는 주를 바라보아야 한다. 하늘 보좌에서 모든 걸 다스리시는 그의 은혜가 필요하다. 갈급한 마음으로 내 눈을 한시도 떼지 않고 주를 바라본다. 마음을 집중하여 오직 주만 바라본다. 내게 은혜를 베풀어주시기만 간절히 기다린다. 그러면 소망이 생긴다.

"내 영혼아, 네가 어찌하여 내 속에서 불안해하는가? 너는 하나님께 소망을 두라. 그가 나타나 도우심으로 말미암아 내 하나님을 여전히 찬송하리로다"(43:5).

주는 그를 간절히 바라는 자에게 반드시 은혜를 베푸신다. 모든 걸 넉넉히 이기게 하신다.

내 아들아, 악한 자가 너를 꾈지라도 따르지 말라 내 아들아, 그들과 함께 길에 다니지 말라. 네 발을 금하여 그 길을 밟지 말라 잠언 1:10,15

나를 사랑하시는 아버지의 음성이다. 세 가지 금지 사항을 말씀하신다.

첫째, "악한 자"의 유혹에 넘어가지 말라고 하신다. 악한 자는 하나님의 말씀이 지시하는 삶의 방향을 벗어나 상습적, 고의적, 계획적으로 범죄한다. 그뿐 아니라 다른 사람들까지도 실족하게 한다.

둘째, 여기서 "길"은 삶의 방향과 방법이 잘못되어 있는 걸 구체적으로 가리키는 길이다. 그들과 함께 그 길로 걸어가지 말라는 것이다.

셋째, 그 길을 "밟지 말라"는 건 그들의 길에 한 발짝도 들여놓지 말라는 거다. 우리를 파멸시키고 생명을 해할 뿐이기 때문이다.

아버지의 말씀을 종합하면, "그들을 두 번 돌아보지도 말고, 그들의 말에 귀도 기울이지 말고, 함께 다니거나 사귀지 마라. 그 길에 절대 발을 들여놓지 마라. 비참한 최후를 맞이할 뿐이다. 제 무덤을 파는 것이다"이다.

우리 눈이 어디를 바라봐야 하며, 무엇에 귀를 기울이며, 어디에 발을 들여놓아야 하는지를 구체적으로 말씀하신다. 지혜의 말에 귀를 기울이며, 지혜의 길에 주목하며, 지혜의 길로 걸어가야 한다. 지혜가 우리에게 평안과 안전을 준다. 하나님 아버지의 음성을 듣고 순종하면 평안과 생명을 얻는다.

시편 : "하늘 보좌에서 다스리시는 주님, 내가 눈을 들어 주님을 우러러봅니다"(새번역). 내가 눈을 들어 주를 본다. 나의 도움이 어디에서 오는가? 하늘과 땅을 만드신 주님에게서 온다.

심한 멸시가 나를 누를 때, 이 고민을 주님께 가져간다. 상전을 바라보는 종의 눈으로, 여주인을 바라보는 여종의 눈으로 하나님이 내게 은혜와 자비를 베푸시길 간절히 바란다. 평안히 사는 자들의 조롱과 오만한 자들의 멸시가 심령에 차고 넘치니 자비를 구한다.

너무나도 많은 멸시를 받은 여종에게는 주님밖에 없다. 졸지도 주무시지도 않는 주님의 눈이 여종을 바라볼 때, 여종은 모든 재난에서 생명을 지킬 수 있다. 하늘에 계신 주님을 잠시 묵상하니 풍성한 부자가 된다. 언제나 달려갈 곳이 있다. 선하시고 인자하신 하나님은 참 좋은 나의 아빠 아버지시다.

잠언 : 악인들이 꾀더라도 따라가지 말고, 그들과 함께 다니지 말고, 악인들이 가는 길에 네 발을 들여놓지 마라(10,15).

복 있는 사람은 악인들의 꾀를 따르지 않는다. 죄인들의 길에 서지 않으며 오만한 자들과 함께 앉지 않는다. 악인들을 거들떠보지도 않는다. 순간의 선택이 평생을 좌우한다. 악인들을 거절하라!

우리를 이기게 하시는 하나님

시편 124:6 잠언 2:7,20,21

우리를 내주어 그들의 이에 씹히지 아니하게 하신 여호와를 찬송할지로다 시편 124:6

"우리를 치러 일어나는 사람들"(2)은 하나님의 반대편에 서서 하나님과 그 뜻을 거스르는 완악한 이들이다. 그들은 하나님의 뜻을 따르는 사람들을 죽일 듯 미워한다. 마치 물이 나를 삼킬 듯이 몰려오듯 그들의 노여움이 맹렬하여 나를 산 채로 삼키려 한다(3,4). 그들은 마치 사나운 야수처럼 날카로운 이빨을 드러내며 씹어 삼킬 듯 공격한다.

그러나 그때마다 여호와 하나님이 "우리 편에 계셨다." 우리 편에 계신 하나님을 두 번이나 언급한다(1,2). "만일 하나님이 우리를 위하시면 누가 우리를 대적하리요"의 고백처럼(롬 8:31), 하나님이 우리 편에 계시면 그들이 아무리 사나워도 조금도 두렵지 않다. "우리가 넉넉히 이긴다"(롬 8:37). "하나님께서 우리를 지키시니 악한 자가 우리를 만지지도 못한다"(요일 5:18). 그리고 "우리의 도움은 천지를 지으신 여호와의 이름에 있다"라고(8) 담대히 선포한다.

이런 하나님이 내 편에 계시니 조금도 두렵지 않다. 염려하지 않는다. 나를 버리지 않으시고, 나를 떠나지 않으시고, 내게 승리를 주시는 하나님께 감사를 드리며 찬양한다.

그는 정직한 자를 위하여 완전한 지혜를 예비하시며, 행실이 온전한 자에게 방패가 되시나니 지혜가 너를 선한 자의 길로 행하게 하며, 또 의인의 길을 지키게 하리니, 대저 정직한 자는 땅에 거하며, 완전한 자는 땅에 남아있으리라 잠언 2:7,20,21

잠언 2장에서 "흠 없는 사람, 완전한 사람"은 '정직한 사람'을 말한다. 정직한 자에게 주어지는 혜택이 얼마나 많은가! 하나님은 그에게 분별력과 지혜를 주시고, 방패가 되어주신다. 이 세상을 성공적으로 살아가려면 사람과 사물 그리고 상황에 대한 정확한 이해력이 필요하다.

옳고 그름이 뒤섞여 혼란을 주는 세상에서 분별력이 얼마나 중요한가! 지혜 없이 미런하게 말하여 관계를 깨뜨리고 일을 그르치는 경우가 얼마나 많은가! 지혜롭게 말하는 게 얼마나 필요한가! 끊임없이 날아오는 화살에서 나를 안전하게 보호하는 방패가 얼마나 중요한가!

이해력, 분별력, 지혜와 같은 보화는 오직 정직한 사람에게 주어진다. 우리는 선한 사람이 가는 길, 의로운 사람이 걷는 길로만 걸어야 한다. 그 길이 안전하다. 세상은 그런 길을 가는 사람을 '바보'라고 비웃을지 모른다. 결국 아무것도 얻지 못할 거라고 마구 떠들어댄다.

그러나 한 가지 분명한 게 있다. 오직 정직한 사람만 끝까지 살아 최후의 승자가 된다. 그러니 정직 그리고 정직, 또 정직이다. 그 길만이 성공의 길, 안전한 길이다.

시편 : 하나님의 뜻과 상관없이 사는 사람들이 있다. 어둠의 세계도 그들에게 관심을 두지 않는다. 원수들이 주의 뜻을 따라 살아가는 하나님의 사람들을 그들의 입에 넣고 잘근잘근 씹고 싶겠지만 어림없다. 주의 사람들을 산 채로 집어삼키며, 홍수의 넘치는 물결로 영혼을 삼키고 싶겠지만 어림없다.

천지를 지으신 주님이 우리를 보호하신다. 사탄의 시도가 이기는 것 같지만 결국 실패한다. 우리가 원수에게 찢길 먹이가 되도록 하나님께서 두고 보시지 않는다. 하나님은 항상 우리 편이시다. 보호자 하나님이 계시니 어떤 것도 두렵지 않다.

정직한 삶이 하나님의 보호를 받는다.

잠언 : 하얀 거짓말도 거짓말이다. 정직과 부정직의 경계선은 종이 한 장 차이다. 돈을 빌리고 갚으면 사업가고, 못 갚으면 사기꾼이 된다. 정직은 사업가의 성공을 보장한다. 홍보한 만큼 효능을 발휘하도록 물건을 만들어야 한다. 사슴이 목욕한 물을 녹용 즙으로 팔아서는 안 된다. 하나님은 정직한 자에게 완전한 지혜를 주시고 축복하신다. 정직은 우리를 떳떳하게 살게 한다.

참 좋아했는데… 그 사람의 말과 행동이 정직하지 않은 것을 알 때… 너무 가슴이 아프다. 부정직은 주변의 좋은 사람들과 관계를 다 깨어지게 만든다.

심지가 견고한 자에게 평강을

시편 125:1,2 잠언 3:11,12

3일

여호와를 의지하는 자는 시온산이 흔들리지 아니하고 영원히 있음 같도다. 산들이 예루살렘을 두름과 같이 여호와께서 그의 백성을 지금부터 영원까지 두르시리로다

시편 125:1,2

"산"은 '견고함, 안정성'의 아이콘이다. 산이 흔들리지 않는다고 말하는 건 자연스러운 표현이다. 더구나 "시온산"은 하나님이 보호하시기에 외부 공격이나 위협으로부터 안전하다. 하나님을 의지하는 자는 이같이 하나님이 보호하시기에 요동하지 않는다. "주께서 심지가 견고한 자를 평강하고 평강하도록 지키시리니, 이는 그가 주를 신뢰함이니이다. 너희는 여호와를 영원히 신뢰하라. 주 여호와는 영원한 반석이심이로다"라고 하신다(사 26:3,4).

예루살렘은 놀랍다. 고대의 도시들은 다 파괴되고 사라졌지만, 예루살렘은 요동치지 않고 견고히 서서 오늘도 수많은 사람의 발길이 끊이지 않는다. 예루살렘은 산들로 둘러싸여 있다. 동쪽은 감람산, 북쪽은 스코푸스산, 남쪽과 서쪽에는 여러 높은 언덕이 있어 천연 방어망이 구축되어 있다. 마치 난공불락의 요새와도 같다.

예루살렘처럼, 하나님은 그를 의지하는 신실한 그의 백성을 둘러싸 보호하신다. "여호와의 말씀에 내가 불로 둘러싼 성곽이 되어주리라"라고 약속하셨다(슥 2:5). "그가 보니 불말과 불병거가 산에 가득하여 엘리사를 둘렀더라"(왕하 6:17). 주를 의지하는 사람은 심지가 견고한 사람이며, 주님은 그를 의지하는 사람을 지켜주신다.

내 아들아, 여호와의 징계를 경히 여기지 말라. 그 꾸지람을 싫어하지 말라. 대저 여호와께서 그 사랑하시는 자를 징계하시기를 마치 아비가 그 기뻐하는 아들을 징계함같이 하시느니라 잠언 3:11,12

자녀를 사랑하는 아버지는 자녀를 징계한다. 징계의 동기는 '사랑'이요, 그 목적은 '자녀의 유익'을 위해서다. 그 결과는 자녀를 하나님의 거룩하심에 참여하게 한다. 징계를 가볍게 여기거나 거부하지 말아야 한다. 당장은 달갑지 않고 괴롭지만 의와 평안의 열매를 맺기 때문이다(히 12:5-11).

모든 고난이나 환난이 하나님의 징계는 아니지만, 하나님의 징계는 고난이나 환난의 형태를 보이기도 한다. 그래서 "고난 당한 것이 내게 유익이라. 이로 말미암아 내가 주의 율례들을 배우게 되었나이다"(시 119:71), "고난 당하기 전에는 내가 그릇 행하였더니 이제는 주의 말씀을 지키나이다"(시 119:67)라고 고백해야 한다.

욥은 "내가 가는 길을 그가 아시나니 그가 나를 단련하신 후에는 내가 순금같이 되어 나오리라"(욥 23:10)라고 고백했다. "주께서 인생으로 고생하게 하시며 근심하게 하심은 본심이 아니시로다"(애 3:33) 하심같이, 하나님의 징계는 오직 사랑으로 우리의 유익을 위하심에 목적이 있다.

하나님께 순복하며 살자. 하나님 아버지의 징계를 받는 당신은 행복자다!

시편 : 나는 놀라운 경험을 했다. 불안하고 두려움에 휩싸일 만한 일이 발생했다. 어찌할 바를 몰랐다. 입을 다물고 눈을 감았다. 내면을 고요하게 했다. 한참 시간이 지났다. 내 속 깊은 곳에서 이 말씀이 기억났다.

"주님을 의지하는 사람은 시온산과 같아서, 흔들리는 일이 없이 영원히 서있다. 산들이 예루살렘을 감싸고 있듯이, 주님께서도 당신의 백성을 지금부터 영원토록 감싸주신다"(새번역).

어디서 나오는 용기일까? 눈을 팍! 떴다. 그리고 외쳤다.

"할렐루야! 주님, 감사합니다. 의인이 분깃으로 받은 그 땅에서 악인이 권세를 부리지 못하게 하셨습니다. 주님은 선한 사람과 정직한 사람에게 은혜를 베풀어주십니다. 의인과 악인 사이에 언제나 공평하고 정의로운 심판주로 계십니다. 할렐루야!"

그러자 근심, 걱정, 두려움이 그 순간에 몽땅 끝났다. 또 내가 승리했다.

잠언 : 아들을 징계할 때, 나의 동기는 언제나 '사랑'이었다. 징계를 잘 받는 사람은 성장하고 성숙해간다. 하나님께서 나를 징계하실 때, 아들을 징계했던 것을 기억하며 감사로 받는다. 나를 단단하게 단련하셔서 사람답게 만들어가시는 과정이기 때문이다.

하나님의 징계와 꾸지람은 나를 향한 관심과 사랑의 표현이다.

가시 면류관 그리고 영광의 면류관
시편 126:5,6 잠언 4:7

눈물을 흘리며 씨를 뿌리는 자는 기쁨으로 거두리로다. 울며 씨를 뿌리러 나가는 자는 반드시 기쁨으로 그 곡식 단을 가지고 돌아오리로다 시편 126:5,6

곡식 단을 거두는 일은 기쁘고 즐겁다. 그러나 십자가 없이 부활이 없고, 산고를 견뎌야 해산하듯 추수하려면 눈물로 씨를 뿌려야 한다. 씨를 뿌리는 일은 쉽지 않다. 신앙생활은 힘써야 한다. 좋은 열매를 많이 맺으려면 경작해야 한다. 쉬운 일이 아니다. 부지런히 연구도 하고 고된 노동도 해야 한다. 쉽고 편하게 살고자 하면 씨를 뿌리지 않을 것이다. 물론 곡식 단도 거두지 못한다.

"씨를 뿌리는 자"의 본뜻은, '눈물로 씨를 항상 뿌려야 한다'라는 것이다. 신앙생활은 한 번 혹은 가끔이 아니고, 어떤 상황에도 눈물로 씨를 뿌리는 것이다. 기도의 씨, 말씀 묵상의 씨, 찬송의 씨, 교회 공동체로 드리는 예배의 씨, 성령충만을 구하는 씨를 뿌려야 한다. 좋은 종자를 뿌리듯 신앙생활에 최선을 다해야 한다.

예수님을 바라보자! 내 사무실 책상 옆에는 내가 좋아하는 그림 한 폭이 있다. 어느 미국인 할머니 화가가 자신의 그림을 선물로 주었다. 물론 사본이다. 가시 면류관을 쓰신 주님의 앞모습 그리고 그 뒤에 화관을 쓰신 주님의 뒷모습이 묘하게 겹쳐있다. 고난의 가시 면류관, 영광의 면류관이다.

어떤 일도 쉽고 편하게 하려고 하지 말자. 눈물이 있어야 기쁨이 있다.

지혜가 제일이니 지혜를 얻으라. 네가 얻은 모든 것을 가지고 명철을 얻을지니라

잠언 4:7

두 가지를 얻으라고 말씀하신다. 지혜와 명철이다. 지혜가 제일이라 하신다. 어떤 것과도 비교할 수 없는 최고의 가치를 지닌다. 지혜와 명철을 얻는 자는 아름다운 관을 머리에 쓴다. 영화로운 면류관을 받는다(8,9). 금, 은, 진주보다 더 귀하다. 장수와 부귀가 보장된다(3:14-16). 그러니 지혜를 얻어야 한다.

명철은 이해력, 분별력, 판단력을 준다. 이것은 모든 삶의 영역에 필수다. 성공과 형통의 길을 가려면 꼭 필요하다.

지혜와 명철은 날 때부터 저절로 주어지는 게 아니다. 그것을 얻기 위해 최선을 다해야 한다. 그것을 얻으면 백전백승이다. "얻으라"는 '합당한 가격을 지불하고 사라'라는 의미다. 내가 가진 걸 내놓고 그것을 가지라는 것이다. 지혜와 명철은 너무 귀하고 비싸서 내 모든 걸 내놓아야 가질 수 있다.

그리스도 안에는 지혜와 지식의 모든 보화가 감추어져 있다(골 2:3). 예수 그리스도를 얻는 자가 천하를 차지할 것이다. 날마다 예수님을 만나 교제하며 그분을 더 가까이해야 한다. 그러면 지혜와 명철을 얻는다.

시편 : 기쁨으로 곡식 단을 거두려면 조건이 있다.

첫째, 울며 씨를 뿌린다.

둘째, 노동의 수고를 기꺼이 한다. 이때 기쁨으로 곡식 단을 거둔다.

부지런함의 결과다. 게으르면 광신자가 되기 쉽다.

"광신자는 바람직한 목적은 있으나 합당한 수단을 쓰지 않는다"(존 웨슬리).

광신자는 아무것도 하지 않으면서 수확을 기대하는 자다. 부지런한 사람은 땅이 허락한다면 이모작, 삼모작을 한다. 노동을 아끼지 않는다. 하나님을 더 알고 싶은 자는 부지런히 말씀을 공부하고 그분을 찾는다. 이것이 농사다. 잘 몰라도 말씀을 부지런히 계속 읽는다. 공부도 계속한다.

말씀을 마음밭에 심었으니 시간이 지날수록 하나님을 풍성히 알게 된다. 농사할 때 수고를 드리면 풍성한 수확의 기쁨을 맛보듯 말씀을 알아가는 기쁨의 맛이 있다.

잠언 : 지혜와 명철은 저절로 생기지 않는다. 수고하여 얻어야 한다. 내가 가진 걸 다 내놓고 얻어야 한다. 대가 지불 없이 얻지 못한다. 말씀의 다림줄을 부지런히 찾아야 지혜가 생긴다. 훈계를 잘 받으면 명철을 얻는다. 지혜와 명철이 하나님을 경외하는 복 된 삶을 살게 한다.

NCMN 5K운동본부 액팅리더 서문진희, 서상훈 부부가 있다. 명철과 지혜로움이 이 부부에게 있다. 가정과 사역의 일을 참 잘한다. 명철하고 지혜로운 사람과 함께 일하면 맡긴 모든 일이 배가된다.

헛되고 헛되며 헛되도다

시편 127:1,2 잠언 5:8

여호와께서 집을 세우지 아니하시면 세우는 자의 수고가 헛되며, 여호와께서 성을 지키지 아니하시면 파수꾼의 깨어있음이 헛되도다. 너희가 일찍이 일어나고 늦게 누우며 수고의 떡을 먹음이 헛되도다. 그러므로 여호와께서 그의 사랑하시는 자에게는 잠을 주시는도다 시편 127:1,2

이 세상에서의 삶은 건축자와 전쟁하는 군인의 삶이다. 기독교문명개혁운동을 주도하는 두 종류의 삶이다. 집을 지을 때는 하나님의 도우심으로 지어야 한다. 설계와 건축 그리고 필요한 재물에 이르기까지 그의 도우심으로 짓는다. 내 힘, 내 지혜로만 지으면 판잣집처럼 보잘것없다.

여기서 "집"은 하나님이 각 사람에게 맡겨주신 일, 사역이라고 할 수 있다.

국방력을 군대나 무기로 평가하는 게 일반이다. 그러나 하나님이 지켜주시지 않으면 파수꾼은 있으나 없으나 똑같다. 하나님이 우리의 방패요, 산성이시다. 새벽부터 밤늦게까지 열심히 수고해도 하나님이 돕지 않으시면 헛수고일 뿐이다.

열심히 하지 말라는 게 아니다. 최선을 다해야 한다. 그러나 내 힘, 능력, 지혜로가 아니라 주의 전적인 도우심을 힘입어야 한다. 전심으로 기도하는 일, 주 앞에 머무는 일, 날마다 말씀을 묵상하고 그 말씀을 심장에 새기고 살아내는 일, 성령충만을 구하며 성령의 도우심을 받는 일이 최우선이어야 한다.

하나님은 그가 사랑하시는 자녀들과 사역자들에게 안식 주시기를 기뻐하신다. 아빠 아버지 하나님의 넓은 가슴에 안겨 푹 잠자는 법을 배워야 한다. 아빠의 강한 두 팔로 안아주시니 아이가 즉시 잠이 든다. 성령 안에 안식하는 법을 배우자.

네 길을 그에게서 멀리하라. 그 집 문에도 가까이 가지 말라 잠언 5:8

이 세상과 세상에 속한 것을 "멀리하고 가까이하지 않는 것"이 사는 길이다. 정욕, 탐욕, 욕심은 세상에 속한 것들이다. 그것은 유혹이나 속이는 말로 시작한다. 아주 심각한 전염병 환자 대하듯 철저히 멀리해야 한다. 죄는 암세포보다 무섭고, 어떤 악성 바이러스보다 강하다. 우리의 삶을 파괴한다.

"네 오른손이 범죄하거든 그것을 찍어버리라" 하시고, "네 오른 눈이 범죄하거든 그것을 빼어 내버리라" 하심은, 죄의 무서운 전염성을 말한다(마 5:29,30). 암세포를 제거하기 위해 과감하게 수술로 떼어내는 이유가 명백하듯, 죄에 대해서도 동일하게 강력한 행동을 취해야 한다.

혹 어쩌다가 그 길 가까이 있거나 근처에 있게 되었다고 핑계나 구실을 대지 말아야한다. 필사적으로 그 길을 벗어나 즉시 진로를 바꾸어야 한다. 우리가 "가까이"해야 할건 오직 '그 책' 성경과 우리 주 예수 그리스도뿐이다. 그의 말씀에 귀를 기울이자. 그 말씀이 내게 생명을 준다. 지혜와 분별력을 준다. 오늘도 예수께 더 가까이 나아가리라.

시편 : 127편 1,2절에 "헛되다"를 3번 말씀하신다.
"집을 세우는 자의 수고가 헛되다",
"성을 지키는 파수꾼의 수고가 헛되다",
"잠도 안 자고 수고하여 먹는 떡이 헛되다."
내 힘, 내 능력, 내 방법으로 내가 세운 목표를 위해 하는 모든 수고가 헛되다고 깨우쳐주고 경고하신다. 하나님의 뜻과 상관없는 모든 수고는 안식과 평강이 없는 헛된 삶이라고 하신다.

하나님이 이끄시는 삶을 따라가라. 사랑하는 자에게 하나님이 주시는 잠은 안식이다. 안식과 평강을 파괴하는 것들이 있다. 세상 것을 따라가는 탐욕을 멈춰라! 육신의 정욕, 안목의 정욕, 이생의 자랑을 낙으로 삼는 세상 사람들을 가까이 두지 말라고 하신다. 섞어 짜는 다른 종류의 실은 쉽게 풀려버린다.

잠언 : 음녀는 암세포와 같다. 온몸으로 암이 다 퍼져나가기 전에 날카로운 메스로 과감하게 잘라버려야 한다. 음녀는 법정 관리가 필요한, 무섭고 위험한 전염병과 같다. 우리는 코로나 팬데믹 때 보았다. 감염자는 1인실에 격리됐다. 치료가 되면 살아서 나왔고, 아니면 죽어서 나왔다. 시신을 화장할 때 가족도 보지 못하게 했고, 유골함만 전달했다. 음녀에게 걸려들면 이런 신세가 된다. 마지막이 외롭다. '철저한 회개'만이 특효약이다.

네가 복되고 형통하리로다

시편 128:1,2 잠언 6:6,9

여호와를 경외하며 그의 길을 걷는 자마다 복이 있도다. 네가 네 손이 수고한 대로 먹을 것이라. 네가 복되고 형통하리로다 시편 128:1,2

하나님을 경외하는 사람은 오직 하나님만을 기쁘시게 하려 한다. 사람을 의식하지 않고 언제나 그분을 의식한다. 하나님 면전에 머문다. 하나님을 두려워할 줄 안다. "그의 길을 걷는"이란 하나님의 뜻을 따라 행함을 말한다. 이런 사람이 복이 있다.

"네 손이 수고한 대로 먹을 것이라"는 하나님을 경외함으로 그의 뜻을 따라 사는 사람이 받을 복이다. 반대로 하나님의 뜻을 따라 살지 않으면 자기 손으로 열심히 수고해도 그 열매를 먹지 못한다. 하나님을 경외하지 않는 사람은 하나님을 의식하지 않기에 그분의 뜻에 관심이 없다.

학개서 1장 6절에 "너희가 많이 뿌릴지라도 수확이 적으며 먹을지라도 배부르지 못하며 마실지라도 흡족하지 못하며 입어도 따뜻하지 못하며 일꾼이 삯을 받아도 그것을 구멍 뚫어진 전대에 넣음이 되느니라"라고 하셨다.

오직 하나님을 경외하여 그 뜻을 따라 살면 수고한 대가를 충분히 받는다. 복과 형통이 그의 것이 된다. 하나님이 그와 그의 집과 모든 소유물을 울타리로 두르시기 때문이다. 하나님이 주를 경외하는 자의 손으로 하는 바를 복되게 하셔서 그의 소유물이 땅에 넘치게 하시기 때문이다(욥 1:10).

풍성하고 성공적인 삶, 복 있는 삶, 형통한 삶을 원한다면 하나님을 경외해라. 그리고 그의 말씀대로 살아가라. 오직 이 길이다!

게으른 자여, 개미에게 가서 그 하는 것을 보고 지혜를 얻으라 게으른 자여, 네가 어느 때까지 누워있겠느냐? 네가 어느 때에 잠이 깨어 일어나겠느냐? 잠언 6:6,9

하나님은 게으름을 미워하신다. 게으른 자는 일하기 싫어하고, 잠자기를 좋아한다. "누구든지 일하기 싫어하거든 먹지도 말게 하라" 하셨다(살후 3:10). 게으른 삶은 미래에 가난하기로 결정하는 것이다(20:4). 게으른 자는 육신이 주인이다. 육신의 종으로 산다. 그래서 영향을 주는 삶을 살지 못한다.

이제라도 학교에 가서 배워야 한다. 가장 놀라운 인간이 가장 미약한 개미를 스승으로 모시고, 게으름을 벗고, 부지런함의 과목을 이수해야 한다. "그 하는 것을 보라", "보고 지혜를 얻어라." 이것이 좋은 수업 태도다. 배우는 목표는 지식을 더 가지는 게 아니라 지혜를 얻는 것이다. 말을 많이 하는 게 아니라 삶으로 살아내는 게 목표다.

부지런한 사람은 지혜로운 사람이다. 현재가 아니라 미래를 바라보기 때문이다. 미래를 보는 통찰력, 선견지명은 리더의 필수 항목이다. 게으른 사람은 현재만 보기에 리더가 될 수 없다. 리더는 현재를 통해 미래를 준비한다. 그러니 부지런해야 한다. 하지만 저절로 되지 않는다. 자기 몸을 쳐서 하나님 뜻에 순복해야 한다. 기회를 놓치지 않고, 기회를 산다. 가난한 자의 미래는 궁핍하지만 부지런한 자는 풍족한 삶을 산다(21:5).

시편 : 복 받는 세 부류의 사람을 제시한다.

첫째, 주님을 경외하는 사람. 둘째, 주님의 명령에 따라 사는 사람. 셋째, 손으로 일하는 사람. 이렇게 사는 사람이 복 받은 자요, 은혜 입은 자다. 그의 집은 열매를 맺으며 자녀들은 올리브 나무 묘목과 같이 아름답게 성장한다. 아들딸, 손자녀를 보며 오래 복 된 삶을 산다. 주님을 경외하는 사람은 이처럼 복을 받는다.

겸손한 사람, 여호와를 경외하는 사람의 보상이 또 있다. 재물, 영광, 생명이다.

"겸손과 여호와를 경외함의 보상은 재물과 영광과 생명이니라"(잠 22:4).

사람들은 복을 다른 곳, 다른 것에서 찾는다. 그러나 지혜로운 자는 오직 진리 안에서 복을 찾고, 말씀을 사랑한다. 겸손 훈련과 하나님을 경외하는 삶이 새롭게 도전이 된다. 은혜요 감사다.

잠언 : 게으른 사람이 광신자인 경우를 많이 본다. "한탕 하면 대박이 날 거야~"라는 생각에 사로잡혀 산다. 밭에 씨를 뿌리지 않으니 추수 때 거둘 것 없는 삶을 평생 사는 걸 본다. 이런 집은 늘 가난이 따라다니고, 아내와 자녀의 얼굴에 웃음이 없다.

결혼할 때 배우자가 부지런한지를 확인해야 한다. 부지런한 자의 삶이 풍족함은 진리다. 오늘도 맡겨진 일을 성실하고 부지런히 할 것이다. "내 인생에 게으름은 없다!"

이스라엘을 괴롭히는 자,
이기지 못한다

시편 129:1,2 잠언 7:6,7

이스라엘은 이제 말하기를, "그들이 내가 어릴 때부터 여러 번 나를 괴롭혔도다. 그들이 내가 어릴 때부터 여러 번 나를 괴롭혔으나 나를 이기지 못하였도다" 시편 129:1,2

이스라엘을 괴롭히는 자는 절대 이스라엘을 이기지 못한다. 하나님이 그들의 행위를 좌시하지 않으신다. 그들의 무기를 산산조각 내시고, 그들이 바닥에 고꾸라져 설설 기게 하신다. 그들이 하는 일은 절대 잘되지 않을 것이다. 시온을 미워하는 자를(5) 하나님이 처리하신다.

왜냐하면 아브라함에게 약속하셨기 때문이다. "너를 축복하는 자에게 내가 복을 내리고 너를 저주하는 자에게는 내가 저주하리니 땅의 모든 족속이 너로 말미암아 복을 얻을 것이라"(창 12:3). 이 약속은 아브라함만 아니라 그의 자손에게도 효력을 발한다. "너희가 그리스도의 것이면 곧 아브라함의 자손(: 씨)이요, 약속대로 유업을 이을 자니라"라고 하셨다(갈 3:29).

오늘의 이스라엘, 아브라함의 자손, 그의 씨는 누구인가? 예수 그리스도를 믿는 그리스도인이다. 아브라함의 복이 이들의 것이다. 오늘의 시온은 어디인가? 예수님의 피로 값 주고 산 그의 교회다. 아무도 예수 그리스도의 교회를 이기지 못한다. 교회를 괴롭히는 자를 하나님이 두고 보시지 않는다. 그리스도인을 괴롭히는 자를 주께서 대적하신다.

그러니 교회는 주변의 핍박에도 굴하지 않고, 오직 전심으로 주를 섬기며, 말씀대로 세상의 빛과 소금으로 꿋꿋이 살아야 한다.

내가 내 집 들창으로, 살창으로 내다보다가 어리석은 자 중에, 젊은이 가운데에 한 지혜 없는 자를 보았노라 잠언 7:6,7

오늘도 하나님은 그의 집 창문으로 나를 내려다보신다. 내가 카페, 식당, 사무실에 들어가는 걸 보신다. 사람들과 만나서 교제하는 모습을 보신다. 하나님 나의 아버지는 내가 무엇을 선택하든지 오직 하나님을 경외함으로 행하기를 원하신다. 내가 지혜로운 선택을 할 때 기뻐하신다. 기도하며, 말씀을 소리 내어 읽고, 묵상하는 내 모습을 보신다. 내가 경건한 사람들, 하나님나라에 자신을 드리기를 기뻐하는 사람들과 사귀는 걸 보고 기뻐하신다.

학생으로서 내 본분을 다하려고 도서관에 앉아 공부하는 모습을 보신다. 사무실에서 최선을 다해 주어진 일에 열심을 내는 날 보신다. 가난한 사람, 도움이 필요한 사람에게 다가가서 따뜻한 말을 건네는 날 보신다. 무릎으로 그들을 섬기며, 그들의 필요를 채우기 위해 커피값을 아껴 저축하는 내 모습을 보신다.

하나님 아버지가 오늘도 그의 창가에서 덧문 사이로 나를 보신다. 군중 사이로 걸어가는 나를 보신다. 어리석은 자, 지혜 없는 자가 되지 말자. 오늘도 하나님의 말씀을 굳게 붙들고 살아가자. 하나님이 창가에서 나를 보고 미소 지으신다. 자랑스러워하신다.

나는 생명을 선택한다. 하나님이 나를 내려다보며 기뻐하시는 걸 선택한다.

나는 이스라엘을 몹시 사랑한다. 온 땅을 다스리고 심판하시는 보좌가 시온 위에 있다. 선택된 백성, 유대인을 열방이 부러워한다. 예수님의 십자가로 인해 내가 아브라함의 씨가 된 것이 내게는 큰 위로다(갈 3:29). 하나님의 언약 백성이 된 사실만으로 기쁘고 든든하다. 더 중요한 것은 내가 아브라함의 씨답게 잘 사는 것이다. 아브라함의 영적 DNA가 내게서 증명되어야 한다.

1) 믿음이다(롬 4:18).

2) 충성이다(느 9:7,8).

3) 인내와 소망이다(히 6:13-15).

4) 단순한 삶(제단 생활과 장막 생활, 창 12:7,8, 13:4,18, 히 11:9)이다.

욕심만 버리면 믿음으로 사는 건 굉장히 쉽다. 탐심이 우리를 하나님과 멀어지게 한다.

1) 탐심을 물리쳐라(눅 12:15).

2) 탐심은 우상숭배다(골 3:5).

3) 탐욕은 하나님을 배반하고 멸시한다(시 10:3).

'탐욕'을 제어할 수 있는 유일한 길은 '자족하는 삶'이다. 자족하는 삶의 비결은 어떤 물건을 구입하기 전에 '이 물건이 내게 꼭 필요한가?'를 3번 질문하는 것이다. 그 자리에서 답하지 말고, 손에 든 물건을 놓고, 집에 가서 비슷한 것이 있는지 찾아보고, 없다면 다시 간다. 이렇게 왔다 갔다 하는 것이다. 좀 불편하게 사는 삶이 나의 영성을 빛나게 한다.

주여, 나는 주를 기다리나이다

여호와여, 내가 깊은 데서 주께 부르짖었나이다 시편 130:1

"깊은 데서"는 '절망 가운데서'를 말한다. 심한 고통과 압박감으로 낙심과 불안과 두려움이 마음에 가득 찬 상태다. 죄 가운데 갇혀 죄책감, 정죄감, 후회, 슬픔에 둘러싸여 있다. 죽음의 그림자가 드리운 '사망의 음침한 골짜기'를 걸을 때다.

그럴 때 무엇을 해야 할까? 자칫 자기만의 세계에 갇혀 외로운 성주(城主)가 되기 쉽다. 사람이 두렵고 싫어져서 방에 콕 박혀 밖으로 나가지 않는다. 모든 걸 포기하려는 유혹이 대문 앞을 서성거린다.

그러나 그때야말로 부르짖어 기도하며 하나님께 무릎으로 더 가까이 갈 때다. 응답하실 때까지 쉬지 않고 주께 부르짖을 때다. 세상은 그런 태도를, '염치도 없다', '뻔뻔하다'라고 조롱할지 모른다.

어떻게 나의 깊은 곳(절망)에 있으면서도 주께 나아가 부르짖을 수 있을까? 우리 하나님은 내가 그 앞으로 갈 때, 내 죄악을 보시지 않는다. 보신다면 주께 나갈 수 없을 것이다. 하나님은 내 죄를 용서하시는 사랑의 하나님이다(3,4). 그는 용서가 몸에 밴 분이다. 분명히 모든 죄악에서 나를 속량하실 것이다.

나의 하나님은 아골 골짜기, 환난의 골짜기로 소망의 문을 삼아주신다(호 2:15). 그러기에 내게 용기와 소망이 생긴다. 나는 파수꾼이 아침을 기다리는 것보다 더 간절히 주를 기다린다(5,6). 주의 말씀을 기다린다. 주의 풍성한 구원을 기다린다.

"주여, 나는 주를 기다리나이다."

나 지혜는 명철로 주소를 삼으며 지식과 근신을 찾아 얻나니 잠언 8:12

"나"는 지혜다. "명철로 주소를 삼으며"는 명철과 함께 산다는 것이다. 명철은 올바른 판단력과 사물과 상황을 올바르게 이해하는 분별력을 준다. "찾아 얻나니"는 마치 '지혜와 명철'이라는 두 사람이 보물 지도를 들고 위험을 무릅쓰고 긴 모험을 나서서 결국 보물을 찾는 걸 말한다. 그 보물은 "지식과 근신"이다. 지혜와 명철의 집에 그들이 목숨 걸고 가져온 귀한 보물인 지식과 근신이 채워진다.

지혜로운 사람은 분별력이 있어 올바르게 판단한다. 또한 지식을 머리에만 두지 않고 삶에 구체적으로 적용할 줄 안다. 무엇보다 말이나 행동이 신중하다. 하나님의 뜻이 무엇인지 이해하고 그에 따라 어떻게 살지 알기에 혼돈이나 혼란이 없다. 어쩔 줄 몰라 당황하는 법이 없다. 언제나 침착하며 생각이 깊다. 말이나 행동이 신중하여 실수하지 않는다.

그 집은 성공을 배우고자 하는 사람들로 늘 북적인다. 밝고 유쾌하고 생동감이 넘치며 웃음이 있다. 기쁨과 즐거움이 가득하다. 지혜를 만나는 자마다 행복을 누린다. 그 지혜는 바로 예수 그리스도시다. 그에게는 지혜와 지식의 온갖 보화가 감추어져 있다. 그를 얻는 자가 천하를 얻는다.

시편 : 사망과 부활 사이에 있는 깊은 어둠의 장소, 이곳으로 한번 들어가면 스스로 벗어날 수 없다. 스스로 자신을 건져낼 수 없다.

어떤 청년을 만났는데 술과 마약과 성적인 문제로 만신창이가 되어있었다. 모두가 그를 포기한 상태였다. 절망이 그를 사로잡고 있었다. 나는 그에게 하나님을 소개했다. "당신을 포기하지 않으시는 분이 계신다. 그분은 당신을 사망에서 건져내시고 새로운 피조물로 재창조하신다"라고 하며 사망에서 생명으로 옮겨진 내 간증도 들려주었다.

주님의 언약의 말씀이 그에게 소망을 주었고, 성령께서 그를 건져내시는 것을 보았다. 우리는 "안돼", "불가능해"라는 말에 너무나 익숙하다. 두려움, 낙심, 절망, 포기는 사탄이 넣어주는 생각들이다. 이를 거절해라!

하나님은 그 누구도 절대 포기하지 않으신다. 그러니 우리도 포기하지 말자. 그 청년은 지금 미국에서 선교사로 헌신하고 있다.

잠언 : "나, 지혜는 명철로 주소를 삼으며 지식과 분별력을 가지고 있다"(새번역).

하나님을 아는 만큼 말씀의 이해력으로 명철이 생긴다. 하나님을 경외하는 만큼 분별력이 생겨서 지혜로운 삶에 적용하여 산다. 이처럼 명철은 지혜와 함께 다니는 단짝 친구다.

하나님의 비전과 나의 야망

시편 131:1 잠언 9:10

여호와여, 내 마음이 교만하지 아니하고 내 눈이 오만하지 아니하오며, 내가 큰 일과 감당하지 못할 놀라운 일을 하려고 힘쓰지 아니하나이다 시편 131:1

하나님은 이사야서 54장 2절에서 "네 장막 터를 넓히며 처소의 휘장을 아끼지 말고 널리 펴라"라고 말씀하신다. 또 시편 81편 10절에서 "네 입을 넓게 열라"라고 하신다. 그런데 시편 131편에서 기자는 "큰 일과 감당하지 못할 놀라운 일을 하려고 힘쓰지 않겠다"라고 한다. 마치 정반대처럼 보이지만 그렇지 않다. 하나님의 비전을 갖는 것과 내 야망을 갖는 건 다르기 때문이다.

하나님의 비전은 하나님의 계획, 그의 생각과 뜻을 알고 이루려는 마음이다. 그리고 그것을 이루기 위해 기도하고 그의 때에, 그의 방법으로, 성령의 능력으로 이루고자 한다. 그러나 내 개인적인 야망을 이루고자 하면 삶이 고달프고 피곤하다. 자기 생각과 뜻을 자기 힘과 능력으로 이루고자 애쓰기 때문이다.

야망을 버리고 주 앞에 머무는 삶을 연습해야 한다. 하나님의 나라와 그의 뜻을 구할 때, 마음이 기쁘다. 한 걸음씩 그의 뜻을 따라 걷는 연습을 해야 한다. 날마다 그의 뜻을 이루기 위해 성령충만을 구해야 한다. 열심히 수고하면서도 안식하는 법을 배워야 한다.

여호와를 경외하는 것이 지혜의 근본이요, 거룩하신 자를 아는 것이 명철이니라

잠언 9:10

가장 귀한 것, 열심히 찾고 구할 것은 두 가지다. 하나님을 경외하는 것과 하나님을 아는 것이다. 하나님을 경외하는 것에서 지혜가 시작된다. 삶의 진수가 시작된다. 실패하지 않는 삶을 살며, 때마다 가장 정확한 판단력, 분별력 그리고 이해력을 가질 수 있다.

하나님을 아는 것이 얼마나 중요하고 귀한가! 거룩하신 하나님을 만나 인격적으로 알 때 명철이 생긴다. 인생에 대한 통찰력을 갖는 것이 명철이다. 여호와를 경외하는 법을 배워야 한다. 하나님 앞에 나아가 하나님 알기를 힘써야 한다. 하나님 앞에 머물러 하나님의 얼굴을 구할 때, 그분은 자신을 우리에게 알려주신다.

하나님을 아는 것과 하나님을 경외하는 것, 둘은 평생의 학습 과목이다. 하루아침에 이루어지는 게 아니다. 하나님을 갈망하는 마음, 갈급함이 있어야 한다.

나는 오늘도 성령의 도우심으로 이 귀한 두 보물을 찾는다.

시편 : "주님, 이제 내가 교만한 마음을 버렸습니다. 오만한 길에서 돌아섰습니다. 너무 큰 것을 가지려고 나서지 않으며, 분에 넘치는 놀라운 일을 이루려고도 하지 않습니다"(새번역). 오늘 본문이다. 내 힘과 내 방법으로 살다가 실패하고 회개하여 돌이킨 자의 고백이다.

내 야망을 하나님의 비전으로 착각하며 살았다. 그리고 망했다. 10년 광야 길에서 주님은 나를 낮추시고, 내 마음을 시험하시며, 하나님의 명령을 지키는지, 지키지 않는지 점검하셨다. 떡이 아닌 하나님의 입에서 나오는 말씀으로 사는 믿음의 삶으로 이끌어가셨다. 눈물의 광야가 내 인생 최고의 선물이 된 이유다.

광야~ 광야! 광야에서 나를 건져내신 후, 주님의 일을 맡기셨다. 이 사명은 내 힘으로 불가능!했다. 만일 광야를 통과하지 않았더라면 힘 빼는 법을 터득하지 못했을 것이다. 모세는 힘 빼는 데 40년이 걸렸다. 요셉과 다윗도 10년 이상 걸렸다. 하나님이 맡기신 일은 오직 성령의 능력으로만 할 수 있다. 오늘의 묵상 말씀인 "교만함을 버리고 너무 큰 것을 가지려고 나서지 않으며 분에 넘치는 놀라운 일을 이루려고도 하지 않습니다"가 팍! 이해된다.

일을 안 하겠다는 말이 아니다. 성령의 능력으로 일한 엘리야에게 갑절의 능력을 구한 엘리사는 주께서 맡기신 일을 어떻게 감당해야 하는지 이미 알고 있었다. 말씀의 이해와 계시가 더해질수록 미련함이 벗겨진다. 주님은 나를 더 무릎 꿇게 하신다.

잠언 : 갈수록 주님을 더 알고 싶다. 오직 주님의 말씀으로 내 삶에 다림줄을 내리고 살고 싶다. 말씀으로 더 주님을 경험하고, 만나고 싶다. 하나님의 지혜를 사모한다. 이는 다른 길이 없다. 오직 그분을 경외하는 삶에 주어진다.

하나님의 임재를 간절히 사모하라

시편 132:3-5 잠언 10:13

내가 내 장막 집에 들어가지 아니하며, 내 침상에 오르지 아니하고, 내 눈으로 잠들게 하지 아니하며, 내 눈꺼풀로 졸게 하지 아니하기를, 여호와의 처소 곧 야곱의 전능자의 성막을 발견하기까지 하리라 하였나이다 시편 132:3-5

다윗이 왕위에 올랐을 때는 하나님이 거하실 처소가 아직 없었다. 왕으로서 다윗은 나라를 안정시키고 확장해야 할 책임이 있었다. 그러나 그가 가장 먼저 한 일은 '하나님의 궤'를 그가 사는 다윗성으로 옮기는 거였다. 그가 가장 소원하는 것이 하나님의 처소에 들어가 하나님의 임재 가운데 머물며 하나님을 예배하는 것이었기 때문이다. 그는 주 하나님을 뜨겁게 사랑했다.

그 일이 이루어지기까지는 어떤 것도 의미가 없었다. 그래서 집에 들어가지 않고, 침상에 오르지 않고, 잠들지 않기로 서원했다. 하나님의 처소가 정해지기까지 편안하게 살지 않기로 작정했다. 그는 하나님을 가까이 모시고, 성도와 함께 모여 예배드리길 사모하는 마음으로 가득했다.

교회란 건물이 아니라 주를 간절히 사모하는 사람들이 모여 주를 예배하는 예배 공동체다. 옷이 필요하듯 건물이 필요할 뿐이다. 하나님은 예배 공동체인 교회를 그의 거처로 삼으시고 복을 주신다. 영적, 정서적, 정신적, 육신적, 물질적 풍족함과 만족함이 있게 하신다. 또 기쁨, 즐거움, 치유, 회복, 생명이 넘치게 하신다. 거기에 하나님이 계시기 때문이다.

나는 주일에 온 성도와 함께 예배드리는 것이 즐겁다. 왜냐하면 주의 성도가 모여서 예배드릴 때 하나님이 그곳에 임재하시기 때문이다.

다윗은 하나님의 임재를 사모하는 예배자였다. 하나님과 가까이하기를 삶의 최우선으로 삼았다. 주께서 그런 다윗을 사랑하시고 그를 통해 일하셨다. 하나님은 그런 예배자를 찾으신다.

명철한 자의 입술에는 지혜가 있어도, 지혜 없는 자의 등을 위하여는 채찍이 있느니라

잠언 10:13

입술은 말을 가져오는 기관이다. 명철한 자의 입술에 지혜가 있다는 건, 지혜로운 말을 하기 때문이다. 오직 명철한 사람만이 지혜가 있다. 지혜로운 말은 상대에게 적합한 때, 적절한 용기와 힘을 준다. 연약한 자를 말로 견고하게 한다. 낙심한 자를 위로하며 은혜로운 말을 한다. 듣는 자를 유쾌하게 하고 그에게 기쁨을 준다. 마치 최상의 효능이 있는 약처럼 즉각 효력을 나타낸다.

지혜 없는 말은 정반대다. 때에 맞지 않는 말을 한다. 입만 열면 사람을 낙심시키고, 풀이 죽게 만든다. 부정적이고, 비판적이며, 조롱 섞인 말은 마음에 상처를 준다. 지혜가 없어서 말도 지혜 없게 한다. 이런 사람은 올바르고 선한 말이 입에서 나오도록 훈련해야 한다. 필요하면 징계도 받아야 한다. 무엇보다 지혜를 얻도록 스스로 부단히 노력해야 한다.

지혜는 하나님을 경외하는 법을 배울 때 얻어진다. 날마다 하나님의 말씀을 묵상하고 그에 따라 최선을 다하는 훈련을 할 때 얻어진다. 지혜로운 말로 주변 사람들을 살리고 용기와 힘을 주는 하루를 보내자!

다윗은 참 멋있다. 과연 다윗이다. "주님께서 계실 장막을 마련할 때까지 눈을 붙이지 않고, 깊은 잠에 빠지지도 않고, 눈꺼풀에 얕은 잠도 들지 못하게 하겠다"라고 결정한다 (시 132:3-5). 다윗 앞에서 한없이 작아진다. 도전이 된다.

요즘 기독교인들을 보면 세상 사람과 구분되지 않는 이들이 많다. 그들은 하나님의 집에 관심이 없어 보인다. 내 집부터 짓고 내 아파트 사는 데 정신이 다 팔려있다. 이런 중에 우리 교인들이 자랑스럽다. 김승의, 한혜숙 부부는 하나님나라를 세우는 데 재산을 몽땅 내놓았다. 신희재, 권혁례 부부는 집 마련을 위해 모은 10억을 건축헌금으로 드리고 월세로 살고 있다. 전명수, 김형주 부부는 노후 자금 3억을 헌금했다. 김도균, 조유겸 부부는 부모님이 소천하고 남긴 재산을 모두 정리해서 6억을 헌금했다. 이들뿐이겠는가. 이런 사람들을 세상이 어찌 감당하겠는가!

주님을 먼저 사랑하는 교우들이 많아서 행복하고 자랑스럽다. 하나님께서 끝까지 남기신 자는 바알(맘몬)에게 무릎 꿇지 않은 7천 명이다. 그 속에 나도 포함되길 원한다.

하나님이 '거기서' 복을 명하셨다

시편 133:3   잠언 11:27

거기서 여호와께서 복을 명령하셨나니 곧 영생이로다 시편 133:3

우리는 하나님이 주시는 복이 절대적으로 필요하다. 오직 그것만이 우리를 풍성하게 해주기 때문이다. 오직 하나님만이 우리의 모든 영적, 정서적, 육체적, 물질적 필요를 가득 채워주신다.

예수님이 오병이어로 5천 명을 배불리 먹게 하신 기적도 하나님이 베푸시는 복으로 이루어졌다. 주께서 두 손에 오병이어를 들고 축복하신 후에 배가가 되었다. 하나님께서 그의 말씀으로 명하시니 그대로 되었다.

주 하나님이 복을 명령하시면 그대로 된다. 하나님이 "거기서" 복을 명령하셨다. 거기는 "형제가 연합하는 곳"이다(1). 연합은 하늘은행 금고에 가득한 하나님의 복을 우리 것이 되게 한다. 한국을 비롯하여 세계 곳곳에서 일어난 부흥은 언제나 교파를 초월한 지역교회의 연합에서 비롯되었다. 내가 있는 곳, 가정, 교회 공동체, 직장, 지역, 도시, 나라 등 어디서나 하나님의 축복을 원한다면 연합해야 한다.

겸손, 온유, 오래 참음, 사랑, 용납은 연합을 이루는 다섯 가지 필수 요소다(엡 4:2). 연합을 깨는 요소는 교만, 화냄, 이기주의, 비난, 흉을 봄, 냉랭함, 무관심이다. 연합은 저절로 되지 않는다. 성령이 하나 되게 하신 걸 힘써 지키라고 하셨다(엡 4:3). 연합을 위해 힘쓰고 수고해야 한다. 내가 가진 걸 내려놓아야 한다. 내가 가는 곳에 언제나 나를 통해 연합이 일어나게 하자!

선을 간절히 구하는 자는 은총을 얻으려니와, 악을 더듬어 찾는 자에게는 악이 임하리라 잠언 11:27

"선을 간절히 구하는 사람"은 '좋은 일을 애써 찾는 사람'이다. 흩어 구제하는 사람, 움켜쥐기보다는 나누기를 좋아하는 사람이다. 그는 이기적이지 않아서 하나님과 사람에게 사랑받고 존중받는다. "악을 더듬어 찾는 사람"은 '나쁜 일을 애써 추구하는 사람'이다. 그 결과 그는 나쁜 것을 되받는다.

"사람이 무엇으로 심든지 그대로 거두리라"라고 하셨다 (갈 6:7). 심은 대로 거두기에 선을 사랑하고 악을 미워해야 한다. 선을 행하는 건 저절로 되지 않는다. 연습해야 한다. 이런 삶은 취향, 기분, 성격으로 분류할 영역이 아니라 '순종'과 '훈련'의 영역이다.

하나님의 계산법은 놀랍다. 과도히 아끼면 가난해지고, 과감히 구제하면 더욱 부해진다. 남을 윤택하게 하면, 내가 더 윤택해진다. 남에게 나누면 자기 것이 사라져서 가난해져야 하는데 오히려 부유해진다. 마땅히 쓸 것까지 아끼면 가진 것이 많아 부유해져야 하는데 반대로 가난해진다.

자기 것을 나누고, 베풀기를 좋아하는 사람의 곡식 창고는 늘 새롭게 채워진다. 마음 창고도 하늘의 것으로 가득해진다. 조그마한 맨드라미 씨앗을 땅에 심으면 많은 씨앗을 가진 큰 꽃이 핀다. 이것이 하나님나라의 비밀이다!

시편 : 겨울에 눈이 내리면 마을 전체가 눈으로 덮인다. 착한 사람의 집, 악인의 집에도 덮인다. 이 장면을 연합하는 곳에 부어지는 축복으로 설명하신다. 우리가 연합한다면 엄청난 사랑의 혁명과 대규모 전도의 문이 열린다 (요 17:21-23). 상대의 실수, 약점, 단점, 허물을 들춰내지 말고 연합을 힘써 지켜야 한다.

연합을 지키는 다섯 기둥 (엡 4:2,3)을 오늘도 심장에 넣는다. 연합의 기반 여덟 가지, 한 몸, 한 성령, 한 부르심, 한 소망, 한 주, 한 믿음, 한 세례, 한 하나님 (엡 4:4-6), 이것만 같다면 우리는 하나다. 장로교, 감리교, 침례교, 성결교, 오순절 등을 막론하고 우리는 하나다. '종교 통합'이나 이단은 이 여덟 가지가 같지 않다.

성령이 하나 되게 하신 것을 나부터 힘써 지키자.

잠언 : "좋은 일을 애써 찾으면 은총을 받지만, 나쁜 일을 애써 추구하면 나쁜 것을 되받는다" (새번역).

나쁜 일에 애쓰는 악인은 자기 집을 해치는 사람이다. 그는 헛된 것을 심고 더 헛된 것을 거둔다.

"그들이 바람을 심고 광풍을 거둘 것이라" (호 8:7). 헛된 삶은 더 헛된 삶을 거둔다. 어찌 이렇게 살겠는가! 좋은 일에 애쓰자! 하나님의 은총을 사모하자! 의인은 푸른 나뭇잎처럼 번성한다.

예배자가 받는 복

시편 134:3 잠언 12:10

천지를 지으신 여호와께서 시온에서 네게 복을 주실지어다 시편 134:3

시편 133편과 134편은 각각 3절로 된 짧은 찬송이다. 두 편 다 '여호와의 복'으로 마지막을 장식한다. 어느 분야에서 일하든지 하나님이 복을 주실 때 능히 그 일을 감당할 수 있다. 133편에는 믿는 자가 하나 되는 그곳에 여호와 하나님이 복을 명하신다. 134편에는 믿는 자가 함께 모여 하나님을 예배할 때 복을 주신다.

"여호와의 종들"(1)은 레위인이나 제사장만을 말하지 않는다. 하나님은 어린양 예수 그리스도의 피로 우리를 나라와 제사장으로 삼으셨다. 우리가 하나님 앞에서 예배를 드린다. 하나님은 예배자를 지성소에 머물게 하신다.

하나님의 임재 가운데 머무는 삶은 아름답다. 거기서 우리는 예배의 향연을 베푼다. 예배는 앉아서만 드리는 게 아니다. 일어서서 손을 들고 하나님을 송축한다. 그분이 우리에게 베푸신 놀라운 일들을 찬양한다. 하나님의 거룩하심, 그의 영광 앞에 경배를 드린다. 밤중에도 하나님께 예배를 드린다. 바울과 실라처럼 인생의 가장 어두운 때도 찬송한다. 찬송은 예배의 핵심이다. 천지를 지으신, 전능하신 하나님을 향한 우리의 믿음의 고백이다.

하나님은 찬송 중에 임하셔서 우리를 만나주신다. 우리의 상황 가운데 오셔서 복을 주신다. '연합'과 '예배'가 하나님의 복을 받는 비결이다. 천국 열쇠다.

의인은 자기의 가축의 생명을 돌보나 악인의 긍휼은 잔인이니라 잠언 12:10

집에서 기르는 짐승을 대하는 걸 보면 그가 의인인지 악인인지, 착한 사람인지 나쁜 사람인지를 알 수 있다. 짐승이라도 긍휼히 여기고 잘 돌보는 사람이 있다. 반면에 "잘 대해준다"라고 말은 하지만 욕하고 발로 차고 학대하는 사람이 있다.

그러나 이 말씀은 동물 애호나 학대에 관한 게 아니다. 자기 가축에게 긍휼을 베풀 줄 아는 사람은 사람도 친절과 사랑으로 대할 줄 안다. 가축의 생명을 돌보는 건 단지 굶주리지 않도록 음식을 주는 것만이 아니라 세심한 사랑과 관심이 필요하다. 잠자리를 살피고 추위와 더위를 피하도록 한다. 하나님은 그가 만드신 세상을 우리가 다스리도록 청지기 사명을 주셨다. 거기에는 가축도 포함되므로 학대하거나 혹사하지 말아야 한다.

그러나 악인은 최소한의 사랑의 관심과 돌봄이 없다. 긍휼이 없다. 오직 잔인할 뿐이다. 완악한 마음의 소유자이기에 사람에게 친절을 베푸는 것도 사랑에서 비롯되지 않은 가장된 친절일 뿐이다. 하나님이 우리에게 주신 자비와 친절, 긍휼과 사랑이 더 자라도록 해야 한다.

시편 : 성경에 사용된 '시온'의 의미는 다양하다. 예루살렘 사람, 이스라엘 백성, 하나님을 의지하는 자, 하나님의 거룩한 이름이 선포되는 곳, 하나님이 계신 도성, 거룩한 산, 하나님께서 택하신 장소, 하나님의 성소, 구원의 처소, 찬양과 예배의 처소, 하나님께서 통치하시는 곳, 피난처 등이다.

천지를 지으신 여호와께서 '시온'에서 나에게 복을 주신다. 하나님의 백성으로서 그분을 전적으로 의지하며 그분만을 경배하는 삶은 하나님의 축복을 나의 것으로 만든다. 이 비밀을 모르는 사람들은 하나님을 뺀 채로 복을 받기 위해서, 복을 좇으며 평생 수고한다. 그리고 말년에, 병상에 누워 독백한다.

"내 인생 전체를 헛된 수고에 허비했구나!"

나의 마지막 독백은 이것이다.

"아버지께서 내게 하라고 주신 일을 내가 이루어 아버지를 이 세상에서 영화롭게 하였습니다"(요 17:4).

이 예수님의 고백이 나의 고백이 되도록 살 것이다.

잠언 : 하나님이 만드신 모든 만물을 사랑한다. 식물, 동물, 물고기, 새들까지 다 사랑한다. 주님은 사람에게 이것들을 다스리고 돌볼 책임을 주셨다.

꽃과 나무를 함부로 꺾는 사람들이 있다. 나무는 사람과 같다. 한 그루를 쉽게 베지 못하는 이유다. 사람은 갓난아기에서 유년기를 거쳐 성장하는 데 많은 수고가 들어가고, 오래 걸려서 성장한다. 나무도 동일하다. 우리에게 큰 유익을 준다. 식물과 동물을 학대하는 사람의 마음밭은 고약하다. 가까이하고 싶지 않다.

여호와의 집 우리 하나님의 성전 곧 우리 하나님의 성전 뜰에 서있는 너희여, 여호와를 찬송하라! 여호와는 선하시며 그 이름이 아름다우니 그의 이름을 찬양하라 시편 135:2,3

시편 133편과 134편은 하나님의 복을 받는 자가 누구인지를 말씀하신다. 성도의 연합, 모여서 성전에서 예배하는 공동체다. 그리고 134편은 어떻게 찬양할지, 135편은 무엇을 찬양할지를 말씀하신다. 우리는 성경에서 알려주시는 대로 예배를 드린다. 하나님 우리 아버지는 성령의 인도하심을 받으며 그의 말씀대로 예배드리는 자를 찾으신다(요 4:23,24).

하나님의 선하심과 그 아름다우신 이름을 찬양한다. 하나님이 우리를 그의 특별한 소유로 택하심을 찬양한다. 그의 소유가 된 백성을 돌보시고 인도하심을 찬양한다. 그의 위대하심을 찬양한다. 오직 여호와 하나님만이 찬송을 받으실 유일한 분, 우리 하나님이시다. 열국의 신들은 말 못 하는, 아무 효험이 없는 우상이다.

그가 지으신 만물이 주의 위대하심을 보여준다. 그를 의지하는 그의 소유인 백성을 위해 행하신 놀라운 일들을 찬양한다. 그는 우리를 애굽에서 끌어내시고 광야를 지날 때 대적들을 물리치셨으며, 약속의 땅을 기업으로 주셨다. 그 하나님은 어제나 오늘이나 영원토록 같으시다. 그는 날마다 우리의 삶 한가운데, 시간과 공간 가운데 계신다. 예배하는 그의 백성들 가운데 계신다.

그 하나님을 경외합니다! 그의 이름을 영원히 대대로 찬송합니다! 할렐루야!

스스로 부한 체하여도 아무것도 없는 자가 있고, 스스로 가난한 체하여도 재물이 많은 자가 있느니라 잠언 13:7

가진 것이 없으면서도 부자인 체하면 '허세를 부린다'라고 한다. 그런 사람은 빚지고 살면서도 큰 차, 큰 집, 학비가 비싼 학교에 자녀를 보내는 등 허식의 삶을 산다. 실제로는 빚 독촉에 시달리며 남을 도울 힘도 없다. 반면에 소박하고 검소하게 살지만, 빚

독촉을 받을 걱정 없이 가난한 사람을 도우며 사는 이들이 있다.

진정한 부자가 누구인지 곧 판가름 난다. 자신에게 부요하고 하나님께 인색한 자는 남는 게 없다. 속부의 재물은 속히 사라지기 때문이다. 반면에 자신에게는 검소하지만 하나님께 후한 사람, 예산을 세워 지출하는 사람, 닫힌 원으로 사는(예산을 세우고 그대로 지출하는 것을 말한다) 사람, 가난한 자와 하나님나라 프로젝트에 후한 사람은 마치 좋은 땅에 씨를 심은 것과 같아서 풍성한 추수를 한다.

"흩어 구제하여도 더욱 부하게 되는 일이 있나니 과도히 아껴도 가난하게 될 뿐이니라 구제를 좋아하는 자는 풍족하여질 것이요 남을 윤택하게 하는 자는 자기도 윤택하여지리라"라고 말씀하시듯(11:24,25), 진정한 부자는 남에게 후히 줄 줄 안다.

그러려면 빚부터 갚아야 한다. 그래야 남에게 줄 힘이 있다. 자기를 위해 수입을 다 사용하지 않고, 가난한 사람을 돌보는 사람이 진정한 부자다.

시편 : "하나님의 집 뜰 안에 서있는 사람들아 … 그의 이름을 찬송하여라"(새번역).

여호와의 집은 하나님의 언약이 있는 곳, 주께서 주시는 은혜가 있는 곳이다. 예수님을 구주로 영접한 하나님의 백성들이 사는 곳이다.

코로나 팬데믹 3년을 지나면서 여호와의 집, 여호와의 성전, 여호와의 성전 뜰이 귀하고, 그곳에 머물 수 있음이 얼마나 감사한지 전 세계 크리스천이 깊이 깨달았다. 그래서 예전보다 예배를 더 사모하게 되었다. 하나님의 선하심과 아름다우심과 위대하심을 마음껏 찬양하며 예배드릴 수 있는 자유의 땅에 살고 있음을 감사한다. 종교의 자유를 억압받는 북한 동포들과 열방에서 탄압받는 형제자매들의 생명이 보호되고, 그들의 예배가 보호되며, 주께서 속히 풀어주시길 간절히 기도한다.

"주님은 선하십니다! 주님은 은혜를 베푸십니다! 주님의 이름을 찬송합니다~ 하나님의 집, 하나님의 뜰을 사모합니다~."

잠언 : 진정한 부자는 나눔의 삶을 사는 사람이다. 이것이 성경의 기준이다. 소박하고 검소한 삶은 참 평강을 준다. 비교 의식 자체가 없어진다. 마음을 넉넉하게 해서 남을 윤택하게 할 여유가 생긴다.

14일

그러니 범사에 감사할 수밖에!

시편 136:1 잠언 14:7

여호와께 감사하라 그는 선하시며 그 인자하심이 영원함이로다 시편 136:1

시편 136편은 '감사 장'이다. "감사하라"가 절마다 기록되었다. 모두 26번 나온다. 첫 구절부터 소리 내어 외치며 읽다 보면, 그 하나님이 바로 내 앞으로 성큼 다가와 계신다. 그의 능력과 지혜로 하늘과 땅을 지으시고, 이스라엘에게 놀라운 구원을 베푸시고, 모든 육체에게 먹을 것을 주시는 그 하나님이 나의 하나님이시다!

출애굽 할 때, 광야와 가나안 땅에서 그리고 지금 내게 놀라운 일을 행하시는 하나님이시다! 우리를 대적에게서 건지시며, 비천한 가운데서도 우리를 기억해주시는 분이다. 그러나 크고 놀라운 일을 경험하는 것만이 아니라 그 큰 일을 행하시는 하나님을 만나는 게 더 놀랍다.

나의 하나님은 선하시고 인자하시다. 하나님의 인자하심으로 인해 감사한다. "인자하심"은 '놀라운 사랑, 크신 사랑, 기이한 사랑, 변하지 않는 사랑, 조건이 없는 사랑'을 말한다. 나와 맺으신 언약에 바탕을 둔 사랑이다. 나를 구원하시고 돌보시며 함께 하시고 모든 필요를 채우시는 이유가 여기에 있다.

그뿐 아니라 그 선하심과 인자하심이 영원하다. 한 번이 아니라 계속된다. 나는 오늘도 걱정이나 염려, 두려움이 없다. 크신 하나님 아버지의 손을 잡고 걸어가는 어린아이가 바로 나다. 그러니 범사에 감사할 수밖에!

너는 미련한 자의 앞을 떠나라 그 입술에 지식 있음을 보지 못함이니라 잠언 14:7

잠언을 통해 하나님은 끊임없이 "미련한 사람"과 "지혜로운 사람"에 대해 말씀하신다. 14장에도 미련한 자를 7번 말씀하신다. 지혜에 대해서도 7번 말씀하신다.

미련한 자는 자기 손으로 집을 허물고, 지혜로운 자는 자기 집을 세운다. 미련한 자는 교만하여 입으로 매를 자청하고, 지혜로운 자는 자기 입술을 보전한다. 미련한 자는 자기의 말로 듣는 사람들로부터 비웃음을 사고, 지혜로운 자는 그의 말로 듣는 사람들로부터 존경을 얻는다.

혀로 맛을 구별하듯이 귀로 미련한 자와 지혜로운 자를 식별할 줄 알아야 한다. 듣고 배울 게 있는 사람과 없는 사람을 구별해야 한다. 그리고 미련한 자를 멀리해야 한다. 그런 사람에게서 떠나야 한다. 아무것도 배울 게 없고 오히려 해가 될 뿐이다. "나는 괜찮아, 자신 있어"라고 자만하지 마라. 우리 하나님 아버지가 "그 앞을 떠나라"라고 말씀하신다.

그러니 미련한 자들의 무리에서 빨리 벗어나 그 말이 들리지 않는 곳으로 나가야 한다. 미련한 자들과 어울리면 인생을 헛되게 살 뿐이다. 대신 지혜로운 자들과 언제나 가까이해야 한다. 그러면 생명이 있는 풍성한 삶을 살 것이다.

시편 : "주님께 감사하여라. 그는 선하시며 그 인자하심이 영원하다"(새번역).

136편은 하나님이 행하신 놀라운 일들로 꽉 차있다. 홀로 기적을 일으키시는 분, 지혜로 하늘을 만드신 분, 큰 빛으로 낮과 밤을 다스리시는 분, 강한 손으로 홍해를 두 동강 내신 분, 힘센 왕들과 그 군대를 쓸어버리신 분, 그들의 땅을 주의 백성에게 유산으로 주신 분, 원수들에게서 건지시고, 모든 육체에 먹거리를 주시는 하늘에 계신 하나님께 감사하자. 그 인자하심이 영원하다.

하나님은 선인도 악인도 먹이신다. 이것이 그분의 성품이다. 그러나 최종 심판은 다를 것이다. 하나님은 공의로 선과 악을 명확하게 다스리신다. 모든 육체가 두려움을 가져야 한다. 하나님은 온 열방의 아빠 아버지이신 동시에 열방을 다스리는 만왕의 왕이시다. "너희 만민들아, 두려워 떨지어다!"

잠언 : 미련한 자는 스스로 지혜롭게 여긴다. 한번은 미련한 자에게 사랑하는 마음으로 조언해주었다. 그러나 그는 못 알아듣고 오히려 화를 내며 나를 공격했다.

미련한 자는 하나님의 법에서 벗어난 삶을 산다. 진리를 거스르며 교만히 행함으로써 멸망을 자초한다. 이런 자는 창피를 당하고 죄의 결과로 죽음을 통과해야 정신을 차리고 미련함이 벗겨지는 걸 보았다. 미련한 자를 잘 이끌어보려고 애쓰는 게 시간 낭비임을 알았다.

나는 미련한 자와 사귀지 않을 것이다. 그저 기도하며 주님께 그를 맡길 것이다.

15일

예배가 가장 즐겁다

시편 137:6　잠언 15:13,15,30

내가 예루살렘을 기억하지 아니하거나, 내가 가장 즐거워하는 것보다 더 즐거워하지
아니할진대 내 혀가 내 입천장에 붙을지로다 시편 137:6

　바벨론 포로 생활에서 가장 슬픈 건 예루살렘 성전에서 하나님을 찬송하며 예배하
지 못하는 것이다. 하나님을 찬송하며 그분께 예배드리는 것보다 더 즐거운 건 없다.
예배가 가장 즐겁다. 온 백성과 성전에서 하나님을 예배하며 그분의 임재 가운데 머물
기 때문이다.
　그보다 즐거워하는 것이 있다면 차라리 혀가 입천장에 붙고 오른손으로 악기를 다
루는 재주가 사라지는 게 낫다. 찬양 사역자에게 혀가 입천장에 붙는 것과 연주자에게
손의 재주가 사라지는 것은 곧 사형 선고다. 노래하는 혀, 연주하는 손의 사명은 온 성
도와 함께 하나님을 찬송하는 것이다.
　예배 인도자는 온 성도와 주를 찬송하며 주의 임재로 나아가야 한다. 말씀 선포자는
왕의 메시지를 왕의 백성에게 전달해야 한다. 전염병으로 이런 영광이 제한된다는 게 얼
마나 슬픈 일인지 우리는 경험했다. 그래서 주를 갈망함이 더욱 커졌다.
　교회 공동체로 모여 온 성도와 예배드리기를 더욱 힘쓰자. 거기에 우리 주 예수님의
임재가 있기 때문이다. 우리 주님은 "두세 사람이 내 이름으로 모인 곳에는 나도 그들
중에 있다"라고 약속하셨다(마 18:20).
　온 성도가 함께 주를 섬기는 영광을 간절히 사모합니다! 오늘도, 내일도, 내 생명이
다할 때까지!

마음의 즐거움은 얼굴을 빛나게 하여도 마음의 근심은 심령을 상하게 하느니라 고난
받는 자는 그날이 다 험악하나 마음이 즐거운 자는 항상 잔치하느니라 눈이 밝은 것
은 마음을 기쁘게 하고 좋은 기별은 뼈를 윤택하게 하느니라 잠언 15:13,15,30

마음이 즐거울 때, 내 삶의 상태를 말씀하신다. 내면의 상태가 외적인 삶에 그대로 표

현된다. 아무리 겉을 꾸미고 아무렇지 않은 척해도 다 드러난다. 내 얼굴은 내 마음의 거울과 같다. 마음이 즐거우면 얼굴이 빛난다. 미소가 피어난다. 입에서 노래가 떠나지 않는다. 종일 잔칫날이다. 눈이 반짝거린다. 마음에 기쁨이 가득하기 때문이다. 기쁨, 즐거움, 밝음이 그날의 날씨다.

반대로 마음이 슬프면, 하루를 버티기도 힘들다. 삶이 고달프다. 흐림, 비 내림, 바람 붐, 태풍 경계가 그날의 날씨다. 마음이 즐거우면 몸도 건강하지만, 근심이 가득하면 몸도 상한다. 온몸이 아프다. 같은 음식이라도 마음 상태에 따라 맛이 다르다. 이에 따라 행복과 불행, 감사와 불평이 결정된다.

이처럼 내 마음에 무엇을 채우는지에 따라 다른 인생을 산다. 눈과 귀, 마음과 몸은 연관이 있다. 밝은 눈은 마음을 기쁘게 한다. 좋은 소식은 뼈를 윤택하게 한다. 우리 주 예수님을 향해 눈을 고정하고, 주의 말씀을 눈으로 읽고, 귀로 들을 때 내 마음이 즐거워진다. 온몸에 활력이 생긴다.

내 마음을 말씀으로 채우자. 예수님으로 채우자. 감사와 찬양으로 채우자.

시편 : 이 세상에서 가장 슬픈 일은 예배를 드리지 못하는 것이다. 코로나 팬데믹 기간에 나라에서 예배를 못 드리게 막고 교회들을 폐쇄할 때, 교회에 모여 교우들과 함께 예배드리는 게 얼마나 귀하고 복된 일인지 철저히 깨달았다. 하나님을 예배하는 것보다 더 즐거운 일이 있다면 차라리 혀가 입천장에 붙어 언어장애인이 되는 편이 죄짓는 것보다 낫다는 말에 전적으로 동의한다.

예배할 때 찬양 가사 한마디 한마디에 내 믿음을 싣는다. 주께 드리는 찬양은 나의 믿음의 고백이다. 자신이 예배드리는 모습을 잘 관찰해보라. 딱! 그만큼이 나의 신앙이다.

"아버지께서는 자기에게 이렇게 예배하는 자들을 찾으시느니라"(요 4:23).

"하나님은 영이시니 예배하는 자가 신령과 진정으로 예배할지니라"(요 4:24).

예배하는 시간이 가장 즐겁고 행복하다. 마냥 좋다. 아버지께 예배드리는 것이.

잠언 : 거울을 보면 나의 내면 상태가 그대로 드러난다. 다른 사람의 내면도 보인다. 주 앞에서 시간을 많이 보내는 사람의 얼굴은 표가 난다. 표정과 말이 안정되어 있다. 어떤 상황에도 평상심을 유지하려면 내면의 힘이 있어야 한다. 이런 사람이 강한 사람이다.

내게 힘 주시고 강하게 하시는 하나님

시편 138:3 잠언 16:10,13

내가 간구하는 날에 주께서 응답하시고 내 영혼에 힘을 주어 나를 강하게 하셨나이
다 시편 138:3

내가 간구할 때, 주의 이름을 부를 때, 반드시 응답하시는 여호와 나의 하나님이 계
심이 얼마나 복된가! 날 돌봐주는 이가 없다면 어떻게 살아낼까? 가장 의지할 수 없는
게 나 자신이다. 환난이 올 때 두려워하고, 조금만 힘들어도 낙심하고, 주위 사람들과
환경에 따라 쉽게 휘둘린다. 높은 산에 올라가듯 큰 소리로 찬양하다가도 깊은 골짜
기로 내려가듯 침체에 빠지기도 한다.

그런데도 놀라운 건, 환난 중에도 힘을 내어 살아가고, 원수들이 분노해도 쉽게 흔들
리지 않는 것이다. 왜냐하면 내가 간구할 때 응답하시는 하나님 여호와가 계시기 때문
이다. 그는 높이 계셔도 지극히 낮은 나를 굽어살피신다. 그가 내 영혼에 힘을 한껏 북
돋워 주신다. 어떤 위험을 만나도 극복할 수 있도록 힘을 주시고 강하게 하신다. 그의
오른손이 나를 굳게 붙들어 흔들리지 않게 하신다.

이런 은혜는 내 힘이나 의가 아니라 오직 주의 영원한 인자하심(: 한결같은 사랑, 2,8)과
성실하심(: 언약을 지키시는 신실하심, 2)으로 이루어진다.

오늘도 그리고 평생 주께 감사드리며 주를 찬양합니다!

하나님의 말씀이 왕의 입술에 있은즉 재판할 때 그의 입이 그르치지 아니하리라 의로
운 입술은 왕들이 기뻐하는 것이요, 정직하게 말하는 자는 그들의 사랑을 입느니라
잠언 16:10,13

진실한 말을 듣기를 기뻐하고, 정직하게 말하는 사람을 사랑하는 것이 지도자가 해
야 할 행동이다. 진실한 말을 듣기를 싫어하고, 정직하게 말하는 사람을 미워하면 지
도력을 잃게 될 것이다. 주변에 아첨꾼이 들끓으면 그 지도력은 머지않아 사라진다. 하
지만 진실하고 정직하게 말하는 사람이 많으면 그 지도력은 빛난다. 이런 사람을 주변

에 많이 두는 건 지도자에게 달렸다.

지도자는 하나님의 말씀을 기준 삼아야 한다. 자기 생각이나 감정에 따라 결정하지 말아야 한다. 이는 지도자나 정치가에게만이 아니라 예수님을 믿는 그리스도인 모두에게 해당한다. 왜냐하면 "왕 같은 제사장"으로 부름 받았기 때문이다(벧전 2:9). 그리스도인은 삶의 모든 영역에서 오직 하나님의 말씀만이 절대 가치, 절대 기준이 돼야 한다. 하나님은 그런 사람에게 주어진 일을 충분히 감당할 지혜와 은혜를 주신다. 형통한 삶을 살게 하신다.

그래서 성경을 부지런히 읽고, 묵상하고, 말씀을 따라 살아야 한다. 어디에서 일하든 이것이 잘 사는 길이다.

시편 : 내가 부르짖을 때, 주님께서 응답하시고 나에게 힘을 한껏 북돋워 주신다(새번역).

1) 주께 간구한다.

2) 주께서 응답하신다.

3) 내 영혼에 힘을 주신다.

4) 나를 강하게 하신다.

무릎 꿇는 삶의 결과를 보고 있다. 영혼이 힘을 얻고 강해져 돌파한다. 내가 무릎 꿇는 가장 큰 이유다. 주님께 기도하는 내용을 늘 점검한다. 혹시라도 육신의 정욕, 안목의 정욕, 이생의 자랑을 구하지 않는지 살핀다.

하나님은 그분의 뜻 안에 있는 기도 제목에 반드시 응답하신다. 하나님이 모든 것의 주인이시고 공급자이심을 경험시켜주신다. 이것은 성경 전체의 이야기다. 하나님을 경험하여 알게 되면 성장한다. 하나님을 신뢰하게 된다. 무릎 꿇는 자는 하나님의 용사로 점점 강해지고 세상을 이기게 된다.

잠언 : 지도력은 도덕적 일관성을 가져야 한다. 그래야 부하들이 존경하고 따른다. 지도력의 중요한 덕목은 정직이다. 하나님의 성품 중 중요한 성품이다. 우리는 이를 닮아야 한다. 여기서 지도력과 당당함이 나온다.

나의 하나님은 정직하시다(신 32:4, 시 25:8, 33:4, 호 14:9). 리더를 따르다가 그가 정직하지 않을 때 사람들은 굉장히 실망하고 떠난다. 성공하고 싶다면 정직, 정직 또 정직!

'거기서도' 나를 붙드시는 하나님

시편 139:10 잠언 17:7

거기서도 주의 손이 나를 인도하시며 주의 오른손이 나를 붙드시리이다 시편 139:10

아버지의 손이 나를 인도하시며 아버지의 오른손이 나를 붙드신다. 이보다 더 안전하고 확실할 수 있을까. 그는 나를 지으시고 나를 아시는 창조주 전능자시다.

"내가 주의 영을 떠나 어디로 가며 주의 앞에서 어디로 피하리이까"(7)?

이 말씀을 청소년 시절에는 오해했다. 하나님께서 내 죄를 따라 날 처리하시고자 하면, 난 피할 곳이 없다는 뜻으로 이해했다. 나중에 이 말씀을 오해했음을 알았다.

나의 하나님은 언제나 나와 함께 계시며 나를 인도하시며 나를 붙드신다. 하나님은 어디서나 나와 함께하신다. "거기서도" 나를 인도하시고 붙드신다. "거기서도"는 어디인가? '하늘에 올라갈지라도 거기 나와 함께 계시며, 바다 끝에 가서 거주할지라도, 낮이나 밤에도, 낯선 곳에서도'를 말한다.

다시 말하면, 그분은 내가 어딜 가든지 언제나 함께하신다. 내 손을 잡고 이끄신다. 내가 비틀거리면 '거기서도' 내 손을 붙잡아 주신다. 내가 넘어지면 '거기서도' 그의 강한 오른팔로 나를 일으켜 주신다. 심지어 내가 죄 가운데 빠졌을지라도 날 버리지 않고 떠나지 않으시며 '거기서도' 나를 용서하시고 도우셔서 회복시키신다.

그는 나의 하나님, 나의 아버지시다!

지나친 말을 하는 것도 미련한 자에게 합당하지 아니하거든, 하물며 거짓말을 하는 것이 존귀한 자에게 합당하겠느냐? 잠언 17:7

어울리지 않는 것들은 어떤 것들인가? 미련한 사람이 지나친 말을 하거나 존귀한 자가 거짓말을 하는 것이다. "지나친 말"은 '탁월한 말' 혹은 '분에 넘치는 말'을 뜻한다. 개역한글은 "분외의 말"이라고 표현했다. "미련한 자"란 '믿음이 없거나 부도덕한 사람'을 가리킨다. 하나님 말씀의 가치와 기준을 무시하고 제멋대로 말하는 자다. 이런 사람이 아무리 달변을 토한다 해도 합당하지 않다.

"존귀한 자"란 '신실한 사람, 고상한 사람'을 말한다. 또는 다스리는 사람, 지도자를 가리킨다. 모든 그리스도인은 지도자이며 왕 같은 제사장이다. 존귀한 사람이다. 그래서 그리스도인은 거짓말하지 않아야 그리스도인답다. 거짓말은 그리스도인에게 합당하지 않다.

리더다움은 오직 '정직'이다. 지도자가 거짓말을 한다면 스스로 그 자리를 버리는 것과 같다. 그는 더 이상 리더십을 발휘할 수 없다. 무늬만 리더일 뿐이다. 그러므로 지도자는 정직을 자기 목숨처럼 여겨야 한다.

"하물며"라고 말씀하신다. 미련한 사람이 달변을 토하는 게 어울리지 않는데, 하물며 그리스도인이 거짓말하는 건 더 어울리지 않는다는 것이다.

시편 : 주님의 손은 지구 땅끝에서도 나와 함께하신다. 나는 해외를 많이 다니는데 이 말씀이 있어 참 든든하다. "나의 앞날이 주의 손에 있사오니 내 원수들과 나를 핍박하는 자들의 손에서 나를 건져주소서"(31:15). 두 손이 있다.

주의 손 - 나를 건져주시고 강하게 하시는 힘이 되는 손.

원수의 손 - 나를 핍박하고 모함하며 억울한 누명을 씌우는 악한 손.

요셉의 인생에 늘 이 두 손이 있었다.

"활 쏘는 자가 그를 학대하며 적개심을 가지고 그를 쏘았으나 요셉의 활은 도리어 굳세며 그의 팔은 힘이 있으니 이는 야곱의 전능자 이스라엘의 반석이신 목자의 손을 힘입음이라"(창 49:23,24).

주의 손을 바라보았기에 요셉이 이겼다. 내가 어디를 가든지 주의 손이 나와 항상 함께하신다. 주의 손을 바라보면 힘이 나고 용기가 생긴다.

잠언 : 어머니가 자주 말씀하셨다.

"학교에서나 어디서든 정직하게 말하고 행동하거라. 매 맞을 일이 있으면 한 대 맞는 것이 거짓말하는 것보다 백 배 좋은 선택이다."

정직은 우리 집의 중요한 삶의 원칙이다. 정직은 최고의 방패다. 하나님이 정직한 자의 방패가 되어주신다(2:7). 말과 행동이 같은 것이 정직이다. 리더의 정직함은 사람들을 통솔할 힘이다. 고귀한 사람은 고귀한 일을 계획한다.

"고귀한 사람은 고귀한 일을 계획하고, 그 고귀한 뜻을 펼치며 삽니다"(사 32:8 새번역).

나를 지키고 보전하시는 하나님

시편 140:4 잠언 18:9

여호와여, 나를 지키사 악인의 손에 빠지지 않게 하시며, 나를 보전하사 포악한 자에게서 벗어나게 하소서. 그들은 나의 걸음을 밀치려 하나이다 시편 140:4

"지키다"는 마치 목자가 양 떼를 돌보는 것이나 혹 정원사가 정원을 돌보는 걸 말한다. "보전하다"는 농업시설이나 군사시설 등을 보호하는 것이다. 마치 경비병 같은 역할이다. "나의 걸음을 밀치려 한다"는 내가 주의 뜻을 따라 행하려는 계획을 방해하는 걸 말한다.

나를 향한 두 손이 있다. 하나는 나를 괴롭히며 방해하는 자의 손이다. 다른 하나는 나를 지키고 보호하시는 하나님의 손이다. "나의 앞날이 주의 손에 있사오니, 내 원수들과 나를 핍박하는 자들의 손에서 나를 건져주소서"(31:15). 다윗의 이 기도가 내 기도가 되어야 한다.

악인의 손에서 나를 건지며 보호하시는 하나님의 손을 의지해야 한다. 하나님은 고난 당하는 자를 변호하시며 궁핍한 자를 돌보신다. 정직한 자의 방패가 되어주신다. 예수님은 나의 목자시다. 나는 그가 돌보시는 어린 양이다. 그분은 나를 악인들의 손에 빠지지 않게 보호해주신다.

내가 처한 현실이 어렵고 괴롭다면 하나님 앞에 나아가야 한다. "진실로 의인들이 주의 이름에 감사하며 정직한 자들이 주의 앞에서 살리이다"(13)라고 고백하게 될 것이다.

자기의 일을 게을리하는 자는 패가하는 자의 형제니라 잠언 18:9

메시지성경은 이 말씀을 "부주의한 습관과 엉성한 일 처리는 파괴 행위만큼이나 나쁘다"라고 번역했다. 얼마나 실감 나게 표현했는지! 자기에게 주어진 일을 게을리하는 건 어떤 걸로도 변명이 안 된다. 핑계 댈 수도 없다. 능력의 문제가 아니라 부주의하고 나쁜 습관이다. 그래서 일을 엉성하게 처리할 수밖에 없다. 나아가 일을 망치기에 파괴 행위와 똑같다.

"패가하는 자"란 단순히 방탕한 삶으로 자기 재산을 탕진하는 걸 넘어 그런 삶 자체를 말한다. 자기 일을 게을리하는 자와 패가하는 자는 같은 부류로 동일한 속성이 있다. 그래서 서로 "형제"라고 한다.

'누구누구 때문에' 혹은 '무엇무엇 때문에'라는 말을 버려야 한다. 자기 합리화를 버려야 한다. 무엇보다 게으름의 심각성을 깨달아야 한다. 해결책은 오직 한 가지, '부지런함'을 위해 스스로 훈련하는 것이다.

그리고 주어진 일은 목숨을 바쳐서라도 끝까지 완수해야 한다. 마땅히 할 일을 소홀히 하는 원인은 게으름에 있다. 다른 어떤 핑계로도 정당화되지 않는다. 의무를 이행하지 않는 것, 해야 할 일을 하지 않는 건 스스로 자기 미래를 망치는 것이다.

주여! 부지런함을 더욱 힘쓰겠습니다.

시편 : 악인들은 나의 걸음을 거칠게 힘껏 밀친다. 그들은 나를 넘어지게 한다. 하나님의 법, 사회적 합의가 된 도덕에서 넘어지게 하여 죄책감, 정죄감에 사로잡혀 내 문제에 빠지게 한다. 나를 세상을 바꾸는 영향력 없는 사람으로 만들어간다.

그러나 하나님을 의지하면 그분께서,

1) 나를 지키신다.

2) 나를 악인의 손에 빠지지 않게 하신다.

3) 나를 보전하신다.

4) 포악한 자에게서 벗어나게 하신다.

악인들의 최후를 나는 알고 있다. 맷돌이 땅에 부딪혀 깨지듯이, 그들의 해골이 부서져서 스올 어귀에 흩어질 것이다. 나는 악을 미워한다.

잠언 : "자기 일을 게을리하는 자는, 일을 망치는 자와 형제간이다"(새번역).

게으름뱅이에게는 하나님의 축복이 없다. 가난을 대대로 선물로 받는다. 게으름뱅이와 사귀지 마라! 아무짝에도 도움이 안 된다. 남편이 게으르면 온 식구가 비참한 가난 속에 허덕인다.

"부지런한 자의 손은 사람을 다스리게 되어도 게으른 자는 부림을 받느니라"(12:24).

소리 높여 부르짖어라 응답하신다

시편 141:1,2 잠언 19:23

여호와여, 내가 주를 불렀사오니 속히 내게 오시옵소서! 내가 주께 부르짖을 때 내 음성에 귀를 기울이소서! 나의 기도가 주의 앞에 분향함과 같이 되며, 나의 손 드는 것이 저녁 제사같이 되게 하소서! 시편 141:1,2

어려움을 당할 때, 특히 사람들이 악한 흉계를 꾸미고 못된 짓을 골라서 괴롭히려 할 때, 그들과 대응하지 말고, 죽기 살기로 주께 달려가야 한다. 오직 주님만 바라봐야 한다. 그리고 소리 높여 도움을 요청해야 한다.

이때 '부르짖는 기도'가 필요하다. 다급할 때는 조용히 기도하지 않는다. 부르짖는다. 속히 오시기를 구하는 건 조급함보다는 긴박함, 절박함을 나타낸다. "속히 내게 오셔서 나를 도와주소서!"라고 부르짖는다.

번제를 드릴 때 향기가 연기가 되어 올라가듯 내 기도가 반드시 주의 보좌 앞에 다다를 것이다. 두 손을 들고 주를 바랄 때, 주께서 날 반드시 지키시고 보살펴 주실 것이다.

나를 대적하는 자들과 맞대응하지 않는다. 하나님을 향해 불평하지 않는다. 어리석은 말은 입 밖에 내지 않고, 오직 그 입으로 주께 부르짖는다. 내 손으로 그들과 맞서지 않고, 오직 주를 향해 두 손을 든다. 주께서 내 기도를 들으시고 가까이 오신다.

여호와를 경외하는 것은 사람으로 생명에 이르게 하는 것이라. 경외하는 자는 족하게 지내고 재앙을 당하지 아니하느니라 잠언 19:23

하나님을 경외하는 삶을 살면 재앙을 만나지 않는다. 안전하다. 시대에 평안함이 있다. 뜻밖의 불미스러운 일이 벌어지지 않는다. 하나님의 구원을 항상 경험하기 때문이다. 때로는 질병이나 고난이 있을 수 있지만, 그것이 재앙을 몰고 오지 않는다. 하나님이 그들의 영혼을 사망에서 건지시기 때문이다(시 33:19).

"누가 우리를 그리스도의 사랑에서 끊으리요! 환난이나 곤고나 박해나 기근이나 적신이나 위험이나 칼이랴? 그러나 이 모든 일에 우리를 사랑하시는 이로 말미암아 우리가 넉넉히 이기느니라"라고 고백하는 것처럼(롬 8:35,37), 어떤 것도 하나님을 경외하는 사람의 영혼을 해칠 수 없다.

하나님을 경외하는 사람은 "족하게 지내리라" 하신 것처럼 만족을 누린다. 하나님의 넉넉한 위로를 받는다. "그를 경외하는 자에게는 부족함이 없도다" 하심과 같이(시 34:9) 진정한 행복을 누린다.

여호와를 경외하는 것은 "생명에 이르게 하는 것"이기에 풍성한 삶을 산다. 그것은 천국에 들어가게 하는 것만이 아니라, 이 세상에서부터 천국을 맛보게 한다. 그런 삶은 역동적이며 활기가 있다. 얼굴에 평강과 기쁨이 있다. 행복 바이러스를 가는 곳마다 만나는 사람에게 퍼뜨린다.

시편 : 주님을 부른다. 주님께 부르짖는다.

"주님, 어서 와주십시오. 내 음성에 귀를 기울여주십시오. 내 기도를 주님께 드리는 분향으로 받아주십시오"(새번역).

기도하면 주께서 그분께 드리는 분향으로 받으신다. 매일 아침과 저녁에 향기로운 향이 여호와께 드려지는 곳, 분향단은 성도의 기도를 상징한다. 네 모퉁이의 뿔은 하나님의 권능과 힘, 구원과 보호, 도우심을 상징한다. 옆에 붙어있도록 만들어진 금고리 둘은 제단을 옮길 때 두 채들을 꿰기 위함이다. 하나님의 백성이 어디로 이동하든지 분향단은 그들과 항상 함께 간다.

기도는 장소에 제한받지 않는다. 그러니 기도 소리가 끊어지지 않아야 한다. 주의 뜻대로 살겠다고 결정한 사람이 기도를 멈추는 건 난센스다.

잠언 : 주님을 경외하는 삶에는 축복이 있다.

1) 참 생명을 얻는다.

2) 만족스러운 생활을 한다.

3) 재앙을 당하지 않는다.

하나님을 공경하면서 두려워하는 삶, 주님을 경외하는 코람데오의 삶이 아름답다. 나도 이런 아름다운 사람이 되고 싶다~. 또 잘해보고 싶다.

20일　주위에 아무도 없어도 주님이 계신다

시편 142:3,4　잠언 20:8

내 영이 내 속에서 상할 때도 주께서 내 길을 아셨나이다. 내가 가는 길에 그들이 나를 잡으려고 올무를 숨겼나이다. 오른쪽을 살펴보소서. 나를 아는 이도 없고 나의 피난처도 없고 내 영혼을 돌보는 이도 없나이다 시편 142:3,4

내 마음이 몹시 상하고, 절망에 빠져 낙심하고, 위험에 처해도 내게 무슨 일이 일어나고 있는지 아무도 관심이 없다. 나만 홀로 남겨져 있다. 나를 힘들게 하는 건 내가 처한 상황이 어려워서가 아니라, 혼자 버려져 있기 때문이다. 도움받을 사람, 날 위로해 줄 사람이 없을 때 가장 괴롭다.

그 많던 친구도 나를 외면한다. 날 위해 목숨이라도 줄 것처럼 다가와 말하던 사람들도 멀리 물러서서 구경만 한다. 내가 돌보고 아끼던 제자들마저 더 이상 다가오지 않고, 모두 침묵한다. 내 옆에 함께 서있는 사람이 없다. 고독함, 홀로 버려짐, 배신감이 홍수처럼 마음에 밀려온다.

그러나 분명히 알아야 한다. 나의 주 하나님은 내 심정을 아신다. 내가 처한 상황도 아신다. 그는 내 곁을 절대 떠나지 않으시고, 날 버리지 않으신다. 내 시선을 돌려야 한다. 주변 사람을 보는 시선을 하나님께로 돌려라.

이때는 하나님께 나아가 부르짖을 때다. 오직 하나님만 내 피난처요 도피성이시다. 그에게 달려가면 나를 받아주신다. 원수가 나보다 강해도 하나님이 나를 구하시고, 주의 복을 소낙비처럼 쏟아부으실 것이다.

심판 자리에 앉은 왕은 그의 눈으로 모든 악을 흩어지게 하느니라 잠언 20:8

하나님을 경외하며 공의로 행하는 신실한 지도자는, 누가 진실한 사람인지, 누가 신뢰할 만한 사람인지 분별할 줄 안다. 한눈에 가려낸다. 자기에게 주어진 힘과 능력을 올바르게 사용하는 지도자는 하나님이 함께하셔서 그 일을 충분히 감당하게 하신다. 상황에 대한 이해력과 분별력 그리고 통찰력을 주신다. 해결할 수 있는 지혜와 명철을 주신다. 모든 것의 주이신 하나님은 그가 보시기에 옳은 사람에게 이 같은 것을 주신다. 솔로몬이 그랬다. 그는 하나님께 "듣는 마음"을 구했다. 하나님은 그것을 주셔서 그가 주어진 일을 충분히 수행하도록 하셨다(왕상 3:9-12).

이런 지도자가 나라를 섬겨야 한다. 지역이나 도시나 작은 동네를 책임지는 사람들까지도 이런 자가 일어나야 한다. 대통령 집무실에 기도실이 있는 나라는 복되다. 맡은 분야가 교육이든, 예술이든, 경제든 무릎 꿇는 지도자가 일어나야 한다. 자기의 안위만 추구하고, 위엄을 뽐내고, 사람들로 거리감을 느끼게 하는 자가 아니라 공의와 긍휼을 베풀 줄 알며, 겸손하게 하나님 편에 서는 지도자가 일어나야 한다.

그런 지도자가 되도록, 그런 지도자가 일어나도록 기도해야 한다. 우리가 기도할 때 하나님이 응답하신다.

"주님, 이런 지도자를 일으켜 세워주소서!"

시편 : 다윗이 고백한다.

"너무 원통(분하고 억울함)합니다. 내 영이 속에서 상했습니다."

"내 영혼이 연약할 때 주님은 내 갈 길을 아십니다. 사람들은 나를 잡으려고 내가 가는 길에 덫을 놓았습니다. 아무리 둘러보아도 나를 도울 사람이 없고, 피할 곳이 없고, 나를 지켜줄 사람이 없습니다"(새번역).

나도 이런 경험이 있다. 이때 '잠시 멈춤' 하고 주님의 손을 바라보는 훈련을 하지 않았다면 진흙탕 싸움에 빠졌을 것이다. 멈추면 여유가 생긴다. 주께서 내 길을 보이시기 때문이다. 나를 부르시고, 사명을 주시고, 걸음을 인도하신다. 나는 분하고 억울하나 주님 손에 원수 갚는 것을 맡겨드려야 앞으로 뚜벅뚜벅 한 발씩 나아갈 수 있고, 사명을 감당할 수 있다.

원수들의 어떤 공격에도 주께로 피하면, 그분께서 나의 영을 만져주시고 건져내시며 치유하셔서 세상이 줄 수 없는 평강으로 데려가신다.

잠언 : "재판석에 앉은 왕은 모든 악을 한눈에 가려낸다"(새번역).

내 삶의 중심에 정의와 공의의 재판관이신 주님만을 모시고 살자. 나는 주어진 권위를 올바르게 사용할 책임이 있다. 높은 수준의 지도력은 공의와 정직에서 나온다.

21일 　아침에 주의 말씀에 귀를 기울이는 복

시편 143:8　잠언 21:30,31

아침에 나로 하여금 주의 인자한 말씀을 듣게 하소서. 내가 주를 의뢰함이니이다. 내가 다닐 길을 알게 하소서. 내가 내 영혼을 주께 드림이니이다 시편 143:8

하나님의 뜻을 따라 사는 삶이 가장 귀하고 영광스럽다. 그것은 오직 말씀을 따라 사는 것이다. 하나님 말씀에 그분의 뜻이 나타나 있기 때문이다. 그러니 하루를 시작하기 전에 하나님 말씀에 귀 기울이는 게 얼마나 귀한가!

주님의 말씀은 변함없는 사랑의 말씀이다. 아침에 아브라함의 언약을 지키시는 말씀, 나를 사랑하시는 말씀을 들으면 종일 힘이 난다. 이는 격려하고, 위로하고, 용기와 힘을 주는 말씀이다.

내가 주님만 의지하기에 아침에 주의 말씀을 먼저 듣는다. 그런 삶이 복되다. 음식보다 더 귀하다. 음식은 육신에 영양을 주지만, 주의 놀라운 말씀은 영혼에 힘을 주신다. 내 삶을 주께 드렸기에 일과를 시작하기 전에 먼저 말씀을 듣는다. 그러면 오늘 다닐 길을 알게 하신다. 하루의 삶을 주께 드리고 주께서 알게 하신 말씀을 따라 산다.

"내가 내 영혼을 주께 드립니다."

이 고백처럼 나도 오늘 내 삶을 주께 드린다. 주께서 아침에 하신 그 말씀을 따라 하루를 순종하며 살아간다.

"아침에"에 밑줄을 긋자.

지혜로도, 명철로도, 모략으로도 여호와를 당치 못하느니라. 싸울 날을 위하여 마병을 예비하거니와 이김은 여호와께 있느니라 잠언 21:30,31

주어진 일을 성공적으로 이루려면 최선을 다해야 한다. 지혜를 모으고, 묘안도 내고, 철저히 연구하고 준비해야 한다. 또 자만하지 말아야 한다. 그 후에는 무릎을 꿇고 머리를 숙여야 한다. 바로 모든 지혜의 하나님, 승리를 주시는 그분께 말이다.

골리앗은 자기의 힘, 능력, 지혜, 무기만 의지하고 자랑했다. 그러나 다윗은 오직 만군의 여호와 하나님을 의지했다.

"너는 칼과 창과 단창으로 내게 나아오거니와 나는 만군의 여호와의 이름으로 네게 나아가노라 또 여호와의 구원하심이 칼과 창에 있지 아니함을 이 무리에게 알게 하리라. 전쟁은 여호와께 속했다"라고 선언하며(삼상 17:45,47) 골리앗에게 나아가 그를 단번에 거꾸러뜨렸다.

하나님은 날마다 그리스도 안에서 우리가 이길 수 있게 하신다(고후 2:14). 오늘도 우리는 '이기는 자'가 될 것이다. 유혹과 낙심과 두려움을 이길 것이다. 하나님은 선으로 악을 이기게 하실 것이다. 내 힘을 의지하지 않고 오직 주의 힘을 의지하는 자에게 말이다.

성령의 충만함을 날마다 구하자. 주께서 반드시 응답하신다. 오늘도 힘찬 믿음의 발걸음을 내딛자. 승리는 이미 우리 것이다.

시편 : 잠에서 깨면 헌금부터 하고, 다른 걸 하기 전에 먼저 주의 말씀 앞에 앉는다. 아침마다 주님의 변함없는 사랑의 말씀을 듣기 위함이다. 내가 주를 의지하니 오늘도 내가 가야 할 길을 일러주신다. 말씀 안에서 오늘 하루 살아갈 힘을 얻는다. 어질고 인자하신 예수님은 언제나 부드러우시다.

오늘 만날 사람과 만나지 말아야 할 사람을 말씀 앞에서 명확히 알게 하신다. 유명 정치인들의 제안을 거절할 힘을 주시고, 가난하고 소외된 사람들에게 주의 사랑을 나눌 힘도 주신다. 내가 주를 의지하고 말씀 앞에 항복하고 성령께 순복하는 만큼 주께서 일하신다. 나를 가르치시고 이끌어가시며 승리를 주신다. 예수님은 언제나 나의 선한 목자시다.

잠언 : 하나님은 예수님 안에서 승리를 주신다. 온 땅의 모든 승리가 예수님 안에 있음을 기억한다. 그분은 십자가 중심으로 역사를 만들어가신다. 십자가 안으로 들어오는 나라, 왕, 개인에게는 다 승리를 주신다. 십자가 밖으로 나가는 나라, 왕, 개인은 결국 패배하도록 하신다.

온 우주의 역사가 십자가 중심으로 흘러간다. 전쟁을 대비하여 군마를 많이 준비해도 승리는 오직 주님께 달려있다. 사람의 지혜는 칼과 단창이지만 하나님의 지혜는 물맷돌 1개면 충분하다.

오늘도 부지런히 주의 지혜를 찾는다.

영적 전쟁에 능한 용사가 되라

시편 144:1 잠언 22:7

나의 반석이신 여호와를 찬송하리로다. 그가 내 손을 가르쳐 싸우게 하시며, 손가락을 가르쳐 전쟁하게 하시는도다 시편 144:1

온 세상이 하나님의 것이다. 거기에 하나님나라가 임해야 한다. 하나님의 통치가 이루어져야 한다. 공의, 정직, 진실, 거룩함, 사랑, 진리, 하나님을 경외함으로 충만한 나라가 되어야 한다.

하나님나라가 확장되려면 먼저 땅을 점령해야 한다. 전쟁은 불가피하다. 반역자가 주의 나라를 속임수로 점령했다. 그것을 되찾아야 한다. 우리의 전쟁은 눈에 보이는 지리적 영토에서 하는 게 아니라 영적 전쟁을 통해 이루어진다. 여호와 하나님은 나를 전쟁에 능한 용사가 되어 승리하도록 무장시키신다. 내 팔과 손을 훈련하신다. 매일 한가하게 지낼 수 없다. 모든 수고를 마치면 그때 진정한 안식을 누리리라.

지금은 전쟁의 때다. 승리는 주님의 교회의 것이다. 말씀과 기도에 전무(專務)하는 것, 성령을 의지하는 법, 거룩하고 순결함, 충성과 순종, 겸손과 온유, 긍휼, 오래 참음, 올바른 영적 권위 발휘, 찬양과 경배, 지혜와 명철, 분별력과 통찰력 등이 훈련 과목이다.

이 전쟁을 통해 여호와를 자기 하나님으로 삼는 백성이 되게(15) 하신다. 거짓이 정직으로, 불의가 공의로, 미움이 사랑으로, 어둠이 빛으로 변한다.

부자는 가난한 자를 주관하고, 빚진 자는 채주의 종이 되느니라 잠언 22:7

"가난한 자"란 돈 없는 자를 말하는 게 아니라 '빚진 자'를 말한다. "빚지면 빚쟁이의 종이 된다"라는 걸 명심해야 한다. 빚지지 말아야 하는 이유다. 빚이 있다면 최우선으로 청산해야 한다. 나의 주인은 오직 예수 그리스도 한 분이기 때문이다.

빚지면 주인이 바뀐다. 빚지고 살면서도, "예수님이 나의 주입니다"라고 고백하는 건 자신을 속이는 일이다. 실제로는 예수님이 아니라 빚쟁이에게 끌려다니고 있기 때문이다. 내가 나의 주이신 예수님의 말씀에 순종하여 그의 뜻을 따라 살아야 하는데, 실제로는 빚쟁이가 오라고 하면 오고, 가라고 하면 가게 된다.

빚이 없다면 내게 명령할 자가 아무도 없다. 자유롭게 내 삶을 결정할 수 있다. 나의 주이신 예수 그리스도의 말씀에 순종하여 사는 삶 말이다. 빚이 있으면 하나님나라에 드릴 예물이 제한된다. 주의 나라에 더 많이 드리고 싶어도 드릴 수 없다. 그러니 빚부터 최선을 다해 갚아야 한다. 모두 청산하는 그날이 진정한 자유의 날이다. 그때부터 시작이다.

시편 : 이 땅은 영적 전쟁터다. 주님은 내 손을 훈련해 전쟁에 익숙하게 하셨고, 손가락을 단련시켜 전투에도 능하게 하셨다.

"내가 세상에 화평을 주러 온 줄로 생각하지 말라 화평이 아니요 검을 주러 왔노라" (마 10:34).

다윗은 "전쟁은 여호와께 속했다!"라고 외쳤다. 물맷돌 1개로 골리앗을 이겼다. 그 돌로 이긴 것이 아니다. 다윗의 믿음을 통해 주님의 지혜가 승리하신 것이다.

나는 경제 영역에서 영적 전쟁 중이다. 말씀의 원칙으로 무장한 '왕의 재정'을 배우고 살아낼 때, 승리를 주시는 하나님을 만난다. 말씀의 검을 잡아라! 이 땅의 영적 전쟁에서 승리가 보장된다. 말씀의 검으로 싸워라! 정치(군사 포함), 경제, 교육, 매스컴, 예술, 종교, 과학 기술(의료 포함), 가정 등 각 영역에 말씀의 원리 원칙이 세워져야 한다. 세상 문화를 뿌리 뽑고 하나님나라 문화를 세워가야 한다.

My5K 캠페인과 '1221레드하트데이'를 통해 문화를 바꾸고 있다. NCMN은 지역 교회와 NCer들과 함께 기독교문명개혁운동을 일으키는 것에 헌신하고 있다. NCMN의 사역들이 문화를 바꾸고 있다. 이 땅에서 주님을 섬기는 놀라운 특권을 누리고 있다. 광야를 통과하게 하시며 우리를 전쟁에 능한 용사로 만드신 주님께 감사와 감격이 밀려온다. "오늘도 주어진 사역에 최선을 다하겠습니다."

잠언 : 내가 빚을 진 이유를 깊이 살펴보았다. 욕심 때문이었다. 사업해서 갚으면 된다는 마음과 은행 이자보다 더 벌 자신이 있었다. 그러나 채주에게 끌려다녀 본 사람으로서 다시는 빚지지 않을 것이다. 만약 빚졌다면 당장 오늘부터 원금을 1만 원이라도 갚아야 한다.

나의 제자리를 알자

시편 145:1,2 잠언 23:15,16

왕이신 나의 하나님이여, 내가 주를 높이고 영원히 주의 이름을 송축하리이다. 내가 날마다 주를 송축하며, 영원히 주의 이름을 송축하리이다 시편 145:1,2

앤드류 머레이는 《겸손》에서 주를 높이고 주의 이름을 찬양하는 삶을 '피조물의 제자리'라고 했다. 10절에, "주께서 지으신 모든 것들이 주께 감사하며, 주의 성도들이 주를 송축하리이다"라고 하신다.

"우리 주 하나님이여, 영광과 존귀와 권능을 받으시는 것이 합당하오니, 주께서 만물을 지으신지라. 만물이 주의 뜻대로 있었고 또 지으심을 받았나이다"(계 4:11).

"이 백성은 내가 나를 위하여 지었나니 나의 찬송을 부르게 하려 함이니라"(사 43:21).

하나님을 아는 만큼 그분을 찬양한다. 하나님은 은혜로우시며 긍휼이 많으시며 노하기를 더디 하시며 인자하심이 크시다(8). 그 모든 행위에 의로우시며 모든 일에 은혜로우시다(17). 하나님께 받은 사랑, 긍휼, 은혜가 얼마나 큰지! 벅찬 감격으로 그분을 찬양한다. 날마다, 영원히(1,2,21), 대대로 찬양한다. 크게 찬양하고, 때로는 작은 소리로 읊조린다. 주의 이름(1,2,21), 주의 위대하심, 주께서 행하시는 일, 주의 크신 은혜, 주의 의, 주의 위엄을 찬양한다. 주를 찬양함이 내 일상의 과제, 라이프스타일이다. 기쁠 때나, 슬플 때나, 일이 잘될 때나 어려울 때나 주님을 찬양한다. 예배자, 이것이 나의 제자리다!

내 아들아, 만일 네 마음이 지혜로우면 나 곧 내 마음이 즐겁겠고, 만일 네 입술이 정직을 말하면 내 속이 유쾌하리라 잠언 23:15,16

우리의 마음이 지혜로울 때 하나님 아버지의 마음이 즐거우시다. 지혜로운 마음은 하나님을 경외할 때 주어진다.

"네가 진리 안에서 행한다 하니 내가 심히 기뻐하노라. 내가 내 자녀들이 진리 안에서 행한다 함을 듣는 것보다 더 기쁜 일이 없도다"(요삼 1:3,4).

이것이 하나님 아버지의 마음이다. 하나님 아버지가 말씀하신다.

"내 아들아, 너는 듣고 지혜를 얻어 네 마음을 바른길로 인도할지니라"(19).

날마다 하나님의 말씀을 듣고 심장에 새길 때 지혜를 얻는다. 마음이 지혜로우면 그 마음이 나를 바른길로 인도한다. 하나님을 경외함으로 사는 게 바른길이다. 그렇게 살 때 하나님의 마음이 즐거우시다.

또한 우리의 입술이 정직을 말할 때 하나님 아버지의 마음이 유쾌하시다. 거짓말하지 않고 정직하게 행하는 것이 하나님의 마음을 유쾌하게 해드린다. 지혜로운 마음과 정직한 입술을 갖는 것이 나의 하나님 아버지의 마음을 기쁘시게 하는 길이다.

시편 : 나는 시편을 통해 예배자가 되었다. 시편 전체를 통해 그분이 행하신 놀라운 일을 찬양하고, 나를 향한 기이한 헤세드의 사랑에 감격한다.

1) 하나님은 나의 왕이시다.

2) 내가 주를 높인다.

3) 영원히 주의 이름을 송축한다.

4) 날마다 주를 송축한다.

5) 영원히 주의 이름을 송축한다.

송축 - 하나님의 위대하심과 선하심에 몸과 마음을 바쳐 내 영혼 깊은 곳에서부터 우러나오는 감사와 찬송을 드리는 일.

영혼에서 우러나오는 것 없이 단지 입으로만 하나님을 노래하는 것은 위선이다.

"이 백성이 입술로는 나를 공경하되 마음은 내게서 멀도다"(마 15:8).

하나님은 제사가 아니라 상한 심령을 원하신다. 주님을 경배하며 예배할 때, 깊은 내면의 상한 것들이 터져 나오게 하시고, 피 묻은 주님의 손이 쓱~ 지나가면서 치유하신다. 그러면 불안하고 두려웠던 마음이 평강을 얻고 안식하게 된다. 주님은 낙심한 사람들을 손잡아 일으켜 세우신다. 우리 주님의 따스한 사랑이 온몸으로 스며든다.

잠언 : 아들 부부가 지혜로운 말을 하면 정말 즐겁다. 손녀가 지혜롭게 말하면 또 얼마나 귀엽고 사랑스러운지 모른다. 그렇다. 내가 지혜롭고 옳은 말을 하면 하나님의 마음도 즐겁고 후련하실 것이다.

24일

피조물을 돌보시는 우리 하나님

시편 146:6,7 잠언 24:11,12

여호와는 천지와 바다와 그중의 만물을 지으시며, 영원히 진실함을 지키시며, 억눌린 사람들을 위해 정의로 심판하시며, 주린 자들에게 먹을 것을 주시는 이시로다. 여호와 께서는 갇힌 자들에게 자유를 주시는도다 시편 146:6,7

　모든 것을 지으신 하나님은 만물을 돌보신다. 지으신 후에 뒤로 물러서서 뒷짐 지고 구경만 하지 않으신다. "진실함을 지키시며"는 하나님이 지으신 모든 것을 '그의 주권으로 다스리시며 돌보심이 진실하시다'는 걸 말한다. 하나님은 거짓말하지 않으신다. 후회가 없으시다. 말씀하신 바를 반드시 실행하신다(민 23:19). 약속하신 것을 꼭 지키신다.

　그러니 하나님이 계시지 않은 것처럼 제멋대로 행동하지 말아야 한다. 초조해하거나 조급해하지도 말고, 하나님의 영역을 침범하지 말아야 한다. 다윗은 이를 너무나 잘 알아서 스스로 왕이 되고자 시도하지 않았다. 그는 하나님의 주권을 믿었다. 우리가 할 일은 오직 그 말씀에 순종하는 것뿐이다.

　"영원히 진실함을 지키시며"의 '지키시다'는 과거, 현재, 미래를 포함한다. 6,7절의 "지으시며", "심판하시며", 먹을 것을 "주시고", 갇힌 자들에게 자유를 "주시는" 걸 모두 "지키신다"라고 말씀하신다. 하나님은 학대받는 이들을 변호하시고, 굶주린 이에게 먹을 걸 주시고, 갇힌 자를 풀어주시고, 눈먼 자에게 시력을 주시고, 넘어진 자를 일으켜 세우신다. 나그네를 보호하시며, 고아와 과부의 편이 되어주시고, 악인은 처치하신다.

너는 사망으로 끌려가는 자를 건져주며, 살륙을 당하게 된 자를 구원하지 아니하려고 하지 말라. 네가 말하기를, '나는 그것을 알지 못하였노라' 할지라도 마음을 저울질하시는 이가 어찌 통찰하지 못하시겠으며, 네 영혼을 지키시는 이가 어찌 알지 못하시겠느냐? 그가 각 사람의 행위대로 보응하시리라 잠언 24:11,12

이 말씀은 시편 146편 6,7절의 하나님의 주권에 대한 우리의 반응이 어떠해야 하는

지를 보여준다. 하나님이 다스리시고 알아서 하실 것이니 우리는 아무것도 하지 말라는 게 아니다. 수동적, 방관적이 되지 말고 오히려 적극적, 능동적으로 하나님의 동역자가 되라고 하신다.

무관심, 냉랭함, 이기주의, 개인주의는 이 세상의 특징이다. 그러나 하나님나라의 특징은 관심과 사랑, 친절과 돌봄, 헌신과 희생이다. 주변의 어려움을 못 본 척하지 않는다. 적극적으로 발 벗고 나서는 게 원칙이다. 아브라함이 위기에 처한 롯을 건지기 위해 최선을 다한 행동을 하나님은 기뻐하셨다.

그러니 사명을 가진 판사, 변호사, 의사, 약사, 간호사, 교사 등 하나님의 손과 발이 되어야 한다. 가난한 사람을 돌보는 '5K 구제 사역'이 활발히 일어나야 한다. 진정한 이웃, 선한 사마리아인이 되어야 한다.

이것이 하나님나라의 백성이 할 일이다.

시편 : 여호와는 누구신가? 하늘과 땅과 바닷속에 있는 모든 걸 지으신 분, 영원히 진실함을 지키시고, 억눌린 사람들을 위해 정의로 심판하시고, 주린 자들에게 먹을 것을 주시고, 갇힌 자들에게 자유를 주시는 분이다(새번역).

와~ 이 아침에 우리 주님을 만나니 부자가 되었다. 배부르다! 이분이 나의 아빠 아버지시다. 무엇을 바라리요.

"주님 한 분만으로 저는 충분합니다!"

잠언 : 하나님의 적극적인 동역자가 돼야 한다. 나를 통해 사망으로 끌려가는 자를 주께서 건져주시도록 내 시간, 에너지, 물질을 드려 축복의 통로로 쓰임 받아야 한다. "나는 이런 삶을 알지 못했습니다"라는 핑계는 주님께 통하지 않는다. 마음을 저울질하시는 하나님이 내 마음의 동기를 감찰하신다. 내 영혼을 지키시는 이가 내 속을 다 알고 계신다.

손익 계산에 빠른 사람이 있다. 그는 나중에 홀로 외롭게 산다. 그렇게 살지 말자! 재물로 친구를 사귀는 것은 지혜다. 어떤 사람에게는 재물이 큰 위로가 될 때가 있다. 이것은 내가 필요할 때, 주께서 되갚아 주신다.

어려움 당한 사람을 외면하지 말자!

주님의 마음으로 그들에게 다가가자!

25일 그의 백성을 향한 하나님의 크신 사랑

시편 147:2,3 잠언 25:14

여호와께서 예루살렘을 세우시며, 이스라엘의 흩어진 자들을 모으시며, 상심한 자들을 고치시며, 그들의 상처를 싸매시는도다 시편 147:2,3

"세우시며, 모으시며, 고치시며, 싸매시다" 이 네 동사를 주목해야 한다. 이것은 하나님이 예루살렘을 향해 행하시는 일들이다. 그리고 한 번만이 아니라 계속하신다. 얼마나 은혜로운가! 얼마나 필요한가!

여호와 하나님은 언제나 예루살렘을 이처럼 돌보신다. 우리가 아는 것처럼 예루살렘은 지리적 장소를 넘어 영적인 영역을 가리킨다. 육체로 난 자가 아브라함의 자녀가 아니라 믿음으로 말미암은 자가 아브라함의 자녀이듯 예루살렘은 어린양 예수님의 피로 값 주고 사신 '예수 그리스도의 교회'를 가리킨다.

예수께서 "내가 이 반석 위에 내 교회를 세우리라"라고 하셨다(마 16:18). 예수님은 그의 교회를 세우신다. 마치 느헤미야가 무너진 예루살렘 성벽을 재건하듯 그의 교회를 견고하게 하신다. 흩어진 자를 모으신다.

여러 이유로 마음이 찢기고 상한 자를 고치시고, 흩어진 조각을 다시 맞춰주신다. 그들의 상처를 싸매어 주신다. 죄를 용서하고 회복하며 기쁨과 평강을 주신다. 연약해진 마음을 강건하게 하시고 영적인 힘을 주어 부흥하게 하신다. 그의 백성을 향한 하나님의 사랑이 얼마나 크신지!

선물한다고 거짓 자랑하는 자는 비 없는 구름과 바람 같으니라 잠언 25:14

말만 거창하게 하고 아무것도 실행하지 않는 사람들이 있다. 선물하겠다고 떠들썩하게 광고하고는 금세 잊는 이들도 있다. 이들은 주위 사람을 실망하게 한다. 이런 사람들은 내려야 할 비는 없는, 하늘에 잔뜩 깔린 뭉게구름과 같다.

그는 인색한 마음이 가득해서 주지도 않으면서 마치 많이 주는 사람인 척한다. 적은 일을 하고는 큰 업적을 남긴 것처럼 광고한다. 작은 봉사를 한 번 하고는 늘 하는 사람인 척 자랑한다. 오늘날처럼 소통의 수단이 발달한 시대는 이런 사람들의 세상이다.

사람에게 보이려고 의를 행하는 사람은 이미 상을 받았기에 하늘에 계신 아버지께 상을 받지 못한다. 주님은 '자기의 선한 행위를 나팔 불지 말라' 하신다. 구제할 때 '오른손이 하는 일을 왼손이 모르게 하라' 하신다. 은밀히 하라는 것이다.

적어도 한 사람 이상에게 공개적으로 말을 꺼냈으면 실천하는 사람이 되자. 자기가 한 말을 책임지는 사람이 되자. 계획을 세워 실행하는 사람이 되자. 아무 계획도 없고 실행할 수단도 없으면서 말만 하는 사람은 주위 사람에게 신뢰를 얻지 못한다. 즉흥적으로 기분에 따라 말을 쉽게 내뱉지 말아야 한다.

시편 : "주님은 예루살렘을 세우시고, 흩어진 이스라엘 백성을 모으신다. 마음이 상한 사람을 고치시고, 그 아픈 곳을 싸매어 주신다"(새번역).

B.C.586년 유다가 멸망하면서 예루살렘이 파괴되었으나 70년 후 스룹바벨 성전이 다시 세워졌듯이, 무너진 교회들을 다시 세우시는 하나님의 열심을 나는 보고 있다.

예수님이 오셨고, 아버지께 올라가시면서 성령을 보내셨다. 그리고 각 사람을 하나님의 성전이 되게 하셨다. 이 성전이 무너지면 주님은 고치시고 상처를 싸매어 주신다.

내 삶이 무너졌는가? 우리 주님 앞으로 나오면 온전하게 재건된다. 다른 곳에는 회복을 위한 답이 없다. 아깝게 시간을 낭비하지 마라. 주님께서 부르신다.

"오라!"

이 음성을 들으면 산다.

"아들아~ 내게로 오라! 딸들아~ 내게로 오라!"

잠언 : 구름과 바람이 있는데 비가 없다면 팥소 없는 찐빵이다. 천둥은 치는데 번개가 없는 사람은 거창하게 말만 늘어놓는 사람이다. "사업이 잘돼서 큰돈이 들어오면 헌금 많이 하겠습니다"라고 말하고 헌금하는 사람을 본 적이 없다. 신용이 떨어지면 예수님의 맛과 향기가 사라진다. 나는 오늘도 새롭게 결정한다. 하나님과 동료들 앞에서 맛과 향기 있는 삶을 살기로.

26일 하나님을 찬양함이 사람의 본분이다

시편 148:6 잠언 26:12

그가 또 그것들을 영원히 세우시고 폐하지 못할 명령을 정하셨도다 시편 148:6

하나님의 창조는 질서와 조화가 있다. 통일성과 다양성이 있다. 하나님은 그가 지으신 모든 것에 일정한 원칙을 세우셨다. 하나님이 만드신 것들을 관찰하면 탁월한 지혜와 놀라운 솜씨가 보인다. 광대하신 하나님, 선하시고 아름다우신 영광의 하나님이 보인다. 이를 볼 때마다 찬양이 절로 나온다.

148편에는 창조 목록이 있다. 6절까지는 하늘에 있는 것들, 7절부터는 땅에 있는 것들이다. 그것들이 하나님을 찬양한다.

"그것들이 여호와의 이름을 찬양함은 그가 명령하시므로 지음을 받았음이로다"(5)

이 모든 것은 하나님이 말씀으로 창조하셨다. 모두가 하나님을 찬양하는 이유가 여기에 있다. 이 모든 것을 향해 "찬양할지어다"라고 명령한다.

하늘, 해와 달, 별 그리고 산, 나무, 짐승, 가축, 기는 것과 나는 새들 모두 하나님을 찬양한다. 그중에도 사람은 모든 피조물 중에 가장 놀랍게 지음 받았다. 하나님의 형상으로 지음 받았고, 하나님이 지으신 모든 것을 그분을 대신하여 다스리는 영광이 사람에게 주어졌다. 무엇보다 창조주 하나님과 가까이할 수 있는 특권을 받았다. 참으로 놀랍다. "이 백성은 내가 나를 위하여 지었나니 나를 찬송하게 하려 함이니라" 하심 같이(사 43:21) 하나님을 찬양하는 게 사람의 본분이다.

왕이나 백성이나 지위가 높고 낮음, 남녀노소를 불문하고 하나님을 찬양함이 마땅하다. 홀로 높으시며 뛰어나신 영광의 하나님을 찬양하자!

네가 스스로 지혜롭게 여기는 자를 보느냐? 그보다 미련한 자에게 오히려 희망이 있느니라 잠언 26:12

자기가 똑똑한 줄 알고 잘난 체하며 배우려는 마음이 없는 사람보다 미련한 사람에게 소망이 있다. 스스로 미련하다고 인정하는 사람에게는 소망이 있다. 그러나 스스로 지혜롭다고 생각하는 사람은 구제불능이다.

자기 죄를 인정하고 통회하는 사람은 새롭게 출발할 소망이 있다. 그러나 죄를 인정하지 않는 완악한 사람, 변명만 늘어놓으며 자기 합리화하는 사람, 자기 의만 내세우는 사람에게는 소망이 없다. 주님은 바리새인과 세리를 통해 비유로 말씀하셨다. 그만큼 '스스로 지혜롭게 여기는 사람이 얼마나 위험한가'를 말씀하셨다.

자만심은 치료하기 어려운 영적 질병이다. 그런 사람은 독선적이며 비판적이다. 그것은 교만에서 비롯된다. 교만은 일만 악의 뿌리다. 마치 술에 취한 것과 같다. 교만한 사람은 지혜가 떠나가 분별력을 상실한다. 그러나 겸손은 얼마나 아름다운가! 겸손한 사람은 지혜와 분별력을 갖게 된다. 하나님을 경외하는 사람에게 지혜가 뒤따른다.

시편 : 말씀으로 천지를 창조하신 하나님이 말씀으로 천지를 붙들고 계신다. "여호와의 말씀이니라 너희가 나를 두려워하지 아니하느냐 내 앞에서 떨지 아니하겠느냐 내가 모래를 두어 바다의 한계를 삼되 그것으로 영원한 한계를 삼고 지나치지 못하게 하였으므로 파도가 거세게 이나 그것을 이기지 못하며 뛰노나 그것을 넘지 못하느니라"(렘 5:22). "너희가 앉을 영원한 자리를 정하여주시고, 지켜야 할 법칙을 주셨다"(새번역).

우리가 앉을 자리는 주님을 영원히 찬양하는 자리다. 우리가 지켜야 할 법칙도 주님이 만드신 모든 만물과 임금과 백성, 세상의 모든 고관과 재판관, 총각과 처녀, 노인과 아이가 주님의 이름을 찬양하는 것이다. 주님의 이름만이 홀로 높고 높으시다. 그 위엄이 땅과 하늘에 가득하다. 온 땅이 주님을 찬양하리라!

천지창조를 바라보면 하나님의 지혜로 꽉 차있다. 만물 속에서 그분을 발견한다. 풀 한 포기, 나무 한 그루, 꽃 한 송이에서도 하나님의 숨결을 발견한다. 질서와 조화, 색깔 감각의 탁월성과 창조성에 놀란다. 나는 만물 안에서 하나님의 지혜를 찾는 게 재밌다. 하나님을 알아갈수록 지혜가 더 생긴다.

"제가 가장 사모하는 건 주님의 지혜입니다."

잠언 : 잠언은 미련한 자를 경계하라고 하신다. 그런데 미련한 자보다 더 경계해야 할 사람은 스스로 지혜롭다고 여기는 자다. 그는 교만하여 누구의 조언도 듣지 않고 주님의 말씀도 안 듣는다. 미련한 사람과 스스로 지혜롭다고 여기는 사람은 피차일반이다. 불쌍히 여기소서!

찬송의 능력

시편 149:6 잠언 27:8

> 그들의 입에는 하나님에 대한 찬양이 있고, 그들의 손에는 두 날 가진 칼이 있도다
>
> 시편 149:6

성도의 입에는 찬양, 두 손에는 좌우에 날 선 검이 있다. 이 모습은 찬송의 능력을 보여준다. 찬송할 때, 어둠의 영이 떠나가고, 하나님의 영광으로 가득 찬다. 찬양은 하늘 보좌에 앉으신 하나님이 내 삶의 현장으로 심방 오시게 한다.

바울과 실라가 빌립보 로마에서 깊은 지하 감옥에 갇혔을 때, 가장 어두운 밤중에 하나님을 찬양했다. 하나님이 임재하시니 옥 터가 움직이고, 그들을 묶었던 차꼬가 풀리며, 그들을 가두었던 옥문이 다 열렸다(행 16:23-26).

찬양할 때 하늘의 군대가 움직인다. 지역과 도시와 나라들의 질서가 재편된다. 거기에 하나님나라가 임하고 주의 뜻이 성취된다. 여호사밧의 전쟁 전략은 특이하고 놀랍다. 그는 원수의 수많은 군대와 전쟁하기 위해 먼저 찬양 팀을 구성했다. 그리고 그들이 적군 앞으로 나아가며 찬양을 시작할 때, 하나님의 복병이 공격을 개시했다. 그들은 브라가 골짜기에서 승리를 주신 하나님을 송축했다(대하 20:22-26).

성도의 찬양은 능력이 있어 하나님을 두려워하지 않는 나라와 민족을 심판한다. 왕과 위정자들을 결박한다. 나라의 방향과 지도를 바꾼다. 이것이 주를 찬양하는 성도들에게 주신 영광이다.

사방에 두려움이 몰려올 때가 바로 하나님을 찬양할 때다. 도시와 지역과 나라의 방향이 바뀌기를 원할 때, 하나님을 찬양하자. 찬양할 때, 하나님나라가 임한다.

> 고향을 떠나 유리하는 사람은 보금자리를 떠나 떠도는 새와 같으니라 잠언 27:8

정착하지 않고 떠돌아다니지 말아야 한다. 직장도, 교회도 그렇다. 이상적인 직장이나 교회는 없다. 뒤로 물러나지 말고 오히려 더 적극적으로 사랑하며 섬길 때, 성장과 발전이 있다. 다른 사람이 내게 무엇을 해주길 바라지 말고, 내가 다른 사람을 위해 무엇을 할지를 생각하는 게 건강한 삶이다. "주는 것이 받는 것보다 복이 있다"라는 말씀을 기억해야 한다(행 20:35). 이것을 '제9 복'이라고 말한다. 주께서 "무엇이든지 남에게 대접을 받고자 하는 대로 너희도 남을 대접하라"라고 말씀하셨다(마 7:12). 이것을 '황금률'이라고 한다.

현재 주어진 삶에 만족하는 법을 배워야 한다. 감사하는 삶을 습관처럼 만들어야 한다. 불만족, 불평은 상황을 더 악화시킨다. 감사와 만족은 더하는 삶을 살게 한다. 남들이 변하기만을 바라지 말고, 내가 먼저 섬김과 희생을 통해 변화를 주는 삶을 살아야 한다.

나와 상관 없는 일에 지나친 참견을 하지 말고, 내가 할 일에 최선을 다해야 한다. 이곳저곳 떠돌며 안주하지 못하는 새처럼 요동하지 말아야 한다. 꾸준함, 성실함에는 큰 보상이 따른다.

시편 : 찬양은 단순한 노래가 아니다. 하나님의 능력을 찬양하면 주께서 하늘에서 칭송받으신다. 하나님의 복수의 칼은 공의로우시다. 뭇 나라를 복수하고 뭇 민족을 철저히 심판하신다. 뭇 민족과 왕들, 고관들을 기록된 판결문대로 처형하실 것이다. 하나님께서 행하시는 모든 일은 아름답고 위대하다. 찬양의 시작도 하나님, 과정도 하나님, 결과도 하나님이시다.

내가 찬양할 때, 하나님의 두 손의 날 선 검이 들려진다.

날 선 검의 역할:

1) 뭇 나라에 복수하며 민족들을 벌한다(7).

2) 그들의 왕들을 족쇄로 채운다. 고관들을 쇠사슬로 묶는다(8).

3) 기록한 판결대로 그들에게 시행한다(9).

4) 이런 영광은 그의 모든 성도의 것이다(9).

잠언 : 장돌뱅이가 있듯이 교회를 쇼핑하듯 입맛에 맞는 설교를 찾아 돌아다니는 사람을 '교돌뱅이'라고 한다. 가급적 한 교회에 정착해라. 꾸준하게 말씀, 기도, 예배, 교제 중심의 삶을 살 때, 영적 성장을 이룰 수 있다. 이 교회 저 교회 떠돌아다니면 아무리 좋은 설교를 듣는다 해도 영적 성장과 열매 맺는 삶과 거리가 멀어진다.

호흡이 있는 자마다

시편 150:1,6 잠언 28:9

할렐루야! 그의 성소에서 하나님을 찬양하며, 그의 권능의 궁창에서 그를 찬양할지어다 호흡이 있는 자마다 여호와를 찬양할지어다! 할렐루야! 시편 150:1,6

사람에게 가장 놀라운 시간은 하나님을 찬양하는 시간이다. 하나님께 나아가 예배드리는 자리는 영광스럽다. 많은 사람이 도시의 시장이나 국가의 대통령을 만나는 자리에 있었다는 것만으로도 영광으로 여긴다. 그러나 성소에 계시는 하나님, 크고 위대하신 하나님의 임재 가운데 머무는 영광을 그 무엇에 비기랴!

벅찬 감격, 넘치는 감사, 충만한 기쁨 속에 일어서서 찬양하고, 손을 들고 노래한다. 그의 위엄, 영광, 아름다움, 빛나는 광채 앞에 무릎 꿇고 엎드려 경배를 드린다.

깊은 바다를 바람으로 말리시고 길을 내서서 육지같이 걸어서 건너게 하시고, 다시 바다로 덮어, 바로의 강력한 전차 부대를 수장시키신 하나님을 경험하면, 다 이처럼 예배자가 된다. 홍해를 건너가 맞은 편을 바라본 이스라엘은 잠잠할 수가 없었다. 춤추며 찬양하고 소고 치며 하나님이 행하신 놀라운 구원을 노래했다.

어찌 앉아서 노래하겠는가! 일어서서 기뻐하고 춤추며 찬양하는 것이 당연하지 않은가! 하나님을 경험한 자, 예수님을 만난 자는 벅찬 감격의 예배를 드린다. 더 이상 종교적 예식은 없다!

사람이 귀를 돌려 율법을 듣지 아니하면 그의 기도도 가증하니라 잠언 28:9

하나님의 말씀에 귀를 닫고 순종하지 않는 사람의 기도에 하나님은 귀를 기울이지 않으신다. 그가 원하시는 것은 '순종'이다. 그의 말씀에 귀를 기울이는 것이다. 주님은 그런 사람의 기도에 귀 기울이신다.

"나를 존중히 여기는 자를 내가 존중히 여기고 나를 멸시하는 자를 내가 경멸하리라" (삼상 2:30).

하나님이 응답하시는 기도의 조건은, 하나님의 뜻을 따라 기도하는 것이다.

"너희가 얻지 못함은 구하지 아니하기 때문이요, 구하여도 얻지 못함은 정욕으로 쓰려고 잘못 구하기 때문이라"(약 4:2,3), "그의 뜻대로 무엇을 구하면 들으심이라"(요일 5:14)라고 하셨다. 또 의인의 간구는 역사하는 힘이 크다고 하셨다(약 5:16).

무엇보다 먼저 하나님의 말씀에 귀 기울여야 한다. 하나님이 내게 무엇을 말씀하시는지 들어야 한다. 그의 뜻이 무엇인지 알고, 그대로 살아가려고 온 힘을 다하는 게 먼저여야 한다.

주의 뜻은 모두에게 유익하다. 생명을 주고 풍성한 삶을 살게 한다. 그래서 주의 뜻은 언제나 신뢰할 수 있다. 그러나 내 뜻은 신뢰할 수 없다. 이기적이고 정욕적이고 세상적이다. 탐욕으로 가득하다. 기도하는 사람이 하나님의 말씀에 귀 기울이지 않고 청각장애인이 된다면, 하나님도 그 기도에 응답하지 않으신다(1:24-28).

시편 : 나는 숨 쉬고 있는가? 그렇다면 내가 할 일은 여호와를 찬양하는 것이다. 성소에서 하나님을 찬양한다. 웅장한 창공에서 그를 찬양한다(새번역).

성소는 하나님의 임재가 있는 곳이다. 가정, 회사, 카페, 식당 등 내가 있는 모든 곳을 하나님의 성소로 만들자.

외로울 때 찬양하면 죄짓지 않게 된다. 지치고, 힘들 때 찬양하면 축 늘어지지 않게 된다. 찬양은 나를 힘있게 만든다.

권능의 궁창은 높고 맑고 푸른 하늘을 펴신 놀라운 주님의 능력이다. 온 땅을 다스리시는 권세를 종일 찬양하는 삶이 나는 참 즐겁다.

잠언 : "귀를 돌리고 율법을 듣지 않으면 그의 기도마저도 역겹게 된다"(새번역).

말씀에 순종하는 삶이 아름답다. 순종할 마음이 없는 기도는 주께서 듣고 싶어 하지 않으신다. 기도의 능력을 경험하고 싶다면 먼저 하나님 말씀에 순종할 자세를 가져야 한다.

순종하는 삶은 언제나 하나님의 능력을 가져온다.

진정한 즐거움, 진정한 복 있는 삶

시편 1:2 잠언 29:11,12

오직 여호와의 율법을 즐거워하여 그의 율법을 주야로 묵상하는도다 시편 1:2

"여호와의 율법"이란 모세오경만을 말하지 않는다. 신구약 66권 전체를 말한다. "모든 성경은 하나님의 감동으로" 기록된 것이기 때문이다(딤후 3:16). 성령의 감동하심을 받은 사람들이 하나님께 받아 말한 것이다(벧후 1:21).

모든 성경의 저자는 사람이 아니라 성령 하나님이시다. 이것이 말씀을 대할 때마다 성령께 깨닫게 해주시기를 요청하는 이유다. 이 기록된 말씀을 통해 '오늘' 내게 하시는 말씀에 귀를 기울이는 것이다.

주 예수님은 "사람이 떡으로만 살 것이 아니요 하나님의 입으로부터 나오는 모든 말씀으로 살 것이라"라고 하셨다(마 4:4). 우리의 몸이 음식을 먹지 않고 살 수 없듯, 우리의 속사람은 하나님의 말씀을 먹지 않고 살 수 없다. 욥은 "일정한 음식보다 그 입의 말씀을 귀히 여겼다"라고 말했다(욥 23:12).

"오직"은 이것만 선택하겠다는 것이다. 오직 하나님의 말씀만 즐거워하고, 주야로 묵상하겠다는 결심이다. 다윗은 하나님의 말씀을 많은 순금보다 더 사모한다고 고백한다. 말씀을 읽을 때, 들을 때, 묵상할 때 마음이 즐겁다. 나를 사랑하시는 아버지의 음성을 듣는 것보다 더 즐거운 일이 있을까!

성령께서 하나님의 뜻을 깨닫게 해주실 때 얼마나 즐거운가! 그 말씀을 심장에 새기고 종일 곱씹으며 말씀을 따라 살아가는 것보다 더 큰 복이 있을까!

어리석은 자는 자기의 노를 다 드러내어도, 지혜로운 자는 그것을 억제하느니라 노하는 자는 다툼을 일으키고, 성내는 자는 범죄함이 많으니라 잠언 29:11,22

노(怒)를 "다 드러내다"와 "억제하다"는 한 가지 일에 대한 서로 다른 반응이다. 노는 배를 뒤집을 듯 요동하는 폭풍 같기도 하고, 온 마을을 삼킬 듯 불같이 일어나는 화산 같기도 하다. "다 드러내다"는 그대로 반응하는 것이다. 배가 뒤집히고, 불같은 화산 폭발로 걷잡을 수 없다. "억제하다"는 그것을 가라앉혀 잠잠하게 하는 것이다. 놀랍게도 '다 드러내거나 또는 억제하는' 반응을 내가 조절할 수 있다.

살다 보면 화낼 일이 한두 번이 아니다. 그런데 그 화를 다 드러낼 것인지, 억제할 것인지가 관건이다. 어리석은 자는 다 드러내지만 지혜로운 자는 억제한다. 그때 지혜로운 자인지 어리석은 자인지가 판가름 난다.

화를 내면 다툼이 일어난다. 관계가 깨진다. 그보다 위험한 건 죄지을 가능성이 더 커진다. 그는 화를 내면서도, 성내면서도 자기는 아무 문제가 없으며 정당하다고 생각한다. 그것이 건강을 해치고, 관계를 깨뜨리고, 죄짓는 길로 인도한다는 걸 모른다.

자신이 화를 다룰 수 있다는 사실을 알아야 한다. 분노, 화를 다루는 길은 온유를 배우는 데 있다. 온유는 성령의 열매다. 오직 성령의 충만함을 날마다 구하는 삶을 살자.

시편 : 말씀을 묵상하는 사람이 복 있는 사람이다. 그는 하나님의 말씀을 즐거워한다. 그 말씀을 주야로 종일 묵상한다. 악인의 꾀와 세상의 방법, 원칙을 거절한다. 이렇게 할 수 있는 것이 말씀 묵상의 힘이다. 오직 하나님의 말씀을 즐거워하며 종일 묵상하고 적용하면 '승리'하는 풍성한 열매가 있다.

복 있는 사람은 죄인의 길, 오만한 자의 자리도 거절한다. 오로지 주님의 율법을 즐거워하며, 밤낮으로 주님의 율법을 사랑하는 사람에게 주께서 맡기신 일에 형통한 축복을 주신다. 이런 복된 삶의 출발이 말씀 묵상이다. 묵상은 하루의 삶에 생명력을 불어넣는다. 묵상은 재밌고 힘과 용기, 지혜와 명철을 준다.

말씀 묵상을 꾸준히 평생 하게 되면 아주 단단해진다. 여유 있게 된다. 깊은 우물에서 생수를 길어 올리는 사람은 품위 있고 향기가 있고 빛이 난다. 우리 어머니는 깊은 샘의 맛을 아는 분이다.

잠언 : 성급하게 화내지 말아야 한다. 미련한 사람은 화가 나면 다 드러내지만, 지혜로운 사람은 화가 나도 참는다. 나도 화를 내고 후회한 적이 한두 번이 아니다. 내 어리석음만 증명했다. 입에 재갈을 물리는 법을 계속 배우는 중이다.

"나의 행위를 조심하여 내 혀로 범죄하지 아니하리니 악인이 내 앞에 있을 때 내가 내 입에 재갈을 먹이리라"(시 39:1).

누가 진정한 부자인가?

시편 2:8 잠언 30:11-14

> 내게 구하라. 내가 이방 나라를 네 유업으로 주리니 네 소유가 땅끝까지 이르리로다

시편 2:8

놀라운 말씀이다! "구하라" 명령하신다. "이방 나라를 유업으로 주겠다" 약속하신다. 누구에게 구하는가? 하나님께 구한다. 그는 천지를 지으신 전능하신 창조주시다. "땅과 거기에 충만한 것과 세계와 그 가운데에 사는 자들은 다 여호와의 것이로다"(24:1). 모든 것의 주인이신 여호와 하나님께 구하라고 하신다. 다른 조건은 없다. 오직 구하는 자에게 주신다. 이 말씀은 창세기 13장 14,15절 말씀으로 구체화된다.

"여호와께서 아브람에게 이르시되, 너는 눈을 들어 너 있는 곳에서 동서남북을 바라보라. 보이는 땅을 내가 너와 네 자손에게 주리니 영원히 이르리라."

하나님은 아브라함에게 "바라보라. 보이는 땅을 주리라"라고 약속하셨다. 주님은 내가 보는 만큼 주실 것이다. 구하는 기도의 범위는 보는 만큼이다.

지금 내 앞의 필요를 바라본다. 그것을 구한다. 주님은 더 멀리 바라보라고 하신다. 도시, 지역, 나라를 바라본다. 주님은 그보다 멀리 보라 하신다. 동아시아, 인도차이나, 중앙아시아, 동남아시아, 서남아시아, 중동을 바라본다. 유럽과 아프리카, 미 대륙을 바라본다. 그리고 그 나라들을 구한다. 주님이 약속하신다.

"내가 네가 구하는 그 나라들을 유업으로 주리라. 네 소유가 되게 하리라."

열방을 구하는 나는 부자다!

아비를 저주하며 어미를 축복하지 아니하는 무리가 있느니라. 스스로 깨끗한 자로 여기면서도 자기의 더러운 것을 씻지 아니하는 무리가 있느니라. 눈이 심히 높으며 눈꺼풀이 높이 들린 무리가 있느니라. 앞니는 장검 같고 어금니는 군도 같아서 가난한 자를 땅에서 삼키며 궁핍한 자를 사람 중에서 삼키는 무리가 있느니라 잠언 30:11-14

절대 본받지도 사귀지도 말아야 할 네 부류의 사람이 있다. 자기 아버지와 어머니를

공경하지 않는 불효자, 자신의 더러움을 씻지 않으면서도 스스로 깨끗한 체하는 사람, 눈이 높아서 다른 사람을 우습게 보는 거만한 사람, 가난하고 불쌍한 자들을 착취하며 자기 영리만을 추구하는 사람이다.

하나님은 이런 사람들을 미워하신다. 이들을 경계의 거울로 삼아야 한다. 혹 내 안에 이런 모습이 있는지 살펴보고, 있다면 철저히 회개해야 한다. 그런 삶을 미워해야 한다. 조금이라도 이들을 닮아서는 안 된다. 함께 지내지도 말아야 한다.

부모를 공경해야 한다. 남을 나보다 낮게 여기고, 자신을 낮추는 겸손한 사람이 되어야 한다. 주변의 가난한 사람을 살펴 불쌍히 여기고 돌봐주어야 한다. 하나님은 이런 사람을 사랑하신다.

나는 예전에 헛된 것을 구했다. '돈, 돈, 돈' 참 미련했다. '인생 대박'이 나고 싶다면 주께서 구하라고 하신 것을 구해야 한다. 주께서 내게 이방 나라를 구하라고 하셨다.

'네 수고와 헌신으로 이방 나라를 하나님나라로 바꿔라.'

주님은 그의 나라를 우리에게 주기를 기뻐하신다. 가나안 땅에 아브라함을 보내신 목적도 그 땅을 하나님의 원리 원칙대로 경작하고 다스리라는 것이었다. 이것이 나의 유업이 되었다. 나의 수고를 통해 이방 나라가 하나님의 통치를 받는다면 나의 소유가 되는 것이다. 우리 주님을 곧 뵐 것이다.

"그날에 주께 드릴 열매 가득 안고 천국에서 주를 뵈리!"

나는 당당하게 말하고 싶다.

"주여~ 수고에 합당한 보상을 주십시오."

나는 믿음으로 구했다.

"242개국 이방 나라를 주십시오. 하나님이 다스리시는 나라로 만들겠습니다."

NCMN 사역의 결과가 나오고 있다. 현재 우리나라와 150개국 이상에서 5K 사역이 일어나 세상 문화를 하나님의 문화로 바꾸고 있다. My5K 캠페인을 통해 열방에 주님의 길을 열고 있다.

"당신에게 따뜻한 심장이 있습니까?"

내가 가진 2개 중 1개를 나누는 나눔 문화를 만들고 있다. 너도나도 나누는 '1221레드하트데이'를 통해 주님의 사랑과 기독교 문화가 온 땅으로 흘러감을 곧 보게 되리라! 온 땅에서 "사랑해요 5K"를 외칠 것이다.

KING'S WISDOM

July

7월

나를 안전하게 하는 진정한 평강

시편 4:8 잠언 1:19

내가 평안히 눕고 자기도 하리니 나를 안전히 살게 하시는 이는 **오직** 여호와이시니이다 시편 4:8

아무리 재물이 많아도 마음 편히 잠을 잘 수 없다면, 그것은 행복이 아니다. 비록 가진 건 적어도 매일 단잠을 자는 사람이 복이 있다. 아무 두려움이 없이 기쁨과 평강의 삶을 사는 게 더 좋다. 물질이나 권력을 취하는 게 나쁘다는 게 아니다. 내면의 강함과 부요함을 말하는 것이다.

비록 외부적으로는 대적이 둘러싸고 있어도 내면의 평강을 유지하는 힘이 더 중요하다. 내가 가진 걸 내세우며 자랑해도 그것이 날 보호하지 못한다. 겉으로는 강한 척해도 마음에 밀려오는 불안과 두려움을 막아내지 못한다.

내가 편안하게 누워 잘 수 있는 건 주께서 나를 안전하게 지켜주시기 때문이다. "오직"이라는 단어에 밑줄을 그어야 한다. 하나님 외에 어떤 것도, 누구도, 그 무엇으로도 나를 평안히 눕고 자게 할 수 없음을 말한다. 날 안전히 살게 할 수 없다. 하나님 외에 다른 어떤 것도 도움이 되지 못한다.

하나님이 주시는 기쁨은 내면의 두려움을 이기게 하며, 외부의 위협을 극복하게 한다. 진정한 평강이 여기에서 나온다. 그러니 오직 하나님을 가까이해야 한다. 하나님의 얼굴을 구해야 한다. 하나님 편에 서있어야 한다. 그러면 그분이 내 편에 서실 것이다.

이익을 탐하는 모든 자의 길은 다 이러하여 자기의 생명을 잃게 하느니라 잠언 1:19

손에 잡히는 대로 다 움켜쥐고, 자기 배만 채우려 하고, 자기 이익만 생각하고 남의 사정과 처지를 조금도 염두에 두지 않는 사람은 결국 제 무덤을 파게 된다. 점점 더 초라하게 되며 가진 것도 다 잃을 것이다. 욕심과 탐욕이 그 중심에 있기 때문이다. 이기주의, 개인주의 때문이다.

입으로는 떠들어도 사실은 사람을 사랑할 줄 모른다. 당연히 하나님도 사랑하지 않는다. 하나님을 두려워하지 않는다. 이런 삶을 경계하자. 그 길로 들어서거나 그들과 어울리지 말아야 한다. 이런 사람과 사귀지도 말자.

오직 나누는 삶을 살고 하나님을 경외하는 사람과 교제하자. 나도 그런 사람이 되어갈 것이다.

시편 : 주께서 주시는 평안을 사모한다.

"나의 평안을 너희에게 주노라 내가 너희에게 주는 것은 세상이 주는 것과 같지 아니하니라 너희는 마음에 근심하지도 말고 두려워하지도 말라"(요 14:27).

세상이 주는 평안은 돈, 건강, 명예 같은 것으로 우리를 속인다. 있다가도 없고, 없다가도 있는 허탄한 것에 안정감을 두게 하고, 늘 불안하게 만든다. 그러나 주께서 주시는 평안은 세상의 것과 다르다.

근심, 걱정으로 잠이 오지 않는 날이면 휴대전화나 TV를 보지 않는다. 눈을 감고 나의 주님을 떠올리며 묵상한다. 나를 절대 버리거나 떠나지 않으시는 주님, 내 앞에서 인도하시고 옆에서 함께 걸어가시고 뒤에서 방패가 되어주시는 나의 주님을 묵상하면 근심과 두려움이 사라지고, 가슴이 금세 따뜻해지고 주님의 사랑으로 충만해져서 평안하게 잠들곤 한다.

주의 뜻을 따라 믿음으로 살아가는 사람에게 주시는 주의 평강은 어둠을 이기게 하는 가장 큰 선물이자 무기다. 어떤 환경도 뛰어넘는, 현실 위에 부으시는 초월적 평강이다. 돈을 사랑하면 돈 걱정이 늘 따라다닌다. 우리 주님께 안정감을 두는 삶이 복된 삶이다.

"돈을 사랑하지 말고 있는 바를 족한 줄로 알라 그가 친히 말씀하시기를 내가 결코 너희를 버리지 아니하고 너희를 떠나지 아니하리라 하셨느니라"(히 13:5).

잠언 : 이익을 탐하는 자에게는 주님이 주시는 평강이 없다. 돈의 노예(맘몬의 종)가 된다. 돈이 그의 주인이 되어 돈이 그에게 명령한다. 모든 결정의 이유를 돈에서 찾게 한다. "개처럼 벌어서 정승처럼 쓰면 되지"라고 속이는 말로 부정직한 삶을 살도록 이끈다. 하나님은 이런 부정직한 삶을 반드시 심판하신다.

"속이는 말로 재물을 모으는 것은 죽음을 구하는 것이라"(21:6).

주의 풍성한 사랑을 힘입어

시편 5:7 잠언 2:9,10

오직 나는 주의 풍성한 사랑을 힘입어 주의 집에 들어가 주를 경외함으로 성전을 향하여 경배하리이다 시편 5:7

하나님 앞에 나아가는 건 내 행위가 아니라 오직 하나님의 풍성한 사랑 덕분이다. 그것이 내게 하나님께 예배드릴 수 있는 자격을 부여한다. "풍성한 사랑"에 해당하는 히브리어 '헤세드'는 하나님의 약속에 기반을 둔 사랑이다. 하나님은 약속을 지키시는 신실한 분이다. 누구나 조건 없이 사랑하신다. 그러나 그 놀라운 사랑, 풍성한 사랑을 믿고 받아들이는 사람만 내 것으로 경험한다.

내 의나 공로가 아니라 오직 하나님의 놀라운 언약적 사랑으로 언제나 하나님의 보좌 앞에 나아가 그의 임재를 경험한다. 그래서 '은혜'요 '믿음'이다. 이 사랑을 의지하여 누구나 하나님께 나아가 예배드릴 수 있다.

주 앞에 나아가는 사람은 누구나 "주를 경외함으로" 주께 경배를 드린다. 하나님의 임재 앞에 서는 사람이라면 하나님을 향한 경외심을 갖게 된다. 예배는 주를 향한 경외함이 있어야 가능하다. 일어서서 손을 들고 그를 찬양한다. 무릎을 꿇고 엎드려 찬양을 드린다. 이런 예배는 하나님을 향한 경외함으로만 가능하다.

하나님의 놀라운 사랑을 아는 만큼 하나님께 나아간다. 하나님을 경외하는 만큼 하나님께 예배를 드린다.

그런즉 네가 공의와 정의와 정직 곧 모든 선한 길을 깨달을 것이라. 곧 지혜가 네 마음에 들어가며 지식이 네 영혼을 즐겁게 할 것이요 잠언 2:9,10

하나님의 말씀을 귀 기울여 듣는 사람에게 주시는 은혜가 얼마나 놀라운가!
1) 무엇이 옳고, 정직하며, 공정한지 알게 된다. 이는 지도력을 발휘하는 데 너무도 중요하다. 지도력의 척도다. 이런 분별력과 판단력이 지도자의 힘이다.
2) 모든 선한 길을 깨닫는다. 무엇이 좋은 길인지 찾아낼 수 있는 이해력은 지도력의

필수 요소다. "선한 길"이란 하나님의 뜻을 따라 사는 길이다.

3) 지혜가 절친한 친구가 되고, 지식이 동행자가 된다. "지식"은 단순히 아는 걸 넘어 삶을 올바르게 볼 줄 아는 지식이다. "지혜"는 이런 지식을 바탕으로 주어진 상황을 올바르게 판단하여 구체적으로 살아갈 방향을 제시한다. 지혜와 지식이 동행하는 삶도 지도력의 필수 요소다.

이것들이 내게 주어진 모든 영역에 영향을 주는 삶을 살게 한다. 기독교문명개혁운동을 주도하려면 필수 요소다. 이것을 얻으려고 힘써야 한다. 하나님의 말씀을 읽으며 주의 음성에 귀를 기울일 때 하나님이 주신다.

시편 : 주님의 크신 은혜를 힘입고 주님을 경외하는 마음으로 주님의 성전을 바라본다. 주님께 무릎 꿇고 경배드릴 때, 나를 대적하는 원수를 보시고 주님의 공의로 날 인도하신다. 내 앞에 주님의 길을 환히 열어주시니 주님을 예배함으로 하루를 시작하면 종일 든든하다. 나의 보호자가 계시기 때문이다.

사람들이 함께 모여서 예배드리는 모습을 자주 본다. 손을 올리는 사람, 꿇어앉은 사람, 엎드리는 사람, 춤추는 사람, 냉담하게 입만 움직이는 사람, 예배당을 노래방으로 만드는 사람들까지. 하나님을 아는 딱 그만큼 예배를 드리는 장면이 많은 걸 생각하게 했다.

한 형제님이 손도 안 들고 일어서지도 않고 전혀 미동도 없어서 물어보았다.

그는 "우리 교회는 나처럼 앉아서 점잖게 예배드립니다. 이리 요란하게 안 드립니다"라고 말했다. 나는 "가장 요란한 예배는 다윗이 드렸습니다. 하나님은 다윗의 예배를 받으셨고, 그 예배를 비웃은 부인은 징계를 받아 잉태하지 못했어요"라고 답했다.

나는 구원의 감격이 너무 커서 앉아서 예배드릴 수 없다. 찬양 가사에 믿음을 실어서 손을 번쩍 들고 경배드릴 때, 주님의 한없는 사랑이 나를 힘있게 일으키신다. 만왕의 왕 앞에 어찌 일어서지 않을 수 있단 말인가! 교회의 예배 스타일, 나의 예배 스타일을 고집하지 말자.

"온 땅에서 예배받으시기에 합당하신 주님께 꿇어 엎드립니다."

잠언 : "공의와 정의가 나의 예배입니다! 정직이 나의 예배입니다! 정의와 공평과 정직이 가장 복된 길임을 깨달았습니다."

환난의 때, 주를 찾고 의지하라
시편 9:10 잠언 3:13-16

여호와여, 주의 이름을 아는 자는 주를 의지하오리니 이는 주를 찾는 자들을 버리지 아니하심이니이다 시편 9:10

"주의 이름을 안다"는 건 주의 이름을 지식으로 아는 걸 말하는 게 아니다. 경험하여 아는 것이다. 그것은 하나님과 깊은 교제, 지속적인 만남으로 그분을 인격적으로 앎을 말한다. 주의 이름을 아는 것은 주의 성품을 아는 것이다. 오직 그런 사람만이 하나님을 의지할 줄 안다. 특히 어려울 때, 환난의 때, 당황스러울 때 하나님께로 나아갈 줄 안다. 그러나 하나님을 알지 못하는 사람은 평안할 때는 하나님을 의지한다고 말하지만, 막상 어려움이 닥치면 하나님을 까맣게 잊고 사람을 의지한다. 어찌할 바를 알지 못하고 두려움에 갇히거나 낙심하여 주저앉는다. 오직 하나님을 아는 사람만 주를 찾고 주께 의지할 줄 안다.

"알다", "의지하다", "찾다"는 밀접하게 연결되어 있다. 주를 아는 사람만이 주를 의지하고, 그러기에 주를 찾는다. 주를 찾는 사람을 주님은 절대 버리지 않으신다. "너희가 내게 부르짖으며 내게 와서 기도하면 내가 너희들의 기도를 들을 것이요, 너희가 온 마음으로 나를 구하면 나를 찾을 것이요 나를 만나리라"라고 약속하셨다(렘 29:12,13).

하나님은 주를 찾는 사람을 반드시 만나주신다. 그의 풍성한 은혜와 성실하심을 알게 하신다. 하나님을 의지하라. 하나님을 찾아라. 다윗은 어려움에 부닥쳤을 때, 주님께로 나아가 주님만 의지했다. 주님은 언제나 그의 사랑으로 안아주셨다.

지혜를 얻은 자와 명철을 얻은 자는 복이 있나니, 이는 지혜를 얻는 것이 은을 얻는 것보다 낫고 그 이익이 정금보다 나음이니라. 지혜는 진주보다 귀하니 네가 사모하는 모든 것으로도 이에 비교할 수 없도다. 그의 오른손에는 장수가 있고 그의 왼손에는 부귀가 있나니 잠언 3:13-16

누가 복 있는 사람인가? 지혜를 찾고 명철을 얻는 사람이다. 지혜와 명철이 은보다 낮고, 정금보다 유익하기 때문이다. 온갖 화려하고 값진 보석으로 단장하는 것보다 더 가치 있고 나은 게 지혜다.

아무리 화려하게 꾸며도 지혜가 없으면 돼지 코에 금 고리 같다고 하셨다. "지혜"로 단장하라. 진정한 아름다움이 거기에 있다. 그런 사람은 오른손에는 장수, 왼손에는 부귀영화가 있다. 지혜와 명철, 장수와 부귀는 한식구다. 그리고 지혜가 가장이다. 그래서 지혜를 보물 찾듯 찾고, 어떤 선물보다 명철을 얻기를 간절히 바라야 한다. 하나님은 그것을 성경에 숨겨두셨다.

나는 오늘도 성경을 편다. 그 속에 숨겨두신 보물을 찾으려고, 명철을 얻으려고 갈급함으로 읽는다. 하나님을 경외할 때 지혜가 있다. 여호와를 경외하는 법을 성령께 배워야 한다. 그리스도 안에 지혜와 지식의 모든 보화가 감추어져(골 2:3) 있기 때문이다. 예수 그리스도를 알수록 지혜가 생긴다.

시편 : "주님을 찾는 사람을 주님께서는 결단코 버리지 않으시므로, 주님의 이름을 아는 사람들이 주님만 의지합니다. 나는 믿음으로 사는 삶을 가장 즐거워합니다."

하나님을 경험한 만큼 주님을 알게 되고 주님을 아는 만큼 주님을 찾게 된다. 사역과 사업에서 발생하는 재정의 부담, 환경의 막힘, 사람들의 오해 등이 몰려올 때 실수하기 쉽다. 생각의 조급함이 말실수와 결정의 실패를 가져온다. 이때 조심하라. 행동의 재앙을 초래하게 된다.

'잠깐 멈춤!'이 중요하다. 자신을 점검해야 한다. '나는 지금 주님의 뜻 한가운데서 일하고 있는가?' '예'라고 한다면 주의 약속을 굳게 붙잡을 때다. 내 믿음을 보일 때다. 주가 주시는 간증을 기대할 때다.

또 잠시 눈을 감고 주님을 묵상해야 한다. 주님은 억울한 자들이 피할 요새시며 고난받을 때 피할 견고한 성이시다. 결코 나를 버리지 않으시는 주님을 떠올리면 한순간에 머릿속에 여유 공간이 생기며 얼굴에 미소가 지어진다.

잠언 : 하나님을 알면 말씀에 대한 지혜와 이해력이 생긴다. 하나님을 경외하는 만큼 생기는 삶의 적용 능력인 명철은 금, 은, 진주보다 값지다. 오늘도 여호와를 힘써 알자. 그분을 경외함으로 장수와 부귀의 약속을 사모한다.

에녹의 믿음을 본받자

시편 11:7 잠언 4:8

여호와는 의로우사 의로운 일을 좋아하시나니 정직한 자는 그의 얼굴을 뵈오리로다

시편 11:7

시편 10편, 11편은 악인이 형통하고 의인이 고통당하는 일로 하나님께 호소하고 있다. 우리도 이런 현상을 종종 본다. 열심히 치열하게 세상의 불의와 타협하지 않고 정직하고 신실하게 살아가는 사람들이 고통 당하는 모습을 보면 안타깝기만 하다. 반면에 불의를 행하는 자들이 속히 망하기를 바라는데 여전히 잘되는 걸 보면 분통이 터진다. "하나님은 저런 사람들을 왜 빨리 데려가지 않으시지" 하는 말이 입 밖으로 나올 지경이다.

그러나 눈을 들어 주 하나님을 바라보면 내 마음이 힘을 얻는다. 그는 의로우신 하나님이다. 주님은 의로운 일을 사랑하신다. 반드시 악인을 심판하시고 정직한 자를 도우신다.

성령께서 에녹의 입을 통해 오늘 내게 말씀하신다. "믿음이 없이는 하나님을 기쁘시게 하지 못하나니, 하나님께 나아가는 자는 반드시 그가 계신 것과 또한 그가 자기를 찾는 자들에게 상 주시는 이심을 믿어야 할지니라"(히 11:6).

지금은 에녹의 믿음이 필요할 때다. 사방에 불의와 거짓, 폭력과 불법이 가득하여 어디에 눈을 두어야 할지, 어디로 발을 내디뎌야 할지 모르는 상황에서 에녹은 하나님과 동행했다. 그 입에서 불평과 원망, 한숨과 탄식이 그쳤다. 감사와 찬송이 나왔다. 왜냐하면 그는 믿음으로 발걸음을 내디뎠기 때문이다. 오직 믿음뿐이다. 하나님의 주권을 믿어야 한다.

그를 높이라. 그리하면 그가 너를 높이 들리라. 만일 그를 품으면 그가 너를 영화롭게 하리라 잠언 4:8

"그를 높이라"는 흙을 쌓아 올려 길이나 둑을 만들 듯이 내 모든 삶의 영역에서 차곡

차곡 쌓아 올려 오직 주님만 높이는 걸 말한다. 내 모든 행위 하나하나를 쌓아서 오직 주님만 최고의 자리에 계시도록 하는 것이다. 내 자랑거리는 오직 예수밖에 없음을 말한다. "그를 품으라"는 가장 귀한 사람, 가장 사랑하는 사람을 가슴에 껴안는 걸 말한다. 오직 주 예수님만이 나의 최고의 사랑이시다.

"처음 사랑"(계 2:4)이란 '첫째가는 사랑'이다. 이는 감정이 아니라 행동을 말한다. 비록 환경은 광야라 해도 주님을 사랑하기에 기꺼이 그 길로 걷는 것같이 주를 사랑하기에 어디든 주를 따르고 주님만 자랑한다.

오직 지혜이신 예수 그리스도를 높이는 삶, 그의 말씀을 가슴에 받아 고이 간직하고, 전심으로 말씀을 따라 살아간다. 그러면 하나님이 약속하신다.

"그러므로 이스라엘의 하나님 나 여호와가 말하노라 … 나를 존중히 여기는 자를 내가 존중히 여기고 나를 멸시하는 자를 내가 경멸하리라"(삼상 2:30).

오직 하나님께만 모든 영광을 드리겠습니다!

시편 : 주님은 의로우셔서 정의로운 일을 사랑하신다. 정직한 사람은 주님의 얼굴을 뵙는다(7). 정직하기로 결정하니 정직한 삶이 점점 쉬워지고 정말 쉬워진다. 순간을 모면하기 위해 또는 상대를 배려하기 위해 한 하얀 거짓말도 거짓말이다. 또 다른 거짓으로 거짓을 덮게 만든다. 나는 거짓말하지 않기로 한다. 조금 불편할 수 있고, 손해 보는 것 같으나 진실은 영원히 편한 삶을 보장한다.

하나님은 정직한 자를 기뻐하시고 가까이하신다. 그분이 정직하시기 때문이다.

"여호와는 선하시고 정직하시니 그러므로 그의 도로 죄인들을 교훈하시리로다"(25:8).

악인들 때문에 불평하지 말자. 시편 73편에서 기자는 악인이 형통하고(3), 힘이 더 강해지며(4), 재물이 더욱 늘어나는 것(12)같이 보여서 고통스러워한다. 그러나 악인의 마지막을 말씀하셨다(73:17-19). 하나님의 성소에 들어갈 때, 악인은 파멸에 던져지며 전멸한다.

잠언 : 예수님은 언제나 무대 한 중앙에 계시는 나의 챔피언이시다. 온 우주 역사의 주인공은 언제나 예수님이시다. 하나님은 십자가를 중심으로 역사를 만들어가신다. 예수님을 일부러 높이는 게 아니라, 사실을 말하는 것이다.

"예수님만이 온 우주의 주인공이십니다!"

거룩하신 주님의 임재를 경험하는 길

시편 15편 잠언 5:9,10

"장막"과 "성산"은 내용상 하나다. 주님이 계신 곳에 대한 강조점을 달리할 뿐이다. 장막은 주의 임재를, 성산은 주의 임재의 영적 상태, 즉 거룩함을 가리킨다. 주님이 계신 곳은 거룩하다. 주님이 거룩하시니 주님이 계신 곳도 그렇다. 이사야 선지자가 주님의 보좌를 바라볼 때, "거룩하다 거룩하다 거룩하다" 노래하는 천사의 소리를 들었다. 주님의 임재를 경험하는 삶을 살려면 당연히 우리도 거룩해야 한다.

시편 15편은 주의 임재 가운데 머무는 거룩한 삶을 열 가지로 열거한다.

"주님, 누가 주님의 장막에서 살 수 있겠습니까? 누가 주님의 거룩한 산에 머무를 수 있겠습니까? 1) 깨끗한 삶을 사는 사람 2) 정의를 실천하는 사람 3) 마음으로 진실을 말하는 사람 4) 혀를 놀려 남의 허물을 들추지 않는 사람 5) 친구에게 해를 끼치지 않는 사람 6) 이웃을 모욕하지 않는 사람 7) 하나님을 업신여기는 자를 경멸하고 주님을 두려워하는 사람을 존경하는 사람 8) 맹세한 것은 해가 되더라도 깨뜨리지 않고 지키는 사람 9) 높은 이자를 받으려고 돈을 꿔주지 않는 사람 10) 무죄한 사람을 해칠세라 뇌물을 받지 않는 사람. 이러한 사람은 영원히 흔들리지 않을 것입니다"(1-5 새번역).

'거룩함'이란 주 앞에서만 아니라 이 세상을 살아가는 삶의 태도와 행동까지 포함한다. 마음과 혀를 사용하고, 재물을 올바르게 사용하는 것도 포함한다. 하나님과의 관계만 아니라 사람과의 관계도 포함한다. 그리고 세상에서 그리스도인으로 사는 삶도 포함한다. 모든 영역에서 거룩함으로 살아가는 사람이 하나님의 장막에 거하는 사람이다.

두렵건대 네 존영이 남에게 잃어버리게 되며, 네 수한이 잔인한 자에게 **빼앗기게** 될까 하노라. 두렵건대 타인이 네 재물로 충족하게 되며, 네 수고한 것이 외인의 집에 있게 **될까 하노라** 잠언 5:9,10

우리가 삶을 살아갈 때, 네 가지 두려움이 있다.
1) 한때 누리던 영예를 다른 사람에게 **빼앗기지** 않을까?

2) 파멸시키려고 혈안이 된 잔인한 자들의 손에 죽임을 당하지 않을까?

3) 내가 열심히 수고하여 모은 재물로 낯선 사람들이 배를 채우지 않을까?

4) 내가 수고한 것을 다른 사람들이 가로채지는 않을까?

우리는 수치를 당하는 일, 재산을 날리는 일, 건강이 파괴되며 수명이 단축되는 일, 평생 쌓은 명성이 하루아침에 사라지는 일이 발생하지 않길 바란다.

왜 이런 두려움이 생기는가? 하나님의 말씀을 무시하고 귀담아듣지 않기 때문이다. 세상의 유혹과 쾌락에 빠져 살기 때문이다(7-14).

이런 일이 일어나지 않으려면 그것을 단호히 거절해야 한다. '나는 괜찮을 거야' 하면서 자신을 과신하지 말아야 한다. 오직 하나님의 말씀을 따라 사는 것만이 살길이다. 생명을 얻고, 영예를 누리는 길이다.

시편 : 하나님의 장막, 거룩한 산에 거할 자의 열 가지 행동 중 나는 몇 가지를 지키며 살고 있는가? 4-10번은 누구나 잘할 것 같다. 그러나 1-3번,

1) 깨끗한 삶을 사는 사람

2) 정의를 실천하는 사람

3) 마음으로 진실을 말하는 사람

이것은 계속 훈련하며 살아내야 하는 항목이다.

종일 찬찬히 묵상하며 내 중심을 점검해본다. 반성도 되고, 도전도 되고, 격려도 된다. 하나님의 장막, 거룩한 산에 머무는 사람이 열 가지 삶을 살아내면 영원히 흔들리지 않는다.

나는 주님의 장막을 사모하니 이 열 가지를 명심하고 더 잘 살 것이다.

잠언 : 하나님의 말씀과 음성을 따라 살면 어떤 두려움도 사라진다. 의인의 삶은 주님의 보호를 받기 때문이다. 늘 점검할 건 '오늘도 말씀 안에서 살고 있는가? 오늘도 그분이 있으라고 말씀하시는 곳에 있는가? 주께서 시키신 일을 하고 있는가?'이다.

'무엇을 잃을까? 무엇을 빼앗길까?'는 점검 대상이 아니다. 시간 낭비일 뿐이다.

예수! 오직 그분을 오늘 더! 내일 더! 사랑하는 것이 내 목표다.

가장 안전한 곳

시편 16:8 잠언 6:9-11

내가 여호와를 **항상** 내 앞에 모심이여, 그가 나의 오른쪽에 계시므로 내가 흔들리지 아니하리로다 시편 16:8

하나님을 내 앞에 모신다는 것은, 내 능력과 지혜로 살지 않고 그분의 인도하심을 받으며, 그분의 지혜와 능력을 의지하는 삶이다. 무엇보다 하나님을 우선하는 삶, 그분의 뜻에 순종하는 삶, 주의 임재 가운데 머무는 삶이다.

"항상"에 밑줄을 그어야 한다. 평안할 때만 아니라 풍랑을 만났을 때도 하나님을 내 앞에 모신다. 그런 삶을 살 때, 하나님은 언제나 내 곁에서 동행하시고 격려하시고 응원하시며 지지하신다. 지혜와 능력도 주신다. 하나님은 언제든지 나를 도울 가까운 곳, 바로 내 오른쪽에 계신다. 그분은 가장 강력한 보호자시다. 하나님이 가장 가까이 계시니 나는 조금도 흔들리지 않는다.

성령께서 베드로를 통해 이 구절을 다음과 같이 선포하셨다.

"내가 항상 내 앞에 계신 주를 뵈었음이여! 나로 요동하지 않게 하기 위하여 그가 내 우편에 계시도다"(행 2:25). 이보다 더 강력한 고백이 있을까!

9절의 "이러므로"는 우리의 당연한 응답이다.

"이러므로 나의 마음이 기쁘고 나의 영도 즐거워하며 내 육체도 안전히 살리로다."

하나님 중심으로 사는 사람, 하나님이 곁에 계셔서 조금도 두려워하지 않고 흔들리지 않는 사람의 반응이다. 기쁨과 즐거움, 평강과 안식이 그 결과다.

"나는 항상 주를 내 앞에 모시며 따르겠습니다."

게으른 자여! 네가 어느 때까지 누워있겠느냐? 네가 어느 때 잠이 깨어 일어나겠느냐? '좀 더 자자', '좀 더 졸자', 손을 모으고 '좀 더 누워있자' 하면, 네 빈궁이 강도같이 오며 네 곤핍이 군사같이 이르리라 잠언 6:9-11

"좀 더"는 '조금 더'의 준말이다. 게으른 자의 공통어다. '조금 더 자야지', '조금 더 눈을 붙여야지', '조금 더 누워있어야지'라고 한다. 게으름뱅이의 전형적인 모습이다. 일하기 싫어한다. 해야 할 일을 뒤로 미룬다. '나중에'가 입에 붙어있다. 그는 조금 후에 가난이 강도처럼 들이닥치는 걸 경험할 것이다. 그리고 빈곤이 방패로 무장한 용사처럼 달려드는 걸 볼 것이다.

게으름, 가난, 빈곤은 한 지붕 아래 산다. 아무리 떼어놓으려 해도 꼭 붙어산다. 좀 더 솔직하게 말하면 게으름뱅이는 '가난과 빈곤'이라는 무장 강도떼에게 둘러싸여 산다. 이들로부터 도저히 벗어날 수 없어서 늘 결핍된 삶을 산다.

그런데 놀랍게도 개미 선생이 이를 해결해준다. 개미 학교에서 배운 이들은 서로 헤어져 다시는 만나지 않았다. 작고 힘없어 보이는 개미 선생에게서 배운 효과가 크다. 가난과 빈곤의 강도떼가 포위망을 풀고 물러갔다. 개미는 참으로 놀라운 선생이다.

시편 : 각 사람이 스승을 모실 때가 있다. 지혜를 얻고 그대로 행하길 원하기 때문이다. 여호와를 내 앞에 모신다는 것도 하나님이 이끌어가시는 삶을 따라가겠다는 것이다. 내 생각을 접겠다는 것이다. 내 능력이 아닌 주님이 주시는 힘으로 살겠다는 결정이다. 이런 사람에게 주님은 언제나 함께하신다.

그가 나의 오른쪽에 계신다. 어찌 흔들리겠는가! 주님을 모시고 사는 삶은 기쁨이 넘친다. 주님은 몸소 생명의 길을 보여주신다. 세상에서 가장 지혜롭고 안전하고 든든하신 전능자, 주께서 나를 이끌어가신다.

잠언 : 하나님의 일꾼들에게 하나님은 보수를 주신다(민 18:31). 보수는 일한 대가로 주는 돈이나 물품이다. 나는 하나님께 고용되었다. 나의 고용주가 하나님이신데 어찌 게으를 수 있겠는가!

에스겔서 29장 18-20절을 보면 느부갓네살 왕의 군대를 통해 두로를 치게 하시고, 두로에서 수고의 대가를 얻지 못하였기에 그 군대의 보상으로 애굽 땅을 그에게 주셨다고 말씀하신다. 이것이 하나님의 성품이시다.

하나님께 채용된 모든 사람은 일해야 하나님의 보수를 받을 수 있다. 목사, 선교사도 예외가 아니다. 일하지 않는 자에게 하나님이 어찌 보수를 주시겠는가! 그래서 나는 진짜 열심히 일한다. 보수의 지급 방법은 하나님께서 공의롭게 집행하신다. 사례비, 급료, 사업 수익, 때로는 까마귀를 보내기도 하신다. 주님은 공급 방법에 제한받지 않으신다.

응답받는 기도가 정상이다

시편 17:6,7 잠언 7:21,22

하나님이여, 내게 응답하시겠으므로 내가 불렀사오니 내게 귀를 기울여 내 말을 들으소서. 주께 피하는 자들을 그 일어나 치는 자들에게서 오른손으로 구원하시는 주여, 주의 기이한 사랑을 나타내소서 시편 17:6,7

"내게 응답하시겠으므로 내가 불렀사오니 … 내 말을 들으소서"는 지극히 정상적인 우리의 행동이다. 기도하는 이유는, 하나님이 내 기도에 귀 기울이시고 응답하시기 때문이다. 하나님의 응답에 대한 확신이 있어야 기도하게 된다.

우리는 말 못 하고 듣지 못하는 우상에게 기도하지 않는다. 듣고 응답하시는 하나님께 기도한다. 우리 하나님은 무한한 인격이시다. 구원에 능한 전능자시다. 그래서 우리의 모든 사정을 아신다. 우리의 말을 들으신다. 그리고 구체적으로 응답하신다. 그러니 응답받는 기도가 정상이다.

대적으로 인해 어려울 때는 직접 싸우지 말고 주께로 피해야 한다. 그러면 하나님이 그의 놀라운 사랑을 나타내 대적의 손에서 구원하신다. "나의 걸음이 주의 길을 굳게 지키는"(5) 이유가 여기에 있다. 제멋대로 행동하지 않는다. 악을 행하지 않고 악에서 돌이킨다. 죄 앞에 머뭇거리지 않는다. 주께서 나를 지키실 줄 확신하기 때문이다. 하나님이 나를 얼마나 사랑하는지 보여주실 것이다.

나를 향한 그분의 놀라운 사랑을 날마다 붙들라.

여러 가지 고운 말로 유혹하며 입술의 호리는 말로 꾀므로, 젊은이가 곧 그를 따랐으니, 소가 도수장으로 가는 것 같고, 미련한 자가 벌을 받으려고 쇠사슬에 매이러 가는 것과 같도다 잠언 7:21,22

여자의 달콤한 말에 홀려 즉시 그 꽁무니를 뒤쫓는 청년의 모습, 그것은 지옥행 특급 열차에 올라타는 모습이다. "소가 도수장으로 가는 것" 같다고 하신다. 소는 자기가 어디로 가는지 알지 못한다. 어리석은 청년 또한 비참한 결말을 알지 못한다.

얼마나 안타까운가! "미련한 자가 쇠사슬에 매이러 가는 것과 같다"라고 하신다. 어리석은 청년의 행위는 스스로 죄악의 굴레를 매어 자신이 누릴 수 있는 모든 자유를 박탈 당하는 것과 같다.

얼마나 어리석은가! 그러니 날마다 깨어있어야 한다. 방심은 금물이다. 자만심은 독약이다. "시험에 들지 않게 깨어 기도하라"라고 하시는(마 26:41) 예수님의 말씀이 심장을 두드리지 않는가! 무릎으로 살아야 한다. 거기에 승리의 비결이 있다.

날마다 말씀을 묵상해야 한다. 그 말씀이 나를 깨어있게 한다! "청년이 무엇으로 그 행실을 깨끗하게 하리이까 주의 말씀을 따라 삼갈 것이니이다"(시 119:9).

주여! 다음세대를 지켜주소서! 눈에서 눈물이 흐르고 내 심장이 깨어진다. 다음세대가 기도와 말씀으로 무장되길 바라며 날마다 무릎을 꿇는다.

시편 : "내가 주님을 부르니 귀 기울이셔서 내게 응답하여주십시오. 주님께 피하는 사람은 오른손으로 구원하시고 나을 치는 자들의 손에서 나를 건져주십시오. 주님은 미쁘심이 큽니다"(6,7). 믿음이 없이는 하나님을 기쁘시게 할 수 없다. 하나님께 나아가는 자는 반드시 그가 계신 것과 또 그가 자기를 찾는 자들에게 상 주시는 이심을 믿어야 한다"(히 11:6). 에녹의 믿음을 말한다. 단순한 믿음이 역사를 만든다. 살아계신 주님을 찾는 건 그분이 반드시 기도에 응답하시는 걸 믿는 것이다. 응답하시는 분이 나의 하나님이시다. 단, 나의 기도가 하나님 뜻 안에 있는가만 점검하면 된다.

"그러므로 내가 너희에게 말하노니 무엇이든지 기도하고 구하는 것은 받은 줄로 믿으라 그리하면 너희에게 그대로 되리라"(막 11:24).

순서가 중요하다. 1) 무엇이든지 기도 제목이 된다. 2) 기도한다. 3) 받은 줄 믿는다. 4) 응답을 경험한다.

이것이 오늘도 시간을 따로 떼어 하나님께 무릎 꿇는 이유다. 응답에 대한 확신이 있기 때문이다. 내 기도에 확신이 없다면 시간 낭비일 것이다.

잠언 : 음녀의 유혹은 치명적인 독을 품고 있다. 음녀의 유혹에 넘어가서 그를 따르면 명예가 실추되고, 하나님께서 내게 주신 권위를 거두어 다른 사람에게 주신다. 회개하지 않으면, 하나님의 손에 잘리게 된다. 이 얼마나 통탄할 일인가! 지옥으로 가던 길을 멈추고, 즉시 회개하고 돌이키는 것만이 살길이다.

나에게 날마다 이김을 주시는 하나님

시편 18:32-34 잠언 8:13

이 하나님이 힘으로 내게 띠 띠우시며, 내 길을 완전하게 하시며, 나의 발을 암사슴 발 같게 하시며, 나를 나의 높은 곳에 세우시며, 내 손을 가르쳐 싸우게 하시니 내 팔이 놋 활을 당기도다 시편 18:32-34

다윗은 가장 강하고 큰 나라를 만들었다. 주변 나라와의 전쟁에서 모두 승리했다. 그는 자신의 힘과 능력으로 승리한 것이 아님을 분명히 밝혔다. 하나님의 힘과 능력으로 승리했다. 시편 18편이 그 결산서다.

"다윗이 어디로 가든지 여호와께서 이기게 하셨더라"(삼상 8:14).

하나님이 그의 힘으로 내게 띠를 띠셨다. 허리띠는 군인의 전신 갑주의 첫 부분이다. 허리는 몸의 힘의 중심이다. 그 허리에 하나님의 힘으로 띠를 띠었다. 내 승리의 결정적인 이유는 하나님의 능력이다. "암사슴의 발"은 빠른 발이다. 적군을 향해 민첩하고 빠르게 달려 적을 쉽게 섬멸할 수 있다.

모든 전쟁에 승리하여 존귀하게 하신다. "내 손을 가르쳐 싸우게 하신다"는 훈련으로 단련시켜 전쟁에 능한 용사가 되게 하신다는 것이다. 하나님에 의해 단련된 팔은 용사로서 일반적으로 당길 수 없는 놋 활을 능히 당기게 하신다. 허리, 발, 손 그리고 팔은 전쟁을 승리로 이끌기 위해 강해져야 한다.

성령께서 기도와 말씀으로 무장시키신다.

여호와를 경외하는 것은 악을 미워하는 것이라. 나는 교만과 거만과 악한 행실과 패역한 입을 미워하느니라 잠언 8:13

하나님이 미워하시는 것을 나도 미워한다. 하나님은 "교만과 거만"을 미워하신다. 이것은 모든 죄의 근본이다. 하나님은 "악한 행실과 패역한 입"을 미워하신다. 그것은 교만과 거만의 결과다. 교만과 거만이 마음의 태도라면 악한 행실과 패역한 입은 삶에서 나타나는 행동이다.

우리는 이런 사람들을 미워한다. 그러나 내 속에 이런 마음과 행동이 나타나는 걸 미워하는 게 더 중요하다. 자신의 교만한 마음, 뽐내는 마음, 지식과 경험과 업적을 자랑하는 마음을 미워해야 한다. 내 입으로 자화자찬하는 것이 얼마나 위험한가! 남을 우습게 여기고 깔보는 마음, 남의 약점과 단점을 들추어 조롱하고 멸시하며 조소하는 태도, 악한 행실과 거짓을 미워해야 한다.

그리고 적극적으로 겸손과 정직을 사랑하며 선한 행실을 추구해야 한다. 하나님은 하나님을 경외하는 사람을 사랑하신다. 하나님을 경외하는 사람은 하나님을 사랑하고 그분이 미워하시는 악을 미워한다.

시편 : 오늘 본문은 성령의 능력에 붙잡힌 사람의 역동적인 삶을 보여준다.
1) 하나님께서 나에게 용기를 북돋아 주신다.
2) 하나님께서 나의 길을 안전하게 지켜주신다.
3) 하나님께서 나의 발을 암사슴의 발처럼 빠르게 만드신다.
4) 나를 높은 곳에 안전하게 세우신다.
5) 하나님께서 나에게 싸우는 법을 가르쳐주신다.
6) 나의 팔이 놋쇠로 된 강한 활을 당긴다.

하나님의 능력으로 전쟁에 승리하는 용사의 모습이다. 승리의 비결은 성령의 능력에 있다. 다윗은 만군의 여호와의 이름으로 골리앗을 넘어뜨렸다. 하나님이 다윗의 믿음 가운데 성령의 능력으로 띠를 띠우셨다. 중요한 건 나의 믿음이다. 내가 오늘날 다윗이 되어야 한다.

"주님께서 주님의 방패를 들고 있는 내 손을 강하게 붙드시며 내 발을 힘있게 하셨습니다. 나는 원수를 뒤쫓아가서 그들이 망할 때까지 뒤돌아서지 않겠습니다."

잠언 : 신앙생활 중 어느 시기를 통과할 때였다. 아주 큰 변화가 일어났는데 하나님의 길, 방법, 원리 원칙이 아닌 것들이 다 미워졌다. 악한 것, 죄짓는 것이 아주 싫어졌다. 죄를 미워하고 거절할수록 하나님을 경외하는 마음이 커졌다. 주님을 향한 사랑도 커졌다. 마음은 기쁨으로 넘쳤고, 얼굴에는 항상 미소가 지어졌다.

나는 성령 하나님이 내 삶을 장악하시도록 나를 기꺼이 내어드렸다.

많은 정금보다 더, 꿀과 송이꿀보다 더

시편 19:7-10 잠언 9:11

여호와의 율법은 완전하여 영혼을 소성시키며 여호와의 증거는 확실하여 우둔한 자를 지혜롭게 하며 여호와의 교훈은 정직하여 마음을 기쁘게 하고 여호와의 계명은 순결하여 눈을 밝게 하시도다 여호와를 경외하는 도는 정결하여 영원까지 이르고 여호와의 법도 진실하여 다 의로우니 금 곧 많은 순금보다 더 사모할 것이며 꿀과 송이꿀보다 더 달도다 시편 19:7-10

기록된 하나님의 '그 말씀'의 여섯 가지 특징과 효능을 기록했다.

1) 완전한 율법: 영혼을 소성하게 한다. 율법(: 토라)은 붙들어야 할 삶의 가치 기준을 알려준다. '그 말씀'은 완전하여 실수가 없다. 순종하는 사람에게 활력을 준다. 2) 확실한 증거: 우둔한 자를 지혜롭게 한다. 주님의 증거는 확실하다. "우둔한 자"란 겸손하고 솔직하여 배우려는 열린 마음을 가진 사람을 말한다. 3) 정직한 교훈: 마음을 기쁘게 한다. "교훈"은 가야 할 방향을 알려준다. 주님이 가르쳐주시는 길은 바른길, 곧은 길, 평평한 길이다. 주님의 말씀을 따라 사는 길이 지름길이다. 4) 순결한 계명: 눈을 밝게 해준다. "계명"은 우리가 순종해야 할 주의 명령이다. 주님의 계명은 순결하다. 탁월한 안약 같아서 사람의 눈을 밝혀주며 분별력을 준다. 5) 여호와를 경외하는 도: 정결하여 영원까지 이른다. 하나님의 말씀은 우리를 경건한 삶으로 이끈다. 주의 말씀은 영원하다. 어느 시대, 문화, 민족이라도 주의 말씀은 삶의 기준이 된다. 6) 진실한 법: 다 의롭다. "법"은 재판, 심판, 법령을 의미한다. 공의와 공평에 근거한 법령이다. 법정에서 판사는 이 법에 의해 판결한다. 무엇을 결정할 때마다 주의 말씀을 기준으로 한다. 그러므로 금, 곧 많은 정금보다 더 사모할 것이며 꿀과 송이꿀보다 더 달다. 사람들은 재물을 탐내지만, 그보다 더 귀하고 가치 있는 게 하나님의 말씀이다.

나 지혜로 말미암아 네 날이 많아질 것이요, 네 생명의 해가 네게 더하리라 잠언 9:11

사람들은 무병장수를 기원한다. 평안하고 건강하게 오래 살기 위해 엄청난 재물과 정성을 쏟아붓는다. 약이나 의사의 도움을 기꺼이 받는다. 그러나 어리석고 무절제하게 산다면 좋은 약도 효력을 발휘하지 못한다. 오히려 수명을 단축하게 한다.

그러나 지혜로 사는 사람은 다르다. 지혜가 주는 삶의 유익이 얼마나 놀라운가! 지혜는 나의 날이 많아지게 한다. 그것은 단지 건강하게 오래 사는 것만이 아니라, 행복하고 평안하고 기쁜 날이 많다는 것이다. 그 무엇보다 지혜를 얻는 것이 가장 확실한 길이다.

더 나아가 지혜는 인생의 깊이를 더하게 한다. 갈수록 내면이 깊어지고 성숙해진다. "늙어간다는 것은 나이가 많아진다는 것이 아니라 익어간다는 것"이라는 노래 가사가 있듯 고상한 품격이 더해진다. 내면 깊숙한 곳에서 풍기는 아름다움, 위엄, 향기가 점점 더해진다.

이 놀라운 보물, 지혜는 오직 예수 그리스도 안에 있다. 그를 알수록, 그와 교제할수록 내게 지혜가 더해진다.

시편 : 하나님 말씀의 효능 여섯 가지가 안정감을 준다. 나는 만족하여 배가 부르다.
1) 주님의 교훈은 완전하여서 사람에게 생기를 북돋아 준다.
2) 주님의 증거는 참되어 어리석은 자를 깨우친다.
3) 주님의 교훈은 정직하여 마음에 기쁨을 안겨준다.
4) 주님의 계명은 순수하여 사람의 눈을 밝힌다.
5) 주님의 말씀은 티 없이 맑아서 영원토록 견고히 서있다.
6) 주님의 법규는 참되어서 한결같이 바르다.

하나님의 말씀을 순금보다 더 사모하자. 꿀송이보다 더 달게 먹자. 종일 말씀의 능력 여섯 가지를 묵상하고 외우고 심장에 집어넣을 것이다. 말씀의 능력으로 살아내자!

잠언 : 무병장수하며 오래 사는 비결이 있다. 내 힘, 내 능력, 내 방법을 내려놓고 하나님의 지혜로 사는 삶, 힘 빼는 삶이다. 바다에서 수영할 때, 힘을 쭉 빼면 몸이 붕~ 뜬다. 모세가 힘 빼는데 40년, 요셉도 채색옷을 벗고 힘 빼는데 13-15년, 나도 광야를 통과하는 데 10년이 걸렸다. 평생에 걸쳐 힘을 빼고 또 빼야 교만이 꺾이고 겸손하게 끝까지 주께 쓰임 받는다.

우리는 하나님이 구원하시는 줄 안다

시편 20:6 잠언 10:15

여호와께서 자기에게 기름부음 받은 자를 구원하시는 줄 이제 내가 아노니, 그의 오른 손의 구원하는 힘으로 그의 거룩한 하늘에서 그에게 응답하시리로다 시편 20:6

"내가 안다"는 '확신한다'는 것이다. 내가 확실히 아는 게 무엇인가? 하나님께서 그가 택하여 기름부음 받은 자를 구원하시는 줄 안다는 거다. "구원하시는 줄 안다"는 완료 시제다. 아직 전쟁이 일어나지 않았을지라도 안다. 혹은 전쟁이 어떻게 전개될지 몰라도 그 결과를 안다. 지금 내가 하는 일과 하고자 하는 일의 결과를 안다.

많은 경우, '내가 이 일을 잘할 수 있을까?', '과연 좋은 결과를 낼 수 있을까?'라고 생각한다. 그리고 자신의 힘과 능력 그리고 주변의 상황을 살핀다. 그러나 내 능력이나 주변 상황에서 확신을 가질 수 없음에도 반드시 승리할 걸 안다. 왜냐하면 하나님이 그의 오른손의 구원하시는 힘으로 이루실 걸 믿기 때문이다.

"구원하신다"는 전쟁의 승리요 우리가 하는 일의 성공을, "기름부음 받은 자"란 오직 하나님의 뜻을 따라 사는 사람을 말한다. 하나님의 이름을 자랑하고 의지하는 사람이다.

우리가 하나님의 뜻을 따라 순종할 때 그분이 이루실 줄 안다. 하나님이 우리를 붙들어 든든하게 하신다(7,8). 하나님이 구원하신다.

부자의 재물은 그의 견고한 성이요, 가난한 자의 궁핍은 그의 멸망이니라 잠언 10:15

"가난한 자"의 히브리어 '달림'(dallim)은 '무기력하고, 의기소침하고, 나약하고, 게으르고, 영향을 받아 쉽게 절망하는 사람'을 가리킨다. 4절의, "손을 게으르게 놀리는 자는 가난하게 되고 손이 부지런한 자는 부하게 되느니라"라는 말씀과 연관이 있다. 부지런함과 게으름은 부자와 가난한 자의 특성이다.

또한 16절, "의인의 수고는 생명에 이르고 악인의 소득은 죄에 이르느니라"와도 일맥 상통한다. "수고"는 열심히 일한 것에 대한 '품삯, 보수'를 말하고, "소득"은 땅에 심은 것의 '소산물, 수입'을 말한다. 큰 의미로는 같다. 4절에서는 재물을 얻을 때의 행동을, 16절에서는 얻은 재물을 사용할 때의 행동을 볼 수 있다.

부자의 재물이 견고한 성이 된다는 건, 재물 자체가 보호해준다는 게 아니다. 이 부자는 속부가 아니라 성부다. 그런 사람은 자기 재물을 가난한 자를 위해 흩어 구제하며 하나님나라에 심을 줄 안다. 결국 그의 재물이 그의 견고한 성이 된다. 하나님이 그를 둘러싸 보호하시기 때문이다.

이와 대조적으로 "가난한 자"란 줄 줄도, 심을 줄도 모르는 속부와 속빈을 가리킨다. 이들은 자기밖에 모른다. 마음이 너무 인색하다. 그를 돕는 자가 없다.

시편 : "나는 이제야 알았습니다. 주님께서는 기름을 부으신 왕에게 승리를 주시고, 그 거룩한 하늘에서 왕에게 응답하여 주시고, 주님의 힘찬 오른손으로 왕에게 승리를 안겨 주시는 분이심을"(새번역).

어떤 사람들은 병거(전차)와 말(기마)을 자랑하고 의지한다. 이런 자들은 비틀거리며 넘어진다. 우리는 주 하나님의 이름만을 자랑하니 대적들이 그 앞에 엎어지고 넘어지지만, 우리는 일어나서 꼿꼿이 선다. 우리가 주님을 부를 때 응답, 승리, 구원을 주신다. 나는 다윗과 엘리야를 존경한다. 그들은 만군의 여호와의 이름만으로 어디를 가나 대승을 거두었다.

승리하는 삶을 원하는가? 다른 길이 없다. 다른 방법도 없다. 매 순간 오직 여호와만 의지하는 것이다. 오늘 이 말씀을 마음 깊이 새긴다. 누가 승리하는가? 하나님을 의지하는 미진이다.

잠언 : 하나님께서 맡겨주신 성부의 재물은 견고하고 오래 간다. 내 힘, 내 능력으로 얻은 재물은 꽉 잡게 되고, 내게는 부요하되 하나님께는 인색한 사람이 되기 쉽다.

이런 재물은 독수리가 날개 치며 올라가듯 날개를 달고 날아갈 수 있음을 기억해야 한다. 가난한 삶은 세상의 부자(속부)의 삶과 그 속성이 연결되어 있다.

"네가 어찌 허무한 것에 주목하겠느냐 정녕히 재물은 스스로 날개를 내어 하늘을 나는 독수리처럼 날아가리라"(23:5).

기한 만료가 없는 약속

시편 21:6 잠언 11:9

그가 영원토록 지극한 복을 받게 하시며 주 앞에서 기쁘고 즐겁게 하시나이다 시편 21:6

이 놀라운 약속은 하나님께서 창세기 12장 1-3절에 아브라함에게 하신 것이다. 동시에 같은 믿음을 따르는 모든 그리스도인에게도 해당한다. 예수 그리스도를 믿는 사람은 '아브라함의 씨'(갈 3:29)다.

어떤 약속인가? 복의 근원이신 하나님으로부터 복을 받는다. 우리에게 "하늘에 속한 모든 신령한 복을 주신다"(엡 1:3). 내 모든 필요를 넘치게 채워주신다. 그러니 "내 잔이 넘치나이다"라는 감격의 고백이 나온다(23:5).

"지극한 복"이다. 하나님은 언제나 가장 좋은 복을 주신다.

성령께서는 "자기 아들을 아끼지 아니하시고 우리 모든 사람을 위하여 내주신 이가 어찌 그 아들과 함께 모든 것을 우리에게 주시지 아니하겠느냐?"라고 우리에게 물으신다(롬 8:32).

그 약속이 얼마나 놀라운지! 복을 받을 뿐 아니라 복을 주는 자가 되었다. 머무는 곳 어디서나 우리가 복의 근원이다. 더구나 그 약속은 기한 만료가 없다. "영원토록" 주신다. 우리로 주의 임재 앞에 머물며 한없는 기쁨을 누리게 하신다.

영원한 축복, 주님의 임재, 한없는 기쁨 그리고 가는 곳마다 하나님의 임재로 이끄는 것, 이것이 복의 근원인 우리가 받고 누리는 복이다.

악인은 입으로 그의 이웃을 망하게 하여도, 의인은 그의 지식으로 말미암아 구원을 얻느니라 잠언 11:9

악인은 도무지 하나님을 두려워하지 않는다. 하나님이 계시지 않은 것처럼 겁 없이 행동한다. 그래서 혀를 함부로 놀려 이웃을 해친다. 자기의 앞길을 스스로 망친다. 그러나 하나님을 두려워하는 사람은 할 말과 해서는 안 될 말을 구분할 줄 안다. 하나님이 계심을 알기 때문이다. 이것 또한 자신을 보호하는 길이다.

남을 격려하고 위로하며 용기를 북돋아 주며 소망을 주고, 이웃의 약점과 허물, 실수를 덮어주고, 용서와 용납으로 남을 대하는 한 사람에 의해 공동체는 견고해진다. 직장, 도시, 지역, 나라가 그런 사람으로 인해 즐거움을 누린다. 교회 공동체가 활기를 띤다. 그가 바로 '의인'이다.

반대로 늘 부정적이며 불평불만이 가득하고, 남의 허물과 실수, 약점과 잘못을 들추어내며 혼자 잘난 척하는 사람이 있는 공동체는 분열, 분쟁이 끊이지 않는다. 도시나 지역 그리고 교회 공동체가 어려움을 겪는다. 그런 사람을 '악인'이라 한다.

"성읍은 정직한 자의 축복으로 인하여 진흥하고, 악한 자의 입으로 말미암아 무너지느니라"라고 하셨다(11). 내가 속한 공동체가 날 통해 활기를 띠게 하자. 사랑과 신뢰, 소망과 용기를 북돋우는 데 앞장서자.

"주여, 의인은 형통하게 하시고 악인은 패망하게 하소서."

시편 : "주님께서 영원한 복을 왕에게 내려주시고, 주님께서 그와 함께 계시니, 왕의 기쁨이 넘칩니다"(새번역).

내게 가장 큰 복은 무엇일까? 가장 큰 기쁨은 무엇인가? 그것은 주님께서 나와 함께 계시는 것이다. 영원한 선물, 지극히 큰 선물, 하나님의 통 큰 선물! '예수 그리스도'시다. 이 놀라운 선물로 우리를 날마다 행복하고 즐겁게 하셨다. 이 큰 선물을 받은 나는 복 있는 자로다!

잠언 : "하나님을 경외하지 않는 사람은 입으로 이웃을 망하게 하지만, 의인은 지식으로 구원을 얻는다"(새번역).

악인의 입이 되지 마라. 이웃이 망하기 전에 내가 먼저 망한다. 이웃이 왜 망하는가? 악인이 뿜어내는 악독함이 가득한 입에 반응하여 같은 정신으로 살았기 때문이다. 양이 이리가 되는 모습과 같다.

예전에 이웃끼리 싸우는 걸 보았다. 굉장한 충격이었다. 평소 착한 아주머니가 옆집 사람과 계속 싸우면서 독하게 변하는 걸 보았다. 나는 유진이를 업고 다른 곳으로 이사했다.

악인의 입을 거절하고 의인의 입을 사모해야 한다. 말하기 전에 '잠깐 멈춤' 하고 어떤 입이 될지 결정하자. 악인의 입이 될 것인가, 의인의 입으로 주께 쓰임 받을 것인가?

"주여, 제 입을 주께 드립니다. 제 입을 붙잡아주소서."

12일

네 하나님은 어떤 분이신가?

시편 22:24 잠언 12:11

그는 곤고한 자의 곤고를 멸시하거나 싫어하지 아니하시며 그의 얼굴을 그에게서 숨기지 아니하시고 그가 울부짖을 때 들으셨도다 시편 22:24

누군가가 "네 하나님은 어떤 분이시냐?"라고 질문하면, 나는 어떻게 대답할까? 내가 경험하여 아는 하나님은 누구신가? 그는 곤고한 자의 곤고를 멸시하지 않으신다.

"곤고"란 물질적, 사회적, 환경적으로 극심한 고통 가운데 있는 상태다. 마음이 괴로우니 몸도 덩달아 힘들다. 나의 하나님은 이런 사람들을 멸시하거나 싫어하지 않으신다. 무시하거나 모른 척하지 않으신다. 그의 부르짖음에 귀 기울이고 응답해주신다.

나면서부터 시각장애인으로, 거지로 살다 예수 그리스도를 만나 인생 대역전을 맞이한 바디매오도, 나와 같은 말을 할 것이다. 사람들은 그를 무시했지만, 주님은 그가 애타게 부르짖는 소리를 들으셨다. 예수님은 가던 길을 멈추시고 그를 부르셨다. 주께서 말씀하시니 그가 곧 보게 되었다(막 10:46-52).

열두 해 동안 혈루증을 앓던 여인이 주의 옷자락에 손을 댄 것을 주님은 아셨다. "내게 손을 댄 자가 누구냐?"라고 물으셨다. 수많은 사람에게 둘러싸여 계셨지만 그중 갈급하고, 곤고하고, 절박한 사람을 보셨다.

그 여인은 혈루증의 치유는 물론 영혼의 구원을 받았다(눅 8:43-48).

이루 헤아릴 수 없는 사람들이 나와 같은 말을 한다. 그러니 고통 당할 때 혼자 끙끙대지 말고 하나님께 부르짖어라. 주님은 외면하지 않으시고 부르짖음을 반드시 듣고 응답하신다.

자기의 토지를 경작하는 자는 먹을 것이 많거니와, 방탕한 것을 따르는 자는 지혜가 없느니라 잠언 12:11

궁핍하지 않고 넉넉하게 살며, 남에게 손 벌리지 않고 오히려 남을 도우며 사는 비결이 있다. 그것은 부지런함이다. "자기의 토지를 경작한다"는 맡겨진 일에 최선을 다해 수고하는 것이다. 부지런함으로 열악한 상황을 변화시킨다. 황무지를 개간하여 풍성하게 수확하는 좋은 땅으로 일구어낸다. 힘들다고 불평불만을 토로하지 않고, 오히려 부족한 부분을 스스로 채우면서 성실하게 일한다.

반면에 주어진 일은 하지 않고, 핑계를 대기 일쑤고, 헛된 것을 꿈꾸며 사는 사람을 "지혜가 없는" 어리석은 사람이라고 한다. 그는 언제나 궁핍하다. "게으른 자는 그 잡을 것도 사냥하지 아니하나니 사람의 부귀는 부지런한 것이니라"라고 하셨다(27).

하나님은 부지런함을 기뻐하시고, 게으름을 싫어하신다. 게으름은 가난하게 살기로 선택하는 것이다. 평생 궁핍하게 산다. 능력보다 더 중요한 것은 부지런함이다. 부지런한 사람은 직장에서도 승진하고 지도자가 되며 그에게는 부귀가 뒤따른다.

성공과 실패는 부지런함과 게으름에 달렸다. 부지런함의 나무에는 성실함, 최선을 다함, 헌신과 희생, 겸손, 순종 그리고 정직의 가지가 난다. 이 나무는 형통과 성공, 부귀의 열매를 맺는다.

시편 : 주님은 고통받는 사람의 아픔을 가볍게 여기지 않으신다. 그들을 외면하지도 않으신다. 부르짖는 사람에게는 언제나 응답해주신다. 곤고한 삶을 10년 이상 살았다. 정신적, 물질적, 환경적으로 사방이 막혔을 때, 엎치고 덮친 삶에 병까지 들었고, 사람들에게 이리저리 치이며 끔찍하게 고통스러웠다.

조건은 다르지만 지금도 같은 삶을 살고 있다. 광야는 지나면 또 광야다. 그래야 무릎 꿇는 겸손한 사람으로 산다. 그러나 놀랍게도 지금은 주 안에서 광야를 즐길 여유가 생겼다. 내 십자가를 지고 주를 따라가는 법을 배웠기 때문이다.

문제를 다루는 영적 근육도 생겼다. 성령의 능력을 의지하여 어떤 환경에서도 평강을 유지하는 법을 배웠다. 주님께서 주시는 최고의 선물인 평강은 세상의 것과 다르다. 나는 그것을 선물로 받았다. 이것이 내가 견디고 승리할 수 있게 한다.

잠언 : 게으름은 두 가지 면에서 다루어야 한다. 맡겨진 일과 영적인 면이다. 이 둘이 균형을 이루어야 한다. 일의 게으름은 가난을 선물로 받고, 영적인 게으름은 지혜, 명철, 분별력을 잃는다. 교만하고 방탕한 삶으로 결국 패망한다.

"손을 게으르게 놀리는 자는 가난하게 되고 손이 부지런한 자는 부하게 되느니라"(10:4).

여호와를 경외하는 자 누구냐?

시편 25:12-14 잠언 13:9

여호와를 경외하는 자 누구냐? 그가 택할 길을 그에게 가르치시리로다. 그의 영혼은 평안히 살고 그의 자손은 땅을 상속하리로다. 여호와의 친밀하심이 그를 경외하는 자들에게 있음이여! 그의 언약을 그들에게 보이시리로다 시편 25:12-14

하나님을 경외하는 자에게 하나님은 다섯 가지로 응답하신다.

1) 그가 선택해야 할 옳고 선하고 마땅히 가야 할 길을 알려주신다. 2) 그의 영혼은 평생 평안히 산다. 어떤 환난이나 역경에도 요동하지 않는다. 내면의 평상심을 유지하는 힘이 있다. 3) 그의 자손은 약속의 땅을 상속받는다. 하나님나라를 유업으로 받는다. 영적인 영역만 아니라 물질적으로도 풍성하고 부유하여 하나님나라를 확장하며 주변과 주어진 영역에 영향을 주며 산다. 4) 하나님과의 친밀함이 있다. 하나님께서 비밀을 다 알려주신다. 모세나 예수님처럼 하나님과 친밀한 교제를 갖는다. 하나님이 그의 뜻을 다 보여주신다. 5) 하나님의 언약을 보이신다. "보이신다"는 '야다'다. 지식이 아니라 경험으로 안다는 뜻이다. 하나님의 언약의 비밀을 알고 경험하여 영적으로 깊어지고, 넓어진다.

누구나 하나님의 보호하심을 받으며 세상의 환난을 극복하며 영향을 주는 삶을 살길 원한다. 그 비결은 하나님을 경외하는 것이다. 그 삶이 지혜 있는 삶이다. 그러나 지혜를 가진 자가 많지 않다. 하나님을 경외하는 사람이 그리 많지 않기 때문이다. 그래서 "여호와를 경외하는 자 누구뇨?"라고 안타깝게 묻고 있다.

의인의 빛은 환하게 빛나고 악인의 등불은 꺼지느니라 잠언 13:9

불이 환히 켜진 거리와 불 꺼진 거리는 하늘과 땅 차이다. 의인의 삶과 악인의 삶도 그와 같다. "의인의 빛"과 "악인의 등불"은 차이가 크다. 의인의 빛은 햇빛같이 밝고 힘이 있다. 지속적이며 강렬하다. 환하게 빛난다. 의인의 선한 행실은 그가 가는 곳마다 주변 사람들을 즐겁게 하며 힘을 준다. 그러나 악인의 등불은 희미하고 약하다. 잠시

깜빡거리다가 곧 꺼진다.

의인과 악인은 하나님과 올바른 관계를 맺었는가, 아닌가로 구별된다. 하나님의 말씀을 듣고 삶의 교과서로 삼는지 아닌지에 있다(1). 재물을 어떻게 모으느냐에 있다. 정직하고 부지런하게 수고하여 모은 의인의 재물은 늘지만, 노력하지 않고 부정직하게 모은 악인의 재물은 잠시 부요한 것처럼 보이나 금세 사라진다(7,11).

하나님을 의지하며 그의 말씀을 귀 기울여 듣고 순종하고, 하나님께 감사하며 예배드리는 것이 의인의 삶이다. 그는 이웃을 사랑하며 정직과 부지런함으로 살아간다. 그가 부지런히 수고하여 재물을 모으는 이유는 가난한 자를 돕고, 하나님나라 프로젝트에 드리기 위함이다.

시편 : 여호와를 경외하는 자의 복이 어마어마하다.
1) 하나님이 나의 길을 친히 지도하신다. 2) 나의 영혼이 평안히 산다. 3) 재물이 자손에게까지 상속되는 축복이 있다. 4) 하나님과 친밀함을 누린다. 5) 하나님의 언약이 나를 통해 증명된다.

하나님의 말씀인 성경 전체에 여호와를 경외하는 복이 실로 엄청나게 기록되어 있다. 그중 일부가 "재물, 영광, 생명"이다(잠 22:4). 그분께 무엇을 바라는 게 아니라 그분을 공경하면서 두려워하는 마음을 갖고 사는 게 인생의 본분이다.

하나님의 언약을 나와 가정, 기업, 사역(NCMN), 섬기는 교회를 통해 이루어드리고 싶다. 성령께서 이끄시는 삶에 순종하며 살고 싶다. 성령 안에 푹~ 잠겨 살고 싶은데 왜 이리도 안되는지…. 당신이 가신 그 길을 나도 가겠노라 결심했는데…. 십자가에 이미 못 박힌 몸이 살아날 때의 당황스러움! 왜 이리도 육신의 삶을 살게 되는지… 울고 싶다. 주여~ 은혜를 주옵소서!

"오늘도 당신 안에 푹 잠겨 살기를 원합니다. 거룩한 두려움으로, 당신이 이끄시는 대로 순종하여 살기를 원합니다."

잠언 : 너무나 대조적인 삶이다. 악인 - 꺼진 등불의 삶. 의인 - 환하게 켜진 등불의 삶. 악인은 흑암의 삶을 산다. 지혜와 분별력이 그들에게서 떠나, 선악을 구분 못 하는 삶을 산다. 그러나 의인은 햇볕 아래 밝은 삶을 살기에 주의 뜻을 밝히 볼 수 있고, 그 길을 따라간다.

내가 있어야 할 자리

시편 26:11,12 잠언 14:10

나는 나의 완전함에 행하오리니 나를 속량하시고 내게 은혜를 베푸소서. 내 발이 평탄한 데 섰사오니 무리 가운데에서 여호와를 송축하리이다 시편 26:11,12

다윗은 하나님께 두 가지를 약속했다. 하나는 "누가 뭐라고 하든 나는 언제나 정직하고 깨끗하고 충성되게 살겠습니다"이다. 오직 주의 은혜를 의지하여 그렇게 살겠다고 했다. 이는 결심만으로 되는 게 아니다. 자기 힘으로 되지 않는다. 하나님이 능력과 힘을 주셔야 가능하다. 다윗은 하나님이 그의 은혜로 그 힘을 주실 줄 믿었다.

또 하나는 "어떤 어려움이 있어도 언제나 예배자의 자리에 서있겠습니다"이다. 예배자의 자리는 하나님의 주권과 섭리를 믿는 믿음의 자리다. 내 힘을 의지하지 않고 주만 의지하는 겸손의 자리다. 몸이 아프고, 마음이 힘들고, 상황이 어려워도 예배자의 자리에 머무는 게 곧 믿음이요, 겸손이다.

그 자리는 모든 불평과 원망이 그치고 감사가 넘치는 자리다. 낙심과 절망이 그치고 소망이 넘치는 자리다.

"내 발이 평탄한 데 섰다"라는 건 이런 삶을 살리라 결심하고 주께 약속한 걸 말한다. "이것이 제가 해야 할 일입니다", "여기가 제가 서있을 자리입니다"라고 선포하자. 다윗처럼 평탄한 데 서있어야 한다. 믿음의 자리, 신뢰의 자리, 예배의 자리, 충성과 성실의 자리다.

흔들리지 말고, 낙심하거나 의심하지 말고, 주의 은혜와 긍휼을 굳게 붙드는 곳이 내가 서있는 자리다.

마음의 고통은 자기가 알고, 마음의 즐거움은 타인이 참여하지 못하느니라 잠언 14:10

마음의 고통은 자기만 안다. 아무리 가까운 관계여도 내가 당하는 고통을 같이 느끼고 진정으로 동참하는 사람은 없다. 마찬가지로 마음의 즐거움도 다른 사람은 맛볼 수 없다. 그렇다고 고통을 홀로 짊어지고 살라는 게 아니다. 어려움을 함께 나눌 친구가 있는 건 복이다. 그래도 너무 기대하지 말아야 한다. 자칫 실망할 수 있다.

그럴지라도 내게 다가와 위로해주는 사람이 얼마나 힘이 되는지 모른다. 그런 사람에게는 내가 좋은 일을 만날 때 먼저 알려주게 된다. 어려움을 당한 친구를 못 본 체하지 말아야 한다. 그가 좋은 일을 만나 축하하는 자리에 나만 빠지게 될 것이다. 내가 잘될 때 몰려오던 사람들이 어려울 때는 썰물처럼 빠져나간다. 진정한 친구를 그때 알 수 있다. 오직 하나님만 내 고통을 모두 아심을 알아야 한다.

"백성들아, 시시로 그를 의지하고 그의 앞에 마음을 토하라. 하나님은 우리의 피난처시로다"(시 62:8).

하나님을 의지하고 그 앞에 내 마음을 쏟아내야 한다. 주님이 주시는 충분한 위로로 고통 가운데 있는 형제를 위로하는 삶을 살자.

시편 : 다윗이 두 가지를 헌신한다.

첫째, 완전하게(깨끗하게) 살겠습니다. 둘째, 예배하는 모임에서 주님을 찬양하겠습니다. 다윗은 두 가지를 요청한다.

첫째, 이 몸을 구원(속량)해주십시오. 둘째, 은혜를 베풀어주십시오. 그래야 내가 선 자리가 주님으로 인해 평탄(든든)하게 됩니다.

"완전함"이란 깨끗하고, 정직하며, 충성된 삶이다. "평탄한 곳"이란 흔들리지 않는 믿음의 자리에서 예배하는 삶이다. 다윗은 알았다. 주께서 은혜로 붙들어주실 때 이런 삶이 가능하다는 것을. 나도 결정한다.

"주님, 저도 다윗같이 흔들리지 않는 평탄한 곳에 서서 주님을 예배하길 원합니다. 우리 주님의 완전하심을 묵상합니다. 저를 그곳으로 이끌어주십시오. 주님께서 저를 샅샅이 살펴보시고 시험하여보십시오. 제 속 깊은 곳과 마음을 달아보십시오. 악한 것과 헛된 것을 따르지 않았습니다. 주님, 은혜 베풀어주시길 간절히 원합니다. 제게 살아낼 힘을 주옵소서!"

잠언 : 욥의 친구들을 생각하면서 오늘 말씀을 깊이 이해했다. 욥의 고통을 친한 벗들도 온전하게 이해하거나 그에 동참하지 못했다. 놀라운 사실은 부부간에도, 가정 안에서도 나의 고통과 즐거움에 동참하지 못한다는 거다. 나는 마음의 고통과 즐거움을 누구와 함께 나눌 것인가? 주님과 함께 나누고 즐거워하는 비밀을 깨달은 자는 복이 있다.

내가 구하는 한 가지 일

시편 27:4 잠언 15:16

내가 여호와께 바라는 한 가지 일 그것을 구하리니, 곧 내가 내 평생에 여호와의 집에 살면서 여호와의 아름다움을 바라보며 그의 성전에서 사모하는 그것이라 시편 27:4

히브리어 원문에는 "한 가지 일"이 제일 먼저 기록되었다. 그것을 강조하는 것이다. "바라다"는 이전부터 계속 바라던 것이고, "구하다"는 앞으로도 계속 구할 것이다. 그래서 이 한 가지 일은 이전부터 지금까지 계속 간절히 바라고 하나님께 구해왔던 것이요, 앞으로도 구할 것이다. 이보다 중요한 게 없기 때문이다.

그 한 가지 일은 무엇인가? 내 평생 하나님의 집에 살면서 하나님과 친밀하고 깊은 교제를 누리는 것이다. 하나님의 아름다움을 바라보는 것이다. 이 얼마나 하나님을 더욱 알고자 하는 열망으로 가득한, 아름다운 고백인가!

내가 어떤 사람이 되고자 하는 것도 아니요, 무엇을 더 갖기를 원하는 것도 아니다. 큰일을 행하여 놀라운 업적을 남기고자 하는 것도 아니다. 내 명예, 영광, 업적, 소유에 대한 것이 관심사가 아니다. 미래의 보장도 아니다. 자신의 유익을 위한 그 어떤 것도 아니다. 가장 큰 관심은 오직 한 가지, 하나님 자신이다. 하나님 앞에 머물며 그의 영광의 아름다움을 바라보며 깊고 친밀한 교제를 누리는 것이다.

"주의 궁정에서의 한 날이 다른 곳에서의 천 날보다 나은즉, 악인의 장막에 사는 것보다 내 하나님의 성전 문지기로 있는 것이 좋사오니"(84:10).

바로, 이 마음이다! 이전부터 계속 바라던 것이요, 앞으로도 구할 것이다.

가산이 적어도 여호와를 경외하는 것이, 크게 부하고 번뇌하는 것보다 나으니라

잠언 15:16

재물이 많으면 기쁘고, 즐겁고, 평안하고, 화목하리라 기대했는데 놀랍게도 재물이 늘어나도 그런 기대가 채워지지 않는다. 재물이 많을수록 오히려 근심, 걱정이 더 늘 수 있다. 가산이 적은 사람보다 많은 사람이 다툼과 불화에 빠지기 쉽다.

그래서 "마른 떡 한 조각만 있고도 화목하는 것이 제육이 집에 가득하고도 다투는 것보다 나으니라" 말씀하신다 (17:1).

물론 재물이 많아도 평안과 기쁨을 누리며 화목하게 사는 사람들이 많다. 여기에 열쇠가 있는데, 곧 "여호와를 경외함"이다. 잠언 22장 4절에, "겸손과 여호와를 경외함의 보상은 재물과 영광과 생명이니라"라고 하신다. 여호와를 경외하는 사람은 재물을 다룰 줄 안다.

내가 재물의 주인이 아니라 재물을 맡아 관리하는 청지기임을 알 때 재물을 올바르게 다룰 수 있다. 주인의 뜻을 따라 재물을 충성되게 관리한다. 재물의 주인이신 여호와 하나님이 청지기에게 꼭 필요한 재물을 사용하게 하고, 나머지는 관리하게 하신다. 청지기의 장부에는 가난하고 궁핍한 사람, 성빈(하나님나라 일꾼), 하나님나라 프로젝트 목록이 나열되어 있다.

그러니 청지기에게 재물로 인한 번뇌나 다툼이 있을 수 없다. 오직 기쁨과 평강이 있고, 영광이 뒤따른다.

시편 : 이 말씀을 이제야 깨닫는다. 시편 기자의 심장이 보인다. 그는 딱 한 가지를 소망한다. 하나님과의 친밀함 속에서 주의 아름다움을 바라보며, 하나님의 집에 사는 것이다. 내가 하나님께 바라는 긴 목록이 참 초라해 보인다. 오늘 이 목록을 다 없애기로 한다. 나도 딱 한 가지면 충분하다. 이보다 더 바랄 게 무엇이 있는가! 롱~ 리스트가 아주 단순해졌다. 단순함이 참 좋다! 놀라운 평안을 선물로 받는다.

잠언 : 큰 부자인데 자녀를 올바른 재정관으로 키우지 못해서 낭패를 본 부자를 많이 만났다. 그들은 이제 와서 "돈이 원수"라고 말한다. 돈이 자녀를 버려놨다고 고백하며 꺼이꺼이 운다. 마음이 아프다.

부모가 어떤 원칙으로 어떻게 사느냐에 따라서 자녀의 앞날이 달라진다. 경쟁의식과 비교의식 속에 살면 '돈이 최고야!' 하는 초라하고 빈약한 삶을 자녀에게 물려주게 된다. 하나님께서 모든 부모에게 자녀를 올바른 길로 이끌어갈 책임을 주셨다. 재물보다 여호와를 경외하며 자녀를 올바른 길로 이끌어야 한다. 돈 뒤에 있는 어둠의 세력(맘몬)이 우리를 죽음으로 몰고 가기 때문이다.

그러므로 기뻐하고 찬송하리라

여호와는 나의 힘과 나의 방패이시니 내 마음이 그를 의지하여 도움을 얻었도다. **그러므로** 내 마음이 크게 기뻐하며 내 노래로 그를 찬송하리로다 시편 28:7

"여호와는 나의 힘이시다"는 적군들에게 둘러싸여 있을 때, 오서서 나를 건지시는 하나님의 힘을 말한다. 이는 군사용어다. "여호와는 나의 방패이시다"는 원수의 화살이 내게 빗발처럼 쏟아질 때, 하나님이 방패처럼 막아주심을 말한다. 하나님은 비처럼 날아오는 화살과 내리치는 칼날을 막아주는 방패와 같으시다.

나의 하나님은 이전에도 여러 차례 힘과 방패가 되어주셨다. 그리고 지금도, 앞으로도 그렇게 하실 것이다. 그러니 내가 주님을 굳게 의지한다. 조금도 흔들리지 않고 나를 도우실 걸 확신한다.

나의 방패와 힘이신 하나님의 이름은 "여호와"시다. 그것은 무엇이든 할 수 있는 전능자이심을 말한다. 또한 나의 아버지요 목자이심을 말한다. 그분은 나의 힘이 되시고 또한 어떤 것도 나를 해하지 못하게 막는 방패시다. 그러니 내 마음이 그를 전적으로 의지한다.

이런 놀라우신 하나님을 "아빠 아버지"라 부르는 사람이 근심하는 걸 본 적 있는가? 슬픔에 잠겨있거나 두려워하거나 낙심하는 걸 본 적 있는가? "그러므로"에 밑줄을 그어야 한다. 그 뒤로 당연한 태도와 행동이 이어지기 때문이다.

그러므로 내 마음이 크게 기뻐합니다. 내 노래로 그를 찬송하기로 결정합니다.

선한 말은 꿀송이 같아서 마음에 달고 뼈에 양약이 되느니라 잠언 16:24

"선한 말은 꿀송이 같아서, 마음을 즐겁게 하여주고, 쑤시는 뼈를 낫게 하여준다"(새번역).

하나님은 사람의 마음에 거대한 제약공장을 차려놓으셨다. 그 공장은 가장 탁월한 효능을 발휘하는 양약을 제조하기도 하고, 가장 독성이 강한 독약을 제조하기도 한다. 양약은 병든 사람을 치료하고 회복시키고 힘을 주며 살릴 수 있지만, 독약은 사람을 상하게 하고 넘어뜨리며 병들게도 할 수 있다.

당연히 하나님은 우리가 가장 좋은 양약을 제조하기를 원하신다. 그것을 제조하는 방법은 지극히 간단하다. 오직 입을 열고 혀를 사용하여 선한 말만 하면 된다. "선한 말"은 한마디로 하나님의 말씀이다. 말씀은 언제나 우리를 위로하고 격려하며 용기를 북돋운다. 우리의 입이 하나님의 입처럼 될 때, 듣는 사람의 마음에 힘을 준다. 그를 위로하고 격려한다. 용기를 북돋운다. 선한 말은 원기 회복제나 치료제와 같다. 가장 좋은 양약이기 때문이다.

하나님은 아침마다 나의 귀를 깨우쳐 그의 말씀을 알아듣게 하신다. 내 혀의 말은 사람을 치료하며 새 힘을 준다(사 50:4). 이 얼마나 놀라운가!

오늘도 나의 입이 하나님의 입처럼 되어 사람을 치료하고 힘을 주고 살리는 말을 하리라!

시편 : 주님은 나의 힘과 방패시다. 내 마음이 주님을 굳게 의지하니 주님께서 나를 건져주신다. 내 마음을 다하여 주님을 기뻐하고 노래하며 감사하련다(7). 사실은 아무것도 무섭거나 두려울 게 없다. 그런데 대부분의 사람에게 현실은 무섭고 두려우니 그게 문제다. 믿음 없음이 문제다. 기독교는 믿음 싸움이다. 믿음 가운데 하나님께 도움을 받는다. 나는 하나님만 의지하련다. 주님만 애타게 부를 것이다. 주님께만 희망을 두고 살 것이다.

"주님, 단 하나의 소원이 있습니다. 한평생 주님의 집에 살면서 주님의 자비하신 모습을 보는 것과 생전에 주님과 의논하면서 살아가는 것입니다. 주님의 길을 항상 제게 가르쳐주시고, 주님의 도움을 항상 받을 수 있는 믿음을 더하여주십시오. 제가 선 자리에서 깨끗하고 든든하게 살도록 은혜 위에 은혜를 주옵소서!"

잠언 : 부모님과 선생님이 선한 말을 하면 아이들이 살아난다. 밝아진다. 자신감을 갖는다. 당당해진다. 어떤 약보다 효과 있는 약이 우리 입에서 나온다. 나는 상담을 많이 한다. 이때 선한 말을 하면 그들의 영이 살아나는 걸 본다. 선한 말은 착한 말과는 다르다. 선한 말을 한다는 건 선하신 주님의 말씀을 그들과 나누는 것이다.

오늘도 가족과 주변 사람들에게 선하신 주의 말씀으로 위로하고 칭찬해야지!

홍수 때 좌정하신 하나님을 보라

시편 29:10,11 잠언 17:8

여호와께서 홍수 때 좌정하셨음이여, 여호와께서 영원하도록 왕으로 좌정하시도다. 여호와께서 자기 백성에게 힘을 주심이여, 여호와께서 자기 백성에게 평강의 복을 주시리로다 시편 29:10,11

대자연을 통해 하나님은 그가 누구신지를 보이신다. 하나님의 능력이 온 땅에 나타난다. 그분의 음성이 온 세상에 가득하다. 들리는 우렛소리, 넘치게 흐르는 홍수는 단순한 자연현상을 넘어선다. 그것들을 통해 하나님의 위엄차고 힘있는 음성을 듣고, 그분의 능력을 본다. 하나님의 권능이 선포된다.

홍수를 바라보면 두려움과 염려에 휩쓸려 가지만, 나는 홍수 위에 앉으셔서 모든 것을 다스리시는 왕이신 나의 하나님을 바라본다. 폭풍우 가운데서 말씀하시는 하나님의 음성을 듣는다(욥 38:1). 광풍을 평정하셔서 물결을 잔잔하게 하시는 그분을 바라본다(107:29, 막 4:39).

그 하나님이 자기 백성에게 이 모든 걸 이길 힘을 주시고, 어떤 상황에도 흔들리지 않고 영향받지 않을 평강의 복을 주신다. 나의 하나님이 이 모든 걸 다스리신다!

"여호와께 영광과 능력을 돌리고 돌릴지어다" 그리고 "그의 이름에 합당한 영광을 돌리며, 여호와께 경배할지어다"라고 명하신다(1,2). 이런 하나님을 섬기는 게 얼마나 영광스러운가! 영광의 하나님, 권능의 하나님을 경배하며 찬송하는 게 당연하지 않은가! 자기 백성에게 힘을 주시고, 평강의 복을 주시는 하나님을 찬양합니다.

뇌물은 그 임자가 보기에 보석 같은즉, 그가 어디로 향하든지 형통하게 하느니라

잠언 17:8

새번역은 "뇌물을 쓰는 사람의 눈에는 뇌물이 요술 방망이처럼 보인다. 어디에 쓰든 안 되는 일이 없다"라고 기록했다. 뇌물과 선물은 다르다. 선물이 상대에게 전적으로 감사하여 자발적으로 주는 거라면, 뇌물은 자기가 원하는 목적을 이루기 위해 이기적인 동기에서 비자발적으로 바치는 것이다. 뇌물은 마치 반짝거리는 다이아몬드와 같아서 받는 사람의 눈을 현혹한다. 뇌물을 받으면 공정한 판단력이 흐려진다. 이것이 뇌물의 힘이다.

뇌물을 쓰기를 좋아하는 사람은 뇌물을 마법의 지팡이 또는 요술 방망이로 여겨 그것이 무엇이든 가능하게 한다고 생각한다. 돈밖에 보지 못하는 사람들의 특징이다. 돈이면 무엇이든 할 수 있다고 생각하는 사람들은 뇌물을 주거나 받는 걸 좋아한다.

그러나 큰 오산이다. 그런 사람이나 사회는 마치 모래 위에 지은 집과 같아서 위태롭다. 조만간 무너질 것이다. 그래서 성경은 뇌물을 금지한다. 정직하고, 공평하고, 진실하게 맡은 일을 해야 한다.

뇌물은 감사의 표시가 아니라 이기적인 목적, 순수하지 않은 동기로 주는 것이기에, 뇌물을 받으면 결국 덫에 걸린다. 뇌물은 그것을 받은 사람을 진흙탕에 빠져 허우적거리게 하는 함정이다. 올바른 정신을 마비시키는 마약과 같다.

뇌물은 주지도 받지도 말아야 한다.

시편 : 주님은 범람하는 홍수를 정복하시고 영원토록 왕으로 다스리신다. 주님은 당신을 따르는 백성에게 힘을 주시고 평화의 복을 내리신다(10,11).

내 인생에 대홍수가 난 적이 있다. 모든 것이 다 휩쓸려 떠내려갔다. 그 속에서 정신을 차리는 게 중요했다. 회개하고 돌이키면서 홍수 위에서 다스리시는 분을 만났다. 홍수를 넉넉히 건널 힘을 주셨고, 평강을 위에서부터 부어주셨다. 마음의 여유를 주셨고, 홍수 안에서 평강한 삶이 무엇인지 가르쳐주셨다.

온 세계가 마지막 때로 갈수록 홍수, 지진, 화산 폭발, 경제 대공황 등이 더 빈번하게 발생할 것이다. 그러나 그 위에서 다스리시는 하나님의 손을 바라볼 때, 어떤 상황에서도 안전할 것이다. 하나님 뜻 한가운데 사는 것이 가장 안전하다.

잠언 : 뇌물은 주지도 받지도 말아야 한다. 결국 둘 다 망한다.

"너는 뇌물을 받지 말라 뇌물은 밝은 자의 눈을 어둡게 하고 의로운 자의 말을 굽게 하느니라"(출 23:8).

"탐욕이 지혜자를 우매하게 하고 뇌물이 사람의 명철을 망하게 하느니라"(전 7:7).

뇌물을 주는 이유는 탐심 때문이다. 그 배후에는 맘몬이 있다.

그의 노염은 잠깐이요
은총은 평생이로다

시편 30:4,5 잠언 18:5

주의 성도들아! 여호와를 찬송하며 그의 거룩함을 기억하며 감사하라. 그의 노염은 잠깐이요 그의 은총은 평생이로다. 저녁에는 울음이 깃들일지라도 아침에는 기쁨이 오리로다 시편 30:4,5

만일 '하나님의 노여움은 평생이요, 그의 은총은 잠깐'이라면 어떨까? 절망이다. 쉽게 포기하고 힘없이 살 것이다. 그리고 혹 그렇다고 해도 아무 할 말이 없다. 우리의 죄가 얼마나 큰지! 우리가 생각하고, 결정하고, 행동하는 것이 얼마나 쉽게 악으로 달려가는지! 마치 악의 제조기 같다. 죄악 행하기를 밥 먹듯 한다. 그러니 공의의 판단에 의하면 사형선고를 받을 운명이다.

"내 백성은 나를 알지 못하는 어리석은 자요, 지각이 없는 미련한 자식이라. 악을 행하기에는 지각이 있으나, 선을 행하기에는 무지하도다"(렘 4:22).

이것이 날 향한 하나님의 정확한 판단이시다. 그러나 "우리 하나님의 노여움은 잠깐이요 그의 은총은 평생"이다. 얼마나 놀라운 하나님의 사랑이며 은혜인가! 밤이 지나면 반드시 아침이 오듯이 슬픔이 지나고 기쁨이 올 것이다. "주께서 나의 슬픔이 변하여 내게 춤이 되게 하시며, 나의 베옷을 벗기고 기쁨으로 띠 띠우셨나이다"라고 하셨다(11).

그러므로 어떤 상황에도 나는 잠잠하지 않고, 환경에 휩싸이지 않고, 하나님을 찬송하리라. 하나님의 은총을 의지하여 불평과 원망을 그치고 낙심하지 않으리라. 범사에 하나님께 감사하리라.

악인을 두둔하는 것과 재판할 때 의인을 억울하게 하는 것이 선하지 아니하니라

잠언 18:5

악인을 "두둔한다"는 건 '얼굴을 보고 공의와 공평을 무시하고 일방적으로 편들어 주는 것'을 말한다. 그의 배경을 본다는 것이다. 권력가 혹은 재력가 등 그의 외적인 요소를 보고 판단한다는 거다. 외모를 본다는 건 이를 두고 하시는 말씀이다. 그러나 우리 하나님은 외모를 보지 않으신다(신 10:17, 갈 2:6).

반대로 의인을 "억울하게 하는 것"은 '정의를 흔들고 구부러뜨리고 뒤틀어서 뒤집어버리는 것'을 말한다. 이는 악한 자들이 목적을 이루기 위해 수단과 방법을 가리지 않고 흔히 행하는 짓이다.

두 가지 모두 선하지 못하다. 하나님이 미워하신다. 의인을 벌하는 것과 귀인을 정직하다고 때리는 건 선하지 못하다(17:26). 악인을 의롭다고 하거나 의인을 악하다고 하는 이 두 사람은 다 여호와께 미움을 받는다(17:15). 하나님이 반드시 개입하셔서 공의와 공평이 굳게 서게 하신다.

하나님의 재판 원칙은 악인을 두둔하지 않고, 의인을 억울하게 하지 않는 것이다. 범죄자를 너그럽게 봐주고, 무고한 사람을 벌하는 건 옳지 않다. 사회와 국가가 굳게 서지 못하고 흔들리게 만든다. 재판은 공정하며 공평해야 한다.

목적만 옳은 게 아니라 수단과 방법도 옳아야 한다. 그럴 때 개인과 가정, 사회와 국가가 견고해지고 평안하며 번영한다.

시편 : 주님의 진노는 잠깐이다. 주님의 은총은 영원하다. 밤새도록 눈물을 흘려도 새벽이 오면 기쁨이 넘친다(5).

환난의 날을 지날 때가 있었다. 무척 힘들었다. 그때 어머니가 이런 말씀을 해주셨다. "꾹 참거라. 곧 지나간다." 정말 그랬다. 당시는 죽을 것 같았지만, 지나갔다. 지금 풍랑 가운데 환난을 통과하고 있는가? 조금만 더 힘을 내자. 저녁에는 울면서 잠들어도, 아침에는 웃음을 주시는 주님을 신뢰하자. '잠깐이면 지나간다'라는 말씀이 큰 위로가 된다. 주님의 진노는 잠깐이고, 주님의 은총은 영원하다.

이런 하나님의 성품을 아는 부모님이 계신 것이 큰 축복이다. 내게 모든 걸 성경을 기반으로 말씀해주셔서 늘 감사하다. 사랑과 존경을 담아서 용돈을 넉넉히 보내드려야겠다. 나도 그런 어머니, 그런 할머니가 될 것이다.

잠언 : 지난날 나의 가장 큰 문제는 스스로 의인이라고 착각하고 산 것이다. 지금은 회개하고 돌이켰다. 나 자신을 말씀과 주님의 성품으로 철저하게 다룬다. 오늘 잠언 본문을 통해 지혜의 말씀을 받는다. 의인을 억울하게 하고, 악인을 두둔하는 일을 지금 멈춰라! 이런 일을 계속하면 화를 당한다.

내 평생의 멜로디

시편 31:7,8 잠언 19:8

내가 주의 인자하심을 기뻐하며 즐거워할 것은, 주께서 나의 고난을 보시고 환난 중
에 있는 내 영혼을 아셨으며, 나를 원수의 수중에 가두지 아니하셨고, 내 발을 넓은 곳
에 세우셨음이니이다 시편 31:7,8

주 하나님께서 내게 행하신 네 가지 일을 묵상한다.

첫째, 주께서 내 고난을 보신다. "보신다"는 '조사하다'라는 뜻이다. 주께서 눈으로
직접 일일이 살피며 확인하고 내 고난을 측정하신다.

둘째, 주께서 환난 중에 있는 내 영혼을 아신다. 다른 사람들이 내 환난을 공감하지
못하는 이유는 충분히 이해하지 못하기 때문이다. 하나님은 환난 중에 있는 내 마음
의 고통을 아신다. '환난'은 복수형이다. 내가 처한 많은 환난, 내가 겪는 고통을 충분
히 아시고 대책을 세우신다.

셋째, 주께서 나를 내 원수의 손에 넘기지 않으신다. 원수가 나를 장악하지 못하도
록 강한 손으로 지켜주신다. 바다의 경계를 지으신 하나님이 내 원수의 경계를 정하신
다. 원수가 나를 장악하는 걸 절대 허락하지 않으신다. 그리고 다른 문을 열어 피할
길을 주신다.

넷째, 주께서 내 발을 넓은 곳에 세워주신다. 평탄한 곳, 안전한 곳에 두신다. 원수
가 접근할 수 없는 곳이다.

하나님이 이런 놀라운 일을 행하시는 것은, 오직 나를 향한 주의 한결같고, 일방적이
며, 놀라운 사랑 때문이다. 그 사랑이 나를 노래하게 한다. 주변의 상황은 단조이지만
내 찬양은 장조다. 이것이 내 평생의 멜로디다.

지혜를 얻는 자는 자기 영혼을 사랑하고 명철을 지키는 자는 복을 얻느니라 잠언 19:8

누구나 자기 영혼을 사랑한다. 그러려면 지혜를 얻어야 한다. 자기 영혼을 사랑하면
서 지혜 얻기를 소홀히 여기는 건 참으로 안타깝다. 마음으로는 원해도 실제 삶은 그

대로 살지 못하기 때문이다. 형통한 삶, 성공적인 삶, 빛나고 밝고 역동적이며 활기가 넘치는 삶을 살려면 지혜를 얻어야 한다. "얻는다"는 것은 '사다'라는 뜻으로 상업적 거래를 말한다. 거저 가지는 게 아니다. 얻기 위해서 대가를 지불해야 한다.

하나님을 아는 일에 수고를 아끼지 말아야 한다. 그분을 경외하는 법을 배워야 한다. 거기서 지혜를 얻기 때문이다. 누구나 복 받기를 원한다. 마찬가지로 복은 명철을 지킬 때 얻을 수 있다. "지키다"는 주어진 것을 세심하게 돌아보고 보호하는 것이다. 생각할 때, 말할 때, 결정할 때 그리고 행동할 때, 매 순간 가볍지 않고 신중하게 행하는 것이다.

하나님의 뜻이 무엇인지를 이 모든 과정에 대입하여 깨닫고 행동하는 자가 명철을 지키는 자다. 그런 사람이 복을 얻는다.

시편 : 한결같은 주님의 사랑을 생각하면 나는 기쁘고 즐겁다. 주님이 나의 고난을 돌보시고 내 영혼의 아픔을 아시기 때문이다. 나를 원수의 손에 넘기지 않으시고 내 발을 평탄한 곳에 세워주신다(7,8).

환난 속에 있으니 주변 사람들과 친구들까지 고통스러워하는 나를 보고 아무것도 행하지 않았다. 어떤 도움도 주지 않았다. 오히려 자기들에게 도움을 요청할까 봐 나를 피했다. 이것이 사람이다. 오죽하면 주님도 이리 말씀하셨을까!

"예수께서는 모든 사람을 알고 계시므로, 그들에게 몸을 맡기지 않으셨다"(요 2:24 새번역).

주님은 나의 고난을 돌아보고 함께 아파하셨다. 환난의 고통 중에 부르짖는 나의 영혼의 아픔을 위로해주셨다. 원수가 나를 해하지 못하도록 안전하게 지키셨다. 주님을 묵상하면 언제나 풍성해지고, 생각의 여유 공간이 만들어지며 넉넉한 품이 생긴다. 영혼이 한없이 평안해진다. 나는 극심한 환난의 고통을 통과하면서 주님을 더 사랑하게 되었다.

잠언 : 지혜를 얻는 곳에 시간과 에너지와 재정을 사용해야 한다. 말씀과 예배가 있는 곳을 사모해라. 성령을 의지하면 우리에게 지혜와 분별력을 가르치고, 명철하게 살도록 도우신다. 말씀 따라 사는 삶을 통해 하나님을 경험하는 것을 사모해라. 하나님을 경험하는 만큼 영적으로 성장하며 주님을 더 신뢰하게 된다.

용서받고 깨끗함을 받은 자, 복되다

시편 32:1,2   잠언 20:10

허물의 사함을 받고 자신의 죄가 가려진 자는 복이 있도다. 마음에 간사함이 없고 여호와께 정죄를 당하지 아니하는 자는 복이 있도다 시편 32:1,2

죄 없는 자의 복보다는 죄의 용서함을 받은 자의 복을 말한다. 의인은 하나도 없다. 모두가 죄인이다. 죄를 지어서 죄인이기도 하지만 죄인이기에 죄를 짓는다. 그 짓는 죄가 "허물", "죄", "정죄" 등 다양하다. "허물"은 '거역하다'라는 뜻으로 하나님의 뜻을 거역하여 그로부터 떨어져 나간 것을 말한다.

"죄"는 '표적에 빗나가다, 길을 잃다'라는 뜻으로 하나님의 길에서 벗어난 것이다. "정죄"의 '죄'는 하나님의 뜻에 순종하지 않고 그분의 뜻을 존중하지 않는 태도다. 이런 죄들로부터 구원받은 자들이 복이 있다.

죄로부터 구원받는 형태도 다양하다. "죄 사함을 받다"는 무거운 짐이 옮겨져서 더는 고통을 당하지 않는 걸 말한다. "죄가 가려진다"는 죄가 덮여서 더는 그 죄가 존재하지 않는 것이다. "정죄를 당하지 않는다"는 그 죄가 전가되어서 어떤 책임이나 대가를 치르지 않아도 되는 걸 말한다.

이런 놀라운 은혜를 받으려면 오직 마음에 "간사함"이 없어야 한다. 이는 자신의 죄를 낱낱이 하나님 앞에 자백하는 것이다(요일 1:9). 자신의 죄를 숨기려 하거나 자책하며 후회만 해서는 안 된다. 하나님은 자복하는 사람의 죄를 즉시 용서하신다. 예수 그리스도의 십자가에서 이미 죄를 도말하시고 깨끗게 하신다. 기쁨과 즐거움을 회복시켜주신다. 얼마나 큰 은혜인가! 얼마나 큰 복인가! 얼마나 놀라운 사랑인가!

한결같지 않은 저울추와 한결같지 않은 되는 다 여호와께서 미워하시느니라 잠언 20:10

메시지성경은 이를 "가격표 바꿔치기와 비용 부풀리기, 이것은 모두 하나님이 미워하시는 짓이다"라고 사실적으로 기록했다. 이런 부정직한 행위는 악이다. 이는 돈을 사랑하는 데서 시작된다. 돈을 사랑함이 일만 악의 뿌리가 된다(딤전 6:10). 돈 사랑은 탐심에서 시작된다. 탐욕과 욕심이 탐심이다. 그러면 지혜가 떠나고 미혹을 받는다. 하나님 말씀의 원칙을 무시한다. 자신을 속이고 자기 합리화에 빠진다. 거짓말과 부정직을 일삼는다.

우리 그리스도인은 재물을 올바르게 벌고, 올바르게 사용해야 한다. 정직은 가장 귀한 그리스도인다움이다. 재물을 속히 얻으려고 부정직하지 말아야 한다. 하나님은 장사할 때 속이는 것을 미워하신다. 저울을 속이는 것, 되를 속이는 것을 미워하신다. 하나님은 이런 장사를 축복하지 않으신다. 형통하게 하지 않으신다.

하나님은 정직을 기뻐하신다. 정직한 자를 사랑하신다. 정직하게 말하고, 정직하게 장사하는 것이 기독교문명개혁운동이다. 내 입, 내 손, 내 발이 정직해야 한다.

시편 : "복되어라! 거역한 죄 용서받고 허물을 벗은 그 사람! 주님께서 죄 없는 자로 여겨주시는 그 사람! 마음에 속임수가 없는 그 사람! 그는 복되고 복되다"(새번역)!

어느 날 공원을 산책하다가 "허물의 사함을 얻고 그 죄의 가리움을 받은 자는 복이 있도다"(32:1), 이 말씀으로 주님을 만났다. 펑펑 울었다.

"우리가 아직 죄인 되었을 때 그리스도께서 우리를 위하여 죽으심으로 하나님께서 우리에 대한 자기의 사랑을 확증하셨느니라"(롬 5:8).

주홍 같은 죄들을 예수님의 피에 빨아 거룩한 흰옷을 입혀주셨다.

"은혜로다! 주의 크신 은혜로다! 주여! 오직 은혜로 삽니다."

잠언 : 나의 지난 사업은 부정직했다. 이것은 내게 큰 대가 지불을 하게 했다. 재물 뒤에서 역사하는 어둠의 영(맘몬)을 조심하라. 우리를 부정직한 삶으로 이끌어간다. 돈을 사랑하게 만들고, 탐심과 욕심을 마음에 넣어주어 내 주인을 바꿔버린다.

하나님은 정직하시다. 정직한 자의 하나님이시다. 정직은 나의 최고의 방패가 되고, 승리의 검이 된다. 하나님의 형상으로 우리의 정직은 반드시 회복되어야 한다. 하나님은 정직한 자에게 재물의 축복을 약속하셨으므로 반드시 장사, 사업은 정직을 기반으로 해야 한다.

사람과의 관계 안에서도 정직을 기본으로 선택해야 한다. 입술의 거짓말이 잦으면 주변 사람들이 알게 되어 자신의 입지가 좁아지며 결국 초라해진다.

하나님이 누구를 도우시는지
주목하라

시편 33:18,19 잠언 21:13

(주목하라) 여호와는 그를 경외하는 자 곧 그의 인자하심을 바라는 자를 살피사, 그들의 영혼을 사망에서 건지시며 그들이 굶주릴 때 그들을 살리시는도다 시편 33:18,19

이 구절은 "주목하라"라는 동사로 시작한다(한글 성경에는 없다). 다시 말하면, 주님의 눈이 어디를 주목하시는지를 보라는 것이다. 하나님은 그를 경외하는 사람을 주목하신다.

"여호와의 눈은 온 땅을 두루 감찰하사 전심으로 자기에게 향하는 자들을 위하여 능력을 베푸시나니"라고 하신다(대하 16:9).

하나님을 경외하는 사람은 전심으로 그를 향하며 의지한다. 도우심을 전심으로 구한다. 하나님은 그런 사람에게 능력을 베푸셔서 주어진 일을 능히 감당하며 난관도 거뜬히 돌파하게 하신다. 모든 원수를 물리치고 승리하게 하신다.

하나님을 경외하는 사람은 하나님의 인자하심을 간절히 구한다. 자기 의를 자랑하지 않고, 자기 힘을 의지하지 않고, 오직 주의 은혜를 구하는 사람을 하나님은 주목하신다. 또 하나님의 놀라운 사랑에 소망을 두는 사람을 돌보며 지켜주신다. 죽음에서 건지시고 기근 때라 할지라도 살게 하신다.

귀를 막고 가난한 자가 부르짖는 소리를 듣지 아니하면, 자기가 부르짖을 때도 들을 자가 없으리라 잠언 21:13

가난한 사람의 부르짖음을 듣고 내가 할 수 있는 최선으로 실질적 도움을 주는 것은, 생명보험에 가입하는 것과 같다. 나중에 내가 부르짖을 때, 확실하게 도움을 받게 될 것이다. 가난한 사람을 볼 때 구체적으로 도움을 주는 것은, 하늘은행에 입금하는 것과 같다. 나중에 내 절실한 필요가 있을 때 엄청난 이자가 붙어 지급될 것이다.

"내가 주릴 때 너희가 먹을 것을 주었고, 목마를 때 마시게 하였고, 나그네 되었을 때 영접하였고, 헐벗었을 때 옷을 입혔고, 병들었을 때 돌보았고, 옥에 갇혔을 때 와서 보왔느니라 … 내가 진실로 너희에게 이르노니, 너희가 여기 내 형제 중에 지극히 작은 자하나에게 한 것이 곧 내게 한 것이니라"(마 25:35,36,40).

이 말씀은 하늘은행에 기록된 입금 항목이다. "가난한 자"란 어떤 사람들을 가리키는지를 보여준다. 귀를 막고 듣지 않음으로 평생 후회할 일을 절대 하지 말아야 한다. 먼저 닫힌 내 마음부터 열어두자. 내 지갑부터 열어두자. 인색한 마음, 냉랭한 마음, 무관심과 이기주의를 눈물로 깨뜨려야 한다. 관대하고 부드러우며 친절과 자비가 넘치는 사람이 되기를 눈물로 구해야 한다. 그때야 비로소 천국이 내 마음에 임한다.

시편 : 주님의 눈이 어디를 향하고 있는가? 첫째, 주님을 경외하는 사람들을 살펴보신다. 둘째, 한결같은 사랑을 사모하는 사람들을 살펴보신다. 그 결과는 첫째, 그들의 목숨을 죽을 자리에서 건져주신다. 둘째, 굶주릴 때 살려주신다.

여호와를 경외하는 자, 하나님의 인자하심을 바라는 자들이 누리는 축복은 어마어마하다. 그런데도 못 하니 바보 중의 바보가 나다. 나를 보니 한심하기 짝이 없지만 포기하지 않고 날마다 도전한다. '실패해도 다시 도전하면 되잖아'라고 생각한다.

"주여! 은혜를 주옵소서~."

성경 말씀은 귀중한 보물 창고다. 모든 축복이 다 담겨있다. 죽고 사는 문제, 축복과 저주의 삶, 내 미래가 매일의 묵상 말씀에 달려있다. 종일 묵상한 말씀을 심장에 넣고 살아내면서 이 놀라운 축복을 내 것으로 만들 것이다. 내 인생에 꼭 필요한 것 딱 하나만 선택하라고 한다면, 성경책! 그 한 권이면 충분하다!

잠언 : 내 지갑이 하나님과 친하게 지내게 하라! 언제나 하나님께서 내 지갑을 사용하시도록 늘 열어드린다. 놀라운 것은, 주께서 쓰시고 다시 더 많이 채워주신다. 한 번도 내 지갑에 돈이 떨어지지 않게 하셨다.

"주라 그리하면 너희에게 줄 것이니 곧 후히 되어 누르고 흔들어 넘치도록 하여 너희에게 안겨주리라"(눅 6:38).

하나님께서 주라고 하시는 곳에 주면 된다. 이것이 하늘은행에 저축되어, 이자율이 높게 적용된다.

"가난한 자를 불쌍히 여기는 것은 여호와께 꾸어드리는 것이니 그의 선행을 그에게 갚아주시리라"(19:17).

하나님이 가까이하고
구원하시는 사람

시편 34:18 잠언 22:9

여호와는 마음이 상한 자를 가까이하시고, 충심으로 통회하는 자를 구원하시는도다

시편 34:18

'의인'은 의로운 사람, 의를 행하는 사람을 말하는데, 인격이 아니라 관계에 초점이 있다. 오늘 말씀에 보면, 하나님과 올바른 관계를 맺는 사람에 대해 나온다. 죄를 지었다면 완악한 마음을 깨뜨리고 충심으로 통회하며 하나님께 가까이 가서 죄를 자복하고 버리는 사람이다.

"마음이 상했다"는 외부로부터 마음에 상처를 받았다는 게 아니다. 자기 죄로 인해 마음이 깨지는 걸 말한다. 후회만 하는 마음이 아니다. 자기 합리화는 더욱 아니다. 죄를 미워하는 마음을 말한다. 하나님은 그런 사람을 가까이하신다. "충심으로 죄를 통회하는 것"은 가장 깊숙이 동기와 태도에서부터 스스로 부끄러워하며 뉘우치는 걸 말한다. 죄로 인해 너무나 분하고 낙심하여 숨조차 쉴 수 없을 지경이다.

하나님은 이런 마음의 소유자를 구원하고 도와주신다. 죄를 용서하여 깨끗게 하시고 죄로부터 구원하신다. 비로소 숨 쉬게 하신다.

"자기의 죄를 숨기는 자는 형통하지 못하나, 죄를 자복하고 버리는 자는 불쌍히 여김을 받으리라" 하심과 같다(잠 28:13). 또한 "하나님께서 구하시는 제사는 상한 심령이라. 하나님이여, 상하고 통회하는 마음을 주께서 멸시하지 아니하시리이다"라고 하셨다(51:17).

이것이 기독교의 핵심이며, 십자가의 능력이다.

선한 눈을 가진 자는 복을 받으리니, 이는 양식을 가난한 자에게 줌이니라 잠언 22:9

"선한 눈"은 '후한 눈'이다. 마음이 너그러운 사람의 눈은 선하다. 자기 것만 바라보는 게 아니라 주변의 가난한 자들을 돌아본다. 너그러운 마음, 선한 눈, 나눠주는 손은 언제나 함께한다. 하나님은 이런 사람을 살펴보시고, 그분의 손을 펴서 복을 부어

주신다. 새번역은 "남을 잘 보살펴 주는 사람이 복을 받는 것은, 그가 자기의 먹거리를 가난한 사람에게 나누어주기 때문이다"라고 번역했다. 자기의 먹거리를 혼자 다 먹지 않고, 가난한 사람에게 나눠주는 사람에게 복을 주신다. 가난한 사람을 잘 보살피는 사람을, 하나님이 보살펴 주신다.

16절은 정반대로 사는 사람이다. 이 말씀을 새번역과 쉬운성경으로 읽어보자.

"이익을 탐해서, 가난한 사람을 학대하는 사람과, 부자에게 자꾸 가져다주는 사람은, 가난해질 뿐이다"(새번역). "자기 재산을 늘리려고 가난한 자를 학대하는 자와 부자에게 뇌물을 바치는 자는 모두 가난에 떨어질 것이다"(쉬운성경).

가난으로 가는 길은, 가난한 자를 착취하고, 부자에게는 아양을 떠는 것이다. 하나님께 복 받는 길은, 가난한 사람을 보살피며 자기 소유를 나누는 것이다.

"주님은, 마음 상한 사람에게 가까이 계시고, 낙심한 사람을 구원해주신다"(시 34:18 새번역). 주님은 신실하셔서 주님을 피난처로 삼는 사람이 큰 복을 받게 하신다. 시편 34편은 다윗이 아비멜렉 앞에서 미친 체하다가 쫓겨나서 지은 시다.

"너희는 여호와의 선하심을 맛보아 알지어다 그에게 피하는 자는 복이 있도다"(8).

그분의 선하심을 어떻게 맛보는가? "너희가 내 안에 거하고 내 말이 너희 안에 거하면"(요 15:7). 하나님의 말씀이 나를 장악하도록 나 자신을 내어드리면 그분을 맛보아 알 수 있다.

다윗은 죄로 인해 마음을 깨뜨리면서 꺼억~ 꺼억~ 심장에서부터 터져 나오는 눈물로 주님께 간다. 다윗은 위로자이신 주님의 넓은 품에 안겨버린다. 다윗을 품어 안고 같이 울어주시는 주님이시다. 그 품에서 펑펑 울고 나면 새 힘이 생긴다. 다시 살아볼 용기가 생긴다. 가장 안전한 곳은 주님 품밖에 없다. 다른 곳에서 위로받길 원하면, 죄가 죄를 낳게 될 것이다.

때로 말도 안 되는 거짓으로 날 죽이려고 모함하는 세력 때문에 너무나 마음이 상하고 억울한 채로 주님께 간다. 주님 품에 안겨 한없이 울고 또 운다. 주님은 내게 가까이 오시고, 당신의 선하심을 맛보아 알게 하시고, 상대의 죄를 용서하도록 내 마음을 넓혀주신다. 내가 순종하여 행하면 모든 환경을 전화위복으로 만드셔서 도리어 역전시켜주신다. 우리 주님은 역전의 명수시다. 주님께 가는 인생은 대박 난다. 그러나 인생의 가장 큰 위기를 맞을 때, 다른 곳으로 가면 쪽박을 찬다.

복락의 강물, 생명의 원천

시편 36:7,8 잠언 23:17,18

하나님이여, 주의 인자하심이 어찌 그리 보배로우신지요! 사람들이 주의 날개 그늘 아래 피하나이다. 그들이 주의 집에 있는 살진 것으로 풍족할 것이라. 주께서 주의 복락의 강물을 마시게 하시리이다 시편 36:7,8

"보배롭다"는 '진기한, 값비싼, 가치가 있는'을 말한다. 진기하고 가장 가치 있는 보석과 같은 것이 주의 인자하심이다. 나를 향한 하나님의 인자하심이 그렇다. 우리는 모두 이런 놀라운 사랑의 날개 그늘에서 각종 혜택을 누린다.

그곳이 나의 안식처요 안전지대다. 그곳에서 주께서 잔치를 베풀어주신다. 주 앞에 나아가 주를 찬송하는 예배 공동체는 이런 풍성한 은혜를 누린다. 하나님이 마련하신 풍성한 것으로 영적, 정서적, 육신적, 물질적으로 풍족함을 누린다. 죄 사함을 받으며, 매인 것이 풀어지고, 자유함을 누린다. 치유가 일어나고, 슬픔이 기쁨이 되고, 격려와 위로, 용기와 힘을 얻는다.

주님은 나의 생명의 원천이시다(9). 내가 주 앞에 나아가 감사하며 온 마음과 힘을 다해 주께 찬양 드릴 때, 하나님은 내게 생명의 원천수를 가득 부어주신다. 나의 메마름과 목마름이 해소되고, 갈증이 채워진다. "내 잔이 넘치나이다!"(23:5) 고백이 터져 나온다.

주 앞에 찬양을 드리며 주의 임재 가운데 머물 때, 주의 찬란한 빛으로 사방이 너무나 아름답다. 나를 향한 하나님의 놀라운 사랑으로 나는 감격한다! 오늘, 그 사랑, 누리며 산다.

네 마음으로 죄인의 형통을 부러워하지 말고, 항상 여호와를 경외하라. 정녕히 네 장래가 있겠고, 네 소망이 끊어지지 아니하리라 잠언 23:17,18

죄인의 형통을 부러워하지 말아야 한다. '나도 저런 삶을 살았으면…' 하고 갈망하며 바라보지 말아야 한다. 셰익스피어의 희극 〈끝이 좋으면 다 좋아〉처럼 무슨 일이든 처음이나 중간을 보며 성급하게 결론 내리지 마라. 결론은 언제나 모든 것이 끝나고 내려야 한다. 악인의 삶이 처음에는 너무나 잘나가기에 부러움과 선망의 대상이 되기도 한다. 그리고 그런 삶을 갈망하며 따라가려 한다.

그러나 눈을 더 크게 뜨고 그 너머를 바라보면 어떤 결말이 날지 보인다. 슬픔과 어둠의 그림자가 보인다. 내면의 불안과 두려움이 보인다. 하나님을 경외함으로 바라보면 악인의 장래가 더 쉽게, 더 뚜렷하게 보인다. 죄인이 치르게 될 대가가 얼마나 혹독하고 비참한지 알게 된다. 그들이 얼마나 철저히 무너지는지 미리 보인다.

그러니 그들이 취하는 방법, 행동을 본받거나 따를 생각조차 하지 말아야 한다. 흉내도 내지 말고, 마음으로도 부러워하지 말아야 한다. 사소한 것에 시선을 집중하지 말고, 오직 하나님을 경외하는 일에만 전심을 드려야 한다. 거기에 내 미래가 있기 때문이다. 하나님을 경외하면, 나는 반드시 잘될 것이다.

"주님의 한결같은 사랑이 어찌 그리 값집니까? 사람들이 주님의 날개 그늘 아래로 피하여 숨습니다"(시 36:7 새번역). 주님의 집에 있는 기름진 것으로 배불리 먹이신다. 시내에서 단물을 마시게 하신다. 생명의 샘이 주님께 있다. 주님의 빛을 받아 환히 열린 미래를 본다(8,9).

사람들이 보배처럼 간직하는 것들이 있다. 아주 값비싼 보석과 땅과 집의 문서들을 도둑이 훔쳐가지 못하도록 금고에 넣어둔다. 그러나 지극히 값진 보배를 발견하면 집 팔고, 땅 팔고, 냉장고 팔아 그것을 산다. 주님의 한결같은 사랑이 가장 값진 보배다. 이 보배는 나눌수록 배가된다. 땅의 것들은 한 달란트, 한 므나처럼 그대로 있다. 때로 도둑이 들어 없어지기도 한다.

IMF라는 도둑이 내 모든 보물을 훔쳐갔다. 큰 대가 지불 이후, 지극히 값진 보배를 찾았다. 바로 '주님'이시다. 주의 사랑은 나눌수록 더 풍성하게 채워진다. 성경의 먼지를 털고 두 손에 단단히 잡자. 도둑이 훔칠 수 없는 가장 안전한 내 마음의 금고에 넣자! 매일 묵상을 통해 가장 소중한 보배를 내 마음에 차곡차곡 쌓으니, 부자가 된 기분이다. 내 금고의 값비싼 보석과 문서들을 꺼냈다. 나보다 더 필요한 사람들과 하나님나라 확장에 쓰임 받도록 드렸다. 금고에 세상의 것들이 없는 것이 내게 큰 자유를 주었다.

나는 이제 진짜 보배를 가졌기에 더 큰 부자다. 내 생명의 원천이신 주님을 내 마음의 금고에 매일매일 차곡차곡 채우리라!

내 마음의 소원을 이루시는 하나님

시편 37:3,4 잠언 24:13,14

여호와를 의뢰하고 선을 행하라. 땅에 머무는 동안 그의 성실을 먹을거리로 삼을지어다. 또 여호와를 기뻐하라. 그가 네 마음의 소원을 네게 이루어주시리로다 시편 37:3,4

"땅에 머무는 동안"은 '이 세상에 사는 동안'이라는 뜻이다. "그의 성실로 먹을거리를 삼으라"는 우리가 세상에 사는 동안 '하나님께서 우리에게 안전을 보장해주시고 번영을 누리며 살게 하실 것이다'라는 뜻이다. 이런 일은 하나님의 성실하심으로 반드시 주어질 것이다. 또한 이런 삶은 "여호와를 의뢰하고 선을 행할 때" 주어진다.

"여호와를 의뢰하라"는 자기 재산이나 경험, 지식이나 생각을 의지하지 않고 오직 하나님만을 의지하는 걸 말한다. 5절의 "네 길을 여호와께 맡기라. 그를 의지하면 그가 이루시리라" 하시고, 또 잠언 3장 5-7절에 "너는 네 명철을 의지하지 말고 스스로 지혜롭게 여기지 말고, 범사에 그를 인정하라 그리하면 네 길을 지도하시리라"라고 하시는 말씀과 같다.

"선을 행하라"는 언제나 재물이 동반된다. 시편 37편 21절과 26절의 '은혜를 베풀고 꾸어주거나 후하게 주는 삶'을 말한다. 관대한 삶, 자기 것을 가난한 자들과 나누는 삶이다. "여호와를 기뻐하라"는 '오직 하나님 한 분만으로 만족하고, 기뻐하는 삶'이다. 그 이유가 돈이나 사람이나 환경에 있지 않고 오직 하나님 때문이라는 뜻이다.

하박국은 "이 모든 것이 하나도 없어도 나는 여호와로 기뻐합니다"라고 동일하게 고백한다(합 3:17,18). 오직 하나님이 내 모든 기쁨의 근원과 이유가 되시는 삶을 살면, 내 마음의 소원을 하나님께서 이루실 것이다.

내 아들아, 꿀을 먹으라. 이것이 좋으니라. 송이꿀을 먹으라. 이것이 네 입에 다니라. 지혜가 네 영혼에게 이와 같은 줄을 알라 이것을 얻으면 정녕히 네 장래가 있겠고 네 소망이 끊어지지 아니하리라 잠언 24:13,14

꿀은 몸의 건강과 성장과 발육을 돕는다. 그러니 당연히 먹는다. 특히 송이꿀은 더 달다. 그런데 이보다 더 좋고, 더 달콤한 것이 '지혜'다. 꿀이 몸에 좋다면 지혜는 영혼에 좋다. 그러니 지혜를 섭취해야 한다. 그러면 밝은 미래가 보장된다. 소망이 끊어지지 않고, 기대하고 바라는 것들이 반드시 이루어질 것이다.

하나님을 경외하는 것이 지혜의 근본이다. 예수님을 알 때 지혜가 생긴다. 예수님 안에 지혜와 지식의 모든 보화가 감추어져 있기 때문이다(골 2:3).

마치 시간과 재물을 들여 모험에 나서서 보물을 찾아내는 것처럼 지혜를 '얻어야' 한다. 가만히 앉아서 저절로 얻을 수 있는 게 아니다. 보물을 찾으러 나선 탐험가처럼 성경을 읽을 때, 예수님을 알고 지혜를 얻는다. 아버지가 말씀하신다.

'내 아들아! 지혜를 섭취해라. 음식을 먹는 것처럼 날마다 먹어라!'

시편 : 오늘 말씀을 내 삶에 다섯 가지로 적용한다.

1) 주님만 의지하라. 2) 선을 행하라. 3) 이 땅에 사는 동안 성실히 살아라. 4) 기쁨은 오직 주님에게서 찾아라. 5) 주님께서 마음의 소원을 들어주신다.

주님의 말씀은 명확해서 너무 좋다. 모두가 마음의 소원을 이루기를 바랄 것이다. 다섯 가지 안에서 답을 주셨다. 오늘 또 내가 결정하는 것은, 돈이나 친구, 도울 힘이 없는 인생을 의지하지 않는 것이다.

주님을 향한 기대와 소망이 있으면 내 마음은 기쁨으로 주님을 찾는다. 내 속의 기쁨은 믿음과 깊은 연관이 있다. 주님의 말씀은 내게 선을 행할 능력을 갖추게 하고, 성실하고 정직하게 살도록 이끄신다.

의인의 길에 가장 큰 방해자는 악인이다. 이들은 악한 계획을 이룰 수 있다고 자신하지만, 어림없는 소리다. 조금만 더 참자! 악인은 반드시 멸망하고야 만다. 악인으로 인한 노여움과 격분, 불평을 잘 다스리자. 이런 것들이 내가 악으로 기울어지도록 이끈다.

내 갈 길을 오직 주님께 맡기고, 주님만 의지하면 주께서 모든 걸 선하게 이루어주신다.

잠언 : "주의 말씀의 맛이 내게 어찌 그리 단지요 내 입에 꿀보다 더하니이다"(시 119:103).

"내 아들아 꿀을 먹으라 이것이 좋으니라 송이꿀을 먹으라 이것이 네 입에 다니라"(13).

주여! 말씀부터 먹고 밥 먹겠습니다!

여호와여, 내가 주를 바라나이다

시편 38:12-15 잠언 25:15

내 생명을 찾는 자가 올무를 놓고, 나를 해하려는 자가 괴악한 일을 말하여 종일토록 음모를 꾸미오나, 나는 못 듣는 자같이 듣지 아니하고, 말 못 하는 자같이 입을 열지 아니하오니, 나는 듣지 못하는 자 같아서 내 입에는 반박할 말이 없나이다. 여호와여, 내가 주를 바랐사오니, 내 주 하나님이 내게 응답하시리이다 시편 38:12-15

내 목숨을 노리는 자들이 주변에 언제나 있다. 더구나 그들이 가까운 친구일 때는 고통이 너무 크다. 그들은 내가 '언제 실족할까? 언제 죄를 지을까?' 기다린다. 내 연약함과 부족함을 보면 즉시 반응을 보인다. 긍휼과 용납은 찾을 수가 없다. 오직 공의와 정의만 내세워 각종 악담을 퍼부으며 종일 해칠 일만 모의한다. 내가 실수하여 나의 세력이 파산하기를 학수고대한다. 이들은 부정직하고 배은망덕하다. 나는 그들을 사랑하나, 그들은 도리어 나를 대적한다.

그러나 나는 어떤 항변도 하지 않는다. 오직 주 하나님만을 바라보기 때문이다. 사람들의 말에 휘둘리지 말아야 한다. 초조해하거나 속상해하지 말아야 한다. 내가 하고 싶은 말은 오직 하나님께만 한다. 나를 이해하시고 내 원통함을 풀어주심을 바라본다. 그는 나를 정죄하지 않으시고 내 죄를 용서하신다. 나를 버리지도, 떠나지도 않으신다.

그래서 내 소망은 오직 하나님께 있다. 내게 응답하실 주님의 음성에만 귀를 기울인다.

오래 참으면 관원도 설득할 수 있나니, 부드러운 혀는 뼈를 꺾느니라 잠언 25:15

중상모략을 당할 때, 거짓과 허위가 판을 칠 때, 격발을 당할 때, 즉시 반응하여 격동하거나 흥분하지 말고 침착해야 한다. 자기 처지만 말하거나 자기 생각만 주장하지 말고, 인내하면서 차근차근 설명하는 게 지혜다. 오래 참음은 성령의 열매다. 날마다 성령충만함을 구하여 오래 참음의 열매가 자라나야 한다.

시간의 여유를 갖는 법을 배워야 한다. 한창 열기가 오를 때는 말할 때가 아니다. 식을 때를 기다려야 한다. 설득력을 배워야 한다. 상대방이 보지 못하는 걸 볼 수 있도록 하는 게 설득력이다. 부드러운 혀는 딱딱하고 견고한 마음을 녹이는 힘이 있다. 상대의 마음의 장벽을 허무는 힘이 있다. 심지어 적의의 감정마저 녹여버린다.

그러나 거친 말은 뼈를 꺾지 못한다. "뼈를 꺾는다"는 마치 난공불락의 견고한 요새를 무너뜨리는 것과 같다. 아주 딱딱한 돌을 부수듯, 강한 철을 녹이듯 부드러운 혀는 힘이 있다. 거친 혀가 하지 못하는 일을 해낸다. 온유한 마음의 소유자가 부드러운 혀를 갖는다. 온유도 성령의 열매다. 날마다 성령을 환영해야 한다. 성령께 항복해야 한다.

오래 참고 온유한 자가 될 때, 부드러운 혀를 사용하여 상대를 설득할 수 있다.

시편 : 내 목숨을 노리는 자들이 올무를 놓고, 내 불행을 바라는 자들이 악담을 퍼부으며, 온종일 해칠 일을 모의한다(12). 이런 일이 발생할 때, 내 반응이 내 미래가 된다. 입 다물고 주님께 피하는 것이 상책이다. 듣지 않고, 입도 열지 않는 게 지혜다. 이렇게 할 힘은 나의 주님께서 친히 심판하심을 알기에 생긴다.

강력한 원수들이 점점 많아지고, 까닭 없이 나를 미워하는 사람이 점점 늘어도 주님은 원수들이 나를 비웃지 못하게 하신다. 선을 악으로 갚는 저들은 내가 저들의 유익을 도모할 때, 오히려 나를 대적한다.

이런 악한 자들을 만났을 때, 내가 배운 최고의 과목은 '입 다물고 주님께 맡기는 법'이다. 주님의 주권을 철저하게 인정하고 맡겨드린다. 어려운 과목이지만, 내 믿음을 성장시키는 귀중한 과목이기도 하다. 눈, 귀, 입을 닫으면 주께서 내 안에 생각의 공간을 만드시고, 마음에 여유를 주기도 하신다. 환난 가운데 미소 짓는 품위 있는 삶이 나는 좋다. 주님께 피하면 언제나 내 품위를 지켜주시고, 평강을 선물로 주시며, 내가 넉넉한 품이 되게 하신다.

잠언 : 반대 정신으로 사는 법을 말한다. 교만한 자에게는 겸손으로, 악하고 못된 말을 지어내는 자에게는 선한 말을 하는 부드러운 혀가 언제나 이긴다.

말로써 매를 버는 사람이 있다. 정말이다. 입에 화와 복이 있다. 입술의 열매는 항상 내가 먹게 되어있다.

"선한 말은 꿀송이 같아서 마음에 달고 뼈에 양약이 되느니라"(16:24).

26일 들으시고 응답하실 때까지 기다리라

시편 40:1,2 잠언 26:7,9

내가 여호와를 기다리고 기다렸더니, 귀를 기울이사 나의 부르짖음을 들으셨도다. 나를 기가 막힐 웅덩이와 수렁에서 끌어 올리시고, 내 발을 반석 위에 두사 내 걸음을 견고하게 하셨도다 시편 40:1,2

"기다리고 기다렸더니"는 '한 번만 기다린 게 아니라 응답하실 때까지 기다렸다'는 것이다. 하나님은 한 번의 기도에 응답하기도 하시지만 많은 경우, 한 번에 응답하지 않으신다. 우리가 하나님을 기다린다면 하나님도 우리를 기다리신다. 하나님은 그분을 기다리는 자를 기다리신다. 하나님께 부르짖고 구해도 응답하시지 않을 때 쉽게 포기하지 않고, 오직 하나님의 도우심만 간절히 구하는 갈급한 사람을 기다리신다.

"기가 막힐 웅덩이"란 '넘실거리는 물, 몰아치는 폭풍, 짓누르는 두려움과 불안으로 가득한 곳'을 말한다. 숨이 턱 막혀 삶과 죽음의 경계선이 무너진 곳이다. "수렁"이란 '발이 밑바닥에 닿지 않는, 단단한 바닥이 없는 곳'이다. 한마디로 진흙탕으로 덮인 절망의 웅덩이에 빠진 상태다. 공포와 두려움이 몰려오고 있다. 누군가가 끌어 올려주어야 벗어날 수 있다.

이때 분명히 알아야 한다. 오직 하나님만이 나의 도움이시다. 하나님께 도움을 요청해야 한다. 간절히 부르짖어야 한다. 그리고 끈기 있게 기다려야 한다. 하나님이 내 부르짖음을 들으시고 반드시 날 끌어 올려주신다. 견고한 반석 위에 세우셔서 안전하게 걸어가게 하실 것이다.

저는 자의 다리는 힘없이 달렸나니, 미련한 자의 입의 잠언도 그러하니라 미련한 자의 입의 잠언은 술 취한 자가 손에 든 가시나무 같으니라 잠언 26:7,9

미련한 자의 입의 잠언이 저는 자의 힘없이 달린 다리와 같다는 건, 그 말이 듣는 사람에게 어떤 효력도 발휘하지 못한다는 것이다. 미련한 자의 입에서 나오는 잠언은 힘이 없고 오히려 위태롭다. 영향을 주기는커녕 남에게 상처를 입힌다. 또한 이것이 술에 취한 자가 손에 든 가시나무와 같다는 건 혀를 함부로 칼처럼 휘둘러 주위 사람들에게 상처를 준다는 뜻이다. 잠언은 사람을 깨우치고, 위로와 격려, 용기를 준다. 지혜와 명철을 준다. 말씀을 올바르게 이해하고 정확하게 적용하여 바르게 살아가게 한다. 지혜로운 자의 입의 잠언은 듣는 자에게 깊은 교훈을 준다.

우리는 듣는 사람에게 위로와 격려, 용기를 주는 말을 해야 한다. 생각나는 대로 말하지 말아야 한다. 은혜로운 말을 하여 약한 자를 강하게 하고, 무너진 자를 세워주어야 한다. 낙심한 자에게 소망을 주어야 한다. 교만에서 미련한 말이 나오고, 겸손에서 지혜의 말이 나온다.

시편 : 내가 간절히 주님을 찾으면 여섯 가지 일이 일어난다.

1) 주님께서 나를 굽어보신다.

2) 나의 울부짖음을 들어주신다.

3) 나를 멸망의 구덩이에서 건져주신다.

4) 나를 진흙탕에서 건져주신다.

5) 내가 반석을 딛고 서게 하신다.

6) 내 걸음을 안전하게 하신다.

기도는 끈질기게 포기하지 않고, 하나님이 내 기도를 들으셨다는 확신이 있을 때까지 해야 한다. 하나님을 알면 기도를 절대 포기하지 않는다. 주님이 반드시 응답하시기 때문이다. 내 기도 제목이 주님 뜻 안에 있다면 무조건 응답된다. 내 시간과 하나님의 시간이 다를 수 있다. 그러나 언제나 하나님이 옳으시다. 기가 막힌 타이밍에 기도가 응답된다. 기도 응답이 내게 왜 중요한가? 점점 더 주님께 순종하여 믿음의 사람이 되기 때문이다.

잠언 : 미련한 자는 단순히 지적으로 무지한 자를 말하는 게 아니다. 하나님의 법에서 벗어나 하나님을 불신하고 대적하며 교만히 행함으로 멸망을 자초하는 자다. 잠언은 여호와 앞에서 세상을 바르게 살아가는 지혜와 훈계다. 미련한 자에게 잠언은 힘이 없다. 그는 지혜와 훈계를 받지 않는다. 또 그의 입의 잠언은 술에 취한 사람이 손에 쥐고 있는 가시나무와 같다. 술에 취한 사람은 가시나무를 함부로 휘두른다. 이처럼 말씀을 잘못 인용해서 사람을 찌르고 죽이는 행동을 한다. 특히 부모가 아이들을 대할 때 조심해야 한다. 자신은 말씀 따라 살지 않으면서 아이들을 말씀으로 협박하면 안 된다.

넉넉히 이기게 하시는 하나님

시편 41:11,12 잠언 27:10

내 원수가 나를 이기지 못하오니, 주께서 나를 기뻐하시는 줄을 내가 알았나이다. 주께서 나를 온전한 중에 붙드시고 영원히 주 앞에 세우시나이다 시편 41:11,12

주께서 나를 사랑하시기에 원수들이 내 앞에서 큰소리치지 못하게 막으신다. 그들이 말하기를, "저가 병들어 쇠약해질 거다"라고 조롱한다. "저가 곧 사역이 끝나고 사라지게 될 거야"라고 비웃는다.

그러나 그 기대와 바람이 이루어지지 않아 매우 실망하게 될 것이다. 조만간 주께서 나를 기뻐하시는 줄을 그들이 보게 될 것이다. 그들이 나에 대해 무슨 말을 해도 마음에 담아두지 않았다. 화를 내거나 낙심하지 않았다. 주께서 나를 기뻐하시는 줄 내가 이미 알고 있었기 때문이다.

"누가 대적하리요! 누가 정죄하리요! 누가 나를 그리스도의 사랑에서 끊으리오!"라고 담대히 말한다(롬 8:31-35). 오히려 "이 모든 일에 나를 사랑하시는 이로 말미암아 내가 넉넉히 이기느니라"라고 선포한다(롬 8:37). 나의 하나님은 항상 그리스도 안에서 이기게 하신다(고후 2:14).

오직 내가 할 일은 주 앞에 언제나 충성되고 정직하게 살아가는 것이다. 그러면 주님이 모든 것에서 지켜주시고, 굳게 붙들어주시고, 나로 주님의 임재에 머물게 하신다. 오늘도 나를 향한 주의 사랑을 굳게 붙든다. 그리고 주를 향한 내 충성으로 주 앞에서 맡긴 일을 한다.

네 친구와 네 아비의 친구를 버리지 말며, 네 환난 날에 형제의 집에 들어가지 말지어다. 가까운 이웃이 먼 형제보다 나으니라 잠언 27:10

어려울 때 형제에게 도움을 청하지 말라는 게 아니다. 가까운 이웃과 관계를 잘하라는 말씀이다. 가까운 이웃이 먼 형제보다 낫다는 걸 잊지 말아야 한다. 사귄 친구를 쉽게 저버리지 말아야 한다. 친구가 있다는 것은 통장에 잔액이 넉넉히 있는 것과 같다.

친구가 없는 것은 잔액이 바닥인 것과 다름없다.

친구를 만들려면 내가 먼저 호의를 베풀어야 한다. 사랑의 관심으로 돌봄과 위로, 나눔과 섬김 그리고 지속적인 교제, 이것들을 입금해야 한다. 기도 목록에 그 이름이 있다. 사소한 일로 친구를 저버리지 말아야 한다. 형제처럼 대해야 한다. 용서와 용납, 이해와 오래 참음이 또 다른 입금 항목이다. 그러면 환난 날에 출금될 것이다.

주변을 돌아보라. 앞뒤, 왼쪽과 오른쪽에 있는 그들이 나의 친구, 혹은 잠재적 친구다. 사무실 옆의 동료와 잘 지내자. 그들을 귀히 여기자. 언제나 친절하고 미소를 잃지 말자. 격려와 위로의 말 한마디를 건네는 연습을 하자. 평소에 잘하자. 가급적 혼자 있으려 하지 말고 잘 어울리자. 작은 것에 충성하자. 작은 선물을 주는 연습을 하자.

시편 : "주께 기도드립니다. 내 원수들이 내 앞에서 환호성을 외치지 못하게 해주십시오. 주께서 맡기신 사명을 원수들이 가로막지 못하게 해주십시오. 그들의 도모는 어그러지게 하시고, 그들의 계략이 서지 못하도록 막아주십시오. 주께서 나를 온전하게 지켜주십시오. 주님 앞에 길이 세워주십시오. 주님의 사랑을 힘입게 하시고 원수들의 입을 막으셔서, 제가 주님의 보호 안에서 큰 보살핌과 사랑을 느끼게 해주십시오. 이로써 주님이 나를 사랑하심을 내가 알게 될 것입니다. 내 입술에서 주님만 찬양 받으십시오. 영원에서 영원까지 찬양 받으십시오. 주여! 저를 성령의 능력으로 사로잡아 주셔서 정직하고 온전한 삶으로 원수에게 빌미를 제공하지 않도록 깨어 살도록 언제나 붙들어주십시오. 주님이 맡기신 사명을 완수하도록 주님 앞에 길이 세워주십시오."

잠언 : 아버지가 소천하신 후, 큰언니가 서울의 최고 좋은 대학에 합격했다. 그런데 입학금이 없어서 처음으로 친척에게 도움을 요청했으나 거절 당했다. 어쩔 도리가 없어 언니는 대구의 좋은 대학에 4년 전액 장학생으로 들어갔다. 30년이 흘러 우리 집은 부흥했지만, 그 친척 집은 완전히 망했다.

하루는 어머니가 귀한 친척이 집에 오니 냉장고에 과일과 고기를 채우고 그 분에게 드릴 용돈도 많이 준비하라고 하셨다. 그런데 30년 전 그 분일 줄이야! 순간, 나는 얼어버렸다. 어머니는 "미진아~ 나는 그날 모든 걸 용서했다. 넌 아직도 용서하지 않았느냐? 그 마음을 품고 얼마나 힘들게 살았느냐~"라고 하셨다. 등이 굽은 연로하신 어머니가 내 눈에 거인처럼 보였다.

앞면은 평강과 기쁨, 뒷면은 찬송과 기도

시편 42:8 잠언 28:10

낮에는 여호와께서 그의 인자하심을 베푸시고, 밤에는 그의 찬송이 내게 있어, 생명의 하나님께 기도하리로다 시편 42:8

북극과 남극을 제외하고는 약간의 시간 차는 있어도 평생 낮과 밤을 보낸다. "저녁이 되고 아침이 되니"(창 1장) 이것을 '하루'라고 한다. 낮은 밝을 때, 밤은 어두운 때를 가리킨다.

우리 인생도 낮과 밤이 있다. "저녁에는 울음이 깃들일지라도 아침에는 기쁨이 오리로다"(30:5). 낮이 밝고 기쁨이 있는 건 하나님이 그의 인자하심을 베푸시기 때문이다. 낮에는 하나님의 놀라운 사랑 안에 머문다. 안전하다. 평안하다. 우리에게는 밤에 울음이 깃들지 못한다. 두려움과 캄캄함이 우리를 덮지 못한다. 하나님은 밤중에 노래하게 하시는 분이기 때문이다(욥 35:10).

하나님은 흔들리지 않는 나의 견고한 반석(9), 나의 힘(43:2), 나의 큰 기쁨(43:4)이 되신다. 그 하나님이 약속하시기를, "내가 종일토록 너를 사랑하리라. 밤새도록 너의 곁에서 너를 지켜주리라"라고 하셨다. 밤에는 생명의 하나님께 찬송과 기도의 실로 아름다운 수를 놓는다. 주의 평강이 모든 두려움과 불안을 몰아낸다. 주의 기쁨이 모든 슬픔과 낙심을 몰아낸다.

사시사철 푸른 나무, 짙은 먹구름이 땅을 덮어도 그 위의 더 높은 곳, 태양이 빛나는 하늘 아래 날아가는 여객기, 이 아름다운 작품의 제목은 '평강과 기쁨'이다. 그 뒷면은 '찬송과 기도'다.

정직한 자를 악한 길로 유인하는 자는 스스로 자기 함정에 빠져도, 성실한 자는 복을 받느니라 잠언 28:10

"정직한 자를 악한 길로 유인하는 자"를 우리 주 예수님은 '바리새인과 서기관 같은 사람'이라고 하신다. 그러나 그들의 뜻대로 되지 않을 것이다. 오히려 "스스로 자기 함정에 빠지게” 될 것이다. 마치 하만이 모르드개를 달아매려고 만든 높은 장대에 자신이 달린 것처럼. 잠시 자신들의 뜻대로 일이 되어간다고 기뻐하겠지만 결국 자신이 파놓은 함정에 스스로 빠지게 될 것이다. 이것을 ‘자충수’라고 한다.

악한 자가 악한 길로 유인해도 그 길을 따르지 않아야 한다. 우리 주변에는 지뢰가 깔려있다. 악의 길로 유인당할 때 함정에 빠지지 않는 길, 지뢰를 밟지 않는 길은 오직 말씀과 기도다.

시편 1편에 말씀을 주야로 묵상하는 자는 악인들의 꾀를 따르지 않는다고 했다. 우리 주님은 “시험에 들지 않게 깨어 기도하라”라고 하셨다(마 26:41). 그릇된 길로 가지 않고, 선한 길로 가는 사람은 복이 있다. 유혹을 뿌리치고 끝까지 정직한 길로 가는 과정이 비록 힘들고 어렵지만, 그 과정에서 더 큰 영적 힘을 얻고 성숙해질 것이다. 마침내 복을 받고, 더 좋은 것으로 가득 채워질 것이다.

기도로 깨어, 말씀의 내비게이션을 따라 걸어가자.

시편 : 낮에는 주님께서 내게 사랑을 베풀어주신다. 밤에는 찬송으로 나를 채우신다. 바울과 실라는 옷이 찢기고 매를 많이 맞고 발에 차꼬가 채워진 상태로 옥에 갇혔다. 한밤중에 그들이 기도하고 하나님을 찬송하니 죄수도 듣고 하나님도 들으셨다. 갑자기 큰 지진이 나서 옥 터가 움직이고 문이 열리며 매인 것이 다 풀어졌다. 인생의 가장 캄캄한 한밤중이 대낮같이 환하게 바뀌는 장면이 아니겠는가!

하나님은 밤낮으로 내게 사랑을 베푸시고 기적을 만나게 하신다. 나의 구원자이신 나의 하나님을 밤낮으로 찬송하련다. 나의 하나님을 기뻐하면서 하나님의 제단으로 나아가련다.

“내 영혼아~ 하나님을 또다시 크게 찬양하여라~ 아멘, 할렐루야!”

하나님 안에서 언제나 내 안정감을 찾는다. 나의 하나님은 살아계신다.

잠언 : 정직한 자를 나쁜 길로 유인하는 사람은 자기가 판 함정에 빠진다. 흠 없이 사는 사람은 복을 받지만, 악한 사람은 공의를 깨닫지 못한다. 주님을 찾는 사람은 모든 걸 깨닫는다. 흠이 있으면 하나님께 희생 제물로 드릴 수 없다. 하나님 앞에 내 중심과 태도를 흠 없이 해야 한다.

성실한 삶의 보상은 ‘재물’과 ‘하나님과 사람들에게 인정받고 존경받는 것’이다.

우리가 종일 하나님을 자랑하자

시편 44:3,8 잠언 29:18

그들이 자기 칼로 땅을 얻어 차지함이 아니요, 그들의 팔이 그들을 구원함도 아니라. 오직 주의 오른손과 주의 팔과 주의 얼굴의 빛으로 하셨으니, 주께서 그들을 기뻐하신 까닭이니이다. 우리가 종일 하나님을 자랑하였나이다. 우리는 하나님의 이름에 영원히 감사하리이다(셀라) 시편 44:3,8

이스라엘 백성이 가나안 땅을 정복한 것은 전적으로 하나님의 강한 오른손과 그의 팔과 얼굴빛으로 되었다. 가나안 땅에 사는 족속들은 강했다. 신장이 3미터 전후인 거인족인 아낙 자손이 그들 가운데 있었다. 그들의 성읍은 천연 요새요 난공불락이었다. 최신 무기로 무장한 잘 훈련된 용사들이었다. 그런데도 이스라엘은 그들을 몰아내고 땅을 차지했다. 그들이 얻은 승리는 전적으로 하나님의 구원하심으로 이루어졌다. 하나님이 그들을 기뻐하신 까닭에 그들을 도우셨다.

"기뻐하다"는 '호의를 베풀다, 사랑하다'라는 뜻이다. 하나님이 이스라엘을 택하시고 애굽에서 건지신 것도, 가나안을 차지하게 하신 것도 전적인 하나님의 호의요 사랑 때문이다. 하나님이 아브라함에게 언약하신 걸 이루시기 위함이다(신 7:7,8).

어리석고 교만한 자들은 하나님이 행하신 모든 놀라운 일로 하나님께 감사하지 않는다. 마치 자기 능력과 지혜와 힘으로 업적을 이룬 것처럼 자랑을 늘어놓는다. 각종 매스컴에서 하나님을 빼고 사람과 단체만 드러낼 때, 침묵하며 속으로 즐긴다. 그러면 하나님은 그를 더 이상 쓰지 않으신다. 급속히 파멸에 이르게 하신다. 모든 영광을 오직 하나님께만 돌려라! 하나님만 자랑하라! 하나님의 이름에 영원히 감사하라!

묵시가 없으면 백성이 방자히 행하거니와, 율법을 지키는 자는 복이 있느니라 잠언 29:18

"묵시" 또는 '계시'는 '하나님이 지금 내게 하시는 말씀'이다. 이는 내가 무엇을 해야 하는지를 알게 한다. 가야 할 길, 해야 할 일을 알게 된다. "방자히 행한다"는 '멸망하다, 사라지다'라는 뜻이다. 방향키가 없으면 어디로 갈지 몰라 방황하게 된다.

묵시가 없으면 삶이 무질서해진다. 붙잡아야 할 가치 기준이 없기 때문이다. 해야 할 것과 하지 말아야 할 것의 경계가 불분명하다. 비전이 없는 청년은 망한다. 질서가 없고 게으르다. 해야 할 일, 가야 할 길, 목숨 걸고 성취해야 할 목적이 없기 때문이다. 개인이나 단체, 국가도 마찬가지다.

그러나 비전만으로 충분하지 않다. 비전을 성취하기 위해 모든 걸 쏟아야 한다. "율법을 지키는 자가 복이 있다"는 이를 두고 하신 말씀이다. 우리는 '목적이 이끄는 삶'을 살아야 한다. 방향키를 명확하게 하고, 고정해야 한다. 그 길로 곧장 항해해야 한다. 그러기 위해 대가를 기꺼이 지불해야 한다. 헌신과 희생, 수고와 열심 그리고 부지런함이 대가다. 계시가 있어서 해야 할 일, 가야 할 길을 명확히 아는 사람 그리고 그 말씀을 따라 살아내는 사람의 삶은 형통할 것이다.

시편 : 우리 조상이 이 땅을 차지한 건 그들의 칼로 얻은 게 아니다. 조상들이 얻은 승리도 그들의 힘으로 얻은 게 아니다. 하나님의 오른손, 오른팔과 하나님의 빛나는 얼굴이 이루어주신 것이다. 참으로 하나님이 그들을 사랑하셨기 때문이다. 그래서 우리는 하나님만 자랑하고 주님의 이름만 끊임없이 찬송한다(3,8). 승리의 비결을 배워야 한다. 내 힘, 내 능력으로 돌파하는 게 아니다. 하나님이 나를 지극히 사랑하시므로 승리를 얻게 하신다.

나는 어릴 때부터 두 귀로 들었다. 우리 조상이 살던 그때 하나님께서 행하신 일들을 어머니를 통해 들었다. 애굽에 내린 열 가지 재앙을 들으며 어린아이인 내게 하나님을 향한 경외심이 생겼다. 다윗과 골리앗의 대결은 언제나 재밌고 흥분되는 얘기였다. 나도 아들에게 하나님이 행하신 놀라운 일들을 많이 말해주었다. 요즘 손녀를 자주 보진 못하지만, 아들과 며느리가 아마도 잘할 것이다.

오늘도 내가 할 일은 우리 주님을 뜨겁게 사랑하는 것뿐이다. 이것의 내 삶이 전부다.

잠언 : 기록된 말씀이 나에게 레마로 다가올 때, 계시가 열린다. 나의 정확한 위치와 방향을 알게 되므로 가야 할 길을 인지하게 된다. 그래서 무례하거나 건방지지 않고 하나님의 법을 귀히 여기며 지키게 된다. 건축할 때 다림줄은 건물이 똑바로 높이 올라가게 한다. 결과적으로 말씀을 따라 사는 자에게는 주께서 형통한 복을 주신다. 이런 삶의 열매를 사모하자. 오늘도 죽기 살기로 말씀을 따라가자.

30일

딸아, 잊어라 사모해라 경배해라

시편 45:10,11 잠언 30:15

> 딸이여, 듣고 보고 귀를 기울일지어다. 네 백성과 네 아버지의 집을 잊어버릴지어다.
> 그리하면 왕이 네 아름다움을 사모하실지라. 그는 네 주인이시니, 너는 그를 경배할
> 지어다 시편 45:10,11

시편 45편은 신랑이신 예수 그리스도와 신부인 교회에 대한 노래다. 아버지가 혼인
하는 딸에게 주는 사랑의 메시지다. "나의 딸아, 너는 곧 신부가 될 것이다. 왕비가 될
것이다. 신부로서 왕비로서 네 신랑이요 네 왕에게 사랑을 받는 비결을 알려주겠다. 결
혼하면 네 신랑의 백성이 네 백성이 되고 그의 가족이 네 가족이 될 것이다. 그러려면 먼
저 네 백성과 네 아버지의 집을 잊어라."

이는 "누구든지 그리스도 안에 있으면 새로운 피조물이라. 이전 것은 지나갔으니 보
라 새것이 되었도다" 하심과 같고(고후 5:17), "세상이 나를 대하여 십자가에 못 박히고
내가 또한 세상을 대하여 그러하니라" 하심과 같다(갈 6:14). 세상의 가치관, 목적 그리
고 세상에서 사랑하던 것을 다 버린다.

아버지가 이어서 말씀하신다. "그는 네 주인이시니 너를 그를 경배해라." 여기서 "주",
"경배"라고 하는 건 주종관계가 아닌 아름다운 사랑의 관계를 말한다. 사랑과 존경, 신
뢰와 순종이 결혼의 기반이다. 아버지는 "내가 네게 아버지로서 딸의 영원한 행복과 번
영을 위해 결혼 안내서를 남겨줄 테니 매일 그것을 듣고 보고 귀를 기울여라"라고 하신
다. 성경은 가장 놀랍고 유일한 행복과 번영 안내서다.

> 거머리에게는 두 딸이 있어 '다오', '다오' 하느니라. 족한 줄을 알지 못하여 족하다 하
> 지 아니하는 것 서넛이 있다니 잠언 30:15

탐욕, 즉 탐심과 욕심은 그 한계가 없다. 채우고 또 채워도 만족하지 않는다. 거머리
의 두 딸은 "더 많은 피, 더 많은 돈을 다오" 하며 소리친다. "부하려 하는 자들은 시험
과 올무와 여러 가지 어리석고 해로운 정욕에 떨어지나니, 곧 사람으로 침륜과 멸망에

빠지게 하는 것이라"가 이를 두고 하신 말씀이다 (딤전 6:9).

탐욕을 이기는 비결은 자족하는 삶이다. 있는 바를 족한 줄 아는 것이다.

"자족하는 마음이 있으면 경건이 큰 이익이 되느니라. 우리가 세상에 아무것도 가지고 온 것이 없으매 또한 아무것도 가지고 가지 못하리니, 우리가 먹을 것과 입을 것이 있은즉 족한 줄로 알 것이니라" (딤전 6:6-8). 어떤 형편에든지 자족하기를 배워야 한다 (빌 4:12).

자족하는 마음은 우리를 단순하게 해준다. 단순한 마음이 있어야 주어진 사명을 감당할 수 있다. 경주자가 우승하려면 가능한 한 몸을 가볍게 해야 한다. 경주를 방해하는 것을 제거해야 한다. 무거운 짐을 내려놓고, 얽매이기 쉬운 죄를 벗어버려야 한다.

시편 : 왕실 혼인 잔치가 열렸다. 신랑의 위엄과 아름다움을 보라! 칼을 허리에 찬 용사이신 신랑의 위엄과 영광을 본다. 신랑은 진리와 정의를 위해 전차에 오르신다. 신랑의 화살이 날카로워서 원수들의 심장을 꿰뚫으니, 만민이 신랑의 발아래 쓰러진다. 신랑은 정의를 사랑하고 악을 미워하며, 입술은 따뜻하고 그 입에서 은혜가 쏟아진다. 신랑의 옷은 몰약과 침향과 육계 향기가 풍기며, 아름다운 손을 내밀어 나를 왕후로 초청하신다.

이 초청에 나는 예전의 친구들과 세상의 것을 다 버리고 시집간다. 새로운 식구와 사는 법을 열심히 배우는 중이다. 내가 신랑 되시는 예수님을 사랑과 존경을 담아 높이며 경배할수록 그분도 신부의 아름다움을 사모하며 그 아름다움을 더욱 빛나게 하신다.

신랑 되시는 예수님을 생각하면 저절로 내 입가에 미소가 지어지고, 살아갈 힘이 급속 재충전된다. 내 힘의 원천이신 신랑 예수님을 하루라도 빨리 만나고 싶기에 온 땅에 신랑을 자랑한다.

잠언 : 신랑이신 예수님을 진정 사모한다.

"네 보물 있는 그곳에는 네 마음도 있느니라" (마 6:21).

내 필요보다 신랑의 필요가 무엇인지 늘 깊은 관심을 둔다. 신랑 예수님에게 달라고만 하지 말고, 먼저 내어드리면 더 풍성하게 갚아주신다.

"누가 주께 먼저 드려서 갚으심을 받겠느뇨" (롬 11:35).

"누가 먼저 내게 주고 나로 하여금 갚게 하겠느냐 온 천하에 있는 것이 다 내 것이니라" (욥 41:11).

하나님은 환난 중에 만날 큰 도움이시라

시편 46:1-3　잠언 31:10

하나님은 우리의 피난처시요 힘이시니, 환난 중에 만날 큰 도움이시라. 그러므로 땅이 변하든지 산이 흔들려 바다 가운데 빠지든지, 바닷물이 솟아나고 뛰놀든지, 그것이 넘침으로 산이 흔들릴지라도, 우리는 두려워하지 아니하리로다(셀라) 시편 46:1-3

"피난처와 힘"은 '어떤 공격에도 절대 뚫리지 않는 강력한 방어 도구'를 말한다. 앗수르의 수도 니느웨는 난공불락의 성이었다. 도시 외곽 성벽의 길이가 13킬로미터, 높이가 30미터, 성벽 위는 전차 6대가 나란히 갈 만한 너비였다. 그리고 너비 24미터, 깊이 15미터의 해자가 도시 주위를 둘러싸고 있었다.

그런데 도시 한가운데로 흐르는 티그리스 강의 범람으로 도시 전체가 토사로 덮이고 위로 6미터나 더 쌓여 흔적을 찾을 수가 없었다. 2,450년 이후 고고학자들이 발굴해 그 실체가 드러났다.

인도네시아 북쪽 끝의 도시 반다아체에는 높이 24미터의 쓰나미에 휩쓸려 도심 쪽으로 5킬로미터 떠밀려 온 배 한 척이 지금도 그대로 있어 박물관으로 사용되고 있다.

화산이나 지진, 홍수 등으로 엄청난 피해를 본 도시들이 곳곳에 있다. 땅이 변하고 바닷물이 솟아나 산이 흔들리는 일이 일어났기 때문이다.

이 세상 어느 곳에도 안전지대는 없다. 오직 하나님만이 우리의 피난처요 힘이시다. 환난 중에 만날 큰 도움이시다. 심한 고통이나 환난이 있을 때 오직 하나님만이 도움이 되신다.

"우리가 흔들리지 않는 나라를 받았으니"라고 하심같이(히 12:28), 하나님을 자기 도움으로 삼는 자는 두려워하거나 흔들리지 않는다.

누가 현숙한 여인을 찾아 얻겠느냐? 그의 값은 진주보다 더 하니라 잠언 31:10

"현숙한 여인"은 출중한 외모가 아니라 재덕을 겸비한 지혜 있는 여인을 말한다. 현숙한 여인의 구체적 행동을 잠언 31장 12-27절에 열세 가지 이상 열거하고 있다.

그녀는 성실하고 부지런하다. 가난한 이웃에게 나누어주고 선을 행한다. 맡은 일에 진취적이다. 사업 수완이 있어서 재산이 늘어난다. 안팎으로 관계된 모든 사람이 다 잘된다. 매사에 솔선수범하며 열심히 일한다. 가늘고 긴 부드러운 손이 아니라 어쩌면 거칠고 힘있는 손이기도 하다. 화려하고 값비싼 옷을 입은 모습은 보기 드물고, 활동하기 편하고 튼튼하며 질긴 작업복 비슷한 복장을 한 모습을 수시로 보게 된다. 이런 현숙한 아내는 찾기 어렵다. 보기 드물다. 그런 아내는 진주보다 더 가치가 있다.

남자들이여, 착각하지 말아야 한다. 외모가 아니다. 매력과 아름다움은 금세 사라진다. 오직 여호와를 경외하는 여자만이 칭송과 칭찬을 받는다. 아내를 화려한 보석과 의복으로 꾸며주기보다는 오히려 그녀의 일생을 칭찬으로 꾸며주는 게 남편의 일이다.

현숙한 여인은 여자만 한정하여 말하는 게 아니다. 남자도 포함된다. 예수 그리스도의 신부인 우리를 일컬어 하시는 말씀이기도 하다.

여성들이여, 이 말씀을 언제나 자신에게 적용하라. 남성들이여, 그런 여성을 구하기 전에 먼저 이 말씀을 자신에게 적용하라.

시편 : 하나님은 어려운 고비마다 내 곁에 계시는 구원자시다. 나의 피난처가 되어주셨고, 힘이 되어주셨다. 땅과 산이 부서져서 바닷속으로 빠져들어 가는 태산 같은 문제 앞에서 두려워하지 않는 법을 많이 배웠다. 물이 굉음을 내며 소리 지르고 거품을 내뿜고 산들이 노하여 뒤흔들려도 나는 두려워하지 않는다. 주님께로 달려간다. 주님께로 피하는 그 자리에서 나를 건져내시는 구원자 주님을 항상 경험했다.

무슨 일이 생기면, 무엇을 하기 전에 하나님께 피한다. 그리고 그저 목 놓아 울고 또 운다. 이것이 내가 하는 전부다. 하나님은 나를 멸시하지 않으시고, 자존심을 지켜주신다. 문제에 개입하시고 그분께서 해결해 나가신다.

잠언 : 내 손을 보았다. 형제의 손같이 거칠고 솥뚜껑처럼 두껍다. 부지런히 일한 증거다. 홍 목사님이 악수하면서 깜짝 놀라시며 "형제 손인 줄 알았습니다. 간사님은 현숙한 여인이 틀림없습니다"라고 말씀하셨다.

나는 내 손이 자랑스럽다. 미혼의 형제자매는 정신을 차려야 한다. 가냘프고 부드러운 손은 서로가 평생 고생한다.

KING'S WISDOM

August

8월

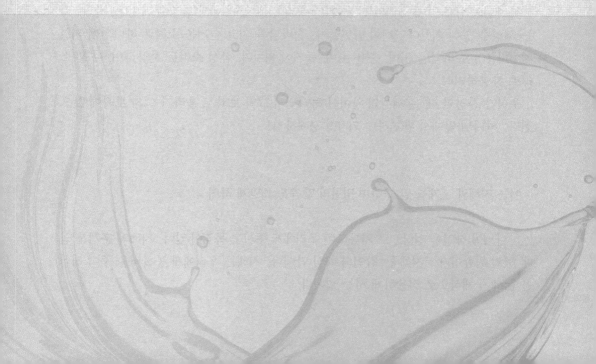

다윗처럼 하나님께 예배를 드리자

시편 47:5 잠언 1:2

하나님께서 즐거운 함성 중에 올라가심이여, 여호와께서 나팔 소리 중에 올라가시도다 시편 47:5

다윗은 하나님의 법궤가 다윗성으로 들어올 때 "여호와 앞에서" 힘을 다해 춤을 추었다(삼하 6:14). 다윗에게 가장 큰 기쁨은 하나님 자신이었다. 하나님의 임재를 나타내는 법궤가 들어올 때, 그는 가만히 앉아있거나 서있지 않았다. 일어나 춤추고 찬양하며 기뻐했다.

하나님 앞에서 그는 왕이 아니라 사랑받는 아들이었다. 다윗과 온 이스라엘이 하나님 앞에서 즐거이 환호하며 나팔을 불었다(삼하 6:15). 함성이 울려 퍼졌다. 시편 47편 5절은 그때 벌어지는 광경이다. "환호 소리 크게 울려 퍼진다. 하나님이 보좌에 오르신다. 나팔 소리 크게 울려 퍼진다. 주님이 보좌에 오르신다"(새번역). "찬송하라! 하나님을 찬송하라! 찬송하라! 우리 왕을 찬송하라"(6)! 이 한 구절에 "찬송하라"가 4번이나 반복된다.

하나님의 임재 앞에 우리의 반응이다. 주의 임재 앞에 어찌 잠잠할 수 있는가. 우리는 세상을 향해 외친다. "너희 만민들아, 손바닥을 치고 즐거운 소리로 하나님께 외칠지어다"(1). 손바닥을 치며, 춤을 추며, 즐거이 외치며, 함성 소리로 찬양하며, 나팔 소리로 찬양하리라.

우리가 찬양할 때 온 세상의 왕이신 하나님이 그의 보좌로 올라가 그의 보좌에 앉으신다. 하나님 앞에서 환호하며 외치며 경배하자!

이는 지혜와 훈계를 알게 하며 명철의 말씀을 깨닫게 하며 잠언 1:2

하나님이 잠언을 성령으로 기록하여 우리에게 주시는 목적이 있다. 지혜와 훈계를 얻게 하기 위함이다. "지혜"는 잠언의 핵심 단어다. 지혜는 우리에게 통찰력을 주어 지식을 삶에 구체적으로 적용하게 하는 힘이다.

"훈계"는 지혜를 더욱 강화하며 교육이나 훈련에 초점이 있다. 지혜로 삶에 구체적으로 적용하게 된 것을 반복 훈련하여 내 것이 되게 한다. 그래서 지혜와 훈계는 언제나 함께다. 기독교는 머리로 아는 데 머물지 않는다. 구체적으로 삶에 적용하여 실행에 옮기고 반복 훈련하여 살아내는 것이 기독교의 힘이다. 좋은 나무는 그 열매로 증명하듯 그리스도인은 삶으로 증명한다.

"명철의 말씀"은 한마디로 하나님 말씀이다. 말씀의 역할이 명철이다. 명철은 진실과 거짓을 구별할 줄 아는 분별력이다. 명철의 말씀을 깨닫게 하는 게 잠언의 목적이다. 이해력과 판단력, 분별력을 주기 위함이다. 그러면 실수가 줄고 속지 않을 수 있다.

우리에게 지혜와 훈계 그리고 명철은 필수 요소다. 이를 얻는 비결이 잠언이다. 잠언을 부지런히 묵상하여 깨닫게 된 그 말씀을 따라 행하자. 성공의 비결이 여기에 있다.

시편 : 만백성이 손뼉을 치며 춤추며 기쁨으로 함성을 지른다. 환호 소리와 나팔 소리가 크게 울려 퍼지고 왕이신 하나님이 보좌에 오르시는 장면이다. 다윗의 예배가 참 좋다. 나는 전통적인 좋은 교회에서 신앙생활을 했다. 모든 것이 좋았으나 예배는 앉아서 조용하게 드려야 했다. 손을 들고 만왕의 왕 앞에 일어서서 예배를 드리고 싶었다. 하나님을 즐거워하고 기뻐하고 환호하는 예배 말이다. 그런데 아무도 손을 들거나 일어나지 않는 엄숙한 분위기에서 눈치가 보였다.

지금 출석하는 교회에서는 다윗처럼 예배를 드린다. 힘을 다해 드린다. 우리의 환호 소리 가운데, 우리가 나팔 소리를 크게 울릴 때 보좌에 앉으신 하나님을 본다. 예배 중에 회복과 치유가 일어난다. 너무 좋다!

잠언 : 잠(箴, 경계할 잠, 바늘 잠) 언(言, 말씀 언) - 경계하여 바늘로 찌르는 말씀, 곧 하나님의 말씀으로 경계하고 말씀으로 우리의 심장을 바늘로 찌른다. 잠언은 마음에 찔림이 있게 하여 동기를 점검하게 한다.

이는 다윗이 사울의 겉옷 자락을 베었을 때 그의 마음에 성령께서 말씀하신 방법이다. 마음에 찔림이 있게 하여 죄의 길로 나아가지 못하도록 돌이키셨다. 이처럼 잠언은 내게 훈계와 지혜를 얻게 한다.

시편은 나를 예배자로!

잠언은 나를 세상을 이기는 지혜자로 만들어주었다.

인생의 수수께끼를 푸는 길

시편 49:5-9 잠언 2:11,12

죄악이 나를 따라다니며 나를 에워싸는 환난의 날을 내가 어찌 두려워하랴! 자기의 재물을 의지하고 부유함을 자랑하는 자는 아무도 자기의 형제를 구원하지 못하며, 그를 위한 속전을 하나님께 바치지도 못할 것은 그들의 생명을 속량하는 값이 너무 엄청나서 영원히 마련하지 못할 것임이니라. 그가 영원히 살아서 죽음을 보지 않을 것인가 시편 49:5-9

인생의 수수께끼는 재난의 날을 피하고, 죄를 속량하고, 사망을 피하고, 생명을 얻는 길을 아는 것이다. 이 길은 많은 돈이나 선행으로 갈 수 없다. 많은 종교가 이 길로 가는 법을 나름대로 제시한다. 그러나 그것이 다 소용없음을 알지 못한다. 오직 하나님이 그 놀라운 사랑과 능력과 지혜로 이 길을 마련하셨다. 곧 예수 그리스도의 십자가다.

인생의 수수께끼를 풀 줄 아는 사람은, 비방하는 사람들에 의해 에워싸여도 조금도 두려워하지 않는다. 하나님이 함께하심을 알기 때문이다. 자기의 재물과 돈이 많음을 자랑하는 자들을 조금도 부러워하지 않는다. 그것이 죄를 해결하지 못하기 때문이다.

한 생명을 속량하는 길은 값을 매길 수 없을 정도로 비싸다. 오직 예수 그리스도의 십자가와 그 흘리신 피로만 구원받음을 알기 때문이다.

죽음을 피하고 영원히 살아보려고 발버둥쳐도 소용없다. 권력이나 많은 재물로도 해결되지 않는다. 하나님이 예수 그리스도를 통해 이 길을 열어주셨다. 저주에서 축복으로, 어둠에서 빛으로, 사망에서 생명으로 우리를 옮기셨다.

근신이 너를 지키며, 명철이 너를 보호하여, 악한 자의 길과 패역을 말하는 자에게서 건져 내리라 잠언 2:11,12

"근신"은 사려 깊게 생각하여 행하는 분별력이다. "명철"은 옳고 그름을 판별하여 문제를 합리적으로 풀어내는 능력이다. 근신과 명철이 있는 사람은 안전하다. 마치 아무리 많은 미사일이라도 공중분해 하는 아이언 돔과도 같다.

근신이 나보다 앞서 나가 위험을 찾아내고, 명철이 내가 잘못된 길로 들어서지 않도록 지켜준다. 길을 잃어 어디가 어딘지 모르는 사람에게 엉터리로 길을 안내한다면 얼마나 황당할까. 명철이 그런 길로 들어서지 않도록 보살펴 줄 것이다.

근신과 명철이 이 세상을 사는 우리에게 얼마나 중요한가! 내가 가는 길이 안전한지 앞서가 살피고 찾아내어 지켜주는 일, 엉터리 길 안내자를 따라 잘못된 길로 접어들지 않도록 올바르게 안내하여 나를 보호하는 일이 내게는 절대적이고 필수적이다.

하나님을 찾는 사람, 하나님을 경외하는 사람에게 이런 지혜를 주신다. 더 이상 미련하게 살지 말자. 이제부터는 지혜가 내 가장 절친한 친구이며 인생 동반자다. 아버지 하나님의 음성을 들으며 그 말씀을 심장에 새기고, 죽기 살기로 살면 이것들을 갖게 된다.

시편 : 아무리 대단한 부자라도 자기 생명은 돈으로 속량하지 못한다. 하나님께 속전(돈)을 지불하고 생명을 속량할 수도 없다. 생명을 속량하는 값은 값으로 매길 수 없이 비싸서 아무리 돈을 벌어도 마련할 수 없다. 오직 예수님의 보혈로 속량받은 나의 가치는 예수님의 목숨의 가치다. 사랑의 실천에는 반드시 희생이 따른다. 나를 사랑한다고 말하면서 희생하지 않는다면 가짜 사랑이다. 놀라운 예수님의 사랑이 나를 견고한 사람으로 세워주셨다.

비방하는 자들이 나를 에워싸는 그 재난의 날을 나는 두려워하지 않는다. 재물을 의지하여 돈이 많음을 자랑하는 자들도 두려워하지 않는다. 오직 내가 두려워할 분은 하나님 한 분이시다. 이 세상 사람들아~ 예수님을 빼고, 죽음을 피해 영원히 살 생각은 하지도 말라!

잠언 : 분별력이 나를 지켜준다. 명철이 나를 보살펴 준다. 지혜가 악한 사람의 길에서 나를 구해준다. 겉과 속이 다르게 말하는 사람에게서 나를 건져준다. 겉과 속이 다른 사람은 오래가지 못해서 들통난다. 말씀으로 무장된 사람은 이를 꿰뚫어 보는 지혜가 있다. 그래서 오직 말씀이다. 성령의 능력으로 말씀의 계시가 있기를 날마다 사모한다.

3일

오직 상하고 통회하는 마음이 열쇠다

주의 얼굴을 내 죄에서 돌이키시고 내 모든 죄악을 지워주소서 시편 51:9

시편 51편에는 죄를 해결하시는 하나님의 은혜가 가장 풍성하게 나타난다. 하나님은 내 죄악을 말갛게 씻으신다(2,7). 내 죄를 제하시고(2), 지우신다(1,9). 그리고 내 속에 정결한 마음을 창조하신다. 내 안에 정직한 영을 새롭게 하신다.

왜냐하면 하나님이 그의 놀랍고 기이한 사랑(1, 주의 인자로)과 주의 은혜와 주의 풍성한 긍휼을 베푸시기 때문이다. 내가 할 일은 죄에 대해 상하고(깨어지고) 통회하는 마음으로(17) 하나님께 마음 중심에서부터 진실하고 숨김없이 정직함으로 나아가는 것이다(6). 한 번이 아니라 매일 그렇게 살기로 굳게 정하면, 주께서 나를 회복시켜주신다. 구원의 즐거움, 주님과의 친밀감, 성령의 충만함, 즐거이 주를 섬기는 삶을 회복하게 하실 것이다(11,12). 이런 분은 세상에 오직 하나님 한 분이시다.

"나의 주 하나님 아버지, 목숨 다해, 뜻을 다해, 힘을 다해 사랑합니다!"

시편 51편을 읽고 또 읽고, 묵상하고 또 묵상하자.

네 손이 선을 베풀 힘이 있거든 마땅히 받을 자에게 베풀기를 아끼지 말며, 네게 있거든 이웃에게 이르기를 갔다가 다시 오라 내일 주겠노라 하지 말며 잠언 3:27,28

네 손이 선을 베풀 힘이 있거든 베풀라고 하신다. 무리하게 빚내서 남을 돕는 게 아니라, 있는 것으로 돕는다. 줄 때는 인색한 마음과 아까워하는 마음을 갖지 말아야 한다. 아끼지 말고 자원해서 하나님의 손처럼 그에게 도움의 손을 펼친다.

"마땅히 받을 자"에게 주어야 한다. 가난하고 궁핍한 자, 고아와 과부 말이다. 하나님나라의 일도 그 대상이다. 또 하나님나라의 일꾼들이 대상이다. 그들은 생계 수단을 포기하고 전적으로 말씀을 연구하여 전하고, 양 떼와 하나님의 교회를 돌본다. 하나님이 행하시는 프로젝트에 부르심을 받은 사람들이다.

내가 베풀 대상은 멀리 있지 않다. 숨어있지도 않다. 내 주변에 있다. 내 눈에 보이고,

귀에 들린다. 그와 우연히 만났거나 내 심장이 반응하면 응답하면 된다. "내일" 주겠다고 하지 말고 있는 것으로 지금 주어야 한다. 내일이라는 길(Tomorrow Street)을 따라가면 '절대 그 일은 일어나지 않는다'라는 마을(Never Town)에 도착한다.

오늘 주어라. 이것이 사랑이요, 기독교 정신이다.

시편 : "주님의 눈을 내 죄에서 돌리시고 내 모든 죄악을 없애주십시오"(새번역).

51편은 다윗이 밧세바와 동침한 후 선지자 나단이 그에게 왔을 때 뉘우치고 지은 시다. 다윗은 자신이 지은 죄 앞에서 정직했다. "무릇 나는 내 죄과를 아오니 내 죄가 항상 내 앞에 있나이다"(3). 핑계 대거나 거짓말하지도 않았다. 다윗이 주께 구원받은 이유가 여기에 있다. 어떤 사람들은 죄가 발각될 때 딱 잡아뗀다. 거짓말한다. 회개하고 구원받을 기회를 스스로 놓치고 만다. 다윗은 하나님의 심판이 의롭고 순전하다고 고백한다(4).

하나님 마음에 쏙 든 다윗도 실수하고 실패했다. 그러니 낙심하지 말고 다윗처럼 정직하게 주 앞에 나가자. 하나님이 새로운 기회를 주신다. 다윗은 긍휼을 바라며 요청한다.

"나를 쫓아내지 마시며, 주님의 성령을 나에게서 거두어가지 말아주십시오. 내가 주님이 베푸시는 구원으로 회복해서 범죄자에게 주의 도를 가르치겠습니다"(12,13).

다윗은 죄를 잘 처리하고 새로운 기회를 얻었다. 오히려 사람을 살리는 일에 자신의 실패 경험을 사용하기로 했다.

"하나님께서 구하시는 제사는 상한 심령이라 하나님이여 상하고 통회하는 마음을 주께서 멸시하지 아니하시리이다"(17).

잠언 : 선을 베풀 힘은 내게 없다. 여호와를 알 때, 선을 베풀 힘이 생긴다. 내 힘, 내 능력으로 선을 베풀 때는 한두 번은 기쁘게 할 수 있다. 그러나 지속하려고 하면 우리를 낙심시켜 넘어지게 하려는 어둠의 세력이 있다.

"우리가 선을 행하되 낙심하지 말찌니 피곤하지 아니하면 때가 이르매 거두리라"(갈 6:9).

선한 일을 하다가 낙심하지 말자! 넘어지지 말자! 주께서 때가 이르면 거두게 하신다. 여기서 '때'는 나의 선한 일을 하나님이 받으시고 약속대로 갚아주시는 때다. 그때를 사모하며 주님의 약속을 기억하고, 신뢰한다. 주님은 내가 선한 일을 계속하도록 도우신다.

"주여! 내게 영적으로, 물질로 선을 베풀 힘을 항상 주옵소서!"

4일

자기 힘과 자기 재물이 아니라 오직 하나님

시편 52:7,8 잠언 4:11,12

이 사람은 '하나님을 자기 힘으로 삼지 아니하고, 오직 자기 재물의 풍부함을 의지하며, 자기의 악으로 스스로 든든하게 하던 자'라 하리로다. 그러나 나는 하나님의 집에 있는 푸른 감람나무 같음이여! 하나님의 인자하심을 영원히 의지하리로다. 시편 52:7,8

전혀 다른 두 사람이 있다. 한 사람은 하나님을 의지하지 않고 자기의 많은 재산을 의지하며 힘자랑을 한다. 재물이 자기를 지켜줄 거라고 믿는다. 하나님은 그런 사람을 뽑아내어 영원히 제거하실 것이다. 다른 사람은 하나님의 한결같은 사랑을 영원히 의지한다. 그는 하나님의 집에서 푸르고 싱싱하게 자라나는 감람나무 같다. 다윗은 후자로 살리라 굳게 다짐한다. "나는 한결같은 사랑을 베푸시는 하나님만을 영원히 의지하리라." 오직 하나님을 자신의 피난처로 삼아야 한다. 재물을 의지하지 말아야 한다.

예레미야서 17장 5-8절의 말씀을 깊이 새겨야 한다.

"여호와께서 이와 같이 말씀하시니라 무릇 사람을 믿으며 육신으로 그의 힘을 삼고 마음이 여호와에게서 떠난 그 사람은 저주를 받을 것이라. 그는 사막의 떨기나무 같아서 좋은 일이 오는 것을 보지 못하고 광야 간조한 곳, 건건한 땅, 사람이 살지 않는 땅에 살리라. 그러나 무릇 여호와를 의지하며 여호와를 의뢰하는 그 사람은 복을 받을 것이라. 그는 물가에 심어진 나무가 그 뿌리를 강변에 뻗치고 더위가 올지라도 두려워하지 아니하며 그 잎이 청청하며 가무는 해에도 걱정이 없고 결실이 그치지 아니함 같으리라."

내가 지혜로운 길을 네게 가르쳤으며 정직한 길로 너를 인도하였은즉, 다닐 때 네 걸음이 곤고하지 아니하겠고 달려갈 때에 실족하지 아니하리라 잠언 4:11,12

"걸음이 곤고하다"는 우리의 가는 길이 좁고 험해서 매우 힘들고 어렵다는 것이다. 그 길로 가면 시간만 낭비한다. 그러나 주님이 인도하시는 길은 율법적이고 딱딱한 길이 아니다. 평탄하고 즐겁고 힘이 있고 역동적인 생명의 길이다. "달려갈 때 실족하다"는 어떤 일을 급박하고 신속하게 처리해야 할 때, 비틀거리며 넘어진다는 것이다.

하나님은 내가 길을 잘못 들어 시간을 허비하지 않도록 지혜의 길을 가르치시며 정직한 길로 정확히 안내하신다. 우리가 막다른 길로 가지 않도록 올바른 길로 인도하신다. 그러면 우리가 다닐 때도 곤고하지 않을 것이다. 달려갈 때도 넘어지지 않을 것이다. 그것은 우리가 마땅히 살며 가야 할 길이다. 어떤 방향으로 가야 할지, 어느 길을 선택해야 할지를 가르치시고 그 길로 인도하신다. 가르치기만 하지 않으시고 직접 앞에서 인도하신다. 먼저 행하시며 본을 보이시고 우리를 그 길로 인도하신다. 이보다 더 명확한 스승, 더 탁월한 교육이 있을까! 오늘도 주의 말씀에 귀를 기울이자. 그 말씀을 놓치지 말고 두 손으로 꼭 붙들자!

시편 : 오늘은 52편 전체에서 악인과 선인의 삶을 대조해서 본다. 악인은 하나님을 의지하지 않고 재산만을 의지하여 자기 힘을 쓰는 자다.

첫째, 경건한 자에게 악한 일을 쉼 없이 저지른다.

둘째, 속임수의 명수다. 해로운 일만 꾸민다.

셋째, 착한 일보다 악한 일을 더 즐기고, 옳은 말보다 거짓말을 더 사랑한다.

넷째, 간사한 인간이다. 남을 해치는 말이라면 무슨 말이든지 좋아한다.

그 결과는 하나님께서 악인을 넘어뜨리고 영원히 없애버리신다. 악인을 장막에서 끌어내어 갈기갈기 찢어 사람 사는 땅에서 영원히 뿌리 뽑아버리신다. 하지만 선인은 하나님을 자기의 피난처로 삼는다. 재물을 의지하지 않고 오직 하나님만 의지한다.

- 하나님의 집에서 자라는 푸른 잎이 무성한 올리브 나무처럼 언제나 하나님의 한결같은 사랑만을 의지한다.
- 주님께서 하신 일을 항상 생각한다.
- 주님을 영원히 찬양하며 선하신 주님의 이름을 우러러 기린다.

다윗은 "악인들은 저렇게 살지만, 나는 하나님의 집에서 당신의 사랑만을 의지하며 선인의 삶을 살 것입니다"라고 고백하고 다짐한다. 나 역시 평생 다윗의 길로 갈 것이다. 하나님께서 기뻐하시고 칭찬하시는 길을 선택한다.

잠언 : 오늘 성령께서 외치신다. '아이야, 들어라! 내 말을 받아들이면 네가 오래 살 것이다. 내가 네게 지혜로운 길을 가르쳐주었다. 너를 바른길로 이끌어주었다. 이 길은 네가 걸을 때 걸음이 막히지 않고 달려가도 넘어지지 않는 길이다.'

잠언을 통해서 하나님은 내 영, 육, 혼을 부요한 삶, 성공하는 삶으로 이끄신다.

나를 돕는 자, 나를 붙드시는 하나님

시편 54:4 잠언 5:8-11

하나님은 나를 돕는 이시며, 주께서는 내 생명을 붙들어주시는 이시니이다 시편 54:4

하나님은 "나를 돕는 이"시다. 이 말씀의 본문은 원래 다음과 같다. 감격적이고 확신에 차서 "보라! 하나님이 여기 계신다. 그는 나를 돕는 자시라"라고 말하고 있다. "돕는 자"는 동맹국 사이에 주변 적들에게 공격받을 때 서로 협조한다는 뜻으로 쓰이는 단어다. 하나님은 내가 주변의 적들로부터 공격받으면 즉시 그의 군대를 동원하여 나를 도우신다. 그뿐만 아니라 또, "보라! 하나님이 여기 계신다. 그는 나를 붙들어주는 자이시라"라고 고백한다. 내가 주변 상황이나 적들에 의해 흔들리지 않게, 요동하지 않고, 낙심하지 않고, 지치지 않게 그의 강한 팔과 손으로 날 붙들어주신다.

나를 힘들게 하는 사람, 환경, 사건을 바라보는 게 아니라 나와 함께 계시는 하나님을 바라봐야 한다. 나를 도우시며 붙들어주시는 그분을 보아야 한다. 그러면 불평보다 감사, 슬픔보다 기쁨이 있을 것이다. 낙심과 분노에 휩싸이지 않고 무릎 꿇고 기도할 것이다. 하나님은 언제나 나를 지지하시고, 응원하시고, 격려하시고, 후원하신다. 이보다 더 안전한 삶이 어디에 있을까!

네 길을 그에게서 멀리하라. 그의 집 문에도 가까이 가지 말라. 두렵건대 네 존영이 남에게 잃어버리게 되며, 네 수한이 잔인한 자에게 빼앗기게 될까 하노라. 두렵건대 타인이 네 재물로 충족하게 되며 네 수고한 것이 외인의 집에 있게 될까 하노라. 두렵건대 마지막에 이르러 네 몸, 네 육체가 쇠약할 때에 네가 한탄하여 잠언 5:8-11

잠언 5장은 하나님 아버지가 사랑하는 아들에게 간곡히 당부하는 말씀이다. 음녀를 멀리하고, 그 집 근처에 얼씬거리지도 말라 하신다. 그 결과가 너무도 비참하기 때문이다. 영광, 명예가 다른 사람에게 넘어가고, 세월을 낭비하고, 재산을 잃고, 건강도 잃을 것이다. 경고하신 말씀 그대로 일어난다. 새번역이 이 뜻의 이해를 돕는다.

"네 길에서 그 여자를 멀리 떨어져 있게 하여라. 그 여자의 집 문 가까이에도 가지 말아라. 그렇지 않으면, 네 영예가 다른 사람에게 넘어가고, 네 아까운 세월을 포학자들에게 빼앗길 것이다. 다른 사람이 네 재산으로 배를 불리고, 네가 수고한 것이 남의 집으로 돌아갈 것이다. 마침내 네 몸과 육체를 망친 뒤에, 네 종말이 올 때에야 한탄하며." 몸도 육체도, 마음도 다 망친 후에 한탄하는 인생을 살아서는 안 된다. 존경과 신뢰를 받는 삶을 살아야 한다.

그러니 아버지의 말씀에 날마다 귀를 기울이자! "내 아들아, 오직 나의 지혜에 주목하고, 나의 명철에 귀를 기울이라! 그것이 살길이다!"

시편 : 하나님은 나를 도와주시는 분이며, 내 생명을 붙들어주시는 분이다. 하나님과 원수를 바로 알 때, 담대해진다. 원수가 내게 악한 짓을 할 때, 주님이 내 원수를 갚아주신다. 모든 재난에서 나를 건져주셨다. 원수의 멸망을 내 눈으로 본 사람의 고백이다. 내 삶에서 자주 일어나는 일이다. 간절히 주님께 기도하면 주님께서 들으시고, 내 목숨을 노리는 무법자들과 폭력자들의 손에서 날 건지심을 여러 번 겪었다. 원수들 앞에서 내게 상을 베풀어주시는 분을 경험했다. 이것이 나를 성장시켰고, 어떤 것도 두려워하지 않게 했다. 이미 십자가에서 나는 죽었다. 덤으로 살며 오직 남은 사명을 성취하는 삶이다.

어느 날, 의사가 "암 조직 검사를 해봅시다"라고 했다. 내게도 올 것이 왔다. 통계적으로 평생 살면서 3명 중 1명은 암 진단을 받을 수 있다고 한다. 왜 나는 아니어야 한단 말인가! 이기적인 사람이 되고 싶지 않다. 이때 사람들은 낙심하고 절망에 빠진다. 암이 나를 죽이는가? 그렇지 않다. 두려움이 죽인다. 내 생명을 거두시는 분은 하나님이다. 죽는다면 이 땅에서 사명이 끝난 것으로 알면 된다. 온몸에 암이 다 퍼져서 병원에서 6개월 산다는 사람이 30년이 지난 지금도 살아있다. 의학으로 모든 걸 설명할 수 없다. 하나님이 내 생명을 붙드시면 누가 죽일 수 있겠는가! 하루를 살아도 담대하게 살자!

잠언 : 그 여자(음녀)에게서 멀리 떨어져 있고, 그 여자의 집 문 가까이에도 가지 말라. 음녀에게 걸린 사람의 결과를 보여준다.

첫째, 다른 사람이 네 재산으로 배를 불린다. 네가 수고한 것이 남의 집으로 돌아간다.

둘째, 네 영예가 다른 사람에게 넘어간다. 평생에 걸쳐서 이룬 명예를 빼앗기고 웃음거리, 조롱거리, 비방거리가 된 사람이 한둘이 아니다.

셋째, 네 아까운 세월을 포학자들에게 빼앗긴다.

육체를 망친 뒤에 종말이 올 때 "내가 어찌하여 훈계를 싫어했던가, 책망을 멸시했던가!" 하며 한탄하며 후회한다. 항상 음녀를 조심하자.

6일 의인의 요동함을 허락하지 않으신다

시편 55:22,23 잠언 6:12-14

네 짐을 여호와께 맡기라. 그가 너를 붙드시고 의인의 요동함을 영원히 허락하지 아니하시리로다. 하나님이여, 주께서 그들로 파멸의 웅덩이에 빠지게 하시리이다. 피를 흘리게 하며 속이는 자들은 그들의 날의 반도 살지 못할 것이나 나는 주를 의지하리이다 시편 55:22,23

시편 55편은 다윗의 친구요 모사인 아히도벨이 압살롬 편에서 다윗을 대적하며 죽이고자 할 때, 다윗이 성령으로 기록한 것이다. 하나님은 그를 믿고 의지하는 사람들이 어려움을 당할 때, 요동하기를 원하지 않으신다. 오직 모든 짐을 전능하신 하나님께 맡기길 원하신다. "짐"이란 혼자 짊어지기에 너무 버거운 것이다. 만일 그 짐을 스스로 짊어지면 염려와 근심이 일어난다. 무게(: 스트레스)를 견디지 못하면 척추가 어긋나고 무릎이 상하듯이 결국 우울증이 생기고, 낙심하며 좌절한다.

하나님은 우리가 그런 삶을 살기를 원치 않으신다. 그는 나를 사랑하는 내 아버지시다. 그래서 "네 짐을 내게 맡기라. 내가 대신 짊어지겠다. 내가 너를 붙들어 네가 요동하지 않게 해주겠다"라고 하신다. 그리고 또 말씀하신다. "내가 너의 원수를 파멸의 웅덩이에 빠뜨리겠다. 손에 피를 묻히고, 속임수를 쓰는 사람들을 내가 손 보겠다."

나는 오늘도 내 짐을 하나님께 맡깁니다. 나를 붙들어 흔들리지 않게 하시는 하나님만을 의지합니다.

불량하고 악한 자는 구부러진 말을 하고 다니며, 눈짓을 하며, 발로 뜻을 보이며, 손가락질을 하며, 그의 마음에 패역을 품으며, 항상 악을 꾀하여 다툼을 일으키는 자라

잠언 6:12-14

"불량하고 악한 자"를 '불량배, 악당, 건달'이라고 부르기도 한다. 그런 사람의 특징은, 한 입으로 두말한다. 돌아다니며 남을 헐뜯는다. 없는 말을 만들어낸다. 말을 왜곡하여 원래 뜻과는 전혀 다르게 전달한다. 관계를 이간하고 분열시킨다. 눈짓, 발짓,

손짓으로 서로 신호를 보낸다. 이것들은 이들만의 비밀 언어다. 정직하고 의로운 사람들 가운데서 말이 아닌 행동으로 서로 사인을 주고받는다. 마음의 악함이 온몸을 통해 나타난다. 어깨를 구부정하게 하고, 고개를 떨구고, 발을 질질 끌고 다니는 자세는 오랫동안 제멋대로 악하게 행동한 결과다. 마음이 비뚤어져 끝없이 악한 일을 꾸민다. 언제나 말썽과 싸움만 일으킨다. 입만 열면 욕을 내뱉는다. 유익한 일에 시간을 쓰지 않고, 정직한 생을 살지 않는다. 다른 사람들을 해하는 데만 골몰한다.

참으로 안타깝다. 그런 사람과 사귀지 말아야 한다. 곧 재앙이 들이닥칠 것이다. 자칫 옆에 있다가 함께 화를 입는 건 시간문제다. 성실하고 정직한 사람들, 하나님의 말씀을 사랑하는 사람들과 함께 있어라.

시편 : 오직 믿음으로 사는 의인들은 내 짐을 주님께 맡길 줄 안다. 내 힘으로 원수 갚으려고 시도하지 않는다. 내 짐을 져주시는 주님의 손을 간절히 의지한다. 그런 자에게 주님은 이런 삶의 결과를 말씀하셨다.

첫째, 주께서 나를 붙들어주신다.

둘째, 의로운 사람이 망하도록 내버려두지 않으신다.

셋째, 주께서 원수들을 파멸의 구덩이에 빠지도록 하신다.

넷째, 피 흘리기와 속이기를 좋아하는 자들은 제 목숨의 절반도 살지 못하고 단명한다. 주님은 의인의 요동함을 영원히 허락하지 않으신다. 내 짐을 지고 있으면 원수들이 내 믿음을 흔든다. 내 짐을 주님께 맡겨야 주께서 붙드신다. 어떻게 맡길 것인가?

- 내 힘, 내 능력으로 어떤 문제를 해결하려고 시도하지 않는다.

- 내 짐을 종이에 다 적어 구겨서 하늘을 향해 "주님 받으세요~" 하고 던져라!

- 그다음은 주께서 내 짐을 받으신 줄 믿고 감사기도를 한다.

내 몸과 건강을 해치고, 다른 사람에게 해를 끼칠 정도로 발버둥 치지 말아야 한다. 내가 할 일에 최선을 다했다면 두 손 들고 "아버지, 저는 여기까지가 최선입니다. 주님의 도우심을 간절히 바랍니다"라고 결과가 무엇이든 주의 뜻으로 받고 믿음으로 사는 삶의 대가 지불을 해야 한다. 이런 각오가 있으면 짐을 맡길 담대함이 생긴다.

잠언 : 건달과 악인은 비뚤어진 마음으로 항상 악을 꾀하며 싸움만 부추긴다. 그릇된 말을 하고 눈짓, 발짓, 손짓으로 서로 신호한다. 이들을 만나면 그 자리에서 빨리 피하고, 주님께 도움을 요청하자.

두려워하는 날에
두려워하지 않으리

시편 56:3,4 잠언 7:22,23

내가 두려워하는 날에는 내가 주를 의지하리이다. 내가 하나님을 의지하고 그 말씀을 찬송하올지라. 내가 하나님을 의지하였은즉 두려워하지 아니하리니, 혈육을 가진 사람이 내게 어찌하리이까? 시편 56:3,4

사람들이 나를 삼키려고 종일 압제할 때(1,2), 그들이 내 말을 곡해하고 모여서 숨어서 내 발자취를 지켜볼 때(5,6), 그들이 나를 두렵게 할 때, 내 마음이 낙심하고 분하고 힘들 때, 그때가 하나님을 의지할 때다. 사람들의 말, 행동에 내 생각을 빼앗기지 말아야 한다. 그들과 대항하지 말고 하나님께 나아가자. 환난 날에 나를 붙들어주시겠다는 하나님의 약속의 말씀을 붙들자. 하나님 앞에 눈물을 쏟아야(8) 한다. 이것이 하나님을 내 편으로 만드는(9) 비결이다. 그러면 하나님이 나 대신 싸우신다. 내 원수들을 물리치신다.

시련이 닥칠수록 하나님을 더욱 의지하는 법을 배워야 한다. 하나님을 의지하고 그의 말씀을 붙드는 삶은, 저절로 주어지지 않는다. 배우고, 훈련해야 한다. 우리 주 예수님도 "받으신 고난으로" 순종함을 배우셨다(히 5:8). 고난 없이 순종하는 삶을 살면 얼마나 좋을까! 고난 없이 하나님을 의지하는 삶을 살며 그 말씀을 찬송하며 살면 얼마나 좋을까!

바울이 디모데에게 안심하고 그의 일을 대신하여 맡길 수 있었던 건 그가 "연단된 사람"이었기 때문이다(빌 2:22). "그가 나를 단련하신 후에는 내가 순금같이 되어 나오리라"라고 욥이 고백한다(욥 23:10).

젊은이가 곧 그를 따랐으니, 소가 도수장으로 가는 것 같고, 미련한 자가 벌을 받으려고 쇠사슬에 매이러 가는 것과 같도다. 필경은 화살이 그 간을 뚫게 되리라. 새가 빨리 그물로 들어가되 그의 생명을 잃어버릴 줄을 알지 못함과 같으니라. 잠언 7:22,23

잠언은 이 같은 말씀을 반복 언급한다. 음녀에게 홀려 끌려가는 어리석고 미련한 자의 삶을 안타깝게 바라보는 아버지의 마음을 듣는다. 지금 자기 행동이 어떤 상황이며 어떤 결과를 가져올지 자신만 모르는 젊은이, 그 결과를 훤히 보고 있는 아버지의 애타는 모습이 보이지 않는가! 안타까워서 눈물을 흘리는 아버지의 모습이 보이지 않는가! 그의 간절한 사랑의 말씀이 귀에 들리지 않는가! "내 아들아, 내 말을 네 마음판에 새겨라"(1). "이제 내 아들들아, 내 말을 들어라"(24).

잠언 7장은 이같이 아버지의 말씀으로 시작하고 맺는다. 아버지의 사랑으로 가득 차 있다. 우리 마음을 하나님 아버지의 사랑으로 가득 채우자. 내 심장에 아버지의 심장을 이식하자. 내 마음판에 아버지의 말씀을 새기자. 절대 지워지지 않게 불로 새기자. 내게 걸음을 가르치시며, 나를 두 팔로 안으시는 아버지의 넓은 품에 안기자(호 11:3). 나를 이끄는 아버지 사랑의 줄을 굳게 붙들자(호 11:4).

시편 : 두려움이 온통 나를 휩싸는 날에 주님을 의지하고 하나님을 찬양하면 두려움이 곧 없어지고 담대함이 생긴다. 사람이 내게 감히 어찌하겠는가!

원수의 손(사람, 환경, 사건, 건강, 재정 등)이 나를 짓누르는 두려운 날에는 내가 주를 더 의지한다. 하나님의 언약을 기억하고 찬송하고 찬양한다. 주께서 나를 두려움에서 건지시니 현실에서 도망가지 않는다. 담대하게 맞설 힘이 생긴다. 주님은 그분을 의지하고 간절히 찾는 자를 위해 능력을 베푸신다.

내 영혼아~ 두려운 날에 주님을 더 의지하라.

하나님의 언약을 기억하고, 찬양하라.

하나님이 대신해서 싸워주신다. 두려움을 주었던 요소들이 찬양 가운데 사라진다.

잠언 : 음녀는 쳐다보지도 말자. 우리의 마음을 빼앗는 모든 세상적인 것이 음녀다. 음녀에게 끌려가는 자의 모습을 사실적으로 말씀하셨다.

- 소가 도수장에 끌려가는 것과 같다.
- 미련한 자가 벌을 받기 위해 쇠사슬에 매인 것과 같다.
- 화살이 그 간을 뚫은 것과 같다.
- 새가 그물로 들어가서 생명을 잃어버리게 된다.

음녀에게 걸리면 내 모든 수고가 한순간에 사라진다. 혹시 지금 음녀의 길에 들어서 있다면 즉시! 돌이켜야 산다.

자기 힘을 자랑하지 마라

시편 59:16,17 잠언 8:14-16

나는 주의 힘을 노래하며, 아침에 주의 인자하심을 높이 부르오리니, 주는 나의 요새이시며 나의 환난 날에 피난처심이니이다. 나의 힘이시여! 내가 주께 찬송하오리니, 하나님은 나의 요새이시며 나를 긍휼히 여기시는 하나님이심이니이다 시편 59:16,17

비록 어려움 가운데 있을지라도 낙심하거나, 의기소침하거나, 우울해하지 않고 주님을 찬양하기로 결정해야 한다. "노래합니다", "높이 부릅니다", "찬송합니다" 이보다 더 강한 내 마음의 결정이 어디 있을까!

이 말씀의 새번역이 내 마음을 그대로 보여준다.

"그러나 나는 나의 힘 되신 주님을 찬양하렵니다. 내가 재난을 당할 때에, 주님은 나의 요새, 나의 피난처가 되어주시기에, 아침마다 주님의 한결같은 사랑을 노래하렵니다. 나의 힘이신 주님, 내가 주님을 찬양하렵니다. 하나님은 내가 피할 요새, 나를 한결같이 사랑하시는 분."

내 힘자랑은 하지 말아야 한다. 내 힘은 소용이 없다. 내가 얼마나 연약한지 작은 일에도, 심지어 남의 말에도 쉽게 휘둘린다. 그러나 하나님은 내 힘이 되셔서 내가 결정하면 그렇게 살도록 힘을 주신다. 나의 피난처, 나의 요새서서 환난 날에 그에게 달려가면 즉시 나를 받아들이고 보호하신다.

하나님의 한결같은 사랑, 변함없는 사랑의 강물에서 헤엄치리라.

내게는 계략과 참 지식이 있으며 나는 명철이라, 내게 능력이 있으므로 나로 말미암아 왕들이 치리하며, 방백들이 공의를 세우며, 나로 말미암아 재상과 존귀한 자 곧 세상의 모든 의로운 재판관들이 다스리느니라 잠언 8:14-16

"계략"은 '유익한 조언이나 충고'를 말한다. "참 지식"은 '구체적인 도움'을 주어 바른 판단력을 갖게 한다. "명철"은 '통찰력'을 말한다. 다음은 하나님의 지혜를 가진 자에게 주어지는 결과다.

1) 유익한 조언을 준다. 2) 바른 판단력을 준다. 3) 놀라운 통찰력을 준다. 4) 실천할 힘을 준다. 5) 왕이 올바른 지도력을 발휘하여 나라를 다스린다. 6) 입법자는 공정한 법을 제정하고, 재판관은 공의로 그 법을 집행한다.

삼국지의 유비는 이런 사람을 얻으려고 삼고초려를 했다. 그가 제갈공명이다. 그러나 그보다 더 뛰어난 이가 바로 지혜 자체이신 예수 그리스도시다. 그를 얻는 자는 천하를 얻는다. 아니, 엄밀히 말하면, 하나님의 영광이 세상에 가득하게 한다. 올바른 지도력을 발휘한다(34,35).

그를 사랑하라! 그를 간절히 찾아라!

시편 : 나의 힘이 되신 주님을 찬양합니다. 내가 재난을 당할 때, 주님은 나의 요새, 피난처가 되어주십니다.

1) 주님은 나의 힘과 노래가 되신다.

2) 주님의 한결같은 사랑, 인자하심을 아침에 찬양한다.

3) 주님은 나의 요새시다.

4) 주님은 나의 환난 날에 피난처가 되신다.

5) 나를 긍휼히 여기시는 하나님이시다.

일찍부터 하루를 시작해야 할 때가 많다.

'밥을 먹을까? 주님을 만날까?'

당연히 식사를 포기한다. 이런 날은 말씀이 나의 식사다. 주님을 만나고 배부르면 충만한 가운데 하루를 시작하니 마음이 강해지고 소망으로 충만해진다. 종일 주님의 사랑에 푹 잠긴다. 맡기신 일을 감당할 에너지가 여기서 나온다.

밥 먹는 것에 목숨을 걸지 마라! 말씀에 목숨을 걸어라! 성공 비결이 여기에 있다. 틈틈이 건강한 간식을 챙겨서 건강을 돌보라.

잠언 : 지식 - 말씀의 다림줄이다.
　　　　　 명철 - 진리의 말씀에 대한 이해력이다(말씀, 상황, 사물에 대한 이해력이다).
　　　　　 지혜 - 삶으로 살아내는 능력이다(지식을 내 삶에 적용하여 살아내는 힘이다).

지식, 명철, 지혜를 사모하라. 서로 연결되어 있다. 여기에서 나 자신과 다른 사람을 이끌어갈 지도력이 나오고, 영향력 있는 사람으로 계속 성장하게 된다.

주의 이름을 경외하는 자에게 승리를

시편 60:4, 61:5 잠언 9:12

주를 경외하는 자에게 기를 주시고 진리를 위하여 달게 하셨나이다(셀라) 시편 60:4
하나님이여 내 서원을 들으시고 주의 이름을 경외하는 자의 얻을 기업을 내게 주셨나이다 시편 61:5

하나님을 경외하는 삶은 그를 늘 의식하는 삶이다. 하나님을 기쁘시게 하며 그와 동행한다. 무엇을 하든지 하나님의 면전에서 행한다.

하나님은 그런 사람에게, 1) 승리를 주신다. 대장이신 예수 그리스도의 깃발을 달게 하신다. 하나님은 그를 사랑하고 의지하는 사람들을 위해 대신 싸워주신다. 다윗이 말도 안 되는 거인 골리앗을 단번에 거꾸러뜨리고 승리를 취한 비결은 오직 하나님께 있었다. 그의 능력이나 힘이 아님을 다윗도 잘 알았다. 그래서 "너는 창과 단창으로 내게 나아오거니와 나는 만군의 여호와의 이름으로 네게 나아가노라. 전쟁은 여호와께 속했다"라고 담대히 말했다(삼상 17:45,47).

2) 기업을 주신다. 이전에 원수들이 소유하던 땅을 빼앗아 그 땅을 내 기업으로 주신다. 하나님은 갈렙에게 기럇 아르바를 그의 유업으로 주셨다. 갈렙은 그 땅을 '헤브론'이라 불렀다. 갈렙은 다른 정탐꾼들과 달리 하나님을 경외했다. 아낙 자손들이 버티고 있는 난공불락의 성읍이어서 공략하기 어려워도, 그는 그 땅을 얻게 될 걸 믿고, 조금도 두려워하지 않았다. 그는 믿음으로 담대히 "그들은 우리의 먹이라. 그들의 보호자는 그들에게서 떠났고 여호와는 우리와 함께하시느니라"라고 말했다(민 14:9).

네가 만일 지혜로우면 그 지혜가 네게 유익할 것이나, 네가 만일 거만하면 너 홀로 해를 당하리라 잠언 9:12

지혜로운 자와 지혜 없는 거만한 자의 삶은 결과가 너무 다르다. 지혜는 나를 유익하게 한다. 지혜를 받아들이면 유익하게 되는 건 '그 지혜가 아니라 그 지혜를 얻는 너'라고 하신다. 하나님이 끊임없이 내게 지혜로운 자가 되라고 하심을 무거운 의무, 명령, 율법으로 받아들이지 말라. 지혜가 내게 유익하기 때문이다.

잠언 3장 18절에 "지혜는 그것을 얻은 자에게 생명나무와도 같다"라고 하셨다. 생명과 건강을 주고 존경이 뒤따른다. 올바른 판단력과 통찰력 그리고 이해력과 분별력을 준다. 성공의 삶, 영향력 있는 삶을 살게 한다. "그러므로 지혜를 가진 자가 복이 있다"라고 하셨다.

그러나 거만은 나를 해롭게 한다. '거만한 사람'은 하나님의 지혜를 무시한다. 하나님의 지혜로 사는 사람들을 조롱하고 비웃는다. "네가 만일 거만하면 너 홀로 해를 당하리라"라고 하셨다. 지혜가 주는 유익과는 정반대 결과이다. 코웃음 치며 남을 비웃고 조롱하던 일들을 자신이 당하게 될 것이다.

그것을 남의 탓으로 돌리지 말아야 한다. 하나님을 원망하지 말아야 한다. 그 책임은 전적으로 그 삶을 선택한 개인에게 달려있다. 그러므로 지혜를 택하라. 지혜의 초청에 응하는 것이 지혜.

시편 : 나를 적대하며 활을 쏘는 자들에게서 피할 수 있도록, 압제자들에게서 도망칠 수 있도록 주님께서 깃발을 높이 세워서 주님을 경외하는 사람을 인도하신다. 무슨 말인가? 세상은 영적 전쟁터다. 치열한 싸움 한가운데서 높이 들린 주님의 깃발을 보게 하신다. 말씀의 원리 원칙을 적용하여 살아낼 수 있도록 지혜와 명철로 이끌어주신다. 주님의 승리의 깃발 아래서 내가 승리의 기쁨을 맛보게 하신다. 뭇사람들이 볼 수 있도록 주를 경외하는 자에게 승리의 깃발을 높이 달게 하신다. 진리를 위해서다. 언제나 말씀이 이기는 것을 그들이 보고 여호와를 두려워하게 하신다.

출애굽의 수많은 사건에서 애굽 사람들은 여호와의 승리의 깃발을 바라봤다. 이스라엘을 대신해 싸우시는 하나님 앞에 모두가 떨었다. 이 땅은 전쟁터다.

주를 경외함으로 승리의 깃발을 얻어라!

너희는 이제 가만히 서서 여호와께서 너희 목전에 행하시는 이 큰일을 보라!

잠언 : 지혜는 나를 겸손하게 만든다. 하나님은 겸손한 자를 가까이하신다. 하나님과 누리는 친밀감은 겸손한 자가 누리는 특권이요 가장 큰 복이다. 거만은 나를 미련하게 만들어 교만한 자가 되게 한다. 하나님은 교만한 자를 대적하신다. 나의 대적을 하나님으로 만들지 말라. 이것이 지혜다.

시시로 의지하고
그 앞에 마음을 토하라

시편 62:8 잠언10:16

백성들아 시시로 저를 의지하고 그 앞에 마음을 토하라. 하나님은 우리의 피난처시 로다(셀라) 시편 62:8

하나님의 큰 사랑을 받은 우리, 그의 은혜와 긍휼을 입은 우리가 평생 가져야 할 두 가지 태도가 있다.

첫째는 하나님을 "시시로" 의지해야 한다. 이는 '항상, 언제나'이다. '어려운 일이 있을 때나 좋은 일이 있을 때나 변함없이' 주를 의지하는 걸 말한다. 오직 하나님만이 내가 의지할 분이다. 그만이 나의 피난처, 반석, 구원이시다(6). 안타깝게도 많은 사람이 시시로 하나님을 의지하지 않는다. 어려울 때, 절박할 때, 곤경에 처했을 때는 의지하여 부르짖다가 어느 정도 살 만하면 다시 자기 힘을 의지한다. 기도 소리가 줄고 찬양의 열정도 식는다. 주를 향한 한결같은 사랑이 얼마나 아름다운지! 변함없는 열정과 헌신이 얼마나 귀한지! 주를 향한 간절함, 갈급함, 목마름을 평생 유지하는 게 얼마나 중요한지! 주께서 베푸신 은혜, 긍휼, 사랑, 용서와 위로를 절대 잊지 말아야 한다.

둘째는 그 앞에 내 마음을 "토해야" 한다. 이는 '물을 쏟아붓다'라는 의미다. 한나는 제단 앞에 원통함을 쏟아부었다(삼상 1:15). 그러자 하나님이 응답하셔서 사무엘을 아들로 주셨다. 사무엘은 미스바에서 종일 금식기도 하며 하나님 앞에 물을 쏟아부었다(삼상 7:6). 그러자 미스바 부흥이 시작되었다. 엘리야는 무너진 제단을 다시 쌓고 물을 제단에 쏟아부어 넘쳐흐르게 했다(왕상 18:35). 그러자 하나님의 불이 제단에 떨어지고 크게 승리했다. 날마다 제단 앞으로 나아가 내 마음을 토하는 게 진정한 예배다. 부흥이 거기에 있다. 거기 하나님의 불이 떨어지고, 전쟁의 승리가 임한다.

의인의 수고는 생명에 이르고, 악인의 소득은 죄에 이르느니라 잠언 10:16

"수고"란 '보수'라는 뜻이다. 합당한 방법으로 얻은 대가를 말한다. 의롭고 정직하고 부지런하게 산 대가가 생명이다. 그래서 "의인의 수고"는 '의인의 품삯'이라고 말할 수 있다. 그 대가가 "생명에 이르는" 것은 활기가 넘치는 삶, 기쁨과 평안이다. 진정한 만족이 있는 삶을 말한다. "소득"은 '소산물'이란 뜻이다. 심은 대로 거두는 법이다(갈 6:7). 악인은 범죄를 행하여 그 행한 대로 죗값을 치른다. 활기와 평안이 없다. 다툼과 시기와 경쟁 그리고 불안과 두려움만 있다. 때로는 그로 인해 죽고 죽이는 비극으로 마치기도 한다. "의인의 적은 소유가 악인의 풍부함보다 낫도다"라고 했다(시 37:16).

옳지 못한 방법으로 재물을 모아 풍부하게 살아도 결국은 대가를 치른다. "많은 재물보다 명예를 택할 것이요, 은이나 금보다 은총을 더욱 택할 것이니라" 하심을 기억하라(22:1).

하나님과 사람 앞에서 올바르게 살아야 한다. 바른길로 행하며 정직하고 정당하게 살아야 한다. 그러면 생명의 삶이 뒤따른다. 목적을 위해 수단과 방법을 가리지 않는 삶을 미워해야 한다. 목적도 좋고, 성취하기 위한 수단도 옳아야 한다. 심은 대로 거두는 게 진리다.

시편 : 오늘 눈에 쏙 들어오는 단어가 있다. 하나님만 우리의 피난처시다. 그만 의지하라. 바로 '만'이다. 어떤 사람들은 재물, 권력도 의지하고, 하나님도 함께 의지한다. 오늘 묵상 말씀은 '하나님만, 그분만' 의지하는 자에게 하나님과 친밀함을 누리게 하신다고 한다. 속마음을 터놓고 얘기하는 친밀함을 사모한다면,

1) 하나님을 매 순간 의지하라.

2) 내 마음을 하나님께 토하고 쏟아부어라.

3) 하나님은 우리의 피난처가 되신다.

하나님이 구하시는 제사는 상한 심령이다. 상하고 통회하는 마음을 주께서 멸시하지 않으신다. 주님을 시시로 의지하는 사람은 환난 날, 몹시 마음이 상한 날에 도울 힘이 없는 사람을 찾아가지 않는다. 하나님께 마음을 다 쏟아부으면서 간절히 도우심을 구한다. 이런 사람이 하나님이 찾으시는 진정한 예배자다. 하나님은 환난 날에 내가 피할 바위, 피난처가 되어주신다.

잠언 : 항상 우리 앞에 의인의 삶과 악인의 삶이 놓여있다. 창세기 3장의 사건을 늘 기억하자. 두 메시지가 늘 우리 삶 앞에 있다.

사람의 행위와 그의 행실대로 보응하시는 하나님을 기억하자(렘 17:10).

주의 오른손이
붙드시는 것을 경험하라

시편 63:8 잠언 11:11

나의 영혼이 주를 가까이 따르니 주의 오른손이 나를 붙드시거니와 시편 63:8

어린이날에 세 아이를 데리고 어린이공원에 놀러 간 적이 있다. 엄청나게 많은 사람으로 북적였다. 아이들에게 바짝 붙어다니라고 여러 차례 당부했다. 간혹 미아의 부모를 찾는 방송이 흘러나왔다. "가까이 따르니"는 '담쟁이가 담에 붙어있듯이'를 말한다. 내 영혼이 담쟁이가 담에 붙어있듯이 주님을 가까이 따르고 있다. 아이들과 부모가 가까이 붙어다니듯, 하나님을 가까이 따른다. "나의 도움" 되시는(7) 주님의 도움을 받으려면, "주의 날개 그늘에서"(7) 보호받으려면 주를 가까이 따라야 한다. 내 몸이 가까이 따르는 게 아니라 영혼과 몸이 함께 따른다. 내 영혼이 주를 갈망하며 육체도 주를 앙모하여 침대에 누워있지만 말고 일어나 무릎으로 주께 나아간다(1).

우리 주 예수님은 새벽마다 일어나 나가서 한적한 곳에 가서 기도하셨다. 일어나 밖으로 걸어 기도할 장소로 가야 한다. "새벽에"(6) 주를 찾는다는 건 내 갈급함을 보여준다. 그러면 주의 오른손이 날 붙드시는 걸 경험할 것이다. "주의 오른손"만큼 강한 손이 어디에 있을까. 내가 위험할 때, 그 손으로 나를 번쩍 들어서 환난을 당하지 않게 하신다. 내가 미끄러져 넘어질 때, 그 손으로 날 잡아 넘어지지 않게 하신다.

성읍은 정직한 자의 축복으로 인하여 진흥하고, 악한 자의 입으로 말미암아 무너지느니라 잠언 11:11

하나님을 경외하는 사람은 하나님의 눈으로 세상을 바라본다. 죄악의 도시, 혼란의 세상, 하나님 말씀의 가치가 통하지 않는 세상을 바라본다. 그러나 절망하지 않는다. 문제를 지적하며 불평과 원망의 말을 하지 않는다. 모든 것을 넘어서서 눈을 들어 하나님을 바라보기 때문이다. 마치 문제에 초점을 맞추지 않고 문제의 해결자이신 예수님을 바라보는 예수님의 어머니 마리아와 같다.

그런 사람은 언제나 긍정적이며 소망이 충만하다. 문제의 해결자이신 하나님이 계시기 때문이다. 그래서 손을 들어 도시, 나라, 교회를 축복한다. 하나님이 들으시고 도시와 나라를 번성케 하고, 교회를 부흥케 하신다. 그러나 주님의 눈으로 도시나 나라, 교회를 바라보지 않고 부정적인 것, 더러운 것만 보면 악담만 퍼붓게 된다. 불평과 원망의 말을 한다. 원인 제공자를 찾아 불화살을 쏘아댄다. 금방 망할 것처럼 말한다. 이는 문제에 초점을 맞추기 때문이다. 그에게는 하나님을 바라보는 눈이 없다.

우리는 이 모든 걸 다스리시는 하나님을 바라본다. 그리고 축복한다. 우리의 구원이신 주 예수의 이름으로 도시와 나라, 교회를 축복하자. 번영과 부흥을 기도하자. 대한민국이여, 번영할지어다! 한국 교회여, 부흥할지어다!

시편 : 이 몸이 주님께 매달리니, 주님의 오른손이 나를 꼭 붙잡아주신다. 주님이 나를 붙잡아주실 때는 성경 전체의 원칙이 있다. 첫째, 내 영혼이 주를 가까이 따른다. 둘째, 주의 오른손이 나를 붙들어주신다. 이 순서를 절대 잊지 말자. 내가 주님께 담쟁이처럼 가까이, 껌딱지처럼 딱 붙어있을 때, 주님이 나를 붙들어주신다.

담쟁이와 껌딱지처럼 붙어있는 것은, 1) 하나님의 뜻 가운데 머문다. 2) 하나님나라의 원칙을 내 삶의 원칙으로 살아낸다. 3) 하나님의 눈으로 세상을 바라본다. 4) 하나님 말씀을 내 인생의 최고 가치로 설정한다.

이런 삶이 바로 내가 주님께 매달리는 삶이다. 결과도 좋고 열매도 풍성한 삶이 된다. 그러나 이렇게 살지 못해도 주님께 매달린다. 결과도 열매도 없는 빈약한 삶이지만 주님의 구원의 손은 항상 누구에게나 건져주시는 선하신 손이기 때문이다. 내가 주를 가까이 따르지 않으면서 주의 도움을 바란다면 헛수고요 시간 낭비다.

잠언 : 정직한 사람이 축복하면 마을이 흥하고, 악한 사람이 입을 열면 마을이 망한다. 나는 매일 온 열방과 우리나라, 내가 속한 도시를 향해 손을 들고 축복기도 한다. 우리의 기도 가운데 일하시는 주님의 손을 보았기에 기도의 수고를 기쁨으로 감당한다.

러시아의 침공으로 시작된 우크라이나 전쟁과 팔레스타인 무장세력 하마스의 침공으로 시작된 이스라엘 전쟁을 보면서 더 간절하게 손을 들게 된다. 주께서 두 전쟁 가운데 개입하셔서 선하게 이끄실 것을 확신하기에 매일 강력하게 기도한다. 정의와 공의가 무너지지 않을 것이다. 하나님이 이끌어가시는 역사의 시간 안에서 주님의 뜻대로 선하게 이끄시도록 간절히 기도한다. 하나님은 온 땅의 주인, 역사의 주인이시다. 우리의 기도를 통해 일하시는 하나님의 역사를 알기에 더 기도의 열정이 불붙는다.

악인의 도모를 폐하시는 하나님

시편 64:1 잠언 12:12

하나님이여, 내가 근심하는 소리를 들으시고, 원수의 두려움에서 나의 생명을 보존하소서 시편 64:1

시편 64편은 의인과 악인의 특징과 행위를 자세히 보여준다. 그리고 하나님이 그들에게 어떻게 하셨는지를 살펴본다. 새번역을 읽으니 이해가 더 쉽다.

"하나님, 내가 탄식할 때 내 소리를 들어주십시오. 원수들의 위협에서 내 생명을 지켜주십시오. 악인들이 은밀하게 모의할 때 나를 숨겨주시고, 악한 일을 저지르는 자들의 폭력에서 나를 지켜주십시오. 그들은 칼날처럼 날카롭게 혀를 벼려 화살처럼 독설을 뽑아냅니다. 죄 없는 사람을 쏘려고 몰래 숨어있다가, 느닷없이 쏘고서도, 거리낌조차 없습니다. 그들은 악한 일을 두고 서로 격려하며, 남몰래 올가미를 치려고 모의하며, '누가 우리를 보랴?' 하고 큰소리를 칩니다. 그들이 악을 꾀하고, 은밀하게 음모를 꾸미니, 사람의 속마음은 참으로 알 수 없습니다. 그러나 하나님이 활을 쏘실 것이니, 그들이 화살을 맞고서 순식간에 쓰러질 것이다. 하나님은, 그들이 혀를 놀려서 한 말 때문에 그들을 멸하실 것이니, 이것을 보는 자마다 도망칠 것이다. 그들은 모두 다 두려움에 사로잡혀, 하나님이 하신 일을 선포하며, 하나님이 하신 일을 생각하게 될 것이다. 의인은 주님께서 하신 일을 생각하면서 기뻐하고, 주님께로 피할 것이니, 마음이 정직한 사람은 모두 주님을 찬양할 것이다"(1-10).

악인들은 음모를 꾸미며 독한 말을 화살처럼 쏘아댄다. 하나님을 두려워하지 않는다. 하나님이 그들에게 공의의 화살을 쏘신다. 그들은 쓰러지며 사라진다. 그러나 하나님을 두려워하며 그를 의지하는 의인은 하나님이 보호하신다.

악인은 불의의 이익을 탐하나, 의인은 그 뿌리로 말미암아 결실하느니라 잠언 12:12

잠언 12장은 의인과 악인의 대조다. 의인은 정직하고 부지런하며, 하나님의 말씀을 삶의 교과서로, 모든 행동의 원칙과 가치로 삼는다. 또 땀 흘려 수고한 열매만 먹는다. 수고하지 않고 쉽게 얻는 삶을 미워한다. 시편 1편에서 말씀하심같이 의인은 물가에 심겨 뿌리를 깊이 내리고 열매를 많이 맺는 나무지만, 악인은 바람에 날아가 버리는 겨와 같다.

악인은 불의의 이익을 탐한다. "탐하다"는 '갈망하다, 몹시 바라다'라는 뜻이다. 이런 자는 모든 생각이 재물에 집중되어 있다. "불의의 이익"은 악한 수단과 방법을 사용하여 재물을 모으는 걸 말한다. 거짓말 두목이 사기꾼 참모들을 모아 밤낮 회의한다. 각종 통신수단을 사용해 과장된 광고를 통해 사람들을 유혹한다. 이들은 수단과 방법을 가리지 않고, 오직 재물을 모으는 데만 관심이 있다. 양심도 팔아넘긴 지 오래다.

하지만 의인은 선을 행함과 나누어 주는 삶에 집중한다. 진실함, 견고함, 풍성함, 너그러움의 삶이다. 악인은 오직 자신만을 위해 재물을 모은다. 거짓됨, 환난, 재앙, 빚짐의 삶이다.

시편 : "하나님, 내가 탄식할 때 내 소리를 들어주십시오. 원수들의 위협에서 내 생명을 지켜주십시오." 악인은 불의의 이익을 탐하는 자다. 죄 없는 자를 쏘려고 악한 일을 은밀하게 계획하고, 입은 칼이 되어 독화살을 퍼붓듯이 폭력을 행사한다. 악인들은 서로 격려하면서 남몰래 올가미를 치려고 모의하며 "누가 우리를 보랴?" 하고 큰소리친다. 그러나 나의 하나님이 그들을 향해 활을 쏘시니 그들은 순식간에 쓰러지고 도망친다. 하나님은 살아계신다. 우리들의 말을 들으신다. 악한 자의 말을 기억하고 멸하신다. 그러니 입조심해야 한다.

지금 내가 하는 말을 하나님이 듣고 계신다. 의인들은 주님께서 하신 일을 보면서 기뻐하고 항상 주님께로 피한다.

마음이 정직한 자들아~ 선하신 주님을 찬양하여라!

잠언 : 의인은 하나님이 행하신 일을 보며 기뻐한다. 주께서 항상 삶에 열매를 맺게 하신다. 정직한 사람은 주님의 공의를 찬양한다. 악인들이 불의한 삶에서 회개하고 돌이키면 건지시는 주님의 큰 긍휼하심을 보고 의인들은 크게 기뻐한다. 내가 아는 놀라운 사실은 흉악한 범죄자라도 주께 피하면 다 구원을 받는다는 것이다. 나의 마음을 태평양처럼 넓혀서 크신 주님의 사랑을 담고 싶다.

"인자가 온 것은 잃어버린 자를 찾아 구원하려 함이니라"(눅 19:10).

13일 하늘 정원 만찬에 초대받은 사람

시편 65:2-4 잠언 13:10

우리의 기도를 들으시는 주님, 육신을 가진 사람이면 누구나 주님께로 나아옵니다. 저마다 지은 죄 감당하기에 너무 어려울 때에, 오직 주님만이 그 죄를 용서하여주십니다. 주님께서 택하시고 가까이 오게 하시어 주님의 뜰에 머물게 하신 그 사람은, 복이 있는 사람입니다. 그러므로 우리는, 주님의 집, 주님의 거룩한 성전에서 온갖 좋은 복으로 만족하렵니다. 시편 65:2-4 새번역

누가 복 있는 사람인가? 주께 초대받은 사람, 주님과 친밀한 사람, 주님의 하늘 저택에 있는 모든 좋은 것을 마음껏 누리는 사람이다. 복 있는 사람이 되는 데 가장 큰 장애물은 죄다. 누구나 죄를 짓는다. 감당하기가 너무 어렵다. 죄가 나보다 훨씬 강해서 벗어나기가 벅차다. 우리는 무력하여 죄에 압도되어 버린다. 그런데 오직 하나님만 그 죄를 용서하신다. 정죄하지 않고 긍휼히 여기신다.

우리가 기도할 때 들으시고 응답하신다. 감당 못 할 우리 죄를 용서하시는 주님! 더구나 우리를 그의 하늘 저택으로 초대하시는 주님! 그러니 우리가 즐거이 주님께로 나아간다. 주의 궁정, 주의 임재가 있는 성소로 나아가 용서와 회복을 맛본다. 거기에 참된 만족이 있다.

주의 영광과 아름다움을 바라본다. 주를 향해 기쁨의 함성이 터져 나오고, 즐거운 노랫소리 그치지 않는다. 그 하나님을 찬양함이 마땅하다(1, 13).

교만에서는 다툼만 일어날 뿐이라. 권면을 듣는 자는 지혜가 있느니라 잠언 13:10

"교만에서는 다툼만 일어날 뿐이라"는 '교만에서는 확실히 다툼만 일어난다. 오직 그 일만 일어난다'가 원래 뜻이다. 교만한 사람은 독단적이어서 다른 사람의 충고를 받아들이지 않고 오히려 충고하는 사람과 다툰다. 각종 핑계를 찾거나 책임을 전가한다. 마음에 다른 사람의 권면이 들어설 자리가 없다.

지혜로운 사람은 충고를 듣고 받아들인다. 자신의 부족함을 인정하기에 충고에 귀

기울인다. 그리하여 더 높은 차원으로 나아가고 지도력이 향상된다.

"지혜로운 자와 동행하면 지혜를 얻고, 미련한 자와 사귀면 해를 받느니라"라고 하셨다(20). 우리는 어떤 친구를 사귀는가에 따라 큰 영향을 받는다. 지혜로운 친구를 사귀면 나도 지혜롭게 된다. 어리석은 친구를 사귀면 해만 당한다.

'끼리끼리 논다'라는 말이 있다. 지혜로운 사람끼리, 미련한 사람끼리 친구가 된다. 그래서 친구를 보면 그가 어떤 사람인지 알 수 있다. 하나님은 교만을 물리치시고 겸손을 가까이하신다. 우리도 그래야 한다.

하나님을 경외하는 사람, 그 말씀을 가까이 하는 사람이 지혜롭다. 이런 사람을 친구로 보내주시도록 성령께 구하자. 주변 정리를 과감히 하는 게 지혜다.

시편 : 나는 예전에 재물과 건강과 명예의 복이 '형통의 복'이라고 생각했다. 세상 기준이 내 기준이었다. 이제는 달라졌다. 성경에서 말하는 복은 그 이상이다. 복 있는 사람에 대해 묵상해본다.

첫째, 내 죄를 용서하시는 주님께 나아가는 자.

둘째, 주께서 택하시고, 주님의 뜰에 머무는 자.

셋째, 주님과 친밀감을 누리며, 주님의 집, 주님의 거룩한 성전에서 온갖 좋은 복으로 만족하는 자.

이처럼 온갖 좋은 복을 주님께로부터 다 약속받는 사람들이 있다. 정직한 자다. 내 것을 나누는 자, 특히 가난한 자를 불쌍히 여기는 자들이다.

"정직히 행하는 자에게는 좋은 것을 아끼지 아니하신다"(84:11).

잠언 : 교만한 자는 권면을 받지 못한다. 이런 자에게 진실한 마음, 잘되길 바라는 마음으로 충고하면 오히려 비난과 공격이 돌아오는 경우를 많이 겪었다. "진주를 돼지 앞에 던지지 말라"라는 뜻을 깊이 알게 되었다(마 7:6).

그들은 주님 손에서 죽음을 통과해야 귀가 뚫려서 듣는다. 겸손한 자의 특징은 권면과 충고를 아주 잘 받아들인다.

나는 겸손한 자인가? 권면과 충고가 불편한가?

"주여! 은혜가 필요합니다. 겸손한 자 되길 원합니다."

온 세상에 찬양이 울리게 하소서

시편 66:8,9 잠언 14:12

만민들아, 우리 하나님을 송축하며, 그의 찬양 소리를 들리게 할지어다! 그는 우리 영혼을 살려두시고, 우리의 실족함을 허락하지 아니하시는 주시로다 시편 66:8,9

하나님은 우리 생명을 살리셔서 힘있게 살게 하신다. 우리에게 새 생명을 주셨다. 쉽게 낙심하는 우리를 위로하신다. 실족하여 넘어지지 않도록 견고하게 붙들어주신다. 병을 치유하신다. 너무 약해서 비틀거리길 잘하는 우리를 붙들어주신다. 하나님은 우리가 요동하는 걸 허락하지 않으신다(55:22).

하나님은 바다가 변해 육지가 되게 하여 건너게 하신다. 강물을 멈추고 강바닥을 밟고 건너게 하신다. 우리는 이 놀라우신 하나님으로 기쁨이 충만하다. 바다 한가운데서, 강 한복판에서 주님을 찬양한다(6). 이 놀라우신 하나님을 온 세상이 알기를 간절히 원한다.

붙들어줄 자가 없어서 어쩔 줄 몰라 하는 나라들, 실족하여 넘어져 누군가 일으켜 주기를 바라는 나라들이 하나님을 알게 되면, 주의 붙드심을 경험하리라. 그리고 그들도 하나님을 찬양하리라.

그 하나님을 찬양하는 노랫소리가 온 세상에 크게 울려 퍼지게 하소서. 그는 찬양받으시기에 합당하시다. 오늘도 그 하나님을 크게 찬양합니다!

어떤 길은 사람이 보기에 바르나 필경은 사망의 길이니라 잠언 14:12

맹목적 열정을 경계해야 한다. 그런 사람은 결과가 커다란 실패로 나타나면 하나님을 원망한다. 자신의 열정이 곧 주의 뜻이라며 막무가내로 몰아붙인다. 실제로는 하나님의 뜻을 구하는 게 아니라 자기 뜻이 이루어지기를 바란다. 입으로는 "주여"라고 말하지만, 속은 자기 생각, 뜻, 소원이 이루어지길 바랄 뿐이다. 자기 욕심을 하나님의 뜻이라고 스스로 속인다. 그 결과는 대실패다.

사람의 생각은 언제나 한계가 있다. "그것이 옳다"라고 선택하지만, 결정적으로 잘못되어 일을 망치기도 한다. 그러니 자기 판단과 생각을 절대화하지 말아야 한다. 언제나 주의 뜻을 구해야 한다.

다수결이라고 반드시 좋은 건 아니다. 똑똑한 사람들, 세상 지식이 곧 하나님의 뜻이라고 여기는 사람들이 회의를 주도하게 하지 말아야 한다. 그들은 세상이 내놓은 통계에 의지한다.

'보기에 바른 것'과 '실제로 바른 것'을 구분할 줄 알아야 한다. 충분히 의견을 교환하지만 언제나 한쪽 귀는 그 너머에 있는 주의 뜻을 들어야 한다. 최종적으로는 성령께서 검토하시고 말씀하시는 내용에 귀 기울여야 한다.

잠언 3장 6,7절이 그 원칙이다.

"너는 범사에 그를 인정하라. 그리하면 네 길을 지도하시리라. 스스로 지혜롭게 여기지 말지어다. 여호와를 경외하며 악을 떠날지어다."

하나님이 "바르다"라고 말씀하시는 게 언제나 바르다.

시편 : "백성들아, 우리 하나님을 찬양하라." 찬양은 단순한 노랫가락이 아니다. 그분이 행하신 놀랍고 아름답고 훌륭한 일을 크게 칭송하는 것이다. 다윗이 골리앗을 죽이고 돌아올 때 여인들이 뛰놀며 노래했다. 그를 찬양한 게 아니라 "하나님이 우리를 구원하셨습니다"라며 주를 향한 감사의 제사를 찬양으로 드렸다.

"이날(골리앗을 죽인 날)에 다윗이 드보라와 아비노암의 아들 바락이 노래하여 이르되 이스라엘의 영솔자들이 영솔하였고 백성이 즐거이 헌신하였으니 여호와를 찬송하라"(삿 5:1).

전쟁에 헌신한 백성에게 승리를 주신 하나님을 노래로 칭송하는 게 찬양이다. 오늘도 그분이 내 인생에 행하시는 크고 작은 일을 기억하며, 시시로 하나님께 찬양 드린다. 나의 찬양 소리가 기도와 노래로 하나님께 들리게 하라!

잠언 : 조심하자! 지혜로운 사람이 되자! 사람의 눈에는 바른길같이 보이나 마침내는 죽음에 이르는 길이 있다. 웃어도 마음은 슬프고, 즐거워도 끝에 가서 슬플 때가 있다. 하나님을 경외함으로 말씀을 삶에 적용하는 지혜롭고 명철한 사람은 죽음에 이르게 하는 달콤한 길, 유혹의 길로 가지 않는다. 지혜는 우리가 주의 사람이 되게 한다.

"주님의 지혜를 사모합니다. 종에게 지혜를 주옵소서!"

날마다 우리 짐을 지시는 주님

시편 68:19 잠언 15:13,15

> **날마다** 우리 짐을 지시는 주, 곧 우리의 구원이신 하나님을 찬송할지로다(셀라)
>
> 시편 68:19

하나님은 나의 구원의 하나님이시다. 그분이 나 홀로 감당하기 어려운 무거운 짐을 대신 짊어지신다. 날마다 그렇게 하신다.

"네 짐을 여호와께 맡겨버려라. 그가 너를 붙드시리라. 그는 의로운 자들이 넘어지는 것을 허락하지 않으실 것이다"(55:22 참고). "수고하고 무거운 짐 진 자들아 다 내게로 오라 내가 너희를 쉬게 하리라"(마 11:28). 또 말씀하신다. "내가 그의 어깨에서 짐을 벗기고, 그의 손에서 광주리를 놓게 하였도다"(81:6).

그러니 염려로 가득하게 할 무거운 짐이 내게로 날아오면 기도의 라켓으로 받아쳐 하나님의 코트라인 안으로 넘겨야 한다(빌 4:6 참고). 하나님이 대신 짊어지실 것이다.

나보다 한발 앞서 모든 원수를 물리쳐 흩으시는 하나님이시다(1). 내 인생을 한 걸음씩 이끄시는 분이다. "날마다"에 밑줄을 그어야 한다. '종종, 가끔'이 아니다. 인생의 어려운 순간마다, 숨 쉬는 순간마다 주님은 함께 계시며 내 짐을 대신 짊어지신다.

그 하나님을 날마다 찬양합니다!

> **마음의 즐거움은 얼굴을 빛나게 하여도, 마음의 근심은 심령을 상하게 하느니라 … 고난받는 자는 그날이 다 험악하나, 마음이 즐거운 자는 항상 잔치하느니라** 잠언 15:13,15

험악한 날과 잔칫날, 괴로운 날과 종일 노래가 떠나지 않는 날이 동시에 있을 수 있을까? 어떻게 험악한 날에 잔치를 열며, 괴로운 날에 종일 노래가 떠나지 않을 수 있을까? 험악한 날은 초상집처럼 괴롭고 슬픈 날이다. 그날이 잔칫날이 되고, 괴로운 날이 노래하는 날이 되는 건 외적인 요인으로는 불가능하다.

그러나 주변 사람과 환경에 쉽게 휘둘려 사는 사람에게는 불가능하지만, 하나님 말씀에 이끌림 받는 삶을 훈련하는 자에게는 가능하다. 우리 하나님은 "슬퍼하는 자에게 화관을 주어 그 재를 대신하며, 기쁨의 기름으로 그 슬픔을 대신하며, 찬송의 옷으로 그 근심을 대신"하시는 분이다(사 61:3). 우리는 "주께서 나의 슬픔을 변하여 춤이 되게 하시며, 나의 베옷을 벗기고 기쁨으로 띠 띠우셨나이다"라고 찬송한다(시 30:11).

원망하고, 짜증 내고, 신경질 부리고, 불평하는 습관을 버려라. 나름대로 이유가 있어서 그랬다는 핑계도 그쳐라. "항상 기뻐하라 쉬지 말고 기도하라 범사에 감사하라 이는 그리스도 예수 안에서 너희를 향하신 하나님의 뜻이니라"라는 말씀을 실제로 살아야 한다(살전 5:16-18). 그 명령의 말씀에 "예"라고 순종하여 대답하고 살아낼 때, 그렇게 살게 된다. 연습! 연습! 또 연습이다!

시편 : 날마다 우리 하나님을 찬송하라! 하나님께서 우리 짐을 대신 짊어지신다. 하나님은 우리의 구원이시다. 어느 날, 이 말씀이 계시로 다가왔다. 내가 할 일은 날마다 주님을 찬송하는 것이고, 하나님이 하시는 일은 내 무거운 짐을 대신 짊어지시는 것이다. 알고 있던 말씀인데 그날 레마로 내게 왔다.

'내 짐을 어떻게 주님께 드릴까?'

종이를 꺼내 '50억'이라고 적고 종이를 구겼다. 그리고 하늘을 향해 던지며 외쳤다.

"내 짐을 맡깁니다. 주님, 받으세요!"

이후 나의 자세가 중요했다. 주님이 내 짐을 받으셨다고 굳게 믿었다. 어둠의 세력이 의심을 넣어 믿음을 흔들 때마다 "아니, 나의 짐은 주님이 받으셨어. 너는 어떤 방해도 할 수 없어. 예수 이름으로 떠나가라!"라고 선포했다. 믿음 가운데 일하시는 그분을 신뢰했다. 놀랍게도 주님은 내 짐을 대신 지시고 4년 반 만에 50억을 해결하신 나의 구원자가 되셨다. 나는 지금도 날마다 주님이 행하신 놀라운 일을 사람들에게 알리고, 그를 칭송하며 찬양 드린다. 하나님은 정말로 내 짐을 대신 져주셨다.

잠언 : 주위에서 10년 전보다 지금 내 얼굴이 더 빛난다고 말한다. 내 짐을 주님께 맡기는 법을 배웠기 때문이다. 또 주님의 짐을 내게 주시며 "가볍고 쉽다"라고 하셨다. 왜냐하면 내 힘으로 할 수 있는 것이 아무것도 없기 때문이다. 주님의 짐은 성령의 능력으로만 감당할 수 있다. 내 힘, 내 지혜, 내 방법을 내려놓을수록 점점 쉽고 가벼워진다. 그 결과는 아름답다. 오늘도 나를 향해 '힘 빼!'라고 외치시는 주님의 음성을 듣는다.

받은 은혜가 커서 드리는 예배

시편 69:30,31 잠언 16:20

"내가 노래로 하나님의 이름을 찬송하며 감사함으로 하나님을 위대하시다 하리니, 이것이 소 곧 뿔과 굽이 있는 황소를 드림보다 여호와를 더욱 기쁘시게 함이 될 것이라" 시편 69:30,31

값비싼 제물을 의식적으로 드리는 것보다 감사의 제사, 찬송의 제사를 드리는 것이 하나님을 더욱 기쁘시게 한다. 의식적으로 드리는 예배가 필요 없다는 게 아니다. 하나님이 행하신 놀라운 일들로 감격하며 감사로 드리는 찬송의 예배를 하나님이 더 기뻐하신다는 뜻이다. 아름답게 꾸민 강단도 귀하다. 드리는 예물도 귀하다. 그러나 거기에 감사가 빠지지 말아야 한다. 감사가 가득한 섬김을 하나님이 기뻐하신다. 거기에는 짜증이 없다. 찡그리는 얼굴이 없다. 다툼과 시기, 질투나 경쟁이 없다.

기쁨과 감사와 감격 그리고 즐거움과 웃음이 있다. 서로 용서하고 이해한다. 위로와 격려가 있다. 마음에서 나오는 찬양이 있다. 온몸과 마음으로 즐거이 드리는 축제의 예배가 있다. 주신 은혜가 커서, 받은 사랑이 커서 드리는 예배다.

마치 매우 비싼 향유 옥합을 깨뜨려 예수님의 발을 씻고 눈물로 적시며 머리카락으로 닦는 여인의 심정이랄까. 이는 하나님의 용서와 사랑, 은혜와 긍휼 때문이다. 하나님은 이런 예배와 섬김을 기뻐하신다.

삼가 말씀에 주의하는 자는 좋은 것을 얻나니, 여호와를 의지하는 자는 복이 있느니라 잠언 16:20

"말씀에 주의하다"는 '하나님이 하시는 말씀에 집중하여 귀 기울여 그의 뜻을 이해하고, 그 말씀을 따라 지혜롭게 살아가는 행동'을 말한다. 그 결과로 "좋은 것", 지혜와 총명을 얻는다. 상황을 파악하는 이해력과 분별력, 판단력을 얻는다. 그리고 목적하는 결과를 이룰 줄 알게 된다. 그러니 하는 일이 잘될 수밖에 없다. 하나님의 말씀을 듣고 말씀을 따라 사는 사람은 일이 잘 풀릴 것이다. 자기 생각이나 경험에 의지하지 말고,

지식에 매이지 말아야 한다. "스스로 지혜롭게 여기지 말며"(3:7), "네 명철을 의지하지 말라"라고 하셨다(3:5). 마음을 다해 하나님을 신뢰해야 한다.

학생이든, 직업인이든, 사역자든 하는 일이 잘되기를 바라고, 존경받고 신뢰받기를 원하고, 일이 잘 풀리기를 바란다면 하나님을 의지하고, 그의 말씀을 묵상하고, 그 말씀을 따라 사는 것이 비결이다. 다른 길을 찾지 말고 단순하고 쉬운 이 길을 따라 사는 사람이 복이 있다.

시편 : 그때, 노래를 지어 하나님의 이름을 찬양하여라! "그때"가 언제인가? 비천하고 아플 때, 힘이 없고 나약할 때, 주님께서 나에게 구원을 베푸시도록 그가 이미 행하신 능한 일을 생각하고, 믿음으로 찬양할 노래 가사를 짓는다. 감사의 노래로 하나님이 행하신 위대한 일을 알린다. 이것은 황소를 바치는 제사보다 하나님을 기쁘시게 한다. 이 놀라운 행동으로 인해 하나님의 구원의 손이 나를 비천한 곳에서 건져내신다.

하나님이 기뻐 받으시는 하는 제사(예배)가 있다(히 13:15,16).

첫째, 예수 그리스도로 말미암아 하나님께 찬미의 제사를 드리는 것이다. 예수님을 통해 이루신 하나님의 선하심을 찬양한다. 둘째, 선을 행하고 서로 나누는 것이다.

나는 하나님을 기쁘시게 하려고 내 생각대로 많은 것을 했다. 때로는 힘들고 지쳤지만 하던 봉사와 일들을 계속했다. 병들어도 했다. 이것이 내 '의'라는 사실을 깨닫는 데 긴 시간이 걸렸다. 믿음으로 사는 삶 자체가 하나님께서 기뻐 받으시는 제사다. 많은 실수와 실패를 거쳐 지금은 하나님이 하라고 하시는 것을 한다. 말씀 따라 순종했다면 말씀하신 하나님을 끝까지 신뢰한다. 힘을 쭉~ 빼고 성령의 능력을 의지하니, 주님을 섬기는 게 참 쉽고, 편하고, 즐겁다. 믿음으로 사는 게 가장 재밌고 쉽지 않겠는가!

잠언 : 말씀을 따라 조심하며 사는 사람은 일이 잘되고, 주님을 믿는 사람은 행복하다. 내게 매 순간 필요한 것은 판단력과 결단력이다. 말씀의 정확한 이해 안에서 판단하고 결정해야만 사업과 단체와 교회가 잘된다. 종일 말씀에 폭 잠겨있으면 놀랍게도 이것이 생긴다. 아침에 말씀 3장, 점심에 3장, 저녁에 4장, 총 10장씩 읽으면 1년에 3독 반을 할 수 있다. 나누어 읽으면 종일 말씀에 잠겨 지혜롭고 총명한 결정을 할 수 있다. 홍 목사님의 《말씀관통 100일 통독》은 말씀을 쉽게 이해하도록 돕는다. 말씀 읽는 것이 너무 재밌다!

17일

주의 말씀이 바르게 인도하신다

시편 73:21-23　잠언 17:9

내 마음이 산란하며 내 양심이 찔렸나이다. 내가 이같이 우매 무지함으로 주 앞에 짐 승이오나, 내가 항상 주와 함께하니 주께서 내 오른손을 붙드셨나이다 시편 73:21-23

시편 73편은 마음이 혼란하여 하마터면 실족할 뻔했던 사람의 고백이다. 악한 사람들이 더 잘되고 그의 재물이 늘어나는 걸 보니 마음이 혼란스럽고 믿음도 약해졌다 (1-15). 그러나 하나님의 성소에 들어갈 때, 비로소 깨달았다. 주께 나아가 주를 바라볼 때, 주께서 깨닫게 하신다. 혼란스럽던 마음이 정리되었다.

혼자 생각하면 점점 더 혼란스럽다. 그때는 하나님께 나아가야 한다. 솔직하게 털어놓아야 한다. 그러면 주께서 내 오른손을 붙드시고 실족하지 않게 하신다. 반드시 그의 교훈으로 나를 인도하신다.

하나님의 뜻을 알지 못하면 짐승처럼 우매하게 된다. 하나님의 섭리에 대한 이해가 없기에 올바르게 판단할 수도 없고, 혼란스러워 말도 함부로 한다. 심지어는 어리석은 행동을 한다. 그때는 하나님의 성소에 들어가야 한다. 혼자 자기 생각에 사로잡히고 자기 판단에 머무르지 말아야 한다. 그러면 더욱 혼란스러워지기만 한다.

하나님께 나아가면 나를 진리 가운데로 인도하신다. 마치 어둠 가운데 방황하다가 빛 가운데로 나온 것과 같다. 사물을 올바로 인식하게 빛을 비추신다. 주의 말씀으로 나를 바르게 인도하신다. 다시금 바르고 힘있게 걷게 하신다.

허물을 덮어주는 사람은 사랑을 추구하는 자이며, 그것을 거듭 말하는 사람은 친한 친구를 이간하는 자이다. 잠언 17:9 현대인성경

친구의 허물을 덮어주는 사람이 있고, 그것을 거듭 말하는 사람이 있다. 그리고 사랑을 추구하는 사람이 있고, 친한 친구 사이를 이간질하는 사람도 있다. 그 기준은 '사랑'이다. 사랑이 있고 없음이 구분점이다. "서로 사랑하라", 이것이 우리 주님이 명하신 새 계명이다.

이간하는 사람이 되지 말고, 사랑을 추구하는 사람이 되어야 한다. 허물을 거듭 말하는 만큼 친구 사이를 벌어지기 쉽게 하는 일은 없다. 낙심하고, 연약하고, 부족한 친구의 허물을 덮어주는 사람이 되자. 화평하게 하는 자가 복이 있다. 그리스도인의 정체성은 '피스 메이커'(peace-maker)다.

모일 때마다 서로 칭찬하고, 위로하고, 격려하며, 용기를 북돋워 주자. 남의 허물을 용서하자. 하나님이 그렇게 하셨듯, 우리도 용서하고 그 일을 잊자. 예수님이 나를 기다려주신 것처럼 기다려주고, 덮어주고, 용서하자. 그러면 사람을 얻는다.

시편 : 가슴이 쓰리고 심장이 찔리듯 아파본 적이 많다. 이때가 중요하다. 내 마음이 어수선하고 흩어져서 어지럽고 산란한 상태가 되면, 실수하기 쉬우니 조심해야 한다. 이때 나는 조용히 눈을 감고 내 생각을 비운다. 하나님이 행하신 위대한 일을 기억해낸다. 놀라우신 주님의 아름다움에 집중하여 노래한다. 다른 것을 하지 않고 주님께 피한다.

'멈춤'은 실수를 줄여준다. '멈춤'은 주님을 바라보게 한다.

주님은 어김없이 내 마음을 굳게 붙잡아주신다. 나를 산란하게 했던 문제의 해답을 말씀 안에서 얻기 시작한다. 명확하고 뚜렷해지면서 총명해지고 지혜가 돌아온다. 무슨 말을 하고, 어떤 행동을 삼가야 하는지 전부 알게 하신다.

주께서 내 생각에 큰 공간을 만드시고 마음을 여유롭게 하신다.

잠언 : 허물을 덮어주면 사랑을 받지만, 허물을 거듭 말하면 관계가 깨진다. 나는 어떤 사람인가?

죄는 남편 또는 부인이 짓고 고통은 상대가 받는다. 특히 많은 자매가 남편이 지은 죄로 고통받는 삶을 산다. 죄를 지은 남편을 용서했는데, 싸움만 나면 그 일을 또 꺼내 거듭 말한다. 남편은 벌써 다 잊은 기억을 다시 들춰낸다.

지난 일을 붙잡고 아파하며 힘들어한다. 이런 문제들을 잘 잊지 못하는 게 자매의 특징이다.

오늘 말씀으로 구원받자! 허물을 덮어주면 사랑을 받는다. 주님께 내 아픔을 올려드리고 끝내자!

하나님의 능하신 손 아래 겸손하라

시편 75:6,7 잠언 18:10,11

무릇 높이는 일이 동쪽에서나 서쪽에서 말미암지 아니하며 남쪽에서도 말미암지 아니하고, 오직 재판장이신 하나님이 이를 낮추시고 저를 높이시느니라 시편 75:6,7

하나님이 회의를 열어 혼란한 사태를 수습하신다. 잘난 체하며 권력을 휘두르는 사람이나 편을 짜서 자기들 마음대로 일을 꾸미는 무리에게 "그만해라", "설치지 마라"라고 하신다. 오직 하나님이 세상을 다스리신다. 그분만이 사람을 세우고 낮추신다. 악인의 무릎은 꿇게 하시고, 의로운 사람은 일으켜 세우신다.

그러므로 세상사를 불평하지 말아야 한다. 놀라운 일을 행하시는 주님께 감사하고, 그 이름을 찬양하자(75편).

다윗은 이를 잘 알았다. 그래서 스스로 왕좌에 오르려는 어떤 시도도 하지 않았다. 심지어 사울을 죽이고 왕이 될 절호의 기회가 주어져도 그의 몸에 손대지 않았다. 사람을 높이고 낮추는 건, 오직 하나님의 주권에 있다.

교만한 자는 스스로 권위를 차지하려 하지만, 겸손한 자는 하나님의 자리에 앉지 않는다. 그런 생각조차 하지 않는다.

다윗은 왕의 자리에 머무르려고 안간힘을 쓰지 않았다. 자리싸움을 하거나 자리에 연연하지 말라. 하나님의 능하신 손 아래에서 겸손해야 한다. 때가 되면 하나님이 높이신다(벧전 5:6). 사람을 기쁘게 하려 하지 말고, 오직 하나님을 기쁘시게 해야 한다.

여호와의 이름은 견고한 망대라. 의인은 그리로 달려가서 안전함을 얻느니라. 부자의 재물은 그의 견고한 성이라. 그가 높은 성벽같이 여기느니라 잠언 18:10,11

의인은 하나님의 이름을 의지한다. 오직 '하나님의 이름'이 그가 위급할 때 보호하고 지켜주는 견고한 망대이자 안전지대다. 그러나 부자는 재물을 의지한다. 재물이 그를 보호하고 지켜주는 높은 성벽의 견고한 성이라고 생각한다. 재물에 관련하여 의인이란, 성부와 성빈을 가리킨다. 이들이 의지하는 견고한 망대는 재물이 아니라 오직 하나님의 이름이다. 하나님이 이들의 대피소다.

그러나 속부와 속빈은 재물이 자기를 지켜준다고 생각한다. 이들의 대피소는 재물이다. 그 뒤에 숨으면 안전하다고 생각한다. 그러나 환난 당할 때 알게 된다. 어디가 가장 안전한 대피소인지. 재물은 안전하게 보호해주기는커녕 도리어 패망과 멸망의 길로 인도한다. 돈을 사랑하는 게 일만 악의 뿌리이기 때문이다(딤전 6:10).

재물은 의지할 대상이 아니라 종처럼 부릴 대상이다. 우리는 재물의 관리자, 청지기가 되어야 한다. 오직 하나님만이 우리의 견고한 망대이며 피난처가 되신다. 재물을 모아두지 말고, 자기를 위해 일하도록 붙들지 말고, 주의 이름이 있는 곳으로 가서 일하도록 파송하자!

시편 : 사람을 높이고 낮추시는 권세가 하나님께 있음을 명심한다.

"그는 때와 계절을 바꾸시며 왕들을 폐하시고 왕들을 세우시며"(단 2:21). 하나님을 두려워할 줄 알아야 한다. "주님은 사람을 죽이기도 하시고 살리기도 하시며, 스올로 내려가게도 하시고, 거기에서 다시 돌아오게도 하신다. 주님은 사람을 가난하게도 하시고, 부유하게도 하시고, 낮추기도 하시고, 높이기도 하신다"(삼상 2:6,7 새번역).

"이제는 내가 나를 존중하는 사람들만 존중하고, 나를 경멸하는 자들은 수치를 당하게 할 것이다. 나 주의 말이다"(삼상 2:30 새번역).

정신 차리고 살자! 누가 온 땅을 통치하고 다스리시는가? 하나님께서 개인뿐 아니라 열방의 왕들을 세우시고 폐하신다. 역사는 그분 손안에서 만들어진다.

잠언 : 의인은 하나님을 견고한 성으로 여기지만, 악한 세상의 부자들은 재물을 견고한 성으로 여긴다. 나의 안정감은 하나님인가, 재물인가? 부자(속부, 세상에 속한 부자)는 재산을 그의 견고한 성으로 여긴다. 재물을 힘과 능력으로 삼기에 자기 마음대로 칼을 휘두르려는 교만한 입으로 사람들의 마음을 다치게 한다. 말을 함부로 한다. 그들은 재물을 아무도 못 오를 높은 성벽처럼 든든하게 여기지만, 주께서 심판하시는 날에는 순식간에 사라진다.

그러나 의인들은 주님의 이름을 견고한 성루로 여기므로 재난의 날, 환난의 날에 그곳으로 달려간다. 주께서 아무도 뒤따르지 못하게 하신다. 주님은 의인들의 피할 바위가 되어주신다. 오직 의인은 믿음으로 말미암아 살리라!

진정한 안식을 누리는 법

시편 76:9,10 잠언 19:11

곧 하나님이 땅의 모든 온유한 자를 구원하시려고 심판하러 일어나신 때에로다. (셀라) 진실로 사람의 노여움은 주를 찬송하게 될 것이요, 그 남은 노여움은 주께서 금하시리이다 시편 76:9,10

사람들로 인해 부글부글 끓어오르던 분노가 멈추고, 대신 하나님을 찬양할 것이다. 씩씩거리던 온갖 분노가 멈추고 하나님께 감사의 찬송을 드리게 될 것이다. 왜냐하면 하나님께서 모든 일을 바로잡아 주시기 때문이다. 그분은 온유한 자를 구원하시려고 심판하러 일어나신다.

모세처럼 온유한 자가 되어야 한다. 자신을 깨뜨릴 줄 알아야 한다. 그래야 분노가 멈춘다. 주님은 마치 도수장으로 끌려가는 어린 양과 털 깎는 자 앞에서 잠잠한 양같이 그의 입을 열지 않으셨다(사 53:7). 그는 욕을 당하시되 맞대어 욕하지 않으셨다. 고난을 겪으시되 위협하지 않으셨다. 오직 공의로 심판하시는 하나님께 맡기셨다(벧전 2:23).

"나는 마음이 온유하고 겸손하니 나의 멍에를 메고 내게 배우라. 그리하면 너희 마음이 쉼을 얻으리니"라고 하셨다(마 11:29).

주의 멍에를 메고 공의의 하나님께 맡기는 법을 배워야 한다. 그러면 하나님께서 일어나서서 우리를 대신하여 공의로 심판하신다. 그럴 때 마음의 쉼을 얻게 된다. 진정한 안식이다.

노하기를 더디 하는 것이 사람의 슬기요, 허물을 용서하는 것이 자기의 영광이니라

잠언 19:11

슬기로운 사람은 분노를 참는다. 노하기를 더디 한다. 또한 마음 통이 커서 용서하고 잊는다. 뒤끝이 없다. 그러나 미련한 사람은 급히 분노한다. 성질이 불같은 사람은 그 결과를 스스로 책임져야 한다(19). 대가를 혹독하게 치르기 때문이다.

분노를 다스리며 성질대로 살지 말아야 한다. 혈기 부리는 게 죄인 줄 알아야 한다.

성령께 요청하여 온유함을 훈련받아야 한다. 노하기를 더디 하는 자는 용사보다 낫고, 자기의 마음을 다스리는 자는 성을 빼앗는 자보다 낫다고 했다(16:32). 이 영역을 성령으로 훈련받아 연단되어야 한다. 하나님은 그런 사람을 쓰신다. 온유한 사람을 통해 일하신다.

다른 사람의 허물을 용서하기가 쉽지 않다. 더구나 내게 치명적인 고통을 안겨준 사람의 잘못을 용서하고 잊는 일은 절대 쉽지 않다. 그러나 누가 용사인가? 혈기와 마음을 다스릴 줄 아는 사람이다. 진정한 용기란 무엇인가? 타인의 허물을 용서하고, 잊을 줄 아는 것이다. 하나님은 그런 사람의 머리에 영광의 면류관을 씌워주시며 존귀를 더하신다.

시편 : 주님은 재판관이시다. 이 땅의 억눌린 사람들을 구원해주신다. 억울해하지 않아도 된다. 공의로운 재판관이 계시기에 나는 온유한 삶을 살 수 있다. 너무나 억울한 일이 있었다. 그때 나는 이렇게 기도했다.

"주님! 저와 그 사람 사이에 오십시오. 주님! 저와 그 사건 사이에 오십시오. 주님의 공의로운 재판을 받겠습니다. 주님의 재판에 무조건 항복합니다. 주님의 재판은 완벽하게 선하십니다."

주님의 재판 결과 이상으로 노여움을 품는 것은, 주님의 재판에 항의하는 것이다. 이는 죄이므로 조심해야 한다. 재판 결과는 삶에서 반드시 드러난다. 죄에 따라서 자손에게까지 결과가 미친다고 성경은 말씀한다. 그래서 무섭다!

주님 앞에서 두렵고 떨리는 마음으로 살아야 한다. 주님의 재판이 열리기 전에 서로 용서를 구하고 회개하고 돌이키는 것이 살길이다.

잠언 : 노하기를 더디 하는 것은 사람의 슬기요, 허물을 덮어주는 것은 그의 영광이다.

슬기 - 사리를 바르게 판단하고 일을 잘 처리해내는 능력이다.

1) 슬기로운 자는 노하기를 더디 한다.

2) 하나님이 씌워주시는 영광의 면류관을 얻고 싶다면, 허물을 덮는 자가 돼야 한다.

매일의 묵상이 날마다 나를 살린다. 하루를 시작하기 전에 하는 말씀 묵상은 내 마음의 잡초를 완전히 제거한다. 여유 있는 미소를 만들어준다.

기억하며, 기억하리이다, 되뇌이리이다

시편 77:11,12 잠언 20:12

곧 여호와의 일들을 기억하며, 주께서 옛적에 행하신 기이한 일을 기억하리이다. 또 주의 모든 일을 작은 소리로 읊조리며, 주의 행사를 낮은 소리로 되뇌이리이다

시편 77:11,12

어려움 가운데 있을 때, 아무도 나를 도와주지 않는다고 생각할 때, 심지어 하나님도 침묵하신다고 생각할 때는 부정적인 생각이 꼬리를 잇는다. 의심과 원망과 불평이 일어난다. 낙심하고, 우울해지고 힘이 쭉 빠진다. 그럴 때는 내 마음의 시선을 하나님께로 향해야 한다. 어려운 환경에서 눈을 들어야 한다. 하나님이 이전에 행하신 놀라운 일들을 기억해야 한다. 내 삶에 행하신 일들, 성경에 기록된 하나님의 행사들을 기억하고, 되새기며 묵상한다. 그리고 입으로 소리 내어 읊조린다.

모세를 통해 애굽과 바로에게 행하신 열 가지 표적, 바로와 그의 신하들과 애굽 백성들에게 행하신 재앙들, 그러나 그의 백성에게는 어떤 재앙도 임하지 않은 일들을 묵상한다. 수심 1,220미터의 깊은 홍해를 육지처럼 건너게 하신 일을 묵상할 때면 가슴이 뛴다. 광야에서 만나를 날마다 내려주셔서 양식을 삼게 하신 일, 뜨거운 사막을 지날 때 하늘에 구름 기둥을 펼치시고, 추운 밤에는 불기둥으로 따뜻하게 하시며, 큰 반석에서 물이 나와 마시게 하신 일 등을 기억하고 묵상하며 작은 소리로 하나님께 읊조린다. 그러면 내 믿음이 살아난다. 용기가 생긴다. 일어서서 돌파하게 된다.

듣는 귀와 보는 눈은 다 여호와의 지으신 것이니라 잠언 20:12

귀와 입은 함께 일한다. 듣는 대로 말한다. 하나님의 말씀을 들으면 하나님의 말씀으로 말한다. 어리석은 자의 말을 들으면 어리석은 말을 한다. 눈과 입은 환상적인 한 팀이다. 보는 대로 말한다. 아름다운 걸 보면 아름다운 말을 하고, 추한 걸 보면 추한 말을 한다. 그리고 드디어 귀와 눈과 입이 서로 만난다. 자연스럽게 한 팀이 된다. 듣는 대로 말하고, 보는 대로 말한다. 서로 유기적으로 연관되어 있다. 듣는 대로 보는 시각이 달라진다. 말하는 단어도 달라진다. 똑같은 사람인데도 보는 눈이 다르다. 듣는 내용이 다르기 때문이다. 똑같은 사건인데도 말하는 내용이 다르다. 듣는 내용, 보는 시각이 다르기 때문이다. 진리를 들을 줄 알아야 한다. 그래야 진리를 보고 말하게 된다. 그래서 눈과 귀와 입을 훈련해야 한다. 옳은 것을 분별하는 법을 배워야 한다. 맛이나 색깔을 구별하듯, 무엇이 옳고 칭찬받을 만하며 아름다운지를 구별해야 한다. 하나님의 음성을 들을 때, 비로소 진리를 듣는다. 진리는 바른 생각을 하도록 돕는다. "하나님의 음성을 들을 줄 아는 귀를 주소서. 내 귀를 깨우쳐 주의 말씀을 알아듣게 내 눈을 열어 주의 아름다움을 보게 하소서."

시편 : 어려움을 당할 때, 돌파하는 네 가지 비결이 있다.
1) 주님께서 하신 일을 회상한다.
2) 그 옛날에 주님께서 이루신 놀라운 그 일들을 기억한다.
3) 주님께서 해주신 모든 일을 하나하나 되뇐다.
4) 주님께서 이루신 그 크신 일들을 깊이 되새긴다.
'돌파'는 쳐서 깨뜨려 뚫고 나아가는 것이다. 농구 경기를 할 때 드리블로 수비수를 제치고 바스켓을 향해 재빨리 가는 게 돌파다. 위 네 가지는 내가 어려움에 발목을 잡혀서 진흙탕에 빠지지 않게 하며 성령의 능력으로 돌파하도록 이끈다. 나는 이것을 노래로 만들어 부르길 좋아한다. "다윗이 목동으로 아버지의 양을 칠 때~" 이렇게 흥얼거리면서 또 "들판에서 주님을 노래할 때 하나님의 눈에 띄지 않았을까? 들판에서 하늘 가수가 되지 않았을까? 사자와 곰에게서 양을 구해내고 감격하면서 즉석에서 노래를 부르지 않았을까?" 이렇게 찬양한다. 찬양은 원수를 이기게 한다.

잠언 : 무엇을 듣는가는 무척 중요하다 "믿음은 들음에서 나며 들음은 그리스도의 말씀으로 말미암았느니라"(롬 10:17). 주의 말씀을 들으면 주를 향해 믿음이 생기고, 좋지 않은 목적으로 사람을 모함하기 위해 거짓으로 비방하는 말을 계속 들으면 그 부정적인 말에 믿음이 생긴다. 처음에는 '설마 아니겠지?' 하고 듣지만, 결국은 그들과 같은 입이 되어 그들과 섞여있는 걸 발견한다. 절대 아무 말이나 분별없이 듣지 말자. 어둠의 영의 활동 영역은 우리의 생각 속이다. 우리가 보거나 듣는 내용을 마음에 저장하게 하여 그들의 목적대로 끌고 가려 한다. 나에 대해 부정적인 말을 들으면, 그 말을 한 당사자와 얘기하라. 그리고 즉시로 주님께로 가서 귀를 씻어라.

그들이 얼마나 자주 반역했던가!

시편 78:40-42 잠언 21:14

그들이 광야에서 하나님께 얼마나 자주 반역했던가? 황무지에서 그를 얼마나 자주 괴롭혔던가? 그들은 하나님을 거듭거듭 시험하고, 이스라엘의 거룩하신 분의 마음을 상하게 하였다. 그들이 하나님의 권능을 기억하지 아니하며, 대적에게서 건져주신 그날도 잊어버렸다. 시편 78:40-42 새번역

"하나님을 시험한다"는 건, 하나님이 행하신 놀라운 일을 경험하고도 쉽게 잊고, 조금만 어렵고 힘든 일이 생기면 그분을 원망하는 걸 말한다. 마음이 패역하여 하나님께 반항하며 거역하는 것이다. 이스라엘 백성은 광야에서 열 차례나 하나님을 거역하고 시험했다(민 14:22). 하나님 음성에 귀 기울이지 않았다. 이런 행동은 하나님의 마음을 상하게 한다.

사람의 마음은 쉽게 잊고 거듭 하나님을 원망한다. 하나님이 도우셔서 살 만하면 다시 그분을 잊고 의지하지 않는다. 마음이 해이해지고 영적인 게으름뱅이가 된다. 이런 행동은 하나님을 괴롭게 한다. 하나님께서 배신감을 느끼신다. 또 그분의 능력을 제한한다.

우리가 하나님의 행하심을 기억하고 감사할 때 그분은 일하신다. 어떤 상황에서도 그분을 향한 믿음을 고백할 때 일하시며, 우리는 그의 능력을 경험한다. 갈급함으로 하나님을 항상 가까이하고, 겸손함으로 그를 의지하며 무릎으로 살고, 그의 행하심을 기억하고 감사하고 찬양하는 사람이 복되다.

"무릇 있는 자는 받아 풍족하게 되고, 없는 자는 그 있는 것까지 빼앗기리라"(마 25:29).

은밀한 선물은 노를 쉬게 하고, 품 안의 뇌물은 맹렬한 분을 그치게 하느니라 잠언 21:14

하나님은 뇌물을 금지하신다. 뇌물은 밝은 자의 눈을 어둡게 하고, 의로운 자의 말을 굽게 하며(출 23:8), 뇌물을 받고 재판을 굽게 하며(17:23), 나라의 기반을 흔들어 무너지게 하기 때문이다(29:4). 자기에게 있는 재물로 가난한 사람은 돌보지 않으면서 자기보

다 신분이 높은 사람에게 잘 보이기 위해 예물을 바치는 건 옳지 않다.

그러나 긍정적으로 본다면 선물이 주는 효과는 크다. 선물은 노를 쉬게 하고 맹렬한 분을 그치게 한다. 화난 사람을 진정시키는 길은 조용히 진심 어린 선물을 주는 것이다. 선물은 '은밀하게' 줘야 한다. 비밀스럽게 주라는 게 아니라 드러내놓고 주지 말라는 뜻이다. 그렇게 되면 더 이상 선물이 아니다.

먼저 관심을 두고 사랑을 베풀고 긍휼히 여겨주면 사람들은 마음을 열고 친구가 될 것이다. 정죄하고 판단하기 전에 그들의 마음을 살펴주고, 필요가 무엇인지를 정확히 알고 도움을 주는 지혜가 필요하다. 너그러운 마음을 가져야 한다. 무엇보다 작더라도 정성과 마음이 담긴 선물을 주라.

"네 보물이 있는 그곳에는 네 마음도 있느니라"(마 6:21).

시편 : 이스라엘 백성의 특징은 다음과 같다.

1) 광야에서 하나님께 반역했다.

2) 사막 황무지에서 하나님을 괴롭고 슬프게 해드렸다.

3) 하나님을 거듭 시험하여 그분의 마음을 상하게 했다.

4) 하나님의 권능을 기억하지 않았다.

5) 대적에게서 건지신 그날도 잊어버렸다.

이스라엘 백성의 모습이 딱! 예전의 내 모습이다. 성경 말씀을 통해 이를 다 기록해주신 이유를 알 것 같다. 평생 이스라엘 백성의 삶을 거울로 삼을 것이다. 잘못한 것을 통해서 배우고, 잘한 것은 본받아 주님이 원하시는 삶을 진심으로 살아내고 싶다.

"주여! 더 잘해 보겠습니다. 주여! 은혜로 삽니다."

잠언 : 선물 - 나눔과 사랑, 존경의 표현으로 이권을 얻을 목적이거나 대가를 바라지 않는다. 뇌물 - 이권을 얻을 목적으로 주는 부정한 돈이나 물품으로 대가를 바란다. 이 말씀은 선물을 말한다. 뇌물은 성경에서 엄격하게 금하고 있다. 뇌물은 주고받는 모두에게 공의가 사라지게 하고, 올바른 지도력을 잃게 만든다. 분별력을 상실하게 하여 정확한 판단력까지 흐려지게 한다. 나라 전체를 부정부패하게 만든다. 절대 뇌물을 주지도 말고 받지도 말자(출 23:8).

오늘, 명예를 얻으시는 하나님

시편 79:9 잠언 22:10

우리 구원의 하나님이여, 주의 이름의 영광스러운 행사를 위하여 우리를 도우시며, 주의 이름을 증거하기 위하여 우리를 건지시며, 우리 죄를 사하소서 시편 79:9

우리는 얼마나 많은 경우에 하나님의 도우심이 필요한가! 그때마다 담대히 "주여, 나를 도와주소서!"라고 부르짖어야 한다. 혹 누가 "네가 자격이 있냐?"라고 묻거나 조롱한다면 뭐라고 대답해야 할까? 자격으로 본다면 불합격이다. 자격 미달이다.

하나님께 도와주시기를 요청할 자격이 안 되지만, 요청하는 이유는 하나님의 영광스러운 이름 때문이다. "이름"은 하나님에 대한 호칭이 아니라 하나님 그분을 말한다. 하나님의 인격, 본질, 성품, 행위를 말한다. 우리가 그분의 영광스러운 이름과 명성에 먹칠을 하면 안 된다. 그래서 담대히 기도한다.

"하나님, 이 나라의 교회를 도우소서. 건져주소서. 우리의 죄를 용서하여주소서. 우리를 새롭게 하소서. 우리에게 부흥을 주소서!"

우리를 건져주시고 우리 죄를 용서해주시기를 구하는 것도 마찬가지다. 주께서 "나는 내 거룩한 이름을 아낀다. 그래서 내 거룩한 이름을 위하여 너희의 죄를 용서하고 너를 구원하리라"라고 하셨다(겔 36:21-23). 하나님은 바로에게 그의 크신 권능을 보여주시고, 그의 백성을 바로의 손에서 건지셨다. 그리고 그것으로 말미암아 "주께서 오늘과 같이 명예를 얻으셨다"(느 9:10).

거만한 자를 쫓아내면 다툼이 쉬고, 싸움과 수욕이 그치느니라 잠언 22:10

공동체에는 크고 작은 다툼이 일어난다. 교회 공동체든 직장 공동체든 마찬가지다. 다툼이 일어나는 요소는 많지만, 그럴 때 그 다툼의 내용을 제거하는 데 초점을 두지 말아야 한다. 그것은 불가능하다. 시빗거리는 언제나 있기 마련이다. 마치 어둠을 몰아내려고 하는 것과 같다. 불화나 다툼은 상황 때문에 일어나는 게 아니라 악한 태도를 가진 사람 때문에 발생한다.

다툼을 해결하는 길은 거만한 자를 내쫓는 것이다. 사람을 내쫓으라는 게 아니라 거만한 마음과 태도를 그 안에서 내쫓는 걸 말한다. 거만한 마음은 타인의 말을 비웃고, 무시하고, 자기는 옳고 남은 틀렸다고 생각하는 것이다. 한마디로 '교만'이다. 공동체 안에 이런 태도를 쫓아내야 다툼이 그친다.

만일 계속 그런 태도와 행동을 고치지 않는다면, 쫓아내야 한다. 그래야 사태가 진정된다. 다툼이나 불평에서 벗어나게 된다. 더는 말썽이 생기지 않는다. 상대를 존중하고, 용납하는 태도가 곧 겸손이다. 이것이 올바른 태도다. 그런 태도가 공동체를 견고하게 한다. 이런 분위기가 늘 환영받도록 조성하고 유지해야 한다. 이것이 리더가할 일이다.

시편 : 하나님을 아는 자의 담대한 기도다.

"우리를 구원해주시는 하나님의 영광스러운 이름을 생각해서라도 우리를 도와주십시오. 주님의 명성을 생각해서라도 우리를 건져주시고 우리 죄를 용서하여주십시오."

우리는 자격이 안 되지만 여호와께서 이름을 걸고 언약하신 것들이 있기에 기도할 수 있다. 죄 사함도 그중 하나다. 예수님이 십자가에서 흘리신 보혈로 모든 죄를 사하신다. 그 이름의 명예를 위해 나의 죄를 용서하신다. 이스라엘 백성이 우상숭배 하며 용서받을 수 없는 죄를 지었을 때, 다 쓸어버리려고 하셨지만, 그의 거룩하신 이름을 위해 또 용서하셨다. 우리 하나님의 마음이 몹시 아프셨을 것 같다. 나는 더는 하나님 아빠를 마음 아프게 해드리고 싶지 않다. 하나님을 위로해드리고 싶다.

존귀하신 예수 그리스도의 이름이 나를 통해 명예롭게 빛나길 원한다. 그러기 위해서는 진짜 잘 살아야 한다. 세상 사람들이 나를 통해 예수님을 보아야 한다. 오늘도 내 말, 선택, 행동에서 아름다운 예수님이 드러나는가를 생각하며 신중하게 살아갈 것이다.

잠언 : 거만한 자는 교만하고, 잘난 체하며, 뽐내고, 건방진 사람이다. 자기 주제를 모르는 사람이다. 이런 사람이 가까이 있으면 늘 시끄럽다. 부딪히는 사람들과 다툼이 일어나고, 싸움과 욕설이 그치지 않는다. 공동체 안에 이런 사람이 들어오면 오직 반대 영, 반대 정신으로 섬길 때, 그 거만이 잠잠해지는 걸 본다.

반면에 겸손한 사람은 남을 존중하고, 자기를 내세우지 않는 태도로 자기 주제를 아는 사람이다. 언제나 '겸손한 자리가 내 자리!'가 되도록 살아야 한다.

주의 얼굴의 광채를
우리에게 비추소서

시편 80:19 잠언 23:20,21

> 만군의 하나님 여호와여, 우리를 돌이켜 주시고 주의 얼굴의 광채를 우리에게 비추소서. 우리가 구원을 얻으리이다 시편 80:19

시편 80편은 이 같은 기도를 3번이나 반복한다(3,7,19). 또한 "만군의 하나님"을 4번이나 부른다(4,7,14,19). 그분은 하늘과 땅의 모든 능력을 다스리시는 하나님이다. 우리의 기도에 귀 기울이고 응답하겠다고 약속하신다. 그 하나님께 우리를 회복시켜주시기를 구해야 한다. 우리가 구원받도록, 주님의 빛나는 얼굴을 우리에게 나타내 주시기를 구해야 한다.

우리의 죄로 고통받고 부끄러움을 당하고, 환난 가운데 있을 때, 정죄감에 빠져있거나, 낙심 가운데 주저앉아 있으면 안 된다. 그때야말로 하나님께 한 발 더 다가가야 한다. 그리고 간절히 주의 얼굴빛을 비춰주시기를, 은혜와 도우심과 호의를 베풀어주시기를 구해야 한다.

"주여, 나를 회복시켜주소서."

"주의 빛나는 얼굴빛을 내게 비추소서."

하나님은 기도를 반드시 들으시고 회복시켜주신다. 구원을 베풀어주신다. 그분은 자비의 하나님이시다.

> 술을 즐겨하는 자들과 고기를 탐하는 자들과도 더불어 사귀지 말라. 술 취하고 음식을 탐하는 자는 가난하여질 것이요, 잠자기를 즐겨하는 자는 해어진 옷을 입을 것임이니라 잠언 23:20,21

가난을 선택하는 사람의 공통점이 있다. 첫째는 술을 즐기고, 고기나 음식을 지나치게 먹고 마신다. "술을 즐긴다"는 절제가 없는 방탕함, 습관적으로 많이 마시는 걸 말한다. "고기를 탐하다"는 '방탕한 육식가', 연회를 열어 과도히 탕진하는 걸 말한다. 지나치게 음식을 탐하여 절제가 없는 삶을 말한다.

값비싸고 맛난 음식만 즐기는 미식가가 되지 말아야 한다. 이런 삶은 수입보다 지출이 더 많다. 무절제하고 낭비하기에 결국 가난하게 된다. 빚을 진다. 이들과 더불어 사귀지 말아야 한다.

이런 삶은 전염성이 강하다. 유흥과 음식 문화가 발달한 이 시대를 살아가는 그리스도인은 이런 삶의 방식을 경계해야 한다. 가족과 친지와 즐거워하며 먹고 마시는 문화를 만들어야 한다. 절제와 경건을 훈련해야 한다.

둘째는 "잠자기를 즐겨한다." 잠을 지나치게 많이 자는 건 게으름과 연관된다. 게으름과 가난은 언제나 함께다. 부지런하게 사는 훈련을 해야 한다.

맡은 일을 열심히 하고 휴식을 취하면서 가족, 친지와 즐거운 시간을 갖는 건 오히려 재창조의 시간이 된다.

시편 : 죄에서 돌이켜 회복하는 것도 내 힘으로 되지 않는다. 만군의 하나님이 우리를 회복시켜주시고, 우리가 구원받도록 주님의 빛나는 얼굴을 나타내 주실 때, 나의 죄가 보인다. 죄에서 돌이키고 회개하는 마음을 주시는 분도 주님이시고, 주의 뜻을 따라 살아갈 능력을 주시는 분도 주님이시다. 이것을 '은혜'라고 한다.

은혜란? 주의 뜻을 따라 살아갈 마음이 생기는 것이다. 그렇게 살 수 있는 능력을 주께서 주신다. 이 은혜가 나에게 있기를 매일 간절히 구한다.

"주님! 주의 뜻대로 살고 싶은 간절함이 늘 제게 있기를 구합니다. 주님! 주의 뜻대로 살아낼 능력도 구합니다. 날이 가고 해가 지날수록 주의 사람이 되길 간절히 소망합니다."

잠언 : 하나님 말씀을 잘 듣고 지혜를 얻어서 마음을 바르게 해야 한다.

첫째, 술을 많이 마시는 사람, 고기를 탐하는 사람과 어울리지 마라. 재산을 탕진하게 된다.

둘째, 늘 잠에 빠진 사람은 누더기를 걸치게 된다.

오늘 말씀은 술과 음식에 관한 것으로 절제하지 못하는 삶, 자족하지 않는 삶에 대한 경고다. 그는 가난해질 것이다. 게으른 자는 해지고 낡은 옷을 입게 된다.

"손을 게으르게 놀리는 자는 가난하게 되고 손이 부지런한 자는 부하게 되느니라"(10:4).

주의 말씀을 붙잡고 오늘도 부지런하게 살아보자!

입을 크게 여는 만큼 채우신다

시편 81:10 잠언 24:17,18

나는 너를 애굽 땅에서 인도하여 낸 여호와 네 하나님이니 네 입을 크게 열라 내가 채
우리라 하였으나 시편 81:10

"네 입을 크게 열라"는 하나님으로부터 놀라운 일을 기대하며, 구하라는 것이다. 우
리 눈에 불가능해 보여도 이루어주시기를 구하라는 것이다. 하나님은 우리를 애굽에서
인도하신 크고 강한 전능자이시기 때문이다. 하나님이 우리에게 명함을 내미신다. "나
는 여호와 네 하나님이다." 하나님이 우리와 약속하실 때마다 이 명함을 주신다. 하나
님은 우리가 최선을 다하면, 우리에게 약속한 걸 반드시 지키는 언약의 하나님이심을
소개하신다. 이거면 충분하다.

'근대 선교의 아버지'라고 불리는 윌리엄 캐리는 "하나님으로부터 위대한 일을 기대하
라. 그리고 하나님을 위해 위대한 일을 시도하라"라고 했다. 그는 거대하고 복잡한 인
도 전체를 구했다. 그가 인도에 살았던 41년은 참으로 놀랍다. 지금도 인도인들은 그
를 기억한다. 해양학자, 천문학자, 금융인, 식물학자, 농업과 원예전문가, 산림전문가,
방송인, 교육자, 여성 인권 주장자, 언어학자, 교통과 통신전문가 그리고 선교사로 알
고 있다. 그는 죽기 전에 "나는 단지 평범한 사람일 뿐이다. 나의 하나님이 위대하시다"
라고 당부했다. 그는 하나님께 그의 입을 크게 열었다. 그리고 하나님은 그가 입을 벌
린 만큼 채워주셨다. 나는 나의 하나님께 무엇을 구할까?

네 원수가 넘어질 때 즐거워하지 말며, 그가 엎드러질 때 마음에 기뻐하지 말라. 여호
와께서 이것을 보시고 기뻐하지 아니하사 그의 진노를 그에게서 옮기실까 두려우니
라 잠언 24:17,18

다윗은 그를 죽이려고 10년 이상 괴롭히는 사울 왕을 죽일 결정적 기회가 있었지만
그 기회를 취하지 않았다. 그의 몸에 조금도 손대지 않았다. 또한 사울이 블레셋과의
전쟁에서 죽었을 때, 기뻐하지 않고 애도했다. 하나님은 이런 다윗을 보고 기뻐하셨다.

하나님을 경외함이 나타났기 때문이다. 하나님의 주권을 절대적으로 믿었기 때문이다. "너는 '그가 내게 행함같이 나도 그에게 행하여 그가 행한 대로 갚겠다' 말하지 말지니라"라고 하신다(29). 누군가가 내게 한 못된 짓, 험한 말을 그대로 갚아줄 생각조차 하지 말아야 한다. 똑같은 사람이 된다. 하나님께 맡겨야 한다. 다음 말씀을 잊지 마라.

"내 사랑하는 자들아, 너희가 친히 원수를 갚지 말고 진노하심에 맡기라. 기록되었으되, '원수 갚는 것이 내게 있으니 내가 갚으리라'고 주께서 말씀하시니라"(롬 12:19). 또 말씀하신다. "네 원수가 주리거든 먹이고 목마르거든 마시우라. 그리함으로 네가 숯불을 그 머리에 쌓아놓으리라. 악에게 지지 말고 선으로 악을 이기라"(롬 12:20,21).

원수 갚는 일은 하나님께 속했다. 원수를 축복하는 것이 기독교 정신이다.

시편 : 애굽에서 인도하여 내신 여호와 하나님은 살아계신 나의 하나님이다. 하나님이 "딸아, 네 입을 크게 열라. 내가 채우리라"라고 하신다. 내가 주의 비전을 품는 딱 그만큼 나를 사용하시고 이루실 것을 믿는다. 내가 할 일은 최선을 다하는 것이다.

"내게 청하여라. 뭇 나라를 유산으로 주겠다. 땅 이 끝에서 저 끝까지 너의 소유가 되게 하겠다"(2:8 새번역).

242개국 열방을 주께 구했다. 나를 통해 하나님나라가 확장되고, 하나님의 원칙이 그 땅에 세워지길 소망한다. 열방의 가난한 자들을 먹이고 위로하시는 데 쓰임 받고 싶다. 이 비전을 품고 주님 손에 시간, 건강, 재물, 가정까지 몽땅 맡겼다. 나를 통해 각 나라에서 다음세대들이 일어나도록 헌신했다. 열방에서 헌신되고 충성된 간사님들을 통해 주께서 행하시는 일들이 너무 역동적이고 멋지고 아름답다. 온 땅에 기독교문명개혁운동을 일으키는 데 헌신자가 필요하다. 추수할 곳은 많은데 추수할 일꾼이 적다.

"주여! 추수할 일꾼을 더 보내주옵소서."

잠언 : 하나님의 성품을 너무나 잘 보여주는 묵상 구절이다.

1) 원수가 넘어질 때 즐거워하지 마라. 2) 원수가 걸려서 쓰러질 때 마음에 기뻐하지 마라. 3) 주님께서 이것을 보고 좋지 않게 여기신다. 그 노여움을 네 원수로부터 네게로 돌이키실까 두렵다.

그런데 나는 원수가 넘어지면 즐겁고, 기쁘다. 오늘 말씀이 심장을 찌른다.

"주님의 마음을 부어주옵소서! 마음을 넓혀주셔서 원수를 긍휼히 여기며 사랑하도록 성장시켜주옵소서!"

기독교문명개혁운동을 주도하라

시편 82:8 잠언 25:16

하나님이여 일어나사 세상을 심판하소서. 모든 나라가 주의 소유이기 때문이니이다

시편 82:8

온 나라가 하나님의 것이기에 그분이 이 세상을 재판하시는 것이 당연하다. 그러나 하나님께서 이런 권세를 그의 백성에게 위임하셨음을 잊지 말아야 한다. 우리에게 위임하신 권세를 올바르게 사용해야 한다. 주기도문의 "아버지의 나라가 임하고, 아버지의 뜻이 이루어지소서"는 '우리를 통해'를 넣을 때 비로소 그 뜻이 밝혀진다. 즉 "아버지의 나라가 우리를 통해 임하고, 아버지의 뜻이 우리를 통해 이루어지소서"이다.

이 기도는 나를 헌신하여 드리는 기도다. 그래서 소극적이거나 수동적이지 않다. 적극적이고 능동적이다. 영광과 함께 책임이 따르는 기도다.

하나님의 공의와 공평, 거룩하심, 긍휼과 은혜와 사랑이 나타나도록 하는 책임이다. 하나님 말씀의 가치와 원칙을 따라 재구성되는 사회와 도시 그리고 국가가 되게 하는 책임이다. 예수님은 우리에게 "너희는 가서 모든 족속으로 제자를 삼으라" 명령하셨다. 이 지상대명령에 "예!"라고 응답하며 순종하는 사람을 통해 일하신다. 이런 사람이 기독교문명개혁운동을 주도하는 사람이다.

너는 꿀을 보거든 족하리만큼 먹으라. 과식함으로 토할까 두려우니라 잠언 25:16

음식을 먹을 때 절제해야 한다. 좋은 음식도 과식하면 오히려 해가 된다. 음식의 절제는 자기 절제의 힘이며 셀프 리더십의 영역이다. 음식을 탐하는 건 탐욕, 욕심, 정욕과 연관이 있다. 특히 좋은 음식일수록 절제하라. 체중이 늘거나 비만이 되는 건 여기에 해당한다. 결국 건강을 해치기에 주의 뜻을 따라 살고자 하는 사람에게는 중요한 문제다. 하지만 어려운 것 중 하나가 식욕의 절제다.

'오늘'까지 먹고 '내일'부터 시작하겠다는 건 자신을 속이는 것이다. '내일'이라는 길을 따라가다 보면 끝내 '실패'라는 마을에 도착한다. 자기 절제는 영성의 영역이다.

잠언 25장 27절에 "꿀을 많이 먹는 것이 좋지 못하고, 자기의 영예를 구하는 것이 헛되니라"라고 말씀하신다. 꿀은 좋지만, 너무 많이 먹으면 오히려 몸에 해롭다. 이처럼 자기 영광을 구하는 것도 본인에게 좋지 않다. 스스로 높이는 것은 자기를 파괴하는 것과 같다. 교만이기 때문이다.

오직 하나님의 영광만 구해야 한다. 하나님만 무대에서 조명을 받으셔야 한다. 오직 예수님만 박수갈채를 받으셔야 한다. 그것이 겸손이다.

하나님나라 올림픽의 '겸손' 종목에서 금메달을 받은 사람이 있었다. 그러나 그가 자기 발로 가장 높은 단에 올라선 순간, 즉시 실격했다. 금메달을 박탈 당했다. 더 이상 겸손하지 않기 때문이다.

"하나님, 일어나셔서, 이 세상을 재판하여주십시오. 온 나라가 하나님의 것입니다" (시 42:8).

"그분은 인류의 모든 족속을 한 혈통으로 만드셔서, 온 땅 위에 살게 하셨으며 그들이 살 시기와 거주할 지역의 경계를 정해놓으셨습니다" (행 17:26 새번역).

하나님은 온 땅의 주인이시다. 족속별로 구분하시고 지역의 경계를 정해서 그 땅에 살게 하셨다. 소돔과 고모라 땅을 빌려주셨으나 그 거민이 땅을 더럽혔다. 동성연애가 창궐하고 우상숭배가 가득한 땅으로 만들었다. 하나님은 더 이상 봐줄 수가 없어서 땅을 재정비하셨다. 그들을 그 땅에서 다 멸하셨다. 어떤 때는 쫓아내 버리신다.

만약 당신이 건물 주인인데 임대인이 그 건물에서 마약을 제조하고 사람들을 납치하여 가두고 살인하며 온갖 나쁜 짓을 하고 있다면 어떻게 하겠는가? 임대 기간이 만료되기도 전에 쫓아낼 것이다. 계약 위반이기 때문이다. 그래서 하나님께서 아모리 7족속을 쫓아내시고 그 땅을 아브라함의 씨에게 영원히 임대해주셨다.

오늘날에도 더 비옥한 땅, 지하 광물이 많은 땅을 욕심내며 탐욕스러운 전쟁을 일으켜 무고한 시민들을 죽음으로 몰고 가는 모든 나라와 왕을 심판해주시길 하나님께 요청드린다.

러시아와 우크라이나 사이, 이스라엘과 무장 세력 하마스 사이, 남한과 북한 사이에 심판주로 오시길 기도한다. 대제국 앗수르가 망했고, 바벨론이 망했다. 영웅으로 칭송받던 유명한 왕들은 모두 죽었다. 역사를 1천 년, 500년, 100년씩 구분해보면 하나님의 손이 뚜렷이 보인다.

"온 열방아~ 영웅으로 칭송받던 유명한 왕들을 죽이신 재판장 하나님을 두려워하라!"

26일 오직 하나님의 이름만 높임 받으소서

시편 83:1,2,17,18 잠언 26:3

하나님이여, 침묵하지 마소서. 하나님이여 잠잠하지 마시고 조용하지 마소서. 무릇 주의 원수들이 떠들며 주를 미워하는 자들이 머리를 들었나이다 … 그들로 수치를 당하여 영원히 놀라게 하시며 낭패와 멸망을 당하게 하사, 여호와라 이름하신 주만 온 세계의 지존자로 알게 하소서 시편 83:1,2,17,18

이스라엘 주변국들이 동맹하여 이스라엘을 대적할 때, 주께 기도하는 내용이다. 그들이 소란을 피우며 우쭐대며 하나님의 백성을 무시한다. 하나님을 조롱한다. 이전에 소년 다윗이 양치기로 있을 때, 아버지 심부름으로 블레셋과의 전쟁에 참여한 세 형을 위문하러 갔을 때도 같은 상황이 벌어졌다. 다윗이 분개하여 사울 왕에게 골리앗의 목을 칠 기회를 구했다. 다윗의 관심은 오직 하나님의 이름뿐이었다. 그의 이름만이 온 천하에 높아지기를 원했다. 그 이름을 무시하는 자는 누구를 막론하고 가만히 있지 않았다. 거룩한 분노가 들끓었다. 하나님은 그런 사람의 편이시다.

다윗은 골리앗을 단숨에 죽이고, 그의 목을 잘랐다. 조금도 긍휼히 여길 마음이 없었다. 1967년에도 하나님이 그렇게 행하셨다. 바로 이스라엘이 아랍 30개국 연합군을 굴복시킨 '6일 전쟁' 때였다. 하나님의 이름이 온 세계에 높임을 받으셨다.

지금도 마찬가지다. 하나님의 교회를 치려는 무리가 수치와 낭패를 당하며 멸망하게 하신다. 하나님의 이름만 높이는 그의 백성들을 통해 그분은 일하신다.

말에게는 채찍이요, 나귀에게는 재갈이요, 미련한 자의 등에는 막대기니라 잠언 26:3

잠언 26장에는 경계할 세 부류의 사람이 나온다. 미련한 사람(1-12)에 대해 12번, 게으른 사람(13-16)에 대해 4번, 말쟁이(17-28)에 대해 10번 소개하신다. 절대 그런 사람이 되지 말자. 하나님의 사람이 피해야 할 3인방이다.

미련한 자에게는 영예가 적합하지 않다. 영예를 주지 말아야 한다(1,8). 오히려 그런 자에게는 매가 필요하다(3). 그의 말에 길게 응대하지 말고 간결한 말로 대꾸하라(4,5).

그를 시켜 소식을 전하지 마라(6). 그는 쓸데없는 말만 늘어놓는다(7). 그를 고용하지 말라(10). 그는 어리석은 짓을 반복한다(11). 미련한 자가 되지 말고 지혜로운 자가 되자! 그 비결은 하나님을 경외하는 것뿐이다.

게으른 자는 빈둥거리며 돌아다니면서 쓸데없는 말만 한다. 일하기를 싫어한다. 마땅히 할 일을 뒤로 미룬다. 잠자기를 좋아한다. 변명만 늘어놓는다. 게으름의 가장 큰 피해자는 본인이다.

말쟁이는 남의 다툼에 참견한다(17). 이웃을 속여 큰 해를 입히고도 "장난이야"라고 가볍게 말한다(18,19). 남의 험담을 하여 끊임없이 다툼을 일으킨다(20). 싸움을 부채질한다(21). 고자질한다(22). 마음에 독을 품고도 입술로 그럴싸하게 말한다. 그러나 결국 거짓임이 드러난다(23-26). 함정을 판다. 그런데 그 함정에 자기가 빠진다(27). 거짓 말하는 혀는 상대를 미워한다. 아첨하는 입은 상대를 파멸로 이끈다.

잘 보이는 곳에 적어놓자. "절대 만나지 말아야 할 3인방."

시편 : 하나님의 백성 이스라엘을 치려고 주님을 대적하는 동맹국들이 연합했다. 오늘날도 나라와 개인들이 동일한 이유로 뭉치고 주의 나라와 주의 사람들을 대적하여 일어난다. 원수들이 진리를 대적할 때, 참지 말아야 한다. 잠잠하지 말아야 한다. 나는 하나님께 고발한다.

"하나님, 묵묵히 계시지 마십시오. 원수들이 소리 높여 떠들고 주님을 미워하는 자들이 머리를 치켜들고 있습니다. 주님의 백성을 치려고 음모를 꾸미고 한마음으로 모의합니다. 주님과 맞서려고 합니다. 그들이 부끄러움을 당하게 하십시오. 영영 공포에 질려서 주님을 간절히 찾도록, 멸망하게 해주십시오. 온 세상에서 주님만이 홀로 가장 높은 분이심을 알게 해주십시오."

사람들이 참 미련하고 겁도 없이 행동한다. 살아계신 하나님은 모든 걸 듣고, 보고, 아신다. 회개하지 않으면 골리앗과 같이 되리라!

잠언 : 미련한 사람, 게으른 사람, 말쟁이를 만나지 말고, 절대 일을 맡기지 말라.

미련한 자는 여름에 눈이 내리고 추수 때 비가 오는 것처럼 일을 다 망친다. 게으른 자는 늘 핑계만 대면서 일의 진척이 없고, 확장하거나 배가하지 않는다. 말쟁이는 자기와 관계없는 싸움에 끼어들어 관계를 다 깨뜨리고 일을 그르친다. 나도 이런 사람이 되지 않도록 깨어 경계하리라!

순례자의 길
시편 84:5-7 잠언 27:11

> 주께 힘을 얻고 그 마음에 시온의 대로가 있는 자는 복이 있나이다. 그들이 눈물 골짜기로 지나갈 때 그곳에 많은 샘이 있을 것이며, 이른 비가 복을 채워주나이다. 그들은 힘을 얻고 더 얻어 나아가 시온에서 하나님 앞에 각기 나타나리이다 시편 84:5-7

하나님 만나기를 사모하는 사람은 복이 있다. 하나님이 힘을 주셔서 반드시 그분을 만날 것이다. 주를 만나기를 사모하는 마음도 주시고, 혹 중도에 어려움이 생겨도 끝까지 갈 힘을 주신다. "눈물 골짜기"를 지날 때도 있다. 그러나 그 골짜기에서 오히려 샘물이 솟아 마시게 하신다. 위로와 힘을 주신다. 주를 만나기를 사모하라. 반드시 만날 것이다. 해와 방패이신 하나님을 뵙게 될 것이다. 은혜와 영화와 모든 좋은 걸 아끼지 않고 주실 것이다. 비록 오늘은 눈물 골짜기를 지날지라도 주를 만나기를 계속 사모하라. 낙심하거나 주저앉지 말아야 한다.

오늘도 시온의 순례길에 오르자. 꼭 스페인 산티아고 순례길에 가야만 순례를 하는 게 아니다. 반드시 예루살렘에 가야만 순례자가 되는 게 아니다. 버스나 전철을 타고, 건널목을 건너고, 식당이나 카페에 가는 길이 순례자의 길이다. 그곳에서 사람을 만나면 따뜻한 말 한마디, 부드러운 미소를 띠는 일이 순례자의 길이다. 거기서 주를 본다. 주의 음성을 듣는다. 그리고 주님을 섬긴다.

내 아들아, 지혜를 얻고 내 마음을 기쁘게 하라. 그리하면 나를 비방하는 자에게 내가 대답할 수 있으리라 잠언 27:11

내가 양육한 영적 자녀와 제자들이 하나님을 경외하는 삶을 살면, 마음이 기쁘다. 나를 비방하는 사람에게 대답할 수가 있다. 사도 바울은 거짓 교사들에게서 수없이 비방을 받았다. 외모, 재정 사용, 사역의 동기와 태도에 대해 조롱과 비난과 핍박을 받았다. 사기꾼, 거짓말쟁이, 교만한 자, 이기주의자, 천하를 소동하게 하는 자, 나사렛 이단의 괴수 등의 말을 들었다.

그러나 그는 복음을 전하는 영광으로 날마다 감격하며 기꺼이 비방을 감수했다. 그가 전한 복음을 듣고 많은 영혼이 주께로 돌아와 진리를 따라서 사는 걸 보는 기쁨이 그가 받는 비방보다 더 컸다. 사도 요한은 "너의 자녀들 중에 우리가 아버지께 받은 계명대로 진리를 행하는 자를 내가 보니 심히 기쁘도다"라고 했다(요이 1:4, 요삼 1:3).

하나님의 마음을 기쁘시게 하는 길은 지혜로운 사람이 되는 것이다. 지혜는 하나님을 경외함에서 나오기 때문이다(9:10). 하나님을 경외하므로 죄를 미워하고 사람을 섬기며, 세상의 빛과 소금으로, 말씀대로 사는 삶이다. 그것이 하나님을 영화롭게 하며, 또한 부모와 스승의 은혜에 보답하는 길이다.

시편 : 시온은 예루살렘에 있는 성지의 언덕이다. 주님께서 주시는 힘을 얻고 이미 시온의 순례길에 오른 사람은 복이 있다. 그들이 눈물 골짜기를 지날 때 샘물이 솟아서 마실 것이다. 가을비가 내려서 샘물을 가득 채운다. 눈물 골짜기를 지나는 광야에서 믿음의 현주소를 테스트 받는다. 그곳은 떡이 아니라 말씀으로 살아야 함을 깨닫는 장소다. 주님이 주시는 힘으로 그곳을 통과하면 이런 고백을 하게 된다.

"고난 당하기 전에는 내가 그릇 행하였더니 이제는 주의 말씀을 지킵니다."

눈물 골짜기는 믿음의 사람이 되는 장소다. 그곳에서 고난 당한 것이 유익한 것은 내가 주의 율례들을 배우게 되었기 때문이다. 예수님도 고난을 통해 순종을 배우셨다(히 5:8).

믿음의 사람이 되는 순종은 배우는 것이다. 저절로 되는 게 아니다.

'주님 이 사건, 이 사람, 이 환경을 통해 제게 무엇을 가르치길 원하십니까?' 이 질문이 나를 살렸다. 주님은 '인내하라, 겸손하라, 용서하고 용납하라, 참고 또 참으라!'와 같은 과목을 성령의 능력으로 통과하게 하셔서 주의 사람으로 빚어가셨다. 마침내 시온에 도착해 주님을 만난다. 광야에서 샘이 나오고 옥토로 바뀌어서 열매 맺는 삶이 된다.

잠언 : 지혜는 오직 주님 안에서만 얻을 수 있다. 세상 학문을 열심히 공부한 박사 학위증에서 나오지 않는다. 지혜는 어떤 사람을 만나도 웃을 수 있는 여유를 준다. 진리 안에서 담대한 대답과 행동을 하게 한다. 하나님의 사람으로 살아가게 한다. 지혜를 찾고 구하는 자는 우리 주님의 마음을 시원케 하고 기쁘게 해드린다. 나도 주님의 기쁨이 되며, 지혜로운 사람이 되길 간절히 소망한다. 지혜의 근원이신 주님을 찾고 또 찾으리! 말씀 속에서 주님의 원리 원칙들을 배우고 또 배워서 지혜로운 사람이 돼야지!

다시 어리석은 데로 돌아가지 마라

시편 85:8,9 잠언 28:11

내가 하나님 여호와께서 하실 말씀을 들으리니 무릇 그의 백성, 그의 성도들에게 화평을 말씀하실 것이라. 그들은 다시 어리석은 데로 돌아가지 말지로다. 진실로 그의 구원이 그를 경외하는 자에게 가까우니 영광이 우리 땅에 머무르리이다 시편 85:8,9

하나님이 그의 크신 사랑과 진리와 의로 주의 백성의 죄를 용서하고 회복시켜주셨다 (1,2,10). 그러므로 더 이상 이전의 어리석은 길로 가지 말아야 한다. 그러면 주의 평강과 구원이 있고 영광이 깃들 것이다. "어리석은 데"는 하나님을 떠난 죄악의 길을 말한다. 하나님의 말씀이 없는 삶, 말씀의 기준을 따라 살지 않는 삶이다.

세상의 원칙과 가치 기준이 그렇다. 더 이상 그 길로 돌아가지 말아야 한다. 그런 사람과 나라에 하나님이 화평을 말씀하신다. 더 이상 억압이 없을 것이다. 전염병, 전쟁, 경제 위기, 건강의 위협이 없을 것이다. 하나님이 화평을 말씀하시면 그대로 이루어진다. 이것이 주의 말씀의 능력이다.

"그가 말씀하시매 이루어졌으며, 명령하시매 견고히 섰도다"(33:9).

하나님을 경외하는 사람에게는 하나님의 구원이 가깝다. 늦지도 빠르지도 않은 때 구원을 경험하며, 삶이 회복되고 필요한 모든 것이 시시때때로 공급될 것이다.

"여호와를 경외하라 그를 경외하는 자에게는 부족함이 없도다"(34:9).

하나님의 은혜를 맛볼 것이다. 하나님의 영광과 임재 가운데 살게 된다. 하나님과 친밀감을 유지하게 된다.

"여호와의 친밀하심이 그를 경외하는 자들에게 있음이여"(25:14).

부자는 자기를 지혜롭게 여기나, 가난해도 명철한 자는 자기를 살펴 아느니라

잠언 28:11

여기서 "부자"는 '속부'다. 자기 힘으로 노력하여 재물을 벌었다고 생각한다. 그런 부자는 스스로 지혜롭게 여긴다.

"또 두렵건대 네가 마음에 이르기를 내 능과 내 손의 힘으로 내가 이 재물을 얻었다 할까 하노라. 네 하나님 여호와를 기억하라. 그가 네게 재물 얻을 능을 주셨음이라. 이같이 하심은 네 열조에게 맹세하신 언약을 오늘과 같이 이루려 하심이니라"(신 8:17,18).

주께서 아브라함과의 약속을 이루시어 재물 얻을 능력을 주셨음을 알아야 한다. 그런 부자는 겸손하다. 재물의 청지기가 되어 주의 뜻을 따라 재물을 관리한다.

가난해도 명철한 사람은 자기를 살펴 알며 자족할 줄 안다.

"우리가 먹을 것과 입을 것이 있은즉 족한 줄로 알 것이니라"(딤전 6:8).

그는 돈을 사랑하지 않고, 돈을 따라 살지 않는다. 탐욕을 버리고 성실과 정직으로 살아간다. 영적 통찰력, 분별력이 있다. 이런 자가 교만한 부자보다 낫다.

시편 : 하나님께서 무엇을 말씀하시든지 순종하는 삶을 살 때 평화를 약속하셨다. 주의 백성들이 어리석어 망령된 데로 돌아가지 않아야 진정으로 평화를 주신다. 평화란 전쟁, 분쟁, 갈등이 없이 평온하고 화목한 상태를 말한다. 평화와 평안이 다 깨진 예전의 삶으로 돌아가지 말아야 한다.

참으로 주님의 구원은 주님을 경외하는 자에게 주시니, 이 땅에서 하나님의 영광과 임재 가운데 머무는 삶을 산다. 주께서 형통한 삶을 살도록 축복하신다. 이 세상을 살아갈 때 가장 놀라운 선물이 아닐까! 평화! 평안! 주님이 주시는 선물, 평안을 오늘도 받는다.

"평안을 너희에게 끼치노니 곧 나의 평안을 너희에게 주노라 내가 너희에게 주는 것은 세상이 주는 것과 같지 아니하니라 너희는 마음에 근심하지도 말고 두려워하지도 말라"(요 14:27).

잠언 : 사람들은 부자가 행복하다고 생각한다. 이 생각이 자신을 속여서 돈을 좇게 만든다. 어둠의 세력(맘몬)이 주는 생각이다. 돈으로 모든 것이 해결된다고 생각한다. 돈을 힘으로 여기는 속부(세상의 부자)는 겸손하기가 참 어렵다. 내 힘, 내 능력으로 재물을 얻었다고 착각한다. 주께서 속부를 대적하며 경고하신다.

"네가 어찌 허무한 것에 주목하겠느냐 정녕히 재물은 날개를 내어 하늘에 나는 독수리처럼 날아가리라"(23:5).

바늘(箴) 말씀(言), 말씀의 바늘로 찌른다. 그래서 잠언은 아프다! 하지만 말씀대로 살면 바른 주의 사람이 된다.

나의 환난 날에
귀 기울이시는 하나님

시편 86:5-7 잠언 29:19

주는 선하사 사죄하기를 즐거워하시며, 주께 부르짖는 자에게 인자함이 후하심이니이다. 여호와여, 나의 기도에 귀를 기울이시고, 내가 간구하는 소리를 들으소서. 나의 환난 날에 내가 주께 부르짖으리니 주께서 내게 응답하시리이다 시편 86:5-7

자기가 지은 죄로 정죄감에 사로잡히거나 죄책감에 끌려다니지 말아야 한다. '하나님이 이런 나를 싫어하고 버리실 거야'라는 거짓된 생각에 속지 말아야 한다. 우리 하나님은 선하시다. 용서하기를 즐거워하신다. 그때는 주께 나아가 부르짖을 때다. 마음을 찢고 통회하며 죄를 자백하면 된다. 주님은 이런 사람을 긍휼히 여기시며, 인자하심이 후하시다.

하나님께 부르짖으라. 주께서 듣고 응답하신다. 그는 기도를 들으시는 분이다. 주께 부르짖는 사람에게 그의 사랑을 한없이 베푸신다. 기꺼이 죄를 용서해주신다. 내가 회개하며 주께 나아가기도 전에 용서할 준비를 하고 나를 기다리신다.

그는 관대하며 인색하지 않으시다. 용서와 사랑에 후하시다. 내 모든 필요를 채우고 구원하심에 후하시다. 이런 분이 나의 하나님이시다.

"그러나 여호와께서 기다리시나니 이는 너희에게 은혜를 베풀려 하심이요, 일어나시리니 이는 너희를 긍휼히 여기려 하심이라. 대저 여호와는 정의의 하나님이심이라. 그를 기다리는 자마다 복이 있도다"(사 30:18).

종은 말로만 하면 고치지 아니하나니, 이는 그가 알고도 따르지 아니함이니라 잠언 29:19

다 알아들으면서도 따르지 않는 종을 대하는 건 결코 쉬운 일이 아니다. 그런 사람에게 잘못을 지적하고 가르치는 건 시간 낭비다. 그가 이미 알고 있기 때문이다. 알면서도 주인의 말을 따르지 않는다. 여기서 "종"은 자녀, 혹은 학생, 또는 직원이나 팀의 일원도 해당한다. 이런 사람을 다루기가 쉽지 않다. 그대로 두면 그 종은 더욱 어려워진다. 성장과 발전이 없다. 그래서 오늘 잠언 말씀은 훈계, 충고, 권면을 넘어서라고 하신다. 징계하라고 하신다. 강하게 꾸지람해야 한다. 채찍과 꾸지람이 지혜를 얻게 해 준다. 알아서 하도록 두면 고쳐지지 않는다. 나중에 후회해도 소용없다(15). 그러니 징계해야 한다. 눈물이 쏙 빠지게 해야 한다. 마음을 독하게 가져야 한다. 징계의 이유를 말씀을 기준으로 명백하게 알려주어야 한다. 그래야 나중에 평안하게 산다. 서로 잘 사는 비결이다. 훗날 슬픔에 잠기지 않는다. 오히려 마음에 기쁨을 안겨줄 것이다(17). 징계와 꾸지람을 할 줄 모르는 부모나 리더를 상상할 수 없다.

인격적으로 대한다는 핑계를 대지 말라. 좋은 자녀, 좋은 일꾼은 징계와 꾸지람을 확실히 하는 부모나 리더로부터 나온다.

시편 : 성경 전체의 동일한 원칙을 본다. 주님께 나아오는 사람에게 온갖 복을 주신다. "내게로 돌아오라 그리하면 나도 너희에게로 돌아가리라!"(말 3:7), "여호와께서 은혜를 베풀기 위해서 기다리신다. 여호와께서 긍휼히 여기기 위해 일어나셔서 기다리신다"(사 30:18)라고 말씀한다. 하나님은 그분을 기다리는 자를 기다리신다.

1) 주님은 선하시고 기꺼이 용서하시는 분이다. 죄로부터 해방시키시고 자유를 주시는 분께 나아가라. 2) 주께 부르짖는 사람에게는 한없는 사랑을 베푸신다. 3) 나의 기도와 애원하는 소리에 귀 기울이신다. '주님은 네 기도에 관심 없어'와 같은 마귀의 속삭임을 거절하라. 4) 나에게 응답해주시는 분이시기에 고난 당할 때 주님께 부르짖는다.

오늘도 주님을 항상 찾고 부지런히 찾아라! 이것만이 살길이다!

잠언 : 요즘 시대는 징계와 폭력을 구분하지 못한다. 군사부일체(君師父一體)다. 부모와 선생은 아이들을 올바른 길로 인도하는 길잡이가 되어야 한다. 그런데 사회적 분위기가 가정과 학교에서 징계를 폭력으로 바꿔버렸다. 그래서 참담한 결과를 보고 있다. 버릇없고, 예의도 모르고, 제멋대로 방종 가운데 행동하고, 절제를 모르고, 통제 불가능한 아이들이 되었다. 가정과 학교, 사회의 모든 시스템을 바로잡아 건강한 아이들로 성장하도록 도와야 한다.

"아이를 훈계하지 아니하려고 하지 말라 채찍으로 그를 때릴지라도 그가 죽지 아니하리라"(23:13).

채찍이 폭력의 도구가 되어서는 안 된다. 훈계의 도구다. 크리스천 지도자들이 징계를 잘못한다. 직원들은 "예수 믿으면서 대표가 왜 저래?"라고 말한다. 대표로서 모든 일에 존경받게 행동하고, 징계할 일은 직원에게 명확하게 이해시키고 확실하게 징계하는 게 그를 살리는 길이다.

주의 인자하심과 진실하심을 찬양하라

시편 89:1,2 잠언 30:17

내가 여호와의 인자하심을 영원히 노래하며, 주의 성실하심을 내 입으로 대대에 알게 하리이다. 내가 말하기를, '인자하심을 영원히 세우시며, 주의 성실하심을 하늘에서 견고히 하시리라' 하였나이다 시편 89:1,2

시편 89편은 "인자하심"을 7번, "성실하심"을 8번 말씀하신다. "인자하심"이란 히브리어 '헤세드'는 독특한 단어다. '놀라운 사랑, 기이한 사랑, 크신 사랑, 조건 없는 사랑'으로 번역된다. 하나님의 사랑이 그런 사랑이다. 그 사랑에 감격하여 영원히 노래한다.

우리가 아직 죄인 되었을 때, 그리스도께서 우리를 위해 죽으심으로 하나님께서 우리를 얼마나 사랑하는지 확증하셨다(롬 5:8). "우리가 아직 죄인 되었을 때"와 "사랑을 확증"에 밑줄을 그어야 한다.

"긍휼이 풍성하신 하나님이 우리를 사랑하신 그 큰 사랑을 인하여 허물로 죽은 우리를 그리스도와 함께 살리셨고"(엡 2:4,5).

그 사랑은 영원한 사랑, 끝이 없는 사랑이다. "성실하심"은 '변하지 않는, 항상 일정한 신실함, 확고함'이다. 하나님은 아브라함과 약속하신 것을 '아브라함의 씨(자손)'에게 반드시 지키신다. 예수 그리스도를 믿는 사람은 누구나 '아브라함의 씨(자손)'다(갈 3:9,29). 하나님은 그런 분이다. 그러니 주의 인자하심과 성실하심을 믿는 사람이라면 누구나 하나님을 찬양하지 않을 수 없다. 감격의 찬양, 기쁨의 노래가 마음에서부터 솟구쳐 나온다.

아비를 조롱하며 어미 순종하기를 싫어하는 자의 눈은 골짜기의 까마귀에게 쪼이고 독수리 새끼에게 먹히리라 잠언 30:17

아버지를 멸시하며 비웃는 사람, 어머니를 무시하며 업신여기는 사람, 부모가 주의 말씀을 통해 삶의 기준을 제시하고 잘못된 삶을 돌이키라고 말해도 무시하며 듣지 않는 사람의 미래는 어떨까? 독수리가 이런 사람의 눈을 뽑아내고 새끼 독수리가 그것을 먹어버린다. 삶이 비참해진다. 눈이 없으니 소경과 다름없이 더듬거리며 산다. 어디로 가야 하는지 모른다. 혼란과 혼동 가운데 산다. 판단력과 분별력이 없으니 하는 일마다 잘될 리가 없다. 부모 공경, 순종이 없는 삶이다. 이런 사람의 앞날에 대한 경고다.

그러나 부모를 공경하는 사람, 부모에게 주 안에서 순종하는 사람은 전혀 다르게 산다.

"네 아버지와 어머니를 공경하라. 이것은 약속이 있는 첫 계명이니, 이로써 네가 잘되고 땅에서 장수하리라"(엡 6:2,3).

형통한 삶, 장수하는 삶을 '무병장수', '만사형통'이라고 한다. 부모 공경이 이런 삶의 비결이다. 다른 데서 찾으려 하지 말라.

시편 : 영적 전쟁터로 나가기 전, 하루를 시작하기 전에 우리 주님의 말씀을 먼저 먹는다. 본문의 네 가지를 천천히 묵상한다.
1) 영원한 주님의 사랑을 노래합니다.
2) 대대로 이어가면서 주님의 신실하심을 전하겠습니다.
3) 주님의 사랑은 영원토록 굳게 서있습니다.
4) 주님은 신실하신 분입니다.

주님의 신실하심과 영원한 사랑을 묵상했다. 주님께서 내게 주신 언약들을 기억하고 기도 노트에 적는다. 그의 신실하심으로 이루어가실 걸 생각했다. 나는 '최선의 1'만 하면 그가 이루신다. 나를 향한 놀라운 계획과 주님의 헤세드 사랑으로 배가 부르다. 나는 아침을 거의 안 먹는다. 아침을 준비하고 먹는 건 너무 분주하다. 주님과 깊은 묵상 가운데 보내는 것이 내게는 더 보약이다.

잠언 : 아버지를 조롱하고 어머니를 멸시하여 순종하지 않는 사람은 소경이 된다. 부모님은 나를 보호하고 진리로 이끌어주시는 안내자다. 하나님을 경외하지 않는 부모도 소경이다. 소경이 소경을 이끄는 집안은 망한다.

"자녀들아 주 안에서 너희 부모에게 순종하라 이것이 옳으니라"(엡 6:1).

부모에게 순종하는 데 조건이 있다. "주 안에서" 하는 것이다. 주의 뜻 밖에 있는 세상적인 삶을 부모가 요청한다면 단호히 거절하라! 예를 들어, 주께서 빚지지 말라고 하셨는데 부모가 빚내어 결혼하라고 요청한다면, 겸손한 태도로 거절하라. 이것이 장래에 큰 유익이 된다. 말씀에 순종한 첫 출발이기 때문에 반드시 그 보상이 주어질 것이다.

우리의 손이 행한 일을 견고히 하소서

시편 90:17 잠언 31:11,12

주 우리 하나님의 은총을 우리에게 내리게 하사, 우리의 손이 행한 일을 우리에게 견고하게 하소서. 우리의 손이 행한 일을 견고하게 하소서 시편 90:17

"우리 손이 행한 일을 견고하게 하소서"라고 거듭 하나님께 구하고 있다. 지금 하는 일이 실패가 없는 성공하는 삶을 말한다. 시편 90편은 모세의 기도지만, 그를 이어 이스라엘 백성을 요단강 건너 약속의 땅으로 인도할 사명을 받은 여호수아의 기도이기도 하다. 그리고 오늘 우리의 기도이기도 하다. 여호수아의 심정은 어땠을까? 얼마나 절박했을까! 그의 능력, 지혜, 생각으로는 불가능한 일이었다. 그 길을 가로막는 사람들을 감당할 수가 없었다. 그가 돌파해야 할 눈앞의 산들은 심장을 멎게 할 만큼 두려운 것이었다. 그런데 해야만 했다.

지금 나도 같은 상황에 부닥쳤다. 건너야 할 강, 물리쳐야 할 적, 돌파해야 할 산이 있다. 우리가 원하는 건 실패하지 않고 성공하는 것이다. 여기 그 비결이 있다. 바로 '하나님의 은총'이다. 하나님의 은혜만이 이를 가능케 한다. 우리의 힘과 재능으로 얻는 성공과 주께서 우리의 손을 견고하게 하셔서 얻는 성공은 차원이 다르다. 그러니 우리에게 꼭 있어야 할 것은 오직 주의 은혜뿐이다. 17절의 기도가 절실하다.

"우리 하나님이여, 주의 은총을 우리에게 내리셔서 우리가 하는 일을 이루소서!"

그런 자의 남편의 마음은 그를 믿나니, 산업이 핍절하지 아니하겠으며, 그런 자는 살아있는 동안에 그의 남편에게 선을 행하고 악을 행하지 아니하느니라 잠언 31:11,12

"산업이 핍절하지 않는다"는 '모든 필요가 충분히 공급되어 풍족하게 사는 것'을 말한다. 신붓감을 고르는 기준이 여기 있다. 외모에 있지 않다. 가산을 잘 관리할 줄 아는 여자다. 돈을 흥청망청 쓰고, 사치하고 자기 몸을 치장하는 데 번 돈을 다 사용하면 자격이 없다. 절제하고, 검소하며, 자족하고, 저축할 줄 아는 여자가 좋은 신붓감이다. 그런 아내는 남편을 명예롭게 하고 성공시키며 삶을 풍요롭게 한다. 신랑감을 고르는 기준은 무엇인가? 아내를 전폭적으로 신뢰할 줄 아는 사람이다. 재물의 관리권을 전적으로 아내에게 줄 줄 아는 게 중요하다. 남편은 아내를 신뢰하고, 지지해야 한다.

이 말씀은 또한 모든 그리스도인을 가리킨다. 신랑이신 예수 그리스도는 우리에게 그분의 것을 맡기신다. 우리에게 있는 건 모두 주께로부터 주어진 것이다. 재물을 다룰 줄 알아야 한다. 처음부터 많은 걸 맡기지 않으신다. 지극히 작은 남의 것부터 맡기신다. 맡겨진 것을 충성스럽게 관리할수록, 점점 더 큰 것을 맡기신다.

시편 : 은총은 인류에 대한 하나님의 사랑이다. 하나님께 받는 특별한 은혜와 사랑으로 생명의 은총과 도움의 은총이 있다. "우리 손으로 행한 일을 견고하게 해주십시오"라고 거듭 요청한다. 갈급하고 간절한 마음이 보인다. 손으로 하는 일에 은총을 내려달라고 2번이나 말한다. 주님이 맡기신 일을 동요하지 않고 단단하게 해낼 수 있도록.

견고하다는 건 사상이나 의지가 동요됨이 없이 굳고 단단하며 확고한 믿음을 가지고 있다는 것이다. 그래야 주님이 말씀하신 언약에 확고한 믿음으로 흔들리지 않는다. 우리 손으로 행하는 일에 하나님께서 보증해달라고 간구하는 것이다.

하나님이 맡기신 일을 내 힘, 내 능력, 내 지혜, 내 방법으로 하는 사람은 이런 기도를 하지 않는다. 주의 종들이 매일 "오직 주께서 내 손으로 행하는 모든 일을 견고하게 해 주십시오"라고 기도하면 주께서 보증을 서주신다. 주님이 주시는 지혜와 능력으로 맡겨진 일을 해야 한다.

잠언 : 결혼할 때 신중하라! 영성 없는 몸짱, 얼짱을 구하면 집안이 망한다. 주님께서 추천하시는 기준으로 배우자를 선택하는 지혜가 필요하다. 오늘 말씀은 유능한(현숙한) 아내의 기준을 제시한다.

첫째, 선행으로 남편을 돕고, 그에게 해를 입히는 일을 하지 않는다.

둘째, 부지런한 아내는 날이 밝기 전에 일어나서 식구에게 음식을 만들어주고 종에게 일을 맡기며 허리를 단단히 동이고 억센 팔로 일을 하여 집을 부유하게 일군다.

셋째, 손을 펴서 가난하고 궁핍한 사람을 돕는다.

이 외에도 잠언 31장의 '현숙한 아내 고르는 기준'을 잘 숙지해서 실패하지 말자. 한순간의 선택으로 큰 대가 지불을 하며 후회해도 이미 늦다. 잠언 31장의 아내를 만나면 큰 복덩이가 집안으로 굴러 들어온 것이다. 이런 아내를 남편은 진심으로 믿어라. 그러면 가난을 모르고 살게 된다.

KING'S WISDOM

September

9월

가장 안전하고 확실한 보험회사

시편 91:2,3 잠언 1:20,21,33

나는 여호와를 향하여 말하기를, '그는 나의 피난처요 나의 요새요 내가 의뢰하는 하나님이라' 하리니, 이는 그가 너를 새 사냥꾼의 올무에서와 심한 전염병에서 건지실 것임이로다 시편 91:2,3

"사냥꾼의 올무"와 "심한 전염병"은 매우 다르다. 심한 전염병은 자연재해지만, 사냥꾼의 올무는 사람들이 계획한 중상모략이나 음모, 거짓 고소나 위협 등을 말한다. 공통점은 나를 두렵게 하고 내 삶을 위협한다는 것이다. 평안한 삶을 뒤흔든다. 마치 매가 와서 방금 알에서 깨어난 새끼들을 먹으려고 둥지를 뒤흔드는 것과 같다. 이는 우리가 살면서 당하는 모든 '위험과 고통'을 말한다. 이 세상은 공포와 불안, 두려움과 염려로 가득하다.

그래서 각종 보험사가 대안을 내놓는다. 대부분은 사건 사고가 터졌을 때 "우리가 당신을 돕겠다"라는 취지다. 그 말에 설득력이 있어서 사람들은 대체로 한두 가지 이상 보험을 든다. 그러나 여기 또 다른 보험사가 있다. 바로 "여호와 하나님"이시다. 그는 나의 피난처요, 요새이시다. 내가 의뢰하는 하나님이시다. 이만큼 안전한 곳이 있는가! 이 보험을 든 사람은 "왜 두려워하고 낙심합니까? 우리에게는 가장 안전한 곳이 있지 않습니까? 나는 두려워하지 않습니다. 나는 평안합니다"라고 말한다.

전능하신 여호와 하나님이 우리의 피난처요, 요새요, 우리가 의뢰할 분이기에, 그분을 의지하고 두려워하지 말아야 한다. 물론 내가 주의해야 할 건 잘 지켜야 한다. 그러나 들리는 부정적인 소식에 반응하지 말고 하나님을 신뢰하자.

지혜가 길거리에서 부르며 광장에서 소리를 높이며, 시끄러운 길목에서 소리를 지르며 성문 어귀와 성중에서 그 소리를 발하여 이르되 '오직 내 말을 듣는 자는 평안히 살며 재앙의 두려움이 없이 안전하리라' 잠언 1:20,21,33

날마다 주의 말씀에 귀 기울이자. 사람들이 오가는 길, 광장, 시끄러운 길목, 도시를 드나드는 성문 어귀, 사람들이 사는 성안에서 주의 음성이 들린다. 혼자 있는 조용한 곳만이 아니라 시내 한복판, 도로 한가운데, 혼잡한 모퉁이에서도 듣는다. 카페, 식당, 백화점, 시장에서도 귀 기울이면 들린다. 성공한 사람, 실패한 사람, 친구, 원수, 심지어 어린아이를 통해서도 들린다.

소리에 귀 기울이는 법을 배워야 한다. '이 사람들을 통해 주께서 내게 무슨 말씀을 하시는가'라는 질문을 자신에게 던지는 연습을 하라. 그러면 내 귀는 내가 만나는 사람들과 머무는 장소, 처한 환경과 겪는 상황에서 주의 음성을 듣는다. 주님의 '지혜'의 말씀이 들린다.

소리를 분별해야 한다. 누구에게서 나는 소리인지를 구별해야 한다. 음식의 맛이나 색을 구별하듯, 상황을 판단하듯, 친구의 소리와 악한 자의 소리를 구분하듯 들리는 소리를 구별해야 한다. 우리 주 예수님이 말씀하셨다.

"내 양은 내 음성을 들으며 나는 그들을 알며 그들은 나를 따르느니라"(요 10:27).

그 말씀을 따를 때 두려움 없이 안심하며 평안히 산다.

'이제 마음을 놓아도 된다. 내가 너를 지켜줄 것이니.'

시편 : "가장 높으신 분의 보호를 받으면서 사는 너는, 전능하신 분의 그늘 아래 머무를 것이다"(1, 새번역).

나는 입을 열어 하늘을 향해 외친다.

"하나님은 나의 피난처며 요새이십니다. 내가 의지할 하나님이십니다. 악인들이 놓아둔 덫에서 나를 빼내주십니다. 죽을병에서 건져주십니다. 전능자의 날개 그늘 아래로 피하니 주님의 진실하심이 나를 지켜주는 방패와 갑옷이 되어주십니다. 왼쪽에서 천 명이 넘어지고 오른쪽에서 만 명이 쓰러져도 내게는 재앙이 가까이 오지 못하게 하십니다!"

믿음은 들음에서 나고, 들음은 하나님의 말씀을 듣는 것이다. 나는 하나님이 행하시는 놀라운 일들을 외치고 또 외친다. 내 시선을 주님께 고정하니 어느새 내 속에 하나님을 향한 감사와 확신이 꽉 찬다. 소망이 넘치는 든든한 하루가 시작된다.

잠언 : 두 가지로 적용한다. 먼저는 언제, 어디서나 말씀에 귀 기울이는 삶을 산다. 또 하나는 때를 얻든지 못 얻든지 소리 높여 말씀을 전하는 자의 삶을 살 것이다.

전도는 참 쉽다. "예수님이 당신을 사랑하십니다."

종려나무같이, 백향목같이 번성하리라

시편 92:12,13 잠언 2:16

의인은 종려나무같이 번성하며 레바논의 백향목같이 성장하리로다. 이는 여호와의 집에 심겼음이여, 우리 하나님의 뜰 안에서 번성하리로다 시편 92:12,13

의인이란, 하나님과 올바른 관계를 맺은 사람이다. 그는 종려나무같이 번성한다. 한 그루의 종려나무에서 1년에 대추야자 세 가마 정도를 수확한다. 유대인들은 아이가 태어나면 종려나무를 심는다. 평생을 두고두고 먹을 수 있기 때문이다. 또한 의인은 레바논의 백향목같이 성장한다. 백향목은 높이 25-30미터, 둘레 12미터나 되도록 성장한다. 가지는 거의 그 키만큼 옆으로 넓게 퍼져서 시원한 그늘을 만들어준다. 백향목은 '나무들의 왕자'라고 불릴 정도로 그 모습이 장엄하다. 벌레도 먹지 않고 견고하며 은은한 향이 있어서 건축자재로 최적이다. 솔로몬 성전의 재료로도 사용되었다.

더 아름답고 놀라운 것은 이 나무가 하나님의 집 뜰 안에 심겨 자라나 번성하는 것이다. 우리 하나님이 직접 가꾸고 돌보시기에 더욱 번성하며 성장할 것이다. 이보다 더 영광스럽고 아름다운 삶이 있을까! 이것이 의인의 삶이다. 종려나무처럼 번성하고 백향목처럼 성장한다. 바로 번성과 성장이 의인에게 주어지는 축복이다.

하나님이 돌보신다. 하나님 중심의 삶, 교회 공동체 중심의 삶을 산다. 주의 행하신 일을 찬송하며, 성도의 교제를 즐거워한다. 주어진 삶의 터전에서 빛과 소금으로 살아간다.

지혜가 또 너를 음녀에게서, 말로 호리는 이방 계집에게서 구원하리니 잠언 2:16

지혜는 내게 분별력과 판단력을 주어 거짓말과 미혹하는 말, 번지르르한 말을 구별하게 한다. 그리고 그 덫에 걸리지 않도록 조심하게 한다. 아, 지혜 없는 자는 어찌 자주 함정에 빠지는지! 덫에 걸려 옴짝달싹 못 하는지!

"음녀", "이방 계집"은 한마디로 이 세상의 풍조와 가치, 사고방식, 문화의 총 집합체다. 단정함과 순결함을 무시하고 쾌락과 정욕을 오히려 미화한다. 약속을 지키고, 의무와 책임을 다하는 걸 저급한 행동으로 취급한다. 그러나 결국 생명을 잃고 파멸과 사망으로 연결된다.

그러나 지혜는 나의 발걸음을 안전한 곳으로 이끈다. 이 시대의 풍조가 얼마나 위험한지를 알게 해준다. 거룩함과 선한 길로 이끈다. 남에게 유익을 주며 생명과 기쁨을 준다. 지혜에게 딸린 식구들이 있다. 총명, 근신, 깨끗함, 정직, 부지런함이다. 그 집의 분위기는 즐거움과 기쁨으로 가득하다. 두려움과 불안이 없다. 그 집은 안전하다.

그 집의 문패에는 "하나님을 경외함"이 새겨져 있다. 오늘도 가장 놀라운 스승이신 예수께 나아가 그분의 음성에 귀 기울인다. 거기에 지혜가 있기에 갈급함과 간절함으로 나아간다.

시편 : 의인은 오직 믿음으로 말미암아 살리라. 믿음은 하나님과 올바른 관계를 맺게 한다. 백향목은 팔레스타인 전역에서 가장 아름답고 귀한 나무로 고고하고 위엄 있는 자태를 지니고 있다. 위엄(majesty), 힘(power), 영화(glory)를 상징하는 이 나무는 하나님의 뜰 안에서 외적, 내적으로 성장한다. 하나님과 바른 관계 속에 살아가는 의인을 백향목으로 비유하시니, 이런 삶이 되도록 힘을 다해 도전한다. 화장품이나 성형수술로 되는 게 아니다. 의인에게는 주의 아름다움과 위엄이 있고, 그는 내면에서부터 나오는 힘으로 당당하고 역동적인 삶을 산다. 레바논의 백향목은 성장을 멈추지 않는 특징이 있다. 의인의 특징도 다음과 같다.

- 의인은 종려나무처럼 우거진다.
- 의인은 레바논의 백향목처럼 높이 치솟는다.
- 의인은 주님의 집에 뿌리내린다.
- 의인은 하나님의 뜰에서 크게 번성한다.

잠언 : "여호와를 경외하는 것이 지혜의 근본이요"(9:10).

"경외하다"는 '공경하면서 두려워한다'는 뜻이다. 이는 무서운 존재에 대한 공포감이 아니다. 하나님의 주권과 영광을 인정하는 자가 갖는 거룩한 두려움이다. 존경하는 마음으로 매사에 조심한다는 의미를 포함한다. 주를 경외함으로 지혜와 명철이 내게 있어, 이것이 나를 실패 없는 삶으로 이끌어간다. 하나님을 경외하는 삶은 지혜가 나를 이끌어 가기에 음녀와 말로 호리는 이방 계집을 경계하게 만들어 내 생명을 구한다. 명예를 남에게 빼앗기지 않게 한다. 판단력과 분별력을 주어서 하나님의 길로 이끌림을 받게 한다.

열방을 다스리시는
크고 강하신 하나님
시편 93:3,4 잠언 3:17,18

여호와여, 큰 물이 소리를 높였고 큰 물이 그 소리를 높였으니, 큰 물이 그 물결을 높이나이다. 높이 계신 여호와의 능력은 많은 물 소리와 바다의 큰 파도보다 크니이다

시편 93:3,4

우리의 하나님 '여호와', 그가 온 세상의 왕이시다. "큰 물이 소리를 높였다"는 하나님의 통치에 대항하는 악한 세력을 말한다. 그들이 소리를 "높였고", "높였으니", "높이나이다"라고 하여 그들의 행동을 시간상으로 앞의 두 번은 과거시제로, 마지막은 현재시제로 묘사했다. 이 악한 세력은 과거에도 현재도 계속 하나님의 통치에 대항한다. 그러나 하나님은 온 세상을 그의 능력으로 다스리신다.

열방의 나라들, 권력자들이 제아무리 날뛰어도 그들보다 더 크신 주님이 다스리신다. 앗수르 제국의 왕 산헤립이 제아무리 날뛰어도 우리 하나님 앞에서 아무것도 아니었다. 하나님은 그가 예루살렘에도 이르지 못하고, 화살 하나도 쏘지 못하고, 방패를 가지고 성에 가까이 오지도 못하게 하셨다(사 37:33). 하나님이 세계 최강을 자랑하는 앗수르 대군 18만5천 명을 하룻밤에 몰살하셨다. 역사가 이를 명백하게 증거한다.

온 세상을 다스리시는 하나님이 그의 백성을 보호하신다. 하나님이 보시기에 열방은 통의 한 방울 물과 같고, 저울의 작은 티끌 같으며, 섬들은 떠오르는 먼지와도 같다(사 40:15). 아무리 문제가 커 보여도 하나님 앞에서는 아무것도 아니다.

"우리 가운데 계신 크고 강하신 하나님을 소리 높여 찬양합니다."

그 길은 즐거운 길이요, 그의 지름길은 다 평강이니라. 지혜는 그 얻은 자에게 생명나무라. 지혜를 가진 자는 복되도다 잠언 3:17,18

"지름길"이란 '가장 빠른 길'이라는 뜻이다. 지름길로 가면 엉뚱한 길로 들어서서 빙 돌거나 헤매지 않는다. 시간과 재정과 에너지를 낭비하지 않는다. "내가 10년 전에 알았더라면, 20년 전에 알았더라면… 이렇게 헤매며 낭비하지 않았을 텐데"라고 말하는 사람들이 종종 있다. 그들은 지난 시간 동안 엉뚱한 길로 가서 엄청난 손실을 보고 낭비한 걸 후회한다.

주의 지혜를 따라 사는 길이 곧 지름길이다. 지혜의 길은 고속도로와 같다. 도로 이름은, "즐거움 : 유쾌함"이다. 그리고 "평강 : 샬롬" 마을에 도착한다.

주의 말씀을 따라 살아갈 때, 즐거움과 유쾌함이 있다. 불안과 두려움, 슬픔과 긴장 가득한 삶이 아니라 평탄하고 형통한 삶이다. 지혜를 꽉 붙잡아야 한다. 갈급함과 목마름과 절박함으로 지혜를 절대 놓치지 않으려 두 손으로 붙잡아라. 그런 사람에게 지혜는 생명나무가 된다. 복을 받는다.

힘, 기쁨, 즐거움, 힘참, 역동, 다이내믹, 신선함은 생명나무의 열매다. 성장, 배가, 형통, 평탄도 열매다. 생명나무의 열매를 먹으려면 지혜를 꽈~악 붙들어야 한다! 예수 그리스도가 지혜시다. 그분을 붙잡으면 지혜를 얻는다.

시편 : 주님이 다스리신다. 위엄을 갖추시고 능력의 허리띠를 띠시며 다스리신다. 그러므로 세계도 굳건히 서서 흔들리지 않는다. 주님은 영원 전부터 계신다. 강물이 소리를 지른다. 강물이 더욱 소리를 높인다. 강물이 미친 듯 날뛰며 소리 지른다. 주님은 큰 물소리보다 더 크시고, 날뛰는 물결보다 더 엄하고 위풍이 있으시다. 하나님께서 지으신 만물은 주님을 알아보고 소리친다.

하나님께서 사람이 만물을 다스리도록 지으셨다. 만물보다 못하면 어찌 만물을 다스리겠는가! 오늘도 삶의 모든 순간마다 나의 주인을 명확하게 하기를 원한다. 나도 크게 소리친다.

"주님은 만왕의 왕이십니다!"

잠언 : 하나님을 경외하면 지혜가 생긴다. 그 길은 즐겁고 평안하다. 지혜는 그 얻는 자에게 생명나무니, 그는 복이 있다. 이 길을 어찌 사모하지 않을 수 있겠는가! 나는 지혜를 사모한다.

매사에 마음가짐을 조심하고, 매 순간 하나님을 인정하며 살기를 다짐한다. 주님의 지혜가 형통함으로 가는 지름길로 우리를 안내한다.

우리 마음에 빛과 기쁨을 뿌리시는 하나님

시편 97:10,11 잠언 4:13

여호와를 사랑하는 너희여, 악을 미워하라. 그가 그의 성도의 영혼을 보전하사 악인의 손에서 건지시느니라. 의인을 위하여 빛을 뿌리고 마음이 정직한 자를 위하여 기쁨을 뿌리시는도다 시편 97:10,11

"하나님을 사랑하라!", "악을 미워하라!" 이것이 하나님의 백성, 의로운 자, 마음이 정직한 자가 취할 마땅한 태도다. 우리가 악을 가장 적극적으로 미워하는 방법은, 온 마음 다해 하나님을 사랑하는 것이다. 하나님 중심의 삶, 하나님 말씀에 전적으로 순종하는 삶을 살면, 악은 절대 우리를 무너뜨리지 못한다. 하나님이 그의 성도의 생명을 지키시고 악한 자의 손에서 건지시기 때문이다.

하나님이 의로운 자를 위해 빛을 뿌리고, 마음이 정직한 자를 위해 기쁨을 뿌리신다. "뿌린다"는 단순히 준다는 게 아니라 밭에 씨앗을 뿌리는 걸 말한다. 뿌려진 씨앗은 당장 열매를 맺지 않지만, 조만간 싹이 나고 줄기와 잎이 나온다. 그리고 꽃이 피고 열매를 맺을 것이다.

빛의 열매는 모든 착함과 의로움과 진실함에 있다(엡 5:9). 기쁨의 열매는 즐거움, 생명, 자유, 쾌활함이다. 그리고 얼굴에 미소가 가득하고 마음에서부터 노래가 흘러나온다. 이것이 하나님을 사랑하는 사람, 정직한 사람의 모습이다. 빛 된 삶, 기쁨이 충만한 삶이다. 힘있고 역동적인 삶이다.

훈계를 굳게 잡아 놓치지 말고 지키라. 이것이 네 생명이니라 잠언 4:13

"이것이 네 생명이다"는 '이것이 네가 살길이다. 잘되는 비결이다'라는 뜻이다. 그 길은 하나님의 말씀을 굳게 잡고 놓치지 않으며 지키는 것이다. "훈계"는 하나님 말씀의 특징 중 하나다. 마땅히 가야 할 길, 해야 할 행동을 말한다. 내가 어디로 가야 할지, 무엇을 해야 할지를 가르쳐준다.

그 말씀을 굳게 잡아라. "놓치지 말라"는 '느슨하게 잡아 떨어뜨리지 말라'라는 것이다. "지키라"는 농업시설이나 군사시설을 보호하듯 '다른 것들이 들어오지 못하도록 충실하게 지키라'이다.

다시 말하면, 주께서 지시하신 말씀을 온 마음과 힘을 다해 지켜 살아내는 것이다. 성경의 모든 말씀은 내 유익을 위한다. 훈장님의 훈계나 잔소리가 아니다. 그 말씀은 내게 생명을 준다. 그것을 경험하는 길은 듣고 지식으로 아는 것에 있지 않고, 삶의 모든 영역에서 구체적으로 살아내는 데 있다. 말씀을 듣고 아는 데 머물지 말아야 한다. 그러면 '하나님에 대해서' 말만 번지르르하게 한다. 그러나 듣고 아는 말씀을 따라 살아내면 '하나님 그분'을 만난다. 그 삶에는 간증이 있다. 생명이 있기 때문이다.

시편 : "주님을 사랑하는 사람들아, 너희는 악을 미워하여라"(10, 새번역).

주님을 사랑하는 만큼 악을 미워하게 된다. 실수와는 다른 얘기다. 주님이 악을 미워하시기 때문에 나도 미워한다. 주님은 그의 성도를 지켜주시며 악인들의 손에서 건져주신다. 악을 따라가면서 어찌 주님이 건져주시기를 바라겠는가.

"빛은 의인에게 비치며, 마음이 정직한 사람에게는 즐거움이 샘처럼 솟을 것이다"(11, 새번역). 빛은 의인에게 비추이는 법이다. 정직한 사람은 기쁨이 샘처럼 솟는 즐거움이 있다. 오늘도 다짐한다. 매일 다짐한다. "악을 거절합니다!" 내 영혼아~ 평생 악을 거절하라!

악을 거절하면 주님이 주시는 보상이 실로 크다.

1) 주님이 지켜주신다.

2) 주님이 건져주신다.

3) 빛을 비춰주신다.

4) 즐거움이 샘처럼 솟아나게 하신다.

주님이 주시는 보상을 바라보니 악을 거절할 힘이 저절로 생겨난다.

잠언 : 하나님의 말씀은 인생의 내비게이션이다. 정확한 길로 인도하여 목적지에 도착하게 한다. 나는 방향감각이 둔하여 운전할 때 내비게이션을 굳게 의지하며 다닌다. 이것이 없다면 운전대를 놓아야 한다. 말씀이 그렇다. 말씀을 따라가지 않으면 엉뚱한 곳에서 헤매며 인생을 허비하게 된다. 오직! 이 길만 살길이다. 주의 길로 인도하는 말씀을 나의 생명줄로 굳게 붙잡는다.

5일

찬양의 구름다리
시편 98:1,3 잠언 5:9~11

새 노래로 여호와께 노래하라. 그가 놀라운 일을 행하시고 그 능력과 거룩한 힘으로 큰 승리를 얻었다. 그가 성실하심과 한결같은 사랑으로 이스라엘 백성에게 자기 약속을 지키셨으므로 온 세상이 우리 하나님의 구원을 보았다. 시편 98:1,3 현대인의성경

하나님은 기적을 일으키시는 분이다. 공개적으로 누구나 알 수 있게 그를 의지하는 백성에게 구원을 나타내신다. 놀라운 일을 행하시는 그분을 찬양하자. 그분의 변함없는 사랑, 약속을 지키시는 성실하심을 찬양하자. 간증을 준비하라.

하나님은 나의 구원자시다. 변함없는 사랑을 베푸는 신실한 하나님이시다! 시편 68편 4절에, "하나님께 노래하며 그의 이름을 찬양하라. 하늘을 타고 광야에 행하시던 이를 위하여 대로를 수축하라. 그의 이름은 여호와이시니 그의 앞에서 뛰놀지어다"라고 하셨다. 우리가 광야에서 하나님을 찬양할 때, 광야에 고속도로가 만들어진다. 광야에는 길이 없다. 자칫 방향을 잃을 수 있는 위험이 도사리고 있다. 우리가 찬양을 부를 때, 하나님이 '찬양의 구름다리'를 건너 우리 가운데 임재하신다.

이스라엘이 광야를 행진할 때, 유다 지파가 앞장서서 모든 지파를 이끌었다. 유다는 그 뜻이 '찬양'이다. 찬양은 광야에 길을, 사막에 강을 낸다. 하나님이 임재하시고 앞을 가로막는 모든 원수를 물리치셔서 우리로 승리하게 하신다.

지금 광야 길을 걷고 있다면, 바로 하나님을 찬양할 때다.

두렵건대 네 존영이 남에게 잃어버리게 되며, 네 수한이 잔인한 자에게 빼앗기게 될까 하노라. 두렵건대 타인이 네 재물로 충족하게 되며, 네 수고한 것이 외인의 집에 있게 될까 하노라. 두렵건대 마지막에 이르러 네 몸, 네 육체가 쇠약할 때 네가 한탄하여

잠언 5:9-11

다섯 가지 참담한 일이 일어날까 몹시 걱정하고 염려하며 안타까워하는 아버지의 마음이다. 그런 일이 일어나는 건 당연한 결과다. 아버지가 사랑하지 않거나 돌보지 않

거나 하는 영역이 아니다. 흡연을 지나치게 하면 폐암에 걸릴 확률이 높으니 이를 염려해서 알려주는 것과 같다. 그 결과로 폐암이 발생하면 누구를 원망할까? 아버지의 사랑을 의심하는가? 하나님의 능력을 의심하는가? 아니다. 평소 아버지의 훈계와 권면을 외면한 자신을 탓할 것이다. 이는 미련한 사람의 표상일 뿐이다. 지혜로운 사람이라면 돌이켰을 것이다. 그랬다면 결과도 달라졌을 것이다. 부디 그런 일이 일어나지 않도록 아버지의 말에 귀를 기울여라. 스승의 목소리를 청종하라!

다섯 가지 참담한 일은, 내 존영을 남에게 잃고, 내 수한을 잔인한 자에게 빼앗기고, 타인이 내 재물을 빼앗고, 내가 수고한 것이 외인의 집에 있고, 내 육체가 쇠하게 되는 일이다. 주의 말씀과 원칙을 무시하고 불순종하고 고집대로 살아갈 때 일어나는 일들이다. 이럴 때는 누구를 원망하거나 불평하고 낙심할 게 아니라, 전심으로 주 앞에 나가야 한다. 이것이 해결의 길이다.

시편 : "새 노래로 주님께 찬송하여라. 주님은 기적을 일으키는 분이시다"(1, 새번역).

나는 매일의 삶에서 기적 같은 간증을 갖고 있다. 옆에서 가까이 보시는 홍 목사님이 그 증인이시다. 나의 하나님은 매일 기적을 일으키시는 분이다. 단, '내가 주님의 뜻 한 가운데 있는가? 그분을 찬양하는 삶을 살고 있는가?'만 늘 점검하면 된다.

이스라엘 가문에 베푸신 인자하심과 성실하심, 그 사랑을 보고 온 열방이 하나님의 구원을 보았다. 홍해를 가르시고, 반석에서 물을 내시며, 애굽에 내린 열 가지 재앙으로 하나님의 지엄하심을 온 열방이 보게 하셨다. 그 하나님께서 내게 베푸신 인자하심을 기억한다. 깊은 절망과 수렁에서 나를 건져내셨다. 이 은혜를 절대 잊지 말아야 한다.

이것이 주를 향한 나의 '의리'요 '충성'이 아니겠는가! 주님의 사랑을 힘입어 다시 힘을 내자! 주님의 격려를 힘입고 또 살아내자! 이 길이 내가 가야 하는 길이다. 예수님의 십자가처럼 대가 지불 없이 따라갈 수 없는 길이기에 더 영광스럽다(눅 14:27).

잠언 : 아내에게 성실하지 않은 남편의 최후의 모습을 다섯 가지로 말씀하신다. 음행하는 여자의 입술을 사랑한 혹독한 대가다. 음녀의 입술은 꿀 같으나 독약이다. 내 걸음을 스올로 치닫게 만든다. 영예는 다른 사람에게 넘어가고, 세월은 포학자에게 빼앗기며, 내 재산으로 다른 사람이 배부르며, 육체는 다 망가진다. 종말을 한탄하며 우는 한 남편의 처참함을 보라! 지금!! 그 자리를 박차고 일어나 귀가하라!

거룩하신 하나님을 만날 때

시편 99:3,5,9 잠언 6:16-19

위대하고 위엄 있는 그의 이름을 찬양하라. 여호와는 거룩하시다. 우리 하나님 여호와를 찬양하고 그의 발 앞에 경배하라. 그는 거룩하신 분이시다. 우리 하나님 여호와를 찬양하고 그의 거룩한 산에서 경배하라. 우리 하나님 여호와는 거룩하신 분이시다. 시편 99:3,5,9 현대인의성경

시편 99편은 9절로 이루어진 짧은 찬송시다. 그중에 3,5,9절이 "하나님은 거룩하시다" 하며 찬양한다. 시편 99편을 통해 거룩하신 하나님을 만난다. 이사야가 하나님을 만나는 장면(사 6장)은 아름답다.

그는 높이 들린 하나님의 보좌를 보았다. 천사들이 "거룩하다 거룩하다 거룩하다 만군의 여호와여, 그의 영광이 온 땅에 충만하도다"라며 찬양하는 소리가 성전에 가득했다. "그는 사랑이시다", "그는 은혜로우시다", "그는 신실하시다"라고 부르지 않았다. 하나님의 영광의 결정체는 그의 '거룩하심'이다. 이사야는 거룩하신 하나님 앞에서 자신의 죄를 보았다. 그러나 하나님이 그의 죄를 용서하셔서 깨끗함을 입었다. 그는 세상을 향한 하나님의 마음을 보았고, 그분의 말씀을 들었다. 주께서 "누가 우리를 위하여 갈꼬?" 하시자 이사야가 응답했다. "내가 여기 있나이다. 나를 보내소서."

거룩하신 하나님을 알면 그를 찬양하고 그 앞에 경배를 드리게 된다. 우리의 삶이 예배하는 삶으로 바뀐다. 아름답고 명예롭고 고귀한 삶, 말씀에 순종하는 삶이다. 그리고 세상에 영향을 주는 삶을 살게 된다.

여호와께서 미워하고 싫어하는 것이 일곱 가지가 있는데 그것은 교만한 눈과, 거짓말 하는 혀와, 죄 없는 자를 죽이는 손과, 악한 계획을 세우는 마음과, 악을 행하려고 빨리 달려가는 발과, 거짓말을 토하는 거짓 증인과, 형제 사이를 이간하는 자이다.

잠언 6:16-19 현대인의성경

우리의 눈, 혀, 손, 마음, 발은 주님이 좋아하고 사랑하시는 것을 따라야 한다. 다음

은 하나님이 미워하시는 것들이다. 1) 거만한 눈 - 교만은 모든 죄의 최선봉이다. 잘난 체하며 다른 사람을 무시하는 건 얼굴만 봐도 나타난다. 눈에서 보인다. 2) 거짓말하는 혀 - 진실하지 않고 허위, 사기, 위선으로 가득하다. 3) 죄 없는 사람을 해치는 손 - 서로 돕고 위로해야 할 손이 잔인하고 흉악한 손이 되어 남을 해친다. 4) 흉계를 꾸미는 마음 - 권모술수에 능하고 악을 행하는 데 있어서 세상의 악한 지혜가 나온다. 5) 악한 길로 급히 달려가는 발 - 남을 해치는 일에 시간을 놓칠까 안달하며 악으로 재빨리 달려간다. 6) 거짓 증언하는 입 - 진실을 알면서도 거짓 증언하는 것은 양심에 화인 맞은 증거다. 7) 공동체에 분쟁을 일으키는 자 - 이간질하는 자는 공동체의 사랑과 평화를 깨뜨린다. 고자질하고, 남의 허물을 드러내고, 비방하고, 중상모략한다. 부정적이고 비판적이다. 과장하여 들은 사람이 그릇된 추측을 하게 한다.

우리는 겸손의 눈, 정직한 혀, 위로의 손, 착한 마음, 5K 사역지로 향하는 발, 용기를 북돋는 입으로 공동체의 피스 메이커가 되자.

시편 : "만백성아, 그 크고 두려운 주님의 이름을 찬양하여라. 주님은 거룩하시다"(3, 새번역)! 우리에게 이렇게 찬양하라고 하신다.

첫째, 주님의 발등상 아래 엎드려 절하며 "주님은 거룩하시다" 외쳐라!

둘째, 거룩한 산에서 주님을 경배하며 "주 우리 하나님은 거룩하시다" 외쳐라!

무슨 말인가? 세상과 구별된 삶으로 주님의 거룩함을 사모하라는 것이다. 주님의 길을 따라서 거룩한 삶을 살라고 하신다(벧전 1:16). 세상과 다른 원리 원칙으로 사는 것이 구별된 거룩한 삶이다. 이런 삶은 예배의 재물이 된다. 예배는 입으로만 하는 게 아니다. 삶으로 살아내는 자가 진정한 예배자다.

"아버지! 오늘도 주님의 거룩한 길을 지켰습니다! 유혹이 있었지만, 주님의 말씀을 기억하며 뿌리치고 주님께 달려 나왔습니다!"

이런 사람을 주께서 힘껏 안아주시며 참 잘했다고 칭찬하신다.

잠언 : 여호와께서 크게 미워하고 싫어하시는 이 일곱 가지(거만하고 교만한 눈, 거짓말하는 혀, 사람을 해치는 손, 흉계를 꾸미는 마음, 악한 길로 달리는 발, 거짓말하는 입, 분쟁을 일으키는 것)를 나도 미워하고 싫어한다. 내 삶에 이것들을 거절한다. 그 반대의 삶, 곧 복이 되는 삶을 살 것이다. 겸손하고, 진실하며, 선한 길로 다니며, 연합에 항상 힘쓰는 자리를 선택한다.

진정한 리더십이란 무엇인가?

시편 101:2 잠언 7:24,25

내가 완전한 길을 주목하오리니 주께서 어느 때나 내게 임하시겠나이까? 내가 완전한 마음으로 내 집 안에서 행하리이다 시편 101:2

"완전한 길에 주목하겠다"는 '성경적 가치 기준과 판단, 원칙에 따라 지혜롭게 행하겠다'라는 뜻이다. "내 집"이란 가정만 말하는 게 아니라, 하나님이 맡겨주신 모든 영역을 일컫는다. 왕 같은 제사장으로서의 올바른 자세다. 시편 101편은 완전한 길에 주목하며, 완전한 마음으로 행하려고 결심한 사람의 특징을 알려준다.

1) 불의한 일은 눈앞에 얼씬 못하게 한다.
2) 거스르는 행위를 미워한다.
3) 구부러진 생각을 멀리한다.
4) 악한 일에 함께하지 않는다.
5) 숨어서 헐뜯는 자를 침묵하게 만든다.
6) 눈이 높고 마음이 오만한 자를 그대로 두지 않는다.
7) 속이는 자와 거짓말하는 자는 내 앞에 서지 못하게 한다.
8) 악인들의 입을 다물게 하고, 사악한 자들을 끊어버린다.
9) 충성된 자를 눈여겨보고, 내 곁에 있게 한다.
10) 나와 같은 마음으로 사는 사람들과 어울린다.
하나님의 도우심으로 이 같은 삶을 살며 진정한 리더십을 발휘해야 한다.

이제 아들들아, 내 말을 듣고 내 입의 말에 주의하라. 네 마음이 음녀의 길로 치우치지 말며, 그 길에 미혹되지 말지어다 잠언 7:24,25

우리가 듣고 주의해야 할 것은 하나님 아버지의 말씀이다. "듣는다"는 '주의를 기울여 듣고 순종하여 그대로 살겠다'라는 걸 말한다. 우리는 음녀의 길로 치우치거나 미혹되지 말아야 한다. "치우치다"는 '옆으로 빗나가다, 잘못된 길로 들어서다'이다. "미혹되다"는 '방황하다, 잘못된 길로 들어설 뿐 아니라 그 길로 걸어가다'이다.

우리 앞에 두 길이 있다. '아버지의 말씀을 따라 사는 길'과 '음녀의 길'이다. 이는 요한복음 10장 10절, "도둑이 오는 것은 도둑질하고 죽이고 멸망시키려는 것뿐이요, 내가 온 것은 양으로 생명을 얻게 하고 더 풍성히 얻게 하려는 것이라"라는 말씀과 같다. 도둑과 음녀는 같은 존재다. 이 세상과 그 뒤에서 조종하는 어둠의 영이다. 음녀의 길은 내 믿음을 도둑질한다. 내 열정을 빼앗고, 내 믿음을 파괴한다. 내 영혼을 파멸로 이끌려고 온갖 것으로 미혹한다.

우리는 목자이신 예수님을 통해 아버지의 음성을 듣는다. 내게 생명을 얻게 하고, 내 삶을 더 풍성히 얻게 하려고 오시는 예수님이시다. 그래서 날마다 내가 주의 깊게 귀 기울여야 하는 건, 세상의 유혹이 아니라 오직 나를 사랑하시는 하나님 아버지의 말씀이다. 하나님의 말씀에 주의하면 세상의 길로 치우치지 않고 미혹되지 않는다. 그 말씀이 내게 판단력과 분별력을 준다.

나는 오늘도 오직 내 마음을 하나님께 쏟고, 그의 길로 걸어가리라.

시편 : "흠 없는 길을 배워 깨달으렵니다"(새번역).

완전한 길은 흠이 없는 삶을 말한다. 깨지거나 상한 것 없이, 성하지 않거나 불완전한 부분 없이 사는 삶이다. 이런 삶은 오직 하나님 말씀의 원칙에 따라 살 때만 가능하다. 시편 101편의 열 가지 특징을 종일 묵상하고 생각에 넣고 마음에 저장하며 삶에 적용하여 내 것으로 만들어야 한다. 시간이 갈수록 신앙과 삶이 더 성숙하는 게 정상이다. 예수님을 믿고 영접하고 구원받을 때, 우리는 새로운 피조물로 재탄생한다. 그때 믿음으로 10년, 20년, 30년 살고 있다면 성장하지 않은 것이다. 성장이 멈춘 건 병든 것이다. 어느 때 성장이 멈추었는가? 그 자리를 박차고 일어나서 건강한 성장의 자리로 돌아가야 한다.

잠언 : "그 여자에게 상처를 입고 쓰러진 사람이 많고, 그 여자 때문에 죽은 남자도 헤아릴 수 없이 많다"(26, 새번역).

음녀의 길로 가다가 큰 손해를 입고 영적으로 죽은 남자들이 많다. 남녀 모두에게 경고하는 말씀이다. 나는 살아있는가? 숨을 쉰다고 살아있는 삶이 아니다. 영향력이 끝난 삶은 죽은 삶이다. 잠언 7장 전체를 읽으면 섬뜩하다. 정신이 번쩍 든다.

형제들이여! 자나깨나 음녀를 조심하자! 패망의 길로 이끌려간다. 자매들도 조심하자. 죽음의 길로 이끌려간다.

지금은 일어나 부르짖을 때다

시편 102:2 잠언 8:17

나의 괴로운 날에 주의 얼굴을 내게서 숨기지 마소서. 주의 귀를 내게 기울이사 내가 부르짖는 날에 속히 내게 응답하소서 시편 102:2

시편 102편은 고난 당한 자의 기도다. "원수들이 종일 모욕하고 비웃고 내 이름을 불러 저주한다"라고 했다(8). 고난 당한 자의 다섯 가지 극심한 고통의 상태가 보인다. 1) 풀처럼 시들고 마른 마음(4) - 마음이 풀처럼 시들고 말라버렸다. 음식을 먹는 것조차 잊을 정도로 시달림이 너무 크다. 슬픔으로 인한 고통은 식욕을 빼앗아버린다. 2) 뼈와 살이 달라붙은 몸(5) - 한마디로 피골이 상접하여 극도로 쇠약한 상태다. 욥은 자신의 상태를 설명하기를, "내 피부와 살이 뼈에 붙었고 남은 것은 겨우 잇몸뿐이로구나"라고 했다(욥 19:20). 3) 광야의 올빼미와 부엉이, 지붕 위의 외로운 참새(6,7) - 누구 하나 가까이 다가와 위로해주는 사람이 없는 고독한 상태다. 4) 재를 밥처럼 먹고, 눈물 섞인 물을 마신다(9) - 고통과 비애가 얼마나 큰지 보여준다. 5) 기울어지는 그림자 같은 날(11) - 지는 태양은 떠오르는 태양과 정반대다. 생명이 다한 것 같은, 죽음이 다가오는 절망의 상태다. 그러나 이때 낙심하지 말고 하나님께 나아가 부르짖어 기도해야 한다. 주님은 보좌에서 모든 것을 다스리신다. 부르짖는 그의 백성의 기도를 들으시고 긍휼히 여기신다. 은혜를 베푸실 때가 왔다. 주를 찬양하라!

나를 사랑하는 자들이 나의 사랑을 입으며, 나를 간절히 찾는 자가 나를 만날 것이니라 잠언 8:17

히브리어 "간절히"라는 단어는 '새벽에'라는 단어로 대신 사용한다. 간절히 찾는 사람은 새벽 일찍부터 주를 찾는다. 주님을 사랑하는 사람을 주님도 사랑하신다. 그분은 새벽부터 간절히 주를 찾는 사람을 만나주신다. 이것이 주님이 세우신 우선순위다. "주님을 첫째로 사랑합니다", "주님 사랑을 1순위에 둡니다", "주님을 새벽에 간절히 찾습니다." 이렇게 고백하는 사람은 주님의 사랑으로 만족하며 행복하다.

어거스틴은 "나는 내 주 안에 있기까지 참된 안식이 없습니다"라고 말했다. 주 안에 있을 때 참된 만족을 누린다는 것이다. 주님을 만난 사람은 행복하다. 이는 단지 악수하거나 인사하는 정도가 아니라 교제하는 삶이다. 주님께 위로받으며 힘과 용기와 격려를 얻는다. 마치 빈손으로 왔다가 품 가득히 하늘의 선물을 안고 돌아가는 것과 같다.

"누구든지 내게 들으며, 날마다 내 문 곁에서 기다리며, 문설주 옆에서 기다리는 자는 복이 있나니, 대저 나를 얻는 자는 생명을 얻고 여호와께 은총을 얻을 것임이니라"(34,35).

날마다 그 말씀을 갈급하게 기다리고 묵상하여 마음에 새기고 살겠습니다!

시편 : 사업이 망했을 때 광야 10년은 정말 고통스러웠다. 그런데 더 큰 고통은 2020년이었다. 가장 극심한 고통과 환난의 해였다. 머리에 40군데 이상 탈모가 생겼고, 이가 다 흔들려서 가발과 틀니를 할 뻔했다. 첫 번째 광야는 내가 잘못해서 그 길로 들어갔다. 두 번째 광야는 악인들이 사방에서 벌 떼처럼 일어나 나를 죽이려고 달려들었다. 이스라엘 백성이 수르 광야에서 마라의 쓴물을 만났지만, 주께서 단물을 마시게 하셨고, 지나가니 신 광야가 기다렸다. 거기서 만나와 메추라기를 먹이셨다. 또 지나가니 시내 광야, 바란 광야, 계속 광야의 연속이었다.

인생이 그렇다. 광야! 하나 지나가면 다시 광야!다. 그곳은 무릎 꿇지 않으면 살아 나가지 못하는 곳이다. 오직 하나님의 능력으로 먹이고 마시게 하시는 곳 광야! 그래서 떡이 아닌 말씀으로 사는 걸 깨닫게 하시는 곳, 믿음의 사람으로 빚어가시는 하나님의 학교, 광야!

잠언 : 2020년, 광야에서 나를 건져준 것이 말씀 묵상이었다. 다윗이 고난 중에 어떻게 반응하여 구원을 얻었는지 깊이 배웠다.

"환난 날에 나를 부르라 내가 너를 건지리니 네가 나를 영화롭게 하리로다"(시 50:15).

나에게 무엇을 해야 하는지 알게 하셨다. 사람들과 맞대어 상대하지 않았고, 금식하고 또 금식했다. 주님을 부르고 또 불렀다. 밤낮으로 주님 앞에서 울었다. 눈물이 내 양식이 되었다. 주님은 그분을 간절히 찾는 나를 만나주셨고, 위로하시며 여호와의 은총으로 생명을 얻게 하셨다. 나는 주님과 함께, 주님 편에 선 동료들과 힘든 시간을 넘기며 주님의 방법을 배웠다. 말도 안 되는 거짓 앞에 스트레스를 잘 다루는 사람으로 성장했다. 광야는 내게 또 다른 축복이었다.

힘써 여호와를 알자

시편 103:7 잠언 9:1,3,4,13,15,16

그의 행위를 모세에게, 그의 행사를 이스라엘 자손에게 알리셨도다 시편 103:7

하나님이 자신이 누구신지를 알리시는 방법이 모세에게와 이스라엘 자손에게 달랐다. 모세에게는 "그의 행위"를 알리셨다. 행위는 하나님이 행하시는 원리 원칙, 길과 방법을 말한다. 개인이나 교회 공동체, 민족이나 국가에 대한 하나님의 경륜과 섭리를 뜻한다. 모세가 주께 구했다. 출애굽기 33장 13절의 기도가 그것이다.

"내가 참으로 주의 목전에 은총을 입었사오면, 원하건대 주의 길을 내게 보이사 내게 주를 알리시고⋯."

반면에 이스라엘 자손에게는 "그의 행사"를 알리셨다. 행사는 하나님이 행하시는 놀라운 일들을 말한다. 깊은 바다 홍해를 가르시고 그들로 육지같이 발로 건너게 하신 일, 광야에서 만나를 먹게 하시고 반석에서 물을 내어 마시게 하신 일, 뜨거운 광야 길에 낮에는 구름 기둥으로, 밤에는 불기둥으로 그들을 보호하며 인도하신 일들이다.

나는 하나님을 얼마나 알고 있는가? 시편 103편은 우리에게 하나님을 더 알게 한다. 3-5절은 하나님이 행하시는 일의 목록이다. 8-19절은 하나님이 누구신지를 보여주고, 그분이 행하시는 원칙들을 보여준다. 하나님 알기를 힘써야 한다. 하나님에 대해 지식으로 아는 것이 아니라, 하나님 그분 자신을 알기를 간절히 구해야 한다.

지혜가 ⋯ 자기의 여종을 보내어 ⋯ 이르기를, '어리석은 자는 이리로 돌이키라' 또 지혜 없는 자에게 이르기를 ⋯ 미련한 여인이 떠들며 ⋯ 이르되, '어리석은 자는 이리로 돌이키라' 또 지혜 없는 자에게 이르기를 잠언 9:1,3,4,13,15,16

지혜로운 여자와 미련한 여자가 날마다 지나가는 사람을 부른다. 둘 다 사람들이 가장 많이 통행하는 곳에서 말한다. 미련한 여자는 때로 자기 집 문 앞에 앉아 부르기도 한다. 두 여인이 각각 식탁을 준비하고 초청장을 보낸다. 둘 다 같은 사람, "어리석은 자", "지혜 없는 자"를 부른다.

그러나 목적이 전혀 다르다. 결과도 정반대다. 지혜로운 여인의 식탁에 참여한 자는 생명을 얻고 명철의 길을 걷는다. 그러나 미련한 여자의 식탁에 참여한 자는 독약을 먹고 마시며 지옥행 급행열차를 탄다. 거기에는 이미 선배들의 해골이 수북이 쌓여있다. "도적이 오는 것은 도적질하고 죽이고 멸망시키려는 것뿐이요, 내가 온 것은 양으로 생명을 얻게 하고 더 풍성히 얻게 하려는 것이라"(요 10:10). 이 말씀으로 잠언 9장을 이해할 수 있다.

이 두 여인이 오늘도 우리를 부른다. 선택은 당신의 몫이다. 나는 '오늘' 지혜자의 초청에 응답하리라. 그가 마련한 식탁에서 배불리 먹으리라. 나는 '오늘' 미련한 여인의 초청에 눈도 돌리지 않고 귀도 기울이지 않고, 절대 초청에 응하지 않으리라. 나방이 불구덩이로 뛰어드는 것 같은 어리석은 일, 후회해도 소용없는 일을 하지 말자.

내일도 '오늘'이다. 모레도 '오늘'이다. 영원히 '오늘'이다.

시편 : 모세처럼 주의 길을 보기를 사모한다. 온 땅을 향한 하나님의 경륜과 섭리를 깨닫고, 이스라엘 백성을 올바른 곳으로 이끌어가는 삶을 사모한다.

하나님은 당신의 뜻을 모세, 아브라함, 선지자들에게 알려주셨듯이(창 18:17) 오늘날에도 동일하게 누군가에게 알려주신다.

"주 여호와께서는 자기의 비밀을 그 종 선지자들에게 보이지 아니하시고는 결코 행하심이 없으시리라"(암 3:7). "너는 내게 부르짖으라 내가 네게 응답하겠고 네가 알지 못하는 크고 비밀한 일을 네게 보이리라"(렘 33:3).

그의 뜻을 중보기도자들에게 보여주신다. 중보기도자는 하나님의 음성을 듣고 그분의 뜻이 이 땅에 이루어지도록 기도하는 자다. 나는 이 자리를 너무나 사모한다. 그래서 기도하는 시간을 절대 타협하지 않기로 했다. 삶의 우선순위로 지키기로 굳게 결심했다. 나는 하나님의 비밀을 아는 자로 살고 싶다.

잠언 : 창세기 3장 사건은 오늘도 매 순간 내게 일어난다. 하나님께서는 "선악과를 따 먹지 말라! 정녕 죽으리라!" 말씀하시고, 사탄은 "따 먹어라. 절대 죽지 않을 것이다" 속삭인다. 두 메시지가 내 삶에 항상 있다. 두 여인이 초청한다. 아담과 하와의 선택은 에덴동산에서 쫓겨나는 결과를 낳았다. 오늘 내 선택도 반드시 결과를 만든다. 지혜로운 여자의 초청에 응답하여 주님께서 차려놓으신 만찬을 즐기자!

범사에 감사하라

시편 104:9-12 잠언 10:17

주께서 물의 경계를 정하셔서 넘치지 못하게 하시고 다시 돌아와 땅을 덮지 못하게 하셨습니다. 그가 골짜기에서 샘물이 솟아 나와 산 사이로 흐르게 하셔서 들짐승에게 물을 주시니 들나귀가 갈증을 풀며 공중의 새들이 물가에 보금자리를 만들고 나뭇가지에서 노래하는구나. 시편 104:9-12 현대인의성경

전능자 하나님이 우리의 삶을 다스리신다. 많은 사람이 바닷가에 살면서 바닷물이 넘칠 걸 염려하지 않는다. 물의 경계를 정하시고 넘치지 못하게 하시는 하나님이 우리 삶을 주관하셔서 감당 못 할 일을 당하지 않게 하신다.

하나님은 골짜기에서 샘물이 솟아나 산 사이로 흐르게 하셔서 들짐승에게 마실 물을 주신다. 때로 인생에도 오르는 산, 내려가는 골짜기가 있다. 인생의 골짜기를 지날 때가 있다. 눈물 골짜기, 고난의 골짜기다. 그러나 하나님은 그 골짜기 사이에 흐르는 물을 우리가 마시고 갈증을 해소하게 하신다. 거기에 새들이 보금자리를 만든다. 나무가 자라서 새들은 나뭇가지에 앉아 노래한다.

깊고 긴 골짜기만 바라보지 말아야 한다. 거기 흐르는 물을 보아야 한다. 만족, 풍성함, 진정한 안식과 기쁨이 골짜기에 깃들어 있는 걸 맛보아야 한다. 그러면 범사에 감사할 수밖에!

훈계를 지키는 자는 생명길로 행하여도, 징계를 버리는 자는 그릇 가느니라 잠언 10:17

"생명길"로 가는 사람이 있다. 그 길은 살리는 길이다. 빛이 있어서 확실하기에 마음에 담대함, 확신, 평강, 자유함이 있다. 거리낌이 없고, 활기가 넘치고, 기쁨과 즐거움, 웃음이 있다. 어떻게 사는 것이 올바른지를 확실히 안다. 또 다른 길로 가면 어두워 길을 잃고 방황한다. 혼란, 두려움, 불확실 때문에 얼굴이 어두워지고 웃음이 사라진다. 자신감도 없고 머뭇거리며 쉽게 낙심하게 된다.

"그릇 간다"는 '길을 잃고 방황하다'라는 뜻이다. 삶의 가치와 기준이 명확하지 않다. 어떻게 사는 게 올바른 건지를 모른다. 주위 사람들과 주변 환경에 쉽게 영향을 받는다. 이 얼마나 다른 길인가!

이 차이는 주의 책망을 듣는 것과 무시하는 것에서 비롯된다.

"그러므로 이스라엘의 하나님 나 여호와가 말하노라 … 나를 존중히 여기는 자를 내가 존중히 여기고 나를 멸시하는 자를 내가 경멸히 여기리라"(삼상 2:30).

주를 존중히 여기는 자는 주의 말씀을 경청한다. 주께서 그런 사람을 존중하고 보호하고 풍성하게 하신다. 한편 주를 멸시하는 자는 주의 말씀을 무시한다. 주님도 그런 사람을 경멸하신다. 날마다 주의 말씀을 청종하리라. 그 말씀을 굳게 붙잡고, 그 말씀 따라 살리라. 그것이 살길, 생명의 길이다.

시편 : 하나님만이 모든 것의 주인이시다. 그분이 창조한 모든 것을 말씀으로 다스리고 계신다. "한계를 정하여 문빗장을 지르고 이르기를 네가 여기까지 오고 더 넘어가지 못하리니 네 높은 파도가 여기서 그칠지니라 하였노라"(욥 38:10).

물이 하나님의 명령을 거스르지 못하게 하셨고, 그분이 높은 파도에게 "여기까지!"라고 명령하시면, 파도가 말씀 앞에 순종한다. 누가복음 8장 22-25절에도 예수님이 광풍을 꾸짖으시니, 잠잠해졌다. 나의 하나님을 묵상할수록 너무나 광대하시고 놀라워서 성경을 읽다가 "와~", 말씀을 묵상하다가 "와~" 하게 된다. 다른 말이 나오지 않는다. 그냥 "와~!"다.

"여호와의 말씀이니라 너희가 나를 두려워하지 아니하느냐 내 앞에서 떨지 아니하겠느냐 내가 모래를 두어 바다의 한계를 삼되 그것으로 영원한 한계를 삼고 지나치지 못하게 하였으므로 파도가 거세게 이나 그것을 이기지 못하며 뛰노나 그것을 넘지 못하느니라"(렘 5:22).

주님을 바라보면 힘이 솟아나고, 기분이 좋아진다. 이런 분이 나의 아빠 되시니 이 세상에 무엇이 두렵겠는가! 내가 두려워하며 경외할 오직 한 분은 천지를 지으신 하나님이시다. 오늘도 충성! 주님 앞에서, 코람데오!

잠언 : 하나님의 훈계를 사랑하고, 주의 징계를 달게 받자! 그러면 생명의 길에서 승리하는 삶을 살게 된다. 주의 말씀만 굳게 붙잡고, 죽기 살기로 살아내면 점점 믿음으로 살아내기가 쉬워지고 편해진다.

그의 얼굴을 항상 구하라
시편 105:3,4 잠언 11:13

그의 거룩한 이름을 자랑하라. 여호와를 구하는 자들은 마음이 즐거울지로다. 여호와와 그의 능력을 구할지어다. 그의 얼굴을 항상 구할지어다 시편 105:3,4

"자랑한다"는 '찬양한다'는 뜻이다. 찬양의 주제는 하나님의 이름이다. 또 하나님이 행하신 놀라운 일들을 찬양한다. 그러나 높은 차원의 찬양은 하나님이 우리를 위해 행하신 일을 찬양하는 걸 넘어 하나님을 찬양하는 것이다. 거룩하신 하나님, 신실하신 하나님, 은혜로우신 하나님을 찬양한다. 모세가 그 하나님을 볼 때 엎드린 것처럼 우리가 하나님을 바라볼 때 손을 들거나, 무릎을 꿇거나, 엎드려 경배를 드리기도 한다.

우리가 구해야 할 건 하나님과 그의 능력이다. 항상 구해야 할 건 하나님의 얼굴이다. 모세가 "원하건대 주의 영광을 내게 보이소서!"라고 간구했듯이(출 33:18) 우리도 하나님 보기를 사모한다. 하나님과의 친밀감을 간절히 원한다. 하나님의 임재를 사모하는 것이다. 목마른 사슴이 물을 찾듯 우리의 영혼이 갈급한 마음으로 주를 찾는다. 그는 기적을 행하시고 약속을 지키시는 분, 거룩한 하나님이시다. 하나님을 간절히 구하는 자는 그분을 만날 것이다.

"오늘도 갈급합니다. 아침, 낮, 저녁, 종일 주의 얼굴을 구합니다! 저는 행복합니다. 제가 종일 그의 영광스러운 임재 가운데 머무르니, 오늘도 기적을 경험합니다."

두루 다니며 한담하는 자는 남의 비밀을 누설하나, 마음이 신실한 자는 그런 것을 숨기느니라 잠언 11:13

오랫동안 관찰하면서 건강한 사람의 특징을 나름대로 이해하게 되었다. 그들은 어렵고 무거운 짐을 가볍게 할 줄 안다. 마음의 힘듦이나 갈등, 홀로 씨름하는 것들을 극복하는 비결을 안다. 그들에게는 속마음을 털어놓을 사람이 주변에 있다. 물론 우리 주님께 털어놓아야 한다. 그러나 한편으로는 함께 싸워줄 사람, 함께 서있어 줄 사람이 있을 때, 극복하고 승리를 경험한다.

그러나 누구에게 털어놓을지는 신중히 생각해야 한다. 대화할 때 지혜로워야 한다. 돌아다니며 남을 험담하는 사람과 대화할 때는 말조심해야 한다. 그런 사람에게는 속마음을 털어놓지 말아야 한다. 입으로는 위로하고 격려하며 날 위하는 척하지만, 곧 사방에 내 얘기가 공개될 것이다. 그것도 구부러져서 부정적으로 전달될 것이다. 잠언 20장 19절은 그런 사람을 "입술을 벌린 자"라고 한다. 그런 사람과는 "사귀지 말라" 하신다.

그러나 마음이 신실한 사람은 입이 무겁다. 함부로 험담하지 않는다. "숨긴다"는 건 '덮어서 가려주고 지킨다'는 뜻이다. 숨겨주는 것만이 아니라 허물을 덮어주고 가려준다. 그리고 함께 울고, 근심하고, 기도하고 자기 일처럼 싸워준다. 그런 사람이 있는 사람은 행복하고 건강하다. 난관을 극복하고 승리를 경험한다.

시편 : 하나님께서 나를 지으신 명확한 목적이 있다.

"이 백성은 내가 나를 위하여 지었나니 나의 찬송을 부르게 하려 함이니라"(사 43:21).

그가 이루신 놀라운 일들, 그의 거룩하신 이름을 찬양한다. 주님은 당신을 찾는 사람을 기뻐하신다. 찬양하는 삶은 주님을 찾는 삶이다. 주의 능력을 사모하는 삶이다. 그의 얼굴을 구하는 예배의 삶이다. 누가 하나님을 찬송하는가?

"하나님이여 민족들로 주를 찬송케 하시며 모든 민족으로 주를 찬송케 하소서"(67:3,5).

개인뿐 아니라 열방의 모든 민족이 주를 찬송해야 한다. 하나님은 우리가 당신을 찬송하도록 일하시는 분이다. 내가 흑암 중에 있을 때, 주님은 길을 내셔서 내 입술이 여호와를 기뻐하며 찬송하게 만드신다. 내가 주님 편에 서있다면 그분은 내 입술에 찬송이 끊이지 않도록 일하신다. 도울 힘이 없는 인생을 의지하지 말자. 다른 곳에 도움을 구하지 말자. 재앙 날에 주님은 나의 유일한 피난처시다.

잠언 : 험담하면서 돌아다니는 사람은 남의 비밀을 누설한다. 그러나 마음이 믿음직한 사람은 비밀을 지킨다. 성경 말씀은 지혜의 보물 창고다. 누구를 멀리하고 가까이 사귈지도 말씀을 기준 삼는다. 돈 많고, 명예도 있고, 얼짱과 몸짱인 사람을 사귀는 게 아니다. 마음이 진실하고 믿음직한 사람을 곁에 두라.

내 곁에 이런 사람이 많다. 먼저 내가 이런 사람이 될 때, 이 귀한 사람들을 얻는다. 나는 복 받은 사람이다.

12일

폭풍 가운데 평정심을 가져라

시편 106:7,13,14 잠언 12:15

우리의 조상들이 애굽에 있을 때 주의 기이한 일들을 깨닫지 못하며, 주의 크신 인자를 기억하지 아니하고, 바다 곧 홍해에서 거역하였나이다 … 그러나 그들은 그가 행하신 일을 곧 잊어버리며 그의 가르침을 기다리지 아니하고, 광야에서 욕심을 크게 내며 사막에서 하나님을 시험하였도다 시편 106:7,13,14

이스라엘 백성의 특징을, "깨닫지 못하며", "기억하지 아니하고", "거역하며", "곧 잊어버리며", "기다리지 아니하고", "욕심을 내며", "시험했다"라고 말씀한다. 오늘을 사는 우리와 별반 차이가 없다. 그들의 모습은 마치 거울로 나를 보는 것 같다.

우리는 어려운 일이 닥치면 이전에 하나님이 행하신 놀라운 일들을 쉽게 잊는다. 그러고는 현재의 어려움에 휘둘려서 두려워하며 불안해한다. 우리 예수님이 어제나 오늘이나 영원토록 동일하시다는 걸 기억하지 못한다.

사람들의 말에 휘둘리거나 환경에 휩싸여 허둥대지 말아야 한다. 입술에 붙은 습관적이고 부정적인 말을 끊어라. 풍랑을 만나면 믿음을 보일 때인 줄 알아야 한다. 주를 믿고 의지해야 한다. 급할수록 천천히 가라. 폭풍 가운데 평정심을 갖는 법을 배우자. 감사의 말, 찬양의 입술로 바꾸어야 한다.

이렇게 할 수 있는 비결은 오직 믿음밖에 없다. 믿음을 입으로 선포하라. 그때 하나님의 놀라운 일들을 경험할 것이다.

미련한 자는 자기 행위를 바른 줄로 여기나, 지혜로운 자는 권고를 듣느니라 잠언 12:15

'블라인드 스팟', 곧 맹점이 많으면 자신을 제대로 볼 수 없다. '터널 비전'이란 말이 이 상황에 해당한다. 터널에 들어가면 좌우가 벽으로 막혀 시야가 좁아진다. 다른 사람은 다 보고 있는데 정작 자신만 모른다.

더 안타까운 건, 조언을 들으려 하지 않는다. 충고에 귀 기울이지도 않는다. 자기 생각, 결정, 행동이 옳다고 여기기 때문이다. 이런 사람은 미련하다. 리더가 되지 못한다.

만일 팀을 이끌면 팀원들이 조만간 떠날 것이다. 조언을 듣지 않는 마음, 변명과 핑계를 대는 반응, 합리화하는 태도를 내 안에서 제거해야 한다. 경청하며 충고에 귀 기울이는 법을 배워야 한다. 내 생각을 잠시 내려놓고 상대의 말을 후방 거울로 사용하는 법을 배워야 한다. 혹시 내가 보지 못하는 부분이 없는지 살펴야 한다. 나를 깨뜨려야 한다. 겸손으로 허리를 동여매야 한다. 지혜로운 사람이 되어야 한다.

내 두 눈으로는 360도를 볼 수 없다. 성령님, 나를 도우소서!

시편 : 이스라엘 백성이 애굽에 있을 때, 주님의 능력을 깨닫지 못하고, 주의 사랑을 기억하지 못하고, 주님을 거역했다. 오늘 본문에서 '애굽'이라는 단어가 눈에 쏙~ 들어온다. 아브라함도 약속의 땅에 기근이 들었을 때, 애굽에 거류하려고 내려갔다(창 12:10). 여기서 큰 문제가 발생했다. 사라를 바로에게 빼앗길 뻔했는데 하나님께서 바로 잡으셨다. 애굽으로 내려가는 이유는 두려움 때문이다. 전쟁이 두려워서 애굽으로 도망하면 칼이 따라온다. 기근이 두려워서 애굽으로 도망하면 가난이 덮쳐 거기서 죽게 된다(렘 42:16). 두려움은 내가 두려워하는 그것을 당기는 힘이 있다. 내가 도망갈 수 있는 나의 애굽을 찾아서 없애버려야 한다.

"여호와의 말씀이니라 너희는 너희가 두려워하는 바벨론의 왕을 겁내지 말라 내가 너희와 함께 있어 너희를 구원하며 그의 손에서 너희를 건지리니 두려워하지 말라"(렘 42:11).

바벨론의 왕을 겁낸다는 것은 세상을 두려워하는 것이다. 건강, 물질, 사람과의 관계 등이다. 두려움은 불신앙에 뿌리를 두고 있기에 철저하게 다루어야 한다. 두려움이 몰려올 때, '잠깐 멈춤' 하고 여유를 가지고 하늘을 바라보면 나를 구원하고 건지시는 주님의 손이 보인다. 주님은 믿음으로 약속의 말씀을 굳게 붙잡는 사람을 건지신다. 오직 주님만 의지하는 사람을 구원하신다. 성경 말씀은 매일 "두려워하지 말라! 내가 항상 너와 함께 있을 것이다!"라고 하신다. 주님은 나를 깊은 절망에서 구원하고 건져내셨다. 주님을 묵상할수록 마음이 부유해지고 든든하다.

잠언 : 미련한 사람은 어리석은 사람이다. 자신의 행실만 옳게 여기고 다른 사람의 말을 경청하지 않는다. 이런 사람과 한 팀이면 보통 문제가 아니다. 다른 사람의 충고에 귀를 기울이는 지혜로운 사람이 되도록 노력해야겠다.

깊은 바다로 나아가라

시편 107:23,24 잠언 13:11

배들을 바다에 떠우며 큰 물에서 일을 하는 자는, 여호와께서 행하신 일들과 그의 기이한 일들을 깊은 바다에서 보나니 시편 107:23,24

얕은 물에서 일하는 사람은 하나님의 능력을 경험할 수 없다. 크고 깊은 물을 헤쳐가면서 일해야 주님께서 하시는 놀라운 일들을 볼 수 있다. 깊은 바다에 일으키시는 주님의 기적을 경험한다. 얕은 물에서는 파도도 일지 않는다. 깊고 광활한 곳이 아니면 기상 변화도 확연히 일어나지 않는다. 배를 항구에 정박해두고 크고 깊은 물로 나아가지 않은 채 배만 정비하며 세월을 보내면, 하나님이 행하시는 놀라운 일들을 볼 수도, 경험할 수도 없다. 편안하고 쉽게 살고자 하는 사람들의 특징이다.

남들이 한 번도 가보지 않은 길을 개척하는 자, 오대양 육대주 어디서나 하나님나라가 임하고 하나님의 뜻이 이루어져 하나님의 영광을 보기를 원하는 사람, 이를 위해 용기를 내어 모험과 희생과 헌신을 하는 사람, 무엇보다 하나님을 향한 믿음의 사람이 바다에 배를 떠우며 큰 물에서 일한다. 거기서 광풍이 일어나 바다 물결을 일으키고, 그 위험 때문에 영혼이 녹는 걸 경험할 것이다. 그러나 두려워하지 말아야 한다. 그때가 주께 부르짖으며 믿음을 보일 때다. 주께서 광풍과 물결을 다스리심을 경험할 것이다. 주께서 소원의 항구로 인도하심을 경험하게 된다(30).

망령되이 얻은 재물은 줄어가고, 손으로 모은 것은 늘어가느니라 잠언 13:11

"망령되이 얻은 재물"은 '부정한 방법으로 쌓은 재물' 또는 '쉽게 얻은 재물'을 말한다. 로또나 복권은 국가에서 인정하는 돈 버는 방식이다. 그러나 합법적이라고 모두 하나님나라의 방식은 아니다. 로또나 복권이 유행할수록 그 사회와 국가는 기반이 약해진다. 개인도 마찬가지다. 한탕주의를 경계해야 한다. 하나님은 "누구든지 일하기 싫어하거든 먹지도 말게 하라"라고 하셨다(살후 3:10). "조용히 일하여 자기 양식을 먹는 것"(살후 3:12)을 사회 가치로 가져야 건강한 사회다. 잠언 20장 21절에, "처음에 속히 잡은 산업은 마침내 복이 되지 아니하느니라"라고 하셨다.

하나님나라의 재물을 얻는 길은 간단하다. "손으로 모은 것은 늘어간다", "힘들여 모은 재물은 점점 증가한다", "꾸준히 근면하게 살면 좋은 결실을 한다"라고 하신다. 재물은 얻는 열쇠는 오직 '부지런함'과 '정직함'이다. '게으름'과 '부정직함'을 미워하고 거절해야 한다. 농부가 땀을 흘려야 결실한다. 부지런하고 정직하게 수고하는 것이 재물을 모으는 유일한 길이다. 재물을 쉽게 얻으려는 생각조차 하지 말라. 재물을 얻는 길뿐 아니라 다른 모든 영역에 해당하는 성경적 가치요, 원리다.

시편 : "배를 타고 바다로 내려가서, 큰 물을 헤쳐가면서 장사하는 사람들은, 주님께서 하신 행사를 보고, 깊은 바다에서 일으키신 놀라운 기적을 본다"(새번역).

하나님은 말씀으로 큰 폭풍을 일으키시고 물결을 산더미처럼 쌓으신다. 배들은 하늘 높이 떠올랐다가 깊은 바다로 떨어진다. '요나'가 하나님께 불순종하여 배를 타고 도망했을 때, 딱 이런 상황이 펼쳐졌다. 이런 위기 속에서 사람들은 얼이 빠지고 간담이 녹는다. 술에 취한 사람처럼 비틀거리게 된다. '다시스'로 가는 배를 탄 요나와 모든 사람이 바다를 다스리시는 하나님을 만났다.

오늘 본문이 내게 엄청난 도전을 준다. 얕은 물과 깊은 물, 어디서 살 것인가?

물이 포도주로 바뀔 때 물 떠온 하인들만 아는 삶!

죽은 지 3일 된 나사로가 살아난 그 현장에 있는 삶!

주님이 계신 현장은 하나님의 능력과 아름다움으로 가득하다. 어릴 때 어머니가 "큰 물에서 놀거라"라고 자주 말씀하셨다. 당시는 무슨 말씀인지 전혀 알아듣지 못했다. 이제야 깨닫는다. 하나님만이 하실 수 있는 그 일에 믿음으로 도전하는 삶이다! 그때 큰 물에서 일하시는 하나님을 만난다. 주님 안에 거하는 삶, 주님이 나를 장악하고 다스리시도록 내 전부를 내어드리는 삶이 깊은 물에서 장사하는 삶이다. 장사의 기본은 이익을 남기는 것이다. 주님이 다스리시는 삶은 언제나 가장 큰 이익을 남긴다. 물과 포도주! 죽음과 부활! 손익을 계산해보라! 인생 대박을 꿈꾼다면 오직! 믿음으로 도전하라!

잠언 : 농부의 땀은 항상 옳고 정직하다. 주님은 우리가 일한 만큼 열매를 배가시켜 거두게 하신다. 영적인 열매를 거두는 하나님의 일꾼들에게도 일한 만큼 열매를 주신다. NCMN의 모든 사역을 살펴보니 놀랍도록 이 원칙이 적용된다. 단위 사역과 지부들이 일한 만큼, 딱! 그만큼의 결과를 거두게 하신다.

찬양은 감정이 아니라
믿음의 선택이다

시편 108:1 잠언 14:14

하나님이여, 내 마음을 정하였사오니, 내가 노래하며 나의 마음을 다하여 찬양하리로다 시편 108:1

"주님, 나는 주님을 찬양하기로 내 마음을 결정했습니다. 입을 열어 멜로디로 소리를 내며 마음을 다해 찬양하기로 결정했습니다"라고 고백한다. 찬양은 감정이 포함되지만 감정의 영역을 넘어선다. 감정에 따라 노래를 부르는 게 아니다.

우리는 주변 상황이나 내게 일어나는 일이나 내 감정 상태에 휘둘리기 쉽다. 그래서 우울하기도 하고, 낙심도 한다. 노래는 기분이 좋을 때 부른다. 우울하면 노래가 안 나온다. 그러나 하나님을 향한 찬양은 다르다. 찬양은 기분에 따라 부르는 노래가 아니다. 찬양하기로 마음으로 결정하는 것이다.

태풍의 영향으로 전국이 흐리고 곳곳에 비가 온다고 한다. 하늘이 구름으로 덮여 아침인데도 어둡다. 그러나 태양은 구름 위에서 빛나고 있다. 날씨가 흐리다고 태양이 사라졌거나 빛을 잃은 게 아니다. 이처럼 하나님은 언제나 나와 함께 계신다. 주의 놀라운 사랑은 하늘보다 높다. 주의 신실하심은 궁창까지 이른다(4). 주께서 내 어려움을 다 아시고 날 위해 싸워주신다(13).

나는 내 마음을 다해 주님을 찬양하기로 결정했다. 나는 주의 놀라운 사랑을 찬양한다. 약속을 지키시는 신실한 주님을 찬양한다.

마음이 굽은 자는 자기 행위로 보응이 가득하겠고, 선한 사람도 자기의 행위로 그러하리라 잠언 14:14

"마음이 굽은 자"는 '하나님의 뜻을 따라 살 마음이 없는 사람'이다. 하나님을 떠나 자기 이익과 쾌락을 따라 살기로 결정한 사람이다. 그는 자기 행위에 대한 열매로 가득할 것이다. 고통과 두려움, 불안이 뒤따라올 것이다. "선한 사람"은 하나님의 뜻을 따라 살며 하나님을 의지한다. 그도 자기 행위의 열매로 가득할 것이다.

예레미야서 17장 5-8절은 이 말씀을 그대로 보여준다.

"여호와께서 이와 같이 말씀하시니라. '무릇 사람을 믿으며 육신으로 그의 힘을 삼고 마음이 여호와에게서 떠난 그 사람은 저주를 받을 것이라. 그는 사막의 떨기나무 같아서 좋은 일이 오는 것을 보지 못하고, 광야 간조한 곳, 건건한 땅, 사람이 살지 않는 땅에 살리라. 그러나 무릇 여호와를 의지하며 여호와를 의뢰하는 그 사람은 복을 받을 것이라. 그는 물가에 심어진 나무가 그 뿌리를 강변에 뻗치고 더위가 올지라도 두려워하지 아니하며 그 잎이 청청하며 가무는 해에도 걱정이 없고 결실이 그치지 아니함 같으리라.'"

"무엇이든지 남에게 대접을 받고자 하는 대로 너희도 남을 대접하라"(마 7:12).

자기가 행한 대로 받는다. 남에게 못된 짓을 하면 그대로 보응을 받고, 남에게 은혜를 베풀면 그대로 보상받는다.

시편 : 내가 전도한 자매가 있다. 그런데 오늘은 교회에 갈 기분이 아니란다. 기도도 찬양도 하고 싶지 않단다. 이런 일은 보통 일이 아니다. 예수님을 잘 믿는 것 같은 사람들이 주일에 부부싸움을 했다고 교회에 안 온다. 환경, 사람이 나를 누를 때, 건강이 무너지고 재정의 압박을 받을 때, 불신자처럼 반응한다. 믿음의 현주소가 다 드러난다. '하나님의 판결은 믿음 없음!' 어둠의 영들은 끊임없이 나 자신에게 집중하도록 만든다. 돌파하고 승리할 다른 길이 없다. 오늘 본문처럼 고백하자.

"나는 내 마음을 정했습니다. 진실로 나는 내 마음을 확실히 정했습니다. 내가 가락에 맞추어서 노래를 부르렵니다. 내 영혼아, 깨어나라"(새번역).

스스로 마음을 이끌어가는 '결정'이 중요하다. 나는 이것을 아주 '빡세게' 훈련받았다. 내 감정 내려놓기, 내 생각 내려놓기. '하나님은 누구신가'를 묵상한 것을 입술로 선포하고 행동하기! 스스로 나를 일으켜 세울 때, 주님의 손이 나를 굳게 붙잡아주셨다.

"만왕의 왕 하나님은 내 감정과 기분에 상관없이 온 땅에서 찬양받기에 합당하신 분입니다!"

잠언 : 마음이 비뚤어진 사람은 자기가 한 만큼 보응을 받고, 선한 사람도 마찬가지다. 하나님을 두려워할 줄 알아야 한다. 하나님은 각 사람의 마음(심장 = 중심)을 살피시고, 폐부(깊이 숨은 동기)를 감찰하시며 각 사람의 행실과 행동에 따라 보상하신다(렘 17:10).

나는 전능자 아버지가 계시는 행복자다

시편 109:26   잠언 15:6

여호와 나의 하나님이시여, 나를 도우시고 주의 한결같은 사랑으로 나를 구원하소서.

시편 109:26 현대인의성경

하나님은 누구신가? 그는 여호와시다. "여호와"는 스스로 계신 자, 전능자다. 그에게는 모든 것이 가능하다. 내 사정을 알고 돌보시는 목자다. 나를 사랑하시는 아빠 아버지다. 나를 향한 그의 사랑은 한결같고, 기이하며, 놀랍다. 그는 나를 도우신다. 나를 악한 사람에게서 구원하신다. 나는 고아가 아니다. 불쌍한 자가 아니다. 고아는 "아무도 나를 이해하지 못한다", "나를 도울 사람이 없다"라고 한다. 그래서 스스로 생존하려고 안쓰럽게 힘쓴다. 자립정신을 무시하라는 게 아니다. 다만 '고아의 영'을 주의하라는 것이다. 자칫 마음이 딱딱해지고 냉랭해질 수 있기 때문이다.

나는 전능자 아버지가 계시는 행복한 사람이다. 어려울 때, 사람 때문에 힘들 때, 혼자 끙끙대지 말고 아빠에게 가서 다 말하고 도움을 구하라. 하나님 아버지의 사랑과 돌봄을 받은 사람은 마음이 넉넉해서 다른 사람을 돌아볼 여유가 있다.

나는 오늘도 놀라우신 여호와께 입으로 크게 감사하며 찬송합니다(30절)!

의인의 집에는 많은 보물이 있어도, 악인의 소득은 고통이 되느니라 잠언 15:6

"보물"은 '부지런히 정직하게 수고하여 얻은 재물을 저축하여 그 소유나 재산이 넉넉한 상태'를 말한다. "소득"이란 어떤 형태로든 '수고하여 얻은 이익, 수입'이다. 그러나 그것을 어떻게 얻고, 사용하느냐에 따라 의인과 악인의 차이가 생긴다. 재물은 어떻게 얻고 쓰느냐가 매우 중요하다. 이에 따라 같은 재물이 있어도 삶의 질이 다르다. 기쁨과 평안이 있거나 고통과 슬픔이 있다. 정직하게 버는 게 근본이다. 수단과 방법을 가리지 않고 거짓과 속임수로 부당한 이득을 취해서는 안 된다.

자신을 위해서만 재물을 쓰는 사람이 있다. 자신에게는 관대하고 다른 사람에게는 인색하다. 그러나 진정한 부자는 자신에게 절제하며 검소하나 하나님나라에 후하다.

하나님나라 프로젝트를 위해 돈 벌지 않고 전적으로 사역하는 일꾼들에게 그 재물을 사용한다. 그리고 가난하고 궁핍한 사람을 돌아본다.

기쁨과 슬픔, 평안과 고통의 차이가 여기에 있다. 정직하게 부지런히 수고하여 재물을 얻는 게 중요하다. 재물을 올바르게 사용하는 것도 그에 못지않게 중요하다. 올바르게 벌어 올바르게 사용하는 게 좋다. 그러나 가장 좋은 것은, 올바르게 사용하기 위해 올바르게 버는 것이다.

시편 : "주 나의 하나님, 나를 도와주십시오. 주님의 한결같으신 사랑을 따라, 나를 구원하여주십시오"(새번역).

"한결같이"라는 단어가 눈에 확 띈다. '처음부터 끝까지 변함없이 똑같다'라는 뜻이다. 내가 실수하거나 죄를 지으면 마음 아파하시지만 나를 향한 그 사랑은 한결같으시다. "우리가 아직 죄인 되었을 때 그리스도께서 우리를 위하여 죽으심으로 하나님께서 우리에 대한 자기의 사랑을 확증하셨느니라"(롬 5:8).

나를 향한 하나님의 사랑을 의심하지 않는다. 내가 죄 가운데 빠져있을 때도 그 사랑은 내게서 떠나지 않으시지만 하늘 아버지의 마음은 찢어진다. 아빠의 조건 없는 헤세드의 놀랍고 기이한 사랑이 나를 붙들어 견고하게 해준다. 죄가 내 문 앞에서 노크할 때, 문을 잠글 힘을 준다. 절대 열어주지 않는다. 어둠은 내가 열어주는 만큼 들어온다. 주님은 내 노력을 예쁘게 보시고, 어둠을 쫓아내시며 날 자유케 하신다. 항상 당당하고 떳떳하게 하시고, 힘있게 붙드신다. 마음에 걸림이 없어야 말에 힘이 있고, 사람들을 주님께로 이끌 힘도 나온다. 나는 주님께 붙어있는 딱풀! 껌딱지! 담쟁이가 되길 원한다.

잠언 : 지난 추석에 어머니와 좋은 시간을 보냈다. 모이면 어머니는 항상 우리를 말씀으로 양육하신다. 그날도 어머니는 "누구의 집을 기억하느냐?"라고 물으셨고 나는 당연히 기억한다고 대답했다. 몇몇 집이 얼마나 구두쇠로, 악하게 살았는지를 마을 사람들이 다 안다고 얘기하시면서 약 40-50년이 지난 지금 그들의 삶의 결과를 알려주셨다. 그 집과 자손들이 몽땅 어떻게 망했는지 말씀하셨다. 그러고는 어떤 집을 칭찬하시며 후하게 베푼 삶 가운데 그 집과 자손들이 주를 잘 섬기고 복을 받았다고 하셨다. 그리고 "주님 앞에서 두렵고 떨리는 마음으로 늘 자세를 바로 하고 살거라!" 단단히 일러주셨다. 선인과 악인을 비교하면서 아주 자세히 하나하나 말씀하시는 어머니의 입이 꼭 심판주 하나님의 입처럼 느껴졌다. 다시금 마음을 점검하는 시간을 가졌다.

16일

주께서 오늘 명예를 얻으셨나이다

시편 109:27   잠언 16:16

이것이 주의 손이 하신 일인 줄을 그들이 알게 하소서. 주 여호와께서 이를 행하셨나이다 시편 109:27

나는 주께 손들고 나의 심장으로 사랑하는 이 나라의 교회를 위해 기도한다.
"주께서 이 나라의 주의 교회들에게 놀라운 일을 행하여주소서. 그리고 그 일을 주께서 이루셨다는 걸 세상이 알게 하여 오직 주님만 영광을 받으소서."
하나님께서 모세를 통해 애굽 왕 바로에게 놀라운 일들을 행하셨다. 그러나 바로는 마음이 완악하여 주의 말씀에 순종하지 않았다. 하나님의 심판 강도는 점점 더 세졌다. 바로는 항복할 듯하다가 다시 강퍅한 마음으로 대항했다. 하나님은 바로의 고집과 완악한 마음을 통해 하나님이 누구신지 그와 온 애굽이 알게 하셨다.
처음에 바로와 온 애굽은 우연히 자연재해나 재앙이 온 줄 알았다. 그러다가 점점 하나님의 손을 보게 되었다. 급기야 이들은 모두 하나님 앞에 굴복했다. 하나님께서 이적과 기사를 베푸셔서 바로와 그의 모든 신하와 그의 나라 온 백성을 치셔서 그들이 주가 누구신지 알게 하셨다. 느헤미야는 하나님께서 바로와 온 애굽에 행하신 놀라운 일들로 말미암아 "주께서 오늘과 같이 명예를 얻으셨나이다"라고 기도했다(느 9:10).
우리의 초점은 우리가 원하는 걸 얻는 데 있지 않다. 우리의 필요가 채워지는 데 있지 않다. 오직 이 모든 일로 하나님이 누구신지 세상이 알게 되는 데 있다. 그래서 세상이 하나님을 찬양하길 원한다.

지혜를 얻는 것이 금을 얻는 것보다 얼마나 나은고! 명철을 얻는 것이 은을 얻는 것보다 더욱 나으니라 잠언 16:16

지혜는 돈보다 값지다. 비교도 되지 않는다. 단순히 조금 더 나은 게 아니라 "더욱 나으니라"라고 했다. 비교 불가다. "얼마나 나은고!" 감탄사가 나올 정도다.
그런데 안타깝게도 많은 사람이 그 가치를 모른다. 돈이 더 가치 있는 줄 안다. 돈이

왕의 지혜

548

면 다인 줄 안다. 가장 큰 사기는 '황금만능주의'다. 일시적으로는 그렇게 보이나 조금만 눈을 크게 뜨고 보면 그렇지 않다. 더 멀리 보면 지혜와 명철이 금이나 은보다 더욱 가치 있음을 알게 된다. 스스로 객관적으로 정직하게 판단하면 알 것이다. 계속 고집부리다가 임종 때 탄식하지 말아야 한다.

지혜를 얻는 데 더 투자하라. 통찰력과 이해력을 주는 명철도 마찬가지다. 얻기를 힘써야 한다. 최우선 순위를 두어야 한다. "여호와를 경외하는 것이 지혜의 근본이요, 거룩하신 자를 아는 것이 명철이니라"라고 하셨다(9:10). 하나님 경외하기를 배우고, 하나님 알기를 힘쓰는 게 지혜와 명철을 얻는 길이다. 성경을 부지런히 읽어야 하는 이유다. 주께 하나님을 경외하는 법과 그분을 알려주시기를 구하라. 반드시 응답하신다.

시편 : 하나님께서 손수 행하신 일들은 온 세상에 명확하게 드러난다. 과학기술이나 사람에 의해 일어날 수 있는 일들이 아니다. 예수께서 이 땅에 행하신 모든 일은 한마디로 예수께는 표적이고, 우리에게는 기적이다. 표적은 스스로 자신을 증명하는 것이고, 기적은 하나님의 능력이 증명되는 것이다.

"나를 믿는 자는 내가 하는 일을 그도 할 것이요 또한 그보다 큰 일도 하리니 이는 내가 아버지께로 감이라"(요 14:12).

내가 이 땅에 존재하는 명확한 목적이 있다. 첫째, 예수께서 하셨던 그 일을 내가 하길 원하신다. 예수님의 4대 사역은 복음 전파, 교육, 구제, 의료 사역이다. 온 땅 어디서나 이 4대 사역이 들어가면 복음의 문이 열린다. 둘째, 나를 통해 주님의 이름이 온 땅에서 명예를 얻길 원하신다. 예수님은 오직 아버지께 영광을 드리는 삶만 사셨다. 나도 우리 주를 따라서 살고 싶다. 성령을 의지하며 믿음으로 살아내고 싶다. 나를 통해 우리 주님이 더 빛나시면 좋겠다. 온 땅에 하나님을 자랑하고 싶다. 하나님의 능력과 마주하고 싶은 간절한 열망은 전능자 하나님을 알리고 싶기 때문이다. 이분의 능력을 만나는 유일한 방법을 알고 있다. 오직 믿음! 오직 순종! 오직 그분을 신뢰함! "옙! 충성!"

잠언 : 금과 은을 사랑하는가? "예"라면 주인이 이미 바뀐 것이다. 하나님이 아니라 돈(맘몬)으로. 지혜와 명철을 사모하는 것이 금과 은을 얻는 것보다 낫다고 말씀하셨다. 생명으로 이끌림 받기 때문이다. 금과 은을 탐하는 자는 자기도 모르는 사이에 사망으로 이끌림 받는다. 재물 뒤에 숨어있는 영적 존재를 보아야 생명의 길로 걸어갈 수 있다.

"은을 사랑하는 자는 은으로 만족하지 못하고 풍요를 사랑하는 자는 소득으로 만족하지 아니하나니 이것도 헛되도다"(전 5:10).

하나님이 행하시는 일들을 묵상하라

시편 111:2,3 잠언 17:10

여호와께서 행하시는 일들이 크시오니, 이를 즐거워하는 자들이 다 기리는도다. 그의 행하시는 일이 존귀하고 엄위하며, 그의 의가 영원히 서있도다 시편 111:2,3

하나님이 행하시는 일은,
1) 크시다. 크기와 범위, 강도에 있어서 사람이 하는 일과는 비교가 안 된다. 이사야 서 40장 15절에 "보라, 그에게는 열방이 통의 한 방울 물과 같고, 저울의 작은 티끌 같으며, 섬들은 떠오르는 먼지 같으리니"라고 하신다. 하나님은 이만큼 크시다.
2) 영광스럽고 위엄이 있다. 너무나 찬란하다. 하나님이 창조하신 것들을 묵상해보 라. 하늘, 해와 달, 별들, 큰 산, 넓은 바다, 호수를 바라보라. 그랜드 캐니언, 나이 아가라 폭포, 이구아수 폭포를 바라보면 아름답고 장중하다. 찬란하게 빛난다.
3) 의롭다. 하나님이 하시는 일은 조화와 질서가 있다. 무질서하거나 부조화가 없 다. 그 모양과 색깔이 그렇다. 어느 하나를 강조하기 위해 다른 것이 희생되지 않 는다. 모두 빛나며 서로 유익하다. 하나님은 최고의 디자이너, 창조주시다.

그러므로 하나님이 행하시는 일을 묵상하고, 기억하고, 찬양하고, 감사하고, 즐거워 하라. 깊은 관심과 열정을 품고 연구하라. 하나님을 경외하라. 이 놀라우신 하나님이 날 돌보며 내 필요를 채우며 구원하신다. 그는 은혜로우며 자비하며 약속을 반드시 지 키신다(111편). 그러니 감격하며 외친다. "할렐루야!"

한마디 말로 총명한 자에게 충고하는 것이, 매 백 대로 미련한 자를 때리는 것보다 더 욱 깊이 박히느니라 잠언 17:10

미련한 1명을 고쳐보려고 붙들고 씨름하는 건 안타깝게도 시간과 에너지 낭비다. 그 시간에 총명하고 분별력 있는 100명을 일으킬 것이다. 제자훈련은 지원제가 아니라 모 병제다. 우리 주께서 그렇게 하셨다. 다니시며 제자가 될 만한 사람을 찾으셨다. 주의 깊게 관찰하시고, 그런 사람을 불러서 훈련하셨다.

미련한 100명보다 총명한 1명이 더 낫다. 하나님의 말씀에 무관심하고, 열정도 없고, 힘없이 늘어져 억지로 앉아있고, 협박에 못 이겨 참여한 사람에게 시간을 낭비하지 말아야 한다. 말씀 따라 살아내려고 힘을 다해 애쓰고 발버둥 치고, 말씀 순종에 목숨 거는 사람에게 나도 목숨을 걸어야 한다.

자기 의에 충만한 사람, 예배와 기도와 말씀에 소극적인 사람에게 힘을 쏟지 말자. 비록 부족하고 과거에 실패했어도, 겸손하고 갈급하며, 부족함을 깨닫게 해주시길 주께 간절히 구하는 사람을 위해 힘을 쏟아야 한다.

시편 : 오늘 본문은 주님을 기뻐하는 사람의 특징을 잘 말해준다.

첫째, 놀라우신 주님을 연구한다. 그분을 묵상한다. 주가 행하신 놀라운 일들을 노트에 적어본다. 깊이 연구한다는 건 어떤 일이나 사물을 깊이 있게 조사하고 생각하여 진리를 따져보는 일이다.

둘째, 주님을 기뻐하는 사람은 그분을 기린다. 뛰어난 업적을 찬양한다.

"주님의 의로우심은 영원합니다. 주가 행하시는 일들은 참으로 훌륭하고, 장엄하며 영광스럽습니다."

셋째, 주님을 기뻐하고 사랑하는 사람은 감춰지지 않는다. 사랑하면 누가 봐도 표가 난다. 얼굴에 기쁨이 충만하고 수시로 전화기를 붙잡고 산다. 사랑하는 사람에 대해 더 알고 싶고 종일 같이 있고 싶다. 사랑의 대상이 달라져도 같은 반응이 나타난다. 주님을 사랑하는 사람도 종일 주의 말씀을 가까이하며 진리를 연구하고 수시로 그분 앞에서 깊은 기도를 갈망한다. 말씀과 기도가 멀리 있다면, 그 사랑은 난센스다. 나는 내 나이보다 서너 배 이상 말씀을 읽고 연구하고 있다. 이것이 주님을 향한 내 사랑의 증표다. 말씀과 기도 생활을 보면 그 사랑의 깊이를 알 수 있다.

잠언 : 미련한 사람을 100번 매질하는 것보다 슬기로운 사람을 1번 징계하는 것이 더 효과가 있다. 단체를 이끌어가는 단체장으로 있다 보니 권면하고 징계할 일도 생긴다. 징계할 때 지혜가 필요하다. 미련한 사람은 터무니없는 고집을 부리고 매우 어리석고 둔하기에 에너지와 시간을 많이 낭비하게 된다. 슬기롭고 총명한 사람은 권면하고 징계하면 잘 받아들이고 징계가 끝날 즈음에 10배로 성장해서 돌아온다. 나 역시 항상 깨어있어 지혜롭고 슬기로우며 총명한 사람으로 주님과 동료들 앞에 서고 싶다.

하나님을 경외하며
그의 말씀을 즐거워하자

시편 112:1 잠언 18:13

할렐루야, 여호와를 경외하며 그의 계명을 크게 즐거워하는 자는 복이 있도다 시편 112:1

누가 복 있는 사람인가?
1) 하나님을 경외하며 두려워할 줄 안다. 생각할 때나 말할 때나 행동할 때나 하나님을 의식하고, 그분 앞에서 행동하는 사람이다. 2) 하나님의 말씀을 기뻐하며 소중히 여긴다. 하나님의 말씀을 크게 즐거워하며 절대 가치, 절대 기준으로 삼는다. 말씀에 목숨 거는 사람이다. 그의 말과 행동의 기준은 언제나 하나님의 말씀이다.
시편 112편에는 이런 사람에게 주어지는 복의 목록이 열 가지 이상 적혀있다.
한두 가지를 들어보면, 그의 가족은 대대로 명문가가 될 것이다. 그들이 참여하는 일이 크든 작든 영향을 미치는 로열패밀리가 될 것이다. 교회 공동체나 지역사회나 국가 공동체에 중요한 역할을 하며 거룩한 영향을 미칠 것이다.
하나님은 그런 사람에게 부와 재물을 주신다. 그런 사람은 하나님께 받은 재물을 자기를 위해 사용하지 않고 빈궁한 자, 하나님나라 일꾼, 하나님나라 프로젝트에 흩어 줄 것이다.
나머지 목록도 찾아 묵상해보라.

사연을 듣기 전에 대답하는 자는 미련하여 욕을 당하느니라 잠언 18:13

대화에서 '경청'은 중요하다. 끝까지 듣지 않고 이미 마음으로 결론을 내리고 나머지 말은 듣는 시늉만 하는 건 어리석은 태도다. 자기 생각으로 가득하여 상대의 말을 다 듣지 않고 말을 끊거나 자기주장만 하지 말아야 한다. 부끄러움을 당하게 된다. 성급히 판단하고 결론을 내리는 것도 마찬가지다. 교만한 사람의 전형이다.
귀와 주의를 기울여 들으면 마음이 보인다. 그런 자세가 겸손한 자의 태도다. 그뿐만 아니라 한 편의 말만 듣고 더 이상 들을 필요가 없다고 판단하여 평가를 마치고 결론에 도달하는 것도 매우 위험한 태도다. 자칫 관계를 깨뜨리게 된다.

진상을 모두 알지도 못하면서, 또 엄밀한 조사도 하지 않고서 판결하는 건 경솔한 행동이다. 잠언 18장 17절에 "송사에 원고의 말이 바른 것 같으나 그 피고가 와서 밝히느니라"라고 하셨다. 또 잠언 29장 20절에, "네가 언어에 조급한 사람을 보느냐? 그보다 미련한 자에게 오히려 바랄 것이 있느니라"라고 하셨으므로 신중해야 한다.

경청과 이해심을 가지려면 인내가 필요하다. 이는 오직 사랑으로만 가능하다.

시편 : 예수 그리스도를 구주로 영접하고 하나님의 계명을 즐거워하며 주를 경외하는 삶이 으뜸가는 복이다. 겸손한 자리에서 하나님을 경외하며 섬길 때, 주어지는 세 가지 복이 있다. 재물, 영광, 생명이다(잠 22:4 새번역).

시편 112편을 통해 주님을 경외하고 주님의 계명을 크게 즐거워하는 사람의 복을 보자.
- 하나님을 경외하는 집안의 자손은 이 세상에서 능력 있는 사람이 된다(2).
- 그 집에는 부귀와 영화가 있으며 영원토록 칭찬받는다(3).
- 정직하고 은혜로우며 긍휼이 많은 의로운 사람에게는 어둠 속에서도 빛이 비친다(4).
- 공평하게 일을 처리하고 남에게 은혜를 베풀면서 꾸어주는 사람은 모든 일이 형통하다(5).
- 흔들리지 않고 의로운 사람으로 영원히 기억된다(6).
- 주님을 믿기에 나쁜 소식을 두려워하지 않고 마음을 굳건하게 지킨다(7).
- 확고한 믿음으로 두려워하지 않기에 마침내 대적이 망하는 것을 본다(8).
- 가난한 사람에게 넉넉히 나눠주니 의로움이 영원히 기억되고 영광을 받으며 높아진다(9).
- 악인은 이것을 보고 화가 나서 이를 갈다가 심장마비로 사라진다(10).

하나님은 악인의 헛된 욕망을 꺾어버리신다. 우리 집은 하나님을 경외하고 그 계명을 크게 즐거워하는, 복 받는 집안이 되길 소망한다.

잠언 : 사람들과 대화할 때 첫 시작부터 이미 답이 보일 때가 많다. 그럼에도 나는 끝까지 다 듣고 말하는 훈련에 상당한 에너지를 쏟아야만 했다. 상대의 말을 다 듣지 않고 답을 주었는데, 크게 상처받고 떠나버린 적이 있기 때문이다. 그 사람은 내게서 답을 원한 게 아니라, 내 관심을 원했던 거였다. 혹독한 대가를 지불하고 배운 과목이다.

경청하라! 그냥, 들어줘라! 그냥, 이해해줘라! 그리고 안아줘라!

인생 역전을 주시는 하나님

시편 113:7,8 잠언 19:17

> 가난한 자를 먼지 더미에서 일으키시며, 궁핍한 자를 거름 더미에서 들어 세워, 지도자들 곧 그 백성의 지도자들과 함께 세우시며 시편 113:7,8

하나님이 행하시는 놀라운 일들을 영원토록 찬양합니다! 그는 가난한 자를 먼지 더미에서 일으키신다. 너무나 비천한 상태의 사람들, 태어날 때부터 신체 조건이나 가정 환경이 매우 열악한 사람들, 큰 실수를 저질러 망했거나, 심각한 죄를 지어서 모든 걸 잃은 사람들은 먼지 더미에서 뒹굴고 거름 더미에서 산다고 해도 지나치지 않다.

그럴지라도 절망하거나 낙심하지 말아야 한다. 자기를 불쌍히 여기지 말아야 한다. 운명론적으로 소극적, 수동적으로 살지 말아야 한다. 그럴 때 먼지 더미에서 일으키시는 하나님을 붙들어야 한다. 하나님이 일으키신다.

그 정도가 아니다. 하나님은 거름 더미에서 일으키실 뿐 아니라, 들어 세워 귀빈들 사이에 앉히신다. 많은 사람의 시선을 받게 하신다. 너무나 놀라운 변화가 일어났기 때문이다. 그들은 많은 사람의 환호를 받을 것이다. 왜냐하면 그들이 더 이상 절망의 거름 더미에 앉아있지 않기 때문이다. 그들에게 실낱같은 소망의 빛이 비추이기 때문이다. 이는 '나도 하나님을 의지하면 저 사람처럼 될 수 있다'라는 용기와 힘을 준다. '인생 역전'을 일으키시는 하나님을 붙들 힘을 준다.

> 가난한 자를 불쌍히 여기는 것은 여호와께 꾸어드리는 것이니 그의 선행을 그에게 갚아주시리라 잠언 19:17

가난한 사람을 내 소유로 도와줄 때, 비록 적을지라도 나누면 하나님이 말씀하신다. "고맙다. 내가 네게 빚졌다. 이 빚을 내가 반드시 후하게 갚겠다."

그리고 하늘은행 직원들에게 장부에 기재하라고 하신다. 하늘은행 이자율은 상상을 초월한다. 30배, 50배, 100배다. 다시 말하면 3천 퍼센트, 5천 퍼센트, 1만 퍼센트의 이율이다! 하나님이 행하시는 것을 자세히 보라! 한 알의 밀알이 땅에 떨어져 죽으면 얼마나 많은 열매를 맺는가. 옥수수 한 알을 심으면 각각 500알 이상 나오는 옥수수 2개가 열린다. 하나님은 언제나 배가로 주신다. 그러니 "내가 네게 꾸었다. 후히 갚아 주겠다"라는 말씀에 기대가 크다.

얼마나 놀라운가! 하나님의 마음이 어디에 있는지 다 보인다. 내가 보기에는 단지 가난한 사람일 뿐인데, 하나님은 그를 사랑하는 자녀로 보신다. 그분이 얼마든지 그의 필요를 채우실 수 있다. 하늘에서 초자연적으로 내려주든지, 천사를 보내든지 하실 수 있다. 그러나 이런 놀라운 기회를 우리에게 주신다. 마치 가장 이윤이 높은 투자처를 소개하시듯 말이다. 이 약속의 말씀을 믿고, 오늘 당장 실행하자. 주변의 가난한 사람들을 돌아보자.

시편 : 하나님의 약속과 전략은 언제나 단순하고 어렵지 않다.

"여호와는 가난하게도 하시고 부하게도 하시며 낮추기도 하시고 높이기도 하시는도다 가난한 자를 진토에서 일으키시며 빈궁한 자를 거름 더미에서 올리사 귀족들과 함께 앉게 하시며"(삼상 2:7,8).

오늘 시편 묵상 말씀과 사무엘상 말씀이 동일하다. 성경에서 자주 말씀하셨다. 이 말씀은 나를 소망으로 꽉 붙잡아주었다. 단순한 전략이 나를 돌파하게 했다. 내 마음판에 팍! 새겨진 말씀이다. 하나님이 어떤 분인지 명확하게 말씀하신다. 교만하면 낮추시고 겸손하면 높이신다. 회개하고 돌이키면 거름 더미에 버려진 사람을 귀족들의 반열에 올려놓으신다. 이 약속이 내 삶에 이루어지는 데 주께서 딱 한 가지 조건을 말씀하셨다.

"여호와를 존중히 여겨라. 하나님의 말씀을 귀하게 여겨라!"

잠언 : 아들이 초등학생 때 함께 전철을 타고 가는데 가난한 자가 같은 칸에 탔다. 아들이 먼저 천 원을 꺼냈다. "어머니, 저분은 하늘은행 통장이에요~ 하나님께 꾸어드리려면 이걸 드려야 해요." 아들이 중학생이 되었다. 아이들이 좋아하는 브랜드의 꽤 비싼 겨울옷을 큰맘 먹고 사주었다. 며칠이 지났는데 아들이 얇은 옷만 입고 들어왔다.

"하나님이 노숙하시는 아저씨를 만나게 주선하셔서 그 옷을 입혀드리고 왔어요" 하면서 혼날까 봐 너스레를 떨며 내 품에 파고들었다. 아들을 보면서 참 흐뭇했다. 믿음 안에서 바르게 성장해주는 게 고마웠다. 이제는 결혼해서 가정을 꾸렸다. 아들의 삶에 주님이 풍성하게 관여하시는 걸 보고 있다.

20일

정상적인 그리스도인의 삶

시편 115:3,4,8,9 잠언 20:15

오직 우리 하나님은 하늘에 계셔서 원하시는 모든 것을 행하셨나이다. 그들의 우상들은 은과 금이요 사람이 손으로 만든 것이라 … 우상들을 만드는 자들과 그것을 의지하는 자들이 다 그와 같으리로다. 이스라엘아, 여호와를 의지하라. 그는 너희의 도움이시요 너희의 방패시로다 시편 115:3,4,8,9

우상은 금, 은 혹은 나무나 돌로 만든다. 사람의 손으로 각종 우상을 만든다. 우상은 입이 있어도 말을 못 하고, 눈이 있어도 보지 못하며, 귀가 있어도 듣지 못한다. 아무 도움을 주지 못한다. 우상을 만드는 자나 그것에 의지하는 자나 똑같이 도움을 주거나 받지 못한다. 너무나 어리석고 안타깝다.

그러나 하늘에 계신 우리 하나님은 원하는 모든 걸 행하신다. 이스라엘을 애굽에서 그의 능력으로 나오게 하시고, 홍해를 가르고 요단강을 멈추게 하셨다. 광야의 반석에서 물을 내어 마시게 하셨다. 이 놀라운 하나님을 의지하는 게 당연하지 않은가!

하나님이 나를 구체적으로 도우심을 경험하며 살아가자. 이것이 정상적인 그리스도인의 삶이다. 하나님은 높은 사람이나 낮은 사람을 막론하고 그를 의지하고 경외하는 사람에게 복을 주신다(13). 모태 신앙이든 방탕하게 살다가 뒤늦게 주께 돌아온 사람이든 똑같이 대하신다. 기준은 '지금' 하나님을 의지하고 경외하는 데 있다.

하나님은 나의 도움이시요, 나의 방패시다.

세상에 금도 있고 진주도 많거니와 지혜로운 입술이 더욱 귀한 보배니라 잠언 20:15

금이나 진주는 아름답다. 그리고 많지 않아 귀하다. 그래서 값비싸다. 사람들의 시선을 끈다. 관심을 기울이게 한다. 많은 돈을 주고 그것을 사게 한다. 그러나 그보다 더욱 값진 것이 있다. "지혜로운 입술"이다.

금이나 진주는 사람의 외모를 아름답게 꾸며주지만, 마음을 꾸며주지는 못한다. 외모는 아름답게 꾸몄을지라도 마음은 흉하게 일그러져 있을 수 있다. 그런 사람은 내면은 감추고 외모를 꾸미며 그것이 자신의 전부인 것처럼 내세운다.

그러나 지혜로운 입술은 사람의 내면의 아름다움을 드러낸다. 금이나 진주로 외모를 꾸몄는데 그 입술에 지혜가 없다면 어울리지 않는다. "아름다운 여인이 삼가지 아니하는 것은 마치 돼지 코에 금 고리 같으니라"라고 하셨다(11:22). 돼지 코에 금 고리다.

지혜로운 입술이 "더욱 귀한 보배"다. 지혜로운 입술은 지혜로운 마음에서 나온다. 지혜로운 마음은 지혜이신 하나님이 주신다.

"대저 여호와는 지혜를 주시며 지식과 명철을 그 입에서 내심이며 그는 정직한 자를 위하여 완전한 지혜를 예비하시며"(2:6,7).

"여호와를 경외하는 것이 지혜의 근본이요, 거룩하신 자를 아는 것이 명철이니라"(9:10).

하나님을 경외하는 삶이 지혜의 시작이다. 범사에 하나님을 인정하고, 의지하는 사람에게 지혜를 주신다. 진정한 아름다움, 가장 값지고 귀한 보배, 지혜로 자신을 단장하자!

가장 강력한 우상숭배는 금과 은으로 만든 신상처럼 눈에 보이는 우상 따위가 아니다. 바로 돈이다! 주인을 바꿔버린다! 재물 뒤에 숨어 사람을 돈으로 조정해서 맘몬을 숭배하도록 한다.

맘몬은 목표를 가지고 움직인다. 우리의 주인을 바꾸는 것이다(마 6:24). 탐욕(탐심+욕심)을 넣어주는 전략으로 돈을 사랑하게 만든다(딤전 6:10). 하나님을 배반하고 믿음에서 떠나게 만든다(시 10:3,4). 결국 사람들이 탐욕에 사로잡혀 하나님보다 더 사랑하는 무언가가 생긴다. 땅에 있는 것에 집착하게 만들어 집, 건물, 땅, 통장의 돈을 주님보다 더 사랑하도록 하여 우상숭배자로 만든다(골 3:5).

탐심 → 우상숭배 → 하나님 배반, 돈(맘몬)의 전략이 보이는가?

하나님은 이것을 보고 가만히 있지 않으신다. 회개하고 돌이키지 않으면 당신이 하고자 하는 일을 하신다. 이런 자를 망하게 하신다고 강력하게 경고하셨고 실제로 그렇게 하셨다. 탐심 때문에 죽어 나간 여러 사람을 오늘 더 깊이 묵상해본다. 가룟 유다, 아간, 게하시, 아나니아와 삽비라, 홉니와 비느하스 등. 오늘날에도 돈 때문에 주를 떠난 사람들이 쭉 떠오른다. 마음이 아프다. 교회에 헌금하고 도로 그 헌금을 찾아간 사람들 이름이 쭉 떠오른다. 나에게 다시 질문해본다.

'내 주인이 누구인가? 하나님인가, 돈인가?'

주의 은혜, 무엇으로 보답할까?

시편 116:12 잠언 21:18

내게 주신 모든 은혜를 내가 여호와께 무엇으로 보답할까? 시편 116:12

시편 116편은 하나님이 내게 베푸신 은혜가 얼마나 많은지를 벅찬 가슴으로 나열하고 있다. 사망의 줄이 나를 두르고, 크게 고통을 당하고, 환난과 슬픔을 만나 어려울 때 나는 하나님께 기도한다. 그는 내 간구와 내 음성에 귀 기울이신다. 내 영혼을 사망에서 건지신다. 내 눈을 눈물에서, 내 발을 넘어짐에서 건지신다. 주께서 나의 결박을 푸셨다.

그러니 "내게 주신 모든 은혜를 무엇으로 보답할까?" 지난 세월을 돌아보니 주의 베푸신 은혜에 감격할 수밖에 없다. 죽음의 터널을 통과하고 눈물 골짜기를 걸을 때마다 나를 붙들고 위로하고 힘을 주신 모든 걸 생각하니 감사의 눈물이 흐른다. 가슴이 벅차오른다. 그는 은혜로우시며, 의로우시며, 긍휼이 많으시다. 그러니 평생 기도하는 것, 마음과 힘을 다해 그를 사랑하는 것이 당연하지 않은가! 나는 구원의 잔을 높이 들고 그의 이름을 부른다. 그 은혜를 평생 갚아야 하지 않는가!

하나님을 향해 "할렐루야!" 큰 소리로 외치며 찬양하리라. 내 손을 들고 경배하리라. "내가 생명이 있는 땅에서 여호와 앞에 행하리로다" 고백한다(9). 하나님의 축복 속에서 이 세상에서 형통한 자의 삶을 살면서 하나님의 크신 은혜를 찬송하리라. 내 삶을 통해 하나님이 영광을 받으시도록 하리라.

악인은 의인의 속전이 되고, 사악한 자는 정직한 자의 대신이 되느니라 잠언 21:18

누군가가 나를 해하려고 음모를 꾸미는가? 나에 대한 각종 소문이 돌고 있는가? 억울하고 분한가? 그러나 싸우지 말고 하나님께 맡겨라. 범사에 감사하라고 하셨으니 이 일 또한 하나님께 감사하라. 그리고 도리어 축복하라. 하나님 손에 넘겨라. 하나님이 일하시는 걸 보게 될 것이다. 절대 맞대응하여 싸우지 말아야 한다.

다윗처럼 사울이 던진 창을 피하기만 해야 한다. 그 창을 되돌려 던지지 말아야 한다. 그리고 아무 일도 없었던 것처럼 평상심을 유지하며 평소처럼 행동하자. 아무에게도 내가 당한 일을 알리지 말아야 한다. 오직 내 사정을 아시고 나를 도우시는 하나님께만 알려라. 기도 제목으로도 말하지 말고, 오직 하나님의 보좌 앞에 있는 하늘 신문고를 울려라.

그러면 악인이 던진 창이 부메랑이 되어 내 눈앞에서 되돌아가 던진 자의 심장에 꽂히는 걸 보게 될 것이다. 나를 무너뜨리려고 파놓은 함정에 자기가 도리어 빠지는 것을, 나를 잡으려고 몰래 놓은 덫에 자기 스스로 걸리는 것을 보게 될 것이다.

그러니 정직한 자로 살아야 한다. 하나님 앞에서 행해야 한다. 용서하며 긍휼의 마음을 가져야 한다.

주님께서 내게 베푸신 모든 은혜를 무엇으로 다 갚을 수 있을까. 나의 답은 "갚을 수 없다"이다. 열 손가락으로 수십 번 세어도 모자란다. 이 큰 은혜를 입고도 또 죄를 짓는다면 끔찍할 것 같다. 은혜와 긍휼이 아니면 어찌 주 앞에 설 수 있을까! 매일 은혜로 산다.

주님의 사랑을 묵상하니 주님의 배려에 감동이 밀려온다. 베드로가 부활하신 주님을 뵈었을 때, 얼마나 부끄럽고 참담한 마음이었을까? 주님을 부인하고 욕하고 저주한 그의 심정이 내 심정이다. 놀라우신 우리 주님께서 베드로가 즉시 대답할 수 있는 질문을 하신다. "네가 나를 사랑하느냐?" "예! 제가 주님을 사랑하는 줄 주님이 아십니다."

3번의 같은 질문으로 과거의 실패와 부끄러움을 씻어주셨다. 주께서 내게도 질문하신다. "네가 나를 사랑하느냐?" "예!" "네 양을 먹이라!"

이 얼마나 황송한 말씀인가! 놀라운 사랑, 기이한 헤세드의 사랑, 예수 그리스도의 사랑이 나를 힘있게 세워준다.

주님의 사랑이 나를 움직이게 만든다. 주께서 맡기신 양 떼를 돌보는 일에 목숨 바쳐 충성하는 것이 나를 향한 주님의 사랑에 보답하는 길이다. 내게 주신 은혜에 조금이라도 보답하며 살고 싶다. 가족과 사람들을 만날 때, 긍휼함과 사랑으로 대할 것이다.

"사람의 실수와 죄의 증거를 찾아 들이대면서 꼼짝 못 하게 하는 것은 주의 성품이 아닌 줄 배웠습니다. 그들이 즉시 '예!'라고 대답할 수 있는 질문을 해야 하는 아름다운 지혜를 배우게 하시니 감사합니다. 아름답게 창조된 사람에게 붙어있는 죄를, 사람은 조금도 상하지 않게 그 죄만 분리해서 진정한 자유를 누리도록 이끌어가는 그런 사랑과 긍휼의 지도력으로 살겠습니다."

요동하지 않는 담대한 믿음

시편 118:11,12 잠언 22:11

> 그들이 나를 에워싸고 에워쌌으니, 내가 여호와의 이름으로 그들을 끊으리로다. 그들이 벌들처럼 나를 에워쌌으나 가시덤불의 불같이 타 없어졌나니, 내가 여호와의 이름으로 그들을 끊으리로다 시편 118:11,12

시편 118편은 다윗의 고백이요, 무엇보다 우리 주 예수님의 고백이다. 그리고 또한 나의 고백이 되어야 한다. 나를 쓰러뜨리려는 적들, 내가 넘어지기만을 바라는 적들로 겹겹이 둘러싸여 있어도 조금도 요동하지 않는 담대한 믿음을 가져야 한다. 그들이 벌 떼처럼 몰려와 나를 포위해도 내가 의지하는 나의 하나님이 그들을 불에 타는 가시덤불처럼 급히 소멸하실 것이다.

"예수님은 세상에 계실 때 자기를 죽음에서 구원해주실 분에게 크게 부르짖으며 눈물로 기도와 소원을 올렸고 경건한 복종으로 하나님의 응답을 받으셨습니다. 예수님은 하나님의 아들이셨으나 몸소 여러 가지 고난을 통해 순종을 배워서"(히 5:7,8 현대인의성경).

오늘 이 말씀을 심장에 다시 새긴다. 단지 십자가를 앞두고 기도하신 것만이 아니라 평소에 얼마나 힘드셨는지, 그리고 아버지 앞에 어떻게 머무셨는지를 바라보니 그 심정이 내 가슴에 절절히 다가온다. "내가 죽지 않고 살아서 여호와께서 하시는 일을 선포하리로다"는 죽을병이 낫길 바라는 고백이 아님을 오늘 더 알게 되었다(17). 어떤 상황에도 병들지 않고 주의 도움을 힘입어 강건하리라는 선언이다. 왜냐하면 간증으로 주의 행하심을 선포하여 주께 영광 돌리길 원해서다. 내 영혼아, 힘을 내자!

> **마음의 정결을 사모하는 자의 입술에는 덕이 있으므로, 임금이 그의 친구가 되느니라**
>
> 잠언 22:11

친구는 마음을 나누는 가까운 관계다. 왕과 단지 업무가 있을 때만 만나는 관계와 왕의 친구로서의 관계는 매우 다르다. 왕은 우리 주 예수 그리스도시다. 예수님의 친구가 되는 건 얼마나 영광스러운 일인가! 깨끗하고 정결한 마음을 사랑하는 사람, 또한 그 말이 은혜로워서 듣는 자를 위로하고 격려하고 세워주며 용기를 북돋아 주는 사람을 왕이신 예수님은 친구로 삼으신다. 마음과 입술은 언제나 동행한다. 따로따로 살지 않는다.

"정결을 사모하는 마음"이란 불순물이 없는 순금처럼 순수하고 깨끗한 마음, 정직한 마음을 말한다. 사람을 대하는 동기나 태도가 깨끗하고, 재물을 다루는 데 있어서 정직한 삶을 갈망한다. 온 마음을 다해 그렇게 살고자 힘쓴다. 그런 사람이 입을 열어 말할 때 듣는 사람이 힘을 얻는다. 용기를 낸다. 격려와 위로를 받기 때문이다. 그런 사람은 매력이 있고 아름답다. 하나님도 그런 사람의 매력에 푹 빠지신다. 그래서 가까이 두고 친구로 사귀신다.

"제가 그런 사람이 되겠습니다!"

시편 : 그들이 나를 겹겹이 에워쌌다. 그들이 나를 벌 떼처럼 에워쌌다. 가시덤불에 불이 붙은 것처럼 나를 삼키려고 했다. 나는 주님의 이름을 힘입어 그들을 물리쳤다. 승리하는 전략은 간단하다. 복잡하지 않다. 주님의 이름을 힘입는 것이다.

첫째, 전능자 하나님께서 지금 내 곁에 살아계심을 믿는다.

둘째, 우리 주님께서 정의와 공의로 온 땅을 다스리심을 믿는다.

셋째, 원수에게 틈을 주지 않기 위해 내가 먼저 정직히 행한다.

어떤 전쟁도 두렵지 않다. 다윗처럼 하면 된다. 골리앗을 향해 "너는 칼과 단창으로 나오지만 나는 만군의 여호와의 이름으로 나간다"라고 했다. 골리앗을 물리친 무기는 여호와의 이름이었다. 오늘날도 예수 그리스도의 이름은 '승리자!'이시다.

내가 주님 편에 서있다면 주님도 내 편에서 일하신다. 무엇이든, 어떤 것이든지 온 땅에서 승리는 내 것이다. 다른 데서 승리의 비결을 찾는 건 시간 낭비다.

잠언 : "깨끗한 마음을 간절히 바라며 덕을 끼치는 말을 하는 사람은, 왕의 친구가 된다"(새번역).

하나님과 친밀함을 누리려면 마음과 입을 잘 관리해야 한다. 깨끗하게 불순물이 없는 마음으로 관리하려면 내 마음에 정원사를 모셔야 한다. 매일의 묵상으로 말씀을 마음에 심으면 모든 더러운 것과 악을 내버리게 되어 깨끗한 마음으로 덕을 끼치는 말을 한다(약 1:21). 모세는 하나님과 대면하여 말하는 친밀한 사이였다. 친구는 서로의 고민을 터놓고 대화하는 친밀감을 가진다. 와~ 나도 모세처럼 주님과 대화하고 싶다. 부럽다!

23일   나는 오히려 주의 말씀을 바라나이다

시편 119:81-83   잠언 23:19

나의 영혼이 주의 구원을 사모하기에 피곤하오나, 나는 주의 말씀을 바라나이다. 나의 말이 "주께서 언제나 나를 안위하실까?" 하면서 내 눈이 주의 말씀을 바라기에 피곤하니이다. 내가 연기 속의 가죽부대같이 되었으나 주의 율례들을 잊지 아니하나이다 시편 119:81-83

"연기 속의 가죽부대"는 불에 오그라든 가죽부대처럼 원수들의 핍박으로 심한 어려움을 당한 상태를 보여준다. 그런데도 주의 말씀을 따라 살고자 몸부림치고 있다. 주께서 약속하신 구원의 말씀을 붙들고 기다리느라 지쳐있다. 에너지가 고갈되었다. 눈도 피곤하고 거의 병들 지경이다. 오랫동안 극심한 어려움을 당한 상태다.

살다 보면 이런 상황에 부딪힐 때가 한두 번이 아니다. 이럴 때 용서하고 이해하고 인내하는 것이 아름다운 믿음의 행위다. 그러나 '주님, 저는 더 이상 기다릴 수 없습니다. 제 인내의 한계점까지 이르렀습니다'라고 말하고 싶을 때가 있다. 그래도 믿음을 잃지 않고 소망을 갖고 기다린다.

사람이나 주변을 바라보면 절망이 몰려온다. 그럴 때는 내 시선을 주께 향해야 한다. 이때야말로 믿음을 보일 때다. 주의 약속의 말씀을 기억해야 한다. "나는 오히려 주의 말씀을 바라나이다"라고 말해야 한다. "나는 주의 말씀을 잊지 않겠습니다"라고 믿음의 고백을 해야 한다. 내 관심은 원수의 핍박이나 내가 당하는 어려움보다 주의 말씀을 따라 순종하는 데 있다.

"주의 크신 사랑으로 내게 힘을 주소서. 그래서 주의 말씀에 순종하게 하소서."

내 아들아, 너는 듣고 지혜를 얻어 네 마음을 바른길로 인도할지니라 잠언 23:19

지혜가 나를 "바른길"로 인도한다. 바른길은 'The Way'(그 길)다. 다른 여러 길 중 하나가 아니다. '오직 한 길'이다. 옳은 길, 안전한 길, 생명의 길이다. 그 길로 걸어가면 하나님의 뜻을 따라 하나님나라가 내 현실에 작동한다.

그러나 그 길은 내 안에 없기에 하나님으로부터 얻어야 한다. 그는 지혜가 무궁무진하시다. 하나님의 말씀이 '그 길'이다. 하나님으로부터 얻는 길은, 그의 음성에 귀 기울여 잘 들을 때 주어진다. 믿음이 들음에서 나오는 것처럼(롬 10:17) 지혜도 들음에서 나온다.

귀와 마음과 발은 언제나 동행한다. 듣는 것이 마음에 쌓인다. 그대로 발걸음으로 옮겨진다. 삶으로 행동한다. 바른길대로 살길 원한다면 바른 마음을 가져야 한다. 그러려면 바른 지혜를 들어야 한다. 지혜는 오직 하나님으로부터 나온다. 하나님 말씀에 귀 기울이는 삶이 모든 것의 시작이다. 세상의 수많은 정보를 듣는 것보다 더 중요하다. 오늘도 일상의 분주함에서 물러나 주께로 가서 그의 음성에 귀 기울인다.

시편 : 내 영혼이 지치도록 주의 구원을 사모한다. 내 희망을 모두 주님의 말씀에 걸었다. '주님께서 나를 언제 위로해주실까?' 주님의 말씀을 기다리다가 시력까지 잃었다. 나는 지금 비록 연기에 그을린 가죽부대처럼 되었어도 주님의 율례만은 잊지 않았다(81-83).

절절하게 가슴에 와닿는다. 주님의 구원을 바라면서 얼마나 울었는지 시야가 흐릿해진 경험이 있지 않은가? 속이 바싹 타버려서 몸에 수분이 다 빠지고 뻣뻣한 가죽만 남았던 그 시간들이 떠오른다. 주의 구원을 사모하며 내 영혼이 지치도록 주님을 향하여 부르짖은 그때! 그 시간을 끔찍하다고 생각했으나 지나고 보니 주님의 손과 동행하며 주님을 경험한 시간이었다. 또 내가 영적으로 크게 성장한 시간이었다.

이런 선한 결과는 그 어려운 때 내가 주의 말씀을 떠나지 않고 주의 율례들을 잊지 않았기에 가능했다. 내가 넋을 놓고 원망과 불평만 하면 주님께서 붙잡아주시는 손이 안 보인다. 주의 음성이 안 들린다.

옛날 속담에 '호랑이에게 잡혀가도 정신만 똑바로 차리면 산다'라는 말이 있다. 환난과 고통 가운데 정신을 똑바로 차리고 주의 말씀 앞에, 기도의 자리에 앉아야만 살길이 열린다.

잠언 : 창세기 3장의 '선악과 사건'이 매일 우리 앞에 놓여있다. 순간의 선택이 평생을 좌우한다. 두 메시지가 올 때, 멈추어 점검해야 한다. 믿을 만한 영적 지도자와 상담하는 것도 좋지만, 말씀 안에서 답을 얻는 게 최고로 좋다.

주의 말씀은 내 인생 열쇠

시편 119:96 잠언 24:26

내가 보니 모든 완전한 것이 다 끝이 있어도 주의 계명들은 심히 넓으니이다 시편 119:96

사람에게 속한 모든 것은 완전해 보여도 한계가 있다. 어떤 것도 우리 삶에 참된 만족과 기쁨 그리고 행복을 주지 못한다. 그러나 주의 말씀은 한계가 없고 완전하다. 심히 넓어서 깊고 넓은 바다도 다 담지 못한다. 깊이를 알 수 없는 우물에서 생수를 길어 올리듯 성경을 읽을 때마다 새롭다.

땅이 대대로 있듯이 주의 말씀은 영원하다. 시대가 바뀌어도 변하지 않는다. 유행처럼 흘러가는 법이 없다. 진리이기 때문이다. 우리의 영혼을 회복시켜주고 생명과 지혜를 준다.

"내가 보니"보다 더 겸손하고 지혜로운 말이 있을까! 주의 말씀의 놀라움, 한계 없음과 심히 넓음을 아는 것이 얼마나 복된가. 이 사실을 일찍 알면 알수록 더 복되다. 마음을 어디에 두어야 하는지, 어디에 생각의 초점을 맞추어야 하는지, 삶의 가치 기준을 무엇에 두어야 할지를 알게 되기 때문이다.

열쇠를 찾지 못하여 아무것도 못 하고 이리저리 찾아 헤맨 경험이 있을 것이다. 그리고 열쇠를 찾아 문을 열거나, 차에 시동을 걸고 나서 기쁨과 만족을 얻은 경험도 있을 것이다. 주의 말씀은 내 인생의 열쇠다.

"그러니 저는 주의 말씀을 절대 잊지 않겠습니다. 주의 말씀이 제게 큰 기쁨이 됩니다. 고난이 닥쳐와도 주의 말씀을 붙들고 살겠습니다. 날마다 말씀을 묵상하고 마음에 새기며, 그 말씀을 따라 열심히 살아내겠습니다."

적당한 말로 대답함은 입맞춤과 같으니라 잠언 24:26

"적당한"이란 '올바른, 곧은, 정직한, 공정한'이란 뜻이다. 오늘날 우리가 사용하는 말 가운데 뜻이 변형된 단어 중 하나가 '적당히'다. '대강, 대충'이란 뜻으로 잘못 되고 있다.

잠언 24장 26절은 25장 11절, "경우에 합당한 말은 아로새긴 은쟁반에 금사과니라"와 같은 의미다. "적당한 말로 대답하는 것"이 "경우에 합당한 말"과 같다.

"입맞춤"이란 이성 간의 애정 표현만 나타내지 않는다. 여기서는 '존경, 신뢰, 우정 관계'를 말한다. 고린도전서 16장 20절, "너희는 거룩하게 입맞춤으로 서로 문안하라"라는 말씀이 이런 뜻이다. 당시의 문화다. 지금도 중동에는 이런 문화가 있다. 그러므로 '정직하고 경우에 합당하게 대답하는 게 참된 우정이다'라고 번역해도 무방하다.

말을 돌리며 대답하는 것, 대충 얼버무리는 건 참된 우정이 아니다. 진정한 우정을 지속하는 길은 정직하고 바른말을 하는 데 있다. 좋은 친구를 만나는 것은 내 행동의 결과이기도 하다.

대화할 때 정직하고 바르고 진실하고 긍정적이고 세워주는 말, 격려와 용기와 위로를 주는 말을 하면 사람들의 호감을 얻는다. 사랑과 존경과 신뢰를 받는다. 그리고 좋은 친구를 많이 얻는다. 그 관계는 갈수록 깊어지고 지속된다.

시편 : "아무리 완전한 것이라도, 모두 한계가 있다는 것을 알았습니다. 그러나 주님의 계명은 완전합니다"(새번역).

어머니는 가끔 "내가 이 세상을 오래 살아보니…"라고 하신다. 직접 경험하셨다는 것이다. 세상을 살아본 어머니의 경험을 짧게 자주 말씀하신다.

"미진아~ 사람들이 하는 말은 참고만 하거라. 유명한 영적 지도자들도 사람이다. 오직 주님의 계명을 즐거워하거라. 주의 말씀을 마음에 두고 행하거라. 이것이 너와 가정과 모든 것이 복 받는 길이다."

유대인이 되려면 왜 어머니가 꼭 유대인이어야 하는지 내 어머니를 보면 알 것 같다. 수시로 짬만 나면 말씀으로 양육하신다. 나도 아들 부부와 손녀에게 이런 영성 있는 어머니와 할머니가 되어야겠다.

잠언 : 바른말을 해주는 것이 참된 우정이다. 진짜 친한 친구 사이라면 바른말을 해줄 수 있어야 한다. 바른말을 할 때는 태도가 중요하다. 사랑과 존중으로 상대를 배려하면서 해야 한다. 옳은 말이라도 상대의 잘못을 지적하는 건 바른말이 아니다. 주님은 관계를 중요하게 여기신다. 성령이 하나 되게 하신 것을 힘써 지키라고 하셨다. 말은 입으로만 하는 게 아니다. 표정, 태도, 눈빛, 미소 등이 다 언어로 상대에게 인식된다.

마음이 낙심될 때는
눈을 들어 산을 보라
시편 121:1,2 잠언 25:19

내가 산을 향하여 눈을 들리라. 나의 도움이 어디서 올까. 나의 도움은 천지를 지으신 여호와에게서로다 시편 121:1,2

눈앞에 펼쳐진 산을 바라본다. 큰 산, 단풍 든 산, 눈 덮인 산의 아름다움을 감상한다. 그러나 거기에 멈추지 않고 그 너머를 본다. 내 눈은 이 모든 걸 지으시고 다스리시는 하나님께 향한다.

시편 121편에 그 산을 지으신 창조주 하나님이 보인다. 보이는 산을 보며 보이지 않는 하나님을 본다. 보이는 것을 지으신 하나님을 본다. 보이는 게 전부가 아니다. 보이는 것이 실재라면 보이지 않는 것도 실재다.

마음이 두렵고 낙심될 때 문제에서 눈을 들라. 그리고 산을 보라. 그 산을 지으신 하나님이 보인다. 전능자 하나님이시다. 눈을 들어 하늘을 바라보라. 궁창을 지으신 그분이 보인다. 사랑과 은혜, 긍휼로 하늘을 가득 채운 은혜의 하나님이 나를 일으켜 세우신다. 전능하신 하나님이 나를 지키신다. 그는 졸지도 주무시지도 않는다. 오늘도 내일도, 지금부터 영원까지 나의 출입을 지키신다. 아~ 평안하다!

환난 날에 진실하지 못한 자를 의뢰하는 것은, 부러진 이와 위골된 발 같으니라

잠언 25:19

쉬운성경은 "어려울 때, 신용이 없는 사람을 의지하는 것은 썩은 이나 다친 발을 의지하는 것과 같다", 현대인의성경은 "흔들거리는 이로 음식을 씹거나 위골된 발로 걷는 것과 같다"라고 번역했다.

누가 흔들리는 이로 음식을 씹는가, 누가 부러진 발로 걷는가. 이같이 어리석은 행동은 하지 말아야 한다. 도울 힘이 없는 인생을 의지하지 말라고 하신다(시 146:3). 사람은 호흡이 끊어지면 흙으로 돌아간다. 우리 주 예수님은 그의 몸을 사람들에게 의탁하지 않으셨다.

애굽을 의지하는 이스라엘에게 말씀하신다. "그것은 상한 갈대 지팡이와 같다"(사 36:6). 또한 "말을 의지하며 병거의 많음과 마병의 심히 강함을 의지하고, 이스라엘의 거룩하신 이를 앙모하지 아니하며 여호와를 구하지 아니하는 이스라엘은 화 있을진저!" 라고 말씀하신다(사 31:1).

환난 날에 오직 여호와 하나님을 의지하는 것이 가장 안전하고 확실하다. 하나님이 말씀하신다.

"환난 날에 나를 부르라. 내가 너를 건지리니 네가 나를 영화롭게 하리로다"(시 50:15). 국번 없이 '5015'는 주를 의지하는 사람들이 외워야 할 비상 전화번호다.

야곱은 환난을 당할 때, "일어나 하나님께 나아가자. 그는 내 환난 날에 내게 응답하시며 내가 가는 길에서 나와 함께하신 하나님이시다"라고 했다(창 35:3).

눈을 들어 산을 본다. 내 도움이 어디서 오는가? 하늘과 땅을 만드신 주님에게서 온다. 사람들은 답답할 때 산에 간다. 정상에 오르고 나면 시원하다고 말한다. 대자연이 주는 평안과 위로와 쉼이 있기 때문이다. 나도 가끔 설악산에 간다. 높고 깊다. 겨우내 다 죽은 것 같은 산은 봄이 되면 다시 활짝 피어나고 열매 맺는다. 우리나라의 사계절은 무척 아름답다.

참 견디기 힘든 날이 있었다. 내가 쏟아부었던 헌신과 희생, 열심히 살았던 삶이 부정당하는 것 같았다. 산에 갔다. 발에 낙엽이 밟혔다. '부스럭' 하고 낙엽이 깨지는 소리가 났다. 그때 갑자기 깨달음이 왔다.

'이 낙엽이 내년 봄에 나무에 싹이 나고 열매를 맺게 하는 거름이 된단다~.'

누구의 소리였을까? 그 순간 눈물이 흐르고 치유가 일어났다. 그분이 내 수고를 알아주시는 것 같았다. 내 깊은 내면에서 외쳤다.

'그래! 맞아~ 내 수고는 헛된 것이 아니야! 거름이 되고 있어! 겨울이 지나면 반드시 싹이 나고 열매를 맺게 할 거야!'

어둠이 떠나갔다. 나를 낙심하고 좌절하고 포기하게 하지 못했다. 그날도 내가 이겼다!

천지를 지으신 주님은 모든 것을 동원해서 나를 일으키고 도우시는 분이다. 언제 어디서나 나를 도와주실 준비를 끝내시고 내가 당신께 달려올 때까지 기다리신다.

나는 여행을 많이 한다. 미국, 영국, 호주, 일본, 중국, 말레이시아, 캄보디아, 아프리카에서까지 주님이 나를 절대 버리지도 떠나지도 않으신다. 이것을 기억하고 여행하면 든든하다. 전혀 두렵지 않다.

아, 예루살렘 성이여!
나의 마음이 거기 있다

시편 122:6 잠언 26:17

예루살렘을 위하여 평안을 구하라. 예루살렘을 사랑하는 자는 형통하리로다 시편 122:6

예루살렘은 특이하다. 세계가 사랑한다. 모든 고대 도시가 다 무너지고 황폐하게 되었는데 예루살렘은 여전히 건재하다. 다윗 시대부터 지금까지 3천 년 동안 그랬다. 정말 잘 짜인 성읍같이 건설되었다. 지금도 그 성에 발을 들여놓으면 기쁘고 마음이 설렌다. 왜냐하면 우리 하나님의 보좌가 있었고, 주 예수님의 사역의 중심지였기 때문이다.

거리마다, 골목마다 주님이 보인다. 감람산에서 자주 기도하시고, 골짜기를 지나시고, 골고다로 올라가시는 모습 그리고 십자가…. 주 예수님의 숨결이 느껴진다. 목소리가 들린다. 예루살렘 성전에서 말씀하시는 모습이 보인다. 고난의 발자취, 갈보리 언덕의 십자가에 달려 죽으신 모습이 보인다. 이 모든 곳이 거기에 있다. 그래서 예루살렘을 사랑하고 그곳의 평안을 구한다.

전 세계에 아름다운 도시들이 많다. 멋있는 강, 산, 호수, 정원이 있는 도시들이 많다. 그러나 나는 예루살렘이 좋다. 가도 가도 또 가고 싶다. 걸으면서 묵상하고 기도하고 찬양하고 싶다.

아, 예루살렘 성이여! 나의 모든 것이 거기에 있다!

길로 지나가다가 자기와 상관없는 다툼을 간섭하는 자는 개의 귀를 잡는 자와 같으니라 잠언 26:17

잠언이 기록될 당시의 '개'는 지금의 반려견과는 아주 다르다. 들개나 늑대처럼 들에서 제멋대로 자라서 몹시 사납다. 그런 개의 귀를 잡으면 개는 즉시 달려들어 사람을 물어버린다. 큰 상처를 입기에 그런 위험한 행동은 하지 말아야 한다.

길을 가다가 자기와 상관없는 싸움에 끼어들지 말아야 한다. 그것은 마치 개의 귀를 잡는 것처럼 위험하기 때문이다. 싸움을 말리려다가 오히려 더 큰 싸움에 휘말린다. 예상하지 못했던 일이 발생한다. 다툼을 좋아하는 사람들은 쉽게 싸움을 그치지 않는다. "간섭하다"는 마치 자기와 상관이 있는 것처럼 행동하는 걸 말한다. '흥분하여 화를 내면서 적극적으로 행동하다'라는 뜻이다. 어이없게도 시비를 말리려던 사람이 그 시비에 말려든다. 간섭하던 사람이 흥분한다. 주님은 그런 사람을 '미련한 자'라고 하신다.

물론 그렇다고 길을 가다가 대단히 위험한 상황이나 위기 상황을 목격해도 방관하라는 게 아니다. 가끔 뉴스를 보면, 길에서 한 사람이 구타를 심하게 당하는데 많은 사람이 보고만 있었다는 안타까운 소식을 접한다.

그리스도인은 당연히 분쟁을 그치게 하고 화평케 하는 자다. 화목하게 하는 대사로 부르심을 받았다. 그러나 언제나 기억해야 할 것은, 분쟁을 해결하려다가 흥분하지 말아야 한다. 남의 일에 간섭하여 어느 한 편에 가담하지 말아야 한다. 화해가 목적이다.

"예루살렘을 사랑하고 평화를 위해 기도하면 형통한 복을 주겠다."

놀라운 약속이다. 왜 예루살렘인가? 그곳에서부터 하나님이 구원의 계획을 펼치셨고, 또한 그 땅에서 마무리하시는 하나님의 큰 그림이 있는 곳이기 때문이다.

이스라엘 전체를 다 둘러보는 데는 며칠이면 충분했다. 우리나라 강원도만 했다. 그 작은 나라에 예수님이 오셨고, 온 땅을 바꾸셨다. 큰 땅을 주시지 않았다. 그 땅이면 충분했다.

하나님의 능력과 구원을 보라.

- 앗수르 산헤립의 군대 18만5천 명을 상대하는 데 히스기야 왕과 이사야 선지자의 금식이면 충분했다.

- 13만5천 명을 상대로 승리하는 데 300명의 기드온 용사로 충분했다.

이것이 하나님이 일하시는 방식이다. 이스라엘에게 작은 땅을 주신 것을 보면서 지혜를 얻어야 한다. 꼭 큰 땅을 가진 나라가 부유하거나 강하거나 영향력을 끼치는 게 아니다. 예수님의 마지막 지상대명령을 보라. 12제자에게 땅, 돈, 건물을 주시지 않고, 하늘과 땅의 모든 권세를 주셨고, 세상 끝날까지 항상 함께 있겠다고 하셨다. 이것이면 온 땅을 제자 삼을 만하기 때문이다.

그래서 NCMN은 건물이 아니다. 사람이고 비전이다. 예루살렘을 사랑하는 적극적 행동은, 그곳으로 가서 복음을 전하고 재림하실 예수님의 길을 예비하는 것이다. 또 다른 행동은 유대인들이 주께로 돌아오도록 매일 적극적으로 중보기도 하는 것이다.

나의 도움은
천지를 지으신 하나님이다

시편 124:8 잠언 27:12

우리의 도움은 천지를 지으신 여호와의 이름에 있도다 시편 124:8

시편 124편은 전능자 창조주 하나님이 우리 편에 계셔서 우리를 도우심을 노래한다. "하나님이 우리 편이 되어주시지 않았다면 어떻게 되었을까?"라고 노래한다. 성난 홍수와 격류에 휘말렸을 것이다. 사나운 물결에 목숨을 잃었을 것이다. 우리를 버리지 않으신 하나님, 우리의 도움이신 하나님을 찬양합니다!

우리의 도움은 여호와의 이름에 있다. "여호와의 이름"은 하나님의 모든 걸 말한다. 그의 능력, 성품, 행하시는 원리 원칙 등을 말한다. 능치 못하심이 없는 전능자 하나님, 은혜로우시며 긍휼이 많으신 하나님, 빛이요 사랑이신 하나님, 언제나 정직하시고 모든 것을 사랑으로 행하시는 하나님이다.

무엇보다 천지를 지으신 창조주시다. 이런 하나님이 나의 도움이 되시는데 더 이상 어떤 설명이 필요할까! 염려하지 않는다. 근심하며 두려움에 사로잡히지 않는다. 적들이 사방을 에워싸도 평안하다. 전염병이 돌아도 두렵지 않다. 내 필요가 아무리 커도 염려하지 않는다. 범사에 감사하며 항상 기뻐하고 쉬지 말고 기도해야 할 이유가 여기 있다.

슬기로운 자는 재앙을 보면 숨어 피하여도, 어리석은 자들은 나아가다가 해를 받느니라 잠언 27:12

"슬기로운"은 '현명한, 신중한, 분별할 줄 아는'이라는 뜻이다. 슬기로운 자는 언제나 신중히 행동한다. 숨어 피할 때와 앞장서서 나설 때를 안다. "어리석은"은 '신중하지 않은, 마음이 너무 둔하여 분별할 줄 모르는'이라는 뜻이다. 어리석은 자는 자칫 신중하지 못하다. 그래서 되는대로 행하다가 호되게 당한다.

슬기로운 사람이 되어야 한다. 그래야 문제를 파악하며 위험을 미리 알아채고 적절하게 처신할 수 있다. 무엇보다 재앙을 보면 숨어 피할 줄 안다. "재앙"은 '악'이란 뜻이다. 슬기로운 사람은 악을 분별할 줄 안다. 무모하지 않다. 피한다. 그러나 어리석은 사람은 악을 분별할 줄 모른다. 무리하게 나아가다가 곤경에 처한다.

주께서 죄악의 길에 들어서지도 말라고 하신다. 남을 비방하는 사람, 부정적이고 원망과 불평을 입에 달고 다니는 사람과 사귀지 말라고 하신다. 슬기로운 사람은 주의 말씀을 따라 그대로 행한다. 그러나 어리석은 자는 그 말씀을 귀에 담지 않고 무시한다. 자기 능력을 믿는다. '이것쯤이야, 나는 아무 문제가 없어'라고 말하면서 악의 길로 들어선다. '나는 그들에게 끌려가지 않을 자신이 있어'라고 하면서 가까이하지 말라고 한 사람들과 사귄다. 그러다가 큰 낭패를 당한다.

슬기로운 사람의 길은 안전하지만 어리석은 사람의 길에는 언제나 위험이 도사리고 있다. 잠언을 매일 읽고 묵상하는 이유가 여기 있다. 잠언은 "어리석은 자를 슬기롭게" 해준다(1:4).

"천지를 지으신 주님이 우리를 도우신다"(시 124:8 새번역).

생각만 해도 든든하다. 이 사실을 깨닫지 못했고, 믿지 못했기에 오랜 시간 방황했다. 인생을 살다 보니 풍랑을 만나기도 하고, 긴 광야의 시간을 지날 때도 있었다. 가족, 친구, 가까운 친척에게 돈 얘기를 하면서 관계는 깨졌고, 회복은 더뎠다. 비싼 대가 지불을 하면서 철저하게 깨달은 게 있다.

1) 하나님은 모든 것의 주인이시다. 2) 하나님은 모든 것의 공급자시다.

환난과 고통의 시간은 내가 두 손 들고 "항복합니다" 하며 주님 앞에 무릎을 꿇게 만들었다. 눈물이 양식이 되었던 삶에서 하나님을 만나고 경험했다. 지나고 나니 그 가시밭길을 주께서 나를 업고 지나셨음을 깨닫는다.

"하나님만이 나의 안정감입니다!"

인생이 이렇게 둔하다. 그 사랑! 그 긍휼! 은혜 아니면 살 수 없는 그곳이 축복의 장소인 것을 일찍 깨달았으면 얼마나 위로가 되었을까! 자신의 고통에 집중되어 있으면 주님의 손이 안 보인다. 지나야만 건져주신 주의 손에 감격하게 된다. 그분은 내게 재물 얻을 능력도 주셨고, 병도 고쳐주셨다.

"네 하나님 여호와를 기억하라 그가 네게 재물 얻을 능력을 주셨음이라"(신 8:18).

나는 오늘도 다짐한다. 언젠가 사라질 재물이나 명예, 사람들을 나의 도움으로 절대 기대하지 않으리!

내가 불로 둘러싼 성곽이 되어주리라

시편 125:1,2 잠언 28:13,14

여호와를 의지하는 자는, 시온산이 흔들리지 아니하고 영원히 있음 같도다. 산들이 예루살렘을 두름과 같이 여호와께서 그의 백성을 지금부터 영원까지 두르시리로다

시편 125:1,2

"시온산"은 예루살렘을 가리킨다. 해발 78미터에 있는 예루살렘은 동쪽으로는 기드온 골짜기 너머 감람산, 남쪽으로는 힌놈 골짜기 너머 여러 언덕, 북쪽으로는 스코퍼스산으로 둘러싸인 구릉 지역이다. 외부 침입을 쉽게 막을 수 있다는 산악 지형의 장점을 지닌 견고한 천혜의 성채 도시다.

그러나 무엇보다 중요한 사실은, 하나님이 시온산을 보호하신다는 것이다. 다윗과 다윗의 길로 행한 왕들이 있는 한 예루살렘은 난공불락이었다. 지형적 요건보다 하나님이 보호하시기 때문이었다. 히스기야 시대에 앗수르 왕 산헤립이 최강의 대군을 이끌고 예루살렘 성을 함락하려다가 18만5천 명이 하룻밤 사이에 몰사했다(사 37:36). 히스기야가 전심으로 하나님께 부르짖었을 때, 하나님이 그의 기도에 응답하셨다.

주 하나님을 의지하는 사람은 어떤 상황에도 흔들리지 않는다. 하나님이 자기 백성을 언제나 감싸고 지켜주시기 때문이다. 설령 성곽이 없는 도시라 할지라도, 하나님은 그를 의지하는 그의 백성에게 "내가 불로 둘러싼 성곽이 되어주리라" 약속하셨다(슥 2:4,5). 이보다 더 안전한 곳이 있을까!

자기의 죄를 숨기는 자는 형통치 못하나, 죄를 자복하고 버리는 자는 불쌍히 여김을 받으리라. 항상 경외하는 자는 복되거니와, 마음을 강퍅하게 하는 자는 재앙에 빠지리라 잠언 28:13,14

항상 하나님을 경외하는 삶은 복 있는 삶이다. 그런 사람은 죄를 미워한다. 죄를 숨기지 않고 자복한다. 그 죄를 끊어버린다. 하나님은 그런 사람을 불쌍히 여기고 형통하게 하신다. "죄를 숨긴다"는 건 죄를 탐닉하며 즐기는 걸 말한다. 그런 사람은 죄를 가볍게 여기고 변명하며 인정하지 않는다. 죄에 민감하지도 않다. 심지어 모든 비난을 다른 사람에게 전가한다. "마음을 강퍅하게 한다"는 게 이런 것이다. 결국 스스로 파멸에 이른다. 우리는 죄를 해결하려고 안간힘을 쓴다. 스스로 벗어나려고 발버둥을 친다. 그럴수록 더욱 힘들다. 마치 덫에 걸렸을 때 벗어나려고 애쓸수록 더욱 옥죄는 것과 같다. 자기 힘과 노력으로 죄를 해결하거나 벗어날 수 없음을 알아야 한다.

죄를 해결하고 거기서 벗어나는 길은 죄를 인정하고, 하나님께 나아가 자복하는 것이다. 죄를 끊어버리기로 하는 것이다. 죄를 바라보시는 하나님의 마음을 갖는 것이다. 죄를 미워하는 것이 곧 '하나님을 경외하는 것'이다. 그러면 하나님이 불쌍히 여기시고 죄를 용서하신다. 예수 그리스도의 보혈로 죄를 씻어서 깨끗하게 하신다. 그분은 십자가의 능력으로 죄의 권세를 이미 못박으셨다. 그리고 성령을 부으셔서 우리에게 죄를 이기고 거룩하게 살 힘을 주신다. "형통하다"는 건 이를 두고 하신 말씀이다.

시편 : 주님을 의지하는 삶에 따라오는 어마어마한 축복이다. 주님을 의지하는 사람은 시온산과 같아서 흔들리는 일이 없이 영원히 서있다. 영원한 주님의 보호를 받는다. 산들이 예루살렘을 감싸고 있듯이 주님께서도 당신의 백성을 지금부터 영원토록 감싸주신다. 누가 내게 와서 "당신을 의지합니다"라고 말하면 참 부담스러울 것 같다. 지켜줄 힘이 내게 없기 때문이다. 깊은 수렁이나 압제자의 손에서 구해줄 능력이 내게 없다. 그러나 주님은 오히려 굳게 의지하라고 하신다. 그분은 어떤 환경이든지 구원해내시는 전능자시다.

전쟁 한가운데서 폭탄이 비처럼 떨어지는 것을 영화나 뉴스에서 많이 보았다. 지금 이 세상은 그런 영적 전쟁터다. 하나님은 거짓말하지 않으시는 신실한 분이다. 굳게 믿고 의지하면 어떤 상황에서도 구해내신다. 주님을 의지하는 삶은 저절로 되지 않는다. 문제나 사건, 사람과 상황 속에서 그분만 의지하기로 매 순간 결정해야 한다. 이것이 두려움으로부터 벗어나게 한다. 우주 최강 보디가드 곁에 있어라!

잠언 : 성경 전체의 원칙이다. "만일 우리가 우리 죄를 자백하면 그는 미쁘시고 의로우사 우리 죄를 사하시며 우리를 모든 불의에서 깨끗하게 하실 것이요"(요일 1:9). 죄를 자백하는 3단계는, 첫째, 개인의 은밀한 죄라면 하나님 앞에서 자백한다. 둘째, 당사자가 있다면 서로 자백한다. 셋째, 공동체에 죄를 지었다면 공동체 앞에서 자백한다. 죄를 자백한 자는 용서해야 한다. 하나님께서 용서하시는데 내가 뭐라고 용서하지 않는가!

29일

심고 거둠의 법칙
시편 126:5,6 잠언 29:20

눈물을 흘리며 씨를 뿌리는 자는 기쁨으로 거두리로다 울며 씨를 뿌리러 나가는 자는
반드시 기쁨으로 그 곡식 단을 가지고 돌아오리로다 시편 126:5,6

씨를 뿌리는 일은 힘들고 고생스럽다. 아무것도 없는 땅에 보잘것없어 보이는 작은
씨를 뿌린다. 그러나 농부는 그 일을 헛되다고 생각하지 않는다. 비록 힘들어도 포기
하지 않는다. 기쁨으로 추수하여 단을 가지고 올 것을 믿기 때문이다. 씨를 뿌리면 풍
성하게 거둘 것을 100퍼센트 기대한다.

고통, 어려움, 힘든 일이 있을 때, 손 들고 눈물로 주께 기도한다. 때가 되면 위로의
기쁨을 누리게 될 것이다. 눈물의 기도를 과소평가하지 말아야 한다. 그것은 땅에 심
은 씨앗과 같아서 기쁨으로 단을 거둘 것이다.

지금 내가 해야 할 일이 있다면 최선을 다해야 한다. 부지런함과 성실함 그리고 자
기 절제가 있어야 한다. 반드시 열매를 거두게 될 것이다. 우리가 최선을 다하면 하나
님이 그의 능력으로 일하신다.

지금 내가 하는 일에 열매가 많지 않다고 낙심하지 말아야 한다. "뿌리다"와 "거두
다", "나가다"와 "돌아오다"는 한 번의 행동을 말하는 게 아니다. 반복적인 꾸준함, 성
실함을 포함한다. 뿌려야 거둔다. 나가야 돌아온다. 눈물이 있어야 기쁨이 있다. 나갈
때는 손에 쟁기와 씨밖에 없었지만, 돌아올 때는 곡식 단을 한 아름 안고 온다. 그러니
지금의 작은 일을 무시하거나 소홀히 하지 말아야 한다. 하나님이 일하신다. 하나님이
열매를 풍성히 주신다. 그러니 소망을 가져라!

네가 말이 조급한 사람을 보느냐? 그보다 미련한 자에게 오히려 희망이 있느니라

잠언 29:20

"조급하다"는 '급히 서두르다, 재촉하다'란 뜻이다. 신중하지 않다는 거다. 그러니
생각 없이 아무렇게나 말하게 된다. 보이는 대로, 들리는 대로, 느끼는 대로 말하고 행

동한다. 결국 사람들에게 큰 상처를 입힌다. 그런 사람은 영향을 주는 삶을 살지 못한다. 교만하고, 자기 생각과 지식을 의지하는 사람이 그런 사람이다. 무슨 일이든지 맨 먼저 말하기를 좋아한다. 모든 대화에 끼어들어 자기의 지식을 자랑한다. 잠언은 특히 이런 사람이 미치는 영향력이 얼마나 크고 위험한지를 여러 차례 말씀하신다.

여기서 "미련한 자"란 '자신의 무지함을 인정하는 사람'이다. 하나님을 아는 지식이 없음을, 하나님의 길을 알지 못함을 인정하는 사람이다. 그렇기에 언제나 대화에서 말하기보다 듣는 데 비중을 둔다. 듣고 배우려는 자세를 가진 사람이다. '겸손한 우매자'라고 말할 수 있다. 오히려 이런 사람에게 희망이 있다.

한 박자 늦추며 뒤로 한발 물러나서 보고 들은 것을 곰곰이 생각해보면 더 잘 보인다. 말이 조급한 사람은 당연히 시야가 좁다. 듣는 사람들이 답답해한다. 말이 앞서지 않도록 해야 한다. 아무 생각 없이 성급하게 말하지 않아야 한다. 하나님의 말씀을 묵상하는 삶이 이를 도와줄 것이다. 지혜롭게 말하는 법을 배우게 될 것이다.

시편 : 고구마, 감자, 옥수수, 고추 등의 농사를 지어보았다. 생각보다 무척 힘들었다. 그런데 수확할 때의 기쁨은 이루 말할 수 없었다. NCMN 동역자들과 몇몇 사랑이 필요한 사람들에게 그 농작물을 나누기 위해 수백 박스에 포장해서 택배로 보낼 때의 기쁨은 농사를 지어본 사람만 느낄 수 있을 것이다.

영적인 농사도 마찬가지다. 주님 없이 살다가 상처받고 망가져서 마치 돌덩어리같이 된 사람들을 가끔 만난다. 이때 바로 드는 생각이 '저 사람을 대상으로 농사를 지어야겠다'이다. 먼저는 눈물로 중보도 한다. 마음의 상처를 어루만지고 웃어주고 위로하고 격려하며 손을 따뜻이 잡아준다. 그들의 필요에 사랑으로 응답하기 시작하면 돌 같던 마음이 어느새 부드러운 찐빵처럼 바뀐다.

땅의 농사나 사람 농사나 눈물로 짓는 것이다. 그러면 반드시 큰 기쁨의 단을 거두게 하신다. 주님의 원리 원칙이고 주께서 주시는 눈물의 열매다.

잠언 : 너무 빨리 말을 앞세우는 사람이 있다. 마음에 있는 걸 다 말해버린다. 지키지 못할 약속을 성급하게 한다. 마음은 진실하지만 지킬 힘이 없을 때, 지킬 능력이 안 될 때, 실없는 사람이 된다. 심하면 '허풍쟁이'라는 말을 듣는다. 말이 앞서는 사람보다 미련한 사람에게 더 희망이 있다는 말씀을 심각하게 받아들여야 한다. 때로는 좋은 일이라도 마음속 깊이 묻어두고 때가 되면 말하는 법을 배워야 한다.

하나님이 세우고
지켜주셔야 가능하다

시편 127:1 잠언 30:21-23

여호와께서 집을 세우지 아니하시면 세우는 자의 수고가 헛되며, 여호와께서 성을 지키지 아니하시면 파수꾼의 깨어있음이 헛되도다 시편 127:1

우리는 우리 힘으로 집을 세우고 성을 지키려 한다. 더 어이가 없는 것은, 우리 수고로 집을 세웠다고 착각한다. 우리 지혜와 능력으로 교회, 단체, 사업, 사역, 도시, 나라를 일으키고, 세우고, 지켰다고 말이다. 교만한 마음을 버려야 한다. 자기의 지식과 능력, 경험을 내세우며 자랑하지 말아야 한다. 아무리 좋은 계획을 세웠더라도 하나님의 축복이 있어야 한다. 하나님의 도움이 있어야 한다. 집을 짓는 데 필요한 사람을 선정하여 설계하고, 건축자를 선정하여 일을 맡기고 물품을 구입하는 등 부지런히 일하면 자연스럽게 집이 지어질 거로 생각하는 게 얼마나 어리석은가!

오직 하나님이 세우고 지켜주셔야 한다. 그분을 전적으로 의지해야 한다. 그렇다고 할 일을 하지 말라는 게 아니다. 최선을 다해야 한다. 그러나 시작할 때부터 주를 의지해야 한다. 과정마다 주를 의지하고 모든 영광을 하나님께 드려야 한다. 하나님이 세우고 지키신다. 하나님은 그런 사람에게 잠을 주신다(2).

세상을 진동시키며 세상이 견딜 수 없게 하는 것 서넛이 있다니, 곧 종이 임금 된 것과, 미련한 자가 음식으로 배부른 것과, 미움받는 여자가 시집간 것과, 여종이 주모를 이은 것이니라 잠언 30:21-23

세상을 뒤흔드는 것, 세상이 감당하지 못할 일은 질서가 무너질 때 일어난다. 가정이나 사회 그리고 국가에 혼란, 무질서, 혼돈이 일어난다. 다음 네 가지 때문에 일어난다.

1) 종이 임금이 되는 것이다. 이것은 신분을 말하는 게 아니라 자격을 갖추지 못한 사람이 통치자가 되는 걸 말한다. 왕이 될 만한 자격을 먼저 갖추어야 한다. 올바른 판단력과 분별력이 있어야 한다. 그리고 지혜와 총명이 있어야 한다. 무엇보다 하나님을 경외해야 한다.

2) 미련한 자가 음식을 배불리 먹는다. 지혜로운 자가 배불리 먹고 미련한 자는 배가 고파야 한다. 그래야 지혜를 배운다. 재물을 올바르게 다룰 줄 모르면 교만해지고 방탕한 삶을 살기 쉽다.

3) 미움받는 여자가 시집을 간다. 아직 결혼 준비를 못한 여자가 결혼하면 가정에 혼란이 일어난다.

4) 여종이 안주인의 자리를 이어받는다. 종이 왕 되는 것처럼 어울리지 않는다. 나라와 가정을 혼란스럽게 할 뿐이다.

이들의 공통점은 '자격 미달'이다. 무면허 의사를 '돌팔이 의사'라고 한다. 사람의 병을 치료하기는커녕 자칫 더 심하게 병들게 하기 때문이다. 돌팔이 지도자, 돌팔이 아내/남편, 돌팔이 신자가 되지 말아야 한다. 영성, 인성, 지성을 갖출 때 질서가 잡히고 비로소 평안이 온다.

시편 : "주님께서 집을 세우지 아니하시면 집을 세우는 사람의 수고가 헛되며"(새번역). 가정을 세울 때 자기 힘이 들어가면 배우자와 자녀에게 상처를 준다. 요구가 많아지고 억압하게 된다. 통제하게 되어 서로 불만이 쌓인다. 상처투성이로 관계가 깨어지고 돌이킬 수 없는 지경에 이른다. 주께서 가정을 붙들어주지 않으면 그 세우는 수고가 헛되다. 이 세상의 부귀영화를 좇는 헛된 가정이 된다. 믿음의 명문가를 꿈꾼다면 가정의 주인을 주님으로 모시고 가족을 온전히 맡겨드려야 한다. 주님께서 이끌어가시도록 해야 한다. 모두가 주님 앞에서 결정하는 법을 배우고 서로 존중하며 신뢰하는 것이다.

주님이 맡기신 사역을 할 때 주님이 '보증'을 서주시지 않으면 내 힘으로 하는 모든 수고가 헛되다. 사역은 주님이 시키신 것만 해야 한다. 남들의 좋은 결과를 보고 따라 하면 안 된다. 주님께서 사역의 '보증인'이 되게 하려면 시키신 일을 무릎으로 해야 한다.

잠언 : 주여! 나는 자격 미달인데 은혜로 산다. 주님께서 주신 자리를 다 적어보았다. 며느리인 동시에 시어머니고, 어머니이자 수아 할머니다. 회사의 대표이자 NCMN의 대표다. 이름난 성경 교사다. 이렇게 적어보니 종이 임금 된 것 같은 기분이 든다. 미련함이 벗겨지고 맡겨주신 사명을 지혜롭게 감당하도록 오직 무릎으로 살자. 요즘 손녀는 나를 상대도 안 해준다. 눈높이를 5세로 낮추지 않으면 수아가 외면한다. 아이를 통해 항상 겸손하게 하신다. 모든 환경을 통해 주님 앞에서 허리 굽히는 삶을 늘 배운다.

KING'S WISDOM

October

10월

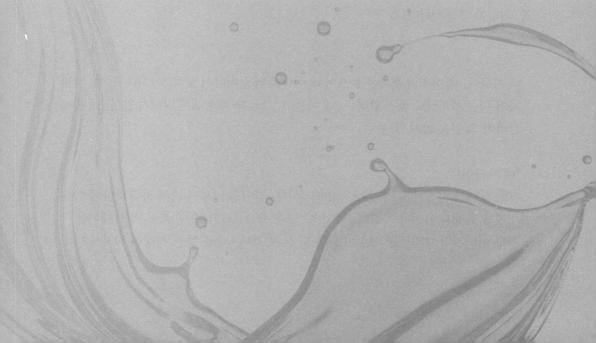

1일

하나님의 면전에서
시편 128:1 잠언 1:8,10,15

여호와를 경외하며 그 도에 행하는 자마다 복이 있도다 시편 128:1

"하나님을 경외"한다는 건 모든 일을 하나님의 면전에서 하는 것이다. 하나님을 항상 의식하며, 그를 기쁘시게 할 것이 무엇인지 구하며, 그를 경배하며, 그의 뜻을 따라 순종하며 사는 걸 말한다. 무디는 "사람의 경건은 그가 혼자 있을 때 무슨 생각을 하는가에 있다"라고 했다. 다시 말하면 '하나님의 면전에 있는지 아닌지'가 경건의 척도라는 것이다. 하나님 앞에 있으면 하나님을 의식하며 그가 기뻐하시는 생각을 한다. 그렇지 않은 생각이 스치면 거절한다. 그러나 혼자 있을 때, 내가 무슨 생각을 하든, 무슨 행동을 하든 나만 알고 아무도 모를 거로 생각하면 태도가 달라진다.

하나님을 경외하는 사람은 자기에게 주어진 일, 사업, 사역이 크든 작든 최선을 다해 수고한다. 그를 경외하며 그의 뜻을 따라 행하는 사람이 "복이 있다"라는 건 '하나님이 기뻐하셔서 그의 특별한 호의를 받는다'라는 의미다. 하나님의 보상이 있다. 그가 하는 일이 형통할 것이다. 그런 사람의 자녀들은 올리브 나무의 가지처럼 푸르고 성성하다. 열매 맺는 포도나무 같을 것이다. 다음세대가 힘있게 주를 섬김을 보며 기쁨, 만족, 평강이 넘칠 것이다.

내 아들아, 네 아비의 훈계를 들으며 네 어미의 법을 떠나지 말라. … 내 아들아, 악한 자가 너를 꾈지라도 좇지 말라 … 내 아들아, 그들과 함께 길에 다니지 말라. 네 발을 금하여 그 길을 밟지 말라 잠언 1:8,10,15

"내 아들아!"

잠언 말씀의 시작이며, 잠언 내용의 배경이다. 잠언을 읽으면 단어 하나하나에 아빠 아버지의 사랑의 음성이 들린다. 마치 갓 구운 빵을 올리브유에 찍어 먹을 때처럼 구절마다 아버지의 향기로운 사랑이 듬뿍 담긴 것 같다. 나를 향한 사랑이 심장에 다가온다.

왕의 지혜

580

나는 고아가 아니다. 날 사랑하시는 아빠 아버지가 계신다. 그는 언제나 내 곁에서 날 응원하고 후원하며 지지하신다. 격려와 용기를 북돋아 주시며 위로하여 새 힘을 주신다. 나를 사랑하시는 하나님 아빠 아버지의 음성에 귀 기울이자.

내가 절대 떠나지 말아야 할 건, 아버지의 말씀에 귀를 기울이고 그 말씀을 따라 살아가는 것이다. 거기에 생명의 길, 안전한 길이 있다. 악한 자의 말을 한순간도 귀담아듣지 말고, 그들과 함께 다니지도 말아야 한다. 그들의 얼굴을 두 번 다시 돌아보지도 마라. 그들은 겉은 화려하지만 결국 빈털터리의 초라한 신세가 될 것이다. 마치 모래가 가득 섞인 꿀을 먹는 것과 같다. 어리석고 미련한 사람이 되지 말고, 지혜롭고 슬기로운 사람이 되자.

누구나 복 받는 길이 있다. 주님을 경외하며 주님의 명(말씀)에 따라 사는 것이다. 여호와를 경외하며 주님의 명령을 따라가는 삶은 쉬우면서도 가장 어렵다. 모든 것을 주님께 드리면 쉽고, 내 것으로 붙잡고 있으면 어렵다. 주님이 이끄시는 비전을 따라가면 쉽고, 내 야망으로 가면 어렵다. 망하기 전에는 내 야망을 주님의 비전으로 착각했었다. 내가 이루고 싶은 게 하나님나라 확장을 위한 것이었기에 분별하고 깨닫는 데 큰 대가 지불을 했다. 바로 '내가 이루고 싶은 게' 야망이었다. 놀랍게도 완전히 망하고 나니 깨달아졌다. 망하기 전에 진리를 깨닫는 사람은 복 중의 복을 받은 사람이다.

내가 완전히 망한 후에 얻은 건, '거룩한 두려움'이다. 여호와를 경외하고 주님의 명에 순종하는 믿음의 삶을 선물로 받았다. 하나님의 길로 걸으며 그의 뜻에 순종하며 여호와를 경외하는 법을 배웠다. 하나님은 이런 사람에게 복을 주신다. 하나님을 두려워할 줄 알 때, 말씀을 존중히 여기게 된다. 오늘 묵상 본문은 성경 전체에서 말하는 복의 비결이기도 하다.

"이 율법책을 네 입에서 떠나지 말게 하며 주야로 그것을 묵상하여 그 안에 기록된 대로 다 지켜 행하라 그리하면 네 길이 평탄하게 될 것이며 네가 형통하리라"(수 1:8).

형통한 삶이란 모든 일이 뜻과 같이 잘되는 것으로, 하나님의 언약을 순종하여 지킬 때 약속된 축복을 가리킨다. 매일 하나님의 언약을 기억하고 순종 훈련을 한다. 실패할 때도 있으나 주님의 응원! 그분의 사랑! 그분의 지지와 격려로 다시 일어나서 또 훈련한다. 오늘도 내 생각이 아닌 그분의 뜻에 순종하는 믿음의 선택을 할 것이다. 오늘도 약속하신 형통의 복을 기대하는 게 당연하지 않은가!

풍성한 속량

시편 130:3,4   잠언 2:10-12

여호와여 주께서 죄악을 지켜보실진대 주여, 누가 서리이까? 그러나 사유하심이 주께 있음은 주를 경외하게 하심이니이다 시편 130:3,4

하나님이 우리 죄를 낱낱이 들추신다면 누가 감히 하나님 앞에 나아갈 수 있을까. 공의로우신 하나님은 죄악을 미워하며 심판하신다. 그러나 하나님은 우리의 죄를 용서하기를 즐거워하신다. 그는 은혜가 풍성하고 긍휼이 많으시다. 우리에게 한결같은 사랑을 베푸신다. 풍성한 속량이 그에게 있다. 모든 죄에서 우리를 속량하신다.

'속량'은 기독교의 중심이다. 값을 대신 지불하고 노예를 자유롭게 해주는 걸 의미한다. 우리는 죄와 저주와 사망 아래 절대 벗어날 수 없는 노예의 신분에서 풀려났다. 어떤 것도 우리를 노예 신분에서 자유롭게 할 수가 없었다. 불가능한 그 일을 하나님이 하셨다. 우리를 얽어맸던 모든 죄를 그의 아들이 대신 짊어지게 하셨다. 우리 죄를 용서하고 구원하셨다. 이것이 속량(또는 속전)이다. 그래서 우리는 주 앞에 나아갈 힘을 얻는다. 주께 부르짖을 용기가 생긴다. 주께서 베푸시는 은혜와 구원을 기다릴 힘이 여기에 있다. 우리가 주를 바라보며 기도할 수 있는 것도 이 때문이다.

"나 곧 내 영혼은 여호와를 기다리며 주의 말씀을 바라는도다"(6).

곧 지혜가 네 마음에 들어가며 지식이 네 영혼을 즐겁게 할 것이요, 근신이 너를 지키며 명철이 너를 보호하여, 악한 자의 길과 패역을 말하는 자에게서 건져내리라 잠언 2:10-12

하나님의 말씀이 지혜와 지식이다. 하나님의 말씀을 읽거나 듣거나 묵상할 때, 그 말씀이 우리 마음을 즐겁게 하며 우리에게 지혜와 명철을 주신다. 이것이 말씀이 주는 유익이다. "지혜"는 우리가 올바르게 살아갈 힘을 준다. "근신"이란 분별력, 판단력을 말한다. "명철"은 패역을 말하는 자에게서 우리를 건진다. "패역"은 '뒤집다, 바뀌다'라는 뜻이다. "패역을 말하는 자"는 선한 것과 진리를 의도적으로 왜곡시켜 사람들을 미혹한다. 그런데 겉으로는 그럴듯하게 포장해서 말한다. 겉과 속이 다르다. 이런 말은 분별하기가 쉽지 않다. 그런데 명철이 내게 분별력을 주어 그런 자들로부터 지켜준다.

"지키다", "보호하다", "건지다"는 우리 삶에 필수 동사다. 내가 할 동작이 아니라, 하나님이 내게 행하실 동작이다. 나는 스스로 지키고 보호하고 건질 힘이 없다. 스스로 해보려고 하면 언제나 허우적거리고 기진맥진한다. 하나님이 나를 위해 이같이 행하신다. 나를 나보다 강한 자에게서 지키시고, 사방의 위험에서부터 보호하시며, 내가 곤경에 처할 때마다 건져주신다. 이런 안전한 삶은 오직 하나님의 말씀으로부터 온다. 하나님은 그의 말씀에 귀 기울이는 사람에게 지혜와 명철을 주신다.

시편 : 하나님 보좌의 기초는 '공의'지만 보좌 전체를 덮고 있는 것은 '긍휼'이다.

공의 - 여호와여 주께서 죄악을 지켜보실진대 누가 서리이까(3).

긍휼 - 그러나 사유하심이 주께 있음은 주를 경외하게 하심이니이다(4).

주님이 죄를 지켜보고 계시면 누가 감히 주님 앞에 맞설 수 있겠는가. 십자가의 피로 그 옷을 빨아 입게 하셔서 용서하시니 오늘도 그저 은혜로 산다. 용서받은 죄인의 모습을 보게 하신다. '용서'라는 단어에 눈물이 팍 쏟아진다. 주님께 감사해서! 내게 상처 입힌 사람들을 용서하지 않는 내 모습에 기가 막혀서!

"긍휼을 행하지 아니하는 자에게는 긍휼 없는 심판이 있으리라 긍휼은 심판을 이기고 자랑하느니라"(약 2:13).

공의(심판) < 긍휼: 하나님은 내게 요청하신다. '딸아, 긍휼로 행하라~ 너를 위해서란다.'

주여, 용서할 힘을 주옵소서! 오늘 이 새벽에 내 마음을 한없이 넓히신다.

잠언 : "지혜가 네 마음속에 들어가고 지식이 네 영혼을 즐겁게 할 것이다. 분별력이 너를 지켜주고 명철이 너를 보살펴줄 것이다"(10,11 새번역).

지혜, 지식, 분별력, 명철 네 가지에 대해 묵상한다. 이것이 내게 늘 있기를 간절히 사모한다. 이는 주님과 사람을 잘 섬기는 데 꼭 필요한 요소다.

지식 - 하나님에 대해 배우고 말씀의 다림줄을 내 삶 가운데 내린다. 이것이 내 영혼을 즐겁게 한다.

명철 - 말씀과 어떤 상황이나 사물에 대한 올바른 이해력이 있기에 나를 보살펴준다.

분별력 - 서로 다른 일이나 사물을 분별하여 가르는 능력인데 이것이 나를 지켜준다.

지혜 - 지식의 말씀이 내 마음속에 들어오고, 그 말씀을 내 삶에 적용하여 살아내는 힘이다.

3일

젖 뗀 아이가 어미 품에 있음같이

시편 131:1,2 잠언 3:19,20

여호와여, 나는 교만하거나 거만하지 않으며 나에게 과분한 일이나 내가 감당할 수 없는 일을 생각하지 않습니다. 오히려 내 마음이 고요하고 평온하니 젖 뗀 아기가 자기 어머니 품에 고요히 누워있는 것 같습니다. 시편 131:1,2 현대인의성경

"젖을 충분히 먹고 엄마 품에 누워있는 아기, 만족, 고요하고 평안함", 이 장면을 항상 기억해야 한다. 내 영혼의 상태를 늘 이같이 유지할 수 있다면 얼마나 좋을까! 평상심을 유지함이 복이다. 다윗은 그 비결을 알았다. 감당 못 할 거창하고 허황한 꿈을 꾸지 않았다. 분수를 알고 자기 자리에 앉았다. 그리고 소망을 품고 하나님을 기다렸다. 이것이 겸손이다. 왕으로 기름부음 받았지만, 왕이 되고자 애쓰지 않았다. 하나님의 주권을 믿고, 하나님의 때에 그분이 이루실 줄 믿었다.

성급함, 조급함은 마음을 어렵게 한다. 교만은 자신을 모르는 것이다. 교만한 자는 자기가 있어야 할 자리를 떠난다. 분수를 모르고 자기 한계를 인정하지 않는다. 자립 정신이라기보다 독립 정신을 갖는다. 하나님 없이 스스로 모든 걸 할 수 있다는 생각으로 가득하다. 하지만 겸손한 자는 이와 정반대다. 해야 할 일을 남에게 미루지 않는다. 그러나 독립 정신을 경계한다. 하나님을 전적으로 의지한다. 믿음은 겸손한 사람의 최선의 행동이다. 해야 할 일에는 순종하여 최선을 다하고, 할 수 없는 건 하나님을 전적으로 의지하여 그의 행하심을 신뢰한다.

오늘 내가 할 일에 최선을 다하자. 그리고 하나님을 기다리자.

여호와께서는 지혜로 땅에 터를 놓으셨으며, 명철로 하늘을 견고히 세우셨고, 그의 지식으로 깊은 바다를 갈라지게 하셨으며, 공중에서 이슬이 내리게 하셨느니라

잠언 3:19,20

대자연을 바라보면 하나님의 영광이 보인다. 땅과 하늘을 바라보면 그분의 지혜와 명철이 보인다. 바람, 물, 공기, 이슬, 빛 등에서 그의 놀라운 지식, 지혜, 능력을 본다.

광활한 우주도 단 한 치의 오차 없이 질서 있게 운행한다. 천체 물리학, 천문학이 발달한 이유는 천체가 우연에 의해 생성된 게 아니라 전능하신 창조주 하나님이 만드셨고 운행하고 계시기 때문이다. 무질서, 무원칙이라면 발달할 수 없다. 우리는 하나님의 창조 원리를 연구할 뿐이다.

아름다운 정원도 누군가가 돌보기에 유지되듯, 이 광활한 우주와 대자연도 하나님이 돌보시기에 질서와 조화, 아름다움이 유지되고 있다. 지구, 천체, 깊은 바다가 갈라지는 것, 공중의 이슬이 내리는 것은 지식이 충만한 세계에서도 그 넓이와 깊이를 알지 못한다. 이는 하나님의 지혜와 명철, 지식과 능력을 보여준다. 주 하나님의 지혜와 은혜에 감사와 감탄이 절로 나온다. 벅찬 감격이 내 입술을 통해 찬양으로 나올 수밖에! 주님의 높고 위대하심을 내 영혼이 찬양하네!

시편 : "주님, 이제 내가 교만한 마음을 버렸습니다. 오만한 길에서 돌아섰습니다. 너무 큰 것을 가지려고 나서지 않으며, 분에 넘치는 놀라운 일을 이루려고도 하지 않습니다"(1, 새번역). 마음이 교만하고 오만한(태도나 행동이 거만함) 사람은 자기 능력과 힘으로 감당하지 못할 일을 계속 시도하기에 영혼의 평화가 깨진다. 오늘 본문을 통해 주님이 '딸아, 성령을 의지하라~ 성령의 능력으로 행하라~ 네 영혼을 고요(조용하고 잠잠한 상태)하고, 평온(평화롭고 평안한 상태)하게 유지하라~ 그래야 모든 결정에 실수가 없단다'라고 하신다.

나는 주께서 맡기신 일에 정말 실수하고 싶지 않다. 주께서 오늘 방법을 또 말씀해주시니 든든하다. 교만을 버리고 오만한 길에서 돌아서는 사람은 내 힘과 능력을 의지하지 않는다. 오직 성령의 능력을 의지한다. 내가 간절히 바라는 삶이다.

"주님, 교만하지 않겠습니다! 태도나 행동에 거만하지 않겠습니다! 내 힘과 능력으로 무엇을 이루려고 시도하지 않겠습니다! 오직 성령의 능력으로 사는 삶을 더 배우겠습니다!"

오직 여호와를 의지하는 사람의 영혼은 고요와 평화를 누린다(37:5).

잠언 : 주님이 만드신 걸 보면 놀라운 지혜가 보인다. 사람이 많이 먹으면 안 되는 건 딱딱한 껍질로 만드시고(호두, 은행 등), 많이 먹어도 되는 건 부드러운 껍질로 만드셨다(사과, 배, 포도 등). 산삼을 깊은 산 속에 숨기시고, 약재료로 주셨다. 서민들이 쉽게 구하는 재료들은 다 몸에 보약이다. 달걀, 콩나물, 미나리, 두부, 꽁치는 주님의 선물이다. 주님이 만드신 대자연을 보면 그분의 성품이 보인다. 지혜와 사랑을 곳곳에 숨겨놓으셨다.

4일

교회 중심의 삶을 살자
시편 132:2 잠언 4:14,15,24-27

그가 여호와께 맹세하며 야곱의 전능자에게 서원하기를 시편 132:2

다윗은 자기 장막보다 하나님의 장막을 더 사모했다. '그 장막'은 곧 하나님의 임재가 있는 곳이었다. 다윗은 하나님이 계신 곳으로 들어가 하나님 앞에 경배했다. 그의 모든 삶은 오직 하나님의 뜻을 이루는 것, 하나님께 영광을 돌리는 데 목적이 있었다. 그가 왕이 된 것도, 왕의 직무를 수행하는 것도 마찬가지였다. 그는 하나님의 임재 가운데 예배드리는 하루가 다른 곳에서의 천 날보다 더 낫고, 악인의 장막에 사는 것보다 하나님의 성전 문지기로 있는 게 더 좋다고 고백했다(84:10).

다윗은 하나님 중심의 삶을 살기로 서원했다. 다니엘은 예루살렘을 향해 창문을 열고 하루 세 번씩 무릎을 꿇고 하나님께 경배했다. 그로 인해 설령 목숨을 잃게 될지라도 예배를 멈추지 않았다. 미국의 '백화점 왕' 존 워너 메이커는 대통령이 장관직을 요청했을 때 정중히 거절했다. 이유는 주일에 예배를 드리는 것과 주일학교 교사직이 더 중요했기 때문이었다. 그는 결국 주일성수를 약속 받고 장관직을 수락했다. 이것이 야곱의 서원이요, 다윗의 서원이다. 그리고 이제는 나의 서원이다.

하나님은 어디에나 계시니 굳이 한곳에 모여 예배를 드려야 하냐고 물을지 모른다. 그렇다. 굳이 한 장소에 모여야 한다. 하나님은 그의 성도의 찬양 중에 임재하신다. 오순절 성령강림은 믿는 자가 모두 한곳에 모여 예배를 드릴 때 일어났다. 교회의 일원이 되어 정기적으로 모이기를 힘쓰는 교회, 모이면 찬송, 말씀, 기도, 교제가 중심이 되는 교회를 하나님이 기뻐하신다. 거기에 복을 부어주신다. 내 삶의 모든 영역으로 하나님을 영광스럽게 하는 것이 곧 다윗의 서원이요, 나의 서원이다.

사악한 자의 길에 들어가지 말며, 악인의 길로 다니지 말지어다. 그 길을 피하고 지나가지 말며, 돌이켜 떠나갈지어다 … 구부러진 말을 네 입에서 버리며, 비뚤어진 말을 네 입술에서 멀리하라. 네 눈은 바로 보며, 네 눈꺼풀은 네 앞을 곧게 살펴, 네 발이 행할 길을 평탄하게 하며, 네 모든 길을 든든히 하라. 좌로나 우로나 치우치지 말고 네

발을 악에서 떠나게 하라 잠언 4:14,15,24-27

우리의 보는 눈, 듣는 귀, 말하는 입, 걸어가는 발에 대한 하나님의 원칙을 지키자.

"한 입으로 두말하지 말고, 경솔한 농담, 악의 없는 거짓말, 잡담을 피하라. 똑바로 앞만 쳐다보고, 온갖 엉뚱한 것들에는 눈길도 주지 마라. 조심조심 걸어라. 그러면 네 앞길이 평탄하게 펼쳐질 것이다. 오른쪽으로나 왼쪽으로나 한눈팔지 말고 악으로부터 멀리 떨어져라"(4:24-27 메시지성경).

악한 길로는 한 발짝도 들여놓지 말아야 한다. 멀찍이 떨어져 비켜 가야 한다. 혹 들어섰다면, 더 이상 가지 말고 즉시 돌이켜 온 힘을 다해 **빠져나오라**. 용감한 척하지 마라. '나는 문제없다'라고 허세 부리며 그 길로 들어서지 마라. 혹 실수하여 그 길에 들어섰다면, 즉시 돌이켜 나오라. 그 길은 파멸에 이르는 사망의 길이다.

"예, 아버지, 두 눈을 부릅뜨고 오직 주의 말씀에 집중하고, 주의 말씀 따라 입을 열어 말하고, 주의 말씀의 길을 따라 걷겠습니다!"

시편 132편은 다윗의 서원 가운데 하나님의 약속이다. 어마어마하고 놀랍기만 하다. 다윗은 주님께서 계실 장막을 마련할 때까지, 야곱의 전능하신 분이 계실 곳을 찾아낼 때까지 침상에 오르지 않고 깊은 잠을 자지도 않겠다고 맹세하고 서약한다. 다윗의 이런 모습에서 주의 장막을 얼마나 사모했는지 알 수 있다. "하나님을 예배하는 것이 내 삶의 전부입니다!" 다윗의 이 외침이 지금도 생생하게 들리는 것 같다. 하나님께서 이런 다윗에게 맹세하시며 그 맹세는 진실하여 변하지 않을 거라고 말씀하신다(11). 하나님께서 그에게 맹세로 축복하신 내용은 다섯 가지다.

1) 다윗의 자손 가운데서 큰 왕이 나오고 지속되게 하겠다.

2) 주님께서 영원히 쉬실 곳을 시온으로 택하셨다.

3) 시온성에 먹거리를 가득히 주고, 가난한 사람에게 먹거리를 넉넉하게 주겠다.

4) 제사장은 의로운 일을 하게 하고, 성도는 기쁨의 함성을 지르게 하겠다.

5) 원수는 수치를 당하게 하고, 다윗의 면류관은 그 머리 위에서 빛나게 해주겠다.

오늘 하나님만 경외하며 예배하는 삶이 얼마나 아름다운지! 주님이 거하시는 장막을 사모하는 삶이 하나님을 얼마나 기쁘시게 하는지! 다시 한번 깊이 배운다. 시편과 잠언 묵상은 축복받는 모든 비결이 담긴 보물 창고다.

하나 됨의 아름다움

시편 133:3 잠언 5:11-14

헐몬의 이슬이 시온의 산들에 내림 같도다. 거기서 여호와께서 복을 명령하셨나니 곧 영생이로다 시편 133:3

이스라엘 최북단 골란고원에 있는 헐몬산은 해발 2,814미터로 백두산보다 70미터가 더 높다. 한여름을 제외하고는 언제나 눈으로 덮여있다. 마치 킬리만자로산이 동아프리카의 신비인 것처럼 헐몬산은 지중해의 신비다. 1년 내내 물이 시온산의 비탈길을 따라 콸콸 흘러내려 이스라엘 전체로 흐르며 생명을 준다. 그것이 남북으로 길게 뻗은 요단강이다. 생동감, 신선함, 생명을 주는 모습이다. 그런데 초점은 "이슬"이다. 이슬이 조용히 부드럽게 내려 산의 초목과 생명을 풍요하게 한다. 또한 높은 헐몬산에 내리는 이슬이 낮고 작은 시온산에도 내린다. 연합, 하나 됨의 결과는 참으로 놀랍다. 공동체에 풍성한 생명력을 준다. 몇 사람에게만 주어지는 게 아니라, 높고 낮음에 관계없이 공동체 모두에게 주어진다. 형제가 하나처럼 연합한 모습이 이와 같다고 하신다.

하나님은 "거기서" 복을 명령하셨다. 공동체가 하나 되는 곳이다. '하나 됨'은 하나님이 주시는 복의 원천이다. 하나님이 복을 명령하셨다. "복이 있으라"라고 말씀하시니 '거기' 공동체에 복이 부어졌다. 하나님이 명하신 복은 '영생'이다. 영생은 여권이 아니다. 해외에 나갈 때만 필요하고 평시에는 서랍에 넣어두는 것이 여권이다.

그러나 '영생'은 이 땅에서 필요한 모든 것을 채운다. 그리고 우리로 영원에 잇닿아 살게 한다. 연합, 하나 됨은 풍성하고 충만한 공동체를 유지하는 비결이다.

두렵건대 마지막에 이르러 네 몸, 네 육체가 쇠약할 때에 네가 한탄하여 말하기를, '내가 어찌하여 훈계를 싫어하며 내 마음이 꾸지람을 가벼이 여기고 내 선생의 목소리를 청종치 아니하며 나를 가르치는 이에게 귀를 기울이지 아니하였던고. 많은 무리들이 모인 중에서 큰 악에 빠지게 되었노라' 하게 될까 염려하노라 잠언 5:11-14

육체의 정욕과 세상의 쾌락을 따라 살면 건강을 해치며 수명조차 단축된다. 기력이 떨어지고 병에 걸려 몸이 만신창이가 된다. 그런 삶에서 돌이키지 않고 계속 죄악 가운데 있으면 마지막에 이르러서는 틀림없이 후회와 비탄에 싸여 자신의 어리석음을 한탄할 것이다. 후회 가득한 인생, 병든 몸, 죄와 뼈만 남은 삶, 자랑스럽게 내놓을 만한 것 없는 삶을 살지 말아야 한다. 더 늦기 전에 성령의 경계의 말씀을 듣고 돌이켜야 한다. 말씀을 통독하거나 묵상할 때 성령의 말씀을 들어야 한다. 예배 중에 설교자를 통해 말씀하실 때 귀 기울여야 한다. 그리고 그 말씀을 따라 살아야 한다. 영적 감각이 무뎌지지 않도록 몸도 마음도 깨어있어야 한다.

후회하지 않을 인생, 자랑하며 내놓을 만한 인생을 사는 길은 오직 스승의 가르침을 귀담아듣는 것이다. 그 말을 듣고 순종하여 살아내는 것뿐이다. 오직 그 길밖에 없다! '오늘' 그렇게 살자! 그러면 소망이 있다.

연합의 축복은 엄청나다. 주님은 연합하는 그곳에 영생의 축복을 명령하셨다. 연합하는 그곳에 예수님의 사랑으로 전도의 문을 여는 축복이 있다. 그런데 연합은 참 쉽고도 어렵다. 자기 욕심을 채우려는 사람은 다른 사람과 연합하지 않는다.

"무리에게서 스스로 갈라지는 자는 자기 소욕을 따르는 자라 온갖 참 지혜를 배척하느니라"(잠 18:1). 주님의 지혜로운 판단력을 가진 참 지혜를 적대시하며, 분쟁을 일으키고, 무리에서 갈라지도록 당을 짓고, 대적하는 행위를 스스럼없이 한다. 주님은 하나 됨을 이루라고 명령하신다. 연합은 노력 없이 저절로 되는 게 아니다. 힘써 지켜야 한다.

"너희가 부르심을 받은 일에 합당하게 행하여 … 평안의 매는 줄로 성령이 하나 되게 하신 것을 힘써 지키라"(엡 4:1,3).

주님은 하나 됨(연합)의 전략도 주셨다. "모든 겸손과 온유로 하고 오래 참음으로 사랑 가운데서 서로 용납하고"(엡 4:2). 하나 됨의 기준도 주셨다: '한 몸, 한 성령, 한 부르심, 한 소망, 한 주님, 한 믿음, 한 세례, 한 하나님'(엡 4:4-6).

연합의 비밀을 아는 자는 교회와 단체를 부요케 한다. 하지만 다른 종교들의 통합은 성경의 하나 됨의 기준과 완전히 다르므로 주의해야 한다. 진실로 주님을 사랑하는 사람은 내 생각과 달라도 서로 양보하며 하나 됨을 깨지 않는다. 교회에 문제가 있더라도 사랑 가운데 용서하고 용납함으로 성령이 하나 되게 하신 것을 깨지 않고 힘써 지켜낸다. 어머니가 내 귀에 못이 박히도록 말씀하셨다. "네가 복 받으려면 교회를 핍박하지 말고 교회를 깨지 마라!"

밤중에 노래하게 하시는 하나님

시편 134:1-3 잠언 6:20-23

밤에 주님의 집에 서있는 주님의 모든 종들아, 주님을 송축하여라. 성소를 바라보면서, 너희의 손을 들고 주님을 송축하여라. 하늘과 땅을 지으신 주님께서 시온에서 너희에게 복을 내려주시기를! 시편 134:1-3 새번역

교회에서 성도를 섬기는 사역자든, 삶의 현장에서 빛과 소금으로 사는 그리스도인이든 모두가 하나님의 종이다. 우리가 첫째로 할 일은 주님을 송축하는 것이다. 하나님을 찬양할 때, 서서, 손들고 찬양한다. 그의 능력과 영광, 거룩하심과 위대하심을 찬양한다. 밤중에도 찬양한다. 아무것도 보이지 않아도 절망과 두려움의 때도 손들고 찬양한다. 하나님은 창조주 전능자시다. 우리 삶의 현장에 함께 계신다. 우리 삶을 주관하고 다스리신다. 우리 가운데 계시는 하나님을 찬양할 때, 그분이 복을 내려주신다. 바울과 실라가 그랬다. 빌립보에서 로마 군병에게 매를 많이 맞고 감옥에 갇혔지만, 밤중에 하나님을 찬양했다. 두려움, 염려, 낙심에 자신들을 내놓지 않았다. 언제나 함께 계시는 그분을 찬양했다. 밤중에 찬송하는 그의 종들에게 하나님은 복을 내려주셔서 응답하셨다. 옥 터가 움직이고, 그들을 가두었던 문이 다 열리고, 그들을 묶었던 차꼬가 풀렸다.

"밤에 노래를 주시는 하나님"(욥 35:10)이 지금 여기 나와 함께 계신다. 내가 밤중에 손을 들고 입을 열어 큰 소리로 찬양할 때, 하나님은 '내가 여기 있다!'라고 말씀하시며 내 상황 가운데로 오셔서 좌정하신다. 그의 권위와 능력으로 다스리신다. 어둠이 빛으로, 절망이 소망으로, 슬픔이 기쁨으로, 매임에서 자유로 옮겨진다.

아이들아, 아버지의 명령을 지키고, 어머니의 가르침을 저버리지 말아라. 그것을 항상 네 마음에 간직하며, 네 목에 걸고 다녀라. 네가 길을 갈 때 그것이 너를 인도하여주며, 네가 잠잘 때 너를 지켜주고, 네가 깨면 너의 말벗이 되어줄 것이다. 참으로 그 명령은 등불이요, 그 가르침은 빛이며, 그 훈계의 책망은 생명의 길이다. 잠언 6:20-23 새번역

항상 마음에 간직하고 목에 걸고 다닐 것은 쇠붙이나 다이아몬드가 아니다. 그것은

내 길을 인도하지 못한다. 잘 때 보호해주지 못한다. 오직 하나님의 말씀을 몸에 지니고, 마음에 간직하며, 그것이 내 양심에 맞붙어 있어야 한다. 지갑이나 신용카드보다 더 귀하고 소중하다. 그 말씀이 나를 인도하고 보호하고 위로해줄 것이다.

하나님의 말씀은 내 발을 비추는 등불, 내 길을 비추는 빛이다. 광야의 구름 기둥과 불기둥과 같다. 말씀이 인도하는 길은 안전한 생명의 길이다. 곁길로 빠질 때, 말씀이 내게 경고한다. 그때는 가던 길을 멈추고 돌이켜 다시 바른길로 가야 한다. 말씀을 따라 살면 역동적이고 활기가 넘친다. 분별력과 통찰력이 생기며 삶이 빛난다.

"밤에", "주님의 모든 종들아, 주님을 송축하여라", 두 구절이 내 마음을 붙잡는다(시 134:1 새번역). 내 인생에 밤이 찾아왔다. 불치병에 걸렸다. 경제는 다 무너졌고 빚쟁이들에게 쫓겼다. 주변 사람과 친구들까지 등을 돌렸다. 의지했던 모든 것이 사라졌다. 햇볕은 내리쬐고 있었지만, 내 인생은 춥고 캄캄한 한밤중이었다. 이는 한 번만 찾아오는 게 아니었다. 광야 하나를 지나니 또 다른 광야가 기다리고 있었다. 광야에서 내 밑바닥이 다 드러났다. 낙심하고 절망하여 포기하고 싶었다. 그때 정신을 번쩍 차리게 한 말씀이 있었다.

"네가 만일 환난 날에 낙담하면 내 힘이 미약함을 보임이니라"(잠 24:10).

내 믿음의 현주소가 환난 날에 명확히 보였다. 말씀이 평가 기준이다. 어떤 핑계를 댈 것인가! 믿음의 영적 근육이 있는 주님의 종들은 인생의 한밤중에 주의 손을 바라본다.

1) 밤에 주님의 모든 종은 주님을 송축한다. 2) 밤에 성소를 바라보면서 손을 들고 주님을 송축한다. 3) 하늘과 땅을 지으신 주님께서 시온에서 이들에게 복을 주신다.

나는 극심한 고통과 하나님의 약속 중간에서 히브리서 11장의 믿음의 선배들을 쭉 묵상했다. 그들도 극심한 환난을 통과했다. 하지만 결국은 하나님이 예배하신 모든 축복의 주인공이 되었다. 에녹, 아브라함, 이삭, 야곱, 요셉, 모세, 기드온, 바락, 삼손, 입다, 다윗, 사무엘을 묵상할 때 부럽고 도전도 되었지만, 나는 초라하고 이들은 너무나 커 보였다. 그런데 기생 라합을 묵상하자 눈물이 흘렀다. 기생 라합은 믿음으로 멸망하지 않았고(히 11:31), 영광스러운 예수님의 족보에 이름을 올렸다. 예수님의 족보에 오른 다말, 기생 라합, 우리야의 아내(밧세바)가 생각났다.

예수님도 탁월한 집안을 통해 이 땅에 오신 게 아니었다. 그분이 내게 말씀하신다. '예수님은 사랑이시라.' 죄인들을 향한(나를 향한) 주님의 긍휼하심에 하염없이 눈물만 흐른다.

인생의 한밤중에 주의 손을 바라보게 하시고, 주의 사랑에 잠기게 하시더니, 긍휼함으로 나를 깊은 절망의 수렁에서 건져내신다. 주여! 은혜로 삽니다.

7일 특별한 소유
시편 135:3,4 잠언 7:25,26

여호와를 찬송하라. 여호와는 선하시며 그의 이름이 아름다우니 그의 이름을 찬양하라. 여호와께서 자기를 위하여 야곱 곧 이스라엘을 자기의 특별한 소유로 택하셨음이로다 시편 135:3,4

"여호와 하나님을 찬송하라"라고 2번이나 명령하신다. 그 이유는 그가 자기 백성을 "특별한 소유"로 택하셨기 때문이다. 하나님이 택하셨다는 건 참 놀라운 일이다. 그것도 하나님의 특별한 소유로 택하셨다. 소유란 '재산'을 의미한다. 하나님이 나를 그의 특별한 소유로 택하셨다는 의미는 다음과 같다. '하나님이 귀히 여기신다, 돌보신다, 보호하며 지켜주신다, 하나님의 호의를 받는다. 나는 특별하다.'

애굽에서 놀라운 일을 행하신 하나님이 나의 하나님이시다. 그의 강한 팔로 많은 왕을 치시고 이스라엘에 가나안 땅을 기업으로 주신 하나님이 나의 하나님이시다. 엘리사를 둘렀던 불말과 불병거가 나를 동일하게 두르고 있다. 하나님의 특별한 소유이기에 이런 특권과 놀라운 혜택을 누린다.

그러므로 나는 날마다 담대하고 평안하며 두렵지 않고 풍성하다. 이것이 하나님의 특별 소유가 된 백성의 일상이다. 감격, 기쁨 그리고 축제와 찬양이 내 삶이다. 그러니 이 놀라운 하나님을 찬송하는 게 당연하다.

그의 아름다운 이름을 온 마음과 힘을 다해 온 송축합니다!

너희는 그런 여자에게 마음을 쏟지 말고 그 길에 미혹되지 말아라. 많은 사람들이 그녀에게 희생되었고 그녀에게 죽은 자도 수없이 많다. 잠언 7:25,26 현대인의성경

호리는 말과 달콤한 말로 유혹하는 여자를 '저승사자'라고 한다. 지옥 입구에 있는 호텔 이름은 '쾌락 산장'이다. 그녀가 주로 활동하는 곳이다. '지옥행 급행열차'를 예매한 사람들이 하루 머무는 곳이다.

번화가 사거리의 커다란 LED 스크린에 광고가 떴다. 절대 만나지 말아야 할 여자

의 얼굴과 절대 가지 말아야 할 숙박업소 사진이 떴다. 자녀를 사랑하는 아버지가 비싼 광고비를 지불하고 띄운 것이다. 지혜로운 아들은 절대 만나지 말아야 할 여자, 절대 머물지 말아야 할 호텔, 절대 타지 말아야 할 열차를 마음에 새긴다. 절대 그 광고를 잊지 않는다.

대신 만나야 할 친구는 오직 예수! 두 손으로 굳게 붙잡아야 할 책은 오직 말씀! 언제나 머물러야 할 곳은 그의 백성이 모이는 공동체다! 오직 예수, 오직 말씀, 오직 교회와 가족 공동체에 생명과 풍성함, 기쁨과 자유가 있다.

시편 : 내게는 아주 특별한 재산이 있다. 내 생명까지 내놓을 만큼 지키고 싶은 아들 유진이다. 나는 아들을 가장 소중하고 귀하게 여긴다. "주님께서는 야곱을 당신의 것으로 택하시며 이스라엘을 가장 소중한 보물로 택하셨다"(4, 새번역).

갈라디아서 3장 7,9,29절을 통해 '김미진은 그리스도의 것, 바로 아브라함의 씨(자손 = 아들, 딸)로서 하나님의 특별한 소유'가 된 사실에 가슴이 벅차다! 하나님께서 나를 특별한 재산으로 삼으려고 독생자 예수님의 목숨을 대가로 지불하셨다. 이해할 수 없는 기이한 사랑이다.

내 내면의 깊은 동기를 살펴본다. 이 놀라운 사랑에 대해 하나님께 보답해드리고, 보상해드리고 있는가? 아들 유진이는 내게 보답하거나 보상하지 않아도 사랑스럽다. 엄마의 마음을 알기에 아들은 효도하려고 노력한다. 그 모습까지 참 귀하고 아름답다. 나는 하나님께 무엇으로도 보답과 보상을 드릴 수 있는 존재가 아니다. 다만, 내 마음에 하나님께 항상 효도하려는 중심이 있는지를 점검할 뿐이다.

하늘 아빠의 부드러운 목소리가 들린다.

'사랑하는 딸아, 가장 소중한 보물 목록에 네 이름이 있어~. 네 존재 자체가 보물이지!'

성령께서 알려주신다. 내가 무엇을 해서가 아니라 그저 딸이니까 소중하다고. 마음이 울컥한다. 하늘 아버지의 마음을 알아갈수록 더 기쁘게 해드리고 싶고 효도하고 싶다. 존귀하신 주님의 이름이 나를 통해 온 땅에서 명예를 얻기를 소망한다.

잠언 : 형제에게만 하시는 말씀이 아니다. 요즘 들려오는 소식이 정말 끔찍하다. 자매들도 음녀에게 끌려다니며 타락한 삶에 무방비로 노출되어 죄 가운데 빠져있는 참담함을 목격한다. 음녀의 길로 들어섰다면 오늘, 바로 탈출하라! 모든 명예를 빼앗기기 전에, 재물이 날아가기 전에. 어둠의 세력이 결국 죽음의 길로 이끌어간다.

여호와께 감사하라

시편 136:1 잠언 8:19

여호와께 감사하라 그는 선하시며 그 인자하심이 영원함이로다 시편 136:1

　시편 136편은 '감사장'이다. 26절 전체에 감사할 이유를 나열했다. 모두 26번이나 감사하라고 하신다. 9절까지는 하나님의 창조 역사를 감사하라 하신다. 10절 이후는 이스라엘 백성의 삶에 행하신 놀라운 구원을 감사하라 하신다. 오늘을 살고 있는 내게 이 말씀은 어떤 의미가 있는가? 26번이나 감사하라고 하시는 이유는 무엇인가?

　창조 역사와 이스라엘의 역사 가운데 놀라운 일을 행하신 하나님이, 오늘 내게도 동일하게 행하시기 때문이다. 그때의 하나님이 지금 여기 내 하나님이시다.

　하나님의 "인자하심"을 또한 26번 언급한다. 다른 어느 곳보다 많다. 인자하심은 하나님의 대표적인 성품이다. 하나님의 창조와 구원 역사의 기초는 그의 헤세드, 즉 '인자하심'에 있다. 놀라운 사랑, 기이한 사랑, 용서하는 사랑, 변함없는 사랑, 긍휼과 자비의 사랑이다. 요한복음 3장 16절에 하나님이 독생자 예수님을 보내서서 십자가에서 돌아가심으로 우리를 구원하심도 그의 헤세드에 있다. 그 인자하심이 영원하시다. 감사의 이유가 바로 여기에 있다. "이는 하나님은 사랑이심이라"(For God is Love)(요일 4:8).

　"하나님 아버지, 감사합니다!"

내 열매는 금이나 정금보다 나으며, 내 소득은 순은보다 나으니라 잠언 8:19

　일반적으로 금이나 은을 가장 큰 가치로 여긴다. 그러나 그보다 더 귀하고 가치 있는 것이 있다. 바로 지혜다! 지혜는 정의로운 길, 공의로운 길로 다니게 한다. 명철을 주어 올바른 판단력과 분별력이 있게 한다. 모든 왕과 지도자에게는 지혜가 필수다.

　거기서 올바른 지도력이 나온다. 이 놀라운 지혜를 어디서 얻을 수 있는가? 은금으로는 살 수 없다. 예수 그리스도 안에 감춰져 있기 때문이다.

　"내가 이렇게 하는 것은 여러분 모두가 사랑으로 결속되어 마음에 격려를 받고, 깨달음에서 생기는 충만한 확신의 모든 풍요에 이르고, 하나님의 비밀인 그리스도를 온전히 알게 하려는 것입니다. 그리스도 안에는 모든 지혜와 지식의 보화가 감추어져 있습니다"(골 2:2,3 새번역). 그리스도는 하나님의 비밀이다. 그리스도를 알면 그 안에 감춰진 보화 중의 보화인 지혜를 찾게 될 것이다. 그러니 지혜를 얻는 데 더 힘써야 한다. 그것이 지혜로운 투자다. 예수 그리스도를 더 알길 힘쓰는 게 그 길이다.

"누구든지 내게 들으며, 날마다 내 문 곁에서 기다리며, 문설주 옆에서 기다리는 자는 복이 있나니, 대저 나를 얻는 자는 생명을 얻고, 여호와께 은총을 얻을 것임이니라"(34,35).

"주님께 감사하여라. 그는 선하시며 그 인자하심이 영원하다"(시 136:1 새번역).

시편 136편 전체를 한 절 한 절 묵상하니 하나님을 향한 경외심이 내 마음을 꽉 채운다.

1) 신들 중에 가장 크신 하나님, 홀로 큰 기적을 일으키신 하나님.

2) 하늘과 땅, 큰 빛, 낮을 다스릴 해, 밤을 다스릴 달과 별을 지으신 하나님.

3) 홍해를 가르시고 바로의 군대를 홍해에서 쓸어버리시며 그의 백성을 끌어내신 하나님.

4) 위대하고 힘센 왕들을 치시고 그의 백성에게 그 땅을 유산으로 주신 하나님.

5) 원수의 손에서 건지시고 모든 육체에 먹거리를 주시고, 우리가 낮아졌을 때 우리를 기억하시는 하나님.

주님의 선하심과 인자하심을 묵상하니, 내 삶에도 동일하게 베푸신 은혜의 시간이 생각이 나서 눈물이 나고 끝도 없는 감사가 터져 나온다! 주께서 내 삶에 행하신 놀라운 일들을 적어놓고, 기적을 보니 더 감격스럽다. 내 삶을 이끄시는 주님의 뚜렷한 손이 보이니 든든하다.

병을 고치셔도 감사, 아니어도 감사! 재물이 있어도 감사, 없어도 감사! 사랑하는 사람이 내 곁에 있어도 감사, 떠나도 감사! 죽어도 감사, 살아도 감사! 예수님 자체가 최고의 선물이며 감사의 조건이다. 주께서 많은 선물을 주셨지만, 나를 나답게 만들어준 가장 놀라운 선물은 '평안'이다.

"평안을 너희에게 끼치노니 곧 나의 평안을 너희에게 주노라 내가 너희에게 주는 것은 세상이 주는 것과 같지 아니하니라 너희는 마음에 근심하지도 말고 두려워하지도 말라"(요 14:27).

'주님의 평안'은 어떤 환경, 사람, 사건도 흔들지 못한다. 문제에 빠지지 않도록 나를 붙들어준다. 내가 전진하게 하며, 뒤로 물러서지 않게 한다. 주님의 평안을 가진 사람은 하나님나라를 세워간다. 주님이 주시는 최고의 선물, 평안을 받아라!

나보다 나를 더 잘 아시는 분

시편 139:1 잠언 9:4,16

여호와여, 주께서 나를 살펴보셨으므로 나를 아시나이다 시편 139:1

"여호와"는 하나님의 이름이다. 그 이름 대신에 "나의 아바 아버지"라고 해도 전혀 이상하지 않다. 139편 1-6절은 "하나님이 나를 아신다"라는 말씀이다. "나의 아바 아버지"이신 하나님이 나를 얼마나 아시는가? 1) 나의 앉고 일어섬을 아신다. 2) 멀리서도 내 생각을 꿰뚫어 보신다. 3) 내가 일하고 쉬는 것을 다 보신다. 4) 내 모든 행동을 잘 아신다. 5) 내가 입을 열기도 전에 하려는 말을 아신다.

만일 검찰에서 나를 이같이 안다면 기분이 좋지 않을 것이다. 그러나 하나님이 나를 아시는 건 다르다. 아빠가 자녀를 사랑의 관심으로 아시는 거니까. 아는 만큼 이해한다. 나는 충분히 이해받고 있다. 그래서 외롭지 않다. '외로움, 고독감, 이해받지 못함'은 코로나보다 더 무서운 병이다. 그러나 내게는 나를 아시는 아빠 아버지가 계신다! 나는 고아가 아니다. 그가 나를 사방에서 둘러 호위해주시고 강한 오른손으로 붙들고 계신다. 아, 나는 안전하다. 평안하다. 든든하다. 행복하다!

어리석은 자는 이리로 돌이키라! 또 지혜 없는 자에게 이르기를 어리석은 자는 이리로 돌이키라! 또 지혜 없는 자에게 이르기를 잠언 9:4,16

동일한 한 사람, 그는 어리석은 사람이다. 그에게 식사 초대를 하는 두 여인이 있다. 지혜의 여인과 미련한 여인이다. 어느 여인의 초대에 응하냐에 따라 인생이 달라진다. 생명과 사망, 풍성함과 메마름, 기쁨과 슬픔, 성장과 후퇴, 소망과 절망, 자유와 결박, 빛과 어둠으로 갈린다.

아브라함은 전쟁포로가 된 조카 롯을 구출하려고 당시 팔레스타인 북방 연합군을 급습하여 대승리를 거두었다. 그는 롯뿐 아니라 남방 연합군이 빼앗겼던 모든 걸 되찾았다. 그가 돌아올 때, 두 왕이 샤웨 골짜기에서 맞이했다. 살렘 왕 멜기세덱과 소돔 왕 벨라였다. 그들이 아브라함을 위해 만찬을 준비했다. 아브라함은 멜기세덱의 초청에 응했다. 벨라가 마련한 만찬이 훨씬 화려하고 산해진미가 넘쳤으나 단호히 거절했다. 멜기세덱에게서 우리 주 '예수 그리스도'를 본다. 벨라에게서 '세상'을 본다.

오늘 말씀이 같은 상황이다. 지혜의 여인에게서 멜기세덱을, 미련한 여인에게서 벨라를 본다. 샤웨 골짜기에서 두 왕이 아브라함을 맞이했듯, 삶의 현장에서 두 여인이 우리를 초대한다. 세상의 만찬을 거절하고, 오직 우리 주 예수님의 초대에 응하리라. 그가 마련한 식탁에 앉으리라. '오늘' 그리고 내가 사는 동안에 날마다 그럴 것이다. 생명과 풍성한 삶이 메뉴다.

시편 : 하나님께서 나를 샅샅이 살펴보신다. 충격이다! "살펴본다"의 뜻은 '두루두루 자세히 꼼꼼하고 주의 깊게 알아보는 것'이다. 아들 유진이가 태어난 후 한순간도 눈을 떼지 않고 보살펴주었다. 배가 고픈지, 우유 온도는 잘 맞는지, 기저귀는 괜찮은지, 춥거나 덥지 않은지, 손톱과 발톱을 깎을 때가 되었는지. 하나님께서 이처럼 나를 살펴보신다니 얼마나 놀라운 사랑인가! 언제 어디서나 나를 살펴보시니 든든하다. 주님의 말씀 듣고, 복음 듣고 전 세계를 다닐 때도 평안한 것은, 하나님이 나를 살피시기 때문이다. 하나님은 내 하늘 아빠시다.

내 육신의 아버지를 생각하면 하늘 아버지가 금방 이해된다. 아빠는 내 필요를 미리 알고 공급해주셨다. 내 감정까지도 살피고 위로하고 격려하셨다. 언제나 내 편이셨다. 나를 돕는 두 아빠로 인해 언제나 당당하고 자신감 있게 살았다. 딱 한 가지, 내가 하나님 편에 서있는가를 늘 점검하라! 물론 육신의 아빠가 이렇지 않을 수 있다. 상처 주고, 때리고, 술 마시고 공포 분위기를 조성한다면 큰 상처가 남는다. 이 상처를 치료해야 앞으로 나갈 수 있다. 탁월한 사람도 어느 시점만 되면 이런 상처 때문에 모든 관계를 깨뜨린다. 쌓아놓은 모든 걸 스스로 무너뜨린다. 너무나 안타깝다. 그런데 치료받을 수 있다. 딱 한 가지 방법으로만 가능하다. 하늘 아버지의 사랑을 '계시' 받으면 한순간에 상처가 치유되고, 세상을 바꾸는 지도력이 생긴다. 하늘 아버지의 사랑을 보여달라고 진심으로 기도하면, 반드시 보여주시고, 치유해주시며, 주의 사람이 되게 하신다.

잠언 : "어리숙한 사람은 누구나 여기로 발길을 돌이켜라! 지각이 모자라는 사람도 이리로 오라! 하나님의 말씀 안으로." 그의 지혜 안으로 초청하고 있다. 어리석은 사람은 자신이 죽음의 그늘이 드리워진 스올의 깊은 곳에 가있음을 모른다. 어리석음을 벗는 방법은 오직 말씀과 성령을 의지하여 지혜를 얻는 것이다.

하나님을 아는 사람

시편 140:12,13 잠언 10:20,21

내가 알거니와 여호와는 고난 당하는 자를 변호해주시며, 궁핍한 자에게 정의를 베푸시리이다. 진실로 의인들이 주의 이름에 감사하며 정직한 자들이 주의 앞에서 살리이다 시편 140:12,13

시편 140편은 악인이 득세하는 곳에서 하나님의 도우심을 간절히 구하는 기도다. 그리고 강한 확신으로 "나는 압니다"라고 결론을 내린다.

나는 압니다. 주 하나님이 피해자의 편에 서실 것을.

나는 압니다. 주 하나님이 불쌍한 이들의 권리에 관심을 두고 계심을.

나는 분명히 압니다. 의인들이 주께 마음 깊이 감사하며 주의 이름을 찬양할 것을.

나는 확실히 압니다. 정직한 사람들이 주님 앞에서 안전하게 살 것을.

나는 이런 하나님을 압니다. 더 확실한 것은 하나님도 나를 아십니다.

하나님이 나를 아신다는 것을 아는가? 나는 하나님을 얼마나 아는가? 하나님을 아는 사람의 특징이 있다. 악인의 득세에 탄식만 하지 않는다. 자신이 처한 현실의 어려움을 한탄만 하지 않는다. 하나님이 악인을 심판하시고 의인을 도우실 걸 확신하기에 하나님께 나아가 간절히 기도한다. 응답하실 것에 대한 감사 기도를 드린다. 그렇다고 악한 자가 받을 심판에만 집중하지 않는다. 우리의 삶을 통해 아버지의 나라가 임하고 그 뜻이 이루어지도록 하나님과 동행하는 정직한 삶을 산다.

의인의 혀는 순은과 같거니와, 악인의 마음은 가치가 적으니라. 의인의 입술은 여러 사람을 교육하나, 미련한 자는 지식이 없어 죽느니라 잠 10:20,21

사람의 입과 마음은 깊이 연결되어 있다. 우리 주 예수님이, "입에서 나오는 것들은 마음에서 나온다"라고 하셨다(마 15:18). 마음 다루는 법을 훈련하지 않으면서 말 잘하는 법을 배우는 건 불가능하다. 의인의 혀는 최상급 은처럼 가치가 있다. 그러나 악인의 마음은 가치가 적다. 언뜻 보면 혀와 마음을 별개로 볼 수 있으나 실은 같은 영역이다. 의인의 혀가 가치가 큰 것은 그 마음의 가치를 보여주기 때문이다. 사람의 경건은 혀에 있지 않고 마음에 있다. 마음의 경건은 혀를 통해 알 수 있다(약 1:26). 그러므로 마음을 말씀과 성령으로 훈련해야 한다(4:23). 의인의 입술이 많은 사람을 교육하는 이유는 그 입에서 나오는 말이 진실하고 정직하기 때문이다. 오직 "그 말씀"(THE BOOK, 성경, 하나님의 말씀)을 따라 살고, 그 말씀을 전할 때 듣는 사람을 유익하게 하고 풍성하게 할 수 있다.

세상의 잡다한 지식, 자기 자랑, 남을 흉보는 말을 늘어놓는 사람을 '미련한 자'라 한다. 그런 말은 들어도 남는 게 없다. 이는 부모가 자녀 양육, 선생이 학생 교육, 직장에서 팀원 훈련을 할 때 모든 영역에 적용된다. 나부터 먼저 주의 말씀에 귀 기울여야 한다. 그래야 의인의 입술이 된다.

시편 140편은 악인들의 특징을 설명한 다음, "주님께서 의인을 변호해주심과 가난한 사람에게 공의를 베푸시는 분임을 나는 알고 있습니다. 정직한 사람이 주님 앞에서 살 것입니다"라고 고백한다(12,13). 악인들의 특징을 살펴보면서 오늘도 주의하고 경계한다.

1) 뱀처럼 날카로운 혀를 가진 그들은 입술 아래 독사의 독을 품고 있다. 악인의 말에 무방비로 당하지 말자. 독사의 독에 감염되면 빠른 속도로 죽는다. 악인의 말을 들을 때 거절하고 귀를 닫아버려라. 듣는 즉시 주님께 올려드려라. 원수 갚는 것이 주의 손에 있다. 악인을 주님께서 상대하시도록 하는 것은 밝고 빛나게 살아가기 위한 큰 지혜다. "내 사랑하는 자들아 너희가 친히 원수를 갚지 말고 하나님의 진노하심에 맡기라 기록되었으되 원수 갚는 것이 내게 있으니 내가 갚으리라고 주께서 말씀하시니라"(롬 12:19).

2) 나를 해치려고 몰래 덫과 올가미를 놓고, 길목에는 그물을 치고, 함정을 판다.

3) 혀를 놀려 남을 모함한다.

나는 이것을 당한 사람으로서 오늘 구원의 지혜를 묵상하게 된다. 원수 갚는 것을 하나님 손에 맡겼더니 전쟁의 날에 주님께서 내 머리에 투구를 씌워 보호하셨다. 그들이 승리하여 우쭐대지 못하게 하셨다. 악인들의 계획은 주님 앞에 언제나 성공하지 못한다.

"주님은 공의를 베푸시는 심판주로 계심을 나는 알고 있습니다. 선하신 주님의 심판은 언제나 공의로우셔서 억울한 사람을 건져내십니다."

이런 우리 주님을 묵상하고 나면 아침부터 든든하며 힘이 솟고, 얼굴에는 종일 웃음이 가득하여 밝고 빛나게 생활할 수 있다. "말씀 묵상의 시간은 나의 생명줄입니다."

책망을 받을 때가 기회다

시편 141:5 잠언 11:16

의인이 나를 칠지라도 은혜로 여기며, 책망할지라도 머리의 기름같이 여겨서, 내 머리가 이를 거절하지 아니할지라. 그들의 재난 중에도 내가 항상 기도하리로다 시편 141:5

"치다"는 '두들기다, 깨트리다'라는 의미다. 사람들로부터 책망받을 때, 그 말을 받아들이기가 쉽지 않다. 왜냐하면 그 말은 마치 망치로 두들겨 깨는 것처럼 내 마음을 두들겨 깨트리기 때문이다. 사람들이 나를 바로잡고자 사랑으로 책망하면 아픔으로 다가올지라도 거절하거나 변명하지 말자. 행여 나를 대적한다고 오해하거나 너무 혹독하다고 생각하지 말자. 말이 거칠다고 상처받지 말고, 나를 사랑하고 존중히 여긴다는 표현으로 받아들이자. 나로 하나님의 뜻을 따라 올바르게 행하도록 돕기 위함인 줄 알아야 한다. 오히려 은혜로 여겨서 기쁘게 받아들여야 한다. 그러면 그것은 마치 내 머리에 붓는 향유처럼 나를 영광스럽게 해준다. 책망받을 때야말로 내 고집스럽고 거만하고 교만한 마음을 깨트릴 기회다.

하나님은 칭찬으로 사람을 단련시키신다(잠 27:21). "칭찬"에는 내가 잘한 것뿐 아니라 잘못에 대한 책망도 포함된다. 혹 나를 사랑으로 책망하는 사람들이 어려움을 겪을 때, 절대 '그것 참 고소하다' 하는 마음을 갖지 말고 오히려 그들을 위해 기도해야 한다.

유덕한 여자는 존영을 얻고, 근면한 남자는 재물을 얻느니라 잠언 11:16

"유덕하다"는 '덕이 있다, 너그럽고 품위가 있다'라는 뜻이다. 유덕한 여자는 사려 깊다. 말을 함부로 하지 않고, 말할 때 사람을 풀어주고, 세워주고, 용기를 준다. 또한 고귀함으로 자신의 명예를 지킨다. 그런 여자는 존경받는다. 사람의 외모는 내면의 아름다움에서 비롯된다. 젊을 때는 화장술로 꾸미나, 결국 내면을 가꾼 사람의 아름다움은 나이가 들수록 더 뚜렷하게 나타난다.

남자는 부지런하고, 성실해야 한다. 맡은 일에 책임감을 느끼고 충성해야 한다. 그런 남자는 자기 앞에 놓인 장애물을 넘어갈 줄 안다. 남을 탓하지 않고 스스로 거친 환경을 경작하여 변화할 줄 안다. 이를 '남자답다'라고 말한다. 그런 남자는 재물을 얻는다. 반면에 게으르고, 불성실하고, 책임감이 없는 남자는 평생 가난하게 지낸다. 언제나 환경이 어렵다고 말하고 남을 탓하며 변명을 늘어놓는다. 이런 사람은 약해서 쉽게 영향을 받는다.

여자의 아름다움은 유덕함에서 나오고, 남자의 힘은 부지런함에서 나온다. 이것이 여자다움이고 남자다움이다. 그리고 그 열매로 이를 증명한다. 여자에게는 존영이, 남자에게는 재물이 그 열매다.

시편 : 오늘 본문을 세 부분으로 나누어본다.

– 의인이 사랑의 매로 나를 쳐서 나를 꾸짖게 해주십시오.

– 악인에게 대접받는 일이 없게 해주십시오.

– 나는 언제나 그들의 악행을 고발하는 기도를 드리겠습니다.

140편 4절을 연결해서 읽으니 묵상이 더 풍성해진다. 1) 내 마음이 악한 일에 기울지 않게 해주십시오. 2) 악한 일을 하는 자들과 어울려서 악한 일을 하지 않게 도와주십시오. 3) 그들의 진수성찬을 먹지 않게 해주십시오.

다윗의 기도가 내 기도다. 주님의 길로만 따라 살고 싶을 때, 내 힘과 능력으로 살 수 있다는 교만한 생각을 버려야 한다. 주님께서 내 삶을 붙들어주시도록 요청하고, 나는 그런 상황에서 기도한 것을 기억하며 악을 멀리해야 한다.

악인으로부터 진수성찬을 절대 대접받지 않겠노라고 오늘 또 다짐한다. 악인이 베푸는 만찬은 내게 올무가 되고 덫이 될 것이다.

"주여, 종에게 분별력을 주셔서 언제나 악인과 선인을 분별하게 하옵소서! 몸 된 교회와 단체와 가정을 보호하기 위해 언제나 내 영이 깨어있기를 원합니다."

잠언 : 너그럽고 사려 깊은 여자는 사랑과 존경을 받는다. 외모가 아니라 내면 깊은 곳에서부터 나오는 아름다운 성품이 '덕'이다. 이런 여자는 믿음직하며 사려가 깊다. 이런 여자를 아내로 맞이한 남자는 인생 최고의 선물을 받은 것이다. 부지런한 남자는 처자식을 굶기지 않는다. 덕이 있는 여자와 부지런한 남자가 만나면 금상첨화다. 이런 부부에게는 좋은 것에 좋은 것이 더해진다. 재물도 모이고 선한 일도 하게 된다.

게으른 자는 침상에서 돈다. 부인은 일터로 내몰리게 된다. 게으른 자를 절대 남편으로 선택하지 마라! 평생 고생보따리를 이고 살게 된다.

지금은 소리 내어 부르짖을 때다

시편 142:1,2 잠언 12:16

내가 소리 내어 여호와께 부르짖으며 소리 내어 여호와께 간구하는도다. 내가 내 원통함을 그 앞에 토하며 내 우환을 그 앞에 진술하는도다 시편 142:1,2

시편 142편은 다윗이 사울에게 쫓겨 다니며 굴에 있을 때 지은 기도 시다. 그는 매우 힘들고 어려웠다. 원통함, 우환, 영이 상함, 원수가 숨긴 올무, 비천함, 마치 감옥에 갇힌 것 같음 등이 그가 처한 상황이었다. "원통함"은 '억울함'이다. "우환"은 '곤경에 처해 힘든 마음의 상태'를 말한다.

그때 그는 하나님께 부르짖었다. "부르짖다"가 3번(1,5,6) 나온다. 낙심하거나 불평하거나 두려움에 사로잡히거나 자기를 불쌍히 여기거나 털썩 주저앉아 있지 않았다. 소리 내어 부르짖었다. 간구했다. 속으로 기도할 때도 있지만, 지금은 소리 내어 부르짖을 때다. 내 원통함을 하나님 앞에 토로해야 한다. "토로하다"의 '샤파크'(shaphak)는 물을 제단에 붓듯이 내 원통한 마음을 하나님 앞에 쏟아내는 것이다(62:8). 한나도 그 원통한 마음을 하나님께 쏟아부었다(삼상 1:15). 억울함, 원통함을 하나님 앞에 쏟아부어야 한다. 그렇지 않으면 '한'(恨)으로 발전한다. 몸과 마음이 상한다.

하나님만 내 마음을 아신다. 하나님만 나의 피난처시다. 사람 사는 세상에서 유일한 희망이다! 나를 바닥에서 올려주시고, 지하 감옥에서 빼내주시고, 결국 복을 소낙비처럼 쏟아부으실 것이다(5,6).

미련한 자는 당장 분노를 나타내거니와 슬기로운 자는 수욕을 참느니라 잠언 12:16

분노를 "당장" 나타낸다는 건, 절제와 인내가 없음을 의미한다. 수욕을 "참는다"와 정반대 행동이다. 분노를 당장 터뜨리는 사람은 가족이나 친구 관계를 유지하기 어렵다. 남편 혹은 아빠 혹은 팀장으로서 인간관계를 원만하게 맺지 못한다. 시므온과 레위가 대표적이다. 그들은 수욕을 참지 않고 즉시 분노를 나타냈고, 결국 앞날을 망치고 말았다. 평소 잘해주어도 분노를 터뜨리며 혈기를 부리면 그동안의 것들이 다 무너진다. 관계가 다 틀어진다. 주변 사람들이 흩어진다. 화를 낼 만한 이유가 있어도 '당장' 내서는 안 된다. 물론 분노를 당장 나타내야 할 때가 있다. 하나님의 이름이 모욕받거나 진리가 훼손될 때다. 그러나 화내지 말아야 할 때가 있다. 내가 모욕받을 때다. 그때는 즉시 반응하지 말고 참자. 일어서서 머리를 들지 말고, 입을 다물고, 무릎을 꿇고, 머리를 숙이자. 이것을 '온유'라고 말한다. '깨어진 마음의 소유자'가 되어야 한다. 참는 법을 배워야 한다. 우리 주 예수님이 롤 모델이시다.

울화통을 터뜨리지 말고 가만히 떨쳐버리자. 신중하게 말하고 행동하자! '화', '분노', '노여움'을 다룰 줄 알아야 한다. 자기에 대해서는 죽을 줄 알고 진리에 대해서는 살 줄 아는 삶을 훈련해야 한다. 성령께 요청하자. 성령 학교에 입학하자. '깨어짐', '온유', '순종', '인내' 과목을 이수하자.

시편 : 아무리 주위를 둘러봐도 다윗을 도울 사람이 없고 피할 곳도 없고 지지해줄 사람도 없다. 너무나 비참하게 되어 "주님께 부르짖으니 내게 귀를 기울이셔서 핍박하는 자들에게서 건져달라"라고 애원한다(6). "내 영혼을 감옥에서 끌어내 주셔서 주님의 이름을 찬양하게 하시고, 주님의 넘치는 은혜를 베푸셔서 의인들이 나를 감싸게 해달라"라고 간절한 호소의 기도를 드린다(7).

다윗을 통해서 억울하고 고통스러울 때 어떻게 문제를 해결해야 하는지 배웠다. 문제를 들고 솔직하게 주님께 가야 한다. 내 영혼이 연약할 때, 주님은 내 갈 길을 아신다. 언제나 주님께 답이 있다. 다윗에게 철저하게 배운 덕에 더는 사람에게 가는 어리석은 짓을 하지 않는다. 또한 내가 심판주가 되는 어리석음도 버렸다. 믿음으로 산다는 것은 살아계시고 공의로우신 하나님께서 심판하시도록 자리를 내어드리는 것이다. 다윗은 나의 참된 스승이다. 항상 내가 이기는 방법을 가르쳐준다.

잠언 : 화를 급히 내면 곧 분노로 바뀌어 관계가 다 깨진다. 분노가 치밀 때, 잠깐만 참자! 숨을 크게 들이쉬고 그 자리를 빨리 벗어나자! 분노하면 어둠의 영에게 틈을 내주게 된다. 오랜 시간 쌓은 사랑과 신뢰의 관계가 깨지면 회복하는 데 에너지가 정말 많이 든다.

'주님, 제가 이 상황에서 어떻게 반응하길 원하십니까?'라고 묻는 행위는 주님의 품으로 피하는 것이다. 분명 은혜가 있다. 성령께서 나를 붙드셔서 믿음으로 반응하게 하신다. 쉽지 않은 훈련이지만, 열매가 달콤하다.

겸손의 자리, 순종의 자리

시편 143:11,12 잠언 13:12

여호와여 주의 이름을 위하여 나를 살리시고, 주의 의로 내 영혼을 환난에서 끌어내소서. 주의 인자하심으로 나의 원수들을 끊으시고, 내 영혼을 괴롭게 하는 자를 다 멸하소서. 나는 주의 종이니이다 시편 143:11,12

다니엘이 자기 백성이 바벨론 포로에서 풀려나기를 하나님께 간절히 구할 때, "우리가 우리의 의를 의지하여 구하는 것이 아니요, 오직 주의 큰 긍휼을 의지하여 함이니이다"라고 했다(단 9:18). 시편 143편의 기도도 이와 같다. 나를 살리시는 것도 오직 주의 명성을 위해, 나를 고난에서 건지시는 것도 오직 주의 의로, 내 원수들을 끊어주시는 것도 오직 주의 크신 사랑으로 구한다. 왜냐하면 나는 주 앞에 무죄판결 받을 자격이 없기 때문이다. 다윗은 "주의 눈앞에는 의로운 인생이 하나도 없나이다"(2)라고 고백했다. 기도할 때 '예수님의 이름'으로 기도하는 것도, 예수님의 십자가를 의지하고 자랑하는 것도 이 때문이다.

이 짧은 구절에 "주"라는 단어가 4번 나온다. "주의 이름", "주의 의", "주의 인자하심", "주의 종." 그리고 "종"이라는 단어가 1번 나온다. "나는 주의 종이니이다." 예수님과 나와의 관계를 잘 보여준다. 예수님은 '나의 주'시다. 나는 '예수 그리스도의 종'이다. 겸손의 자리, 순종의 자리에서 자신의 권리를 스스로 주 앞에 드리고, 그분의 뜻을 따라 살기로 작정한 종이다. 사랑함으로 주를 섬긴다. 이것이 동기요 태도다. 그렇기에 우리는 오직 주의 명성을 위해, 주의 의를 의지하여, 주의 크신 사랑을 힘입어 기도한다.

소망이 더디 이루어지면 그것이 마음을 상하게 하거니와, 소원이 이루어지는 것은 곧 생명나무니라 잠언 13:12

내가 원하는 때 바라던 것이 이루어지지 않으면 마음이 상한다. 그러나 주님의 선하심, 의로우심, 은혜로우심을 의지하여 흔들리지 않으면 주께서 반드시 그의 때, 그의 방법으로 내가 소원하던 걸 이루신다. 그것은 마치 생명나무 같아서 즐거움, 기쁨, 활기를 준다. 조급해하거나, 초조해하지 말아야 한다. 자칫 마음이 상하고 몸도 상한다. 주를 신뢰하며 여유를 가져야 한다. 내게 소원을 주신 주님이 반드시 이루실 것이다. 그는 지혜로우시다. 늦지도 빠르지도 않은 하나님이시다. 주는 모든 일에 의롭고 은혜로우시다.

나의 소원을 들으시는 주님을 믿고 신뢰해야 한다. 낙심하지 말아야 한다. 주께서 반드시 이루신다. 수동적이고 소극적으로 살라는 게 아니다. 나의 소원과 소망에만 집중하고 아무것도 하지 않은 채 있어서는 안 된다. 내가 해야 할 최선의 일이 무엇인가를 살펴야 한다. 그것이 기도라면 이루어질 때까지 기도해야 한다. 땅을 갈고 씨를 뿌리는 것이라면 부지런히 내 일을 해야 한다. '진인사대천명'(: 내 할 일을 다하고 하나님의 뜻을 기다린다)이다.

시편 : "주님의 이름을 위하여 나를 살려주십시오. 나를 건져주십시오. 내 원수를 끊어주십시오. 이렇게 기도하는 이유가 있습니다. 주님은 사랑이시고 긍휼하십니다. 그 이름의 명성을 위해서입니다." 이렇게 담대하게 기도할 수 있는 조건을 제시한다. 내가 '주님의 종'이여야 한다. 누구의 종으로 사는가? 돈을 좇는 맘몬의 종인가? 명예를 좇는 사람의 종인가? 쾌락을 좇는 아세라의 종인가? 나는 당연히 주님의 종이다. 비록 실수하고 실패하지만 내가 주의 종이라는 사실은 변함없다. 주의 종은 오직 주님의 명령에 따라 움직인다. 이런 사람은 담대하게 기도한다.

"주님의 이름을 위해 나를 살리십시오. 주님의 의로우심으로 내가 받는 모든 고난에서 내 영혼을 건져주십시오. 주님은 한결같이 나를 사랑하십니다. 내 원수들을 없애주십시오. 나를 억압하는 자들을 멸하여주십시오. 나는 주님의 종입니다."

매일의 말씀 묵상이 나를 살린다. 나를 담대하고, 품위 있는 사람으로 만든다. 나의 든든한 지원군이신 우리 주님이 계시기에 웃을 여유가 있다.

잠언 : 소망이 이루어지지 않을 때, 점검하는 게 있다. '내가 소망하는 것이 하나님의 뜻 안에 있는가? 하나님을 기쁘시게 하는 소망인가? 다른 사람들을 유익하게 하는 것인가? 혹시 야망은 아닐까?' 등을 점검하고, 선한 결론이 나오면 그때부터는 나의 믿음 싸움이다. 주님이 주신 소원은 반드시 이루어진다.

"너희가 기도하면서 구하는 것은 무엇이든지, 이미 그것을 받은 줄로 믿어라. 그리하면, 너희에게 그대로 이루어질 것이다"(막 11:24 새번역).

내 기도 제목이 주님의 뜻 안에 있는가?

나에게 승리를 주시는 하나님

시편 144:1,2 잠언 14:15,16

나의 반석이신 여호와를 찬송하리로다. 그가 내 손을 가르쳐 싸우게 하시며, 손가락을 가르쳐 전쟁하게 하시는도다. 여호와는 나의 사랑이시요 나의 요새이시요 나의 산성이시요 나를 건지는 이시요 나의 방패이시니, 내가 그에게 피하였고, 그가 내 백성을 내게 복종하게 하셨나이다 시편 144:1,2

하나님에 대한 일곱 가지 놀라운 사실이 있다. 그는 "나의 반석", "나의 사랑", "나의 요새", "나의 산성", "나를 건지시는 이", "나의 방패", "나의 피난처"시다. 놀라운 '나의 하나님'을 찬양합니다!

그는 내가 전쟁에 승리하도록 내 손을 훈련하신다. 내 손가락을 강하게 하신다. 내 능력과 힘으로 승리한 게 아니다. 주께서 나를 이기게 하셨다. 그는 나의 반석이셔서 내가 그 위에 조금도 요동하지 않고 굳게 서있다. 그는 원수의 빗발치는 불화살 공격을 모두 막아내 나의 전신을 보호하는 방패시다. 나를 안전히 거하게 하는 나의 요새, 산성이시다. 내가 환난 당할 때 피할 피난처시다. 그곳엔 원수가 절대로 올 수 없다.

나를 세우시고, 내게 권위를 주시고, 나로 사람들에게 인정받게 하시는 분도 하나님이다. 그렇기에 나는 스스로 내 권위를 세우려고 하지 않는다. 사람들에게 내 권위에 복종하라고 강요하지도 않는다. 나는 어떤 상황에도 요동하지 않는다. 나는 안전하다. 두렵지 않다. 나는 강한 용사다. 오늘도 그의 놀라운 사랑, 한결같은 사랑, 조건 없는 그 사랑이 나를 견고하게 한다.

어리석은 자는 온갖 말을 믿으나, 슬기로운 자는 자기의 행동을 삼가느니라. 지혜로운 자는 두려워하여 악을 떠나나, 어리석은 자는 방자하여 스스로 믿느니라 잠언 14:15,16

남의 말을 곧이곧대로 듣는 것은 순진하거나 착한 게 아니라 어리석고 미련한 거다. 말을 분별할 줄 아는 슬기로운 사람이 되어야 한다. 듣는 대로 반응하지 말고 신중하게 분별하여 행동해야 한다. 듣는 즉시 화내고, 낙심을 잘하고, 즉시 감격하고, 즉흥적으로 기분 따라 결정하고, 즉각 대답하는 것들이 어리석고 미련한 사람의 특징이다. 신중하게 반응하자. 듣는 대로 반응하지 말자. 분별력, 판단력을 길러야 한다.

일에 쫓기는 삶을 멈추고, 정기적으로 하나님 앞에 머물며 그의 말씀에 귀를 기울이는 삶에서 슬기가 나온다. 지혜로운 사람은 하나님을 두려워하고 악을 미워한다. 행동을 조심한다. 악을 무서워하는 것이 아니라 미워하기에 적극적으로 대처한다. 악을 제거하여 끝내고, 돌이켜 떠난다. 그 길에 들어서지도 않고 다른 길로 간다. 즉시 고개를 돌린다. 그러나 어리석은 사람은 그 반대다. 자신만만하여 자신을 믿는다. 고집불통이다. 조심할 줄 모르며 무모하게 함부로 행동한다.

아~ 얼마나 더 수렁에 빠져 부끄러움을 당하고 고통을 겪어야 지혜로워질까! 슬기와 지혜, 이 둘을 나의 평생의 동반자로 삼자.

전쟁은 국가와 국가, 또는 교전(交戰) 단체 사이에 무력을 사용하여 싸우는 걸 말한다. 전투란 두 편의 군대가 조직적으로 무장하여 싸우는 걸 말한다. 전쟁에는 전투하는 군병들, 장교들, 지휘관들이 있다. 전투를 수행할 때 전략을 짜고 조직적으로 무장시켜 싸워야 한다. 주님께서 내 손과 손가락을 정교하게 훈련해 전쟁에서 무기를 자유자재로 다루게 하시고 전투에 익숙하게 하셨다.

이 땅은 전쟁 중이다. 하나님나라와 어둠의 왕국이 충돌하는 영적 전투가 벌어지고 있다. 나는 참전 중이다. 훈련된 장교는 정교한 전략을 짜서 온 군대를 지휘한다. 전쟁은 하나님께 속했고, 대장은 예수님이시다. 내가 지휘관이 되고 싶은 이유는 하나님의 음성을 듣고 전략을 세우면 '백전백승'할 수 있기 때문이다.

성경 속 수많은 전투에서 하나님은 늘 새로운 방법으로 승리하셨다. 번개를 번쩍여서 원수들을 흩으시고 화살을 쏘셔서 그들을 혼란에 빠뜨리신다(시 144:6). 주님 앞에 더 무릎 꿇는 삶, 친밀감을 더욱 갈망하는 삶은, 나를 장교가 되게 하고, 전략을 짜고 전투를 지휘하는 지휘관이 되게 한다. 주님은 나의 반석, 요새, 산성, 구원자, 방패, 피난처가 되시고, 뭇 백성을 내 발아래 굴복하게 하신다. 주님이 이기시고 또 이기시니 원수가 패배하고 어둠의 세력이 소멸한다.

전쟁에서 승리한 하나님의 아들딸은 다 잘되고, 곳간에 온갖 곡식이 가득하며, 기르는 양 떼가 넓은 들판에서 수천수만 배나 늘며, 먹이는 소들은 살이 찌고 낙태하는 일도, 잃어버리는 일도 없다. 주님을 자기의 하나님으로 섬기는 백성은 복을 받은 백성이다(시 144:12-15).

범사에 감사할 줄 아는 믿음

시편 145:17 잠언 15:16,17

여호와께서는 그 모든 행위에 의로우시며 그 모든 일에 은혜로우시도다 시편 145:17

다윗은 심히 앓고 있는 그의 아들을 위해 일주일 내내 금식하며 땅에 엎드려 기도했다. 일주일 후에 아이가 죽었다. 그는 그 소식을 듣고 금식기도를 마치고 일어나 몸을 씻고 의복을 갈아입고 하나님의 전에 들어가 경배했다. 그리고 업무에 복귀했다(삼하 12:15-23). 다윗의 신하들은 그의 행동을 이해할 수 없었다. 그러나 다윗은 하나님을 알았다. 그의 하나님은 모든 행위에 의로우시고 모든 일에 은혜로우시다. 그래서 그는 삶에 벌어지는 일들을 이해할 수 없을지라도 흔들리지 않았다. 원망도 불평도 하지 않았다. 낙심하거나 정죄감이나 자기 연민에 빠지지 않았다. 그는 어떤 상황에도 하나님께 경배했다. 그는 "내가 영원히 주의 이름을 송축하리라"라고 3번이나 고백했다(1,2,21).

욥도 엄청난 고난을 당했을 때, 슬픔 가운데서도 땅에 엎드려 하나님께 예배드렸다. 다니엘의 세 친구도 타오르는 풀무 불 앞에서 동일한 믿음으로 서있었다. 이들은 모두 다윗과 같은 믿음의 영웅들이다.

높은 차원의 믿음을 가진 자는 하나님이 누구신지 알기에 그 주변에 벌어지는 일이나 상황을 분별하고 올바르게 반응할 줄 안다. "항상 기뻐하라. 범사에 감사하라. 쉬지 말고 기도하라"라는 말씀으로 이해하고, 그 말씀대로 살아낸다.

가산이 적어도 여호와를 경외하는 것이 크게 부하고 번뇌하는 것보다 나으니라. 채소를 먹으며 서로 사랑하는 것이 살진 소를 먹으며 서로 미워하는 것보다 나으니라

잠언 15:16,17

진정한 만족과 기쁨은 하나님 안에서 주어진다. 소유나 재물이 얼마나 많으냐에 있지 않다. "크게 부하면서도 번뇌하는 것"이 놀랍다. 크게 부하면 번뇌는 근처에 얼씬도 못할 거라는 착각을 하지 말자. 오히려 크게 부함과 번뇌가 함께한다는 걸 알아야 한다. 놀랍게도 선한 양심, 성실한 삶, 거룩함과 이웃 사랑이 잘 어울린다. 이들은 서로 어울려 항상 잔치한다. 좋은 음식, 좋은 집, 많은 재물을 부정하는 것이 아니다. 하나님을 사랑하며 이웃을 사랑하고 화목하게 지내는 것이 더 중요하다.

메시지성경은, "사랑하며 빵조각을 나눠 먹는 것이, 미워하며 최상급 소갈비를 뜯는 것보다 낫다"라고 했다. 잠언 17장 1절도 같은 말씀이다. "마른 떡 한 조각만 있고도 화목하는 것이 제육이 집에 가득하고도 다투는 것보다 나으니라." 세상의 것으로 가득하지만 하나님이 없다면 아무것도 없는 것이다. 하지만 비록 적은 소유 중에도 하나님을 경외하는 삶이라면 모든 걸 가진 것이다. "아무것도 없는 자 같으나 모든 것을 가진 자로다"의 고백이 이를 가리킨다(고후 6:10). 진정한 만족과 행복은 외부에서 주어지지 않는다. 마음에 있다. 우리의 식탁 메뉴는 '최상급 양갈비'보다는 '하나님을 경외함', '서로를 사랑함'으로 채워져야 한다. 그것이 진정한 잔칫상 메뉴다. 진수성찬보다 수수하지만, 사랑과 기쁨으로 차린 식탁에 진정한 기쁨이 있다.

시편 : 오늘 본문은 하나님을 머리로 아는 자가 아닌 심장으로 알고 친밀함 속에 거하는 자의 고백이다. "무화과나무에 과일이 없다. 포도나무에 열매가 없다. 올리브 나무에 딸 것이 없다. 밭에 거둘 것이 없다. 우리에 양이 없다. 외양간에 소가 없다"(합 3:17). 이럴 때 나를 구원하신 주님 안에서 즐거워할 수 있는가? 이제는 Yes! 회사가 부도나고 몹쓸 병까지 얻어 아무것도 할 수 없는 처지였다. 의사도 소용없고 하나님도 안 고쳐주셨다. 주변 모든 사람이 떠났다. 이때도 "주님은 사랑이십니다. 주님은 항상 옳으십니다"라고 고백할 수 있는가? 이제는 Yes! 나는 달라졌다.

광야 10년을 통과하면서 욥의 고백이 나의 고백이 되었다. "내가 주께 대하여 귀로 듣기만 하였사오나 이제는 눈으로 주를 뵈옵나이다"(욥 42:5). 욥의 그다음 행동은 "그러므로 내가 스스로 거두어들이고 티끌과 재 가운데에서 회개하나이다"(욥 42:6)였다. 회개는 자신과 하나님을 바로 알 때 일어나는 큰 회심의 사건이다. 불신앙의 자리를 떠나 하나님께 순복하는 사람으로 거듭난다. 복 받은 사람이다. 이런 사람은 높은 수준의 믿음으로 하나님을 신뢰한다. 주님은 그런 자의 발을 사슴의 발과 같이 힘있게 하셔서 산등성이를 마구 치닫게 하신다.

잠언 : 가난한 자의 밥상의 반찬은 눈물이고, 희생이고, 사랑이다. 서로가 안타까운 마음으로 바라보며 위로하고, 다시 "화이팅!"을 외치며 치열하게 살아낸다. 부유한 삶이 되면 마음조차 부자가 되어 하나님의 자리를 돈으로 바꿔버린다. 그러나 돈이 아니라 서로 사랑하며 주님을 경외하는 삶이 가장 행복한 삶이다.

오직 소망을 하나님께 두라

시편 146:3-5 잠언 16:11

귀인들을 의지하지 말며, 도울 힘이 없는 인생도 의지하지 말지니, 그의 호흡이 끊어지면 흙으로 돌아가서 그날에 그의 생각이 소멸하리로다. 야곱의 하나님을 자기의 도움으로 삼으며, 여호와 자기 하나님에게 자기의 소망을 두는 자는 복이 있도다 시편 146:3-5

대학을 졸업하기 전에 평생의 진로를 위해 강원도 예수원에 가서 기도하는 시간을 가졌다. 그리고 성령께서 보여주시는 대로 전임 사역자가 되기로 결정했다. 그때 주께서 주신 말씀이 시편 146편이다. 이 말씀은 마치 면역주사를 맞는 것과 같았다. 앞으로 사역자로서 살아갈 때 일어나는 여러 일들을 올바르게 이해하고 반응하게 해주었다.
리더에게 상처받는 경우가 있기 마련이다. 섭섭하거나 심하면 낙심한다. 더 심하면 직장이나 사역을 떠나기도 한다. 왜냐하면 리더(사람)를 너무 의지했기 때문이다. 여기에 예방책, 처방전이 있다. 바로 사람을 의지하지 말고 오직 하나님을 의지하며 그를 나의 도움으로 삼는 것이다. 하나님께 소망을 두는 것이다.
그러면 잔병치레하지 않는다. 기쁨과 평강의 삶을 산다. 리더에 의해 상처받지 않는다. 시험에 들지 않는다. 섭섭한 마음을 최소화한다. 오히려 리더를 존경하며 더욱 잘 섬기고 맡은 일에 충성을 다하게 된다. 사람, 환경, 일 때문에 어떤 결정을 하지 않게 된다. 오직 하나님의 말씀으로 살아가게 된다. 나의 믿음이 마치 상록수처럼 늘 푸른 나무가 된다. 이보다 큰 복이 있을까!

공평한 저울과 접시 저울은 여호와의 것이요, 주머니 속의 저울추도 다 그가 지으신 것이니라 잠언 16:11

상거래에 있어서 하나님의 원칙은 '정직'이다. 그리스도인은 상거래를 할 때 정직을 목숨처럼 지켜야 한다. 사는 사람도 파는 사람도 정직해야 한다. 어느 쪽도 손해 보지 않도록 하는 게 정직이다. 욕심과 탐욕은 정직을 버리게 한다. 자기 이익만 추구하게 한다. 하나님은 정직한 자에게 복을 주신다. 하는 일마다 잘되게 하신다.

강원도 고성에 NCMN 비전센터 대지를 사들일 때, 어느 한쪽도 지나친 손해나 이익에 치우치지 않도록 하는 확실한 입장에 섰다. 정직함을 기초로 했다. 그러자 담대함이 생기고 지혜가 부어졌다. 소유자와 대화하는 게 조금도 어렵지 않았다. 솔직하고 자유로운 분위기가 조성되었다. 그리고 하나님이 모든 것을 주관하시도록 기도했다. 결국 모두가 만족했다. 그 대지를 사는 우리나 파는 사람 모두 기뻤다. 무엇보다 이 땅이 모든 것의 주인이신 하나님의 뜻을 이루는 일에 쓰임 받게 되어 기뻤다.

올바르게 행한다는 구실 아래 술책을 부려서 어느 한쪽에게 큰 손해를 입히는 건 하나님이 미워하시는 행위다. 그런 행위는 하나님의 저울에 달려 결국 심판에 이를 것이다. 언제나 정직하고 공평해야 한다. 공의는 하나님나라 원칙이다. 우리는 날마다 우리 마음과 행위를 하나님의 저울에 달아보아야 한다.

하나님께서 맡기신 프로젝트가 있다. 다음세대를 일으켜 통일 한국을 준비하고 복음의 4주자로 예루살렘까지 가는 것, 전 세계를 섬기는 나라로 준비되는 것, 기독교문명개혁운동을 일으키는 것이다. 이를 위해 다음세대를 훈련할 훈련센터를 짓는데, 돈이 많이 들어갔다. 땅은 현금으로 매입했다. 문제는 건물을 세울 자금이 없었다. NCMN은 통장에 돈을 모으지 않고, 주께서 '주라!' 하시는 곳에 다 보낸다. 우리는 건설사에 자금이 없다고 말했고, 건설사는 100억에 대한 지급보증 은행을 세우라고 했다. 가장 우량 은행을 지급보증 은행으로 세우고 공사가 시작되었다. 공사 현장에 가서 기도하는데 불편한 마음이 들었다. 무릎을 꿇었다.

'성령 하나님, 제게 하실 말씀이 있으십니까?' 주께서 질문하셨다. '시중 은행과 하늘은행 중 어디가 안전한 은행이냐? 시중 은행장과 하늘은행장 중에 누가 더 신실하냐?'

순간, 나는 멍!해졌다. 은행을 잘못 선택한 거였다. 즉시 건설 관계자를 만나 "시중 은행을 보증에서 빼고 하늘은행을 보증으로 넣겠습니다. 하나님을 보증 은행장으로 세웁니다"라고 말했다. 모두 황당해했다. 나는 이어서 말했다.

"매달 공사한 만큼 전부 현금으로 결제하겠습니다. 만일 1개월이라도 못 내면 즉시 공사를 중단하고 땅을 매각하시면 됩니다."

공사가 2023년 4월에 시작되어 6개월 동안(10월까지) 하나님께서 온 열방으로부터 보내주신 재정이 60억이 넘는다. 우리는 누가 보냈는지도 모른다. 커피 한 잔, 식사 한 끼 값을 아껴 헌신한 수많은 이들의 재정이다. 비전센터는 2024년 10월에 완공 예정이다. 빚은 10원도 지지 않을 것이다. 입당하는 날 헌당 예배를 드릴 것이다. 하나님 말씀을 신뢰하고 순종한 우리가 세상 사람들에게 부끄러움을 당하지 않게 하실 하나님을 굳게 믿는다.

17일 나는 돌볼 자가 없는 고아가 아니다

시편 147:9 잠언 17:13

들짐승과 우는 까마귀 새끼에게 먹을 것을 주시는도다 시편 147:9

얼마나 놀라운 말씀인가! 욥기 38장 41절에도 같은 말씀을 하신다.

"까마귀 새끼가 하나님을 향하여 부르짖으며 먹을 것이 없어서 오락가락할 때(: 허우적거릴 때) 그것을 위하여 먹을 것을 예비하는 자가 누구냐?"

우리 하나님은 까마귀 새끼에게도 먹을 것을 주신다. 하물며 그의 자녀인 우리는 더 할 나위 없다. "먹을 것이 없어서 염려하는 새를 보았느냐? 의복을 위하여 염려하는 들꽃을 보았느냐? 너희 하나님 아버지께서 이들을 돌보신다. 너희는 이것들보다 귀하다. 믿음이 작은 자들아!"라고 우리 주님이 말씀하신다 (마 6:26-30).

미국 시인 롱펠로의 시 중에 참새들이 나뭇가지에 앉아 서로 대화하는 내용이 있다. "인간들은 우리처럼 돌보아주시는 하나님이 안 계시는가 보다." 먹을 것, 마실 것, 입을 것을 염려하는 사람들을 두고 하는 말이다. 들짐승과 우는 까마귀 새끼에게 먹을 것을 주시는 하나님이 우리 아버지시다. 우리는 돌볼 자가 없는 고아가 아니다. 그 하나님 아버지께서 나를 세우시고, 모으시고, 고치시고, 상처를 싸매시고, 문빗장을 견고히 하시고, 아름다운 밀로 배부르게 하신다 (2,3,13,14). 내 삶의 목표는 먹을 것, 마실 것, 입을 것에 있지 않다. 오직 하나님의 나라와 의를 이루는 데 있다. 이것을 위해 일어나고 종일 수고한다. 아, 나는 행복하다! 주를 찬양함이 마땅하다! 할렐루야!

누구든지 악으로 선을 갚으면 악이 그 집을 떠나지 아니하리라 잠언 17:13

'배은망덕'(背恩忘德)이란 은혜를 잊고 배신하는 행위, 곧 은혜를 원수로 갚는 것을 말한다. 은혜를 저버리고 배신한다면 그의 집에 재앙이 떠나지 않을 것이다. 참으로 두려운 일이다! 이런 행위는 절대 하지 말아야 한다. 은혜를 잊지 않고 감사하는 사람이 되자. 하나님께는 물론, 사람에게도 이런 삶을 살아야 한다.

내 주변에 보답해야 할 사람이 누구인가? 부모님이 그 첫 대상이다. 낳고 기른 정, 모두 은혜다. 평소 감사의 말을 하고, 작더라도 선물로 마음을 전해야 한다. 그것이 은혜를 아는 것이다. 혹 스승이나 영적으로 이끌어준 분, 가장 어려울 때 함께 있어준 친구 또는 도움을 청할 때 외면하지 않은 사람 등을 잊지 말아야 한다.

무엇보다 하나님의 은혜는 절대 잊을 수 없다. 나는 매주 교회 공동체 예배에 참석할 때 주일헌금 외에도 감사헌금을 한다. 받은 은혜를 세어보라는 찬송이 내 마음을 울린다. 더 나아가 우리는 선을 행하는 사람이 되어야 한다. 심지어 "원수가 주리거든 먹이고 목마르거든 마시게 하라. 악에게 지지 말고 선으로 악을 이기라"라고 말씀하신다 (롬 12:20, 21).

시편 : 지난날 배고플 때가 참 많았다. 그때마다 생각났던 성경 구절이 오늘 본문이다. "우는 까마귀 새끼"에게 먹을 것을 주신다. 어미가 양식을 입에 물고 왔을 때, 누구부터 주겠는가? 죽어라고 우는 새끼를 먼저 먹일 것이다. 아들 유진이가 아기 때 배가 고프면 우유병 꼭지가 입에 닿을 때까지 멈추지 않고 울어댔다. 그래서 울기 시작하면 나는 하던 일을 멈추고 젖병부터 물려주었다. 그러면서 영적 비밀을 깨달았다. 50억 부도가 났을 때, 나는 주님 앞에서 죽어라고 울어댔다. 울다 지쳐서 쓰러졌다. 일어나면 또 울었다. 하나님은 우는 자의 눈물을 무시하지 않으신다. 그래서 무조건 주님 앞에서 운다. 주님은 눈물에 약하시다. 눈물이 회개를 불러오기 때문이다.

잠언 : '배은망덕'은 남에게 입은 은덕을 저버리고 배신하는 태도를 말한다. 아버지 다윗 왕을 쫓아내려는 아들 압살롬이 떠올랐다. 본문 말씀이 내가 다윗 왕과 같은 처지였던 시간을 떠올리게 한다. 어떤 이들은 압살롬이 되어 하나님의 진노 가운데 있을 것이다. 이는 하나님과 친밀감을 다 잃어버린 삶이다. 더 이상 하나님의 풍성한 축복이 그 가정에 머물지 않는다. 너무 가슴이 아프다. 이 압살롬들은 공의와 정의의 이름으로 횡포를 자행한다. 그러나 하나님의 공의는 그런 것이 아니다.

"공의의 열매는 화평이요 공의의 결과는 영원한 평안과 안전이라"(사 32:17).

하나님의 공의는 '화평'이란 열매가 반드시 맺힌다. 하나님의 공의의 결과는 영원한 평안과 안전한 삶이다. 그 사람을 죽이는 게 아니다. 예수님만 빼고 모든 사람에게는 죄가 붙어있다. 주의 공의는 사람이 절대 상하거나 다치지 않도록 죄만 분리해주고 여전히 주를 섬기도록 보호한다. '하나님의 공의'는 긍휼로 행하는 공의다. 죄의 대가를 마땅히 치러야 하지만, 치르지 않게 하는 걸 말한다. 불쌍히 여기고 주의 돌봄을 받도록 한다. "긍휼로 행하지 아니하는 자에게는 긍휼 없는 심판이 있으리라 긍휼은 심판을 이기고 자랑하느니라"(약 2:13).

너희 모든 만물들아, 여호와를 찬양하라!

시편 148:12,13 잠언 18:14

총각과 처녀와 노인과 아이들아, 여호와의 이름을 찬양할지어다. 그의 이름이 홀로 높으시며 그의 영광이 땅과 하늘 위에 뛰어나심이로다 시편 148:12,13

시편 148편은 주를 찬양하는 모든 만물의 목록이다. 하늘에서, 높은 데서, 모든 천사, 모든 군대, 해와 달, 밝은 별들, 하늘의 하늘, 하늘 위의 물이 하나님을 찬양한다. 용들과 바다, 불과 우박, 눈과 안개, 광풍조차도 주를 찬양한다. 산들과 작은 산, 과일나무와 모든 백향목, 짐승과 가축, 기는 것과 나는 새도 찬양한다. 세상의 왕과 모든 백성, 고관과 땅의 모든 재판관도 찬양한다. 그리고 "청년 남자와 여자, 노인과 아이들아, 하나님을 찬양하라"라고 명령한다(12,13). 시편 150편은 "호흡이 있는 자마다 여호와를 찬양할지어다"로 마친다. 하나님은 모든 성도에게 찬양받기를 기뻐하신다(14).

이사야서 43장 21절에, "이 백성은 내가 나를 위하여 지었나니, 나를 찬송하게 하려 함이니라"라고 하셨다. 하나님을 찬양하는 것이 사람의 본분이다. 우리가 찬양의 목소리로, 그의 뜻을 따라 사는 것으로 하나님을 찬양하는 것이 가장 아름답고 사랑스럽다.

홀로 높으신 그의 이름을 찬양한다. 그의 뛰어나신 영광을 찬양한다. 그는 모든 만물을 지으신 창조주시다. 할렐루야!

사람의 심령은 그의 병을 능히 이기려니와, 심령이 상하면 그것을 누가 일으키겠느냐

잠언 18:14

"심령"은 '속사람'을 말한다. 사람은 겉 사람과 속사람이 있다. 겉 사람을 '육체' 혹은 '몸'이라고 한다. 속사람을 '마음' 혹은 '정신' 또는 '심령'이라고 한다. 우리는 겉 사람인 몸을 강건하게 하는 방법을 알고 있다. 그러나 속사람은 어떻게 건강하게 할 수 있는가? 우리 주 예수께서 "사람이 떡으로만 살 것이 아니요, 하나님의 입으로부터 나오는 모든 말씀으로 살 것이라" 하셨다(마 4:4). 날마다 말씀을 대할 때 속사람이 강건해진다. '정신력으로 버틴다'라고 종종 말한다. 정신이 건강해야 역경을 이길 수 있다. 요한삼서 1장 2절에, "사랑하는 자여 네 영혼이 잘됨같이 네가 범사에 잘되고 강건하기를 내가 간구하노라"라고 말씀하신다. 먼저 영혼이 잘되면, 범사가 잘되고, 몸도 강건해진다. 영혼, 범사, 몸, 이 세 박자가 잘 맞아야 한다. 서로 별개가 아니라 연결되어 있다.

속사람이 강건하면 하는 일이 잘된다. 지혜, 분별력, 이해력, 판단력이 있기 때문이다. 그리고 몸의 병도 이겨내어 건강을 유지한다. 속사람이 강건해지는 비결은 오직 하나님의 말씀에 있다. 날마다 성경을 읽고 묵상하자. 말씀을 천천히 묵상하며, 마치 음식을 먹듯 말씀을 먹자. 욥은 "나는 정한 음식보다 그의 입의 말씀을 귀히 여겼다"라고 했다(욥 23:12). 밥 먹기 전에 말씀부터 먹자!

시편 : 어릴 때는 찬양의 정확한 개념을 몰라 찬양에 대해 오해했었다.

"이 백성은 내가 나를 위하여 지었나니 나의 찬송을 부르게 하려 함이니라"(사 43:21).

이 말씀을 '천국 가면 교회 성가대처럼 종일 365일 찬양해야 하니, 좀 힘들 것 같다'라고 이해했다. 하지만 이제는 말씀 안에서 찬양의 의미를 정확하게 알게 되었다.

찬양 – 주님의 아름답고 훌륭하며 위대한 일을 크게 기리고 드러내는 것.

찬양은 하나님이 행하신 놀라운 일을 입으로 선포하고 노래로 올려드리는 것이다. 더 나아가 삶으로 살아내면서 이방인들이 나를 통해 주님을 보게 하는 것이다.

"홍해를 가르신 하나님은 전능자이십니다. 우리를 언제나 대적의 손에서 건지시는 당신은 선하십니다. 미진에게 먹을거리를 주시는 하나님은 아빠 아버지이십니다. 하나님의 선하심과 인자하심이 영원합니다."

주님의 정직하심, 오래 참으심, 용서하심, 성실하심, 공의로우심, 긍휼하심, 변함없는 사랑, 이 놀라우신 주님의 성품이 나를 통해 이 땅에 드러나도록 살아내는 것이 우리 주님을 찬양하는 것이다. 그가 행하신 것을 보는 것이 참 즐겁다. 그가 앞으로 행하실 것을 생각하면 흥분되고 기대감으로 꽉 찬다.

잠언 : 하나님을 바로 알면 정신이 강해진다. 하나님은 우리 뇌 속에 거대한 제약 공장을 차려놓으셨다. 필요에 따라 그 약을 가져다 쓰면 된다. 말씀은 치유하는 약이다. 십자가로 이미 모든 것을 이기게 하셨다. 말씀을 뇌에 저장할수록 못 고칠 병이 없는 치료 약을 가진 거대한 제약 회사로 거듭난다. 나도 먹고 남도 살리는 제약 회사를 세워라.

"그가 찔린 것은 우리의 허물 때문이고, 그가 상처를 받은 것은 우리의 악함 때문이다. 그가 징계를 받음으로써 우리가 평화를 누리고, 그가 매를 맞음으로써 우리의 병이 나았다"(사 53:5 새번역).

겸손한 자를
구원으로 아름답게 하시다

시편 149:4 잠언 19:15,24

여호와께서는 자기 백성을 기뻐하시며, 겸손한 자를 구원으로 아름답게 하심이로다

시편 149:4

겸손한 자는 자기가 누구인 줄 안다. 또한 자기가 있을 자리가 어딘지도 안다. 한마디로 자기 분수를 안다. 시편 149편은 하나님을 찬양하는 성도의 모습을 보여준다. 곧 겸손한 자의 모습이다. 그는 예배자의 자리에 있다. 피조물로서 창조주 하나님을 예배하는 게 겸손이다. 춤추며 즐거움으로 그의 이름을 찬양하는 것이 겸손한 자의 마땅한 모습이다. 하나님으로 인해 즐거워하며 그를 전심으로 찬양하는 게 겸손한 자의 영광이다.

하나님은 예배하는 그의 성도를 기뻐하신다. 하나님은 그에게 권세와 능력을 주셔서 하나님을 대신하여 세상을 다스리게 하신다(6-9). 겸손한 자는 자신을 의지하지 않고 오직 하나님만을 의지한다. 고통과 환난, 낙심과 좌절 가운데 있을 때 허우적거리지 않고 하나님 앞에 나아가 부르짖는다. 그것이 겸손한 자의 자리다.

하나님은 겸손한 자의 부르짖음을 듣고 환난에서 건지신다. 겸손한 자는 죄를 자복하고 버린다. 상하고 통회하는 마음으로 하나님께 나아간다. 하나님은 이런 사람을 불쌍히 여기신다. 구원으로 아름답게 하신다. 할렐루야!

게으른 사람은 깊은 잠에 빠지고, 나태한 사람은 굶주릴 것이다. 게으른 사람은 밥그릇에 손을 대고서도, 입에 떠 넣기를 귀찮아한다. 잠언 19:15,24 새번역

게으름뱅이의 특징이 몇 가지 있다. 잠자기를 좋아한다. 빈둥거린다. 등에 자석이 있어서 자동으로 바닥에 눕는다. 바닥에 몸이 달라붙어서 좀처럼 떨어지지 않는다. 손목에 무거운 쇠가 달려있어서 좋은 음식도 집어 올리지 못한다. 만사가 귀찮다. 시간을 허비하고 돈을 낭비한다. 계획은 세우나 그것을 성취하기 위한 노력은 하지 않는다. 꿈만 많이 꾼다. 무엇보다 안타까운 것은 자기의 재능을 잠 속에 깊이 파묻어 버린다.

게으름뱅이가 자주 사용하는 단어가 있다. '오늘', '지금'이 아니라 '내일', '나중에', '언젠가'라는 말을 입에 달고 다닌다. 게으름뱅이에게는 딸린 식구가 많다. '깊은 잠', '굶주림', '가난'이라는 식구다. 게으름뱅이가 가장이고, 깊은 잠은 절친한 친구다. 굶주림과 가난은 게으름뱅이의 형제다. 언제나 함께 산다. 게으름뱅이를 쫓아내면 깊은 잠이 달아나고, 굶주림과 가난도 즉시 따라 나간다. 이 두목을 영구히 추방하는 캠페인을 벌이자!

시편 : 주님께서 당신의 백성을 보시고 기뻐하신다. 겸손한 사람을 아름답게 하여 승리의 영광을 안겨주신다.

"나는 약합니다! 나는 부족한 것이 아니라 아무것도 아닙니다! 나는 당신 없이는 안 됩니다!" 겸손한 사람의 고백이다. 주님만을 전적으로 의지할 때 나오는 고백이다. 이것이 매일 매 순간 내 고백이 되어야 한다. 하나님은 이런 약한 나를 보시고 기뻐하신다. 내가 약하고 겸손하여 주님만을 간절히 의지할 때 승리의 영광을 내게 안겨주신다. 약하고 겸손한 자의 승리의 영광을 모든 성도가 보고 기뻐한다. 잠자리에 들어서도 기뻐한다. 하나님께서는 성도의 입에 당신께 드릴 찬양이 가득하게 하신다. 주께서 주시는 열매로 내 입에는 언제나 하나님께 드릴 찬양이 가득하다.

주님은 나의 필요를 매일 공급하신다. 나를 사용하셔서 사람들을 일으키신다. 주님은 내가 승리하도록 이끄시고, 나를 통해 다른 사람도 승리하도록 도우신다. 주님이 주시는 승리는 믿음으로 사는 자의 몫이다.

"믿느냐? 그대로 되리라!"

나는 이 말씀을 너무 좋아하고 사랑한다. "아버지 제가 믿습니다!"

잠언 : 게으름은 '가난'을 선물로 받게 되고, 손의 부지런함은 남을 부리는 자리로 이끈다.

"너는 잠자기를 좋아하지 말라 네가 빈궁하게 될까 두려우니라 네 눈을 뜨라 그리하면 양식이 족하리라"(20:13).

"손을 게으르게 놀리는 자는 가난하게 되고 손이 부지런한 자는 부하게 되느니라"(10:4).

잠언 말씀은 게으름과 부지런한 삶의 결과를 미리 보여준다. 게으름을 경계하며 부지런한 자의 삶의 축복을 명심한다. 더 누워있고 싶을 때, 이불을 걷고 벌떡 일어나야겠다.

호흡이 있는 자의 특권과 책임

시편 150:6 잠언 20:19

호흡이 있는 자마다 여호와를 찬양할지어다. 할렐루야 시편 150:6

하나님을 찬양하는 삶에 대해 이보다 더 강력한 말씀이 있을까! 시편 150편은 6절로 이루어진 짧은 장이지만 "할렐루야"로 시작하여 "할렐루야"로 마친다. 그 가운데는 "찬양하라"(히브리어: 할랄, halal)가 11번이나 나온다.

1절은 찬양의 장소다. "성소"와 "궁창"은 하나님이 어디나 계시기에 찬양하는 장소가 정해져 있지 않다. 우리가 머무는 곳, 일하는 곳, 카페, 식당, 교실, 사무실 등에서 하나님을 찬양한다. 2절은 찬양의 이유다. 하나님이 내게 행하신 놀라운 일들을 찬양하고, 하나님 바로 그분을 경배한다. 3-5절은 찬양의 악기다. 관악기, 현악기, 타악기 모든 것이 찬양의 도구다. 6절은 누가 찬양하는가를 말한다. "호흡이 있는 자마다"는 숨 쉬는 모든 사람을 가리킨다. 찬양은 내가 숨을 쉬며 살아있다는 표시다.

"내게 주신 모든 은혜를 내가 여호와께 무엇으로 보답할까? 내가 구원의 잔을 들고 여호와의 이름을 부르리라!"(116:12,13)는 은혜를 받은 사람의 벅찬 심장에서 나오는 찬양이다. 다윗은 하나님의 궤 앞에서 마음과 온 힘을 다해 춤추며 찬양했다. 다윗은 "주의 의로운 규례들로 말미암아 내가 하루 일곱 번씩 주를 찬양하나이다"라고 고백했다 (119:164). 오늘도 마음과 힘을 다해 종일 찬양합니다!

두루 다니며 한담하는 자는 남의 비밀을 누설하나니 입술을 벌린 자를 사귀지 말지니라 잠언 20:19

두루 다니며 수다를 떠는 사람, 특히 남의 비밀을 누설하는 사람과는 사귀지 말아야 한다. 친구 목록에서 지워야 한다. 더 나아가 그와 맞장구치며 수다 떠는 사람들 틈에 절대 끼지 말아야 한다. 끼리끼리 논다는 말이 이에 해당한다. 여기서 "두루 다니며 한담한다"는 '한가하게 대화를 나누는 것'이 아니라 '고자질하고, 이간질하고, 비방하고, 유언비어를 퍼뜨리고, 중상모략하는 것'을 말한다. 그런 사람에게 속내를 털어놓지 말아야 한다. 험담꾼은 절대로 비밀을 지키지 않는다. 다음 날이면 온 세상이 알게 될 것이다. 지혜로운 사람은 이런 사람과 사귀거나 속내를 털어놓지 않는다. 그에게 입을 다물라고 충고하는 건 불가능한 것을 요청하는 것이다. 아예 사귀지 말아야 한다.

소문을 퍼뜨리는 사람만큼 위험한 사람이 아첨꾼이다. "입술을 벌린 자"란 '입술로 아첨하는 사람'을 말한다. 내게 사탕발림하는 사람, 찬사를 던지는 사람을 경계해야 한다. 그런 사람을 신뢰하여 비밀을 터놓거나 사업을 의논하지 말자. 자칫 큰코다친다.

시편 : 지금 숨 쉬고 있는가? 내가 할 일은 하나님의 능하신 일들을 선포하고 그분을 높이는 것이다. 나는 성경책을 펴고 하나님께서 행하신 놀라운 일들을 하나하나 크게 외친다.

"아무것도 없는 태초에 하나님이 천지를 창조하셨습니다. 하나님이 말씀하시길 '빛이 생겨라' 하시니 빛이 생겼습니다. 하나님은 전능자이십니다. 만왕의 왕이십니다."

그리고 예수님이 내 삶에 이루신 신기하고 놀라운 일을 감사하며 외치기 시작한다.

"주님께서 저를 고통받는 흑암에서 건지셨습니다. 사망의 그늘진 땅에 거하던 제게 빛을 비추셔서 즐거움을 더하셨습니다. 제가 무겁게 멘 멍에와 압제자의 막대기를 꺾으셨습니다. 50억 빚진 삶에서 5천만 명을 먹이는 빛의 삶으로 저를 옮기셨습니다."

창세기 1장 1절부터 계시록까지 찬양의 이유로 꽉 차있다. 하나님께서 온 땅에 행하신 놀라운 일들과 내 삶에 베푸신 기이한 사랑을 찬송하며 세상에 전할 것이다.

"호흡이 있는 그날까지 제 입술에서 오직 주님 홀로 찬송과 영광을 받으소서!"

잠언 : 험담하며 돌아다니는 사람을 만난 적 있다. 심지어 교회 권사였다. 남을 험담하고 비밀을 누설하는 입을 사탄이 사용해서 관계를 다 깨뜨리고, 교회까지 망치려는 현장을 보았다.

이런 사람의 특징은 남의 일에 지나치게 관심이 많다. 남의 비밀을 캐내서 동네방네 입을 벌리고 다니며 누설하고 뒷말을 만들어낸다. 우리는 깨어있어 담을 허는 여우를 잡아내야 한다. 이런 사람과 말도 섞지 말자!

믿음은 들으면서 생기기에 진실과 상관없는 부정적인 말을 계속 듣다 보면 나도 어느새 부정적인 사람이 되고 만다. 이런 사람은 진실을 말해주어도 관심이 없다. 그때 기억나게 하신 성경 말씀이 있다.

"거룩한 것을 개에게 주지 말며 너희 진주를 돼지 앞에 던지지 말라 저희가 그것을 발로 밟고 돌이켜 너희를 찢어 상하게 할까 염려하라"(마 7:6).

평상심을 유지하고 숙면하는 비결

시편 3:5,6 잠언 21:20

내가 누워 자고 깨었으니 여호와께서 나를 붙드심이로다. 천만인이 나를 에워싸 진 친다 하여도 나는 두려워하지 아니하리이다 시편 3:5,6

적진 한가운데, 사방으로 원수가 둘러싸고 있어도 두려워하지 않고 평상심을 유지하기는 쉽지 않다. 배신감이 몰려오면 더욱 그렇다. 미래에 대한 불투명함, 암담함이 있으면 쉽게 잠을 이루지 못한다. 그러나 다윗은 평상심을 유지했다. 천만인이 그를 둘러싸 진을 쳐도 두려워하지 않았고, 두 다리 쭉 뻗고 한숨 푹 자고 씩씩하게 일어났다. 그의 시선이 주를 향해있었기 때문이다. 하나님이 그를 붙드셨기 때문이다. 그는 "여호와여, 주는 나의 방패시요 나의 영광이시요 나의 머리를 드시는 자이시니이다. 내가 나의 목소리로 여호와께 부르짖으니 그의 성산에서 응답하시는도다 (셀라) 구원은 여호와께 있사오니 주의 복을 주의 백성에게 내리소서 (셀라)"라고 고백했다(3:3,4,8).

하나님은 나의 방패시다. 원수의 모든 독화살과 불화살을 막아주신다. 내가 부르짖을 때 응답하신다. 구원은 하나님께 있다. 비록 지금은 어렵지만 머지않아 내 머리를 들게 하실 것이다. 다윗의 평상심의 비결은 부르짖는 기도, 응답받는 기도에 있다. 그와 함께 계시고 그를 붙드시는 하나님을 향한 믿음에 있다. 다윗은 믿었다. 여호와 하나님이 '나의 하나님'이시다. 그는 지금 여기에 나와 함께 계시다.

지혜 있는 자의 집에는 귀한 보배와 기름이 있으나 미련한 자는 이것을 다 삼켜버리느니라 잠언 21:20

미련한 사람이 "있는 재물을 다 삼킨다"는 있는 재물을 '닥치는 대로 다 써버린다'라는 것이다. 욕심과 탐심 때문이다. 미련한 사람은 낭비벽이 심하다. 욕구를 채우는 데 재물을 쓴다. 오늘을 위해 산다. 미련하여 지혜가 없다.

그러나 지혜로운 사람은 앞날을 위해 재물을 저축한다. 저축은 은행에 보관하는 걸 말하지만, 무엇보다 하나님나라에 심고 가난하고 궁핍한 사람을 돕는 걸 포함한다.

탐심과는 정반대다. 가난한 사람, 하나님나라, 하나님나라의 일꾼에게 아끼지 않고 나눈다. 그것은 사라지는 게 아니라 하나님나라에 저축한 것이다. "악인은 온종일 탐하기만 하지만, 의인은 아끼지 않고 나누어 준다"라는 말씀이 그것이다(21:26).

우리 주 예수님은 이런 행위가 무엇을 의미하는지를 말씀하셨다. "너희 소유를 팔아 구제하여 낡아지지 아니하는 배낭을 만들라. 곧 하늘에 둔 바 다함이 없는 보물이니 거기는 도둑도 가까이하는 일이 없고 좀도 먹는 일이 없느니라"(눅 12:33). "낡아지지 아니하는 배낭"은 하늘에 보물을 둔 것이다. 곧 하늘은행에 입금한 거라고 하신다.

재물에 있어서 미련한 사람이 되지 말고, 지혜로운 사람이 되어야 한다. 탐심을 따라 닥치는 대로 다 써버리지 말고, 자신을 위해서는 검소하고 절약하자. 인색한 마음을 버리고, 아끼지 않고 나눠주며 앞날을 위해 저축하는 자가 지혜롭다.

시편 : 밤에 자고 다음날 아침에 깨는 것을 당연한 일상으로 생각하지 않는다. 주님께서 붙들어주지 않으시면 깨어나지 못한다. 아침에 눈을 뜨면 "주님, 감사합니다. 주의 은혜로 눈을 떴습니다. 오늘도 온전하게, 정직하게 하나님을 경외하는 삶을 살겠습니다. 악에서 떠난 삶을 살겠습니다"라고 첫 기도를 드린다. 아침에 눈이 떠지면 '오늘도 기적으로 시작하는구나!' 하는 생각이 든다. 어젯밤에 나는 서울에서 잠들고, 친구는 대구에서 잠들었다. 나는 아침에 눈을 떴고, 친구는 눈을 뜨지 못했다. 건강한 친구였다. 어젯밤이 마지막 밤이라는 걸 예상이나 했겠는가! 매일의 삶 속에서 내일이라도 주님을 뵐 수 있도록 잘 살아야 한다.

"나를 대적하여 사방에 진을 친 자들이 천만 대군이라 하여도, 나는 두려워하지 않으렵니다"(6, 새번역). 나는 하나님이 어떤 분이신지 알고 있다. 말씀과 내 삶을 통해 경험했기 때문이다. 그분은 공의로우시니 내가 정직하게 행했다면 천만 대군이라도 두려워할 필요가 없다(잠 2:7).

오늘도 흠 없고 정직하게 주의 길로 걷는다면, 하나님이 방패가 되어주신다. 천만 대군의 불화살과 독화살이 퍼부어도 무엇이 두려우랴! "주여! 정직한 길에 서겠습니다."

잠언 : 가장 값비싼 보물이 있다. 이것 하나만 가지면 풍성한 삶, 넉넉한 삶, 소망이 충만한 삶으로 이끌려간다. 바로 하나님의 말씀, 성경이다. 말씀 따라 사는 삶은 내게 가장 값진 보물 창고다. 미련한 사람은 성경 말씀을 아는 걸 빼고 모든 헛수고를 한다. 온갖 방법으로 재물을 얻으려 하지만 점점 탐욕스러운 사람으로 바뀌어 결국 돈의 노예로 값진 보배인 말씀을 놓친다. 말씀의 기준점이 사라진 자는 분별력과 판단력이 흐려져서 가난하고 궁핍한 삶을 산다.

기도를 들으시고
눈물을 보시는 하나님

시편 6:8,9 잠언 22:29

악을 행하는 너희는 다 나를 떠나라. 여호와께서 내 울음소리를 들으셨도다. 여호와께서 내 간구를 들으셨음이여, 여호와께서 내 기도를 받으시리로다 시편 6:8,9

곤경에 처했을 때는 하나님의 도움밖에 없다. 병들었을 때, 원수로 둘러싸여 있을 때가 그렇다. 하나님은 우리의 눈물을 보시고 기도를 들으신다. 히스기야가 그랬다. 병들어 죽게 될 거라 판정받았을 때 낙심하여 주저앉지 않았다. 면벽 기도를 하며 하나님 앞에 심히 통곡했다. 하나님이 그의 기도를 들으시고 눈물을 보셨다(사 38:1-5). 하나님이 그의 병을 고치셨다. 주의 변함없는 사랑을 의지하자(4). 곤경에 처했을 때는 주 앞에 눈물을 보이고 부르짖어 기도하자. 히스기야 왕처럼 얼굴을 주께 향하고 통곡하며 기도하자. 하나님이 "내가 네 기도를 들었고 네 눈물을 보았노라" 하실 때까지 기도하자. 반드시 주의 놀라운 구원을 경험하리라.

"내 울음소리", "내 간구", "내 기도"는 2번이나 반복되는 "하나님이 들으셨다"와 서로 밀접한 연관이 있다. 눈물을 흘리며 간절히 기도하는 모습과 하나님이 그 기도를 들으시는 모습이 보인다. 그 결과는 "하나님이 받으신다"는 것이다. 나의 간구가 하나님의 창구에 접수되었다. 이제는 시간문제다. 하나님의 결재가 떨어지면 곧 하나님의 구원이 실행될 것이다. 용서와 회복 그리고 치유하심으로 다시 일어서게 하실 것이다.

네가 자기의 일에 능숙한 사람을 보았느냐? 이러한 사람은 왕 앞에 설 것이요, 천한 자 앞에 서지 아니하리라 잠언 22:29

자기가 맡은 일을 능숙하게 하려고 열심히 갈고닦는 사람, 남들이 놀 때 열심히 연습하는 사람이 귀하고 아름답다. 그런 사람은 실직하지 않는다. 결국 모든 사람에게 인정받게 된다. '연습이 장인을 만든다'라고 했다. 자기의 실력과 재능만 믿고 연습하지 않는 사람에게는 좋은 결과가 주어지지 않는다. 늘 큰소리치며 살지만 실제로는 아무도 인정해주지 않는 찌질한 삶을 산다. 교만하고, 게으르기 때문이다. 반대로 자신의 무능함과 모자람으로 낙심과 좌절에 매여 사는 사람이 있다. 아무 시도조차 하지 않고 풀이 죽어 산다. 그러나 실력 없음을 낙심하지 말고, 무력감에 사로잡혀 주저앉지 말고, 연습, 또 연습해야 한다. 인내하며 부지런히 연습하면 결국 실력을 인정받게 될 것이다.

오직 지금, 주어진 일에 충성하는 것이 아름답다. 지극히 작은 일이든, 남들이 인정하거나 주목하는 것이 아니어도 최선을 다하자. 성실하고 부지런하게, 익숙해질 때까지 반복해서 노력하고 시도하자. 그러면 반드시 좋은 결과가 주어진다. 지금은 비록 "천한 자" 앞에 서서 시중들고 있지만, 앞으로 "왕" 앞에 서게 될 것이다. 출세하고 성공할 것이다. 영광스러운 자리에 설 것이다.

시편 : 악인들 때문에 탄원서를 제출하고 울부짖으며 기도하고 있다. 악인들은 내게서 물러가라고 외친다. 주님께서 내 울부짖는 소리를, 내 탄원을 들어주신다. 내 기도를 받아주신다.

오늘도 말씀에서 주님의 원칙을 배운다. 나도 같은 마음으로 그들에게 악을 행하면서 기도하는 게 아니다. 그들은 악하지만 나는 선하고 공의로우신 하나님께 탄원서를 제출하며 악인과 나 사이에 주께서 개입하시기를 기도하는 것이다. 하나님의 공의로운 심판을 원하는 것이다. 이렇게 당당하게 기도할 수 있도록 살고 싶다. 우리는 하나님의 공의 앞에 서게 된다.

악인이나 선인에게나 동일한 원칙이 적용된다. 긍휼이 기반인 공의의 심판을 받는다. 회개하고 돌이키면 둘 다 구원을 얻는다. 언제든 하나님의 심판 앞에 설 수 있도록 살아야겠다.

잠언 : 다윗이 생각난다. 골리앗을 죽일 수 있는 특권과 영광이 그냥 주어진 게 아니다. 그가 아버지의 양을 지킬 때, 최선을 다했다. 곰과 사자로부터 양을 지키기 위해서 물맷돌로 엄청나게 연습했을 것이다. 나무 하나를 정하고 곰, 사자의 이마라고 생각하고 물매로 그것을 맞추는 연습을 계속하며 양을 잘 지켰을 것이다. 시편 78편 67-72절에 하나님께서 다윗을 왕으로 택하신 이유를 설명하셨다. 다윗이 아버지의 양을 기르고 지키는 것을 보신 후에 그를 왕으로 택하셨다. 그에게 주의 백성을 맡기고 싶으셨다.

"그가 그들을 자기 마음의 완전함으로 기르고 그의 손의 능숙함으로 그들을 지도하였도다" (시 78:72). 첫째, 다윗에게는 완전한 마음, 곧 변하지 않는 한결같은 마음이 있었다. 둘째, 다윗은 양을 지키는 데 능숙한 손이 되도록 공부하고 훈련했다. 게으르지 않았다. 아버지가 맡기신 일을 귀찮아하며 억지로 하지 않았다. 하나님의 등용 기준을 또 배운다. 주께서 맡기신 사업과 사역, 사람을 "마음의 완전함"과 "손의 능숙함"으로 섬기고 준비해야 한다. 하나님이 제시하시는 원칙과 방법은 언제나 최고의 결과를 만들어낸다.

하나님 앞에 정직하자

시편 7:1,17 잠언 23:26

여호와 내 하나님이여, 내가 주께 피하오니 나를 쫓아오는 모든 자들에게서 나를 구원하여 내소서 내가 여호와께 그의 의를 따라 감사함이여, 지존하신 여호와의 이름을 찬양하리로다 시편 7:1,17

다윗이 사나운 적들에게 둘러싸여 있을 때, 그는 죽을힘을 다해 하나님께 피했다. "여호와 내 하나님이여"라고 2번이나 부르짖는다(1,3). 그리고 "여호와여"라고 다시 2번 부르짖는다(6,8). 하나님은 마음이 정직한 자의 방패가 되신다(10). 자기 어려움을 솔직히 인정하고 그것을 해결할 능력과 길이 없음을 고백하며 그 길을 찾는 자가 정직한 사람이다. 하나님께 달려가서 도움을 구하는 자가 정직한 사람이다.

하나님은 주께 피하는 자를 영접하고 보호하신다. 그 대적들의 노를 막아주신다. 악인들의 악을 끊으시고 의인들을 세우신다. 하나님은 모든 일을 바로잡으시는 의로운 재판장이시다(9,11). 그래서 비록 환난 가운데 있을지라도 하나님의 의를 따라 그분께 감사를 드리게 된다. 지극히 높으신 하나님의 이름을 찬송한다.

어려울 때는 죽을힘을 다해 하나님께 피하자. 하나님 앞에서 정직하자. 하나님이 난관을 극복할 지혜를 주시며 정직한 사람에게 어떤 어려움도 막아내는 방패가 되어주신다(잠 2:7). 그분이 모든 일을 바로잡으실 것을 굳게 붙들자. 힘들다고 불평하지 말고 감사하며 지극히 높으신 하나님의 이름을 찬양하자.

내 아들아, 네 마음을 내게 주며, 네 눈으로 내 길을 즐거워할지어다 잠언 23:26

하나님 아버지가 내게 원하시는 것은 '나의 마음'이다. 우리가 하나님께 무엇을 드리든지 마음을 드리지 않으면 하나님께 열납되지 않을 것이다. 몸은 열심히 일하고 수고하는데 마음을 주지 않으면 짐만 될 뿐이다.

마음을 드리지 않은 예배당 강단의 꽃꽂이는 하나님이 기뻐하지 않으신다. 주를 섬기는 여러 일들에서 땀 흘려 수고하는 것도 내 마음을 함께 드릴 때 기쁘게 받으신다.

수고하는 그 사람도 기쁘다.

로마서 12장 1절에 "그러므로 형제들아 … 너희 몸을 … 거룩한 산 제물로 드리라"라고 말씀하셨다. "그러므로"에 밑줄을 긋고 마음판에 깊이 새기자. 이는 두려움, 의무감, 공포에 대한 반응이 아니라 감사, 감격, 기쁨으로 자원할 때 나오는 반응이다. "몸"은 단지 육체만이 아니라 '마음, 생각, 뜻, 시간, 재물, 계획' 등 전인격을 말한다. 가난한 사람을 돌아보는 구제나 선교사나 목회자나 하나님나라 일꾼들을 섬기는 일에나 그 어느 것이라도 내 마음을 먼저 주께 드려야 한다.

내 마음의 생각을 주께 고정하자. 내 눈으로 주님의 길을 주의 깊게 관심을 갖고 살피자. 주께서 일하시는 방식과 주님의 뜻에 시선을 고정하자. 그것을 기뻐하고 마음에 받아들이며 동일한 방식으로 살아가자. 주님을 따라가는 게 즐겁다.

오늘의 동역자가 내일의 적으로 돌아서면 마음이 찢겨나가는 큰 고통 가운데 있게 된다. 이때 맞붙어 싸우면 안 된다. 어떤 경우라도 성령이 하나 되게 하신 관계를 깨뜨리면 안 된다. 힘써 지키도록 애써야 한다(엡 4:3). 어떤 때는 아무 이유 없이 적과 원수들이 벌 떼처럼 일어나서 주의 일꾼들을 대적하며 쫓아온다.

예수님과 12제자, 사도 바울의 삶을 봐도 이런 일이 늘 일어났다. 주를 따르는 제자는 자기 십자가를 져야 한다. 적과 원수는 벌 떼처럼 일어나서 주의 일꾼을 심하게 공격한다. 낙심시키고 포기시키려고 개인과 가정을 공격한다. 하지만 나는 승리의 비결을 이미 안다. "주의 날개 그늘 아래" 피하는 것이다(시 57:1).

알을 품는 어미 닭처럼 나를 정성껏 사랑으로 품으시고, 독수리 등에 올려진 새끼처럼 나를 업으시고, 높은 창공에서 하나님의 계획을 보여주시며 용기를 주시고, 격려하시고 힘을 주셔서 내 입술이 주님을 노래하고 찬양하도록 견고하게 붙들어주신다. 원수와 나 사이에서 공의롭게 심판하셔서 주를 향한 나의 찬양이 더 높아지게 하신다.

"여호와는 그의 의를 따라 심판하십니다. 지존하신 여호와의 이름을 찬양합니다!"

주님의 품은 안전하다. 우리가 죄를 짓고 실수했더라도 주님께 피하는 건 언제나 최고의 선택이다. 선하신 주님이 우리를 회개하고 돌이키도록 이끄신다.

원수의 공격이 심할 때 주께로 피하지 않으면 원수들과 같은 정신으로 살게 된다. 억울해하며 화내고 분노하여 되갚아주려고 일을 꾸민다. 죄가 또 다른 죄를 잉태하여 함부로 행동한다. 불신자처럼 행동하여 하나님의 진노를 가져온다.

어른에게는 숨기시고
아이에게는 나타내심

시편 8:2 잠언 24:27

주의 대적으로 말미암아 어린아이들과 젖먹이들의 입으로 권능을 세우심이여, 이는 원수들과 보복자들을 잠잠하게 하려 하심이니이다 시편 8:2

막 걷기 시작하는 아이, 젖먹이까지도 예수님을 찬양한다. 그 찬양은 힘이 있어 영적 전쟁을 승리로 이끈다. 가장 어리석은 건 어린아이를 예배에서 배제하는 것이다. 어려서 하나님을 모를 거라고 착각한다. 아니다. 어린아이, 심지어 젖먹이도 주를 찬양할 줄 안다. 아이들에게도 당당히 예배의 자리를 내어주어야 한다.

"어린아이들"과 "대적"이 대조를 이룬다. "대적"은 자기 힘과 경험, 지식을 자랑하는 교만하고 악한 자다. "어린아이들"은 자기 지식이나 경험, 생각, 힘에 의지하지 않고, 전적으로 하나님을 의지하는 겸손한 사람이다. 베드로가 자기 힘과 경험과 기술을 의지할 때는 고기를 한 마리도 잡지 못했지만, 오직 주의 말씀을 듣고 순종할 때 엄청난 양의 고기를 잡았다. 그 경험은 훗날 그의 사역자로서의 삶에 견고한 초석이 되었다. 골리앗은 자기 힘과 무기를 의지했지만, 다윗은 오직 하나님만 의지했다. 승리는 다윗의 것이었다.

하나님은 자신의 연약함, 무지함, 어리석음을 인정하고 오직 주만 의지하는 겸손한 사람을 통해 놀라운 일을 행하신다(고전 1:26-31). 자기의 지혜와 경험을 의지하는 자에게는 비밀을 숨기시고 전적으로 주를 의지하는 어린아이 같은 자에게 나타내신다(마 11:25).

네 일을 밖에서 다스리며 너를 위하여 밭에서 준비하고, 그 후에 네 집을 세울지니라

잠언 24:27

지혜롭게 살아야 한다. 일에는 언제나 순서가 있다. 먼저 할 일과 나중에 할 일이 있다. 먼저 바깥일을 잘 처리하고, 밭일도 잘한 후에 내 집을 세워야 한다. 순서를 바꾸지 말아야 한다. 밭에 씨를 뿌리고 그다음에 곳간을 지어야 한다. 좋은 배우자를 원하면 먼저 자기가 좋은 배우자가 되도록 준비해야 한다. 예수님이 말씀하셨다. 지극히 작은 일에 충성해야 큰 것에도 충성할 수 있다. 남의 것에 충성해야 내 것에도 충성할 수 있

다(눅 16:10-12). 하나님은 준비된 사람을 쓰신다. 내게 주어진 일에 최선을 다할 때 그분이 도우신다. 돈을 벌고서 차를 사야 한다. 차부터 사고, 나중에 값을 지불하려고 돈을 벌어서는 안 된다. 빚진 삶과 빚 없는 삶은 차원이 다르다. 수입보다 지출이 많으면 빚진다. 결국 하던 일마저 중단하게 될 것이다. 먼저 탄탄한 수입 구조를 만들고 지출하는 게 지혜다. 이것이 올바른 순서다. 건축할 때도 먼저 기초공사를 견고히 하고 건물을 세우듯이, 삶의 기초부터 든든히 해야 한다.

조급함은 금물이다. 날림공사를 하지 말아야 한다. 대책이 없고, 견고한 기반을 세우지 않는 사람이 되지 말아야 한다. 원칙 중심의 삶을 훈련해야 한다. 기본기를 탄탄하게 다지자. 준비하는 습관을 기르자. 부지런하자. 우선순위를 정하는 지혜를 배우자.

우리 교회는 주일예배 때 젖먹이부터 어른까지 함께 예배를 드린다. 누가 예배에 더 열정적이며 진심인가를 살펴보면 놀랍게도 어린아이들이다. 그들은 걱정, 근심이 없다. 두려움에 사로잡히지도 않는다. 주님을 마냥 좋아한다. "너희가 돌이켜 어린아이들과 같이 되지 아니하면 결단코 천국에 들어가지 못하리라"(마 18:3). 전심으로 주님만을 의지하는 삶이 어린아이의 삶이다. 먹을 것, 입을 것, 마실 것을 걱정하지 않는다. 이 순전한 믿음이 원수와 보복자를 꺾는 힘이 된다.

가정과 교회가 어린이와 젖먹이까지도 그 입술로 주님의 위엄을 찬양하도록 이끌어주어야 한다. 하나님에 대해 많이 가르치고 함께 믿음으로 사는 삶을 통해 하나님이 어떤 분이신지 어릴 때부터 깊이 알게 해야 한다. 신앙 교육은 물러설 수 없는 한판 대결이다. 아이들이 커서 잘되고 못 되고는, 지금 가정과 교회에서 어떻게 가르치고 함께 살아내는가에 달려있다.

나는 오늘 말씀과 사사기 2장 6-15절을 함께 묵상한다. '여호수아 - 장로들 - 다른 세대' 3대에 걸쳐 하시는 주의 경고를 깊이 받아들인다. 아이들의 미래가 달린 심각한 문제다. 예배와 말씀은 가정에서부터 가르쳐야 한다. 교회와 학교에 다 맡겨놓으면 안 된다.

오늘 말씀에서 어린이와 젖먹이까지도 그 입술로 주님의 위엄을 찬양하니 주님께서 원수와 복수하는 무리를 꺾으시고 주님께 맞서는 자들을 막아낼 튼튼한 요새를 세우신다. 승리는 우리의 예배에 달려있다. 어린아이들이 예배에 적극적으로 동참하게 해야 한다. 가정에 심방을 가면 어린아이들에게 장난감을 가지고 놀게 한다. 그러면 안 된다. 예배에 참석시켜야 한다. 처음에는 잘 적응하지 못하지만 계속 가르치면 곧 훈련된다. 교회에서도 가장 좋은 자리를 양보해야 한다. 다음세대가 '다른 세대'가 되지 않도록 힘껏 섬겨야 한다. 이 땅의 아이들은 주님의 비전이다. 믿음의 다음세대야말로 하나님나라를 계속 확장해가는 하나님의 '히어로!'다.

주님은 나의 재앙을 감찰하고 도우신다

시편 10:14 잠언 25:25

주께서는 보셨나이다. 주는 재앙과 원한을 감찰하시고 주의 손으로 갚으려 하시오니 외로운 자가 주를 의지하나이다. 주는 벌써부터 고아를 도우시는 이시니이다 시편 10:14

시편 10편은 악한 자의 특징과 삶을 보여준다. 마치 악한 자의 행동 완결판 같다.
1. 그들의 머릿속에는 하나님이 계시지 않는다(4). 그들은 하나님을 두려워하지 않는다. 그들은 속으로 말하기를, '하나님은 무슨 일이 일어나는지 보고 계시지 않아'(11), '하나님은 우리에게 책임을 물으시지 않아'(13), '내게 나쁜 일은 하나도 일어나지 않을 거야', '나는 절대로 실패하지 않을 거야'(6)라고 한다.
2. 그들은 사냥꾼처럼 덫을 놓고 힘없는 자들을 그물로 잡아 질질 끌고 간다(8,9). 잔인하다.
3. 그들의 입은 욕지거리와 거짓말, 협박하는 말이 가득하고, 온갖 저주와 악한 말을 내뱉는다(7). 말을 가려서 할 줄 모른다. 함부로 생각나는 대로 말한다.

그러나 하나님은 이 모든 걸 다 보고 계신다. 마치 회계장부를 처리하듯 꼼꼼히 기록하신다. 학대하는 악한 자의 포악함을 일일이 보고 계신다. 고통 당하는 자의 고통과 슬픔을 속속들이 잘 아신다. 그리고 주께서 용사처럼 일어나 악한 자를 심판하시고 고아와 고통 당하는 자를 반드시 도우실 것이다. 억울함을 살피고 풀어주시며, 손수 갚아주신다. 그러니 오직 주님만 의지하라. 직접 대항하지 말고 하나님께 기도하라. 호소하라. 우리 하나님은 영원한 왕이시다. 하나님이 다스리신다!

먼 땅에서 오는 좋은 기별은 목마른 사람에게 냉수와 같으니라 잠언 25:25

우리는 한국 선수가 금메달을 땄다는 소식만 들어도 기쁘다. 2002년 한일 월드컵에서 우리 팀이 4강까지 진출했을 때, 종일 기분이 좋았다. 그런데 이 모든 기쁨과 감격은 잠시다. 오래 지속되지 않는다. 좋은 추억으로 남을 뿐이다. 그러나 '영원히'(forever) 기쁨을 주는 소식이 있다. 하나님이 그의 사자를 보내어 내게 온 세상에 소식을 전하게 하셨다. "보라! 내가 온 백성에게 미칠 큰 기쁨의 좋은 소식을 너희에게 전하노라!"(눅 2:10). 이 소식은 특정 사람이나 국가, 그룹에만 해당하지 않는다. "온 백성"에게 주어진 것이다.

"오늘 다윗의 동네에 너희를 위하여 구주가 나셨으니 곧 그리스도 주시니라!"(눅 2:11). 이보다 더 크고 좋은 소식이 있을까! 이 소식이 우리의 운명을 바꾸었다. 사망에서 생명으로, 어둠에서 빛으로, 절망에서 소망으로, 저주에서 축복으로 옮겼다. 이 소식은 목마른 나에게 냉수와 같다. 내 모든 죄가 처리되었다! 더 이상 정죄가 없다! 더 이상 심판이 없다! 내 모든 묶임을 푸셨다. 이제 나는 자유다! 더 나아가 나를 거룩한 백성이 되게 하셨다. 나는 영원한 기업을 갖게 되었다!

나는 포악한 자의 학대에 아파하는 내담자를 자주 상담한다. 그중 자식을 학대하는 육신의 아버지의 이야기를 들으면 마음이 너무나 아프다. 한 분은 어린 시절, 술과 폭행, 욕설을 퍼부으며 살림살이를 부수는 아버지 앞에 벌벌 떨던 어머니에게 아무 도움도 주지 못했던 자신을 향한 죄책감에 갇혀서, 성인이 되어서도 권위자에 대한 두려움과 아버지를 향한 분노에 사로잡혀 있었다. 그는 과거에 묶인 채 우울증에 사로잡혀서, 예수님을 믿으면서도 자신을 용서하지 못하고 죄책감에 시달린다고 호소했다. 나는 그저 공감하고 경청하고 들어주었다. 한참을 같이 울다가 내가 말했다.

오늘 시편 구절을 인용하여 "자매님(형제님), 주님께서는 그 시절의 아버지와 어머니 그리고 자녀들의 억울함을 이미 다 살피셨고, 때가 되면 반드시 손수 갚아주십니다. 이 무거운 짐을 주님께 다 맡겨버리고 자유하십시오"라고 했다. 이 말씀은 진리다. 말씀에서 자유함을 얻어야 한다. 아니면 우울증 환자가 된다. 죄는 상대가 지었는데 벌은 내가 받고 평생 고통 속에 산다. 미련한 삶이다. 말씀의 진리를 믿음으로 받고 포악한 자에게 원수 갚는 것은 주님 손에 맡겨드리는 지혜를 가져야 한다.

"주님께서 손수 원수를 갚아주십니다"라고 말하니 내담자가 "그러면 아빠가 불쌍해서 안 돼요. 주님이 구원해주셔야 해요"라며 울고 또 울었다. 사람들을 가만히 살펴보니 착한 사람 중에 우울증 환자가 많았다.

주님께서 살펴보시며 손수 갚아주신다는 말씀에 큰 위로를 받는다. 살아계셔서 내 억울함을 살피신다. 내 손에 피를 묻히지 말고 주님을 의지하자! 원수 갚는 일을 공의로우신 주님께 맡겨드리자! 그래야 오늘도 사명 따라 전진하는 삶을 살 수 있다.

주여, 나를 도우소서!

시편 12:1 잠언 26:20

> 여호와여, 도우소서. 경건한 자가 끊어지며 충실한 자들이 인생 중에 없어지나이다

시편 12:1

"여호와여, 도우소서!" 이보다 강력한 기도가 있을까. 위기에 처했을 때, 긴급할 때, 어떤 기도가 필요한가? 베드로가 캄캄한 밤에 배에서 내려 물 위를 걷다가 바람을 보고 무서워 빠져갈 때, "주여, 나를 구원하소서!"라고 소리를 질렀다(마 14:28-30). 이때 주기도문을 외워야 할까, 아니면 사도신경을 고백해야 할까, 아니면 화려한 문장을 만들어 멋있는 기도를 해야 할까? 출애굽 당시, 이스라엘 자손이 앞은 수심 1천2백 미터의 홍해요, 뒤는 세계 최강인 바로의 전차 부대 사이에 갇혔을 때, 모세가 부르짖었다. 분명 "여호와여, 도우소서!"라고 기도했을 것이다. 짤막한 기도지만 충분했다. 긴급구호 요청은 이 두 마디면 된다. 주께서, "기도할 때에 이방인과 같이 중언부언하지 말라. 그들은 말을 많이 하여야 들으실 줄 생각하느니라"라고 하셨다(마 6:7). 상황이 위급하고 곤경에 처했을 때, 이 짧은 기도를 드리자. 부르짖자! "주여, 나를 도우소서!" 주께서 아신다. 들으신다. 그리고 도우신다.

경건한 자들이 죽거나 그 수가 줄어들 때, 충성된 자들을 찾아보기가 어려울 때, 이보다 큰 영적 위기가 어디 있을까. 그러나 낙심할 때가 아니다. 교회가 곧 망하고 세상이 끝날 것처럼 한숨을 쉬며 풀이 죽어 열정이 식을 때가 아니다. 이때야말로 하나님께 부르짖을 때다. 아골 골짜기(: 환난의 골짜기)로 소망의 문을 삼아주시는(호 2:15) 하나님께 부르짖을 때다. "주여, 도우소서!" "주여, 부흥하게 하소서"(합 3:2)!

> **나무가 다하면 불이 꺼지고, 말쟁이가 없어지면 다툼이 쉬느니라** 잠언 26:20

장작이 떨어지면 불이 꺼지듯이, 말쟁이가 없어지면 다툼도 그친다. 여기서 "말쟁이"란 '나쁜 소문을 퍼뜨리는 사람, 고자질쟁이, 험담하는 사람'을 가리킨다. 이들은 남을 비방하고 루머를 퍼뜨리며 수군거리고 뒤에서 험담하기 좋아한다. 이간질하고 중상모략하고, 논쟁하며 다투기 좋아한다. 시비를 걸고, 꼬투리를 물고 늘어진다. 모욕 당했다고 생각하면 불같이 화를 낸다. 관계를 깨뜨리고 팀워크를 무너뜨린다. 영양가 없는 말을 하고 분위기를 냉랭하게 가라앉힌다. 사람의 명예를 실추시켜 깊은 상처를 준다. 그러니 말쟁이와의 분쟁은 마치 불과 땔감의 관계와 같다.

이런 사람들을 조심해야 한다. 이들의 말에 귀 기울이지 말아야 한다. 맞장구를 치거나 받아주지 말고 멀리해야 한다. 그런 분위기가 시작되면 즉시 자리를 피하라. 그 자리에 머물면 그는 말을 이어간다. 마치 불이 서서히 타오르는 것과 같다.

나부터 입에 파수꾼을 두어야 한다. 나부터 말쟁이가 되지 말자. 서로 격려하고 위로하는 말, 용기를 불어넣는 말을 연습하자. 오늘부터!

시편 : "신실한 사람이 세상에서 끊어지고 있습니다. 주님, 도와주십시오. 진실한 사람도 사라지고 있습니다. 주님, 도와주십시오!" 주님께 도움을 요청하는 기도를 살펴보면 자기 문제를 도와달라는 내용이 많다. 그런데 오늘 시편 기자는 신실한 사람, 진실한 사람을 이 세상에 일으켜 달라고 기도한다. 이 땅에서 하나님나라의 원칙으로 사는 사람을 보내달라는 간절한 마음이 보인다. "이르시되 추수할 것은 많되 일꾼이 적으니 그러므로 추수하는 주인에게 청하여 추수할 일꾼들을 보내주소서 하라"(눅 10:2).

오늘도 멋지게 기도하는 법을 배웠다.

"주여! 복음 통일을 준비하고 전 세계를 섬기는 한국으로 준비되길 원합니다. 세계를 이끌어갈 영적 지도자를 일으켜 주옵소서!"

"신실하고 진실한 사람들을 이 세상에 일으켜 주시고, 이들을 보호해주셔서 주의 일꾼으로 쓰임 받게 하옵소서! 우리 단체(NCMN)에 주신 비전을 성취하기 위해 사명을 감당하겠사오니, 신실하고 진실한 사람들을 더 보내주옵소서! 이 땅에서 신실한 사람이 끊어지지 않게 보호하십시오. 진실한 사람도 사라지지 않게 보호하시고, 그들을 온 땅에 더 일으켜 주옵소서!"

이렇게 종일 기도해야겠다. 주님께서 그분의 뜻 안에 있는 기도를 듣고 일하실 것을 확신한다.

잠언 : 불난 데 부채질하는 사람이 있다. 타는 불 위에 나무를 더하는 것같이 작은 허물을 큰 것으로 만들어서 헐뜯기를 잘하는 사람이다. 나중에 그런 말이 거짓으로 드러나면 "농담도 못 하냐?"라고 말한다. 이런 사람을 상대도 하지 말고, 친구로 두지도 말자. 그가 다정하게 말해도 믿지 말자. 그 속에는 역겨운 것이 들어있다. 교활한 생각을 감추고, 돌을 굴려서 사람들을 깔리게 하고, 거짓말을 일삼고, 약한 자에게 강하고, 강한 자에게 아첨하는 사람이다.

지금은 부르짖어 기도할 때다

시편 14:7 잠언 27:14

이스라엘의 구원이 시온에서 나오기를 원하도다. 여호와께서 그의 백성을 포로 된 곳에서 돌이키실 때에 야곱이 즐거워하고 이스라엘이 기뻐하리로다 시편 14:7

무신론자들에게 하나님이 계심을 알려주기를 구해야 한다. 그들은 하나님을 두려워하지 않고, 악을 행하기를 밥 먹듯 한다. 하나님의 백성을 조롱하고 비웃는다. 그러나 하나님이 그의 백성과 함께 계심을 그들이 알도록 하나님께 구해야 한다. 하만이 모르드개를 매달려고 장대를 만들었지만, 오히려 자신이 달렸듯이 하나님께서 그 대적들을 심판하실 것이다.

원수가 이기는 것처럼 보일지 모르나, 하나님의 백성이 포로가 되어 끝난 것처럼 보이나, 하나님이 반드시 그의 영광을 온 세상에 나타내실 것이니 절대 낙심하지 말아야 한다. 지금은 부르짖어 기도할 때다. 소망 중에 믿음으로 회복과 부흥을 구할 때다. 온 세상에 하나님의 영광이 나타나도록 구할 때다.

하나님은 자기를 의지하는 사람을 구원하신다. 우리의 삶을 반전시키신다. 마치 이스라엘 백성이 하나님의 큰 구원하심으로 애굽에서 나왔듯이, 오래 지낼 것처럼 보였던 바벨론 포로 위치에서 예루살렘으로 귀환하게 하셨듯이, 그의 백성인 우리의 신세를 역전시킨다. 역사의 주이신 하나님이 그의 백성을 돌보고 회복하며 새롭게 하심을 세상이 알게 하실 것이다. 속히 오셔서 이루실 것이다. 우리는 즐거워하고, 기뻐 뛰놀며, 웃으며 노래하리라!

이른 아침에 큰 소리로 자기 이웃을 축복하면 도리어 저주같이 여기게 되리라 잠언 27:14

이른 아침에 하는 인사와 낮에 하는 인사 그리고 저녁에 하는 인사가 달라야 한다. 우리말은 모두 "안녕하세요?"이다. 그러나 많은 나라의 말은 모두 다르다. 영어, 일본어, 독일어도 각각 다르다. 이른 아침에 하는 인사는 작고 부드럽고 차분하다. 큰 소리로 인사하지 않는다. 만약 큰 소리로 인사한다면, 싸움을 거는 줄 알 것이다.

이처럼 아무리 좋은 것이라도 분별하며 상황에 맞는 말과 행동을 해야 한다. 좋은 일도 때와 장소, 상대를 가려서 경우에 맞게 해야 한다. 친한 친구라도 칭찬을 남발하지 말아야 한다. 수고하고 애쓴 사람에게 합당한 칭찬과 박수와 격려를 보내는 건 당연하다. 그러나 그것도 "이른 아침에 큰 소리로 축복하면 도리어 저주같이 여기듯" 지나쳐서는 안 된다. 상대가 지나친 칭찬으로 자만심에 들떠 교만으로 치달을 수 있다.

사람은 대부분 칭찬받길 좋아한다. 그러나 그것이 큰 위험이 될 수 있음을 알아야 한다. "도가니로 은을, 풀무로 금을, 칭찬으로 사람을 단련한다"(21)는 말씀을 마음 깊이 새겨야 한다. 더 칭찬받을 때나 덜 칭찬받을 때나 어느 경우든지 내 마음을 연단할 때인 줄 알자.

시편 : 내가 50억을 빚지고 망했을 때, 나를 비웃는, 주변의 믿지 않는 사람들이 있었다. "예수를 유별나게 믿더니 꼴좋다~ 너에게 하나님이 계시기는 하니?"

내가 망했는데 욕은 하나님께 돌아갔다. 주님께 너무나 죄송했다. 눈물로 그 시간을 보냈다. 주님께서 나를 다시 약속의 땅, 언약의 땅으로 돌아오게 하셨고, 모든 것을 회복시키셨지만, 그들의 말을 다시 곰곰이 생각해보니, 믿지 않는 이들도 하나님을 기대한다는 걸 깨달았다. '예수 믿으면 잘되겠지, 하나님은 살아계시겠지.' 그들은 상황을 보고 하나님을 판단한다. 일이 잘되면 하나님이 계시고, 안되면 안 계신다고. 그런데 믿는 자 중에도 이런 신앙을 가진 자들이 있다. 이는 불신자와 다를 바 없다.

병든 몸을 고쳐주시면 주님은 선하시며 사랑이 많으시다고 말하고, 병을 안 고쳐주시면 주님이 자기 기도에 관심이 없다고 함부로 말한다. 나는 망했을 때도 결심했고, 오늘 또 다짐한다. 내 삶을 통해 주님의 선하고 아름다우신 사랑을 드러내고 싶다. 내 삶이 주님의 놀랍고도 다양한 성품을 드러내면 얼마나 좋을까! 나를 통해 하나님의 치유하심을 불신자들도 경험하면 얼마나 좋을까!

"그들이 주께 돌아오도록 제 삶을 헌신하여 드립니다. 주님, 감사합니다. 제게 주님의 구원을 보게 하셨고, 영원한 기쁨과 즐거움을 주셨습니다."

잠언 : 경우에 합당한 말과 행동을 하도록 훈련해야 한다. 새벽기도 시간에 다들 조용하게 기도하는데, 혼자 박수 치고 고함 지르면서 기도하지 않는 게 지혜다. 모든 경우를 살피고 합당하게 행동하면 귀한 대접을 받는다.

"경우에 합당한 말은 아로새긴 은쟁반에 금 사과니라"(25:11).

영원한 내 아버지의 집

시편 23:6 잠언 28:22

내 평생에 선하심과 인자하심이 반드시 나를 따르리니 내가 여호와의 집에 영원히 살리로다 시편 23:6

내가 사는 집은 "여호와의 집"이다. 집이란 건물이나 장소를 말하는 게 아니라 '가정'이라는 관계를 말한다. 부모, 자녀, 형제가 함께 어우러져 사는 삶 말이다. 여호와의 집에는 '여호와'가 가장이시다. 달리 말하면, '아빠 아버지'시다. 여호와는 하나님의 이름이다. 그 뜻은 '스스로 있는 자'다. 그는 창조주, 전능자로 영원하시다. 그러나 무엇보다 '여호와'는 '아바 아버지'요 '목자'이다. 그렇기에 성경 어디나 '여호와'를 '아빠 아버지'라고 불러도 무방하다.

나는 고아처럼 집 없이 방황하며 외로움과 불안함 가운데 살지 않는다. 나는 나의 아버지 집에 산다. 거기는 모든 것이 풍족하다. 무엇보다 나를 사랑하는 아빠가 있다. 그는 나를 이해하신다. 용서와 용납, 격려와 위로, 후원과 응원 그리고 전폭적 지지가 있다. 치유와 회복, 안식과 기쁨과 감사, 웃음과 노래가 있다. 바로 지금 내가 사는 아버지 집의 모습이다. 돌아온 탕자도 거기서 산다.

'여호와의 집'이 곧 나의 집이다. 거기서 내 모든 필요가 공급된다. 거기서 나는 "영원히" 산다. 이는 내가 죽어 하늘에 올라갔을 때를 말하지 않는다. 지금 바로 여기서부터 시작되어 '영원히' 이어진다. "선하심"과 "인자하심"이라는 수행원이 내가 어딜 가든 평생 반드시 따라다닌다. 나를 보호하고 안내하고 격려한다.

.

악한 눈이 있는 자는 재물을 얻기에만 급하고, 빈궁이 자기에게로 임할 줄은 알지 못하느니라 잠언 28:22

"악한 눈"은 '이기적이며 인색한 사람'을 가리킨다. "재물을 얻기에 급하다"는 부자가 되는 데만 눈이 팔린 구두쇠를 말한다. 그는 부정직한 수단도 마다하지 않는다. 돈을 모을 줄만 알지 올바르게 사용할 줄 모른다. 하나님께 인색한 사람이다. 하늘은행에 입금액이 없다. 하늘은행이 있는지도 모르니 하늘은행 계좌도 없다. 구두쇠는 가난한 사람을 돌아볼 줄 모른다. 재물을 모으는 데만 온 에너지를 쏟는다. 맘몬에게 붙들린 사람의 전형이다. 하나님나라 프로젝트에는 관심이 없다. 하나님나라의 일꾼을 섬길 줄도 모른다. 재물을 자신이 노력해서 모은 자기 것으로 생각한다. 하나님이 모든 것의 주인이심을 모른다. 하나님이 "누가 너에게 재물 얻을 능력을 주었느냐?"라고(신 8:17,18) 물으셨음에도, 하나님의 뜻대로 재물을 사용할 줄 모른다. 자기 마음대로 사용한다. 안타깝게도 그 재물이 곧 사라져 무일푼이 될 거라는 걸 모른다.

예레미야서 17장 11절은 이런 사람의 결국을 말씀하신다. 현대인의성경은 알아듣기 쉽게 번역했다. "부정한 방법으로 돈을 모아 부자가 된 사람은 자기가 낳지 않은 알을 품고 있는 자고새와 같아서 언젠가는 그것이 자고새를 버리고 날아가 버리듯 그의 부도 조만간에 그를 떠날 것이니 결국 그는 어리석은 자가 되고 말 것이다."

구두쇠의 집에는 '가난'이라는 손님만 북적이며 '무일푼'이라는 결산서만 남는다.

시편 : 지난날 나를 돌보신 주의 선하심과 인자하심을 묵상해본다. 내가 그릇 행할 때, 바른 길로 이끄셨고, 심판받을 만할 때는 주의 큰 사랑으로 돌이키셨다. 주님의 선하심과 인자하심이 수천 가지가 넘을 것 같다. 기이하고 놀라운 헤세드의 사랑으로 인해 감사의 눈물이 흐른다. 내가 사는 날 동안에 주님의 선하심과 인자하심이 항상 나를 따른다고 하니, 참 염치없지만 너무 좋고 고맙고 감격스럽다. 앞으로도 쭉~, 죽을 때까지 쭉~ 나를 돌보시니 무엇을 더 바랄까! 주의 사랑으로 만족감이 가슴을 꽉~ 채운다. "선하심"은 '올바르고 착한 길로 끝까지 이끌어주심'이고, "인자하심"은 '큰 사랑으로 자애롭게 나를 끝까지 돌보아주심'이다.

잠언 : 탐심과 탐욕에 사로잡히면 성경에서 말씀하시는 원칙들에 관심이 없다. 성경에서 이렇게 살면 복을 받고, 저렇게 살면 망한다는 말이 귀에 안 들어온다. 망하고 나서야 성경 말씀이 귀에 쏙~ 들어온다. 많은 사람이 내게 와서 "왕의 재정 말씀을 10년 전, 5년 전에 들었을 때는 귀에 들어오지 않았는데 회사가 어려워지면서 다시 들으니 한 말씀 한 말씀이 다 제 이야기여서 심장에 팍팍 박힙니다"라고 고백한다. 나도 망하기 전에는 성경 속 돈과 관련한 말씀이 별로 와닿지 않았다. 그런데 망한 후에 다시 보니 절절하게 가슴에 새겨지고, '성경 말씀의 돈 이야기는 믿음의 이야기이고, 구원의 이야기네!'라고 깨달았다. 믿음과 관련한 214구절, 구원과 관련한 218구절, 재정과 관련한 약 3천 구절의 의미를 알고 정신을 번쩍 차렸다. "내 주인은 돈이 아닙니다. 오직 주님만이 나의 주인이십니다!"

다윗에게 배우자

시편 35:27,28 잠언 29:21

나의 의를 즐거워하는 자들이 기꺼이 노래를 부르고 즐거워하게 하시며, "그의 종의 평안함을 기뻐하시는 여호와는 위대하시다" 하는 말을 그들이 항상 말하게 하소서. 나의 혀가 주의 의를 말하며 종일토록 주를 찬송하리이다 시편 35:27,28

시편 35편은 원수들에게 둘러싸여 고통받는 다윗의 모습을 보여준다. 다윗은 그들과 싸우지 않는다. 분노를 최대한 억제한다. 때로 이해되지 않거나 억울한 마음이 들어도 감정적으로 반응하거나 즉각 분노를 표출하여 자신을 구석으로 몰아가지 않는다. 무엇보다 낙심하지 않는다.

다윗을 통해 우리는 환난과 고통을 어떻게 대해야하는지를 배운다. 오직 주 하나님께 호소해야 한다. 혼자 해결하려고 하면 지쳐서 드러눕게 될 것이다. 주께 다 맡겨야 견딜 수 있다. 그러면 하나님께서 내 호소를 접수하신다. 하나님께서 날 위해 일하신다. 내 편이 되어주신다. 그럴 때 마음의 부담이 사라지고 평안이 찾아와 평상심을 유지할 수 있다. 사물과 상황을 객관적으로 보게 되며 분별력과 통찰력이 생긴다. 오히려 마음에 즐거움이 가득 찬다. 그리고 결국 모든 것이 합력하여 선을 이룰 것을 확신하게 된다. 다윗이 말한다. "하나님은 나의 편이시다. 나의 모든 상황에 간섭하셔서 해결하시고 나에게 평강을 주신다. 나의 하나님은 위대하시다!"

주님의 위대하심과 선하심, 공의로우심을 믿어야 한다. 하나님께서 해결하실 걸 믿고 하나님께 내 사정을 알려야 한다. 악을 악으로 갚지 말고, 오직 공의의 하나님께 맡기는 법을 배우자. 그러면 원망과 불평 대신 그 입에 감사와 찬송이 종일 가득할 것이다.

종을 어렸을 때부터 곱게 양육하면 그가 나중에는 자식인 체하리라 잠언 29:21

종이 자신의 신분을 망각하고 주인의 아들인 척하는 건 눈 뜨고 못 볼 일이다. 분수를 넘는 행동은 질서를 어지럽힌다. 종이 자신의 신분을 망각하는 것도 심각하지만, 그렇게 행동하도록 처음부터 잘못 대했다는 것도 알아야 한다. 사랑으로 인격적으로 대하는 것, 박애주의의 뜻을 크게 오해하는 사람이 있다. 그런 사람은 기준이나 한계가 없다. 때에 맞는 교훈이나 훈계, 필요한 징계를 내리지 않는다. 그러니 좋은 자기 행동에 대해 갈수록 혼돈에 빠진다. 그 결과는 제멋대로 방자해지는 것이다.

사람을 대할 때는 분명한 가이드라인이 있어야 한다. 이것은 사역할 때도 마찬가지다. 분명히 알려줘야 할 사항에 대해 참거나 양보하거나 묵인하는 건 결코 사랑이 아니다. 인격적으로 대한다는 걸 올바르게 이해해야 한다. 징계 없는 사랑은 진정한 사랑이 아니다. 방종으로 가게 하기 때문이다.

자기가 있어야 할 자리, 해야 할 말과 행동, 가져야 할 태도 등을 알아야 한다. 교만은 분수를 모르고 자기 자리를 떠나는 것이다. 자기 자리가 어디인지 알고 그 자리를 떠나지 않게 하는 것이 훈계요 교훈이다. 가정과 주어진 일터에서 이것을 알아가는 게 겸손이요 지혜다. 과하게 떠받들어 제멋대로 가게 하지 말아야 한다.

시편 : 다윗은 '나는 무죄판결을 받을 것이다'라고 확신한다. 이것을 기뻐하는 자들은 즐거이 노래를 부른다. 그들은 쉬지 않고 주의 공의로운 심판을 찬양한다.

"주님은 위대하시다. 그를 섬기는 사람에게 기꺼이 평화를 주시는 분이다!"

우리 주님은 그분을 기뻐하며 섬기는 자들을 지키시고, 의인을 억울하게 옭아매는 자들이 수치와 창피를 당하게 하신다. 다윗은 "나의 불행을 기뻐하는 저 사람들이 다 함께 수치를 당하고 창피를 당하고 말 것이다. 나를 보고서 우쭐대는 저 사람들은 수치와 창피를 당할 것이다"라고 말한다.

이런 담대함은 주님 앞에 정직한 삶에서 나온다. 주께서 다윗을 소개할 때마다 그의 정직한 길을 칭찬하셨다. 요시아 왕과 히스기야 왕을 소개할 때도 다윗의 모든 길로 행했다고 칭찬하셨다. 기억하자! 정직한 삶이 나를 힘있고 당당하게 한다(왕상 3:6, 왕하 22:2, 18:3).

주님을 묵상하면, 힘이 불끈 솟는다. 원수들 앞에서 변명하지 않고 입을 다물 힘이 생긴다. 미소 지을 여유가 생긴다. 넉넉히 품을 수 있는 넓은 품도 생긴다. "주님, 사랑합니다!"

잠언 : 크리스천 기업가들은 직원들이 "예수 믿는 사장이 왜 저래?" 하는 말을 들을 때 스트레스를 받는다고 한다. 이럴 때 어떻게 해야 하는지 자주 묻는다. 오늘 말씀에 답이 있다. 종과 주인의 자리가 정확하면 그런 말을 안 듣는다. 하나님의 원칙 안에서 회사를 운영하면 된다. 세상 기업에서 일할 때보다 열심히 하지 않으면서 더 많은 것을 바라는 직원에게 친절을 베푸니까 그런 말을 듣는 것이다. 모든 일에 자기 분수를 깨우쳐주는 지도력이 그를 살린다.

나의 눈을 오직 하나님께 고정하자

시편 39:7 잠언 30:29-31

주여, 이제 내가 무엇을 바라리요! 나의 소망은 주께 있나이다 시편 39:7

"이제"라는 단어가 "주여"라는 단어 앞에 있으면 그 의미를 더 뚜렷하게 알 수 있다.

"그러므로 주님, 이제 제가 무엇을 바라겠습니까? 지금까지 돌파구를 찾으려고 애썼지만, 제 마음의 소망을 오직 하나님께 두어야 한다는 것을 이제 알았습니다"라는 고백이다. 내가 바라는 것, 소망하는 것, 의지하는 것은 사람도, 재물도 아니다. 오직 주님뿐이다. 여러 가지 복잡한 생각으로 머리를 가득 채우지 마라. 모든 걸 단순하게 해야 한다. 사람에게 바라지 마라. "귀인들을 의지하지 말며 도울 힘이 없는 인생도 의지하지 말지니 야곱의 하나님을 자기의 도움으로 삼으며, 여호와 자기 하나님에게 자기의 소망을 두는 자는 복이 있도다"라고 하신다(146:3,5). 재물에 내 안정을 두지 말아야 한다. "정함이 없는 재물에 소망을 두지 말고 오직 하나님께 두라" 하신다(딤전 6:17).

환난 당할 때 나를 도우실 분은 오직 하나님이다. 실패했을 때, 사람들은 내게 손가락질하지만 내 곁에 계시며 격려와 위로, 용기를 북돋아 주는 분은 오직 그분이시다. 절대 나를 버리지 않으며 떠나지 않으신다. 그는 아골(: 환난) 골짜기를 소망의 문으로 삼으신다. 그러니 이제 내가 무엇을 바라보고 어디에 소망을 두어야 하는가? 누구를 의지해야 하는가? 주님만 의지하자. 내 마음의 눈을 오직 주께 고정하자. 주님께로 가서 그 앞에 머물자. 나의 소망은 오직 주님뿐이다.

잘 걸으며 위풍 있게 다니는 것 서넛이 있나니, 곧 짐승 중에 가장 강하여 아무 짐승 앞에서도 물러가지 아니하는 사자와, 사냥개와 숫염소와 및 당할 수 없는 왕이니라

잠언 30:29-31

우리가 이 세상을 살아가며 보고 배우며 롤 모델로 삼을 것, 넷이 있다.

첫째, 사자다. 어떤 어려운 일 앞에서도 뒤로 물러서지 않는다. 새로운 일에 주저하지 않고 과감하게 시도한다. 실패를 두려워하지 않는다. 지구력, 집중력, 책임감, 충성심이 있다. 둘째, 사냥개다. 한번 주어진 일은 절대 놓치지 않는다. 머뭇거리지 않고 목표를 향해 빠르게 나아간다. 주인에게 목숨 바쳐 충성한다. 셋째, 숫염소다. 자기 자리를 지키기 위해 큰 뿔로 싸운다. 어둠에 갇힌 영혼을 되찾기 위해 용감하게 돌진하여 적을 큰 뿔로 들이받는다. 넷째, 대적할 수 없는 왕이다. 칼을 빼 들고 백마를 타고 크게 소리 지르며 수많은 적을 향해 앞장서 나아간다. 그 뒤를 따르는 용사들도 두려움 없이 목숨 걸고 적진을 향해 일제히 돌진한다.

사자, 사냥개, 숫염소, 왕의 공통점은 잘 걷는다는 것이다. 각각 자기에게 주어진 임무와 역할에 충실하다. 다른 길로 행하지 않는다. 이리저리 방황하지 않는다. 위풍당당하다. 자신감이 넘친다. 활력이 있고, 강하다. 이들의 모습은 세상에 영향을 주는 그리스도인의 종합판이다. 강하고 담대하라! 주의 용사들이여!

시편 : 시편 기자는 짧게 지나가는 인생의 마지막에 깨달은 지혜를 말한다. 주를 떠난 인생은 덧없고 헛되며 인생의 전성기조차도 한낱 입김에 지나지 않는다. 재산을 늘리는 일조차 다 허사다. 장차 그것을 거두어들일 사람이 누구인지 아무도 모를 일이다. 주님은 우리에게 한 뼘 길이밖에 안 되는 날을 주셨다. 오직 희망은 주님뿐임을 고백하며 내가 지은 모든 죄악에서 나를 건져주시길 원한다. 또한 어리석은 자의 조롱거리가 되지 않게 해주시길 간절히 바란다. 정신을 바짝 차리고 살아야 한다. 주님께서 앞으로 언제 오실지 모른다고 느슨하게 살면 안 된다. 내 인생의 세월을 딱 정해주셨다. 길어도 80-100세다. 그 안에 주님을 만날 모든 준비를 끝내야 한다. 내 삶의 결과를 두고 심판주로 오시는 주님을 만날 준비를 한다. 주님을 경외하며 거룩한 두려움 가운데 살기를 원한다. 코람데오의 삶을 살길 원한다. 죽으면 두 번 다시 기회가 없다. 내일 아침에 눈뜨지 않으면 그날까지의 삶으로 주님 앞에서 공의로운 재판을 받는다. 인생은 아주 짧다. 주님을 만날 준비가 되었는가?

잠언 : 주님의 일꾼, 사명자의 모습을 묵상해본다.
1) 늠름하게 걸어 다닌다.
2) 위풍당당하게 걸어 다닌다. - 사명자는 재물이 없어도 늠름하고 위풍당당하게 걸어 다녀야 주의 종이 아닌가!
3) 가장 강하다. 아무도 맞설 수 없다. - 사명과 진리 앞에 사명자는 절대 물러서지 않는 사자와 같다. 진리는 모든 거짓된 것을 무너뜨린다. 진리가 항상 이긴다.

주여, 나를 주의 임재 가운데로 인도하소서!

시편 43:3 잠언 31:13-17

주의 빛과 주의 진리를 보내시어 나를 인도하시고, 주의 거룩한 산과 주께서 계시는 곳에 이르게 하소서 시편 43:3

"주여, 나를 인도하셔서 주의 계시는 곳에 이르게 하소서!"

하나님의 보좌에 나아가 그의 임재 가운데 머물기를 갈망하는 마음이 얼마나 아름다운가! 거기서 기쁨과 감격과 감사로 하나님께 예배드리려는 마음이 얼마나 사랑스러운가! 하나님이 계신 , 영광의 보좌로 가려면 성령의 안내를 받아야 한다. 주의 빛과 주의 진리가 필요하다. 성령이 "주의 빛"이고, 그 책(THE BOOK, 성경)이 "주의 진리"다. 이것은 주님의 손전등과 나침반 그리고 지도책을 내게 주신 것과 같다. 나를 인도하여 주님께 나아가 예배하게 하는 길잡이다.

거기서 나는 큰 기쁨의 하나님, 위대하신 하나님, 영광의 하나님을 예배한다. 아파서 병상에 누워 주일예배를 사모한 적이 있는가? 해외에서 고국의 예배를 그리워한 적이 있는가? 귀가 어두워져 주일 설교가 들리지 않는 안타까움을 아는가? 눈이 어두워 성경을 잘 읽을 수 없는 성도를 본 적이 있는가?

하나님 중심의 삶을 갈망하자. 주일에 모든 성도와 함께 모여서 감격과 감사의 찬양을 드리자. 새벽에 예배당에 엎드려 내 기도를 듣고 응답하시는 예수께 부르짖어 기도하자. 말씀을 읽고 묵상하며 죽기 살기로 살아내자. 지금, 건강할 때 그리하자!

그는 양털과 삼을 구하여 부지런히 손으로 일하며, 상인의 배와 같아서 먼 데서 양식을 가져오며, 밤이 새기 전에 일어나서 자기 집안사람들에게 음식을 나누어 주며, 여종들에게 일을 정하여 맡기며, 밭을 살펴보고 사며, 자기의 손으로 번 것을 가지고 포도원을 일구며, 힘있게 허리를 묶으며, 자기의 팔을 강하게 하며 잠언 31:13-17

이런 여인이 진주보다 더 귀한, 주님을 경외하는 현숙한 여인이다! 부지런함, 지혜로움, 너그러움 그리고 결단력이 있다. 밭과 포도원을 돌보며 물레질하느라 거칠어진 손,

억센 팔, 단단한 허리가 그 모습이다. 현숙한 여인의 손은 거칠다. 팔뚝도 굵다. 허리도 강하고 굵어졌다. 현숙함은 외모가 아니라 중심에 있다. 하나님을 경외하며 내면의 아름다움을 가꾸는 여인이다. 어리석고 미련한 남자의 눈에는 부드러운 손, 나약하고 가는 허리, 몸치장과 노는 데 시간을 보내는 여자만 눈에 띈다. 오직 지혜롭고 하나님을 경외하는 남자에게만 현숙한 여인이 보인다. 보기에 아름다운 것만 집중하는 어리석고 미련한 남자가 아니라, 여호와를 경외하는 것에 집중하는 남자가 지혜롭고 복되다!

현숙한 여인! 모든 여성이 추구해야 할 대상이고, 모든 남성이 선택해야 할 여성상이다. 그러나 안타깝게도 오직 경건한 여성만이 현숙한 여인이 되기를 추구한다. 마찬가지로 오직 경건한 남성만이 눈에 할례를 받아 선택할 대상이 보인다.

시편 : 하나님이 나를 기뻐하신다. 나는 하나님의 제단으로 나아가 나도 하나님을 기뻐하면서 예배드리고 기도한다.

"주님의 빛을 내게 보내주십시오. 그 빛을 전하는 자 되겠습니다. 주님의 진리를 내게 보내주십시오. 진리를 살아내는 자 되겠습니다. 주님께서 나의 길잡이가 되어주십시오. 저도 또 다른 자의 길잡이가 되겠습니다. 주님의 거룩한 산으로 나를 데리고 가십시오. 내가 거기서 주님의 제단으로 나가렵니다. 어둠에 거하는 자들을 이끌어, 빛나는 거룩한 산으로, 주님이 계신 곳으로 함께 가길 원합니다. 주님! 어둠이 있는 곳이 나로 인해 환하게 밝아지기를 원합니다. 어둠에 거하는 사람을 빛의 길, 주의 길로 이끌어가는 길잡이가 되고 싶습니다. 낙심과 절망 속에서 포기하려는 자들에게 소망이신 주님을 소개하길 원합니다. 이들과 함께 주님이 계신 거룩한 곳, 거룩한 장막에서 영원히 살기를 원합니다. 아버지가 기뻐하시는 이 일을 제가 하겠습니다!"

잠언 : "누가 유능한 아내를 맞겠느냐? 그 값은 진주보다 더 뛰어나다"(10, 새번역). 유능한 아내는 남편에게 선을 행하며 해를 끼치는 일이 없다. 부지런히 손을 놀려 일하기를 즐거워한다. 먼 곳에서 먹거리를 구해 오기도 한다. 날이 밝기도 전에 일어나서 음식을 만들고 직접 번 돈으로 포도원을 사서 가꾼다. 허리를 단단히 동이고 억센 팔로 일을 한다. 사업이 잘되는 것을 알고 등불을 끄지 않는다. 한 손으로 물레질하고 다른 손으로 실을 탄다. 가난하고, 궁핍한 사람을 돕는다. 온 식구를 홍색 옷으로 따스하게 입힌다. 손수 자기 이부자리를 만들고 고운 모시옷과 자주색 옷을 지어 입는다. 그녀의 남편은 사람들의 존경을 받는다. 이 외에도 열 가지 이상 말씀하고 있다.

나는 현숙한 아내인가? 유능한 아내인가? 세상에! 불합격! 주여, 불쌍히 여기소서!

KING'S WISDOM

November

11월

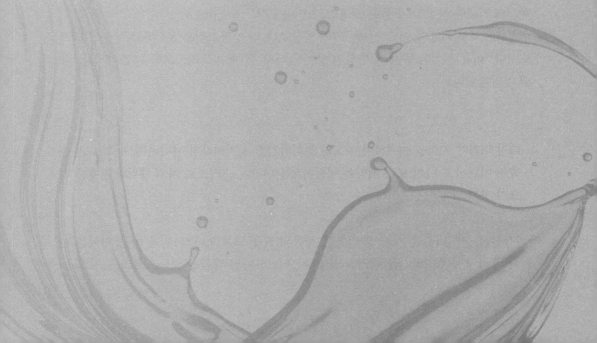

가장 놀랍고 영광스러운 결혼식 축가

시편 45:1 잠언 1:29-31

**내 마음이 아름다운 시상에 젖어 왕을 위해 이 가사를 지으니 내 혀가 훌륭한 작가의
붓과 같구나.** 시편 45:1 현대인의성경

시편 45편은 왕의 결혼에 대한 축가다. 왕이 결혼식의 주인공인 신랑이다. 그의 이름
은 예수 그리스도!

나는 축가를 부른다. 더할 나위 없는 영광이다. 내 마음은 흥분에 싸여 한없이 들떠
있다. 아름다운 시상이 떠오른다. 내 혀가 훌륭한 작가의 붓과 같다. 신랑의 아름다
움, 위엄, 영광, 능력, 승리를 노래한다. 열방의 왕과 백성이 선물을 가져온다. 세상 민
족들이 기뻐하며 찬양한다. 결혼식장이 떠들썩하다. 기쁨과 즐거움이 홀 안에 가득하
다. 신랑을 만나보는 사람마다 칭찬이 자자하다. 열방이 와서 신랑을 보고 감탄사를
쏟는다. 마치 오래전에 에티오피아의 시바 여왕이 솔로몬을 만나고자 먼 길을 마다하
지 않고 온 것처럼 몰려온다. 시바 여왕이 감탄했다.

"내가 내 나라에서 당신의 행위와 당신의 지혜에 대하여 들은 소문이 사실이로다! 내
가 그 말들을 믿지 아니하였더니 이제 와서 친히 본즉 내게 말한 것은 절반도 못 되니
당신의 지혜와 복이 내가 들은 소문보다 더하도다!"(왕상 10:6,7).

솔로몬의 지혜보다 더 크신 분, 그의 영광보다 더 영광스러운 분! 바로 예수 그리스
도시다! 이 결혼식의 주인공, 만왕의 왕이신 나의 주 예수 그리스도를 마음과 힘을 다
해 찬양합니다!

**대저 너희가 지식을 미워하며 여호와 경외하기를 즐거워하지 아니하며, 나의 교훈을
받지 아니하고 나의 모든 책망을 업신여겼음이니라. 그러므로 자기 행위의 열매를 먹
으며 자기 꾀에 배부르리라** 잠언 1:29-31

어리석은 자, 미련한 자는 생명의 길, 형통의 길을 모른다. 하나님을 아는 지식을 미
워하고 하나님 경외하기를 즐거워하지 않는다. 하나님 말씀을 귓등으로도 듣지 않는

다. 하나님의 책망을 업신여긴다. 하나님이 자기 삶에서 일하시는 걸 거절한다. 마음이 완고하고 교만하고 고집이 세며, 이 세상의 부요함에 몰두하기 때문이다. 악한 궤계를 도모하며, 생각하고 계획하는 것이 언제나 악의적이다. 그것을 이루려고 수단과 방법을 가리지 않는다. 스스로 파멸의 길을 가는 걸 알지 못한다. 결국 엄청난 좌절을 맛보게 될 것이다. 이것이 자기 행위의 열매다.

그러나 지혜로운 사람은 이들의 길을 가지 않는다. 경계하고 멀리한다. 이들에게서 교훈을 얻는다. 하나님을 기쁘시게 하는 길이 있다. 형통의 길, 생명의 길이다. 지혜로운 사람은 하나님 아는 지식을 사랑한다. 단순히 여러 지식이 아닌 오직 하나님을 알고자 갈망한다. 하나님 경외하기를 즐거워한다. 모든 영역에서 코람데오의 삶을 산다. 하나님의 충고를 심장에 새긴다. 하나님의 말씀을 머리가 아닌 마음에 담는다. 생명이 거기서 나온다. 그리고 삶으로 나타낸다. 하나님의 가르침을 기쁘게 받는다. 이들은 이 땅에서 안전하게 살 것이다. 다음 세 단어가 이들 삶의 특징이다.

'안전함', '평안', '두려움 없음.'

나의 주님은 위대하시다.

"진리를 위하여, 정의를 위하여 칼을 허리에 차고 전차에 오르시고 날카로운 화살로 원수의 심장을 꿰뚫으니, 만민이 임금님의 발아래 쓰러집니다. 임금님은 정의를 사랑하고 악을 미워하시니 하나님께서 임금님께 기름부어 주셨습니다. 임금님의 입술에서는 은혜가 쏟아집니다. 임금님을 존귀하게 여기는 여인들 가운데 여러 왕의 딸들이 있고, 임금님 오른쪽에 서있는 왕후는 오빌의 금으로 단장하셨습니다. 왕후는 임금님만 아름답게 높입니다."

와!!!! 하나님의 성, 그의 거룩한 산에서 그지없이 찬양받으실 주님이다! 우뚝 솟은 아름다운 봉우리는 온 누리의 기쁨이다. 나의 주님이 계신 성의 아름다움을 바라본다. 구원의 능력으로 시온산이 즐거워한다. 온 유다의 딸들이 기뻐한다. 그 속에 내가 있다. 신비하고 놀라운 비밀이다. 나는 임의 신부로 그 아름다운 성으로 초대받았다.

임은 나를 이끌고 잔칫집으로 들어가신다.

임의 사랑이 내 위에 깃발처럼 펄럭인다.

임께서 왼팔로 내 머리를 고이시고 오른팔로 나를 안아주시네!

나를 이렇게 황홀하게 하시는 임이여!

아~ 그리워라, 나의 사랑. 멋있어라! 임은 나의 것, 나는 임의 것.

언제나 나를 이끄시는 하나님

시편 48:14 잠언 2:1,2

이 하나님은 영영히 우리 하나님이시니 그가 우리를 죽을 때까지 인도하시리로다

시편 48:14

시편 48편은 하나님이 누구신지를 보여준다. 위대하신 하나님, 거룩하신 하나님, 우리의 요새이신 하나님, 전능하신 하나님, 한결같은 사랑의 하나님, 공의의 하나님이시다. 하나님이 누구신지는 그가 하시는 일을 통해 자연스럽게 드러난다.

이 하나님이 영원히 우리의 하나님이시다. 우리를 "죽을 때까지" 인도하신다. 이는 '평생'을 말한다. 예수님이 "세상 끝날까지 너희와 함께하리라"(마 28:20)라고 약속하셨다. 우리가 하나님이 맡기신 사명을 다 이룰 때까지 함께하시겠다는 약속이다. 하나님은 여러 차례, "두려워하지 마라. 내가 너와 함께하리라"라고 말씀하신다. 함께하시는 것만 아니라 필요한 능력과 지혜, 동역자, 재물까지 다 마련해주신다는 뜻이다. 우리는 "전능자 하나님이 언제나 나와 함께하시니 내가 무엇을 두려워하리오!"라고 고백한다.

"인도하신다"는 목자가 양 떼를 이끌고 가듯, 하나님이 우리를 마땅히 가야 할 길로 인도하시며 악한 자로부터 보호하신다는 것이다. 얼마나 안전한가! "죽을 때까지 우리를 인도하신다"는 내 평생 인도하심을 의미한다. 그러니 쓸데없는 걱정은 하지 말아야 한다. 오늘도, 내 미래도 소망으로 충만하다. 나는 잘될 것이다.

우리는 기뻐 춤추며 우리 하나님을 찬양한다. 그리고 하나님의 아름다우심, 위대하심을 다음세대에게 낱낱이 전하리라.

내 아들아, 네가 만일 나의 말을 받으며 나의 계명을 네게 간직하며, 네 귀를 지혜에 기울이며 네 마음을 명철에 두며 잠언 2:1,2

"나의 말을 받으라"는 '영접하라', 곧 마음을 열고 말씀을 받아들이라는 것이다. "간직하다"는 마음에 받아들인 말씀을 단순히 보관하는 걸 넘어 그 말씀이 내 삶의 중심이 되게 하는 것이다. 이는 말씀을 귀 기울여 듣는 데서 시작된다.

오늘도 나는 "내 아들아" 하시며 말씀하시는 하늘 아버지의 음성에 귀 기울인다. 마음의 문을 활짝 열고 받아서 심장에 새긴다. 그리고 말씀을 따라 힘을 다해 살아낸다. 순종하여 살아낼 때까지 내 마음은 만족이 없다. 금광을 찾는 사람처럼, 보물을 찾기 위해 목숨을 거는 사람처럼 갈급한 마음으로 주의 말씀을 구한다. 아버지는 주의 뜻을 이루도록 내게 지혜와 총명, 통찰력을 주신다.

하나님의 모든 말씀은, 엄격하고 딱딱한 율법이 아니라 날 누구보다 사랑하시는 아빠 아버지의 말씀이다. 나를 향한 그의 말씀은 언제나 날 격려하고, 위로하며, 내게 용기와 힘을 준다. 내 삶이 생기가 넘치고 풍성하게 하기 위함이다. 그러니 '그 말씀'에 귀를 쫑긋 세우고 마음에 새겨라. 목숨 걸고 죽기 살기로 살아내라.

시편 : 하나님이 나를 죽을 때까지 영원토록 인도하신다는 것은 내게 큰 안정감을 준다. 주님은 사랑으로 나를 타이르시며, 선하심과 인자하심으로 나를 인도하신다. 주님은 내게 관심이 많으셔서 내가 앉고 일어섬을 아시고 멀리서도 내 생각을 아신다. 주님이 나를 도우시니 내게 두려움이 없다. 누가 감히 내게 손댈 수 있으랴. 나의 주님은 거짓말하지 않으시는 분이니 나는 언제나 안전하다. 주님은 약속을 지키는 신실하신 분이다. "하나님은 사람이 아니시니 거짓말을 하지 않으시고 인생이 아니시니 후회가 없으시도다 어찌 그 말씀하신 바를 행하지 않으시랴"(민 23:19).

나는 아버지를 무척 좋아했다. 항상 나를 보호하고 사랑해주셨던 아버지가 내가 중학교 1학년 때 천국으로 가셨다. 이 땅에서 더 이상 나를 보호해주지 못한다. 마음이 아프지만 또 다른 보호자로 인해 위로받는다. 주님은 내가 천국에 가는 날까지 나의 보호자로 계신다. 이 사실이 큰 힘을 준다. 나를 당당하게 만들어준다. 나는 고아가 아니다!

잠언 : 주님의 말씀을 항상 환영한다. 그분의 말씀은 내게 지혜와 명철을 준다. 지혜의 말씀에 귀 기울이고 명철을 내 마음에 두기를 원한다. 이것을 얻으려고 주님 앞에 은을 구하듯 구하고, 보화를 찾듯 찾는다. 그러면 주님께서 주님을 경외하는 법을 깨달아 알게 하시고, 하나님을 아는 지식을 터득하게 하신다. 또한 친히 지혜와 지식과 명철을 주신다. 정의와 공평과 정직으로 복된 길을 깨닫게 하신다. 지혜가 내 마음속에 들어오고 지식이 내 영혼을 즐겁게 한다. 지식으로 하나님을 알 때 지혜가 생긴다. 하나님을 아는 만큼 삶으로 살아낼 수 있다. 오늘도 복된 길을 선택할 것이다.

감사를 제사로 드리라

시편 50:14,23 잠언 3:21-24

감사로 하나님께 제사를 드리며 … 감사로 제사를 드리는 자가 나를 영화롭게 하나니 그의 행위를 옳게 하는 자에게 내가 하나님의 구원을 보이리라 시편 50:14,23

"제사"는 짐승을 잡아 드리는 희생 제사를 말한다. "감사로 드리는 제사"는 감사의 예배가 희생이 있을 때 이루어지기 때문이다. 감사의 말과 찬양, 예배를 드릴 수 없는 1만 가지 이유가 있을지라도 그것들을 모두 희생제물로 제단에 올려놓고, 하나님께 감사와 찬양으로 예배드리는 게 감사의 제사다. 우리 몸을 산제사로 드리는 것이 영적 예배다(롬 12:1).

하나님이 가장 원하시는 건, 하나님께 감사의 제사를 드리는 것이다. 범사에 하나님께 "감사합니다"라고 하는 게 우리를 향하신 하나님의 뜻(살전 5:18)일 뿐 아니라 더 나아가 하나님을 영화롭게 하는 길이다.

감사의 고백은 "하나님이 지금 여기에 우리와 함께 계신다"라는 우리 믿음의 적극적인 표현이다. 감사는 하나님을 내 삶으로 초청하는 것이다. 그러면 하나님이 일하신다. 반면에 불평은 불신앙의 표현이다. 하나님이 계심은 믿지만, 이 상황을 다스리심을 믿지 않는 것이다. 불평과 부정적인 말은 하나님을 믿지 않는 사람들의 일상 용어다.

감사의 제사를 드리는 삶이 내가 해야 할 올바른 행위요, 하나님의 구원을 경험하는 길이다.

내 아들아, 완전한 지혜와 근신을 지키고 이것들로 네 눈앞에서 떠나지 말게 하라. 그리하면 그것이 네 영혼의 생명이 되며, 네 목에 장식이 되리니, 네가 네 길을 평안히 행하겠고, 네 발이 거치지 아니하겠으며, 네가 누울 때 두려워하지 아니하겠고 네가 누운즉 네 잠이 달리로다 잠언 3:21-24

"완전한 지혜와 근신"을 메시지성경은 "명료한 사고와 건전한 상식"으로, 쉬운성경은 "바로 판단하고 분별하여"로, 새번역은 "건전한 지혜와 분별력"으로 번역했다. 하나님은 아버지로서 사랑하는 그의 자녀인 우리에게 이런 지혜와 근신을 지키고 눈앞에서 떠나지 말게 하라고 하신다. 목숨 걸고 지켜 잠시도 놓치지 말라 하신다.

그것이 우리 영혼의 생명이 되고, 삶을 아름답게 장식하기 때문이다. 활력과 건강과 매력이 넘치는 삶을 유지하게 한다. 지치지 않고, 안전하게 길을 가는 비결이다. 이런 삶을 모두 원하지만, 돈으로 살 수는 없다. 얻으려고 애쓰지만, 얻지 못한다. 그러나 우리는 그것을 얻는 비결을 안다.

지혜와 근신은 바른 판단력과 분별력을 준다. 그것이 내 영혼에 생기를 불어넣는다. 내 길을 안전히 가게 하고, 내 발이 걸려 넘어지지 않게 한다. 마음에 담대함과 평강을 준다. 주 예수님을 가까이하고, 그 말씀을 청종하며 살아낼 때, 지혜와 근신이 있다. 오늘도 나는 예수 그리스도를 굳게 붙든다. 성령충만함을 구하고 의지한다. 그 안에 완전한 지혜와 근신이 있기 때문이다.

"감사 제사를 하나님께 드리며, 너희의 서원한 것을 가장 높으신 분에게 갚아라. 감사하는 마음으로 제물을 바치는 사람이 나에게 영광을 돌리는 사람이니, 올바른 길을 걷는 사람에게, 내가 나의 구원을 보여주겠다"(시 50:14, 23 새번역).

하나님께서 기뻐 받으시는 제사(예배)를 드리는 사람이 하나님께 영광을 돌린다.

첫째, 감사는 하나님께 드리는 나의 제사의 재물이다. 예수님으로 말미암아 끊임없이 하나님께 찬미의 제사를 드린다. 이것은 그의 이름을 고백하는 입술의 열매이고, 감사의 제사다. 감사의 제사는 입술로 고백하는 찬양이다. 노래, 입술의 선포, 기도로 찬양한다.

둘째, 서원한 것을 감사하는 마음으로 하나님께 갚는다. 하나님께 예물을 드릴 때 아까워하면서 내거나 마지못해 하는 일이 없어야 한다. 하나님은 기쁜 마음으로 내는 자를 사랑하신다. "적게 심는 자는 적게 거두고 많이 심는 자는 많이 거둔다"(고후 9:6)는 말씀은 그 앞 절에 나온 것으로 하나님께 드릴 예물을 미리 준비하는 사람에게 축복된 말씀이다.

셋째, 올바른 길을 걷고 행위를 옳게 하는 자에게 하나님이 구원을 보이신다. 이는 첫째와 둘째의 예배를 드리는 사람이다. 이런 사람은 재난의 날에 하나님을 붙든다. 입으로 악을 꾸미지 않고 혀로 거짓을 지어내지 않는다. 하나님의 법도와 언약의 말씀을 따라 믿음으로 순종한다.

"하나님이 기뻐 받으시는 예배자가 되겠습니다. 입술의 찬양과 서원한 재물로 예배드리겠습니다. 올바른 길을 걸으며 행위를 옳게 함으로 주의 구원을 사모합니다."

4일

구원의 하나님만 신뢰하라
시편 53:6   잠언 4:18,19

시온에서 이스라엘을 구원하여줄 자 누구인가? 하나님이 자기 백성의 포로 된 것을 돌이키실 때, 야곱이 즐거워하며 이스라엘이 기뻐하리로다 시편 53:6

시편 14편 7절은 "이스라엘의 구원이 시온에서 나오기를 원하도다"라고 했다. "시온"은 하나님의 언약궤가 있는 곳, 하나님의 임재가 있는 곳이다. 하나님께서 포로 중에 있는 그의 백성을 구원하실 것이다. 두려움에 둘러싸인 삶, 죄 가운데 허덕이는 삶, 낙심과 절망으로 깊은 곳에 갇힌 삶에서 구원하실 것이다. 하만을 낮추고 모르드개를 높이신 하나님이 오늘도 우리 신세를 역전시키고 삶을 반전시키신다.

하나님이 없는 것처럼 말하고 행동하는 어리석은 사람을 두려워하지 말고, 오직 하나님을 두려워하고 그분을 찾아라. "우리를 구원하여줄 자가 누구인가?"라고 묻는다면, 큰 소리로 "우리를 구원하실 분은 하나님뿐이다!"라고 담대히 확신 있게 말해야 한다. 실타래처럼 엉킨 문제를 해결하실 유일한 분께 말씀드려라. 사람을 의지하지 말고 하나님만 바라라. 반드시 인생 역전을 맞이하게 하실 것이다. 하나님이 바벨론 포로가 된 그의 백성을 돌이키시듯 우리 삶도 회복시키실 것이다. 실패자 야곱이 즐거워하듯, 주를 바라는 이스라엘이 기뻐하듯 우리에게 즐거움과 기쁨을 주실 것이다.

우리의 인생을 역전시키시는 구원의 하나님만을 신뢰하자. 하나님이 임하셔서 원수의 모든 궤계를 깨뜨리시고, 그를 의지하는 그의 백성들에게 구원을 베푸실 것이다.

의인의 길은 돋는 햇볕 같아서 점점 빛나서 원만한 광명에 이르거니와, 악인의 길은 어둠 같아서 그가 거쳐 넘어져도 그것이 무엇인지 깨닫지 못하느니라 잠언 4:18,19

의인의 길과 악인의 길은 처음부터 다르다. 그리고 갈수록 그 삶은 현격한 차이가 난다. 악인의 길을 따라 살면 갈수록 어두워만 간다. 그러나 의인의 길은 점점 빛나서 나중에는 찬란한 태양이 비추듯 기쁨과 감격, 즐거움과 소망으로 가득해진다.

하나님의 말씀을 따라 올곧게 사는 자가 의인이다. 그 길은 돋는 햇살 같아서 점점 더 밝게 빛난다. 하나님의 말씀을 무시하고 못되게 사는 자가 악인이다. 그 길은 어둠 같아서 점점 더 어두워지고 넘어져 고꾸라진다. 실족하여 크게 다친다.

하나님의 말씀이 인생의 내비게이션이며 확실한 안내자다. 인생을 안전하고 확실하게 인도하는 도로 표지판, 안내판이다. 우리 길의 '빛'이요, 우리 발의 '등불'이다. 그 길을 따라가는 사람이 의인이다. 그 길은 성공, 형통, 평탄, 생명의 길이다. 그 길을 가는 사람은 기쁨과 위로를 받는다. 그 길이 안전하여 마음에 평안을 얻는다. 그 길을 따라갈수록 그의 삶은 떠오르는 태양처럼 점점 빛나게 된다.

오늘도 내 앞에 있는 말씀의 안내를 따라간다.

하나님이 시온에서 이스라엘을 구원하신다. 그의 백성을 그들의 땅으로 되돌려 보내실 때, 야곱은 기뻐하고 이스라엘은 즐거워할 것이다. 하나님은 이스라엘을 사랑하신다. 2천 년간 흩어졌다가 그 땅으로 다시 모으셨다. 하나님은 온 땅의 창조주시며 주인이시다. 모든 족속을 한 혈통으로 만드시고, 여러 민족을 온 땅에 살게 하셨다. 그 민족들이 살 시기(연대)를 정하셨다. 거주할 지역과 한계를 정해주셨다(행 17:26). 족속별로 분류하시고, 어느 땅에 살게 할지 결정하시고, 땅을 빌려주셨다. 전 세계 민족의 경계선을 그어주시고, 남의 땅을 욕심내지 말라고 하셨다.

그러나 사람이 욕심과 탐심으로 소산물이 좋고 천연 광물이 많은 땅을 차지하기 위해 전쟁을 일으킨다. 남의 땅을 빼앗아 거대한 제국을 만들면 사람들에게 '위대한 왕, 영웅호걸'이라고 칭송받겠지만, 땅의 주인이신 하나님은 땅 정리에 들어가신다.

대제국 앗수르의 역사를 보라! 하나님께서 북방 이스라엘을 멸망시키는 몽둥이로 사용하셨다. 위대하다고 말하는 바벨론의 역사를 보라! 이스라엘 백성의 70년 감옥으로 사용하시고 끝이 나니 다 정리하셨다. 땅 주인이신 하나님이 아모리 7족속에게 땅을 빌려주셨지만 우상숭배와 동성연애가 창궐하고 온갖 악을 행하니, 땅을 정리하셨고, 아브라함에게 그 땅(가나안)을 주시면서 악을 행하는 그들을 다 쫓아내라고 하셨다.

지금의 이스라엘 땅은 하나님이 아브라함의 씨들에게 영원히 임대한 땅이다. 또한 하나님이 그들을 보호하고 계신다. 그들을 그 땅으로 돌아오게 하셨고, 그의 백성을 기쁘고 즐겁게 하셨다. 그들을 사랑하고 기도해야 한다.

"예루살렘을 위하여 평안을 구하라 예루살렘을 사랑하는 자는 형통하리로다"(시 122:6). 예루살렘은 구원의 시작이며, 이 세상의 끝도 거기서 마무리된다.

주의 날개 그늘 아래에서

시편 57:1,2 잠언 5:21

하나님이여, 내게 은혜를 베푸소서 내게 은혜를 베푸소서 내 영혼이 주께로 피하되 주의 날개 그늘 아래에서 이 재앙들이 지나기까지 피하리이다. 내가 지존하신 하나님께 부르짖음이여 곧 나를 위하여 모든 것을 이루시는 하나님께로다 시편 57:1,2

어려움과 환난이 닥칠 때, 나의 안전지대는 주의 날개 그늘 아래다. 그래서 죽을힘을 다해 주께로 달려간다. 하나님의 구원을 확신하며 달려간다. 한결같은 놀라운 사랑과 신실하심을 보이시는(3,10) 하나님께 부르짖는다.

하나님은 나를 위해 내 편에서 모든 것을 이루신다. 주께서 나를 붙들어 재앙이 지나기까지 그의 날개 그늘 아래 보호하신다. 언제나 나를 다정히 맞아주시고, 긍휼히 여기시며, 은혜를 베푸신다. 그런데 거기서 끝나지 않는다. 나를 구원하시는 하나님의 사랑을 의지하며 주께로 달려갈 뿐 아니라, 나를 통해 나를 구원하시는 하나님의 영광과 권능이 온 세계에 밝히 드러나 그가 높이 들려지기를 원한다.

다윗은 단지 자신을 불쌍히 여기며 하나님께 자신의 처지를 알리는 사람이 아니었다. 그는 하나님의 구원을 확신하며 그에게로 달려갔다. 다윗은 자기의 필요에만 집중하지 않고, 더 나아가 하나님의 구원과 영광이 온 세계에 알려지길 원했다. 자신보다 하나님의 영광이 더 드러나길 원했다. 나를 구원하시고 도우시는 하나님, 무엇보다 이 모든 것을 통해 하나님이 온 땅에서 영광 받으시기를 원하는 것이 더 아름답다.

대저 사람의 길은 여호와의 눈앞에 있나니 그가 그 사람의 모든 길을 평탄하게 하시느니라 잠언 5:21

"사람의 길이 하나님의 눈앞에 있다"는 것은 우리 삶의 여정, 각 행동 하나하나를 하나님이 보신다는 것이다. "평탄하게 하신다"의 히브리어 '팔라스'(palas)는 '헤아리다, 저울에 달다, 무게를 달다, 평탄하게 수평을 만들다'라는 뜻이다.

무게를 달면 한쪽으로 기운다. 그러면 주께서 수평을 맞추기 위해 일하신다. 그 행위대로 심판하며 징계하신다. 바벨론의 벨사살 왕은 저울에 달아보니 부족함이 보였다 (단 5:27). 하나님의 저울에 달릴 때 부족하지 않도록 해야 한다.

하나님께서 내 삶을 그의 저울에 달아보신다. 겉으로 드러나는 행동뿐 아니라 내 마음의 숨은 동기까지 살피신다. 하나님의 눈은 각 사람을 살피시고 그가 말씀대로 사는지를 달아보신다. 사람의 모든 길을 헤아리고, 계산하고, 결산하신다. 그러므로 우리는 언제나 '하나님의 얼굴 앞에서' 행해야 한다. 사람의 눈을 의식하지 말고, 오직 하나님을 의식해야 한다. 그는 우리의 말, 생각, 결정, 행동을 저울에 달아보신다.

하나님은 내 모든 일을 빠짐없이 다 아신다. 내 길을 지켜보며 살피신다. 내 걸음도 세신다. 걸음마다 주의 뜻을 따라 살아야 한다. 우리가 주의 뜻을 살고자 최선을 다하면 우리의 부족함을 채우셔서 주의 길을 걷게 하신다. 그 길을 축복하시고 그 걸음에 빛을 비춰주신다. 그러면 통찰력, 분별력, 신중함으로 영예를 얻는 삶을 살게 된다.

자신을 죽이려는 사울을 피해서 동굴로 도망했을 때 다윗이 지은 시다.
"나를 위하여 복수해주시는 하나님께 내가 부르짖습니다. 하늘에서 주님의 사랑과 진실을 보내시어, 나를 구원하여주십시오. 나를 괴롭히는 자들을 꾸짖어주십시오. (셀라) 오, 하나님, 주님의 사랑과 진실을 보내어주십시오. 내가 사람을 잡아먹는 사자들 한가운데 누워있어 보니, 그들의 이는 창끝과 같고, 화살촉과도 같고, 그들의 혀는 날카로운 칼과도 같았습니다"(시 57:2-4 새번역).

어이쿠! 정말 보통 일이 아니다. 눈물이 난다. 다윗이 불쌍히 여겨달라고 거듭 요청한다. 주의 날개 그늘 아래 피해서 재난이 지나가기를 구한다. 그리고 자신을 위해서 복수해달라고 거듭 기도한다. 나는 오늘 외치고 싶다. 주님 손에 죽고 싶지 않으면 주의 일꾼들을 제발 그만 괴롭히라고! 복수하시는 하나님을 두려워해야 한다. 주의 일꾼들을 괴롭히는 사탄의 도구가 되지 말아야 한다.

오늘 본문에서 배우는 것은 복수를 내가 하지 않고 주님 손에 맡기는 지혜와 믿음이다. 너무 억울할 때, 크게 모함받을 때 성급하게 분노하지 않도록 늘 조심해야 한다. 모세는 분노로 약속의 땅에 들어가지 못했다. 꼭 기억해야 한다. 주의 큰 일꾼과 일반 백성에게 허용되는 분노의 수준이 다르다. 나는 누구로 살기를 원하는가? 당연히 높은 수준의 믿음으로 사는 주의 큰 일꾼이다. 그러려면 분노를 다스리고 원수 갚는 것을 주님께 맡길 줄 아는지 점검해야 한다. 나의 주님은 공의와 정의로 심판하신다. 다윗처럼 모든 억울함과 원수 갚는 걸 주님께 맡겨드려라. "주의 날개 그늘 아래" 품으시고 '평강'의 선물로 응답하신다.

하나님의 뜻을 따라 산 보람

시편 58:10,11 잠언 6:23

의인이 악인의 보복 당함을 보고 기뻐함이여, 그의 발을 악인의 피에 씻으리로다. 그때 사람의 말이 진실로 의인에게 갚음이 있고 진실로 땅에서 심판하시는 하나님이 계시다 하리로다 시편 58:10,11

하나님은 반드시 악인을 심판하신다. 하나님의 뜻을 따라 행하는 의인이 "상을 주시는 하나님, 세상을 지켜보시는 하나님이 과연 계시구나! 하나님의 뜻을 따라 산 보람이 있구나!"라고 말할 것이다. 에녹의 믿음을 가져야 한다. "하나님이 우리를 지켜보신다. 하나님은 그의 뜻을 따라 살며, 불평하거나, 의심하거나, 낙심하지 않고, 하나님이 반드시 악인을 심판하시며, 의인의 기도에 응답하신다"라는 믿음을 가져라.

우리가 악인을 직접 징벌하는 게 아니라 악인을 하나님 손에 맡겨야 한다. 악인이 비록 강한 힘을 가지고 있으나 이빨 빠진 사자, 급히 흐르는 물, 부러진 화살처럼 아무 힘도 없는 무기력한 존재가 되기를 기도해야 한다(6,7). 우리가 직접 악인과 맞서는 게 아니라 하나님께 호소하는 게 더 지혜로운 행동이다.

우리가 먼저 정의롭게 살아야 한다. 주어진 권위가 크든 작든 올바르게 사용하여 가정, 직장, 교회, 사회가 서로 신뢰하고 존중하는 공동체가 되도록 밝고 힘있게 살자. 서로 도와주고 격려하며 일으켜 주는 데 권위를 사용하고, 언제나 하나님 면전에서 그분을 경외하며 살자. 하나님은 그런 사람 편에 서신다.

대저 명령은 등불이요 법은 빛이요 훈계의 책망은 곧 생명의 길이라 잠언 6:23

등불과 빛은 어둠을 밝힌다. 빛은 멀리 갈 길, 등불은 한 걸음씩 걸어갈 길을 비춰준다. 우리를 안전한 길, 생명의 길로 인도한다. 하나님의 말씀이 바로 그렇다!

"주의 말씀은 내 발에 등이요, 내 길에 빛이니이다"(시 119:105).

그 말씀이 나의 다닐 길을 보호하며 내가 마땅히 갈 길로 인도한다.

놀랍고 감사한 것은, 하나님께서 그의 말씀을 우리가 언제나 지닐 수 있도록 글로 기록해주신 것이다. 그리고 그 말씀을 깨닫고 이해하고 살아낼 수 있도록 말씀의 저자이신 하나님이 우리 가운데 오셔서 마음의 등불이 되어주신다. 바로 성령 하나님이시다.

하나님의 말씀의 성격은 명령, 법, 훈계의 책망이다. 우리가 가야 할 길과 그 길에서 마땅히 해야 할 일을 보여주신다. 잘못된 길로 가면 경고음을 울려 곤경에 빠지지 않게 하신다. 또 회복의 길을 보여주신다. 그 유익이 얼마나 큰지 모른다. 그러니 주의 말씀에 즐거이 순종한다. 등불 같기 때문이다. 주의 말씀을 굳게 붙든다. 빛이기 때문이다. 주의 말씀을 사랑한다. 생명의 길이기 때문이다. 그 말씀이 나를 생명과 풍성한 삶으로 인도한다. 하나님의 말씀인 성경은 내 인생 지침서이며 교과서다. 날마다 손에서 떠나지 않는다. 내 심장에 새겨 넣는다. 그리고 내 삶으로 다시 기록하리라.

시편 : "의로운 사람이 악인이 당하는 보복을 목격하고 기뻐하게 하시며"(10, 새번역)라는 다윗의 기도에 위로와 격려를 받는다. 내가 악인을 상대하지 않아도 주께서 보복해주시니 미소 지으며 품위 있게 살 수 있다.

"악인의 피로 그 발을 씻게 해주십시오"(10, 새번역)라는 다윗의 기도는 하나님을 경외하고 신뢰하는 모든 사람에게 악인들 앞에서 베푸시는, 원수를 이기는 승리를 말한다. 모든 사람이 의인의 승리를 보고 하나님께서 심판주로 살아계심을 알게 된다.

"사람들이 '과연 의인이 열매를 맺는구나! 과연, 이 땅을 심판하시는 하나님은 살아계시는구나!' 하고 말하게 해주십시오"(11, 새번역).

새벽에 하나님을 묵상하니 힘이 팍팍! 난다. 나쁜 놈들은 주님께 맡겨드렸다. 주님의 뜻대로 처리하실 것이다. 오늘도 주님께서 맡기신 일에 열심히 최선을 다해야지.

잠언 : "참으로 그 명령은 등불이요, 그 가르침은 빛이며, 그 훈계의 책망은 생명의 길이다"(새번역). 길을 가다가 잘못 들어서면 다시 길을 찾아서 바르게 안내해주듯이 주의 말씀이 등불과 빛이 되어 나를 인도하신다. 혹여 내가 실수하고 죄 가운데 빠지면 사랑으로 훈계하시고, 눈물 쏙 빼도록 책망하셔서, 생명의 길로 인도하신다. 그의 계명을 사랑하고 주의 말씀을 존귀하게 여기는 자는 반드시 성공의 길로 인도하신다.

"모든 성경은 하나님의 감동으로 된 것으로 교훈과 책망과 바르게 함과 의로 교육하기에 유익하니 이는 하나님의 사람으로 온전하게 하며 모든 선한 일을 행할 능력을 갖추게 하려 함이라"(딤후 3:16,17).

온 세계가 주의 것이다. 주가 다스리신다

시편 60:6-8 잠언 7:27

하나님께서 성소에서 이렇게 말씀하셨습니다. "내가 크게 기뻐하면서 뛰어놀겠다. 내가 세겜을 나누고, 숙곳 골짜기를 측량하겠다. 길르앗도 나의 것이요, 므낫세도 나의 것이다. 에브라임은 내 머리에 쓰는 투구요, 유다는 나의 통치 지팡이다. 그러나 모압은 나의 세숫대야로 삼고, 에돔에는 나의 신을 벗어 던져 그것이 나의 소유임을 밝히겠다. 내가 블레셋을 격파하고, 승전가를 부르겠다. 시편 60:6-8 새번역

세겜과 숙곳, 길르앗과 므낫세와 에브라임 그리고 유다는 하나님의 뜻을 이루는 하나님의 백성이다. 열방을 대변하는 모압과 에돔 그리고 블레셋도 하나님의 것이다. 하나님이 다스리신다. 예레미야서 27장 5절에 "나는 내 큰 능과 나의 든 팔로 땅과 그 위에 있는 사람과 짐승들을 만들고 나의 소견에 옳은 대로 땅을 사람에게 주었노라"라고 하셨다. 모든 나라가 주의 것이다. 도시, 지역도 주의 것이다. 주께서 그의 뜻을 이루기 위해 나라들을 세우시고 열방을 다스리신다. 또한 권세와 능력, 재능과 지혜도 주의 것이다. 주께서 보시기에 옳은 나라, 옳은 사람에게 그의 권세와 능력, 지혜와 지식, 재물을 주어 주의 뜻을 이루게 하신다. 주의 판단력과 분별력, 통찰력과 이해력을 주신다.

다윗은 누구보다 이를 잘 이해했다. 그래서 그는 겸손히 충성했다. 하나님은 다윗에게 모든 걸 주셨다. 역대상 29장 10-14절의 다윗의 고백을 묵상하자.

"주여, 우리가 그런 나라, 그런 사람이 되어 주의 뜻을 이루는 삶을 살겠습니다! 우리를 도우셔서 이 힘든 임무를 완수하게 하소서."

너희가 그런 여자의 집을 찾아다니는 것은 지옥행 급행열차를 타는 것이나 다름없다.

잠언 7:27 현대인의성경

잠언 7장은 남자들에게 주는 아버지의 특별 주의 사항이다. 이 세상과 세상 유혹에 속지 않도록 권면과 경계를 준다. 청년 남자에게뿐 아니라 남자나 여자, 청년이나 장년 그리스도인, 시각이나 청각이 약한 자녀에게 하나님 아버지가 주시는 사랑의 경계

말씀이다. 눈에 보이는 것, 귀에 들리는 게 전부가 아니기 때문이다. 하나님의 말씀의 눈으로 보아야 사물이 밝히 보인다. 하나님의 말씀으로 들리는 것을 분별해야 한다.

특히, 잠언 7장 7-23절은 "그런 여자"가 누구인지, 특징이 무엇인지 자세히 말씀하신다. 그녀는 화려한 옷을 입고 어리석은 젊은이를 유혹한다. 진정한 행복과 만족을 주겠다고 속이지만, 실제로 기생 같은 여자를 가리킨다. 외모로 사람을 호리며 부도덕한 삶에 수치심과 죄책감이 없다. 오히려 그것을 아름답게 포장한다.

나를 사랑하는 아버지께서 "이런 여자의 유혹과 속임수를 따라가는 건 사망의 방으로 내려가는 길이다, 지옥행 특급열차다"라고 하신다. 절대 타지 말아야 한다! 절대로! 오직 말씀을 손가락에 매며 마음판에 새기는 것이 그 길로 가지 않는 비결이다.

시편 : 나의 하나님은 때와 계절을 바꾸신다. 왕들을 폐하기도 하고 세우기도 하신다. 하나님은 열방의 주인이시다. 오늘 말씀을 묵상하니 하나님께는 열방이 통의 한 방울 물과 같다(사 40:15)는 말씀이 저절로 이해된다. 크신 하나님을 묵상해본다. 짧은 과학 상식으로도 엄청난 하나님과 마주한다. 여러 태양계가 합쳐져 하나의 은하계를 이룬다. 최초의 은하계는 안드로메다로 한 은하계의 별이 약 2조 개로 이루어진다. 여러 개의 은하계가 합쳐지면 비로소 우주가 된다. 우주는 내 머리로는 상상조차 안 되는 광대함으로 나를 압도한다. 그 우주를 만드신 창조주 하나님, 전능자가 나의 아빠 아버지라니! 감탄이 절로 나온다.

그는 십자가를 중심에 놓으시고 나라와 왕들을 그의 뜻대로 일으키고 폐하신다. 심판의 몽둥이로 쓰시는, 곧 멸망할 나라가 교만하게 큰소리치며 으스댄다. 소돔과 고모라의 죄악이 주의 심판을 초래했다. 우리도 정신을 차려야 한다. 먼저 교회와 영적 지도자부터 정신을 차리자. 사회와 국가의 지도력은 교회의 지도력을 절대 뛰어넘지 못한다. 교회의 지도력이 회복되면 국가도 회복된다. 하나님을 두려워해야 한다. 주셨다가도 거두시는 분이다.

나는 하나님 보시기에 옳은 사람인가? 주께서 맡기신 권위를 올바른 지도력으로 행사하고 있는가? 주님이 맡기신 재물을 진실한 청지기로서 관리하고 있는가?

잠언 : 부도덕한 여자는 거리에서, 광장에서, 길목에서 몸을 숨기고 있다가 지혜 없는 남자를 와락 붙잡고 입 맞추며 "당신을 애타게 찾다가 이렇게 만났다"라고 호리는 말로 꾀어 집으로 데려간다. "어서 가서 아침이 되도록 한껏 사랑에 빠지고, 서로 사랑하면서 즐깁시다"(18, 새번역). 형제들이여! 자기 목숨을 잃는 줄도 모르고 따라갔다간 마침내 독화살이 간을 꿰뚫을 것이다.

내 마음이 약해질 때
시편 61:2,3 잠언 8:20,21

내 마음이 약해질 때 땅끝에서부터 주께 부르짖으오리니 나보다 높은 바위에 나를 인도하소서. 주는 나의 피난처시요 원수를 피하는 견고한 망대이심이니이다 시편 61:2,3

"내 마음이 약해질 때"는 불안하고 두려울 때, 실망과 낙심이 밀려올 때, 절망하고, 포기하고 싶을 때다. 그때가 주께 부르짖을 때다. 그런 자에게는 피난처가 있다. 피할 견고한 망대가 있다. 내 하나님이 계신다. 나의 피난처요 내가 피할 견고한 망대시다. 환난 당한 사람들이 도피성으로 죽을힘을 다해 달려가듯, 내 마음이 약해지면 주께로 온 힘을 다해 달려가야 한다. "주여! 나를 도우소서!" 부르짖어야 한다.

"나보다 높은 바위"란 내 힘으로 오르기 어려운 곳이다. 거기 있어야 안전하다. 그러나 그곳으로 올라갈 힘이 없다. 자기의 부족함, 연약함, 모자람에 갇혀 스스로를 불쌍히 여기며 낙심하지 말아야 한다. 용기 내어 부르짖어야 한다. 그곳으로 나를 인도해 주시기를, 나의 주께 "주여, 나보다 높은 바위에 나를 인도하소서!" 부르짖어라.

"아무것도 염려하지 말고 다만 모든 일에 기도와 간구로, 너희 구할 것을 감사함으로 하나님께 아뢰라"(빌 4:6). 얼마나 놀라운 약속인가! 모든 염려의 공을 기도 라켓으로 쳐서 하나님께로 토스한다. 그는 나의 피난처, 내가 피할 견고한 망대시다. 주께서 내 손을 잡아 올려주신다.

나는 정의로운 길로 행하며 공의로운 길 가운데로 다니나니, 이는 나를 사랑하는 자가 재물을 얻어서 그 곳간에 채우게 하려 함이니라 잠언 8:20,21

이 말씀을 쉬운성경으로 읽으면 이해하기 쉽다. "나는 의로운 길과 공의의 길을 걸으며, 나를 사랑하는 자들에게 엄청난 재물을 주어 그들의 금고를 가득 채워준다."

주 예수께서 "너희가 나를 사랑하면 나의 계명을 지키리라"라고 말씀하셨다(요 14:15). 어떤 사람은 말로는 하나님을 사랑한다고 하면서 실제로는 말씀의 원칙과 가치를 무시하고 자기 마음대로 세상 원칙과 가치를 따라 산다. 그러나 하나님을 사랑하는 사람은 하나님을 사랑하는 것을 삶으로 증명한다. 이들은 하나님의 길로 다닌다. 그 길은 의롭고 공의로운 길이다. 모든 영역에 세상의 가치 기준이 아니라 하나님 말씀의 원칙과 가치를 기준으로 삼고, 구체적으로 삶에 적용하며 산다. 그럴 때, 하나님은 우리에게 엄청난 보상을 주신다. 이것은 하나님나라의 비밀이다. 하나님의 뜻을 따라 사는 사람에게 재물을 주어 곳간에 가득 채우게 하신다.

심고 거두는 법칙과 같다. 하늘은행의 입금과 지급과도 같다. 우리는 의와 공평의 삶을 심는다. 하나님을 사랑하는 삶을 입금하면, 하나님은 엄청난 재물을 주신다. 마치 심은 것을 거두는 것, 입금한 것을 지급하는 것과 같다. 이 비밀을 아는 자는 그 삶에 놀라운 간증이 있다.

시편 : 내 마음이 약해질 때 어디로 가는가? 두려움과 분노에 사로잡혀 '하나님이 내게 관심이 있으신 건지? 원수에게서 건져주시는지?' 모든 게 의심되고 믿음까지 흔들린다면 땅끝에 있는 것이다. 이때 낙심, 절망, 포기로 가는가? 술과 쾌락으로 도피하는가? 이때가 주님을 부를 때다. 높은 바위 위로 인도해주시기를 간절히 기도할 때다. 감정으로 반응하지 말고 믿음으로 고백할 때다. 믿음의 고백은 언제나 구원을 이룬다.

"주님은 나의 피난처이십니다! 원수에게서 건져주시는 나의 견고한 망대이십니다! 주님의 날개 아래로 피해 주님의 장막에 머물겠습니다."

나는 매일 말씀 묵상을 통해서 큰 유익을 얻는다. 여러 상황 속에서 주님과 동행하는 삶에 대한 이해를 넓혀간다. 어떤 환경에도 주님과의 친밀함을 유지하는 방법을 배운다. 하루에도 여러 사건과 상황을 만난다. 이때 하나님과 사람에게 무슨 말을 하고, 어떤 행동을 취해야 할지 알게 된 것이 가장 큰 열매다. 말씀 묵상은 내 마음의 정원사가 되어 잡초가 자라지 않게 한다. 아름다운 꽃을 한가득 피우고, 주의 향기로 내 마음을 꽉 채워준다.

잠언 : 하나님을 사랑하고 경외하는 사람은 나도 알고 남도 알게 된다. 그들은 의로운 길로 걷는다. 공의로운 길 한가운데로 걷기에 사람들 눈에 띈다. 하나님은 이런 사람에게 약속하셨다. "부귀와 영화도 내게 있으며 든든한 재물과 의도 내게 있다"(18, 새번역). "나를 사랑하는 사람에게는 내가 재물을 주어서, 그의 금고가 가득 차게 하여줄 것이다"(21, 새번역).

왜 하나님을 사랑하는 자의 금고를 가득 채워주시는가? 돈의 사용을 통해 그의 마음이 드러나기 때문이다. 내게 맡겨놓으신 재물을 하나님이 사랑하는 곳에 사용할 줄 알기 때문이다.

지상대명령을 수행하려면

시편 67:1,2 잠언 9:18

하나님은 우리를 긍휼히 여기사 복을 주시고 그 얼굴빛으로 우리에게 비춰사(셀라) 주의 도를 땅 위에, 주의 구원을 만방 중에 알리소서 시편 67:1,2

무릎 꿇고 하나님의 복을 간절히 구한다. 복 받을 자격이나 조건을 갖추지 못했어도 하나님의 긍휼을 의지하여 구한다. 그의 얼굴빛을 비춰주시기를 구한다. 그러면 새 힘을 얻고, 실패 없는 삶을 산다. 그것이 전부가 아니다. 하나님께 이같이 담대히 구하는 건 나를 통해 땅끝이 주의 구원을 알길 원하기 때문이다. 마치 빚쟁이에게 빚 독촉하듯, 하나님께 내가 맡긴 걸 다시 달라는 듯, 담대히 구하는 건 이 때문이다.

주께 내 형통과 번영을 담대히 원하는 건 그 동기가 나 자신의 유익에만 있지 않고 나를 통해 만방에 주의 영광이 드러나길 원하기 때문이다. 시편 67편은 "모든 나라", "모든 민족", "온 백성", "땅의 모든 끝"으로 가득하다. 하나님의 영광이 있어야 할 대상들이다. 거기에 주의 말씀의 원칙이, 주의 구원이 임해야 한다. 그들이 우리 하나님을 경외하기를 간절히 원한다. 하나님은 '우리를 통해서', '나를 통해서' 이를 이루시기를 원한다. 그래서 하나님께 먼저 나의 필요를 구하는 것이다. 내가 건강해야, 풍성해야 그 일을 감당할 수 있기 때문이다. 담대히 하나님께 구하자. 혹 자격이 없다고 망설이는가? 하나님의 큰 긍휼을 의지하자.

내 필요를 넘어 주변을 돌아보자. 하나님은 내 손을 펴서 이웃의 필요를 채울 때, 내게 넘치는 복을 주신다. 내 필요보다 넘치게 주신다. 그러기 위해 하나님께 복을 구한다.

오직 그 어리석은 자는 죽은 자들이 거기 있는 것과 그의 객들이 스올 깊은 곳에 있는 것을 알지 못하느니라 잠언 9:18

어리석은 자는 하나님을 떠나 세상의 쾌락과 유혹을 따라 사는 사람들의 종말이 어떤지 모른다. 겉은 화려하지만, 속은 썩은 냄새가 진동한다. 그 밑에는 해골이 가득하다. 어리석은 자는 지혜로운 자의 말을 듣지 않고, 미련한 자의 말에 귀 기울인다. 세상의 쾌락과 달콤한 유혹에 걸려든다. 그 뒤에 일어날 일을 모른다. 모두 내일을 바라보지 않고 오늘의 즐거움에 빠져있다. 자신의 영혼에는 관심이 없고 오직 육체의 즐거움에만 집중한다. 하나님을 떠나 사는 삶의 종점은 스올 깊은 곳이다. 그곳은 절망, 어둠, 결박, 후회와 한숨이 가득하다. 안타깝게도 그 열차에 승객이 많다.

하나님을 경외하는 삶에 지혜가 있다(10). 주께서 분별력과 판단력, 악을 이기는 힘을 주신다. 하나님을 사랑하고 경외하라! 그러면 악을 미워하고, 어리석은 자의 길에서 떠나 지혜를 얻을 것이다.

시편 : 너무나 당당하게 복을 구하고 있다. "제게 은혜를 베풀어주시고, 복을 내려주시고, 주의 얼굴을 환하게 비추어주십시오." 나는 세 가지를 구한다.

"주의 은혜, 주의 복, 주의 얼굴을 구합니다. 받을 수 없는 중에 은혜로 약속하신 복을 구합니다. 당신과의 친밀함 가운데서 지혜와 명철을 얻고 세상으로 나갑니다. 나를 통해서 세 가지를 이루어주십시오.

- 온 세상이 주의 뜻을 알게 해주십시오.
- 모든 민족이 주의 구원을 알게 해주십시오.
- 민족들이 주님을 찬송하게 해주십시오."

이 말씀의 비밀을 깨닫고 매일 구하고 있다. '나를 통해서', 이것은 헌신이고, 충성이며, 믿음이다. 주를 알고 주의 약속을 믿는 믿음에서 나오는 기도다. 이 기도가 나를 폭넓은 사람으로 만들었다. 사역의 한계를 242개국으로 넓혔다. 온 땅을 향한 아버지의 마음이 보인다. 주님이 이뤄놓으신 일들을 보고, 믿음으로 선포하게 하신다. "이는 물이 바다를 덮음같이 여호와의 영광을 인정하는 것이 세상에 가득함이니라"(합 2:14). 이 일은 일어날 것이다. 주님이 하실 것이다.

잠언 : 잠언은 어리석은 사람을 지혜의 길로 이끈다. "이미"라는 단어에 집중한다. 그 여자를 찾아온 사람은 '이미' 스올의 깊은 곳에 가있다는 것이 끔찍하지 않은가! 어리석고 미련한 자는 지혜자의 말을 귀담아듣지 않고 그 음녀를 찾는다. 스올 깊은 곳에서 한탄하며 부르짖는다. 지금이라도 악을 떠나고, 어리석은 길에서 돌이키라!

찬송은 광야에 고속도로를 낸다

시편 68:4 잠언 10:22

하나님께 노래하며 그의 이름을 찬양하라. 구름을 타고 다니시는 이를 위해 길을 예비하라. 그의 이름은 여호와시니 그 앞에서 기뻐하여라. 시편 68:4 현대인의성경

찬송의 능력은 놀랍다. 우리가 하나님을 찬송할 때 놀라운 역사가 일어난다. 길이 없는 광야에 고속도로가 만들어진다. 하나님을 찬양할 때 그런 일이 일어난다. 이스라엘이 출애굽 하여 광야를 행진할 때, 유다 지파가 선두로 나아갔다. 유다는 '찬송'이라는 뜻이다. 광야 같은 인생길을 갈 때 하나님을 찬양하며 간다. 그때 광야에 길이 열린다.

놀랍게도 왕이신 하나님이 그 도로를 타고 가신다. 찬송의 고속도로를 통해 우리 삶의 현장에 오신다. 찬송은 하나님이 우리 가운데 임재하시게 한다. 찬송은 우리로 하나님의 임재를 경험하게 한다. 하나님의 영광, 능력, 위엄도 경험한다. 하나님이 광야에서 기적을 행하신다. 우리로 능히 이 길을 가게 하신다. 광야에서 풍성함을 경험한다. 우리를 안전지대에 머물게 한다.

바울과 실라가 빌립보의 깊은 지하 감옥에서 이를 경험했다. 그들이 찬송을 부를 때 하나님이 감옥에 심방 오셨다. 어둠이 빛으로, 매인 것이 풀어지고, 닫힌 문들이 열렸다. 찬송은 감옥에서 하는 것이다. 가장 어두운 밤중에 하는 것이다. 길이 없는 광야에서 하는 것이다. 그러면 거기서 하나님을 만나게 된다. 구원을 경험한다. 얼마나 놀라운가! 우리가 그 앞에서 기뻐 뛰놀며 축제를 벌인다. 이것이 예배다!

여호와께서 복을 주시므로 사람으로 부하게 하시고 근심을 겸하여 주지 아니하시느니라 잠언 10:22

이 말씀을 현대인의성경으로 보면, 이해하기 쉽다. "여호와께서 복을 주시기 때문에 사람이 부하게 되는 것이지 노력만 한다고 해서 부자가 되는 것은 아니다." 이 말씀은 성부의 특징을 그대로 보여준다. 성부는 자기 능력이 아니라 하나님의 복으로 재물을 받는다. 물론 우리가 최선을 다해 수고한다. 부지런히 연구하고 땀 흘려 수고한다. 그러나 하나님이 재물 얻을 능력을 주신다. 아브라함에게 약속하신 것을 이루신다 (신 8:18). 성부에게 엄청난 부를 주신다. 내 힘과 노력으로 얻는 부와 하나님이 부어주시는 부는 그 수준이 다르다. 단순히 숫자만 다른 게 아니라 차원이 다르다.

하나님이 재물 얻을 능력과 판단력, 지혜와 명철을 주시어 재물을 얻게 하실 뿐 아니라 우리를 그 재물의 청지기가 되어 주인의 뜻에 합당하게 사용하게 하신다. 성부는 하나님나라 프로젝트에 재물을 사용한다. 하나님나라 일꾼을 후원하고, 가난하고 소외된 사람을 돌본다. 재물을 올바르게 사용하기에 재물로 인해 근심하거나 고통받지 않는다. 자기의 힘과 능력으로 재물을 얻지 않는다. 욕심과 탐욕이 없다. 재물에 소망을 두지 않고 오직 하나님께 소망을 둔다. 선을 행하고 선한 사업을 많이 하고 나눠주기를 좋아하는 너그러운 자가 된다(딤전 6:17,18).

이런 성부가 많이 일어나야 한다. 기독교문명개혁운동에 중요한 역할을 감당하기 때문이다. 영국과 미국이 놀랍게 쓰임을 받았던 비결이다. 이제는 한국이 일어날 때다.

시편 : "할렐루야! 하나님이 일어나실 때 하나님의 원수들이 흩어집니다. 하나님을 미워하는 자들은 하나님 앞에서 도망칩니다. 하나님이 의인들을 기뻐하시니 하나님 앞에서 즐거워합니다. 하나님은 고아들의 아버지, 과부들을 돕는 재판장이십니다. 외롭고 갇힌 사람들을 풀어내셔서 형통하게 하십니다. 흡족한 비를 내리시고 메마른 땅을 옥토가 되게 하십니다. 선하심과 인자하심이 영원합니다."

내 인생에 베푸신 기이하고 놀라운 사랑을 매일 이렇게 노래할 수 있다. 나는 사랑의 하나님, 긍휼의 하나님, 공급자 하나님, 다 헤아릴 수 없는 하나님을 만났다. 믿음으로 사는 삶은 하나님을 아는 지식만으로 살아지지 않았다. 말씀에 순종함으로 하나님을 경험했고, 그분에 대한 신뢰가 쌓여갔다. 그리고 그분은 내게 당신의 고민을 말씀하기 시작하셨다. 찬양하는 삶은, 입술의 고백과 삶으로 주님의 아름다움을 보여주는 것이다. 오늘도 소리 높여 그분을 노래하며 주님의 이름을 찬양하고 그 앞에서 크게 기뻐하리라!

잠언 : 하나님이 만드시는 부자(성부)는 재물로 인해 근심이 없다. 주께서 재물을 다스리시기 때문이다. 세상이 만드는 부자(속부)에게는 재물로 인한 걱정, 근심, 싸움이 끊이지 않는다. 어둠의 영(맘몬)이 탐욕을 이용하여 사람을 사로잡기 때문이다.

하나님께서 재물 얻을 능력을 주시고(신 8:18) 재물을 모으도록 허락하셔야 재산이 모인다. 내가 할 일은 진실한 청지기로서 주께서 맡기신 재물을 잘 관리하는 것이다.

11일

하나님, 속히 응급차를 보내소서!

시편 70:5 잠언 11:14

나는 가난하고 궁핍하오니 하나님이여 속히 내게 임하소서. 주는 나의 도움이시요, 나를 건지시는 이시오니, 여호와여, 지체하지 마소서 시편 70:5

"고난을 여러 차례 겪으면서 내 마음이 꺾이고 쇠약해졌다. 사방에 나를 해치려고 혈안이 된 사람들이 있다. 그들이 나를 향해 험담을 내뱉고 있다. 나는 하나님의 도움이 절실하다." 이것이 시편 70편의 다윗의 고백이다.

"가난하고 궁핍하오니"는 경제적 어려움을 말하는 게 아니라, 주변에서 일어나는 상황을 이겨낼 내면의 힘이 없음을 말한다. 스스로 감당할 힘이 없을 때가 있지만 무기력하게 좌절하여 낙심할 때가 아니다. 원망하거나 포기할 때가 아니다. 하나님께 부르짖을 때다. 나의 도움이신 하나님, 나를 건지시는 그분께 부르짖어야 한다.

다윗처럼 고난을 겪으면서 마음이 꺾이고 쇠약해질 때는 정말 하나님의 도움이 절실하다. "지금, 속히" 도움이 필요하다. 다윗은 하나님의 도움을 의심하지 않았다. 하나님이 반드시 도우실 것을 확신했다. "내게 임하소서"와 "속히" 그리고 "지체하지 마소서"를 볼 때 얼마나 다급하고, 절실하고, 간절한지가 보인다.

나의 도움이신 하나님, 잠시도 지체하지 마시고 속히 오소서! 나를 구하소서! 가능하면 빨리 응답하여주소서! 마치 응급차가 달려오듯 오소서!

지략이 없으면 백성이 망하여도 지략이 많으면 평안을 누리느니라 잠언 11:14

"지략"이란 배의 방향을 좌우하는 키와 같다. 지혜와 명철, 올바른 판단력과 분별력이 있는 참모들로 팀이 구성되면 백성이 평안을 누린다. 그뿐만 아니라 조언과 충고를 주는 각 방면의 지혜로운 참모들로 구성된 팀을 이끄는 지도력이 필요하다. 이런 팀을 활성화하려면 책임자가 자유롭고 솔직한 토론의 장을 마련해주어야 한다. 지도자에게 가장 위험한 건 자기 능력으로 모든 걸 하려고 시도하는 것이다. 자기를 과신하는 건 지도자에게 독소다.

지도자 한 사람에 의해 일이 진행되는 것보다 참모들과 함께 자유로운 토론의 장을 마련하여 이끄는 지도력이 더 귀하다. 더 풍성하고, 확실하다. 지도력은 '독창'이 아니라 '합창'이다. 아니, 오케스트라다. 성령 하나님이 지휘자시다.

누구에게나 맹점이 있다. 이를 극복하면 시야가 넓어진다. 그러려면 경청의 지도력이 필요하다. 다른 사람의 의견을 후방 거울처럼 사용하는 법을 배워야 한다. 아울러 맹점이 있는 사람을 도와 극복하게 하려면 부드럽고 지혜로운 설득력이 필요하다. 경청과 설득력이 지도력이다. 자유롭고도 충분한 토론의 장이 마련되면 모든 중요한 요인을 검토할 수 있으며, 함정을 예견하고 사전에 방지할 수 있다.

시편 : 다윗이 주님께 도움을 요청한다. 위대하신 하나님을 바라보며 힘을 낸다.

"주님, 너그럽게 보시고 나를 건져주십시오. 주님, 빨리 나를 도와주십시오. 내 목숨을 노리는 자들이 수치를 당하게 해주십시오. 내 재난을 기뻐하는 자들이 모두 물러나서 수모를 당하고 물러가게 해주십시오. 그러나 불쌍하고 가련한 이 몸, 하나님, 나에게로 빨리 와주십시오. 주님은 나를 도우시고 건져주시는 분입니다. 주님, 지체하지 마십시오"(1,2,5 새번역).

가장 믿었던 사람이 내 등에 칼을 꽂을 때 이겨내기가 참 어려웠다. 다윗처럼 고통에서 건져달라고 주님께 울고 또 울었다. 눈물을 사랑하시는 주님이 다정하게 다가오셨다. '딸아~ 네 무거운 짐을 내게 맡기렴.'

주님은 내가 원수 갚는 것을 허락하지 않으셨다. 아무것도 하지 말라고 하셨다. 모르드개의 장대에 하만을 다는 것은 주님의 영역이었다. 내 감정을 뛰어넘어 순종했다. 주님께서 세상이 줄 수 없는 '평강'을 선물로 주셨다. 평강은 내 마음을 여유 있게 하고 내가 미소 지으며 품위 있게 대처하도록 했다. 나를 견고하고 힘있게 했다.

잠언 : 지도자는 참 지혜로 백성을 올바른 방향으로 이끌어야 한다. 주님의 길과 원리 원칙을 가르치고, 그 길로 모두를 이끌어야 한다. 이때 좋은 참모들이 있으면 지도자 그룹으로 팀을 만들어 서로 의논하면서 주님의 뜻을 더 정확한 판단력으로 분별하고, 온 백성과 함께 주의 방법으로 살아내므로 백성이 평안을 누린다.

백성이 실행할 능력을 갖추도록 돕는 게 지도자의 역할이다. 지도자는 항상 성경 말씀을 가까이하고 성경의 원리 원칙을 연구해야 한다. 누구나 1명 이상에게 영향력을 끼친다면 지도자다. 부모는 자녀의 지도자다.

주밖에 나의 소망이 없습니다

시편 71:5,6 잠언 12:18

주님, 주님 밖에는, 나에게 희망이 없습니다. 주님, 어려서부터 나는 주님만을 믿어왔습니다. 나는 태어날 때부터 주님을 의지하였습니다. 어머니 뱃속에서 나올 때 나를 받아주신 분도 바로 주님이셨기에 내가 늘 주님을 찬양합니다. 시편 71:5,6 새번역

하나님 아버지는 내가 어머니 배에서 나올 때 나를 받아주셨다. 나를 제일 먼저 환영해주셨다. 그의 두 손으로 핏덩이인 나를 받으시고 기뻐하시며 축복하셨다. 나의 유아 시절, 유년 시절, 청소년기에도 늘 곁에서 함께하시며 나를 도우셨다. 나를 그의 강한 팔로 붙들어주셨다. 지금도 그렇다. 평생 나를 떠나지 않으신다. 나는 용납되었다. 나는 용서받았다. 나는 위로받았다. 그는 나의 위로자, 격려자, 돕는 자, 최고의 지지자시다. 언제나 내게 용기를 북돋아 주신다. 나는 고아가 아니다. 외롭지 않다. 이 놀라운 하나님이 나의 아버지가 되시기에 그렇다. 아, 나는 행복자다!

그는 내가 의지할 나의 소망이시다. 나는 항상 주를 찬양하리라. 위로받으려고 사방을 헤매지 않고 오직 위로하는 사람이 되리라. 하나님 아버지로부터 받는 넉넉한 위로로 만나는 사람들을 위로하리라. 도움을 받으려 여기저기 기웃거리지 않으리라. 위로부터 받는 넉넉한 도움으로 만나는 사람을 도우리라.

혹은 칼로 찌름같이 함부로 말하거니와 지혜로운 자의 혀는 양약 같으니라 잠언 12:18

"함부로 말한다"는 '분별없이 충동적으로 말을 내뱉는다'라는 의미다. '칼로 사람을 찌르면' 치명적인 상처를 입히게 된다. 이같이 되는대로 하는 말, 무분별한 말은 비수처럼 듣는 사람의 마음을 찔러 깊은 상처를 준다. 내적으로만 아니라 외적으로도 상처를 입힌다. 칼로 사람을 찌르는 행위가 범죄 행위이듯, 함부로 말하는 것도 범죄 행위다. 충동적인 말, 분별없이 하는 말은 범죄다. 시편 52편 2절에 "심한 악을 꾀하는 혀는 날카로운 삭도 같다"라고 했다.

그러나 지혜로운 사람의 혀는 상한 마음을 치료하는 양약(치료하고 회복시키는 약)과 같

다. 상처를 치료할 뿐 아니라 건강을 유지하게 해준다. 지혜로운 자가 하는 말은 상처 입은 마음을 치료한다. 용기를 주고 위로하며 새 힘을 불어넣는다. 마치 원기 회복제, 활력제와도 같다. 잠언 16장 24절에 "선한 말은 꿀송이 같아서 마음에 달고 뼈에 양약이 된다"라고 하셨다. 혀는 놀라운 능력이 있다. 사용하는 사람에 따라서 치명적인 상처를 입히는 날카로운 칼이 되기도, 사람을 살리고 회복시키는 양약이 되기도 한다.

"주님, 마음이 상한 자를 위로하며 활력을 주는 말을 하는 사람이 되겠습니다."

시편 : 나는 고신 4대로 어머니의 배 속에서부터 주님을 의지했다. 어머니가 주님을 의지하셨으니, 탯줄로 연결된 나는 자동으로 주님을 의지했다는 말이다. 우리집은 가난했다. 꽁보리밥에 열무김치가 전부지만 항상 거리의 많은 사람이 우리집 식탁에 둘러앉아 함께 와서 먹었다. 어머니가 해주시던 말씀이 지금도 생생하다.

"딸아~ 우리집은 가난하지 않아. 사람들이 이렇게 많이 와서 함께 식사하고 있잖아."

나는 속으로 생각했다. '흥~ 우리집 가난한데.' 이어서 어머니는 "나중에 알게 될 거야~ 주님만 우리의 희망이고 소망으로 살아가면 반드시 잘된단다"라고 하셨다. 나는 또 '나도 쌀밥 먹고 싶은데, 고기 먹고 싶은데'라고 생각했다. 지금 생각해도 철이 없었다. 어머니를 통해 주님만 의지하는 삶을 보고 자랐다.

한번은 교회 꽃꽂이를 하시는 어머니에게 "엄마~ 교회 꽃꽂이 한 번 하지 말고 나 쌀밥 한 번 먹으면 안 돼?"라고 말했다. 그때 어머니의 말씀이 평생 교훈이 되었다.

"오늘 꽃꽂이 한 번 안 하고 쌀밥 먹으면 딱 한 번 먹고 끝난다. 그러나 주님을 기쁘시게 하고 예배드리면 우리 딸 평생에 주님께서 쌀밥을 먹여주시지."

그때는 이해할 수 없었지만, 이제는 안다. 어머니의 삶은 주님께만 소망을 두는 삶이었다. 어머니에게 감사하다. 이제는 나도 이렇게 고백한다.

"주님밖에는 내게 희망이 없습니다. 어려서부터 주님만 믿었습니다. 어머니 배에서 나올 때 나를 환영해주신 분도 바로 주님이시기에 주님만 의지하고 늘 주님을 찬양합니다. 주님, 무척 사랑합니다!"

잠언 : 비수란 날이 예리하고 짧은 칼이다. 함부로 말하는 것이 사람을 찌르고 죽인다는 것이다. 내 입이 얼마나 많은 사람에게 비수가 되었을까! 마음이 무거워 간절히 기도한다.

'주여! 그들의 상처를 주의 피 묻은 손으로 어루만져 주옵소서.'

혹여 상처받은 사람들이 있다면 이 지면을 통해 용서를 구합니다. 앞으로 더 입조심하겠습니다. 지혜로운 말로 아픈 곳을 치유하는 자가 되겠습니다.

13일 지도력의 기초는 공의와 공평이다

시편 72:1-3 잠언 13:17

> 하나님이여, 주의 판단력을 왕에게 주시고, 주의 공의를 왕의 아들에게 주소서. 그가 주의 백성을 공의로 재판하며, 주의 가난한 자를 정의로 재판하리니, 의로 말미암아 산들이 백성에게 평강을 주며 작은 산들도 그리하리로다 시편 72:1-3

"주의 판단력을 왕에게 주시고"의 판단력은 '공의, 재판'을 뜻하지만, 여기서는 지도자가 공의로 결정할 수 있는 '지혜, 분별력, 이해력'을 말한다. "왕"은 솔로몬 자신을 가리키며 자신이 올바른 지도력을 발휘할 수 있도록 주께 구하고 있다. 그러나 또한 모든 영역의 지도력에 해당한다.

공의와 공평은 지도력의 기초다. 규모가 작든 크든, 대도시든 나라든 마찬가지다. 나라의 법조계, 국회, 정부든 이것으로 모든 영역이 견고해진다. 사업체, 가정, 교회에서도 마찬가지다. 이런 지도력을 발휘하려면 언제나 하나님께 나아가 기도해야 한다. 주로부터 오는 지혜와 분별력, 이해력을 구해야 한다. 지도력의 주춧돌은 하나님을 경외함에 있다. 어떤 영역의 지도력을 발휘하든지 하나님께 무릎 꿇고 기도할 줄 알아야 한다. 하나님을 의식하고 두려워할 줄 알아야 한다. 하나님은 그런 지도자에게 언제나 응답하신다. 올바른 지도력을 발휘할 수 있도록 주로부터 오는 지혜와 판단력을 주신다.

이런 지도력의 결과는 '평안'과 '화평'이다. 흥왕함과 평강의 풍성함이 뒤따른다. 이런 지도력을 발휘하는 지도자는 형통하며 영향력이 확대될 것이다.

악한 사자는 재앙에 빠져도, 충성된 사신은 양약이 되느니라 잠언 13:17

"사자, 사신"은 소식을 전하는 사람(: 메신저, messenger)이다. 오늘날 매스컴이 그런 역할을 한다. 그런데 무책임한 보도가 있다. 모든 사실을 다 알리는 게 보도의 사명은 아니다. 어떤 보도는 상황을 더 혼란스럽게 만든다. "악한 사자"의 '악한'은 하나님 말씀의 원칙을 무시하는 모습을 나타낸다. 동기와 태도가 올바르지 않다. 사람이나 공동체를 무너뜨리기 위한 목적으로 보도를 사용한다. 그러나 "충성된 사신"은 치유를 가져다준다. 악한 사자의 보도와 대조된다. 어떤 사실이나 소식을 전하는 동기가 개인이나 공동체를 세우고 격려하고 용기를 북돋기 위함이다. 어떤 사실이나 소식을 전달할 때, 악한 자가 아닌 충성된 자가 되어야 한다. 치유와 회복, 용기와 격려, 견고하고 힘 있는 삶, 건강한 공동체를 이루는 게 목적이 돼야 한다.

크게는 매스컴의 영역을 말하기도 하지만, 작게는 개인의 의사소통 방법과 동기 그리고 태도를 말하기도 한다. 하나님의 말씀이 언제나 생명과 자유 그리고 치유를 주듯, 우리의 언어와 소통도 그래야 한다. 격려와 위로, 용기와 힘을 주는 소통을 해야 한다.

이사야는 아침마다 주 앞에 머물 때, 그의 귀를 여셔서 하나님의 말씀을 알아듣게 하신다고 고백했다. 그 말씀으로 곤고한 자를 말로 어떻게 도와야 할지 알게 하셨다고 했다(사 50:4). 우리도 이사야처럼 아침마다 주 앞에 나아가 귀를 기울이자. 그 말씀 앞에 머무르자.

"왕은 공의로 나라를 견고케 하나 뇌물을 억지로 내게 하는 자는 나라를 멸망시키느니라"(잠 29:4).

이 말씀이 삶의 모든 영역을 견고하게 세우는 기초가 되었다. 왕은 공의로 나라를 견고하게 한다. 공의가 무너진 지도력은 신뢰를 얻지 못한다. 어떤 일을 처리할 때 기준점을 갖지 않으면 느낌이나 감정에 따라 '좋다, 싫다'로 접근하게 된다. 개인, 가정, 직장, 교회, 단체, 사회 각 영역 전반을 견고하게 세우기 위해서는 '말씀'을 기준점으로 세워야 한다. 사람을 살리는 '공의'로 올바르게 다스려야 한다. 하나님의 공의는 실수하거나 죄를 지었을 때, 사람을 다치지 않게 하고 그 죄만 그에게서 덜어내는 아름다운 성품이며 지도력이다.

"긍휼을 행하지 아니하는 자에게는 긍휼 없는 심판이 있으리라 긍휼은 심판(공의)을 이기고 자랑하느니라"(약 2:13).

공의 - 공평하고 의로운 도의다. 선악의 제재를 공평하게 하는 하나님의 적극적인 성품이다. 하나님은 회개하고 돌이키는 자에게 긍휼하신 성품으로 공의를 집행하신다. 하나님의 공의에는 열매와 결과가 있다(사 32:17). 화평의 열매와 영원한 평안과 안전한 결과를 내지 못할 때는 공의를 사용하면 안 된다. 교회가 깨지고 사람이 상처받고 다친다. 주님께 지혜를 구하면서 천천히 가야 한다. 하나님은 언제나 치유하고 격려하시며 다시 기회를 주신다.

14일

하나님이여, 일어나소서!

시편 74:2 잠언 14:20

옛적부터 얻으시고 속량하사 주의 기업의 지파로 삼으신 주의 회중을 기억하시며, 주께서 계시던 시온산도 생각하소서 시편 74:2

시편 74편은 "기억하소서"가 4번 나온다. 2절의 "생각하소서"는 "기억하소서"와 같다. 또한 "잊지 마소서"가 2번 나온다. "주께서 택하시고 속량하시고 언약하신 주의 백성을 기억하소서"(2), "주께서 계시던 시온산도 생각하소서"(2), "여호와여, 이것을 기억하소서"(18), "고난 당하는 주의 백성을 영원히 잊지 마소서"(19), "주의 대적들이 종일 주를 비방하는 것을 기억하소서"(22), "주의 대적들의 소리를 잊지 마소서"(23).

기억하소서(2) - 생각하소서(2) - 기억하소서(18) - 잊지 마소서(19) - 기억하소서(22) - 잊지 마소서(23).

얼마나 애절하고 간절하며 절박한가! 그러면서 동시에 다음과 같은 심정을 토하고 있다.

"우리는 주께서 행하신 놀라운 일들을 기억합니다. 그것을 절대로 잊지 않겠습니다"(13-15). 그리고 간구하기를, "하나님이여, 일어나소서"(22).

고난 가운데 마음이 낙심될 때 허우적거리지 말고, 주께서 이전에 행하신 놀라운 일들을 기억하고, 그것을 소리 내어 입술로 찬송하라. 하나님이 행하신 놀라운 일들을 찬양하며 선포하라. 그 하나님이 지금 나의 하나님이시기 때문이다. 하나님은 우리를 절대 잊지 않으신다. 믿음으로 찬양하는 백성 가운데 오셔서 다시 구원을 베푸신다.

"하나님이여, 일어나소서!"

가난한 자는 이웃에게도 미움을 받게 되나, 부요한 자는 친구가 많으니라 잠언 14:20

게으름 피우고, 쉽고 편하게 살려고 하면 가난해진다. 사람들은 그런 사람을 피한다. 그는 친구도 없다. 그러나 부지런한 사람, 맡은 일에 열심히 충성하는 사람은 주변 사람들이 좋아한다. 그는 친구가 많다. 수고와 노력은 하지 않고 말만 번지르르하게 하는 사람, 결과가 없는 사람은 주변 사람들이 피한다. 열심히 수고하는 사람, 결과를 내는 사람 주위에 사람이 몰린다. 빈 수레가 요란한 법이다.

잠언 14장 20절의 "가난한 자와 부요한 자"와 24절 "지혜로운 자와 미련한 자"는 서로 연관이 있다. "지혜로운 자의 재물은 그의 면류관이요, 미련한 자의 소유는 다만 미련한 것이니라"(14:24). 가난한 자는 미련한 자요, 부요한 자는 지혜로운 자다. 지혜로운 사람은 재물을 지혜롭게 사용하여 그 재물이 마치 면류관처럼 그 사람을 존귀하게 해준다. 그러나 미련한 사람은 그가 소유한 재물을 미련하게 사용하여 오히려 부끄러움을 당한다.

성경은 재물을 지혜롭게 사용하는 법을 가르치는 교과서다. 자신이 가진 재물의 청지기가 되는 사람이 있고, 그 재물의 소유주가 되는 사람이 있다. 지혜롭고 충성된 청지기가 되어 하나님이 맡기신 재물을 주의 뜻대로 관리하면 주인이 면류관을 씌워줄 것이다. 그러나 미련한 사람은 맡겨진 재물을 자기 마음대로 사용하여 훗날 부끄러움을 당할 것이다.

시편 74편은 환난 때 나라를 위한 간절한 기도다. 원수들이 주님의 성소를 훼손했다. 주님의 성소에 불을 질러 땅을 뒤엎고, 주님의 이름을 모시는 곳을 더럽혔다. 원수들이 씨도 남기지 말고 전부 없애버리자고 마음먹고 이 땅에서 하나님을 만나 뵙는 장소를 모두 불살라 버렸다. "하나님을 대적하는 저들을 언제까지 그대로 두시렵니까?" 하나님께서 그분의 능력으로 원수의 머리를 짓이기셔서 사막에 사는 짐승에게 먹이로 주시는 분임을 기억하고, 이스라엘 백성은 잠잠하지 않았다. 천지를 지으신 하나님의 능력을 찬양하며 주께서 원수들을 심판하시도록 기도했다.

A.D. 2천 년이 지나면서 예수 그리스도! 그 이름이 땅바닥에 떨어져 있는 지금의 현실 속에서 나는 무엇을 해야 하는가? 예수 믿는다고 하면 비웃는 세상이 되었다. 우리가 비성경적인 원칙과 잘못된 가치로 살았기에 낳은 결과다. 더 물러설 곳도 없다. 이제는 모든 교회가 잠잠하지 말아야 한다.

나는 도전할 것이다. 이 땅의 교회들과 NCMN은 존귀하신 주님 이름의 명예를 되찾기 위해 사역을 개발하고 연합하며 아름다운 주님을 선포할 것이다. 삶으로 살아낼 것이다. 그것이 '5K운동'이다. 교회의 반경 5킬로미터 안에 예수님의 4대 사역으로 돌파한다. 이미 전 세계 150개국 이상이 네트워크를 형성하여 이 운동에 동참하고 있다. 5K운동, My5K, 찾아가는 5K, 1221레드하트데이 등이 있다.

주의 놀라운 일들을 선포합니다

시편 75:1 잠언 15:22

하나님이여, 우리가 주께 감사하고 감사함은 주의 이름이 가까움이라. 사람들이 주의 기사를 전파하나이다 시편 75:1

"주의 이름이 가까움"은 역사의 주관자이신 하나님이 우리의 모든 일에 개입하셔서 힘과 권력을 불의하게 휘두르는 자들을 심판하심을 확신한다는 믿음의 고백이다. 머지않아 곧 주의 섭리가 나타날 것이다. 조금만 기다려보라. 하나님의 놀라운 능력에 의해 하나님을 두려워하지 않는 오만한 자들이 심판받는 것을 보게 될 것이다(4). "주께 감사하고 감사함은"이라고 감사를 반복하며 주의 행하시는 놀라운 일에 감격하고 있다.

마치 홍해와 요단강을 건넌 후, 또 여리고 성이 무너지고 견고한 성이 함락되었을 때, 또한 앗수르의 대군 18만5천 명이 하룻밤에 시체로 변한 일을 보며 느낀 감격과 같다. 역사는 하나님의 놀라운 섭리로 가득하다. 하나님은 그가 정하신 때가 이르면 능력을 나타내신다(2). 오직 여호와 우리 하나님만 역사의 주이시다! 하나님의 능력은 조금도 감소하지 않았다. 우리 주 예수 그리스도는 어제나 오늘이나 영원토록 동일하시다.

"주께서 행하신 놀라운 일들을 우리가 선포합니다. 증거합니다. 주님의 이름이 우리 입에서 떠나지 않습니다. 날마다 주께 감사드리는 것은 주께서 놀라운 일을 우리 삶에 때마다 행하셨기 때문입니다. 그 하나님이 제 하나님이십니다."

의논이 없으면 경영이 무너지고, 지략이 많으면 경영이 성립하느니라 잠언 15:22

"의논이 없다"는 팀으로 서로 심도 있는 논의 없이 독단적으로 일이 진행되는 상황을 말한다. "경영이 무너진다"는 건 계획이나 목적이 이루어지지 않고 실패하는 걸 말한다. "지략이 많으면"은 이와 대조적인 모습으로 함께 회의에 참여하여 의견을 나누고 뜻을 합하는 걸 말한다. 그럴 때 목적이 이루어진다. 무슨 일을 계획할 때 회의를 거치는 건 성공의 비결이다. 다양한 시각에서 볼수록 더 정확히 본다. 한 면만 보고 결정하는 건 위험하다. 360도로 보는 게 가장 좋다. 계획을 세우기 전에 충고와 조언을 받아들이는 것이 지혜이며 성공의 길이다. 독불장군이 되지 말아야 한다. 실수하지 않으려면 한 박자 늦추고 다른 의견이나 시각에 귀 기울여야 한다.

건강하고 자유로운 토론의 장이 마련되는 공동체, 독단을 피하고 회의 중에 다른 사람의 의견을 경청하는 공동체, 성령께서 이끄시며 성령과 함께 결정하는 공동체 그리고 결정한 일을 모두 하나 되어 성령의 지혜와 능력을 의지하며 최선을 다하는 공동체는 주의 뜻을 이루는 성공적인 공동체가 될 것이다.

시편 : 하나님께서 "내가 정해놓은 그때가 되면 나는 공정하게 판결하겠다"라고 하신다. 오만한 뿔을 들지 말아야 한다. 목을 곧게 세우고 거만하게 말하지 말아야 한다. 주님은 두려우신 분이다. 주님이 진노하시면 누가 감히 그 앞에 설 수 있겠는가! 불화살을 꺾으시고 방패와 칼과 전쟁 무기를 꺾으셨다. 주님은 악인의 오만한 뿔은 모두 꺾어 부수고 의인의 자랑스러운 뿔은 높이 들어 올리신다.

재판장이신 하나님이 사람을 낮추기도 하시고 높이기도 하신다. 주님의 이름을 부르는 자들이 주님께서 이루신 그 놀라운 일들을 전파한다. 하나님은 옛적부터 나의 왕이시며 이 땅에서 구원을 이루시는 분이다. 낮도 주님의 것이고, 밤도 주님의 것이다. 주님께서 달과 해를 제자리에 두셨다. 하나님이 이루신 놀라운 일들은 종일 적어도 시간이 부족할 것이다. 주님께 감사하고 또 감사한다. 하나님의 공평하심과 공의로우심에 감사한다. 악인을 심판하셔서 원수를 갚아주시기에 감사한다. 평생 선하신 주님을 선포하며 야곱의 하나님만을 찬양할 것이다.

잠언 : "의논 없이 세워진 계획은 실패하지만, 조언자들이 많으면 그 계획이 이루어진다"(새번역). 사업이든 사역이든 회의를 많이 하는 만큼 위험 요소가 줄어든다. 회의할 때 주의 사항은 독불장군이 되지 않는 것이다. 상대의 말을 경청하는 건 운전할 때 후방 거울을 사용하는 것과 같다. 경청을 통해 나의 맹점을 극복할 수 있다. 내가 보지 못한 것을 볼 수 있기에 더 좋은 결과를 기대할 수 있다.

성공을 원한다면 상대의 말을 경청하라. 오늘도 많은 회의 가운데 주님을 의지할 것이다. 주님의 지혜로 분별하며, 말씀의 다림줄로 그것을 더 날카롭게 할 것이다. 회의하고 결정하기 전에 반드시 주님의 뜻으로 분별하자. 리더라면 모든 회의 자료를 모으고, 최종 결정권자이신 주님 앞에서 결정해야 실수가 없다.

온유한 자를 구원하시는 하나님

시편 76:8-10 잠언 16:17

주께서 하늘에서 판결을 선포하시매 땅이 두려워 잠잠하였나니, 곧 하나님이 땅의 모든 온유한 자를 구원하시려고 심판하러 일어나신 때로다(셀라) 진실로 사람의 노여움은 주를 찬송하게 될 것이요 그 남은 노여움은 주께서 금하시리이다 시편 76:8-10

오직 하나님만 온 세상의 재판장이시다. 하늘 보좌에서 하나님의 심판은 시작된다. 누구도, 어떤 권력도 하나님의 판결에 이의를 제기할 수 없다. 하나님은 온유한 자를 신원해주신다. 온유한 자는 하나님만을 마땅히 경외해야 한다는 사실을 알고 있다. 그는 하나님을 대적하는 교만한 자와 정반대다. 자신을 깨뜨릴 줄 안다. 혈기와 분기를 다룰 줄 안다. 사람의 말에 휘둘리지 않으며 겸손하다. 하나님을 경외하기에 대적하는 사람과 다투지 않고 하나님께 호소한다.

모세가 그랬다. 무엇보다 우리 주 예수님이 그러셨다. 하나님은 온유한 자를 구원하려고 일어나신다. 시편 75편 2절에, "내가 정한 기약이 이르면 내가 바르게 심판하리니"라고 약속하셨듯 하나님의 때에 심판하신다. 온유한 자는 송사를 하나님께 맡기고 하나님의 때를 기다린다.

하나님이 역사의 주인이시다. 지금의 상황, 어려움, 사람을 두려워하지 말고 오직 하나님을 경외하라. 울분을 마음에 쌓는 대신에 그분을 찬양하라! 모든 걸 사람 앞에 토해내는 분노 대신, 하나님께 맡기고 감사의 예물을 드려라!

악을 떠나는 것은 정직한 사람의 대로니 그 길을 지키는 자는 자기의 영혼을 보전하느니라 잠언 16:17

나는 어릴 때부터 '군자대로행'이란 고사성어를 좋아했다. 덕행이 뛰어난 군자는 쩨쩨하게 구는 소인배와 달라서 언제나 넓고 떳떳한 길을 걸으며 부끄러운 일을 하지 않고 바르게 행동한다는 뜻이다.

오늘 말씀이 그렇다. 정직한 사람은 악을 피하고 악과 타협하지 않으며 악을 떠난다. 그것이 대로로 걷는 삶이며 생명을 지키는 길이다. 그 길을 걷는 사람은 안전하다. 하나님은 정직한 자의 방패가 되시기 때문이다(2:7). 안전하고 형통한 삶을 원한다면 악을 피하고 정직한 길로 걸어야 한다. 하나님의 말씀을 따라 믿음의 길을 걸어야 한다.

우리보다 앞서간 믿음의 선배들이 그 길을 걸었다. 우리가 그 길을 걸어가면 혼자가 아님을 알 것이다. 그 길을 걷는 동안 많은 영적 동료와 친구를 만난다. 그 길은 찾기 쉽고, 여행하기에도 안전하다.

혹 이전에 떳떳하지 못한 길을 걸었다면 돌이켜 다시는 그 길을 걷지 말아야 한다. 악을 따라가는 건 파멸의 길이다. 자기 생명을 보전하지 못한다. 어찌 그 길을 걸으랴! 악을 미워하고 피하며 악에서 떠나는 삶을 살자! 대로로 다니자! 그 길은 행복한 길이다. 내가 그 길을 지키면 하나님이 나를 지켜주신다.

시편 : "야곱의 하나님, 주님께서 한 번 호령하시면, 병거를 탄 병사나 기마병이 모두 기절합니다. 주님께서 한 번 진노하시면, 누가 감히 주님 앞에 설 수 있겠습니까"(6,7 새번역)?

- 주님께서 하늘에서 판결하시니 온 땅이 두려워하며 숨을 죽인다.
- 주님의 재판은 이 땅에서 억눌린 사람들을 구원해준다.
- 사람의 분노는 주님의 영광을 더할 뿐이다.
- 그 분노에서 살아남은 자들은 주님께서 허리띠처럼 묶어버리신다.

"그분께서 군왕들의 호흡을 끊을 것이니, 세상의 왕들이 두려워할 것이다"(12, 새번역).

하나님을 대적하고 살아남을 자가 없다. 살아남은 왕과 나라가 없다. 우리는 이 땅에서의 삶의 성적표를 들고 곧 주님을 뵈어야 한다. 오늘 또 다짐한다.

'더 잘 살아야겠다.'

잠언 : 겸손한 자는 악을 떠나고 자기 생명을 지킨다. 그는 주님의 말씀을 귀담아듣고 정직한 대로로 걷는다. 그러나 교만한 자는 거만하여 말씀을 멸시하며 멸망을 자초하고 파멸에 떨어진다. 나는 교만한 사람을 가까이 두지 않는다. 겸손한 사람과 어울려 마음을 낮추는 것이 살길이다.

영적인 침체에 빠졌을 때

시편 77:10-12 잠언 17:14

또 내가 말하기를, 이는 나의 잘못이라. 지존자의 오른손의 해, 곧 여호와의 일들을 기억하며 주께서 옛적에 행하신 기이한 일을 기억하리이다. 또 주의 모든 일을 작은 소리로 읊조리며, 주의 행사를 낮은 소리로 되뇌이리이다 시편 77:10-12

믿음이 약해질 때, 영적 침체에 빠졌을 때, 마음이 낙심될 때, 어떻게 회복하는가? 회복의 길이 무엇인가? 시편 77편은 이런 사람을 위해 그 길을 보여준다.

우리의 시선을 주께로 고정하고 그분이 행하신 일들을 회상해야 한다. 옛적에 행하신 기적들을 기억하고 묵상한다. 주가 행하신 놀라운 일들을 생각한다. 바로의 강한 손에서 자기를 의지하는 그의 백성을 건지시고, 수심 1천 미터 이상의 깊은 홍해를 가르셔서 육지같이 걸어서 건너게 하시고, 아무것도 얻을 수 없는 광야에서 날마다 만나를 주워 먹게 하시고, 물이 없을 때 반석을 쳐서 물을 내어 마시게 하신 하나님께 시선을 고정하자.

보고 듣고 느끼는 대로 반응하지 않고 오직 약속의 말씀을 굳게 붙들고 믿음의 길을 걸어가면, 더 강한 자를 물리치고 약속의 땅을 유업으로 취하게 하신 주님을 만난다. 인자와 긍휼이 무궁하셔서 우리로 진멸되지 않게 하시고, 아침마다 주의 인자와 성실하심을 나타내시며, 크신 성실하심으로 나를 다시 붙드시는 하나님을 만난다.

그리고 그 일을 작은 소리로 읊조리고, 낮은 소리로 되뇐다. 큰 소리로 찬양하지 않아도 된다. 작은 소리로 고백하고 기도하고 찬양하듯 말하라. 성령께서 연약해진 우리의 믿음을 다시 일으켜 주시리라.

다투는 시작은 둑에서 물이 새는 것 같은즉, 싸움이 일어나기 전에 시비를 그칠 것이니라 잠언 17:14

물이 새는 댐을 방치하면 엄청난 재앙이 온다. 비록 처음에는 별것 아닌 것처럼 보여도 결국 댐이 터지고 무너져 큰 불행을 초래한다. 당연히 댐에 물이 조금도 새지 않도록 해야 한다. 다툼도 이와 같다. 한마디의 거친 말, 비뚤어진 비난이 또 다른 말을 불러일으킨다. 말꼬리를 이으면 둑이 터지듯 일이 크게 번진다. 사소한 다툼이 결국 큰 고통과 아픔으로 번지니 다투지 말아야 한다. 다투길 좋아하는 사람은 시시비비, 옳고 그름을 따지길 좋아한다.

주님은 시비를 그치라고 하신다. 시비는 그 기반이 옳고 그름을 따지는 데 있다. 첫 불씨를 조심해야 한다. 즉시 그 불을 꺼야 한다. "싸움이 일어나기 전에 시비를 그치라"라고 하셨다. 그러려면 용서하고 불쌍히 여기며 이해해야 한다. 그리고 오래 참아야 한다.

사소한 것에 목숨 걸고 다투지 말자. 물이 새는 댐은 결국 무너져 엄청난 불행을 가져온다. 사소한 다툼이 큰 싸움으로 번진다. 원을 더 크게 그려라. 마음을 넓혀라.

시편 : 믿었던 사람들이 나를 배신할 때, 하나님나라를 함께 꿈꾸던 동역자들이 어떤 이유로 떠날 때를 잘 넘겨야 한다. 나는 다윗을 통해, 스승이신 홍 목사님을 통해 참 많이 배웠다. 주를 바라보는 법과 그분이 행하신 놀라운 일들을 하나하나 묵상하는 법을 배웠다. 내 힘을 빼고, 내 능력을 포기하고, 내 지혜를 내려놓는 법을 배웠다. 그러면 평강이 주어진다. 태풍에서 가장 고요한 곳이 태풍의 눈이다. 거기서 주를 바라보며 솔직하게 말씀드린다.

'주께서 맡겨주신 사명을 함께 감당할 사람들이 떠났습니다. 저는 약해졌습니다. 힘도 지혜도 없습니다. 주님 없이는 아무것도 할 수 없습니다. 주님, 저를 도와주십시오. 제게 가까이 와주십시오. 저를 불쌍히 여겨주십시오.'

눈물이 나서 한참을 울고 또 운다. 그러면 주님은 당신의 크심을 기억나게 하신다. 내 시선을 환경에서 주님에게로 옮겨주신다. 그러고 나면 새롭게 부어주시는 힘이 생긴다. 주님이 주시는 지혜도 생긴다. 주님께서 내 인생에 행하신 놀라운 일들을 다시 기억해내고 감사 기도를 드리기 시작한다. 힘이 솟는다. '그래, 다시 해보는 거야~ 주님과 함께!' 주님의 오른손으로 굳게 붙잡아주신다. 담대함도 주신다. 나는 주님이 참 좋다!

잠언 : 실감나는 말씀이다. 특히 부부싸움은 사소한 걸로 시작해서 큰 싸움으로 번진다. 자존심을 상하게 하는 말을 내뱉고 "이혼하자"라며 돌이킬 수 없는 말을 던진다. 회복하려면 에너지가 너무 많이 든다. 다른 관계도 마찬가지다. 절대 싸움으로 번지지 않게 하자. 싸움의 자리는 피하는 게 지혜다.

18일

하나님의 행사를 다음세대에 알리라

시편 78:4,5 잠언 18:17

우리가 이를 그들의 자손에게 숨기지 아니하고, 여호와의 영예와 그의 능력과 그가 행하신 기이한 사적을 후대에 전하리로다. 여호와께서 증거를 야곱에게 세우시며 법도를 이스라엘에게 정하시고, 우리 조상들에게 명령하사 그들의 자손에게 알리라 하셨으니 시편 78:4,5

하나님의 뜻을 이루어 하나님을 영화롭게 하고자 하면, 하나님이 행하신 일들과 하나님이 누구신지를 다음세대에 전해야 한다. 그리고 그들도 그 다음세대에 전해야 한다.

우리가 전할 것은, 하나님의 영예다. 하나님이 얼마나 놀라우신지와 그분의 원칙과 능력과 행하신 일들을 전해야 한다. 하나님의 기록된 말씀을 가르쳐야 한다. 그래서 역사가 중요하다. 역사는 단지 과거의 기록이 아니라 시공간에서 일하시는 하나님을 만나게 한다. 하나님의 행하심을 보며 그분의 원칙을 배운다.

물론 우리가 먼저 지식으로만 아니라 경험으로 알고 살아내야 한다. 이 일은 가정에서부터 일어나야 하고, 교회와 학교에서 일어나야 한다. 이것이 성경을 기록한 이유다. 성경에 기록된 하나님의 일들을 배우며 하나님을 안다. 그리고 오늘 이 시간과 공간에 계신 그 하나님을 만난다. 동일한 원칙, 가치, 능력으로 일하시는 하나님을 만난다.

유대인들은 이를 가장 우선으로 했다. 매주 토요일에 회당에 모여 성경을 읽고 공부하고 묵상하고 서로 나누면서 그 말씀을 삶에 구체적으로 적용했다. 더는 거역하지 않고, 순종하는 백성으로 살기로 결심했다. 이제 우리 차례다. 그래야 하나님이 영광을 받으신다. 그러면 하나님이 우리를 영광스럽게 하실 것이다.

송사에서는 먼저 온 사람의 말이 바른 것 같으나 그의 상대자가 와서 밝히느니라

잠언 18:17

이 말씀을 메시지성경으로 읽어본다. "법정에 선 증인의 말이 옳은 듯해도 반대 신문이 시작되면 사정이 달라진다." 사람은 자기 처지에서 말한다. 어떤 사람은 좁은 시야에서 자기가 보고 들은 게 전부인 것처럼 말한다. 시시비비를 가리는 법정에서는 자신에게 유리한 부분만 나열한다. 사실이야 어떻든 자기 말이 옳다고 주장한다. 그러나 다른 시각과 관점에서 보면 앞서 주장한 것과 전혀 딴판으로 나타난다. 이전의 말과 주장이 허위이거나 오류가 있는 걸 알게 된다. 그래서 법정에서는 언제나 일방적 주장으로 판결하지 않는다.

일상생활에서도 마찬가지다. 한 사람의 말만 듣고 판단하는 건 옳지 않다. 속단하지 말아야 한다. 양쪽 주장을 신중하게 들어야 한다. "듣기는 속히 하고 말하기는 더디 하라"(약 1:19) 하셨다. 하나님이 우리에게 입은 1개, 귀는 2개를 주신 이유를 알아야 한다. 우리의 눈이 하나가 아니고 둘이며, 그것도 부족해 목을 움직여 얼굴을 좌우로 돌리며 넓게 보게 하신 이유를 알아야 한다. 전체를 보는 법을 연습해야 한다. 신중해야 한다. 13절에 "사연을 듣기 전에 대답하는 자는 미련하여 욕을 당하느니라"라고 하셨다. 자신의 견해를 말하기 전에 상대방의 말을 먼저 경청해야 한다.

아들 유진이를 키우면서 내가 가장 잘한 것은 주님의 영광스러운 행적과 능력과 이루신 놀라운 일들을 다음세대인 아들에게 전해준 것이다. 하나님께서 자손에게 잘 가르치라고 명령하셨기 때문이다. 아들은 결혼했고, 예쁜 손녀도 선물로 받았다. 나는 아들 부부에게 딱 한 가지만 부탁했다.

"엄마의 한 가지 소원은 믿음의 명문가를 만드는 것이다. 다른 건 무조건 다 용납하마. 오직 하나님을 섬기는 것에는 타협이 없다. 엄마에게 효도하고 엄마를 기쁘게 하는 건 모두가 주님의 뜻 가운데 순종하고 말씀에 항복하는 믿음의 삶을 사는 것이다."

부모의 말에 순종할 줄 아는 착한 아들 부부를 주신 하나님께 감사드린다.

사사기 2장 6-15절에 3세대가 나온다. 여호수아 세대, 장로들 세대는 하나님께서 이스라엘에 베푸신 모든 큰일을 본 세대로 살아있는 동안에 주님을 잘 섬겼다. 그들이 죽은 다음 "다른 세대"가 일어났는데, 그들은 하나님을 알지 못했다. 하나님을 저버리고 바알과 아스다롯을 섬겼다. 하나님께서 진노하사 재앙을 내리셨으므로 이들은 무척 괴롭게 살았다. 온 땅의 교회들은 다윗이 미리 바라본 시편 110편 3절의 '거룩한 세대'를 일으켜 주께 드려야 한다. 성령의 능력을 의지할 줄 알고, 거룩한 흰옷을 입고 세상과 구별된 삶을 살며, 즐거이 헌신하는 새벽이슬 같은 청년들이 일어날 것이다. NCMN도 이 일에 헌신하고 있다. 내가 믿음으로 살아가는 데 가장 큰 영향을 준 것은 부모님과 교회학교 선생님의 말씀, 멘토의 조언, 말씀으로 살아내는 훈련이었다.

19일

절망의 골짜기를 소망의 문으로

시편 79:11 잠언 19:20

갇힌 자의 탄식으로 주의 앞에 이르게 하시며, 죽이기로 정한 자를 주의 크신 능력을 따라 보존하소서 시편 79:11

"갇힌 자"란 '매인 자, 포로가 된 자'를 말한다. "탄식"이란 단지 슬픈 처지를 말하는 게 아니라 고난 가운데 부르짖는 걸 말한다. 절망적인 상황으로 두려움에 둘러싸여 있을 때, 자신이 지은 죄로 곤란에 처했을 때, 뒤로 물러가 낙심하지 말고, 정죄감, 죄책감에 사로잡히지 말아야 한다. 하나님을 의심하며 원망하고 믿음을 저버리지 말아야 한다. 그럴 때 주께 나가야 한다. 탄식과 신음을 들으시는 하나님께 나아가야 한다. 마음을 깨뜨리며 자신의 죄를 회개하고 용서를 구해야 한다. 주님의 능하신 팔을 붙들어야 한다. 내가 주의 백성인 것과 목자이신 주의 양인 걸 말씀드려야 한다.

이스라엘 백성이 바로의 심한 압제로 시달릴 때, 고된 노동으로 탄식하며 하나님께 부르짖었다. 하나님이 그 소리를 들으셨고 그들을 건지셔서 약속의 땅으로 인도하셨다. 주님이 나의 탄식과 부르짖는 기도 소리를 들으신다. 나의 죄를 용서하신다. 그의 능하신 팔이 나를 살리시고 회복시키신다. 원수의 손에 넘어가지 않도록 나를 보호하신다. 나의 하나님은 절망의 골짜기를 소망의 문으로 삼으신다(호 2:15).

나는 영원히 주께 감사드린다. 그의 은혜에 감격하여 주님께 찬양을 드린다. 주의 사랑, 주의 자비, 주의 은혜, 주의 능력을 찬양한다.

너는 권고를 들으며 훈계를 받으라 그리하면 네가 필경은 지혜롭게 되리라 잠언 19:20

조언을 들을 줄 알고, 질책을 받아들일 줄 아는 사람은 지혜로워질 것이다. 그런데 쉽지 않다. 대부분 조언을 들으면 변명하거나 핑계를 댄다. 오히려 화를 내거나 무시당한다고 생각하거나 크게 상처받고 낙심한다. 책망을 들을 때도 마찬가지다. 사랑을 미움으로, 도움을 방해로 여긴다. 이런 태도는 교만에서 비롯된다. 겸손한 사람은 듣고 받아들인다.

왕의 지혜

주의 뜻대로 살고자 하는 사람들을 끊임없이 괴롭히는 내면의 갈등은 지혜가 없어서이다. 지혜롭게 되는 것이 얼마나 중요한지 매번 실감하고, 지혜 없는 자신을 탓한다. 지혜를 얻고자, 지혜로운 사람이 되고자 힘쓴다. 흔히 지식을 쌓고, 어떤 과정을 통과하면 지혜로워질 줄 기대한다. 그러나 사람은 권고를 들으며 훈계받을 때 지혜로워진다. 이를 전혀 고려하지 않는 게 참으로 안타깝다. 지금 나의 지혜 없음으로 인해 주어지는 권고와 훈계가 바로 내가 원하는 지혜를 얻는 과정임을 알아야 한다. "필경은 지혜롭게" 되려면 "권고를 들으며 훈계를 받아야" 한다.

조언을 듣고, 질책을 받아들이는 사람은 마침내 지혜롭게 될 것이다. 점점 더 발전하고 반드시 성공할 것이다.

시편 : 오늘 "갇힌 자"라는 단어가 눈에 크게 보인다. 어디에 갇혀있는가? 죄, 돈, 쾌락, 명예, 이런 세상 것에 갇혀있는가? 갇혀있다는 건 영향력이 없는 삶을 말한다. 갇혀있는 딱 한 평!의 삶이다. 교만은 내가 갇혀있어도 그것을 알지 못하게 한다. 하나님의 축복을 가로막는다. 갇힌 것을 깨닫는 자는 복 받은 자다. 본문은 갇힌 자가 살 방법을 제시한다. 바로 탄식하는 것이다. 주 앞에서 괴로워하며 신음하는 것이다. 죽게 되었으니 주의 능하신 팔로 살려달라고 간절히 갈급하게 기도하는 것이다.

하나님은 메마른 땅에 물을 주고 마른 땅에 시내가 흐르게 하신다. 자신을 깨뜨리며 주님 앞에 나오는 사람을 멸시하지 않고 용서하며 구원하여 살리신다. 그러니 겸손하게 주님 앞에 두 손 들고 항복하자. 금식하며 주님을 간절히 찾자. 죄를 자복하고 통회하며 주를 찾자. 무릎 꿇고 선하신 주님께 나아가자. 긍휼히 많으시고 용서하시는 주님께 나아가자.

"주여! 죄 가운데 있습니다. 건져주옵소서. 돈(맘몬)이 나를 묶어 돈의 종이 되었습니다. 풀어주옵소서. 음녀의 유혹에 넘어가 쾌락의 늪에 빠졌습니다. 건져주옵소서. 세상의 헛된 명예에 갇혀버렸습니다. 교만함을 깨뜨려 주옵소서."

세상의 것에 갇힌 삶을 벗어버리고 자유자의 삶을 누리자!

잠언 : 권고는 관심을 두고 보살피면서 어떤 일을 하도록 권하는 것이다. 훈계는 타일러서 잘못이 없도록 주의를 주는 것이다. 사람을 두려워하지 말아야 한다. 정말 상대가 잘되기를 바라고 사랑한다면 존중하는 마음을 갖되 권고와 훈계로 주의 길로 이끌어야 한다. 겸손한 사람은 이를 귀하게 받는다. 권고와 훈계가 언제나 나를 성장시켰다.

들으라! 따르라! 그러면 살리라!

시편 81:13,14 잠언 20:21

내 백성아, 내 말을 들으라! 이스라엘아, 내 도를 따르라! 그리하면 내가 속히 그들의 원수를 누르고, 내 손을 돌려 그들의 대적들을 치리니 시편 81:13,14

하나님은 우리가 오직 하나님의 말씀에 귀 기울이기를 원하신다. 우리가 그의 뜻을 따라 살면 주께서 속히 원수를 굴복시키시고, 대적들을 쳐서 그들이 꽁무니를 빼고 달아나게 하실 것이다. 그리고 그의 말씀을 순종하는 자를 기름진 밀로 먹이시고, 반석에서 나오는 꿀로 만족하게 하실 것이다(16).

그리스도인의 균형 잡힌 삶의 비결이 여기에 있다. "들으라"(청종)와 "따르라"(순종)다. '청종'은 순종할 마음으로 집중해서 주의 음성에 귀 기울이는 것이고, '순종'은 들은 말씀을 죽기 살기로 일상생활에서 살아내는 것이다. 이 둘은 언제나 함께 움직인다. 어느 한쪽으로만 가면 균형이 무너진다. 듣기만 하거나 머리로 알고 입으로만 말해선 안 된다. 또한 듣지 않는 순종이란 없다. 듣지 않고 자기 마음대로 행동하는 건 순종이 아니다. 순종은 언제나 주의 말씀을 듣고, 그가 원하시고 기뻐하시는 뜻이 무엇인지 알고 행하는 것이다. 우리가 주의 말씀을 듣고 순종하여 따르면 주의 손이 도우실 것이다.

이것을 하나님이 기뻐하신다. 우리가 기쁘게, 즉시, 온전히 순종하면, 하나님도 그렇게 나를 구원하시며 풍성하게 살게 하신다. 순종하자! 주의 말씀을 따라 살아내자!

처음에 속히 잡은 산업은 마침내 복이 되지 아니하느니라 잠언 20:21

이 말씀은 재물에 관한 것이다. "속히 잡은 산업"이란 부정직하거나 불의한 방법으로 모은 재산을 말한다. 양심 따위는 문제 삼지 않는 걸 말한다. 정직하게 일하고, 땀 흘려 수고하며 부지런하고 열심히 일하는 게 옳다. 누군가 빠른 시간에 많은 재물을 모으는 길을 제시하더라도 절대 그 길로 가지 말아야 한다. 아무리 목적이 좋아도 수단이 바르지 않으면 택하지 마라. 그렇게 모은 재물은 속히 날아간다. 속히 익은 것은 속히 썩는다.

하나님은 정직하고 부지런한 자, 땀 흘려 수고하는 자, 시간적 여유를 가지고 차근차근 쌓아 올리는 자에게 복을 주신다. 처음에 잘된다고 해서 끝까지 잘되리라는 보장이 없다. 그러니 언제나 신중해야 한다. 자만하거나 자랑하지 말아야 한다. 자기 능력만 내세우지 말고 한 걸음씩 주를 의지해야 한다. 남들에게 떠벌리거나 매스컴을 의지하지 말아야 한다. 어깨에 힘주거나 들뜨지 말아야 한다. 겸손히 하나님을 의지하자. 잘나갈 때 되려 조심하자. 교만과 자만, 거만을 경계하자. 날마다 무릎을 꿇자. 오직 주님만 의지하고 그분만 100퍼센트 높이자.

시편 : 사람들이 "당신의 성공 비결이 무엇입니까?"라고 물으면 내 답은 간단하다. "하나님 말씀을 잘 듣는 겁니다." 그러면 대부분 약간 실망하는 기색을 보인다. 놀라운 정답을 말해주어도 알아듣지 못한다. 이런 귀를 가진 사람은 하나님 말씀도 잘 알아듣지 못한다. 하나님 말씀을 알아듣는다는 건 귀로 듣는 게 아니라 삶으로 살아내는 것이다. 나는 요즘 하나님 음성을 듣고 믿음으로 사는 삶이 재밌고 역동적이라고 느낀다. 주께서 내 앞에서 원수를 굴복시키시고 대적을 칠 힘을 주신다. 나를 미워하는 자들을 무릎 꿇게 만드시고, 내게 기름진 곡식으로 먹이시며 바위에서 따낸 꿀로 배부르게 하신다.

하나님 말씀만 따라 살며 하나님을 경험하는 간증이 놀랍다. 간증은 내 믿음이 자라게 하고 주를 더 신뢰하게 만든다. 말씀대로 더 살아내게 하는 힘이 있다. 간증을 주실 줄 믿기에 순종하기가 쉽다. 주님을 기대하게 된다.

엘리야의 하나님이 지금도 살아계신다. 문제는 하나님의 능력을 이 땅으로 끌어올 순종의 사람, 엘리야가 없다는 것이다. 내가 감히 도전해본다. 온전하고 정직한 사람, 하나님을 경외하며 악에서 떠난 사람, 충성된 순종의 사람으로 살아내보고 싶다. 그래서 주님을 뵐 때 "부끄럽지 않게 최선을 다했습니다"라고 말씀드리고 싶다. 내가 주님께 듣고 싶은 말은 "착하고 충성된 종아, 주인의 즐거움에 참여할지어다!"이다.

잠언 : "처음부터 빨리 모은 재산은 행복하게 끝을 맺지 못한다"(새번역). 사람들은 대박의 꿈을 꾸며 복권을 사고, 도박하고, 코인과 주식에도 투자한다. 하지만 인생은 내 생각대로 되지 않는다. 하나님께서 처음에 속히 잡은 산업은 복이 되지 않는다고 말씀하셨다. 돈은 생길지 모르나 땀 흘린 대가가 아니기에 쉽게 날아가 버린다. 요즘 일본 젊은이들 사이에 아르바이트만 하면서 살아가는 게 유행처럼 번지고 있다. 우리나라도 큰 문제가 되고 있다. 게으름뱅이 젊은이들에게 나타나는 공통 현상은 우울증이다. 그들은 자신에게 속고 있다. 우울증은 일하지 않으면 생긴다. 주님께서 "일하기 싫으면 먹지도 말라!"라고 하셨다.

하나님의 나라가 임하소서!
나를 통해서!

시편 85:10,11 잠언 21:22

인애와 진리가 같이 만나고 의와 화평이 서로 입 맞추었으며, 진리는 땅에서 솟아나고 의는 하늘에서 굽어보도다 시편 85:10,11

인애(: 크고 놀라운 사랑)와 진리(: 약속을 지키는 신실함), 의와 화평, 땅에서 솟아나는 진리와 하늘에서 굽어보는 의, 이것이 하나님나라의 모습이다. 놀라운 균형, 아름다운 조화를 이룬다.

하나님나라는 하나님의 성품에 기반을 둔다. 경영 원칙, 다스림의 길, 법, 규례가 이에 준한다. 주기도문은 기독교문명개혁운동의 중심이다. 하나님나라가 이 땅에 임하고, 그의 뜻이 이 땅에 이루어지는 게 그 결과다. 하나님나라의 통치 원리와 경영 원칙과 다스림을 먼저 내 삶과 내가 머무는 공동체, 더 나아가 지역사회, 도시, 국가에 작동하게 하는 것이다.

하나님나라는 인애와 진리가 같이 만난다. 즉, 크고 놀라운 사랑과 진실이 함께 어우러진다. 거짓이 없는 사랑으로 행한다. 그리고 의와 화평이 서로 입 맞춘다. 의가 강하면 화평이 약해진다. 관계를 멀게 한다. 그러나 하나님나라는 의와 화평이 하나가 된다. 땅에서 진리가 솟아나고 하늘에서 의, 정의, 공의가 굽어본다. 얼마나 아름다운가! 그 결과로 땅은 열매를 맺는다. 하나님께서 좋은 걸 주시기 때문이다. 생명과 기쁨과 평강이 넘치고 화합이 일어난다.

과연 이런 삶, 공동체, 지역, 도시, 나라가 될 수 있을까? 사람의 힘과 지혜로는 불가능하다. 오직 성경과 성령으로만 이루어질 수 있다. 성경의 원칙과 가치가 이를 가능하게 한다. 하나님 중심 공동체가 성령의 능력을 의지할 때, 이런 일이 일어난다. 오순절 성령강림 이후 초대 교회가 그 롤 모델이다.

지혜로운 자는 용사의 성에 올라가서 그 성이 의지하는 방벽을 허느니라 잠언 21:22

견고한 성을 무너뜨리는 일은 어렵다. 더구나 그 성에 용사들이 버티고 있다면 더욱 그렇다. 그러나 지혜로운 사람은 그 성에 올라가 그들이 믿는 견고한 요새도 무너뜨린다. 지혜로운 사람의 첫 번째 필수 요건은 '용기'다. 어떤 상황에도 두려워하지 않아야 한다. 낙심, 좌절, 부정적이며 소극적인 말과 행동은 금지다. 오직 긍정적이며 적극적이며 능동적이며 믿음의 말을 한다.

그리고 주를 의지해야 한다. 믿음이 있어야 한다. 골리앗 앞에 선 다윗이 그랬다. 이것이 승리의 비결이다. 날마다 우리는 "이 세상"이라는 견고한 성 앞에 서있다. 크고 거대한 용사 골리앗 앞에 서있다. 이 성에 올라가 성벽을 헐어야 한다. 골리앗을 쓰러뜨려야 한다. 두려워하지 말아야 한다. 다윗처럼 용기를 가지고 하나님을 의지해야 한다. 주께서 반드시 승리를 주실 줄 확신하고 앞으로 나가야 한다. "오늘 여호와께서 너를 내 손에 붙이시리니 … 온 땅으로 이스라엘에 하나님이 계신 줄 알게 하겠고"(삼상 17:46). 담대함으로 다음과 같이 외쳐라.

"큰 산아 네가 무엇이냐 네가 스룹바벨 앞에서 평지가 되리라"(슥 4:7).

시편 : 사랑과 진실이 만난다. 정의와 평화는 서로 입을 맞춘다. 진실한 삶은 신뢰가 쌓이고 사랑을 더 깊게 만들어준다. 거짓과 핑계는 신뢰를 무너뜨리고 관계를 깨지게 한다. 정의가 나의 '의'가 되어서는 안 된다. 정의는 하늘에서 살핀다. 말씀의 기반으로 명백하게 밝혀 규정하기에 진정한 화평을 만들어낸다. 가짜 화평은 '좋은 것이 좋다'라는 식으로 덮어버린다. 진정한 화평은 공의에서 나온다. 정의가 주님을 앞서가면서 주님의 길을 닦는다.

사랑과 진실은 열매 맺는 삶의 기반이다. 정의와 평화는 주님의 구원이다. 주님의 영광이 우리 땅에 깃드는 것이다. 나는 사람과 하나님 앞에 '진실한 사람'이라는 평가를 받고 싶다. 나의 의가 아닌 하나님의 공의로 겸손하지만 담대하게 행하는 지혜를 구한다. 진정한 화평은 올바른 공의에서 나온다(사 32:17).

잠언 : "지혜로운 사람은 용사들이 지키는 성에 올라가서, 그들이 든든히 믿는 요새도 무너뜨린다"(새번역). 요새(要塞)는 군사적으로 중요한 곳에 튼튼하게 만들어놓은 방어 시설이다. 예수님을 부인하고 거부하는 사람을 보면 적들이 그의 생각과 마음에 '요새'를 만들어놓았다. 어떻게 무너뜨릴 것인가? 하나님의 말씀이 지혜다. 고린도후서 10장 3-6절을 참고하라. 어떤 견고한 진도 무너뜨리는 게 성령의 능력이다. 모든 이론, 교만, 생각이 견고한 진이다. 성령의 능력은 이것을 사로잡아 그리스도께 복종하게 한다. 내 힘, 내 능력으로 요새를 무너뜨리지 못한다. 말씀이 지혜다. 그 지혜로 세상을 이기는 자로 살자.

크고 놀라운 주의 사랑

시편 86:12,13 잠언 22:17,18

주 나의 하나님이여, 내가 전심으로 주를 찬송하고 영원토록 주의 이름에 영화를 돌리오리니, 이는 내게 향하신 주의 인자하심이 크사 내 영혼을 깊은 스올에서 건지셨음이니이다 시편 86:12,13

내 영혼이 낙심하고, 깊은 절망의 웅덩이에 빠져 허우적거리고, 죄책감에 사로잡힐 때, 교만한 자들이 때를 놓치지 않고 나를 치려고 일어나고, 난폭하고 잔인한 자들이 인정사정없이 내 목숨을 노릴 때, 나는 스올 깊은 곳에 있었다. 사방에 빛 한 점 없는 곳이었다. 그런데 그곳까지 주의 사랑이 내려왔다. "인자"는 '크고 놀라운 사랑'이다. 그곳에서 나를 향한 주의 크고 놀라운 사랑의 깊이와 높이를 경험했다. 거기서 주께서 나를 위로하고 용서하셨다. 주의 사랑의 깊이다. 거기서 주께서 나를 끌어올려 내 목숨을 건지시고 주의 임재가 있는 은혜의 보좌 앞까지 높이 올리셨다. 주의 사랑의 높이다.

나를 긍휼히 여기시고, 은혜를 베푸시고, 노하기를 더디 하시며, 나를 향한 인자와 진실이 풍성하신 주님을 만났다(15). 주님의 사랑의 넓이다. 그는 내가 섬기며 찬송하는 나의 하나님이시다.

나는 결심했다. 전심으로 주를 찬송하며 주께 감사하며, 영원토록 주의 이름에 영광을 돌릴 것을.

너는 귀를 기울여 지혜 있는 자의 말씀을 들으며, 내 지식에 마음을 둘지어다. 이것을 네 속에 보존하며, 네 입술 위에 함께 있게 함이 아름다우니라 잠언 22:17,18

"아름답다"는 즐겁고 유쾌하며 기쁨을 주는 것을 의미한다. 또한 말할 때도 거침없이 말하는 것이다. 이런 삶이 아름답다. '유쾌하고, 즐겁고, 기쁨이 있고, 말할 때도 거침이 없는' 사람을 누구나 좋아한다. 그 한 사람으로 행복과 기쁨 바이러스가 번지고, 모든 사람이 유쾌해지기 때문이다. 그런 사람은 모두에게 사랑받고 환영받는다. 이런 사람에게는 숨은 비결이 있다. 그는 평소 지혜 있는 자의 말씀에 귀 기울인다. 들은 것을 마음속에 깊이 담아둔다.

"네 입술 위에 함께 있게 한다"는 다른 사람에게 그것을 증거하고 가르치는 걸 말한다. 하나님의 말씀을 귀 기울여 듣고, 그 말씀을 마음에 두고, 삶으로 살아내고, 다른 사람에게 증거하고 가르치며 산다. 그 말씀을 듣고 마음에 두고 살아냈기에 말이 심장에서 나온다. 그 입에서 나오는 말은 권세 있는 자의 말과 같다.

그 삶이 아름답다. "아름답다"는 건 '알맞다, 적합하다'라는 뜻이다. 말 따로, 삶 따로가 아니라, 말과 삶이 하나로 어우러져 그 말은 아름다운 멜로디처럼 들리고, 그 모습은 단풍이 잘든 나무들처럼 보기가 좋다.

하나님의 말씀에 대한 네 가지 행동, 즉 귀로 듣고, 마음에 보존하고, 삶으로 살아내고, 입술로 증거하는 삶은 아름답다.

시편 : 내게 베푸시는 주님의 사랑이 얼마나 놀라운지, 경험하지 못한 자는 절대 모르리. 기이하고 놀라운 아가페적 헤세드의 사랑이다. 겸손한 자가 이 사랑을 입기에 마음을 토하고, 주님 앞에 자신의 전부를 쏟아부으면서 나아간다. "나는 가난하고 궁핍합니다"라고 고백하며 나가기 때문이다. 주님을 안중에도 두지 않는 오만하고 난폭한 무리가 내 목숨을 노릴 때, 나는 기도한다.

"나의 생명을 지켜주십시오. 주님은 나의 하나님이시니 주님을 신뢰하는 주의 종을 구원해주십시오. 내게 은혜를 베풀어주십시오. 진심으로 주님을 우러러봅니다."

주님은 선하시다. 내 기도에 귀 기울이신다. 애원하는 소리를 들어주시고 스올의 깊은 곳에서 내 목숨을 건져내신다. 동시에 내 모든 죄를 용서하시는 주님의 긍휼하신 사랑을 경험하면 사람과 하나님께 진심이 된다.

잠언 : 하나님의 말씀을 마음에 저장하고 많이 외우면, 말할 때마다 지혜의 말씀이 나온다. 하나님이 가르치신 말씀을 공부하고 심장에 채워두면 사업이나 사역을 할 때 통찰력과 분별하는 기준점이 생겨서 사람들을 옳은 방향으로 이끌 수 있다.

하나님의 말씀을 마음 깊이 소중하게 간직하는 것은 내 인생 최고의 보물이다. 진리를 묻는 사람들에게 필요할 때마다 보물을 꺼내서 바른 대답을 할 수 있다. 지혜 있는 주님의 가르침에 귀를 기울이고 마음에 새겨라! 그것을 깊이 간직하고 사람들에게 가르치는 건 나에게 큰 즐거움이다.

하나님이 사랑하시는 시온의 문들

시편 87:2   잠언 23:22,24,25

여호와께서 야곱의 모든 거처보다 시온의 문들을 사랑하시는도다 시편 87:2

시편 87편은 시온성을 노래하는 아름다운 장이다. 시온성을 통틀어 '예루살렘'이라고도 한다. 아브라함이 이삭을 번제로 드린 곳이며, 다윗이 희생제물을 위한 제단을 쌓은 곳이다. 다윗은 그곳에 궁을 세웠고, 솔로몬은 다윗성 위로 성전을 세웠다. 거기 우리 주 예수님의 십자가가 있다.

아브라함에게 이삭은 가장 귀하다. 그 무엇과도 바꿀 수 없다. 그는 기꺼이 '그 이삭'을 하나님께 번제로 드렸다. 하나님이 그 무엇보다 가장 귀하시기 때문이다. 어느 것도 하나님의 자리를 대신할 수 없다. 누구나 '나의 이삭'이 있다. 그것을 하나님의 제단 위에 번제로 드리는 삶이 귀하다. 이같이 사랑과 헌신이 있는 곳이 시온성이다.

다윗은 "값없이는 내 하나님 여호와께 번제를 드리지 아니하리라"(삼하 24:24)라고 고백하며 값을 주고 아라우나의 타작마당을 사서 그곳에 하나님을 위해 제단을 쌓았다. 하나님께 드리는 예배는 언제나 값없이 드릴 수 없다. 내 시간, 재물 그리고 마음을 드리며 나아가는 예배가 귀하다. 거기에 하나님의 임재가 있다. 생명의 말씀이 흘러와 나를 먹이고 치유한다. 하나님은 그곳을 사랑하신다. 바로 하나님의 영광이 머무는 곳, 주께로 돌아오는 열방 족속들의 출생지다.

너를 낳아준 아버지에게 순종하고 늙은 어머니를 업신여기지 말아라 … 의인의 아버지는 크게 기뻐할 것이며, 지혜로운 자식을 둔 아버지는 크게 즐거워할 것이다. 너의 어버이를 즐겁게 하여라. 특히 너를 낳은 어머니를 기쁘게 하여라. 잠언 23:22,24,25 새번역

너를 낳아준 아버지에게 순종해라. 너를 낳아준 어머니를 기쁘게 해라. 부모를 즐겁게 해라. 특히 늙은 어머니를 업신여기지 마라. 낳고 길러주신 것으로 충분하다. 의롭고 지혜로운 자식은 부모를 즐겁게 해드린다. 어머니를 따뜻하게 대하고 보살펴드린다. 부모를 즐겁게 하는 사람은 의로운 사람, 지혜로운 사람이 된다. 부모의 걱정거리

가 되고, 그들을 한숨짓게 하지 말아야 한다. 부모를 즐겁게 하는 자녀가 되자.

하나님을 경외하는 삶을 살 때, 그 말씀을 읽고 묵상하고, 말씀을 따라 힘을 다해 살아낼 때, 하나님 아버지가 즐거워하시고, 나를 낳아 기른 부모도 즐거워한다. 부모는 자식이 잘되는 것을 기뻐한다. 특히 의로운 자식, 지혜로운 자식을 둔 부모가 그렇다. 의로운 자식이란, 하나님을 경외하는 사람이다. 그는 지혜, 명철, 통찰력이 있다. 말씀을 삶에 구체적으로 적용하며 산다. 효도하는 길은 하나님을 경외하며 의롭고 지혜로운 삶을 사는 것이다.

의롭게 사는 길은 올바른 관계를 맺고 사는 것이다. 하나님과의 관계, 이웃과의 관계를 말한다. 하나님 사랑, 이웃 사랑이다. 그래서 5K운동에 동참한다. 지혜로운 사람이 되는 길은 하나님의 말씀을 삶으로 실천하며 사는 데 있다. 그래서 '말씀배가운동'에 참여한다. '체리배가운동'에 동참한다.

시편 : 야곱의 거처와 시온의 문이 대조적으로 보인다. 주님은 시온의 문을 사랑하신다. 그곳에는 순종과 희생과 번제가 있기 때문이다. 야곱의 삶이 내 힘, 내 방법, 내 능력으로 사는 삶이라면, 시온의 삶은 예배자의 삶, 성령의 능력으로 사는 삶이다.

우리 주님이 거하시는 산, 거룩한 성 예루살렘에 영원히 함께 살기를 원한다면, 오늘, 이 복음을 땅끝까지 전하는 삶을 살아야 한다. 주님은 시온에 다시 오신다. "이 천국 복음이 모든 민족에게 증거되기 위하여 온 세상에 전파되리니 그제야 끝이 오리라"(마 24:14). 마라나타! "주님! 맡기신 일에 최선을 다했습니다." 그날에 주님 뵐 때, 이렇게 말하고 싶다. "아버지께서 내게 하라고 주신 일을 내가 이루어 아버지를 이 세상에서 영화롭게 하였사오니"(요 17:4). 이 말씀을 내 묘비에 부끄럽지 않게 새길 수 있도록 오늘도 열심히 살 것이다.

잠언 : 어이쿠! 어머니에게 잘하지 못한 걸 떠올려주신다. 어머니를 기쁘게 해드려야 하는데 바쁘다는 핑계로 잘 돌봐드리지 못한 게 무척 죄송스럽다. 당장 전화해서 친절하고 따뜻하게 보살펴 드려야겠다. 어머니의 필요를 묻고 마음을 기쁘게 해드려야겠다. 연로하신 어머니를 옆에서 모시고 싶은데 우리 집에는 안 오신다. 도시의 아파트보다 시골이 공기도 좋고 자유롭게 다닐 수 있으니 좋으시단다. 더 큰 이유는 본 교회를 지키셔야 한다는 거다. 말씀을 주님의 책망으로 받고 더 잘하겠습니다!

24일

나의 기도가 주 앞에 이르게 하소서

시편 88:1,2   잠언 24:30-32

여호와 내 구원의 하나님이여, 내가 주야로 주 앞에서 부르짖었사오니, 나의 기도가 주 앞에 이르게 하시며 나의 부르짖음에 주의 귀를 기울여 주소서 시편 88:1,2

시편 88편은 고통 중에 있는 사람의 주를 향한 기도로 가득하다. 친구에게 버려진 자, 실패자, 사고 당한 자, 낙심한 자, 재정이나 건강이 가망 없는 자, 곧 고통 중에 있는 자다. 마치 저승 문턱에 이른 자 같고, 남은 친구는 오직 어둠뿐이다. 이럴 때, 물러서지 않고 목청껏 구원의 하나님께 부르짖어 도움을 구했다. 축 늘어져 낙심 가운데 있지 않기로 결심했다(1,2,13). 주야로, 매일, 아침에, 주 앞에 가서 부르짖었다(1,9,13). 그 기도가 주 앞에 이른다. 주께서 귀를 기울여 들으신다.

"환난 날에 나를 부르라. 내가 너를 건지리니 네가 나를 영화롭게 하리로다"(50:15).

단지 우리의 고통, 고난, 환난을 부르짖기만 하는 게 아니다. 하나님이 응답하시는 걸 들어야 한다. 부르짖기만 하느라, 염려하느라 응답하심을 듣지 못하는 일이 없어야 한다. 반드시 우리의 기도가 주 앞에 이르게 됨과 주께서 나의 부르짖음에 귀 기울이심과 응답하심도 믿어야 한다. 그러면 구체적으로 주님의 응답을 경험할 것이다. 우리의 생각과 기대보다 더 놀랍게 이루시는 걸 보게 될 것이다. 간증으로 하나님께 영광을 돌리게 되리라.

내가 게으른 자의 밭과 지혜 없는 자의 포도원을 지나며 본즉, 가시덤불이 그 전부에 퍼졌으며 그 지면이 거친 풀로 덮였고 돌담이 무너져 있기로, 내가 보고 생각이 깊었고 내가 보고 훈계를 받았노라 잠언 24:30-32

밭과 포도원을 지나며 보니 잡초가 땅을 덮었다. 가시덤불이 퍼져있다. 돌담이 무너져 있다. 주인을 만나본 적이 없어도 게으르고 지혜가 없으며 핑계를 대고 남 탓만 하는 부정적이고 소극적인 사람일 것이다. 그는 불평과 불만을 가득 늘어놓으며 쉽게 낙심한다. 어디를 가든 영향을 주기는커녕 영향을 받는다.

왕의 지혜

690

눈앞에 펼쳐진 이 광경을 지나치지 말아야 한다. 잡초가 무성한 밭, 가시덤불이 퍼진 포도원, 게으르고 지혜가 없는 농부를 넘어서서 보아야 한다. 들어야 한다. 그 밭과 포도원이 내게 큰 소리로 설교한다.

"게으름은 찢어지게 가난한 삶을 살게 한다. 절망과 한숨만 나게 한다. 가난은 게으름뱅이 집에 식객이 되어 눌어붙어 살 것이다. 게으름뱅이 문패를 떼고 부지런함의 문패를 새로 달아야 한다. 개미 선생이 가르치는 학교에 가서 배워야 한다(6:6). 남을 도우며 살길 원한다면 부지런해야 한다."

그 밭과 포도원이 나의 멘토다. 내게 진리를 깨우치는 교과서다. 큰 글씨로 적혀있지 않은가! 마치 모두가 볼 수 있는 큰 광고판 같지 않은가! 마음의 허리띠를 질끈 매고, '지혜로운 사람, 부지런한 사람이 되어야지'라고 굳게 다짐하자.

시편 : 환난 중에 길을 찾을 수 없을 때, 이렇게 기도하라. 첫째, 나를 구원하신 하나님께 낮이나 밤이나 부르짖는다. 둘째, 주님께서 내 부르짖음에 귀를 기울이신다. 셋째, 내 기도가 주님께 이른다. 주님이 내게 관심이 많으시고, 기도를 들으신다는 확신이 있을 때, 부르짖을 수 있다. "나는 기력을 다 잃은 사람과 같이 죽은 자 가운데 버림받아서 무덤에 누워있는 살해된 자와 같고, 고난에 휩싸여 내 목숨은 스올에 다다랐습니다"(3-5). 시편 기자의 고백에 내 마음이 짠~ 하다. 나의 고백이기 때문이다. 주님의 기억에서 사라진 자, 주님 손에서 끊어진 자라는 생각이 들 때, 내 십자가의 무게가 무겁게 느껴진다. 이는 내 감정을 속이고 있는 어둠의 세력들이 내가 낙심하고 절망에 빠지며 포기하여 영향력 없는 삶을 살게 하려는 계략이다.

우리를 이기게 하는 힘이 있다. 목숨까지 내어주신 그리스도의 사랑이다(롬 8:35,37). "아자! 아자!" 외치고 벌떡 일어나 기도의 자리로 복귀하자! 구원하시는 주의 손이 기다리신다.

잠언 : 게으른 자의 삶의 세 가지 결과를 본다. 점차 더 심각한 상황으로 번진다.
가시덤불 - 넝쿨이 어수선하게 엉클어진 수풀로 삶의 어수선한 상태를 나타낸다.
엉겅퀴 - 여러해살이로 털로 덮여있다. 게으름과 여러 해를 살면 인생의 모든 담이 무너진다.
돌담 - 진리, 말씀의 기준점을 나타내며, 무너진 돌담은 제멋대로 사는 걸 말한다. 원수들이 돌담으로 넘나든다. 포도원을 허는 작은 여우를 잡아라!

주여, 나를 도우소서!

시편 94:17-19 잠언 25:17

여호와께서 내게 도움이 되지 아니하셨더면 내 영혼이 벌써 침묵 속에 잠겼으리로다. 여호와여, 나의 발이 미끄러진다고 말할 때 주의 인자하심이 나를 붙드셨사오며, 내 속에 근심이 많을 때 주의 위안이 내 영혼을 즐겁게 하시나이다 시편 94:17-19

하나님이 돕지 않으셨다면 나는 살아남지 못했을 것이다. 내 발이 미끄러질 때, 주의 사랑의 손이 붙들어주셨다. 내 마음속에 걱정이 태산 같을 때 주께서 위로해주셨다.

야곱은 "내 환난 날에 내게 응답하시며 내가 가는 길에서 나와 함께하신 하나님"(창 35:3)이라고 말했다. 요셉은 여러 차례 환난을 겪었다. 그의 청춘은 웅덩이, 노예시장, 종살이, 감옥 생활의 연속이었다. 그때 그가 미끄러지지 않은 건 주의 도우심 덕분이었다. 그가 의지한 하나님은 전능자이며 이스라엘의 반석인 목자(창 49:24)셨다.

발이 미끄러질 때, 여호와 하나님께 부르짖어야 한다. 야곱, 요셉, 베드로처럼 외쳐 부르짖어야 한다. 스스로 해결하려고 허우적거리지 말아야 한다. 그냥 세 마디만 소리 내어 말하라.

"주여! 나를 도우소서!"

나를 도우시고, 내 발을 견고하게 하시며, 마음을 위로하시고, 내 편이 되어 악당들과 맞서시는 분, 나를 사랑하는 나의 하나님이시다! 그는 나의 요새, 나의 피할 반석이시다!

너는 이웃집에 자주 다니지 말라. 그가 너를 싫어하며 미워할까 두려우니라 잠언 25:17

시도 때도 없이 친구 집에 들락거리지 말아야 한다. 겉으로는 웃지만 내심 힘들어한다. 갈수록 싫증 나서 결국 미워하게 될지도 모른다. 드물게 가는 것이 좋다. 자주 가면 사생활에 방해가 되고, 부담을 줄 수도 있다. 친구의 가족이 있다면 더욱 조심해야 한다. 너무 오래 앉아있지 말아야 한다. 가능하면 식사 시간을 피하는 게 좋다. 또 남의 집안일에는 참견하지 말아야 한다. 자신을 값싸고 부담스러운 존재로 만들지 말자.

관계를 오히려 멀게 할 수 있다. 드물게 방문해서 내 방문을 귀히 여기게 해야 한다. 말이 많으면 허물이 드러난다는 말씀도 관련이 있다. 때론 좋은 일보다는 어려운 일, 힘든 상황일 때 방문하여 위로해주는 게 좋다.

그러나 "이제부터 우리 친구 되자!"라고 말해주신 분을 기억해라! 바로 우리 주 예수 그리스도시다(요 15:14,15). 그분보다 더 놀라운 친구가 어디 있는가! 그의 집에는 수시로 문턱이 닳도록 들락거리자. 그는 언제나 환영하신다. 그의 집에 들어가 앉는 순간, 은혜를 경험할 것이다. 위로와 격려, 웃음과 노래, 즐거움과 기쁨, 치유와 회복이 있다.

아, 나는 행복하다! 이런 친구가 있으니!

시편 : 영혼의 침묵에 잠기면 적막한 곳, 의지할 데 없는 외로움 가운데로 끌려간다. 심하면 불신앙에 빠진다. "나의 발이 미끄러진다"는 주님의 원리 원칙에서 떠난 삶, 죄 가운데 나아가려는 발걸음을 말한다. 이때 주의 사랑이 나를 붙들고 주의 위로가 나를 달랜다. 주의 오른팔이 나를 견고하게 붙잡아주신다. 그런데 조건이 있다. 실패, 실수, 죄 가운데 있더라도 주님께 피하는 자를 붙들어 건져내신다.

"그러나 여호와께서 기다리시나니 이는 너희에게 은혜를 베풀려 하심이요 일어나시리니 이는 너희를 긍휼히 여기려 하심이라 대저 여호와는 정의의 하나님이심이라 그를 기다리는 자마다 복이 있도다"(사 30:18). 한마디로 하나님은 그분을 기다리는 자를 기다리신다. 은혜와 긍휼을 베푸시기 위함이다. 내가 주님의 구원을 맛보려면 주를 향한 간절함으로 기도의 자리에 항상 있어야 한다.

정답을 아는데 다른 곳에서 위로를 얻으려는 사람은 미련한 사람, 바보다. 나는 미련한 바보가 되기를 거절한다.

잠언 : 만남을 약속하지 않은 상태에서 불쑥 찾아가는 건 큰 실례다. 특히 집으로 온다면 재앙이다. 다른 일정이 있을 수도 있고, 접대할 준비가 되지 않았을 수도 있다. 그러면 주인이 당황하게 되고, 이런 일이 자주 발생하면 그가 반갑거나 귀하게 보이지 않는다. 미리 약속하는 것은 서로를 향한 배려이며 사랑과 친밀감을 유지하는 지혜다.

나는 아들 부부 집에 갈 때, 반드시 미리 약속한다. 당연한 배려다. 이 땅의 시어머니들이 특히 조심해야 한다. 아들이 좋아하는 반찬을 잔뜩 만들어서 불쑥 찾아가면 아들이 며느리에게 달달 볶인다. 또는 푹 삶아져서 곰국이 된다. 아들을 사랑한다면 절제해야 한다. 이런 시어머니는 귀한 대접을 못 받는다. 나도 시어머니다. 조심하고 또 조심해야지!

피조물의 제자리

시편 95:6,7 잠언 26:28

오라! 우리가 굽혀 경배하며 우리를 지으신 여호와 앞에 무릎을 꿇자. 대저 저는 우리 하나님이시요 우리는 그의 기르시는 백성이며 그 손의 양이라. 너희가 오늘 그 음성 듣기를 원하노라 시편 95:6,7

앤드류 머레이의 책 《겸손》에 "피조물의 제자리"라는 한 장의 소제목이 인상적이었다. 겸손한 자는 자기가 마땅히 있어야 할 자리를 안다. 겸손은 자기 분수를 아는 것이다. 그러면 피조물의 제자리는 어디인가? 예배자의 자리다. 우리를 지으신 하나님께 경배하며 무릎을 꿇는 것이다. 그는 우리의 하나님이시다. 우리는 그가 기르시는 백성이요, 그의 손이 돌보시는 양이다.

나는 일어나 가장 먼저 하나님 앞에 무릎을 꿇는다. 그리고 잠자리에 들기 전에도 무릎을 꿇는다. 마음에서 우러나오는 감사와 온 마음과 힘을 다한 찬송으로 내 하나님께 경배드린다. 손을 들기도 하고 손뼉을 치기도 하며 일어서서 기쁨으로 찬양한다. 이것이 하나님 앞에 거할 나의 마땅한 자리다. 또한 피조물인 나의 제자리는 '순종'이다. 그의 음성을 듣고 순종한다. 내 생각과 뜻을 내려놓고 그의 말씀에 언제나 "예"라고 한다.

예배의 자리, 순종의 자리가 피조물의 제자리다. 영광의 자리, 기쁨의 자리다.

거짓말하는 자는 자기가 해한 자를 미워하고 아첨하는 입은 패망을 일으키느니라

잠언 26:28

남을 해치려는 말이나 행동은 절대 하지 말아야 한다. 생각조차 하지 말아야 한다. 그것은 악한 마음에서 나오며, 결국 자신을 해칠 것이다. 하만이 모르드개를 매달기 위해 만든 장대에 자신이 달렸다. 바둑에서 '자충수'란 이걸 두고 하는 말이다.

예수 그리스도의 십자가가 바로 그렇다. 사탄은 하나님의 아들 예수를 십자가에 못 박으려고 음모를 꾸미며 갖은 선동을 했다. 그러나 우리 주 예수님이 십자가에 달려 돌아가시는 순간, 마귀 자신의 모든 권세와 능력이 죽임을 당했다. 예수님의 십자가는 우리 믿는 자들의 구원이 되었다. 거기에서 죄 사함이 이루어졌고, 모든 저주와 사망이 끝났다. 이를 믿는 우리는 남을 해치려는 생각조차 하지 말아야 한다. 함정을 파는 일은 하나님나라의 정신이 아니다. 또한 거짓말이나 아첨도 절대 금지다.

이 말씀을 새번역은 "거짓말을 하는 혀는 흠 없는 사람의 원수이며, 아첨하는 사람은 자기의 신세를 망친다"라고 번역했다. 이들은 자기 신세를 망칠 뿐 아니라 모든 관계를 깨뜨린다. 정직하고 진실하며 지혜로운 사람이 되자. 무엇보다 하나님을 경외하는 법을 배우자.

시편 : "오라", "오늘", "그의 음성을 들으라!"가 눈에 들어온다.
1) 하나님이 나를 부르신다. '미진아~ 어서 와라! 속히 오너라!'
2) 나를 지으신 주님 앞에 겸손하게 무릎을 꿇고 나간다.
3) 엎드려 그분을 경배한다. 나는 주께서 손수 기르시며 이끄시는 양이다.
4) 오늘! 너희는, 오늘! '미진아~' 하시는 그의 음성을 들어보라.

하나님이 '딸, 오너라! 내 음성을 오늘 들어라!' 하실 때 "내일 듣겠습니다" 하지 말자. 오늘, 하나님의 음성 듣기를 사모하자. 그분께 귀가 열려있어야만 들을 수 있다. 그러려면 음성 듣는 연습이 필요하다. 하나님의 음성, 내면의 자아의 음성, 다른 사람의 음성, 사탄의 음성, 이 네 가지 음성을 훈련으로 분별할 수 있다. 음성을 들을 때의 조건은 '겸손한 마음, 순종하는 마음'이다. 내면을 고요하게 하고 주님을 바라보며 그분께 집중해라! 놀랍게도 들린다.

'딸, 내가 너를 사랑한다~ 두려워하지 말고 놀라지 마라! 내가 너와 항상 함께함이라.'

내가 자주 듣는 주의 음성이라 금방 마음이 편안해지고 안정이 된다.

뉴질랜드의 수많은 양 떼를 거느린 어느 목자가 말하길, 여러 양이 섞여 풀을 뜯다가도 목자가 "가자"라고 말하면 양들이 쫙 나뉘어 자기 목자를 따라간다고 한다. 목자의 음성을 알아듣는 것이다. 주님께서 이 비유를 하신 이유를 알 것 같다. 나도 하나님의 양으로서 주님의 음성을 듣는다. 그래야 삯꾼을 따라가지 않고 주님을 따라간다.

잠언 : 다정하게 말해도 거짓말하는 사람의 말은 절대 믿지 말자. 그 속에 악한 마음을 품고 다정하게 다가오기 때문이다. 웃으면서 그 입으로 함정을 파서 의인을 그 속에 빠뜨리려는 계획이 있다. 거짓말하는 사람과 아첨하는 사람을 경계하자.

여호와께 노래하며
그 이름을 송축하라
시편 96:1-3   잠언 27:17

새 노래로 여호와께 노래하라. 온 땅이여 여호와께 노래할지어다. 여호와께 노래하여 그의 이름을 송축하며, 그의 구원을 날마다 전파할지어다. 그의 영광을 백성들 가운데, 그의 기이한 행적을 만민 가운데 선포할지어다 시편 96:1-3

이 짧은 구절에 4번이나 반복해서 "노래하라"라고 하신다. 하나님께 노래하는 것이 얼마나 중요한지를 알 수 있다. 단순히 입으로 노래하는 게 아니라 넘치는 감격과 감동으로 노래하는 것이다. 입을 다물고, 몸을 가만히 둘 수가 없다. 즐거움과 기쁨, 감사와 감격으로 온 힘을 다해 춤추며 노래하지 않을 수 없다.

다윗이 그랬다. 그는 하나님의 법궤가 시온성에 들어올 때 가만히 구경하지 않았다. 왕의 자리에 앉아서 위엄을 뽐내지 않았다. 법궤를 제대로 운반하는지 감독하느라 온통 신경을 쓰지도 않았다. 일어서서 법궤 앞으로 나아가 온 마음과 힘을 다해 춤추고 노래하며 하나님의 임재를 즐거워했다. 이를 보고 아내 미갈은 마음으로 그를 업신여기고 비웃었다. 왕의 체통과 위엄을 저버렸다고 생각했다.

다윗은 알고 있었다. 자신은 하나님 앞에 구원받은 자, 그의 백성, 그의 양일 뿐임을. 왕은 하나님이 주신 자리일 뿐이고, 그의 첫 번째 신분은 예배자임을. 그는 구원의 감격, 기쁨, 은혜를 절대 잊지 않았다. 왕이기 전에 예배자였다. 하나님이 그를 기뻐하신 이유가 여기에 있다.

날마다 나는 주 하나님을 찬양하리라. 새 노래로 찬양하리라. 손을 들고, 손뼉을 치고, 춤을 추며 찬양하리라. 그의 영광과 권능을 모든 사람, 열방 가운데 선포하리라.

철이 철을 날카롭게 하는 것같이 사람이 그 친구의 얼굴을 빛나게 하느니라 잠언 27:17

쉬운성경은 "쇠는 쇠에 갈아야 날카롭게 되듯이 사람은 사람에게 부딪혀야 다듬어진다"라고 번역했다. 참 어려운 말씀이다. 사람은 조금만 부딪혀도 쉽게 상처를 입을 만큼 약하다. 뼈가 부러지고 피부에 상처를 입는다. 그런데 성품은 얼마나 단단한지 모

왕의 지혜
696

른다. 마치 돌과 같다. 성품이 깎이고 다듬어지는 건 참 어렵다. 마음은 오직 사람과 사람이 부딪힐 때만 다듬어진다. 사람들과 자주 부딪힌다면 견뎌야 한다. 들쑥날쑥하고, 울퉁불퉁한 돌이 상류에서 중류, 하류로 내려갈수록 다듬어진다. 드디어 바닷가에 도달한 돌은 정교하게 다듬어져서 아름답다. 이처럼 연단된 사람은 아름답다. 사람 사이에서 부딪힐 때, 주를 붙들고 인내하면 그렇게 된다.

누가 더 잘못했는지 저울질하지 말고, 오직 자신을 돌아볼 기회로 삼자. 나를 깨뜨리며, 예수님의 모습을 닮아갈 기회로 여기자. 용서와 용납, 사랑과 오래 참음, 온유와 겸손을 배울 절호의 기회를 절대 놓치지 말자. 질그릇으로 만든 옥합에 담긴 값비싼 향유는 그 옥합이 깨질 때 마침내 사방으로 향기가 퍼진다.

시편 : "새 노래"는 내게 날마다 새 일을 행하시는 주님을 만난 간증이다. 매일의 삶이 새 간증으로 채워진다. 홍 목사님과 동료들이 내 증인이다. 하루는 홍 목사님이 "미진 간사에게 매일 새 간증이 넘치는 이유를 알았습니다. 무조건 주의 말씀에 순종부터 하고 보는 자세가 새로운 간증을 만들어냅니다"라고 하셨다. 그렇다. 주의 말씀이 이해되든 안 되든 나는 순종부터 하며 살기로 작정했다.

새 간증이 내게 새 노래, 새 찬양을 만들어낸다. 어렵지 않다. 우리 주님은 순종하는 모든 자에게 날마다 새 노래를 주시는 선하신 분이다. 나는 그의 구원을 날마다 새 간증으로 전할 것이다. 어제의 간증으로 오늘을 살지 않기로 했다. 매일 하나님이 행하시는 놀라운 일에 새 간증의 주인공이 되고 싶다.

잠언 : 이 말씀의 뜻을 완전히 이해한다. 결혼한 사람들은 이해가 팍!팍! 되는 말씀이다. 서로 부딪히면서 더 성숙해야 한다. 관계가 깨지지 않도록 조심해야 한다. 결혼은 지구와 화성의 만남처럼 타 문화권 선교다. 성장하고 성숙해가는 광야 학교지만 놀랍고 안전한 공동체다. 부부싸움을 하다가도 누가 배우자를 욕하면 눈에서 불이 나온다. 얼마나 감사한 사랑의 공동체인가! 부부가 어느 정도 적응해갈 즈음, 세상을 바꿀 주님의 히어로가 태어난다. 하나님의 영웅으로 자라나는 아이를 무조건 사랑으로 품어주고 안아줘라. 위로하고 격려해라. 말씀의 원리 원칙을 잘 가르쳐라!

아이가 결혼하니 또 광야 학교에 입학한다. 과목은 '눈치'다. 모두 다 잘 통과해야 한다. 광야 학교는 주님께로 가는 날에 끝난다. 여기서 주님께 항복하는 법을 배우면 어둠의 적을 섬멸하는 날카로운 검을 소유한 영적 거장이 되어간다.

28일

감사함으로 그 문에,
찬송함으로 그 궁정에

시편 100:4 잠언 28:25

감사함으로 그 문에 들어가며, 찬송함으로 그 궁정에 들어가서, 그에게 감사하며 그 이름을 송축할지어다 시편 100:4

하나님께 예배드릴 때, 영과 진리로 드리라고 말씀하셨다(요 4:23,24). '영으로'는 성령의 능력과 인도하심을 받으며, '진리로'는 말씀에 기록된 대로 예배드리라는 것이다.

시편 100편 4절이 잘 보여준다. 예배의 시작은 "감사함으로" 주님의 임재가 있는 성전 문으로 들어간다. 주께서 행하신 것들을 선포하고 찬양(praise)하며 감사드린다. 무엇을 이뤄주시기를 구하거나 내 상황에 집중하기보다, 놀라운 구원을 우리에게 이미 이뤄주신 것을 노래한다. 내 죄를 용서하심을, 날 구원하심을, 내 병을 고치심을, 날 자유케 하심을 노래한다. 내 하나님은 그런 분이시다. 그 하나님은 앞으로도 그러실 것이다.

그래서 나는 기쁨과 즐거움으로 손뼉 치며 찬송한다. 이것이 믿음이며 예배의 시작이다. 예배는 축제로 시작한다. 감격, 감사로 시작한다. 그러나 끝이 아니다. 내 삶에 행하신 놀라운 일에 감사와 감격으로 찬송하면, 이제 주의 궁정에 들어간다. 주의 임재가 있는 곳이다. 주님 보좌 앞에 나아간다. 거기서 우리는 주님을 바라본다. 주께 경배(worship)를 드린다.

나에게 행하신 놀라운 일들 때문이 아니라, 놀라운 일을 행하시는 주님께 초점을 맞춘다. 그 영광 앞에 일어서서, 손을 들고, 때로는 무릎 꿇고 주를 송축한다. 이것이 예배다.

욕심이 많은 자는 다툼을 일으키나, 여호와를 의지하는 자는 풍족하게 되느니라

잠언 28:25

욕심은 분수에 넘치게 사는 데서 비롯된다. 그래서 "욕심"과 "교만"은 동행한다. 욕구는 욕심이 아니다. 욕구가 지나치는 이유는 욕심 때문이다. 겸손하여 분수를 아는 사람은 욕구가 일어날 때, '여기까지'라며 한계를 긋는다. 우리가 욕심을 경계하는 이

유는 관계에 영향을 주기 때문이다. 욕구에 한계를 긋지 않으면 다툼을 일으키고 화평을 깨뜨린다. 좋은 관계를 유지하다가도 욕심이 끼어들면 관계가 깨진다.

자족하는 법을 배우면 욕심을 다스릴 수 있다. 더 갖고 싶은 마음이 욕심이다.

"우리가 먹을 것과 입을 것이 있은즉 족한 줄로 알 것이니라"(딤전 6:8).

먹을 것, 입을 것이면 충분하다. 그 외는 남의 필요를 채우는 데 사용한다. 주는 삶을 연습한다. 주는 건 없어지는 게 아니다. 그걸 내 것으로 생각하면 욕심이 생기고 인색해진다. 모든 건 처음부터 하나님의 것이다. 하나님의 것을 그분께 드리는 것이다.

겸손, 분수를 지키는 삶이 그 열쇠다. 가장 적극적인 길은 욕구가 지나쳐 욕심이 일어날 때마다 그 방향을 하나님께로 향하는 거다. 하나님과 더 친해지려 하고, 그분을 더 의지하려 하고, 더 알고자 하는 방향으로 내 욕구를 쏟아라. 욕심은 모든 것을 반토막 나게 하나, 그것을 하나님을 향한 열정으로 바꾸면 풍족해진다. 놀라운 하나님 나라의 원칙이다.

시편 : 감사의 노래로 찬양하며 하나님의 문, 하나님의 뜰 안으로 들어간다. 예수님을 통해 이뤄놓으신 모든 일에 감사하며 하나님께 찬미의 제사를 드리는 것이 예배다. 감사의 찬양으로 하나님의 이름을 높이는 예배는 노래와 입술의 선포로 드려진다. 나는 이런 예배를 즐거워한다. 교회에서 예배 팀이 하나님의 보좌 앞으로 우리를 이끌어갈 때, 나는 하나님의 아름다우심과 행하신 위대하고 놀라운 일들을 선포한다.

"하늘의 하나님께 감사하라. 그는 선하시며 그 인자하심이 영원함이라"(136:26)!

"대적에게서 건지신 이에게 감사하라. 그 인자하심이 영원함이라"(136:24)!

"모든 육체에 먹을 것을 주시는 이에게 감사하라. 그는 선하시며 그 인자하심이 영원함이로다"(136:25)!

교우들도 이어서 선포하고, 예배가 계속된다. 찬송과 찬미와 선포가 어우러진 예배다.

찬송 - 하나님의 은혜를 기리고 노래(찬양)로 드리는 것.

찬미 - 주님의 아름답고 훌륭하고 위대하심을 기리어 칭송하는 것.

잠언 : 맘몬은 우리를 낚기 위해 욕심과 탐심의 미끼로 덫을 놓고 기다린다. 우상 숭배의 죄로 발전한다(골 3:5). 하나님보다 더 사랑하는 그 무엇이 생긴다. 탐심을 다루지 않으면 하나님을 배반(시 10:3)하며 믿음에서 떠난다. 꼭 필요한 게 아니면 사지 않는 습관은 나를 탐심으로부터 지켜준다. 욕심은 다툼을 일으키고, 주님을 의지하는 삶은 영적, 정신적, 재정적으로 풍성하게 한다.

하나님이 찾으시는 사람

시편 101:6 잠언 29:25,26

내 눈이 이 땅의 충성된 자를 살펴 나와 함께 거하게 하리니, 완전한 길에 행하는 자가 나를 수종하리로다 시편 101:6

시편 101편은 충성된 자의 특징을 여러 면에서 보여준다. 충성된 자는 완전한 길에 주목한다. 즉, 흠 없이 살기 위해 노력한다. 부끄러운 일을 하지 않는다. 그는 완전한 마음으로 행한다. 지식으로 아는 것만이 아니라 일상에서 삶으로 살아낸다. 집에서부터 그렇게 살아서 가족에게 존경과 사랑, 칭찬을 받으면 합격이다.

충성된 자는 거스르는 행위를 미워한다. 구부러진 생각을 멀리한다. 속이는 사람, 거짓말하는 사람을 고용하지 않고, 거래하거나 상종하지 않는다. 정직하고 성실한 사람과 사귀고 거래한다. 하나님은 오늘도 충성된 자를 찾으신다.

"살피다"는 '주목하고 세밀하게 관찰하다'이다. 하나님이 살피시는 대상은 구분이 없다. 남녀노소, 빈부귀천을 따지지 않으신다. 그러나 오직 한 가지 공통점은 '충성된 사람'이다. 충성되면 하나님은 그에게 기회를 주신다. 하나님이 찾으시는 바로 '그 사람', 충성된 사람이 되자!

사람을 두려워하면 올무에 걸리게 되거니와 여호와를 의지하는 자는 안전하리라. 주권자에게 은혜를 구하는 자가 많으나 사람의 일의 작정은 여호와께로 말미암느니라
잠언 29:25,26

사람을 두려워하면 사람을 기쁘게 하려고 한다. 사람의 평가를 지나치게 의식한다. 사람에 의해 좌지우지된다. 기쁨과 슬픔이 교차하고 기분이 오락가락한다. 결국 사람에 의해 옴짝달싹 못 하게 된다. 하나님을 두려워해야 한다. 그를 기쁘시게 하는 삶, 오직 그를 의식하고 의지하는 삶을 살면 자유, 생명, 풍성함을 경험한다. 사람의 올무에서 벗어나게 될 것이다.

모든 주권이 하나님께 있다. 권세, 능력, 부귀, 재물이 주의 것이다. 하나님이 실세(實

勢)시다! 그렇기에 사람을 두려워하지 말고 하나님을 두려워하며, 사람을 의지하지 말고 오직 하나님을 의지해야 한다. 사람을 기쁘게 하지 말고 하나님을 기쁘시게 해야 한다. 하나님만이 사람을 높이고 낮추신다. 혹 권위자에 의해 낮아지면 높아지려 하지 말고, 주 앞에 자신을 맡기고, 겸손해야 한다. 사람의 손을 넘어 주의 손을 봐야 한다. 하나님은 교만한 자를 낮추고 겸손한 자를 높이신다. 어떤 경우에도 하나님을 의지하여 자신을 주의 손에 겸손히 맡기는 법을 배워야 한다.

"높이 세우는 그 일은 동쪽에서나 서쪽에서 말미암지 않고, 남쪽에서 말미암지도 않는다. 오직 재판장이신 하나님만이, 이 사람을 낮추기도 하시고, 저 사람을 높이기도 하신다"(시 75:6,7 새번역). 사람의 손 너머 주의 손을 보아야 한다.

시편 : 하나님의 눈이 이 땅을 살피신다. 이 사실은 굉장한 충격이고, 소망 가운데 주를 바라보게 한다. 하나님의 눈은 이 땅에서 믿음직한 사람, 충성되고 흠 없이 사는 사람을 찾으신다. 하나님 곁에 두고 그분을 받들게 하기 위해서다. 나도 하나님께 믿음직하고 충성스러운 사람으로 인정받고 싶은데 휴~ 잘 안된다. 그래도 포기하지 않는다.

흠 - 사람의 성격이나 언행에 나타나는 모자라거나 부족하고 잘못된 부분.

나는 하나님이 보시기에 흠은 있지만, 믿는 구석이 있다. "내 의의 하나님이여"(4:1). 하나님께서 내 의가 되셨다. 내 공로가 아니다. 예수님의 피를 의지하여 흠도 모자람도 부족함도 있지만 주께서 채워주신다. 그러니 하나님 곁에서 그분을 받들고 사는 삶이 큰 도전이 된다. 오늘도 하나님의 눈을 의식하며 그분을 경외하는 코람데오의 삶, 거룩한 옷을 입고 세상과 구별된 삶에 도전한다.

"주여! 오늘도 당신 곁에서 당신을 받드는 삶을 살겠습니다."

잠언 : "많은 사람이 통치자의 환심을 사려고 하지만 사람의 일을 판결하시는 분은 주님이시다"(26, 새번역). 하나님의 판결은 정직하시다. 하나님께 잘 보이는 길은 말씀을 따라 사는 것이다. 정직한 의인은 불의한 악인을 싫어한다. 불의한 악인은 정직한 의인을 싫어한다. 사람을 두려워하면 사람에게 잘 보이려고 애쓴다. 이것이 올무가 되고 사람의 종이 되게 만든다. 오직 주님을 의지하면, 주께서 앞서 이끌어가시거나 옆에서 함께 걸어가시고 뒤에서 보호하셔서 안전하게 지키신다. 주를 의지하는 사람을 존중히 여기시고, 그가 사람들에게 호의를 받도록 보살펴 주신다.

그의 종들을 최후 승자가
되게 하시는 하나님
시편 102:2   잠언 6:6-8

나의 괴로운 날에 주의 얼굴을 내게서 숨기지 마소서. 주의 귀를 내게 기울이사 내가 부르짖는 날에 속히 내게 응답하소서 시편 102:2

하나님은 부르짖는 기도에 귀 기울이시고 속히 응답하신다. 고난 당할 때, 마음이 풀처럼 말라 시들어지고, 뼈는 숯불처럼 타들어 갈 때, 신음하다 지쳐 뼈와 가죽만 남았을 때, 사막의 올빼미 같고, 지붕 위의 한 마리 외로운 새처럼 뜬눈으로 밤을 지새울 때, 온종일 원수들이 나를 빈정대고 모욕할 때, 눈물을 물처럼 마실 때(3-9), 그때는 자신의 처량한 모습을 보고 신세타령하며 푸념을 늘어놓을 때가 아니라 주께 부르짖어 기도할 때다.

하나님은 빈궁한 자의 기도를 돌아보시고 그 기도를 멸시하지 않으신다(17). 그를 의지하는 백성을 긍휼히 여기시며 은혜를 베푸신다(13). 갇힌 자의 탄식을 들으시고 다시 주 앞에 굳게 세우신다. 하나님은 그의 뜻을 구하며 그에 따라 행하는 종들을 항상 안전하게 살게 하신다(28). 그의 종들이 언제나 최후 승자가 되게 하신다. 그를 의지하는 그들에게 결국 기쁨과 즐거움을 주신다. 간증이 있게 하신다.

그러니 낙망하여 널브러져 있지 말고, 힘을 내어 무릎으로 주께 나아가 부르짖어라. 주께서 반드시 그의 얼굴을 내게로 향하실 것이다.

게으른 자여 개미에게 가서 그가 하는 것을 보고 지혜를 얻으라 개미는 두령도 없고 감독자도 없고 통치자도 없으되 먹을 것을 여름 동안에 예비하며 추수 때에 양식을 모으느니라 잠 6:6-8

우리는 하나님의 기록된 말씀을 묵상한다. 그러나 때로는 그가 지으신 세계를 묵상하기도 한다. 오늘은 개미를 묵상하는 시간이다. 개미는 땅에 있는 것 중 작고도 가장 지혜롭다. 너무 작아서 힘도 없다. 그러나 여름에 겨울에 먹을 것을 준비한다.

'나는 보잘것없는 사람이다. 힘이 없어서 할 일이 별로 없다'라고 생각하며 맥 놓고 앉아있는가? 주께서 개미를 통해 말씀하신다. 비록 작고 힘없는 개미라 할지라도 땀 흘려 수고하며 미래를 준비한다. 누가 시키지 않아도 스스로 준비한다. 그것을 '지혜'라고 한다. 부지런히 최선을 다해 자발적으로 수고하는 것이 지혜다.

개미보다 덩치만 크고 말만 할 뿐 게으르고 아무 일도 하지 않는 미련한 사람이 되지 말아야 한다. 자발적이거나 주도적이지 않고, 남이 시키는 것만 불평불만을 터뜨리며 억지로 하는 사람은 '지혜가 없는 미련한 사람'이다. 누구도 핑계 댈 수 없다. 예외일 수 없다. 지혜를 배우자. 부지런하자. 주도적이고 능동적인 사람이 되자.

시편 : 고난받을 때, 자신의 고민을 주님께 토로하는 자의 애타는 기도다. 내 날이 연기처럼 사라지고 내 뼈는 화로처럼 달아올라 음식을 입에 대지도 못하고 마음은 풀처럼 시들어 말라버린 상태. 악인들이 나의 모든 선한 수고를 다 사라지게 만들어버린다. 내 뼈는 손만 대어도 으스러진다. 물조차 들어가지 않으니 내 마음이 말라비틀어진다. 기가 막혀 눈물만 난다. 마치 지붕 위의 외로운 새 한 마리처럼 외로움에 묻혀 잠을 이루지 못하는 밤, 외치고 또 외쳤다. "주님은 어디 계십니까?"

원수들이 종일 나를 모욕하고, 나를 비웃는 자들이 내 이름을 부르며 저주를 퍼부었다. 나는 외치고 또 외쳤다.

"주님은 어디 계십니까?"

그때 주님이 말씀하셨다.

'딸아~ 사랑한다. 내가 너를 업고 있단다. 내가 너를 품에 품고 있단다.'

펑펑 울어버렸다. 주님은 언제나 한결같은 사랑으로 내 곁에 계셨다.

잠언 : 개미는 여름 동안 양식을 마련하고 추수 때는 먹이를 모아둔다. 부지런함과 저축에 관한 말씀이다. 인생의 풍년의 때, 흉년을 대비하는 지혜를 가져야 한다. 개미에게서 배우는 지혜다.

지금 전 세계는 한 번도 겪어보지 못한 경제 대공황을 눈앞에 두고 있다. 아주 지혜로워야 한다. 먼저 빚을 꼭 갚아야 한다. 아니면 큰 낭패를 당한다. 빚이 없는 자는 어떤 경제 공황도 버틸 수 있다. 비바람과 태풍이 세차고 거칠게 몰려올 때, 잠시 피해 가야 한다. 주님은 언제나 우리의 피할 바위시다. 주님이 주시는 '평강'이 절실하게 필요할 때가 온다. 이것이 아니면 모든 기반이 흔들리고 뿌리째 뽑히는 날이 온다. 반드시 대비하라!

KING'S WISDOM

December

12월

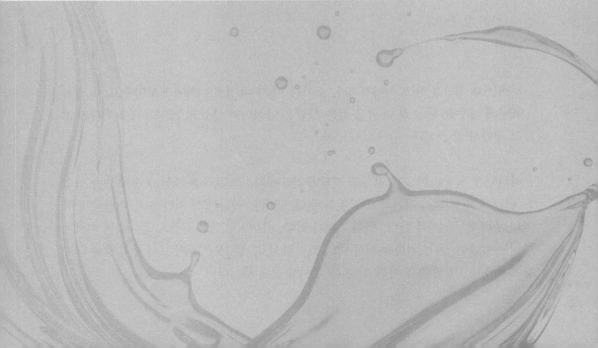

아, 하나님의 놀라운 사랑!

시편 103:4 잠언 1:23,33

네 생명을 파멸에서 구속하시고 인자와 긍휼로 관을 씌우시며 시편 103:4

시편 103편은 '성경의 에베레스트산'으로 불린다. 짧은 22구절이 하나님의 행위(His Ways)와 행사(His Acts)를 풍성하게 알린다(7). 1-6절은 '그의 행사들', 8-14절은 '그의 행위들'을 알린다. 오늘은 하나님의 인자하심에 주목하자. 4,8,11,17절에 4번 언급했다. 이 놀라운 사랑, 하나님의 인자하심은 누구에게 나타나는가? 오직 하나님을 경외하는 자가 경험한다. 그런 사람에게 하나님의 인자하심이 풍부하고 크게 영원토록 나타난다. 우리의 생명을 파멸에서 건지실 뿐 아니라 높이 들어서 명예를 얻게 하시고 영광스럽게 하셨다. 하나님께서 자기를 경외하는 자의 머리에 영광의 면류관을 씌워주신다. 전적인 하나님의 일방적 사랑이다. 크신 긍휼이다.

하나님을 경외하는 삶이 얼마나 아름답고 영화로운가! 하나님이 나에게 행하신 그 놀라운 사랑으로 감격한다. "내 영혼아, 여호와를 송축하라! 내 속에 있는 것들아, 다 그의 거룩한 이름을 송축하라"(1)! 그 은혜를 절대 잊지 말라고 나 자신에게 명령한다. 그 사랑을 언제나 심장에 넣고 다니라고 내 마음에 명령한다. 이것이 하나님을 경외하는 사람의 고백이다.

너희는 내 책망을 듣고 돌아서거라. 보아라, 내가 내 영을 너희에게 보여주고, 내 말을 깨닫게 해주겠다. 오직 내 말을 듣는 사람은 안심하며 살겠고, 재앙을 두려워하지 않고 평안히 살 것이다. 잠언 1:23,33 새번역

하나님은 성령으로 그의 말씀을 깨닫게 해주신다. 그 말씀을 깨닫고 순종하는 사람은 아무 두려움 없이 평안하고 안전하게 살 것이다. 어리석고, 거만하고, 미련하게 살았다면 이제 돌이켜야 한다. 아직 기회가 있다. 아버지의 책망을 듣고 돌이키는 자에게 주시는 약속이 있다. 죄를 용서하시고, 도말하시고, 성령을 부어주셔서 주의 말씀을 깨닫게 하시며, 그 말씀을 따라 살 힘을 주셔서 살게 하신다.

"근신이 너를 지키며, 명철이 너를 보호하여 악한 자의 길과 패역을 말하는 자에게서 건져내리라"(2:11,12). 이 말씀을 메시지성경은 이렇게 번역했다.

"건전한 상식이 앞서 나가 위험을 찾아내고, 통찰력이 너를 빈틈없이 지켜줄 것이다. 네가 잘못된 길로 접어들지 않도록, 길을 잃어 어디가 어딘지 모르는 자들의 엉터리 길 안내를 따르지 않게 지켜줄 것이다."

근신과 통찰력이 이 세상을 사는 우리에게 얼마나 중요한가! 내가 가는 길이 안전한지 앞서가며 살피고 위험을 찾아내어 지켜주는 일, 엉터리 길 안내자를 따라 잘못된 길로 접어들지 않도록 올바르게 안내하는 것은 내게 절대적이며 필수적이다.

하나님을 찾는 사람, 하나님을 경외하는 사람에게 이런 지혜를 주신다! 더 이상 미련하게 살지 말아야 한다. 이제부터는 지혜가 나의 가장 절친한 친구이며 인생 동반자다.

속량은 예수님이 십자가에 못 박힘으로써 인류의 죄를 대신 씻어 구원하신 일이다. 내 생명을 파멸에서 속량해주시는 분이 사랑과 긍휼(자비)로 나를 단장해주셨다(시 103:4). 평생 좋은 것으로 흡족히 채워주시는 분께서 나를 독수리처럼 늘 새롭게 하신다(시 103:5). 우리 죄를 지은 그대로 갚지 않으시고 우리 잘못을 저지른 그대로 갚지 않으신다.

주님을 경외하고 주님의 언약과 법도 따르는 사람에게는 주님의 사랑이 영원에서 영원까지 이르고 자손 대대에 이르게 하신다. 주님은 그 보좌를 하늘에 든든히 세우시고 그의 나라는 만유를 통치하신다.

"모든 천사와 군대, 힘찬 용사들, 주님께 지음 받은 사람들아, 여호와를 찬양하라! 주님께서 통치하시는 모든 곳에서 주님을 찬송하여라. 내 영혼아, 주님을 찬송하여라."

주님은 내 삶에 이런 일을 행하셨다. 슬픔을 대신하여 화관을 씌워주셨다. 찬송의 옷을 입혀 근심이 없게 하셨다. 내 마음에 기쁨이 넘쳐나게 하셨다. 나는 외친다.

"만민들아, 우리 하나님을 송축하며 그의 찬양 소리를 들리게 할지어다"(시 66:8).

영원까지 여호와를 송축하라! 여호와를 송축함이 내 입에서 떠나지 않으리라! 내 영혼이 응답한다 "아멘! 할렐루야~ Bless God!" 보좌에 앉으신 거룩하신 이와 어린양에게 찬송과 존귀와 영광과 권능을 세세토록 돌릴지어다. 아멘! 종일 하나님의 성호, 그 거룩하신 이름을 노래와 입술의 선포로 만민과 주변 모든 이가 듣도록 송축할 것이다.

다윗이 온 회중에게 "너희는 너희 하나님 여호와를 송축하라" 하자 회중이 열조의 하나님 여호와를 송축했다. 나도 잠잠하지 않을 것이다. 온 회중을 향해 외칠 것이다.

"여호와를 노래하라! 그 이름을 송축하라! 그 구원을 날마다 선포할지어다!"

승리하는 삶의 비결 일곱 가지

시편 105:1-4 잠언 2:6

여호와께 감사하고 그의 이름을 불러 아뢰며, 그가 하는 일을 만민 중에 알게 할지어다. 그에게 노래하며 그를 찬양하며 그의 모든 기이한 일들을 말할지어다. 그의 거룩한 이름을 자랑하라! 여호와를 구하는 자들은 마음이 즐거울지로다. 여호와와 그의 능력을 구할지어다. 그 얼굴을 항상 구할지어다 시편 105:1-4

시편 105편은 이스라엘 역사의 요약이다. 하나님께서 그들에게 행하신 놀라운 일들의 나열이다. 여기서 중요한 것은, 그 하나님이 '나의 하나님'이시라는 거다. 하나님의 능력은 조금도 감소하지 않았다. 이스라엘에 행하신 하나님의 능력은 오늘도 여전하시다.

그러면 내 반응이 어때야 할까? 105편 1-4절이 결론이다.

1) 하나님께 감사드려라! 2) 그의 이름을 부르며 기도하라! 3) 만나는 모든 이에게 그가 행하신 놀라운 일들을 알려라! 4) 하나님을 향해 노래로 힘차게 찬양하라! 그가 행하신 모든 놀라운 일들을 음악에 실어라! 5) 그 거룩한 이름을 "할렐루야"로 외쳐라! 6) 매일 기뻐하며 즐겁게 지내라! 이 놀라운 하나님이 날마다 나와 함께하시니 말이다! 7) 날마다 하나님을 찾고, 그의 능력을 힘써 사모하고, 그의 얼굴을 항상 구하라!

이 일곱 가지는 날마다 승리하는 삶의 비결이다. 연습하고 또 연습해야 한다. 나의 일상생활이 될 때까지 연습하자. 그러면 놀라운 일이 일어날 것이다.

대저 여호와는 지혜를 주시며 지식과 명철을 그 입에서 내심이며 잠언 2:6

지혜는 우리를 성공의 길로 인도한다. 실패가 없는 삶으로, 하는 일마다 잘되게 하는 힘이 있다. 금과 은, 진주보다 귀하다. 금이나 은가락지를 손에 끼지 말고 지혜의 반지를 끼는 게 더 중요하다. 진주 목걸이보다 지혜의 목걸이가 더 빛나고 나를 아름답게 한다. 지혜의 반지와 목걸이로 내 삶을 장식하는 게 얼마나 아름다운가!

그 지혜는 돈으로 사는 게 아니다. 땅속 깊은 곳에 있지 않다. "그러나 지혜는 어디서 얻으며 명철이 있는 곳은 어디인고? 그 길을 사람이 알지 못하나니 사람이 사는 땅에서는 찾을 수 없구나!"(욥 28:12,13). 지혜는 오직 여호와 하나님께 있다. 하나님을 간절히 찾을 때, 그의 말씀에 귀 기울일 때, 정직한 길로 걸어갈 때, 하나님이 내게 지혜를 주신다.

"주시다"는 '배당하다'이다. 저절로 주어지는 게 아니라 내 노력과 수고가 있어야 한다. 적극적이고 능동적으로 찾아야 한다. 간절히 원하고 주를 찾을 때, 지혜가 그런 사람에게 배당된다.

지혜의 삶을 살 때 마음과 삶이 즐겁다. 인생이 아름답다. 하나님을 더 알게 된다. 여호와 하나님 경외하기를 깨닫는다. 지혜가 나의 가는 길을 지켜주고 보호한다.

시편 : 일곱 가지 승리의 비결이 내 삶에서 일상이 되도록 붙들고 훈련할 것이다. 감사의 삶, 기도의 삶, 간증의 삶, 찬양의 삶, 할렐루야의 삶, 즐겁고 기쁜 삶, 주님의 능력과 그 얼굴을 구하는 삶이다. "그의 종 아브라함의 자손아, 그가 택하신 야곱의 자손아!" 여기에 나도 포함된다(갈 3:7,9,29).

하나님은 맺으신 언약을 영원히 기억하신다. 그가 허락하신 약속이 자손 수천 대에 이루어지도록 기억하신다. 창세기 12장 1-3절에 하나님과 아브라함의 언약이 기록되어 있다. 하나님이 아브라함을 부르고 복을 주며 '너를 통해 온 땅이 복을 받을 것이다'라고 말씀하셨다. 창세기 22장 16,17절에서는 아브라함의 씨를 통해서 첫째, 대적의 성문을 취하시고, 둘째, 천하 만민이 복을 받게 될 거라고 하셨다. 나는 아브라함의 씨이기에 내가 할 일은 뚜렷하고 명확하다. 대적의 성문을 취하는 삶을 통해 잃어버린 영혼을 주께로 돌아오게 하는 것이다. 나를 통해 오늘도 복 받는 사람이 있어야 한다. 그것이 아브라함의 씨가 사는 삶의 모습이다.

"주여! 오늘도 아브라함의 씨로서 사명 따라 살겠습니다."

잠언 : 주님께서 지혜를 주시고 친히 지식과 명철을 주신다(6). 지혜, 지식, 명철은 박사 학위로 주어지지 않는다. 정직한 사람에게는 분별하는 지혜를 주신다(7). 지혜가 마음속에 들어가고, 지식이 영혼을 즐겁게 한다(10). 분별력이 나를 지켜주고 명철이 나를 보살펴 준다(11).

주님께서 지혜와 지식과 명철을 주시는 기준점은 딱 한 가지다. 그것을 얻으려면 소리를 높여야 한다(3). 은을 구하듯 구하고, 보화를 찾듯 찾아야 한다(4). 그러면 주님을 경외하는 길을 깨닫는다(5). 주를 향한 간절한 갈급함 가운데 친히 주신다. 목마른 사슴이 시냇물을 찾는 간절함이 답이다.

3일

내가 있는 곳에 방문하시는 하나님

시편 106:4,5 잠언 3:25,26

여호와여, 주의 백성에게 베푸시는 은혜로 나를 기억하시며 주의 구원으로 나를 돌보사, 내가 주의 택하신 자가 형통함을 보고, 주의 나라의 기쁨을 나누어 가지게 하사, 주의 유산을 자랑하게 하소서 시편 106:4,5

"돌보다"는 '권고하다, 방문하다'라는 뜻이다. 하나님이 나를 잊지 않고 기억하신다. 나의 상황을 아시고 이해하신다. 그뿐만 아니라 하늘 보좌에서 일어나 우리 가운데 오셔서 구체적으로 구원하신다. 우리의 처소에 방문하신다. 이것이 "나를 돌보다"의 뜻이다.

주님의 택하신 백성에게 어떻게 은혜를 베풀고 구원하며 돌보시는지를 역사에서 본 사람은, 하나님께 나아가 담대히 구한다. 그들은 하나님과 친밀감을 느낀다. 그들에게 베푸신 은혜를 내게도 동일하게 베푸실 걸 믿기 때문이다. 이전에 하나님의 백성이 누렸던 은혜와 영광, 부요함과 풍성함, 구원과 승리의 삶을 똑같이 누릴 걸 믿는다. 그들이 누린 형통함이 내 형통함이다. 그들의 기쁨과 즐거움이 지금의 내게도 똑같이 나누어진다. 그들이 가진 모든 영적 유산이 내 유산이다.

"주의 은혜를 주의 백성에게 베푸실 때, 저를 기억해주시고, 그들을 구원하실 때 저도 구원해주소서. 주께서 택하신 자들의 형통함을 보고 저도 함께 기뻐하며 즐거워합니다. 주의 자랑과 기쁨이 되는 이들과 함께 주를 찬양하겠습니다."

너는 갑작스러운 두려움도, 악인에게 닥치는 멸망도 두려워하지 말라. 대저 여호와는 네가 의지할 이시니라. 네 발을 지켜 걸리지 않게 하시리라 잠언 3:25,26

하나님은 나의 의지가 되신다. 항상 내 곁에 계시며 나를 안전하게 지켜주신다. 나보다 앞서 걸으시며 내가 걸려 넘어지지 않게 장애물을 제거하신다. 그러니 놀랄 일이 생겨도 두려워하지 말아야 한다. 심지어 심판과 멸망의 예언이 들려도, 여러 가지 징조를 들며 부정적 미래를 예견하는 전문가의 소리가 들려도 무서워하지 말아야 한다. 가장 확실하고 놀라운 것은 하나님이 함께 계시며 그를 전적으로 의지하는 자를 그분이 안전하게 지켜주신다는 것이다. "두려움"은 예의를 차리지 않고, 예고도 없이 밀려온다. 상식도 통하지 않고, 아무 근거도 없다. 내면이 약하고 믿음 없는 사람이 두려움의 표적이다. 뉴스에서 졸지에 폭풍이 몰려와 여러 사람이 죽거나 다치는 걸 들으면 두려움이 증폭된다. 그러나 여호와 하나님을 의지하는 사람은 두려워하지 않는다. 마음이 견고하여 조금도 흔들리지 않는다. 하나님께서 내 발이 함정에 빠지지 않도록, 그물에 걸리지 않도록 지키실 것을 믿기 때문이다. 지금은 믿음을 보일 때다.

시편 : 나를 기억하시고(돌보시고) 기억해달라고 2번이나 말한다. 은혜를 베푸실 때, 그들을 구원하실 때 나를 기억해달라고 기도한다. 나를 절대 빼지 말아달라고 주님께 다짐받듯이 기도한다. 그래서 주님이 택하신 백성의 번영을 함께 누리길 원한다고, 하나님나라의 넘치는 기쁨을 함께 누리게 해달라고 기도한다.

한 친구가 있다. 무슨 일에나 자기를 기억하라고 협박하듯 내게 다짐받는다. 억지고, 말이 안 된다고 생각했다. 그런데 이상하게 슬플 때나 기쁠 때, 상황이 나쁠 때나 좋을 때 이 친구가 기억난다. 주님은 정확한 계산으로 기억하시는 분이다.

"말하되 고넬료야 하나님이 네 기도를 들으시고 네 구제를 기억하셨으니"(행 10:31).

살아계신 하나님의 기억이 이방인에게까지 성령을 받도록 인도했다.

나는 무엇을 기억해야 하는가? 하나님의 말씀과 그분의 성품이다. "저희가 예수의 말씀을 기억하고"(눅 24:8), "주의 옛 규례를 내가 기억하고 스스로 위로하였나이다"(119:52). 말씀의 기억은 나를 보호하고 주의 길로 인도한다. "땅의 모든 끝이 여호와를 기억하고 돌아오며 열방의 모든 족속이 주의 앞에 경배하리니"(22:27).

"주여, 이방인들에게 주님의 기업을 자랑할 수 있도록 저를 기억해주옵소서! 저를 축복해주옵소서!"

잠언 : 악한 사람에게 닥치는 멸망을 보고 두려워하지 말라고 하신다(25). 주님을 의지하면 내 발이 덫에 걸리지 않게 지켜주시기 때문이다(26). 주님은 역겨운 일을 하는 사람을 미워하신다(27). 회개할 기회를 주고 기다리시다가 돌이키지 않으면, 그의 집에 저주를 내리신다(33). 주님은 바른 일을 하는 사람과 늘 사귐을 가지신다(32). 의로운 사람이 사는 곳에 복을 내리신다(33). 하나님은 복과 화를 내리신다(습 1:12). 주님의 가장 큰 선물인 '평강'이 모든 두려움을 이기게 한다. 우리 안에 계신 이가 세상에 있는 자보다 크시니, 뭐가 두렵겠는가? 할렐루야!

부르짖을 때 구원하시고
기적을 베푸신다
시편 107:1-3　잠언 4:20-22

여호와께 감사하라. 그는 선하시며 그 인자하심이 영원함이로다. 여호와의 속량을 받은 자들은 이같이 말할지어다. 여호와께서 대적의 손에서 그들을 속량하사 동서남북 각 지방에서부터 모으셨도다 시편 107:1-3

시편 107편은 이들이 어떤 상태에서 속량함을 받았는지를 네 가지로 말한다.
1) 광야 사막 길에서 방황하며 목이 마르고 영혼이 피곤할 때, 근심 중에 부르짖을 때 건지고 인도하셔서 거주할 성읍에 이르게 하셨다(4-9). 2) 흑암과 사망의 그늘에 앉아 곤고와 쇠사슬에 매여 환난 중에 부르짖을 때, 그들을 맨 줄을 끊고 구원하셨다(10-16). 3) 죄악을 범하여 사망의 문에 이르러 고통으로 하나님께 부르짖을 때, 하나님이 고치고 건지고 구원하셨다(17-22). 4) 광풍과 큰 바다 물결로 영혼이 녹고 고통으로 부르짖을 때, 광풍을 고요하게 하시고, 그들을 소원의 항구로 인도하셨다(23-32).

이들은 단순히 어려움을 통과한 게 아니다. 경우마다 하나님의 놀라운 기적을 경험했다. 어떤 상황에도 하나님께 부르짖어야 한다(6,13,19,28). 그가 반드시 들으시고, 고치시고, 건지시고, 구원하시고, 인도하신다. 하나님의 놀라운 사랑이 나를 구원하신다. 그를 사모하는 영혼에게 만족을 주시고 주린 영혼에게 좋은 것으로 채워주신다. 4번에 걸쳐 구원을 베푸실 때마다 주를 찬송했다(8,15,21,31). 이들은 "속량을 받은 자들"이다. 이들이 동서남북 땅끝에서부터 하나님께로 와서 그의 선하심과 끝없는 놀라운 사랑을 찬양한다. 그들 가운데 나도 있다.

아이들아, 내가 하는 말을 잘 듣고, 내가 이르는 말에 귀를 기울여라. 이 말에서 한시도 눈을 떼지 말고, 너의 마음속 깊이 잘 간직하여라. 이 말은 그것을 얻는 사람에게 생명이 되며, 그의 온몸에 건강을 준다. 잠언 4:20-22 새번역

사람들은 몸과 마음의 건강과 활력을 얻고자 많은 돈을 지불한다. 그러나 하나님의 말씀보다 더 확실한 것은 없다. 그것을 얻은 사람은 몸과 마음에 활력이 생긴다. 하나

님의 말씀을 얻는 것이 최고의 길이다. 하나님의 말씀을 읽으면서 성령께서 깨닫게 해주시길 기도하면 반드시 도와주신다. 깨달은 말씀을 묵상하면 그 말씀이 내 마음속에 간직될 것이다. 말씀을 읽고 묵상하는 것만이 살길이다. "무릇 지킬 만한 것보다 더욱 네 마음을 지키라. 생명의 근원이 이에서 남이니라"라고 하신다(23). 마음을 지키라는 건 마음의 문 입구에서 눈을 부릅뜨고 문지기 역할을 잘하라는 것이다. 적들이 들어와 '마음 마을'에 살면 큰일이다. 첩자가 들어와 거짓된 정보로 선동하고, 유언비어를 퍼뜨려 불안과 혼란에 빠뜨리게 두어서는 안 된다. 오직 하나님의 말씀만 들어오게 해야 한다. 새벽부터 말씀이 마음 마을에 들어오게 하자. 낮에도 저녁에도 오직 말씀만 들어오도록 성문을 활짝 열어두자. 원수가 보낸 첩자는 절대 출입 금지다. 그러면 평강, 기쁨, 즐거움이 가득하고, 마을 전체가 활기가 넘치며 웃음바다가 된다.

시편 : 속량의 증거는 십자가다. 하나님의 가장 통 큰 선물이다. 온 인류에게 선물로 주신 십자가의 능력이 어떤 사람에게는 선물이 되지 못하는 걸 보면 안타깝다. 교만한 사람들이다. 십자가를 거부하는 건 캄캄한 흑암 중에 살면서 고통과 쇠사슬에 묶이는 것이다. 하나님의 말씀을 거역하고 그분의 뜻을 저버렸기 때문이다. 그래도 주님은 돌이킬 은혜를 베푸신다. 그들의 마음에 고통을 주시고, 낮추시며, 그들을 돕는 이가 없게 하심으로 그들이 주를 찾게 하신다. 내게도 이 큰 은혜를 베푸셨다. 극심한 고통으로 나를 아주 낮추셨다. 친구들마저 나를 피하고 돕지 않게 하신 주님의 사랑이 오늘의 나를 만들었다. 목마르고 배고픈 사람이 물과 음식을 찾듯, 주님을 찾고 또 찾았다. 주님은 나를 곤경에서 구원하시고 대적의 손에서 건지셨다. 주님의 선하심과 인자하심에 감사하고, 내게 베푸신 놀라운 구원에 매일 감격하며, 그분을 찬양한다. 주님이 대적의 손에서 속량하시고 큰 은혜를 베푸실 사람을 동서남북에서 모으신다. 주님의 광고판을 보라! 제목 – "낚시 금지" 주인백
"다시 우리를 긍휼히 여기셔서 우리의 죄악을 발로 밟으시고 우리의 모든 죄를 깊은 바다에 던지시리이다"(미 7:19).

잠언 : 병든 사람을 상담해보면 육신의 병이 마음에서 비롯된 것을 본다. 속에 있는 것을 다루지 못해 밖으로 나타나는 것이다. 상담 후에 말씀을 소리 내어 읽게 하고 말씀에서 생명을 취하도록 훈련하면, 얼굴이 밝아지고 질병으로부터 놓이는 걸 본다. NCMN의 말씀배가 운동은 《말씀관통 100일 통독》으로 '100일에 성경 1독' 운동을 펼치고 있다. 수많은 사람이 함께하는데, 많은 사람이 말씀을 읽다가 병의 치유를 간증했다. 젊은 청년이 극심한 우울증에 시달리다가 말씀배가운동을 통해 완전히 치유받은 간증은 모든 사람에게 기쁨을 주었다.

다윗의 DNA를 가져라

시편 108:3,4 잠언 5:22,23

여호와여, 내가 만민 중에서 주께 감사하고 뭇 나라 중에서 주를 찬양하오리니, 주의 인자하심이 하늘보다 높으시며 주의 진실은 궁창에까지 이르나이다 시편 108:3,4

다윗은 모압, 에돔, 블레셋을 정복하겠다는 의지에 불탔다(9,10). 그것은 단지 정복자의 탐욕이나 야망이 아니었다. 그는 결코 영토를 확장하지 않았다. 하나님이 주신 경계선을 넘지 않았다. 단지 그들을 복종시켰다. 그 나라들이 주를 인정하지 않으며 주의 말씀의 원칙을 무시했고, 열방 가운데 주의 영광이 가득하기에 그들이 주를 찬송하기를 바랐고, 주의 인자하심과 진실이 온 땅에 가득했기 때문이다. '인자하심'은 하나님의 놀랍고 진정한 사랑이다. '진실하심'은 하나님이 행하시는 성실, 진실, 정직, 공의, 공평이다. 모든 나라는 마땅히 주께 감사하고, 주를 찬양해야 한다.

"우리를 도와 대적을 치게 하소서 사람의 구원은 헛됨이니이다 우리가 하나님을 의지하고 용감히 행하리니 저는 우리의 대적을 밟으실 자이심이로다"(12,13).

다윗은 정복자의 야욕으로 기도하지 않았다. 하나님나라와 그의 뜻이 이 땅에 이뤄지기를 바랐다. 내가 머무는 곳이 땅끝이다. 거기에 하나님의 영광이 임하기를 힘쓴다. 그래서 다윗의 기도가 곧 나의 기도다.

왜 기독교문명개혁운동인가? 왜 NCer(Nations-Changer)로 살아야 하는가? 다윗의 마음과 DNA를 가졌기 때문이다. 하나님의 영광이 온 세상에 가득하기를 원하기 때문이다.

악인은 자기의 악에 걸리며 그 죄의 줄에 매이나니, 그는 훈계를 받지 아니함으로 말미암아 죽겠고, 심히 미련함으로 말미암아 혼미하게 되느니라 잠언 5:22,23

악을 반복하여 행하고, 죄를 습관적으로 짓고 회개하지 않으며, 주의 말씀을 듣고도 무시하는 사람이 곧 악인이다. 그는 말씀의 거울로 자신을 보기를 거절한다. 점점 양심이 무뎌져서 주변 사람들의 조언도 무시한다. 그래도 승승장구하며 기고만장한다.

교만의 극치다. 자신이 미련하다는 것도 모른다. 미련함은 눈을 멀게 하고 귀도 들리지 않게 한다. 지혜가 떠난다. 자기의 악에 걸리고 죄의 줄에 매이는 것도 모른다. 그는 악에 스스로 걸려 넘어지고 죄의 줄에 꽁꽁 묶여 옴짝달싹 못 한다. 육체의 정욕으로 혼미하게 되고, 결국 죽는다. 이런 비참한 길을 마음에 깊이 간직하여 경계의 표로 삼아야 한다. 그 길로 아예 발을 들여놓지 말아야 한다. 호기심은 절대 금물이다. 주의 말씀을 귀담아듣고 죽기 살기로 따르자! 죄를 멀리하고 근처에 얼씬거리지 말자! 이것이 미련한 자와 지혜로운 자의 갈림길이다.

다윗이 전쟁을 앞두고 있다. 하나님께서 정해주신 땅(모압, 에돔, 블레셋)을 되찾아서 드리기를 원한다. "하나님, 주님, 하늘보다 더 높이 높임을 받으시고, 주님의 영광 온 땅 위에 떨치십시오"(시 108:5, 새번역). 하나님은 땅을 정확하게 측량해주셨다(시 108:7-9). "하나님이 그의 성소에서 말씀하시되 내가 기뻐하리라 내가 세겜을 나누며 숙곳 골짜기를 측량하리라"(시 108:7). 땅의 주인이신 하나님은 각 민족에게 땅을 측량하여 경계선을 나누셨다. 살 시기(연대)와 거주할 지역의 한계도 정하셔서 땅을 임대하셨다(행 17:26). 각 민족의 연대가 끝나면 새로운 주인을 찾아서 임대하셨다.

그런데 이스라엘에게 준 땅은 영원한 약속으로 임대하셨다. "그는, 맺으신 언약을 영원히 기억하신다. 그가 허락하신 약속이 자손 수천 대에 이루어지도록 기억하신다. 그것은 곧 아브라함과 맺으신 언약이요, 이삭에게 하신 맹세요, 야곱에게 세워주신 율례요, 이스라엘에게 지켜주실 영원한 언약이다. '내가 이 가나안 땅을 너희에게 줄 것이다. 이것은 너희가 대대로 물려줄 기업이다' 하고 말씀하셨다"(시 105:8-11). 자손 대대로 언약을 맺으셔서 예수님이 다시 오실 때까지 그 땅을 이스라엘에 주셨다.

다윗이 "그 땅을 되찾아서 하나님께 드리고 승전가를 부르겠습니다. 사람의 도움은 헛되니 어서 우리를 도우소서 하나님께서 함께하시면 우리는 승리를 얻을 것이고, 그분이 우리의 원수들을 짓밟을 것입니다"라고 고백한다(시 108:9,12,13). 왜 다윗인가? 당시 다윗의 군대는 강력했다. 그러나 하나님의 뜻 가운데 철저하게 응답했다. 단 한 평도 남의 땅을 욕심내지 않았다. 그는 믿음으로 철저하게 순종하는 하나님의 사람이었다.

오늘날, 하나님이 주시지 않은 남의 땅을 한 번도 먼저 침략하지 않은 두 나라를 꼽는다면 이스라엘과 한국이다. 온 땅의 주인이신 그분께서 정해주신 경계선을 절대 넘어가면 안 된다. 주님께서 반드시 심판하신다. 주님은 다윗의 외모가 아닌 중심을 보셨다(삼상 16:7). 하나님은 내 중심을 매일 보신다.

6일

저주하는 말은 부메랑과 같다

시편 109:17,18 잠언 6:16-19

그가 저주하기를 좋아하더니 그것이 자기에게 임하고, 축복하기를 기뻐하지 아니하더니 복이 그를 멀리 떠났으며, 또 저주하기를 옷 입듯 하더니 저주가 물같이 그의 몸속으로 들어가며 기름같이 그의 뼛속으로 들어갔나이다 시편 109:17,18

하나님께서 아브라함에게 하신 약속은, "너를 축복하는 자에게는 내가 복을 내리고 너를 저주하는 자에게는 내가 저주하리니 땅의 모든 족속이 너로 말미암아 복을 얻을 것이라"이다 (창 12:3). 아브라함을 저주하는 건 아무 효력이 없다. 오히려 부메랑처럼 저주한 자에게 돌아간다. 하나님은 그를 저주하는 자를 저주하시고, 그를 축복하는 자를 축복하신다. 아브라함을 복의 근원이 되게 하셨다.

예수 그리스도를 믿는 자는 아브라함의 영적 자손, 아브라함의 씨다 (갈 3:29). 하나님이 아브라함에게 하신 약속을 유업으로 받았다. 그러니 누가 나를 저주해도 두려워하지 말아야 한다. 어떤 효능도 없다. 하나님이 내 방패가 되셔서 보호하고 구원하신다. 저주하는 말의 습관이 고질적인 질병처럼 몸에 밴 사람은 결국 저주를 뒤집어쓴다. 저주는 입 밖으로 내지 말아야 한다. 서로 축복하는 말을 해야 한다. 그 축복이 내게 돌아온다. 더 나아가 용서하는 삶을 살아야 한다. 용서는 적극적인 사랑이다. 이것이 아브라함의 모든 복을 유업으로 받은 자의 관대함, 부요함, 여유다. 우리가 가진 영적 비밀이다.

여호와께서 미워하시는 것 곧 그의 마음에 싫어하시는 것이 예닐곱 가지이니, 곧 교만한 눈과 거짓된 혀와 무죄한 자의 피를 흘리는 손과 악한 계교를 꾀하는 마음과 빨리 악으로 달려가는 발과 거짓을 말하는 망령된 증인과 및 형제 사이를 이간하는 자이니라 잠언 6:16-19

하나님이 미워하시는 일곱 가지는 교만한 눈, 거짓된 혀, 무죄한 자의 피를 흘리는 손, 악한 계교를 꾀하는 마음, 악으로 달려가는 발, 거짓을 말하는 망령된 증인, 형제

사이를 이간하는 자다. 눈, 혀, 손, 마음, 발, 입이 죄를 범하는 도구가 될 수 있다. 하나님이 미워하시는 것을 나도 미워해야 한다. 그분이 싫어하시는 죄를 범하지 않는 길은, 우리 몸을 구별하여 하나님께 거룩한 산 제물로 드리는 것이다(롬 12:1). 우리의 눈, 혀, 손, 발, 마음, 입이 십자가에 못 박혀 죽고, 예수께서 내 안에 살아 역사하심을 선포해야 한다(갈 2:20). 새로운 피조물로서 겸손한 눈, 정직한 혀, 남의 어려움을 돕는 섬기는 손, 다른 사람의 유익을 구하는 마음, 선으로 달려가는 발, 진실을 말하는 신실한 증인, 화평을 위해 하나 됨을 힘쓰는 사람이 되는 게 곧 하나님을 사랑하는 길이다.

"나는 내 것이 아니라 주의 것입니다! 나의 옛사람은 이미 예수님과 함께 십자가에 못 박혀 죽었습니다. 예수님의 부활로 새 생명을 얻었습니다. 새사람이 되었습니다!"

시편 : 말씀은 언제나 정답이다. 품격 있게 살고 싶다면 주의 말씀을 내 것으로 받으라. "너희가 그리스도의 것이면 곧 아브라함의 자손이요 약속대로 유업을 이을 자니라"(갈 3:7,9,29). 나는 아브라함의 씨, 아브라함의 유업을 이을 상속자가 되었다. 이런 믿음을 가진 사람이 한둘이겠는가? 혹시라도 아브라함의 씨들을 욕하고 저주해서 하나님의 진노 가운데 놓이지 않기를 늘 조심하자. 한편으로는 하나님의 약속이 나를 힘있게 붙든다. 내가 악인을 상대하지 않게 하신다. 본문을 통해 말씀하시는 성령의 음성을 깊이 새겨듣는다. 1) 그가 저주를 좋아하더니 그 저주가 자기에게 임한다. 2) 그가 축복하기를 싫어하더니, 복이 그에게서 멀리 떠났다. 3) 저주하기를 옷 입듯 하더니, 그 저주가 물처럼 그의 몸속으로 들어가며 기름같이 그의 뼛속으로 들어갔다. 악인은 입을 잘못 놀려 자기 덫에 걸린다. 내 말과 행동을 하나님이 듣고 보고 계신다. 나는 오래전에 '오늘만 확실하게 잘 살아보자!'라고 다짐했고, 최선을 다해 살았다. 매일은 오늘이 되었고, 그 삶이 쌓여 오늘의 나를 만들었다.

잠언 : 내 눈, 혀, 손, 발, 마음, 입을 사로잡아 주님께 복종시켜야 함을 알았다.
'예닐곱 가지 중 한 가지만 해당해도 보통 문제가 아니네~, 하나님께서 무지 싫어하시네~.' 어둠이 장악한 교만한 눈을 뽑고 주님의 선하고 겸손한 눈으로 바꿔 끼우자! 거짓말하는 혀를 버리고 정직한 주님의 혀로 재창조되자! 무죄한 사람의 피를 흘리길 좋아하는 사탄의 손이 되지 말고, 섬기는 주의 손이 되자! 악한 계교를 꾸미는 마음을 버리고, 존귀한 일을 계획하는 주의 마음을 이식받자! 악한 일에 치닫는 발을 선한 일에 앞장서는 발로 바꾸자! 거짓으로 사람들을 이간질하는 어둠의 영을 쫓고, '하나 됨'에 늘 앞장서는 주의 사람이 되자!

7일

주를 따르는 하늘 군대를 보라!

시편 110:1 잠언 7:25-27

여호와께서 내 주에게 말씀하시기를, '내가 네 원수로 네 발등상 되게 하기까지 너는 내 우편에 앉으라' 하셨도다 시편 110:1

시편 110편은 주께서 죽고 부활 승천하셔서 하나님 우편에 앉으시고 성령을 보내심부터 재림하시기 전까지의 장면이다. 다시 말하면, 지금 이 땅에서 일어나고 있는 일이다. 요한계시록 19장 11-16절의 사도 요한이 바라본 장면도 똑같다. 다윗과 요한은 1천 년 간격으로 같은 장면을 바라보았다. 다윗은 헌신된 주의 청년들이 주께 나아오는 장면을, 사도 요한은 그들이 큰 하늘 군대가 되어 앞서 나가는 왕이신 대장 예수 그리스도를 따르는 장면을 보았다.

얼마나 놀라운가! 승리하시는 예수님! 그는 유다 지파의 사자요, 하나님의 어린양이시다. 그가 백마를 타고 나가신다. 그 뒤로 하늘 군대도 백마를 타고 따른다. 백마는 성령이시다. 왕이신 주를 뒤따르는 군대는 다윗이 본 주의 청년들이다. 승리, 승리, 또 승리다. 어둠을 깨뜨리고 매였던 열방이 주께로 와 그 발 앞에 경배한다.

"대저 물이 바다를 덮음같이 여호와의 영광을 인정하는 것이 세상에 가득하리라" (합 2:14).

이 말씀이 주의 핏값으로 산 교회를 통해 이뤄지고 있다. 다윗과 요한이 본 군대에 우리가 있다.

네 마음이 음녀의 길로 치우치지 말며 그 길에 미혹되지 말지어다. 대저 그가 많은 사람을 상하여 엎드러지게 하였나니, 그에게 죽은 자가 허다하니라. 그의 집은 스올의 길이라. 사망의 방으로 내려가느니라 잠언 7:25-27

메시지성경은 이 구절을 잘 표현했다.

"그런 여자와 놀아나지 마라. 그 집 근처에는 얼씬도 마라. 그 여자에게 홀려 희생된 사람이 셀 수 없이 많다. 그 여자는 가엾은 남자들을 수없이 죽였다. 그 여자는, 지옥으로 가는 길 중간에 살면서, 네 몫의 수의와 잔을 마련한다."

그 여자의 "혀로 호리는 말"과 "그 눈꺼풀"에 홀리지 말아야 한다. "그 아름다움"을 탐하지 말아야 한다(6:24,25). 그녀는 지옥으로 가는 길 중간에 화려한 산장을 짓고 산다. 이미 수의와 잔을 마련하고 기다린다. 얼마나 두려운가! '수의'란 죽은 자에게 관에 들어가기 전에 입히는 옷이며, '잔'은 독배를 말한다. 단호히 거절해야 한다.

"많은 사람"은 단순히 수를 말하는 게 아니라 '강한 사람'을 말한다. 즉 영향을 끼치는 사람들이 표적이다. 이들은 어둠의 왕국에 치명적인 사람이기에 블랙리스트에 올려놓고 넘어지게 하려고 총력을 기울인다. 삼손을 기억하라! 경계, 또 경계, 주의, 또 주의해야 한다.

그러니 '오늘' 아버지의 말씀을 듣고 간직하며 지켜 살아야 한다. 그 말씀이 그의 뜻을 따라 살고자 하는 자를 지켜주어서 음녀에게 빠지지 않게 할 것이다.

십자가의 승리가 나의 승리가 되었다. 원수들이 나의 발판이 되게 하셨다. 원수들까지 통치하시는 주님의 권능을 본다. 심판 날에 지옥 불에 영원히 가두신다. 하나님께서 뭇 나라를 심판하실 때 통치자들의 주검을 이 땅 이곳저곳에 가득하게 하신다(시 110:5,6).

시편 110편은 주님을 따르는 하늘 군대와 이 승리에 동참하는 새벽이슬 같은 청년들이 일어나는 것을 보여준다.

그들의 특징은 첫째, 성령의 능력을 의지한다. 둘째, 세상과 구별되는 거룩한 삶을 산다. 셋째, 즐거이 헌신한다. 너무 멋진 하늘 군대다. 그 속에 내가 있기를 간절히 원한다. 주님의 심장으로 불탄다면 나는 새벽이슬 같은 주의 청년의 무리에 속한다고 믿는다. 물론 젊은 청년들이 대거 일어나는 장면이지만 꿈이 있고, 열정이 있고, 내가 무엇을 해야 할지 명확히 안다면 나도 청년이 아니겠는가!

주의 교회와 NCMN을 통해서 이 장면이 성취되고 있음을 본다. 마지막 때에 주께서 대추수를 준비하신다. 새벽이슬 같은 주의 청년들을 사방에서 일으키신다. 교회는 이들을 맞을 준비를 해야 한다. 훈련하고 양육해서 주님의 하늘 군대로 드려야 한다. 지금 태어나고 있는 세대는 정말 이전 세대와 다르다.

나는 훈련 사역을 하면서 주를 따르는 하늘 군대를 보는 특권을 누린다. 원수를 발로 밟으며 사회 각 영역에서 말씀의 원리 원칙으로 하나님나라를 세워가는 일에 헌신하는 다음세대를 일으켜 주께 드리자! 그들을 힘껏 양육하자! 교회들이여, 깨어 새벽이슬 같은 주의 청년들을 맞아라!

시공을 초월하여 일하시는 하나님

시편 111:3,4 잠언 8:29,32

그의 행하시는 일이 존귀하고 엄위하며 그의 의가 영원히 서있도다. 그의 기적을 사람이 기억하게 하셨으니 여호와는 은혜로우시고 자비로우시도다 시편 111:3,4

예배드릴 때 하나님이 행하신 놀라운 일들을 기억하고 하나님께 감사하며 기쁨으로 힘차게 찬양한다. 일어서서 손뼉을 치기도 하고 손, 발, 온몸으로 찬양한다. 그리고 하나님의 지성소, 그의 임재 앞에 그를 바라보며 경배를 드린다. 서서 두 손을 들고, 때로는 무릎을 꿇거나 엎드린다. 하나님이 행하시는 모든 일은 영광스럽고 위엄 있다. 크고 놀랍다. 하나님은 은혜로우시며 긍휼이 많으시고 언제나 진실하고 공의롭고 공정하게 일하신다. 일시적으로 불의가 판을 치고 악이 승리하는 것처럼 보이지만, 하나님의 공의의 맷돌은 천천히 돌아가며 모든 악을 부수어 가루로 만든다. 그러니 불평하거나 원망하지 말자. 범사에 감사하자. "그의 기적을 기억"해야 한다. "하나님이 행하신 일들"이 그의 기적이다.

성경에서 하나님이 행하시는 일들을 본다. 시공간에서 행하신 일들이다. 그의 영광, 공의, 은혜와 자비로우심을 본다. 그 하나님이 나의 하나님이시다. 하나님은 믿음의 사람에게 동일한 기적을 행하신다. 시공을 초월하여 일하신다. 하나님의 말씀은 든든하고 영원토록 흔들리지 않는다. 지금도 동일하게, 믿는 사람에게 작동한다. 그러니 그 말씀을 굳게 붙들고 살자.

바다의 한계를 정하여 물이 명령을 거스르지 못하게 하시며 ⋯ 아들들아, 이제 내게 들으라. 내 도를 지키는 자가 복이 있느니라 잠언 8:29,32

만약 바다의 물이 육지로 넘어온다면 엄청난 일이 발생할 것이다. 그러나 하나님이 말씀으로 바다의 한계를 정하셔서 물이 주의 명령을 거스르지 못하게 하셨다. 하나님은 우리 삶에 울타리를 치셔서 어떤 일도 넘지 못하게 한계를 두셨다. 누구도, 어떤 것도 그 명령을 거스르지 못한다. 매 순간, 담대함, 확신, 평강으로 살아야 하는 근거다.

이런 놀라운 하나님 아버지의 사랑과 돌보심에 어찌 감격하지 않을까! 감사와 찬송이 내 입에 가득하리라. 온 땅의 주권자 하나님이 말씀이다. "내게 들으라 내 도를 지키라." 순종의 자세로 들어라. 사람의 말에 휘둘리거나 환경에 휩쓸리지 말고 오직 아버지 하나님께 들은 말씀을 따라 살아내자. 그런 자가 복이 있다. 재앙이 올까 염려하지 마라. 하나님이 경계선을 그어놓으셨다. 마음을 편하게 가져라. 걱정하지 말고 오직 그 말씀을 듣고 순종하는 데 온 마음을 다하라.

각종 부정적인 것이 내 생각에 들어오지 못하게 하고, 오직 하나님의 말씀이 내 생각을 점령하게 하자. 말씀을 따라 온 힘을 다해 살아내는 데 집중하자. 그러면 하늘의 복을 부어주신다. 성공하여 행복하게 살게 하신다.

날마다 그분의 말씀에 사모하는 마음, 갈급함으로 귀 기울여라. 눈과 귀, 생각과 마음을 말씀에만 집중하자. 하나님께 지혜를 얻고, 생명을 얻고, 은총을 얻을 것이다.

주님이 행하신 장엄한 일을 묵상해본다. 홀로 큰 기이한 일들을 행하셨다. 지혜로 하늘을 지으셨다. 땅을 물 위에 펴셨다. 큰 빛을 지으시고, 해로 낮을 주관하게 하시고 달과 별들로 밤을 주관하게 하셨다. 애굽의 장자를 치시고, 강한 손과 펴신 팔로 인도해내시며 홍해를 가르셨다. 바로와 군대를 홍해에 엎드러뜨리시고, 하나님의 백성이 광야를 통과하게 하셨다. 유명한 왕들을 죽이시고, 그들의 땅을 이스라엘에 주셨다. 우리를 대적에게서 건지시고, 모든 육체에 먹을 것을 주신 이에게 감사하라. 그는 선하시며 인자하심이 영원함이로다(시 136:24,25). 그가 하신 기이한 일들을 기억해보면 주님을 경외하는 마음으로 꽉 찬다. 내 입술은 어느새 주님을 노래하고 높이며 경배한다.

온 땅의 70억 인구 중 나는 딱 1명이다. 이 땅에서 나를 받아주실 부모를 선정해 보내시고, 보살핌을 받게 하셨다. 13세 때 아버지가 천국에 가시고 잠시 방황한 끝에 선교사로 헌신하게 하셨다. 사업가의 길에서 큰 실패를 통해 주님이 만나주셨고, 중학교 1학년 때의 헌신을 기억나게 하셔서 선교사의 길로 이끄셨다.

교회와 NCMN을 통해 주를 섬기는 것이 주께서 내게 주신 은사와 잘 맞아서 열매를 많이 맺게 해주신다. 한국의 수많은 교회와 열방 150개국 이상과 네트워크를 형성하고 기독교문명개혁운동을 펼치고 있다. 지난 10년의 사역을 돌아보니 "주님께서 하셨습니다"라고 고백할 수밖에 없다. 우리의 힘과 능력을 훨씬 넘는 큰 열매이기 때문이다. 힘들 때마다 주님이 누구신지를 묵상하고 내게 행하신 크고 작은 은혜를 다시 떠올리면, 눈물이 나고 감사가 터져 나오며 새롭게 일어날 힘이 솟구친다.

9일

아름다운 가족사진

시편 112:1 잠언 9:1,2,4-6

할렐루야. 여호와를 경외하며 그의 계명을 크게 즐거워하는 자는, 복이 있도다 시편 112:1

"복이 있는 사람"은 '똑바로 가거나 걷는 사람'을 말한다. 그런 사람은 주변 상황에 흔들리지 않고, 확고한 마음과 두려움이 없는 담대함을 가지며, 평상심을 유지하는 내면의 힘이 있다. 그의 특징은 하나님을 경외하고, 그분의 말씀을 즐거워하는 것이다.

그는 여럿이 있든지, 혼자 있든지 한결같다. 언제 어디서나 하나님의 면전에 있기 때문이다. 무슨 말을 하든, 어떤 행동을 하든 하나님을 의식하며 산다. 사람을 의식하지 않고 하나님을 의식하는 사람은 복이 있다.

주의 말씀을 크게 즐거워하는 사람은 주의 말씀을 보배보다 소중히 여긴다. 주의 말씀을 지식으로 머리에 담지 않고 심장으로 받아 삶으로 녹여낸다.

하나님을 경외하는 삶과 하나님의 말씀을 즐거워하는 삶은 쌍둥이처럼 언제나 함께 간다. 정직함과 빈궁한 자들에게 재물을 나눠 주는 관대함이 나란히 서있다. 그 뒤를 복과 재물과 부가 따라온다.

아름다운 가족사진이 떠오른다. 앞에는 하나님을 경외함과 말씀을 즐거워함이 나란히 앉고, 그 좌우에는 정직함과 관대함이 서있다. 그 뒤에는 후손들이 늘어서 있다. 그 뒤로 복과 재물과 부의 현수막이 걸려있다.

아, 이런 사람은 참으로 복이 있도다! 하나님이 즐거워하실 수밖에!

지혜가 그 집을 짓고 일곱 기둥을 다듬고, 짐승을 잡으며 포도주를 혼합하여 상을 갖추고 … '무릇 어리석은 자는 이리로 돌이키라!', 또 지혜 없는 자에게 이르기를, '너는 와서 내 식물을 먹으며 내 혼합한 포도주를 마시고, 어리석음을 버리고 생명을 얻으라 명철의 길을 행하라' 하느니라 잠언 9:1,2,4-6

오늘도 우리 주 예수님의 만찬에 나를 초대하신다. 최상품 양갈비, 한우 소갈비를 굽고, 더덕구이, 싱싱한 각종 유기농 채소가 가득하며, 아름다운 꽃들이 만발한 탁 트인

왕의 지혜

722

정원으로 초대하신다! "내가 너와 더불어 먹고, 너는 나와 더불어 먹으리라"(계 3:20).

많은 사람이 '투자의 귀재'라 불리는 워런 버핏과 점심을 먹으려고 수십만 불을 기꺼이 낸다. 그와 식사하면서 사업의 지혜와 통찰력을 얻고 싶기 때문이다. 하물며 우리 주님의 식탁에서 예수님과 함께 식사하는 건 얼마나 놀라운가!

주님과 대화하면서 피곤한 몸이 풀리고, 기력이 회복되어 생기가 돌고, 활력을 되찾는다. 어리석음을 버리고 생명을 얻는다. 풍부한 지혜, 시대를 읽는 통찰력을 얻으며, 명철의 길로 행하게 된다. 어찌 이 놀라운 만찬 초대를 놓치랴! 만사를 제쳐두고 응하리라! 가문의 영광이다!

시편 : 누가 복이 있는가? 1) 주님을 경외하는 사람이다. 2) 주님의 계명을 크게 즐거워하는 사람이다. 이들의 특징과 받은 복을 계속 말씀하신다. 그들의 자손은 이 세상에서 능력 있는 사람이 되고 복을 받는다(2). 집에는 부귀와 영화가 있으며 그의 의로움은 영원토록 칭찬을 받을 것이다(3). 정직하게 살고 은혜를 베풀고 남에게 꾸어주며 일을 공평하게 처리하고 마음이 확고하며 두려움이 없고 가난한 사람에게 넉넉히 나눠주니(눅 6:38), 그의 의로움은 영원히 기억되고 그는 영광을 받으며 그의 대적이 망하는 것을 보게 된다(4-10).

"겸손한 사람과 주님을 경외하는 사람이 받을 보상은 재산과 영예와 장수이다"(잠 22:4 새번역). 주님의 계명을 크게 즐거워하는 사람은 말씀 따라 순종하는 믿음의 삶을 산다.

하나님의 말씀을 가진 자는 보물섬의 지도를 소유한 것이다. 오늘도 말씀을 부지런히 찾고 연구하며 삶에 적용함으로 그 엄청난 보물들을 내 소유로 만들 것이다. 자녀와 다음세대와 함께 보물섬을 즐겁게 여행할 것이다.

잠언 : 지혜가 내 모든 삶의 기둥을 견고하게 한다. 지혜는 어리석음을 버리고 생명을 얻게 하며, 명철하여 삶에 적용하도록 이끈다(1:7).

미련한 자는 성경 말씀에서 지혜를 찾아 상담해주어도 못 알아듣는다. 자기가 듣고 싶은 대로 듣는다. 욕심과 탐심이 있으면 지혜의 말씀이 안 들린다. 주의 훈계를 아예 귀담아 듣지 않고, 제 소견에 옳은 대로 하다가, 결국 망하면 그제야 울면서 알아듣는다. 어리석게도 내가 이런 미련한 사람이었다. 그런데 완전히 망해버리니까 놀랍게도 지혜의 말씀, 훈계의 말씀이 들리더라.

영적 불임에서
영적 잉태와 영적 해산으로

시편 113:9 잠언 10:24

또 임신하지 못하던 여자를 집에 살게 하사, 자녀들을 즐겁게 하는 어머니가 되게 하시는도다. **할렐루야** 시편 113:9

하나님은 잉태하지 못하던 여자를 임신하게 하신다. 세례 요한의 엄마 엘리사벳, 사무엘의 엄마 한나, 요셉의 엄마 라헬이 그랬다. 성경에는 이런 일이 허다하다. 우리 하나님이 하셨다. 능치 못하심이 없다. 89세인 사라를 임신하게 하셔서 이삭이 태어났다. 가장 놀라운 건 동정녀 마리아를 통해 우리 주 예수님이 태어나신 것이다.

"여호와께서 가라사대 내가 임신케 하였은즉 해산케 아니하겠느냐 네 하나님이 가라사대 나는 해산케 하는 자인즉 어찌 태를 닫겠느냐 하시니라"(사 66:9).

이 말씀은 단지 육신의 자녀만을 말하지 않는다. 우리가 하는 모든 일에도 생명을 주시고 열매 맺게 하심을 보여준다. 주님은 내가 하는 일이 열매 맺게 하신다. '영적 불임' 상태에서 '영적 잉태', '영적 해산'을 하게 하신다. 내 안에서 능력으로 역사하시는 하나님이다. 내 힘으로 무엇을 이루려 말고 그분을 전적으로 의지해야 한다. 내 안에 착한 일을 시작하신 이가 그리스도 예수의 날까지 이루실 줄 확신하자(빌 1:6). 하나님이 임신하고 해산케 하신다. 오늘 기도하라. 주께서 응답하신다.

악인에게는 그의 두려워하는 것이 임하거니와, 의인은 그 원하는 것이 이루어지느니라

잠언 10:24

잠언은 '의인과 악인'에 대해 가장 많이 언급하신다. 관계로 구별한다. 올바른 관계를 맺는 사람이 의인이다. 그렇지 않은 관계를 맺는 사람이 악인이다. 하나님과 사람과의 관계, 맡겨진 일, 업무와 재물을 대하는 태도가 다르다. 의인은 하나님을 의지하고, 악인은 자기를 의지한다. 의인은 긍정적이고 활기차며 소망이 넘치나 악인은 부정적이고 걱정이 많고 두려움에 사로잡혀 산다. 그 결과는 심은 대로 거둔다. 악인에게는 평소 두려워하던 것이 임하고, 의인에게는 평소 소원하던 것이 이루어진다. 하나님은 우리에게 두

려워하는 마음을 주지 않으신다. 두려움의 근원은 불신앙이다. 이는 사람의 말, 환경, 자기 생각에서 비롯된다. 하나님을 의지하는 사람, 그의 말씀을 붙드는 사람에게는 두려움이 없고, 담대하다. 절망 중에도 소망이 넘친다. 그러나 악인은 하나님을 의지하지 않기에 두려움으로 가득하다. 결국 그가 두려워하던 것에 사로잡힌다. 그러나 의인은 하나님을 의지하기에 소망이 충만하다. 하나님께서 그의 소원을 이루어 만족하게 하신다.

시편 : 병원에서 불임 판정을 받았는가? 낙심하지 말라. 하나님이 불가능을 가능으로 바꾸시는 것을 나와 수많은 사람이 함께 봤다. NCMN과 교회에서 예배드릴 때 주께서 '오늘 불치병을 치유하겠다' 말씀하실 때가 종종 있다. 그때는 믿음으로 선포해야 한다.

"병원에서 불임 진단받은 분 계십니까? 기도하십시오. 하나님은 전능자이십니다. 그 능력은 오늘날도 변하지 않았습니다. 하나님께서 태의 문을 여셔서 우리를 웃게 하실 것입니다(사 54:1-6). 불치병으로 마음이 아픈 분도 기도하십시오. 하나님의 능력이 우리를 자유케 하실 것입니다!"

우리는 전심으로 서로를 위해서 기도했다. 불임 진단을 받은 부부가 자신을 꼭 닮은 아이들을 낳았다. 임신이 불가능해 보였던 오십 대 초반의 신혼부부가 아이를 안고 왔다. 소리를 못 듣던 사람이 귀가 열려 보청기를 빼버리기도 했다. 말기 암 치유를 받은 사람도 여럿이다. 치유보다 더 중요한 사실을 놓치지 말자. 전능자 하나님은 오늘도 우리 곁에서 놀랍고 기이한 일들을 행하신다.

육신의 아이보다 더 많은 자식을 낳는다. 잃어버린 영혼, 다음세대, 주님이 주신 사명 가운데 영적으로 잉태하고 해산하여 큰 열매를 맺는 삶으로 축복하신다. 남편이신 예수 그리스도를 바라보며 성령의 능력으로 사는 삶 가운데 역사하신다!

잠언 : 두려움은 두려워하는 것을 당기는 힘이 있다. 다음 성경 구절을 깊이 묵상해본다.
"너희가 두려워하는 전쟁이 거기 이집트 땅으로 너희를 쫓아갈 것이며, 너희가 무서워하는 기근이 거기 이집트에서 너희에게 붙어다닐 것이다. 너희는 거기에서 죽을 것이다. 마침내 이집트 땅에서 머물려고 그곳에 내려가기로 작정한 모든 사람은, 거기에서 전쟁과 기근과 염병으로 죽을 것이다. 내가 그들에게 내리는 재앙에서 아무도 벗어나거나 빠져나가지 못할 것이다"(렘 42:16,17 새번역).

하나님께서 어떤 상황 속에서도 우리를 구원하시는 조건은 두려워하지 않는 것, 불신앙을 제거하는 것이다.

11일

서로 다른 두 문화, 가치관이 다르다

시편 114:1,2 잠언 11:20

이스라엘 백성이 이집트에서 나올 때, 야곱의 후손들이 외국 땅에서 나올 때, 유다는 여호와의 성소가 되었고 이스라엘은 그의 영토가 되었다. 시편 114:1,2 현대인의성경

애굽은 하나님이 안 계시는, 하나님을 대적하는, 육신과 정욕과 욕심이 가득한 이 세상의 표상이다. 거기서 나와야 한다. 애굽은 언어가 다른 곳이다. 하나님의 말씀을 무시한다. 다른 가치관과 인생관으로 살기에 그렇다. 하나님의 백성은 하나님이 그 가운데 계셔서 그의 임재를 경험한다. 그의 영광을 본다. 예배가 있다. 하나님의 말씀을 들으며 그 백성으로 살아간다. 하나님나라 시민으로 살아간다. 이 세상과 언어, 인생관, 가치관이 다르다.

미국 캘리포니아주 최남단 도시인 샌디에이고에서 국경선을 넘으면 바로 멕시코 티후아나다. 국경을 넘는 순간, 모든 게 달라진다. 마치 현대 문명에서 갑자기 고대로 이동한 기분이다. 도로, 건물, 생활 수준, 법과 질서가 다르다. 하나님나라 시민권자인 우리도 마찬가지다. 이 세상과는 다른 가치 기준, 언어, 문화가 있다. 사랑, 빛, 생명, 소망, 기쁨으로 가득하다. 우리는 하나님의 보호, 인도하심, 능력 아래 산다. 우리는 이 세상에 하나님나라의 대사로서 살고 있다. 이 세상이 우리를 통해 하나님나라의 문화, 언어, 가치를 본다. 하나님의 영광이 우리를 통해 나타난다.

마음이 굽은 자는 여호와께 미움을 받아도, 행위가 온전한 자는 그의 기뻐하심을 받느니라 잠언 11:20

새번역에는 "주님은 마음이 비뚤어진 사람은 미워하시지만, 올바른 길을 걷는 사람은 기뻐하신다", 메시지성경에는 "하나님은 사기꾼들을 참지 못하시지만, 진실한 이들은 너무나 좋아하신다"라고 기록되었다. "마음이 굽은 자"를 '비뚤어진 자', '사기꾼'으로 표현했다. 이들은 마음이 비뚤어져서 뒤틀린 관점을 가졌다. 사물, 상황, 심지어 사람에 대해서도 그런 관점으로 본다. 당연히 부정적이고 비판적이며, 언제나 단점부터 본다. 칭찬에 인색하다. 대신에 잘못을 크게 떠든다. 마치 수사관처럼 의심부터 하고 본다. 마음에 불평, 원망이 가득하다. 생각의 틀이 거짓말, 과장, 축소, 은폐로 채워져 있다. 그런 사람을 하나님은 "내가 미워한다"라고 하신다.

"행위가 온전한 자"는 흠이 없는 사람이 아니라, '삶의 가치와 원리를 하나님을 경외함에 두는 사람'이다. 그는 하나님의 뜻을 구하고 그에 따라 살고자 최선을 다한다. 진실하고 정직하며 올바른 길을 걷는다. 하나님이 기뻐하신다. 행실이 온전한 사람의 방패가 되어주신다(2:7).

"주님, 내게 정직한 마음을 부어주소서. 내가 정직과 진실함을 사모합니다. 주의 말씀으로 나를 새롭게 하소서. 외과 의사처럼 내 사고방식을 주의 말씀으로 수술해주소서."

하나님은 당신의 백성을 애굽에서 빼내셨다. 야곱 집안이 다른 언어를 쓰는 민족에게서 떠나게 하셨다. 이스라엘을 영토로 주시고, 유다는 주님의 성소가 되게 하셨다.

일찍이 기독교문명개혁운동이 일어났던 땅, 유럽에 다녀왔다. 하나님의 사랑을 입은 그 땅을 밟으며 마음이 아팠다. 날씨도 좋고 땅의 열매도 풍성한 아름다운 나라들이었다. 그러나 그곳 사람들은 하나님 없이도 즐겁고 행복해 보였다. 그것이 오히려 저주처럼 느껴졌다. 하나님께서 그들을 내버려 두시는 것만 같았다. 형식적인 신앙으로 변질되었고, 이들의 언어는 하늘 언어가 아니라 세상 가치관을 따르는 세상 언어였다. 주님을 찾는 간절함과 갈급함이 사라진 땅! 나는 그곳에서 하나님이 남겨놓으신, '바알에게 무릎 꿇지 않은 7천 명'을 만나고 싶었다.

남미와 북미, 아시아와 아프리카에는 주를 향한 간절함과 갈급함이 있었다. 얼마나 아름답고 보배로운지! 유럽과 다른 이유를 찾았다. 유럽 땅이 교만해졌기 때문이었다. 자만심이 그 땅에서 올라오고 있었다. 영성이 회복되려면 내가 의지하고 안정감을 누리는 모든 것에서 나와야 한다. 아브라함처럼 본토 친척 아비 집을 떠나야 한다. 그때부터 하나님이 나의 안정감이 되어주신다. 그 교만한 땅에서 즉시 빠져나오라! 그래야 하나님이 주신 아브라함의 유업을 이어갈 수 있으며, 오직 하나님만 예배하는 예배자로 살 수 있다. 교만한 땅을 기경하는 데 하나님께서 나를 쓰시도록 준비돼야 한다. 온 땅은 야곱의 하나님 앞에서 떨어야 한다. 여호와께서는 강이 변하여 광야가 되며, 샘이 변하여 마른 땅이 되며, 옥토가 변하여 염전이 되게 하신다. 그러나 회개하고 돌이키면 광야가 다시 못이 되고, 마른 땅이 샘물 되며, 밭에서 풍성한 소출을 거두게 하신다(시 107:33-38). 유럽에 기독교가 들어가면서 기독교문명개혁운동이 일어났고, 모든 것이 부유하고 풍족해졌다. 그러나 지금 옥토가 소금땅으로 점점 변해가는 게 보인다. 주님이 주신 풍성한 것을 온 땅에 나눌 때, 회복이 일어날 것이다.

내 마음의 정원사
시편 117:1,2 잠언 12:21,25

너희 모든 나라들아, 여호와를 찬양하며, 너희 모든 백성들아, 그를 찬송할지어다. 우리에게 향하신 여호와의 인자하심이 크시고 여호와의 진실하심이 영원함이로다 할렐루야 시편 117:1,2

시편 117편은 성경에서 가장 짧지만, 강력하다. 모든 나라, 모든 백성에게 강하게 명령한다. "하나님을 찬양하라!" 그 이유가 놀랍다. 단지 어떤 힘이나 권력으로 압박하거나 압력을 가하는 게 아니다. 하나님의 크신 인자하심과 영원한 진실하심 때문이다. "인자하심"은 요한복음 3장 16절의 "사랑"이다. 독생자까지도 아낌없이 내어주는 놀라운 사랑이다. "진실하심"의 히브리어 '에메트'는 '약속에 신실함, 충성됨, 변치 않음, 확고함'이다. 하나님은 아브라함을 통해 하신 약속을 믿는 자에게 반드시 지키신다. 나를 향한 하나님의 크신 인자하심과 영원한 진실하심은 나를 굳건한 반석 위에 두신 것과 같다. 그래서 어떤 상황에도 두려움이 없다. 평안, 만족, 풍성함이 있다. 이는 '평상심'의 기반이다. 하나님이 내 편이시다. 우리가 마음에서 우러나오는 예배를 드림이 여기 있다. 자원하여 즐거이 드리는 헌신이 여기 있다. 어찌 하나님을 찬송하지 않으랴!

의인에게는 어떤 재앙도 임하지 아니하려니와 악인에게는 앙화가 가득하리라 근심이 사람의 마음에 있으면 그것으로 번뇌하게 되나, 선한 말은 그것을 즐겁게 하느니라 잠언 12:21,25

"재앙"은 '헛됨, 거짓, 악함'을 의미한다. 즉 '악한 데로 나아가 스스로 고생하는 것' 혹은 '우상숭배로 나아가는 헛된 삶'을 의미한다. "앙화"는 '해로운 것, 나쁜 것, 악한 것'이다. 기근이나 질병 등 재난을 말한다. 의인에게는 이 두 가지가 어떤 경우에도 임하지 않는다. 의인은 악한 일을 생각에서부터 거절하여 마음에 들이지 않는다. 그러나 악인은 생각에서부터 악하고 마음에 나쁜 것으로 가득하다. 그것이 입을 열 때마다 나온다. 결국 삶에 그 열매가 나타난다. 사람의 마음 상태에 따라 건강이 좌우된다.

염려, 걱정, 근심, 두려움, 분노는 독약과 같다. 아무리 좋은 약과 음식을 먹어도 마음의 협조가 없으면 제대로 효능을 발휘하지 못한다. 그런데 이런 병들고 약한 마음을 치료하는 약이 있다. 바로 격려의 말, 용기를 주는 말, 칭찬과 응원과 지지 그리고 위로의 말이다. 이런 말들은 기운이 돋게 한다.

"그리스도의 말씀이 너희 속에 풍성히 거하여, 모든 지혜로 피차 가르치며 권면하고 시와 찬미와 신령한 노래를 부르며 마음에 감사함으로 하나님을 찬양하고"(골 3:16).

마음에 말씀이 충만하면 감사와 찬양의 삶, 격려와 위로의 삶을 산다. 말씀 묵상이 그 말씀을 마음에 충만하게 하는 길이다. 마음에 하나님의 말씀으로 가득 채우는 것이 얼마나 중요한가! 말씀 묵상은 그 말씀을 내 마음의 정원에 심는 것과 같다.

"그러므로 모든 더러운 것과 넘치는 악을 내어버리고, 능히 너희 영혼을 구원할 바 마음에 심긴 도를 온유함으로 받으라"(약 1:21). 나는 오늘도, 매일, 평생, 말씀을 묵상하여, 그 말씀을 마음의 정원에 심는 정원사로 살리라.

모든 백성, 모든 나라의 사명은 하나님의 인자하심과 진실하심을 찬송하는 것이다. 창세기 18장 16-33절을 보면, 아브라함이 하나님의 인자하심을 알았기에 소돔성의 의인에 대한 기도를 감히 드린다. 하나님은 그 땅을 용서하기를 원하셨다. 그 길은 하나밖에 없다. 당장 주께로 돌아와야 한다. 요나는 이를 너무 잘 아는 선교사였다. 민족의 철천지원수 앗수르의 수도 니느웨 성을 하나님이 용서하실 것을 이미 알았다(욘 4:1). 하나님께서 인자하심과 진실하심과 긍휼하심으로 민족의 원수까지도 용서하시기에 요나가 매우 싫어하며 화를 냈다(욘 4:3). 주님은 많고 많은 선교사 중에 왜 하필이면 요나를 선택하셨을까?

하나님께서 내게 일본에서 말씀을 전하라고 하셨다. 처음에는 주저했다. 가고 싶지 않았다. 요나와 같은 이유였다. 그러나 홍 목사님이 나를 설득하셨다. 일본 땅에 도착했을 때, 주께서 요나서를 통해 말씀하셨다.

"이 큰 성읍 니느웨에는 좌우를 분변하지 못하는 자가 십이만여 명이요 가축도 많이 있나니 내가 어찌 아끼지 아니하겠느냐?"(욘 4:11). 내게는 이렇게 들렸다. "일본 땅에 좌우를 분변하지 못하는 자가 1억2천만 명이나 있고 가축도 많으니 내가 어찌 일본을 아끼지 아니하겠느냐?" 순간, 멍~해졌다. 하나님께서 일본을 우리나라와 동일하게 사랑하시는 것에 무척 놀랐다. 지금은 어느 땅보다 일본을 진심으로 사랑하게 되었다. 나도 일본처럼 주님의 헤세드 사랑 속에서 긍휼로 용서받은 자이기 때문이다.

"미진에게 향하신 여호와의 인자하심이 크고 진실하심이 영원함이로다!"

13일

율법을 따라 행하는 자들이 복되다

시편 119:1,2 잠언 13:18

행위가 온전하여 여호와의 율법을 따라 행하는 자들은 복이 있음이여, 여호와의 증거들을 지키고 전심으로 여호와를 구하는 자는 복이 있도다 시편 119:1,2

누가 복 있는 사람인가? 행위가 온전하여 말씀을 따라 행하는 사람이다. 그는 충성되고, 정직하고, 성실하며 솔직담백하다. 한결같다.

어떻게 그런 사람이 될 수 있는가? 열쇠는 하나님의 말씀이다. 그 말씀을 통해 알려주신 길을 따라 걸어갈 때 가능하다. 최선을 다해 갈급한 마음으로 하나님을 찾으면 말씀을 통해 그의 길을 알려주신다. 죽기 살기로 말씀이 지시하시는 길을 걸어가면 그런 사람이 된다.

말씀을 머리에 지식으로 담아두는 게 아니라 손과 발로, 삶으로 살아내어 말씀이 인격으로 나타나는 사람이다. 그는 주님과 말이 아닌 삶으로 동행하며 "전심으로", 즉 '마음과 뜻과 성품을 다해 간절히' 하나님을 구한다. 하나님은 그에게 복을 주시고 호의를 베푸신다. 그는 하나님이 주시는 은혜로 풍성한 삶을 산다.

훈계를 저버리는 자에게는 궁핍과 수욕이 이르거니와, 경계를 지키는 자는 존영을 얻느니라 잠언 13:18

하나님의 말씀을 무시하면 거리에 나앉는 신세, 사방에서 손가락질받는 신세가 된다. 그러나 하나님의 책망의 말씀을 깨어진 마음으로 받아들이면 존경과 칭찬을 받으며 산다.

마음을 겸손하게 할 때 듣는 귀가 열린다. 듣는 마음을 갖는 것이 얼마나 귀한가! 마음을 열어야 들린다. 매일 잠언을 읽고 그 말씀을 듣는 것이 얼마나 귀한가! 책망과 충고를 흘려듣지 않고, 겸손한 마음으로 세심히 주의를 기울여 듣는 삶은, 하나님과 사람 앞에 존귀와 영광을 얻는다.

"하나님의 말씀을 멸시하는 자는 망할 것이나 그 말씀을 두려워하는 자는 상을 얻을

왕의 지혜
730

것이다"(13, 현대인의성경). 하나님의 말씀을 경청하는 법을 배워야 한다. 경청은 하나님을 사랑하고 존경하는 마음으로 주의 깊게 주의 말씀에 귀 기울이고, 그 말씀을 따라 순종하겠다는 마음 자세다. "나는 누구든지 나를 소중히 여기는 자를 소중히 여기고 나를 멸시하는 자를 멸시할 것이다"(삼상 2:30 하반절). 하나님의 말씀을 절대 무시하지 말자.

지식을 얻으려는 마음이다. 도덕적 훈계, 종교 서적으로 대하지 말자. 하나님은 나를 지으시고, 나를 사랑하시는 아버지시다. 하나님은 내 마음으로 사랑하고 존경하는 아버지다. 하나님의 말씀을 순종하겠다는 마음으로 귀 기울여 듣는 것이 하나님을 존중하는 태도다.

시편 : 복 있는 사람의 특징은, 1) 행실이 온전하고 주님의 법대로 산다. 2) 주님의 증거를 지키며 온 마음을 기울여 주님을 찾는다. 이런 사람은 불의를 행하지 않고 주님께서 가르치신 길을 따라 산다. 앞으로 복을 받을지, 아닌지는 지금 내 삶을 보면 알 수 있다. 내 미래가 지금의 삶에서 진단된다. 1,2번에 해당하는 삶을 산다면, 하늘 보험에 가입된다. 그 회사 대표는 하나님이시다. 내가 필요할 때, 하늘 보험회사에서 넉넉한 보험금이 지급된다. 나는 오늘도 보험금을 잘 납부할 것이다. 어떻게 납부할 것인가?

"주여! 내 눈을 열어주십시오. 주님의 진리를 볼 것입니다. 그 길을 따라갈 것입니다."

1) 주님이 가르치신 길, 정직한 길, 부지런한 삶, 용서를 베푸는 삶 등을 묵상하고 실천하겠습니다. 2) 온 마음 다해 주님을 찾고 말씀을 지킬 때, 인생이 깨끗해짐을 명심하고 갈급함으로 주님을 찾겠습니다. 3) 주님의 말씀을 마음 깊이 간직하며 주님께 범죄하지 않겠습니다. 4) 주님의 교훈을 따르는 기쁨은 큰 재산을 갖는 것보다 큽니다. 주의 교훈을 사랑하겠습니다. 5) 나는 이 땅에 잠깐 머무는 나그네임을 명심하며 나누는 삶을 살겠습니다.

내가 주님의 말씀을 성실하게 지킬 때, 내 길을 탄탄하게 지켜 흔들림이 없게 하겠다고 약속하셨다. 내가 있는 영역에서 정직하게 경영하고 나눔의 삶을 살자. 주님의 말씀에는 반드시 증거가 따른다. 그래서 증인의 삶을 살게 하신다.

잠언 : 훈계와 꾸지람은 미련함을 벗겨준다. 놀랍게도 미련한 자는 이를 받아들여, 악에서 떠나기를 싫어한다. 그래서 미련한 것이다. 훈계와 꾸지람의 근간은 '사랑'이어야 한다. 오직 사랑함으로 꾸지람과 훈계를 할 자신이 없다면 하지 말아야 한다. 정죄와 비판으로 훈계하는 건 사람을 죽이는 독약이 된다.

환난은 내 믿음을 자라게 하는 계단이다

시편 120:1 잠언 14:29

내가 환난 중에 여호와께 부르짖었더니 내게 응답하셨도다 시편 120:1

시편 120편은 심한 어려움을 당하는 사람의 고난의 풍경화 같다. 다음은 이런 고난을 겪는 사람의 고백이다. "만면에 미소를 띠고 입술에 침도 바르지 않은 채 거짓말을 해대는 사람들로 둘러싸여 있다. 그들은 얼굴에 철판을 깐 사기꾼들이다. 이들은 쌈박질 좋아하는 사람들이다. 내가 손을 내밀어 화평의 악수를 청하면 무턱대고 싸움을 걸어오는 사람들이다." 그런 사람들과 평생을 이리저리 부대끼며 살다가 한계점에 이르렀다. 더는 견딜 수 없어 하나님께 부르짖는다.

"하나님, 나를 구해주소서!" 주께서 응답해주신다. "환난 날에 나를 부르라. 내가 너를 건지리니, 네가 나를 영화롭게 하리로다"(50:15). "환난"은 나를 어렵게 하는 것만은 아니다. 오히려 하나님의 응답과 구원을 경험하는 간증의 시작이다. 기도의 시작이며, 장차 간증의 시간이 될 것이다. 또한 내 믿음을 자라게 하는 계단이다.

"주여, 내 생명을 건져주소서!"

노하기를 더디 하는 자는 크게 명철하여도, 마음이 조급한 자는 어리석음을 나타내느니라 잠언 14:29

이 말씀을 현대인의성경은 "좀처럼 화를 내지 않는 사람이 지혜로운 자이다. 그러나 성미가 급한 사람은 자기의 어리석음을 나타낼 뿐이다"라고 했다. "내 사랑하는 형제들아, 너희가 알거니와 사람마다 듣기는 속히 하고 말하기는 더디 하며 성내기도 더디하라. 사람이 성내는 것이 하나님의 의를 이루지 못함이라"(약 1:19,20). 하나님은 내게 두 귀와 한 입을 주셨다. 그리고 '내 아들아, 잊지 마라. 2 대 1이다!'라고 하신다. 듣기와 말하기의 비율이다. 그리고 마음도 하나다. 조급해하지 말고 여유를 가지며 좀처럼 화내지 말라는 뜻이다. 지혜로운 사람과 어리석은 사람의 차이는 화내는 속도에 있다.

"하나님의 의를 이룬다"는 건 사람들과 올바르고 화평한 관계를 유지하는 상태를 말한다(마 5:9). 오늘도 성령의 열매인 화평과 오래 참음과 온유와 절제가 내게 더 자라기를 기도한다. 성령의 충만함을 구한다. 나는 소망이 있다. 오늘도 주를 닮아가는 내 모습 때문에.

시편 : 환난과 고난의 시간이 주님을 간절히 찾는 예배의 이유가 되었다. 그 시간이 복이 되었다. 어떤 이유에서든 환난과 고난은 힘들다. 시편 기자는 화평을 사랑하는 사람인데, 사기꾼과 기만자들이 늘 전쟁을 걸어온다. 기만자란 남을 속이는 사람이다. 이 문제를 주께 가져가서 생명은 구원하시고 적들은 벌해달라고 부르짖는다. 너무 오랫동안 화평을 싫어하는 사람들과 살면서 나그네의 삶, 더부살이 같은 삶의 외로움을 주께 호소한다. 같은 곳을 바라보지 않는 사람들과 함께 오래 사는 건 가정에서도, 사역에서도 참 외로운 일이다. 그러나 사람들 속에서 홀로 평화를 위해 싸운다고 느낄 때, 큰 실수를 할 수 있기에 아주 조심해야 한다.

엘리야는 바알과 아세라 선지자를 상대로 850 대 1로 싸워 대승을 거두었다. 그리고 한 여인의 말을 들었다. "내가 너를 반드시 죽이겠다." 그러자 용맹과 믿음이 온데간데없이 두려움에 사로잡혀 삼십육계 줄행랑을 치면서 하나님께 하소연했다. 평화를 위해 싸우는 자가 "나만 홀로 남았습니다"라고. 그러나 하나님이 바알에게 무릎 꿇지 않고 입 맞추지 않은 7천 명을 남겨놓으셨다. "엘리사에게 기름을 부어 너를 대신하여 선지자가 되게 하라"(왕상 19:16). 이 말씀은 "엘리야, 너! 보따리 싸라"라는 말씀이다. 적은 모든 걸 사용하여 공격한다. 특히 외로움을 조심하라. 엘리야처럼 실수한다. 외로움은 불신앙으로 이끌어간다. 주님이 절대 나를 떠나지도, 버리지도 않고, 항상 함께 계심을 명심하라. 외로움을 주님 안에서 다루지 못하면 주님의 길로 가지 못한다. 외로움은 사탄의 강력한 공격 무기다. 사람을 무력하게 만들고, 죄를 향해 달리게 한다. 이때 주님께 가서 부르짖어야 구원을 얻는다.

문제들을 잘 다루지 못하면 내가 속한 모든 곳에서 나가떨어지게 된다. 시편 전체에서 보는 다윗처럼 소리 높여 살려달라고 크게 부르짖으라. 주께서 나를 건져내어 힘있게 하신다.

잠언 : 상대가 하는 말을 다 듣지 않고, 문제를 다 파악하기도 전에 성급하게 말하고 답하는 사람이 있다. 그러다가 상대의 말을 다 들어보면, 아주 미련한 답을 했음을 알고 후회한다. 오늘 홍 목사님 묵상에 "아들아~ 잊지 마라. 2 대 1이다"가 마음에 와닿는다. 듣는 귀 2개, 말하는 입 1개는 듣기와 말하기의 비율이라고 하시니 이해가 팍! 된다. 사람의 말을 잘 경청하고, 꼭 해야 할 말만 천천히 하는 훈련을 해야겠다. 마음이 여유 있고 넉넉하여 화를 잘 다루는 훈련도 해야겠다.

나를 기다리시는 하나님

시편 123:1,2　잠언 15:28

하늘에 계시는 주여, 내가 눈을 들어 주께 향하나이다 … 우리의 눈이 여호와 우리 하나님을 바라보며 우리에게 은혜 베풀어 주시기를 기다리나이다 시편 123:1,2

　주님의 도움을 간절히 구할 때, 눈을 들어야 한다. 땅을 바라보던 눈을 하늘로 들어야 한다. 문제에 집중하지 말고 내 시선이 내 도움이신 하나님께 향해야 한다. 마치 상전의 손을 바라보는 종의 눈같이, 여주인의 손을 바라보는 여종의 눈같이, 내 눈이 하나님을 바라본다. 한시도 눈을 떼지 않는다. 그리고 "주님, 제게 은혜 베풀어 주시기를 기다리나이다"라고 말한다. 주님은 당신을 기다리는 내게 놀라운 말씀을 들려주신다.
　"그러나 여호와께서 기다리시나니 이는 너희에게 은혜를 베풀려 하심이요, 일어나시리니 이는 너희를 긍휼히 여기려 하심이라. 대저 여호와는 공의의 하나님이심이라. 무릇 그를 기다리는 자는 복이 있도다"(사 30:18).
　하나님이 먼저 나를 기다리고 계신다. 내게 줄 은혜를 두 팔에 가득 안고 나를 기다리신다. 문제에 집중하지 않고 눈을 들어 주를 바라보고 기다리는 사람을 미리 기다리고 계신다. 주를 기다리는 자는 복이 있다.

　의인의 마음은 대답할 말을 깊이 생각하여도 악인의 입은 악을 쏟느니라 잠언 15:28

　대답할 때는 신중해야 한다. 지혜로운 사람은 자기 생각과 감정에 따라 말하지 않는다. 사람의 말이나 환경에 휘둘리지 않는다. 말하기 전에 먼저 기도한다. 기도는 하나님과의 연결선이다. 대답할 시간을 확보하고 하나님께 나가 기도한다. 그렇다고 대화를 중단하고 기도방으로 가거나 옆으로 비켜서 무릎을 꿇으라는 게 아니다. 느헤미야처럼 바로 대답해야 할 때는 화살기도 하는 법을 익혀야 한다. 그런 기도는 상대방이 전혀 눈치채지 못한다. 대화 중 아주 짧은 순간이지만 하나님의 뜻을 아는 시간으로 충분하다. 회의로 의사 결정을 할 때도 상대의 말을 경청함과 동시에 하늘과 연결되어 있어야 한다. 영적 이어폰을 내면에 설치해야 한다. 통찰력, 판단력, 지혜와 총명을 구해야 한다. 날마다 성령충만함에 머물러야 한다. 그러면 성령의 음성에 민감해진다. 영적 둔함을 벗어난다. 날마다 말씀을 묵상하고 기도하면 영적으로 민감해진다. 화살 기도 시간이 점점 익숙해진다.

시편 : 눈을 들어 주님을 바라보는 것을 이렇게 비유하셨다. 상전의 손을 바라보는 종의 눈과 몸종의 눈이라고 하니 이해가 된다(2). 종의 목숨이 상전의 손에 달렸기에 온몸에 간절함이 있다. 나는 종의 간절한 눈을 사모한다. 종이 상전에게 자비를 갈망하며 바라보듯이 나도 하나님을 바라본다.

평안하게 사는 자들의 조롱과 오만한 자들의 멸시가 심령에 차고 넘치니 견디기가 힘들다(4). 오직 하늘 보좌를 다스리시는 주님께 눈을 고정하고, 주님을 바라본다. "자비를 베풀어 주십시오." 간절히 기도하는 사람 편에 서서 구원하시는 주님의 손을 바라본다. 원수들이 일어나 우리를 집어삼키려 할 때, 주님이 우리 편에서 싸우신다. 홍수가 우리를 휩쓸고 갈 때, 넘치는 물결이 우리 영혼을 삼키려 할 때 원수에게 찢겨 먹잇감이 되지 않으려면 주님께 도움을 구하고, 그를 찬송해야 한다. 천지를 지으신 주님이 우리의 도움이시다.

"나는 평생 간절함, 목마름, 갈급함으로 주님을 바라봅니다. 내 눈을 주께만 고정합니다. 주여! 내 중심 깊은 곳의 소원을 붙들어주소서."

잠언 : 어떤 사람은 사람들을 자기 편으로 끌어들이기 위해 자기가 본 것만 말하고 보고한다. 말은 맞을 수 있지만, 그때의 분위기나 상황에 따라서 이해가 완전히 달라지기도 한다. 그래서 보고된 사건을 자세히 알아보면 상당한 차이가 발견된다. 그러면 이런 사람을 경계하게 된다. 그는 자기가 악하다고 생각하지 않는다. 그러나 내가 보기에는 악하다. 상대를 억울하게 하고, 자기 편에서 지지 받으려는 나쁜 동기가 있기 때문이다. 우리가 조심할 것은, 급한 대답은 최고의 답이 나오지 않는다는 것이다.

나는 시간이 촉박해서 급하게 결정하도록 밀어붙이면서 일을 처리하는 사람이 가장 어렵다. 이런 식이면 나는 결정을 안 한다. 아무리 급하다며 재촉해도 꼼꼼하게 검사한다. 때로는 자세히 처음부터 다시 살핀다. 이런 사람은 특별 관리 대상으로 놓고, 그의 결재 서류는 더 철저히 살핀다.

가정, 교회, 사회에서 서로가 최상의 결과를 내려면 충분한 시간을 갖고 대화하며 혹시 발생할 수 있는 위험 요소를 잘 점검하면서 소통하는 걸 훈련해야 한다.

에녹의 믿음으로 살아가자

시편 129:4 잠언 16:19

여호와는 의로우신 분이시므로 나를 잡아맨 악인의 줄을 끊어버리셨다.

시편 129:4 현대인의성경

하나님을 두려워하지 않고, 하나님의 교회를 미워하는 자를 '악인'이라고 한다. 하나님은 그의 행동을 가만히 보고만 있지 않으신다. 수치를 주고 물러나게 하신다. 그는 마치 지붕 위에 자라는 풀 같아서 자라기도 전에 말라버린다(4-6). 하나님은 아브라함에게, "너를 축복하는 자에게는 내가 복을 내리고, 너를 저주하는 자에게는 내가 저주하리니"라고 약속하셨다(창 12:3). 이 약속은 아브라함의 씨에게도 동일하게 이루어진다. 그리스도를 믿는 자가 곧 아브라함의 씨다(갈 3:7,9,29). 하나님은 의로우셔서 그를 의지하는 사람을 악인으로부터 보호하신다. 악인이 씌운 올가미를 벗겨내고 자유하게 하신다. 역사가 말해준다. 하나님은 그의 백성을 애굽, 블레셋, 아람, 앗수르 그리고 바벨론의 압제자들에게서 벗어나게 하셨다.

하나님을 가까이하는 삶, 오직 하나님만 의지하는 삶은 복되다. 고난 가운데 있어도 절망하지 말아야 한다. 하나님이 일하고 계심을 곧 보게 될 것이다. 에녹은 절망의 때에 낙심하지 않고 하나님과 동행하는 삶을 살았다. 그 비결은 오직 믿음이었다. "믿음이 없이는 하나님을 기쁘시게 하지 못하나니, 하나님께 나아가는 자는 반드시 그가 계신 것과 또한 그가 자기를 찾는 자들에게 상 주시는 이심을 믿어야 할지니라"(히 11:6). 지금, 에녹의 믿음이 필요한 때다.

겸손한 사람과 어울려 마음을 낮추는 것이, 거만한 사람과 어울려 전리품을 나누는 것보다 낫다. 잠언 16:19 새번역

메시지성경은 "부자와 유명인들 사이에서 기분 내며 사는 것보다 가난한 이들 사이에서 겸손하게 사는 것이 낫다"라고 번역했다. 부자와 유명인이 나쁘다는 게 아니다. 그들과 사귀지 말라는 것도 아니다. 초점은 '거만한 사람'(교만한 자), '겸손한 사람'에 있

다. 물론 겸손한 부자도 있고, 교만하고 가난한 사람도 있다. 그러나 많지는 않다. 일반적으로 겸손하고 가난한 사람이 부자가 되면 교만해진다. 자기도 모르게 거만해진다. 무명 시절에는 겸손하나 유명 인사가 되면 교만해지기 쉽다. 겸손한 부자, 겸손한 유명인이 많지 않다. 그러니 바로 앞 구절을 마음 깊이 새겨야 한다.

"교만은 패망의 선봉이요 거만한 마음은 넘어짐의 앞잡이니라"(18).

미가서 6장 8절 말씀을 굳게 붙들어야 한다. "사람아, 주께서 선한 것이 무엇임을 네게 보이셨나니, 여호와께서 네게 구하시는 것이 오직 공의를 행하며 인자를 사랑하며 겸손히 네 하나님과 함께 행하는 것이 아니냐." 어느 상황에서도 오직 겸손히 나의 하나님과 동행하는 삶, 그것이 사는 길이요 선한 길이다.

시편 : 누가 악인의 사슬을 끊으시는가? 의로우신 나의 주님이시다. 누가 나를 자유케 하시는가? 의로우신 나의 주님이시다. 이 사실을 놓쳤을 때가 있었다. 내 속에 의가 없음을 알면서도 내 힘으로 악을 끊으려고 애썼다. 의롭게 살아보려고 발버둥 치던 시절이 있었다. 사도 바울의 고백이 나를 크게 위로했다. "내가 행하는 것을 내가 알지 못하노니 곧 내가 원하는 것은 행하지 아니하고 도리어 미워하는 것을 행함이라"(롬 7:15). 그리고 그 이유를 알았다고 고백한다. "내 속 곧 내 육신에 선한 것이 거하지 아니하는 줄을 아노니 원함은 내게 있으나 선을 행하는 것은 없노라"(롬 7:18). 그는 절망 속에서 부르짖는다.

"오호라 나는 곤고한 사람이로다 이 사망의 몸에서 누가 나를 건져내랴"(롬 7:24).

오직 의로우신 주님께서 악의 사슬을 끊으시고 우리에게 자유를 주신다. 내 능력이 아닌 주님의 은혜로 구원을 받는다. 악은 의로 끊어진다. 무엇이 내 '의'인가? 오직 주님이시다(4:1). 나를 삼키려는 악은 오직 성령의 능력을 힘입을 때 끊어진다. 자유는 주님의 진리 안에서 주어진다. 말씀은 내게 진정한 자유를 주는 안전한 울타리다. 진정한 자유는 오직 주 안에 있을 때 주어진다. 오늘도 주님은 나를 힘있게 붙드시고, 넉넉히 악을 이기게 하시며, 자유를 주신다.

잠언 : 정치인의 심부름꾼으로 있으면서 자기도 정치인(국회의원)인 것처럼 착각하는 사람을 본 적이 있다. 거만한 정치인 밑에서 일하면 본인도 거만해지고, 사람을 함부로 대하며, 악행으로 얻은 전리품을 함께 나눈다. 겸손한 사람과 어울리면 겸손한 자리에 앉게 된다. 주님 앞에서 자신을 늘 점검하고 다른 사람을 나보다 낮게 여기며 존중하는 태도를 갖는다.

겸손한 자를 가까이하시고, 교만한 자를 물리치시는 하나님이다. 내 주변에 겸손한 사람이 참 많다. 나는 복 있는 사람이다.

17일

힘있을 때 열심히 주를 섬기자

시편 137:5,6 잠언 17:22

예루살렘아, 내가 너를 잊을진대 내 오른손이 그 재주를 잊을지로다. 내가 예루살렘을 기억지 아니하거나 내가 너를 나의 제일 즐거워하는 것보다 지나치게 아니할진대 내 혀가 내 입천장에 붙을지로다 시편 137:5,6

예루살렘 성전에서 섬기던 예배사역자가 바벨론 포로 생활 중에 고백하고 있다.

"예루살렘아, 내가 너를 잊는다면, 내 오른손도 수금 타는 재주를 잊을 것이다."

절대 예루살렘을 잊지 않겠다는 강력한 고백이다. 예루살렘은 단지 지리적인 장소를 넘어 하나님의 임재가 있는 곳, 하나님의 백성과 함께 하나님께 나아가 그의 임재 가운데 머물며 주를 찬양하는 곳이다. 내 모든 재능은 하나님의 영광을 찬양하며, 그가 하신 일을 높이는 일에만 사용될 때 의미가 있고, 내가 말하는 것은 하나님을 즐거워하며 찬양할 때만 의미가 있다고 강하게 고백한다.

교회에서 성도와 함께 주를 찬양하는 것보다 귀하고 아름다운 건 없다. 손, 입, 몸의 가장 귀한 기능은 주를 찬양하는 것이다. 이것을 세상의 즐거움을 위해 사용하지 않으리라. 교회 공동체 중심의 삶을 살아야 한다. 오늘 그리고 내일, 날마다 나의 손, 입술, 팔, 몸으로 온 마음 다해 주를 찬양할 것이다. 내 발이 건장할 때, 내 눈이 밝을 때, 내 두 팔이 번쩍 올라갈 때, 내 목소리가 뚜렷할 때, 내 허리가 튼튼할 때 열심히 주를 섬기자.

마음의 즐거움은 양약이라도, 심령의 근심은 뼈를 마르게 하느니라 잠언 17:22

일본의 저명한 의사인 하루야마 시게오는 NHK에서 한동안 '엔도르핀'에 대해 강의했다. 그는 "조물주가 각 사람의 뇌에 거대한 제약공장을 차려주셨다. 그리고 스스로 양약을 제조하거나 독약을 제조하는 능력을 주셨다. 즐거울 때는 양약을, 근심할 때는 독약을 제조하는 기능이다"라고 했다. 이에 대해 하나님은 이미 3천 년 전에 성경을 통해 말씀하셨다. 마음이 즐거우면 최상급 양약이 나와 건강하게 한다. 그러나 마음이 근심하면 독사의 맹독보다 더 나쁜 독약이 나와 건강을 해친다.

항상 기뻐하고 범사에 감사하는 삶을 살아야 한다. 기쁨과 감사는 그 이유가 사람, 환경, 그 무엇에 있지 않다. 감사는 하나님의 주권을 인정하는 믿음의 고백이다. 기쁨은 하나님이 함께하심을 나타내는 믿음의 삶의 표현이다(느 8:10). 나의 기쁨의 이유는 하나님이다. 재물도, 어떤 좋은 일도, 사람도 기쁨의 이유가 된다. 그러나 진정한 기쁨의 이유는 오직 하나님이다. 나를 사랑하시고, 나와 항상 함께하시는 그분이 내 기쁨이시다. 하나님을 기뻐할 때 힘이 생긴다. 오직 예수 그리스도, 내 소망이 그에게 있다. 감사로 카펫을 깔자. 기쁨으로 그 위를 걸어가자!

시편 : 하나님을 간절히 사모하는 시편 기자의 강력한 사랑 고백이 나를 깜짝 놀라게 한다. "주를 사모함이 내 생명보다 낫습니다"라고 고백하는 예배자의 진실한 마음이 느껴진다. 우~와! 주님을 잊고 찬양하지 않는다면 혀가 입천장에 붙어버려도 좋다는 이 놀라운 고백(6)을 들으시는 하나님의 마음은 얼마나 기쁘셨을까! 만일 내가 이 고백을 했다면 벌써 손은 말라비틀어졌고, 내 혀는 입천장에 붙어버렸을 것이다.

오늘 말씀에서 전부를 올인(all in)하고 "주님, 사랑합니다" 고백하는 예배자의 터지는 심장이 보인다. 나도 주님을 몹시 사랑하지만, 진짜 도전이 된다. 우리 주님은 예루살렘을 사랑하신다. 순종, 희생, 구원이 시작된 비전의 땅이다. 나도 "주님, 그 땅을 저도 몹시 사랑합니다"라고 고백한다.

"예루살렘을 위하여 평안을 구하라 예루살렘을 사랑하는 자는 형통하리로다"(122:6).

잠언 : 세상에서 가장 큰 근심은 자식 걱정이다. 미련한 자식은 아버지의 근심이고, 어머니의 고통이 된다(25). 이런 자식을 둔 부모는 걱정이 그칠 새가 없고, 기쁨이 없다. 진정한 효도는 돈으로만 섬기는 게 아니다. 자녀들이 미련함을 벗고 지혜를 찾아 올바른 길로 걸어가야 한다. 비뚤어진 마음과 거짓을 버리고 정직하게 바른 일을 해야 한다. 이 땅의 모든 사람은 누군가의 자식이다. 부모님이 오래 건강하게 사시도록 즐거운 마음을 드리는 게 효도다. 그러면 부모님의 모든 병이 낫는다. 우리도 즐겁게 살자. 근심이 뼈를 마르게 하면 온몸이 병든다.

"내일 일을 위하여 염려하지 말라 내일 일은 내일이 염려할 것이요 한 날의 괴로움은 그날로 족하니라"(마 6:34).

매년 결산서를 제출하자
시편 138:3 잠언 18:18

내가 간구하는 날에 주께서 응답하시고, 내 영혼에 힘을 주어 나를 강하게 하셨나이다

시편 138:3

　내가 전심으로 여호와 하나님을 찬양하며 그에게 감사하는 이유는 내가 간구할 때 응답하시기 때문이다. 오직 하나님만이 내 기도를 들으시고 응답하신다.

　"영혼"은 속사람을 말한다. 하나님은 내 기도를 들으실 뿐 아니라 내 속사람까지 강건하게 하신다. 속사람이 강건하면 어떤 상황에도 흔들리지 않는다. 속사람이 강건한 사람은 어려울 때, 환난 날에 염려하면서 마냥 주저앉아 있지 않는다. 환난이 있는 날, 그때는 주께 간구할 때다. 주께서 나를 붙들어주신다. 내 영혼에 힘을 주어 나를 강하고 담대하게 하신다. 나를 살아나게 하신다. 내 원수들의 분노를 주의 손으로 막으신다. 나의 내면에 확신을 주어 어떤 상황에도 흔들리지 않게 하신다. 내 마음에 가득 찼던 두려움을 몰아내시고 여유 공간을 넉넉히 주셔서 평상심을 유지하게 하신다. 나는 오직 하나님의 영원하신 사랑을 굳게 붙든다.

　그런 삶의 결산서가 있다. "내가 나 된 것은 내가 아니라 오직 하나님의 은혜로 된 것이라"(고전 15:10). 올해를 마치는 날에 이 결산서를 제출하자. 매년, 평생 제출하자.

제비 뽑는 것은 다툼을 그치게 하여 강한 자 사이에 해결하게 하느니라 잠언 18:18

　"제비뽑기"는 의사 결정 방법의 하나다. 이 방식은 강한 자 사이에서 결정하는 공평한 방법이다. 시비와 다툼을 그치게 하는 놀라운 방법이다. 축구 시합에서 선공을 정할 때, 심판이 동전을 던진다. 모두가 그 결정을 따른다. 초대 교회에서 가룟 유다를 대신할 사도를 선정할 때, 그 기준에 맞는 사람이 둘이었다. 그때는 투표하지 않고 제비뽑기했다. 둘 다 그 기준에 합당했기 때문이다. 누구의 사심도 개입되지 않는 방법이다. 가나안 땅을 분배할 때, 또 성전 봉사 순서를 정할 때도 마찬가지였다. 제비뽑기는 어느 것을 택해도 무방할 때 그 방식을 따른다. 그러나 모든 결정을 그 방식으로 하는 건 아니다. 대부분은 하나님의 말씀을 따라 결정한다. 하나님으로부터 책임을 부여받은 리더십의 의사 결정 과정에 따른다. 하나님의 섭리가 역사하심을 믿으며 제비뽑기를 행한다. 그리고 결정은 전적으로 하나님의 뜻을 구하고 확신할 때 따른다. 하나님의 말씀과 성령과 함께 결정한다. 그래서 초기 예루살렘 교회는 많은 의사 결정 과정을 거치며 "성령과 우리는…"이라는 말로 결론을 내렸다(행 15:28).

주님께 간절함과 갈급함으로 부르짖으면 두 가지 놀라운 선물을 받는다. 1) 주님께서 내게 응답해주신다. 2) 주님께서 내 영혼에 힘을 주셔서 내면을 강건하게 하신다. 주께서 내 영혼에 힘 주시는 것을 경험하고 있다. 이 힘이 나를 앞으로 나아가게 만들고, 주님이 주신 비전을 성취하도록 이끌어간다.

예수님이 제자들에게 지상대명령을 하셨다(마 28:18-20). 엄청난 비전 선포다. 이것을 성취하는 데 가장 필요한, 영적 전쟁에서 승리하는 무기를 제자들에게 선물로 주고 떠나셨다. 영혼에 힘을 주어 사명을 성취하는 놀라운 선물이다.

"평안을 너희에게 끼치노니 곧 나의 평안을 너희에게 주노라 내가 너희에게 주는 것은 세상이 주는 것과 같지 아니하니라 너희는 마음에 근심하지도 말고 두려워하지도 말라"(요 14:27). "평안"을 선물로 주셨다. 이것이 근심과 두려움을 사라지게 한다. 세상이 주는 평안은 재물, 건강, 성공 같은 것이다. 그러나 재물이 사라지고, 병들고, 하는 일에 실패하면 평안이 깨진다. 사람들은 평상심이 다 깨진다. 심하면 주를 떠나버린다. 평강은 이런 세상의 것이 아니다. 어떤 환경에도 끄덕하지 않는 것이 평안하다. 재물이 다 날아가도, 몸이 병들어도 평안하다. 주께서 내 병을 고치셔도 평안하고, 안 고치셔도 평안하다. 평상심을 유지한다. 이렇게 요동치지 않는 사람은 오직 성령의 능력으로 사는 평안을 선물로 받은 자다. 주님의 일꾼에게 이 평안이 없어서 배신감에 분노하고, 지치고 축 늘어져 우울증으로 무기력하게 사는 걸 보면 안타깝다. 우리가 세상을 이길 수 있도록 주님께서 가장 강력한 무기인, 세상이 줄 수 없는 평강을 이미 선물로 주셨다. 이 평강을 소유한 사람은 뒤로 물러서지 않는다. 이런 사람을 세상이 감당하지 못한다. 성령을 받은 사람이 평강을 선물로 받고 승리하는 삶을 산다.

나는 성령충만한 삶을 늘 사모한다. 성령충만을 유지하는 비결은 오직 말씀과 기도다. 이걸 놓치면 다 놓친다. 무엇을 시도하기 전에 기도를 먼저하고 말씀에서 행동할 지혜를 찾는다. 말씀을 매일 깊이 묵상하여 든든한 기초를 다지고, 삶에 예배를 앞장세워 돌파하게 한다. 그리고 기도로 승리의 깃발을 꽂고 "주님이 승리하셨습니다" 하며 믿음으로 감사 기도를 드린다.

호흡이 있는 자마다
하나님을 찬양하라
시편 150:1 잠언 19:21

할렐루야, 그의 성소에서 하나님을 찬양하며, 그의 권능의 궁창에서 그를 찬양할지어다 시편 150:1

시편은 1편에서 하나님의 말씀을 묵상하는 삶으로 시작하여 마지막 150편에서 하나님을 찬양하는 삶으로 마친다. 잔잔한 호숫가를 거닐며 말씀을 묵상하다가, 이제는 장엄한 폭포수 앞에서 주님을 찬양한다. 150편은 '예배 지침서' 또는 '예배 매뉴얼'이다. 짧은 여섯 절을 통해 어디서, 무엇을, 어떻게, 어떤 악기로, 누가 하나님을 찬양하는가를 알 수 있다. 하나님을 찬양하는 것은 그를 믿는 우리 삶의 핵심이다. 각자 신앙 배경이나 경험에 따라 예배 스타일이 다를 수 있다. 자칫 자신과 다른 스타일의 예배에 이질감이나 거부감을 느끼고 판단하기도 한다. 그래서 150편이 중요하다. 그럴 필요가 없다. 이 말씀대로 예배를 드리면 된다. 누구도 자신의 스타일이나 방식을 하나님의 말씀보다 더 높이 둘 수 없다.

"성소"는 하나님의 임재를 보여주는 시온산 예루살렘 성전이다. "궁창"은 하늘이다. 우리는 성소와 궁창에서 하나님을 찬양한다. 하나님은 성소에도, 궁창에도 계신다. 어디에나 계신다. 우리가 있는 그곳이 하나님의 임재가 있는 곳이다. 삶의 터전에서 언제나 하나님을 찬양하는 것이 우리의 본분이다. 그렇다고 한 장소에 교회로 모여 예배드리는 것을 소홀히 하지 말아야 한다. 교회에 정기적으로 모여서 예배드리고, 삶의 터전에서 하나님을 찬양하자. "호흡이 있는 자마다 여호와를 찬양하라(6)!" 이것이 긴 시편의 결론이다.

사람의 마음에는 많은 계획이 있어도 오직 여호와의 뜻만이 완전히 서리라 잠언 19:21

하나님은 역사의 주시다. 그가 계획하시고 이루신다. "모든 일을 그 마음의 원대로 역사하시는 자의 뜻을 따라"(엡 1:11). "일을 행하는 여호와, 그것을 지어 성취하는 여호와, 그 이름을 여호와라 하는 자가 이같이 이르노라"(렘 33:2). 사람이 많은 계획을 세워도 오직 하나님의 뜻만 성취된다. 사람이 역사 무대의 주인 행세를 해도 결국 하나님이 세우신 뜻이 이루어진다. 사람은 오만방자하게 행동하고, 자기가 최고인 줄 안다. 자기 마음대로 되는 줄 착각하며 각종 악과 불의를 계획한다. 그러나 큰 그림을 봐야 한다. 하나님의 역사의 맷돌은 1천 년 주기로 천천히 돈다. 그의 뜻을 이루신다. 오직 그의 뜻을 따라 사는 것이 지혜다. 우리가 무엇을 계획하든 언제나 하나님의 뜻을 아는 것에서 출발해야 한다. 그것이 지혜로 행하는 삶이다(엡 5:15-17).

주의 뜻을 따라 지혜로 살자. 주께서 우리를 이끄실 것이다.

시편 : "숨 쉬는 사람마다 주님을 찬양하여라"(6, 새번역). 어디에서? 주님의 성소와 하늘의 웅장한 창공에서 찬양하라(1). 내가 어디에 있든 그곳이 예배 장소다. 무엇을? 주님의 위대한 일을 찬양하라(2). 내게 행하신 놀라운 일을 찬송하라. 어떻게? 나팔 소리를 울리면서, 소고 치고 춤추며 찬양하라(3,4). 어떤 악기로? 거문고와 수금, 현악과 피리, 큰 소리 나는 제금으로 찬양하라(3-5). 누가 하나님을 찬양하는가? 호흡이 있는 자마다 찬양하라(6).

나는 고신 4대로 태어났다. 손을 들거나 일어서거나 춤추는 것이 익숙하지 않았다. 그러나 시편 전체를 묵상하며 마음의 폭이 상당히 넓어졌다. 이제는 아주 다양한 예배를 드릴 수 있다. 내 모든 죄를 불의에서 깨끗게 하신 나의 구원자 주님 앞에 감사하고 감격하여, 어린아이가 선물 받으면 좋아서 춤추듯이 예배한다. 나의 과거의 모든 죄, 미래의 죄까지 십자가로 몽땅 처리하셔서 사형 집행 전에 해방과 자유를 주셨으니 하나님의 통 큰 선물, 예수 그리스도 앞에 어찌 춤추며 예배하지 않으리!

잠언 : 내가 하고 싶은 것, 이루고 싶은 것이 많았다. 그런데 되는가 싶어서 열심을 내면 안 되고, 또 다른 방법으로 시도해도 꺾였다. 그러나 부도나고 쫄~딱 망하고 요한복음을 읽다가 '주님께서 나를 통해 하시고 싶은 일이 있으시지 않을까?' 생각이 들었다.

"하나님께로부터 보내심을 받은 사람이 있으니 그의 이름은 요한이라"(요 1:6).

나도 주님의 일에 아주 작게라도 쓰임 받고 싶다는 소망을 갖게 되었다.

이 땅에서 성경 말씀의 원리 원칙으로 살아내며 주의 집 뜰 안에서 살고 싶었다(시84:10).
세상적인 모든 방법으로 주님 없이 사는 악인의 장막에 거하기를 거절했다. 내 계획을 다 내려놓고 주님의 선하신 계획을 보여달라고 많이 기도했고, 지금도 동일하다.

"주여! 이끄시는 대로 순종하여 그 길을 가겠습니다!"

최고의 영양분이 가득한 주의 말씀

시편 1:2 잠언 20:22

오직 여호와의 율법을 즐거워하여 그의 율법을 주야로 묵상하는 자로다 시편 1:2

시편 1편 1-3절은 하나님의 말씀을 묵상하는 자에게 주시는 약속이다. 주의 말씀을 묵상하는 사람은, 첫째, 복이 있다. '복'은 일반적인 의미의 '복'이 아니라 '넘치는 기쁨이 있는 것'을 말한다. 그래서 어떤 상황에도 흔들리지 않고 평상심을 갖고, 더 나아가 주변에 영향을 거치는 힘을 갖는다. 이것이 말씀 묵상의 복이다. 둘째, 시냇가에 심긴 나무와 같다. 뿌리를 깊이 내린다. 견고하며, 힘이 있다. 열매를 맺고, 삶이 변화된다. 갈수록 예수 그리스도의 성품이 나타난다. 결과를 내는 삶을 산다. 셋째, 그 잎사귀는 마르지 않는다. 나무는 충분한 영양분과 수분 그리고 햇빛이 있어야 건강하게 자란다. 그것들이 부족하면 마르기 시작한다. 잎이 떨어진다. 그러나 말씀을 묵상하는 삶은 영적 양분을 받아 언제나 푸르다. 메마르지 않으며 역동적이고 활기차다. 넷째, 그가 하는 모든 일이 형통할 것이다. 실패가 없는, 박수갈채를 받는 삶을 산다. 하나님의 지혜와 명철이 주어져서 판단력과 통찰력을 얻기 때문이다.

그러니 이 놀라운 하나님의 말씀을 묵상하는 것이 즐거울 수밖에! 양은 4개의 위혹이 있어서 종일 되새김질하며 충분히 소화를 시킨다. 주의 말씀을 주야로 묵상하는 것은 이런 걸 말한다. 아침에 묵상한 말씀을 낮, 오후, 저녁에 다시 묵상한다. 말씀 묵상의 목적은 말씀을 생활에서 지켜 살아내는 데 있기 때문이다. 말씀 묵상은 그 어떤 좋은 영양제보다, 비싼 약보다 더 귀하다.

너는 악을 갚겠다 말하지 말고 여호와를 기다리라. 그가 너를 구원하시리라 잠언 20:22

현대인의성경은 "너는 네가 직접 복수하겠다는 생각을 버리고 여호와께서 처리하실 때까지 기다려라"로 번역했다. 그리고 로마서 12장 19절에는 "원수 갚는 것이 내게 있으니, 내가 갚으리라"라고 말씀하셨다. 그러니 아무리 마음이 상하고 분하고 원통해도 직접 원수를 갚지 말고 하나님께 맡겨야 한다. 그것은 하나님이 하실 영역이다. 내가 할 일은 원수가 주리면 먹이고, 목마르면 마시게 하는 것이다. 주께서 "악에게 지지 말고 선으로 악을 이기라"라고 하셨다(롬 12:21). 반대 정신으로 살아야 한다. 빛으로 어둠을 몰아내는 것이다. 미움은 사랑으로, 저주는 축복으로, 이것이 기독교 정신이며 십자가의 도(: 길)다.

하나님을 기다리는 법을 배우자. 그분은 공의롭고 공평하셔서 편견이나 불의가 없으시다. 신뢰함으로 모든 억울함, 분함, 원통함을 주님 손에 맡겨라. 조급함, 서두름, 내 방법으로 하려는 걸 내려놓아라. 화를 품지 말고 마음에 여유를 가져라. 그래야 넉넉한 마음으로, 선으로 악을 이길 수 있다. 주께서 반드시 일하신다.

시편 : 1편의 중심 구절은 "복 있는 사람"이 아니라 "율법(말씀)을 묵상하는 자"다. 말씀을 묵상하는 자가 누리는 복을 설명한다. 그는 언제, 어디서, 무엇을 하든지 복 받는 것을 선택하는 지혜와 분별력이 있고, 말씀을 삶에 적용하는 뛰어난 명철함이 있다. 매일 말씀을 묵상하는 사람은 믿음으로 사는 영적 근육이 단단해진다. 악인이 꾀를 따르지 않고 죄인의 길에 서지 않는다. 지혜와 명철이 있어 그 잎이 시들지 않으니, 철 따라 열매를 맺는다. 오만한 자의 자리를 거절하는 분별력이 탁월해진다. 이런 사람은 하는 일마다 잘된다. 의인의 길은 주님께서 인정하시나 악인의 길은 망한다. 오늘도 복 있는 삶을 선택하자. 말씀부터 먹고 밥 먹자. 이렇게 하루를 시작하면 종일 말씀이 나를 이끌어 가는 걸 경험한다. 첫 시작을 잘하면 무슨 일이 발생하든 지혜롭게 대처할 능력이 나온다. 첫 단추를 잘 끼우면 종일 평안하다.

가끔 아주 다급하고 놀랄 만한 일이 발생해도 "주님, 감사합니다!" 고백하는 여유와 믿음은 주님을 신뢰하기에 생긴다. 평소 꾸준한 말씀 묵상을 통해 내 마음에 저장된 지혜의 말씀을 삶에 적용하면 '평상심'이 유지되고 실수가 줄어든다. 세상이 줄 수 없는 평강 가운데 나를 머물게 하는 힘은 매일의 말씀 묵상에서 나온다.

잠언 : "원수 갚는 것이 내게 있으니, 내가 갚으리라"(롬 12:19). 이 말씀은 하나님을 경외하게 만든다. 거룩한 두려움을 갖게 한다. 내가 뭔가를 크게 잘못했을 때 상대가 내게 직접 갚지 않고 저렇게 고백한다면 정말 두려울 것 같다. 반대 경우가 있었다. 내가 저렇게 고백하고 원수 갚는 것을 주님 손에 맡겨드렸는데, 상대는 전혀 두려워하지 않았다. 그는 교회는 다녔지만 그 안에 하나님이 살아계시지 않았다. 그래서 원수 같은 사람이지만, 너무 두려워서 다시 기도했다. "주여! 그를 긍휼히 여기소서. 긍휼히 여기소서."

21일

군왕들아, 지혜를 얻으며
재판관들아, 교훈을 받아라

시편 2:10-12 잠언 21:23

그런즉 군왕들아, 너희는 지혜를 얻으며 세상의 재판관들아, 너희는 교훈을 받을지어다. 여호와를 경외함으로 섬기고 떨며 즐거워할지어다. 그의 아들에게 입 맞추라. 그렇지 아니하면 진노하심으로 너희가 길에서 망하리니 그의 진노가 급하심이라. 여호와께 피하는 모든 사람은 다 복이 있도다 시편 2:10-12

시편 1편은 하나님의 말씀을 묵상하는 개인에게, 2편은 하나님을 경외하는 열방에 주는 복이다. 하나님은 시온에 왕을 세우셨다. 그는 열방의 통치자시다. 2편은 각 세 절씩 묶을 수 있다. 10-12절에서, 하나님은 그를 거역하는 각 나라의 통치자들에게 한 번 더 기회를 주신다. 이제라도 정신을 차리고 주께 나아와 주를 섬기며 주께 경배하라고 하신다. 하나님께 복종하고 경배하며 그의 지도력의 원칙을 따라 행하는 것이 지혜의 길이다. 오직 하나님만이 열방을 다스리신다. 모든 권세와 능력이 그분께 있다.

권력을 가진 자는 교만을 버리고 겸손히 주를 섬기며 주께 경배해야 한다. 하나님의 진노가 폭발 일보 직전이다. 왕이 주를 경외할 때 하나님은 지혜를 주신다. 재판관은 오직 하나님의 말씀에 귀 기울여야 한다. 왕의 자리, 재판관 자리에 오직 하나님이 앉으시도록 해야 한다. 날마다 내 마음에, 가정에, 일터에, 예수 그리스도를 왕으로 모시며 그를 의지하자. 내 생각이나 방법이 아닌 주의 말씀의 길로 걸어가자. 삶의 보좌에 내가 아니라 왕이신 예수님이 앉으시도록 하자.

입과 혀를 지키는 자는 자기의 영혼을 환난에서 보전하느니라 잠언 21:23

메시지성경에는 "말을 조심하고 입을 다물라. 많은 재난을 면하게 될 것이다"라고 했다. 고난이 오는 이유 중 하나는 입과 혀를 지키지 않기 때문이다. 스스로 매를 번다. 말 한마디로 천 냥 빚을 갚지만, 천 냥 빚을 질 수도 있다. 야고보서 1장 26절에 경건한 사람의 특징은 혀에 있다고 말씀한다. 말을 들어보면 경건한 정도를 알 수 있다. 경건 훈련은 언어 훈련에서 시작해야 한다. 성령께 내 생각, 마음, 입술을 맡기는 것부터 훈런하자. 그러면 몸 전체와 삶이 훈련된다. 예레미야서 15장 19절에 하나님께서 "네가 만일 헛된 것을 버리고 귀한 것을 말한다면 너는 '나의 입'이 될 것이라" 말씀하셨다. 입과 혀가 훈련되면 하나님께서 그에게 말씀을 맡기신다. 하나님은 우리의 입과 혀를 잘 지키도록 이중 잠금장치를 주셨다. 치아와 입술이다. 더 나아가 말씀을 주시고 성령을 보내셔서 날마다 곁에서 나를 도우신다. 하나님은 나를 사랑하고 존중하셔서 이 모든 걸 주시고, 내가 결단하여 선택하며 살아내도록 기회를 주신다.

날마다 주의 말씀, 성경을 묵상하여 그 말씀을 내 마음에 심을 때, 생각이 바뀌고 입과 혀를 지킬 수 있다. 말씀을 묵상할 때, 생각의 틀이 말씀으로 재구성되어 말하고 듣는 법이 변화되기 때문이다. 이는 입과 혀를 지키는 지름길이다.

시편 : 뭇 나라와 민족들이 헛된 일을 꾸미고 세상 임금과 통치자들이 음모를 꾸미며 주님을 거역하니 보좌에 앉으신 이가 비웃으신다. 교회와 하나님의 일꾼들을 해하려고 음모를 꾸미는 자들아, 너희의 음모는 어그러질 것이며 허사로 돌아갈 것이다. 제 꾀에 빠져서 주님을 거역하는 자들은 주님 앞에서 쫓겨날 것이다. 세상의 통치자들아, 경고한다. 두려운 마음으로 주님을 섬겨라. 떨리는 마음으로 주님을 찬양하라. 왕들아, 지혜롭게 행동하라. 그의 아들에게 입 맞추어라. 그러지 않으면 너희가 걷는 길에서 망할 것이다. 그의 진노하심이 바로 너희에게 이를 것이다.

호통치시는 만왕의 왕 앞에 두렵고 떨리는 마음으로, 여호와를 경외함으로 살아야 한다. 그러나 주님께로 피신하는 사람은 모두 복을 받는다. 주의 나라를 함께 세워가는 놀라운 특권을 누린다. 하나님나라를 함께 세워갈 동역자로 부르신 아브라함에게 동서남북 바라보는 만큼, 종과 횡으로 다니는 만큼 땅을 주셨다. 그분의 나라를 세워가는 비전에 제한을 두지 않으셨다. 각자의 믿음만큼 주신다. 나는 아브라함의 씨다(갈 3:29). 이것이 나의 유업이 되었다. 교회와 함께! 나의 동역자들과 함께!

잠언 : 망망대해에 떠있는 큰 배를 상상해본다. 배를 움직이는 건 작고 작은 "키"(rudder)다. 우리 신체에도 그런 기능을 가진 것이 있다. "네가 만일 네 입으로 예수를 주로 시인하며 또 하나님께서 그를 죽은 자 가운데서 살리신 것을 네 마음에 믿으면 구원을 얻으리니 사람이 마음으로 믿어 의에 이르고 입으로 시인하여 구원에 이르느니라"(롬 10:9,10). 바로 입이다. 입술의 열매를 지으시는 하나님을 늘 기억하자. 입으로 내 최종 미래가 결정된다. 불신앙을 입으로 말한 10명의 정탐꾼과 믿음의 말을 한 갈렙을 주께서 보시고, 그 믿음에 따라 구원할 자, 심판할 자, 복 내릴 자, 저주 내릴 자를 결정하셨다. 자나 깨나 입조심, 말조심하자.

"주여! 제 입에 파수꾼을 세워 혀를 잘 지키겠습니다!"

주로부터 내가 받은 것

시편 4:7,8 잠언 22:19-21

주께서 내 마음에 두신 기쁨은, 그들의 곡식과 새 포도주가 풍성할 때보다 더하나이다. 내가 평안히 눕고 자기도 하리니, 나를 안전히 살게 하시는 이는 오직 여호와이시니이다 시편 4:7,8

많은 사람이 주변 사람, 환경, 여건으로부터 기쁨을 얻는다. 그렇다면 이 시를 성령으로 기록하는 다윗은 분노, 슬픔, 두려움으로 가득해야 할 것이다. 그는 지금 '곤란'에 처해있다. 하지만 그는 기쁨이 충만했다. 추수 때, 모든 수고의 열매를 풍성히 거두었을 때보다 더 기뻐한다. 왜냐하면 하나님께서 그의 마음에 기쁨을 두셨기 때문이다.

하나님께서 주시는 기쁨은 환경을 뛰어넘는다. 피곤한 삶을 회복시켜주신다. 하나님이 내게 기쁨을 주셔서 오늘도 종일 기쁨을 누리며 산다. 날마다 세상이 주는 것으로 흥청거리며 사는 저들이 조금도 부럽지 않다. 오직 하나님께서 내 마음에 두신 기쁨으로 사는 것이 얼마나 큰 축복인가! 나를 안전히 살게 하시는 하나님이 계시지 않는가! 어떤 상황에서도 평안히 눕고 잠을 잘 수 있지 않는가! 하나님이 내 의가 되시니 내 마음이 담대해진다. 내게는 내 음성을 들으시고 응답하시는 내 하나님이 계신다! 나는 하루 일을 끝내고 주께 감사드리며 단잠에 든다.

내가 너로 여호와를 의뢰하게 하려 하여 이것을 오늘 특별히 네게 알게 하였노니, 내가 모략과 지식의 아름다운 것을 기록하여, 너로 진리의 확실한 말씀을 깨닫게 하며 또 너를 보내는 자에게 진리의 말씀으로 회답하게 하려 함이 아니냐 잠언 22:19-21

20절의 "내가 모략과 지식의 아름다운 것을 기록하여"에서 "아름다운 것"은 잘못된 번역이다. 이는 히브리어로 '샬리숌'이다. 그 뜻은 '서른 가지 교훈'이다. "내가 너를 위해 모략과 지식이 담긴 격언 서른 가지를 써주지 않았느냐?"로 읽어야 한다. 하나님께서 모략과 지식이 담긴 서른 가지 격언을 주셨다. 그 목적은 하나님만을 의지하여 살게 하기 위해서다. 또한 주의 뜻을 확실히 깨달아 주변 사람의 질문에 바른 대답을 하게 하려 함이다.

잠언 22장 22절-24장 34절에 그 서른 가지 교훈을 말씀하셨다. 특이한 점은 잠언의 다른 곳은 일반적으로 한 절씩 전하지만, 이 부분은 두 절씩 묶어 말씀하신다. 또한 청중에게 전하는 형식에서 벗어나 스승이 제자에게, 아버지가 아들에게 직접 말하는 형식이다. 이 서른 가지 격언이 잠언서 전체 내용이기도 하다.

우리는 그 말씀대로 나 자신이 먼저 살아내어 이 놀라운 검증된 삶의 지침을 내 것이 되게 하고, 또한 다음세대에게 가르쳐 그들로 살아내게 해야 한다. 이것은 내가 하나님을 의뢰하도록 오직 나를 위해 특별히 기록되었다. 내가 올바른 기반 위에 서서 살아내게 하기 위해서다. 또 삶의 영역에서 영향을 거치도록 하기 위해서다.

"예, 제가 그 말씀을 귀담아듣고 마음에 간직하겠습니다. 삶으로 살아내어 주변 사람들에게 말하겠습니다."

오늘 말씀은 예전부터 내게 충격이었다. 묵상할 때마다 도전이 된다. 기쁨도 주께서 내 마음에 안겨주실 때 비로소 충만히 넘친다. 이 기쁨이 얼마나 놀라운지 햇곡식과 새 포도주가 풍성할 때 누리는 기쁨보다 더 크다. 주님의 기이한 헤세드의 사랑만큼 계시가 있고, 이 기쁨을 맛본 사람만이 이해할 수 있으리! 주께서 내 마음에 두신 기쁨이 재물이 넘치는 즐거움보다 더 충만하다.

어느 날, 내게 넘치는 기쁨이 왔다. 심각한 죄를 지은 몇 사람을 그룹 멘토링했는데, 죄에서 절대 돌아서지 않을 것 같은 사람들이 그 죄를 미워하기 시작했고, 돌이켜 주님의 임재 안에서 예배하는 모습을 보았다. 말할 수 없는 감사와 기쁨이 내 안에 충만하게 부어졌다. 남이 잘되는데 이렇게 기쁠 수 있단 말인가! 주님이 내게 기쁨을 주시는 것 같았다.

부정직한 삶을 거절하고 정직을 택했을 때, 내 속 깊은 곳에서 샘솟는 기쁨이 있다.

'내가 이겼어! 주님이 나를 붙들어주셨어! 그래서 내가 해냈어!'

죄가 문 앞에서 노크할 때 "NO"라고 단호하게 거절하고 주님 품으로 도망갈 때, 어둠을 이기게 하신 주님께 감사와 찬양이 터져 나오면서 승리의 기쁨을 맛본다. 주님을 맛보아 아는 사람은 이 엄청난 기쁨을 계속 유지하는 지혜를 사랑한다.

주님이 주시는 기쁨과 세상이 주는 기쁨은 차원이 다르고 결과도 극명하게 다르다. 세상은 돈, 명예, 쾌락으로 기쁨을 누리고 만족하라고 유혹한다. 그러나 그런 조건들이 사라지거나 비교 의식에 빠져들면 순식간에 날아가 버린다. 사람이 주는 기쁨도 분명 놀라운 기쁨인 것은 맞다. 그러나 이도 주님의 사랑과 기쁨을 우리 마음에 부어주셨기에 누리는 것이다.

"주님, 제 속에 사랑이 없음을 인정합니다. 날마다 제 안에 놀라운 사랑을 부어주옵소서. 주님이 주시는 사랑의 힘과 기쁨으로 하나님과 사람을 기쁘게 섬기도록 은혜를 베풀어 주옵소서!"

주의 풍성한 사랑을 힘입어

오직 나는 주의 풍성한 사랑을 힘입어 주의 집에 들어가, 주를 경외함으로 성전을 향하여 예배하리이다 시편 5:7

하나님의 보좌 앞, 그의 임재로 나가는 길은 오직 "주의 풍성한 사랑"을 힘입는 것이다. 내 의로 나가는 게 아니다. 내 양심이 내게 묻는다. "너 자격 있어?" 이 질문이 나를 괴롭힌다. 하나님께로 나아가는 삶을 머뭇거리게 한다. 그러나 오직 한 가지, 아버지의 임재하심 앞에 나아가 머무는 길은 주의 사랑을 힘입을 때 가능하다. "사랑"은 '놀랍고 기이하고 크신 사랑, 자비, 긍휼, 친절'을 말한다. "풍성한 사랑"은 '풍성한 은혜'다. '넘치는, 충만한, 많은 긍휼'이다. 이것이 우리로 주의 보좌 앞으로 가도록 힘을 준다.

"그러므로 우리는 긍휼하심을 받고 때를 따라 돕는 은혜를 얻기 위하여 은혜의 보좌 앞에 담대히 나아갈 것이니라"(히 4:16), "그러므로 형제들아 우리가 예수의 피를 힘입어 성소에 들어갈 담력을 얻었나니, 그 길은 우리를 위하여 휘장 가운데로 열어놓으신 새로운 살길이요 휘장은 곧 그의 육체니라"라고 하셨다(히 10:19,20).

그러므로 우리는 주의 보좌 앞, 그의 임재에 머물며 예배를 드린다. 주를 경외함으로 손을 들거나, 허리를 굽히거나, 무릎을 꿇거나, 엎드려 경배를 드린다. 두려움이 아니라, 그의 놀라운 사랑과 은혜를 입었기 때문이다. 그의 위엄과 영광을 보기 때문이다. 거기서 아빠 아버지를 만난다. 그는 풍성한 사랑이시다. 거기서 예배가 시작된다. 마음에서 우러나오는 사랑, 감사, 존경으로 드리는 예배다.

대저 음녀는 깊은 구덩이요, 이방 여인은 좁은 함정이라. 참으로 그는 강도같이 매복하며, 사람들 중에 사악한 자가 많아지게 하느니라 잠언 23:27,28

성경은 하나님이 그의 자녀를 무릎에 앉히고 아빠로서 들려주시는 말씀이다. 자주 들려주시는 말씀 중 하나가 오늘 말씀이다. "아들아, 여자를 주의하라" 혹은 "남자를 주의하라." 물론 모든 여자와 남자를 경계하라는 게 아니다. 오직 "음녀"를 말한다. 하나님을 두려워하지 않고, 성경의 가치를 무시하고 비웃고, 세상적이며, 육신의 쾌락을 좋아하고, 맘몬을 따르는 사람을 말한다. 속사람을 꾸미는 데 관심 없고, 오직 겉모양만 꾸미고 치장한다. 방심하는 자, 어리석은 자가 덫에 걸리기를 바라며 매복한다. 그런 여자나 남자를 따라가면 도랑 구덩이, 진흙탕에 빠져 허우적거리게 된다.

음녀는 "깊은 구덩이"와 "좁은 함정" 같아서 빠지면 나오기가 엄청 힘들다. 돌이키려면 대가를 지불해야 한다. 인생의 반이 날아간다. 음녀는 강력한 방역 대상이다. 격리해야 한다. 공동체 전체를 파괴한다. "사악한 자가 많아지게 한다"는 건 하나님의 말씀을 떠나 죄짓는 자의 수를 증가시킨다는 것이다.

내가 먼저 좋은 남자, 좋은 여자가 되어야 한다. 하나님을 두려워할 줄 아는, 오직 그 말씀의 절대 가치를 믿고 순종하는 사람이 되어야 한다. 다른 길은 없다.

시편 : 나는 참 교만했다. 친한 친구가 "주님께 나아가는 것이 두렵고 떨린다. 오직 은혜와 긍휼을 힘입어 나간다"라고 하면 "왜? 죄지었어? 나는 주님께 나가는 게 제일 편하고 너무 좋은데~"라고 했다. 돌이켜 생각해보면, 할 말이 없다. 그냥 "주~~~여! 저를 불쌍히 여겨주소서!" 나는 철이 없고, 믿음도 없고, 의가 강한 사람이었다. 성숙한 친구 눈에는 다 보였으리라. 그런데도 나를 고치려 들거나 지적하지 않은 친구에게 "고맙다, 사랑해!"라고 말하고 싶다.

고난과 환난이 나를 성장시켰다. 내 죄가 보이고 주님의 의가 보였다. 주님만이 내 '의'가 되셨다. 나는 주님의 성전을 바라보며 주께 꿇어 엎드리고 탄식하며 전심으로 기도한다. 괴로워서 신음하며 기도할 때가 많다. 주님께서 내 대적 원수를 보시고 주님의 공의로 인도해가신다. 내 심판을 주님께 맡기니 내 앞날을 환히 열어주신다. 주께 피하는 나를 멸시치 않으시고 언제나 구원해주신다. 구원은 예수님을 믿을 때 받았지만, 삶 속에서 구원받아야 할 일이 한두 개가 아니다. 오늘도 나의 구원자 주님을 묵상하니 든든하고 힘이 솟는다.

잠언 : 음란한 여자와 부정한 여자는 깊은 구렁이요 좁은 함정으로 강도처럼 남자를 노리고 있다가 숱한 남자를 변절자로 만든다(27,28). 잠언 말씀에 정신이 번쩍 들지 않는가! 변절자란 절개나 지조를 지키지 않고 그 마음을 바꾼 사람이다. 음녀에게 걸려서 변절자가 된 다윗의 아들 솔로몬을 보라. 하나님나라를 우상 천지로 만들어버렸다. 물론 삶의 마지막에 전도서를 기록하면서 크게 후회했다. 미혼자들은 주님의 길을 싫어하는 상대와 절대 결혼하지 마라. 반드시 나를 변절자로 만든다. 조금 부족해 보여도 주의 길로 가는 사람과 결혼하라. 그것이 주의 뜻 안의 결혼이다. 형제들이여, 목숨을 빼앗아 가는 음녀를 조심하라. 걸려들면 생명이 끝난다. 속히 지금 그 음녀를 거절하고 박차고 일어나 가정으로 돌아가라!

나의 요새이신 나의 하나님

시편 9:9,10 잠언 24:21,22

여호와는 압제를 당하는 자의 요새이시요, 환난 때의 요새이시로다. 여호와여, 주의 이름을 아는 자는 주를 의지하오리니, 이는 주를 찾는 자들을 버리지 아니하심이니이다 시편 9:9,10

"요새"는 적들의 손이 미치지 못하는 안전한 곳을 말한다. 이 세상의 어떤 요새보다도 가장 안전한 곳은 바로 하나님이시다. 하나님 자신이 요새시다. 어떤 압제자나 환난도 영향을 주지 못한다. 하나님은 어려움에 부닥친 사람, 곤경에 처한 사람이 찾아가 문을 두드리면 언제나 문을 활짝 열고 환영해주신다. 그분은 주를 찾는 자를 절대 버리지 않으신다.

"알다"는 체험적인 지식을 말한다. "주의 이름을 아는 사람"이란 하나님과 깊은 교제를 하며 그분과 동행하는 사람이다. 이들은 위기를 맞이할 때 주께로 달려간다. 주를 "안다", "의지한다", "찾는다"는 서로 깊은 연관이 있다. 하나님은 주를 아는 사람의 요새가 되신다.

시편 146편 3-5절 말씀을 굳게 붙들자.

"귀인들을 의지하지 말며 도울 힘이 없는 인생도 의지하지 말지니, 그의 호흡이 끊어지면 흙으로 돌아가서 그날에 그의 생각이 소멸하리로다. 야곱의 하나님을 자기의 도움으로 삼으며 여호와 자기 하나님에게 자기의 소망을 두는 자는 복이 있도다."

오직 하나님만 나의 도움이시며 나의 소망이시다. 그런 사람은 흔들리지 않고, 상처받지 않는다. 실망하지 않는다. 진정한 행복을 발견한다.

내 아들아, 여호와와 왕을 경외하고 반역자와 더불어 사귀지 말라. 대저 그들의 재앙은 속히 임하리니 그 둘의 멸망을 누가 알랴 잠언 24:21,22

주님은 우리가 누구를 두려워하고, 두려워하지 말아야 하는지, 누구와 사귀고, 사귀지 말아야 하는지를 분명히 말씀하신다. "반역자"란 변절자를 말한다. 이런 사람과는 사귀지 말라 하신다.

하나님이 세우신 권위자를 존경하는 것이 곧 하나님을 경외하는 것이다. 하나님을 두려워한다면 변절하지 않을 것이다. 권위자의 약점, 단점, 허물, 실수를 들춰내서 사람들 앞에서 비난하고 정죄하는 일은, 하나님을 두려워하지 않기에 할 수 있는 행동이다. 그는 스스로 하나님 자리에 앉아 거침없이 비방하고 변절하는 세력을 모은다. 이런 사람과 절대 사귀지 말아야 한다. 그에게 갑자기 재앙이 임하기 때문이다. 반역자, 변절자에게만 아니라 그와 사귄 자에게도 재앙이 닥친다.

하나님을 경외하는 법을 배워야 한다. 그리고 하나님을 경외하는 권위자가 세워지도록 기도해야 한다. 반역을 꾀하는 시간에 하나님을 경외함으로 나아가 나라를 위해 간절히 기도해야 한다. 하나님은 그를 경외하는 그의 백성의 기도를 들으신다.

주님은 억울한 자들이 피할 요새시다(시 9:9). 너무 억울하고 분노가 치밀어 코와 귀에서 연기가 나오고 입은 독을 머금고 있다. 이런 억울함을 당해보았는가? 나는 당해보았다. 요셉도 당했다. 보디발 장군의 부인의 거짓 증거로 왕의 죄수들만 갇히는 지하 깊은 감옥에 누명을 쓰고 갇혔다. 이때가 아주 중요하다. 구원의 길을 선택할 것인가, 진흙탕 싸움을 선택할 것인가? 요셉이 주님께 피했기에 그 깊은 감옥에서 애굽의 2인자로 준비되었다. 그의 놀라운 선택이 주님의 눈을 그에게 집중시켰다.

"활 쏘는 자가 그를 학대하며 적개심을 가지고 그를 쏘았으나 요셉의 활은 도리어 굳세며 그의 팔은 힘이 있으니 이는 야곱의 전능자 이스라엘의 반석인 목자의 손을 힘입음이라"(창 49:23,24). 자신을 죽이려는 원수들과 같은 정신으로 반응하지 않았다. 하나님을 피할 요새로 선택했다. 창세기 45장 4-8절을 보면, 그의 세계관을 알 수 있다. 환경을 뛰어넘는 믿음의 반응이 놀랍다. 하나님을 의지하니 요셉의 활이 도리어 굳세었다. 주님께서 힘있게 붙들어주시니, 그 팔에 힘이 있었다(창 49:5-8).

주님은 요셉이 고난을 받을 때 피할 견고한 성이 되어주셨다. 주님을 찾은 요셉을 절대 버리지 않으시는 하나님은 나도 버리지 않으신다.

우리의 삶에는 매일 치열한 영적 전투가 벌어진다. 승리의 교두보를 마련할 수 있는 고지에 깃발을 꽂으려면 생각 안에서 일어나는 치열한 전투에서 이겨야 한다. 그러기 위해 매 순간 주님께로 달려가는 게 승리하는 유일한 길이다. 주님의 이름을 아는 사람은 주님만 의지한다.

하나님의 만찬 초대장

시편 15:1,5 잠언 25:26

여호와여, 주의 장막에 머무를 자 누구오며 주의 성산에 사는 자 누구오니이까? … 이런 일을 행하는 자는 영원히 흔들리지 아니하리이다 시편 15:1,5

"하나님, 당신 계신 곳에 초대받아 함께 저녁 식사를 할 자 누구입니까? 어떻게 해야 우리가 주님의 방문객 명단에 오를 수 있습니까? … 이렇게 살면 주님 눈 밖에 나는 일 결코 없으리라"(메시지성경). 하나님의 저녁 식사에 초대받는 사람의 자격 요건 열한 가지가 2-5절에 기록되어 있다.

"유명인과 함께 식사할 수 있다면 누구와 하고 싶은가?"라는 제목의 기사가 있었다. 아마 여러 사람을 마음에 떠올릴 수 있다. 스티브 잡스, 빌 게이츠, 워런 버핏 등. 이 질문에 다윗은 1초의 망설임 없이 단호하게 말한다. "여호와 하나님!" 하나님과의 식사는 엄청난 돈으로도 사지 못한다. 단, 오직 2-5절에 열거된 열한 가지 자격 요건만 갖추면 누구나 요청할 수 있다. '정직, 공의, 진실, 남을 허물하지 않음, 악을 행하지 않음, 이웃을 비방하지 않음, 망령된 자는 멸시하며 하나님을 두려워하는 자들은 존대함, 서원한 것을 지킴, 이자 놀이를 하지 않음, 뇌물 받지 않음'이 그 자격이다.

나는 이 자격 요건을 다 갖추었는가? 놀라운 소식은 이런 사람이 되고자 최선을 다하면 가장 놀라운 조력자 성령께서 그런 삶을 살도록 힘을 주신다. 나는 이 자격 요건을 갖추고자 최선을 다한다. 왜냐하면 하나님의 식사 초대를 받길 원해서다. 여호와 하나님의 저녁 만찬에 초대받는다는 건 생각만 해도 감격이다. 이전에 만찬에 참석했던 선배들 명단을 입수했다. 요셉, 모세, 여호수아, 다윗, 다니엘, 바울, 베드로, 요한, 디모데… 끝없이 이어진다. 이제 내 차례다!

의인이 악인 앞에 굴복하는 것은 우물이 흐려짐과 샘의 더러워짐과 같으니라 잠언 25:26

우물이 흐려지고 샘이 더러워지면 식수로 사용될 수 없다. 그 가치를 잃는다. 악인 앞에 굴복하는 의인도 이와 같다. 깨끗한 우물, 청결한 샘을 유지해야 한다. 그래야 자신에게도, 남에게도 유익하다. 그러려면 타협하지 말아야 한다. 아무리 어려워도 굴복하지 말아야 한다. 의지가 약해지거나 의를 굽혀서는 안 된다. 절대 비겁하게 살지 말아야 한다. 오직 하나님의 백성답게 살아야 한다. 작은 이익, 순간의 만족에 집중하지 말아야 한다.

소년 다니엘이 그랬다. 그는 바벨론 왕의 음식과 포도주로 자기를 더럽히지 않으리라 뜻을 정했다(단 1:8). 하나님이 그에게 지혜와 총명을 주셨다. 다니엘의 친구들은 맹렬히 타오르는 풀무 불 앞에서도 오직 하나님만 섬기겠다고 단호히 말했다. 하나님이 그들을 안전하게 지켜주셨다. 바벨론은 이 세상에 가득한 '월드 시스템'이다.

우리도 오늘날 '바벨론 왕의 진미와 포도주'를 거절한다. 오히려 다니엘처럼 바벨론을 예수 그리스도의 발 앞에 굴복시킨다. 이는 우리가 세상의 빛과 소금으로, 예수 그리스도의 향기로, 그리스도의 편지로 살 때 가능하다. 우리는 이 세상에서 그리스도의 대사로서 살아야 한다. 이것이 참된 신분과 사명이다.

시편 : 주님의 장막에 살 수 있는 사람, 주님의 거룩한 산에 머물 수 있는 사람의 자격은 무엇인가? 1) 깨끗한 삶을 사는 사람. 2) 정의를 실천하는 사람. 3) 마음으로 진실을 말하는 사람. 4) 혀를 놀려 남의 허물을 들추지 않는 사람. 5) 친구에게 해를 끼치지 않는 사람. 6) 이웃을 모욕하지 않는 사람. 7) 하나님을 업신여기는 자를 경멸하는 사람. 8) 주님을 두려워하는 사람을 존경하는 사람. 9) 맹세한 것은 해가 되더라도 깨뜨리지 않고 지키는 사람. 10) 높은 이자를 받으려고 돈을 꾸어주지 않는 사람. 11) 무죄한 사람을 해칠까 봐 뇌물을 받지 않는 사람. 이런 사람은 영원히 흔들리지 않는다

나는 하나님의 초청 기준에 충족되는 삶을 살고 싶다. 오늘 말씀이 도전을 준다. 더 잘 살아보고 싶다. 이렇게 산다면 나는 예수님의 편지요, 향기다. 세상이 나를 통해 예수님의 아름다움을 보며 그분을 알게 된다.

잠언 : 믿음이 불신앙 앞에, 정의가 불의 앞에 무릎 꿇는다. 어찌 빛이 어둠 앞에 무릎 꿇겠는가! 어둠은 빛 앞에서 즉시 물러간다. 의인의 삶은 세상의 소금이요 빛이다. 그 맛과 빛을 잃으면 생명이 끝난다.

"너희는 세상의 소금이니 소금이 만일 그 맛을 잃으면 무엇으로 짜게 하리요 후에는 아무 쓸데없어 다만 밖에 버려져 사람에게 밟힐 뿐이니라"(마 5:13).

진정한 부자

시편 16:5 잠언 26:23

여호와는 나의 산업과 나의 잔의 소득이시니 나의 분깃을 지키시나이다 시편 16:5

현대인의성경이 이해를 도와준다. "여호와여, 주는 나의 모든 것이 되셔서 내가 필요로 하는 것을 다 주셨으니 나의 미래도 주의 손에 있습니다."

아빠와 함께 여행하는 아이가 있다. 기차, 버스, 비행기를 타고 여행한다. 호텔에서 자고 식사도 한다. 아이는 한 번도 염려하거나 불안해하지 않는다. 무엇을 먹을까, 어디서 지낼까, 내일 일을 염려하지 않는다. 늘 그렇듯 그에게 아빠가 있기 때문이다.

시편 16편을 보면 다윗은 언제나 만족했다. 염려하거나 걱정하지 않았다. 그에게 모든 것 되시는 여호와 하나님이 계셨기 때문이다. 하나님은 그가 필요한 모든 걸 예비하셨다. 그는 미래를 염려하거나 두려워하지 않았다. 그의 미래가 하나님 손에 있었기 때문이다.

다윗은 왕으로서 가진 모든 권력, 부, 소유를 한 번도 자신의 것으로 생각하지 않았다. 모든 건 오직 하나님의 것, 하나님이 그에게 맡기신 것이었다. 그는 맡은 일에 충성하는 신실한 청지기일 뿐이다. 그의 소유와 분깃은 오직 여호와 하나님이다.

"나의 재산은 돈, 집, 땅이 아니라 오직 하나님이십니다"라는 고백이 얼마나 아름다운가! 얼마나 부요한가! 얼마나 안전한가! 아, 나는 부자다!

온유한 입술에 악한 마음은 낮은 은을 입힌 토기니라 잠언 26:23

질그릇에 은을 살짝 입히면 겉으로는 은그릇처럼 보이나 실제로는 질그릇이다. 말과 속마음이 다른 사람이 그렇다. 사람의 말을 들을 때 주의해서 귀 기울여 들어야 하는 이유가 여기 있다. 슬기로운 사람은 '사람의 입에서 나오는 말만 믿지 않고 분별할 줄 아는 사람'이다. 사람의 말을 함부로 믿지 말아야 한다. 의심하라는 게 아니라, 말을 들을 때, 낮은 은을 입힌 토기인지 아닌지 구별할 줄 아는 슬기가 필요하다는 것이다.

이전에 나는 사람의 말을 구별하는 것은 곧 불신이며 의심하는 거라고 단정했다. 그래서 입으로 하는 말만 믿고, 옳다고 생각했다. 손해는 감수하면 된다고 생각했다. 그러나 여러 번 곤욕을 치르며 슬기로운 사람이 되어야 함을 뒤늦게 이해했다. 입으로 하는 말만이 아니라 마음의 소리를 듣는 연습이 필요하다. 악한 마음의 온유한 입술은 시간이 흐르면 드러난다. 머지않아 다른 말을 한다. 본심이 나온다. 듣기 좋게 아첨하는 말을 믿지 말아야 한다.

나 자신부터 선한 마음을 갖자. 내 마음에 말씀을 심자. 하나님의 입이 되어 위로하고 격려하며 용기를 북돋아 주는 사람이 되자.

와~우! 주님 자체가 내가 받을 유산의 몫이다. 엄청난 말씀이다. 주님께서 내게 필요한 모든 복을 주신다. 내 미래를 책임지신다. 얼마나 놀라운 약속인가. 내 자산 1호는 예수님이시다. 그 안에 생명, 풍성함, 충만함, 지혜, 능력, 힘, 모든 복이 다 있기 때문이다. 나는 이것을 잘 지켜낼 것이다. 절대 빼앗기지 않을 것이다. 나는 세상에서 가장 큰 부자다. 주님을 유산으로 소유했기 때문이다. 오늘은 밥 먹지 않아도 풍성하고 충만한 기쁨이 넘친다.

내가 받을 유산의 몫이 주님이시라는 것을 다른 각도에서 묵상해보고 싶다.

"내 소유는 이것이니 곧 주의 법도들을 지킨 것이니이다"(시 119:56).

다윗의 고백이다.

"우리가 세상에 아무것도 가지고 온 것이 없으매 또한 아무것도 가지고 가지 못하리니"(딤전 6:7).

삶을 마무리하고 주님을 뵐 때, 아무것도 가져갈 수도 없다. 어느 것 하나 내 소유가 없다. 몽땅 하나님의 것이다. 나는 청지기, 관리인이다.

그런데 다윗은 자신의 소유가 있다고 당당히 말한다. "주님의 법도를 지킨 것이 나의 소유입니다." 다윗은 믿음으로 살아낸 삶의 결과들이 자신의 소유라고 말한다. 맞다. 우리는 모두 믿음으로 살았던 삶의 결과를 들고 주님을 만나야한다. 이 땅에서 나를 통해 영혼 구원이 일어난 사람들은 그날에 내가 받을 상급이요, 내 소유다. 내가 가난한 사람들을 위로하고 그들에게 베풀었던 모든 삶은 그날에 내가 받을 상급이요, 내 소유다. 내가 열방 수많은 곳에 주의 예배당을 건립한 것도 그날에 내가 받을 상급이요, 내 소유다. 주님이 나의 유산의 몫이니, 주가 지신 십자가를 기쁨으로 함께 지려 한다. 이것까지 유산의 몫이다. 다윗처럼 주님을 뵐 때, 주님께 드릴 선물을 가득 안고 내 주를 만나리!

아멘, 주 예수여, 오시옵소서! 마라나타!

27일

주의 말씀을 따라 스스로 삼가라

시편 17:4,5 잠언 27:18

사람의 행사로 논하면 나는 주의 입술의 말씀을 따라 스스로 삼가서 포악한 자의 길을 가지 아니하였사오며, 나의 걸음이 주의 길을 굳게 지키고 실족하지 아니하였나이다 시편 17:4,5

이 말씀을 나의 고백으로 주님께 드린다. "주님, 나는 세상 사람들처럼 내 마음대로 살지 않고, 주님 뜻대로, 주의 말씀을 따라 살려고 애를 씁니다. 악한 자들과 어울리지도 않고 스스로 조심하고, 그들의 길을 따라 곁길로 가지 않겠습니다. 오직 주께서 가라시는 길로만 가겠습니다. 주의 발자국 따라 한 걸음 한 걸음 내딛겠습니다."

주님의 뜻을 따라 사는 건 쉽지 않다. 꽃길보다 험한 가시밭길이 더 많다. 내 길을 방해하는 자의 포악한 행동이 기다린다. 각종 유혹이 중간중간 가로막는다. 그러나 어떤 경우에도 주의 말씀을 따라 살고, 사람의 말에 휘둘리지 않으며 환경에 휩싸여 흔들리지 않고, 오직 주의 말씀이 내 마음에 가득하여 말씀이 이끄는 삶을 살기로 결심한다.

스스로 살아야 한다. 누가 도와줄 거라고 기대하지 마라. 또한 아무도 나를 도와주지 않는다고 원망하지 마라. 죄는 하나님께 나아가는 걸림돌이다. 하나님의 뜻대로 살아가는 힘을 빼앗는다. 죄를 짓지 않고 주의 길을 따라 사는 강력한 길은 죄를 미워하는 것이다. 포악한 자의 길을 멀리할 뿐 아니라 그 길을 미워하자. 그리고 오직 주의 길을 선택하자. 주의 입술의 말씀, 하나님의 말씀만을 내 삶의 기준으로 삼으면 그 말씀이 나를 굳게 붙들어주실 것이다. 승리는 내 것이다.

무화과나무를 지키는 자는 그 과실을 먹고, 자기 주인에게 시종드는 자는 영화를 얻느니라 잠언 27:18

하나님께서 내게 맡기신 일은 무엇이든지 충성스럽게 행하면 반드시 큰 상을 받는다. 누가복음 16장 10-12절에 예수님이 친히 말씀하셨다. "지극히 작은 것에 충성된 자는 큰 것에도 충성되고, 지극히 작은 것에 불의한 자는 큰 것에도 불의하니라. 너희가 만일 불의한 재물에도 충성하지 아니하면 누가 참된 것으로 너희에게 맡기겠느냐? 너희가 만일 남의 것에 충성하지 아니하면 누가 너희의 것을 너희에게 주겠느냐?" 재물에 충성하면 하늘의 것을 맡게 된다. 남의 것에 충성하면 내 것을 맡기신다.

엘리사는 엘리야의 부름을 받았을 때, 먼저 10년간 엘리야를 충성되게 섬겼다. 그 후 엘리야의 영감의 갑절을 받아 주를 섬겼다. 여호수아는 모세를 40년간 충성스럽게 섬겼다. 그 후 모세를 이어 하나님의 백성을 이끌고 요단강을 건너 가나안을 차지하고, 그 땅을 유업으로 얻었다. 사람을 섬길 줄 알아야 하나님도 섬길 줄 안다. 하나님은 자기에게 주어진 작은 일, 재물, 남의 것에 충성하는 이들을 존귀하게 하신다. 이 놀라운 원칙을 잊지 말자. 매일 일상생활에 주어진 일이 어떤 것이든 하나님이 주신 자격시험인 줄 알고 충성을 다해야 한다.

주님께서 하신 말씀을 따랐기에 약탈하는 무리와 악을 꾀하는 자의 길로 가지 않았다. 내 발걸음이 주님의 발자취만을 따랐기에 그 길에서 벗어나는 일이 없었다(시 17:4,5). 본문을 묵상하는데 눈물이 뚝뚝 떨어진다. 아버지가 많이 보고 싶다. 나는 서울에서 태어났지만, 아버지가 아프셔서 요양차 시골로 이사했다. 내게 익숙하지 않은 낯선 풍경이었고, 흥미롭지만 적응이 필요했다. 지금 생각해보면, 아버지는 하늘 본향으로 돌아가실 준비를 하면서 막내인 내가 안쓰러우셨을 것 같다. 집 앞에 백사장이 아름다운 바다가 있었다. 종종 아버지는 내 손을 잡고 바닷가를 걸으셨다. 나는 모래 위에 손을 놓고 모래를 두툼하게 쌓아 올려 두꺼비집을 완성했다. 바닷가 모래 위에 아버지가 만들어놓은 발자국 속에 내 발자국을 집어넣는 게 재밌었다. 두 발자국이 포개져 하나의 발자국이 되었다. 내가 아버지의 발자국을 뭉개지 않고 잘 걸으면 칭찬해주셨다. 집으로 돌아올 때 아버지가 목말을 태워주시며 "하늘 공주님이 힘들면 예수님이 이렇게 업고 가지요~ 두 발자국은 하나가 되지요~"라고 노래처럼 말씀하셨고, 나도 따라 했다. 그 말씀이 힘들 때마다 나를 지켜주었다. 지금은 그 뜻을 알아들으니, 아버지 마음이 보인다. 아버지는 나무로 무언가를 만들길 좋아하셨다. 나무 조각들을 잘라주시면 나는 그걸 비뚤비뚤 쌓았다. 그러다 무너져서 내가 "아빠, 왜 무너지는 거야?"라고 하면, 가늘고 긴 막대기 같은 것으로 고정해주시고 "여기에 붙여서 쌓아봐~"라고 하셨다. 신기하게도 높이 쌓았는데 안 무너졌다. "이쁜 공주님~ 아빠는 하늘나라에 갈 거야~. 성경책은 이 막대기 같은 거야. 거기 딱 붙어서 살면, 공주님 삶도 똑바로 쌓여서 하늘까지 닿아 아빠를 만날 수 있단다~." 나는 철도 없이 "나도 데리고 가" 했고, 아빠는 "먼저 가 있을게. 우리 공주님도 곧 올 거야"라고 하셨다. 나는 "나를 꼭 데리고 가~. 아니면 내가 아빠 혼내줄 거야"하며 아버지와 손가락을 걸고 약속했다.

오늘의 다윗

시편 18:6 잠언 28:27

내가 환난 중에서 여호와께 아뢰며 나의 하나님께 부르짖었더니, 그가 그의 성전에서 내 소리를 들으심이여, 그의 앞에서 나의 부르짖음이 그의 귀에 들렸도다 시편 18:6

환난 중에 사람들은 두려워하고 낙담한다. 심하면 넋을 놓고 주저앉는다. 원망과 불평을 늘어놓는다. 민수기에는 이런 일반적인 반응을 기록했다. 이스라엘 백성이 출애굽 하여 광야를 지나는 동안에 환난에 부딪히며 어떻게 반응했는지를 보여준다. 그때나 지금이나 크게 다르지 않다. 그러나 다윗은 달랐다. 환난 중에 하나님께로 나아갔다. 자신의 처지를 하나님께 알렸다. 소리 내어 부르짖었다. 하나님이 다윗을 사랑하신 이유가 여기 있다. 하나님이 그의 소리를 들으시고 도와주셨다. 건져내셨다. 내 어려운 사정을 하나님께 아뢰자. 다윗의 하나님이 나의 하나님이시다.

사방의 문들이 닫혀있고, 큰 장벽이 앞을 가로막아도 '기도의 비밀 문'은 언제나 열려있다. 우리의 적은 내부에 있다. 절망, 낙담, 두려움, 원망, 포기가 최대의 적이다. 어두울수록, 절망의 구덩이에 갇힐수록 위를 바라보아야 한다. "여호와"께 아뢰며 "나의 하나님"께 부르짖어야 한다. 여호와, 그는 나의 하나님이시다. 내가 부르짖을 때 그의 성전에서 내 소리를 들으신다. 언제나 직통으로 연결된다. 그리고 초고속 열차를 타고 오셔서 나를 붙들어 주신다(16). 내가 얼마나 힘들고 고달픈지 아신다. 다윗의 하나님이 오늘도 우리 가운데 계신다. 하나님은 '오늘의 다윗'을 찾으신다.

가난한 자를 구제하는 자는 궁핍하지 아니하려니와, 못 본 체하는 자에게는 저주가 크리라 잠언 28:27

가난한 사람에게 자기 것을 나누어 베푸는 것은 아름답다. 놀랍게도 베풀수록 내 몫이 줄어드는 게 아니라 더 풍성해진다. 구제는 단순히 주는 게 아니라 심는 것이기 때문이다. 이것은 하나님나라의 비밀이다. 가난한 자를 구제하는 것은 하나님나라에 심는 것임을 아는 사람은 복되다. 하나님의 가족사진을 자세히 들여다보기를 바란다. 부자, 높은 위치의 사람, 누구나 알 만한 저명인사가 있을 거라는 기대가 무너진다. 가난한 사람, 고아, 과부, 나그네 그리고 주어진 하나님의 일에 전념하는 그의 일꾼이 하나님의 가족이다.

　내가 가난한 사람을 돌보면 하나님은 나를 돌보신다. "네가 내 가족을 돌보았으니 이제 내가 너를 돌보겠다" 말씀하신다. 그러나 가난한 사람을 보고도 못 본 체하면 저주받는다. 소돔의 멸망 이유는 음식이 풍족함에도 가난하고 궁핍한 사람을 돕지 않았기 때문이다(겔 16:49,50). 가난한 사람을 돌보는 일은 특권이요 책임이다. 그들은 마치 가장 높은 수익을 창출하는 투자처와 같다. 하나님이 갚아주시기 때문이다. 그것도 내가 도와준 것보다 훨씬 더 크게 후히 갚아주신다.

시편 : 고통과 환난은 겹쳐서 온다. 큰 지진이나 화산 폭발이 있고 나면 여진이 수십 수백 차례 오듯이. 참 힘들다. 겨우 정신 차리면 또 다른 고통이 기다리고 있다. 광야의 끝에서 빛이 보이나 싶으면 생각지도 못한 또 다른 광야가 나타난다. 다른 사람들은 다 행복하고 나만 고통 가운데 내버려진 듯한 생각이 든다. 원수가 내 머릿속을 공격해온다. 이때는 내면이 크게 상해있기에 성급하게 반응하면 아주 거칠어진다. 말을 함부로 해서 좋은 관계까지 무너지면 더 힘들어진다. 말수를 줄이고 찬양을 늘려야 한다. 주님 앞에서 내면을 고요하게 하고, 나의 주님이 누구신지를 천천히 묵상해야 한다. 성경을 펼쳐놓고 나의 주님을 찾아서 밑줄 치고 외쳐야 한다. "주님은 나의 반석이십니다! 나의 요새이십니다! 나를 건지시는 분이시고, 내가 피할 바위, 나의 방패이십니다. 나의 구원의 뿔, 나의 산성이십니다!" 크게 외치고 외쳐야 한다. 믿음은 들음에서 나기에 하나님의 말씀을 내 귀가 듣고 또 듣게 해야 한다. 그래야 주님의 위로의 말씀이 들리고, 주님이 내미시는 손이 보인다.

　이 방법은 언제나 주님의 손을 움직이게 만든다. 왜냐하면 하나님의 언약이기 때문이다(출 2:23,24, 3:7,8). "나의 힘이신 주님, 내가 주님을 사랑합니다!"

잠언 : 하나님은 고아와 과부, 객들의 보호자시다. 이들의 공통점은 첫째, 보호자가 없다. 둘째, 도움을 준 사람에게 되갚을 수 없다. 그래서 하나님께서 갚아주신다(19:17). 가난한 자에게 주는 것은 절대 없어지지 않고, 하늘은행에 저축되며 하나님께서 다양한 방법으로 갚아주신다. 재앙의 날에 건져주신다. 이 세상에서 복 받는 삶을 산다. 성경에는 약 1천5백 구절을 통해 가난한 자를 도우면 복 주신다는 약속이 꽉 차있다. 가난한 사람을 못 본 체하는 사람은 큰 저주를 받는다고 하신 말씀을 기억하고, 복 받는 삶을 선택하자. 하나님이 약속하신 복이 내게 없는 삶이야말로 저주다!

야곱의 하나님, 나의 하나님
시편 20:1-3 잠언 29:25,26

환난 날에 여호와께서 네게 응답하시고, 야곱의 하나님의 이름이 너를 높이 드시며, 성소에서 너를 도와주시고, 시온에서 너를 붙드시며, 네 모든 소제를 기억하시며, 네 번제를 받아주시기를 원하노라(셀라) 시편 20:1-3

야곱이 어쩔 수 없이 집을 떠나 봇짐을 메고 한 번도 만난 본 적도, 가본 적도 없는 외갓집으로 갈 때, 아무것도 보장된 것이 없었다. 그는 첫날 밤을 들판에서 돌베개를 베고 자야 했다. 그때 하나님이 나타나셔서 격려하시고 용기를 불어넣어 주시며 약속하셨다. 그가 당장 먹고, 입고, 살 일이 막막할 때, 그의 모든 길에 함께하시며 지켜주시고 돌보실 것을, 더 나아가 열방을 변화시키는 삶을 살 것을 약속하셨다(창 28장).

야곱은 하나님이 멀리 계신 줄 알았다. 그러나 그가 누운 곳, 머무는 곳에 항상 계심을 알게 되었다. 성소는 하나님이 계신 곳이다. 시온도 같다. 소제는 감사제다. 번제는 헌신의 제사다. 야곱의 환난 날에 응답하신(창 35:3) 그 하나님이 나의 환난 날에도 응답하신다. 매일 나는 야곱의 하나님의 이름을 굳게 붙든다. 그가 나를 안전히 지켜주신다. 나를 도우시고 넘어지지 않게 붙들어주신다. 오늘 하루 필요한 힘과 용기와 지혜, 판단력과 분별력 그리고 능력을 주신다. 내가 있는 이곳이 하나님이 계신 성소요 시온이다. 환난을 겪는 그곳에 하나님이 계셔서 내 기도를 들으시고 응답하신다. 나를 높이 드시고 도와주신다. 이 놀라운 하나님께 오늘도 나는 감사의 제사를 드린다. 기꺼이 주의 나라를 위해 살기로 헌신한다.

사람을 두려워하면 올무에 걸리게 되거니와 여호와를 의지하는 자는 안전하리라. 주권자에게 은혜를 구하는 자가 많으나, 사람의 일의 작정은 여호와께로 말미암느니라
잠언 29:25,26

사람들은 자기 앞에 있는 권력자를 바라보며 의지한다. 마치 그가 내 현재와 미래를 결정짓는 능력자처럼 본다. 그래서 눈치를 보고, 아첨하며, 잘 보이려고 한다. 두려워

하며 의지한다. 그러나 머지않아 실망하고 상처받는다. 너무 의지했기 때문이다. 하지만 일의 작정은 하나님 손에 있다. 사람을 두려워하면 올무에 걸리지만, 하나님을 의지하면 가장 안전하다.

아브라함은 사람을 두려워하여 자기 아내를 아내라고 하지 못해 큰 망신을 당했다. 베드로는 사람들이 두려워 자기 선생님이요 주님이신 예수 그리스도를 부인했다. 사람을 두려워하면 사람의 눈치를 보며 비겁하고 나약한 사람으로 전락한다. 그러나 다윗은 사람을 두려워하지 않았다. "내 시대가 주의 손에 있사오니 내 원수와 핍박하는 자의 손에서 나를 건지소서"라고 고백했다(시 31:15). 위기 상황마다 주께 도움을 구했다. 그는 주의 손을 보았다. 권위자에게 순복하며 충성하되 내 삶은 언제나 하나님 손에 맡겨야 한다. 돈을 따라서 움직이거나 환경에 좌지우지되거나 사람을 따라서 움직이지 말고, 오직 주의 뜻을 따라 움직여야 한다. 거기가 나의 안전지대다.

시편 본문에 내 이름을 넣어서 읽어보니 명확하게 이해된다.

"미진이 고난 가운데 주님께 기도할 때 주님께서 응답하여주시기를 원합니다. 야곱의 하나님께서 친히 미진을 지켜주시기를 바랍니다. 성소에서 미진을 도우시고 시온에서 미진을 붙들어주시기를 원합니다. 미진이 바치는 모든 제물(헌물)을 주님께서 기억하여 주시고 미진이 올리는 예배를 주님께서 기쁘게 받아주시기를 바랍니다."

본문을 더 압축해보면, 첫째, 내가 기도할 때 응답하시고 지켜주시며 도우시고 붙들어 주신다. 둘째, 내가 드리는 헌물을 기억하시고 내 예배를 기쁘게 받으신다. 하나님께서 온 땅을 통치하는 원리 원칙이 성경 전체에서 항상 동일함을 본다. 주님께 응답받는 삶은 내가 먼저 주님께 기도하며 간절히 찾는 것이다. 그러면 하나님이 응답하신다(시 30:18).

주님은 주님을 기다리는 자를 기다리신다. 은혜와 긍휼을 베푸시기 위해서다. 환난 당할 때 야곱은 하나님을 붙잡았다. 야곱의 하나님을 굳게 붙잡는 사람은, 야곱의 하나님이 나의 하나님이 되심을 경험하며 되고 간증 있는 삶의 주인공이 된다.

"성소에서 너를 도와주시고, 시온에서 너를 붙드신다"는 말씀 중심, 기도 중심, 교제 중심, 교회 공동체 중심의 삶에서 하나님이 나를 붙드시고 도와주신다는 뜻이다. 이런 사람은 늘 감사의 예배로 주께 나아간다. 주님과 공동체를 위해 희생할 줄 아는 아름다운 크리스천으로 성장한다. 나는 아름다운 성장을 끊임없이 사모한다.

주를 기뻐하며 크게 즐거워합니다

시편 21:1,2 잠언 30:33

여호와여, 왕이 주의 힘으로 말미암아 기뻐하며, 주의 구원으로 말미암아 크게 즐거워하리이다. 그의 마음의 소원을 들어주셨으며, 그의 입술의 요구를 거절하지 아니하셨나이다 (셀라) 시편 21:1,2

내 힘과 능력으로, 내 지혜와 탁월한 전략으로 승리한 것이 아니라 오직 주의 힘으로 이루어졌다. 하나님이 힘을 주시고 승리하게 하신다. 그러나 승리로 기뻐하는 게 아니라 주의 힘으로 기뻐한다. 전리품으로 즐거워하는 게 아니라 주가 베푸신 구원으로 즐거워한다. 모든 초점과 관심이 이룬 업적, 사람들의 환호와 찬가에 있는 게 아니라 오직 하나님께 있다. 이 놀라운 일을 이루신 그분께 초점을 모은다. 하나님이 힘을 주셔서 이루었다. 하나님이 구원을 베푸심으로 놀라운 일을 이루었다.

놀라운 일을 이루고 난 후에 모든 공로를 오직 주님에게만 드려야 한다. 그의 힘과 구원으로 이루셨음을 결코 잊어서는 안 된다. 오직 예수님만 무대 중심에 서서야 한다. 조명은 오직 예수님에게만 비춰져야 한다. 내가 무엇인가를 이룰 수 있는 대단한 사람이라고 착각하지 말아야 한다. 나를 향한 다른 사람의 칭찬에 푹 잠기지 말아야 한다.

주께서 내가 간절히 바라던 마음의 소원을 들어주시고, 내 기도 소리를 들으시고 응답하셨음을 절대 잊지 말아야 한다. 주께서 내게 넘치는 복을 주셨다. 나는 매우 기쁘고 즐겁다. 기도가 응답된 것, 소원이 이루어진 것보다 내 소원을 들으시고 내 기도에 응답하시는 하나님 때문이다. 선물도 기쁘지만, 선물을 주시는 그 하나님으로 인해 기뻐하고 즐거워한다. 내가 어찌 잠잠하랴! 힘을 다해 주를 찬양하리라!

대저 젖을 저으면 엉긴 젖이 되고, 코를 비틀면 피가 나는 것 같이, 노를 격동하면 다툼이 남이니라 잠언 30:33

"젖다", "비틀다", "격동하다"는 '압력을 가하다'라는 뜻을 공유하고 있다. 지극히 당연한 결과가 있다는 것이다. 대화 중에 상대의 화를 돋우지 말아야 한다. 반드시 다툼이 일어나 상황이 걷잡을 수 없이 악화한다. 상대의 약점을 물고 늘어지거나, 아픈 곳을 계속 들추거나, 다그치며 막다른 골목, 구석으로 몰면 그렇게 된다. 분쟁의 소지를 만들지 말고, 분란을 일으키지 말자. 그런 일이 일어나지 않도록 "네 손으로 입을 막아라"라고 하신다(32). 오히려 위로와 격려, 칭찬과 용기를 북돋는 말을 해야 한다. 어두운 면보다는 밝은 면에 초점을 맞춰라. 부정적인 말이 아니라 긍정적인 말을 해라. 이것이 지혜다.

시편 21편 1,2절의 "왕"의 자리에 다윗 왕을 넣어 읽고, 다시 내 이름을 넣어 읽었다.

"주님께서 미진에게 힘을 주시므로 미진이 기뻐하며 주님께서 승리를 주시므로 미진이 크게 즐거워합니다. 미진의 소원하는 바를 주님께서 들어주시고 미진이 입술로 청원하는 바를 주님께서 물리치지 않으셨습니다."

나는 이렇게 성경을 읽는 것을 좋아한다. 기록된 성경 말씀을 통해서 오늘 주님께서 나에게 말씀하시는 것을 듣기를 소원한다. 그러면 때로는 주님의 위로가 보이고, 책망이 보이고, 돌파의 비결이 보인다.

오늘 본문을 압축해본다. 누가 나의 힘인가? 주님이시다! 주께서 힘이 되어주셨다. 어떻게 승리를 얻었는가? 주님이시다! 주께서 승리를 주실 때, 내가 크게 기뻐한다. 내 소원하는 바를 들어주시는 분이 누구신가? 주님이시다! 주님께서 나의 청원을 물리치지 않으신다. 이렇게 정리하면 명확해진다. 나의 힘, 나의 승리, 나의 소원이 몽땅 주님 안에서 확실해진다.

나는 말씀을 전하는 주의 일꾼이다. 말씀을 전하기 전에 홍 목사님이 매번 나를 위해 기도해 주신다. "주여, 오늘도 미진의 힘이 되어주시고 성령의 능력으로 말씀을 전하게 하십시오. 듣는 자 모두가 성령의 능력으로 깨달아 알아듣게 하십시오. 그들이 주님을 힘입고 승리하는 삶으로 주님을 맛보아 알기를 원합니다. 이 일에 미진을 사용하시니 감사합니다." 그리고 꼭 당부하시는 말씀이 있다. "힘 빼시고 성령을 의지하십시오." 내 힘, 내 지식, 내 학식으로 전하지 말라는 것이다. 내가 하고 싶은 말을 하는 게 아니라 성령께서 나를 통해 말씀하시도록 성령을 의지하여 나를 내어드리라는 것이다. 말씀을 듣는 자도 지식으로 들으면 머리에만 남는다. 그러나 성령의 능력으로 말씀을 들으면 심장이 뜨거워지고 삶으로 살아낸다. 말씀을 듣는 자의 자세도 중요하다. 말씀을 머리가 아닌 심장으로 깨달을 수 있도록 성령의 도우심을 갈망하며 주의 말씀을 사모하는 마음으로 들을 때 말씀의 계시가 풀어진다.

오직 성령의 능력을 의지하는 사람에게 베푸시는 구원과 승리의 근원이신 주님을 찬양하는 이런 자의 소원을 주께서 들으시고 입술의 청원을 물리치지 않으신다. 주를 의지하는 자는 반드시 승리하리라!

놀라운 사실!

시편 22:9,10 잠언 31:30,31

> 오직 주께서 나를 모태에서 나오게 하시고, 내 어머니의 젖을 먹을 때 의지하게 하셨
> 나이다. 내가 날 때부터 주께 맡긴 바 되었고, 모태에서 나올 때부터 주는 나의 하나
> 님이 되셨나이다 시편 22:9,10

내가 태어나던 날, 나를 받아주신 분은 하나님 아버지시다. 간호사도 아니고 의사
도 아니다. 오직 하나님이 나를 그의 두 손으로 받으시고 그의 품에 안으시고 너무 기
뻐하셨다. 그의 눈으로 나를 보시며 만족해하시며 사랑의 노래를 부르셨다. 그때부터
항상 나와 함께하시고 나를 붙들어주셨다. "너의 하나님 (아버지) 여호와가 너의 가운
데에 계시니, 그는 구원을 베푸실 전능자이시라. 그가 너로 말미암아 기쁨을 이기지 못
하시며, 너를 잠잠히 사랑하시며 너로 말미암아 즐거이 부르며 기뻐하시리라"(습 3:17).
전능자 하나님이 나의 아빠 아버지이심을 아는 것이 복이다. 평생 한 번도 나를 떠나
지 않으시는 하나님이다. 그 하나님이 나의 아빠 아버지시다. 나는 그를 붙들어야 한
다. 그가 말씀하신다. "나는 절대로 너를 떠나지 않는다. 나는 절대로 너를 버리지 않
는다"(히 13:5). '나는 혼자다. 아무도 나를 돕지 않는다'라는 거짓말에 속지 마라. 이 놀
라우신 나의 하나님을 믿는 나는 언제나 평안하다. 두려움이 없다. 염려하지 않는다.
아빠 아버지 하나님이 내 곁에 계시지 않는가!

> 고운 것도 거짓되고 아름다운 것도 헛되나, 오직 여호와를 경외하는 여자는 칭찬을 받
> 을 것이라. 그 손의 열매가 그에게로 돌아갈 것이요, 그 행한 일로 말미암아 성문에서
> 칭찬을 받으리라 잠언 31:30,31

"칭찬받는 여자"는 첫 번째로 오직 여호와를 경외한다. 언제나 무슨 일을 하든지 하
나님의 면전에서 최선을 다한다. 사람을 두려워하거나 기쁘게 하려고 하지 않고, 오직
하나님의 기쁨을 구한다. 하나님의 뜻을 따라 행한다. 두 번째로 자기 손으로 번 것만
먹는다. 남이 수고한 것, 게을리 얻은 양식을 먹지 않는다. 쉽게 돈을 벌 생각조차 하지

않는다. 부지런하다. 세 번째로 가난한 사람들을 돌본다. 나눠주기를 즐겨한다. 주위의 모든 사람이 칭찬한다. "여자"란 성별로 여자를 말할 뿐 아니라 동시에 예수님을 사랑하는 모든 사람을 통칭하기도 한다.

아내들에게 말한다. "외모를 꾸미는 것보다 더 중요한 것은 하나님을 경외하는 것이다." 내면에서 나오는 아름다움, 삶의 깊이에서 나오는 아름다움은 영원하다. 남편들에게 말한다. "아내의 인생을 칭찬으로 꾸며주어라." 아내의 수고를 인정하고 그것을 칭찬할 줄 알아야 한다.

나는 고신 4대로 이 땅에 보냄 받았다. 어머니의 태에서부터 하나님의 말씀 앞에 있었고, 주님을 예배했다. 가난했으나, 가장 좋은 집을 선택하시고 한 치의 오차도 없이 딱 맞는 가구를 짜서 맞추듯 주님께서 내 장기를 창조하시고 내 어머니의 태 안에서부터 나를 짜 맞추셨다. 주님께서 하신 일이 오묘하고 놀랍다. 나를 모태에서 이끌어내시고 주님께 맡긴 몸이 되게 하셨다. 어머니 젖을 빨 때부터 주님만이 나의 하나님이셨다. 내가 이 사실을 알게 된 계기가 있었다.

결혼해서 아들을 낳았다. 친정에 가면 어머니는 배가 고파 자지러지게 울어대는 5-6개월 된 손자 앞에서 우유병을 들고 긴~ 기도를 마치셨다. 이것 때문에 많이 부딪혔다. 일단 나는 우유병부터 물려놓고 기도하고 싶었지만 어머니는 절대 용납하지 않으셨다. 울든 말든 기도를 끝까지 마쳐야 우유를 먹이셨다. 그리고 한마디하셨다. "주님 앞에 기다릴 줄 알아야지~." 5-6개월 아기에게 기다림을 가르치는 어머니가 불편해서 친정 가는 게 싫었고, 어떤 날은 싸우고 아기와 짐을 챙겨서 와버렸다. 시간이 지나 아들 유진이가 성인이 되었는데, 그 마음이 태평양이다. 느긋하고 여유가 많다. 그러니 사람들이 그에게서 위로받는다. 어릴 때 울어댄다고 바로 우유병을 물렸으면 조급하고 성질 급한 아이가 되지 않았을까!

그동안 어머니에게 감사 인사를 제대로 못 하고 살았다.

"어머니, 고맙습니다! 사랑합니다! 존경합니다! 어머니, 최곱니다!"

지구상의 모든 어머니에게는 희생할 줄 아는 위대한 사랑이 있다. 나는 어머니의 헌신적이고 희생적인 사랑에 보답하고 싶다. 끝까지 주님을 바라보며 승리하는 멋진 삶을 어머니께 바친다. 승리하는 유일한 길을 어머니를 통해서 배웠다. 어떤 경우에도 '소망'을 갖는 것이다. 주님 자체가 소망이시다. 소망은 살아갈 원동력을 제공한다. 주님을 향한 소망을 절대 원수에게 빼앗기지 마라! "진실로 속히 오리라 하시거늘 아멘! 주 예수여 오시옵소서 주 예수의 은혜가 모든 자들에게 있을지어다 아멘!"(계 22:20,21).

왕의 지혜

초판 1쇄 발행	2023년 12월 29일
초판 4쇄 발행	2024년 1월 15일

지은이　홍성건 김미진

펴낸이　여진구
책임편집　김아진 정아혜
편집　이영주 박소영 최현수 안수경 김도연
책임디자인　마영애 이하은 | 노지현 조은혜
홍보 · 외서　진효지
마케팅　김상순 강성민　　　　마케팅지원　최영배 정나영
제작　조영석 허병용　　　　경영지원　김혜경 김경희

303비전성경암송학교 유니게 과정
이슬비전도학교 / 303비전성경암송학교 / 303비전꿈나무장학회

펴낸곳　규장

주소　06770 서울시 서초구 매헌로 16길 20(양재2동) 규장선교센터
전화　02)578-0003　　팩스　02)578-7332
이메일　kyujang0691@gmail.com　　홈페이지　www.kyujang.com
페이스북　facebook.com/kyujangbook　　인스타그램　instagram.com/kyujang_com
카카오스토리　story.kakao.com/kyujangbook
등록일　1978.8.14. 제1-22

책값　뒤표지에 있습니다.
ISBN　979-11-6504-489-3 03230

규 | 장 | 수 | 칙

1. 기도로 기획하고 기도로 제작한다.
2. 오직 그리스도의 성품을 사모하는 독자가 원하고 필요로 하는 책만을 출판한다.
3. 한 활자 한 문장에 온 정성을 쏟는다.
4. 성실과 정확을 생명으로 삼고 일한다.
5. 긍정적이며 적극적인 신앙과 신행일치에의 안내자의 사명을 다한다.
6. 충고와 조언을 항상 감사로 경청한다.
7. 지상목표는 문서선교에 있다.

하나님을 사랑하는 자 곧 그의 뜻대로 부르심을 입은 자들에게는 모든 것이 合力하여 善을 이루느니라(롬 8:28)

규장은 문서를 통해 복음전파와 신앙교육에 주력하는 국제적 출판사들의 협의체인 복음주의출판협회(E.C.P.A:Evangelical Christian Publishers Association)의 출판정신에 동참하는 회원(Associate Member)입니다.